아시아의 인류 진화와 구석기문화

HUMAN EVOLUTION AND PALEOLITHIC CULTURE IN ASIA

아시아의 인류 진화와 구석기문화

배기동 지음

HUMAN EVOLUTION

AND

PALEOLITHIC CULTURE

IN ASIA

한양대학교 출판부

이 책의 내용 구성과 출간의 과정,
그리고 감사의 말씀

이 책이 나오기까지 지난 30여 년 동안 많은 해외조사 여행과 국제학술모임이 있었다. 1986년 자바와 태국의 유적지 탐사(리키 재단 지원), 1989년 중국 발견 60주년 학회와 유적답사, 1991~93년 니허완(泥河湾) 및 랴오닝(辽宁) 유적 답사, 1998년 동아프리카 유적지 답사(학술진흥재단 지원), 2002년 동아프리카 이시밀라 아슐리안 유적발굴(학술진흥재단 지원), 인류의 탈아프리카(Out of Africa)를 확인하기 위한 조사로서 이란 카스피해 연안 지대 조사와 발굴(한국연구재단 지원), 데레비안코(A.P. Dereviako) 러시아 과학아카데미 부원장이 주최하는 데니소바 동굴 및 알타이 지역 유적탐사, 몽골지역 유적조사(자연보호협회 지원) 등의 학술조사가 있었다. 지난 1990년대 초 중국의 지아(賈) 교수와 스승인 데스몬드 클라크(J. Desmond Clark) 교수가 함께 발굴하였던 동구어타 유적을 방문하고 중국고고학자들과 며칠을 같이 이 지역을 탐사하였던 기억은 나의 구석기고고학의 큰 디딤돌이었다. 유라시아에서 가장 오래되었다는 드마니시(Dmanisi) 유적을 로드 키파니체(Lordkipanitze) 관장의 안내로 조지아 국립박물관장실에서 발굴된 두개골을 본 순간이나 유적을 방문한 순간은 고고학자로서 잊을 수 없는 감동의 순간이었다. 그리고 극지로 간 인간을 보기 위해 북극 가까운 곳으로 이동하려고 소련제 헬기에 올라 툰드라의 펼쳐진 광경을 본 것 역시 인간과 대지의 관계를 절감하는 순간이었다. 야쿠츠의 국립매머드 박물관과 함께 야쿠츠(Yakuts)의 야나(Yana) 강 유역을 살펴보고, 피툴코(Pitulko) 교수의 발굴유적지를 관찰한 기회는 인간의 북으로의 확산과정을 이해하는 기회였다. 또한 이스라엘에서 수양개학회 기간 동안 이스라엘의 구석기유적들의 탐방은 인류의 확산과정의 유라시아 출발지라는 점에서 새로운 자극이 되었던 셈이다. 수양개국제구석기학회는 사실 국제 간의 이동을 하면서 하는 년차학회이었기 때문에 폴란드, 말레이시아, 러시아의 이르쿠츠크와 사할린, 중국의 베이징과 내몽골의 원추안 등지의 유적들을 탐방할 수 있는 기회이었다. 이러한 일련의 탐사는 근동의 이스라엘 - 중동의 카스피해 연안/드마니시 - 알타이 - 몽골 - 화북 - 한반도를 연결하는 북부의 인류와 문화 흐름을 읽을 기회를 주었다. 그리고 지난 6년 동안 이러한 일련의 조사의 연속이자 보강으로서 남아시아에서 동남아시아 그리고 중국의 남부에 이르는 인류와 문화의 흐름을 관찰하기 위한 인도-네팔-말레이시아-베트남-중국 남부 윈난(云南)과 광시성(广西省) 유적 탐사(한국연구재단 우수학자 지원)가 이어진 바 있다.

아시아 인류진화나 한반도의 주민의 기원을 위해서 많은 지점들을 답사하던 중에서 마주친 특별한 경험으로 이 책에서도 언급되지만 인류진화사나 구석기문화에 대한 중국의 국수주의적인 입장은 학자로서 당혹케 하는 사건이었다. 1990년대 초에 랴오닝지방의 중요한 유적인 진뉴산(金牛山)을 방문하기 위해서 선양을 갔었지만 당시로서는 국교가 없는 남한의 학자에게 중국 정부가 역사분쟁이 있는 이 지역의 유적을 보여주지 못하게 하여 발걸음을 돌릴 수밖에 없었던 일이다. 이러한 탐사 과정에서 또 다른 인상 깊었던 일은 바로 일본의 구석기유적 후지무라(藤村) 날조 사건의 현장을 방문하였던 일이다. 날조의 당사자로부터 현장에서 설명을 들었고 또한 세리자와 교수의 생신 기념 학회에서 주먹도끼를 작은 구덩이에 동그랗게 모아둔 선사인(先史人)의 세계관을 철학적으로 설명하는 발표를 심각한 비판 없이 들었다는 것은 지금으로서도 실소를 하게 된다. 앞으로의 세상에서는 지역적 이기주의에 얽매이지 않고 인류의 보편사를 추구하는 학문의 자유가 완전해지기를 기대한다.

그동안 인류의 동아시아로의 흐름을 토론하기 위한 여러 국제학술회의가 개최되었다. 가장 중요한 것으로 유네스코 세계유산위원회의 주제 회의(유네스코 세계유산위원회, 전곡선사박물관, 연천군과 문화재청), 유라시아 인류의 확산과(카자흐스탄 문화성과 유네스코 지원), 그리고 제2회 세계아슐리안 학회(전곡선사박물관과 프랑스 고인류학연구소 공동개최)가 전곡선사박물관에서 개최된 바 있다. 또한 지난 2013~2019년 6년 동안 아시아 고인류의 진화와 구석기문화 신자료들을 토론하기 위한 일련의 국제학회를 개최하였다(한국연구재단 우수학자 지원). 이 국제학회에는 프랑스 드룸리(de Lumley) 교수, 인도 미스라(Mishra) 교수, 샨티 파푸(Shanti Pappu) 교수, 고랜 인바(Goren-Inbar) 교수, 중국의 가오 싱(Gao Xing) 교수, 후 야메이(Hou Yamei) 교수, 웨이 치(Wei Qi) 교수, 리 차오 롱(Li Chaorong) 교수, 일본의 마쯔후지(Matsufuji) 교수, 아고시마(Akoshima) 교수, 나카가와(Nakagawa) 선생, 도이 응우웬(Doi Nguwen) 베트남 고고학연구소장, 태국 실파콘 대학의 라스미 수콩다즈(Rasmi Shoocongdej) 교수, 필리핀 필리핀 국립대학의 빅터 파즈(Victor Paz) 교수, 네팔의 산디프 카날 문화유산 연구관, 아제르바이잔의 아자드 제이나로브(Azad Zeynalov) 박사, 러시아의 야스로프 쿠즈민(Yaroslav Kuzmin) 박사, 홍혜원 일본 토후쿠대학교 교수, 그리고 한국에서는 이헌종 교수, 이기길 교수, 이융조 교수, 이형우 교수, 이한용 관장, 유용욱 교수, 홍미영 박사, 김기룡 박사, 김은정 박사, 이승원 박사, 김기룡 박사 등이 참석하여 귀중한 발표와 토론을 하였다.

1979년에 시작된 전곡리 발굴은 바로 이 모든 이야기의 시작이었던 셈이다. 발굴과정에서도 많은 학자들과 함께 할 수 있었지만 특히 고 황용훈 경희대학교 교수, 정영화 영남대학교 교수, 최무장 건국대학교 교수 등의 분들은 학문의 스승의 역할을 하여 주신 분들이다. 그리고 이상만 서울대 지질학과 교수, 고 박동원 지리학과 교수, 장남기 생물학과 교수 등은 같이 조사를 하면서 구석기연구의 새로운 지평을 열어준 분들이다. 고(故) 존 데스몬드 클라크 교수는 전곡리를 방문하고 나의 캘리포니아대학교에서 공부할 수 있는 기회를 만들어 주었고, 전 세계의 구석기학자들과의 연결을 구축하여 주신 분이다. 프랑스 선사인류학연구소 소장인 앙리 드 룸레(H. de Lumley) 교수는 많은 한국의 구석기고고학자들을 길러내신 분인데 나에게도 프랑스와 스페인의 유적들을 둘러보게 하면서 구석기문화연구의 폭을 넓혀주었고, 전곡유적이나 다른 초기 유적들의 연대측정 과학분석에 큰 도움을 줌으로써 많은 시사를 주었다. 전곡리 유적의 과학적인 연구에 큰 도움을 주고 이를 동아시아의 다른 구석기유적과의 관계를 새로운 시각에서 보게 하였던 일은 바로 마쯔후지(松藤) 교수와 같이 진행한 프로젝트였다. 이 프로젝트는 이미 단행본이 나와 있지만 마쯔후지 교수 이외에도 풍성토 연구의 대가인 나루세 교수, 현무암 연구에 정통한 나가오카 교수, 토층분석의 하야시다 교수, 화산재분석의 단하라 박사 등 여러 일본 학자들이 공동으로 참여하였다. 유적의 연구에 국제적인 협력과 토론이 중요하다는 점을 다시 인식하게 만든 일이었다.

지난 30여 년 동안 나와 함께 고생한 제자들의 수고에 감사한다. 세계 각 지역의 조사 여행을 하는 과정에서 한양대학교 문화인류학과의 대학원생이었던 김대일, 김영연, 등이 탄자니아 이시밀라 유적 발굴에, 그리고 이란 길란-마잔다란 지역 조사에는 이한용, 장인경, 김기룡, 홍혜원, 이철민, 신의주, 유동현, 이상현 등이 참가하였다. 카스피해의 인류확산의 실크로드를 조사하는 과정에서는 이란의 테헤란 국립대학의 파젤리(Pazeli) 교수와 길란(Gilan)과 마잔다란(Mazandaran)주의 고고학자 문화재 관계자들의 협조가 있었다. 특히 전 문화재청 부청장이었던 타바타바이(Tabatabai) 선생의 도움은 특별한 것이었다. 그리고 인도와 중국 윈난성 탐사에는 고재원 제주문화재연구원장과 이한용 관장이 참여하였다. 또한 동남아시아 조사에는 김나영 전곡선사박물관 학예사가 동참하였다. 중국 광시(广西) 지역의 유적 탐사에는 왕웨이(王衛) 교수가 안내를 해주었으며, 또한 윈난성(云南省)에서는 윈난(云南)대학의 지 수에핑(吉學平) 교수가 유적지 안내 및 자료조사를 하는 데 큰 도움을 주었다. 그리고 또한 인도 조사에는 미스라(Mishra) 교수와 샨티 파푸(S. Pappu) 교수, 그리고 캘커타 대학 교수가 도움을 주었다. 말레이시아 조사에는 목타(S. Moktar) 교수가 협력하여 조사를 수행하였다. 베트남 탐사에는 응우웬(Nguwen) 소장이 직접 안내하여 주었고 또한 박물관의 석기수집품들을 볼 수 있게 해 주었다. 그리고 인도네시아의 유적의 탐방은 위디안토(Widianto) 전 문화재청장과 프랑스 자연사박물관 세마(F. Semah) 교수의 도움이 컸었다. 이 외에 한국과 세계 각지에서 일일이 거명하지 못한 많은 학자들의 도움이 있었다.

그리고 야쿠티아의 예나강 유역 조사에는 매머드박물관의 세르게이 페도로브(Sergey Fedorov) 관장이 안내를 하였다.

이 책이 다루는 지리적인 범위가 크고 주제가 고인류와 석기문화를 다루기 때문에 방대한 자료가 축적되어 있다. 가능한 최신의 자료들로서 전체적인 경향과 다양한 견해들을 비판적으로 수용하여 아시아 선사시대 인류사를 요약하려고 하였다. 각 지역을 세밀하게 다루지는 못하였고 내용이 소략한 부분은 있겠지만 고인류와 석기문화의 진화에 대한 흐름의 개요와 문제점들을 제기하려고 노력하였다. 그런데 시간적으로나 지리적으로 방대한 범위를 다룸에도 불구하고 도판이 그다지 많지 않아서 독자들의 이해에 한계가 있을 수 있다는 점을 고민하였지만 개인적인 능력의 한계를 극복하기가 어려운 점이 있었다. 다만 각주의 참고문헌에서 필요한 도면을 인터넷 상으로 쉽게 찾을 수가 있을 것으로 기대한다. 전반적인 서술이나 자료의 설명에 중요성에 비해서 균형이 맞지 않는 점도 지적될 수 있겠지만 큰 틀의 담론을 전개하는 과정의 서툰 점으로 이해하기를 바랄 뿐이다.

원고의 교열과 문장교정에 권혜경 작가, 그리고 교열 전문가인 이정복 선생과 이인숙 선생이 큰 도움과 성원을 해주었다. 이 책의 원고를 완성하는 데 제자인 원중호 박사가 마지막 단계에서 문장교열, 중국어어휘 교정, 참고문헌 정리, 그리고 도판의 세밀한 구성과 수정에 특별한 수고를 하였다. 인류사의 긴 시간과 방대한 지역을 다루는 모험이어서 거칠기 짝이 없고 모자라는 점이 한둘이 아니지만 주위의 이러한 분들의 도움이 없었다면 이 책은 나올 수 없었을 것이다.

무엇보다도 이 연구작업을 위해서 우수교수로 추천해준 동료와 후배 교수분들에게 감사드린다. 이 책이 보답이 되기는 어렵겠지만 후배들이 학문을 하는 데 조금이라도 도움이 되기를 기대한다. 그리고 이 연구(우수교수지원 2014-2019 과제번호 #2018000000001458)를 지원해준 한국연구재단과 관계자들에게 깊은 감사의 말씀을 적어두고 싶다. 이 책이 우리나라의 인류 진화와 관계되는 고고학과 인류학 분야에 대한 관심을 증대시키고 인류의 진화적인 보편성에 대한 이해를 우리 사회가 더욱 신속하게 섭렵하여 앞으로 세계 10대 선진국으로서 국제적인 협력을 통한 글로벌 스케일의 해외연구가 많이 진작되기를 진심으로 기원하는 바이다. 또한 이 책이 한양학술총서의 한 권으로 나올 수 있도록 도와주신 한양대학교 출판부에도 진심으로 감사드린다.

삼성문화재단의 호암미술관의 학예사를 그만두고 서울대학교 박물관 학예사로 돌아왔을 때 스승인 고 김원용 선생님이 전곡리 유적발굴로 이끌어주신, 우연적이지만 필연적이 되어버린 그 인연이 지난 40여 년의 나의 작업으로 이어진 셈이다. 이 책은 그 여정에서 얻어진 지식과 인류의 보편적 진화와 한반도의 주민과 문화기원에 대한 나의 질문에 대한 서술이기도 하다. 항상 감사하는 마음이고 전곡리 유적에 삼불 선생의 동상을 세우고 뵈면서 나의 학문을 초발심을 경계한다.

잦은 국내발굴조사와 해외조사여행, 국제학회, 저술 작업 등으로 제대로 가족과 함께 보내는 시간이 별로 없었던 무심한 세월을 인내해준 처 명엽, 이제는 시집 간 딸 작가 서영, 그리고 이제 뇌공학 연구를 시작하는 아들 재형 등 가족에게 감사드린다.

머리말

'인류의 진화와 확산'이라는 주제에 대한 생각은, 아마도 중근동을 제외한 아시아지역에서는 100년 전만 하더라도 상상하지 못하였을 것이다. 그러나 오늘날 고고학을 지원하는 과학이 발달하고 고고학적인 조사가 보편화되어 가는 현대에서는 누구나 한 번쯤 생각해보는 주제가 바로 인류의 기원이고, 또한 각 지역의 특정 주민들이 '어떻게 그 자리에 살게 되었을까?'라는 주제일 것이다. 그렇지만 아직도 우리나라뿐 아니라 동북아시아 한·중·일 삼국에서 아시아를 통관하는 종합적인 연구는 없었던 셈이다. 아직도 거의 서구 고고학자에 의해서 그러한 작업이 이루어지고 있음은 동양에서는 인간의 보편성에 대한 관심이 그만큼 적다는 것을 명백하게 보여주는 것으로 생각된다. 이것은 바로 고고학이라는 학문이 서구에서 시작된 것이고 동아시아지역에서 고고학은 문명의 시작에 집중되었고 선사에 대한 관심은 20세기 들어서 시작된 것이기 때문일 것이다.

그동안 아시아지역에서도 제2차 세계대전 이후에 지역의 고고학자들에 의해서 엄청난 규모의 고고학 작업이 이루어졌다. 한국만 하더라도 석장리 유적이 발견되어 발굴[1]이 시작되기 이전 1960년대 초만 하더라도 구석기 유적이 있느니 없느니 하였지만, 이제는 남한만 하더라도 300개소에 달하는 유적이 전국에 산재하고 있다. 국가에 따라서 다르기는 하여도 고고학적인 조사는 늘어가는 것이 일반적인 현상이며 사회가 안정됨에 따라서 어느 나라든 더 많은 조사가 이루어지게 될 것이다. 또 다른 한편으로 많은 국가사회는 각 집단의 민족주의적인 시각 속에서 역사시대의 유산에 대한 관심이 지대한 반면에 선사시대는 적었던 것이 사실이다. 아직은 고고학적인 자료들이 역사적인 시각에서 특정한 지역의 정체성을 확립하기 위한 수단으로 사용되는 경우가 많지만, 이제는 유구한 인류 보편적

1 손보기 1967.

역사로서 또는 새로운 과학적인 발견으로서 관심이 증대하는 경향은 확산하고 있다. 선사시대에 대한 관심은 결국 인간의 공통성과 인류와 문화의 다양화의 과정에 있는 인간 진화의 원리를 이해하게 됨으로써 오늘날 사회를 보다 포용적으로 만들어가는 데 좋은 역할을 할 수 있을 것이다. 그러한 점에서 확장된 공간 속, 긴 시간의 흐름으로서 인류사를 이해하는 것은 인간에 대한 인식의 깊이를 더하게 만들 수 있을 것이다.

아시아지역의 구석기시대 연구는 거의 서양 고고학자들에 의해서 시작되었다. 지금도 미국과 유럽의 고고학자들이 합작의 형태로 발굴 조사하고 논문을 쓰는 것이 많고 그러한 연구가 아시아지역에서조차 더 평가받는 경향이 농후하다. 아시아의 고고학자들이 하나의 유적을 발굴하고 분석하여 보고서를 내기는 하여도 결국 문화의 전체적인 흐름을 종합하여 인류 진화의 원리를 고민하고 아시아지역의 현상으로서 문화를 연구하는 종합적인 연구가 이루어진 것은 거의 없다. 최근에 러시아의 학자가 인류 진화와 구석기문화의 세계지역별 종합이라는 거작[2]을 내었지만, 그것 역시 서구학자들의 연구일 따름이다. 어쩌면 구석기시대의 연구 종합화는 아직도 아시아 고고학자들에는 요원할지도 모른다. 그것은 서구 사회처럼 고고학이라는 분야가 과학이나 철학으로서 학문을 수행할 수 있게 되기까지에는 아직도 사회적인 여건이나 학문의 방향이 좀 더 성숙한 단계로 진행되지 않으면 안 될 것이다.

아시아의 많은 지역에서 구석기 고고학이나 인류의 진화에 대한 연구는 아직도 서구적인 방법론을 적용하여 수행하고, 또한 그 설명을 구하는 것 역시 서구 고고학의 패러다임에서 보는 경향이 강하다. 그동안 아시아 각지의 선사고고학이 발전함에 따라서 그 틀을 깨고 새로운 시각과 방법론을 가지고 보려는 경향도 있지만, 아직도 그 성숙도는 요원한 편이다. 고고학의 성과가 역사적인 과정을 설명하는 것으로 보는 경우에는 민족주의가 작용하게 되고 또한 과학적 분석이 모자라게 되면 결국 발굴된 자료가 그 인류사적인 의미를 제대로 확인할 수가 없게 되는 셈이다. 그동안 아시아 고고학을 아시아적인 관점에서 보고 인류사를 지배하는 확장된 원리를 적용하여 이해해야 한다는 노력은 지난 1970년대부터 시작되었던 것으로 볼 수 있지만, 최근에 고고학적인 자료가 증가하고 서구적인 모델과 방법론으로 도저히 설명할 수 없는 문화 현상들이 아시아지역에서 많이 남아 있는 것이다. 결국 새로운 종합이 이루어지지 않으면 안 될 시점이며, 그러한 종합화는 그동안 아시아 구석기 고고학 하나의 반작용으로서 아시아 고고학자에 의해서 이루어지는 것이 앞으로의 균형을 위해 바람직한 것으로 생각한다.

아직은 그 누가 아시아 구석기문화 그리고 인류의 진화를 다룬다 해도 어설픈 학설

2 Derevianko 2015-19. Vol. I-IV series.

도판 1 아시아 지형 위성 이미지

의 나열이 될 수밖에 없다. 최근의 유전 과학의 발달로 인하여 각 지역에서 인류 진화에 대한 과거의 학설들은 여지없이 깨어져 나가는 것을 목격할 수 있다. 사실 그동안 주어진 색안경을 끼고 보고 싶은 것만, 그리고 보기 쉬운 것만 보는 것을 토대로 구성한 고고학설명이 일반적이었다. 생명체로서 환경에 적응하는 원리를 토대로 하지만 그리고 다른 한편으로는 인간은 지적 능력이 다른 생물과는 확연하게 다르기 때문에 반응에서 생물학적인 원리에 의한 예측과는 다른 시각에서 문화 현상을 설명하려고 노력해야 하지만 고고학 유물이라는 유적 현장에서 현상적으로 나타나는 것에 매몰되어 설명이 도출되는 경우가 허다한 것이다. 그러한 것들의 대표적인 경우가 동아시아의 소위 '아슐리안 주먹도끼 공작'의 유무 논쟁이다. 이 책에서 나열될 것이지만 아직도 그러한 류의 논쟁은 지속하고 있는데 인간 고유의 사고의 본질에 대해 깊은 성찰을 하지 않는다면 지속해서 현상에 대한 차별성만 부각할 따름이다.

이 책은 오늘날 우리가 보고 있는 아시아 구석기나 인류화석들에서 보이는 고고학적인 현상에 대해 인간의 본성과 물성적인 변화과정의 원리를 기반으로 하여 자료를 종합하고 새롭게 해석하려는 시도이다. 많은 유적이 나열되기는 하였지만 그 이유는 일단 고고학적인 현상의 다양성으로 보여주기 위한 것이며, 또한 그 다양성이 인간의 의식이나 행위의 차이도 있지만 고고학 유적이 가지는 물성으로 그 변화의 다양성을 보여 주려는 의도이다. 그 어떤 생물도 생물학적인 제한조건(limiting factor)을 뛰어넘지 못한다. 인간의 본성이나 본능의 한계는 결국 인간의 환경적인 조건으로써 정의될 수 있는 것이며, 또한 그러한 생물학적인 한계로서 환경은 인간의 지적능력에 의해 점차로 극복되는 과정이 바로 구석기 고고학의 요체인 셈이다. 우리가 오늘날 우주로 갈 수 있는 것은 구석기시대에 그러한 생물학적 제한조건을 혁파하는 법을 터득하였기 때문이다. 다시 말해 인간의 인지적 능력이 신장하고 문화적인 선택이 다양화할 수 있게 됨으로써 도저히 인간으로서는 할 수 없었던 일들을 할 수 있게 된 것이다. 그리고 인간의 그러한 능력은 이미 구석기시대가 끝나기 전에 현생인류 단계에서 완성되었다고 할 수 있을 것이다. 그래서 이러한 관점에서 구석기 자료를 보는 것이 의미가 있는 것이다. 그리고 궁극적으로 현대의 구석기고고학이 오늘날 우리 사회가 가지고 있는 문제들을 해결해 나가는 데 어떠한 기여[3]를 할 수 있을 것인가에 대해 고민해보는 기회를 제공할 것으로 기대한다.

아시아의 모든 자료를 검토하는 것은 어렵다. 소화하는 데 시간도 걸리기도 하고, 또한 주요한 유적을 이해하기 위해서는 글에 표현되지 않은 많은 정보가 필요하지만 일일이 답사할 수가 없으니 방대한 자료를 종합화하는 과정에서는 한계로 남을 수밖에 없다.

3 Boivin and Crowther 2021.

그간 생산된 학사들의 수많은 설명도 일일이 비교 검토하는 것 역시 어려운 짐이 많다. 이러한 연구들은 지역적인 종합화의 과정을 거쳐서 아시아적인 종합이 이루어져야 하지만 사실 우리나라에도 구석기 연구를 종합화하여 패턴을 설명하려는 노력은 태부족이라는 점에서 이 책의 한계가 있다. 그렇지만 이러한 시도가 앞으로 아시아 구석기문화와 인류 진화 연구에 하나의 촉매제가 되기를 바라는 뜻에서 담대하게 구성한 내용이다.

차례

표·도판 목록

표

도판

I

새로운 종합을 위한 이론적인 배경

아시아지역의 인류 서식과
문화적인 다양성의 연원

—

동아시아 구석기 고고학의
주요 주제들

—

구석기문화와 인류 적응 이해의
방법론적인 출발

1 아시아지역의 인류 서식과 문화적인 다양성의 연원

이 책은 인류가 아프리카에서 최초로 아프리카를 탈출하여 유라시아 대륙, 즉 아시아지역으로 확산하기 시작한 이후 지난 200만 년 동안 동아시아지역 인류의 진화과정과 구석기문화의 발달과정을 현재의 자료를 토대로 큰 흐름을 살펴보고자 하는 의도로 쓴, 일종의 개설서이다. 서아시아의 이동 지역에서 나타나는 화석인류와 석기문화 등을 큰 틀에서 조망하고 현재 주요한 이슈와 학설들을 비판적인 시각에서 살펴보고 새로운 설명을 시도하는 것이 필요하다. 그동안의 구석기 연구나 인류 진화 연구들이 서구적인 방법론을 토대로 많이 이루어져 왔고 또한 그동안 자료의 증가와 더불어 방법론적으로 많은 발전이 있었다는 점에서 새로운 시도가 필요한 시점이다.

지역의 문명사와 국가 - 왕조사에 관심이 비교적 높은 동아시아의 각 나라의 지식사회들이 각 지역의 구석기시대나 인류의 진화과정에 대해서는 그다지 이해가 많거나 관심이 높지는 않을 것이다. 그래서 아직도 많은 지역에서는 서구의 학자들이 많이 활약하여 오늘날 우리가 사용할 수 있는 자료의 수집이나 해석을 만들어내고 있을 것이다. 그러나 이제는 인류에 대한 보편적인 지식이 더욱 필요하여진 시대에 살면서 인류의 진화과정이나 문화의 진화와 발전과정을 잘 이해하는 것이 인간에 대한 이해의 폭을 획기적으로 높일 수 있다는 점에서 이 분야에 대한 사회적인 가치가 높아지고 있다고 생각한다. 또한 과거와는 달리 이 분야에 대한 지역 사회의 관심도 높아지고 점차로 그 지역의 고고학자들에 의해서 자료들이 많아지는 것도 사실이다. 그러한 점에서 동아시아지역의 구석기시대의 인류 진화와 문화 진화의 과정에 대해서 통시적이고 종합적인 설명이 새로운 시각에서 반복해서 이루어져야 한다고 생각하고 이 시도 역시 그러한 노력의 하나일 것이다.

그동안의 동아시아뿐 아니라 아시아의 다른 지역들의 선사고고학, 특히 구석기 고고학은 서구적인 학문적인 전통에서 시작되고 아직도 지속하고 있음을 학자들이 잘 알고 있다. 학문의 출발에서 기본적인 틀이 서구의 자료와 학문적인 전통에서 만들어진 것을 적용하는 것은 학문이 아무리 객관성을 가지려고 노력하는 과정이라고 하더라도 기준이 달라지면 고고학적인 현상에 대한 인식과 설명을 엄청나게 다르게 만들어낼 수 있는 것이다. 최근에는 서구학자들 사이에도 동아시아 구석기 고고학 연구에 있어서 그러한 반성과 새로운 시각을 시도하려고 하는 점에서 앞으로 동아시아 구석기 고고학은 방향이 크게 달라질 것으로 기대하는 것이다. 현재의 학사적인 경향을 본다면 그동안 서구적인 시각에서 보았던 것을 거대한 영토를 가진 동아시아의 국가들, 즉 중국, 인도 그리고 러시아 모두 이 영역에서 자신들의 관점에서 인류 진화사를 복원하려는 노력이 있다는 점에서 동아시아의 인류 확산과 진화에 대해서 다원적인 시각이 나타나는 시점이라고 볼 수 있을 것이다. 또한, 서구의 학자들에게서도 일어나고 있는 반성과 함께 새로운 시각에서 통합적이거나 다원적인 방법론이 개발될 것으로 전망되는 것이다.

동아시아지역은 아프리카에서 동으로 이동하였다는 인류의 진화와 확산의 과정에 대한 일반적인 이론으로 본다면 인류 진화의 확산의 주요한 단계에서 가장 늦게 확산한 곳이다. 그러나 다른 한편으로 거대한 대륙의 동편은 남북으로 그리고 동서로 다양한 환경이 펼쳐지고 있어서 인류의 다양한 적응이 필요한 지역이다. 지형이나 환경적인 입장에서 본다고 하면 아시아지역은 가장 다양한 환경을 가지고 있고 다양한 극지 환경이 분포하고 있고 무더운 열대에서 몹시 추운 한대, 그리고 가장 낮은 저지에서 가장 높은 고산까지가 포함되어 있다. 이제까지의 알려진 고인류학적 그리고 고고학적인 자료로 보면 이 지역에서 상당히 독특한 체질적인 진화와 아울러 이 지역 환경에 맞추어 이루어진 문화 진화 현상이 있었다는 점에서 인류의 전체적인 진화과정을 밝히는 데 지극히 중요한 지역이라고 할 수 있다. 어떤 점에서는 아시아의 진화과정을 이해하지 않고는 인류 진화의 다양한 과정과 인류의 일반적인 적응능력을 이해하기가 어려울 것이다. 왜냐하면 열대우림에서 북극지방까지의 환경적인 범위를 가지고 있는 곳이고 또한 해안에서 티베트의 고원지에 이르는 고도의 환경의 차이, 그리고 대륙에서 섬으로 확산하여 간 곳이며, 또한 기후변동과정에서 달라지는 계절성이 강한 몬순기후에 의해서 환경 변화가 지배되는 곳이기도 하기 때문이다. 이러한 다양한 환경에 인류가 적응하면서 다양한 적응방식을 보인 곳이기도 하다. 시베리아를 포함한 남아시아와 동아시아지역을 인류의 진화 관점에서 말하자면 어떤 의미에서는 아프리카에서 태어난 인류가 지난 200만 년 동안 놀았던 운동장이었다고도 할 수 있을 것이다. 이 말은 결국 다양한 인류가 진화할 수 있었고 또한 오늘날 현생인류의 다양성이 잉태된 곳이라고도 할 수 있을 것이다.

인류가 아프리카에서 기원하여 다른 대륙으로 퍼져 나간 사실은 이제는 고인류 화석의 형태적인 분석이나 연대측정치의 분포와 그 지리적인 순서 그리고 현생인류 단계에 와서는 유전자적인 증거까지 일련의 과정을 보여줌으로써 부인할 수 없는 사실처럼 되었다. 다른 한편으로 고인류의 지역 진화의 문제는 항상 완벽한 검증이 어려운 현상으로서 생각되어 오고 있다. 그래서 세계의 현생인류 진화의 과정에 대한 논의와 같은 궤도로서 유라시아 대륙 내에서, 특히 아시아지역 내에서 그 시기와 경로 그리고 고인류 화석의 종별 단계, 다른 한편으로 문화적인 다양성과 진화적인 과정은 또 다른 과제이다. 최근 과거와는 다르게 동아시아지역의 선사시대에 대한 과학자들의 관심이 증가하고 수많은 유적과 분석들이 일어나고 있지만, 아직도 명확한 그 패턴을 설명하기는 역부족이라고 할 수 있다. 이러한 점은 연구의 어느 시점에서 확고한 결론이 날 것으로 믿지는 않는다. 왜냐하면, 우리가 가지고 있는 자료의 한계성으로 인하여 그리고 적용할 수 있는 방법론은 어느 시점에서도 완전한 설명은 요원할 것이기 때문이다. 그래서 어느 시점이든지 간에 다양한 시각으로 현재의 자료를 토대로 새로운 설명을 끊임없이 해야 할 것이다.

아시아지역의 전반적인 현존 데이터의 종합적인 정리와 이를 바탕으로 한 전체적인 진화의 과정을 설명하는 일은 아직도 쉽지가 않다. 최근에는 국제학회들에서 지역적이거나 주제에 대한 자료가 한자리에서 논의가 되는 경우는 많아지기는 하였지만, 종합적인 연구는 많지 않았다. 아직도 지역에 따라서는 고고학이 학문적으로 크게 발달하지 못하여 연구자가 턱없이 부족하기도 하고 또한 다양한 언어장벽으로 소통이 원활하지 못하여 종합화하는 것은 한계가 있을 수밖에 없을 것이다.[1] 고인류 화석이나 석기 유적들이 그다지 많지 않은 지난 20세기의 전반기에 동아시아 구석기문화를 최초로 종합화하는 시도를 다룬 저술로서는 바로 모비우스의 논문[2]을 들 수 있을 것이다. 이 지역의 고고학적인 자료가 많지 않았을 뿐 아니라 조사자료가 있다고 하더라도 국제어로 된 것들이 극히 적기 때문에 각 시점에서 전체적인 패턴을 종합하는 것은 어려운 점이 있었던 것이 사실이다. 또한 당시로써는 과학적인 방법론 역시 오늘날과 크게 차이가 났기 때문에 유적의 조사정보가 불확실한 점이 많았다. 그 이후로도 전체적으로 보려고 하는 노력은 서구의 고고학자들에 의해서 시도되었지만[3] 이론적인 체계를 통한 종합적인 고찰이라기보다는 시도를 위한 현상의 이해라는 정도에서 그친 셈일 것이다. 최근의 시도로서는 데넬(R. Dennel)에 의해서 아시아 대륙의 구석기시대의 전기자료의 패턴과 이동의 과정과 시기에 대한 저서[4]라고 할 수 있을 것이고 그 이전으로는 이미 90년대 초에 전 세계적인 고인류와 구석기를 다루는 과정에서 언급된 것[5]들로 소급될 것이다. 그런데 데넬의 종합적인 연구에서도 아시아의 초기 확산을 주로 다루었고, 상부 홍적세의 현생인류 확산과 혼합 그리고 그 문화적인 다양성의 문제를 많이 다루지 못하였다. 물론 세계구석기 고고학이나 인류 진화의 보편적인 내용을

1 최근에 이 지역의 고고학 전반을 종합화하려는 노력으로 Habu et al. (eds) 2017 참조.

2 Movius 1944/1948.

3 예, Chard 1974;Ikawa-Fumiko ed. 1978.

4 Dennel 2015.

5 예, Klein 1998.

서술하는 과정에서 서구적인 시각에서 유라시아대륙의 고고학적 그리고 인류학적인 자료에서 보이는 현상을 종합적인 시각에서 보려고 한 시도들은 있었다. 그러나 그러한 노력이 가지는 한계는 현대의 많은 연구자가 느끼는 바이지만 서구적인 연구를 기준으로 관점이 구성되어 편향적일 수가 있다는 점이 일찍부터 서구학자들에 의해서도 지적되고 있었다.[6] 그래서 종합과 새로운 검증, 이러한 피드백을 통해서 새로운 가능성을 찾고 설명하려는 노력은 학문의 발전을 위해서 중요한 것이며 최근 그러한 시도가 주제별로 이루어지기 시작하는 것을 볼 수 있다. 현재 고고학의 발전과 지역문화에 대한 관심의 증가로 쏟아져 나오는 현대적인 자료들을 전체적으로 훑어보는 시도는 이 시점에서 새로운 이론적인 합성을 위해서 반드시 필요한 것으로 생각한다.

아시아지역의 고인류 화석 및 구석기문화자료들을 인간의 지적능력 진화와 그 현상이라는 관점에서 재정리할 필요가 있다. 호모가 출현하여 새로운 생태환경을 극복할 수 있는 잠재적인 능력을 갖추기 시작한 이래로 인류의 이동은 필연적으로 이루어지는 것이고 당연히 지리적인 연속성은 예상되는 것이었지만 오늘날 자료에서 보이는 지리적인 다양성은 진화과정에 대해서 이동의 주체나 환경과 관련하여 더 상세한 설명이 요구되는 것이다. 그런데 인간의 이동 동기는 결국 새로운 자원을 확보하기 위한 것이 대부분이었을 것이고 그러한 과정에서 자원과 환경에 대한 호기심이 중요한 동인이 되었을 것이다. 이러한 확산의 과정에서 적응의 산물로서 남겨진 구석기문화 현상을 인류의 일반적 그리고 특수한 진화과정의 틀 속에서 이해되는 것이 필요하다. 인간 진화의 긴 여정 속에서 이루어지는 행위들을 설명할 수 있는 틀로서 각 진화 단계별로 인간의 인지의 능력의 수준이나 문제해결 능력의 일반적인 행위 법칙을 어떻게 규정할 수 있을 것인가에 대한 고민은 아직도 본격적으로 시작된 것은 아니다. 그래서 고고학적인 현상을 설명하기 위해서는 인간의 본성적인 행위원리에 대한 깊은 이해가 전제되지 않으면 안 된다. 행위원리라고 하는 것은 행위의 문화적인 기반을 의미하는 것이 아니라 행위를 만들어내는 생물로서의 인간 본성을 말하는 것이다. 결국 고고학에서 말하는 거대문화 패턴이 보여주는 인간의 내재적인 지적능력에 대한 의미성을 가지고 고고학적인 현상을 설명하여야 한다. 고고학적으로 문화의 지리적인 연속과 단절의 현상을 설명하는 것을 고인류 집단 차이의 근거로 보려고 하는 것에 지극히 조심하지 않으면 안 된다. 물론 후기구석기시대에 문화적인 차이가 집단의 차이를 나타내는 것을 흔히 볼 수 있지만 이러한 경우들이 일반적인 원리라고 하는 보는 것은 위험한 것이다. 진화의 과정에서 문화의 콘버전스(convergence)가 일어날 수 있는 것이며 다른 말로 하자면 동일한 환경에 적응의 과정은 다양한 양상으로 나타날 수가 있는 것으로 생

6 예, Hutterer 1977.

각해야 할 것이다. 또한, 국지적인 패턴이라고 볼 때는 그 집단의 크기가 진화적인 관점에서 유의미한 규모가 될 수가 있는 것인지가 궁극적인 질문으로 남게 되는 것이다.

고인류의 이동과 적응의 관점에서 각 단계에서 이루어진 동인들을 현재의 고고학 자료에서 새로운 시각으로 확인하려는 노력이 필요하다. 일반적으로 인간은 경쟁을 피하여 자원이 풍부한 지역으로 그리고 안정된 자원을 확보할 수 있는 곳으로 이동하게 마련인 것이며, 자원의 분포는 기후 변동 때문에 달라질 수 있을 것이다. 고인류의 인지능력과 문화적인 선택의 범위를 고려하여 본성적인 반응과 전략적인 선택의 결과로서 환경의 장애요소를 극복하고 확산할 수 있었을 것이라는 관점에서 이동과 확산을 보아야 한다. 그래야만 우리가 다양한 고고학적인 자료가 보여주는 문화적인 현상을 가지고 그 주인공들의 적응능력에 대한 판단 오류를 줄이게 될 것이다. 이러한 관점에서 동아시아의 고고학적인 자료들에 대한 설명을 보려고 하는 것이다. 그리고 그러한 행위가 어떤 동기, 즉 어떤 환경변화와 관련하여 일어나게 되고 그러한 가운데 인류가 생존하기 위해서 선택한 전략이 무엇인가에 대해 고민을 해야 하는 것이다.

아프리카에서 인류 초기의 진화가 이루어지고 호모 단계에서 유라시아 대륙에서 시작되는 인간의 이동은 다른 생물의 이동과는 다른 점을 고려하여야 한다. 무엇보다도 인간은 지능을 가지고 지적으로 적응하는 동물이라는 점이다. 생물로서의 본능적인 적응과 함께 문화적인 적응이 다른 환경으로 이동하는 데 어느 정도 작용할 수 있었던가를 끊임없이 묻지 않을 수 없다. 고고학자들은 결국 이 두 가지의 적응력을 어떻게 평가하는가에 따라서 설명의 틀이 달라질 수가 있다. 동아시아지역에서 인류는 아프리카를 나올 때 가진 특성을 유지하면서도 각종의 다양한 환경에 새로운 문화적 적응하면서 삶을 영위하였을 것이다. 기후가 급격하게 변하여 적응하기가 어려운 환경 속에서 사라지기도 하고 다른 한편으로는 같은 시기에 상대적으로 좋은 환경 속에서 살던 다른 인류집단들은 재수좋게도 난민처럼 살아남아서 나중에 더 멀리 확산하기도 하였을 것이다. 고인류가 지나간 자리에 반드시 흔적이 남지는 않겠지만 듬성듬성 있는 증거들을 토대로 고인류가 동아시아지역에서 어떻게 사라지지 않고 살아 온 것이며 또 새롭게 들어오는 인류들을 맞이하면서 오늘날의 현생인류까지 진화하게 되었던 것인지를 부족한 증거들이지만 이것들을 가지고 정리하고 설명하는 것이 중요한 것이다.

아시아지역의 인류 진화와 확산과정을 일목요연하게 설명하기는 정말 어려운 일이다. 왜냐하면, 시간적 진화와 공간적 이동에는 여러 가지 원칙에 기반하여 보아야 하지만 여러 가지의 관점에서 그 보고자 하는 원칙의 우선을 정하지 않으면 안 될 것이다. 이 책에서는 서술의 방식을 지질시대, 즉 기후 환경의 변화를 기준으로 서술하려고 한다. 물론 지역적인 변화의 연속성을 생각할 때 이러한 서술이 지역과 지역 사이에 상관성을 이해하는 데는 약간의 어려움이 있을 것 같지만, 큰 틀에서 기후변동과 고인류의 지역적인 생존과 확산이 어떻게 이루어진 것인지를 지역적인 환경 변화와 관련하여 이해하는데 편리할 것으로 생각되는 것이다. 그래서 인류의 각 지역의 확산과 홍적세의 각 단계, 즉 하부, 중부 그리고 상부 홍적세 별로 각 지역의 유적의 증거와 해석의 오늘날 성과를 종합적으로 정리하여 동아시아지역의 인류 진화와 석기문화의 변동 패턴에 대해서 재검토하고 새로운 설명을 시도하려고 한다. 이러한 작업에 있어서 그동안의 서구 고고학적인 관점에서 틀을 약간 달리하는 측면이 필요할 것으로 생각된다. 과거의 단선진화론적인 관점에서 지역별 차이에 대해 설명하려고 하였지만 본 서에서는 인류의 이동 방향이나 적응의 과정을 보편적인 진화 원리를 토대로 다차원적인 관점에서 보고자 하였다. 그리고 각 4기 지질시대의 하부, 중부 그리고 상부 홍적세의 구분 속에서 그 시대에 확인된 고인류의 종류별로 그 특성과 유적 그리고 현재의 설명을 제시하고 남겨진 문화 현상, 즉 주요한 구석기 유적의 구조와 분포, 그리고 구석기문화와 그 변동을 설명하려고 한다. 이러한 설명의 체제는 인류의 생물학적 그리고 문화적인 진화의 맥락을 끊게 되는 단점이 있지만, 지역적인 동시성의 이해에는 도움이 될 것이고 진화의 시간 차이와 변동의 지리적인 과정을 이해하는 데 도움이 될 수 있을 것이다. 이를 토대로 각 시대에 있어서 진화의 다양성과 계통 그리고 고인류들의 체질적 문화적인 적응과정을 논하고자 하는 것이다.

2 동아시아 구석기 고고학의 주요 주제들

본서의 내용이 범 아시아적인 인류 진화와 문화 진화를 다루고 있지만 결국 한반도에서 보려고 하므로 동아시아의 홍적세가 바로 그 시간적인 주 대상이 되는 셈이다. 동아시아지역은 일찍이 인류의 기원지로 기대하고 조사가 시작된 곳이다. 동아시아의 구석기 유적에 대한 조사는 지난 19세기부터 이루어졌는데 중국지역에서는 프랑스 고고학자인 리상(E. Licent)에 의해서 처음으로 간수 지방에서 조사가 시작되어 1920년대에 떼일하드 샤르댕(Teilhard de Chardin)이 동참하게 되었고 내몽골의 살라우수(Salawusu)와 수이동구(Shuidonggou) 유적을 발견하게 되면서 구석기 연구가 시작된 셈이다. 물론 이 전에 동남아시아에서 가장 중요한 발견은 바로 19세기 말에 있었던 유진 드보아(E. Debois)에 의한 피테칸트로푸스 에렉투스(*Pithecanthropus erectus*)의 발견이다. 이렇게 서양 고고학자에 의해서 시작된 고고학은 제2차 세계대전 이후 각국의 고고학자들이 이어받기는 하였지만, 최근까지도 아시아의 각지에서 서양고 고학자와의 협업을 통한 고고학적인 조사가 많이 이루어지고 있다. 이러한 과정에서 결국 서양 고고학의 틀 속에서 설명이 이루어지고 있는 셈이다. 물론 서양 고고학의 방법론 적용으로 제기된 설명이 틀린 것은 아니다.

핵심적인 주제를 논하기 전에 학사적인 관점에서 반추해 보는 것도 문제의 이해에 도움이 될 수 있을 것이다. 그렇다면 무엇이 그동안 동아시아 구석기 고고학적인 현상들을 설명하는데 관점의 문제가 있었던 것인가? 이러한 질문은 새로운 종합적인 연구에 있어서 전제로서 항상 제기되어야 하는 방법론적인 문제이다. 아시아 고고학이 가지는 태생적인 한계가 바로 서구고고학적인 관점에서 설명되어 왔다는 점이고 또한 오늘날에도 그러한 방식을 취하지 않는다면 비교연구에 있어서 엄청난 지장이 된다는 점이다. 유로 아프리카지역의 문화양상을 토대로 설정된 편년과 분류체계와 진화적인 개념에 기반하여 아시아지역의 문화양상 이해에 어느 정도 적합한가의 문제가 대두될 수 있다. 왜냐하면, 자료의 선택과 설명이 기존의 틀 속에 갇히게 되면 그 도출되는 결과는 왜곡되거나 제한되기 쉽기 때문이다. 오늘날에도 지속하는 주먹도끼 공작에 대한 정의와 아슐리안 논쟁에서도 그러한 관점의 문제가 흔히 논증되는 것을 볼 수 있다. 그리고 문화 진화와 고인류의 형질적인 진화의 단계와 상호 관련짓는 인식에서는 가장 최신의 논문들에서도 '문화 = 인간집단'이라는 등식의 흔적들을 볼 수 있다. 지역적으로 또는 시간상으로 문화가 달라지는 것에 대해서 가장 편리한 대답일 수도 있을 것이다. 여러 가지 문제점에도 불구하고 이러한 문제점을 개선한 시각에서 서술되는 것은 현재로는 어려울 것이며 그러한 문제점은 앞으로의 연구에서 지속해서 지적되고 균형을 만들어가는 노력이 필요할 것으로 보인다.

동아시아 고인류 진화와 관련하여 다루어야 할 주제들은 다양하다. '애초에 시작되는 단계에서는 동아시아의 열대 지역이 인류의 기원지로서 기대가 되었다면 오늘날에는 인류가 어떻게 유라시아 대륙에 퍼지게 되었던가?'라는 주제가 가장 근원적일 것이다. 그리고 '동아시아와 동남아시아지역은 현생인류의 진화에 어느 정도 이바지하였던 것인가?' '이 지역에서 가장 오래된 인류의 흔적은 얼마나 오래될 것인가?' 등등의 질문이 학문적으로 흔히 대두된다. 그동안 광범위한 지역에서 생산된 고인류학적 그리고 고고학적인 자료들은 엄청나게 누적되어왔다. 그리고 이러한 자료들을 종합적으로 보는 연구는 앞서 언급한 바대로 그다지 없었고 최근 들어서 거론되기 시작한 것이다. 고인류학 분야에서는 우선 초기 호모가 동아시아지역까지 확산한 시기와 과정에 대한 설명이 가장 최우선의 과제일 것이다. 물론 현재 유라시아 대륙의 가장 오래된 고인류 화석으로 드마니시(Dmanisi)의 화석을 지목하고 대체로 200만 년 전경에 근접하는 연대로 생각[7] 하고 있어서 그 이후의 시기이지만 동북아시아지역에 도달하는 시기가 문제인 셈이다. 그리고 초기 호모의 이동 경로 역시 중요한 과제인데 현생인류까지의 진화의 과정이라고 할 수 있다. 현생인류 역시 아프리카에서 왔다는 것이 일반적인 학설이지만 오늘날 현대인까지 진화하는 과정은 그리 간단하게 설명될 수가 없는 부분이다. 왜냐하면, 이전의 호모와의 관계가 과거와는 달리 유전자 해독으로 엄청나게 복잡해진 탓이 있다. 그래서 현생인류로의 진화와 현대인까지의 여정은 어떠한 유전자복합과정을 가진 것인지를 설명하여야 한다. 가장 초미의 관심은 네안데르탈이나 데니소반 유전자가 동아시아지역에도 퍼져 있는데 이 집단의 고인류 화석의 확산범위는 아시아대륙의 서부에 국한되어 나타나고 있다는 현재의 화석분포와의 유전자 분포상의 괴리에 대한 설명이 필요하다. 이 점은 데니소반과 네안데르탈인과의 유전자 교류나 이 둘과 현대인 사이에 유전자 교류가 어떻게 일어나게 되는 과정과 시기가 중요한 관건인 셈이다. 이러한 연구를 위해서는 결국 행위를 가장 잘 대변하게 되는 석기 공작의 패턴과 유전자를 통한 진화연구의 성과가 상호 교차 검증되면서 그 실체를 밝혀내는 노력이

7 Lordkipanitze et al. 2013.

필요한 것이다.

현대인은 단 하나의 종으로 남게 된 인류로서 오늘날 존재하게 되었는데 동아시아 지역으로의 확산의 루트는 시베리아 경로와 동남아시아의 두 가지의 동서 이동로가 보통 제시되고 있지만, 이동의 시기와 경로 그리고 이동의 주체 등에 대해서는 지속적인 고민을 하여야 할 것이다. 항상 서에서 동으로의 이동을 생각하지만, 동에서 서로의 이동, 그리고 더욱 심각한 주제로서 남북의 이동과정은 없었던 것인지에 대한 논의가 필요할 것이다. 호모 사피엔스, 즉 현생인류로의 진화과정에서 각각 상이한 환경에서 지역 진화가 어느 정도 일어났으며 오늘날 고고학적인 자료에서 보이는 체질적인 차이가 종의 구분으로 사용될 수 있을 것인지, 그러한 진화가 인류의 보편적인 진화에 '어느 정도 영향을 끼쳤던가?'라는 문제이다. 이러한 연구가 오늘날에 현생인류라는 단일 종으로 귀결되는 거대한 인류의 보편적인 역사 속에서 동아시아지역이 가지는 의미에 관한 것이다. 이 점은 특히 근래에 달리인 화석과 같이 중국의 고인류 화석과 아프리카나 중근동지역의 고인류의 화석의 유사성[8]들이 지적되고 있는데, 만일 동일 종이라고 본다면 '어떤 특정 종과의 관계와 기원지, 확산과정과 동아시아지역 내에서의 위치이동과정을 설명할 수 있을 것인가?'라는 문제가 대두되는 것이다. 과거와는 달리 이제는 전 지구적인 관점에서 고인류학적인 비교연구가 점파로 늘어가고 있어서 새로운 관점들이 등장하고 있다. 특히 최근에 증가하고 있는 고인류 화석, 특히 현생인류 등의 상부 홍적세 화석들에서 채취된 유전자들이 보이는 기원적 이중성과 화석 인류학적인 특성 그리고 석기 공작과의 관계에서 인류의 확산 방식을 고민하는 것이 새롭게 대두된 주제일 것이다.

고인류의 체질적인 자료, 즉 화석이나 유전자 등과 구석기문화 양상과의 관계는 간단하지가 않다. 구석기문화자료에 대한 이해는 아직도 서구적인 방법론적인 프레임 속에서 이해되고 질문되고 있다. 그런데 고인류의 적응과정이나 인지적인 행위 현상을 이해하기 위해서는 석기의 상사성과 상이성의 차원이 아니라 환경과의 적응과정에 대한 심도 있는 이해에서 연구가 출발하지 않으면 안 된다고 생각한다. 고인류 각 단계에서 가지고 있는 인지적인 능력과 주어진 생태환경을 극복하는 과정에서 일어나는 행위적인 문화 현상과의 관계를 단선적(uni-) 그리고 단순적(mono-) 등의 관점에서 바라보지 않고 다차원적인 관점에서 접근하려는 노력이 절대적으로 필요하다. 많은 논문에서 동아시아 석기 공작이 '원시적'이라고는 말로서 표현하고 있지만, 그것이 인지의 원식, 즉 덜 진화된 인류라는 개념과는 완전히 다른 의미로 사용되고 인식되어야 한다. 초기 호모가 유라시아 대륙에 들어올 때 이미 상당한 문화적인 역량이 있었다고 볼 수밖에 없을 것이다. 왜냐하면 아프리카 지역에

---

8 Athreya and Wu 2017.

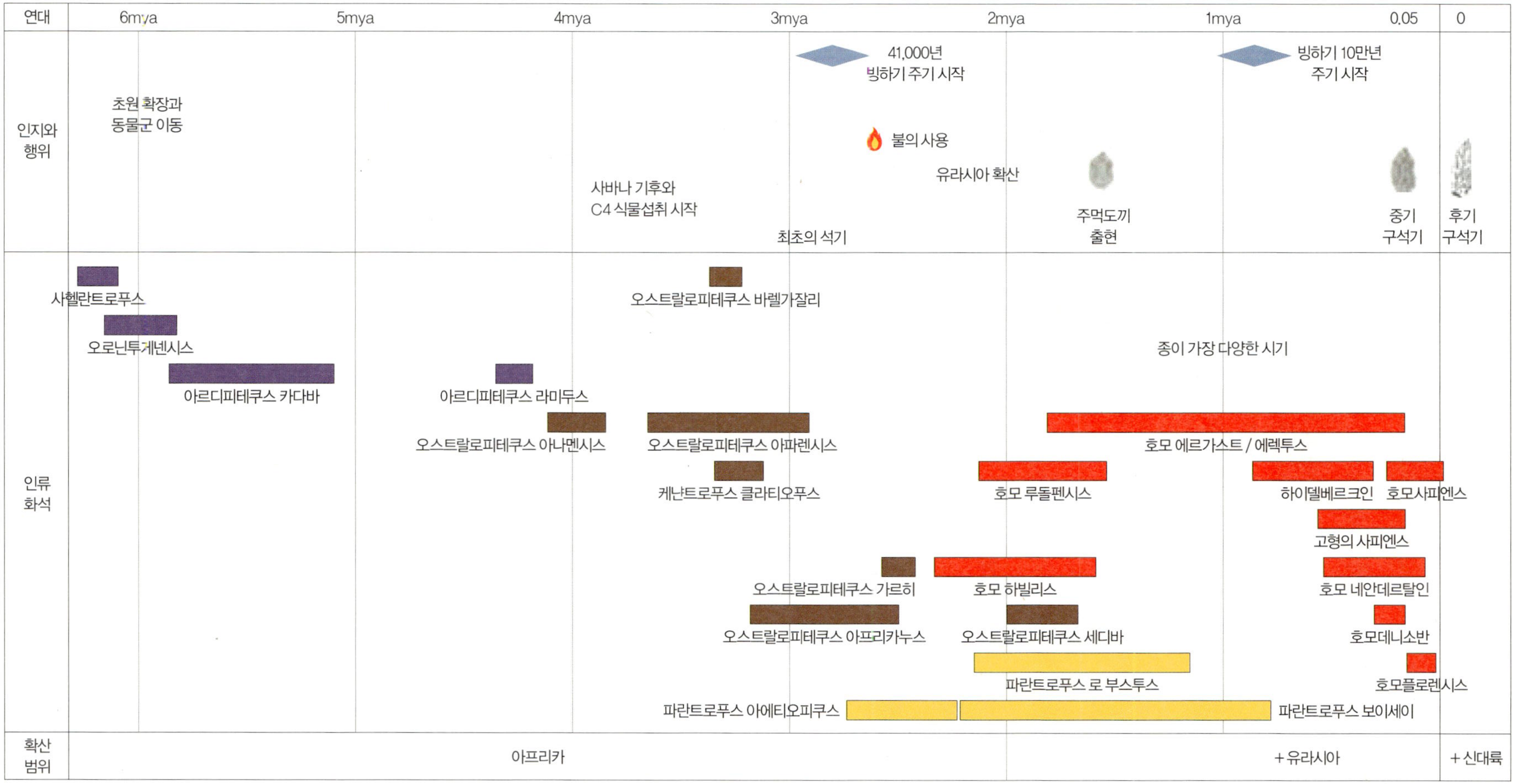

도판 2 인류의 진화 단계도. 고인류화석 인류조의 편년과 인지의 진화(Hockings et al. 2015에서 변형). 호모 단계에서 아시아 지역으로 확산되었고, 그 이후 현생인류로 진화하는 과정에서 여러 호모 종들이 상호 유전자교류를 하게 되었고 다양한 형태의 화석인류들이 아시아에서 발견된다.

서 석기가 최초로 출현한 지 이미 130만 년 이상의 시간이 흘렀기 때문이다. 이러한 역량을 토대로 새로운 환경 속에서 적응이 가능하고 살아남을 수가 있었을 것으로 생각해 볼 수 있다. 그래서 동아시아지역에서도 가장 오래된 고인류 화석의 연대와 석기문화의 연대는 그 어느 것이 앞서고 또는 뒤에 나타나고 등의 문제는 생각할 필요가 없다. 아직은 희미하지만, 석기의 연대 역시 유라시아 지역에서 고인류 화석의 연대와 거의 근접하게 나타날 수 있다는 것이 확인되고 있다. 그리고 아직은 결정적이라고 볼 수는 없지만 대체로 200만 년 전 전후의 시기가 유라시아 대륙으로 확산하였을 시간적인 상한선의 범위로 생각할 때 그만큼 오랜 기간 동안 적응하면서 진화를 하여온 것으로 볼 수 있을 것이다.

그동안 동아시아지역에서 구석기 연구에 있어서 가장 핵심적으로 대두되었던 문제는 모비우스가 제기한 아슐리안 석기의 존재 여부이다. 오늘날 많은 지점에서 주먹도끼 공작들이 보고되었지만 이러한 석기들이 유로 아프리카 지역의 석기 공작들과 비교에서는 다양한 견해가 제기되어 문화의 정의와 동질성에 관한 판단의 문제는 앞으로도 구석기 고고학에서 지속할 것으로 전망된다. 동아시아지역의 석기 공작의 패턴, 즉 원시형 주먹도끼의 출현과 비정형적인 박편석기 전통의 지속 기원에 대한 논쟁이 70년대 대나무 이론 제시 이래 지속하고 있는 주제이다. 이 주제는 아마도 세계고고학계의 큰 숙제라고 생각된다. 인도 이동 지역에서 아슐리안형의 석기 공작이 전형적이거나 보편적인 양상으로 출현하지 않는다는 점에 대한 다양한 가설들이 새로운 시각에서 검토되어야 할 것이다. 이와 함께 논의되는 것이 바로 사전 조정 타격에 의한 박편 제작의 기법, 즉 르발르와 기법의 출현과 그 분포의 범위에 관한 판단이다. 이 기법은 유로 아프리카 지역에서 전형적인 아슐리안 주먹도끼를 만드는 기술과 중복 내지 연속되는 개념의 기술인데 동아시아지역에서는 북쪽 지역에서 나타나기는 하지만 보편적인 기술로 볼 수는 없을 것이다. 다만 지점에 따라서 유사기술이 나타나는 것으로 알려졌지만 아직도 확실하게 보편적인 기술로써 이것을 토대로 석기문화를 정의할 정도로 발전한 것으로 보기는 어렵다. 이와 관련하여 이미 제기된 바[9]와 같이 르발르와 기법이 이 지역의 주먹도끼 공작의 형태적인 진화에 어떠한 영향을 미친 것인지에 대한 고찰이 필요할 것으로 생각된다.

후기구석기시대 대표적인 석기 제작기술인 석인 제작이나 세석인 제작기술의 연원 역시 동아시아지역에서는 그 분포가 제한되어 나타난다. 그래서 그 기원과 분포의 의미가 가지는 복합적인 문제가 큰 주제가 되어온 것이다. 그리고 동전의 방향성과 양상 그리고 동북아시아지역에 확산하는 과정의 문제들이 중요한 과제라고 할 수 있을 것이다. 이러한 주제에 대한 탐구과정에서 서시베리아 지역의 복합 진화적인 양상과 트랜스바이칼지역과

9 Lycett 2007.

동북아시아 지역에서 변화하는 양상이 대비적으로 그리고 편년적인 증거들을 토대로 설명되어야 하는 것이다. 그리고 또한 석인과 세석인의 진화적인 관계 역시 지역적으로 다양한 패턴으로 나타나기 때문에 그리 간단한 주제는 아니다. 인도지역의 세석기의 전통과 북방 시베리아 지역의 세석인석기와의 비교도 중요한 과제일 수 있다. 왜냐하면 이 두 석기 공작들이 지리적인 연속성이 없기 때문에 그 출현의 과정을 설명하여야 한다. 그리고 이러한 세석기 전통이 왜 동남아시아지역으로 확산하지 않은 것인지에 대한 의문 역시 지속해서 제기되는 문제이다.

동아시아지역은 광대한 지역에서 다양한 고인류 화석들과 석기문화들이 출현하고 있다. 그런데 궁극적으로 어떤 고인류가 어떠한 문화와 관련이 있었을 것인지에 대해서 설명이 시도되어야 하는데 일부 지역의 구석기문화, 예를 들어서 알타이나 중앙아시아지역에서 상부 홍적세의 초반에 나타나는 초창기 후기구석기(Initial Upper Paleolithic)[10]가 동유럽지역의 네안데르탈인이 이동해 오면서 나타나는 것 등에 대해서 특정한 고인류 집단을 상정하고 있지만 많은 경우에는 불확실하다. 결국 문화적인 변동과 고인류의 진화 단계와의 관련의 문제이다. 특히 현생인류의 출현과 문화 진화의 지리적인 전개 양상에 대한 논의가 중요한 논점이 되어야 할 것으로 보인다. 그러한 지리적으로 구분되는 양상이 결국 일련의 진화과정에서 보이는 인간 진화의 원리에 의해서 어떻게 해석되어야 하는가는 가장 근본적인 질문이 되어야 할 것이다. 석기 제작의 기술들이 확산하는 패턴은 분명히 고인류의 진화의 지역적인 양상과 다르게 나타나는 점들에 대한 설명이 중요한 것이다. 그리고 이러한 기술의 유무 패턴도 중요하지만, 기술들이 시간상으로 전개되는 과정에서 고인류의 진화와의 상관관계의 설명이 중요한 주제가 되는 것이다.

본 범 아시아적인 연구에서 가장 궁극적인 주제가 바로 지역적인 고인류와 문화 진화 과정의 차별성에 대한 이해이다. 왜 그러한 문화 진화의 차이가 있고 또한 그러한 차이가 각 지역에 적응하는 과정에서 가지는 의미가 무엇인지, 그리고 인류의 진화과정과는 어떤 상호연관성을 가지고 설명이 될 수 있는 것인지, 등에 대한 접근과 설명이 필요할 것이다. 예를 들어서 현생인류의 초기 남방 루트의 확산과정에서 인도를 지나면서 고도의 석기 제작기술의 상실을 어떻게 보아야 할 것인지는 우리가 반복해서 생각하여야 할 문제들이다. 인류의 이동은 국지적으로만 일어나는 것이 아니고 광역적으로 일어나지만, 지역적인 문화양상의 차이를 설명하는 것은 인간의 인지능력과 문화적인 전통성을 이해할 수 있는 의미 있는 증거라고 볼 수 있을 것이다.

그리고 마지막으로, 동아시아지역의 국가 내지 문화 정체성적인 접근에 대한 경계

---

10 Kuhn & Zwyns 2014; Kuhn 2019.

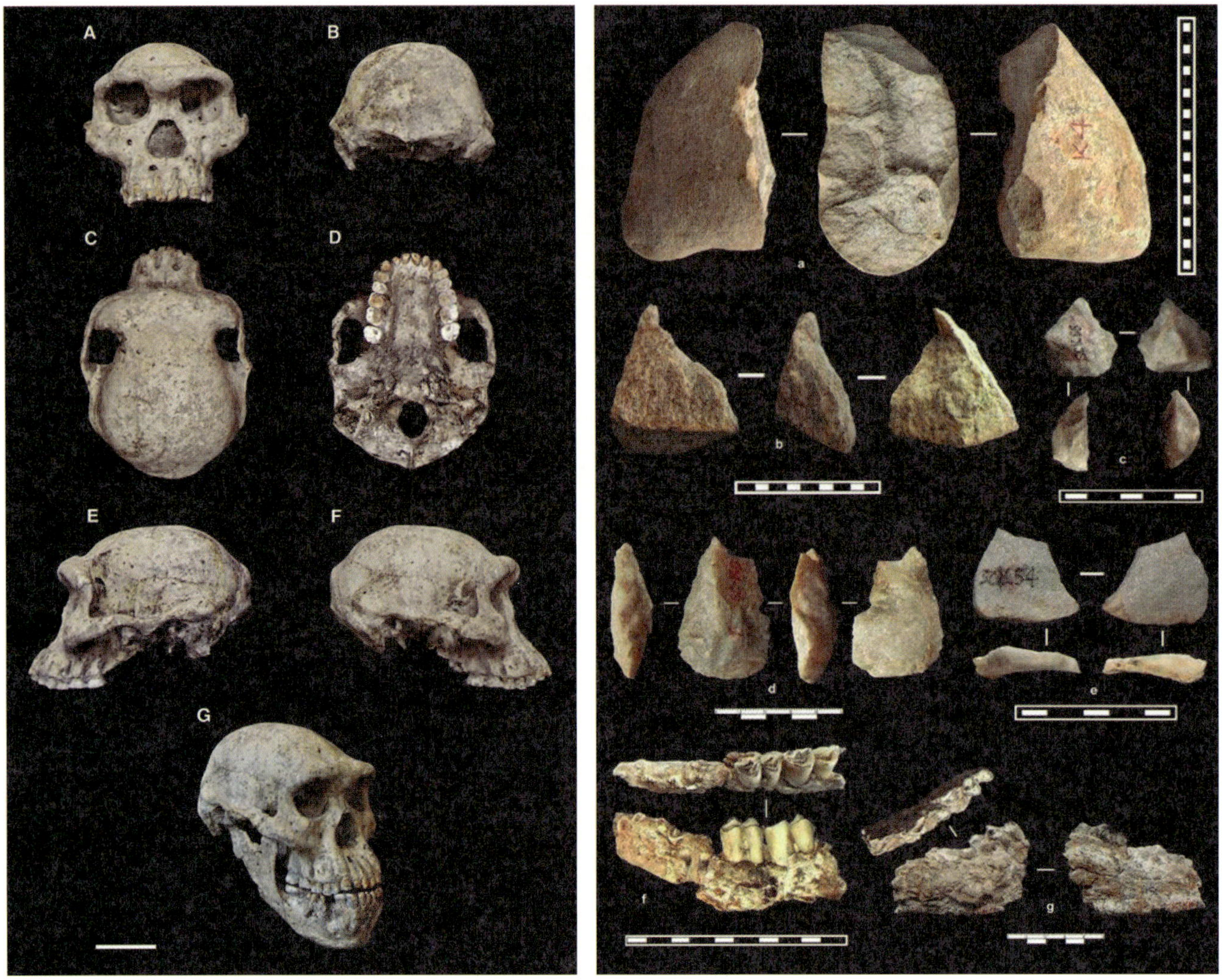

도판 3 좌) 드마니시 유적 출토 초기 호모두개골(D4500, D2600 A, B.)(Lordkipanitze et al. 2013). 우) 중국 상천 유적 출토 210만 년 된 석기와 동물화석(Zhu et al. 2018). 아시아대륙에 이미 200만 년 전에 동과 서의 끝단에 호모 집단들이 퍼져 살고 있었다는 것을 보여준다.

심이 필요할 것이다. 오늘날 중국에서는 엄청난 규모의 자료가 집합되고 있고 다양한 견해들이 제기되고 있다. 중국의 과거 인류의 역사는 바로 동아시아지역의 전체 인류의 역사로 대변된다고 볼 때 제기된 일부 중국학자들의 견해들이 가지는 선사시대에 대한 '국수주의적인 경향을 어떻게 이해하여야 할 것인가?'라는 문제이다. 이 문제는 이미 서구나 중국 출신의 균형감 있는 학자들에 의해서 심각하게 지적되고 있지만,[11] 객관성을 가지려고 하는 선사고고학 연구에 큰 암초로서 작용하는 것을 볼 수가 있다. 구석기 연구가 인간의 보편

11 Cheng 2019; Porr and Mathews 2017; Schmalzer 2008.

성을 보여주는 영역 임에도 불구하고 지역적으로 소속되는 사회의 정체성 관심의 수단으로 이용된다는 점이다. 그러나 앞으로 이러한 경향성은 다국적 학자들이 구성되는 조사나 학회 등을 지속하면서 점차로 불식될 것으로 기대되고 있다. 이점은 고고학적인 연구의 모호성에 기반을 둔 여러 가지의 자문화 중심주의적인 또는 자인지 중심적인 추론은 결국 증거의 내실화와 논리의 확고성에 의해서 자연적으로 도태될 것이기 때문이다. 실제로 그러한 임의적인 결론이 의식적으로 행하여진 것이 아니라고 하더라도 그러한 주의를 기울이지 않은 것은 학문적인 결격사유가 될 것이고 또한 그러한 점은 새로운 자료에 의해서 교정될 수밖에 없으며 이제는 다원적인 시각이 존재하게 됨으로써 더욱 균형 있는 접근이 이루어질 수 있을 것으로 기대하는 것이다. 그러한 시기를 앞당기기 위해서는 많은 담론의 교환이 필수적이다.

3 구석기문화와 인류 적응 이해의 방법론적인 출발

3.1 유적변형과 분포의 이해

거대한 지역 인류의 체질적인 진화나 문화적인 진화를 읽어내기 위한 다양한 고고학적인 방법론은 각 증거의 종류에 따라서 각 분야에서 이제까지 많이 발전되어 왔다. 그런데 구석기시대나 호모 진화의 과정은 엄청나게 긴 시간을 다루게 되며 거시적인 패턴을 다루기 때문에 거시적인 입장에서 인간 행위의 일반적인 원리와 환경 변화의 원리에 따라 추론을 정확하고도 확장성을 가지지 않으면 해석이 어려울 수가 있다. 또한, 현실적으로 드러난 자료에만 의거하여 단순하게 판단한다면 왜곡된 설명이 도출될 수도 있다. 왜냐하면 구석기시대의 자료들은 오랜 시간을 거치는 동안 많은 변화를 겪기 때문에 고고학적인 자료의 해석에 시간의 길이와 변화를 유발하는 요인들에 대한 충분한 고려를 전제하지 않으면 안 된다. 오늘날 고고학 현장에서 발견하는 유물과 유적의 구조들은 기나긴 시간 동안의 다양한 환경 변화 속에서 살아남은 것이다. 퇴적 후 유적변형에 대해서는 그동안 많은 연구가 있었지만[12] 그러한 결과를 토대로 실제로 유적에서 나타나는 고고학적인 현상을 이해하려는 노력은 적극적이지 않다는 점은 구석기 고고학에서 큰 유감이다. 유적의 부존 가능성에 대한 개념적인 고려나 고고학 유적에서 보이는 물질적인 현상들이 어느 정도 고대 인류의 문화를 반영할 수 있는지에 대한 심각한 고민이 모자란 경우가 허다하다. 이러한 점은 앞으로 이제까지 발굴된 내용을 이러한 모델을 가지고 새로이 점검하는 고고학이 대두되어야만 수정이 가능할 것이고 자료의 해석에 중요한 모델이 제공될 것으로 기대된다.

기후변동에 따라서 한랭건조와 온난다습한 환경의 주기적인 교차 출현이나 계절적

---

12 예로서 Schiffer 1976; Binford 1981; Schick 1984 등.

인 변동 속에서 지질적인 변화가 일어나게 되고 궁극적으로 사라지거나 엄청나게 변형된 구조로 남아 있게 되는 것이다. 고고학적인 자료에 담긴 행위를 변형하는 요소들로서는 지질적, 생물적 그리고 화학적인 것들이 있을 것이고 그러한 변화의 정도는 자료의 환경과 시간적인 길이에 따라서 달라질 것이다. 심지어 층위의 구조도 시간이 흐르면서 그 자리에서 변화될 수 있는 것이다. 오늘날 오래된 구석기 유적들이 많이 발견되는 지역은 과거에 지속적인 퇴적이 이루어지고 퇴적된 층위가 사라지기 전에 다른 퇴적이 이루어졌으며 그 후에 오랫동안 침식을 받지 않은 지질환경을 가진 곳이다. 바로 오늘날 중국 북부의 니허완(Nihewan, 泥河灣)이나 중앙아시아와 동북아시아의 황토퇴적 지역과 동아프리카의 리프트 열곡과 같은 곳이 그 예라고 할 수 있다. 이러한 지점 이외의 지역에서는 동굴퇴적을 제외하고는 오래된 층서가 그대로 남아 있는 경우는 극히 드물고 개별 유적에서 설명이 이루어질 것이지만 아시아지역 전역을 통해서도 많은 경우에 구석기 유적들이 엄청나게 변형된 형태로 남아 있는 경우가 많은 것이다.

고고학에서는 증거의 지리적인 출현과 비출현이 대단히 중요한 의미가 있다. 증거의 출현과 비출현 역시 고고학적인 자료의 하나로서 이 특성을 읽는 기법 역시 특정 주제를 설명해나가는 데 있어서 중요한 방법론을 구성하는 것이다. 그리고 이러한 출현과 비출현은 근본적으로 본다면 인간의 출현과 비출현의 증거일 수 있지만 사실 구석기 고고학에서는 시간의 문제이기도 하고 퇴적과 침식의 시간적인 과정의 문제이기도 한 것이다. 결국 유적과 유물의 출현과 비출현의 문제는 퇴적과 침식이라는 지질학적인 조건을 고려하지 않으면 정확한 해석이 불가능할 것이다. 아무리 사람이 자주 생활한 곳이라고 해도 태풍에 쓸려 내려가 버린다면 인간의 흔적은 없어지는 것은 당연하고 구석기시대는 우리가 상상하는 것보다도 훨씬 더 긴 시간 속에서 유적이 존재하여야 하므로 침식의 문제를 절대로 소홀히 해서는 안 되는 점이 있다. 거시적인 패턴을 이해하는데 있어서 우리는 국지적인 분포의 공백 또는 다른 패턴의 출현에 대해서 유적의 형성과 보존 그리고 변형의 과정에 대해서 깊이 생각해 보아야 한다. 그래서 이제까지의 자료를 토대로 자료가 없거나 이상하게 나타나는 지점이나 지역에 대해서 광역적인 또는 글로발한 패턴이라는 큰 틀에서 유추해 내어야 바른 방향으로 결론을 도출할 수가 있는 것이다. 이러한 점은 오늘날 고고학자들이 방법론적으로 깊이 고민하고 있는 부분이기도 하다.[13] 선험적인 판단과 현재의 고고학 자료가 가지는 괴리에서 새로운 추론이 형성될 것이고 또한 이를 검증하기 위한 조사의 과정이 고고학에서 흔히 이루어지는 연역적인 작업이고 바람직한 것이다. 그러한 사례로서 데넬이 제기한 초기 호모의 중위도 이동론[14]은 이 지역의 자료가 태부족이지만 기후변

---

13 Bivin & Frachetti eds. 2018.

14 Dennel 2015.

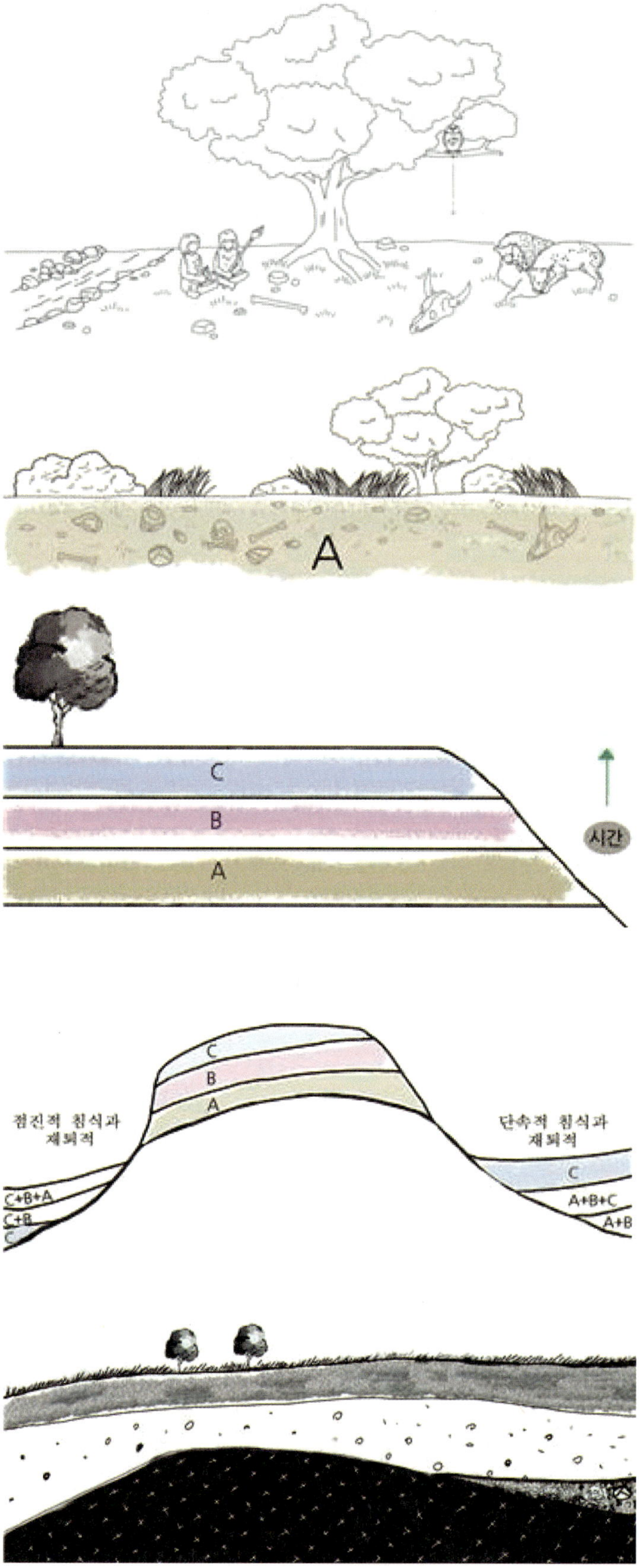

1
유적에는 인류의 행위로 남겨지는 석기나 동물뼈 등과 함께 다른 동물들이 남기는 것, 물에 의해 쓸려오는 것, 바람에 의해서 쌓이는 것, 등등의 자연적인 것들이 함께 남게 되는데 그 과정에서는 유적에서 여러 가지 요인에 의해서 행위가 있었던 자리에서 유출되는 것들도 있다.

2
땅속에 남는 경우에도 지질변동이거나 화학적인 변화로 유적은 지속적으로 변화하고 변형된 일부가 남게 된다.

3
아무런 지형적인 변화가 없는 경우에, 후대에 생활면이 연속적인 퇴적으로 이루어지고 시간적으로는 누적의 법칙을 적용할 수가 있다.

4
지형적인 변동이 있어서 퇴적층이 이동하여 재퇴적되는 경우에는 상부에서 순차적으로 무너질 수도 있고, 또는 두 개 층 이상의 것들이 혼합되어 퇴적될 수가 있다. 원래의 층이 남아 있을 수도 있지만 시간이 오래 경과하게 되면 원래의 지층은 원래의 지점에서 완전히 사라지고 이동하여 다른 곳에서 일부 유물만이 남게 된다. 이러한 재퇴적의 동인은 물이나 바람 그리고 중력에 의해서 일어나게 된다.

5
유적이 있었던 지점에서는 아무런 흔적이 없을 수도 있고 또한 흔적으로서 유물이 새로운 퇴적물과 섞여서 남아 있을 수 있다. 구석기시대 유적은 99.9% 사라지는 운명이고 남아 있는 지점의 99.99%는 변형되어 남게 된다.

도판 4 구석기유적의 형성과 훼손의 요인과 과정. 그리고 장기적인 침식과 멸실

동의 상황에서 이동을 추론하려는 것이며 이를 입증하기 위한 노력이 이어지는 것이다.

동아시아지역의 고인류 흔적의 분포를 본다면 시대를 뛰어넘어 그들이 얼마나 끈질기게 험한 세상을 개척하며 살아남았던가를 알 수 있다. 지리적으로는 대륙의 구석인 한반도의 구석까지 이미 중부 홍적세 때 들어와서 살고 있었으며 수많은 주기의 기후변동에도 불구하고 저우커우덴(Zhoukoudian, 周口店)의 층서를 보면 지난 수십만 년 동안 단속적이겠지만 끈질기게 그 지역에서 살아남았다. 그리고 이보다도 훨씬 이른 시기에는 그보다도 훨씬 북쪽의 니허완 지역에까지 확산하여 있었고 지속적인 삶을 그 지역에서 영위하였다. 이러한 분포와 지속성은 지점에 따라서 출몰의 시간 차이는 있겠지만 결국 동아시아지역에 인류가 들어온 다음에 기후 환경의 변화가 끊임없이 있었어도 고인류는 적응하면서 살아왔는데 그것은 그만큼 그들이 가지고 있는 지적능력이나 의지가 강하였다는 것을 방증하는 것이다. 이 점은 우리는 오늘날 고고학적인 자료를 읽어내는 데 큰 기준이 되는 것이다. 지리적인 분포가 보여주는 고인류의 진화적인 역량을 다른 조건을 적용하는 데 유추적인 단서로 사용하는 것이 구석기문화의 진화를 이해하는 방법의 하나이기도 하다.

이러한 방법론의 큰 틀을 가지고 본다면 우리는 고고학의 증거들이 기대와는 다르게 지리적으로 불균형적인 분포를 가지고 있는 것을 이해할 수 있게 된다. 물론, 각 지역의 환경적인 조건이 인간 거주에 맞아야 한다는 것은 이미 제기된 대전제에 속하는 것이다. 그리고 그러한 분포에서 확산의 길을 찾아가는 것 역시 자연적인 조건 속에서 두 지점의 연결의 방식을 고려한다면 보다 자세한 설명을 이루어낼 것으로 기대된다. 오늘날 드러난 자료를 중심으로 고대의 이동통로와 그 과정을 추론하려는 노력은 이미 여러 학자 집단에 의해서 제기되고 있다.[15]

또 다른 문제로서 오래된 과거로서 여러 기후 환경 변화는 인간의 생존방식에 영향을 주는 것뿐 아니라 유적의 부존 조건을 상상을 초월할 정도로 변화시킬 수 있다는 점에서도 그러한 증거들의 공백 내지는 빈도의 극심한 차이 현상을 설명하는 틀로 생각할 수 있을 것이다. 거시적이든 계절적이든 기후 환경 변화의 패턴이 중요하기도 하지만 변화가 가지고 있는 다양한 기상 현상과 침식과 퇴적의 지형적인 조건 역시 대단히 예민한 조건으로서 고려할 필요가 있다. 집중호우의 현상이라든가 지형적인 경사도 등등의 조건들은 유적의 장기적인 보존에 극심한 영향을 미치는 요인들이다. 특히 이러한 방법론적인 전제는 보편적인 개념이기는 하지만 많은 구석기 고고학 또는 인류 진화의 과정을 해석하는 데는 현재 증거의 분포 현상을 설명하는 과정에서 충분히 반영되지 않은 경우들이 많이 있는 것으로 볼 때 새롭게 강조되어야 할 전제 개념이다.

15 Bar-Yosep and Belfer-Cohen 2013.

3.2 환경 적응을 이해하기 위한 생물학적인 조건

인류 진화, 즉 체질적인 진화와 문화적인 진화를 이해하기 위해서는 전 지구적인 자료를 종합하는 것이 필요할 것이고, 다른 한편으로 본다면 동아시아의 자료는 결국 세계 자료의 일부로서 그 전 지구적인 진화의 원리에 합당한 것으로 설명되어야 하는 것이 전제이다. 다시 말해서 본 연구가 동아시아의 국지적인 현상을 설명하려 하지만, 사실 그러한 설명은 일반적인 패턴과의 관계를 분명하게 이해할 수 있어야 한다. 동아시아적 현상이라 하더라도 그것은 인류의 일반 진화의 한 부분이며 다른 지역과의 연속적인 과정의 한 부분으로 이해되어야 한다. 이러한 점에서 일부의 현상을 설명하기 위해서는 대상 지역을 확장하여 패턴의 지리적인 흐름을 관찰하는 것이 중요할 것이다. 그래서 동아시아지역의 인류와 문화 진화를 다루게 되지만 그 연속적인 범주로서 아시아대륙의 서쪽과 남쪽으로 확장하여 보고자 하는 것이다. 그래야 동아시아지역으로 들어오는 과정에 대해서 그 전 단계의 양상을 이해하게 되고 또 다른 한편으로는 아시아적인 다양한 진화의 양상을 알 수 있게 되고 보다 보편적인 관점에서 설명을 시도할 수 있게 되는 셈이다. 그런데 근동 지방의 경우에는 아시아 대륙의 일부이기는 하지만 아프리카대륙과 연속된 환경이라고 볼 수 있으며 이 지역의 인류 진화와 관련된 자료들의 특성에서도 그러한 점이 잘 나타나고 있다.

인간의 진화와 지리적인 확산과정을 복원하기 위해서는 현재의 자료를 토대로 이루어지지만 궁극적으로 사라진 자료나 그리고 남겨지지 않은 행위들을 추정하는 것이 결국 정확한 과정을 설명하는 가장 일차적인 작업 과정이 될 것이다. 그런데 오늘날 연구의 결과로 남겨진 자료의 한계는 많은 학자가 지속해서 고민했지만 풀지 못한 것으로 어쩌면 쉽사리 극복될 수 있는 문제는 아니다. 인류의 진화와 확산과정에서는 논리적인 추론이 가능한 것도 있지만 인간이 가지는 특성으로써 판단의 오류로서 불합리한 선택을 할 수 있는 경우도 생각한다면 더욱 복잡해지는 셈이다. 흔히 인류학이나 고고학에서 과거 인간의 행위를 설명하는 일반적인 틀로서 흔히 경제적인 법칙, 즉 최소비용으로 최대의 효과를 거두려고 하는 행위의 지향성, 또는 다른 표현으로서 수확의 극대화(optimal foraging)라는 관점에서 설명하려고 하는 경우가 많다.[16] 물론 이러한 이론이 가지는 함정, 즉 그 조건을 정확하게 파악하지 못하든지 또는 결정 과정에서 이루어지는 인간의 선호도를 측정할 수가 없기 때문에 구체적인 사례에 적용되는 것은 어려울 것이다. 특히 구석기 고고학에서 이러한 행위 법칙의 적용이 개념적인 차원에서 널리 사용되는 것은 당시의 생존 조건이나 지적능력 그리고 문화적인 연속성에 대한 정보가 별로 없어서 가장 진화적인 적응이라는 생물학

---

16 Smith 1983.

적인 개념을 바탕으로 하여 광범위한 행위원리를 적용하여 설명하고자 하는 것이다.

그런데도 인간의 새로운 환경을 개척을 통한 확산의 가장 기본적인 틀로 인식되어야 하는 것이 바로 제한조건(limiting factor)[17]이다. 이것은 생태학에서 생태계 내에서 어떤 인구집단의 번식이나 분포 또는 성장을 저해하는 환경적인 특정 요소를 말하는 것이다. 인간은 항온동물로서 기온이나 또는 취해야 하는 수분의 양 등등의 기본적인 생존 조건을 말하는 것으로 인간이 기술로써 이러한 한계를 극복하지 않으면 특정한 지역에 존재할 수가 없는 것이다. 이러한 제한조건들을 극복하는 과정은 결국 문화와 관련지어서 생각하여야 하는데 이것은 바로 인간의 지적인 능력과 관련되는 것으로 할 수 있다. 인간의 진화과정에서 이러한 조건을 극복하게 만드는 것이 결국 인간의 지적능력이고 이것이 누적되어 행위패턴화한 것이 바로 문화가 되는 것이다. 인간의 진화가 가지는 궁극적인 의미는 제한조건을 축소하는 과정이라고 할 수 있다. 그래서 인간의 지적능력의 정도가 적응능력의 범주를 추론하는 데 기초적인 근거가 되는 것이다. 실제로 이러한 능력을 추론하는 것은 다양한 경우의 수를 가지고 논리적인 검증과정을 거쳐야 한다. 결국, 인류의 진화과정에서 그러한 제한조건을 극복하기 위한 인간의 지적인 적응이 인류 확산과정을 보여주는 문화현상으로 나타난다고 할 수 있다.

그러한 절대적인 제한조건 이외에도 고민하여야 할 환경적인 조건들은 많다. 주어진 환경 속에서 가능한 먹거리의 규모와 종류나 생태계 내에서의 경쟁자들과의 관계 등을 고려하여야 할 것이다. 그리고 또한 다른 영역으로서 인간의 진화의 각 단계에서 설정되는 인지적인 능력과 사회적인 정보 소통 구조와 협력관계 등도 주요한 변수가 될 것이다. 실제로 그동안 이러한 요소들은 이미 많은 학자에게 각 사례를 토대로 논의되어 온 것들이지만 그러한 것들이 인류의 생존과 확산을 예측할 수 있는 일반적인 모델로 종합화되는 과정은 아직도 요원하다고 할 것이다. 왜냐하면, 고환경 복원을 위한 분석에 한계가 있을 것이고 인간 문화가 어느 정도 그러한 제한조건을 극복할 수 있었던 것인지에 대한 판단이 쉽지 않기 때문이다. 최근에 인류의 진화와 확산의 시기와 방향을 예측하기 위한 모델을 개발하기 위하여 이러한 진화에 영향을 미치는 지표들에 대해서 딥러닝기술을 통해서 여러 지표를 두고 시도하여 시기와 방향에 대한 예측모델을 개발하려는 시도도 있다.[18] 그렇다고 하더라도 결과는 간단치가 않을 것이고 또한 시간이 요원하게 걸릴 수도 있다. 그러한 시도와는 별개로 지금은 이제까지의 자료를 새로운 시각에서 재구성하여보려는 노력이 우선일 것이다.

인간의 생존 본능을 감안하다면, 인간은 새로운 환경을 개척하는 극한적인 상황에

---

17 Smith and Smith 2009.

18 Vahdari et al. 2019.

서 가장 희미한 가능성도 파고드는 것이 일반적이다. 물론 한 사람이 새로운 환경을 개척하는 과정에서 실패로 죽게 되기도 하지만 똑같은 경우를 시공을 달리하여 여러 사람이 시도하게 되고 결국 성공하게 되는 것이 인류의 발명사 그리고 발견사의 과정이며 또한 인간이 혹독한 조건 속에서도 살아남게 되는 비결이다. 스탈린 러시아가 고려인들을 시베리아 벌판에 겨울에 아무런 식량과 장비 없이 내버려서 굶고 얼어 죽을 것으로 예상했지만[19] 그들이 살아남은 이유는 어쩌면 지적능력이 탁월한 인간만이 할 수 있는 능력이 있었기 때문일 것이다. 반대로 아이슬란드 18세기의 화산 폭발로 인한 환경이 악화하는 과정에서 인간의 의지에 의해서 유럽대륙으로 이주하지 않고 혹독한 기후 속에서 죽어가는 경우도 있는 것이다. 이것은 인간의 신념이 인간의 생물학적인 적응력을 시험하는 경우인 것이다.[20] 선사시대, 특히 구석기시대에 그럴 가능성은 극히 낮다고 하더라도 인간만이 할 수 있는 선험적인 기준을 가지고 판단하여 결정하는 능력을 갖추고 있다는 점도 염두에 두어야 한다. 그래서 증거의 빈 곳을 해석하는 것은 그러한 가능성을 충분히 염두에 둔 다음에 하여야 한다는 것이다. 결국 인간의 지적정보와 창의적인 능력 등이 인간의 생존에 크게 영향을 주게 되지만 이러한 것을 고고학적인 자료에서 바로 파악하는 것은 어려운 작업이다. 그래서 고고학자들은 선험적인 자료들을 누적하고 새로운 조건들에 대해서 실험적(experimental)이든 또는 지질학에서 방법론으로 제시하는 실행적 관찰(actualistic approach)이든지 간에 지속해서 참고될 수 있는 경우의 수를 확보하지 않으면 안 되는 것이다.

3.3 문화적인 다양성과 분류

문화적인 다양성의 이해를 위해서는 인간의 적응이 수많은 선택으로 이어져 온 것이라는 것을 이해해야 한다. 그러한 선택은 한 시점에서의 선택에서도 선택의 지점 또는 대상이 무수히 많을 수가 있고 그러한 선택의 조합이 누적되면서 문화적인 경향성을 가지게 되는 것으로 할 수 있다. 현생인류로의 진화와 현생인류의 문화 진화의 과정에서 오늘날 고고학자들이 다루는 증거들 대부분은 석기들이라고 할 수 있다. 석기는 환경에 적응하는 수단으로서 과거의 인류들이 만들어 사용한 도구이다. 이러한 도구의 제작은 인간의 선험적인 인지체계와 현장에서의 적응적인 변용이 복합적으로 일어날 수 있을 것이다. 그런데 이러한 인지와 행위가 반영된 도구의 형태를 분석하는 틀로서 분류는 필수적인 절차이지

---

19 Lee and Kim 1992 and 1997.

20 Jackson 1982.

만 이 분류에 의해서 오해가 발생하는 경우가 허다한 것이다. 특히 아시아 고고학의 벽이 바로 석기 공작에서 인간의 인지능력이나 과정을 이해하는 새로운 방법론의 개발이 중요한 것이다. 서구적인 분류체계를 가지고 분류할 때 발생하는 고고학적인 문화 현상과 고대인의 머릿속에 있는 인지적인 체제와의 괴리를 어떻게 개선할 수 있을까? 의 고민이 있는 것이다. 아직도 그러한 문제점의 해결책은 나타나지 않았지만 많은 석기 연구에서 이미 지적되고 있고 앞으로도 지속해서 문화 행위 현상으로서 고고학적 자료와 고대인의 인지체계의 틈을 최소화하여 이해할 수 있는 방법론의 개발이 필요할 것이다.

그렇지만 기본적으로 인간이 살아가는데 절대적으로 필요한 도구의 기능, 즉 자를 수 있는 예리함, 충격을 많이 줄 수 있는 무게와 날 등등을 전제로 오늘날 우리의 고고학적인 현상을 설명한다면 문화적인 다양성에 대한 설명이 훨씬 깊이 있게 전달될 수 있을 것이다. 그런데 이러한 문화적인 판단에서 흔히 부딪히는 문제는 어디까지가 인간의 생존에서 나타나는 보편적인 행위로서 남겨진 증거인지 또는 인간의 인식적인 선택, 즉 문화적인 현상에서 오는 다양한 양상인지의 판단이라고 할 수 있다. 이 과정에서의 문제는 선택이 양식적인 선택만이 아니라는 점인데 양식적인 선택이 아닌 경우에는 그 판단을 할 수 있는 대상으로서 증거가 없는 경우가 많은 것이다. 그래서 이러한 경우에 결국 구석기 고고학이 하는 방식으로서 제기되는 설명을 연역적인 방법으로 지지할 수 있는 민족지 고고학이나 실험고고학 또는 생활 고고학 그리고 지질학에서 시작된 실행적(actualistic) 지질학[21] 또는 고생물학 등의 관찰이 가능한 대상을 설정하는 방식의 다양한 시도를 가지고 그 판단의 참고가 되는 준거 기준을 만들어가야 한다. 고고학에서 이러한 노력은 신고고학이 출현하면서 지속해서 논의되어 왔고 좋은 사례들이 일찍이 빈포드에 의해서 제기된 바 있었다.[22] 그리고 실제로 아시아지역에서도 동남아시아나 오스트레일리아 원주민들의 석기 제작과 사용과정에 대한 관찰[23]이나 대나무 도구 제작의 관찰[24]들이 지속해서 이루어지고 있음을 볼 수 있다. 그래서 동아시아 고고학에서도 그동안의 이러한 노력을 적극적으로 활용하여 그 증거의 양상들을 더욱 깊이 있게 이해하는 방법론의 적용이 필요하다고 생각된다. 민족지 고고학의 경우에 아시아지역에서도 이루어지고 있지만 그러한 관찰을 할 수 있는 곳이 많지 않다는 점에서 과거의 관찰을 응용하든지 또는 다른 지역의 경우들을 가지고 단일형성 과정론의 근거 위에서 그 조건들을 비교 검토해 나가면서 추론을 시도하지 않으면 안 될 것이다.

21 Kowalevsky 1999.

22 Binford 1978, 1981.

23 Allen et al. 1977; Sillitoe, P.& K, Hardy 2003.

24 Bar-Yosef et al. 2015.

구석기 고고학에서 석기분석과 석기문화의 현상을 설명하는 과정에서 현재 드러난, 또는 수집된 증거들이 보이는 다양성을 소위 문화적인 현상으로 설명하는 경우가 보통인데, 실제로 문화적인 차이에 의해서 나타나는 물질적인 현상인지 또는 동일한 문화에서 나타나는 다양한 양상의 하나인지, 또는 문화적인 현상으로 해석이 될 수 있는지, 또는 우연한 자료의 세트인지 등등의 문제에 대해서 끊임없이 연역적인 검증을 거쳐서 문화적인 설명으로 도달하여야 할 것이다. 그리고 이러한 과정에서 고고학적인 방법론으로서 제기된 고고학적인 자료 현상에 대한 정의와 분류의 체계가 과거의 행위와 문화를 이해하기 위한 방편으로서 고고학자의 임의적이라는 점을 잊지 않아야 편견을 줄일 수가 있다. 물질문화를 읽고자 하는 고고학자들의 고유한 언어로서 분류가 존재하는 것이며 분류와 분류의 결과가 의미하는 바에 대해서는 차원을 달리하여 해석해 내지 않으면 안 된다. 대표적인 경우가 '아슐리안'의 개념일 것이다. 이 용어는 석기를 지칭하는 경우이거나 문화를 지칭하는 경우에 아직도 각 용례가 통일되지 않다는 점에서 논란이 지속하고 있다. 그리고 우리가 흔히 사용하는 석기의 명칭들에 대해서도 부여하는 순간에 해당 석기의 기능이나 형태를 규정하게 되는데 이러한 용어들이 실제의 기능과는 괴리를 보일 수도 있고 나아가서 해당 유적에 있어서 행위를 복원하는데 그러한 기준으로 된 분석이 심각하게 본질을 이해하는 데 걸림돌이 될 수 있는 것이다. 소위 밀개라고 분류하는 석기가 호주의 원주민들은 숟가락으로 사용하는 민족지적인 관찰[25]이 하나의 샘플이 될 수 있을 것이다. 석기의 기능과 형식의 상관성에 대해서도 오스트레일리아 원주민의 경우에 가장 단순한 무가공의 박편이 실질적으로 필요한 거의 모든 기능을 소화해 내고 있다는 관찰[26]도 있는 것이다. 그래서 이러한 오해를 최소화하기 위한 고고학자들의 고민은 지속하는데, 밀개를 '돌조각의 끝에 2차 가공이 있는 박편' 등으로 심지어 단순하게 보이는 대로 묘사하는 방법도 있을 수 있으며 새로운 분석법을 고안할 수도 있을 것이다. 유물이 가지고 있는 최소한의 속성에 대한 선험적인 판단을 하고 분류하자는 의도인 것으로 불분명하거나 확인되지 않은 기능이나 형태에 대한 판단의 오류를 최소화하자는 것이다.

이러한 분류와 개념의 연장선에서 문화(culture)와 공작(industry)이라는 용어의 사용에 대한 정의를 이해하는 것이 필요할 것이다. 특히 구석기시대 연구 중에서 많이 논란이 있는 주먹도끼공작의 연구에 이 개념을 확실히 할 필요가 있을 것이다.[27] 많은 글에서 이러한 개념들이 혼용되는 것을 볼 수 있다. 그리고 오래전부터 사용한 용어와 개념들이 새로운 정의 없이 막연하게 사용되는 것이 있는데 이것은 문화를 분류하고 그 인지적인 과정

---

25 O'Conner 1977.

26 Hayden 1977.

27 Derevianko 2018.

을 이해하는 데 한계를 만들고 있는 것을 볼 수 있다. 구석기 고고학 전반에서 널리 사용되는 용어 중에서도 그러한 경우를 볼 수 있는데 바로 자갈돌 문화(pebble tool culture)이다. 자갈돌을 가지고 석기를 제작한 것으로 하는데 이것을 문화적인 선택으로 볼 수 있는가의 문제가 있다. 이러한 논의는 아직도 구석기 연구에서 그다지 거론된 바가 많지 않지만 '플린트 문화권'이나 '석영암 문화권' 또는 '흑요석 문화권'이라는 말들과 대비한다면 그 문제점을 알 수 있을 것이다. 석재를 선택하는 것은 많은 경우에 문화적인 선택이 아니라 자연적인 조건이자 적응과정이라고 할 수 있어서 '문화'적인 선택의 여지가 많지 않다는 점에서 '공작'이라는 개념과 구별이 필요한 것이다. 이러한 개념의 혼란은 주먹도끼공작의 논쟁부터 후기구석기공작의 특성을 논하는 과정에서 지속적으로 반복되는 오류를 볼 수가 있다. 동아시아 석기문화를 설명하는 과정에 있어서 '소형석기문화권'이라는 말이 등장하는데 이 역시 유적형성학의 관점에서 비판적으로 받아들이지 않으면 안 될 것이다. 행위의 과정에서 나타나는 필연적인 결과로서의 고고학적인 현상과 의도적인 문화 행위로서 나타나는 현상과의 구분이 필요한 것이지만 그러한 검증과정 없이 사용하고 있어서 문화 이해에 혼란이 있는 것이다. 예를 들어서 주먹도끼를 만드는 과정에서 생기는 박편이나 다른 석편들이 나오게 되는데 이 제작 현장에서 주먹도끼를 사용하기 위해서 다른 지점으로 반출하였다면 그 자리에서는 작은 석기편들만이 남게 될 것이다. 그래서 행위에 있어서 문화적인 선택과정이 있었던 것인지 또는 기계적인 적응과정의 산물인지가 결국 문화를 논하는데 차별화되어서 적용되어야 고인류의 인지체계를 복원할 수 있을 것이다. 그래서 유적 내 그리고 층위 내에 남겨진 석기들의 세트가 어느 정도 제작자의 문화와 행위를 반영할 수 있는 것인지 사전에 충분히 평가를 하고 논의를 진행하지 않으면 안 되는 것이다. 한 사람이 석기를 만들고 조금 이동하여 그 석기를 사용하였고 그 자리에서 버렸다면 '제작장소와 사용장소의 문화적인 성격을 달리 볼 것인가?'라는 문제를 고민하여야 하는 것이다. 제작지에서도 석기를 버리는 방식이 발을 다치지 않게 하기 위해서 버리는 방식을 달리했다면 제작행위를 왜곡시킬 수도 있는 것이다.[28] 이러한 유적의 형성과정이나 석기조합에 대한 비판적 이해는 결국 민족지적인 관찰과 실험고고학적 그리고 실제과정관찰에서 그 모델을 찾을 수가 있을 것이다.

28 Sillito and Hardy 2003.

3.4 환경구와 문화구 그리고 흐름

앞서 언급되었지만, 동아시아 구석기시대의 인류 진화 그리고 문화 진화의 양상을 이해하기 위해서는 그 지리적인 연속성과 시간적인 변화과정을 동시에 이해하지 않으면 안 되며 그러한 관점에서 보고자 할 때는 적어도 지리적으로 연결되는 지역의 고고학적인 현상에 대해서 이해하지 않으면 안 된다. 그래서 남아시아와 중앙아시아지역도 포함하여 다루어야 하고 당연히 몽골지역이나 동시베리아 지역의 자료도 다루지 않으면 안 될 것이다. 그래서 인류 진화의 큰 흐름이 서에서 동으로 확산하여 온 것이라는 점에서 이러한 지역의 양상은 결국 동아시아의 전 단계로서의 지역적인 양상의 이해가 필요하다. 다른 한편으로서는 지역적인 다양성을 비교하여 그 과정에 대한 이해를 돕기 위한 것이다. 이러한 지역적인 구분은 그동안 고고학뿐 아니라 지리학 등의 학문에서도 흔히 구분하는 단위를 기반으로 설정하여 보는 것이 일관성이 있을 것이다. 지리적으로 이해하기도 좋을뿐더러 그러한 구분은 이미 기후나 식생 그리고 교통로 등의 여러 가지 지리적인 여건이 구분되기 때문에 생긴 것으로 각 지역이 홍적세 동안 인류의 적응과정의 지역적인 공통성이 있을 것이고 또한 그러한 지역 간의 상호비교가 결국은 인류의 확산과정 비교 그리고 적응과정에서 나타나는 다양성을 통한 인류의 인지발달을 이해하는데 중요할 것으로 보인다. 그래서 여기서 다루고자 하는 지역을 크게 중앙아시아와 몽골 지역을 묶어서 하나의 지역으로 구분하는데 알타이 지역과 북시베리아 지역 인류의 흔적들을 이 지역에서 다루게 될 것이다. 이 지역들은 위도상으로 기후적 특성이 유사한 점이 있지만, 한편으로 동서로 펼쳐진 초원 그리고 서편의 산지 등에서 공통적인 문화요소들이 연속되는 현상을 보이기 때문이다. 그리고 동북아시아지역을 중국, 한반도, 만주, 연해주 그리고 일본 열도를 묶어서 설명하게 될 것인데 중국의 남부지역은 기후구가 다를 수가 있지만, 대륙의 남북으로 연결되었다는 점에서 같이 묶도록 하였다. 그리고 열대 또는 아열대 지역으로서 동남아시아지역은 대륙 지역과 섬 구역으로 구성되어 있고 방글라데시 동쪽, 즉 미얀마 지역의 이동지역에서 베트남 지역을 다루게 될 것이다. 그리고 남아시아지역은 인도아대륙의 지역인데 히말라야의 남쪽의 지역을 포함하게 된다. 이 지역은 지리적으로 힌두쿠시산맥을 경계로 서아시아와 구분되고, 또한 동에서는 히말라야에서 흘러오는 거대한 강들의 엄청난 퇴적으로 방글라데시 지역이 하나의 지형적인 구분을 이루고 있어 유전적으로나 또한 구석기 공작의 분포적 특성을 확연하게 구분하는 점이 있다. 그리고 문화적으로 보면 아프리카적인 요소가 많은 것을 볼 때 지리적으로나 문화적으로 특징적인 구역이라고 할 수 있는 것이다. 그래서 각 지역이 나름대로 다양한 환경을 가지고 있기는 하지만 크게 연속성을 가지고 있다고 볼 수 있어서 이러한 구분은 각 지역의 문화적인 비교를 하는 데 있어서 유용할 것으로 판단된다.

그리고 이러한 지역별 환경과 고인류 화석 증거, 문화양상 등은 서에서 동으로 설명

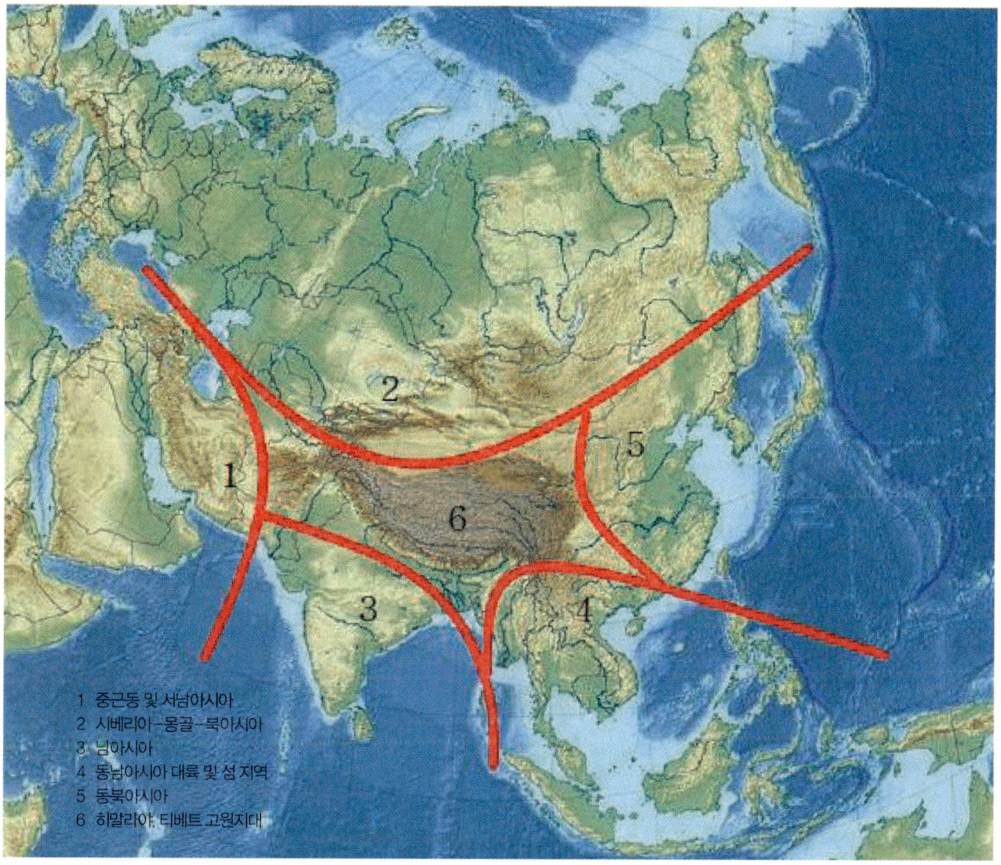

도판 5 유라시아 지형도 및 지역구분
기후와 지형에 따른 임의적인 구분이지만 인류가 서에서 동으로 확산하는 과정에서 거쳐야 하는 과정과 그 체질적 그리고 문화적인 변화를 이해하는 단위로 설정된 것.

하게 되는데 동유럽 그리고 중근동과 연결되는 서시베리아 지방에서 몽골, 그리고 트랜스바이칼과 북중국 그리고 만주 지역으로 이어지는 북쪽 루트를 따라서 지역별 설명이 이루어지게 될 것이다. 그리고 남쪽에서는 남아시아지역, 즉 파키스탄, 인디아와 스리랑카 등에서 동남아시아의 섬 지역과 대륙지역을 설명하게 되고 동아시아지역, 즉 중국과 한반도 그리고 일본 열도로 이어지는 루트를 따라서 그 고인류와 문화의 양상을 설명하게 된다. 그런데 서에서 동으로 오면서 북을 먼저 설명하고 남쪽을 설명하여 전체적으로는 남과 북에서 동으로 이동하는 방향으로 설명을 하게 될 것이다. 흔히 상정하듯이 두 가지의 다른 길이 중국에서 남북으로 구분되는 점이 남아 있고 한반도와 일본에 들어서면서 두 가지 다른 이동로의 흐름이 복합되는 면이 있다는 점에서 이러한 설명이 자연스럽게 그 흐름과 복합을 이해할 수 있게 될 것으로 기대된다. 한반도와 일본 그리고 만주 지역 - 연해주 지역을 포함하는 동북아시아지역은 남북의 두 갈래의 인류 확산의 길이 합쳐지는 곳으로서 인류와 문화의 진화에 중요한 의미를 가진다고 할 수 있다. 아직도 인류화석의 연구에서 볼 수는 없지만 구석기문화적인 측면에서는 분명히 복합성을 보이는 것은 틀림없다.

II

고환경

아시아지역의 고기후 변화

—

기후변동을 보여주는
퇴적물 자료

—

동아시아의 지역별
생태환경

1 아시아지역의 고기후 변화

1.1 아시아지역의 몬순 기후와 환경

아시아지역에서 기후에 가장 큰 영향을 미친 지질학적인 변화는 바로 티베트 - 히말라야의 융기 활동일 것이다.[1] 이 산맥과 고원지대가 대체로 1000미터에서 2000미터 정도 상승하였을 무렵 그리고 중앙아시아지역의 파라테시스 바다(Paratethys Sea)가 말라서 오늘날 튜란 저지가 되었을 때 이전과는 엄청나게 다른 환경, 즉 오늘날도 지속하고 있는 지리적인 환경이 만들어진 것이다.[2] 결국, 인도양의 몬순이 대륙으로 불어오게 되는 것이 막히게 되고 중앙아시아의 내륙 지역은 건조하게 되었으며 이로 인하여 아프로유라시아 곳곳에 대기의 흐름이 바뀌게 되어 각 지역에서 기후변동이 일어나게 된 것이다. 특히 동아시아 지역에서는 그러한 변화가 강우대의 변화를 일으켜 인간을 포함한 생물의 생태를 크게 바꾸게 되었다. 이러한 제3기 말과 4기 지질시대의 변화는 결국 오늘날의 아시아 각지의 지리적인 환경을 만들게 되었다. 결국 아시아 지역의 환경 변화는 지구환경의 제4기 지질시대 환경 변화의 틀 속에서 이해되어야 하지만, 아시아 지역에서는 히말라야 티벳의 융기[3] 와 몬순시스템의 변화가 기후변동의 가장 핵심적인 요인이라고 할 수 있을 것이다.

---

1 Li et al. 1979.

2 Li 1998.

3 Fang & Li 1998.

1.2 아시아의 몬순과 티베트고원

아시아지역은 위도상으로 각기 다른 환경을 가지고 있고 또한 표고에 따라서 환경이 다르게 마련이지만 서남아시아지역의 해안 지역이나 산간 지역은 전반적으로 강우량이 비교적 많은데 내륙지역으로 갈수록 건조해져서 사막이 발달하고 있음을 알 수 있다. 동아시아의 인류 진화의 과정에서 중요한 기후조건은 바로 계절적인 몬순의 강약이라고 할 수 있다. 북극의 찬 공기나 시베리아 대륙의 고기압의 패턴이 지속하는 경우에 결국 겨울 몬순이 강화되어서 기후는 추워지고 빙하시대가 등장하고 또한 북방의 건조한 지역에서 일어나는 먼지가 대기 중에 떠다니면서 태양에너지를 흡수하여 더욱 춥게 만들었을 것이고 이 먼지들은 동아시아의 곳곳에 퇴적되어 황토층을 만들었다. 반대로 북극 바람이 시베리아로 내려오는 힘이 약해지면 여름 몬순이 태평양과 인도양에서 대륙으로 불면서 대륙의 곳곳에 수분을 공급하게 되고 기후 온난화가 진행되는데, 이 경우에 티베트 고원과 주변의 높은 산맥과 고원들이 장애가 되는 것이며 결국 중앙아시아의 많은 지역이 건조화되어 사막으로 변하게 된 것이다. 대체로 동아시아지역에서도 여러 가지의 증거로 볼 때 빙하시대의 시작이 250만 년 전으로 밝혀진 것은 지구적인 기후 변화의 일환으로 생각할 수 있을 것이다.

아시아지역에서 인간의 삶에 가장 큰 영향을 끼치고 있는 몬순 기후는 북위 20도에서 60도에 이르고 동경 40도에서 160도에 이르는 광대한 지역에서 오늘날 수십억 명이 이 기후 아래에서 살고 있다.[4] 인디아 아대륙에서는 인도양에서 불어오는 몬순의 영향을 받고 또 한편으로 동아시아지역에서는 북서 태평양에서 불어오는 몬순의 영향으로 여름의 수분을 공급받게 되며 겨울에는 북에서 불어오는 건조한 바람의 영향을 받는다. 겨울 몬순 기간에는 북부 시베리아와 몽골에 고기압이 발생하여 추운 바람이 이 지역에서 불어오게 되는 것이고 이 바람은 북극 지역에서 불어오는 것으로 티베트나 중국지역까지 그 영향을 주게 된다. 반대로 여름이면 태평양지역에서 습하고 더운 공기가 대륙 쪽으로 불어서 수분을 가져오는 셈이다. 특히 중국의 서북부 지역은 히말라야산맥이 인도양의 몬순을 막고 있어서 수분이 내륙으로 운반되기 어려운 점이 있다. 한편으로 남아시아나 동남아시아 그리고 동북아지역에 이르는 지역에서는 몬순의 영향으로 강우량이 많아서 위도에 따라서 다양한 식생이 분포하게 되지만 중국의 내륙지역은 건조하고 고비 지역에서는 거대한 사막이 자리 잡거나 건조지대가 연속되고 있음을 볼 수가 있다. 중앙아시아에도 사막이 발달하게 되는 것은 바로 티베트고원이 몬순의 영향을 변화시켜서 수분 공급을 막기 때문

4 Ramage 1971.

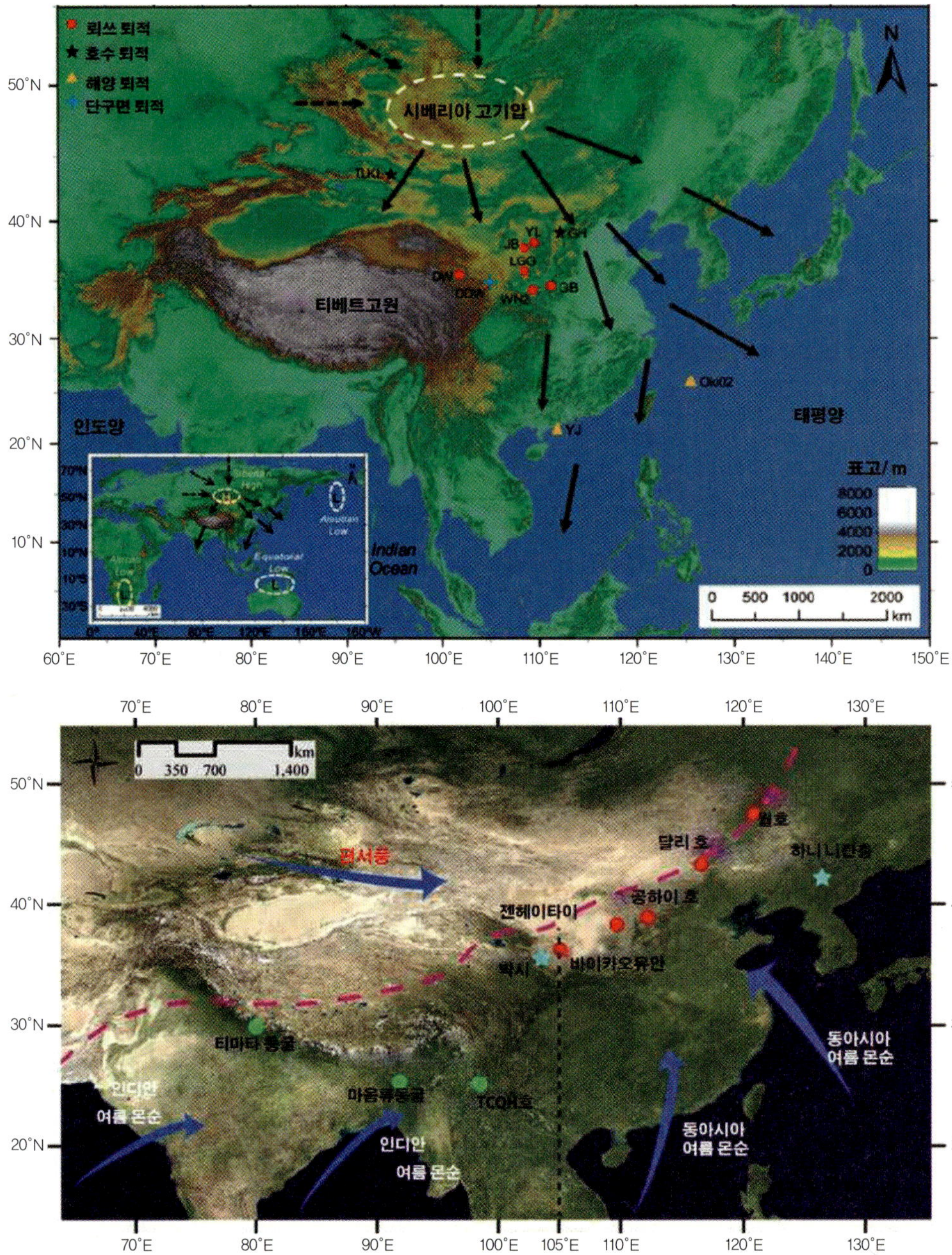

도판 6 아시아 지역 지형과 몬순
상) 겨울 몬순(Kang et al. 2020에서 변형)과 지구상의 기압분포. 하) 여름 몬순(Zhang et al. 2018에서 변형). 인도양 몬순과 동아시아 몬순은 대체로 동경 105도를 경계로 함. 분홍색 선은 여름 몬순 남북경계선.

이며 이렇게 형성된 사막은 중국의 북부에 거대한 황토(loess) 지대로 연결되도록 한 것이다.[5] 여하간에 인도의 북쪽에 거대한 산맥이 바람의 방향을 바꾸고 또한 수분의 공급 방식

5 Zhisheng An et al. 2001.

을 바꾸게 되면서 오늘날의 환경 분포를 가져오게 된 것으로 할 수 있다.[6] 이러한 지질작용은 이미 신생대 3기에서부터 오랫동안 지속하여 온 것이며 아직도 이 지역에는 산맥의 형성이 지속하고 있는 셈이다.[7] 이러한 산지의 변화와 함께 기후의 주기적 변동과정에서 추운 기후와 온난기후 사이에 나타나는 기압골의 분포 차이에서 각 지역의 수분공급 분포가 차이 나게 되는 것이다. 그래서 이 지역에서 몬순의 영향이 감소하게 됨으로써 아시아 대륙의 중심지역뿐 아니라 주변 지역에 정도를 달리하지만, 인류의 서식환경이 크게 달라졌을 것이다.

동아시아지역에서 1.7MA경을 시작으로 몬순에서 큰 변화가 생긴 것으로 보인다. 겨울 몬순이 강해지는 것으로, 겨울 몬순이 강해지는 것은 대체로 40만 년 주기로 나타나는데 1.7MA(MIS 60), 1.3MA(MIS 40), 0.9MA(MIS 22), 0.45MA(MIS 12), 0.15MA(MIS 6) 등의 시기로 구분된다. 이 시기 중에서 MIS 36, 연대로는 120만 년 전경과 MIS 34, 즉 112만 5000년 전경에 기후가 추워지고 해수면이 60~80미터 정도 하강하는 빙하기가 된다. 그리고 88만 년 전에서 87만 5000년 전경에는 해수면이 거의 110미터 정도 하강하는 혹심한 빙하기가 기록되고 있다. 그리고 MIS 22에서는 마지막 빙하기보다도 해수면의 온도가 더 낮았을 것으로 추정된다.[8] 이러한 하부 홍적세 기간의 기후변동의 기록은 동남아시아나 동북아시아 지역에서 인류의 확산에 큰 영향을 미쳤을 것으로 생각할 수 있을 것이다. 특히 동남아시아의 순다지역의 섬들의 환경이 기후변동에 따라서 인류의 거주환경이 크게 달라졌을 것으로 생각할 수 있다.

1.3 기후변동과 인류 확산

기후조건은 인간의 거주에 절대적인 영향을 주게 된다. 홍적세 동안 기후는 지속해서 변화하였는데 이러한 기후변화가 결국 각 지역에서 인간의 거주 조건을 변화시켰고 인류는 지속해서 적응의 체계를 개발하게 되고 그러한 적응체계 중에는 이동을 포함하는 것이다. 기후 변동과정에서 인간의 거주에 가장 큰 영향을 주는 것이 바로 수분과 기온이며 또한 생태계의 구조일 것이다. 간빙기와 빙하기의 교차에서 결국 오늘날 기후를 기준으로 한다면 등온선이 남북으로 이동하게 되고 지역적으로는 기압골의 영향에 따라서 수분공

---

6 Zhang 2006.

7 Dewy et al. 1988; Hodges 2000.

8 Elderfield et al. 2012.

급에도 큰 차이가 나게 될 것이다. 아시아지역의 홍적세 동안 각 지역적으로 환경 변화에 직접적인 영향을 주는 것으로 티베트의 상승 그리고 중국의 친링산맥의 상승 등이 중요한 변수가 되었을 것이고 또한 빙하기 동안 드러난 대륙붕이 또 다른 관건이 되었을 것이다.

홍적세가 시작되기 이전의 아시아지역의 환경은 지금보다는 훨씬 더 온난하였다고 할 수 있다. 물론 이전에 이미 한랭화의 사인들이 보이기는 하지만 오늘날 확인되는 기후 관련 증거들을 종합하여 본다면 적어도 기온이 3~5도 정도 높았고 또한 내륙에까지 여름 몬순이 수분을 공급하여 강수량도 지금보다도 높아서 초원지대가 지속하였을 것이다. 그리고 강이나 호수 등 수분이 많은 지역에서는 관목이나 나무숲들이 연속되었을 것으로 예측된다. 이러한 환경은 결국 아프리카의 사바나와 유사한 환경을 만들게 되고 초식성 동물들이 아프리카에서부터 북중국의 초원지대에 이르는 동서의 기다란 벨트가 지속해서 이동할 수 있는 환경을 제공한 것이며 이러한 환경적인 조건이 바로 인류의 확산을 이해하는 데 중요하다.[9] 이러한 초원지대 환경이 인류사를 이해하는 데 핵심적인 조건이라는 것을 주장하는 것이 바로 사바나스탄니즘(Savanitanizm)의 개념이다.[10] 그러나 사바나스타니즘은 아프리카적인 생태환경의 연속선상에서 이동을 보려고 하는 의도이지만 실제로 인간이 사바나 환경이 아닌 다른 환경에 어느 정도 적응력을 가지고 있게 된 것인지에 대해서는 아직도 단언하기가 어려운 점이 있을 것이다. 왜냐하면, 초기 호모가 살았던 지역 중에서는 자바와 같이 열대우림지역이 있으며 이 지역에서는 사바나가 연속적으로 있었을 것이라는 증거가 없기 때문이다.

중앙아시아 서부 지역의 기후변동은 아랄해, 카스피해 그리고 흑해의 팽창과 수축에 큰 영향을 받게 되는데 홍적세가 시작되기 전, 대체로 시간상으로 아직도 불확실하지만 대체로 홍적세의 초기, 하부 홍적세시기에 해진 현상이 있어서 300만 년 전에서 110만 년 전 사이의 시기에는 이 세 개의 바다가 연결되었지만[11] 그 이후 해퇴 현상으로 아랄해는 거의 증발하다시피 하였다. 그러나 인류가 이 지역에서 확산한 이후에 이들 바다의 해진과 해퇴현상은 부분적으로 인간의 이동이나 동물의 이동을 제한하였을 것이지만 거시적인 시각에서는 기후에 심각한 변동을 주지는 못하였을 것이다. 이 지역의 기후에 큰 영향을 주는 것은 결국 인도양 몬순의 강도일 것이며 칭하이 - 티베트고원이 높아진 이후에는 제한적인 영향을 주었을 것이다. 그러나 이 지역은 거시적인 관점에서 보면 대기의 순환 패턴에 의해서 영향을 크게 받았을 것으로 보인다. 마이오세에 융기하기 시작한 이 고원 및 고산지대는 특히 지난 수백만 년 동안 높아진 것으로 홍적세 초기만 해도 해발 천미터

---

9 Ao et al. 2010.

10 Dennel 2015.

11 Boomer et al. 2000.

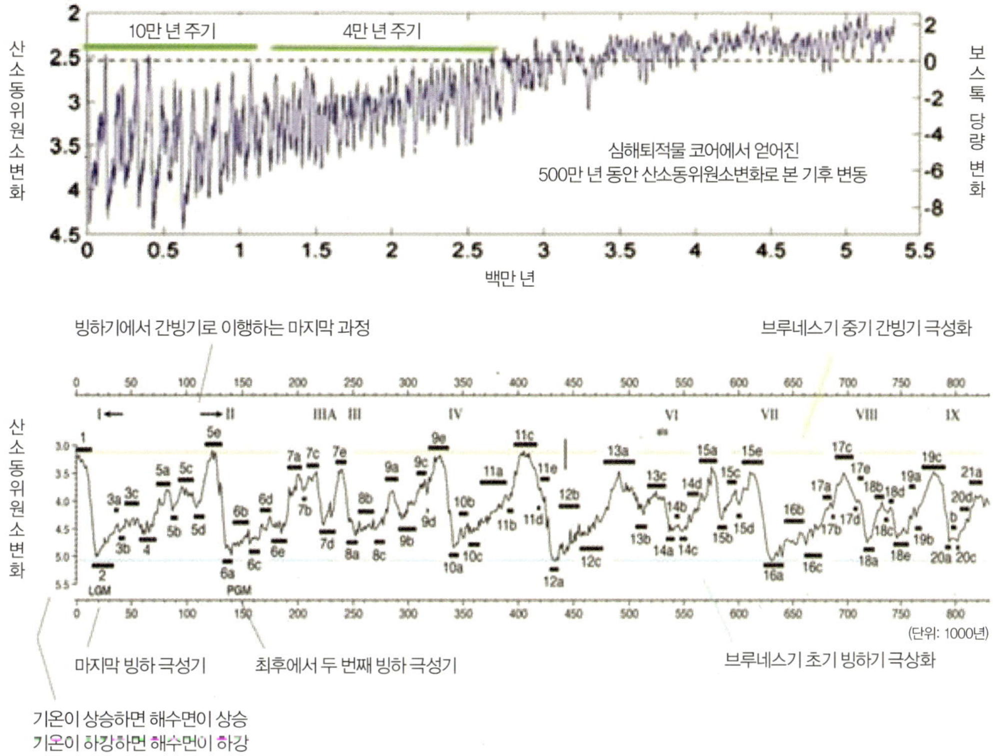

도판 7 상) 500만 년 동안 기후변동곡선. 하) 중부 및 상부홍적세 기후변동곡선(MIS 단계)(Railsbacket al. 2015). 지난 500만 년 동안 기후는 전체적으로 추워지고 기후 변동의 폭이 더욱 커지는 경향이 있음을 알 수 있다.

정도의 높이라고 판단하고 있어서 지형발달이 내륙과 인근 지역에 엄청난 변화를 가져왔을 것이다. 이 고산 넘어서 있는 타클라마칸 사막이나 타림 분지의 사막은 이미 530만 년 전부터 형성되기 시작하였다. 오늘날 중앙아시아와 몽골지역에 사막이 발달하고 건조한 지역이 넓게 펼쳐지는 것은 내륙이기도 하지만 높은 대기층을 흐르는 건조한 대기가 이 지역에 내려앉기 때문이라고 할 수 있다. 그래서 오늘날과 같은 대기 패턴을 보인 시기에는 건조한 지역이 넓어지고 그렇지 않은 경우에는 더욱 습한 환경이 왔을 것이다. 중앙아시아 지역의 건조지대와 사막화 현상은 타지키스탄의 경우에는 250만 년 전에 시작되었지만 다른 지역들은 일반적으로 중부 홍적세 단계에서 확산한 것으로 판단하고 있다. 그리고 인도의 서북부 지역의 타르사막은 그 중요한 층준에서 구석기유물들이 발견되고 있어서 중부 홍적세에 주로 형성된 것으로 보이고 시간이 흐르면서 서북쪽으로 이동하면서 그 영역을 확대한 것으로 보인다.[12]

기후변동의 기록 중에서 가장 많은 자료가 있는 시기는 지난 마지막 간빙기 이후의

---

12 Dennel 2013c.

시기일 것이다. 그리고 이 시기의 기후변동은 그 이전의 기후변동 곡선에 대입하여 추정하여 볼 수 있어서 홍적세의 기간에 기후변동과 인류의 확산에 주는 환경적인 요소를 이해하는데 좋은 단서가 될 것으로 기대된다. 대체로 마지막 간빙기, 즉 13만 5000년 전에서 12만 년 전 사이의 시기에는 기후가 지금보다도 더 온난한 것으로 이해하고 있다.[13] 이러한 상황은 시베리아 전역을 통해서 기온이 적어도 섭씨 2~3도 이상 현재보다도 더 높았을 것으로 식물화석들을 토대로 추정하고 있고 중앙아시아나 중국의 서북부지역의 사막의 경우에도 강우량이 100밀리미터 정도 증가하였을 것으로 추정된다. 그런데 12만 년 전 이후가 되면 빙하기로 들어서게 되어서 건조하고 추운기후가 반복적으로 나타나고 2만 5000년 전부터 빙하극성기에 들어가게 되는데 대체로 1만 8000년 전경에 기후는 다시 변화하여 점진적으로 홀로세에 접근하게 된다. 빙하 극성기에서는 시베리아 전역이 훨씬 추워지는데 북동 시베리아 지역은 기온이 10도 이상 낮아진 것으로 추정하고 있고 남시베리아 지역에서도 기온이 6도 이상 낮아지고 건조한 기후가 지속한 것으로 추정한다.[14] 그리고 남시베리아 지역에서는 침엽수림들이 확장되는 것을 볼 수 있다. 빙하극성기 동안에 동남아시아 열대 우림지역에서도 기온의 하강과 건조한 환경이 나타나서 숲 사이의 개활지들이 발달하게 되는 현상을 볼 수 있을 것이다. 그래서 마지막 간빙기와 빙하극성기의 두 극단적인 기후상의 대비가 기후변동 주기에서 그 강도에 따라서 그 중간 정도의 변화가 있었을 것으로 짐작할 수 있을 것이다.

---

13 Frenzel 1968.

14 ibid.

2 기후변동을 보여주는 퇴적물 자료

고고학 유적 또는 지질학 층서로서 과거의 기후변동과 시간을 확인할 수 있는 것으로 황토 퇴적물이나 심해퇴적물 그리고 동굴퇴적물들이 있는데 장기적으로 규칙적인 사이클을 가지고 퇴적되는 것은 앞의 두 가지 종류가 해당한다. 심해퇴적물[15]은 이미 많은 연구에서 지구환경의 변화를 시기별로 고스란히 기록하고 있다는 것이 잘 알려져 있다. 그리고 지금은 태평양과 인도양 등의 대양뿐 아니라 연근해 지역에서도 많은 시추가 이루어져서 국지적인 기후변동을 이해하는 자료가 되고 있다. 육성퇴적물인 황토 퇴적물은 광범위한 지역에 걸쳐서 분포하고 있으며 지구 표면의 10% 정도가 이러한 종류의 퇴적으로 뒤덮인 것으로 알려졌고 가장 넓은 분포를 북중국 지역에서 볼 수가 있다. 그리고 심해퇴적물 이외에 시베리아의 바이칼 호수의 퇴적물의 경우에도 인류의 진화 기간의 기후변동 자료를 잘 보여주고 있다. 동아시아지역에서 지난 200만 년 동안 인류 진화를 전체적으로 보여줄 수 있는 기후변동 자료는 이러한 정도이다. 이러한 긴 시간의 증거를 누적하고 있는 심해퇴적물, 대양심층수의 형성[16]이나 극지빙하퇴적[17] 등의 자료들 사이에는 상호연관성이 관찰[18]되는데 특히 이 중에서 황토 퇴적물은 아시아의 홍적세 전체 시간 동안의 환경 변화를 볼 수 있게 함으로써 인류 진화의 과정을 이해하는데 대단히 중요한 자료이다.

15 예; Shackleton and Updyke 1973.

16 Guo et al. 1998.

17 Guo et al. 2009.

18 Liu, Ding, Rutter 1999.

황토 퇴적물

흔히 뢰쓰(loess)라고 부르는 황토 퇴적물[19]은 그 속에 고대 인류들의 흔적들이 발견되는 경우들이 많아서 실제로 고인류의 진화과정을 밝히는데 대단히 중요한 퇴적층서라고 할 수 있다. 육성퇴적물로서 가장 오랜 기간 연속적인 퇴적을 보여주어서 기후변동의 과정을 잘 보여주는 지구환경사적인 자료이다.[20] 또한, 건조지역에 남아 있는 황토층의 경우에는 후대의 침식이 적기 때문에 고대의 유적들이 잘 보존되는 경우가 많아서 인류 진화연구에 대단히 귀중한 자료를 보존하고 있는 퇴적물이다. 황토 퇴적물이라고 부르는 것은 황색조를 띠는 경우가 많기 때문인데 바람에 의해서 운반되어 쌓인 퇴적물로서 크기가 50~2 마이크론 정도의 직경을 가진 입자로 구성되어 있는데 대체로 실트로 분류되는 것들이 60% 정도 포함되어 있다. 황토 퇴적물의 두께는 기원지에서의 거리에 따라서 달라지는데 두껍게는 수백 미터가 되는 지점도 볼 수 있고 먼 지점에는 얇게 덮여 있는데 일종의 담요같이 넓은 지역을 전면적으로 덮게 되지만 퇴적 후의 변화에 따라서 이동하게 될 수 있다. 그래서 대체로 평탄지에 남아 있게 되는 경우가 많으며 한반도와 같이 산지 비탈면에서는 보기가 어렵고 대체로 단구면 등의 평탄지에 분포하는 것이 보통이다. 지속해서 강수량이 많지 않은 곳이나 침식에도 잘 견딜 수 있는 지형구조 상에서 오래 남아 있을 수 있다. 뢰쓰, 즉 황사는 퇴적구조를 보여주기도 하지만 많은 경우에는 통구조(massive)로 단면상에 나타난다. 황토 퇴적물들은 흔히 입자 간의 당김 현상에 의해서 덩어리면을 만들게 되는데 덩어리 사이에 크랙이 생기고 환경에 따라서는 망간이 코팅되기도 한다. 이 외에도 퇴적 후에 생기는 여러 가지의 변형 현상이 있다. 나무뿌리나 다른 생물들에 의해서 변형되고 또한 탄산염에 의한 덩어리 현상도 생겨나고 수축면이나 밴드 현상도 관찰될 수 있다. 그런데 황토 퇴적물은 광역적인 것과 국지적인 기원으로 나눌 수가 있는데 장거리 운반 황토의 경우에는 그 기원지에서 수천킬로미터 날아오기 때문에 대단히 고공을 비행하여 오는 경우가 많은 것이다. 국지적인 기원의 사례로서 중국의 황허의 단구면[21]이라든지 한반도 내에서 보이는 황토는 북중국이나 몽골지역에서 오는 황토와 함께 시기에 따라서 노출된 대륙붕의 건조한 지점에서 유래되는 황토가 함께 퇴적될 수가 있다.[22]

유라시아 북반구의 여러 지역에서 발견되는 뢰쓰 퇴적은 지구상의 대기 순환이 변화하여 생기게 된 풍성 퇴적물이다.[23] 북반구에서 빙하시대에 북반구의 기온이 하강하게

---

19 Pye 1995; Muhs 2007.

20 Sun, An... et al. 2010.

21 Shang et al. 2018.

22 오경섭과 김남신 1994, Peng et al. 2016.

23 Liu,T.S. et al. 1985; Liu and Ding 1998, 1999.

되고 대서양 지역의 공기의 흐름이 바뀌게 되면 연쇄적으로 북반구의 몬순의 흐름에 변화가 생기는데 겨울 몬순이 강해지게 되는 것이다. 다시 말해서 남쪽 바다에서는 수분이 상대적으로 줄어들게 되어 건조하고 추운 기후가 강해지게 되는 것이다. 시베리아 내부의 호수들의 물이 줄어들게 되고 태평양의 대륙붕이 노출되는 등의 지형적인 변화가 일어나고 기후가 건조해져서 식생이 엷어진 곳으로부터 몬순바람이 흙먼지를 운반하게 되는 것이고 바람의 방향이나 힘이 바뀌게 되는 지역에 지속해서 퇴적이 생기게 되는 것이다. 그런데 추운 기후 동안 강한 겨울 몬순에 의해서 지속해서 퇴적이 이루어지지만 기후가 바뀌어 온난화가 있게 되면 퇴적의 속도가 줄고 퇴적된 황사는 습한 기후에 의해서 토양화가 이루어진다. 그래서 기후변동은 결국 황사, 뢰쓰의 퇴적과 토양화가 반복해서 있게 되고 그러한 구조가 퇴적 후에 침식이 없다면 고스란히 남게 된다. 그래서 장기간 지속되게 되면 뢰쓰 퇴적과 고토양이 반복적으로 나타나게 되는 구조이고 이러한 교차적 구조가 결국 기후변동을 잘 표현하여 흔히 산소동위원소의 사이클과 대비하여 당시의 기후와 시기를 복원하는데 활용되는 것이다.[24]

뢰쓰, 즉 소위 황토는 시베리아와 북중국 그리고 동유럽 등지에서 많이 발견되는데 북반구에서는 북위 40~60도 사이에 지구표면의 거의 10%를 차지하는 정도로 넓게 분포되어 있다.[25] 아시아 내륙지역은 마이오세부터 건조화가 시작되었던 것으로 판단하고 있다.[26] 동북아시아 지역에서는 중국의 북부와 내몽골의 건조지대에서 주로 불려오는데 오늘날에도 봄이면 남동방향으로 불어오는 것을 볼 수 있으며 일본의 홋카이도 지역까지도 관찰되며,[27] 과거 빙하기에 이 지역이 더욱 건조하였을 때는 훨씬 더 많은 양의 먼지가 고공으로 이동하였을 것으로 보인다. 고비사막이나 중국의 북부지역에서 유래하는 황토는 중국에서 한반도 그리고 일본까지 확산하는 동안 거리가 먼 곳에서는 더욱 미세한 입자를 띠게 되고 두께 역시 엷어진다.[28] 그렇지만 장거리 이동 황토뿐 아니라 앞에서 언급된 근거리 지역에서 발생하는 모래나 먼지 층이 혼합되어 퇴적됨으로써 지역에 따라서는 그 구성물의 입도가 달라질 수 있다. 그러나 북중국뿐 아니라 중앙아시아지역은 홍적세 동안에 건조해져서 노출된 토층에 식생이 사라지거나 엷어지게 됨으로써 넓게 황토층이 쌓이게 되었다. 특히 지난 50만 년 전 이후에 더욱 건조하여 많은 양의 황토가 주변 지역에 쌓이게 된 것이다.

황토의 기원에 대해서는 여러 가지 학설이 있고 지역에 따라서 다른 것으로 알려졌

---

24 Maher 2016

25 Li et al. 2020.

26 Gu. Z. T. et al. 2002.

27 ZhangX. et al. 2018.

28 Naruse 2006.

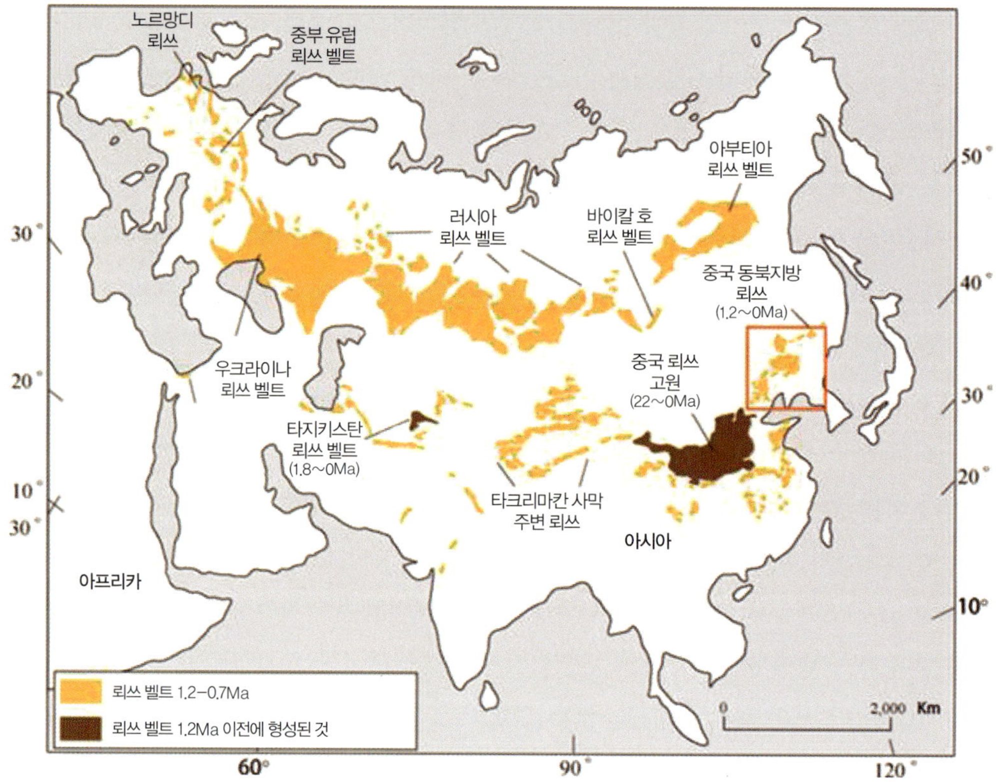

도판 8 유라시아 황토지대와 지역별 형성시기

지만, 대체로 사막기원과 빙하기원의 두 가지의 분류로 요약된다.[29] 중국 북쪽 지역에서 황토의 기원은 아마도 티베트 등의 고산지에 빙하가 형성되고 또한 이동할 때 생기는 마찰면에서 생겨나서 부근 지역의 평탄저지로 불려오거나 씻겨 와서 쌓인 것으로 보는 견해가 있다.[30] 그러나 중앙아시아지역 등의 다른 많은 지역에서는 황토가 꼭 빙하 때문에 생긴 것으로 보지는 않는다. 그래서 2차 기원지라고 할 수 있는 건조한 사막에 가까운 지역에서는 중국의 북부와 같이 두껍게 발달하게 되고 한반도나 심지어 일본과 같은 지역에서는 대단히 미약하게 발달하게 된다.[31] 이 황토퇴적은 대체로 빙하기에 많이 퇴적되는 반면 간빙기에는 약간 습한 기후 아래에서 지표 식생이 발달하게 되는데 이러한 경우에는 산화물에 의해서 붉은 색조로 바뀌게 되는 토양화 현상이 일어나고 흔히 말하는 표식적인 고토양(paleo-soil) 층을 만들게 되며 중국 북부지역의 뢰쓰에 대해서는 광범위하고도 치밀한 연구

---

29 Wright 2001.

30 Smalley 1995; Sun 2002.

31 Poter et al. 2001.

가 구축되어 있다.[32] 이 층의 자기화의 강도는 결국 이 층이 형성될 당시의 몬순의 강도를 표시하는 것으로 이해되는데 습윤의 정도를 알 수 있게 되는 것이다. 물론 자기화는 지역에 따라서 시간이 흐르면서 그 경향이 거꾸로 작용하는 경우[33]도 있어서 이 점을 고려하여 판단하지 않으면 안 된다. 이러한 황토퇴적의 경우에도 지역에 따라서는 기후변동 상의 강우 패턴의 변화 등의 요인에 따라서 침식 즉 삭박의 정도에 따라서 다른 구조를 보이게 된다.

황토층에 대해서는 그 속에 뼈화석이 발견되어 생물 연대로 추정하기도 하지만 근래에 들어서는 다양한 방법으로 연대를 측정하고 있다. 가장 중요한 점은 황토퇴적은 장기적으로 일정한 속도로 퇴적되는 경우가 많아서 중국의 중북부지역의 경우에는 유사한 지점에서 상대적인 편년이 가능한 퇴적구조를 보이는 경우가 많다는 점이다. 그래서 황토층의 상대 편년체계를 구축하고 있는 것을 볼 수 있다.[34] 그리고 퇴적 후에 환경에 따라서 달라지는 각 황토층이 품고 있는 자성의 강도를 측정하여 기후변동을 알 수 있고 또한 퇴적시에 형성된 자성물질을 측정하여 지구자기장을 측정하여 정지자기와 역지자기의 사이클을 확인하고 층서 상에 상대적인 위치를 파악하여 연대를 추정할 수 있다. 그리고 황토는 고공으로 불려오는 동안 햇빛에 노출되기 때문에 황토 속에 있는 석영 입자 등의 퇴적물질을 이용하여 OSL이나 TL법을 적용하여 연대를 측정하게 되는데 최근에는 OSL법의 적용이 많이 늘어나고 있다. 그리고 또한 황토가 어느 정도 규칙성을 가지고 쌓인다는 가정하에 두께를 가지고 그 지속시간을 상대적으로 측정할 수 있기도 하다. 그래서 환경의 변화를 장기적으로 관찰할 수 있는 자료일 뿐 아니라 문화의 변동 역시 상대적인 비교와 함께 시간적인 변화를 관찰할 수 있는 장점이 있다.

동아시아의 황토 퇴적물과 그 기원

북중국의 황토 고원지대에 포함되는 곳은 티베트 고원의 북동쪽에 있는데 동아시아의 겨울 몬순에 크게 영향을 받아서 형성된 것이다. 크기가 45만 킬로미터가 넘어서 스페인의 영토보다도 더 큰 지역이 포함된다. 동서로 동경 110~115도 사이 그리고 남북으로 35도~북위 45도 사이에 있다. 그리고 황토퇴적의 두께가 350미터에 달하는 곳이 있어서 가장 긴 시간을 포함하고 있고 제4기 지질시대의 전 기간 동안의 퇴적이 그대로 남아 있는 곳이 있다. 이 지역에서는 하부에 대단히 오래된 층으로서 토양화가 많이 진행된 적색 점

---

32 Kukla and An 1989

33 Chlachula 2003.

34 Maher 2016.

토층 군이 있고 그 위를 황토가 퇴적되어 있는데 하부의 적색 점토는 22MA에서 2.6MA의 시기 동안 130미터 정도가 쌓였고 그 위에 퇴적된 황토는 최대 175미터의 두께가 링타이에서 관찰된 바 있다. 이 적색점토는 고(古)테시스(Paleothysis)해가 티베트고원의 상승으로 남쪽에서 불어오는 몬순의 영향이 크게 약화하면서 건조한 지역에서 불려온 먼지가 퇴적된 것이다. 그런데, 중국 북쪽의 황토층은 여러 가지 학설이 있지만 앞서 언급한 것처럼 히말라야 등의 고산지의 빙하의 마찰면에서 생성된 실트들이 아래쪽의 저지에 쌓여서 생긴 것으로 다시 이것이 바람에 의해서 운반되어 북중국과 동북아시아의 여러 넓은 지역으로 확산한 것으로 본다.[35] 특히 3.5MA경부터 단계적으로 가속되어 일어난 티베트고원의 상승은 북반구에 있어서 겨울 몬순을 강하게 하였고 그 결과 많은 먼지가 대기로 확산됨에 따라서 북반구에 빙하기후가 발생한 것으로 추정하는 연구도 있다.[36] 그래서 동북아시아 지역의 구석기층서의 비교에도 유용한 자료가 되며 기후변동의 사이클을 확인하는 중요한 단서를 제공하는 지질학적인 자료이다.

적색 점토층의 상부를 덮고 있는 황토층은 이제까지의 연구에 의해서 홍적세 동안 33개의 에피소드로 구분되고 있다.[37] 가장 오래된 것인 우청(Wucheng) 황토층인데 대체로 2.6MA에서 1.26MA 사이에 형성된 것이고 다음이 뢰쓰 황토층인데 1.2~0.073MA 그리고 마란(Malan) 황토층이 가장 후대의 것, 즉 0.073~0.011MA의 연대 폭으로서 최상부층에 해당하는데 그 사이에 황토층은 33개가 있고 15개의 고토양층이 확인되었다.[38] 이 황토층의 층준들은 결국 동아시아지역의 몬순의 강도를 확실하게 보여주는 것으로 황토층과 고토양층의 교차 퇴적은 결국 빙하시대와 간빙기 시대의 순환구조를 보여주는 것으로 할 수 있다. 이 층준에서 보여주는 것으로 중요한 것은 황토층의 퇴적은 2.47MA 경에 시작되었는데 1.32MA에서 크게 변하여 그 순환이 느려지게 되었는데 다른 한편으로 몬순 기후의 양상이 양극화가 심해진 점이라는 것이다. 그다음이 뢰쓰 황토인데 1.26~0.07MA 시기의 것이며 중국학자들에 의해서 상대편년 된 결과 S15에서 S1까지의 퇴적이다. 그 위를 마란 황토가 덮고 있는데 이것은 마지막 빙하기와 홀로세의 황토퇴적이다. 황토층이 발달한 지역 중에서 가장 중요한 지역이 바로 니허완 지역이다. 왜냐하면 많은 구석기시대의 초기유적들이 발견되기 때문에 엄청나게 많은 과학적인 조사가 이루어진 바 있다. 이 지역의 화분분석자료로 지난 250만 년 동안의 이 지역의 기후변동을 이해할 수 있는데 250만 년 전에서 200만 년 전까지의 시간은 건조하고 추운 기후로서 초원식생이 발달하였고 또한 2백

35 Thomson and Maher 1995.

36 An et a, 2001.

37 Liu and Ding 1999; Rutter et al. 1991.

38 Heslop et al. 2000; Lu et al. 1999.

만 년 전에서 80만 년 전까지의 기간은 따뜻한 기후로 나타나는 것으로 알려졌다.[39]

황토퇴적은 그 자체로도 OSL 등의 연대측정에도 사용되지만 퇴적되면서 자리 잡은 고지자기를 측정하여 절대적인 시간 범위를 파악하는데 정지자기와 역지자기의 구분뿐 아니라 기후변동에 따른 잔자기의 강도를 가지고 기후변동을 복원하기도 한다. 최근에는 퇴적하는 과정에서 소진되고 퇴적 후에 다시 누적되는 우주선의 영향으로 뢰쓰에 남아 있는 10Be의 형성을 분석하여 과거의 기후를 복원하는 시도도 있다.[40] 또한 남방에서 불어오는 습하고 더운 몬순이 강해지면 고토양이 발달하여 층준의 구별이 색상으로 가능하게 됨으로써 퇴적층의 상대적인 연대를 볼 수가 있는 것이다. 아마도 이러한 몬순의 발달은 고인류가 이 지역에 적응하는데 크게 영향을 주었을 것으로 생각되는 것이다. 그리고 황토층의 분석에서 나타난 것으로 1.4MA 이후에는 지구의 전체적인 기후변동 이외에도 동아시아지역에서는 짧은 주기의 기후변동이 있었던 것으로 확인되는데[41] 이것은 인류의 적응과정에서 중주기의 기후변동 이외에 짧은 주기의 기후변동이라는 새로운 환경 조건으로 등장하게 되었다고 할 수 있다.

중앙아시아지역의 황토층은 이 지역에 있는 낮은 저지, 특히 사막 지역에 널리 분포하고 있다. 천산산맥이나 파미르고원지대에서는 대체로 표고 2000~2500미터 아래에서 발견되지만 쿤룬산맥에서는 4000미터의 고도에서도 발견된다. 이러한 지역들은 크게 동쪽의 황토지대와 서쪽의 황토지대로 구분되는데 동쪽의 황토지대는 파미르고원의 동부에서 중국까지 이어지는 지역이고 서쪽은 중앙아시아의 서부지역이다. 이 지역에서는 동서에 모두 동일한 구조를 가진 황토가 2.5MA에서부터 퇴적되었는데 중국 황토지대와는 달리 하부에 제 3기 지질시대에 속하는 적색 점토층이 발견되지 않는다. 이 황토층에서도 황토층과 고토양층의 교차 퇴적이 관찰되는데 중국의 황토층 퇴적 구조에서 보이는 호층과 마찬가지로 각기 건조한 기후와 습윤한 기후가 반복해서 일어났음을 말한다.

바이칼호수의 퇴적물

바이칼호수는 1637미터의 깊이를 가진 세계에서 가장 깊은 호수라고 알려져 있고 2500만 년 전에 형성된 것으로 심해 퇴적물처럼 기후에 대한 정보를 그 퇴적물 속에서 찾아낼 수 있다. 그래서 1200만 년 전까지의 호저퇴적물에서 기후와 관련된 정보를 알 수 있

---

39 Zhou et al. 1983.

40 Maher and Thompson 1999.

41 Lu et al 2000.

게 되었다.[42] 호수의 바닥에서 올린 600미터의 코어를 분석하여 지난 670만 년 동안 대단히 일정한 수준의 퇴적물이 있었던 것이 알려지게 되었고 자기 반응도의 변화와 생물실리카의 변화가 일정하게 이루어지는 것을 알아내게 된 것이다. 특히 생물실리카는 다이아톰에서 오는 것인데 온난한 기후에서 무자기성 실리카가 많이 만들어지기 때문에 황토층과는 달리 자기 반응도가 높은 것은 추운 기후가 있었다는 것을 알려주게 되는 것이다. 바이칼 호수퇴적의 변동 사이클은 태평양 해저에서 채취한 코어에서 보이는 사이클과 동일한 패턴을 보이는 점이 확인되었다.[43] 이 호수 코어에서 얻어진 중요한 증거로는 기후가 지난 2.6M에서 이 지역의 기후가 추워지면서 건조하게 변화하여 간다는 것이며 이 시점에서 홍적세, 즉 플라이스토세(Pleistocene)가 시작되었다. 바이칼 호저 퇴적물은 시베리아 대륙지역의 환경에 대한 기록일 뿐 아니라 지구환경의 전체적인 변화를 반영하는 자료로서 다양한 방식으로 분석되어 홍적세 환경을 복원하는 데 사용되고 있다.[44]

해저 퇴적물

남아시아지역의 해양과 동아시아지역의 북태평양 지역에는 몬순의 영향을 받은 퇴적물들이 해저에 남아 있다. 인도양의 것도 몬순의 강도를 측정하는데 유용한 자료가 되지만 동아시아지역에서도 몬순의 영향을 보여주는 자료들이 보이는데 이곳에서는 겨울 몬순에 의한 황사의 흔적들이 해저 퇴적물에 남아 있다. 즉 한반도와 일본 열도 지역에서도 빙하시대가 시작되기 이전, 즉 350만 년 전에 시베리아에서 불려온 황사가 퇴적되고 있었음이 밝혀졌다.[45] 동해나 캄챠카 지역의 바다에서 채집된 샘플에서도 2.5MA경에 많은 빙하파편들이 떠다닌 흔적이 발견되었는데 바로 빙하시대의 시작을 보여주는 현상이다. 남중국해에서 얻어진 자료에 따르면 해수면의 염도가 떨어지는 현상에서 동아시아지역에서 몬순은 330만 년 전에서 250만 년 전경 사이에 강해지는 것으로 확인되었고 바이칼 지역에서도 이 시기에 몬순의 영향이 있었다는 것이 확인되었다.[46] 그러나 필리핀해역에서 확인된 해저 퇴적물의 분석에서는 2.7MA 이후에 육성 기원의 점토광물들이 증가하는 것에서 겨울 몬순의 영향이 크다는 것을 보여주고 이러한 것은 다른 해저 퇴적물에서도 같이 나타나는 것으로 결국 홍적세의 시작을 알리는 전조로서 이해할 수 있다.

42 Prokopenko et al. 2002; Kravchinsky et al. 2007.

43 Kravchinsky et al. 2003.

44 Williams et al. 1997.

45 Rea et al. 1998.

46 Tian et al. 2004.

3 동아시아의 지역별 생태환경

3.1 환경구역 설정 개요

아시아 대륙은 엄청나게 큰 대륙으로서 다양한 환경구역이 평면적으로나 수직적으로 분포하고 있어서 지역을 구분하여 각 지역의 생태적인 환경과 인간의 적응과의 관계를 보는 것이 중요하다. 인류의 확산의 원론적인 방향이 서에서 동으로 그리고 남에서 북으로 라는 관점에서 볼 때 비교적인 거대단위로서 지역 구분이 필요하다. 적도의 열대우림에서 빙하의 북극, 극심하게 건조한 사막, 세계에서 가장 높은 산과 어마어마하게 넓고 높은 고원지대, 유라시아 대륙을 동서로 이어주는 거대한 초원지대 등등의 환경이 이 지역 속에 자리 잡고 있다. 그리고 강들은 중심에 있는 산과 고원지대에서 출발하여 동과 남 그리고 북으로 흘러간다. 또한 태평양과 인도양의 거대한 대양과 넓은 대륙붕으로 육지가 둘러싸여 있는 것도 중요한 인류거주 환경요소라고 할 수 있다. 이러한 해륙분포와 기압골의 분포 그리고 대기의 흐름은 이 지역의 지역별 생태환경의 형성에 핵심적인 요인이다. 인도양에서 대륙으로 그리고 북태평양과 서태평양 지역에서 동북아시아지역으로 불어오는 몬순의 영향의 고저가 결국 환경 분포와 변화를 주도하게 된다. 기압골의 분포는 오늘날 환경에서 보면 시베리아 기단의 대륙성 기압골과 북태평양 지역의 기압골의 강약이 어떻게 변화하는가에 따라서 기상이나 기후 환경의 변화가 예측되는 것이다. 이러한 양상은 인도양과 인도대륙의 경우에도 마찬가지이다.

동남아시아의 많은 섬도 대륙붕 지역과 함께 인간의 확산을 이해하는데 중요한 환경적인 요소이다. 이러한 지역들은 기후변동에 따라서 연육과 섬 환경이 반복되었을 것이다. 인류의 간헐적인 이동을 추정할 수 있고 또한 섬 환경은 종의 확산이 선택적으로 이루어질 뿐 아니라, 생물의 진화에 특별한 영향을 미치게 되어 보수적인 특성의 생물 종들로 단순하게 구성되는 것이 일반적이다. 그래서 이 지역의 고인류의 진화과정 역시 보편적 진화 원리가 고려되어야 할 것이다. 동아시아와 남아시아지역은 티베트고원과 히말라야산맥 중심의 고원지대가 있다는 것이 각 지역의 환경에 큰 요인이 되는데 몬순의 영향을 억제하는 기능도 있지만, 고원지대로부터 흘러가는 강들은 이 지역의 환경 분포에 핵심적인 요소이다. 중국의 황허나 양쯔강은 동으로 흘러서 서해로 들어가게 되며 또한 인도 북부지역에서는 남으로 흘러서 각 지역의 수자원을 형성하게 된다. 그리고 고산지에 형성된 빙하와 눈은 계절적인 또는 기후 사이클에 의해서 녹아서 흘러가게 된다. 이것은 자연식생의 분포뿐 아니라 인간이 활용할 수 있는 자원의 분포에 중요한 요인이 되는 것이다.

인간의 이동에 장애나 부담이 되는 지리 환경적인 조건들을 본다면 지형적으로 이동이 쉽지 않은 지역이 있을 것이고 또한 환경적으로 장기적인 생존에 어려움이 있는 지역이 있을 것이다. 그리고 서아시아에서 남아시아로 넘어오는 과정에서는 힌두쿠시와 히말라야산맥의 서쪽 끝의 산지가 장애가 될 수 있을 것이다. 그리고 인도 대륙에서 동남아지역으로 넘어오는 과정에서는 방글라데시의 큰 강들이 선사시대에는 이동에 큰 제약이 되었을 것이다. 동남아시아의 북부지역 역시 남북종주의 산지로 이어져 있어서동서 이동이 쉽지 않은 점이 있고, 말레이반도는 해안의 좁은 평야들이 이동의 주요한 통로가 될 수 있었을 것이다. 그리고 동남아시아 섬 지역은 결국 바다가 이동의 장애가 되는 것이며 이 지역은 기후변동에 따라서 육화의 규모가 커서 시기에 따라서 이동의 빈도가 달라졌을 가능성이 있을 것이다. 중앙아시아 몽골 그리고 연해주로 이어지는 지역은 초원이 넓게 발달하여 동서 이동에 편리한 점이 있지만, 계절적으로 혹독한 추위가 있다는 점과 전반적으로 생물량이 적어서 자원이 부족한 점이 인간의 생존에 크게 영향을 미치게 된다. 그 남쪽, 즉 히말라야의 북쪽 지역은 고산지와 사막으로 연결되는데 현대에서도 이동이 불편하지만, 고대에서는 더욱 이동이 어려웠을 것이다. 이러한 장애에도 불구하고 선사시대 인류가 동으로 확산이 빠른 속도로 이루어진 것을 보면 자연적인 장애는 인류문화의 발전으로 충분히 극복할 수 있다는 것을 보여준다.

흔히 동물상으로 지역을 구분하게 되는 경우에는 크게 보면 고극지군(Palerarctic) 지역과 오리엔탈(Oriental) 지역으로 나뉘는 것이 보통인데 고극지군 동물권은 히말라야를 경계로 남북으로 나누게 되는 셈인데 동아시아지역에서 그 경계는 친링산맥과 양쯔강 사이의 지역이 된다.[47] 그리고 오리엔탈구는 동남아시아와 인도 등이 아시아지역에서 포함되는데 인도지나(Indochina) 소구역과 순다(Sunda) 소구역으로 구분된다. 그리고 오리엔탈 구는 월레스 라인에 의해서 호주의 동물권역과는 구별된다. 그런데 보다 더 광범위한 환경 구분으로서 동아시아지역의 기후와 식생 환경을 나눈 것은 이미 여러 학자에 의해서 이루어진

---

47 Aigner 1981; Han and Xu 1985.

것이지만, 인류의 진화와 확산과정을 이해하기에 적합한 구분을 한다면 우선 열대-아열대 우림 지역이 동남아시아와 중국의 남부지역 그리고 일본의 서남부와 한반도의 남부지역을 포함한다. 이 지역은 흔히 고고학적인 생태를 구분할 때 일본학자들이 말하는 조엽수림대에 해당하는 지역이다. 상록의 두껍고 반짝이는 잎을 가진 식물들이 분포하는 지역이다. 이러한 기후대의 북쪽으로는 지역에 따라서 다르기는 하지만 침엽수와 낙엽수림이 혼재하는 식생의 혼합림대가 북으로는 북만주 지역까지 연속된다. 중국, 한반도, 만주와 연해주 그리고 일본 열도 등을 한 지역으로 구분하여 동북아시아지역으로 구분될 수 있다. 그리고 남아시아지역은 히말라야산맥의 남쪽을 말하는데 인디아 아대륙을 말한다. 이 지역에는 인도와 파키스탄, 방글라데시, 네팔, 부탄, 시킴 등의 국가들이 있다. 그리고 남쪽에는 스리랑카 섬이 있다. 이 지역은 동남아시아지역과 함께 현재 세계에서 가장 많은 인구가 살고 있을 뿐 아니라 가장 인구밀도가 높은 곳이기도 하다. 중앙아시아지역에서 몽골이나 시베리아 지역에서는 초원지대가 펼쳐지게 되는데 이 지역은 강수량이 적을 뿐 아니라 한랭한 겨울을 나게 된다. 그리고 북쪽으로는 침엽수림으로 구성된 타이가가 펼쳐지고 그 북으로 툰드라가 연속된다. 알타이를 포함하는 중앙아시아-몽골-서북 중국 지역과 바이칼 등의 지역은 인류 확산의 북쪽 루트의 흔적이 남아 있는 지역이다. 이 지역을 중앙아시아-몽골 지역으로 하나의 구역으로 설명의 단위를 설정하려고 한다.

3.2 중앙아시아, 시베리아, 몽골

중앙아시아지역에서 시베리아의 동쪽까지 펼쳐지는 초원지대는 년 강수량이 500밀리미터 이하로 일년생 풀들이 널리 분포하고 수목과 관목들이 퍼져 있는 경우가 많다. 초원은 특히 역사시대에는 동서를 연결하는 통로의 역할을 한 실크로드의 환경으로서 잘 알려졌지만, 수자원과 생물자원이 극히 적은 분포로 인하여 고인류의 지속적인 생존에 열악한 환경이다. 그러나 한편으로 초원지에 서식하는 다양한 초식동물의 존재는 식료자원으로서 중요한 역할을 하였을 것이다. 그리고 생물 종의 분포의 한계환경에 가까운 지역이기 때문에 지구 환경 변화에 의해서 변화하는 과정에서 고인류의 적응 기회가 크게 달라질 수가 있었을 것이다. 오늘날 중앙아시아는 상당히 건조한 지역인데 동쪽에는 산맥이 몽골 지역 그리고 중국의 서북지역과 구분하고 있고 이는 인류의 확산에 일종의 장애물이라고 할 수 있다.

초원지대의 북쪽으로는 다시 한대침엽수림인 타이가 지대가 나타나고 그 이북에는 툰드라지역이 완전 동토대의 남쪽에 위치하게 되는데 이러한 지역에서도 인간들의 흔적이 마지막 빙하기의 후반에 도달한 것으로 확인되고 있다. 그리고 이러한 주민들의 이동에는 강들이 중요한 역할을 하였을 것으로 짐작되는데 시베리아 지역에서는 강들이 북쪽으로 흘러가서 북극해로 들어가는 강들이 많다. 이러한 강들은 고인류의 이동에 중요한 통로가 되었을 것이지만 낮은 겨울 기온으로 인하여 문화적인 적응력이 충분하지 않을 때에는 장기적인 체류는 어려울 것이다. 그렇지만 현생인류 단계에 들어서는 이러한 강들이 좋은 환경 조건을 마련하였을 것이다.

서부시베리아 평원은 러시아 중앙에 해당하는데 이 지역은 세계에서 가장 넓은 면적의 평원이다. 동서의 길이가 거의 2000킬로미터에 달하고 대체로 해발 100미터 이내의 낮은 지형을 유지하고 곳곳에 습지가 있고 또한 강을 따라서 충적지가 펼쳐지는 곳이다. 서시베리아 평원에서 연결되는 중앙아시아와 몽골지역은 평탄한 초원지대가 연속되는 지형이어서 사실 온도와 습도의 조건이 아니라면 동서 방향의 이동로로서는 대단히 유용한 공간이었을 것이다. 그렇지만 중간에 있는 사막과 남북으로 종주하는 산맥들의 존재가 이동의 속도를 더디게 하였을 수는 있을 것이다. 중앙아시아의 지형적인 구분은 남쪽의 아랄해의 유역과 북쪽의 카자흐스탄의 초원지로 구분될 수 있다. 그리고 이 지역에서 거의 60% 정도의 지역이 오늘날 사막으로 구성되어 있다. 그리고 중앙아시아의 동쪽 지역은 산지로서 알타이로 연결되거나 몽골, 중국이나 서아시아지역으로 연결되는 산지로 구성되어 있다. 이러한 산지에서 시작되는 아무 다리아(Amu Darya)그리고 시르 다리야(Syr Darya)강이 만드는 충적대지들이 인간의 거주 가능한 환경을 만들어 주고 있다.

몽골지역에서는 다양한 환경들이 나타나는데 인간의 거주가 힘든 사막이나 소금사막 등이 대단히 넓게 분포하고 있고 건조한 스텝지역이 국토의 반 이상을 차지한다. 그리고 숲이 있는 지역은 고산지역의 6% 정도에 해당한다. 몽골은 전제적으로 고원지에 해당하며 평균 해발이 1500미터 정도가 되고 서부 지역의 산지의 알타이 누르우산의 경우는 4300미터의 높이다. 몽골의 중앙에 위치하는 캉가이(Khang Gai)산맥이 두 개의 큰 강 유역을 구분하고 있고 서북쪽의 산지의 홉스굴 호수는 구조곡에 만들어진 자연 호수로서 몽골의 담수의 60% 이상을 차지한다. 두 개의 강이 흐르고 있는데 셀렝지(Selemge) 강과 이 강으로 흘러 들어가는 오르크혼(Orkhon)강이 있다. 작은 강들은 오늘날의 염호로 흘러 들어가는 경우가 많다. 이러한 수자원이 있는 지역에 고인류의 서식을 보여주는 유적들이 많이 분포하고 있다. 이 두 강의 유역에는 상부 홍적세 동안 인류의 흔적이 많이 남아 있다.

트랜스 바이칼 지역은 침엽수림으로 덮혀 있는데 바이칼의 동남부지역이다. 이 지역은 다우리아라는 지역 명칭을 가지고 있는데 그 남쪽으로는 만주 지방이 연결되고 온대초원 또는 다우리아 스텝지역라고 흔히 회자되는 곳이다. 이 지역은 산맥이 동북 방향에서 서남 방향으로 연결되고 있고 사이에 넓은 평원이 있다. 이 지역의 기후는 겨울이 극심하게 추우며 겨울 동안 시베리아 고기압으로 인하여 대단히 건조한 곳이다. 그래서 해발 1100미터 이상이 되면 떡갈나무나 소나무들이 관목과 함께 자라는 식생으로 덮여져 있다. 오늘날 중국과 러시아의 국경으로 연결되는 아무르강은 동으로 흘러서 북태평양으로 흘러간다. 그리고 북태평양에 인접한 연해주 지방에는 해안 산맥이 남북으로 이어진다.

3.3 남아시아지역

남아시아지역은 흔히 인도 아대륙의 지리적인 범위를 포함하는데 오늘날의 아프가니스탄의 이동에서 벵골만이 있는 방글라데시지역까지를 포함할 것이고 북으로는 히말라야의 산록 지방 그리고 남으로는 오늘날의 스리랑카 지역을 포함할 것이다. 남북으로 길게 뻗어지는 대륙이기 때문에 그만큼 기후대가 다양하다고 할 수 있다. 열대에서 히말라야 고산지의 만년빙이 있고 또한 서북부 지역에는 사막이 있다. 히말라야산맥과 티베트 등의 북쪽의 고산지는 남아시아뿐 아니라 아시아 전체의 대륙 시스템을 바꾸어 놓게 되었는데 북쪽의 건조한 지대와 대비적으로 이 산지의 남쪽 사면에는 엄청난 강우가 인도양의 몬순에 의해서 만들어지게 된다. 이 강수량은 고산지에서 남으로 흘러가는 강물을 만들 뿐 아니라 히말라야 산록의 아래에 엄청난 두께의 퇴적물들을 형성하게 된다. 바로 시와리크 지역의 두꺼운 퇴적층들이다. 인도양에서 불어오는 여름 몬순의 경우에 서부해안을 중심으로 하는 지역에 여름 동안 2000~3000밀리미터 정도의 강우량이 있고 겨울 몬순은 동북지역에 1500~2200밀리미터 정도의 강우량을 보인다. 겨울 몬순은 히말라야산맥이 막아주고 있어서 약하지만 동북지역, 즉 뱅골지역에 비를 내리게 한다. 북동쪽의 아프가니스탄지역은 힌두쿠시산맥으로 이어지는 산지이지만 인도 대륙의 북쪽은 인도 갠지스평원지대가 히말라야의 남쪽 지역에 동서로 광대하게 펼쳐지며 히말라야 산록에서 내려오는 강들이 남쪽으로 흘러내린다.

대륙의 중남부 지역은 양 해안을 따라서 남북으로 종주하는 해안 산맥이 있고 그사이에 고원지와 강을 따라서 발달하는 대지들과 구릉성 산지가 넓게 펼쳐진다. 남아시아지역은 서북지역의 고원과 건조한 지역을 제외한다면 생물상들이 모자이크상의 생태환경별로 분포하고 있고 기후변동이 있는 기간 동안 그 영역이 좁아지고 넓이지기나 이동할 수 있어서 급격한 생물상의 변화는 보이지 않는다. 중부의 서쪽 지역에 데칸고원이 있고 그 지역에서 연결되는 산들이 펼쳐지고 강이 동서 방향으로 흘러내린다. 비교적 평평하다고 할 수 있는 인도 아대륙에는 열대우림에서 건조한 사막에 이르는 다양한 환경이 펼쳐지는데 대체로 해안에서의 거리와 여름 몬순의 방향에 따라서 각 지역의 기후가 달라진다. 물론 높은 산지인 히말라야 지역은 높은 곳에서는 눈을 보이지만 아래 사면의 산록지는 습윤한 기후 환경이다. 북쪽의 오늘날 파키스탄 고원지역은 열대성 기후이지만 건조하고 대륙성의 기후를 보이는 반면에 남쪽 끝의 스리랑카 지역은 대표적인 열대우림의 기후이다. 나머지 지역에서는 전체적으로 기온의 계절성의 패턴으로 보아서 아열대 기후적인 특성을 보이지만 방글라데시지역에서는 비교적 서늘한 겨울이 있는가 하면 또한 북서인도 지역은 아열대적인 기후 특성이 보인다. 그렇지만 내륙의 많은 지역은 사실 상당히 건조한 열대기후를 보인다.

인도 아대륙에서는 인다더스강, 갠지스강과 브라마푸트라강이 히말라야에서 발원하여 대륙의 동서에서 남쪽으로 흘러내리는데 이 두 강과 강을 따라서 발달하는 계곡들이 인도 아대륙의 삶을 결정하는 큰 요소였을 것이다. 그리고 이 강들은 각기 펀잡평원, 강가 평원 그리고 브라마푸트라 평원을 만들고 있다. 인더스강의 서쪽으로는 힌두쿠시산맥이 서아시아와 경계를 이루는데 이 산맥 사이로 높은 고개들이 내륙의 교통로를 만들고 있다. 인도아대륙의 중남부는 중앙고원과 데칸고원이 강을 두고 남북으로 있다. 동서해안을 사이에 두고 동서에 가트(Ghatt) 산지가 있는데 서가트 산지가 1600미터 정도의 높이로서 동가트 산지의 높이 600미터 정도보다도 훨씬 높은 편이다. 이러한 산지는 결국 해안의 수분이 내륙으로 이동하는데 장애를 만들고 있다. 그래서 두 산지 사이의 내륙지역은 아열대성의 비교적 건조한 사바나와 같은 환경을 만들고 있다. 그리고 이러한 산지들은 해안을 따라서 비교적 좁은 해안평야를 남기게 되는 셈이고 이러한 해안평야는 결국 고인류의 확산에 기여한 것으로도 추정하는 것이다. 이러한 해안평야가 선사시대 사람들의 거주에 크게 영향을 주게 되는 것은 바로 담수 자원의 분포에 크게 좌우된다.

3.4 동남아시아 열대우림지역

동남아시아의 제국가의 면적을 합치면 400만 제곱킬로미터를 넘고 해양면적으로 포함한다면 1300만 제곱킬로미터에 해당하는 지역을 포함한다. 동남아시아로 구분되는 지역은 결국 방글라데시의 이동에서 중국의 이남 지역에 해당하는 데 북쪽으로는 티베트 고원과 히말라야와 연결되는 산지가 된다. 동남아시아지역은 전 지역에 걸쳐서 열대 내지는 아열대 기후로서 기온이 높고 반도 내지는 섬으로 된 지역이어서 해양의 수분이 항상 공급되는 지역이다. 근본적으로 기온이나 수분이나 또한 기초적인 식료자원 등의 인간의 서식에 중요한 조건들을 충족하고 있어서 일찍이 인류가 서식할 수 있는 자연환경이다. 그리고 또한 해안선을 따라서 펼쳐지는 해안평야들은 인류의 확산에 중요한 통로를 제공하기도 하였을 것이다. 이 지역에서는 산지와 좁은 해안 평야 그리고 고원지 등이 지형을 구성하고 있다. 이 지역에서는 대륙에 연결된 지역과 섬으로 구성되어 있다. 산지와 평원 그리고 숲과 개활지 등 다양한 육상 생태계와 함께 섬 환경으로 구성되어 있어서 세계에서 가장 생물종다양성이 높은 지역으로 꼽히고 있고 고인류의 진화상에서도 그러한 특성을 볼 수가 있다. 인간의 언어에서나 또는 유전자의 특성에서도 그러한 지역적인 다양성이 보이는 반면에 오래된 유전자 특성이 보존되는 지역이기도 하다. 다른 한편으로는 이 지역에서는 자연적인 재해로 인한 급격한 환경 변화가 많았을 것으로 보이는데 수마트라의 토바 화산의 폭발은 이 지역 화산활동의 충격을 단적으로 보여주는 예이며 인구가 집중해서 살았을 것으로 보이는 해안평야 지역에서도 잦은 해일, 즉 쓰나미는 오늘날 인간에게도 그러하지만 과거에 고인류의 진화에 적잖은 충격을 주었을 것으로 추정된다.

적도를 중심으로 고온 다습한 기후 아래에 남북으로 열대우림을 형성하고 있는데 이러한 열대 우림이라고 하더라도 인간의 생존환경으로서는 제약이 많다고 할 수 있다. 식료자원이 제한될 수가 있고 또한 이동이 불편하기 때문이다. 숲의 구조 때문에 열대우림의 내부로의 침투가 어려운 상황인 경우가 많았을 것이다. 아프리카나 동남아시아의 열대우림지역에서는 인류 진화 초기의 유적들이 발견되지 않는 것은 유적의 보존이 어려운 측면도 있지만, 생존 환경이 제한된 것이 중요한 이유라고 할 수 있다. 그러나 열대우림이라고 하더라도 계절적인 변화가 있고 또한 여러 가지의 요인에 의해서 자연적인 환경 천이가 생겨나 일시적인 개활지가 될 수 있어서 지역적으로 인간의 확산할 수도 있었을 것이다. 특히 홍적세 동안 기후변동이 주기적으로 일어난 것을 고려한다면 지구적인 기후변동에 열대우림지역에서도 상응하는 변화, 즉 열대우림이 열대 사바나의 개활지로 변하는 등,가 있었고 새로운 생태환경들은 아마도 고인류들의 이동 자극이 되었을 것이고 확산의 계기가 되었을 수 있다.

그런데 동남아시아의 대륙 지역, 특히 미얀마의 동쪽 지역에서는 산맥들이 남북으로 종주하기 때문에 내륙에서의 동서 방향의 이동은 상당히 어려웠을 것으로 보인다. 이 지역에서는 높은 산지는 해발 2500미터에 달하는 산맥이 남북으로 달리고 있고 낮은 곳이라고 하더라도 1200미터를 넘는 산지이다. 특히 이러한 산맥에서는 오늘날도 소수 난민들이 차지하고 있는 데서 볼 수 있듯이 인류의 서식이 어려울 수 있다고 생각된다. 이러한 점은 초기 인류나 구석기시대 인류의 이동 방향성을 추정하는데 조건이 될 것이다. 그런데 동남아시아 대륙 지역의 주요한 강들로서 이라와디, 살윈 그리고 메콩강 등을 들 수 있는데 모두 티베트 고원에서 발원하여 남으로 흘러드는 큰 강들이다. 주요한 강들이 흐르는 계곡들은 상류에서는 대단히 좁은 산간계곡을 흐르다가 하류에서는 넓은 유곡을 가지고 흐르고 있고 델타지역이 넓게 분포하는 것을 볼 수가 있는데 이러한 델타지역은 홍수에 범

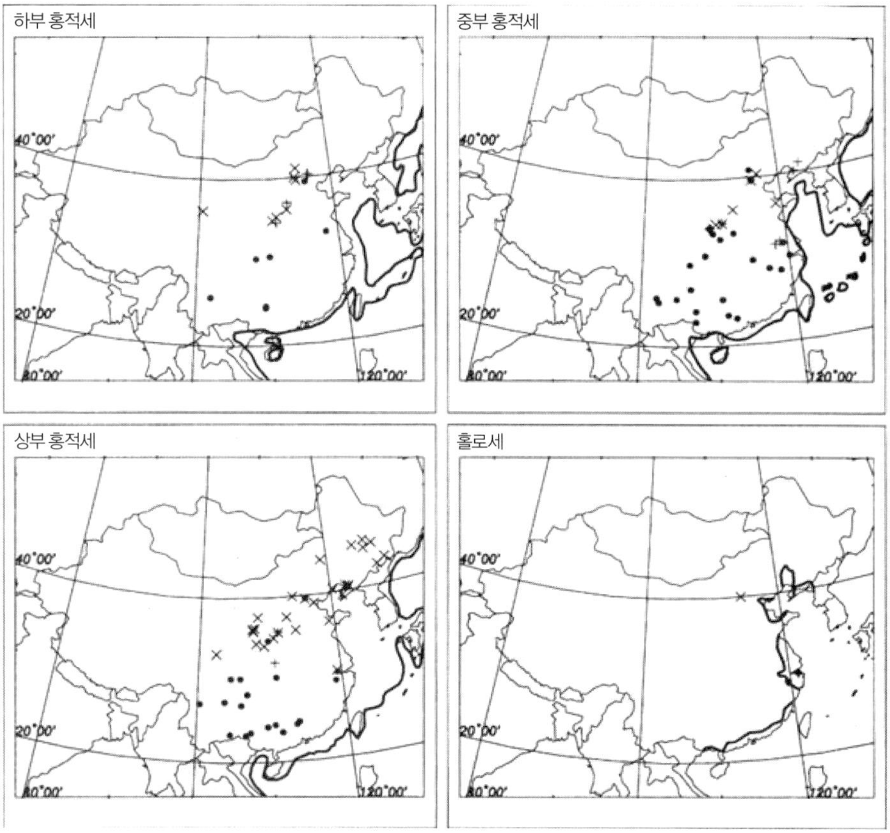

도판 9 동아시아지역 홍적세 동안 주요 동물의 분포의 변화 (Jablonski & Whitfort 1999에서 변형)

● 코뿔소, + 디세로리누스, × 코엘로돈타 (코끼리의 일종)

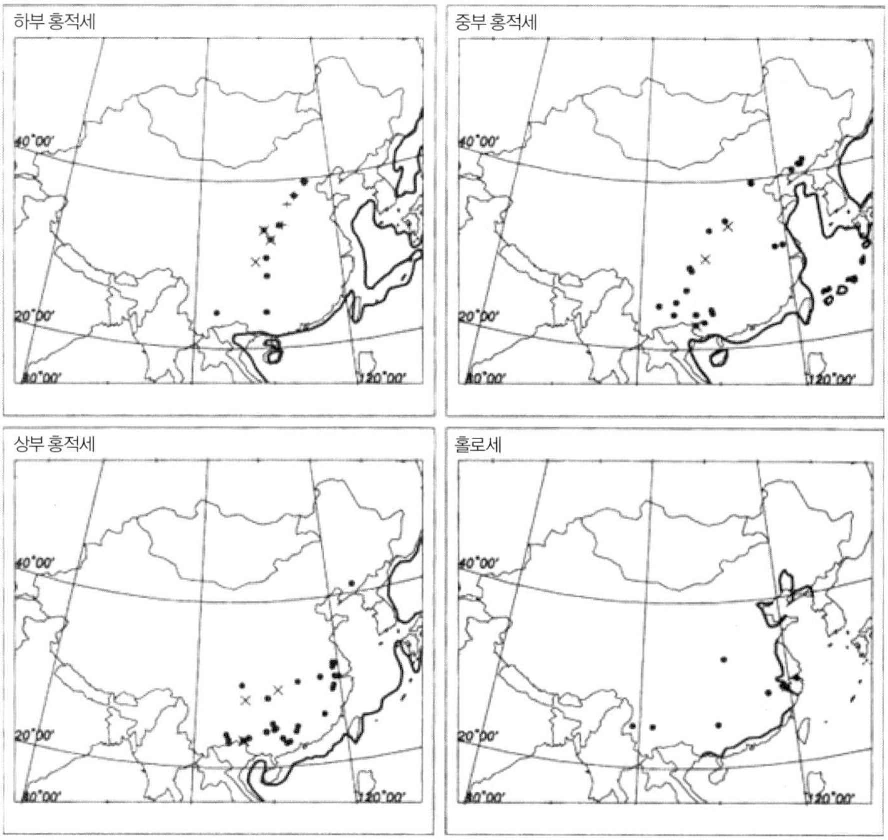

호미노이드 종들의 분포
● 하일로바티데, + 퐁고, × 기간토피테쿠스

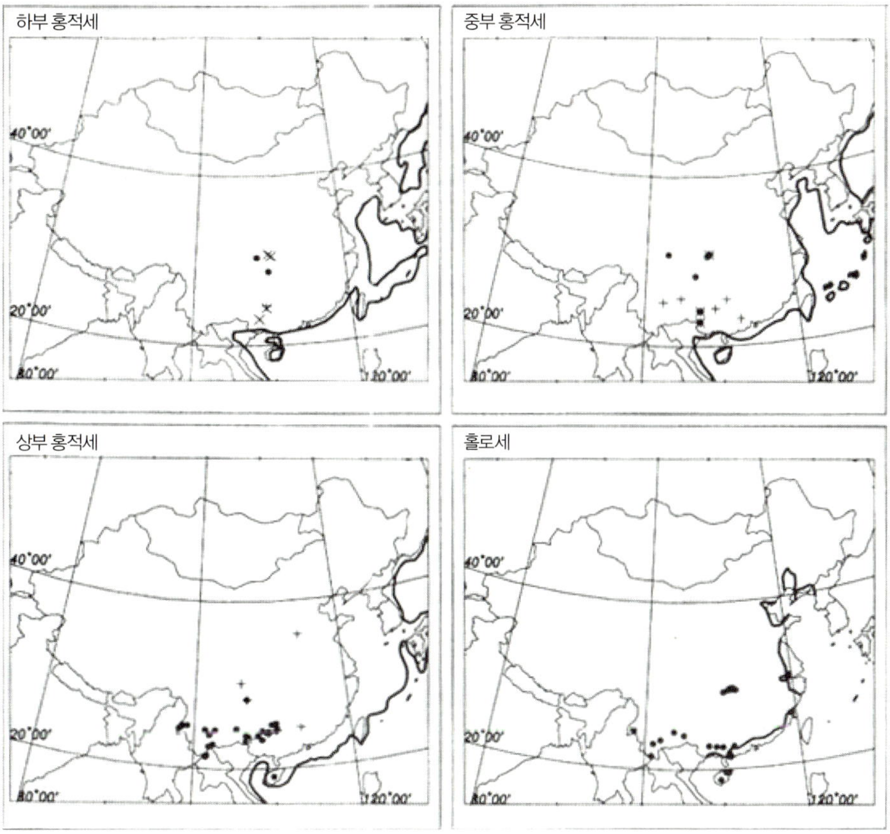

● 매카크(구 대륙원숭이 일종), + 프로시토세파리스, × 라이노피테쿠스 등의 분포

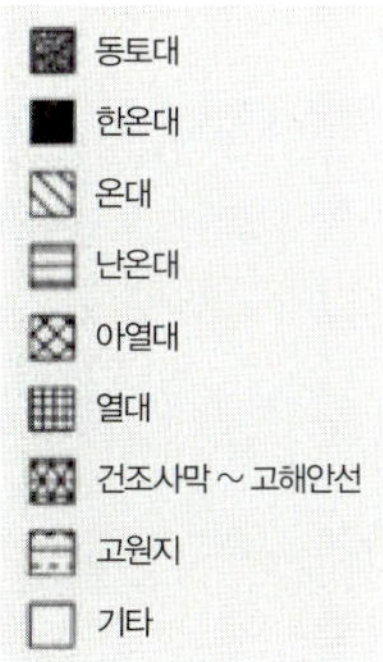

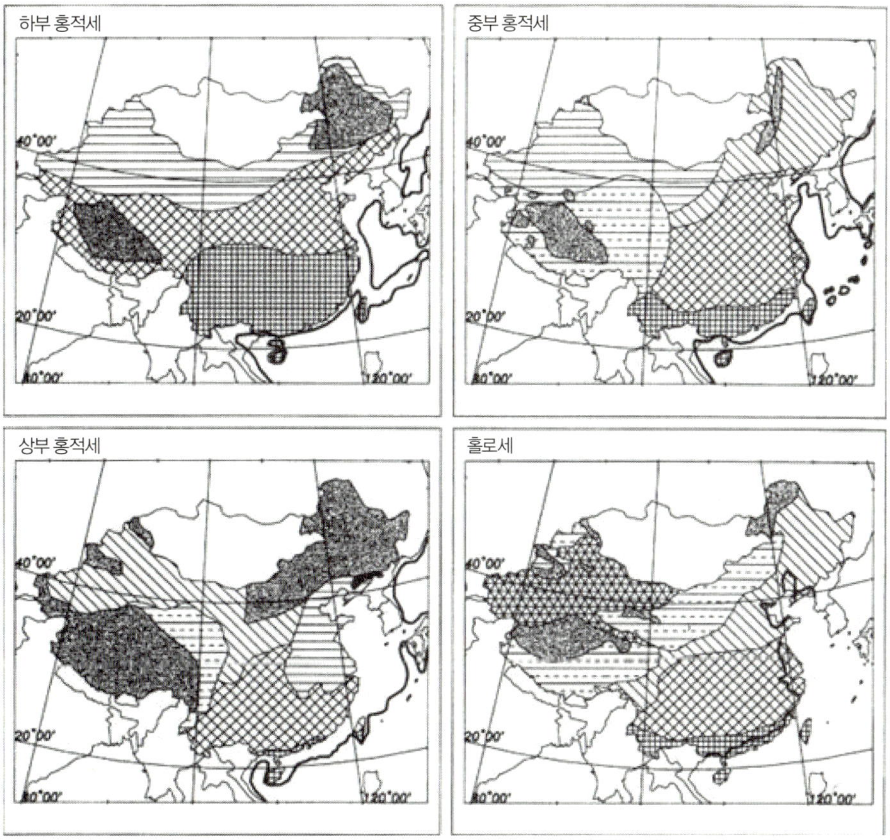

도판 10 동북아시아 지역 홍적세 식생변화 (Jablonski & Whitfort 1999에서 변형)

람하는 경우가 많았을 것이고 또한 갈래 흐름이 많아서 인류의 동서이동에는 일시적인 장애로 작용하였을 가능성이 있을 것이다. 그리고 잦은 지형의 변동으로 인하여 오래된 유적들이 남아 있지 못하거나 또는 후대의 두꺼운 퇴적으로 발견되기 어려울 가능성도 다분하다. 동남아시아 섬들이 있는 지역은 과거 빙하기에는 연육되기도 하였다. 섬 지역들은 사실 인간의 이동이 자유스럽지 못하였겠지만, 빙하기에 드러난 대륙붕이 이들의 이동로를 제공하였다.

동남아시아지역에서 자라는 식물들은 상록림이 중층의 생태계를 구성하고 있는 것이 보통이지만 겨울 몬순이 강해서 계절적으로 건조해지는 지역에서는 낙엽수림들이 존재하고 있다. 이 지역의 생물들은 흔히 오리엔탈 동물 구의 남쪽 경계에 해당하고 그 이남으로는 오스트레일리아 동물 구가 연속되고 있는데 이 지역은 동남아시아에서 보이지 않는 유대류가 있어서 두 지역 간의 동물의 차이가 뚜렷하다. 그런데도 오스트레일리아에 일찍이 현생인류가 건너간 것을 보면 생물상의 이동이 전혀 불가능한 것은 아니었다는 점을 암시한다. 동남아시아지역에서 가장 많은 종류의 동물상은 곤충류이지만 이 지역에서도 여러 종류의 포유류들이 관찰되고 또한 홍적세 유적들에서도 화석으로 발견된다. 이러한 포유류 종들에는 곰, 기본, 코끼리, 사슴 류, 돼지 등이 보이고 오랑우탄이나 코뿔소나 테이피어 등도 이 지역의 토착종이다. 호랑이도 살고 있는데 고대 유적에서도 보여서 이 지역의 고인류들도 식육류와 어느 정도의 경쟁적인 관계가 있었다는 것을 알 수 있다.

3.5 동북아시아 온대지역

동북아시아, 즉 현재의 중국과 만주 지역 그리고 한반도 지역은 서해를 중심으로 둘러싸고 있는 지역이라고 할 수 있다. 남아시아와는 히말라야산맥이 경계를 이루는 셈이며 동남아시아와는 현재의 중국과의 경계선, 즉 서남부 고원지대로 구분될 수 있을 것이다. 결국 유라시아의 최동단까지의 지역이 동아시아에 포함되고 인류의 확산 관점에서는 동쪽 끝의 종점에 해당하는 지역이다. 이 지역에서도 다양한 자연환경이 포함되어 있는데 낮은 저지에 해당하는 서해 저지를 중심에 두고 중국지역에서는 서해 해안 지역에서 중원을 지나면서 산지로 높아지기 시작하여 티베트고원으로 연결된다. 반대로 서해의 동쪽에 있는 한반도 지역은 한반도의 서해안 지역은 낮은 저지이고 동으로 가면서 태백산맥에 이르기까지 점차로 높아지는 것을 볼 수가 있다. 그래서 서해 연안은 결국 완만한 경사를 가진 저지의 외곽이라고 할 수 있을 것이다. 그리고 큰 강들이 모두 이 저지를 향해서 흐르고 있어서 동아시아의 문화를 이해하는데 중요한 틀을 형성하는 것으로 볼 수 있다.

오늘날의 중국은 엄청나게 크고 다양한 환경을 가지고 있다. 서북쪽에는 세계의 지붕이라고 불리는 티베트가 있고 친안샨 산맥, 파미르 고원 등의 고원 산지들이 연이어 있다. 이 고원지는 사람이 살기는 어렵지만, 높은 산지에 덮인 빙하와 눈들은 부근이나 동아시아지역에서는 담수 자원으로서 부근 일대의 건조한 지역뿐 아니라 많은 지역에서 그 수자원을 이용하고 있다. 거의 20억 명의 인구가 이 물줄기에 의존하고 사는 셈이니 인간의 생활에 필수적인 자원을 가지고 있는 셈이다. 그 이동지역은 고비 사막과 중국의 북부의 건조한 지대와 황토지대가 이어져 중국의 중부의 친링(Qinling, 秦岭)산맥의 북쪽까지 이어지고 있다. 친링(Qinling)산맥은 중국 기후를 남북으로 구분하는 선이 되는데 이남으로는 아열대성 기후가 연속되어 동남아시아지역과 연결되고 반면에 북으로 갈수록 연평균기온이 떨어지고 겨울이 혹심하여 선사시대의 사람들이 이 지역에서 살기에는 겨울철의 기온과 식료자원에 대한 특별한 전략을 구사할 수 없으면 생존이 어려운 지역이다. 대체로 이 북쪽 지역은 여름 몬순의 영향이 크지 않고 겨울 몬순 즉 북서풍의 위력이 커서 황토퇴적이 널리 분포하게 되었다. 이 황토지대 및 사막은 기후변동에 의해서 좀 더 인간 거주가 가능한 곳으로도 바뀔 수 있지만, 현재는 남북의 이동에 큰 제약이 된다. 그 이동지역은 만주 평원이 허베이(河北) 평원과 맞닿게 되고 그 이동에 다싱안링(Daxinganling, 大興安嶺)산맥이 남북으로 중주하고 있다. 그 이동에서는 아무르강이 흘러서 연해주 지역으로 현재의 러시아 국경을 따라서 흐르고 있다. 이 지역은 온대지역에 속하지만, 기온은 한반도가 있는 지역과는 연교차에서 크게 달라지고 또한 식생도 침엽수림 위주로 바뀌게 된다.

친링(Qinling, 秦岭)산맥의 남부는 아열대성 기후인데 이 지역은 연평균기온이 높고 강수량도 동중국해의 수분이 지속해서 공급되어 인간의 거주에 대단히 좋은 조건을 가지고 있다. 이 지역의 식생은 일본의 생태학자들에 의해서 흔히 조엽수림대라고 부르는데 색이 짙고 반짝이는 잎을 가진 숲들이 있는 곳이라는 뜻이다. 앞서 언급된 이 상록 조엽수림대는 중국의 남부뿐 아니라 한반도의 남부와 일본 열도의 남부지역으로 연속적으로 분포하고 있다. 이 아열대성 조엽수림대의 북쪽으로 온대지역이 펼쳐지는데 활엽수와 침엽수가 혼재하는 삼림이 분포하는 지역이며 계절에 따라서 경관이 많이 변화하는 지역이다. 이 지역은 생물이 풍부하여 인간의 거주에 좋은 환경을 제공한다.

그런데 친링산맥은 홍적세 초기에는 오늘날과 다른 모습을 가지고 있었고 남북기후의 차이에 영향을 주는 정도도 달랐다. 북위 34도 정도에 걸쳐서 동서로 분포하는 이 산맥은 지금보다도 1000미터 정도 낮아서 동물의 이동이 지금보다는 훨씬 자유스러웠을 것이다. 그래서 친링산맥의 북쪽, 즉 북부 황토지대의 남쪽에 위치하는 공왕링 같은 유적에서는 황토퇴적 중에 나타나는 동물상이 이러한 변화를 보여주고 있다. 초기에 아열대성 동물이 나타나다가 후대로 가면서 사라지게 되는 것이다.[48] 그래서 홍적세 동안 남북의 기후와 식생의 분포상황이 친링산맥의 융기에 따라서 달라졌을 것으로 추정된다. 중국의 남부지역은 아열대식생이 해안을 따라서 분포하고 있고 그러한 기후와 식생은 타이완이나 하이난 등의 섬의 환경도 마찬가지이다.

오늘날 중국의 동북부지역에서 축을 이루는 다싱안링(Daxinganling, 大興安嶺)산맥은 트랜스바이칼지역의 동쪽에서 시작되어 남쪽으로 랴오닝(遼宁)까지 연속되는데 몽골 초원지대에서 이 산맥까지는 대평원이 연속되고 있고 산맥의 동쪽 사면으로는 급경사를 이루고 북만주의 평원이 펼쳐지고 있다. 다싱안링산맥의 서북쪽 즉 몽골과 연결되는 지역의 초원평원은 북서풍이 강하게 불어서 겨울에는 대단히 추운 곳이다. 이 산맥의 낮은 지역에는 몽골리안 참나무와 같은 낙엽수가 자라는 혼합수림이 분포하고 있지만 좀 높은 곳에서는 자작나무나 소나무 또는 버드나무들이 자라는 숲으로 구성되어 있다. 그리고 낮은 저지대의 많은 부분은 서쪽의 건조한 지대에서 불어온 황사가 지역에 따라서 두껍게 쌓여 있다. 다싱안링산맥의 동으로는 연해주 해안 지역의 산맥 사이에 있는 만주 평원이 있고 평원의 남쪽으로는 한반도가 시작되는 백두산을 중심으로 양쪽으로 강이 흐르면서 동쪽 지역은 개마고원의 고지가 분포하고 있다. 랴오닝(遼宁) 지역은 산지가 랴오둥반도(遼東半島)의 끝까지 흐르고 있지만 동서 양쪽에는 큰 저지가 형성되고 랴오허(遼河)강 등의 강이 흐르고 있다.

서해를 두고서 중국과 면하고 있는 한반도 지역은 흔히 동고서저 지형이라고 불리는데 동쪽 해안을 따라서 태백산맥이 반도를 종주하고 있고 서부 지역은 낮은 평원이 남으로 연속된다. 강은 대체로 동에서 시작되어 서해로 흘러드는데 일부 강들은 남해로 흐른다. 그래서 전반적으로 서해를 면한 연안 지역에서는 낮은 저지들이 해안을 따라서 한반도와 중국 동해안 지역으로 환을 그리면서 연속되고 있다. 그런데 중국에서는 평지가 내륙 깊이 연속되는 반면에 한반도에서는 접은 해안평야지대에 연속해서 크고 작은 구릉성 지형이 연속되어 동해안의 산맥으로 연결된다. 동해를 중심으로 일본 열도와 한반도 그리고 연해주가 환을 그리면서 분포하고 있는데 일본 열도는 대한해협을 중간에 두고 한반도와 바로 연결된 적은 없다. 그런데 한반도나 일본 열도에서는 동해를 향해서 대단히 급한 경사면을 가진 산지가 있고 해안에는 좁은 평야가 발달하고 있다. 이 해안 저지대는 고대인의 통로로 사용되었을 것이다. 그렇지만 일본 열도의 북쪽은 빙하극성기에는 홋카이도와 연해주 지방이 얼어붙어서 연육 현상이 있었던 것으로 알려졌다. 일본지역은 기후가 온난하고 아열대성의 식생이 널리 분포하고 있는데 산지가 많은 편이며 좁은 평야들이 강과 해

---

48 Tong 2007.

안 지역에 분포하고 있다. 그리고 일본 열도는 태평양대륙 판의 가장자리에 위치한 관계로 화산이 많고 아직도 활동하고 있는 분출이 엄청났던 아소산과 같은 화산도 분포하고 있다. 동북아시아 지역의 홍적세 동안의 인류의 거주환경에 크게 영향을 주었던 것은 바로 몬순의 강도이며 해륙의 분포에 의한 강우패턴의 변화일 것이다. 특히 친링산맥의 융기와 황해의 해수면 변동은 이 지역의 환경에 큰 영향을 주었을 것이다.

III

동아시아의 초기 인류 확산의 증거들

아웃 오브 아프리카 그리고 동아시아로의 확산

—

초기 호모 확산의 지역적인 증거

—

동아시아지역으로 초기 호모 확산

1 아웃 오브 아프리카 그리고 동아시아로의 확산

1.1 하부홍적세의 환경 변화와 초기 호모의 유라시아 확산

신생대의 제3기의 말엽에 아프리카 대륙에서 초기 인류의 진화가 이루어지기 시작하였지만 유라시아 대륙으로 확산되기 시작한 것은 신생대의 제4기(250만 년 전 - 현재), 즉 플라이스토세 초기에 해당된다. 즉 하부홍적세(Lower Pleistocene)의 초기에 해당되는 셈이다. 하부홍적세는 그동안 정확한 시작이나 끝나는 연대에 대해서 학자들 사이에 논란이 있지만 일반적으로 신생대제3기가 끝나고 제4기로 시작되는 2.58MA부터 0.77MA 전까지의 시간에 해당된다. 신생대 제4기는 이전의 시기보다도 전반적으로 서늘해지는 기후를 가지고 있고 특히 아시아 지역에서는 티벳, 히말라야와 카라코럼의 융기가 아시아 내륙지역의 기후환경을 크게 바꾸는 단계에 해당된다. 그래서 아프리카 지역이나 유럽지역과 달리 지역별 기후환경이 달라지는 시기이다.

하부홍적세 기간 동안은 서아시아 지역은 초원이나 나무 있는 초원지대가 서아시아 지역에는 북위 40도까지 동북아시아 지역에서는 북위 30도 정도에 펼쳐져서 인류의 이동이 이러한 선의 이남 지역이 주로 고인류의 서식지가 되었을 것이라는 주장도 제기된다.[1] 하부홍적세가 시작되면서 서늘해진 기후로 인하여 몬순의 강도가 달라지게 됨으로써 대륙의 내부가 건조해지고 곳곳에 황토퇴적이 형성되기 시작하는 것을 알 수 있다. 중국의 루오츄안 황토가 2.47MA,[2] 중앙아시아 지역에서도 2.5MA[3]에 형성되었다. 그러한 추이는 한반도의 동해에서도 이 시기에 미세풍성토가 해저퇴적물에서 확인되는 것을 볼 수

1 Dennel 2004a and b, 2007, 2013.

2 Lu et al. 1999.

3 Dodonov and Baiguzina 1995;Louys et al. 2007.

있다.

인도를 비롯한 남아시아 지역에서도 하부홍적세의 초기에는 북위 35도 정도까지는 초원지가 넓게 분포하고 있었는데 오늘날보다는 덜 건조한 기후가 지속되었다. 파비힐에서 보이는 핀졸(pinjol)동물군(群)에서도 그러한 경향이 보이고 있어서 인도 파키스탄 전역이 이 시기에 보다 습윤한 단계였다는 것을 알 수 있다. 이 시기의 동물들을 보면 기린(*Sivatherium giganteum*), 돼지 종류(*Anthracotheres*), 영장류나 개 종류의 동물들이 말이나 코뿔소 그리고 양 종류나 코뿔소 등이 발견되는데 인도 지역에 넓게 나무가 있는 초원지대가 펼쳐져 있었을 것이라고 본다. 이러한 동물들 이외에도 하이에나 종류와 호랑이 종류 그리고 여러 식육류 짐승들이 이 초원지대에 동물상을 형성하고 있었을 것으로 본다.

중국이나 동남아시아 지역에서 하부홍적세의 동물상이나 기후환경에 대한 자료는 그다지 많지 않다. 북중국의 대부분 지역은 아마도 아열대성 기후가 지속되었을 것이고 친링산맥 지역에서는 열대성의 기후였을 것으로 보는 연구도 있다.[4] 동남아시아 지역에서 이른 시기의 호모 화석이 발견된 바팡/상기란 층군에서 발견되는 동물상들은 대체로 개활지 환경이나 초원지 환경을 암시하고 있다. 스테고돈, 코끼리, 코뿔소와 돼지 종 등이 확인되고 있어서 이 지역에서 중부홍적세 후반에 이르는 시기까지 개활지환경이나 초원환경이라는 것을 보여준다.[5] 그렇지만 아직도 이 지역의 환경을 정확하게 복원할 수 있는 자료가 극히 제한되어 있다.

중국에서 중국지역의 기원설을 암시하거나 그 가능성을 강조하는 논문들이 있지만,[6] 현재까지 알려진 증거에 따르면 고인류가 출현 이후에 오랫동안 아프리카에서 진화를 거듭하였다는 것이 일반적인 생각이다. 지적 진화의 단계가 어느 정도 새로운 환경에 적응할 수 있는 능력에 도달하였을 때 아프리카의 인류의 고유한 환경조건을 벗어날 수 있었을 것이다. 인류는 그동안 사는 생태환경을 확대해 왔지만 제한조건이 획기적으로 커지는 공간 속에서 살아남기 위해서는 한 단계 높은 수준의 지적 적응능력이 필요하였을 것이다. 그러한 능력으로서는 결국 환경정보를 충분히 누적하고 소통할 수 있는 능력과 변화에 대한 예측력 그리고 추위를 극복할 수 있는 지적능력, 즉 불을 사용할 수 있는 능력[7] 등이 전제가 되어야 고유한 환경인 사바나에서 온대지역으로 이주할 수 있었을 것이다. 근래의 화석골격의 분석을 통해서 호모 에렉투스 역시 후대의 인류들처럼 언어능력이 오늘날과 유

4 Jablonski et al 2000.

5 Leinders et al. 1985.

6 예를 들어서 Hou and 코매 2010 등.

7 불의 사용을 흔히 고고학적인 증거를 중심으로 100만 년 전 이후(Anton et al 2014)로 보기도 하지만 훨씬 앞서 사용되었을 것으로 보아야 할 것이다. 이미 자연발화를 경험한 것이 수 백 만년이며 또한 온대지방으로 이동이 이미 2백 만년 전에 일어난 것이기 때문에 역추적으로 그 시기를 추정하는 것이 타당할 것이다. Rolland 2004.

도판 11 초기 호모 에렉투스와 호모 하이델베르크 화석 유적분포 및 초기 석기 유적분포, 유라시아 확산경로
호모 화석 ● 1. 드마니시 2. 상기란 3. 모조커토 4. 위안무 5. 공왕링 6. 저우커우뎬
초기 석기 ■ 7. 우베이디아 8. 타르사막 9. 아트람파캄 10. 상천 11. 니허완 지점들

사한 방식으로 이루어졌을 것으로 보는 견해[8]도 있다. 인간의 인지적인 완충장치에서 문화적인 완충장치로 진화가 이행되었을 경우에 다른 환경으로 넘어 올 수가 있을 것이다.[9]

아시아에서 발견되는 초기 호모는 일부 화석에 대해서는 다른 학명을 붙이기도 하지만 일반적으로 호모 에렉투스라고 분류하는 것이 보통이다. 아프리카 지역에서 발견되는 것들을 호모 에르가스터(*Homo ergaster*)라고 분류[10]하기도 하는데 아시아지역의 것과 구분하기 위한 것으로 볼 수 있다. 호모 에렉투스는 기본적으로 두뇌가 커지게 되는데 두개골이 상하로 길어지고 또한 측면에서 납작하게 보이며 오각형으로 생긴 모습이다. 그리고 눈썹지역의 뼈가 두드러지고 이마가 현대인과 비교하면 낮고 뒤로 비스듬하게 올라가는 양상이다. 머리뼈의 봉합선을 따라서 융기된 선이 있고 머리가 둥글지 않고 곡면에 각

---

8 Caspio et al. 2008; Hillert 2016.

9 Donaldo 2017.

10 Wood and Collard 1999.

이 남아 있다. 그리고 머리뼈는 귀가 있는 지점에서 가장 폭이 넓다. 두뇌의 크기는 초기와 후기 그리고 각 유적에 따라서 편차가 큰데 대체로 640~1200cc의 범위인데 평균치는 대체로 900cc 정도이다. 그래서 150만 년 정도 기간 진화하면서 두뇌의 용적이 점차로 커지게 되었다는 것인데 거의 800cc 정도 커진 셈이다.

그러한 단계가 바로 호모 단계였을 것으로 생각되는데 이 시기에 두뇌의 용적의 크기가 많이 증가하는 것에서 그 능력을 기대할 수 있을 것이다. 두뇌 용적의 증가는 바로 다루어야 할 정보의 증가와 분석력의 확장 등을 의미할 수 있을 것이며 이러한 진화는 아마도 석기 제작 과정에서 얻어진 학습의 효과에서 왔다고 볼 수 있을 것이다. 왜냐하면 석기 제작은 대단히 단기적으로 일어나는 과정이지만 어떤 목적을 실현하고자 하는 제작 의도와 손에 들고 있는 석핵이나 박편들이 변화하는 양상에 대한 반복적인 관찰을 통해서 과정의 패턴을 이해하게 되고 이러한 과정이 반복적으로 일어나면서 예측력이 증대하게 되고 문제해결의 능력이 발달하게 될 것이기 때문이다. 아마도 당시로써는 석기 제작이 가장 짧은 시간 속에서 자연적 그리고 인위적인 변화과정의 관찰이었을 것이다. 이 외에도 하루 일상 중에 여러 가지 반복되는 일들에서 정보가 축적되고 지적인 능력이 확장되었을 것이다. 궁극적으로는 자연의 현상에 대해서 정보가 누적되고 또한 자연의 변화에 대한 예측력의 향상이 결국 새로운 환경에서 살아남을 수 있게 만들었을 것으로 생각할 수 있는 것이다. 다시 말해서 이러한 능력들은 생존을 위협하는 여러 가지의 요소들을 피할 방안을 강구할 수 있게 만들어주었을 것이다. 그리고 두뇌 용적의 크기와 함께 체격에서도 변화가 있어서 오랫동안 걸을 수 있는 구조인 긴 다리로 바뀌며 자원을 수습할 수 있는 범위와 능력, 특히 음식의 운반능력이 확장되고 또한 음식의 종류 역시 확대되었을 것이다.[11] 체구가 커지고 다리가 길어지게 되는 것은 그만큼 이동거리가 크다는 것을 의미하고 또한 활동 범위가 넓을 수 있다는 점에서 더욱 다양한 음식을 구할 수 있었을 것으로 볼 수 있다. 체형적인 다양성이 각 화석에서 보이기는 하지만 그러한 차이들이 바로 집단 간의 체질적인 다양성이라기보다는 개별 화석 간의 차이로 볼 수 있기 때문에 일반화하는 것은 유의해서 그 진화적인 의미를 이해하는 것이 바람직하다.[12] 실제로 이러한 경향은 아프리카의 호모에서 나타나는 것이다. 또한 대단히 중요한 변화로서는 사회적인 유대관계와 이에 대한 투자가 확대되었을 것으로 보이는 것이다. 드마니시 유적의 이빨 없는 고령의 두개골의 존재[13]에서도 사회적인 협력 가능성을 엿보게 하는 것이다. 이러한 공격적 그리고 행위적인 변화가 자연을 이용하는 방식의 다양성을 크게 제고하였을 가능성도 있을 것이다. 결국 행위적인

11 Anton et al. 2014.

12 Plavcan 2012.

13 Lordkipanidze 2005.

다양성의 범위가 커져서 다른 환경에서도 그러한 다양성을 가지고 적응이 가능할 때만 살아남을 수 있는 것이다. 실제로 그러한 경우가 현대인에게도 관찰되기도 하는 것을 볼 수 있다.[14] 이러한 점에서 일찍이 호모 에렉투스가 '끈기가 있는 고인류'라는 용어로 사용하기도 한다. 아프리카를 떠나서 아시아 대륙으로 오게 되는 바탕에는 이러한 진화가 깔려 있다고 보아야 할 것이다.

오늘날 고인류 화석의 연구에서 얻어진 큰 성과 중의 하나는 바로 인류가 우리가 설정한 단계별로 정의되는 진화적인 특성의 묶음이 한꺼번에 변화가 이루어진 것이 아니라는 것이다. 아프리카를 떠날 수 있었던 단계에서 호모의 진화는 이미 상당한 시간 동안 변화가 하나씩 점진적으로 누적됐던 것이다. 뇌 용적이 커지고, 다리가 길어지고, 어금니가 작아지고, 사회적인 협동이 효율적으로 되고, 언어가 복잡해지기 시작하여 정보의 소통 규모가 커지는 등등의 진화 양상은 어느 시점에 한 번에 묶음으로 나타나는 것이 아니었을 것이다. 그러나 화석의 수효가 많지 않기 때문에 명확하게 밝힐 수는 없을 것이다. 획기적으로 비교적 완전한 신체 부위가 발견되었던 오스트랄로피테쿠스 세디바(*Australopithecus sediba*)[15]가 보여주듯이 이전 단계인 오스트랄로피테쿠스가 장기간 진화하는 과정에서도 변화의 과정에서는 모자이크 양상이 나타나고 시간을 지나면서 지그재그 방향으로 움직이면서 그 변화가 나타나는 경우가 많은 것이다. 그렇지만 이러한 과정을 증명하기 위해서는 환경이나 고인류의 체질적인 자료를 환경적인 분포와 시간적인 변화과정의 다양성을 볼 수 있을 만큼 많이 발견되어야 하지만 현재의 증거를 가지고 유추를 거듭해나가는 수밖에 없고 새로운 자료가 나타날 때마다 새로운 진화상의 사실이 하나씩 드러나게 되는 것이다. 이러한 진화의 과정은 고인류의 화석분류를 대단히 애매하게 만들 수밖에 없는 조건이 되는 셈이다. 아시아로 들어왔던 초기의 화석들인 드마니시의 경우에도 호모 에렉투스 계열인지 또는 동시대의 다른 계열인지에 대한 논쟁이 끊이지 않는 것이고 또한 호모 에렉투스라고 하지만 지역별로 또는 시대별로 다른 특징을 가지고 있는 것을 한 묶음으로 분류하고 있는 것을 볼 수 있다.

또 다른 관점에서 인류의 아웃 오브 아프리카를 하게 되는 이유로서 고환경의 변화를 생각할 필요가 있다. 인류가 아프리카를 떠날 수 있었던 것은 단순히 지적능력의 확장만이 아니고 당시의 환경이 고인류가 잘 적응해오던 나무가 있는 개활지 환경이 확장되는 시기였을 것이다. 홍적세가 시작된 250만 년 전에는 기후가 전체적으로 추워지고 변동이 상대적으로 짧아지게 되어서 이동성이 커지게 되었을 것으로 전망되기도 하고, 다른 한편으로는 그러한 개활지 환경이 아마도 티베트 고원지대의 북동쪽까지 연속해서 이어지고

14 Kuzawa and Bragg 2012.

15 Berger et al. 2010.

있을 것으로 보이는데 바로 동물상의 분포가 보여주고 있다. 그러한 기후 환경의 변동은 적어도 50만 년 전경까지 중국의 뢰쓰 퇴적에서나 또는 니허완(Nihewan, 泥河湾)퇴적에서도 아열대성 우림에서 숲을 거쳐서 초원으로 변하여 가는 과정이 층서 상에서 볼 수가 있다.[16] 중요한 점은 중근동 지방에서 동쪽으로 인류가 서식하기 좋은 환경이 만들어졌다는 점이지만 그러한 환경이 아시아지역에서 어느 정도 연속성을 가지고 분포하였을까에 대해서는 아직도 분명하게 설명할 수가 없다. 그리고 아프리카나 근동지역으로부터 아시아로의 인류의 이동 방향과 경로가 바로 이곳으로 한정되는 것은 아니고 이보다 훨씬 남쪽에서 아라비아반도와 이란지역으로 이어지는 해안선을 따라서 이어지는 평원들이 더욱 좋은 이동 환경을 제공하였을 것으로 보인다. 홍적세 초기의 기후 환경은 오늘날 우리가 상상하는 것보다도 훨씬 빠르고 넓은 지역까지 인류의 확산이 있었을 가능성을 내포하고 있다. 그렇지만 초기 호모가 과연 아프리카에서 살았던 환경과 동일한 환경 속에서만 살았을까? 라는 의문은 그동안 그다지 많은 논의를 하지 못한 셈이다. 대체로 동아프리카의 사바나 환경이나 유사한 환경이 되었을 때 확산할 수 있었다는 생각[17]이 아직도 깊이 뿌리 잡고 있음을 볼 수 있다. 바로 '사바나스탄(savannahstan)'이라는 개념[18]이다. 이것은 중앙아시아의 땅이라는 뜻의 '스탄'을 붙여서 만든 용어인데 동아시아로의 확산이 그러한 환경을 통해서 이루어진 것이라는 추정이다. 그러나 가장 오래된 아시아의 화석은 고산지에 있다는 점이 초기 호모의 적응력에 많은 암시를 하는 셈이다.[19]

드마니시 유적

드마니시 유적은 조지아 공화국의 수도인 트빌리쉬에서 남서쪽으로 50킬로미터 정도 떨어진 현무암으로 덮인 산악지대에서 발견되었다. 1991년에 처음으로 호모 화석이 발견되었는데 그 이후 여러 점의 두개골이 수습되었고 올도완 석기들이 발굴되었다. 이 두개골은 호모 에렉투스 또는 에르가스터로 명명되었지만, 이제는 호모의 다른 종, 호모 조지아쿠스(*Homo geogiacus*)로 분류하는데 에렉투스나 에르가스터와의 구분에 대해서는 아직도 논란의 여지가 있다. 드마니시의 호모는 아시아적인 특성보다는 아프리카 적인 특성이 많은데[20] 두개골이 800cc 미만의 크기이지만 호모 헤빌리스보다는 두개골의 모습이나 어금니의 모양이 호모에렉투스와 유사하다. 드마니시는 아프리카에서 호모 에렉투스가 진화한 시기와 일치한다는 점에서 진화상에 흥미로운 점이라고 할 수 있다.

---

16 Ao et al. 2010; Bai et al. 2009.

17 Larick and Ciochon 1996.

18 Dennel 2010.

19 Shepartz et al. 2000.

20 Gabunia et al. 2000.

일단 동아프리카에서 가장 오래된 호모 에렉투스 화석인 OH9의 연대가 1.4~1.5MA인 반면에 드마니시 고인류 화석의 연대는 이보다도 오래된 1.75~1.8MA이고 또한 드마니시 고인류가 훨씬 더 원시적인 특성이 있어서 호모 에렉투스가 아프리카 기원이 아니라 아시아 기원이라고 생각하는 것이다. 드마니시 화석이 호모 헤빌리스에 가까운 특성을 보여서 호모 에렉투스는 이미 아시아에 진출한 호모에서 진화한 것으로 보아야 한다는 것이다. 여하간에 드마니시의 고인류 화석 중에 D2600과 D4500은 호모 조지아쿠스(*Homo georgiacus*)로 명명되었는데[21] 결국, 새로운 종으로 구분한 것이고 호모 에렉투스로 구분한 때에도 가장 초기의 모습으로 규정하는 것을 생각한다면 호모가 유라시아에 진출한 후 근동지역에서 진화하여 동서, 즉 아시아와 아프리카로 확산하여 간 것으로 보는 것이 근래에 제기된 새로운 견해이다.[22] 그래서 새로이 출현한 호모 에렉투스가 이 시기에 티베트고원이 융기되어 몬순 시스템에 영향을 주게 되고 동아프리카나 아시아지역에 초원지가 확장되면서 퍼져 나가게 되었다는 것이 요지이다. 또 다른 한편으로 호모 에렉투스의 아시아로의 확산이 한 번에 그친 것이 아니고 드마니시형의 호모 에렉투스의 확산과 확실한 단계의 호모 에렉투스의 확산이 더 있었던 것으로도 생각할 수 있다.

드마니시 유적과 호모 화석 그리고 초기 호모 확산경로

현재의 고고학적 그리고 고인류학적인 증거로서는 인류가 아시아지역으로 나오게 되는 것은 200만 년 전 이전으로 더 오래된 시간을 거슬러 올라가지 못하는 것으로 생각될 수 있다. 그렇지만 또 다른 견해로서 이보다도 훨씬 이전에 인간의 조상 중에서 아시아에서 살았을 것이라는 추정도 있다. 그리고 또 다른 가능성으로서 제시되는 것은 북아프리카 차드에서 발견된 오스트랄로피테쿠스 바렐가잘리(*Australopithecus barelgazeli*)가 동아프리카에서 2500킬로미터 떨어진 곳에서 발견되었는데 이 화석의 연대가 3.0~3.5MA로 알려져서 이러한 확산속도를 고려한다면 이들이 아라비아반도를 넘어서 아시아의 초원지대로 오지 못할 이유도 없다고 보아야 한다는 주장이다.[23] 또 다른 가설로서 에티오피아 카다르 고나에서 발견된 오스트랄로피테쿠스 가르히(*Australopithecus garhi*)가 2.6MA로 밝혀졌는데 이들은 이미 석기를 사용하던 종인데 이들이 아시아로 넘어와서 일차적으로 드마니시의 초기형의 드마니시 호모로 진화하고 나중에 다시 상기란 형 호모로 진화하였을

---

21 Gabunia et al. 2002.

22 Rightmire et al. 2006 Wood 2011.

23 Dennel 2015.

가능성을 제기한다.[24] 물론 가장 오래된 석기의 제작 연대는 이보다도 더 거슬러 올라가 330만 년 전으로 확인되고 있어서 인류의 지적적응력은 이미 오랫동안 아프리카에서 확장되고 있었다는 것을 볼 수 있다. 그리고 최근의 아시아지역의 새로운 구석기 문화자료들의 연대가 200만 년 전 이전으로 올라가는 것들이 중국 지역에서 주장되고 있어서[25] 여하간에 호모 에렉투스의 이전 단계의 인류가 아시아지역으로 확산하여 왔을 가능성은 상당한 것으로 추정되는 셈이다. 그러나 중국의 새로운 자료가 아직은 확신을 가지기는 불완전한 점이 있으며 대체로 200만 년 전 전후한 시기에 아프리카 지역에서 일어난 호모의 진화양상이 대단히 복합적[26]이기 때문에 이러한 주장은 앞으로 새로운 더 오래된 확실한 자료가 나오지 않는 한 설득력을 가지기는 어려운 점이 있다.

그리고 자바의 경우에도 고인류 화석의 특성에 따라서 일부 학자들이 드마니시 화석인류보다도 더 이른 시기의 종들이 확산하여 온 것으로 주장하기도 한다. 그러면 어느 종의 단계에서 아프리카에서 나와서 아시아로 오게 된 것인가? 앞서 언급한 바대로 이 질문에 답하는 것이 현재로서는 어려운 것은 틀림없다. 그렇지만 대체로 호모 에렉투스의 화석들이 동아시아의 각지에서 발견되는 것은 잠정적으로 호모 에렉투스가 아웃 오브 아프리카를 처음으로 한 것으로 생각될 수가 있을 것이다. 그렇지만 아직도 연대가 모호한 점이 있지만 호모 에렉투스보다도 연대가 앞서는 중국 지역의 석기 공작의 연대가 있다는 점에서 단순하게 호모 에렉투스가 그 최초의 이주민이라고 보기가 불편한 점이 있다. 일부 학자들은 새롭게 발견되는 자료들을 토대로 그리고 아프리카와 아시아의 이 단계의 형질상의 차이를 토대로 호모의 이른 단계에서 이동할 수 있다는 점을 암시하고 호모 에렉투스가 아시아에서 진화하여 다시 동아프리카로 들어간 것으로 생각하기도 한다. 이것은 앞에서 언급한 화석의 연대를 토대로 제시된 가설이다.

그런데 호모가 아시아로 이동하여 올 때 가지고 온 문화에 대해서는 일반적으로 간단한 박편석기 제작 기술의 단계에 있었을 것으로 보는 것이 보통이다. 이미 인류의 진화단계에서 석기의 사용은 330만 년 전에 오스트랄로피테쿠스에 의해서 사용된 것이 동아프리카에서 확인되고 있기 때문이다.[27] 그런데 초기의 호모 에렉투스가 아슐리안 석기 공작과 관계가 없을 것이라는 점은 그 연대가 아슐리안 발생 이전일 수가 있으므로 타당한 것으로 생각할 수 있다. 그렇지만 오늘날 아슐리안(Acheulean) 석기 공작의 출현 역시 시대가 점차로 오르는 것으로 확인되고 있어서 올도완(Oldowan) 석기 공작에서 아슐리안 석기 공

24 Suwa et al. 2007; Kaifu et al. 2005b.

25 Zhu et al. 2018.

26 Anton et al. 2014.

27 Harmand, Sonia et al. 2015.

작으로 진화가 호모 에렉투스로의 진화에 근접할 가능성은 충분히 있을 것이다. 그런데 초기 호모가 아슐리안 석기 없이 동아시아까지 확산하여 왔다고 치더라도 그 후의 아슐리안공작을 가진 호모 에렉투스가 동아시아에 들어오지 못한 것이라는 말은 설득력이 없다. 아슐리안이라는 문화기술의 분포가 바로 호모 에렉투스의 이동을 그대로 반영하는 것으로 보지는 않는다. 그리고 이미 인도 지역에서는 이른 시기의 아슐리안 석기들이 발견되고 있다. 그러한 점에서 일부 학자들이 생각하듯이 아슐리안 기술을 가진 집단이 더 이상 동쪽으로 확산하지 않았다고 생각하는 것은 이해하기가 어렵다고 할 수 있다. 그리고 호모 에렉투스 정도의 지적 진화단계가 되면 적응의 선택 폭이 클 수가 있다는 말이지 어떤 특정 기술만을 고집하여 적응하는 것이 인류의 문화가 될 수 없다는 것이 일반적인 문화의 원리라고 할 수 있다. 이런 점에서 볼 때 아슐리안 석기의 유무가 바로 특정 인류의 출현 유무를 확인할 수 있는 것은 아니라고 생각된다. 또한 오늘날 많은 주먹도끼 유적들이 중국과 한반도에서 발견되는데 이러한 석기들의 출현에 대한 설명이 부가적으로 필요하다고 생각된다.

1.2 초기 호모의 확산 루트와 지리적 범위

아프리카에서 아시아로 들어오는 루트는 크게 남과 북의 두 가지로 나누어질 수 있을 것이다. 하나는 시나이반도를 거쳐서 오늘날의 르반틴(Levantin) 지역으로 이동하여 가는 것과 다른 하나는 해수면이 낮아지는 시기에 홍해의 바브 알 만다브(Bab Al Madav) 해협을 건너서 오늘날 예멘으로 건너가는 길이다. 아라비아반도로 들어온 호모는 결국 해안 루트를 돌아서 인디아와 동남아시아로 확산하였을 것으로 볼 수 있다. 그리고 동아시아지역에서 다시 북상하여 베트남의 북부와 윈난(云南)~쓰촨(四川) 지역을 거쳐서 동북아지역, 즉 중국 북부의 니허완(泥河湾)까지 확산하여 온 것으로 생각할 수 있다. 이러한 아시아의 남부지역을 통과하여 동북아시아 지역까지 오는 과정에서 비교적 쉽게 동으로 이동할 수 있는 통로는 해안과 연결된 평탄지였을 것이다. 왜냐하면 중동지역과 남아시아지역을 잇는 힌두쿠시나 아프가니스탄의 고원지 그리고 동남아시아와 오늘날 중국을 잇는 지역의 남북종주 고산지 등을 고려한다면 당시로써는 해안으로 연결된 평원지들이 이동에 유리한 점이 많았을 것이다. 고인류의 확산 루트를 복원하는 것은 결국 오늘날 남아 있는 유적들을 연결하여 복원하는 것이 보통이지만 유적이 남아 있지 않다고 해서 고인류의 접근이 불가능하거나 존재하지 않았다고 볼 수는 없을 것이다. 이러한 루트에서 인류가 살아남을 수 있는 식료자원이나 기온이나 수분이 적정하게 분포하고 있는지가 가장 큰 관건일 것이다. 체구가 큰 초식성 동물의 분포가 중요하다고 하는 것은 바로 사바나스타니즘과 통하는 개념일 것이다. 그리고 경쟁이 되는 식육류 짐승을 피해서 루트가 만들어졌다는 주장[28]도 있지만 실제로 가당치 않은 주장이다. 경쟁은 결국 진화를 가속하는 역할을 하는 것이 일반적일 것이고 인류는 생존하는 생태계의 가장 정점에 있는 구성원으로서 필수적으로 다른 식육류와 경쟁을 하게 마련인 것이다. 대형 초식성 동물들은 결국 식육류 짐승들을 끌어들이게 되는 것, 반대로는 식육류가 살아가는 생태계가 바로 충분한 초식성 동물이 있는 공간이기 때문에 그 경쟁은 부득이 한 것으로 생각하지 않으면 안 될 것이다.

다른 한편으로 앞에서 언급한 바로 중부홍적세 이전에는 티베트의 북부지역이 그렇게 건조하지 않았을 것으로 추정하고 중앙아시아를 거쳐서 북중국으로 확산된 것이라는 주장도 있다.[29] 중국의 남부에 오래된 고인류 유적이 많지 않다는 점에서 이러한 주장을 펼치고 있지만, 중앙아시아지역에서도 그러한 고인류 화석이나 석기 유적들이 발견된 예가 없거니와 중앙아시아나 티베트의 북부가 당시에 초원으로 있다고 하더라도 상대적으로 남쪽보다도 그다지 고인류에게 적응하기가 좋은 환경은 못되었을 것으로 생각된다. 그리고 동아시아로 넘어오는 과정에는 산지나 사막 지역이 줄어든다고 하더라도 장애물로서 존재하였을 것이기 때문이다. 더구나 중국의 남부에서도 윈난성(云南省)의 위안모우(元謀, Yuanmou)와 같은 오래된 유적이 있고 또한 멀리 자바에서도 대단히 오래된 고인류 화석들이 있다는 점에서 남부에서 북상한 것으로 생각하는 것이 더 타당한 설명으로 생각된다. 그리고 아시아 남부와 북부를 비교한다면 기온 차이와 계절성 등 그 적응의 어려움이 극명하게 대비되기 때문이다. 오늘날 고고학적인 증거들과 인간 적응의 일반적인 개연성을 고려한다면 터키에서 중국 북부를 잇는 선의 이북지역을 통한 초기 호모의 이동 현상은 상정하기가 어려울 것이다. 그래서 인간의 두뇌 진화를 포함하여 체질적인 능력이 자연환경에 적응할 수 있는 상관관계에 대한 일반적인 법칙을 고려한 설명이 개연성을 가질 것이다.

현재까지 발견된 초기의 유적들이 극히 작은 수이지만 이러한 자료의 한계는 부득이 한 것으로 생각된다. 왜냐하면, 동아프리카의 리프트 밸리의 퇴적물처럼 수백만 년 동안 퇴적될 수 있는 환경이 되지 않고는 그렇게 오래된 유적이 남아 있을 수 있는 유적환경은 지극히 드물 것이고 또한 그러한 유적을 발견하는 것 자체가 일반적인 환경에서는 대단히 어려운 일이기 때문이다. 그래서 이러한 시대의 하나의 유적의 존재는 결국 지리적인 분포 범위의 표시자로서의 역할이지 그 자체가 고인류의 빈도를 표시하는 것은 아니라고 생각하기 때문이다. 이러한 유적이 '우연히' 여행하다가 죽어서 남겨진 유적이라고 볼 수는 없는 것이기 때문이다. 유적의 위치는 바로 인류가 그곳까지 진출하였고 그 유적이 존재는

28 Carotenuto et al. 2016.

29 Dennel 2004.

그 지역에서 고인류가 서식할 수 있고 어느 정도의 규모와 시간적인 길이 동안 살았음을 보여주는 증거로 보는 것이 마땅하다고 생각된다. 그래서 유적의 희귀성을 가지고 고인류 집단의 존재와 인구밀도를 걱정하는 것은 고인류 확산의 실체를 오해 할 수 있다. 그리고 최근에 아프리카 지역에서 초기 인류의 화석들의 분포지역이 넓어지는 것이나 현생인류의 화석들이 더욱 넓은 지역에서 발견되는 과정에서도 아시아지역의 오늘날 고고학적인 양상에서 고인류의 이동과 확산 가능성에 대해서 많은 시사점을 받을 수가 있을 것이다.

초기 호모가 아프리카로부터 중근동으로 확산하고 동아시아지역까지 퍼져 나온 다음에 유라시아 대륙의 호모 이동에 대해서 그동안 다양한 주장이 이었다. 최근 고인류 이빨을 가지고 분석한 결과에 따르면 초기 호모가 유라시아 대륙에서 확산한 이후에 유라시아와 아프리카는 한동안 교류가 있었지만 각 대륙은 독립적으로 진화하여 온 것이며 또한 유럽지역의 아슐리안 집단은 결국 아시아지역의 고인류의 유전적인 영향으로 형성된 것이라는 주장이 제기되었다.[30] 그리고 하부 홍적세의 후반, 즉 100만 년 전후의 시기에 중위도 지방, 북위 40~45도 정도에 이르는 지역까지 진출하였을 것으로 보고 있다. 오늘날 제기된 연대를 기준으로 본다면 적어도 200만 년 전 이전에 니허완(泥河湾)에 출현한 이래 기후변동에 따라서 그 유적의 빈도가 달라지기는 하였어도 중국북부 온대지역에 지속적으로 오늘날까지 인류의 흔적이 지속되고 있다.[31] 이러한 증거들은 결국 유라시아 내의 초기 호모의 확산과정은 이제까지 생각한 것보다도 훨씬 복잡한 양상으로 전개되었을 가능성을 보여주는 것이다.

30 Martinon Torres 2007.

31 Yang , Senf, ..et al. 2019.

2 초기 호모 확산의 지역적인 증거

아시아지역에서 가장 오래된 고인류 화석이 현재로서는 아시아, 중근동과 유럽과의 경계에 해당하는 카스피해와 흑해의 중간 지역인 조오지아의 드마니시 유적에서 발견된 것들이다. 이 유적에서는 고인류 화석과 함께 동물화석 그리고 올도완 스타일의 석기 공작들이 발견되었는데 1.85MA에서 1.77MA 사이의 시기의 것들로 알려졌다.[32] 중근동 지역에서는 이보다는 좀 늦은 시기이지만 이스라엘, 즉 조단계곡에서 발견된 유적 중에서는 우베이디야 등과 같이 100만 년이 넘거나 거의 100만 년이 되는 유적들이 발견된다. 그러나 이동 지역에서 100만 년을 넘는 유적들은 연이어 있는 것은 아니다. 드마니시 이동의 동아시아지역의 고인류의 초기 흔적은 드문드문 나타날 따름이다. 그래서 드마니시에서 5000킬로가 넘게 떨어져서 위안모우(Youanmou, 元謀) 유적에서 170만 년 전의 화석이 나오고 그 중간이 이와 비슷한 시기이거나 좀 늦은 자바의 상기란 지점이라고 보면 될 것이다. 그러나 이러한 거대한 삼각 지점들, 그리고 만일 중국 북쪽의 니허완(Nihewan, 泥河湾)에서 발견되어 유래된 지점들을 고려한다면 사각 지점들 사이에도 분명히 인간의 거주와 이동이 이루어졌던 것으로 보아야 할 것이다. 동아시아지역에서 오래된 유적의 최근의 연대측정들에서는 200만 년 전으로 추정하는 것들이 있어서 동으로의 확산은 대단히 빠른 속도로 일어났을 가능성이 있다.

아프리카에서 동북아시아 지역으로 오는 초기 이동 과정을 보여주는 고고학적인 증거가 많지 않고 불완전하다. 그래서 그동안 중간 지점들의 이동 가능성을 확인하기 위한 노력이 있었던 것이며 불완전하지만 희미한 단서들이 발견되는 경우들도 있는 것이다. 바로 타르사막 지역의 오래된 석기 공작들이 그러한 증거에 포함될 것이다. 그러나 초기 이동

---

32 Gabunia et al. 2000; Lordkipanidze et al. 2005; Lordkipanidze et al. 2013.

의 증거들은 시간상으로 오래되어 지질학적인 변화가 많아서 지극히 불완전하거나 앞으로 조사에 더 확실한 기대를 할 수밖에 없는 경우들이 대부분이다. 그렇다고 초기 이동 자료의 공백 현상은 인류가 완전히 다른 루트를 통해서 온 것이라는 추론을 가능하게 하지는 않는다. 왜냐하면 앞서 언급한 바대로 유라시아 대륙의 지리적인 장애 지형을 고려한다면 인류 진화 단계상 이 시기의 확산은 해안이나 당시의 환경이 이동에 절대적인 장애가 되지 않을 지역을 통해서 이루어졌다고 보는 것이 합리적일 것이다.

2.1 중앙아시아와 시베리아 지역

시베리아나 중앙아시아의 건조지역에서 초기 호모 단계에 속하는 고인류의 확산의 확실한 증거는 별로 없다. 그렇지만 카스피해 연안의 드마니시 유적의 연대가 거의 200만 년 전이고 또한 중국 북부 황토지대의 가장 오래된 연대가 200만 년 전을 상회하는 것을 토대로 본다면 환경이 비교적 습윤 온후하였기 때문에 이 두 지역을 연결하는 통로로써 중앙아시아를 설정할 수도 있을 것이다. 그렇지만 현재로서는 중간 지역에 그렇게 오래된 연대를 대표할 만한 유적은 없다. 알타이 지역의 오래된 것으로 주장되는 유적이 있지만 아직은 충분하지 못한 증거들이라고 생각되며 그리고 중앙아시아의 키르기즈스탄의 쿨데라(Kuldara) 유적의 층서연대를 880~955ka로 추정하는 것[33]이 극히 드문 증거로 생각될 것이다. 그리고 과거 러시아 고고학자들에 의해서 제기된 이른 시기의 석기들은 인공품 판단의 문제나 층위연대의 문제점으로 이른 시기의 고인류의 증거로 보기에는 무리가 있다. 그렇지만 아직도 그러한 가능성을 완전히 배제하는 것은 앞으로의 조사 성과를 토대로 다시 판단하여야 할 것이다. 궁극적으로는 유라시아로 들어온 초기 호모들의 지적인 능력이 그 정도의 위도에서 마주쳐야 하는 환경적인 제한조건들을 극복할 정도이었던 가의 문제일 것이다. 다시 말해서 집단을 장기적으로 수용할 수 있는 자원의 규모가 못되었을 것이고 또한 겨울의 혹독한 추위를 버텨낼 수 있는 문화적인 대비가 될 수가 없었을 것이다.

33 Ranov et al. 1995.

2.2 남아시아의 초기 인류

남아시아지역은 북부의 고산지가 있고 남쪽으로 인도 대륙이 뻗어 있는 지형이다. 북쪽으로는 이란과 힌두쿠시산맥을 두고 있고 동으로 히말라야로 이어지게 되어 있다. 그리고 아프가니스탄은 이러한 산지에 이어져서 고원지가 되고 있다. 히말라야산맥은 동서로 이어져서 티베트 고원지에 연결되어 남아시아와 아시아 대륙의 중심부를 갈라놓고 있다.

인도 대륙이 유라시아 대륙을 치밀고 올라가면서 생긴 히말라야산맥에서 남으로 내려오는 강들이 쌓은 퇴적물은 엄청나서 1000~2000미터 정도 이르고 있고 그 후 지난 500만 년 동안 이 지역의 이 퇴적물들은 지반운동으로 융기가 되기도 하고 휘어지기도 하여 오늘날의 상부 지질구조를 이루고 있다. 이 지질구조를 시와리크(Siwalik)라고 부르는 지질층인데 세계에서 가장 오래되고 가장 잘 보존된 퇴적물의 하나로 알려져 있다. 그래서 포함된 화석들도 엄청나서 마이오세의 화석들이 가장 잘 보존된 지질이며 일찍이 19세기 중반에 이미 이 지질에서 출토된 화석들에 대한 연구가 폴코너와 포이트리에 의해서 시작된 바 있다. 그 후 많은 고생물학적인 연구가 이루어지고 있고 특히 지난 20세기의 전반에 있었던 예일대학의 조사에서 당시로써는 인류의 가장 초기 조상일 수도 있다는 가능성이 제기되어 엄청난 파문을 일으킨 라마피테쿠스 펀자비쿠스(*Ramapithecus pubjabicus*)의 화석이 발견되어 이 화석에 대한 연구가 지속하기도 하였다.[34] 여하간에 히말라야에서 이어지는 광대한 지역은 신생대의 오랫동안 퇴적물이 있고 그 속에서 신생대 3기의 화석들이 나오고 지역에 따라서 신생대 제4기 홍적세의 퇴적층에서 인류의 흔적들이 보이는 것이다. 그런데 인도 아대륙에서 남쪽으로 가면서 초기 호모의 흔적은 발견되지 않았다. 아마도 아시아지역에서 인류의 전 단계에서 인류 단계로 이어지는 연속적인 퇴적구조를 가진 곳이어서 앞으로도 대단히 중요한 발견이 있을 것으로 기대하고 있지만 상부의 두꺼운 퇴적물이 덮여 있어서 어려운 점이 있다.

남아시아지역은 인도양의 몬순이 크게 영향을 주는 지역이다. 그래서 수분공급이 충분하고 특히 히말라야 지역으로 갈수록 산맥에 부딪혀서 내리는 비로 여름 동안 강수량이 집중된다. 그리고 강들이 히말라야산맥에서 남으로 흐르게 되며 이 강들은 좋은 생존조건을 제공하고 있다. 인더스강이나 브라마푸트라강 그리고 갠지스강 등은 모두 2500킬로미터 이상의 길이를 가지고 인디아 대륙을 종단하고 있는 강들이며 지역에 따라서는 넓은 범람원을 만들어 인류의 기주에 좋은 조긴을 만들어주고 있다. 이러한 강 환경은 인류

34 Pilbeam 1968.

의 진화과정에서 중요한 역할을 하였을 것이지만 아직도 구체적으로 어떠한 적응을 하면서 인류가 확산하여 온 것인지에 대해서는 알려진 것이 많이 없는 편이다. 인류의 거주와 관련하여 이 시와리크 지역의 장단점이 흔히 지적되는데 수분을 포함한 몬순풍이 산지에 부딪혀서 비가 많고 따라서 물이 흔하고, 평원으로의 이동이 쉬우며 또한 수변 환경이기 때문에 다른 식재료가 많이 분포할 것이라는 점이다. 그렇지만 다른 한편으로는 여름 몬순의 계절에는 물을 예측하기 어려워서 위험이 따르기 쉽고 물가에 서식하는 말라리아 모기와 같은 여러 가지의 해충에 노출되기 쉬우며 또한 인류가 적응하는데 필수적인 암석을 발견하기가 어려운 점이 있다. 그러나 석기의 재료가 되는 암석은 홍적세의 초기를 지나면서 1.9MA 이후의 시기에서는 시와리크 상부의 역석층이 형성되면서 나타나기는 한다.[35] 그러나 사면이 완만해지면서는 역석들은 현저히 감소하는 현상이 나타나기 때문에 인류가 석기를 사용하여 적응하는 데는 문제가 있을 가능성을 예측할 수 있다. 그렇지만 이러한 추론은 항상 논리적인 함정이 있을 수 있는데 인류가 사는 곳은 대체로 환경이 양호한 곳이어서 다른 생물들도 서식하여 풍부한 에코시스템을 구성하게 되는 것이며 또한 석재의 문제는 나무와 같은 재료로 충분히 대체할 가능성도 배제할 수는 없을 것이다. 그래서 석재의 유무만을 가지고 과거에 인류의 서식 문제를 결단하는 것은 간과할 수 있는 측면이 있다.

파키스탄 지역, 파비힐 석기

남인도의 서북부 지역에 해당하는 소안계곡의 리와트의 파비힐(Pabbi Hills)의 깊게 파여진 계곡의 침식된 단면에서 채집된 규암제 박편[36]의 연대가 고지자기적인 증거들을 토대로 적어도 1.6~1.8MA까지 올라갈 수 있다고 확인되었다.[37] 이 박편은 퇴적되는 과정에서 마모가 되기는 하였지만 박리흔의 특성으로 미루어 인공적으로 다듬어진 것이라는 결론을 내리고 있다.[38]

파비힐은 이슬라마바드와 라호르 사이에 있는데 폭이 8킬로미터 그라고 길이가 40킬로미터에 달하는 계곡이다. 이 지역에서는 고대의 강이 쌓은 모래, 실트 그리고 점토가 적어도 3.5MA에서 0.5MA에 이르는 시기에 퇴적된 것으로 알려진다. 많은 동물 뼈들과 함께 박편 등의 석기들이 600점 이상이 보고된 바 있는데[39] 이 중 절반이 박편으로 분류되었고 아직도 기술적으로 발달하지 않은 올도완 계통의 석기로 판단하고 있는데 석기판정

35 Rendell et al. 1989.

36 Dennel et al 1988.

37 Cande and Kent 1995.

38 Dennel and Hurcombe 1989.

39 Dennel et al. 2005, 2006.

자체에 대해서 회의적인 시각도 있다.[40] 이 석기 공작들의 구체적인 연대는 대단히 판단하기 어려운 문제로 남아 있다. 이것은 모래와 실트층에서 석기가 제자리에 박혀 있는 경우를 발견하기가 어렵기 때문이기도 하다. 이러한 원시적인 석기 공작이 이 지점에서 출현한 것에 대해서 여러 가지의 가능성을 검토하고 있지만, 아직도 확실하게 이 석기 공작의 연대나 퇴적의 과정을 입증할 수 있는 설명은 앞으로의 조사의 결과를 기다려야 할 것으로 생각된다.

남인도 지역, 아트람파캄 유적

아시아지역에서 가장 오래된 유적은 아니라고 하더라도 서남 인도 지역 코르탈라이야르 저지의 아트람파캄 유적[41]의 연대가 적어도 1.0MA에서 최대 1.5MA로 연대측정이 얻어진 것은 인도 지역의 고인류 확산이 상당히 일찍이 광범위하게 일어나고 있었다는 것을 암시한다. 이 유적은 과거에 중생대 말기 층이라고 보았던 미세사층에서 아슐리안 석기들이 수습되고 두꺼운 층위에서 여러 층에 걸친 역지자기가 확인되었다. 이 역지자기는 분명히 78만 년에 시작된 브루네스 지자기 시대보다는 오래된 층이라고 할 수 있고 그 중간에 짧은 정지자기 현상이 보이지 않기 때문에 1.07MA 이전의 퇴적물에 해당한다고 볼 수 있다는 주장인 셈이다. 그리고 또 다른 연대인 Al^{26}/Be^{10} 연대측정은 또한 1.51+/-0.07MA로 나타나서 연대적인 범위가 부합되는 셈이다. 그런데 이 유적에서 많은 수의 아슐리안 석기들이 수습되어 남아시아지역에서 아슐리안의 연대를 획기적으로 올라갈 수 있게 만들었다.[42] 중근동에서 아슐리안 석기들이 나타난 연대를 생각한다면 이 새로운 연대는 대단히 빠른 속도로 아슐리안 석기 공작이 남아시아 인도지역으로 확산하였고 그리고 동으로 확산하였을 가능성을 제기하는 것이다.[43] 그래서 아트람파캄의 연대는 결국 그동안 수수께끼처럼 남아 있던 중국과 한반도 지역에서 발견되는 하부 홍적세, 바이서(百色, Baise) 유적의 80만 년 전, 나 중부 홍적세의 이와 유사한 석기 공작들의 연원을 추정하는데 중요한 단서로 생각하고 있다. 그리고 중근동 지방에서 아슐리안 석기문화가 호모 에렉투스에 의해서 대단히 빠른 속도로 서남 인도지역까지 확산하여왔을 것이라는 추정이다.

---

40 Mishra 2006.

41 Papuu 2001; Pappu et al. 2003 Pappu et al. 2011.

42 Pappu et al. 2011.

43 Dennel 2011.

2.3 동남아시아지역의 초기 호모와 구석기 공작

동남아시아는 일찍이 지난 19세기에 유진 드보아에 의한 피테칸트로푸스(*Pithecanthropus*)의 발견으로서 인간의 거주가 대단히 오래되었음을 입증하였고 그 후로도 고인류 화석과 석기에 대한 지속적인 조사가 이루어졌다. 그 후 자바 여러 지점에서 고인류 화석들이 발견되었고 그 연대도 논란이 있지만 1.6MA 이전으로 올라갈 가능성이 크다. 그렇지만 아직도 자바 이외의 지역에서는 동시대의 화석이 발견된 바가 없기 때문에 어떠한 확산 패턴을 가지고 있었던 것인지에 대해서는 설명하기가 어려운 점이 있다. 그런데 이제까지의 연구의 결과를 본다면 이 지역에서 동아시아에서 가장 오래된 고인류의 발견에도 불구하고 구석기문화의 연대는 그다지 오래된 것이 발견되지 않았다. 애초에 화석인류가 발견된 지점 일대에서 채집된 석기 공작들을 고인류와 연결하여 설명하려는 시도가 많았지만, 시간이 지나면서 그러한 석기들의 시기성에 의문이 제기되고 극단적으로 표현하는 경우에는 홍적세 마지막 단계를 제외하고는 석기의 증거가 확실한 것이 없다고 생각하는 고고학자들도 있다.

그렇지만 그 후 조사에서 호모 에렉투스의 화석이 트리닐에서 발견된 이후에도 퍼닝(Perning)과 상기란(Sangiran) 등 여러 지점에서 고인류 화석이 발견되어 자바 지역에서 홍적세 초기 이래 인류가 지속해서 살아왔음이 밝혀진 셈이지만 동남아시아의 대륙 쪽은 그러한 연대를 가진 고인류 화석은 아직도 발견되지 않고 있다. 이 지역의 구석기의 초기 종합적인 연구라고 할 수 있는 모비우스의 이론에서 다른 지점들은 오늘날 연구의 결과로는 일부 재해석의 시도가 있지만 거의 상부 홍적세의 석기 공작으로 알려진 것들이다. 그동안 간헐적으로 대륙 지역에서도 렝공(Lenggong)의 부캣부노 유적의 주먹도끼처럼[44] 연대가 1.8MA로 주장되는 석기 공작이 발견되기도 하였지만 그러한 주장을 논란 없이 뒷받침할 만한 층서나 보완적인 연대증거들은 아직도 없는 셈이다. 그러한 점에서 자바의 고인류들이 이동하는 과정에 대한 증거는 대단히 빈약하다. 다우지역이기 때문에 재퇴적 과정에서 석기와 인류화석이 분리될 수도 있을 것을 고려하면 석기 제작의 가능성도 충분히 있을 것이다.

---

44 Moktar 2000.

도판 12 초기 호모 화석 100만 년 전 이전. 상) 호모 헤빌리스(510ml), 동 아프리카 두르카나, 1.9Ma. 중) 호모 에렉투스(600ml), 드마니시, 1.86Ma. 하) 호모 에렉투스 (>1000ml), 상기란 17, 1.3Ma.

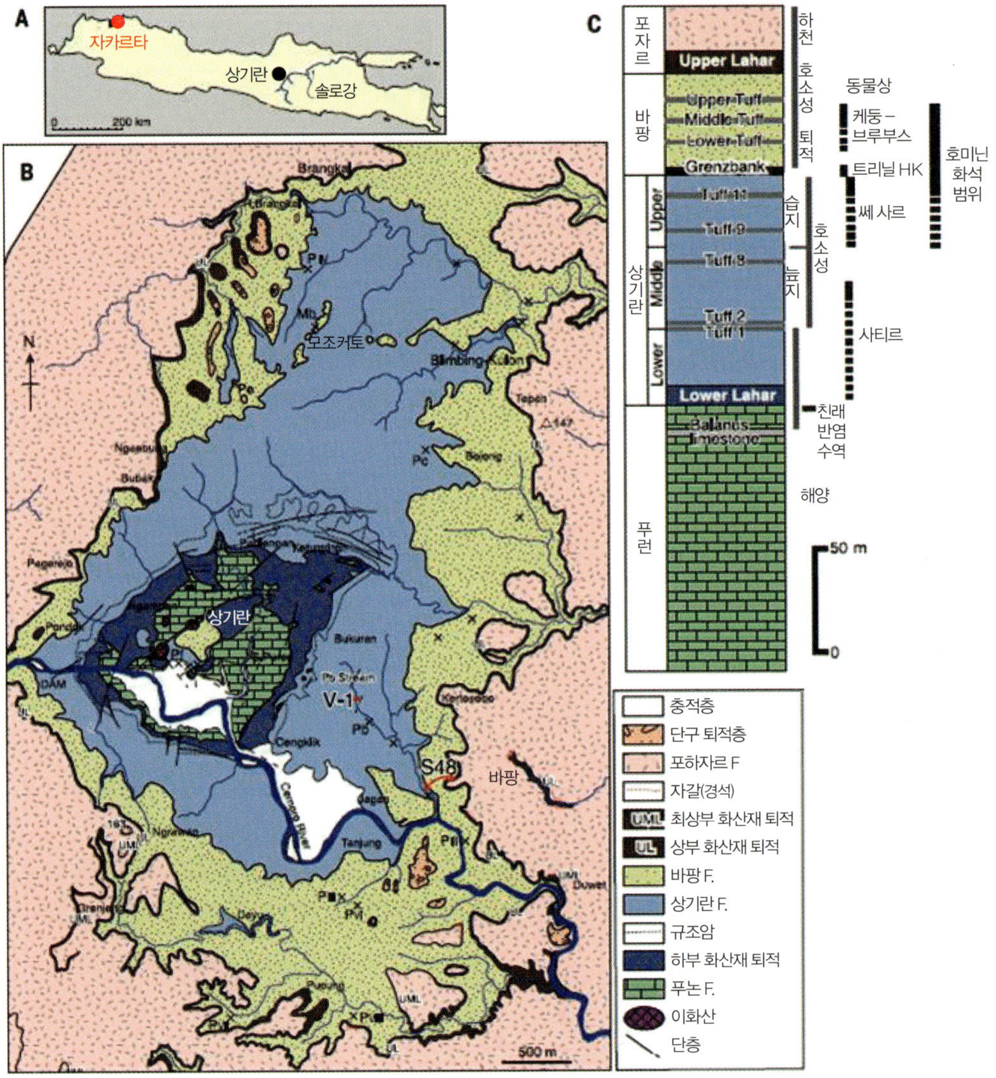

상기란 유적의 위치와 층서

A. 상기란 유적 위치도.　B. 상기란 지역의 지질 분포도.　C. 상기란 지역의 지질층서 개요

B 그림에서, 굵은 붉은 선으로 표시된 화살표(S48)와 짧은 붉은 선으로 표시된 지점(V-1)은 연대측정을 위해 시표를 채취한 지점. x자 표시는 호모 에렉투스 화석발견 지점이며 이 중 일부는 다음과 같은 내용으로 구분되었다. Pb는 피테칸트로푸스 B의 턱뼈, Pc는 피테칸트로푸스 C의 턱뼈, Pe는 피테칸트로푸스 E의 턱뼈, Pf는 피테칸트로푸스 F의 턱뼈, Mb는 메간트로푸스 B의 턱뼈, PII는 피테칸트로푸스 II의 두정부뼈, PIII는 피테칸트로푸스 III의 두정부뼈, PIV은 피테칸트로푸스의 두개골편, PVI은 피테칸트로푸스 VI의 두정부뼈, PVII는 피테칸트로푸스 VII의 두정부뼈, PVIII는 피테칸트로푸스 VIII의 두개골편. F는 층군(Formation)의 약자.

도판 13　상기란 돔의 지질구조와 유적의 층서(Matsu'ura et al. 2020에서 변형)

자바의 초기 호모

자바에서는 지난 19세기 말에 이미 네덜란드의 유진 드보아(Eugene Debois)라는 외과의사에 의해서 피테칸트로푸스 에렉투스라고 하는 인류화석이 트리닐에서 발견되었다. 당시에 화석은 두개골, 허벅지 뼈와 이빨들이었다. 유진 드보아는 동남아시아 열대 우림지역이 아마도 인류의 조상이 발원한 곳이라고 믿었다. 그 후에 1930년대에 상기란(Sangiran)과 모조커토(Mojokerto)에서 다시 화석이 발견되어 이미 이십 세기의 전반에 오래된 고인류의 화석지로서 알려지게 된 곳이다.[45] 그 후에 상기란에서 S27과 S31로 번호가 붙여진 두개골들이 수습되었고 이와 함께 두개골의 편들도 수습되었다. 자바의 고인류 화석의 진화 단계상의 분류도 항상 문제점이 제기된다. 이십세기 전반 이전에 발견된 화석들에 대해서 붙여진 이름들에서 피테칸트로푸스(*Pithecanthropus*)라는 속명과 드물게 메간트로푸스(*Meganthropus*)라는 속명도 있다. 그런데 심각한 것은 발견되는 모든 고인류 화석 각각에 대해서 다른 종명을 사용하고 있다는 것이다. 지난 1950년대에 에른스트 마이어(Ernst Maier)가 당시까지 출토된 고인류 화석들을 묶어서 호모 에렉투스라고 분류하기 시작하면서 다른 이름들, 피테칸트로푸스, 메간트로푸스 시난드로푸스 등의 명칭을 사용하지 않게 된 것이다. 그런데도 일부 학자들은 지속해서 예전의 용어들을 사용하기도 하였다. 현재로서는 세 가지의 다른 입장이 있는데 하나는 에른스트 마이어가 제창한 호모 에렉투스는 아시아와 아프리카에서 발견되는 고인류라는 주장, 두 번째로는 아시아의 고인류들과 유사한 시기의 아프리카의 고인류들이 다르기 때문에 호모 에렉투스라는 용어를 아시아지역의 고인류에만 사용하여야 한다는 주장, 그리고 마지막으로 새로운 정의를 가지고 분류를 한 다음에 상부 홍적세 이전의 모든 애매한 고인류 화석들을 묶어서 호모 에렉투스라고 부르자는 입장 등이 있다. 그런데 여기서 말하는 새로운 분류는 자바에서 발견된 고인류 화석들의 모습이 대단히 다양하여 상기란 6과 같은 것은 대단히 오래된 모습을 하고 있어서 일부학자들에 의해서 이것은 아마도 호모 헤빌리스(*Homo habilis*)의 특성을 가진 것으로 주장[46]하기도 하고 상기란 5의 경우에는 턱뼈가 오랑우탄을 닮은 특징을 가진 것으로 주장하기도 하여 그 고인류의 체질적인 특성이 모자이크적인 형태로 나타나고 있음을 알 수 있는 셈이다. 이런 점이 자바의 호모 에렉투스로 분류된 고인류 화석의 큰 논쟁거리가 되는 셈이다. 그래서 최근에 일부 학자들은 호모 에렉투스 이전 단계의 고인류가 아시아지역으로 확산하여 온 것으로 주장하기도 한다.[47] 이러한 다양한 견해들은 각기의 입장의 차이에서 유발되는 것이기는 하지만 각 화석의 특징들이 다양하게 나타나서 그 분류의 기준을 정하기가 어렵다는 점 때문일 것이다. 그리고 동남아시아 섬 지역이 연육이 되는 경우도 있지만 상당한 기간 동안 섬생태 환경에서 진화가 이루어진다는 점에서 다른 생물종의 섬 특화종(island species) 같이 일반적인 흐름을 벗어날 수도 있을 것이다.

그런데 이 화석들의 연대에 대해서는 대단히 어려운 숙제의 하나이다. 오래전부터

---

45 von Koenigswald and Weidenreich 1938.

46 Zaim et al. 2011.

47 Kaifu et al. 2005b.

여러 차례 연대를 추출하기 위한 노력이 있어 왔는데[48] 오늘날 자바의 고인류가 처음 출현한 연대에 대해서 1.8~1.0MA까지 다양한 견해가 제시되어 있다. 현재 최근의 새로운 견해들이 제기되고 있어서 비교적 정리가 되어 가는 편이기는 하지만 아직도 연대에 대한 논란은 여전히 지속하고 있다. 이것은 발견된 지점의 층서 상태가 불분명하거나 연대측정 자료의 불충분이 중요한 이유이다. 상기란과 모조커토의 경우 이외에는 수습된 상황이 불분명하여 어디에서 출토된 것인지를 알지 못하는 것이다. 그래서 이제까지 수습된 인류화석들의 안정적인 편년 체계를 수립하는 것이 어려운 실정이다. 이러한 문제점은 결국 아시아의 고인류학이 시작되는 시점에서 조사가 방법론적인 깊은 사려 없이 진행되었다는 점에서 야기된 것으로 할 수 있다. 다시 말해서 발견 초기에 진지한 출처추적이 필수적인 과정이었음에도 발견 그 자체에 학문적인 무게를 두었다는 점이며 후대의 고고학자들에게 큰 귀감이 되는 학사적인 아픔이다.

상기란 유적

자바의 유적 중에서 가장 중요한 지점이 바로 상기란 유적이다. 흔히 상기란 돔(Sangrian Dome)으로 불리는데 이 지역은 원래 얕은 바다였지만 상부 홍적세 동안 지형상으로 융기되어 돔형의 지형을 형성한 것인데, 상기란의 퇴적은 거의 250미터에 달한다. 일대에 부근에서 화산 쇄설물이 흘러와 쌓이게 됨으로써 더욱 낮아지고 지점에 따라서는 강하구 내지는 호소성 환경이 형성되었던 것이고 그 이후에 검정색의 점토층이 화산쇄설물이 교차로 퇴적되었다. 그 후 모래, 실트 등과 함께 탄산염류의 자갈 등이 퇴적되었는데 이 층을 흔히 인류화석과 동물화석들이 풍부히 발견된 강역과 하천성 퇴적으로 구성된 그렌즈뱅크라고 부른다. 이 층위에는 하천퇴적이 두껍게 덮고 있는데 바로 카부(Kubuh) 층군이다. 이 층군의 중심부에 뻘화산이 몇 번 분류하여 덮였는데 그 후 지질적인 변화가 심하여 여러 단층운동으로 지층이 복잡해진 곳이다.[49]

상기란 유적의 동물상을 보면 초기에는 아프리카 사바나와 같은 개활지의 특성을 보이는데 이 시기에는 고인류들은 호숫가의 습지 같은 곳에서 살았을 것으로 보인다. 곧 이어지는 시기, 즉 150만 년 전에서 130만 년 전 사이에는 기후가 건조하게 되고 이 지역에서는 호수가 생기고 강 흐름이 형성되는 것으로 추정된다.[50] 그런데 트리닐의 동물상을 보면 숲에 사는 종류가 많은데 은발의 랑구어원숭이라든지 또는 소과의 짐승들이 포함되어 있음을 볼 수 있다. 그런데 사바나 동물군이나 오래된 호모들이 지속해서 이 지역에 나타나

---

48 de Vos & Sondaar 1994 등.

49 Itihara et al. 1994.

50 Brasseur et al. 2015; Bettis et al. 2004.

는 것은 결국 이 지역에서 일종의 레퓨지아, 즉 난민집단처럼 남아 있게 되었을 것으로 생각될 수 있다.[51] 그렇지만 고인류가 원래 살았던 환경에만 살아야 한다는 법은 없을 것이고 여러 가지 가능성이 있을 수 있지만 호모의 능력으로 미루어 지속해서 새로운 환경을 개척하여 나간 것으로 추정하여도 무리가 없을 것이다. 이 점은 사실 동아시아의 초기 호모 고인류들이 시간상으로 변화하는 다양한 환경에 적응하면서 살았을 것이다. 그리고 또한 강우량이 많은 곳이어서 이러한 퇴적의 형성과정 상에 유적의 혼합이 이루어질 수 있는 가능성도 지속해서 점검하여야 할 것으로 생각된다.

유적이 중요한 만큼 많은 연대측정시도가 이루어지게 되었는데 사실 복잡한 층서구조 속에서 얻어진 연대측정치가 다양하여서 새로운 측정치가 나올 때마다 학설이 더욱 복잡해지는 양상이다. 이 유적에 적용된 연대측정법은 피션트렉법, 포타시움 아르곤 법, 아르곤 아르곤 법, 고지자 기법, 불소연대측정법 등등의 연대측정법 들이 적용되었고 또한 고동물화석들의 상대연대측정 역시 시도되었다. 그렇지만 연대의 연속성이 떨어지고 층서의 연결이 불완전하여 아직도 편년을 정확히 판단하는 것은 어려운 실정이다. 그런데 이러한 절대 연대측정법 자체보다도 퇴적의 상황에 대한 정확한 판단이 더 어려운 과제라고 할 수 있다. 재퇴적되거나 혼합된 퇴적들에서 수습된 자료들에서 얻어진 절대연대는 결국 더욱 혼란스럽게 만들게 되는 것이다. 그리고 측정된 연대치조차 집중되는 것이 별로 없고 산만하게 흩어지게 되어서 안정된 연대로 보기에는 무리가 있다.

상기란에서 얻어진 연대는 가장 올라가는 것이 1.66+/-0.04MA[52] 이지만, 이 연대가 과연 두개골이 출토된 층위의 것이 맞는지는 여전히 불투명하다. 그리고 그 후에 얻어진 동일한 범주의 연대 1.66+/-0.04MA가 얻어진 바 있는데 이것은 바로 라하르층의 연대이었기 때문에 이전의 동일한 범주의 연대가 상기란 층군이 아니라 상기란 층군의 하부에 있는 이 층의 것이라는 추정이 가능한 것이다.[53] 그래서 궁극적으로 상기란의 연대문제는 아직도 확실하게 정리된 것이 없는 셈이며 대체로 1.6MA에서 1.1MA 사이의 시기에서 시작된 것으로 잠정적으로 생각해 왔다. 다른 한편으로는 순다 지역의 환경적인 조건을 고려하여 제시되는 가설로서 호모 에렉투스가 자바섬으로 이동할 수 있는 가장 오래될 수 있는 시간은 1.8~1.74MA, 즉 MIS 62, 60 또는 58 정도의 시기이었을 가능성을 제기하고 이들은 오늘날 바다로 된 순다 저지에 넓게 형성된 사바나 식생 환경에 적응하면서 살았을 것이고 현재 발견된 화석 인류들은 그 이후 또는 그 이전에 이주하였더라도 간빙기의 시간 동안은 열대우

51 Louys and Turner 2012.

52 Swisher et al. 1994.

53 Sémah et al. 2000.

럼이 덮인 곳으로 밀려와서 살았을 가능성을 제기하고 있다.[54]

그렇지만 최근에 피션트렉법 그리고 우라늄 시리즈 법 등과 함께 오래된 상기란 고인류 화석층을 상대적으로 보정하여 얻어진 상기란 고인류의 연대는 오래된 고인류 화석층의 아래에 있는 층의 연대인 1.3MA일 가능성이 높고, 아무리 올라가더라도 1.5MA를 넘지 못할 것이라는 결론이다.[55] 그것은 고인류 화석이 발견된 두 개의 다른 층위 중에 상부층 그렌스뱅크층의 두개골 화석이 크게 진화한 것으로 미루어볼 때 그 진화는 아마도 하부 홍적세에서 중부 홍적세로 근접할 시기, 즉 90만 년 전후한 시기를 거쳤을 것으로 판단하고, 그리고 본격적인 빙하 사이클이 시작될 당시의 120미터 해수면의 하강을 고려하였을 때 그러한 연대가 가장 타당한 것이라는 해석이다.[56] 결국 상기란의 고인류가 들어와서 이미 들어와서 살고 있던 다른 고인류 집단과 공존하였을 것으로 보는 것이다. 이러한 점은 순다 지역에 고인류가 확산하여 간 것은 여러 차례였을 것으로 판단할 수가 있고 이동이 가능한 시기들이 생각보다도 더 있었을 수도 있다는 것을 보여준다. 그리고 이러한 과정에서 고인류 종간의 유전적인 교류가 있어서 다양한 모습의 호모가 살고 있었을 것으로도 추정해 볼 수 있다.

트리닐과 자바의 다른 유적들

트리닐 유적의 경우에는 연대추정이 더욱 힘든 상황이다. 이 지점에서는 화산쇄설물이 있는 것도 아니어서 생물학적인 상대연대로 추정하는 수밖에 없을 것이다. 애초에 동물화석을 연구한 폰 쾨니히스발트(von Koenigswald)에 의하면 트리닐 동물군은 데티스 동물군과 모조커토 동물군의 사이에 있을 것으로 보았지만 그 후 보스와 산다르 등의 연구에서 피테칸트로푸스가 발견된 층준에서 오래된 트리닐 동물군은 데티스 동물군보다도 더 오래된 것으로 주장되었으며 고지자 기법에 의할 것 같으면 대체로 1.0MA 이전의 시기라는 것으로 생각되었다.[57]

모조커토 유적에서 발견된 것은 퍼닝1(Perning1)이라고 명명된 어린아이의 두개골인데 퍼닝에서 3.5킬로미터 떨어진 곳에서 발견된 것이다. 이 고인류 화석은 분명하지 않은 점이 있는데 지표에서 수집된 것인지 발굴된 것인지조차 분명하지 않고 어딘지도 분명하지 않다는 점이다. 이 두개골은 고지자 기법으로 그 연대가 0.97MA라고 알려졌으나 아르곤 아르곤 법에 의해서 그 연대가 1.81+/-0.04MA의 연대가 얻어졌다.[58] 이는 자바에서 발

---

54 Bettis et al. 2009; Semah et al. 2016.

55 Matsuura et al. 2020.

56 Brasseur 2020.

57 de Vos J, Sondaar P. 1994; de Vos et al. 1994.

58 Swisher et al. 1994.

견된 것 가운데 가장 오래된 연대치라고 할 수 있다. 그런데, 최근에는 오랜 기간 동안 면밀한 야외조사자료 추적 끝에 이 두개골이 어디에서 발굴된 것인지를 밝혀내었다.[59] 두개골 화석은 강퇴적으로 이루어진 사암층에서 발견되었는데 이 층은 180만 년 전이라는 연대가 얻어진 층에서 20미터 이상 높은 층준으로 밝혀진 것이다. 두개골이 발견된 층의 바로 아래의 화산부석의 연대가 1.49+/-0.13MA로 밝혀졌는데 두개골의 위치보다 15미터의 위에 있는 경석층의 연대 역시 1.43+/-0.13MA로 측정되었다. 그런데 경석들은 재 퇴적되었을 가능성이 있어서이 두개골의 연대는 1.49MA보다도 늦은 시기일 것으로 보는 것이 일반적인 견해이다.[60] 그렇지만 이 두개골이 경석과 함께 재퇴적된 것이라면 경석층의 연대보다도 더 오래될 가능성이 있다고 볼 수 있다.

그렇다면 궁극적으로 자바에는 언제 고인류가 출현하였을까? 이 질문이 아마도 전 세계 고인류학자들이 가지는 의문이고 지난 세기 내내 인류 진화에 있어서 큰 화두 같은 질문이었다. 왜냐하면 이 질문은 그동안 아프리카지역의 고인류 화석이 발견되고 또한 아시아지역에서 연대가 점차 시대가 오르는 것으로 알려지면서 동아시아의 출현 시기가 인류의 확산과정뿐 아니라 인지능력의 이해에도 중요한 관건이 되기 때문이다. 이제까지의 결과를 토대로 최초의 출현연대를 추정한다면 우선 트리닐의 고인류 화석의 연대가 0.9~1.0MA에 해당하는 것으로 확인된 셈이고, 모조커토의 두개골의 연대가 앞서 언급한 대로 1.49MA로 알려져 있고, 또한 상기란의 두개골들이 1.3~1.1MA로 알려졌지만 최근에 상기란 하부의 라하르층에서 얻어진 연대로는 1.77MA와 1.9+/-0.02MA[61]가 얻어진 바 있다. 그래서 현재로서는 고인류 화석의 연대로 미루어서 150만 년 전에는 분명히 고인류가 자바 섬에 출현하였을 것이고 이보다 더 이른 시기일 가능성도 남겨둔 셈이다. 그렇지만 아직도 이 자바의 고인류 확산의 시작을 1.2MA로 보는 보수적인 견해[62]가 있다는 점을 유념하지 않으면 안 된다. 이러한 연대적인 범위는 그동안 다수의 연대측정치뿐 아니라 기후변동에 따른 해수면의 변동 등을 고려하여 추정한 연대가 되는 셈이다. 그렇지만 앞서 언급한 바대로 연육현상을 고려한다면 1.5MA 이전 1.8~1.7MA에서도 가능할 수가 있는 것이다. 상기란 유적의 경우에 호모는 하부 홍적세의 말엽까지 지속해서 출현한 것으로 나타나는데[63] 이것은 결국 자바에서 호모 에렉투스가 지속적인 지역 진화를 한 것으로 생각할 수 있는 것이다.

자바의 유적들에서는 하천 유수퇴적 속에서 발견되는 경우가 많은데 상기란 유적

59 Huffman et al. 2006.

60 Huffman et al. 2006, ibid.

61 Bettis et al. 2004.

62 Kaifu 2017.

63 Hyodo et al. 2011; Semah et al. 2003.

의 경우에도 고인류 화석이 발견되는 지점은 앞에서도 언급한 바대로 강 하구이거나 호소성 환경이 많은데 그 퇴적과정을 복원한다면 분명히 강 흐름의 상류에서 죽은 사체가 흘러와서 퇴적되었을 가능성이 많은 것으로 생각하고 있다. 이것은 많은 고인류 화석들이 발견된 바팡층군들의 구성이 하천퇴적들로서 구성되어 있기 때문이다. 결국, 이러한 점은 공통된 현상으로 생각할 수 있을 것이다. 재퇴적되는 과정에서 원래의 층위나 지점이 다른 기원의 것들이 혼합될 수 있는 셈이다. 그러한 점에서 뼈화석 속의 불소량의 검증에서 유사한 양이라고 확인[64] 되기는 하였지만 트리닐의 인류화석 모음에서 두개골과 허벅지 뼈의 진화단계가 다를 수 있다는 점도 충분히 이해될 수 있는 퇴적과정이라고 생각되는 것이다. 한편으로는 이러한 재퇴적 과정에서 어느 정도 오래된 퇴적물에서 유래된 것인지 또는 얼마 오래되지 않은 시체가 흘러와서 발굴된 지점에 남게 된 것인지에 대해서는 화석형성학적인 관점에서 앞으로 면밀하게 검토되어야 할 부분이라고 생각된다.

자바의 피테칸트로푸스가 발견된 이후 1930년대에 이 고인류가 만든 석기를 확인하기 위한 조사를 실시하여 캄퐁 엔게붕에서 수습된 '박편'들을 피테칸트로푸스가 만든 것으로 주장되었다.[65] 그리고 트리닐의 파치탄(Pacitan)의 개울에서 수습된 것들을 슐리안 주먹도끼가 포함된 석기로 분류하고 트리닐의 시대의 석기라고 주장하였다.[66] 이 석기들이 결국 나중에 모비우스가 초퍼초핑툴문화(chopper chopping tool culture)를 제창할 때 사용된 그 석기들이다. 그러나 결국, 이러한 석기들은 이 후대의 층에서 유래된 늦은 시기의 것이며 고인류들과는 전혀 관계가 없다고 확인된 것이다. 그래서 이 지역에서는 호모의 출현은 동아시아지역에서 가장 오래된 곳이지만 실제로 석기 공작의 연대는 상당히 후대의 것으로 알려졌다. 특히 상기란에서 수습된 석기들은 모두 후대의 가장 늦은 시기의 층에서 유래된 것으로 보았고 파치탄에서 수습된 것들도 적어도 상부 홍적세 후반의 호아비니안 석기 공작들과 통하는 후대의 것으로 판단하였다.[67] 이러한 상황에서 한동안 자바의 초기 인류들이 석기를 정말 만들었을까?라는 물음이 지속적으로 대두되고 논의가 되었던 것이다.[68] 그래서 초기 고인류들이 사용한 석기 공작이 없다는 점을 설명하기 위해서 새로운 가설, 즉 대나무 이론(Bamboo hypothesis)이 제기[69] 되기에 이른 것이다. 그러나 일부 학자들은 석기가 없다는 것은 여러 학자가 제기하듯이 바로 유적의 형성과정, 즉 화석화되는 과정에서 뼈가 멀리 물에 의해서 이동하여 왔기 때문에 분리되었을 가능성이 많을 것으로 생

---

64 Soriano 1970.

65 von Koenigswald 1936.

66 von Koenigswald and Ghosh 1973.

67 Barstra 1983.

68 Semah et al. 1992.

69 Hutterer 1977.

각한다. 최근의 조사에서 상기란 일대에서 적어도 1.2~1.6MA 시기에 해당하는 층에서 아주 작은 석기들이 수습되었다는 보고[70]가 있었는데 이러한 석기들이 작아서 확인시키기에는 아직도 연구가 더 필요한 것으로 보고 있다. 그리고 또 다른 시도로서는 푸강간층군에서 수습된 고동물, 양들의 뼈에서 도살 흔들이 현미경 조사에서 조개를 사용한 것으로 추정하는 연구[71]도 있다.

자바 호모 에렉투스의 진화적 단계에 대해서 아직도 통일된 결론을 내지 못하는 것은 이 화석들이 다양한 특성을 보여주고 있기 때문이다. 그리고 주변에 이와 비교될 만한 다른 화석들이 존재하지 않기 때문에 기원의 단계에 대해서 호모 에렉투스인가 또는 호모 에르가스터 단계인가 등등의 논란이 지속하는 것이다. 그리고 이 지역의 호모 화석들이 다양한 명칭으로 분류되면서도 호모 에렉투스 단계의 것으로 크게 분류되는 것은 그만큼 이 지역의 환경에 적응하는 과정에서 그러한 다양성이 나타나게 되었지만 큰 틀에서 환경의 자극이 적을 수도 있다는 점에서는 호모의 진화가 더디게 나타나는 현상이라고 할 수 있다.

하여간에 자바섬에 초기 호모의 출현은 동아시아에서 가장 오래된 고인류 흔적의 하나인데, 인도 - 방글라데시 - 미얀마 - 말레이지아 등으로 남쪽 해안을 따라서 이어지는 이 동선에서도 이 시기의 인류의 출현은 당연한 것으로 생각된다. 다만 다우지역이기 때문에 퇴적의 오랜 보존이 어렵다는 점이 오늘날 유적 공백 현상으로 남게 되는 주요한 이유일 것이다. 실제로 자바 지역의 동물상의 구성, 즉 트리닐, 브루부응 그리고 응안동 등의 유적에서 나온 동물群이 남아시아지역의 시와리크에서 발견되는 동물群과 유사한 성격이라는 점에서 이들 동물群이 이러한 통로를 통해서 이동한 것으로 할 수 있다. 아직도 중간 지점의 화석이 없기 때문에 직접적으로 고인류의 화석의 이러한 이동을 보여주지 않지만, 동물群과 같이 움직였을 가능성은 충분히 있을 것이다. 그리고 앞으로 자바의 초기 호모들과 중국에서 발견되는 초기 호모들과의 비교연구에서 그 확산의 과정을 복원하는 것이 바로 동아시아지역에서 고인류의 초기 확산을 이해하는 단서가 될 것이다.

---

70 Stone 2006.

71 Choi and Driwanto 2007; Joordens et al 2009, 2015.

2.4 중국 초기 확산의 증거들

중국의 초기 인류의 출현에 대해서는 이미 지난 20세기 초에 북경 저우커우뎬(Zhoukoudian, 周口店) 동굴이 발굴되면서 세상에 알려지게 되었다. 그래서 자바에 이어 동북아시아 지역에서도 오래전에 인류가 존재하고 있었다는 것을 확인하여 준 셈이다.[72] 그러나 2차 대전 이후에 중국의 고고학은 외부와는 상당히 단절된 상태로 발전하여 온 것이 사실이고 그러한 과정에서 중국 중심의 사고가 뿌리 깊게 자리 잡고 있었다. 중국의 북경원인은 중국 고고학자들에게 절대적인 기준을 제공하는 것으로 인지하여 왔으며, 그러한 믿음과 함께 중화사상에 입각한 이론들이 제기되어 왔었다.[73] 당시로써는 대단히 오래된 모습의 원시적 형태의 고인류 화석이 나오고 엄청난 규모의 고인류 증거들이 수습된 저우커우뎬(Zhoukoudian, 周口店) 유적이 중국지역에서 발견되었다는 자부심에서 나오는 감성적인 반응이었을 것으로 보인다. 다시 말해서 중국이 인류의 기원지가 되어야 한다는 막연한 믿음이 지난 80년대 초, 아니 더 늦은 시기에까지도 작용하고 있었던 것으로 볼 수가 있다.

그러나 중국의 개방 이후에 서구와 고고학자들과 공동조사 등의 협력을 통해서 이제는 세계적인 보편적 시각에서 중국의 인류기원과 구석기문화를 보게 되었다. 그렇지만 아직도 인류 진화과정에 대한 중국적인 관점과 서구학자들의 관점은 차이가 있음을 볼 수가 있는데 중국지역에서 발견된 유적의 연대가 점차로 상승하여 드마니시의 연대보다도 더 오래된 것이 나오고 중간화석들이 혼합적인 성격이라는 점을 토대로 중국기원의 인류 확산을 재론하는 경향을 볼 수가 있다.[74] 결국 이제까지의 자료에 대한 다각적인 검증과 앞으로 새로운 자료가 증가하게 되면 객관적인 입장에서 판단할 수 있을 것이다. 그렇지만 현재로서는 무엇보다도 고고학적인 증거들을 인간의 일반적인 행위 원리를 고려하고 자연적인 변화의 원리에 따라 설명을 하려는 자세가 필요하다고 생각된다. 오늘날 중국지역에서 인류의 흔적으로서 가장 오래된 것으로 주장 되는 지점으로서 일찍부터 위안모우(Yuanmou, 元謀) 유적이 제기되었고 이제는 새로운 연대로 재확인된 셈이지만 그 후에 지속해서 런지동(Renzidong, 人字洞)과 롱구포(Longgupo, 龍骨坡) 유적이 흔히 제시되는데 이 외에도 공왕링(Gongwangling, 公王岭) 그리고 최근에 확인된 롱구동(Longudong, 龍骨洞) 유적들에 대해 200만 년에 접근하는 연대를 제시하고 있지만, 이러한 유적에 대해 인류의 흔적으로서 회의적인 시각이 있다.

72 Wu et al. 1989.

73 Hsiao-Pei 2014.

74 Zhu et al. 2018.

중국의 호모 에렉투스의 화석 중에서 현재로 가장 오래된 것으로 주장되는 것은 런지동(人字洞)과 룽구포(龍骨坡) 유적 동굴에서 발견된 고인류 화석이다. 이 화석 인류들은 기존의 저우커우뎬 유적에서 발견된 호모 에렉투스보다도 훨씬 오래된 것으로 알려진 것들이다. 그런데 이 두 동굴에서 발견된 인류의 흔적이라고 주장되는 것들은 그 시대성으로 대단히 주목을 받고 있지만, 그 진화단계 그리고 석기의 인공품 여부가 아직도 논란이 지속하는 유적들이다.

런지동(Renzidong, 人字洞) 동굴유적[75]은 안휘성판창현(安徽省繁昌縣)에 있는데 제3층에서 5층 사이에서 2000점이 넘는 석기와 함께 상아 등의 유물이 포함되어 있다. 석기라고 확인된 유물 중에서 많은 것들은 불분명한 모습이지만 이 중 약간의 유물들은 고인류에 의해서 변형이 이루어진 것으로 판단하고 있다.[76] 중국 과학자들은 200만 년 전으로 생각하고 있지만, 아직도 이 유적이 인류에 의한 것인지 또는 자연적인 것인지에 대해서는 논란의 여지가 많은 것으로 보고 있다. 북위 31도의 약간 북쪽에 위치한 이 동굴에서 발굴된 동물상을 보면 남북으로 교차한 종들이 보이며 대단히 오래된 것들이다. 그래서 이러한 동물상의 구성을 토대로 홍적세가 시작되는 2.5MA 전후한 시기의 형성으로 보는 것이다. 1998년 발굴된 유물 중에서 석기는 59점이 포함되어 있는데 다양한 형태로 분류되었고 북중국의 석기 전통을 반영하는 것으로 주장되었다.[77]

쓰촨우샨현(四川巫山縣)의 유적인 룽구포(Longgupo, 龍骨坡) 동굴에서는 두꺼운 동굴 퇴적 중에서 중간 부분에서 많은 화석이 노출되었다.[78] 여기에서 나온 동물화석들은 68개 속에 달하는 것들로서 3가지의 영장류의 화석도 포함되어 있을 뿐 아니라 판다와 말들의 화석들이 포함되어 있는데 열대 또는 아열대적 특성의 동물群 으로 구성되어 있으며 하부 홍적세의 시기의 것이다. 이 유적에서는 적어도 두 가지 종의 호미노이드 화석이 발견되었는데 하나는 기간토피테쿠스의 것이고 다른 하나가 호모의 것으로 주장된다. 동물화석 중에서 쥐화석의 이빨을 측정한 결과 1.6+/-2.0MA로 알려졌다.[79] 이 동굴은 오랫동안 식육류들의 거처로 사용되었을 것으로 보이는데 이곳에서 발견되는 많은 동물 뼈들은 결국 하이에나나 호모세리움 등의 식육류의 먹잇감으로 반입된 것으로 보인다. 이 유적의 중간층군들 중 7과 8층이 중요한데 이 층에서 호모의 것으로 판단되는 윗앞니와 왼쪽 턱뼈 조각

---

75 金昌周·劉金義 2009.

76 Jin and Liu 2009.

77 de Weyer 2019.

78 Boëda & Hou 2011; Huang and Fang 1991.

79 Zhu et al. 2003.

이 발견되었다.[80] 이 턱뼈와 이빨은 호모 에렉투스 우샤넨시스라고 명명되었다. 그런데 이 층은 역지자기로서 올두바이 이벤트에 해당하는 것으로 알려져서 그 연대가 1.77~1.95MA로 추정되고 있다.[81] 이보다도 더 오래된 연대인 2.48MA가 제시[82]되기는 하지만 아직도 확신하기는 어려운 점이 있다. 또한, 이 고인류 화석들은 호모 에렉투스라기 보다는 아프리카의 호모 에르가스터 또는 호모 헤빌리스와 유사한 것으로 추정되고 자바의 것과는 다른 것으로 생각하고 있다.[83]

그러나 롱구포(Longgupo, 龍骨坡)의 문제는 이러한 화석자료들이 고인류, 즉 호모의 것으로 보기에 어렵다는 견해가 지배적인데 이 유적에서 발견된 몇 점의 석기 중에서 망치돌은 비교적 인위적인 변형이 있었다고 믿고 있고,[84] 이것이 호모의 짓거리가 아니라면 이곳에서 발견된 호미노이드의 화석의 주인공들, 기간토피테쿠스(*Gigantopithcus*)나 루펭간피테쿠스(*Lupenganpithecus*) 등이 한 흔적으로 생각하는 견해가 제기되어 있다.[85] 롱구포(Longgupo) 유적의 경우는 호미노이드의 한 화석종인 기간토피테쿠스 블래키(*Giganto phitecus blacki*)화석으로 유명한 중국 남부 광시(广西) 머후이(Mehui, 么會) 유적의 경우와 화석의 해석과 연대 등등의 점에서 동일한 경우로 생각할 수 있을 것이라는 의견이 지배적이다.[86] 그렇지만 이러한 호모노이드들이 인류는 아니기 때문에 이러한 견해들이 가지는 의미는 거의 무의미하다고 할 수 있다. 그러한 점에서 롱구포(Longgupo) 인류의 흔적에 대해서는 아직도 확신을 하기는 무리라는 결론이다.

위안모우(Yuanmou, 元謀) 유적

위안모우(Yuanmou, 元謀) 유적의 화석(*Homo erectus yuanmouensis*)은 지난 1965년에 발견되어 유적이 60년대와 70년대를 거치면서 발굴되었다.[87] 여기에서 발견된 앞니는 삽니 모양을 하고 있는데 저우커우뎬(Zhoukoudian, 周口店) 유적의 호모 에렉투스와 비교하여 호모 에렉투스로 분류되었고, 다른 한편으로는 아프리카의 호모 헤빌리스의 것과 비교하고 있다. 발견 이후 고인류 화석의 발견지점에서 양면 가공의 석핵과 작은 박편 22점 등의 석영암제의 석기들이 수습되는 등의 성과가 있었다. 이 석기들을 아프리카 올도완과 유사하

---

80 Huang et al 1985.

81 Wood and Turner 1995.

82 Han et al. 2017.

83 Huang et al 1995.

84 Wei et al. 2014.

85 Ciochon 2009; Dennel and Roebroeks 2005; Schwarts and Tattesall 1996.

86 Wang, Huang ...et al. 2007.

87 Hu 1973.

다는 설명[88]을 하지만 이러한 석기는 원초적인 석기로서 어디서나 볼 수 있는 석기이기 때문에 문화적인 유사성을 유발하게 되는 아프리카 용어까지 들먹일 필요가 없는 것이다.

이 화석의 연대에 대해서는 여러 가지의 논란이 있다. 우선 연대 문제인데 애초에 고지자 기법으로 1.64~1.79MA로 연대를 제시하였지만[89] 한때 중부 홍적세 초기로 보는 견해[90]도 있었다. 그러나 최근에 새로운 시료로 측정한 연대치가 다시 1.7MA로 이전의 연대를 재확인하여 주었다.[91] 이 연대는 니우지안바오(Niujianbao) 유적의 M4층에서 나타난 동물상으로 당시의 환경을 복원할 수 있는데 개활지도 있지만, 관목과 숲이 있는 환경으로 드마니시나 우베이디아의 환경과 비슷한 것으로 추정하고 있는 것이다.[92] 그리고 적어도 동남아시아의 호모 에렉투스보다는 이른 시기의 것으로 판단하고 있는 것이다. 그래서 위안모우(Yuanmou, 元謀)의 연대는 일단 가장 오래된 중국의 고인류 화석유적으로 생각되고 있는 셈이다. 그리고 석영으로 만든 찍개형 석기의 출현은 중요한 단서이기는 하지만 이러한 석기가 고인류의 화석과의 관계에 대해서는 아직도 불확실한 점이 많은 것이다.

란티엔(Lantian, 藍田) 유적의 호모 에렉투스와 주변 유적들

란티엔(Lantian, 藍田)인은 1963년에서 1966년 사이에 산시성 란티엔현(山西省 藍田縣)에서에서 발굴된 것인데 천자워즈(Chenjiawozi, 陳家窩子) 지점에서 먼저 턱뼈가 발견되었다. 유적은 친링산맥의 북쪽이 되고 또한 뢰쓰지대의 남쪽에 해당하는 위치이다. 첸지와 지점은 큼직한 하천역층 위에 30미터의 두께의 퇴적층으로 구상되어 있는데 그 위를 덮고 있는 뢰쓰층에서 인류화석이 발견된 것이다.[93] 그 후 연속된 조사에서 두개골 여러 부위 파편들 그리고 세 점의 이빨이 공왕링(Gongwangling, 公王嶺) 지점에서 발굴되었다. 유적은 바 강변의 하천 퇴적 위에 엄청나게 발달한 뢰쓰 층으로 발견된 지점의 제6층에서 나왔는데 그 층의 두께가 두꺼운 쪽이 1.5미터에 달하고 있다. 이빨과 두개골 편은 동일한 사람의 것으로 판명되었다. 두개골의 용량이 780밀리리터 정도로 작은데 자바인과 유사한 범주이다.[94] 그렇지만 일반적으로 저우커우덴(Zhoukoudian) 인류나 자바의 트리닐인보다도 더 오래된 모습을 하고 있어서 두개골로서는 가장 오래된 모습을 가진 호모 에렉투스 화석이다. 애초에

---

88 Zhu et al. 2008.

89 Worm 1997.

90 Hyodo et al. 2002.

91 Zhu, Pott et al. 2008.

92 Zhu et al 2008.

93 Zhang. 1987.

94 Wu et al. 1989.

고지자기로서 자르밀로기의 하부에서 위치하고 있고,[95] 뢰쓰 퇴적층의 상대연대를 가지고서 하부 홍적세의 후반 그리고 그 후에 1.15MA로 추정하였다.[96] 최근의 지질학적인 조사에서 고인류 화석이 있었던 뢰쓰의 고토양층인 S22와 S23층 공왕링(Gongwangling, 公王岭)의 연대를 1.63+/-0.02MA로 올려잡았다.[97] 이러한 연대는 결국 자바의 연대가 뒤로 밀리기 때문에 동아시아에서 위안모우(Yuanmou, 元謀)와 같이 가장 오래된 것으로 생각될 수 있다. 란티엔(Lantian, 藍田)의 동물상은 아열대적인 요소들이 많은데 이것은 니허완(Nihewan, 泥河湾)의 고극지동물군들과는 완연히 다른 것으로 이 시기에 높지 않은 친링(Qinling)산맥을 넘어서 오늘날의 황토지대의 남쪽 끝 지역에 진출한 것을 알 수 있다.[98] 그래서 이 시기, 즉 황토층 S22~S23층이 형성될 당시에는 기후가 온난하였다는 것을 보여준다.

초기에 발견되어 소위 '대형 첨상기' 유적으로서 1960년대 초에 발굴되어 가장 오래된 것으로 알려졌었던 시후두(Xihouduu, 西侯度) 유적의 경우에는 지질학적인 층서로 연대를 추정하였지만 그 후 지자기 연대법으로서 1.27MA라고 주장되었다.[99] 최근 우주선 연대법으로 측정된 연대가 1.4+/-0.2MA로 나타났는데 확대된 범위에서 기존의 연대를 재확인한 셈이 되었는데 최근에는 이보다도 훨씬 앞서는 2.43+/-0.06이라는 연대가 생물편년과 부합된다고 하여 앞으로 논란이 예상된다.[100] 그런데 이 유적에서 출토된 고동물 중에서 히파리온(*Hipparion*) 화석들은 대체로 홍적세 초기의 유적들에서 나오기 때문에 이러한 연대가 부합된다고 할 수 있다.

친링(Qinling)산맥 일대에서도 구석기문화들이 일찍이 나타나는 것을 볼 수가 있다. 최근에 란티엔(Lantian)일대의 조사에서 상천촌(上陳村, Shangchencun)이라는 지점에서 발견된 석기 공작들이 2.1MA로 추정되고 있어서 유라시아 대륙에서 가장 오래된 인류의 흔적으로 추정하고 있다.[101] 이것은 조오지아의 드마니시 고인류 유적보다도 거의 20만 년이나 앞서는 것으로 할 수 있다. 구석기문화가 오래된 것으로는 롱간시 3지점의 유물이 1.26~1.21MA로 확인되었다. 이후 이 지역에서는 지속해서 여러 지점에서 친링산맥의 남북사면과 저지에서 많은 구석기문화가 발견되었다. 친링(Qinling) 이북은 학자에 따라서는 기후변동에 따라서 고인류들이 살지 못하던 지역이라고 주장하는 것을 볼 수 있는데 이것은 빙하시대에는 상당히 추운 기후이고 건조한 지역이 되어서 사람들이 살 수가 없었을 것으

95 Wang et al. 2006.
96 An and Ho 1989.
97 Zhu, Dennel, ...et al. 2015.
98 Rutter et al. 1991; Lisieki and Raymo 2005.
99 Zhu et al. 2003.
100 Kong et al. 2013; Shen et al. 2020.
101 Zhu et al. 2018.

로 추정하는 것이다.[102] 이러한 견해를 입증하기 위해서는 상당히 많은 자료가 필요할 것이지만 동북지역에서 추운 빙하기에 거주의 제약이 컸을 것은 짐작할 수가 있을 것이다. 그렇지만 이른 시기에 이미 니허완(泥河湾) 지역에 진출한 증거들이 많이 있어서 친링(Qinling) 산맥 이북 지역에 인류들이 어느 정도 지속해서 살아남았을까에 대해서는 앞으로 논의가 더 필요하다.

롱구동(Longudong, 龍骨洞) 유적

롱구동(Longudong, 龍骨洞) 유적은 북위 30도39분에 위치하고 해발 738미터의 지점에 위치한 석회암 동굴유적이다. 허베이(河北) 남서 지역에 주웬동(Juyuandong)이라고도 불리는 유적이다. 이 유적에서는 풍부한 동물화석들이 발굴되었는데 층서상에 나타난 고지자기의 양상을 보면 대체로 마투야마(Matuyama)기와 연결되는 것으로 보고 상부를 올두바이 이벤트(Olduvai event) 그리고 하부는 리유니온 이벤트(Reunion event)와 대비할 수 있는 것으로 보아서 그 연대를 2.0MA 이전 단계의 이른 시기의 홍적세로 추정하고 있다.[103] 이 동굴에서는 6개의 사람의 이빨과 함께 100개에 달하는 기간토피테쿠스의 이빨이 수습되었는데, 사람의 이빨에 대해서는 애초에는 오스트랄로피테쿠스라고 주장한 사람도 있지만, 호모 헤빌리스의 것과 유사하다는 주장이나 저우커우뎬(Zhoukoudian, 周口店) 동굴에서 발굴된 것과 같은 류의 호모 에렉투스의 것이라는 주장[104]도 있었다. 기간토피테쿠스의 진화적인 위치에 대해서는 학자들의 의견이 갈라지는데 중국학자들 중에는 오래전에 절멸한 인류 조상의 하나라고 보기도 하였지만, 오늘날에는 인류계열이 아닌 호미노이드의 하나이고 아마도 루펭간피테쿠스의 후손일 가능성이 있다고 보고 있어서 중국에서 인류 초기 기원의 가능성으로 제시될 수 없다는 점을 확인하고 있다.[105] 20세기의 말에 실시된 발굴에서 600점에 달하는 석영암제의 석기들이 수습되었는데 여기서도 양극 타격법이 보이고 석핵과 박편을 비롯한 다듬은 석기들이 보이는데 대체로 원시적인 특징을 가진 것이다.

니허완(Nehewan) 분지의 초기구석기 유적들

오늘날 중국에서 가장 오래된 석기 공작은 란티엔(Lantian, 藍田) 유적이나 위안모우(Yuanmou, 元謀) 유적 등의 유적에서 발견된 것들을 제외하면 니허완(Nihewan)의 여러 지점에서 발견된 것들이다. 다동(大東) 분지의 니허완(Nihewan, 泥河湾) 지역은 허베이성(河北省)

---

102 Sun et al. 2016.

103 Wu 2000.

104 Zhang 1984; Li, Li & Kuman 2016.

105 Zheng ed. 2004; Wu 2000; Etler et al 2001.

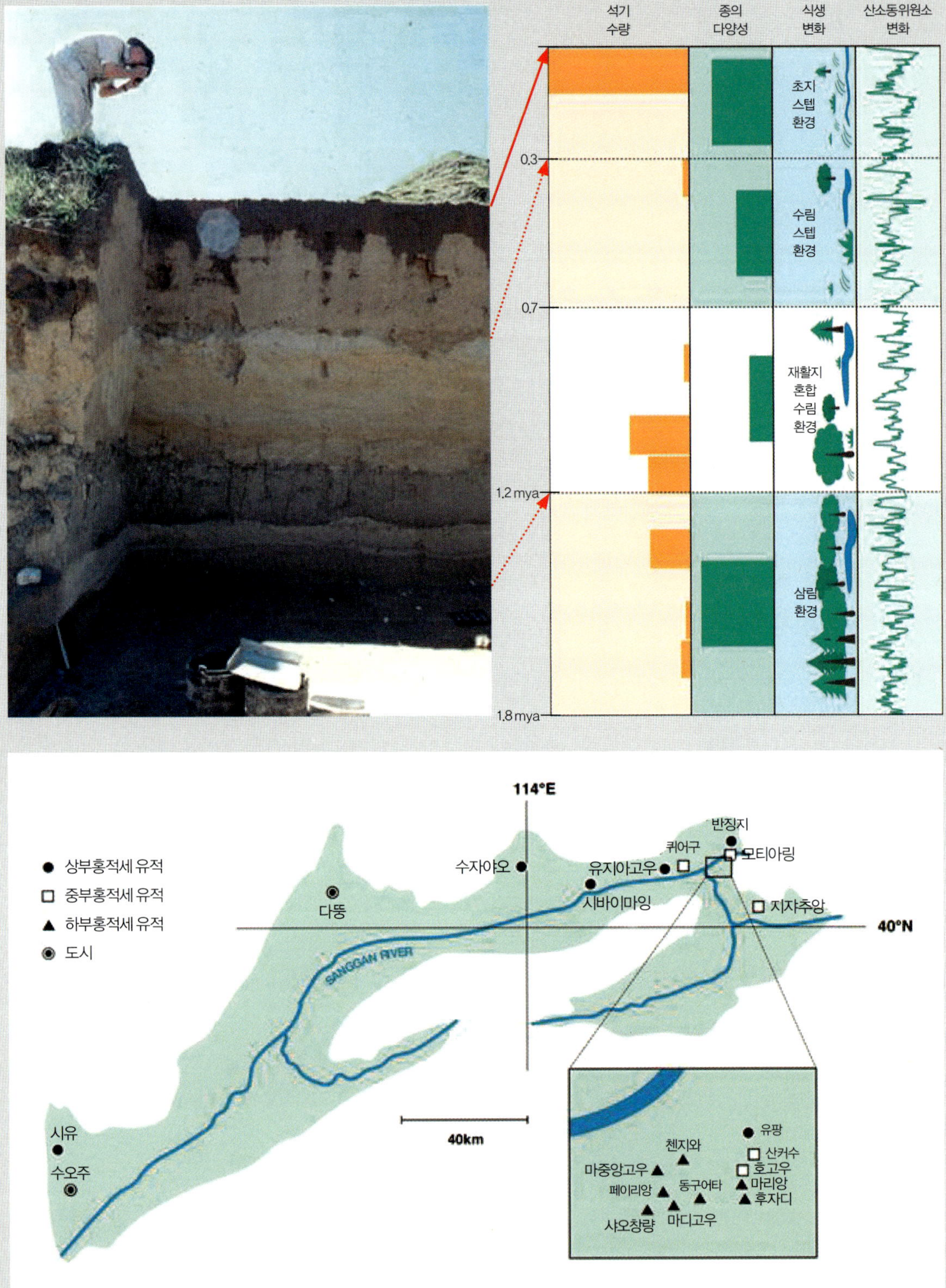

도판 14 니허완의 지형과 홍적세 동안 환경 변화와 고인류의 출현 빈도의 변화
좌상) 환경 변화와 인류 출현. 우상) 동구어타 단면, 뢰쓰와 호소성 퇴적층. 하단) 니허완 분지지도와 주요유적 지점(Yang et al. 2019에서 변형).

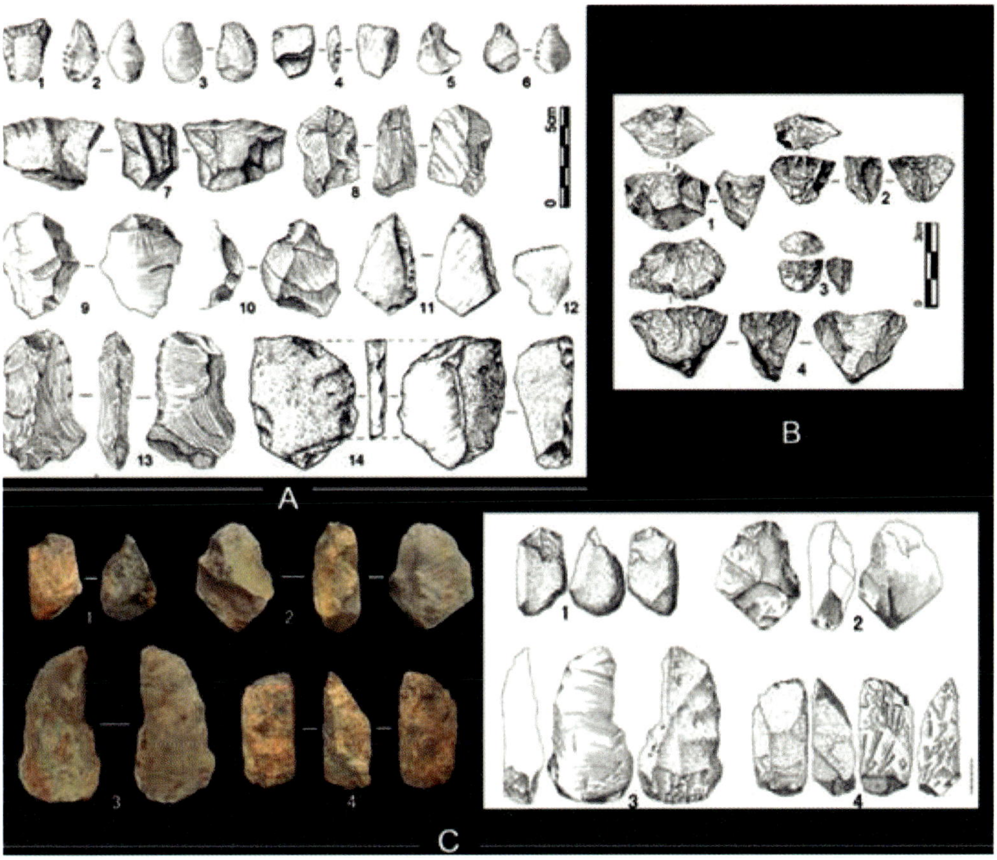

도판 15 니허완 유적 출토 석기류(Hou 2014에서 변형)
A. 마췐구(Maquangou): 4, 7, 11, 14, 샤오창량(Xiaochangliang): 8-10, 12, 13 and 동구투어(Dongguttuo): 1-3, 5, 6(after Xie et al., 2006). B. 동구투어 석핵 'Donggutuo core' from Donggutuo site. C. 룽구포 유적 Longgupo site.

과 산시성(山西省)에 걸쳐서 있는 9000제곱킬로미터 정도의 엄청나게 큰 분지형 지형인데 홍적세 기간 중에 지속해서 퇴적물이 쌓여왔고 지금은 상간허(Sanggan river, 桑干河)에 의해서 그 단면이 드러나고 있는데 많은 부분은 호소성 퇴적으로 구성되어 있다. 이 거대한 분지 속에 있는 니허완(Nihewan) 지역의 엄청난 규모의 퇴적물을 오늘날 상간허(Sanggan river, 桑干河)가 지속해서 침식해서 노출된 150미터 두께의 퇴적물들 속에서 홍적세 초기의 유적들이 지속해서 발견되고 있다. 이 지역에 대한 최초의 조사는 1920년대에 리상과 샤르댕에 의한 지질학적인 조사에서 시작되었다.[106] 그 후 1930년대에 브로일에 의해서 거칠게 다듬은 주먹도끼가 발견되었고 1960년대에 들어서 본격적인 조사가 중국학자들에 의해서 이루어지면서 수자야오(Xujiayao, 許家窯人) 유적과 후두량(Houtuliang) 유적이 발견되었고 70년대 후반에 샤오창량(Xiaochangliang, 小長梁) 유적[107]의 조사가 있었다. 그래서 이 지역이 구석

106 Barbour et al. 1927.

107 Yang et al. 2016.

기 유적의 보고이고 대단히 오래된 인간의 흔적이 있을 것이라는 기대가 있었던 지역인 셈이다.

현재까지 구석기시대 유적으로서 60여 지점이 발견되었고, 모두 20여 개 지점에서 초기구석기시대의 유적이 발견되었다.[108] 니허완 저지는 3.6~0.3MA까지 거대한 호수가 있었던 것으로 호수성 퇴적물들이 널리 분포하고 있고 그 속에서 유물들이 발견되는 것이다. 160만 년 전에서 110만 년 전 사이에 니허완(Nihewan) 분지의 유적들, 동구투어(Donggutuo, 東谷坨), 샤오창량(Xiaochangliang, 小長梁) 유적, 마췐구(Maquangou, 馬圈溝), 고우디(Goudi) 등의 유적들에서 출토된 석기들은 지역에서 채집 가능한 질이 좋지 않은 석재들을 사용해서 만든 경우가 대부분이다.[109] 가장 이른 시기의 것이 1.66MA로 밝혀진 마췐구(Maquangou, 馬圈溝) 유적 3(=Goudi)인데[110] 현재로서는 논란의 여지가 없는 석기유물로서는 최근에 란티엔(Lantian)에서 발견된 200만 년이 넘는 경우를 제외하면 중국에서 가장 오래된 것이다. 일찍이 알려진 지점은 바로 동구투어(Donggutuo, 東谷坨) 유적[111]이나 샤오창량(Xiaochangliang, 小長梁) 유적인데 이러한 유적들도 1.1MA 그리고 1.36MA로 각각 알려진 오래된 유적들이다.[112] 고우디 유적과 같은 지점은 생물학적인 층서로 판단한다면 180만 년이 넘은 것으로 보기도 한다. 샤오창량(Xiaochangliang) 유적은 일찍이 확인된 지점인데 몇 차례의 발굴에서 작은 석기 공작들이 드러났는데 대체로 가공되지 않는 작은 석편들로 판단하였지만, 일부 중국학자들은 이 중에 석인, 긁개, 첨두기, 뚜르개 등등의 기능적으로 분화된 석기가 있는 것으로 확인하기도 하는데 대체로 상당히 발전된 모습이라고 생각하고 있다.[113] 이 석기들의 연대를 층서적 고지자기법으로 추정하여 1.36MA로 설정하고 있다.[114] 샤오창량(Xiaochangliang)에서는 하천유수에 의해서 분급현상이 보이는데, 그런데도 석핵, 박편 그리고 박편석기들이 비율로 보아서 제자리에서 만들어진 것으로 보인다. 제작의 과정은 일반적으로 직접 타격에 의한 것으로 석핵은 그다지 많이 사용된 것으로 보이지는 않고 석핵이나 박편 모두 정형적이지는 않고 편의적으로 만들어졌다고 할 수 있다. 박편 중에 약간의 비율이 가공을 보이고 사용한 흔적도 보인다. 어떤 것들은 나무를 가공한 것같이 판단되는데 이러한 생각은 그동안 오랫동안 아시아의 석기들에 대해서 가지고 오던 생각으로서 나무 도구 제작용 공구들일 것이다.

---

108 Gao et a. 2015.

109 Yang et al. 2019.

110 Zhu et al. 2004; Liu et al. 2014;Duval 2014.

111 Liu, Yin et al. 2013.

112 Wang et al. 2005; Zhu et al. 2001; Ao et al. 2013.

113 Huang 1985.

114 Zhu et al. 2001Liu, Yin .. et al. 2014.

석기들은 대체로 작은 것들인데 석핵과 망치돌도 포함되어 있다. 이 유적의 하부가 아직도 조사되지 않은 것을 생각하면 시대가 더 올라갈 수도 있을 것이다. 그렇지만, 이러한 연대측정의 기본적인 가정은 바로 퇴적의 일정한 속도를 기준으로 추정된 것이기 때문에 이 지역의 퇴적의 구조에 대해서 더 연구가 진전되면 변할 수도 있을 것이다. 그 사정이 여하간에 반샨(Banshan), 마췐구(Maquangou), 샤오창량(Xiaochangliang) 그리고 일찍이 알려진 동구투어(Donggutuo) 등은 ESR 연대측정치에 대한 이론[115] 이 있기는 하지만 현재로서는 적어도 1.0MA는 넘을 것으로 보는 것이 일반적인 견해이다.

샤오창량(Xiaochangliang, 小長梁) 유적의 경우에는 그 연대를 1.36MA로 보고 있는데 이 유적의 석기를 2차 가공이 별로 없는 단순가공의 석기라는 관찰과 다른 한편으로는 석인을 포함하여 다양한 소형석기들이 포함되어 있다는 상반된 주장이 있다. 아마도 이것은 석기정의에 대한 오해에서 유래된 것으로 생각된다. 샤오창량(Xiaochangliang)과 동구투어(Donggutuo) 유적 사이에서 새롭게 발견된 마췐구(Maquangou) 유적의 경우에도 대체로 1.2MA 정도로 올라가는 것으로 보고 있으며 온난한 기후였을 것으로 보았다.[116] 이 유적에서는 세밀한 화분분석이 이루어져서 기후변동에 대한 정보가 얻어져서 니허완(Nihewan) 고인류들의 적응과정에 대해서 추론할 수 있는 근거를 제시하고 있다. 이 유적에서 이루어진 분석에서 니허완(Nihewan) 식생의 변동이 서늘하고 약간 습한 개활성 식생 환경에서 습윤하고 나무숲이 있는 환경 그리고 건조한 스텝성의 개활지 등의 환경으로 지속해서 변화하여 온 것이 밝혀졌다. 이러한 환경 변화에 고인류가 적응하면서 진화한 것으로 생각하고 있으며 1.2MA 시기는 초기의 환경 변화의 과정에 있었을 것으로 보았다.[117]

동구투어(Donggutuo, 東谷坨) 유적의 경우에는 일찍이 유명한 페이(裴) 교수에 의해서 발굴되었는데 그 후 90년대 초에는 미중(美中)고고학 합작에 의해서 조사된 바 있는 유적이고 가장 많은 조사가 이루어진 유적이다. 일만 점이 넘는 석기들이 수습되었고 박편들의 모습이 작은 것이나 석핵을 부분적으로 사용하는 것 그리고 엄청나게 높은 비율, 92%의 잡석 편들이 차지하는 것은 이러한 석재의 과정부산물이라고 할 수 있을 것이다. 석기들은 직접 타격뿐 아니라 양극 타격에 의해서 만들어진 것이며 상부 층에서 수습된 것 중에서는 가공이 된 것들이 많이 포함되어 있는 것으로 확인하였고 이러한 석기가공 양상은 흔히 상부 홍적세의 석기 공작에서 보는 것으로 판단하였다.[118] 이 유적들에서 발견된 석기들은 쳐트 종류의 석재로 만든 것들인데 석재의 질이 나빠서 그런지 석기의 크기가 아주

---

115 Liu et al. 2013.

116 Li, Pei,... et al. 2016.

117 Pei, Li .. et al. 2009.

118 Hou 2003; Yang et al 2017.

작아서 한때 이러한 작은 석기들을 북중국의 소형석기 전통이 나타나는 것으로 생각되기도 하였다.

니허완(Nihewan) 지역에서 흔히 사용되는 처트는 원래 석재로서 좋은 것이지만 이 지역에서는 내부에 균열면이 많이 있어서 실제로 큰 석기를 다듬는 데에는 부적절한 것이다. 그래서 이러한 석재로 석기를 만드는 것은 양극 타격법으로 박편을 만드는 것이 일반적이다. 그런데 샤오창량(Xiaochangliang, 小長梁)이나 동구투어(Donggutuo, 東谷坨) 유적에서 보듯이 양극 타격에 의해서 길쭉한 석인 모양의 박편들이 만들어지기도 하는 것이다. 동구투어(Donggutuo) 유적에서 발견된 석기들을 보면 하나의 타격 면에서 모서리를 돌면서 길쭉한 박편을 떼어낸 석핵들이 있다. 이러한 석핵들을 동구투어(Donggutuo) 석핵으로 부르는데 이 지역의 후기구석기의 세석인핵의 오래된 원형으로 설명하면서 중국에서 세석기가 100만 년 전에 시작된 것으로 주장하기도 하는데[119] 이것은 개념이 다른 석기로 보아야 할 것이다. 동구투어(Donggutuo) 석핵은 최근에 발굴된 산커수(Shankeshu, 三棵树) 유적에서도 발견된 것으로 보고된 바 있다.[120] 결국 니허완(Nihewan) 지역의 초기 유적들에서 출토된 석기들이 작은 것들이 많은데 이러한 석기 공작의 특성은 별다른 가공이 없는 임기응변적인 변형을 보이는 것들이어서 이 지역의 석재의 특성에서 유래된 것으로 보아야 할 것으로 보인다. 흔히 북중국의 석기 공작의 두 가지의 다른 전통을 언급하지만[121] 이러한 석기들이 문화적인 전통이라기보다는 지역적인 석재와 다른 한편으로는 유적의 형성과정에서 선별적으로 남게 되었기 때문에 생길 수 있는 현상의 하나라고 판단된다.

그동안 니허완(泥河湾, Nihewan) 지역에서 어느 정도 시대가 올라가는 유적이 앞으로 나올 것인가에 대해서 관심을 가진 것은 인류의 확산 패턴을 완전히 다르게 해석할 수 있는 여지가 생기기 때문인데 이 지역에서 이루어지는 새로운 자료의 발견이 인류의 진화에 대한 새로운 설명의 단초를 제공할 것으로 기대된다. 니허완(Nihewan)의 퇴적층들은 동아시아의 인류의 확산을 극적인 장면으로 보여준다고 할 수 있는데 과거 어느 누구도 이 시기에 이러한 추운 온대 지역에 인류가 진출하였을 것으로 생각을 못하였던 지역이기 때문이다. 거대한 지역에 적어도 홍적세 전 시기를 포함하는 엄청나게 오랜 시간 동안 이루어진 퇴적물이 남아 있고, 그러한 퇴적물들은 침식의 영향이 비교적 적어서 장기적으로 보면 질서 정연하게 기후변화와 시간을 누적적으로 보존하고 있다. 그 속에서 고인류의 흔적이 지속해서 나타나는 것은 앞으로 과학적인 분석 방법론이 발달함에 따라서는 동아시아

---

119 Hou 2003/2008; Liu et al. 2013.

120 Hou et al. 2010.

121 Jia 1985.

인류 확산과 온대지역에 적응하는 과정의 대한 증거[122]들이 기대되는 지역이다. 특히 니허완 퇴적물들의 편년 상에서 인류의 흔적이 일부 시기에서 나타나지 않는다는 현상에 대해서 다양한 견해가 제기되는데 연대측정의 문제, 계절적인 출현의 양상, 확산주기의 차이, 유적의 형성과정의 차이 등을 들고 있지만 아직도 확실한 답은 없는 셈이다.[123]

결론적으로 동북아 지역, 즉 오늘날 중국지역에서는 초기 호모가 적어도 홍적세의 초기부터 출현한 것으로 이해할 수가 있으며 현재의 증거들로서는 적어도 동남아시아지역보다도 시간상으로 더 오래된 것으로 나타나고 있다. 그렇지만 아시아 초기 호모의 확산 가능성은 남쪽 루트가 앞설 것으로 보이기 때문에 북쪽 지역에서 이러한 이른 시기의 호모의 출현은 하부 홍적세 단계에서 북방의 초원 지역에서 이른 시기의 호모가 발견되지 않는 이상 결국 동남아시아지역에서도 그 이전에 존재하였을 가능성을 제시하는 것으로 보아야 한다. 그래서 동아시아지역에서 초기 호모는 동남아시아지역의 열대우림지역에서 북중국의 황토고원지대 이르는 지역까지 확산하였다는 것이 확인되고 있다. 현재 친링산맥 지역의 동물상의 이동으로 미루어볼 때 남에서 북으로의 이동이 기후조건에 따라서 있었다는 것을 확인할 수가 있고 이는 남방지역에서 북방으로 이주한 경위를 설명하는 자료로 간주할 수 있을 것이다. 무엇보다도 중요한 것은 이러한 확산의 축과 함께 확산의 범위를 오늘날 화석이 발견되는 지역에 국한될 수는 없을 것이라는 점을 유의하여야 할 것으로 생각된다. 결국 니허완 지역에서 이른 시기의 호모의 흔적이 출현하는 것은 이미 그 이남의 아시아 전 환경대에 걸쳐서 기온이나 수자원 그리고 이동의 장애 등의 절대적인 환경적인 제한조건이 없다면 호모의 확산이 이루어진 것으로 생각할 수 있을 것이다.

---

122 인간 적응을 복원하기 위한 과학분석결과의 사례로서, Zhu, Deng, Pan 2007.

123 Bae, C., Li, .. et al. 2018; Yang et al. 2019.

3 동아시아지역으로 초기 호모 확산

인류가 최초로 아시아대륙으로 진출하는 과정에서 제기되는 큰 문제는 바로 어떤 종의 인류가 언제 그리고 어느 경로를 거쳐서 동아시아지역으로 확산하여 온 것인가? 라는 질문일 것이다. 그리고 동아시아 고고학에서 보는 관점으로는 그렇다면 유라시아 동쪽 끝, 즉 한반도를 포함하는 극동지역까지 얼마나 시간이 걸렸던가? 라는 질문일 것이다. 우선 아시아의 초기 호모가 어떤 종이었던가에 대한 답은 아직도 불분명한 점이 있다. 드마니시에서 고인류가 발견된 이래 최초의 유라시아의 주민의 진화 단계에 대해서 논의가 있었다. 호모 헤빌리스인가 호모 에렉투스인가의 문제 또는 미지의 다른 종으로 보기도 하였지만, 아직도 논란이 남아 있고 또한 호모 에렉투스보다도 더 오래된, 지금은 알려지지 않은, 초기 호모일 가능성도 열려 있다. 과거와는 달리 동아시아지역의 인류 흔적은 점차로 그 출현 시기가 올라가고 있다. 사회가 안정화되고 또한 서구의 학자들과 협업이 많이 이루어지게 됨에 따라서 많은 조사들이 이루어지고 있어서 새로운 증거들이 많이 산출되고 또한 과거의 유적들에 대해서 새로운 연대기법을 동원하여 새롭게 연구한 결과라고 할 수 있다.

서아시아지역인 조오지아의 드마니시 유적의 연대가 1.85MA로 나타나고 동아시아지역에서 가장 오래된 고인류 화석의 흔적은 현재로서는 위안모우(Yuanmou, 元謀)의 화석이 1.7MA, 란티엔(Lantian, 藍田) 화석이 1.62MA 그리고 자바의 모조커토의 고인류 화석의 연대를 1.66MA, 상기란층의 상부에서 발견된 고인류 화석이 1.6MA 또는 새로운 연대인 1.3MA 등의 초기 연대가 알려져 있다. 이 중에서 현재 니허완(泥河湾) 유적군들이 아직도 그 바닥을 본 것이 아니기 때문에 더 올라갈 가능성이 있을 것이다. 고인류 화석의 출현 연대와 함께 고려하여야 하는 것이 바로 석기문화의 연대도 올라가고 있다. 파키스탄의 리와트 유적의 석기 연대가 1.9MA로 더 올라가기는 하지만 아직도 그 증거가 빈약한 점이 앞으로 더 보강되어야 할 것으로 판단된다. 앞서 언급되었지만 최근에 上陣村이라고 불리는 란티엔(Lantian) 지역의 유적의 조사에서 대단히 오래된, 200만 년이 넘는 것으로 주장되는 석기 공작이 발견되었다.[124] 석기는 인공품이 분명한 강돌을 가지고 만든 것으로 찍개류이거나 박편들로 구성되어 있다. 이 석기 공작을 유라시아 대륙에서 가장 오래된 석기 공작이자 인류의 흔적으로 간주하고 유라시아 대륙의 인류의 기원과 확산에 대한 문제를 제기하고 있다. 이 새로운 자료를 토대로 인류의 진화와 확산의 개념을 완전히 바꿀 수도 있다고 생각하는 것을 볼 수가 있다. 왜냐하면 이 석기 공작의 연대는 드마니시 유적의 연대보다도 적어도 20만 년 이상 앞서고 유라시아 대륙에서 가장 오래된 것이기 때문이다. 여하간에 동아시아까지 인류가 확산하는 과정은 초기 호모가 아프리카를 떠난 이후 대단히 빠른 속도로 동으로 확산하였을 것으로 볼 수 있는 것이다. 유라시아의 아시아지역의 서쪽 끝에 해당하는 드마니시 유적이나 니허완(泥河湾)의 마주앙구(Majuanggou) 유적의 연대가 큰 차이가 없을 것으로 보이기 때문이다. 사실 흔히 유적의 절대연대를 가지고 이동의 속도를 추정하는 경우가 많지만 사실 인간의 이동의 능력은 이동의 동인에 따라서 대단히 빠른 속도로 이루어질 수 있다는 점을 간과하여서는 안 될 것으로 생각된다. 진화적인 과정에서 본다면 석기 공작이 최초로 나타나서 이미 130만 년이 흘렀고 또한 아프리카에서 호모로 진화한 시간도 50만 년이 흘렀기 때문에 초기 호모의 인지적인 능력이 충분히 새로운 환경에 적응할 수 있었을 가능성은 있을 것이다.

아시아지역에서 오래된 초기 호모로서 흔히 호모 에렉투스를 들게 되지만 드마니시의 경우는 다른 종으로 구분 되었다.[125] 결국, 가장 오래된 연대를 가진 드마니시 고인류 화석, 즉 조지아쿠스가 아프리카에서 아시아로 넘어온 최초의 고인류가 되는 셈이다. 그런데 이러한 아시아 초기 인류 사이의 관계는 아직도 불분명한 점이 많다. 드마니시의 호모 그리고 자바와 북중국의 호모 에렉투스로 분류된 고인류들 사이에 어떤 진화적인 관계가 존재하는 것인지 알 수가 없다는 것이다. 두 개의 호모 집단이 각기 다른 루트를 통해서 확산하여 왔거나 또는 완전히 다른 확산을 대표할 수 있을 것이라는 지적도 있는 것이다. 그 동안 호모 에렉투스가 아시아에서 진화하여 다시 아프리카로 확산하였을 것이라는 학설도 있고 보면 드마니시 화석이 암시하는 바가 크다고 할 수 있다. 북중국의 경우에는 가장 이른 화석이 바로 황하 중류 샨시 지역의 란티엔(Lantien)에서 발견된 란티엔인(Lantien Man)인데 근래에 새롭게 얻어진 연대에 의하면 니허완의 석기의 연대 1.66Ma에 근접하는 시기의 호모 에렉투스의 화석이다. 그런데 이 화석은 두개골이 작아서 드마니시 유적의 D2880두개골과 흡사한 것으로 생각되기도 하는데 그렇게 시간상으로 떨어진 시기에서 유사한 종이 북중국에 존재할 가능성에 대해서는 확실한 답이 없는 실정이다.

124 Zhu 2018.

125 Ciochon and Bettis 2009.

그런데 아프리카에서 인류의 진화는 계속되고 있어서 200만 년 동안 아마도 두 대륙은 지속해서 인류가 이동하였을 가능성은 충분히 있다. 왜냐하면, 홍적세의 기후변동으로 환경이 변하게 되고 이에 따라서 호모들의 분포가 지속해서 바뀔 수밖에 없게 되었을 것이기 때문이다. 특히 사하라지역은 홍적세 동안의 기후변동에 따라서 초원과 건조한 사막을 반복하였기 때문이다. 그런데 상당히 후대의 고인류 화석인 호모 플로렌시스의 체질적인 특성이 대단히 오래된 것으로 보아서 호모 에렉투스의 이전의 호모의 확산이 있었을 것이고 이것에서 호모가 유래된 것으로 보는 견해도 있다.[126] 이러한 견해를 종합한다면 아직도 아시아지역에서 최초로 확산한 인류종에 대해서는 여운을 남길 수밖에 없을 것이다.

중국의 초기 고인류 증거들을 해석하는 과정에서 지속해서 동아시아지역에서 독립적으로 인류 진화의 가능성이 중국학자들에 의해서 언급되고 있는 것을 볼 수가 있다. 물론 당연히 현재의 자료로서는 아프리카의 오래된 증거들과 비교할 수가 없기 때문에 대등한 입장에서 논하게 되는 경우는 많지 않지만, 지속해서 언급되고 강화되는 것은 진화의 구조를 알고 있다면 이해하기 어려운 생각이다. 과거에 최초의 인류가 아시아지역에서 나왔을 것이라는 학설이 있었는데 그것은 아시아 호미노이드(Hominoid) 집단에 대한 기대 때문이었고 또한 이 호미노이드, 즉 시바피테쿠스(*Shivapithecus*)나 라마피테쿠스(*Ramapithecus*) 등과 함께 살아 있는 호미노이드 그룹인 오랑우탄의 존재를 연결시켜서 설명을 시도했던 것이다.[127] 그러나 오늘날 그것을 믿으려고 하는 인류학자는 없다. 왜냐하면 대단히 오래된 호미닌, 고인류가 아프리카에서 지속해서 발견되어 이미 700만 년 전의 시간에 존재한다는 것이 확인되었고, 또한 유전적으로 아프리카 유인원, 즉 침팬지가 가장 우리와 유전적인 거리가 가깝기 때문이다. 그래서 중국의 증거들의 연대가 아프리카 연대의 폭을 다 채울 만큼 증거들이 나오지 않는다면 인류기원이 동아시아 중국에서 있었을 것이라는 생각은 지구가 달에서 나온 것이라는 주장과 같은 것이다.

동아시아의 초기 고인류의 확산 루트를 생각할 때 자바와 북중국 사이에 있는 남중국 지역에 이른 시기의 고인류 화석이나 석기 유적들이 남아 있지 않기 때문에 북방 루트를 통해서 확산가능성을 제기하는 경우도 있는데,[128] 이러한 견해는 홍적세의 초기에 확산한 초원지대가 아프리카-중근동-중앙아시아를 거쳐서 티베트의 동북지역까지 확산하였을 것을 토대로 추정하는 것이다. 그러나 이미 상당히 상승된 히말라야-티베트의 산악지대는 이 시기에 이미 인도양의 몬순이 내륙으로 들어오는 것을 크게 약화시켰을 것으로

---

126 Aiello 2010; Baab et al. 2013; Kubo et al. 2013.

127 Pilbeam 전게논문.

128 Dennel 2015.

보이고, 중국과 서남아시아 사이에 있는 높은 산들과 200만 년 전이라고 하더라도 이미 분포하고 있을 사막과 건조지대를 건너서 확산하는 것은 대단히 어려울 것으로 생각 된다. 최근에 후기구석기시대에 이미 티베트지역의 해발고도 4500미터 이상을 올라가서 살았던 흔적이 있지만[129] 이 현생인류 단계에서는 그럴 가능성을 이해하는데 이전 단계의 초기 호모에서 그러한 극한적인 환경을 극복할 수 있는 정보력이나 창의력이 있었을까의 문제는 앞으로 획기적인 자료의 발견이 없으면 그 가능성에 대한 기대는 극히 낮을 것이다.

궁극적으로 오래된 고인류 흔적들이 여러 가지의 이유로 지리적으로 연속되어 발견될 가능성은 극히 낮을 것이기 때문에 그 지역의 자연 생태계에서 인류의 거주가 대단히 불편한 환경의 제한조건이 없었다고 하면 동일한 환경 범위 내에서는 고인류의 생존이 가능하였을 것으로 보는 것이 타당할 것으로 생각된다. 그래서 동아시아의 확산 경로는 아마도 열대우림지역에서 해안선을 따라서 동진하고 한편으로는 강을 따라서 북상하는 방식의 확산을 추정할 수 있을 것으로 생각된다. 후대의 현생인류의 확산과정에서도 중국이 서남부지역이나 동남아시아의 북부지역이 현생인류나 현대인들의 유전자 확산의 중심지역이 되듯이 초기 고인류의 확산 역시 비슷한 경로로 동북진하여 당시 호모로서는 북방한계선에 해당될 니허완(Nihewan)까지 확산하였을 것으로 보이고 동아시아 다른 지역에서 아직까지 그만큼 두꺼운 퇴적물이 발견되는 사례가 없기 때문에 다른 지역에서 그렇게 오래된 유적을 찾기가 힘들 뿐이라고 생각할 수 있을 것이다. 이러한 관점은 현재의 중국의 남방 지역과 동남아시아의 해안지역을 피해서 왔을 것이라는 설명[130] 역시 그 타당성을 인정하기는 어렵다. 해안지역은 생태환경이 다양하고 평지가 발달할 뿐 아니라 내륙에서 흘러오는 담수원이 있기 때문이다. 그리고 아무리 기간토피테쿠스가 200만 년 전부터 광시(广西) 지역을 비롯한 남부지역에 살고 있었다고 하더라도 이를 피해서 내륙 북방로를 택해서 이동한다는 것은 이해하기가 어렵다. 왜냐하면 시기가 늦기는 하지만 알타이의 데니소바 유적에서는 세 종의 다른 인류가 비슷한 시기에 같은 장소에서 살고 있기도 한 것이기 때문에 더 오래된 시기에 인구밀도가 훨씬 낮은 시기에는 그럴 필요가 없을 것이다.

고인류의 북상 과정은 공왕링(Gongwangling, 公王岭) 유적 동물상의 변화와 인류화석의 출현에서 그 사례를 볼 수 있다. 공왕링 유적의 위치는 친링산맥(秦嶺山脈)의 북쪽이고 황토지대의 남쪽 끝자락에 해당하는데 이 유적에서 두껍게 쌓여 있는 루천(Luochuan) 뢰쓰의 퇴적에서 대체로 1.15MA 시기에 기후가 건조해지는 것을 확인할 수 있는데[131] 이 시기의 층에서 팬다 등의 남방계의 동물군들이 발견되는 것이다. 이러한 현상은 결국 그 이전

129 Zhang2018.

130 Zhu et al. 2015.

131 Kukla 1987.

기후가 좋고 또한 친링산맥이 낮았을 때 동물이 북상하였던 것을 확인할 수 있는 것이고, 이즈음에서 기후가 추워졌음에도 살아남았고 결국에는 기후가 더욱 추워지는 중부 홍적세에 들어서 65만 년 전, 바로 이웃한 천지와(Chenjiwa, 陳家窩)같은 유적에서는 그러한 종들이 보이지 않는 것이다.[132] 이러한 변화는 결국 과거에 북상하는 동물상과 인류들을 잘 보여주는 것이고 인류는 이미 동북아의 추운 온대기후에도 적응을 해 나갔음을 보여주는 것이다. 이러한 상황은 아마도 그 이전의 기후변동 상황에서도 적용할 수 있을 것이다. 그런데 지속해서 제기되는 문제이지만 어느 정도의 북쪽까지 고인류들이 계속해서 살 수 있었던 가의 문제는 아직도 명확한 설명을 하기는 어렵다.

현재로서 중요한 것은 아주 적은 증거이기는 하지만 아시아 대륙의 서쪽 끝자락과 남부 그리고 동쪽에서 널리 분포하는 고인류 화석의 존재는 지난 200만 년 이래 동아시아 지역으로 인류의 이동이 시작되고 이어진 것을 말하는 것은 분명하다. 그리고 초기 유라시아 호모의 이동은 우리가 생각하는 것보다도 훨씬 빠른 속도로 일어났을 것으로 보아도 무방할 것으로 생각된다. 왜냐하면, 드마니시의 연대나 남쪽의 자바의 고인류의 연대 그리고 동으로 오늘날 북중국 지역의 고인류의 연대가 그리 큰 차이가 아니기 때문이다. 그래서 하부 홍적세의 초기에 아프리카에서 출발한 초기 호모가 따뜻한 시기에 빠른 속도로 동진하였을 가능성이 있다. 아시아 지역의 초기 호모들의 이빨에서 보면 이른 시기의 호모 에렉투스들은 유사한 모습을 보이는 반면에 시간이 흐르면서 차이가 보인다는 점[133]에서 남과 북에서 각기 다른 진화가 이루어지고 있었다고도 볼 수 있을 것이다. 그런데도 하부 홍적세 기간에도 자바지역과 중국의 북부 지역에서 나타나는 고고학적인 증거는 차이가 있음을 볼 수가 있다. 바로 석기의 출현 빈도인데 북중국지역에서는 오래된 석기들이 출토되는 반면에 자바지역에서는 별로 흔적이 없다는 것을 알 수 있다. 애매하기는 하지만 그리고 앞으로의 자료에 따라서 달라질 수 있지만, 현재의 자료로 유추한다면 두 지역 초기 고인류들이 적응하는 방식은 달랐을 것으로 보인다. 그리고 니허완(Nihewan)을 비롯한 북중국, 북위 40도 정도의 기후대에서 고인류들이 지속해서 살아왔다는 것은 진화의 과정을 추정하는데 중요한 점을 시사한다고 할 수 있다. 오늘날 중국의 북부지역인 니허완(泥河湾) 지역에 기후가 온난할 경우에 들어가서 살았을 것으로 보지만 아무리 온난하다고 하더라도 오늘날 기후를 토대로 추론한다면 겨울철의 기온과 식량자원의 고갈은 어차피 생존의 핵심적인 요건이므로 당시 인류의 적응력을 추정하거나 인류생존의 방식을 유추하는데 특별한 방법론을 동원할 필요가 있다. 특히 한반도의 인류 서식과 관련하여 중국 동북지방에서 확고한 증거들이 많다는 것은 그만큼 개연성이 높아지는 것은 틀림없을 것이다.

---

132 An and Ho 1989.

133 Zanoli et al. 2018.

위험!
추락주의
위험!
추락주의
위험!
추락주의
위험!
추락주의
위험!
추락주의

IV

중부 홍적세의 환경 변화

중부 홍적세의 기후변동과 환경

—

지역별 중부 홍적세의 동물상의 변화

1 중부 홍적세의 기후변동과 환경

중부 홍적세는 78만 년 전에서 마지막 간빙기가 시작되는 13만 년경까지의 지질시대를 말한다. 일반적으로 홍적세의 기후는 점차로 서늘해지고 추워지는 경향을 가진 시기이었다고 할 수 있다. 신생대 3기 이후에 추워지는 경향이 나타나는 시기, 즉 250만 년 전 이후를 4기 홍적세로 구분한 것이다. 중부 홍적세가 시작되는 시기, 즉 80만 년 전후한 시기에는 지구환경에 큰 변화가 있었던 것으로 보인다. 120만 년 전에 시작된 빙하기의 사이클이 강화되고 기후가 점차로 추워지는 경향을 보이는 것이다. 그리고 80만 년 전후에 시기에 일어나는 지구 자장의 변화와 동남아시아의 화산 폭발 등이 아마도 그러한 급격한 환경 변화를 보여주는 증거로 고인류의 적응에 어느 정도 영향을 주었을 것으로 생각된다.[1] 그러한 추위는 지난 MIS 16, 대략 65만 년 전에서 62만 년 전경에 대규모의 빙하가 북반구 지역에서 발달하기 시작하는데 이 빙하가 시기에 따라서 줄어들고 확장되고 하면서 홍적세의 기후가 빙하기와 간빙기를 반복하였던 것이며 그러한 빙하의 주기나 간빙기의 주기는 지구 자전축의 기울기와 황도의 찌그러짐 등의 지구의 움직임과 관련된 주기에 따라서 지구에 떨어지는 태양에너지의 지점별 양이 줄어들거나 늘어나면서 만들어지지만, 한편으로는 대기 중의 먼지나 가스층의 구성에 따라서 기후가 달라질 수 있게 되는 것이다. 간빙기는 짧게는 1만 1000년 또는 길게는 MIS 11과 같이 6만 년을 넘지만, 홍적세의 후반부 60만 년 동안, 즉 중부 홍적세와 상부 홍적세의 대부분의 기간은 상대적으로 기후가 추웠다. 이러한 현상은 중부 홍적세가 시작되기 이전 92만 년 전경에 지구상의 빙하가 늘어나게 되고 이러한 빙하가 4만 년 이상씩 지속하면서 10만 년 기후주기가 서서히 나타나고 이러한 주기현상이 고착되는 64만 년경부터 10만 년 주기의 빙하시대와 간빙기가 나타나게 된 것으

---

1 Hyodo et al. 2011.

로 보고 있다.[2] 이러한 주기 현상은 그 이전부터 있었던 것으로 생각하는데 중부 홍적세 기간에 환경적인 이유에서 공명현상이 뚜렷해진 것으로 볼 수 있을 것이다.

앞서 언급한 바대로 동아시아지역에서 기후에 가장 큰 영향을 주게 된 것은 티베트 고원의 융기라고 할 수 있다. 티베트 지역 중에서 북부 티베트의 쿤룬고개는 1.1MA경에는 표고가 1500미터보다도 낮았지만, 지속적인 융기현상으로 이제는 4770미터에 달하고 오늘날 몬순 기후가 형성되었다.[3] 융기하는 과정에서 대체로 중부 홍적세에 해당하는 70만 년 전에서 40만 년 전 사이의 중부 홍적세 기간에 이 지역에는 빙하가 형성되기 시작하였고 높아진 산으로 인해서 인디아의 몬순의 영향에서 멀어지게 되면서 티베트의 북쪽에는 극심한 건조지대가 자리 잡게 되었다. 쿤룬고개가 낮았을 당시에 이 지역은 지금보다도 훨씬 따뜻하여 오늘날 니허완(Nihewan, 泥河湾)의 기후와 비슷한 환경을 가지고 있었을 것으로 생각된다. 그래서 현재로서 뚜렷한 고고학적인 자료가 없음에도 불구하고 100만 년 이전에 고인류가 이곳을 지나갔을 가능성을 말하게 되는 것이다. 히말라야, 카라코룸, 티베트 등의 고원이나 높은 산맥 지대가 형성된 것은 지난 100만 년 동안 엄청난 속도로 융기한 것으로 보이며 이러한 증거들은 빙하의 연대뿐 아니라 인도양의 해저 퇴적물에서 지난 90만 년 이후에 많이 증가하는 양상에서도 확인할 수가 있다. 그리고 중국 북부의 황토퇴적인 루오추안 황토(Luochuan loess)에서도 이 시기의 퇴적물에서 입자가 거칠고 빠르게 퇴적된 것을 보여주는 것은 바로 티베트의 융기에 의한 것임을 알 수 있다.

홍적세 기간의 강우 패턴의 변화는 황토 퇴적물에서 읽을 수가 있다.[4] 황토지대의 중심에 있는 시펭단면에서 지난 1.1MA 이후의 강우량 변화에 대한 자료가 있는데 다른 지역의 자료와 통합하여 본다면 습윤한 시기가 MIS 5, 7 그리고 13 등이고 건조한 시기는 MIS 22(약 80만 년 전)으로 구분되었다. 강우량이 현재 건조한 서쪽 지역에서 80% 정도가 증가하게 되고 남측과 동측의 약간 습한 지역에서도 20% 이상의 증가가 있었을 것으로 보인다. 그리고 추운 기후가 되면 강우량이 25% 정도 감소하는 것으로 보아도 될 것으로 생각된다. 전체적으로 본다면 지금보다도 지난 100만 년 동안 강우량이 적었던 기간이 훨씬 길었던 것은 틀림없는 것으로 생각된다. 마지막 홍적세 기간의 강우량 변화에서 황토지대의 여러 지점에서 얻어진 자료를 토대로 본다면 마지막 간빙기에 오늘날보다도 강우량이 조금 높았을 것으로 추정되지만 빙하시대 동안은 적어도 30% 정도 줄어든 것으로 판단된다. 지난 14만 년 동안의 강우량을 황토층의 분석에서 나온 것을 보면 지난 건조 황토지대에서 MIS 2, 4 그리고 6의 기간에는 극심하게 건조하여 강우량이 150~250밀리미터 정도에 머무

2 Mudelsee and Schultz 1997; Heslop et al 2002.

3 Tong and Shao 1991; Fong et al. 2017.

4 Sun et al. 2010.

르고, 빙간기에서는 300~500밀리미터, 그리고 마지막 간빙기에는 550~700밀리미터 정도의 강우량이 있었을 것으로 추정되는데 마지막 간빙기는 오늘날보다도 100밀리미터 정도 높은 수준이다.[5] 대체로 간빙기에서 강우량이 40~120%가 높았을 것으로 보이고, 한편으로 기온 역시 2도 에서 5도 정도 간빙기에서 높았을 것으로 추정되는데 이러한 수치들은 황토 분석뿐 아니라 화분분석 자료에서도 나타나고 있다. 이러한 기후변화는 분명히 동아시아 전역에서 인류의 적응에 크게 영향을 미쳤을 것이며 특히 중앙아시아나 중국의 북쪽 지역은 추워지면서 건조화가 더욱 심하게 나타났을 것이다. 그렇지만 현생인류 단계에서는 이미 추운 기후에 충분히 적응한 인류로서 광역적인 기준으로 본다면 그 거주의 범위에 제한을 받은 것은 아니었을 것이다.

앞서 언급한 바의 바이칼 호수의 퇴적물을 분석한 자료에서는 기후의 10만 년 주기 사이클이 분명하게 보인다. 이 자료에서도 1.1MA에서 0.8MA 사이에 기후가 추워지고 퇴적물의 양이 많이 늘어가는 것은 중국 황토에서 보이는 것과 동일한 패턴이다.[6] 그리고 58만 년 전에서 38만 년 전 사이의 기간은 두 개의 빙하기가 있기는 하였지만 대체로 기후가 온난한 편인 것이 퇴적물 분석에서 알려져 있다. 그래서 이 시기가 인류의 확산에는 대단히 좋은 시기로 간주하고 있다. 그런데 중부 홍적세의 마지막 단계, 즉 MIS 6단계에서는 기후가 대단히 추웠을 것이라는 것이 호수에 퇴적된 화분의 양이 현저히 적다는 것에서 알 수 있다. 바이칼호 부근에서는 빙하기와 간빙기에 따라서 식생이 상당히 달라지는데 간빙기인 MIS 9, 7, 그리고 5에서는 소나무나 전나무들이 확산하는 것을 보여주는데 MIS 6과 8에서는 낮은 관목류의 아르티미시아(*Artemicia*)종들이 확산한 스텝기후를 보여준다.[7]

결국 동아시아지역에서 기후변동 역시 지구적인 패턴의 하나로 이해해야 하지만 이 지역에서는 티베트 고원의 상승으로 인하여 국지적인 변화가 특징적이라고 할 수 있고 또한 해륙의 분포가 빙하기와 간빙기 전환에 따라서 달라짐으로써 인간 거주 환경에 크게 영향을 주었을 것이다. 그래서 티베트의 융기는 결국 인디언 몬순의 영향이 줄어들게 되고 내륙이 건조하게 되어 사막화 내지는 숲이 퇴조하게 되는 현상을 가져오게 되지만 한편으로 고산지의 수량을 지속해서 사방으로 흘려보냄으로써 큰 강을 따라서 환경의 지속성은 커질 수가 있었을 것으로 보인다. 그런데 초기 인류의 동아시아 확산에 그러한 변화가 어느 정도 영향을 준 것인지는 아직도 구체적인 평가연구가 이루어지지 않았기 때문에 오늘날 중국에서 나타나는 200만 년 전의 인류의 흔적이 북방노선을 따라서 움직인 것인지에 대해서는 판단할 단계가 아니라고 생각한다. 하여간에 중부 홍적세 동안에 기후변동이 크

5 Liu 1985.

6 Williams et al. 1997.

7 Shichi et al. 2007.

게 일어나게 됨으로써 인류의 서식과 이동의 패턴이 달라졌을 것임은 쉽게 추정할 수 있을 것이다.

2 지역별 중부 홍적세의 동물상의 변화

동아시아지역은 북쪽 지역의 고극지동물상구역과 온대와 남방지역을 포괄하는 오리엔탈 동물상 구역으로 구성되어 있다. 100만 년 전에서 50만 년 전의 기간은 동물상의 변화가 두드러지는데 이 기간에 현생 종들이 많이 출현한 시기라고 할 수 있다. 환경의 변화에 적응하지 못하여 절멸되거나 더 잘 적응하여 오늘날까지 살아남게 되거나, 또는 다른 환경까지도 퍼져 나가게 되었다. 그리고 기후의 변화에 따라서 동물상의 분포가 남북으로 확산과 수축을 반복하게 되고 그러한 증거들은 결국 그 지점의 고환경을 복원하는데 중요한 단서가 되는 것이다. 이 기간에 덩치가 큰 동물들은 더욱 커지게 되는데 대표적인 것이 소과의 동물들이며 사슴도 머리에 뿔이 큰 종들이 나타나며 한편으로 맘모스나 코끼리 종류는 억세어진 풀을 뜯기 위해서 이빨이 상아질로 덮이게 된다.

중부 홍적세 기간의 기후의 변동이나 동물상의 변화를 보면 중부 홍적세 이전의 초기와는 엄청나게 다르고 건조하고 추운 기후에 적응한 것이 나타나는 것을 볼 수가 있다. 대체로 90만 년 전에서 62만 년 전 사이의 기간 동안 기후는 10만 년 주기로 변화하는 것이 정착되어 가는 것을 볼 수가 있는데 대체로 MIS12, 10, 8, 6… 등으로 춥고, 건조한 기후가 나타나게 되는 것을 볼 수 있다. 대체로 짧은 기간의 따뜻하고 습한 기후가 나타나는데 바로 MIS 13, 11, 9, 7… 등이라고 할 수 있다. 동아시아나 남아시아에서는 이러한 변화가 티베트고원지대와 히말라야산맥 등의 고원지대가 3000미터나 융기하면서 더욱더 심화한 것으로 볼 수 있을 것이다. 그렇지만 크게 본다면 이러한 기후변동 역시 지구 환경 변화와 크게 다를 바는 없으며 단지 바이칼 지역에서 좀 다른 양상이 보일 뿐이다. 이 중에서 MIS 11(423~362ka)은 특별히 긴 주기를 가진 따뜻하고 습윤한 시기였는데 아마도 이 시기에 호모들이 중앙아시아나 북부 중국 그리고 아시아 대륙의 동부에까지 쉽게 퍼져 나갈 수 있었을 것으로 짐작하기도 한다.[8] 중부 홍적세의 후반으로 갈수록 기후는 더욱 건조해지고 추워지는데 여름 몬순이 대륙의 내부까지 흘러 들어가지 못하게 되면서 기후와 식생이 바뀌게 된다. 그래서 이전의 사바나와 같은 기후가 있었다고 한다면 이제는 건조한 지대로 바뀌게 되는 셈이다. 그래서 중부 홍적세의 가장 늦은 단계인 MIS 6(186~126ka)이었을 때 특히 건조하고 추워서 강수량은 습윤한 시기의 반 이하로 떨어지고 건조한 지역이 확산하여 도저히 인류의 확산이 불가능한 지역이 크게 확산하였을 것으로 추정하고 있다.

결국 아시아의 중부 홍적세의 기후의 큰 변화는 동물상이 거의 모든 지역에서 변화하는데 결국 오늘날 살고 있는 동물상으로 변화하게 되는 것을 알 수 있다. 하부 홍적세의 포유류 중에서 몇 가지 종들은 중부 홍적세의 말기 이전에 사라지게 되고 특히 큰 식육류 짐승인 호모세리움, 메간데리온 이나 파키크로쿠타와 같은 것은 절멸하고 크로쿠타는 새로이 출현하는 종이다. 기간토피테쿠스는 중국의 남부나 동남아시아지역에서 살았던 것으로 알려지고 있지만 중부 홍적세가 지나면서 절멸한 것으로 보이며 중국 북부에서도 네스토리테리움이나 시바텐데라와 같은 종들이 절멸하게 된다. 그래서 아시아 각지에서 동물상의 변화가 두드러지게 나타나는 것을 볼 수가 있다. 새로운 종들은 중위도 지방에서 추운 기후에 잘 적응한 종들이며 앞서 언급한 바의 사향소, 스텝 메머드, 스텝 라이노세로스, 스텝 들소, 레인디어, 뿔이 큰 사슴 등이 번성하게 되는 것이다. 오늘날의 소도 이 시기에 있는데 대단히 큰 변화가 있었다고 할 수 있다.

중부 홍적세 기간에 환경 변화의 두 번째로는 아시아지역에서의 사막환경의 확대이다. 오늘날 아시아의 사막이 640만 제곱킬로미터의 크기에 이르는데 이것은 대부분이 중부 홍적세의 말기에 확장된 것이다. 기후도 추워졌지만 다른 한편으로는 티베트고원의 상승이 극에 달하는 시기여서 수분공급이 줄어들었기 때문이다. 결국 이 시기에는 고인류들이 확산할 수 있는 지역이나 통로가 줄어들게 되어 특히 중앙아시아를 통한 중국 북부로의 확산이 어렵게 됐다. 그리고 중부 홍적세 후반의 기간에 서남아시아와 아프리카대륙은 아마도 내내 격리되어 있었던 것으로 보이는데 두 지역 간의 동물상 교류가 보이지 않는 것이다. 그래서 이 두 지역에서 인류도 독립적인 진화를 하였을 것으로 보이는 것이고 아마도 이러한 상황이 호전된 것은 마지막 간빙기 시대에 도달하였을 때였을 것으로 추정된다.

8 Dennel, R. 2015.

2.1 중앙아시아와 시베리아

중부 홍적세에 해당하는 시베리아의 동물상으로서 가장 두드러지는 종으로서는 매머드의 출현이다. 이 종은 아마도 1.0~1.5MA경에 중국의 북부에서 스텝들소와 함께 출현한 것으로 보인다.[9] 순록, 즉 레인디어는 아마도 알래스카에서 100만 년 전에 시베리아로 들어왔을 것으로 보이고 사향소는 60만 년 전경에 북동부의 시베리아 지역에 처음으로 나타난 것이다. 시베리아 서남부의 쿠즈네츠크 저지에서 거의 100만 년 전에 들소가 나타나고 있고 또한 중부 홍적세에 이르면 말이 나타나고 있다. 그리고 80만 년 전경이 되면 코끼리가 발견되고 또한 판테라(*Panthera*)나 호모세리움(*Homotherium*) 등이 절멸하게 되는 것을 볼 수 있고 반대로 추운 지방에서 적응하는 것들이 많이 출현하는 것을 볼 수가 있다.

2.2 남아시아

남아시아지역의 중부 홍적세의 동물상에 대한 정보는 극히 제한적이다. 최근에 발견된 안드라 프라데쉬의 쿠물지역의 빌라수르간(Billasurgan) 동굴유적의 동물상이 인도아대륙의 중부 홍적세에서 상부 홍적세에 걸치는 시기의 동물상의 변동을 보여주는 것으로 볼 수 있다.[10] 이 지역은 현재 강수량이 700밀리미터 정도로 반 건조한 지역에 해당하는데 중부 홍적세에서 상부 홍적세에 속하는 20~21종의 동물 뼈들이 수습되었다. 두 개의 가지 동굴에서 측정된 연대를 보면 중부 홍적세 MIS 7단계에서 홀로세에 이르는 시기의 층위가 노출되었다. 이 중에는 사슴과 양 종류 이외에도 원숭이들이 보이고 큰 식육류 짐승들이 포함되어 있고 말이 포함된 것이 특징이다. 이 동굴에서 발견된 종들은 대체로 현대에서도 볼 수 있는 종들이 대부분인데 인도의 각 지역마다 다른 종들이 출현하는 것은 과거 기후변동에 따라서 분포지역의 확산과 수축을 거듭하였을 것으로 보고 있다. 그래서 과거에 일정 지역은 종에 따라서 피난처로 사용되기도 하였을 것으로 보고 있다. 특히 오늘날 과거와는 달리 아셈지역에 남아 있는 코뿔소(*Rhinoceros sp*)의 경우나 프라데쉬 지역에 남아 있는 호랑이(*Panthera pardus*) 그리고 서북쪽 건조한 지역에 현생종으로 남아 있는 인도의 야생 노새(*Equus hemionus khur*)와 같은 것들은 과거에 여러 지역에 출현하였던 것으로 이해하고 있다. 그리고 오늘날 히말라야 산록에서 보이는 원숭이(*Semnopithecus entellus*) 종

---

9 Lister 2004. Foronova 2005.

10 Roberts et al. 2014.

류가 빌라수르감 동굴에서는 층위에 따라서 출현하거나 사라지기도 하는 것을 볼 수 있고 또한 바분(*Theropithecus gelada*)의 경우에도 오래전부터 인도 지역에 출현하고 현대에도 그 아종들이 살아 있는 지역이 많지만 층서 상에서 사라지기도 하는 것을 볼 수 있다. 특정 유적의 층위 상에서는 변종들이 기후변화에 따라서 출현과 퇴장을 거듭하고 있어서 지역적으로 확산과 수축을 거듭한 것이 확인되는 것이다. 예를 들어서 중부 홍적세의 마지막 단계, 즉 MIS 6의 추운 기후 아래에서 출현한 종이 빌라수르감 동굴에서는 MIS 5층에서 보이지 않지만, 현생 종으로 인도지역에서 살아남아 있는 것이다. 이러한 현상은 결국 연속된 대륙으로서 남북으로 이동할 수 있어서 환경 변화에 따라서 이동하여 잔존할 수 있어서 동물상의 시간적 연속성이 나타난다고 할 수 있다.

2.3 동남아시아

동남아시아지역 중 대륙 쪽에 있어서 중부 홍적세의 동물상은 그다지 알려진 것은 없지만 최근에 타이랜드 북부의 타이 톰 나킨동굴 17만 년 정도의 연대를 가진 것이 알려지게 되어 중부 홍적세의 후기의 동물상이 확인된 셈이다.[11] 이 동물상보다도 더 오래된 것으로 베트남의 북부의 탐큐엔 동굴이 145+/-125ka로 알려졌고 이곳에서 호모 에렉투스의 이빨과 기간토피테쿠스와 퐁고 피그마에우스 등이 발견되었다고 보고되어 있다.[12] 그런데 이 고인류 화석에 대해서는 앞으로 더 많은 분석이 뒤따라야 할 것으로 보인다. 현재까지의 고고학적인 양상으로 볼 때 동남아시아지역에서는 대형의 동물로서 흔히 출현하는 것으로 스테고돈, 아이루로포다 멜라노레우카, 퐁고 피그마에우스, 하이로바티데 등이 남부 중국에서부터 베트남 지역에 이르는 환경에 분포하고 있고 또한 라이노세로스나 소과의 짐승이나 판데라 티그리스(*Panthera tigris*), 호랑이 등이 나타난다. 크로쿠타는 아마도 중국의 북부지역이나 인디아 지방에서 확산한 것으로 추정된다. 그런데 이러한 동물들의 오늘날 분포양상은 대단히 제한되어 나타나는데 스테고돈이나 기간토피테쿠스는 이미 절멸하고 없고 판다, 아이루로포다(*Ailuropoda*)는 현대 중국 남부의 산지 일부에 남아 있다. 그리고 오랑우탄은 보르네오난 수마트라섬에서만 발견된다. 이러한 양상으로 미루어 중부 홍적세의 후반에 상당히 급격한 기후변동을 겪은 것으로 생각되는데 다동 동굴에서 확인되는 화분의 변화로 본다면 당시에 MIS 6과 8에서 화분대가 수직고도로 600~800미

---

11 Tougard et al. 1998.

12 Ciochon et al. 1996.

터 정도 하강한 것으로 나타나고 이것은 바로 기온이 적어도 5도 이상 낮아진 것을 보여준다.[13] 기후가 나빠지게 되고 열대우림이 현격히 남하하게 되면 결국 이 지역에 살던 오랑우탄이나 영장류 중에서 수유 기간이 길던 것들은 크게 영향을 받게 되어 더 남쪽으로 이동할 수밖에 없게 만들었을 것으로 보고 있다.[14] 그래서 오늘과 같은 동물상의 분포가 나타나게 되었다.

인도네시아 지역은 홍적세 동안의 기후변동이 있을 때 전 지구적인 변화도 영향을 주지만 해수면의 하강으로 인하여 노출된 대륙붕이 넓어져서 강수량의 변화가 크게 달라진다. 그래서 동물상의 이동통로가 생기게 되어 확산의 패턴도 바뀌게 되는 것이다. 그리고 지역적으로 개별 동물들의 생태환경도 많이 바뀌게 된다. 이러한 환경 변화 때문인지 이 지역에 엄청난 수효의 종들이 분포하지만, 그 분포의 패턴은 이상하리만치 국지적인 경우도 있다. 예를 들어서 풀원숭이류는 서부 자바, 수마트라 북부 그리고 보르네오 북부에만 서식하는 것을 볼 수 있고 오랑우탄의 경우에도 북부 수마트라와 북보르네오에만 살고 있으며 호랑이는 수마트라, 자바 그리고 발리 등에서 살고 있는 것이다. 홍적세 기간에도 스테고돈이 자바 — 술라웨시, 플로레스, 티모르 그리고 필리핀의 루존이나 민다나오 섬들에 분포하였지만 보르네오나 수마트라에는 없는 것을 볼 수 있다. 분명히 어떤 지역 하나도 모든 종이 나타나는 경우는 없는 것이다. 아마도 이러한 분포의 불연속성은 두 번의 숲이 사라지는 시기가 있었기 때문이라고 생각하고 있다. 하나는 MIS 6기인데 마지막 간빙기 직전의 시기에 해당하는 것이다. 화분분석의 결과로 본다면 이 시기에는 연평균 750~1000밀리미터 정도이었던 것으로 추정[15]하고 있으니 오늘날 2000밀리미터가 넘는 것에 비해서 엄청나게 줄어든 것이고 이런 이유로 열대우림이 사라질 수가 있었을 것이다.

자바의 경우에 하부와 중부 홍적세에 세 단계의 동물상의 변화가 보인다. 하부 홍적세의 초기에 해당하는 칼리 그라가 동물상은 2.7~2.0MA로 알려지는데 여기에서도 대형동물들, 하마나 코끼리 등이 등장하고 있어서 당시의 환경이 개활지 환경이 있었음을 보여주고 있는데, 호모가 발견된 상기란의 동물상 역시 코끼리, 하마, 코뿔소 등을 비롯하여 사슴류와 소과 짐승들이 있는 것을 보면 개활지 환경이 지속하고 있음을 보여준다.[16] 중부 홍적세에 해당하는 것이 바로 트리닐 H·K, 케둥 브루부스 그리고 응안동 동물상이다.[17] 트리닐 동물상에서도 대형동물들이 나타나는 것을 볼 때 초원식생이 존재하였음을 보여주고 있고 하이에나가 출현하고 있다. 이어지는 동물상이 케둥 브루부스 동물상인데 이것

13 Wang et al. 2004.

14 Jablonski et al. 2000.

15 kaars and Dam 1995.

16 Bouteaux et al. 2007.

17 de Vos et al. 1994; Storm 2001 a and b.

은 70만 년 전에서 80만 년 전경의 것으로 중간 크기의 포유류 동물들이 많이 포함되어 있는데 다른 지역으로부터 확산하여 온 특징을 보인다. 이 동물상에서도 대형동물들이 종을 달리하면서 지속해서 나타나는데 이 시기에는 아마도 식생이 열대 우림이라기보다는 상록수림이 널리 퍼져 있었던 것으로 보인다. 다음의 응안동 동물상은 유사한 구성을 하지만 종의 수효가 줄어들고 있음을 볼 수 있다. 이러한 세 가지의 다른 동물상들에서 이 지역이 개활지가 있는 숲이었다는 것을 종의 구성에서 알 수 있는데 바로 큰 양 종류가 있는 것이라든지 또는 물소가 있다는 것들이 바로 그러한 증거라고 할 수 있다. 특히 물소의 경우에는 뿔을 합치면 거의 2.5미터 정도의 폭을 가지게 되는데 이것은 열대 우림은 아니고 아마도 강을 따라서 발달하게 되는 갤러리 숲이고 동물상 속에 악어들이 포함된 것으로 본다면 늪지 같은 환경도 있었을 것으로 추정되는 것이다. 이 섬에서 가장 오래된 동물상은 탕이 랄로 유적의 올라 불라층군의 멤버 A에서 발견된 것들인데 90만 년 전으로 고지자기에 의해서 확인된 것이다. 이 동물상에는 키가 작은 스테고돈이나 거대한 거북이 화석들이 있고 양서류인 코모도 드래곤이라고 불리는 도마뱀이 확인되었다. 이보다 약간 늦은 시기의 멤버 B는 70~80만 년 전으로 확인되는데 덩치가 큰 스테고돈, 거대한 쥐, 코모도 드래곤들이 포함되어 있다.

동남아시아 열대우림지역에서도 기후의 변화에 따라서 동물상이 변화하는 것을 볼 수가 있는데 이는 결국 식생의 변화가 우리가 기대하는 것보다도 더 크게 변화하였던 것의 연쇄적인 현상이라고 할 수 있다. 그래서 열대 지역에서도 기후변동, 즉 빙하시대에는 국지적으로 개활지들이 나타나고 이러한 개활지에 적응하는 동물들이 출현하는 것을 볼 수가 있고 다른 한편으로 빙하시대에 넓어진 해안평지나 연육현상으로 대륙의 동물들이 이동할 수 있는 기회가 있었을 것이다. 그리고 열대우림지역에서도 각기 고유한 환경 속에서 적응하는 동물들은 종적인 다양성을 보여주는 것을 볼 수가 있다. 그러나 이 지역 연구에 있어서 문제점은 고고학적 동물상의 구성을 이해하는데 있어서 지질학적인 변형을 고려하지 않으면 안 되는 경우가 많고 또한 연대측정이 불완전하다는 점이 세부적인 변화를 이해하는데 문제점이라고 할 수 있다. 불완전하기는 하지만 이 지역의 환경 역시 모자이크 성으로 열대우림, 개활지가 있는 숲, 관목숲 그리고 초원지대 등의 다양한 환경이 존재하였고 빙하기와 간빙기의 사이클을 따라서 그 분포가 변화하였을 것이다. 주기적인 환경 변화에도 불구하고 아시아 대륙의 인류거주 환경보다는 훨씬 안정되어 있어서 아마도 중부 홍적세 기간에도 인류의 거주가 끊이지 않았을 것이고 또한 추운 기후 아래에서는 일종의 피난처 역할을 상정하기도 한다.[18] 그러나 지역이 광대하기 때문에 당시에 고인류들이 이동을

18 Louys and Turner 2012.

생각하기는 어려웠을 것이다.

2.4 동북아시아

중국의 남부지역은 동남아시아와 연속된 환경이기는 하지만 서남부지역은 고원지대로서 같은 위도라고 하더라도 기후가 다르다. 다동 동굴의 석회암을 분석한 환경자료를 보면 이 지역에서도 중부홍적세의 후반부에 해당되는 MIS8기의 환경 변화는 서늘하고 따뜻한 기후가 반복되는 상황을 보여주고 특히 추운 기후 하에서도 수분공급이 많았음을 보여준다.[19] 중국지역에서도 중부 홍적세의 전반기에 이미 동물상의 변화가 감지되는데 중부 홍적세에 들어서 절멸한 종이 많아지는 반면에 친링(Qinling, 秦岭)산맥을 경계로 남과 북의 동물상의 차이가 뚜렷해지는 경향을 보인다. 이러한 현상은 친링(Qinling)산맥이 높아져서 남북의 동물교류가 적어지는 탓도 있고 또한 높아진 산맥으로 각기 기후가 달라지는 현상도 작용하였을 것이다. 중국 북부지역의 동물상은 저우커우뎬(周口店) 유적에서 잘 나타나고 있는데 포유류종이 97개 종이 나타나고 있고 이 중에 3분의 1 정도가 쥐과의 종들이고 또한 6개 종의 식충류의 짐승들이 포함되어 있다. 여기의 동물상에는 공왕링(公王岭) 유적의 동물상 중에서 저우커우뎬(周口店) 유적에서 보이지 않는 것들이 있다. 중국 북부의 중부 홍적세의 일반적인 동물로서는 큰뿔 사슴(*Megaloceros*)이 대표적으로 나타나는데 이 사슴도 홍적세 동안 지속해서 진화하는 것을 볼 수가 있다. 이 외에도 오늘날 볼 수 있는 초식성 거대동물群으로서는 소(*Bos*), 말(*Equus*), 돼지(*Sus sp.*), 코뿔소(*Rhinoceros*)종 등이 나타나고 식육류로서는 호랑이(*Felis*), 하이에나 종(*Crocuta sp.*), 곰(*Ursus*) 등등이 흔히 나타난다. 이외에도 작은 동물로서 설치류 짐승이나 토끼류 등등이 나타난다. 그런데 이 중에서 특징적인 포유류로서는 바로 매카크 원숭이(*Macaque robustus*) 화석이다. 중부 홍적세의 인류화석이 나오는 유적에서 흔히 나타나는데 유럽의 유적들, 독일의 빌징스레벤(Bilizongsleben), 이스라엘의 우베이디아(Ubeidia) 등의 유적에서도 공반되는 것이 흥미로운 점이다.

가장 동물상의 층서를 잘 보여주는 있는 저우커우뎬(Zhoukoudian, 周口店) 유적 1지점에서 가장 흔한 동물로서 패키크로쿠다(*Pachycrocuta*), 메가로세로스(*Megaloceros*)들인데 이 종은 개체 수가 2000이 넘는다. 디세로리누스(*Dicerorhinus*)와 수닥시스(*Pseudaxis*)

19 Karkanas et al. 2008.

도 1000개체가 넘는 수이니 엄청난 양이다. 이 외에 수스 리데커리(*Sus lydekeri*), 카니루 루프스(*Canis lupus*), 니테루스(*Nyeterues*)가 개체수가 100이 넘고 이 외에 물소뼈(*Bubalus*)도 적지 않은 수가 발견되었다. 이 저우커우뎬(周口店) 동물군들은 이 지역의 토착종들이 많고 외래종은 적은 수만이 발견되는데 이 중에는 하이에나나 고양이과의 종이 남중국에서 확산하여 온 것으로 보이고 북에서 온 종도 확인되었다. 그런데 놀랄 만한 것은 62개 종의 새(*Avis*) 화석들이 발견되었는데 엄청 다양하여 48개 속이 확인되었다. 심지어 타조 종류가 발견되었고 부엉이 종들이나 습지에 사는 새들도 있다. 이들 새 중에서 반이 오늘날도 살고 있는 종들이다. 이러한 새 종류들은 동굴 내의 퇴적물을 형성하는데 기여한 것은 아니지만 이 지역의 자연환경이 나무가 있는 풍부한 식생 환경이었다는 증거라고 할 수 있다.

그런데 중부 홍적세에 중요한 변화는 친링(Qinling)산맥의 북쪽에 있는 공왕링 유적에서 하부 홍적세의 초기에는 중국남부 동물군들인 아이루로포다 멜라노레우카(*Ailuropoda melanoleuca* / 판다), 스테고돈 오리엔탈리스(*Stegodong orientalis* / 동양 코끼리)와 타피루스 시넌시스(*Tapirus sinensis* / 맥) 등이 출현하지만 중부 홍적세에 들어서면 양쯔강 지역에서도 스테고돈(*Stegodon*)이나 타피루스(*Tapirus*) 등의 동물들이 사라지고 없는 것이다. 중국 남부의 동물군은 대체로 하부 홍적세에서 중부 홍적세로 오면서도 크게 변화한 것으로 보이지는 않는다. 후대에 지속해서 나타나는 스테고돈(*Stegodon*)이나 아이루로포다(*Ailuropoda*)같은 동물들이 위안모우(Yuanmou, 元謀)나 룽구포(Longgupo, 龍骨坡) 유적에서도 나타나고 있음을 볼 수 있다. 그리고 실제 유적에서 이러한 화석동물들이 더 자주 확인되는 것을 볼 수가 있다. 그리고 또한 마스터돈(Mastodon)이나 스테고돈과 같이 비교적 오래된 동물상이 나타나기도 하고 또한 코끼리와 같은 새로운 종들이 섞이는 혼합된 양상을 보이기도 한다. 그리고 이 중국 남부지역의 동물군에는 숲에서 사는 오랑우탄 종이 나타나기도 하지만 말과 같이 개활지에 서식하는 동물들이 나타나고 하는데 이러한 양상은 아마도 환경이 변화하는 것을 보여주는 것으로 생각된다. 광시(广西)의 석회암 지대의 동굴유적(다신, 우밍, 바마)들에서는 스테고돈, 아이루로포다, 기간토피테쿠스(*Gigantophitecus*) 그리고 라이노세로스(*Rheinoceros*) 등의 종이 모두 중부 홍적세 동물상의 주요한 요소라고 생각하고 있다. 이러한 동물상은 귀조우(貴州) 관인동(Guanyindong, 觀音洞) 유적의 상부층군(그룹 A)에서도 공유되는 것을 볼 수 있어서 그 북방의 범위를 알 수 있게 한다. 이러한 분포양상은 결국 기후의 변동과정에서 동물상의 남북경계가 지속해서 움직인 것을 확인하게 한다.

이러한 중국의 북부와 남부의 동물상들이 교차 되는 지역이 바로 허셴(Hexian, 和縣) 유적의 동물군에서 대표된다. 이 유적에서는 북부지역에서 대표적이라고 할 수 있는 동물상인 저우커우뎬 1지점의 동물상과 공통되는 종들이며 한편으로 남부의 동물상과 혼재되어 나타나고 있다. 그렇지만 이러한 동물상들이 동일한 지역에 공존하였다기보다는 오히려 춥고 더운 기후가 교차하면서 교대로 나타날 수 있다고 보는 견해도 있는 것이다. 이것은 이 지역에서 보이는 물소화석이 어느 정도 동물상들이 환경의 변화에 따라서 움직일 수 있게 되는지를 잘 보여주는 것이다. 물소(*Bubalus*) 화석은 저우커우뎬(周口店) 1지점에서도 보이지만 양쯔강의 난징 탕샨(Tangshan, 湯山) 동굴유적에서도 보이고 또한 훨씬 남쪽에 있는 판현(盤縣) 다동(Dadong, 大洞) 동굴에서도 나타나는 것을 볼 때 환경 변화에 민감하게 반응하며 움직인 것을 볼 수 있는 것이다. 그래서 북부와 남부 동물群이 춥고, 건조하고 또한 습하고 더운 기후의 교차되는 기후변동에 따라서 남북의 다른 환경에서도 나타나는 것은 당연한 것이라고도 볼 수 있을 것이다.

유라시아 대륙의 온대지역 동쪽에 해당하는 한반도 지역과 만주 지역의 경우에는 크게 두 지역에서 다른 동물群이 보이는데 북동부지역은 시베리아 지역의 동물군의 영향이 보이는 고극지군 동물구인 반면에 남부지역은 온대성 동물群으로 구성된 오레엔탈 동물구에 해당한다. 한반도는 대륙과 연결되어 있어서 중국의 북부 그리고 동북지역의 동물群과 연속적인 지역에 해당한다고 할 수 있다. 다만, 기후가 추워질 때는 시베리아 지역에서 살던 종들이 한반도의 북부지역으로 그 세를 확장하여 오는 것을 볼 수 있다. 그리고 따뜻한 기후에서는 남방계의 동물들이 북쪽까지 진출한 것도 동물상에서 확인할 수가 있는데 대표적인 것이 바로 물소나 원숭이들과 같은 따뜻한 기후의 동물들일 것이다. 한반도 지역은 산지나 구릉들이 많고 하곡이 많아서 대부분의 지역에서는 모자이크 성의 환경을 유지하고 있는데 동물상에서도 이러한 지형적인 조건을 반명하고 있다. 그래서 기후변동 과정에서 식생들이 산지의 상하로 이동하거나 또는 반도의 남북으로 이동하면서 생존하게 됨으로써 생물상에서 다양성이 그대로 보존되는 경향이 있다.

한반도 지역의 동물群 중에서 가장 오래된 것이 바로 상원 검은 모루 동물群[20]이다. 이 동물상에는 저우커우뎬(Zhoukoudian, 周口店)동물상에 보이는 초기 동물상들의 흔적이 보이고 전체 동물상의 3분의 2가 절멸 종에 해당한다. 연대는 아직도 정확하지는 않지만 북한 학자들은 이 동물상의 구성으로 미루어 저우커우뎬(周口店)과 비슷한 시기의 것으로 생각하고 있어서 하부 홍적세의 후반에서 중부 홍적세의 전반에 해당하는 것으로 생각한다. 그런데 상원 검은 모루 동굴에서 발굴된 동물상 속에서도 물소나 원숭이 등의 아열대 환경에서 서식하는 것들이 포함되어 있다. 이 역시 저우커우뎬(周口店) 동물상에서 보듯이 기후가 온난할 때 북진하는 동물들이 이 지역에서도 마찬가지로 나타난 것을 알 수 있다. 한반도의 중부 홍적세의 동물群이 다수 확인되었는데 식육류의 짐승으로 곰, 호랑이, 하이에나, 사자 등이 나타나고 소과에 속하는 종류들과 사슴과에 속하는 짐승들, 즉 오늘날 흔히 볼 수 있는 노루나 고라니를 비롯하여 말, 사슴과 사향노루 등도 포함되어 있다.

20 고고학연구소 1966.

그리고 물소나 원숭이류가 보이는데 이러한 고동물이 여러 유적에서 나타나고 있어서 중부 홍적세 동안의 한반도의 기후가 그다지 추운 편이 아니었을 것으로 추정된다.

동북아시아 북부지역에서도 기후변동과정에 관계없이 분포의 차이가 있을 수는 있지만, 고인류의 지속적인 거주가 이루어진 것으로 보고 있다.[21] 그러나 일부 학자들에 의해서 빙하기에는 친링산맥의 북부지역은 춥고, 건조해져서 인류의 거주가 용이하지 않았을 것이라는 견해[22]가 있다. 친링(Qinling, 秦岭)산맥 이북의 경우의 중부 홍적세 동안의 유적들은 아마도 따뜻한 시기였을 때 만들어진 것으로 생각된다. 이것은 앞으로 유적에 대한 분석이 더욱 세심하게 이루어져서 고인류의 적응력에 대한 평가가 이루어진 다음에 결론을 내려야 할 것이다. 그런데 니허완(Nihewan) 지역이 기후가 한랭한 시기에 건조해져서 사바나 또는 초원으로 변화하였을 것이라는 견해[23]는 이 지역이 현재 그러한 식생을 유지하고 있다는 점에서 훨씬 더 건조하고 추운 환경이었을 것이라는 점을 예상할 수 있다. 그래서 중국의 북부지역은 기후변동에 따라서 친링(Qinling)산맥의 남쪽으로부터 생물상이 북상과 남하를 반복한 것으로 생각하는 것이며 이를 따라서 인류의 이동과 거주의 빈도가 달라졌을 것이라는 견해이다. 그러나 생물상의 이러한 이동 속에 인류가 동일한 패턴을 보였을 것인지는 아직도 결론을 내리기는 어렵다.

---

21 Ciochon and Bettis 2009; Keates 2010.

22 Dennel 2009; Louys and Turner 2012.

23 Pei et al. 2009; Ao et al. 2010.

V

중부 홍적세의 고인류의 진화

호모 에렉투스의 진화

—

고형의 사피엔스 화석들

—

아시아지역에서의 중부 홍적세의
환경 변화와 인류 진화

1 호모 에렉투스의 진화

1.1 중부 홍적세의 호모 에렉투스와 호모 사피엔스 이전의 종들

중부 홍적세는 현생인류의 진화과정에서 볼 때 아직도 불완전하게 이해되고 있지만 가장 근원적인 변화가 일어난 시기라고 할 수 있을 것이다. 아시아지역에 호모가 확산하여 온 지 적어도 100만 년 이상의 시간이 흘러갔기 때문에 자료가 희소하기는 하여도 이미 고인류들이 지역적인 적응을 하였을 것으로 추정할 수 있을 것이다. 그래서 현생인류가 본격적으로 진화하고 엄청나게 출현한 현생인류의 뿌리가 생겨나기 시작한 시기인 셈이다. 유라시아 대륙으로 뻗어온 호모가 본격적으로 다양한 진화를 시작한 시기라고 할 수 있다. 중부 홍적세의 후반이 되면 소위 고형의 사피엔스라고 분류되는 고인류들이 나타나서 호모 에렉투스와 현생인류와의 중간적인 과정을 보여주는 시기가 중부 홍적세가 되는 것이다.

하부 홍적세에 이미 동아시아 진출한 호모 에렉투스는 대체로 두개골을 제외한다면 현대인과 몸체는 비슷하였을 것으로 추정한다.[1] 팔과 다리의 비율이 비슷하다고 보고 있고, 직립하여 걷는 모습도 현대인과 크게 다를 바 없다. 호모 에렉투스는 인류의 진화 단계에서 두뇌가 크게 확장되는 시기라고 할 수 있는데 초기 인류의 두 배가 넘는 크기로 진화하게 된다. 그만큼 인지능력이 확장된 것을 의미하는 것이다.[2] 두개골 상의 가장 큰 특징은 눈두덩이 뼈가 튀어나오고 머리의 정수리 부분이 높아지는데 아직도 이마가 곧게 서지는 않는다. 두개골의 중심선을 따라서 화살융기가 있는 경우가 많으며 또한 뒷머리뼈는 아직도 아주 둥글지 않아서 중간 정도에서 끝이 나기 때문에 흔히 독일 병정의 모자 같다고

---

1 Plavcan, 2012.

2 Coqueugniot et al. 2004.

한다. 그리고 눈을 싸고 있는 뼈가 옆으로 튀어나오고 눈과 귀 사이가 우묵하다. 그런데 두개골의 용적은 오늘날 이 종으로 구분된 것들을 토대로 보면 750밀리리터에서 1250밀리리터 정도 사이에 분포하고 있다. 이러한 크기는 현대인의 70% 정도의 크기이고 앞선 가장 시기적으로 앞서는 호모 종인 호모 헤빌리스보다는 150% 정도 크다. 이마뼈는 기울어져 있고 눈두덩이 뼈가 튀어나와 있다. 두개골의 모습은 전후가 길어진 모습이고 두정부에 화살융기가 있는 경우가 많다. 그리고 두개골의 내부의 모습으로 미루어 측면이 크게 발달하지 않았다. 그리고 어금니가 현대인보다는 크지만 이보다도 앞선 인류보다는 작다. 그리고 삽모양 앞니가 특징적이며 아직도 많은 아시아계 집단에 남아 있는 특징이기도 하다. 그러나 이러한 특징은 당시 고인류들이 보편적으로 가지고 있는 것이고 후대에 일부 집단에서 사라지는 특성이다. 아프리카에서 발견된 나리오코토메(*Nariokotome*)의 호모 에렉투스의 인골화석을 보면 오늘날과 같은 다리가 긴 체형을 가진 것으로 보인다. 이것은 아마도 걸음걸이가 대단히 에너지 효율적으로 생긴 것으로 미루어 장시간 걷는 구조로 진화한 것으로 생각하고 있다.[3] 다리뼈의 밀도가 비교적 현대인보다 높은 것은 서서 행동하는 일이 많았기 때문일 것이다. 엉치뼈는 현대인보다도 좁은 것으로 나타나는데 이는 바로 어린아이의 두개골이 현대인보다도 작았을 것으로 추정한다. 그리고 남녀의 크기가 비슷해서 남녀의 신체적인 차이가 두드러지지 않았다는 것이 주장되고 있다. 남녀 모두 키가 대체로 145센티미터에서 180센티미터 정도의 범주에 들어가는 것으로 추정하고 있는데 앞서 언급한 것처럼 현대인의 체형으로 변화한 것을 보여준다.

호모 에렉투스라는 학명은 에른스트 마이어가 50년대에 자바의 피테칸트로푸스 화석과 저우커우뎬(Zhoukoudian, 周口店)의 시난트로푸스 화석의 유사성을 보고서 통합하여 부르기 시작한 것이다. 이제는 아프리카 지역에서도 이 명칭을 사용하는 화석들이 많이 발견되었다. 그래서 호모 에렉투스가 어디에서 진화한 것인지에 대해서 그동안 의견이 분분하였는데 최근에는 호모 헤빌리스가 서아시아지역으로 진출하여 진화한 것이라는 주장[4]과 기존의 아프리카에서 진화하여 확산한 것이라는 견해가 대두되고 있다. 그래서 아시아의 호모 에렉투스는 아시아지역에서 독립적으로 진화한 것이고 아프리카의 것을 에르가스터로 구분하려고 하는 견해도 있었다.[5] 그렇지만 동아시아지역, 넓게는 한도를 포함하는 아시아 대륙에서 중부 홍적세에 들어와서는 그러한 구분이 있었던 것은 아니고 중부 홍적세의 고인류를 거론할 때 현재로서는 다섯 가지의 고인류의 화석분류가 아시아지역에서 거론되고 있다. 호모 에렉투스(*Homo erectus*), 호모 하이델베르겐시스(*Homo*

3 Brown et al. 1985.

4 Augusti, J. D. Lordkipanidze 2011.

5 Tattersall, I. 2013.

heidelbergensis), 호모 플로렌시스(*Homo florensis*)의 선조, 네안데르탈(*Homo neanderthal*), 그리고 고형의 호모 사피엔스(*archaic Homo sapiens*)들이다. 여기에서 호모 플로렌시스는 아직도 미스테리우스한 고인류라고 할 수 있고, 고형의 호모 사피엔스는 어떤 의미에서는 고인류 화석분류에서 하이델베리크인과 중복되는 점이 있을 것이다. 하이델베르크인은 아프리카에서 60만 년 전에 호모 에렉투스에 분화하여 유라시아 대륙으로 확산한 종으로 보는데 네안데르탈의 직접적인 조상이라고 보는 견해가 강하지만 그 이후의 호모 그룹들의 조상 격으로 보기 때문이다. 이러한 분류는 오늘날 중부 홍적세의 고인류 자료를 설명하는데 사용되는 분류용어로서 의미가 있으며 이러한 분류에 대해서 학자들 간의 끊임없는 논쟁이 있어 온 것이고 최근 들어서 새로운 자료가 대두되면서 용어 간의 새로운 정의 또는 상관성을 제기하면서 그러한 혼란스러운 상황은 가중되는 셈이다. 그래서 궁극적으로 호모 에렉투스에서 호모 사피엔스로 진화하는 과정에서 이러한 고인류 분류나 용어가 어떤 정당성을 가지는 것인지에 대한 논의가 중요하지만 그러한 견해가 정리되는 것은 앞으로도 상당한 시일이 걸릴 것으로 생각된다. 이러한 분류나 그러한 고인류의 출현 시기에 대해서 학자마다 견해가 다르기 때문이며 획기적인 화석들이 발견되지 않는다면 개선되기가 어려울 것으로 전망되는 것이다. 아시아지역의 가장 중요한 화석들은 중국과 자바 지역에서 확인된 것들이 대부분이다. 현재로서는 그 시간적인 경계가 새로운 자료가 나타날 때마다 조금씩 차이를 보이기는 하지만 대체로 25만 년 전경을 호모 에렉투스에서 고형의 호모 사피엔스 그룹으로 바뀌는 것으로 보지만 30만 년 전후의 시기까지 오르는 경우가 흔히 보이고 또한 응앙동의 경우에는 호모 에렉투스가 11만 년 전경까지 확인되기도 한다.

그런데 오늘날 새로운 고인류학적인 증거들이 나오면서 논쟁에서 제시되는 것은 동아시아지역, 특히 중국대륙이 동아시아의 인류 진화의 핵심무대라는 점이다. 바로 풍부한 고인류 및 고고학 자료들 때문에 그러한 생각이 드는 것으로 생각한다. 새로이 발견된 자료 중에서는 아직 불완전하기는 하지만 200만 년 전을 상회하는 석기 공작이 있고 또한 호모 에렉투스와 호모 사피엔스를 연결하는 과도기적인 화석들에 대한 해석에서 이 지역에서 자체적인 진화가 있었다. 또한, 인류 이동의 방향이 오늘날까지 흔히 생각해오던 '서에서 동으로'라는 단일 방향이 아니라 동서로 다양한 시기와 다양한 방향으로 이루어진 점이 암시된 것이다. 그런데 새로운 자료와 해석들이 설득력을 더해갈 수 있으려면 앞으로의 자료의 증가와 다양한 시각의 논의가 더 필요할 것으로 생각된다. 이 시점에서 아시아지역의 중부 홍적세 기간의 인류 진화를 설명하기 위한 축은 바로 호모 에렉투스에서 진화하는 과정에서 나타나는 여러 종의 호모들이다. 여기에 제기되는 호모의 종들도 있지만, 오늘날 발견되지 않았지만, 중간 단계의 고인류도 설정할 수 있는 것이고 학자에 따라서는 '선행종 p-dem'이라고 설정하기도 하는 단계가 있을 수 있다. 그러나 이해하기 쉽게 하기 위해서 호모 에렉투스 단계에서 현생인류로 진화하는 과정에서 다양한 인류종을 지칭하는 단계로서 '고형의 호모 사피엔스(archaic *Homo sapiens* group)'[6]로 설정하고 설명하는 것이 좋을 것이다. 이 용어는 사실 진보된 호모 에렉투스라는 용어와 같은 범주의 호모를 칭하는 오래된 용어이지만 전체적으로 묶어서 설명의 편의를 도모하기 위한 것이다.

현대 중국대륙지역을 포함하는 동아시아지역은 어떤 의미에서 아프리카와 대칭이 되는 지리적인 위치라고 할 수 있다. 이 지역에서는 아프리카를 제외하고 가장 오래된 인류의 흔적들이 지속해서 발견되고 현생인류로 진화하는 과정에 있는 다양한 화석들이 발견되어 대단히 역동적인 연구가 진행되는 곳이 틀림없다. 새로운 발견 그리고 발견된 것들에 대한 재조사를 통한 재인식이 지난 수십 년간 반복적으로 이루어지고 있다. 가장 큰 변화가 중국이 바로 인류의 기원지라는 생각에서 벗어나는 것이었고 또한 이제는 새로이 호모 에렉투스의 진화와 동아시아판 현생인류의 기원[7]이라는 점에서 격렬한 논쟁이 지속하고 있는 것을 볼 수가 있다. 그래서 지난 반세기 동안 인류의 기원에 대한 생각이 매년마다 새롭게 갱신해 왔는데 중국지역의 자료들이 그 진화의 새로운 시각을 제공하는 것으로 할 수 있다. 그만큼 풍부한 자료들이 넓은 대륙의 곳곳에서 발견되는 것이 바로 오늘날 다양한 학설이 난무하고 많은 연구자가 집중해서 보려고 하는 이유이다.

자바는 호모 에렉투스가 최초로 발견된 지역이다. 현재까지의 증거로는 호모 에렉투스가 가장 마지막까지 살았던 지역[8]이기도 하다. 드 보아가 오래된 직립한 고인류를 발견한 이후에 지속적인 조사가 이루어지게 됨으로써 현재는 상기란 등의 여러 지점에서 호모 에렉투스의 화석들이 발견되었다. 이 지역의 호모 에렉투스 화석들은 결국 동북아시아지역의 동종의 고인류의 확산과정에 있을 수 있다는 점에서 중요하다. 그래서 동북아시아지역의 고인류 화석들과의 비교연구가 활발하게 이루어지고 있다. 그런데 이 지역의 기후적인 특성으로 유적의 형성과정이 복잡하여 복원이 쉽지 않아서 공반유물의 상호관계를 이해하기 어려운 점이 있고 따라서 편년의 어려움이 있다. 그래서 아직도 자바에 언제 인류가 처음 들어갔는지에 대해서 대체로 1.6~1.5MA로 보지만 아직도 공통된 의견을 찾기가 어렵다. 동남아시아지역, 특히 자바에서는 호모 에렉투스들을 세 가지의 단계로 나누어 생각하기도 하지만 중부 홍적세에 속하는 것 중에서는 이보다도 진화한 단계라고 보는 경우가 많다. 특히 동남아시아지역은 아직도 호모 에렉투스 단계에서 연속된 진화에서 설명되어야 할 부분이 많다. 호모 플로렌시스나 호모 루손넨시스와의 관계가 그러한 점이다. 이 지역의 환경적인 특수성과 관련하여 지역 진화의 특성을 동북아시아의 호모 에렉투스

6 호모 에렉투스와 현생인류 즉 호모 사피엔스 사이에 설정된 호모 종들을 묶어서 부르는 용어. Bae, C. J. 2013. Archaic *Homo sapiens*, *Nature Education Knowledge* 4(8):4.

7 Gao et al. 2010.

8 Rizal et al. 2020.

에서의 진화와 비교하여 설명하는 것이 필요한 것이다. 또 한 가지는 이 지역에는 아직도 석기 공작이 뚜렷하지 않음으로써 인류의 행위 진화에 대해서 많은 것이 수수께끼로 남아 있다는 점이 앞으로의 추구해야 할 주제일 것이다.

1.2 중국대륙과 동남아시아지역의 호모 에렉투스(*Homo erectus*) 유적

동남아시아 자바

자바 지역에서 출토된 호모 에렉투스의 화석 중에서 가장 오래된 것들은 하부 홍적세에 속하지만, 대부분은 중부 홍적세에 속하는 것으로 알려져 있다. 그러한 점에서 자바 섬에서는 호모가 지속해서 출현하면서 지역 진화를 해온 것으로 할 수 있다. 중부 홍적세에 속하는 고인류 화석으로서 자바 섬의 솔로강변을 따라서 트리닐, 응안동, 앙아위 등에서 출토된 것들을 들 수 있는데 이들 중 응안동, 응아위 그리고 삼풍마찬 유적들에서 수습된 호모 에렉투스로 분류된 고인류 화석들은 호모 에렉투스 단계라기보다는 고형의 호모 사피엔스 단계에 속하는 것들이 포함되어 있다. 앞으로 그 분류 명칭과 관계없이 아시아지역에서 중홍적세 동안의 호모의 진화의 한 흐름을 보여주는 하나의 계통으로 보고 새로운 접근을 하여야 할 것으로 보이고 후대의 집단이 중국지역의 고형의 사피엔스와 어떠한 진화적인 상관관계에 있을 것인지가 관심거리이다.

트리닐

트리닐 유적은 솔로강변에 있는 유적인데 일찍이 유진 드보아에 의해서 수습된 호모 에렉투스의 두개골과 함께 정강이뼈들이 수습되었다. 같은 지점에서 엄청난 규모로 수습된 동물상보다도 시기적으로 늦은 점이 있고 또한 아프리카에서 출토된 것들보다도 더 진화한 것으로 보여서 이들이 속하는 연대가 아직도 불명한 점이 있지만, 중부 홍적세에 속할 가능성이 많다. 이 화석들이 발견된 층은 솔로강의 퇴적층인데 이 퇴적층이 바팡 지질층에서 유래된 것으로 보고 있고 이 층은 K/Ar 연대가 50만 년 전으로 알려졌는데 오늘날에는 고인류 화석이 나온 지점은 70만 년 정도 되었을 것으로 추정하고 있다. 두개골은 두정(頭頂)부만이 남아 있는데 눈두덩이의의 뼈가 튀어나오고 또한 눈두덩이 뒤편의 졸임 구조를 가지고 있는 전형적인 호모 에렉투스의 두개골의 모습이라고 할 수 있다. 그리고 두정(頭頂)부 중심을 따라서 화살융기가 남아 있다. 두개골 이외에도 어금니와 허벅지 뼈가 발견되었는데 당시로써 분명히 직립한 것으로 판단되어 피테칸트로푸스 에렉투스라고 명명하였다. 그런데 이 허벅지 뼈는 현대인과 유사점이 많아서 두개골과는 다른 개체였을 가능성을 제기한 바 있다.[9] 동물상의 양상은 개활지적인 특성이 강한 점이 있지만, 또한 많은 수의 조개를 비롯한 수중생물들의 흔적들이 남아 있다. 그래서 이 지역은 과거에 해변의 호소성 환경이 부근에 있었을 것으로 보고 있고 아마도 어로 자원을 이용하였을 것으로 보고 있다.[10] 그리고 조개 중에는 마름모꼴로 그린 음각 선이 남아 있는 것이 있는데 이를 당시의 예술로 보고 있다. 여하간에 이 시기에서는 자바 지역에서는 다양한 식생 환경에 고인류들이 적응하면서 살았을 것으로 추정하는 것이 타당한 설명일 것이다.[11]

중국대륙

중부 홍적세 기간에 중국의 고인류 진화에서 가장 중요한 것이 바로 저우커우뎬(周口店) 유적의 호모 에렉투스 화석들이다. 이 유적은 1920년대에 조사가 시작된 이래 가장 오랜 기간 동안 지속해서 조사가 이루어져 온 셈이며 40개체 분 이상의 고인류 화석, 고동물 화석 그리고 석기들이 발굴되었다. 또한, 애초에 50만 년 전으로 그 시작 연대를 설정하였었지만, 연대측정의 정확성이 증가함에 따라서 80만 년 전에 시작된 동굴의 퇴적은 현생인류의 단계에 이르기까지 고인류가 지속해서 살아온 곳이다. 지난 1929년에 최초로 북경원인(*Homo erectus pekinensis*)이 발굴되어 당시로써는 아시아에서 두 번째의 소위 직립원인(*Pithecanthropus erectus*)가 나타난 것이어서 직립원인에 대한 확고한 사실을 입증한 유적이다. 그 후 지난 100년 간 중국에서는 전 지역에서 대단히 많은 수의 호모 속의 인류화석이 발견되었다. 중부 홍적세의 기간에 중국지역에서 활동한 것으로 확인되는 화석인류는 호모 속으로서 에렉투스와 고형의 사피엔스가 있는 셈이다. 물론 앞서 언급한 바대로 에렉투스에 연이어서 나오는 고형(archaic form)에 대해서는 학자마다 다양한 정의와 용어로 부르고 있지만 일단 '고형의 호모 사피엔스'로 통합하여 설명하는 것이 편리할 것이다.

오늘날 중국지역에서는 현재까지 15개의 유적에서 호모 에렉투스 화석이 발견되었다.[12] 그 시간적인 범위는 최근의 연대에 의하면 적어도 200만 년 전에서 시작되어 중부 홍적세의 말기에 이르는 시기를 포함하게 되는데 실제로 초기의 연대에 해당하는 시기에서는 호모 에렉투스인지 아직은 분류상 확인이 어렵고, 다른 한편으로 중부 홍적세의 후반에 해당하는 시기로 구분되는 화석들에 대해서는 형질이 다양하게 나타나기 때문에 학자

---

9 Day and Molleson 1973.

10 Joordens et al. 2015.

11 Bar-Yosef and Befer-Cohen 2013.

12 Liu, Wu., et al. 2014.

에 따라서 분류를 달리하여 소위 '전형적인 호모 에렉투스'가 사라지는 시기를 대체로 30만 년 전후한 시기로 보아야 할 것으로 보인다.[13] 그런데 호모 에렉투스의 단계를 절대연대뿐 아니라 동물상의 절멸율 구성과 지질학적인 층서 등의 분석을 토대로 다섯 단계로 나누어서 진화과정을 설명하기도 한다. 단계별로 설정된 연대 범위에 중복되는 부분이 있기도 하지만, 첫 번째가 호모 에렉투스가 중국지역으로 들어오는 초기 단계로서 1.2MA까지의 시기적인 범위가 되는데 위안모우(Yuanmou, 元謀)나 공왕링(Gongwangling)의 천지와(Chenjiwa, 陈家窝)같은 유적이 포함되고, 두 번째가 0.8MA까지의 시간적인 범주로서 룽구동(Longudong, 龍骨洞)이 포함되고, 마지막 세 번째 단계가 50만 년 전까지의 시기로서 윈샨(Yunxian, 郧县)이나 저우커우뎬(Zhoukoudian, 周口店) 유적의 하부 층들의 호모 에렉투스가 포함되고, 네 번째는 30만 년 전까지, 그리고 다섯 번째로는 15만 년 전까지의 단계로 구분하여 각 유적에서 출토된 호모 에렉투스 화석을 분류하고 있다.[14] 마지막 단계에 해당하는 유적에서 발견된 호모 군들은 다음에 설명될 고형의 호모 사피엔스에 해당하는 것이 포함되어 있다. 이것은 고형의 호모 사피엔스들의 특성이 오래된 특성과 현생인류로 가는 새로운 특성이 혼합되어 나타나기 때문에 기준에 따라서 분류의 차이가 있을 수 있다. 그러나 이러한 단계의 구분이 진정으로 종의 차이를 보여주는 것인지에 대해서는 앞으로 많은 논의가 필요하다. 이것은 호모 에렉투스가 생존 기간이 길다는 점에서 시간적인 다양성이 표현된 것이지만 어느 정도의 유전적인 거리가 있었을 것인지에 대해서 알 수가 없기 때문이다. 앞의 시간적인 단계에 의한다면 중국에서 중부 홍적세의 호모 에렉투스로서 세 번째 단계부터라고 할 수 있으며 이어지는 고형의 사피엔스들이 중부 홍적세에 진화하였던 것으로 생각할 수 있다.

저우커우뎬(Zhoukoudian, 周口店) 유적

동북 아시아지역에서 가장 일찍이 발견되고 가장 중요한 유적이다.[15] 여러 개의 동굴로 구성되어 있으며 제1지점이 가장 중요하고 15지점[16]은 중기구석기시대로 분류하였던 유적이고 산딩동(山頂洞, Upper Cave)은 후기구석기의 대표적인 유적의 하나이다. 제1지점은 중부 홍적세 단계의 호모 에렉투스의 가장 대표적인 유적이라고 할 수 있으며 중부 홍적세의 거의 전반을 거치는 동굴 퇴적물 속에서 유물과 화석이 발견되기 때문에 호모 에렉투스의 진화적인 단계가 복원될 가능성이 많은 유적이다. 오늘날 새롭게 확인된 연대는 75만

---

13 Liu, Xing .. Wiu, X.J. 2016.

14 Dong 2016.

15 Andersson 1919, 1920, 1943; 吳汝康(Wu, R.K.) 等 著. 1985; 北京市地方志編纂委員會. 主編 張森水, 宋惕冰. 2004; Jia ed. 1999.

16 Gao 2003.

년 전에서 20만 년 사이의 퇴적물로 구성되어 있고[17] 고인류 화석이 지속해서 발견된 곳이다. 지난 2차 대전 이전에 발굴한 인류화석들은 전쟁 중에 사라지고 현재는 복제품으로 연구가 되고 있다. 새로운 고인류화석을 찾기 위한 노력이 계속되지만 완전한 두개골화석을 발견하지는 못한 셈이다.[18] 제1지점의 층서 13개 중 11층에서 최초의 직립원인 화석이 발견되었으며 많은 수의 화석이 8층과 9층에서 발견되었고 가장 후대의 것은 바로 3층에서 지난 60년대에 발굴된 것이다.[19] 그런데 저우커우뎬(Zhoukoudian, 周口店) 유적은 여러 개의 지점이 있는데 이 중 비교적 높은 곳에 있는 산딩동(山頂洞, Upper Cave)에서는 현생인류 화석이 발굴되었다. 그래서 중부 홍적세와 상부 홍적세에 걸친 아시아 인류사, 특히 북쪽 온대지역의 진화사를 보존하고 있는 곳으로서 가장 중요한 유적이라고 할 수 있다. 저우커우뎬(Zhoukoudian, 周口店) 유적에서 나온 직립원인(直立原人), 즉 호모 에렉투스를 흔히 페킹 맨(Peking Man)[20]이라고 부르는데 이것은 애초에 명명된 것이어서 지금도 그렇게 부르고 있기도 하다. 대체로 75만 년 전에서 20만 년 전 사이에 저우커우뎬(周口店)에 살았던 고인류이다. 지난 거의 100년 동안 현재까지 6점의 거의 완전한 두개골, 그리고 14개의 두개골 편, 6점의 얼굴 뼈 화석, 15점의 턱뼈 파편, 157점의 이빨, 1점의 빗장뼈, 3점의 윗팔 뼈, 1점의 팔목 뼈, 7점의 허벅지 뼈 등의 인류화석들이 수습되었다. 아마도 50인 이상의 인골 개체수를 점하는 것이다. 이러한 규모의 인류화석은 전 세계 어느 유적에서도 볼 수 없는 규모이다.

이 유적에서 나온 두개골의 형태는 각기 다르기는 하지만 공통점이 있는데 두개골의 최대폭이 귀부분이고 상부로 가면서 폭이 줄어들어 두정부에는 화살융기가 보인다. 앞머리가 비스듬하게 발달하고 뒷머리 부분은 바닥과 거의 직각을 이루고 있어서 흔히 '독일군 철모형'이라고 말하기도 한다. 눈두덩이가 튀어나오고 또 위에서 볼 때 오목하게 두개골 사이에 줄어들고 있다. 두개골의 두정부 두께는 10밀리미터 내외인데 뒤통수 부분은 15.8밀리미터 정도 되는 것이 있는데 이러한 수치는 대체로 다른 호모 에렉투스 그룹들과 유사한 정도의 두께라고 할 수 있다. 그리고 가장 중요한 두개골 용적은 두개골마다 약간 차이가 있는데 두개골 10번의 경우에는 1225밀리리터이다. 이 유적에서 발굴된 풍부한 인류화석자료들은 호모 에렉투스의 진화과정을 복원하는 핵심적인 자료이고 또한 동북아시아 환경의 적응 과정을 밝힐 수 있는 자료이다. 호모 에렉투스의 이빨을 비교 분석한 결과는 자바의 호모 에렉투스와 함께 이 시기의 고인류들 화석이 다양함에도 같은 종의 범주에 들어갈 수

17 Shen et al. 2009.

18 Gao 2016.

19 Qiu, Z., et al. 1973. ; Weidenreich 1943; Yang et al. 1985.

20 Wu, R. 1983.; Wu et al. 1989.

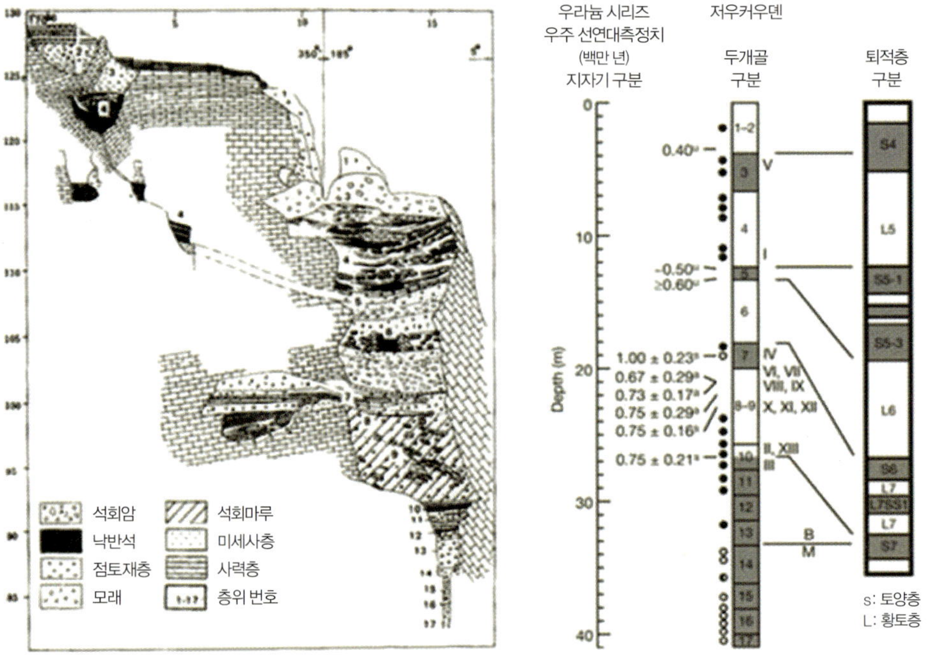

도판 16 저우커우뎬 유적 층위
좌) 제1지점 층위도(Liu 1985; U series / Al / Be dates by Shen et al. 2009에서 변형).

있을 것으로 주장[21] 되었는데 개체 간의 다양성을 고려할 때 의미가 있는 결과이다.

저우커우뎬 제1지점에서 많은 고인류 화석들과 함께 많은 동물화석들이 수습되었고 이들은 곧 고인류의 적응환경을 이해하는데 중요하다.[22] 이 동굴유적의 동물 중에서 가장 인류 진화에 중요한 역할을 하였을 것으로 생각되는 동물로서 하이에나를 포함하는 다양한 식육류 짐승들이 있다. 그리고 고인류의 화석 중에서는 하이에나의 이빨 자국이 있는 것들이 많이 있어서 동굴이 고인류에 의해서 사용되기도 하였지만, 하이에나의 소굴일 가능성도 제기된다.[23] 다른 한편으로 이러한 하이에나 등의 식육류 짐승들과의 공존은 아마도 이 지역 고인류의 진화 속도를 증가하는 환경적인 스트레스 역할을 하였을 것으로도 생각할 수 있다. 이 유적의 경우에는 새로운 연대의 범위가 더 올라가서 80만 년 전에서 20만 년 전까지의 시간의 범위에서 사용된 것[24] 으로 나타나는데 이것은 중국의 북쪽 온대 지방에서 여러 차례의 환경 변화가 있었음[25] 에도 불구하고 이 유적에서 중부 홍적세 내내 호모 에렉투스가 지속해서 또는 단속적으로 출현한 것을 의미하지만 문제는 '빙하기의 추

---

21 Song et al. 2018.

22 Hu et al. 1985.

23 Boaz et al 2004.

24 Shen et al. 2009.

25 Zhou, Liu et al. 2000.

운 기후에도 살아남았을까?'라는 질문이 지속해서 제기된다. 그동안 이 유적에서 불의 사용에 대해서 논란이 있었는데 과거 10층에서의 불의 흔적은 불에 탄 뼈로서 과거에 주장된 재(灰)층의 존재는 확인하지 못하였는데[26] 최근 제4 지층에서 새롭게 확인된 재층을 다시 확인하게 되었다.[27] 또한 불이 일으킨 자장의 변화를 주변지점에 조사를 하였는데[28] 결국 재의 존재에 대해서는 아직도 논란이 있을 수 있겠지만 동굴 내부에서 불의 흔적은 분명하다는 것이 확인된 것이다.

허셴(Hexian, 和縣) 유적

안휘성(安徽省) 양쯔강 북쪽의 룽탄동(Longtandong, 龍潭洞)에서 발견되었는데 지난 세기 80년대 초에 이빨을 비롯한 인류화석들이 수습되었다. 여기에서 수습된 고인류 화석은 한 점의 완전한 두개골 화석과 조각 두 편 그리고 턱뼈 조각 그리고 10점의 이빨이 수습되었다. 이러한 고인류 화석과 함께 50종의 포유류동물들 화석이 발견되었는데 이 동물군은 한대성 동물과 열대성 동물이 혼재된 양상이다. 그리고 저우커우뎬(周口店)에서 전형적인 동물群이라고 할 수 있는 큰사슴이라든지 트로곤테리움이나 스워닥시스 등이 포함되어 있고 중국의 동부지역의 고유한 종들도 포함되어 있다. 홍적세 초기의 동물상들이 없는 것으로 보고 또한 저우커우뎬(周口店) 1지점의 동물상의 존재로 보아서 동물상은 중부 홍적세의 중기의 것들이라고 할 수 있을 것이다. ESR과 우라늄 시리즈 연대법 등으로 측정한 결과 고인류들은 412+/-25ka 정도로 알려졌다.[29]

유적의 고인류 화석의 특성은 오래된 특징들이 남아 있는데 아프리카와 유럽 그리고 중국의 다른 시대의 인류화석들과 비교하여 본 바로는[30] 이빨의 경우에는 저우커우뎬(周口店)의 화석들보다도 시간상으로 늦지만, 이전의 고인류, 즉 호모 에르가스터나 또는 인도네시아의 더 오래된 인류들의 것과 유사한 오래된 특성을 가지고 있다. 허셴(Hexian) 유적 후두골이 저우커우뎬(周口店) 호모 에렉투스보다도 넓은 것으로 나타나는데, 이는 어쩌면 진화의 한 과정을 보여주는 것으로 생각된다.[31] 다른 특성으로서 턱뼈에 남아 있는 이빨의 크기가 저우커우뎬(周口店) 호모 에렉투스보다도 더 커서 이를 볼 때 오히려 오래된 특성을 가지고 있다고 할 수 있다. 이빨의 크기도 상대적인 비교로 본다면 동아시아의 북쪽과 남쪽의 호모 에렉투스의 특성을 이 시기에까지 가지고 있는 것으로 생각할 수가 있다.

26 Weiner et al. 1998.

27 Gao et al. 2017.

28 Zhang, Yan et al. 2014.

29 Grun et al. 1998.

30 Xing et al. 2014.

31 Kaifu 2017.

도판 17 중국지역의 호모 에렉투스의 분포

그러한 점에서, 이 허셴(Hexian, 和縣)인 화석은 기존의 편년에 잘 맞지 않는 점이 있다. 왜냐하면 여기에서 나타나는 특성이 저우커우뎬(周口店) 화석이나 판시안(Panxian, 盤縣) 화석에서는 보이지 않는 것이다. 그래서 일부 학자들은 아시아지역에서는 일부 고인류들은 격리되어 진화되는 것으로 해석하기도 한다.[32] 이러한 주장은 저우커우뎬(周口店) 유적에서는 30만 년 동안 호모 에렉투스의 화석의 구조가 크기에 관계없이 특징이 변화하지 않았다는 점이 반증이 되고 그래서 동아시아에 있어서 호모 에렉투스가 남북으로 다른 특성을 가지는 것으로 보여주는 증거라고 할 수 있다. 이 점이 동아시아의 호모 에렉투스의 진화를 이해하는데 중요한 단서가 되는 셈이다. 다른 한편으로는 인도네시아의 호모들과 공유되는 특징을 남부의 호모 에렉투스들의 공동선조에서 유래된 것일 수 있다는 점도 지적된다.[33]

---

32 Anton 2002; 2003.

33 Cui & Wu 2015.

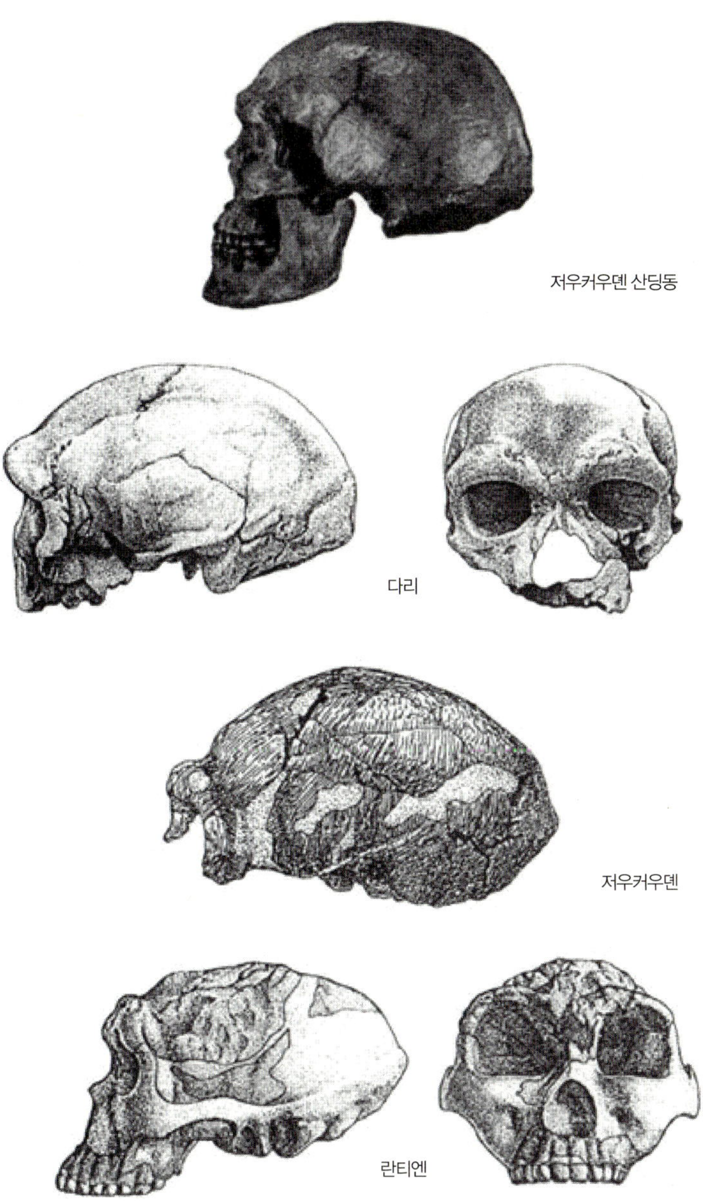

도판 18 중국지역의 호모 에렉투스와 호모 사피엔스의 두개골 변화
란티엔(800ka)과 저우커우뎬(500ka) 출토 호모 에렉투스, 다리(300ka) 출토 고형의 호모 사피엔스, 저우커우뎬 산딩동(30ka) 출토 현생인류.

난징인(Nanjing Man, 南京人)

난징인은 난징 부근의 탕샨(Tangshan, 湯山) 후루(Hulu, 葫芦)에 있는 동굴에서 남녀 각각 두개골편과 함께 어금니가 발굴되었다.[34] 이 화석들은 애초에 35만 년 전 이전의 것으로 생각되었으나 지속한 연대측정으로 ESR법에 의한 연대가 58만 년 전이고 또한 우라늄시리즈법으로는 40만 년으로 측정되었다. 그래서 난징인 1호로 명명된 이 화석인류는 두개골의 용량이 876cc 밖에 되지 않는데, 두정부가 낮고 최대폭도 두개골의 낮은 부위에 위

34 Wu et al. 2002; Wu and Xingxue 2003; Wu, Holloway, et al. 2011.

치할 뿐 아니라 이마가 좁고 뒤로 젖혀진 모습을 하고 있다. 이 두개골 화석의 연대를 60만 년 전경으로 보고서 저우커우뎬(Zhoukoudian, 周口店) 유적 1지점의 초반에 비견되는 시기의 고인류 화석으로 보고 있다. 또 한편으로는 자바의 상기란 17번 고인류 화석과 비견되고 있다. 난징인의 화석은 중국지역에서 나온 다른 호모 에렉투스 화석들에 비해서 아프리카나 자바의 오래된 고인류 화석들과 비견되는 원시적인 특성을 가진 것으로 보는데 이러한 특성이 있다고 하더라도 오늘날 중국 지역에서 발견되는 호모 에렉투스의 범주에 크게 벗어나는 것은 아니라고 할 수 있다.[35]

티엔위엔(Tianyuan, 田園) 동굴 유적

티엔위엔동(Tianyuandong)인은 광시성(广西省) 부빙 분지의 석회암 언덕 위에서 발견된 것인데 이 동굴은 6.5미터의 두께를 가진 퇴적물로 들어차 있는데 호모 에렉투스의 이빨 하나가 동물들 뼈와 함께 제3층에서 발굴되었다. 그리고 위치를 알 수 없는 어금니편이 하나 수습되었다.[36]

윈샨인(Yunxian Man, 郧县人)

윈샨인(Yunxian Man, 郧县人)은 3개 지점에서 확인되었는데, 첫 번째 지점은 쿠윤혜코우 지점으로 후베이성(湖北省) 한 강의 윈샨(郧县)동리에서 20여 킬로미터 떨어진 지점이다. 강의 제4 단구 면의 3층에서 2개의 완전한 두개골이 동물화석들과 함께 수습되었다.[37] 이 두개골들은 디지털기술을 이용하여 복원되었는데[38] 앞으로 다른 호모 에렉투스 두개골 복원과 함께 비교연구가 진행된다면 그 특성을 파악이 훨씬 풍부해질 것으로 기대된다. 이 지점에서 북동쪽으로 56킬로미터 떨어진 지점이 바로 메이푸 지점인데 이 지점의 동굴 퇴적 중간층에서 3점의 호모 에렉투스 이빨이 수습되었다.[39] 동굴의 입구 가까운 퇴적물에서 3점의 어금니가 각기 다른 지점에서 발굴되었다.[40] 그래서 석기와 고인류화석이 층서를 이루고 발견된 하부 홍적세의 유적으로 중요하다.[41] ESR이나 Al^{26}/Be^{10} 등의 절대연대치를 종합해 보면 대체로 마투야마 브루네스 경계 부근인 78만 년 전의 시기에 해당되는

35 Wu et al. 2011.
36 Wang et al. 2005.
37 Li and Feng 2001; de Lumley 2008.
38 Viale et al. 2010.
39 Xu 1978.
40 Zheng 2004.
41 Li, Ji, ...et al. 1998.

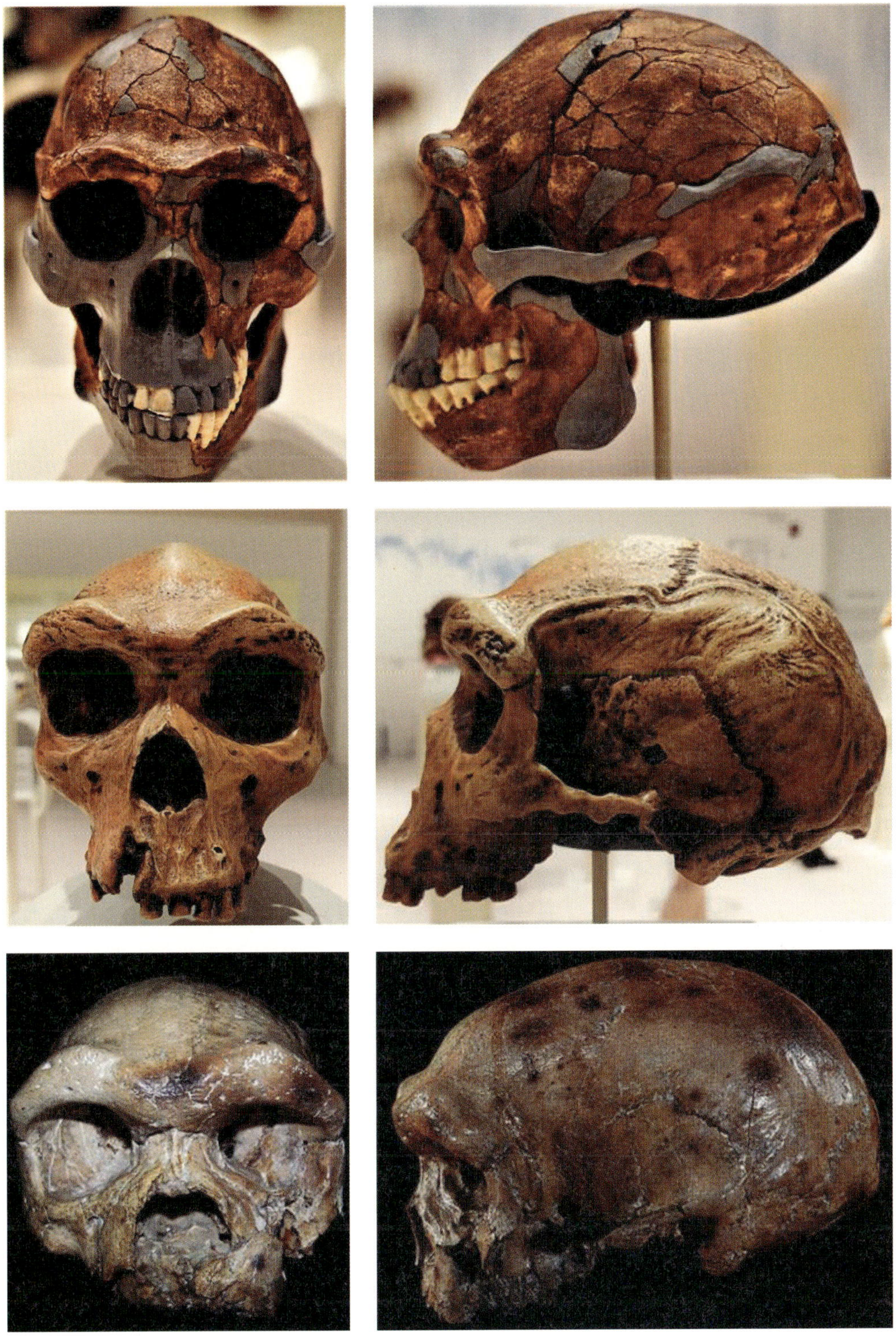

도판 19 중부홍적세 호모 화석. 상) 호모 에렉투스(1140ml) 저우커우뎬 0.6-0.4Ma. 중) 호모 하이델베르겐시스 0.7Ma. 하) 고형의 호모 사피엔스, 다리 0.3Ma.

것으로 보고 있다.[42] 세 번째 지점은 바이롱동인데 윈샨(郧县)마을에서 10킬로미터 떨어진 지점으로 동굴 속 퇴적 2층에서 동물화석들과 함께 호모 에렉투스로 판단되는 여덟 점의 이빨이 수습되었다.

뤄난(Luonan, 洛南) 유적은 샨시(山西) 뤄난 현의 롱야난동 동굴에서한 점의 어금니를 수습하였다. 산동의 이윤 현에서 발견된 이윤인은 모두 한 점의 두개골 편과 7점의 이빨로 구성되어 있는데[43] 동시대에 형성된 것으로 보이는 3개의 가지동굴에서 수습된 것이다. 동물상이나 내부 퇴적된 뢰쓰의 구조로서 중부 홍적세에 해당된다.[44] 이 이빨들은 저우커우뎬(Zhoukoudian, 周口店) 고인류나 허셴(Hexian, 和縣) 유적 고인류들의 특성과 가깝고 다동(Dadong, 大洞)과 같이 좀 진화된 형태와는 차이가 난다.

42 Kong et al. 2018.

43 Xing, Sun, Martinon-Torres et al. 2016.

44 Lu et al. 1989.

2 고형의 사피엔스 화석들 Archaic *Homo sapiens*

'고형의 사피엔스'라는 분류가 그동안 많이 사용되어 왔지만, 사실 최근 들어서 서구의 학자들을 중심으로 이러한 애매한 분류체계의 사용에 대해서 많은 비판을 하고 있다. 왜냐하면 동아시아뿐 아니라 전 세계적으로 다양한 형태의 고인류 화석들이 호모 에렉투스 이후에 나타나는데 이러한 다양한 진화형태를 명확한 정의를 가지고 설명하기에는 그 다양성이 너무 크다는 점에서 이러한 애매한 용어의 사용이 학문적인 논쟁에 한계를 가져오는 것으로 이해하는 것이다. 그래서 다수의 학자가 호모 하이델베르겐시스(*Homo heidelbergensis*)라는 용어를 동아시아 화석인류에 대해서도 사용[45]하기도 하지만 그렇다고 그것이 정확한 분류의 대안적인 용어가 될 수 있는지에 대해서는 의문이 있을 수 있고[46] 또한 아직도 동아시아의 화석인류를 설명하는 과정에서는 고형의 사피엔스로 부르는 경우가 많다. 하이델베르크인으로 불리는 보도, 아라고, 아타푸에르카 등의 아프리카 - 유럽의 고인류 화석과 동아시아의 화석들 사이에는 두개골과 얼굴의 모습 그리고 삽니의 빈도 등에서 차이가 나서 분명히 다른 것으로 주장하고 있는 것이다.[47] 그리고 그 용어가 적용되는 화석 인류들의 양상이 일정하다고 할 수는 없다는 점[48]에서 그 적용이 적절하지 않은 것이다. 그래서 이 책에서는 그러한 의미를 포함해서 우선 애매한 표현으로서 포괄적으로 설명할 수 있다는 점에서 앞서 언급한 것처럼 '고형의 사피엔스', 즉 호모 에렉투스에서 현생인류 사이의 형태를 총칭하여 분류하는 용어로 사용하는 것이 좀 더 현생인류에 가까워진 호모 집단의 설명으로 혼란을 줄일 수 있을 것이고, 특정 화석을 어떻게 부르던 간에 그

45 Stringer 2002.

46 호모 하이델베르겐시스의 용어의 개념과 그 동아시아적인 적용에 대해서는 Bae, C.J. 2010에서 상세하게 그 경위와 문제점을 다루고 있다.

47 Pope 1992; Wu and Brauer 1993.

48 Ahern 2015.

러한 과도적 단계로 이해하는 것이 좋다고 생각된다. 물론 '고형의 사피엔스'라는 분류의 카테고리가 기존에 설정된 두 가지의 종 사이의 막연한 분류일 수 있고 이러한 점에 대해서 비판[49]을 받고 있기는 하지만 현재로서는 그 복잡한 양상을 확연하게 구분할 방안이 없다는 점에서 앞으로의 연구의 성과를 기대하면서 '애매함'으로써 그 특성을 나타낼 수 있는 방안으로서 이 분류명칭이 사용되는 것이 바람직하다고 생각되는 것이다. 고형의 사피엔스로 부르는 인류화석들 사이에서도 크게 그 시간적인 범위에 따라서 그 크기와 특성이 달라지는 것을 알 수 있으며 대체로 아시아지역에서는 오래된 것들이 상대적으로 작은 크기를 가지고 있다.[50]

현재 흔히, 고형의 호모 사피엔스라고 불렀던 것들이 바로 다리(大荔, Dali), 진뉴산(金牛山, Jinniushan), 마바(馬壩, Maba), 차오시안(巢縣, Chaoxian), 창양(長陽, Changyang) 등의 고인류 화석이다.[51] 이러한 화석들은 대체로 중부 홍적세의 늦은 시기로서 35만 년 전경에서 10만 년 전경의 시간에 포함되어 있다.[52] 이러한 고인류들이 가지는 특성은 호모 에렉투스의 두개골보다도 커지면서 형태가 둥글어지는 모습을 하게 된다. 앞서 언급한 바로, 이러한 고인류들을 최근에 서구학자들에 의해서 하이델베르그인으로 명명하는 것이 등장하였다.[53] 이러한 화석들이 호모 에렉투스와 호모 사피엔스의 중간 단계라고 설정한 하이델베르그인의 범주에 있다고 판단한 것이다. 특히 다리인의 특성이 유럽의 그 시대의 화석들과 유사성을 가지고 있다는 점을 그 증거로 들었다. 결국, 유럽과 동종의 인류가 확산하여 와서 호모 에렉투스 대체하고 이어서 동아시아지역에서 살게 된 것으로 보는 것이다.[54] 다른 한편으로 오늘날 중국지역에서 자생적인 지역 진화로 보는 경우도 있는 것이다. 실제로 아시아지역에서 발견된 호모 에렉투스나 고형의 호모 사피엔스들은 얼굴이 아프리카나 유럽지역의 동시대의 고인류 화석들에 비해서 짧아지는 경향을 보이고 이마가 좁고 턱이 좁은 특징을 가지고 있는데 이것은 아프리카 유럽의 경우와 대비되는 특성이라는 점도 지적되고 있다.[55] 이러한 특징들을 근거로 이 시기의 고형의 사피엔스가 완전히 새로운 종이 들어와서 대체하였을 것으로 보기는 어렵다는 점을 지적하고 있다.[56]

여하간에 이러한 논쟁에 힘입어서 최근 일련의 발굴과 재조사에서 중국 지역의 고

---

49 Tattersall and Schwartz 2008.

50 Ahern 2015.

51 Etler and LI 1994.

52 Ao et al 2017.

53 Rightmire 2001, 2004; Tattersall and Schwartz 2008.

54 Groves and Lahr 1994.

55 Kaifu 2020.

56 Kaifu 2017.

형의 호모 사피엔스에 대한 해석이 엄청나게 변화하는 것을 볼 수 있다. 이 고인류들이 가지고 있는 고형과 새로운 형질의 모자이크 상으로 나타나는 것을 가지고 종의 위치가 애매하다는 점을 들어서[57] 결국, 호모 에렉투스에서 지역의 현생인류로 진화하는 과도기적인 인류로 생각하고 인류의 진화와 확산 과정에 대한 새로운 해석으로 가고 있는 것이다. 소위 '진화와 지역적인 교배종'이라는 개념이다. 다른 한편으로 중국의 남부지역에서 출토된 수이청(水城)의 고인류 화석의 경우에는 네안데르탈적인 특성이 있는 것으로 주장[58]되기도 하는데 이에 대한 네안데르탈인의 확산범위를 들어서 회의적인 시각도 있다. 그런데 고형의 호모 사피엔스라고 불리는 화석과 호모 에렉투스 화석들과 시기적으로 중복되는 것이 지적되기도 하는데[59] 아직도 연대측정치가 새로운 방법들에 의해서 보정되고 있으므로 앞으로 그 결과를 보아야 할 것으로 기대된다. 그리고 또한 두 개의 다른 종의 특성이 혼합되어 나타나는 것이 당연한 것일 수도 있을 것이다. 여하간에 고인류의 명칭이 다양하게 사용되는 것은 형태적으로 다양하다는 점도 있지만 다른 한편으로 아직도 화석종의 개념과 그 진화의 상관관계가 불분명하다는 것을 보여주는 셈이다. 이 시기의 고인류 화석들의 형태적인 다양성에 대해서 종간의 차이라기보다는 성별차이에 의한 형태적인 차이, 즉 비교적 날씬한 모습을 보이는 것으로 보기도 한다.

이 단계의 고인류, 즉 고형의 사피엔스에서 아시아지역에서 중국과 자바를 중심으로 하는 지역 이외에서는 그다지 많은 자료가 없는 셈이다. 그런데 이러한 자료들을 비교하는 과정에서 고인류의 형질적인 특성들이 지역에 따라서 다르거나 또는 상호 유사성이 발견되어 집단 간의 관계를 설정하는 연구들이 많다. 또한, 그러한 점을 토대로 같은 집단으로 구분할 것인지 또는 다르게 설정할 것인지에 대한 다양한 견해가 있는 것이 현재의 상황이다. 중국의 남부에서 발견된 마바(Maba, 馬壩)인들이 남아시아 즉 하스노라의 고인류 화석과의 유사성이 유럽지역의 특성과 연결될 수 있다[60]는 등이 지적되고 있지만 아마도 자료의 수가 극히 적기 때문에 그것이 당시 인구집단의 패턴으로 확정하기에는 무리가 있을 것이다.

57 Li et al. 2017; Wu and Trinkhaus 2014.

58 Li et al 2017.

59 Chen and Zhang1991.

60 Kaifu 2017.

2.1 남아시아

중부 홍적세의 인류화석으로 주장된 것으로 두 곳의 유적에서 발견되었다. 하나는 하스노라(Hathnora) 유적에서 발견된 것[61]인데 다른 하나는 지난 19세기에 발견되었지만, 분실되어 현존하지 않는다. 두 개 모두 나르마다(Narmada) 강변의 유적에서 유래된 것들이다. 나르마다강 계곡에는 엄청난 두께의 퇴적물이 쌓여 있는데 250미터 정도의 라테라이트와 하천퇴적으로 구성되었다.[62] 강 퇴적물의 하부퇴적은 하부 홍적세 또는 중부 홍적세로 알려지고 상부 퇴적물은 상부 홍적세 내지는 홀로세 퇴적물로 알려져 있다. 고인류 화석은 하부 강 퇴적물에서 유래되었다. 많은 수의 찍개, 주먹도끼 그리고 박편석기들이 강 퇴적물 속에서 발견되었고 또한 이 퇴적물에서 포함된 동물상들은 엘레파스 나마디쿠스(Elephas namdicus), 수스 나마디쿠스(Sus namadicus), 헥사프로토돈 팔레오인디쿠스(*Hexaprotodon paleoindicus*), 스테고돈 가네사(*Stegodon ganesa*) - 스테고돈 이시그니스(*Stegodon isignis*), 렙토보스(*Leptobos*), 에쿠스 나마디쿠스(*Equus namadicus*) 그리고 부발루스 팔레인디쿠스(*Buablus Paleoindicus*) 등이 있는데 중부 홍적세의 동물들이고 당시의 환경은 나무가 있는 초원지가 발달하였고 따듯하고 습한 기후로서 호소성 환경이 이었을 것으로 추정된다. 소과의 동물의 뼈를 가지고 우라늄 시리즈로 측정한 연대가 적어도 23만 6000년 전은 넘을 것으로 밝혀진 바 있다.[63]

나르마다(Narmada) 고인류 화석의 연대는 아직도 확실하다고 말할 수는 없지만, 70만 년 전에서 적어도 20만 년 전 사이, 즉 중부 홍적세의 중기 정도로 보고 있다.[64] 그러나 이보다도 훨씬 젊은 연대를 제시하기도 하고 중부 홍적세의 말기로 보는 견해도 있어서 이 고인류 화석의 연대는 아직도 그 범위가 불확실한 것으로 볼 수밖에 없는 실정이다. 이 고인류 화석은 두개골의 정상부와 오른쪽과 왼쪽 일부의 옆머리뼈가 붙어 있는데 턱뼈나 입천장 뼈들은 이미 사라지고 없다. 두개골의 용적을 복원한 결과는 1155cc에서 1421cc 정도 되는 것으로 추산하고 있는데 두개골의 두께가 11밀리미터 정도로 두꺼운 것이 수수께끼이다. 이 두개골은 애초에는 아시아 호모 에렉투스라고 명명되기는 하였지만, 기존의 두개골 화석들과 비교하여 볼 때, 유럽의 호모 사피엔스에 가까운 것으로 보고 있기도 하다.[65] 그런데 최근의 연구에서는 이 두개골은 아시아의 호모 에렉투스로 분류할 수 있지

---

61 Salauddin et al. 1986.

62 Sankhyan 1997; Salauddin et al. 2007.

63 Cameron et al. 2004.

64 Sankhyan 1997; 2005.

65 Kennedy et al. 1991.

만, 한편으로 오늘날 인디아 사람들의 원조가 되는 화석이라는 결론을 낸 연구도 있다.[66] 그러나 이러한 견해들은 나름대로 의미가 있다고 보지만 현생인류와 연결하는 것은 근본적으로 너무 비약한 결론이라고 생각된다. 왜냐하면, 호모 사피엔스 이전의 단계의 인류를 조상의 계열로 분류한다는 것은 진화의 구조에 대한 많은 설명이 필요하기 때문이다. 그래서 심지어 이 나르마다(Narmada)인을 그저 '중부 홍적세의 호모'라고 구분하기도 한다. 또 다른 견해로서 중국의 마바(Maba, 馬壩) 고인류 화석과 유사한 점이 많아서 같이 묶어서 같은 종의 인구집단으로 생각하기도 한다.[67] 그만큼 그 정의가 애매할 수밖에 없다는 상황을 설명하는 견해로 생각되지만, 근본적으로 호모 에렉투스 단계에서 더 진화한 고인류라는 점은 분명하다. 그런데 이 화석과 같은 층에서 발견된 빗장뼈에 대해서 많은 연구가 없지만, 길이가 98~100밀리미터 정도인데 이 크기는 호모 사피엔스나 다른 호모 에렉투스보다도 짧은 것이어서 이 뼈의 길이로 본다면 이 집단은 피그미족같이 작은 키의 사람들이라고 생각할 수밖에 없는 상황이다. 현재로서는 이 고인류 화석에 대해서 많은 견해에도 불구하고 구체적으로 어느 집단과의 관련성을 말하기는 애매한 점이 많다.

2.2 동남아시아

홍적세 초기부터 인류의 서식이 시작된 곳이라고 보지만 전반적으로 인류화석이 많다고는 할 수가 없다. 그리고 자바지역을 제외한다면 중부 홍적세에 해당하는 화석들도 많지는 않은 편이다. 화석인류의 유적들뿐 아니라 석기유적들도 희소하다는 점에서는 이 지역의 유적형성과정에서도 유적이 남겨질 가능성이 환경적으로 높지 않았을 수가 있고 또한 후변형 과정이 극심하였을 가능성이 있을 것이다. 이것은 대체로 유수에 의해서 재퇴적 과정을 거친 흔적이 많다는 점에서도 유추가 가능할 것이다. 동남아시아 대륙지역에서는 탐쿠엔 동굴에서 발견된 몇 점의 이빨이 174+/-125ka로 보고된 바 있는데 호모 에렉투스 또는 진보형의 호모 에렉투스라고 판명된 것이 있다.[68] 그리고 두 개의 이빨이 발견된 베트남의 마 오이 동굴의 고인류 화석은 고형의 호모 사피엔스로 구분된 바 있다.[69] 타일랜드에서도 늦은 시기의 중부 홍적세의 것으로 보는 고인류 화석이 호모 종으로 구분되었다.[70]

---

66 Sonakia and Lumley 2004.

67 Howell 1999.

68 Ciochon et al. 1996; Thougard et al. 1998.

69 Demeter et al. 2004, 2005.

70 Thougard et al. 1998.

자바에서는 솔로강변을 따라서 분포하는 응안동, 삼풍마찬, 그리고 응아위 등의 유적에서 고인류의 화석들이 중부 홍적세의 것들로 보고된 바 있다.[71] 이 중에서 응안동의 것은 12개체의 두개골과 두 개의 정강이뼈가 발견되었는데 다른 동물화석들이 함께 발견되었다. 여기에서 발견된 고인류 화석들은 많은 것들이 20세기의 전반기에 발굴된 것들인데 바이덴라이히에 의해서 연구되고 있다가 그가 죽는 바람에 완성을 보지 못하였지만 그 후 산타 루카에 의해서 완성되었고 그의 견해에 따르면 이들은 호모 에렉투스의 후예들이라고 보았고 그 후 재확인된 바가 있다.[72] 이러한 고인류 화석들은 이른 시기에 이 지역으로 진출한 초기 호모 에렉투스들이 진화한 모습으로 생각되고 있고 학자에 따라서는 별도의 인류종, 호모 솔로엔시스(*Homo soloensis*)라고 명명하기도 하는데 결국 현생인류로 이행하기 이전의 호모 종의 한 갈래로서 자바의 열대우림지역에 특화한 모습의 고인류로 보아야 할 것이다.

응안동

자바의 솔로 강변에 있는 유적인데 12점의 호모 에렉투스의 두개골과 두 점의 정강이 뼈가 1930년대 초에 발견되었다. 이 화석인류는 자바에서 가장 늦은 시기의 호모 에렉투스라고 보고 있으며 지속해서 솔로인으로 불리던 화석들이다. 그런데 이 화석인류의 연대를 상부 홍적세까지 내려 보았지만, 최근에 새롭게 확인된 두개골이 포함된 퇴적층의 연대, 117~108ka,로 보아서 중부 홍적세의 말기나 마지막 간빙기시대로 확인되었으며 호모 에렉투스의 마지막 후예라고 생각하고 있다.[73] 두개골의 용적인 1013밀리리터에서 1251밀리리터 정도로 꽤 큰 편에 속하는데 두개골의 눈두덩이가 튀어나와 있고 또한 머리가 낮으며 광대뼈가 두드러지는 모습을 가지고 있다. 그리고 뒷머리뼈 꼭지가 튀어나온 편이다.[74] 이들이 살았던 환경은 나무가 있는 개활지 식생에서 살았던 것으로 보인다. 그런데 유적에서 수습된 두개골의 하부가 없는 것이 많기 때문에 식인풍습을 제시하기도 하였지만, 이것은 자연적인 과정에서 상실된 것으로 보는 것이 일반적이다.[75]

그런데 응안동의 고인류 화석의 구성에서 여러 가지의 의문점이 제기되는 것을 알 수 있는데 이러한 과정은 발굴도 이른 시기에 있어서 부정확한 기록들이나 유물수습의 불확실성 등이 주요한 원인이었겠지만, 원천적으로 모래와 자갈 등으로 구성된 하천퇴적 속에서 발견되었다는 점에서 그 유적의 형성과정에서 불분명한 점들이 많이 발생하였을 것

71 Widianto & Zeitoun 2003.

72 Anton 2003; Schwarts and Tattersall 2000.

73 Rizal et al. 2020.

74 Kaifu et al. 2008.

75 Jacob 1973.

으로 생각되는 것이다. 그래서 이 유적은 분명히 재퇴적된 유적으로 보는 견해도 있다.[76] 그래서 여기에서 출토된 고인류 화석이나 동물상 등에 대한 해석이 새롭게 이루어지고 있다. 이 유적에서 수습된 소과 짐승의 이빨에서 얻어진 연대가 ESR법으로 46+/-3ka 그리고 27+/-4ka, 그리고 우라늄 시리즈법으로 얻어진 것이 31+/-0.2ka로 나왔는데[77] 이러한 연대가 과연 호모 에렉투스의 연대로 볼 수 있는가에 큰 의문이 던져질 수 있다. 응앙동의 두개골의 직접적인 연대측정은 이보다도 좀 더 오래된 상부 홍적세의 전기, 즉 7만에서 4만 년 전으로 나타났는데 이러한 연대 역시 이 고인류의 존재를 설명하기 어려운 점이 제기되는 것은 응안동의 동물상이 개활지적인 특성을 보이고 이 지역은 지난 간빙기 이후에는 아주 빽빽한 열대우림으로 덮여 있었음을 고려할 때 문제가 있다는 것이다. 그래서 적어도 응안동 두개골의 연대는 마지막 간빙기 즉 13만 년 전 이전으로 올라가는 것이 타당하고 케둥브루부스(Kedung Brubus) 동물상의 연대와 같을 것이라는 추정이다.[78] 이러한 추론의 가정에는 이 지역의 식생이 기후변동에 따라서 지속해서 변화하였다고 보는 것인데 실제로 이 지역에서는 지난 112만 년 전 이후 크게 기후가 대륙적인 특성을 가지게 되고 그러한 상황에서 여러 가지의 식생 환경이 부분적으로 지속하였을 것[79]으로 보기 때문에 앞에서의 생물상의 패턴을 가지고 설명하는 것은 유보적인 면이 있을 것이다. 물론 이러한 경우를 생각하면 동남아시아지역은 호모 에렉투스가 상부 홍적세에도 존대하고 있었던 유일한 지역이 되는 셈인데 지역 환경의 특성으로 고립된 인구집단에 의해서 유지되는 오래된 체질적 특성이라고 할 수 있을 것이지만 앞으로 자료의 증가가 더 필요할 것이다. 여러 가지 정황으로 미루어 볼 때 동남아시아지역에서는 호모 에렉투스가 가장 늦게까지 남아 있었다는 것인데 이것은 결국 이 지역의 환경이 고립의 시간이 길고 또한 환경의 변화가 다른 지역보다도 크지 않았다는 점을 의미할 수 있을 것이다.

응아위와 삼풍마찬

솔로강변의 하류 지역에 있는 유적들인데 호모 에렉투스의 화석이 발견되었다. 응아위에서 발견된 두개골의 모습은 응안동의 화석들이나 삼풍마찬 유적의 것과 같은 집단으로서 자바의 호모 에렉투스의 마지막 단계의 모습을 보여주는 화석인류군이라고 평가한다. 응아위 1번 화석인류는 아마도 여성의 것으로 보이는데 두개골의 용적이 959밀리리터로 두개골이 작은데 대체로 이 유적들에서 발견된 두개골의 모습은 이빨 역시 작은 편이

---

76 Dennel 2015.

77 Swisher et al 1996.

78 Storm 2001; van den Berge et al. 2001.

79 Semah and Semah 2012.

며 두개골이나 턱뼈의 특성 등에서 역시 초기 호모 에렉투스 집단보다는 진화한 모습을 보인다.[80] 이러한 모습은 세 유적의 고인류 화석에서 공통적인 특성이며 자바지역의 초기 호모 에렉투스에서 진화하는 방향을 가늠하게 해주는 양상으로 볼 수 있을 것이다. 이 두 화석집단을 완전히 두 갈래의 다른 인류종, 즉 호모 솔로엔시스(*Homo soloensis*)로 보고자 하는 시도도 있다.[81] 즉 호모 에렉투스가 진화된 새로운 종으로서 구분하여야 한다는 의미이다. 그런데 응아위 유적의 경우에는 그 연대를 확실히 알기 어려운데 그 출토상황을 정확히 알 수가 없기 때문이다. 그런데 두개골의 특성으로 본다면 삼풍마찬의 것들이 응안동의 것들보다도 더 상기란의 두개골에 가까운 특징을 가지고 있어서 좀 더 앞서는 것으로 생각하고 있다.[82]

삼풍마찬 유적에서 발견된 것들은 전면 얼굴이 없는 옆머리 파편들로 구성되어 있는데 모두 네 편이다. 그리고 하나의 정강이뼈가 포함되어 있다. 이 모든 고인류 화석들은 호모 에렉투스로 구분되었다. 이 중에 SM4라고 분류된 것은 두개골의 용량이 1006cc인데 중부 홍적세로 올라가는 것으로 추정되었다.[83] 응아위에서 발견된 두개골편은 지표에서 수습되었는데 아직도 연대가 불분명하지만 중홍적세의 것으로 응안동이나 삼풍마찬의 것들과 유사한 양상으로 보고 있다.[84] 자바의 후대의 유적에서 수습된 호모 에렉투스 고인류 화석들의 진화에 대해서는 아직도 명확하게 설명할 수 있는 자료는 부족하며 앞으로 다른 지점들에서 보다 과정이 확실한 조사를 통해서 당시의 환경과 퇴적양상을 파악할 수 있는 자료가 확보되어야 더욱 진전된 설명이 가능할 것으로 보인다.

그런데 자바지역은 이미 잘 알려진 것처럼 이른 시기의 호모 에렉투스가 발견되었을 뿐 아니라 후대에도 지속해서 호모가 거주한 지역으로 알려진데 이 고인류들의 특성으로 미루어 이 지역은 고립되어 유전자의 유입이 극히 제한되었을 가능성이 높아서 지역적인 진화가 연속적으로 이루어진 것으로 판단하고 있다.[85] 그래서 이 호모 집단과 동북아시아, 즉 현재의 중국에서 발견된 호모 집단과의 관계는 앞으로 지속해서 비교되어야 할 주제이다. 그리고 상부 홍적세에서 후술 될 플로렌시스의 조상으로서 이 지역에서 살았던 호모 에렉투스가 그 섬에 고립되어 오랫동안 그 특성으로 진화하였을 것으로 추정할 수 있을 것이다. 이러한 비교는 호모 에렉투스의 진화과정을 추론하고 다양성을 이해하는 데 중요한 단서를 제공할 수도 있을 것이다.

---

80 Kaifu et al. 2015.

81 Widianto and Zeitoun 2003.

82 Baab 2010.

83 Baba et al. 2003.

84 Widianto and Zeitoun 2003.

85 Anton 2002.

2.3 동북아시아

동북아지역은 중부 홍적세 기간에 가장 많은 지점에서 발견되었다. 대체로 오늘날 중국대륙 지역이지만 그것은 유적의 부존 차이를 말하는 것으로 이해되어야 할 것이고 사실 한반도 지역은 아직은 그 고인류학적인 증거가 많지는 않지만, 분명히 호모 에렉투스나 고형의 사피엔스가 출현하였을 가능성이 다분히 있는 지역이라고 판단된다. 왜냐하면 환경의 연속성이나 중부 홍적세 동안의 긴 시간 동안의 해수면 변동에서 드러난 넓은 저지대는 이동이나 거주의 좋은 조건을 제공하였을 것이기 때문이다. 중국대륙지역의 이제까지 자료는 이 시기에 호모의 다양한 진화양상을 보여서 대단히 중요한 지역이다. 이 지역이 가지는 고인류 진화상은 아마도 호모 에렉투스에서 현생인류로의 진화과정을 이해하는 데 중요한 단서를 제공할 수 있을 것이다.

동지인(Dongzhi Man, 東至人)

동지인(Dongzhi Man, 東至人)이라고 불리는 고형의 호모 사피엔스 화석이 안휘성(安徽省)의 후아룽동(Hualongdong, 華龍洞)에 대한 최근, 2014~2017년, 조사에서 고인류 화석이 수습되어 총 16개체분이 같은 유적에서 발굴되었다.[86] 이보다 앞선 2000년 대 초에 시도된 발굴에서는 인골편 이외에도 석기들도 수습된 바 있다. 층위의 석회암 덩어리들의 연대가 33만 년 전으로 알려졌고 인골의 우라늄 시리즈 연대측정치가 274.8+/-9.2k BP로 확인되었다. 또 다른 석회암 연대 역시 이 연대치에 근접하고 있어서 적어도 30만 년은 된 것으로 보고 있다.[87] 이 연대는 이전에 없던 대단히 오래된 연대로서 이미 중부 홍적세의 후반에 속하는 소위 소형의 호모 사피엔스의 화석들이다. 이러한 시기는 유적에서 수습된 동물화석들이 하부 홍적세의 요소가 사라지고 코끼리와 같은 새롭게 나타나는 동물들이 보이는데 Ailuropoda- Stegodon 동물상으로서 제시된 절대연대치에 근사한 동물상으로 보여준다. 이 화석인골은 여러 가지의 두개골과 발견된 이빨들의 특징들이 현생인류로 진화하는 과정을 잘 보여주는 화석이라고 생각하고 있다. 후아룽동(Hualongdong, 華龍洞) 두개골 6번의 경우에는 두개골의 용량은 1150cc 정도 되는데, 낮은 두정부와 넓은 두개골의 폭을 가지고 있고 눈두덩이가 돌출한 것이 특징적이고 얼굴이 넓적한 편이고 턱이 그다지 발달한 것은 아니다. 그러나 얼굴의 중앙부가 그다지 돌출되지 않고 또한 이빨의 상아질이 단순해지고 턱뼈의 봉합선의 상태 등이 현생인류적인 특성을 보인다. 그래서 이 화석이 중국지역에서 현생인류로 진화하는 중간 단계의 고인류 화석이라고 보는 것이며 이러한 증거가 결

---

86 Wu, Pei, Cai, et al. 2019.

87 Wu et al. 2019.

국 지역적인 진화의 증거로 제시되고 있다. 이러한 진화과정에서 중국지역에서 오래된 인류의 특성이 지속하는 반면 현생인류적인 특성이 가미되는 것으로 보고 있다.

차오시안인(Chaoxian Man, 巢縣人)

안휘성(安徽省)에서 1982년에 발견된 고형의 호모 사피엔스이다.[88] 뒷머리뼈 일부와 윗턱 뼈 등이 발견되었고 이빨이 3점 포함되어 있다. 시대가 다른 두 고인류의 흔적이 유적의 다른 층에서 발견되었는데 상부층의 것이 바로 고형의 호모 사피엔스에 해당하고 그 연대가 우라늄 시리즈법으로 20만 년 전에서 16만 년 전경으로 알려졌는데 최근에 새로운 개선된 우라늄 시리즈법으로 측정한 결과는 36만 년 전경으로 확인되었다.[89] 이러한 절대연대를 토대로 대체로 중부 홍적세의 후반에 속하는 것으로 생각하고 있는데, 여기에서는 별다른 고인류의 인위적인 흔적이 없다는 점이 한계이다. 그리고 앞니가 네안데르탈인의 것들과 유사하게 닮은 점이 있지만, 체질적인 특성과 전혀 관계가 없다는 것으로 주장되었다.[90]

마바인(Maba Man, 馬壩人)

광동성(广東省) 마바동네의 시지산의 석회암 동굴에서 1958년에 발견된 고형의 호모 사피엔스이다.[91] 1960년대 초에 이루어진 조사에서 어른의 것으로 보이는 두개골과 턱뼈 그리고 일곱 개의 이빨이 발견되었다. 마바(Maba, 馬壩人)의 옆머리의 각진 부분의 높이가 높다는 점에서 호모 에렉투스의 특징이 있다고 보기도 하지만 눈두덩이의 구조는 일찍이 네안데르탈과 비교하여 왔다.[92] 그리고 이 고인류 화석은 이 유적의 위치가 중국 남부이기 때문에 흔히 동남아시아의 동시대의 고인류와 통하는 것으로 보는 경우가 많은데, 인도의 하스노라의 두개골의 특징들과도 통하는 것으로도 주장되었다.[93] 그런데 이 화석의 연대는 일찍이 상부 홍적세의 초기로 특정되었지만, 재측정에서는 237ka로 확인되었는데[94] 이 연대의 안정선에 대해서는 의문이 제기된다.

---

88 Wu and Poirier 1995.

89 Shen et al. 2010.

90 Baily and Liu 2010.

91 Wu and Poirier 1995.

92 Wu and Peng 1959.

93 Bae 2010.

94 Gao et al. 2007.

다리인(Dali Man, 大荔人)

산시성(山西省) 다리(Dali, 大荔)인(Dali Man), 역시 고형의 호모 사피엔스라고 분류된 것인데 1978년도에 샨시(山西) 로허강의 단구면에서 거의 완전한 두개골이 발견되었다.[95] 애초에 우라늄 시리즈 연대는 20만 년 전후로 밝혀졌으나 최근에 다시 측정한 결과, 연대치가 268~258ka로 확인되었는데 현생인류로 진화하는 중간 단계의 화석인류라고 보고 있다.[96] 두개골의 용적도 1120밀리리터로 호모 에렉투스의 범주에 들지만, 현생인류의 범주에 근접하고 있다. 최근에 이루어진 연구에서 달리인은 고형의 사피엔스로서 유럽지역의 고형의 사피엔스인 아라고 등의 유적에서 나온 고인류와 비견되었지만,[97] 최근에 아프리카의 모로코에서 발견된 가장 오래된 호모 사피엔스 화석과 많은 점에서 공유하고 있는 특징들이 많기 때문에 앞에서의 후아롱동(Hualongdong, 華龍洞)인과 함께 중국지역에서 호모 에렉투스에서 동아시아판의 호모 사피엔스로 이행하는 과도기적인 고인류 화석이라고 생각하고 있는 것이다. 이 유적에서는 코끼리 종류인 팔레오록소돈(*Palaeoloxodon*) 고극지동물군과 함께 따뜻한 기후의 동물인 물소 등의 화석들이 혼합되어 나타나고 있다. 이러한 생물상은 두 생물구의 생물들이 교차하는 환경이라는 것을 보여주는 것이다. 동반된 석기의 상태도 닳은 모서리로 보아서 물에 의해서 재퇴적 된 것으로 추정하고 있다.

수자야오인(Xujiayao Man, 許家窯人)

수자야오(Xujiayao, 許家窯人) 유적은 니허완(泥河湾) 분지의 서쪽 끝에 위치한 야외 유적이다.[98] 이 유적은 그 고고학적인 양상으로 미루어 사냥과 도살이 이루어진 장소로 추정하고 있는데,[99] 여러 부위의 두개골 파편이 수습되었다. 이 두개골의 각 부분적인 특성은 두개골의 두께 등이 호모 에렉투스적인 점이 있지만 뒤통수가 작아진 것이나 둥그스럼해지는 경향 등의 달리인의 것과 유사한 범주에 드는 것도 보인다. 이 인골과 함께 7~9세 정도 되는 어린아이의 뼈가 발견되었는데 수자야오(Xujiayao, 許家窯人)의 초기로 생각되기도 한다. 그런데 여기에 나타난 복합적인 특성으로 볼 때 이 단계의 화석에서 다양한 모습의 개체들이 포함되어 있었을 것으로 보고 한편으로는 성별에 따라서 차이가 나타날 수도 있다고도 보는데[100] 이것은 진화적인 특성이 혼재하는 양상임이 틀림없을 것이다.

---

95 Wu and Poirier 1995.

96 Yin et al. 2002.

97 Wu and Athreya 2013.

98 Jia et al 1979.

99 Norton and Gao 2008.

100 Pope 1992.

진뉴산인(Jinniushan Man, 金牛山人)

고형의 호모 사피엔스로서 가장 완전한 것이 바로 진뉴산(Jinniushan, 金牛山人)의 고인류 화석일 것이다. 이 유적은 랴오닝(遼宁) 지역의 석회암 산에서 발견된 유적이다. 이 고인류는 아마도 동 시기에서는 가장 복원이 많이 될 수 있는 신체 부위들이 발견되었는데 두개골뿐 아니라 갈비뼈, 엉치뼈, 그리고 발뼈 손뼈들이 같이 발견되었다. 아주 좁은 구역, 1.6㎥의 범주에서 수습되었기 때문에 한 사람의 뼈가 틀림없을 것이다.[101] 엉치뼈의 구조로 미루어 성인 여성으로서 키가 168센티미터 정도로 상당히 체구가 클 것으로 생각하고 있다.[102] 여성으로서 이러한 체구의 것은 아마도 이전에 극히 드문 일로써 판단되고 있다. 우라늄시리즈 연대측정 결과가 안정적으로 28만 년 전으로 확인되었는데 이 동굴 유적의 화분분석의 결과는 따뜻하고 습윤한 기후이었다고 알려졌고 동굴에서 많이 나온 물소뼈의 존재와도 부합되는 것이다. 한편으로는 고극지 동물군이 디세로리누스(Dicerorhinus)와 같은 동물들이 포함되어 있어서 공존한 것인지 아니면 층서를 달리한 것인지 확인이 필요할 것이다. 그렇지만 이 여성이 가장 큰 체구를 가진 화석인류라는 점에서 추운 기후에 적응한 결과로 해석되는 것이다. 진뉴산(Jinniushan, 金牛山人)인의 두개골 용적이 1300밀리리터 정도 되는데 이것은 현생인류의 단계에 이르는 규모로 다른 한편으로는 두개골의 두께가 두껍기는 하지만 달리인 보다도 얇고 일반적으로 덜 우람해 보이는 특성이 있다. 그러한 점에서 앞으로 이 화석인류의 진화상의 상대적인 위치에 대해서 논의가 필요하다고 생각된다.

덕천인과 역포인

한반도 내에서는 평양을 비롯한 서북한 지역의 석회암 동굴에서 여러 구의 고인류의 화석이 수습된 바 있다. 특히 이 중 덕천인과 역포인으로 부르는 고인류 화석들은 고인이라고 부르는데 소위 고형의 호모 사피엔스에 해당한다. 이러한 화석들의 신뢰할 만한 연대는 없지만 대체로 중부 홍적세의 후반이나 상부 홍적세의 전반경으로 추정한다. 력포인은 7~8살 때 죽은 아이의 뼈로 머리뼈 3점으로 구성되어 있다.[103] 눈두덩이가 약간 두드러지고 또한 뒤통수가 있다고 해서 저우커우뎬 1지점의 화석에 대비하여 호모 에렉투스로 분류하기도 하는데[104] 시기적으로 근접하는 것인지에 대해서는 의문이 있다. 그런데 화분분석으로 온난한 기후로 간주하는 보고자의 추정과는 달리 들소나 털코뿔소, 큰 뿔 사슴

---

101 Lu 1989, 2003; Lu, Meldrum, et al. 2011.

102 Rosenberg et al. 2006.

103 김신규 외 1985.

104 Norton 2000.

등 동반된 동물상은 초원성 환경과 같이 비교적 추운 기후를 반영하고 있으며 절멸종의 비율이 상당히 높은 편으로서 시기적으로 중부 홍적세의 후반에 속할 수도 있을 것으로 추정된다.

승리산 동굴 유적의 하층에서 출토된 덕천인은 이빨 2점과 몸통뼈 1점으로서 상층에서 현생인류의 턱뼈가 나왔기 때문에 이보다도 오래된 층으로서 고인, 즉 고형의 사피엔스라고 분류하고 있다.[105] 그런데 이러한 한반도 내의 고인으로 분류된 고인류 화석들의 문제점은 분명한 연대가 제시되지 못하고 아직도 두개골의 비교연구가 제대로 되지 못하여 형태적인 정의가 불분명하다는 점이다. 다만 이어지는 현생인류보다는 오래된 것이라는 점이 고형의 사피엔스의 범주에 넣어서 설명하는 것이다.

중부 홍적세의 고인류 화석들의 연대는 최근에 연대측정법의 개선으로 정확해지기도 하고 한편으로는 전체적으로 시간대가 올라가는 것을 알 수 있다. 그리고 이러한 연대측정치가 어느 정도 정확한 실제 연대치를 반영하는 것인지는 앞으로도 지속해서 평가가 반복해서 이루어져야 할 것으로 생각된다. 저우커우뎬의 1지점의 연대가 60만 년 전에서 40만 년 전으로 최근의 연대측정결과 얻어졌는데 과거에는 이 층의 연대가 40만 년 전에서 23만 년 전으로 확인되었다.[106] 허셴(Hexian, 和縣) 화석인류 역시 20만 년 전이 아니라 40만 년 전으로 다시 확인되었고, 탄샨(Tianshan)의 두개골 역시 38만 년 전이 아니라 55만 년 전에서 50만 년 전으로 재확인된 것이다. 이러한 연대측정치가 올라가는 것에 대해서 잘못된 연대측정치에 대한 재해석이라고 보기도 한다. 마바(Maba), 동지(東至) 그리고 딩춘(丁村) 등의 화석인류의 연대도 아마도 올라갈 것으로 기대하고 있다. 그렇지만 유럽지역이나 인도 지역에서는 중국지역의 결과와는 정 반대의 결과도 나오는 것으로 알려졌다. 심지어 독일의 포겔헤르더(Vogelherder) 유적에서 발견된 고인류 화석은 신석기로 확인되었고 다른 화석 중에는 홀로세의 것으로 재확인되기도 하는 것이다.[107] 또한 중국의 고인류의 경우에 직접적인 연대측정이 이루어진 것이 많지 않기 때문에 퇴적층의 연대측정으로는 편차가 클 수밖에 없는 한계가 지적되고 있다. 그리고 설사 연대가 있다고 하더라도 퇴적과정에 대해서 면밀한 검토가 전제되어야 몇 지점에서처럼 연대에 대한 논란을 줄일 수가 있을 것이다. 고인류 화석의 연대는 가능하다면 직접적인 방식의 연대측정이 신뢰도가 높지만 연대측정 과정에서 일어나는 오차들을 고려하지 않을 수가 없다. 직접적인 연대, 즉 화석이나 석기들을 시료로 하여 측정한 연대라고 하더라도 연대측정법이 가지는 한계 그 시료

105 고고학연구소 1978.

106 Shen et al. 2009.

107 Conrad et al. 2004.

표 1 동북아시아 중부홍적세 및 상부홍적세의 고인류화석의 연대

다오시엔	47개의 이빨	120–80ka	Liu et al. 2015.
티엔위엔 동굴	턱터 파편/몸통뼈부위	42–39	Shang & Trinkhaus 2010.
류지앙	두개골 완형/몸통뼈부위	–67/111–139	Yuan et al. 1986.
후아롱 동굴	7개 이빨	44–34; 103–79	Liu et al. 2010.
지린동굴	턱뼈파편들	100–113	Cai et al. 2017; Liu et al. 2010.
루나동굴	2개 이빨	127–70	Bae et al. 2014.
수자야오	윗턱뼈편, 이빨파편, 등뼈편, 갈비뼈편 등	11.5	Curnoe et al. 2012.
마루동굴	두개골뼈와 2개의 턱뼈	–14	Curnoe et al. 2012.
토보 강치안 동굴	17개 이빨	100 이전	Shen et al. 2001.
딩춘	3개 이빨, 1개 유아 측면 머리뼈	114–75	Pei 1985.
지무얀	5개 이빨	상부홍적세	Wang et al. 2011.
판샨 다동	4개 이빨	300–130	Jones et al. 2004; Shen et al. 1997.
저우커우뎬 4지점	1개 상악 3번 어금니	175–135	Chen et al. 1984.
허센	두개골 1, 턱뼈편, 10개 이빨	412	Grun et al. 1998; Liu et al. 2017; Xing et al. 2014.
이유안	7개 이빨	420–320	Han et al. 1992.
산딩동	3 두개골, 3 두개골편, 4개 턱뼈, 이빨, 척추뼈 등	–34	Chen et al. 1992.
마바	우측두개골편	135–129	Yuan et al. 1986.
진뉴산	상악이 붙은 두개골, 손, 다리 늑골 등	260–	Lu Z. et al. 2003; Rosenberg et al. 2006.
용곡동	두개골, 턱뼈 3점	46–48	인류진화발전사 연구실, 1995.

가 경험한 환경적인 조건 등을 충분히 고려하여 연대추론이 이루어지지 않으면 안 된다. 특히 류지앙인의 경우에 정식발굴이 아니고 농부가 거름용으로 파낸 흙에서 나온 것으로 현생인류로 분류되었는데 실제로 파낸 층의 연대는 111~130ka 또는 다른 석회암편의 연대측정치가 더 오래된 것들도 알려지게 되어서 새로운 연대측정이나 지속적인 논의가 이루어져야 할 판이다. 이 경우에는 동아시아에 현생인류의 확산과정 시작을 가늠하는 중요한 화석이기 때문에 학설이 바뀔 수가 있다는 것을 보여주는 사례이다.

그런데 중국지역의 고인류의 화석들에서 네안데르탈의 흔적이 보인다는 주장이 제기된 바가 있는데[108] 오늘날 현대 동아시아지역의 주민들에서는 네안데르탈인의 유전자가 뿌리 깊게 남아 있기에 그 영향이 화석의 형질적 특성에서 어느 정도 확인될 수 있는 것인

---

108 Qui 2016; Ao et al 2017.

가 그리고 지리적으로 어느 정도의 범위까지 확산할 수가 있을까 등의 질문이 잠재적으로 제기되고 있다. 특히 마바(Maba)인 고인류 화석은 지난 89년대에 네안데르탈인과 대단히 비슷하다고는 주장이 있었다.[109] 그러나 차오시안(Chaoxian, 巢縣人)의 두개골은 전혀 그러한 양상을 보이지 않고 있어서[110] 앞으로 화석 인류학적인 측면에서 네안데르탈인의 영향에 대해서는 더 많은 논의가 필요할 것으로 보인다. 그런데 이러한 논의 중에서 과거에 네안데르탈인을 막연하게 호모 사피엔스에 앞서는 인류로 생각하여 명명할 수 있다는 점에서 현대적인 연구와는 차별을 두고 이해하는 것이 필요할 것이다. 중부 홍적세의 호모의 진화과정에 대해서 그동안 다양한 견해가 제시되었는데 이 중에서 유럽의 고인류 화석과 비교하여 그 유사성을 지적하는 경우에 중국에서 진화한 호모가 역으로 서쪽으로 확산하였을 것이라는 점을 암시하는 경우가 있는데 아마도 앞으로 모든 중부 홍적세의 모든 화석의 변이를 비교하여 상사성과 상이성 그리고 그 정도가 가지는 진화적인 의미를 분명하게 확인하는 작업이 필요할 것이다.

109 Wu and Wu 1985.

110 Baily and Liu 2010.

3 아시아지역에서의 중부 홍적세의 환경 변화와 인류 진화

3.1 아시아의 고인류 화석들의 분류 문제점

중부 홍적세 고인류 화석을 분류하는데 사용되는 용어들을 보면 다양하다. 그만큼 자료도 많고 또한 양상도 다양해서 인류의 지역 진화나 유전자 교류가 활발하게 일어난 시기라는 것을 보여준다. 호모 에렉투스나 호모 사피엔스 이외에도 고형의 호모 사피엔스(archaic *Homo sapiens*) 또는 과거에는 진보된 호모 에렉투스(advanced *Homo erectus*)라는 용어도 사용하기도 하였고 또한 완전히 다른 종명을 붙여서 호모 하이델베르겐시스(*Homo heidelbergensis*), 호모 헬메이(*Homo helmay*)[111] 등과 같은 분류 명칭이 사용되기도 하고 또한 근래에는 호모 플로렌시스 역시 중부 홍적세의 인류 분류명으로 사용되고 있다. 물론 고인류 화석의 연구의 한계로 인하여 개체의 다양성과 종래의 다양성에 대한 엄격한 구분이 어려운 점이 그러한 혼란스러운 상황을 야기하고 있다. 다른 한편으로는 이제까지 고인류의 연구에서도 새로운 화석이 발견되면서 기존의 개념에 맞지 않을 때 기존의 틀을 가지고 분류가 제대로 되지 않기 때문에 생기는 부득이한 현상이기도 하다. 사실 오늘날 살아있는 인류이든 지난 수십만 년 내에 살았던 인류들이건 간에 이러한 인류들을 체질적으로 엄격하게 구분할 수 있는 용어는 아직도 없는 셈이다. 이러한 정황에서 현생인류보다도 더 오래되고 더 긴 시간 속에 드물게 발견되는 고인류 화석들을 정확한 분류기준을 가지고 정의한다는 것은 기적에 가까운 일이라고 할 수 있다. 어떤 특정한 고인류 화석이라고 하더라도 그 완전한 개체로서 나타나는 것이 드물 것이고 그 개체가 가지는 특성이 종의 단계의 특성인지 개인적인 차이인지 또는 현대인의 피부색처럼 당시의 집단이 적응하면서 얻어

---

111 Schartz and Tattarsall 2005.

진 집단적인 특성인지 구분하기가 어려운 것이다. 그래서 조금 다르다고 하더라도 두 개의 다른 개체가 유전자의 교류가 가능하고 또한 그 전수 받은 유전자를 가진 자손 개체가 살아남았을 것인지의 판단이 어려운 것이다. 이러한 점에서는 고인류학적인 설명에서 이러한 분류의 혼란은 피할 수 없는 전제라고 볼 수도 있을 것이다. 그래서 흔히 모자이크로 표현될 수 있는 오래된 것과 함께 새로이 진화된 모습을 가진, 즉 복합적인 특징을 가진 고인류들을 '과도적'이라는 용어로 설명하기도 하는데 이것은 어쩌할 수 없는 부득이한 시도들이라고 할 수 있을 것이다. 그렇지만 그러한 애매한 표현으로서 구분하는 것은 결국 과학적인 논쟁을 회피하게 만드는 방편이 된다는 점에서 문제가 될 수가 있는 것이다. 어차피 생물학적으로 검증될 수 있는 구분이 아니라면 새로운 방법론으로서 종의 정의 기준에 대한 논의가 이루어지는 것이 바람직하다.

이러한 고인류 화석의 분류 논쟁은 유럽에서 지난 반세기 동안 학사를 검증하면 분명해질 것으로 생각되는데 애초에 유럽에서도 호모 에렉투스라는 용어를 사용하여 분류하기도 하였다. 그래서 빌징스레벤(Bilzingsleben), 페트랄로나(Petralona), 뵈르퇴스죌레스(Vertoszollos) 유적에서 나온 인골들을 늦은 시기의 호모 에렉투스라고 분류한 적도 있는 것이다. 그렇지만 후일의 연구에서는 페트랄로나를 두 개의 다른 종간의 과도기적인 것으로 평가하기도 하였다.[112] 그리고 이러한 시도와 함께 과거의 용어들로 회귀하는 것을 반대하는 입장을 표명하였다. 그러나 오늘날 새로이 과거의 용어, 즉 하이델베르그 또는 네안데르탈 등의 용어가 호모 속의 종명으로 널리 사용되게 된 것이다. 일부 학자들은 이러한 혼란을 피하고자 '단계 Grade'라는 용어를 사용하여 독일의 마우어 화석인류나 또는 잠비아의 캅웨(Kabwe)화석을 단계1로 하고 예를 들어서 이스라엘의 스쿨이나 캅제 동굴에서 아온 고인류 화석을 단계3으로 구분하려는 시도도 하였다.[113] 그러나 그러한 분류법 역시 세부적인 특성들이 중복 없이 완전히 진화적인 순서로 단계를 구분하기란 어려운 일일 것이고 부분적으로 나타나는 연계성을 가지고 판단하는 경우에 단계를 구분하기가 쉽지는 않을 것이다. 오늘날 서구학자들에 의해서 널리 사용되는 호모 하이델베르겐시스라는 종명은 대단히 애매한 것이다. 그런데도 오늘날 중부 홍적세뿐 아니라 상부 홍적세의 인류화석들을 구분하는데 보편적인 용어로 사용하고 있는 셈이다. 특히 유럽의 현생인류 이전의 고인류 화석들을 호모 하이델베르겐시스(*Homo heidelbergensis*)와 호모 네안데르탈렌시스(*Homo neanderthalensis*) 등으로 구분하는 시도가 흔하게 보이는 것이다. 그리고 오래되었지만 애매한 경우를 호모 안티세서(*Homo antecessor*)라고 분류[114]하기도 한다. 동아시아에

---

112 Stringer et al 1979.

113 Wood and Lonergan 2008.

114 Bermúdez de Castro 2017.

서 출토된 화석의 경우에도 달리인이나 진뉴산인 같은 고인류 화석의 경우에 하이델베르크인이라는 명칭으로서 설명하는 경우도 생겨나고 있다. 하이델베르겐시스라는 용어는 아프리카 지역에서 약 5~60만 년 전에 호모 에렉투스에 이어지는 진화단계로서 이후에 유럽지역으로 확산하고 네안데르탈인의 조상이 되었다고 보는데 아시아지역에서는 고형의 호모 사피엔스나 진보형의 호모 에렉투스를 대치하는 용어로 사용하는 셈이 된 것이다. 그러나 동아시아지역의 중부 홍적세 후반의 호모 집단들과 아프리카 유럽의 것들과는 뚜렷한 차이가 있어서 그리 간단하게 그 용어를 받아들이기는 어렵다. 단지 그만큼 지역 내의 변이도 심하고 또한 지역 간의 변이 역시 분류가 단순해질 수 있을 정도로 간단하지 않다는 사실이다.

그래서 이제까지 제기된 '고형의 호모 사피엔스' 또는 '호모 하이델베르크인' 등등 여러 가지의 용어와 분류의 문제를 해결하기 위해서 그 방안을 고민하지만 별다른 대책은 없는 듯하다.[115] 차이가 많은 특징을 가진 화석들을 하나의 종으로 묶는 것도 부담이지만 지역마다 다른 종으로 구분하는 것이나 엄청나게 긴 시간 속에서 나타나는 인류들을 하나의 종으로 분류하는 것 그리고 약간의 다른 특징을 복합적으로 가지는 것들에 대해서 '과도기'라는 용어를 종명 앞에 세워서 분류하는 것도 비과학적인 과학이라고 할 수 있다. 오히려 일부 학자들이 제안하듯이[116] 두개골의 용량이나 시간적인 범주를 가지고 구분하는 것이 오히려 단순하고 혼란을 없앨 수도 있을 것이다. 한편으로는 지리적인 범주에 아종을 설정하는 것도 제기하기도 하지만[117] 이것은 오늘날의 인종적인 구분을 상기시키는 점이 있어서 이 또한 비과학적인 분류의 시도라고 볼 수 있을 것이다. 물론 종내에서의 구분이 필요한 것은 사실이지만 동일한 환경 내에서도 나타날 수 있는 다양성에 대해서는 거시적인 진화, 즉 종 단계의 진화와 혼란이 일어나지 않도록 설정하지 않으면 지속해서 오해가 반복될 것인데 화석 인류종에 대한 생물학적인 검증이 될 수 없다는 점에서 방법론적으로 어찌할 수 없는 한계다.

아시아의 호모 에렉투스나 이와 유사한 시기의 화석들은 오래된 특질과 새로이 진화된 특질들이 혼합된 대단히 다양한 양상을 보이지만, 전반적으로 두개골이나 턱뼈들이 유럽과 아프리카의 것들보다도 더욱 두꺼워지는 경향을 보인다는 것이 제기되고 있다.[118] 그리고 두뇌 용적도 큰 편에 속하는데 이러한 것은 결국, 플로렌스의 경우에는 예외적이기는 하지만, 일반적으로 몸집이 컸을 것이다. 그런데 최근의 일련의 연구에서는 저우커우뎬

115 Bae, C. 2010.

116 Tattersall 1986.

117 Howell 1999.

118 Anton 2003.

호모 에렉투스의 인골은 아마도 추위에 적응한 고인류의 특별한 형태라고 보는 경향도 있다.[119] 중국의 남부지역, 즉 난징 부근에서 출토된 허센인 등과 같은 고인류 집단은 자바인과 상대적으로 더 가깝다는 것을 보여주고 있기 때문이다. 특히 자바에서 출토된 인류화석들은 오래된 것이건 비교적 후대의 것이건 간에 상호 간에 상당히 공통점을 보이는 반면에 중국의 저우커우뎬 화석과는 차이를 보이는 것은 지속해서 확인되고 있는 점이다.[120] 그렇지만 이 두 집단이 각기 다른 종의 위치에 있다고 보기에는 아직도 확신이 하지 않는 것도 역시 공통적인 견해이기도 하다.[121]

아시아의 고인류, 현재 호모 에렉투스, 고형의 호모 사피엔스, 데니소반 등은 전 기간을 통해서 상대적으로 다양성을 가지고 있는 것은 틀림없는 데 이러한 다양성이 결국 각 고인류 간에 어떠한 진화적인 관계를 맺게 되는지, 그 이유는 무엇인지를 판가름하는 데 어려움이 되고 있다. 그러한 인골화석의 형태적인 다양성이 같은 종의 성적인 차이인지 또는 집단이나 개별적인 차이인지 그리고 생물학적인 종의 계통이 다른 집단인지 등등의 질문은 지속할 것인데 이것은 이제까지의 연구 경과를 보면 다양성이 후대로 가면서 줄어드는 데 결국 자료의 양이 아직도 부족하다는 것을 말하고 있다. 많은 논문에서 고인류 화석의 특성을 하나의 종으로 구분하려고 하는 경향이 많고 고유한 이름을 붙이려는 경우가 많은 것이 사실이다. 그러한 경우에 독립적인 진화를 많이 거론하게 되어 결국 다양한 종 명칭이 존재하게 된 결과로 보인다고 할 수 있다. 여하간에 궁극적으로는 이러한 상황에서 이러한 다양성 사이에 계통성이 성립되기 어렵기 때문에 현생인류의 도래를 밝혀내는 과정에 어려움이 있게 되는 것이며 다른 한편으로 더욱 흥미로운 논쟁이 기다리고 있다. 중부 홍적세는 아시아의 인류 진화가 대단히 복잡한 양상으로 전개되는 시기이다. 특히 중부 홍적세의 후반으로 갈수록 다양한 고인류 진화적인 자료들이 나오고 또한, 그 연대측정이나 비교적인 특성이 새롭게 나타나는 것을 볼 수가 있다. 결국 어떻게 명확하게 정의하기보다는 앞으로의 연구의 진행을 방해하지 않게 애매함으로써 현실적인 문제를 제기하고 연구의 방향을 다변화하게 만들어가는 것이 현시점에서 필요하다고 생각된다. 그런데 왜 그러한 다양한 종들이 나타나게 되고 또한 그 이면에는 어떤 종이 홍적세의 어느 세상에서 사라지게 되는가의 문제에 대한 설명들에 대해서는 많은 설명이 없는 편이다. 다만 기후변동이 중요한 변수[122]로서 특정한 고인류의 적응효율을 더 높였고 또한 오래된 종의 특징들은 그 환경에 적응하는 것이 어려웠을 것이라는 추정이 일반적일 따름이다.

---

119 Kidder and Durband 2004.

120 Weidenreich 1951.

121 Anton 2002, 2003; Baab 2010; Kaifu et al 2008; Kramer 1994, etc.

122 Raia et al. 2020.

3.2 아시아지역의 환경 변화와 적응

아시아지역에서도 여러 형태의 고인류들이 나타나고 지역적인 차이가 보이는 것은 결국 각 지역에서 적응하는 과정도 그러한 화석적인 특징을 형성하는 데 기여하였을 것이다. 그리고 같은 종이라고 하더라도 오늘날 보듯이 체격적 특성이나 유전적인 특성이 달라지는 것을 보면 환경이 표현 형질에 크게 영향을 줬을 것은 틀림없을 것이다. 그렇지만 그것이 종 단계 또는 항구적인 표현형질인지 또는 일시적인 적응에서 나타나는 형질인지의 구분은 다시 논해야 할 주제이다. 아시아지역의 다양한 환경을 고려하고 또한 다루는 시간이 수십만 년이라는 기간을 다룬다는 점에서 형질적인 차이가 있는 것은 당연하다고 짐작할 수 있다. 그렇지만 형질과 환경과의 관련의 논의는 간단하지는 않다. 특히 동북아시아지역은 인간의 생존을 위해서는 분명히 극복해야만 하는 환경의 제한조건, 즉 겨울의 기온 등이 있었을 것이고 이것은 분명히 문화적인 적응으로 극복하였겠지만, 체질적인 변화도 있었을 것이다. 이러한 체질적인 변화는 오늘날 모든 생물이 버그만의 법칙과 같이 위도와 환경조건에 따라서 달라지는 체질을 생각하여 본다면 좀 더 그 가능성을 이해할 수 있을 것이다.

하부 홍적세 기간의 기후변화는 4만 년 주기로 나타난 것으로 알려져 있고 또한 이 기간에는 춥고 더운 기후의 폭이 그리 크지 않았던 것으로 알려졌다. 그런데 중부 홍적세의 환경 대변화는 대체로 98만 년 전에서 64만 년 전 사이에 일어났다. 이 시기에는 추운 기후와 따뜻한 기후의 차이가 더욱 두드러진 것으로 할 수 있다, 60만 년 전 이후의 시기부터는 지구환경은 대체로 10만 년 주기로 춥고 더운 기후가 교대로 일어나게 되었는데 따뜻한 기후는 짧고 추운 기후가 길어서 따뜻하고도 습윤한 기후는 지난 60만 년 동안이 대체로 10~20% 정도의 기간에 지나지 않았을 것이다. 오늘날 드러난 증거를 말한다면 MIS 6 (200~125ka) 동안 특별히 추운 기후였다. 아시아의 어느 지역을 막론하고 그러한 지구환경의 변화가 영향을 미치지 않은 곳이 없을 것으로 보이는데 이것은 저위도 지역에서도 마찬가지였을 것이다. 중국의 남부 고원지역에서도 얼음이 얼었던 흔적이 있고 또한 자바나 중국의 북부지역에서도 강수량이 현격히 줄어든 것을 알 수 있다. 아마도 이 당시에 고인류 거주의 북방 한계선이 대체로 북위 40도 선이었을 것으로 보이는데 이 시기에는 중국의 북부지역에서 황토의 퇴적이 하부 홍적세보다 현격히 증가하는 것을 볼 수 있다. 그리고 이 시기에 동지나 해안이나 자바 등의 동남아시아의 섬들이 있는 지역은 대륙붕의 노출과 침수가 반복적으로 일어났던 시기이기도 한 것이다.

확장된 기후변동의 폭에서 중부 홍적세의 고인류들은 이들이 살았던 환경이 줄어들고 확장되는 것을 경험하였을 것이다. 고인류들의 인구밀도와 분포양상도 이에 따라서 변화하였을 것이다. 그래서 기후가 춥고, 건조하게 되어 어느 특정한 지역에서 제한조건이 두드러지게 악화하면 살 수가 없게 되어 공백으로 남게 된다. 그러한 양상을 가장 잘 보여주는 곳이 오늘날의 타지키스탄인데 이 지역에서는 인류의 서식이 따뜻하고 습윤한 기후 아래에서만 이루어진 것으로 나타난다. 이러한 양상은 아마도 정도의 차이가 있었다고는 하지만 아시아의 많은 지역에서 일어났을 것으로 추정된다. 중국의 북부나 심지어 동남아시아의 내륙지역도 그러한 영향을 받았을 것이다. 이러한 상황에서 오늘날 중국의 북부지역에서 고고학적인 증거들이 지속해서 나타나기는 하지만 아마도 인류의 서식은 따뜻한 기후에서 주로 일어났을 가능성을 제기하기도 한다. 이러한 설명의 근거는 그러한 상황이 고고학적으로 관찰되는 것이 바로 아시아지역뿐 아니라 영국과 같은 섬에서도 주기적으로 빙하기 동안 사람이 살지 않는 섬으로 남아 있었다는 것[123]을 보면 아시아지역에서도 기후의 변화에 따라서 인류의 거주 범위나 방식 그리고 이동이 크게 변화하였을 가능성을 알 수 있다고 보는 것이다. 이러한 점은 결국 고인류가 석기의 사용이나 옷이나 집과 같은 보온용 기술들이 어느 정도 구비되었다고 하더라도 추운 환경에서 만들어지는 생태환경의 열악한 부양 능력을 극복하기는 어려웠을 것이다. 그러나 한편으로는 이러한 문제는 인류의 진화적인 단계에 대해서 충분한 이해가 없기에 나타나는 가설일 수가 있을 것이다. 다시 말해서 어느 정도 고인류들이 적응할 수 있는 지적인 능력의 평가나 고고학적인 자료의 불균형성에 대해서 면밀한 검토가 선행되는 것이 당시의 상황을 보다 확실하게 만들 수 있을 것이다. 다른 한편으로는 그러한 것을 알아내기 위해서 고고학적인 연구가 다양한 자료를 토대로 추론을 만들어 내는 것이기도 하다. 여하간에 상당한 시간 동안 고인류들은 추운 기후에도 살아남을 수 있는 조건이 있는 핵심지에서 살았을 것이고 이 지역에서는 다른 지역과의 교류가 끊어진 상태로 있었을 것이다. 일종의 난민이었던 셈이며, 타 집단과 유전자의 교류나 확산은 극히 제한되었을 시나리오의 가능성도 충분히 있을 수 있다. 만일 추운 기후 아래에서 고인류들이 환경이 비교적 좋은 좁은 구역 속에서 몰리게 되었다면 어쩌면 고든 차일드의 농경과 목축이론에서 오아시스가 설의 모델처럼 다양한 종의 고인류가 좁은 지역에서 상호 유전자의 상호 교류가 있었을 가능성도 생각해 볼 수는 있을 것이다. 오늘날 화석종간의 유전자 교류의 가능성이 크게 높아지고 있는 시점에서 어떻게 교류가 시작되었을 것인지에 대한 하나의 모델이 될 수는 있을 것이다.

123 Ashton, N., & Lewis, S. 2002; Candy 2011.

3.3 고인류 이동 루트

유라시아 대륙에서 초기 호모들은 동으로 빠른 속도로 동으로 확산하였는데 그 확산의 경로에 대해서는 아직도 듬성듬성 있는 자료를 토대로 추정을 할 수 있을 따름이다. 고인류 화석 유적들이 아시아 대륙의 서와 동의 양 끝 단에 있지만, 중간 지역에서 확실한 방향 표시등이 없는 셈이다. 그래서 자연적인 조건과 우리가 추적할 수 있는 시기의 인간 이동을 토대로 추정할 수밖에 없을 것이다. 그렇다면 무엇이 인류의 이동과 접촉에 장애가 되었던가? 당연히 결정적인 생존의 조건을 만드는 수분과 기온이었을 것인데 건조하고도 추운 기후로 인한 식생 환경의 변화일 것이다. 아프리카를 나와서 서아시아를 경유하여 동아시아의 중국 북부까지 오는 길은 두 개가 있을 수 있다. 하나는 흔히 북부로(northern route)라고 이름 지어진 중앙아시아를 거쳐서 시베리아를 가로질러서 오는 길인데 텐산산맥의 북부 고비사막을 거치게 된다.[124] 이 길은 중앙아시아 - 시베리아 알타이 - 몽골지역은 기후나 환경이 대단히 열악한 편이다. 특히 영하 섭씨 수십 도에 이르는 겨울은 거의 움직일 수 없는 정도의 추위가 있는 곳이다. 그래서 결국 마지막 간빙기 이전에는 이보다 북쪽 지역에는 고인류의 서식이 어려웠을 것으로 생각된다. 최초로 시베리아의 고위도에 분포하는 추운 동토 지역을 통해서 확산한 것은 아마도 발달한 인류인 호모 사피엔스 단계에서 석인석기를 들고 지나간 사람들이었을 것이다. 그러나 중부 홍적세의 기록은 아직은 불완전하여 호모 에렉투스나 고형의 사피엔스 단계에서는 시베리아 - 몽골 지역에서 동으로 이동했었던 흔적이 극히 드물다고 보아야 할 것이다. 중앙아시아의 남쪽 지역에 오늘날 실크로드라고 부르는 통로가 서아시아와 동아시아를 연결하고 있는데, 바로 티베트의 북쪽과 곤륜산맥을 연결하는 선으로서 타클라마칸 사막과 오르도스 고원으로 연결되는 길이다. 이 지역의 사막과 산악지대가 이어지고 있어서 중앙아시아와 중국의 북쪽 지방과의 연결은 중부 홍적세 이후에는 기후가 온난화하는 시기의 대단히 짧은 시간 동안 가능하였을 것으로 추정되며 대부분의 시간 동은 사람이 다니기 어려운 길이었다고 생각하고 있다. 이러한 환경적인 조건 속에서 현재 제시되는 중앙아시아의 중부 홍적세의 유적들이 중부 홍적세의 고인류 확산에 어떤 의미를 부여할 것인지는 앞으로 조사 결과에 따라서 그 과정에 대한 설명이 달라질 것이다.

남아시아를 경유하는 길, 흔히 남부로(southern route)는 아프가니스탄에서 오늘날 파키스탄을 통하여 동으로 이동하는 길이 있고 다른 한편으로 이란 지역에서 파키스탄으로 넘어오는 길이다. 이 모두 높은 고원지와 건조한 지역을 지나게 되는 것이다. 그런데 서

124 Derevianko et al 2020.

아시아지역에서 인디아 지방으로 가장 유망한 길은 아마도 해안을 따라서 이동하는 길일 것이다. 그리고 그러한 해안 길들은 아마도 빙하 시기 동안은 노출된 대륙붕이 확장된 해안 평원을 만들어서 인류의 이동을 더욱 가능하게도 만들었을 것이다. 그런데 인도 대륙에서 동남아시아로 연결되는 방글라데시나 벵갈 연안 지역에서는 히말라야 고산지에서 내려오는 큰 강의 엄청난 유로 퇴적이 쌓여 있음을 볼 수 있는데 이러한 퇴적상황으로 판단한다면 이 지역은 오래된 고인류의 흔적을 발견하기는 어려운 지형적인 조건이다. 분명히 고인류들은 이 지역을 횡단하여 동으로 이동하였음이 틀림없겠지만 그 흔적을 찾기는 어려운 것이다.[125] 왜냐하면 설령 유적이 남겨지더라도 이어지는 하천에 의해서 반복적으로 후대의 퇴적물로 피복되든지 또는 침식되어 사라지게 될 것이기 때문이다. 흔히 강 하류에 형성되는 습지로 인하여 살기가 어려웠을 것이라는 주장도 있지만, 오히려 유적의 퇴적 후의 과정에 작용한 것으로 보아야 할 것이다. 그렇지만 오늘날 그 이동에서 발견되는 초기 호모의 유적들을 본다면 분명히 이 지역을 지나갔을 것으로 보아야 하는데 어쩌면 빙하시대에는 몬순이 약해지고 북쪽 산지에 빙하가 널리 발달하게 되어 강의 유로가 많이 축소되고 오히려 더 좋은 환경으로 바뀔 수도 있었을 것이지만 아직도 그러한 지구 환경적인 증거들이 알려지지 않고 있다.

동남아시아지역은 호모 에렉투스의 출현으로 분명히 하부 홍적세 이른 시기부터 고인류들이 서식하고 있었음이 밝혀졌다. 이 지역은 열대기후가 지속하는 것으로 생각하고 있지만, 현재 여러 지점의 화분 분석 결과 식생의 변동은 상당한 규모가 있었다는 것이 확인되었다. 또한 동물상의 변화도 기후변동과 관련하여 나타난 것을 알 수 있다. 그렇다고 하더라도 이 지역이 시베리아처럼 추워서 인간의 거주가 어려운 지역으로 볼 수는 없다. 다만 홍적세 동안의 기후변동으로 인한 강우 패턴의 변화로 인하여 건조해져서 밀림에서 개활지로 바뀌는 등의 식생 환경이 변화[126]하여 그 고인류의 거주패턴이 변하였을 것으로 추정할 수 있다. 그런데 이 지역은 엄청난 규모의 대륙붕이 이 지역에 분포하는 섬들 사이에 있어서 빙하 시기가 되면 드러난 대륙붕이 인류의 서식에도 좋은 장소이었을 것이고 또한 이동통로서의 역할도 하였을 것이다. 그런데 어느 정도의 섬들까지 확산하였는가는 아직도 확신하기는 어려울 듯하다. 다만 플로레스섬에서 발견된 늦은 시기의 호모로 미루어 보건대 상당한 기간 그 지역에 살았을 것을 예측된다.

그런데 동남아시아 해안지역으로 이동을 한다고 하더라도 결국 동북아 지역으로 확산하는 길은 오늘날 베트남과 중국의 윈난성(云南省)이나 광시성(广西省) 등의 지역을 경유해서 동북 상하는 것이 현재로서는 가장 유력한 통로일 것이다. 이 지역에서는 중부 홍

125 Hazarika 2012.

126 Heaney 1991.

적세 유적들이 확실한 것들이 별로 없지만, 그래도 최근에 베트남 안케 유적의 경우는 그 가능성이 높다고 판단 된다.[127] 현재로서는 비교적 확실한 연대를 추정할 수 있는 중부 홍적세 초기의 유적이기 때문이다. 동남아시아의 대륙 쪽의 지형은 티베트고원으로 연결되는 산맥이 남북종주형으로 되어 있어서 동서 방향의 이동이 불가능하지는 않지만 쉽지는 않았을 것이다. 이러한 이동의 방향은 현생인류 단계에서도 유용한 것으로 알려져 있고 실제 현생인류의 오래된 화석의 분포가 뒷받침하는 것으로 미루어서 이전 단계에서도 분명히 이 지역을 통해서 동북방향으로 이동하였을 것으로 추정할 수가 있을 것이다. 오늘날 중국 대륙 지역에서 북상하는 과정에서 친링산맥이 중요한 경계가 되는 셈인데 이 산맥을 경계로 남쪽과 북쪽의 기후조건이 크게 달라지기 때문인데 실제로 동물의 이동에서도 경계지역이었다. 이 일대에서 추운 시기의 동물상과 더운 시기의 동물상이 교차로 나타나는 것을 알 수 있고 더운 시기의 동물상은 친링산맥의 북쪽 산록에서도 일시적으로 나타나는 경우가 있기 때문이다. 서해 연안 지역에서도 분명히 해안 통로를 따라서 북상하였을 것으로 추정되지만 많은 유적이 발견되지 않은 것은 반복되는 기후변동으로 인하여 유적의 부존 조건이 좋지 않았기 때문으로 보인다.

동아시아로의 인류의 이동 루트가 북쪽이 주요한 것이 아니라 남쪽이라고 생각되는데 그 이유는 아무리 기후가 온난해진다고 하더라도 북쪽 루트에서는 산악지역과 건조지대 또는 초원이 지속해서 나타나고 그 식생의 부양 능력이 크지 않기 때문에 한계환경 속에서 문화적인 적응능력이 부족한 것으로 보이는 단계에서 고인류의 출현 빈도가 클 수가 없을 것이다. 그렇지만 남쪽 지역은 기후의 변동에도 불구하고 기온이 어느 정도 유지가 되고 자원이 풍부하여 인간의 거주에 훨씬 유리한 환경이었을 것이다. 그래서 고인류가 지속해서 서식할 수 있는 환경인 셈이다. 그래서 결국 동남아시아의 대륙 지역에서 고인류의 화석이 희귀하다고 하여 이미 하부 홍적세 초기에 나타날 수 있었던 고인류가 그 이후에 끊어진 것으로 할 수 없을 것이다. 또한 자바에 보이는 고인류가 말레이반도나 태국 등지의 지역에 존재하지 않았다고 보는 것은 인간의 확산방식을 고려할 때 맞지 않는 것이다. 일반적으로 동물들은 환경 조건이 맞다고 하면 확산하지 못할 이유가 없는 것이고, 확산한 이후에는 어느 정도의 환경 변화를 감내하고서라도 적응을 통하여 일정 기간 지속성을 유지하게 되는 것이다. 허베이(河北) 지역이나 한반도 지역의 중부 홍적세의 동물상에서 나타나는 아열대성 요소들의 경우에서도 그러한 경향을 볼 수가 있다. 그래서 중부 홍적세 기간에 고인류들이 연속된 동일한 환경에 확산하여 있었다고 가정하는 것은 논리적으로 타당한 것으로 생각된다.

---

127 Derevianko 2018.

그러한 고인류의 확산과정에서는 동남아시아의 해안지역을 통과하여 중국의 서남부를 통해서 북상하였을 가능성이 크며 서해 연안의 저평지대가 훨씬 그 가능성이 높았을 것이지만 유적이 드물다는 점이 있다. 여러 면에서 거주 환경이 좋은 지역임에도 불구하고 유적이 많이 보이지 않는 것은 바로 이 지역이 기후변동과정에서 침식이 빠르게 진행됨으로써 오래된 유적들의 변형이 반복되거나 남아 있기가 어려웠을 것이기 때문이다.

3.4 동아시아지역에서 호모 진화의 문제점

중부 홍적세 기간에 아시아지역에서 인류 진화는 어떻게 일어났는가? 중부 홍적세 기간은 지역적인 고인류 진화를 이해하는데 대단히 의미심장한 시기이다. 이 시기는 아마도 당시의 고인류의 인구나 분포범위가 늘어나서 다양성이 증가하여 오늘날 계통연구에 풍부한 자료가 있다고 볼 수 있는 시기이다. 아시아 이외의 다른 지역의 경우에도 보면 중부 홍적세에 들어오면서 새로운 인류의 출현을 볼 수 있다. 예를 들어서 유럽에서도 호모 안테세서(*Homo antecessor*), 호모 세프라넨시스(*Homo separanensis*), 호모 하이델베르겐시스(*Homo beidelbergensis*) 등의 인류가 나타나고, 이러한 고인류 그룹들을 하이델베르겐시스로 묶어서 부르고 있고 궁극적으로 네안데르탈인으로 이어진다고 생각하는 사람이 많다. 아프리카 지역에서도 호모 로데지안(*Homo rbodesian*)이나 앞서 언급된 호모 헬메이 등으로 명명된 고인류종들이 이어서 나타나는 것을 볼 수가 있다. 그렇다면 아시아지역에서는 어떠한 상황이었고 '어떤 인류가 진화하였을 것인가?' 그리고 '언제 그러한 변화가 일어났는가?' 등의 질문이 이어질 수밖에 없을 것이다. 다양한 고인류 화석종들이 설정되고 또한 진화의 과정에 대한 다양한 학설들이 제기되고 있다는 점에서 항상 떠오르는 시니컬한 질문은 '우리는 얼마나 알고 있는가?', 그리고 '다양한 학설을 제시하고 있는 고인류학자들 각기의 결론이 얼마나 신빙성을 가지고 있는가?' 등이라고 할 수 있다. 아마도 오늘날 자료의 증가 규모와 비교연구의 확산과 상부 홍적세에 나타나는 현생인류의 정보가 늘어감에 따라서 과거보다는 훨씬 진전된 설명을 볼 수가 있지만, 어쩌면 새롭게 등장한 현대인 그리고 상부 홍적세의 고인류들의 유전자 정보의 해석에 따르는, 아직도 해석의 난맥은 완전히 제거되기가 어려운 실정이다. 고인류의 화석 속에 남아 있는 조각난 정보들이 아직도 고인류학자들의 시선을 혼란하게 하며 보려고 하는 기준에 따라서 다양한 학설이 제기되지만, 다른 증거에 의해서 의문이 제기되는 상황이 이어지고 있는 셈이다.

그런데 아시아지역에서 호모 에렉투스가 어떻게 진화하였을까? 그리고 어떠한 과정을 거쳐서 현생인류, 즉 호모 사피엔스가 출현하게 되었을까? 현생인류에 앞서 살고 있던 아시아의 고인류들의 역할과 새롭게 확산하여 오는 고인류의 종들과의 관계는 무엇인가? 이러한 일반적인 질문에 변화를 설명하기 위해서 등장할 수 있는 고인류종이 바로 이 책에서 뭉뚱그려서 구분하게 되는 고형의 호모 사피엔스(archaic *Homo sapiens*)들이다. 다수의 중국의 고인류학자들은 초기의 호모에서 지역 진화를 일으킨 것으로 주장하기도 한다.[128] 다수의 학자가 중국의 고형의 사피엔스는 유럽과 아프리카의 동시대의 것들과는 현저하게 다른 양상을 가지고 있다는 점을 토대로 이 지역의 호모 에렉투스가 아시아지역에서 지속해서 살고 있었고 외래 고인류가 확산하여 왔어도 흡수되었을 것으로 보는 것이다.[129] 이러한 견해에서 근거로 제시되는 것이 동아시아지역에서 고형의 사피엔스들은 머리가 낮다든지 또는 얼굴이 짧고 중심부의 돌출이 심한 편이라든지 등등의 특징으로 다른 지역에서 나타나는 동시대 인류들과는 뚜렷이 구분된다고 보고 있다. 동아시아의 중부 홍적세의 기후는 대체로 더욱 춥고, 건조해지고 따라서 식생의 변화가 기후변동 주기에 따라서 크게 달라지지만 결국 따뜻하고 습윤한 기후는 대단히 짧은 주기로 나타나고 추운 기후가 길게 나타났던 시기이었기 때문에 호모 에렉투스의 확산과 진화에 큰 영향을 미치고 있었다고 할 수 있다. 특히 북쪽의 중앙아시아와 고산지역의 북쪽과 둘러싸인 지형에서는 건조한 사막이 확산하여 인류가 서식할 수 없는 환경으로 변화하였고 중국의 북부지역의 황토지대가 확장되었던 것이다. 심지어 열대에서도 기후주기에 따른 환경 변화로 숲에서 개활지가 늘어나는 현상이 화분분석 결과 보이는 것이다. 이러한 환경 변화는 호모 에렉투스들이 지역 진화를 하도록 만들었고 오늘날 흔히 고형의 호모 사피엔스라고 부르는 고인류 화석들이 나타나게 된 이유가 환경적인 배경으로 보려고 하는 것이다.

그런데 지역 진화가 일어나는 것은 당연한 과정이겠지만 그러한 진화가 '어느 정도 종을 재구성하는 단계까지 갈 수 있는가?'의 문제는 앞으로도 지속해서 논의되어야 할 과제이다. 여하튼 간에 중국지역에서 발견된 이 시기에 속하는 다수 고인류 화석의 계통성을 논하는 것은 이 시기의 인류 진화의 양상을 이해하는 데 대단히 중요한 일이다. 특히 고형의 호모 사피엔스라고 분류되는 화석 인류들의 특성을 잘 이해하는 것은 당시의 진화적인 패턴을 인지하는 단서가 될 수 있다. 여기에는 고형의 사피엔스로 분류되는 북쪽 지역에서 발견된 다리인(Dali man)이나 진뉴산인(Jinniushan man) 그리고 중국의 남부 그리고 동남아시아와 같은 지리적인 범주에 속한다고 보는 마바인(Maba man)들이 대표적인 사례가 될 수 있을 것인데, 이들이 나타나는 시기인 중부 홍적세의 후반부의 한랭한 기후변화가 두드러지고 환경이 악화한다는 점에서 이들도 아마도 환경이 비교적 좋은 지역에 집중하게 되었

---

128 Wu an Poirier 1995.

129 Wu and Poirer 1995; Pope 1992; Etler 2004.

고 그러한 과정에서 지역 진화가 나타났을 가능성을 제기하기도 한다.[130]

그러나 지역 진화라는 설명과는 완전히 다르게 보는 시각도 있다. 호모 에렉투스의 진화와는 별개로 중부 홍적세에 중국지역의 고형의 호모 사피엔스로 분류되는 것들이 호모 하이델베르겐시스와 유사한 점이 많고 또 다른 한편으로 과도기적인 체질적 그리고 연대적인 중복성 때문에 이 시기에 새로운 인류가 유라시아 서쪽으로부터 확산하였을 것으로 보는 견해이다.[131] 과거에는 중국의 고형 사피엔스들은 턱뼈에 송곳니 구멍이 있다는 점에서 다른 계통의 인류로 이해하여 왔지만, 스페인의 그란 돌리나(Gran Dolina)에서 나온 호모 안티세서 화석의 경우에는 그러한 특징을 가지고 있어서 이것이 유라시아 동서의 차이가 아니라는 설명이고, 또한 중국의 고형의 사피엔스가 머리가 좁아지는 경향이 보이는 것도 결국 이 시기의 유라시아적인 특징이어서 이 두 그룹을 구분할 할 필요가 없을 것이라는 설명도 있어서 지역 진화의 가능성을 그대로 받아들이기는 어려운 것이다. 다시 말해서 지역 진화로 인하여 종이 달라질 수는 없다는 주장을 암시하고 있는 셈이다. 다른 한편으로서 이러한 공통된 특징들이 반드시 선후 관계를 말하는 것은 아닐 것이고 공동 조상에서 유래되어 다른 지역에서 별도로 나타날 수도 있을 것이다. 결국, 같은 시대의 고인류의 화석에 대해서 같은 점과 다른 점이 공존하는 현상에서 어떤 특정한 특질이 공통된다고 하더라도 서로 다른 특징들에 대한 설명이 충분히 이루어지지 않으면 그 논란은 여전히 남게 되는 셈이다. 그래서 아직도 동아시아지역의 호모의 진화과정에 대해서는 두 가지의 대립적인 학설, 지역 진화설 vs 호모 신종확산설이 가지는 타당성을 검증하여 나가는 과정이 필요한 것이다.

동남아시아의 중부 홍적세 기간의 호모 에렉투스의 진화는 더욱 미궁에 빠져 있는 셈이다. 오늘날 인도네시아 지역에서 호모 에렉투스가 마지막으로 출현한 것이 중부 홍적세의 말기라고 알려졌는데 사실 현재 드러난 증거로 볼 때 현생인류의 출현과는 상당한 시간적인 갭이 있는 셈이다. 그리고 동남아시아지역에서 호모 에렉투스가 출현한 이후 거의 150만 년 이상 동일한 단계의 호모가 살았다는 것은 이해하기가 힘들다. 실제로는 상당한 정도의 체질적인 차이가 보이는 것이 사실이다. 아마도 여기에서도 우리가 알지 못하는 지역 진화가 있었을 것이고 또한 새로운 고인류 집단이 단속적으로 이동하여 와서 혼합되었을 것이다. 다만 그러한 변화들이 가지는 진화적인 의미를 충분히 해석하지 못한 탓일 수도 있을 것이다. 그래서 실제로 인도네시아의 고인류 화석들을 시기와 두개골의 용량에 따라서 삼 단계로 구분하여 설명하려고 하지만 이러한 특성이 다른 특성과의 관계가 불분명하고 또한 단계의 개념을 종으로서 볼 수는 없을 것이다. 특히 중부 홍적세의 말 또는 상부

130 Howell 1999.

131 Groves and Lahr 1994; Rightmire 2004.

홍적세의 초기 단계에서 나타나는 솔로강변의 응앙동, 응아위 그리고 삼풍마찬 유적의 고인류 화석들을 묶어서 호모 솔로엔시스라고 부르기도 하는 것은 결국 호모라고 묶어서 설명하기는 하지만 거의 200만 년 동안에 보이는 그 형질적인 차이가 크다는 것을 의미하는 셈이다. 이러한 단계별 분류 역시 중부 홍적세 기간에 진화한 양상을 명확히 보여주는 것이며 그러한 지역 진화를 아직도 우리가 확실한 근거를 가진 분류 정의로 확립하지 못하고 있음을 말하는 것이다. 그래서 호모 에렉투스의 중부 홍적세 기간의 후속적인 진화를 읽어내기 위한 노력을 지속하고 있는 것이다. 여하간에 동남아시아지역의 고인류들이 중부 홍적세 기간에는 그 속도가 느리기는 하지만 다른 지역의 고형의 사피엔스와 마찬가지의 단계로 지속적인 진화를 해 왔던 것으로 보아야 할 것이고 앞으로 종래의 다양성과 종간의 차이들을 토대로 분류가 새롭게 이루어지는 것이 필요할 것이다.

상부 홍적세 장에서 설명되겠지만, 한편으로 체구가 작아서 호비트(hobbit)라는 별명[132]을 가진 호모 플로렌시스는 인류 진화의 과정과 패턴의 이해에 대해서 상당히 심각한 의문을 제기하고 있다. 리앙 부아 유적에서 발견된 두 인류화석이 모두 키가 1미터 조금 넘는 크기이고 두개골 용적이 380cc 정도에 그치고 있어서 침팬지 정도의 크기보다 작은 셈이다.[133] 이러한 호모 타입이 현생인류의 단계에 이르는 시기까지 이 지역에서 격리된 환경에서 살고 있었다는 것을 보여주는데 이 집단이 '어떻게 그렇게 작은 체구와 작은 뇌를 가지게 되었던가?'에 대해 많은 논의가 있다.[134] 아마도 호모 에렉투스 라인에서 갈라져 나와서 격리된 채로 지역 진화를 한 것으로 생각[135]하기도 하고 다른 한편으로는 이 집단은 아마도 그 이전의 인류에서 갈라져 나와서 오랫동안 독립적인 진화를 한 것으로 생각하기도 하는 것이다.[136] 여하간에 현재로서는 동남아시아지역에서는 현생인류가 나타나기 이전에는 호모 에렉투스가 들어와서 지속적인 진화를 하여 다양한 단계의 호모 에렉투스가 살았다는 것이 오늘날의 관찰이다. 애초에 플로렌시스가 발견된 지점인 리앙 부아에서 70킬로미터 떨어진 곳에서 플로렌시스의 것으로 판단되는 이빨이 발굴되었는데 70만 년 전으로 밝혀졌다.[137] 플로렌시스는 그 모습만큼이나 아시아의 인류 진화 과정에서 새로운 수수께끼를 던지고 있는 셈이며 아시아의 인류 확산이 생각보다 더 오래될 수 있다는 점을 암시하고 있는 것일 수도 있다. 그런데 최근에 필리핀의 현생 화석인류에서 유사한 형질이 발견되어 동남아시아에 널리 퍼져 있던 고인류의 하나일 수도 있을 것이다.

---

132 Aiello, 2010.

133 Brown, 2004.

134 Kubo et al. 2013; Junger et al. 2009.

135 Jungers and Baab 2009.

136 Argue, et al. 2017.

137 Brumm, et al. 2016.

중부 홍적세 기간의 네안데르탈인의 조상의 동진 범위에 대해서도 논란이 많다. 특히 근래 네안데르탈인의 유전자가 현생인류에 남아 있고 또한 데니소바인과도 유전자가 공유되었다는 사실에서 새로운 가능성이 제기되고 있다. 아마도 이 모두의 조상뻘이 되는 조상 인류가 있었을 것으로 보는 것을 말하는데 네안데르탈은 유럽지역에서 이보다 앞선 고인류, 흔히 언급되는 하이델베르크인에서 진화한 것으로 유럽과 중근동 등 지중해를 중심으로 분포하고 시베리아 지역으로 수차례 확산하여 왔다고 보았다. 이미 중부 홍적세에 동진한 조상되는 집단, 반드시 하이델베르크인이라고 볼 수는 없는 조상 인류, 다시 말해서 현생인류와 네안데르탈인 등으로 갈라지기 이전의 공동 조상 단계에서 확산했을 것으로 보기도 하는 것이다. 그래서 중부 홍적세에 알타이 지역으로 이동하여온 하이델베르크인으로 분류되기도 하는 네안데르탈이나 데니소반의 조상뻘 되는 집단이 누구인지 그리고 어느 시기에 어느 범위까지 확산한 것인지에 대한 의문이 있지만, 동아시아의 중부 홍적세의 고인류의 다양성에 대해 설명할 수 있는 근거를 제공할 수 있을 것이다. 이러한 혼혈의 문제는 결국에는 상부 홍적세 기간에 동아시아지역으로 현생인류가 확산하여 오는 과정과 현생인류의 다양성을 설명할 수 있는 근거를 제공할 것으로 기대되는 것이다.

62.00M
61.00M
60.00M
59.00M
CHONGOKNI
2000
E55S20-Ⅱ
H·Y UNIV.

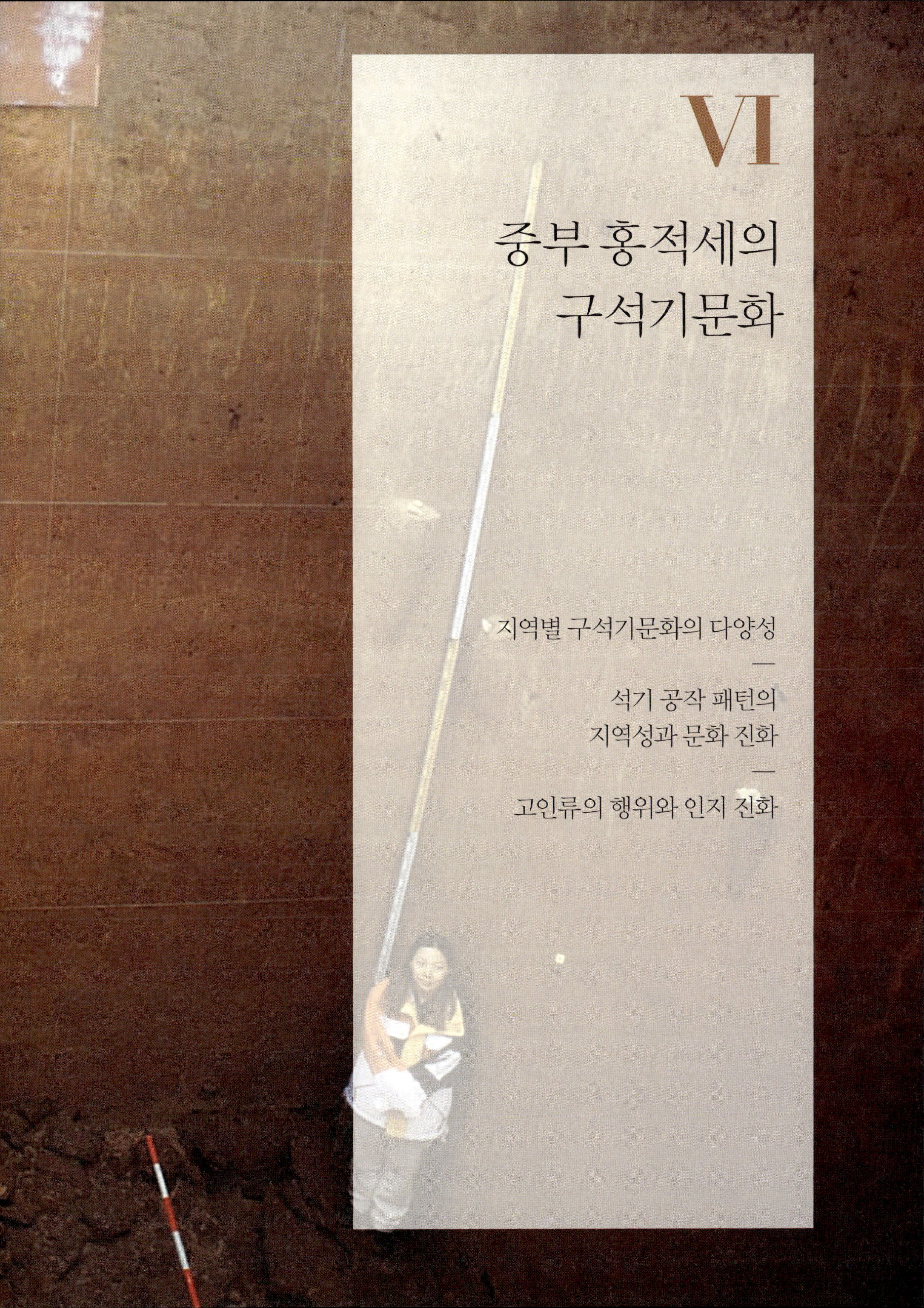

VI

중부 홍적세의 구석기문화

지역별 구석기문화의 다양성

—

석기 공작 패턴의
지역성과 문화 진화

—

고인류의 행위와 인지 진화

1 지역별 구석기문화의 다양성

중부 홍적세 기간에 동아시아지역에서도 석기문화는 지속해서 시베리아 북부 지역을 제외한 전 지역에서 나타난다. 그러나 각 지역 환경에 따라서 시기적으로도 차이가 있을 뿐 아니라 각기 석기의 특성이 다르게 나타나고 또한 빈도 역시 크게 다르다. 그래서 석기문화의 진화과정에 환경적인 조건에 따라서 다른 발전 과정을 거친 것으로 생각될 수 있을 것이다. 그리고 다른 한편으로는 인간의 이동과정이 각 지역의 석기 공작의 패턴에도 큰 영향을 주었을 것으로 보인다. 그래서 석기문화는 인도의 이동 지역에서는 온대와 열대-아열대 지역이 뚜렷이 구분되어 석기 공작의 패턴이 다르게 나타난다. 동아시아지역의 석기 공작의 지리적인 패턴은 아마도 문화 진화의 과정이 인류의 체질적인 진화과정과 어느 정도 부합되는지 또는 다른 패러다임으로 생각하여야 하는지를 보여주는 중요한 거대패턴(big pattern) 증거라고 할 수 있을 것이다.

앞 장에서 언급한 바대로 동아시아지역에서 가장 오래된 석기 공작들은 이미 하부 홍적세 초기 단계에서 나타나는 것으로 보고 있고 고인류 화석이 발견되지 않더라도 초기 호모의 존재를 알려주는 중요한 단서가 되었다. 중부홍적세의 동아시아 석기문화의 패턴에서 가장 중요한 것은 바로 주먹도끼 석기 공작의 양상과 그 분포이다. 이점은 오랫동안 동아시아지역의 석기문화에 대한 논쟁의 핵심적인 과제였다. 그래서 주먹도끼라고 분류될 수 있는 석기들의 형태와 제작기술은 어떤 석기 공작의 명칭 그리고 문화 명칭을 사용하든 간에 각 지역의 석기군들에서 보이는 기술적인 특성과 단순한 형태적인 패턴이 인간문화 진화 과정을 이해하는 데 의미가 있을 것으로 생각된다. 물론 중부 홍적세의 석기 공작에서 미세한 진화를 관찰하기는 대단히 어려울 것은 틀림없다. 기술적으로 단순할뿐더러 또한 유적에 남아 있는 석기 공작이 당시의 고인류 행위를 직접적으로 반영하는 경우가 드물고, 또한 하나의 석기 공작모음 속에서 어느 정도 남아 있는 것인지에 대한 판단이 어려운 것이다. 박편이 몇 점 존재한다고 해서 이것이 '박편석기 공작'이라고 기술적인 정의를 하는 것은 극히 위험한 사고이다. 석핵과 박편은 어느 석기 공작이든 간에 석기 공작 묶음에 공통으로 나타나는 또는 나타나야 하는 필연적인 현상이므로 석기 공작의 기술과정을 충분히 반영할 수 없는 상황에서 유적에 남아 있는 석기군에 대해서 그러한 정의를 하는 것은 문화나 행위의 실체에 접근하는 과정에 오류를 범하기 쉬울 것이다.

중부 홍적세 동안 아시아 각 지역의 석기 공작의 패턴 이해는 주먹도끼를 제외하고는 특별한 기술적인 변화를 읽기는 어려운 점이 있다. 물론 후반부에 일부 지역에서 나타나는 르발르와 기법이 중요한 변화이고 그러한 변화는 고인류의 인지적인 진화 또는 확산을 논할 수 있는 근거가 될 것이다. 르발르와 기법이 중요한 점은 바로 석기 제작의 기획력에 있는데 동아시아의 대부분의 지역에서 확실하게 보이지 않는다는 점이다. 그렇지만 석핵 - 박편 석기 공작이라고 하더라도 그러한 석기 공작의 빈도와 규모 그리고 박편과 석핵의 형태적 요소들에 대한 관찰은 아마도 지역별, 즉 환경의 차이에 따라서 다르게 나타날 수가 있을 것이다. 그리고 석기를 이해하는 데 있어서 아직도 고고학자들이 기준을 세우지 못하지만, 대단히 중요한 것이 바로 석재의 역할이다. 석재는 주먹도끼나 박편의 제작과정에서 볼 수 있듯이 석기의 기술적인 적용을 제약할 수도 있고 최종 형태가 크게 다르게 나타나기도 하지만 다른 한편으로는 인간 인지의 작용과정을 이해할 수 있는 단서가 되기 때문이다. 석재가 석기의 정형성에 크게 영향을 주는 것[1]은 여러 연구나 석기의 지리적인 관찰에서 이미 잘 알려진 사실이다. 왜냐하면 다양한 소재 중에서 선택하는 과정이기 때문에 어떤 의미에서는 적응 전략의 한계를 읽어낼 수 있는 단서인 셈이다. 물론 이러한 특성 중에서 일부는 유적의 형성과정에 따라서 크게 달라질 수는 있겠지만 환경이 다른 각 지역의 적응과정에서 석기의 작용을 이해하는 단서가 될 수 있을 것이다.

1.1 중앙아시아, 알타이와 시베리아, 몽골

중앙아시아의 구석기시대 유적들은 대체로 석기가 원시적인 가공을 보이는 것이 대부분이고 또한 연대가 불분명한 것들이 많은데 이 지역에서 중부 홍적세 이전에서부터 지속해서 인류가 확산하여 왔다는 증거로 인식되고 있다. 몇 군데에서 양면 가공 석기들이 발견되었는데 그중 한 지점으로 카스피해 가까운 지역 있는 양가자(Yangaja) 유적으로 일종의 석기 제작장으로 보이는 유적이다.[2] 이 유적에서 안전한 것들은 아니지만 플린트로 만

1 Andrefsky 1994.

2 Vishnyatsky 1989.

든 몇 점의 양면 가공석기들이 수집되었다. 에센이라는 유적에서도 60여 점의 양면 가공석기들이 발견되었는데 이것들은 쳐트로 만들어진 것들이며 대체로 석기를 만들기 시작한 단계의 것들이다. 카스피해 연안 지역에서는 주먹도끼들이 발견되는 유적이 보고되었으며 아랄해의 연안 지역에서 보인다. 비쉬야츠키에 따르면 아슐리안 후기형 또는 아슐리안 주먹도끼들이 쟈만 아이바트(Jaman Aibat)나 비쉬네브카(Nevshivka) 유적들에서 발견되는데 어느 것도 연대가 정확히 알려진 것들이 없다. 이러한 양면 가공 석기 공작 이외에 찍개나 박편으로 구성된 석기 공작들이 발견되고 있다. 그래서 라노프는 이러한 석기 공작들을 소안 석기의 연장선에서 설명하려고 하지만 실제로 그 연관성이 충분히 입증될 수는 없을 것이다. 왜냐하면 주먹도끼들이 발견되기도 하지만 찍개류를 하나의 문화전통으로 묶는 것은 그다지 의미가 있을 것 같지는 않다.[3] 또 다른 견해로서 주먹도끼들이 산악지역에서는 사용되지 않았을 것으로 보는 견해[4] 역시 자료가 엉성하여 생기는 일종의 과욕의 패턴인지의 가설이라고 할 수 있을 것이다.

이 지역의 양면 가공 석기의 전통은, 아슐리안으로 분류되든 아니든 간에, 카스피해 연안을 따라서 분포하는 것으로 보아서 중근동의 석기 제작 전통이 확산하여 오는 과정에서 나타난 것으로 판단할 수 있을 것이고 그러한 기술이 지역적인 환경과 석재의 불완전성으로 완전하게 발전한 형태를 갖추지 못한 것으로 판단할 수 있을 것이다. 이미 중근동 지역 즉 르반트 지역에서 140만 년 전 우베이디아[5] 이래 80만 년 전 게셰 베노트 야코브(Gesher Benot Ya'aqov)[6]를 거쳐서 지속해서 아슐리안 석기들이 제작되었기 때문에 충분히 카스피해 연안을 거쳐서 중앙아시아지역으로 확산의 시간적인 가능성이 있다. 그리고 타지크스탄과 같이 뢰쓰 분포 지역에서는 아슐리안주먹도끼를 만들 수 있는 좋은 석재를 구하기가 어려운 점도 원시적인 석핵 - 박편 석기 공작들이 있는 압도적인 이유가 될 수 있을 것이다.

중앙아시아와 시베리아

인류의 확산과정에서 큰 기대를 하는 지역이 바로 이 지역이다. 왜냐하면 고인류가 언제부터 추운 기후에 적극적으로 적응하기 시작하였을까 라는 질문이 인류 진화연구에서 제기되기 때문이다. 그래서 러시아 학자들이 그동안 지속해서 이른 시기의 구석기 유적

3 Ranov 2001.

4 Vishnyatsky 1999.

5 Horowizt et al. 1973.

6 Goren-Inbaar et al. 2000.

들을 찾기 위해서 노력하여 왔다. 과거에 뢰쓰 층 속에서 확인된 오래된 것으로 알려졌던 석기 공작들은 그 연대와 출토상황이 불분명한 것들이 많았다. 최근에 엄청난 뢰쓰퇴적이 쌓인 타지크 분지에서 석기들이 수습되었다. 이 지역은 두꺼운 황토퇴적 속에 황토퇴적과 고토양층이 교대로 나타나는데 그중 가장 오래되었다고 알려진 구석기 지점이 쿨다라(Kuldara) 유적인데, 브르네스 마투야마 지자기의 경계 이전의 것으로 밝혀져서 적어도 78만 년 전 이전의 것으로 주장된 바 있고,[7] 88만 년 전에서 95만 년 전으로 알려졌다. 그런데 이 황토 퇴적층에서 조정 타격 면을 가진 것으로 주장되는 석핵이 475~530k 연대를 가진 층에서 나타나고 있다. 이 지역의 석기 공작들은 일정한 정형성을 가진 것들은 극히 드물고 불규칙하고 원시적인 특성을 가지고 있다. 그리고 쿨다라의 석기들도 아주 작은 것들이 많은 것이 특징이며 좁은 지역에서 수습되었으며 어떠한 구조도 관찰되지 않았다.[8] 이와 유사하지만 좀 늦다고 판단하는 것이 카라투 문화이다. 그러나 이러한 유적들은 아직 연대측정의 문제와 유적의 형성과정에 대한 분석이 더 필요할 것으로 판단된다.

페르가나 계곡의 셀운구루(Sel'Ungur) 동굴유적의 경우에는 가장 잘 조사된 유적으로서 올도완 석기들이 보고되었다. 그러나 한편으로는 이 동굴에서 확인된 주먹도끼나 가롯날도끼 등의 석기 공작으로 미루어서 인도 등지의 아슐리안 공작과도 유사한 것으로 보기도 하고[9] 또한 근동의 우베이디야의 최하층의 올도완 석기 공작과 통하는 것으로도 주장되는 유적으로 생각하고 중앙아시아에서 가장 오래된 석기 공작으로 생각하기도 한다. 그런데 이 유적에서 4000점이 넘는 동물화석들이 수습되었는데 사슴, 소, 호랑이, 하이에나, 말, 코뿔소 등등의 동물들이 포함되어 있다. 이 동굴의 연대는 알려진 절대연대치에 대한 신뢰도가 높지 않은데 동물상으로 미루어서 중부 홍적세 이후로 보고 있다.[10] 그러나 이러한 석기 공작제작기술을 토대로 분석한 결론은 여러 가지 오래된 특성이 있기는 하지만 이 지역에서 가장 이른 시기의 중기구석기 공작으로 생각하고 있다.[11] 최근 새롭게 이루어진 재조사에서 TL연대가 112+/-19ka가 얻어졌는데 이것은 과거의 우라늄 시리즈의 연대보다도 좀 늦은 것이다.[12]

시베리아 알타이 지역에서 1960년대 초 일찍이 울라링카(Ulalinka) 유적이 발견되어 당시로서는 연대측정이 어렵기 때문에 발견된 역석기들을 전기, 중기 그리고 후기 구석기

---

7 Ranov et al. 1995; Davis and Ranov 1999.

8 Davis and Ranov 1999; Ranov and Schaffer 2003.

9 Islamov 1990.

10 Markova 2013.

11 Krivoshapkin et al. 2018.

12 Viola & Krivopshapkin 2012; Krivoshapkin et al. 2020.

등의 연대를 추정 한 바 있었다.[13] 이 석기유적은 시베리아의 고인류의 이른 시기의 확산을 보여주는 중요한 증거로 제시되었다. 오늘날 가장 중요한 유적으로 생각되는 데니소바 동굴의 하부층에서 발견된 중기구석기 공작은 MIS8에 해당하는 것으로 보고 있는데 중부 홍적세의 후반에 해당하는 30만 년 전경이다.[14] 이 시기의 석기 공작에는 르발르와 기법이 보이고 또한 평행 박리흔이나 방사형 박리 흔을 가진 석핵들이 포함되어 있다. 이러한 석기들은 상부층의 석기들과는 다르다고 보고 있는데 이와 같은 시대로 보이는 석기 공작은 부근의 우스트 카라콜 유적이나 카라 봄 그리고 아누이 유적 등에서도 발견되는데 또 한 차례, 즉 중부 홍적세 동안의 고인류의 이동을 보여주는 것으로 생각하고 있다. 중부 홍적세에 시작된 알타이 지역의 중기구석기 공작은 지속해서 이어져서 결국 상부 홍적세의 후기구석기 공작으로 연결되는 것으로 본다.

몽골

몽골의 전기구석기시대에 속하는 석기 공작들은 그 연대가 아직도 불명확한 점이 많지만 적어도 찍개류나 주먹도끼류의 석기들이 발견된 지점들이 있다. 이러한 석기 지점들은 수습된 석기들의 형태적인 관점에서 전기구석기로 분류하고 있다.[15] 특히 서남 몽골 지역의 콜로볼치(Kholobolchi) 유적에서 수습된 찍개류의 석기들이나 울란 노르(Ulan Nor) 유적에서 수습된 제스퍼제의 석기들이 이러한 범주에 속하는 것이다. 그런데 원시적인 주먹도끼 공작이라고 부를 수 있는 석기들이 동몽골의 사인스반드(Sainsband) 지역에서 오클라드니코프에 의해서 수습된 것이 있는데 아프리카의 역석기와 유사하다고 평을 하고 있다.[16] 이러한 석기들이 바간 올기(Bagan Olgii) 유적이나 차간 아구이(Tsagaan Agui cave) 등 고비와 알타이 지역의 지점들에서 수습되는데 석기의 형태나 표면의 상태로 보아서 상당히 오래되었을 것으로 추정하고 있다. 그런데 비교적 최근에 이루어진 조사에서 고비 - 알타이 지역에서 원시형의 주먹도끼들과 함께 르발르와 기법이 발견되었는데 이러한 석기 공작들이 카자흐스탄지역에서도 보여서 아슐리안 - 르발르와형 석기 공작으로 부르고 있다.[17] 몽골 - 미국 - 러시아 공동조사팀이 조사한 치킨 아구이의 유적은 13개의 지질층 내에 두꺼운 문화층이 발견되었는데 여기서 발견된 전기구석기층으로 구분된 것이 중앙아시아지역에

---

13 Okladnikov & Pospelova 1982.

14 Shunkov et al 2020.

15 Gunchinsuren 2017; Jubert 2015.

16 Okladnikov 1978.

17 Derevianko et al 2002.

서 가장 오래된 구석기문화층으로 생각하고 있다.[18] 이 층의 연대를 러시아 팀이 토양을 가지고 75만 년 전에서 80만 년 전으로 측정하였지만, 그 연대의 정확성은 입증된 바가 없다.

아슐리안형의 석기들이 수습된 지점으로서 바로 둔드고브 주의 구르반사이칸에 있는 야크 산 유적이다. 이 유적은 캠프유적으로 보이는데 많은 양의 석기들이 수습되었다. 석기중에는 조정된 타격 면을 가진 석핵, 박편으로 만든 큼직한 칼, 긁개 등이 포함되어 있는데 황색의 제스퍼석재를 사용해서 만든 것들이다. 이 석기 공작 중에는 첨두형의 양면 아슐리안 주먹도끼가 포함되어 있는데 유로아프리칸 석기와 형태적으로 근사한 것이다. 이 석기는 그 형태로 미루어서 아마도 네안데르탈 이전의 오래된 석기 공작으로서 몽골에서는 가장 오래된 석기 공작일 가능성이 있다. 양면 가공 주먹도끼가 수습된 다른 유적으로서 야크 카이칸이 있는데 이러한 증거들은 몽골이 유로아프리카형의 아슐리안 석기 전통이 확산하여 온 것으로 생각하기도 한다.[19] 그런데 몽골에서는 데레비안코와 체벤도르지가 이끄는 조사단[20]이 많은 지점에서 구석기를 발견하였다고 하는데 이 중에는 전기로 표시된 것들이 있지만, 아직도 그 시기를 명확하게 할 근거는 충분하지 않다.

1.2 남아시아

인도 대륙의 중부 홍적세의 구석기 유적에 대한 조사는 아마도 세계 각 지역의 구석기조사 가운데서 가장 일찍이 그리고 가장 많이 조사된 지역의 하나일 것이다.[21] 특히 인도 남부의 홍시 바이크발(Hungsi Biakbal)계곡의 유적들에 대한 조사는 대단히 정밀하게 조사되었다. 그리고 인디아의 구석기 고고학적인 연구에서 가지는 장점은 풍부한 민족지적인 자료가 있다는 점이다. 자원의 활용방식과 식료채집기술 그리고 토지의 이용방식과 물질문화 등에 대한 조사가 많이 진행되어 고대인들의 행위 복원에 큰 참고가 된다는 점이다. 그런데 인도지역의 구석기 연구가 좀 지체되는 것은 이 지역에서 고인류 화석이나 동물화석 등이 중부 홍적세부터 나오는데 그 내용이 대단히 빈약하다는 점에서 큰 주목을 받지 못하였다. 나르마다 강변에서 수습된 고인류 화석의 경우에도 연대가 불확실한 것 등이

18 Derevianko et al. 2000.

19 Dorj 1977.

20 Tsevendorj 1975, 1979.

21 Mishra 2006.

또한 약점이 되었다. 특히 연대측정이 취약한 유적들이 많아서 편년의 수립이 어렵다는 점도 치명적인 약점이다.

초기구석기시대의 유적들은 대체로 제4기 퇴적층이 넓게 발달한 곳에서 집중적으로 발견되는 반면 데칸고원지대와 같이 기반암이 노출이 심한 지역에서는 드물게 나타난다. 이러한 정황은 이 지역이 침식이 지속해서 이루어지는 지역이었기 때문에 나타나는 현상이라고 할 수 있다. 그리고 인도 갠지스 유역에서는 상부 홍적세의 이후의 하천퇴적물로 덮여 있어서 몇 학자들이[22] 제기하듯이 이 시기의 유물들이 발견될 가능성이 없다. 인도의 북부지역의 시와리크 지질층들이 분포하는 유적 중 상당히 후대의 층들에서 아슐리안 석기들이 발견되는 것은 분명히 오래전에 형성된 퇴적물이 재퇴적되면서 후대, 심지어 홀로세의 퇴적물에 유입된 것으로 보고 있다.[23]

초기 구석기시대의 석기 공작은 이미 모비우스 이론에서 익히 알려진 바와 같이 아슐리안 석기 공작과 소안(Soan) 석기 공작으로 크게 나누어진다고 할 수 있다. 소안 계곡의 석기들이 발견된 것은 이미 20세기 초, 테라와 패터슨에 의해서 발견된 것들이 있었는데 이 소안석기 공작들은 아슐리안 석기들과 같은 시대라고 생각[24] 되기도 하였지만 오늘날에서는 인도 대륙의 북쪽 지역에서 많이 노출되는 자갈들을 이용하여 만든 석기 공작으로서 시대도 아슐리안보다는 후대의 것으로 생각하는 것이 보통이다. 그래서 인도 북쪽의 이러한 석기 공작들을 이 지역의 환경에 적응한 문화라고 보기도 하는 것이다.[25] 그러나 인도 지역에서는 이 지역의 고유명사로서 석기문화를 논하는 경우가 있는데 마에데비안 석기 공작은 아프리카의 올도완에 해당하는 것으로 명명되었지만 아직도 불확실한 점이 많다. 그리고 두카르디에서 수습된 석기 공작의 경우에는 두르카디안이라는 용어로서 서술하고 있지만 이 역시 올도완적인 성격이라고 할 수 있다. 그런데 이러한 석기 공작들은 자갈층에서 수습된 것이 많아서 그 퇴적기원이나 석기의 판정에 한계가 있을 수밖에 없을 것이다. 어떤 경우에는 홀로세에 만들어진 것들도 포함되었을 가능성이 제기되는 것이다.[26] 그러나 이러한 유적들은 연대가 없기 때문에 편년적인 위치가 불분명하다고 할 수 있다. 그리고 인도의 북부지역, 즉 스와리크 지질층이 분포한 지역에서 발견되는 소안니안으로 분류된 석기들과 아슐리안으로 분류된 석기들은 기원된 층서의 구조로 미루어 시기가 다른 것으로 추정하고 있다.[27]

---

22 예를 들어서 Dennel 2007; Mishra 2015.

23 Mohapatra and Singh 1979.

24 Dennell & Rendell 1991.

25 Chauhan 2009.

26 Soni ad Soni 2012.

27 Lycett 2007; Chauhan 2007.

아슐리안은 고르게 분포하고 있는 것은 아니지만 인도지역의 전기구석기의 특징적인 석기 공작이다. 이것은 문화의 연속성으로 보아서 근동이나 아프리카 지역과의 관계가 깊다고 할 수 있다. 다시 말해서 아프리카의 아슐리안 석기 공작이 확산하여 온 것으로 보는 것이 일반적인 견해이다. 아슐리안 석기 공작들은 북동의 인도에서 남서쪽에 이르는 지역에서 발견되고 있음을 알 수 있다. 인도지역에 있어서 아슐리안 석기 공작이 확인된 것은 19세기의 말에 팔라바람(Palabaram)과 아트람파캄(Attirabatikam) 유적에서 발견되기 시작하였고, 인도의 남서부에 있는 아트람파캄 유적에서는 최근의 조사 결과 적어도 100만 년 이전, 즉 150만 년 전의 연대도 가능한 것으로 알려졌다.[28] 이 외에도 인도에서는 적어도 60만 년 전 이전에 해당하는 아슐리안 유적들이 여러 지점에서 발견되고 있는데[29] 시기에 대해서는 아직도 불확실한 점이 있다. 인도의 아슐리안 석기 공작에서 보이는 석기유형은 주먹도끼, 가롯날도끼 등의 전형적인 것 이외에도 양면 가공의 찍개, 긁개, 첨기, 다각면원구, 구형석기 등이 포함되어 있다. 대체로 석재는 그 지역에서 나오는 것을 사용하고 있는데 데칸지역에 있는 빔베트카(Bimbetka) 유적에서는 규암이나 석영암제가 사용되었고 훈수기 유적에서는 석회암이, 그리고 키르키 유적에서는 화산암이 사용되었다. 넓은 대륙이어서 지질이 다르기 때문에 다양한 석재를 사용하지만 아슐리안적인 특성은 잘 나타나고 있음을 볼 수 있다. 그런데 석재의 질이나 또한 돌망치를 사용한 제작이기 때문에 석기가 정교하지는 않은 편이라고 할 수 있다. 특히 주먹도끼나 가롯날도끼 등은 거칠게 다듬은 것들이 많은 편이다. 이것은 이 지역에서도 르발르와 기술이 발달하지 않았기 때문이라고 보는 견해도 있다.[30] 이러한 석기 공작이 발견되는 지점들로서는 싱이 탈라브, 치르키, 훈수기 그리고 안고와디 등이 있는데 주먹도끼, 가롯날 도기 등의 아슐리안 석기들도 몸통이 두껍고 원표면이 그대로 남아 있는 부분이 크고 첨두형이 많은 편이라고 할 수 있다.

그런데 이보다도 발달한 아슐리안이 발견되는 유적들로서 빔베트카 유적 그리고 라이젠의 지점들에서 나온 것들은 주먹도끼보다는 가롯날도끼들이 많은 편인데 연질망치를 사용하고 르발르와 기법을 알고 있어서 석기가 훨씬 발달한 모습을 하는 것을 볼 수 있다. 그래서 석기가 훨씬 날씬하게 생기고 옆의 날들도 고르게 다듬어진 모습을 보인다. 주먹도끼들은 타원형이거나 삼각형으로 생긴 것 또는 코디형이 있는데 다수가 박편으로 만든 것들이 이전 단계보다도 훨씬 많아진다. 그리고 긁개나 첨기 등이 공반되는 경우가 많다.[31] 그런데 궁극적으로는 절대연대가 별로 없기 때문에 대체로 아슐리안 단계의 후기로

---

28 Pappu et al. 2011.

29 Gailjard et al. 2010.

30 Misra 1989.

31 Paddaya 1984.

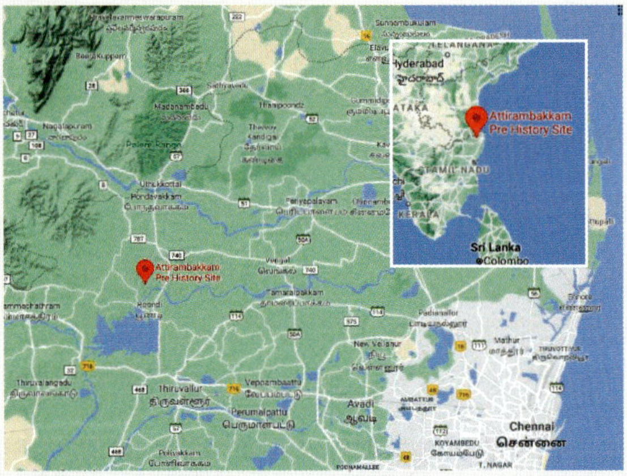

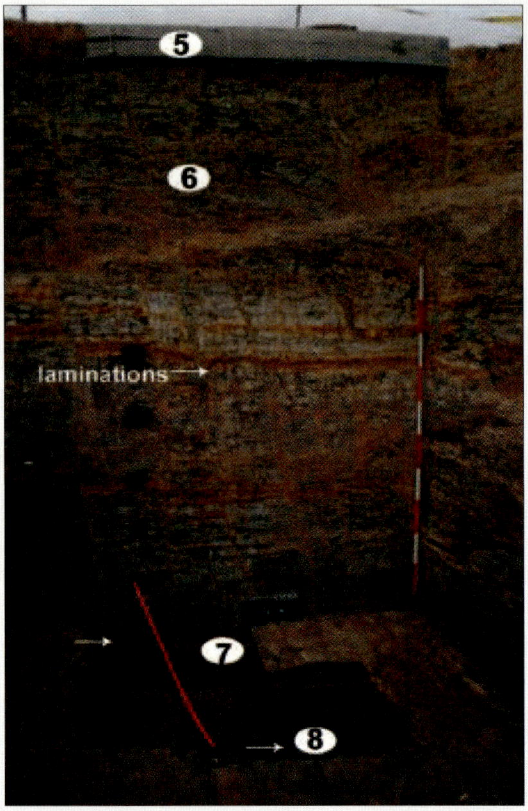

도판 20 인도 첸나이 부근 아트람파캄 유적 위치, 유적 현장과 아슐리안 주먹도끼

보지만 이러한 형식적인 구분을 가지고 편년을 하는 것은 위험하다는 지적도 있다.[32] 그리고 일반적으로 주먹도끼와 가롯날도끼와 함께 석핵이나 박편 등이 출토되지만 그 비율은 유적마다 지점마다 다양하게 나타난다. 대체로 주먹도끼가 비교적 흔하게 나타나는 것이 보통이지만 가롯날도끼가 더 많은 비율을 가지고 나타나는 것이 바로 치르키, 훈수기, 라이센 그리고 빔베트카 2층 등의 유적이다. 인도에서도 양면 석기가 압도적으로 많이 나타나는 유적들이 있는데 무드누르 3층의 경우에는 석기의 100%가 바로 양면 석기인 반면 남인도에서 잘 알려진 아트람파캄 유적에서는 1.4%에 지나지 않는다. 이러한 다양한 비율이 나타나는 것은 여러 가지의 이유가 있을 것이다. 근본적으로는 유적의 기능이 다르다고 할 수 있지만 다른 한편으로는 유적의 형성과정의 차이도 큰 역할을 할 수 있을 것이고 또한 샘플의 방식에 따라서도 그 구성이 달라질 수 있을 것이다. 그런데 인도의 중부 홍적세의 석기 공작이 아슐리안 주먹도끼나 가롯날도끼가 중심이 되고 그러한 대형석기 공작에서도 시간적 또는 기능적인 다양성이 보인다.

오늘날의 파키스탄 지역의 소안계곡에서 발견된 석기 공작들은 테라와 패터슨에 의해서 가장 일찍이 확인된 석기 공작들이다.[33] 이 지역의 석기 공작들은 주먹도끼가 없이 주로 석핵과 박편을 중심으로 하여 원시적인 모습을 가지고 있는데 대단히 제한된 가공을 보여주는 것들이다. 그래서 영국의 클락토니안(Clactonian) 석기 공작들과 비교하기도 한다. 이 지역의 석기 공작에 대해서 일찍이 테라와 패터슨이 이 지역의 단구면 퇴적상황과 연결하여 편년을 시도한 바가 있지만 두드러진 기술적인 변화를 보여주는 것은 아니었고 다만 산록지에서 발견되는 이러한 테라스 이전의 석기 공작들을 대단히 이른 시기의 것으로 판단하고 민델(Mindel) 빙기의 것들로 간주하였는데 이러한 석기들이 산록지의 자갈퇴적물에서 나오고 있어서 자연적인 산물로 보기도 한다.[34] 하여간에 테라와 패터슨의 발견물들은 결국 나중 1940년대에 모비우스가 유라시아 대륙의 초기 석기 공작들의 패턴을 구분할 때 찍개 문화로 분류되었던 것이다.

그런데 지난 20세기의 80년대에 이루어진 조사에서 이 지역의 층서가 하천퇴적층으로서 역층이 존재하는 것이 아니고 히말라야의 융기로 인해서 사면붕적으로 이루어진 지층임을 밝혀내고 이것은 일찍이 테라와 패터슨이 주장하듯이 민델 빙기의 퇴적물이라고 볼 수가 없다는 것이 확인되었다.[35] 결국 소안석기 공작이라고 하는 것이 전혀 중기홍적세의 양면핵석기가 없는 석핵과 박편석기 공작이라고 할 수가 없는 것이다. 이와 유사한 석

---

32 Petraglia 1998.

33 Terra and Paterson 1939.

34 Stiles 1978.

35 Dennel and Rendell 1991; Dennel 1995b.

기 공작들이 히말라야의 산록지의 여러 지점에서 수습되는데 거의 양면 석기가 없는 석핵과 박편석기들로 구성되어 있는데 자연적인 박리의 의해서 이루어진 것들도 많이 포함되어 있다. 그래서 다수의 학자는 소위 소안석기 공작으로 분류되는 이 지역의 석기 공작들은 아슐리안 이후에 오는 중기구석기적인 성격을 가진 것으로 보고 있다.[36] 이러한 상황으로 보면 아직도 소안 계곡의 구석기문화는 불확실한 점이 많은 것으로 보이며 지질의 형성과정으로 미루어 본다면 초기의 석기들은 거의 발견될 가능성이 희박한 지역으로 판단되는 점이 있다.

사실 중기구석기 공작들도 애매한 점이 많다. 인도지역에서도 르발르와 기법과 원반형석핵가공기법이 보이기는 하지만 그다지 확산한 것은 아니어서 기술적으로 아슐리안 단계와 중기구석기단계를 구분하기가 쉽지가 않다. 그러나 중기구석기로 구분된 석기 공작에는 르발르와 기법이 나타나고 수량이 많지는 않지만 아슐리안 주먹도끼나 가롯날도끼가 있다. 그리고 이러한 석기들도 작아지는 경향은 있다. 그래서 마지막 간빙기 이전의 중기구석기시대의 석기 공작들은 작고 빈도가 낮기는 하지만 아슐리안과 비슷한 양상의 석기구성을 가진 것들이 나타나는데 대체로 단순하고 다듬어진 석기가 작은 것이 전반적인 특징이다. 이러한 석기 공작들은 아마도 오래전에 이미 지적된 바와 같이 나무 등의 다른 재료를 가지고 도구를 제작하는 데 사용하였기 때문이라고 생각되기도 한다.[37] 인도의 중기구석기 공작의 시작 연대에 대해서는 대체로 현생인류의 확산과정이 시작되는 마지막 간빙기, 즉 125ka로 보는 것이 다수였지만 최근에 상당히 올라가는 것으로 주장되는데 중부 홍적세의 후반, 385+/-64ka,을 제시하고 있다.[38]

아슐리안 석기 공작

인도지역은 일찍부터 아슐리안 석기들이 발견되는 것으로 보고되어 모비우스에 의해서 이상스럽게 나누어진 지역이다. 왜냐하면 이 지역에서 아슐리안 석기군과 찍개 석기군이 지역을 나누어 존재한다고 생각하였다. 여하간에 인도대륙의 아슐리안 문화는 흔히 유럽 아프리카와 연결되고 그 동쪽의 끝에 해당하는 것으로 생각하는 것이 일반적인 경향이었다. 그래서 아시아 구석기를 모비우스 라인으로 분리할 때 인도 이동의 선이 비스듬하게 그어지게 된 것이다. 그렇지만 오늘날의 연구의 입장에서 보면 다양한 석기 공작들이 각 지역에 섞여 있고 또한 그 문화적인 연속성을 확인할 수가 없음에도 문화 현상을 거칠

---

36 Chauhen 2007; Lycett 2007.

37 Isaac 1986.

38 Akhilesh et al. 2018.

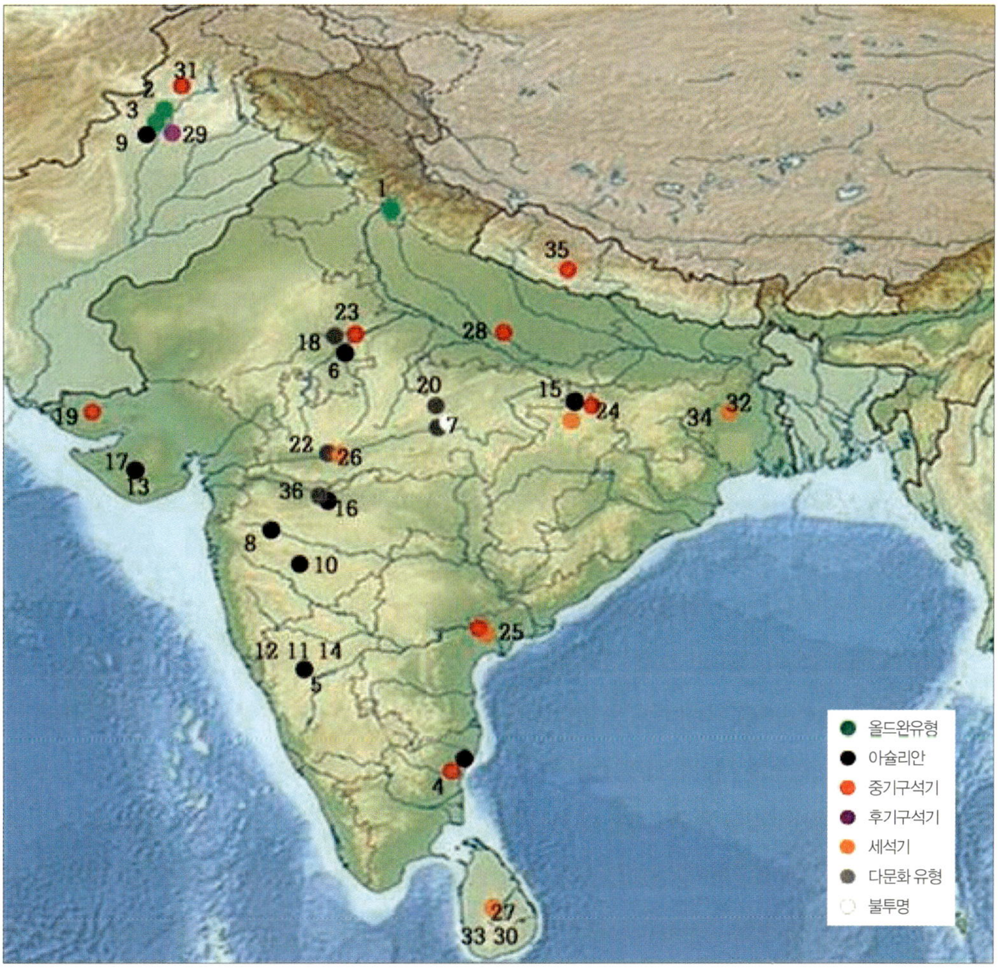

●	올드완유형	1, 2, 3
●	아슐리안	5, 6, 8, 9, 10, 11, 12, 13, 14, 15, 16, 17
●	중기 구석기	4, 19, 23, 24, 28, 31, 35
●	후기 구석기	29
●	세석기	25, 26, 27, 30, 32, 33, 34
●	다문화 유형	18, 20, 22, 36
○	불투명	7

1 마오술
2 리와트
3 파비 힐
4 아트람파캄
5 이삼푸르
6 싱비 탈라브
7 단시
8 모르가온
9 디나 와 자라푸르
10 치르키 네바사
11 사다브
12 테기할리
13 움레티
14 칼데반할리
15 파트파라와 밤부리
16 보리
17 아디 챠디 와오
18 16R
19 산다하브
20 빔베트카 바위그늘
21 네크자르 쿠르드
22 두르카디
23 카타오티
24 다바
25 즈왈라푸람
26 메타케리
27 파 히엘 레나 (스리랑카)
28 칼피
29 사이 55 (파키스탄)
30 키툴가라 베리 레나 (스리랑카)
31 상하오 동굴 (파키스탄)
32 카나
33 바타돔바 레나 (스리랑카)
34 마라데베라
35 아르준 3 (네팔)
36 파트네

도판 21
인도의 주요구석기유적 분포

게 지역적인 패턴으로 구분하는 무모함을 보여준 것으로 할 수 있을 것이다. 모비우스가 구분한 인도 지역의 전기구석기시대의 분포패턴은 결국 다른 지역의 석기 공작의 패턴을 이해하는 데에 중요한 참고가 될 수 있을 것이다.

인도의 아슐리안은 앞에서 언급한 바대로 유럽과 아프리카의 연속 선상에서 있는 것으로 판단하고 중근동 지역의 아슐리안 문화가 전파되어 온 것으로 보는 것이 타당할 것이다. 그렇지만 인도 지역에서는 연대를 알 수 있는 석기 공작이 별로 없어서 오랜 기간 동안 그 시작 연대에 대해서 대체로 50~60만 년 전의 중부 홍적세로 생각하여온 것이다. 실제로 그러한 범주의 연대측정치가 있었지만, 최근에는 저평가된 것이라는 주장이 제기되었다.[39] 최근에 얻어진 연대자료들이 획기적으로 올라가는 것이 있는데 그것은 바로 아트람파캄 유적의 출현 때문인데 이 유적은 앞서 언급한 바대로 적어도 1.0MA 이전의 하부 홍적세 동안 시작된 유적으로 보는 것이다. 이외에도 아슐리안 석기 공작이 발견된 유적으로는 치르키(Chirki) - 네바사(Nevasa), 보리(Bori), 모르가온(Morgaon), 라리푸르, 싱 타라브, 아나그와디, 훈수기, 에디아푸르 그리고 이삼푸르 등이 있다. 그중에 이삼푸르 유적에서는 ESR연대가 1.2Ma로 측정된 바 있다.[40] 그렇지만 대부분의 아슐리안 유적들의 연대는 강 퇴적층의 상대적인 연대로 추정한 것이 대부분이어서 연대에 대한 논란은 지속할 것으로 보인다. 대체로 연대를 중부 홍적세의 중후반의 연대로 설정하고 있지만, 추정의 근거에 한계가 있어서아직도 새롭게 얻어진 연대치를 제외하면 아직도 불분명한 것들이 많다.

아슐리안 석기 공작 속에는 주먹도끼나 가롯날도끼 등과 함께 당연히 박편들과 망치돌이 포함되어 있다. 그런데 초기의 아슐리안 유적들에서 보이는 주먹도끼들은 대체로 첨두형이 많은 데 그중에서는 중국의 소위 '대형첨상기'로 구분할 수 있는 것들이 있다. 이러한 후기 아슐리안 주먹도끼들은 측면을 양면으로 가공하여 자르는 날이 발달하고 있는 것이 초기와 다른 점이고 후기 아슐리안 주먹도끼들은 결국 유럽의 전형적인 아슐리안 주먹도끼들과 유사한 양상이라고 할 수 있다. 인도지역의 전기적인 양상은 동아시아 주먹도끼 공작들의 일반적인 패턴과 통하는 것으로 볼 수 있다. 인도 지역의 후기 아슐리안의 주먹도끼 공작은 애초에 완성된 석기로 발견되었다기보다는 성형된 다음에 지속해서 사용하면서 그러한 형태를 얻게 되었다고 보는 주장도 있다. 다시 말해서 석기의 모양이 사용 초기와 실제로 마지막 버려지는 단계에서 각기 그 형태가 달라질 수 있다는 의미이다. 그리고 이 시기에는 대형첨상기 형태의 석기들은 사라지는 것을 볼 수 있다.

39 Dennel 2011; Gailhard et al. 2010.

40 Paddayya et al. 2002; 2015.

타르사막의 아슐리안 유적들

인도 아대륙의 서북지역에 있는 타르사막에서 발견된 여러 지점의 석기 공작이 의미가 있는데 아마르푸라(Amarpura) 지역의 자얄, 싱이 타라브(Singi Talav) 그리고 16R 모래언덕 유적이다. 자얄 유적은 아마르푸라 층군에 속하는 것으로 판단되는데 낮은 에너지의 흐름에 의해서 퇴적된 층에서 95점의 아슐리안 주먹도끼를 포함하는 석기들이 몇 개의 다른 층에서 수습되었다.[41] 이 석기군에서는 아직도 르발르와 기법은 보이지 않으며 대체로 거친 규암제 석재로 만든 것들이 대부분이다. 이 유적에서 석기의 모양들이 석재에 따라서 현격히 차이가 나는 모습을 보이는데 다각면원구나 구형석기 등등의 석기들은 거친 석영암제로 만들어진 것을 볼 수가 있다. 특기할 사항은 이 지점에서도 중국의 저우커우뎬 제1지점에서 발견된 것과 같이 4점의 수정이 반입된 점이다. 이 점은 이 유적의 기능을 암시하는 유물이기도 하다. 유적의 층중에서 석회화된 층의 하부에서 얻어진 ESR연대는 80만 년 전으로 알려졌다.[42]

싱이 타라브 유적에서 3킬로미터 정도 떨어진 16R 모래언덕 유적에서도 중기 및 후기구석기층 아래에서 아슐리안 석기들이 수습되었는데 300여 점의 아슐리안 주먹도끼들이 포함되어 있다. 이 주먹도끼들은 몸통이 두껍고 삼각형의 첨두형이거나 타원형의 평면을 가진 것들인데 그 제작기법은 아슐리안 시기 중에서 오래된 것으로 보이지만 정확한 연대치가 없기 때문에 구체적인 연대를 알기는 어렵지만, 현재 얻어진 자료를 토대로 본다면 중부 홍적세에 시작된 것이며 상부층이 중기구석기로 연속되는 것으로 판단하고 있다.[43] 여하간에 이러한 정황으로 미루어서 타르사막 지역에서는 지점에 따라서 환경이 변하면 집단들이 자리를 잡고 살았을 것으로 추정할 수가 있을 것이다. 그리고 앞서 언급된 두 지점의 아슐리안 주먹도끼들의 형태적인 비교에서 보면 이 지역 내에서도 아슐리안 석기들이 조금씩 변화하는 것을 알 수가 있다.

중부 지역

중부지역에서 아슐리안 유적들이 집중된 곳은 바로 데칸고원 지역이다. 현무암이 기반암인 지역인데 퇴적층이 발달하지 못하는 지질구조이지만 퇴적층에는 시대가 다른 토바 화산재가 포함되어 있는 곳이 있다. 카르가 강의 언덕에서 발견된 모르가온(Morgaon) 유적에서도 석기들이 발굴되었는데 큼직한 박편들과 석핵들이 주류를 이루고 있는데 그

41 Misra et al. 1982.

42 Kaila et al. 2000.

43 Blinkhorn 2019,

연대는 불명확하지만 퇴적물의 고지자기와 역지자기도 있어서 오래되었을 가능성을 조심스럽게 제시하고 있다.[44] 이 유적에서는 곰베와(Gombewa) 기술로 만들어진 대형 박편들이 보이고 이러한 대형 박편들을 사용하여 가롯날도끼나 아슐리안 주먹도끼 들을 제작하고 있다. 이와 유사한 석기 공작이 보리(Bori) 유적에서도 발견되었는데 석기가 출토된 층위의 상부에 있는 화산재를 측정한 아르곤 연대치는 약 67만 년 전후로 나타나서 이 지역의 아슐리안 연대가 중부 홍적세의 초기까지 오를 수 있음을 보여주고 있다.[45] 그리고 이 유적들에서 발견된 대형 첨상기들의 기능을 두고서 화산재 강하 이후의 환경에 적응하는 과정에서 유용한 굴지구였을 것이라는 주장도 있다.[46] 보리 유적의 대형첨상기들은 인도 지역에서 유일하게 압도적으로 나타나는 경우이다.

유명한 라르마다 강변의 유적들이나 네바사(Nevasa)강의 치르키(Chirki) 유적 등등의 오래된 유적들의 강퇴적층들은 중부 홍적세의 것으로 보이는데 흔히 아슐리안 석기들이 역층 내에서 발견된다. 발견된 석기들 중에는 큼직한 박편으로 만든 아슐리안 가롯날도끼와 몸통이 두꺼운 아슐리안 주먹도끼들이 포함되어 있는데 대형첨상기로 보이는 것들이 포함되어 있다. 흔히 대형 자르는 도구(Large Cutting Tool)로 LCT라고 분류하기도 하는 이러한 아슐리안 석기들은 대체로 굴러서 표면이 마모된 것들이 많아서 아마도 퇴적층들보다는 훨씬 오래되었을 가능성이 있다고 판단되고 그래서 인디아의 아슐리안 초기 유적의 전모를 알기는 어렵다. 치르키 유적의 경우에는 60년대에 조사된 보고[47]에 의하면 두꺼운 자갈층 하부에 모래와 자갈이 혼재한 제3층에서 아슐리안 석기들이 수습되었다. 이 층의 자갈에 덮인 석회분을 가지고 측정한 우라늄 시리즈 연대값이 35만 년을 상회하는 것으로 알려진데[48] 연대측정의 정황상 이 연대를 정확한 연대로 보기는 어려울 것이다. 이 층의 석기 공작을 초기 아슐리안으로 보고 있는데 그 근거로 대형석기들이 다수를 차지하고 르발르와 기법이 없기 때문이라고 보았다. 그러나, 그러한 추론은 이러한 종류의 유적형성과정에서는 큰 의미를 부여하기 어렵다. 왜냐하면 석기의 크고-작음을 가지고 연대를 추정하는 것은 석기 제작공정으로 볼 때 전중기에서는 그 구분의 근거가 박약하기 때문이다. 그런데 이 유적의 제2층에서 출토된 석기 공작군은 작은 박편이 많이 포함되어 있는 반면에 대형석기들이 그다지 많지 않기 때문에 중기구석기문화로 구분되었고 그 명칭을 네바시안(Nevasian)이라고 명명한 바 있다.[49] 그런데 이 층의 중기구석기 공작은 하부 층의 아슐리

44 Sangode et al. 2007.

45 Westaway, 2011.

46 Mishra 2015.

47 Corvinus 1981.

48 Petraglia 1998.

49 Mishra 1978.

안에 속하는 석기들이 이동 중에 부스러져서 대형석기들이 존재하지 않는 것이라는 주장이 있다.[50] 제3층의 석기 공작의 구성이 박편이 있지만 대형석기 중심이어서 이 층의 석기 구성을 토대로 석기 제작장이라는 기능 판단은 무리이고 아마도 강의 흐름이 이 지점을 범람하는 흐름이 있었을 때 조리질 효과(Winnowing effect)에 의해서 많은 수의 박편을 포함한 작은 석기들이 멀리 쓸려져 나갔을 것이라는 주장이다.[51] 이러한 현상과 해석은 중기 이전의 구석기시대의 유적에서 흔히 일어날 수 있는 것이며 유물의 이동과 과정을 고려하여 해석한다는 점을 상기시키고 있다고 할 것이다.

아라발리스(Arabellis) 유적은 나르마다강의 지류에 해당하는 산지인데 루니(Luni)에서 작은 주먹도끼와 가롯날도끼들이 수습된 바 있다. 이 석기들은 심하게 풍화된 채 발견되었는데 타르사막의 경우에도 유사한 상태의 석기가 발견된 바 있다. 싱비 타라브 유적의 경우에도 아라벨리 지역에서 발견된 유적인데 고대 건조수로 퇴적층에서 발견되었다. 이러한 유적들의 석기들은 대체로 후기 아슐리안에 속하는 것들이다. 사바르마티 (Samarvati)강변에서도 가장 일찍이 아슐리안 석기들이 지난 19세기 말에 발견되었고 초기에 여러 차례 조사가 이루어진 곳이다. 피탐리 유적은 일찍이 아슐리안 석기들이 수습되었는데 이 지점의 퇴적층은 재퇴적된 것일 가능성이 제기되고 있다.

아슐리안 석기들이 대량으로 채집된 지역의 하나가 바로 레이젠 지역이다. 보팔시의 동쪽이고 나르마다강에서 북으로 펼쳐진 곳인데 대단히 건조한 고원지로서 연 강우량이 극히 적다. 그래서 연중 마른강들이 있고 여름 몬순 기에 비가 내리면 강에 흐름이 생기는데 아마도 고인류들도 그러한 시즌에 와서 살았을 것으로 보이고 샘 주변에 석기 분포지가 있는 것도 그러한 이유일 것이다.[52] 이 지역에서도 규암이나 실트스톤 등의 퇴적암으로 만든 석기들이 많은데 엄청나게 많은 양의 석기들이 수습되었고 인도의 다른 지점과는 다르게 주먹도끼가 많이 보이지 않는 아슐리안 석기 공작들이 분포하고 있다. 이 지역은 아마도 계절적으로 활용한 지점으로서 각 지점에 석기들이 남게 된 것으로 판단하고 있다.

인도 중부지역의 아슐리안 유적으로 잘 알려진 곳이 바로 빔베트카 FIII-23바위 그늘 유적[53]인데 잘 보존된 층서로 인하여 기준이 되는 유적이다. 층서가 잘 보존된 이 유적은 나라마다 계곡을 내려다보는 넓은 언덕 대지 위에 있다. 이 대지 위에는 현재 세계유산으로 지정된 다양한 바위 그림 유적들이 있는데 중석기시대에서 중세 시대에 이르는 암각화가 각 암석 노두의 표면에 남아 있다. 바위 그늘 아래 구석기시대 퇴적층에 발굴이 이루

50 Mishra 1994.

51 Corvinus 1983.

52 Jacobson 1985.

53 Misra 1978.

어졌는데 3.8미터에 달하는 퇴적층이 노출되었다. 모래와 실트 그리고 비교적 고운 퇴적물들이 상부에서 떨어진 모난 돌들과 함께 퇴적되어 있다. 퇴적층 최상의 3개 층은 중석기시대층이고 그 아래 4층이 후기구석기, 5층이 중기구석기 그리고 그 아래에 6층에서 8층까지가 아슐리안 층으로 구성되었다. 대부분의 석기는 지역에서 나오는 규암으로 만들었는데 주먹도끼와 가롯날도끼의 경우에는 보랏빛 나는 규암으로 만들었다. 아슐리안 석기문화층의 석기 구성을 보면 주먹도끼가 비교적 적은 수로 나타나는 반면에 가롯날도끼들이 압도적으로 많은 것이 특징이다. 그리고 르발르와 기법으로 만든 석기들과 끝 긁개가 압도적으로 나타나는 반면에 찍개류가 전혀 나타나지 않는 것도 특징이다. 이러한 특징들은 인도의 다른 후기아슐리안 유적에서 보이는 것들과 양상이 유사하다. FIII-24 바위 그늘에서도 아슐리안 석기들이 압도적인 비율로 나타나는데 FIII-23 지점과 그 비율에 있어서 차이는 있지만 두 지점간의 문화적인 차이가 있다고 말하기는 어려울 것이다. 이 일대의 몇 지점에서도 아슐리안 석기들이 발굴된 지점이 있어서 이 지점들은 양상이 다르기는 하여도 같은 문화적인 특성을 가진 것으로 보아야 할 것으로 생각된다.

동북 비하르 지역

동북인도의 비하르 지역의 파이스라 마을 일대의 유적들에서도 아슐리안 유적들이 발굴되었다.[54] 이 유적들은 과거에 두꺼운 숲으로 덮여 있는 지역이었는데 오늘날에는 경작으로 인하여 숲은 사라졌다. 이 지역에서도 여름철의 몬순이 불 때 강우량이 집중되는데 1200밀리미터 정도이다. 아슐리안 석기 공작들은 헤마타이트 조각들이 깔린 암석면 위에서 발견되거나 4미터 정도의 두꺼운 사면붕적 기원의 퇴적물 속에서 발굴되었다. 이 유적도 절대연대의 측정이 이루어지지 않았지만 대체로 아슐리안 후기에 해당하는 것으로 추정하고 있는 유적이다. 석기유물들은 반경 1.4킬로미터 이내에서 집중적으로 발견되고 이보다 더 넓은 외곽에서는 낮은 빈도로 나타난다. 이 유적에서 발견된 석기들의 빈도는 크게 높지 않지만 가롯날도끼를 비롯하여 몇 점 접합되는 석기들이 있어서 소규모의 집단이 남긴 것으로 보고 있다. 유적에서 발견된 석기중에서 주먹도끼들이 찍개나 가롯날도끼보다도 압도적으로 많은, 총 석기수의 10% 정도, 점유율을 차지하고 있는데 석기 중에는 가롯날도끼 이외에도 톱니 날이나 홈날 석기들도 포함되어 있다. 창끝형으로 생긴 주먹도끼는 땅을 팠던 것인지 끝에 흠집이 많이 생겨나 있다. 이 유적에서 흥미로운 것은 기둥구멍으로 보이는 구조와 또한 석열이 발견된 것인데 이것들이 정말 인공적이었는지에 대한

---

54 Pant and Jayaswal 1991.

판단은 확실하지는 않지만, 그 가능성은 있을 것이다. 이와 유사한 구조가 훙수기 유적에서도 발견되었다. 이 유적군들은 그 구조로 보아서 일시적인 캠프유적이었을 것으로 추정하고 있다.

남부

인도의 남부지역에서도 아슐리안 석기 공작이 확인되는 지점들이 다수 있는데 대체로 유적들이 변형이 많이 되고 연대가 불명확한 것이다. 크리슈나 저지의 아나그왈디 나라 유적의 경우에도 자갈층의 내부에서 석기들이 수습되었는데 많은 수량의 주먹도끼들이 포함되어 있다. 주먹도끼들은 앵인형이거나 타원형인데 박편에 만든 것들이 대부분이고 석핵을 다듬은 것은 소수이다. 석재는 대부분 규암이거나 쳐트인데 이 지역에서 흔하게 나타나는 것들이다. 라크마푸르 유적에서도 중기구석기층의 아래에 오래된 구석기층에서 후기 아슐리안 석기들이 얇은 역층에서 발견되었다. 규암이 굳어서 엉긴 층의 석기 중에서 아슐리안 주먹도끼들이 포함되어 있다. 라크마푸르의 서편 지역의 유적에서 발견된 주먹도끼들은 대칭형이 많은 후기아슐리안이 노출되었고 라크마푸르의 동편지역에서 발견된 석기 공작들에서도 적은 수이지만 주먹도끼와 가롯날도끼가 발견되었다.

훙수기-바이크발 유적군

남인도 지역에 있는 이 유적군은 해발 400미터가 넘는 대지상에 남북으로 30킬로미터 동서로 17킬로미터 정도의 계곡인데 계곡의 낮은 지점으로부터 유적이 산포된 지역은 약 75미터 정도 높은 지역이다.[55] 계곡의 저부를 흐르는 강은 35킬로미터 하류에서 크리슈나 강과 합류된다. 이 지역 역시 여름 몬순이 가져다주는 강수량이 5~600밀리미터 정도가 되는데 계절적인 흐름이 있고 나머지 계절 동안은 건조한 기후로 관목숲이 자라는 정도이다. 그래서 수분의 공급이 이 지역 주민들의 생계에 큰 영향을 주게 되는데 과거에는 시기에 따라서 아마도 지금보다는 훨씬 풍부한 식생이 분포하고 있었을 것이다. 이 지역은 유수퇴적으로 이루어진 지역이 아니기 때문에 아슐리안인들이 많이 이용한 지역으로 기대되었던 것이다. 300개 소 이상의 엄청난 규모의 유적들이 확인되었는데 아슐리안 유적들의 대부분은 계곡의 바닥면에서 발견되었고 언덕 대지 위에서는 중기 구석기 유적들이 남아 있다.[56] 발견된 아슐리안 석기 공작들도 층서상 3단계로 나눌 수 있는 것으로 확인되었다.

유적들의 퇴적과정은 다양한데 토양 속에서 남아 있는 것도 있지만 하천퇴적층 위

55 Paddaya 1977, 2002.

56 Paddayya 1982, 2007.

에서 노출되거나 또는 사면붕적 기원의 혼합퇴적물, 또는 퇴적 후에 고운 퇴적물들이 이동하고 남은 석기 공작들 등 지점에 따라서 퇴적과정이 다르게 나타난다.[57] 그런데 유적들의 석기 공작은 몇 점의 석기가 흩어져 있는 것부터 수천 평의 면적에 집중되어 발견되는 것까지 다양한 밀집 정도를 가지고 있다는 것이 확인되었다. 몇 지점에서는 말, 물소나 코끼리의 뼈들이 있는 것으로 보아서 도살 유적일 가능성이 제기되고 있다. 그리고 석기들 중에는 재가공된 것들이 있고 또한 상당히 마모된 것들이 포함되어 있어서 고인류의 유적 이용 방식과 형성과징에 대한 징보를 제공하고 있다. 다시 말해서 상딩한 시간적인 거리를 두고도 반복적으로 사용되었을 가능성이 제기될 수 있고 그 만큼 이 지점 일대의 고인류의 출현이 먹거리 장만이나 석재를 구하기 위해서 지속해서 이루어졌음을 말하는 것이다. 특히 훈수기 마을과 드바푸르 마을 사이에 16개의 석기분포지점이 연이어 있는데 이러한 지점들은 고인류가 지속해서 이 지점을 그러한 용도로 방문하여 만든 유적으로 볼 수가 있다. 이 지역의 유적들은 아마도 고인류들이 건기와 우기의 대조되는 환경 속에서 건기에는 작은 지역, 즉 샘이나 물이 있는 지역으로 집중되고 우기에 확산하는 방식의 이동패턴을 보여주는 것으로 생각하고 있다.[58] 이 지역이 건기에 식료자원이 제한적이기 때문에 몬순이 약해지는 빙하시기에는 거주의 환경이 나빠지게 되는데 이러한 점을 고려한다면 아마도 간빙기에 몬순이 어느 정도 강해질 때 충분한 수분공급이 이루어지고 자원이 풍부할 때 주민들이 계절적으로 방문하여 살았을 것으로 유추하고 있다.[59] 그러나 다른 한편으로는 유적의 지질학적인 정황으로 보건대 상당히 복잡한 후퇴적변형을 거친 것으로 판단되기 때문에 고인류의 행위의 추론에는 한계가 있을 수 있다는 점을 감안하여야 할 것이다.

또 다른 지점에서 30점의 끝이 뾰족한 도끼가 화강암반 위에서 노출되었는데 이러한 유구정황은 유적의 기능이 어느 정도 분화되고 다양하였을 것으로 보고 발굴자는 미래 사용을 위해서 구덩이에 남겨두었을 것으로 생각하고 있다.[60] 이 유적군에서는 몇 개의 지점을 발굴하였는데 많은 수량의 석기들이 수습되었고 중기에서 후기에 이르는 아슐리안 공작들이 발굴되었다. 이 유적군의 연대측정은 미리오라이트, 칼크리트 또는 서회마루를 가지고 우라늄 시리즈 Th234-U230법을 가지고 측정하였는데 35만 년 전에서 15만 년 전의 연대값으로 나타나고 있다. 그런데 이삼푸르유적에서 얻어진 연대값이 1.27+/-0.17mya는 불안정한 것으로 생각되는데,[61] 대체로 인디아 지역의 아슐리안 공작의 연대가 대체로 6~70만 년 전으로 볼 때 너무 오래된 것이며 반면에 우라늄 시리즈 연대값들은 실제 연대

57 Jhaldiyal 2006.

58 ibid.

59 Dennel 2015.

60 Paddayya 1987.

61 Paddayya et al. 2002.

보다도 젊게 나오는 것으로 생각하고 있다. 왜냐하면 우라늄 시리즈 연대값들이 낮은 값이 얻어지는 때가 많은 경우가 확인되었기 때문이다.

코르탈리아 강 유역의 아트람파캄 유적

현재 인도의 동남해안에 근접한 타밀 라두 지역의 코르탈리아 강의 유역에서도 아슐리안 유적들이 밀집되어 나타난다. 이 지역의 주먹도끼들은 일찍이 19세기부터 조사되었던 곳이지만 최근에 새롭게 그 시대적으로 오래되었고 또한 그 중요성이 인지된 유적군이다. 그 중의 가장 중요한 유적으로서 아트람파캄 유적은 대단히 오래된 석기들이 출토된 곳이다.[62] 이 유적은 예전에는 마드라스 문화라고 지칭되던 유적으로서 아슐리안석기 공작의 남인도 변형이라고 지칭된다. 이 유적의 부드럽고 고운 실트와 모래질의 퇴적물로 구성된 층서는 9미터 정도의 두께로 대단히 깊은데 인도에서는 그러한 류의 퇴적물이 구석기 유적에서 발견된 바가 없다. 아슐리안 석기 공작은 제 6층에서 발견되었는데 이 층은 과거 지질학자들에 의해서 백악기 층으로 표시하던 지역이었다. 제 6층을 덮고 있는 상부층에서는 후기 또는 중기구석기시대의 석기들이 수습되었는데 6층에서는 3528점의 아슐리안계통의 석기들이 발굴되었다. 이 석기들은 치밀하거나 또는 거친 규암제로 만들어진 것인데 이 주변의 강역퇴적층에서 흔히 발견되는 재료이다. 대형 자르개석기군에 포함되는 것으로 주먹도끼, 가롯날도끼, 대형첨상기 단면가공주먹도끼, 대형 박편 등등이 포함되어 있다. 이러한 석기들은 대형의 박편을 가지고 타원형 또는 긴 모양으로 가공한 것들이 많다. 그리고 가롯날도끼가 그 수효는 적지만 날이 있는 쪽이 넓어지는 것과 좁아지는 것 그리고 측면이 평행한 것 등등이 보여서 아슐리안 기술적인 형식들이 그대로 나타난다고 할 수 있다. 유적지 내에서는 큰 박편을 다듬을 때 나오는 박편들이 없는 것으로 미루어서 석재의 기본적인 가공은 석재 채집의 현장에서 이루어진 것으로 추정하고 있다. 이 층에서 발견되는 역이나 석기들은 원래 층이 형성될 당시의 것으로 보이기도 하지만 일부 접합석기가 수직거리라 60센티미터 정도 떨어져 있는 것으로 미루어서 수직이동도 있었을 것으로 판단하고 있다. 소와 말 등의 동물 뼈가 함께 발견되었다. 이 지역에 널리 분포하고 있는 석기유적들의 양상으로 미루어 상당히 큰 규모의 인구집단이 짧은 기간을 반복해서 살았을 것으로 추정하고 있다.[63]

이 유적의 아슐리안 석기 공작의 연대는 앞서 언급한 바대로 하부 홍적세로 거슬러 올라가는 유적으로 알려지고 있고, 1.5~1.1MA, 동아시아의 아슐리안 문화의 와 경로를 추정하는데 중요한 단서가 되는 유적인 셈이다. 이 유적의 연대는 우주선 측정법, 즉 Al^{26}/Be^{10}

---

62 Pappu et al. 2011.

63 Pappu and Akhilesh 2019.

측정법을 가지고 매몰된 돌을 측정한 결과는 1.51+/0.07MA가 평균이고 가장 오래될 수 있는 가장 이른 연대가 1.68+/-0.07MA로 판단하고 있다. 그런데 이러한 연대는 층위별 고지자기의 변화와 연계하여 볼 때 이 유적의 아슐리안 석기 공작은 1.07MA 이전으로 추정하고 있다. 그래서 인도지역의 아슐리안 유적으로서 비교적 신뢰할 수 있는 연대로서는 가장 오래된 것으로 보고 있다.[64]

최근에 그 연대가 제기된 아트람파캄 유적을 제외하면 인도를 포함하는 남아시아지역의 야슐리안 석기 공작은 힉자에 따라시 다르기는 하지만 대체로 80만 년 전에서 60만 년 전경에 나타나는 것으로 생각하고 있었다. 그동안 남아시아지역의 가장 오래된 연대로 나타나는 것이 바로 파키스탄 디마와 자라푸르 유적인데 브루네스 마투야마보다도 약간 늦은 시기이니 대체로 70만 년 전으로 보고 있다. 대체로 인도 지역의 문제는 아직도 하부 홍적세에 해당하는 퇴적층이 발견된 것이 별로 없다는 점이 한계라고 할 수 있다. 나르마다 계곡의 삼나푸르 유적군이나 네바사강의 치크리 유적, 가타프라바의 아나그왈디 유적 등은 모두 중부 홍적세의 자갈층이나 유수퇴적층, 사면붕적기원의 층 등에서 발견되었다. 이러한 유적의 측정된 연대는 대체로 하부 홍적세의 후반이거나 중부 홍적세의 초반에 해당하는 연대적인 범위를 가지고 있지만 연대에 대한 신뢰도가 떨어지기 때문에 아직도 논란의 여지가 많다. 그래서 아트람파캄 유적의 연대는 한편으로 그동안 시기적으로 늦은 감이 있었던 아슐리안 주먹도끼 공작의 출현을 획기적으로 앞당기게 되었는데 이미 중근동의 우베이디아에서 140만 년 전에 나타났기 때문에 그로부터 확산은 그렇게 오래된 시간이 걸리지 않았을 것으로 볼 수 있다. 또한 보서유적을 비롯한 동아시아지역의 주먹도끼 공작보다도 앞선 연대로서 그 확산에 대해서 새로운 시각을 가능하게 만든 것으로 보고 있다.[65]

인도지역에서는 중부 홍적세에는 아슐리안 주먹도끼 공작들이 남과 북의 여러 지점에서 발견되는 것으로 미루어 인도 대륙의 전역에서 이러한 석기 공작 전통이 확산한 것으로 보아야 할 것으로 생각된다. 아슐리안 주먹도끼의 전통은 아트람파캄 유적 등의 연대를 본다면 하부 홍적세에 이미 시작되었을 것으로 보이기도 한다. 이러한 주먹도끼전통은 중기구석기시대에 이르러서도 크기가 작아지지만 주먹도끼 전통은 지속하는 것으로 확인되었다. 아슐리안 주먹도끼 전통은 파트파라나 밤부리 유적 등 손 계곡의 중부지역에서 보듯이 대체로 중부 홍적세의 말엽, 140~120ka,까지 이어지는 것을 볼 수가 있다. 그런데 인도지역의 아슐리안 전통은 이동의 주먹도끼 전통과는 다르게 많은 수의 가롯날 도끼가 공작에 포함되는 등 그리고 곰베와 기법 등을 이용하여 큼직한 박편을 만드는 기술이 적용

---

64 ibid.

65 Dennel 2011.

된 것 등등의 아프리카의 아슐리안 석기 전통과 부합되는 면이 많다. 이러한 석기의 형태적인 빈도는 결국 아슐리안 석기 공작들을 대형 자르개 석기 공작(Large Cutting Tool Industry)라고 분류하는 기준이 되었다. 그런데 석기 제작의 형태와 관련하여 의미심장한 것이 바로 다양한 석재의 사용인데 대체로 화산암재들이 크고 쳐트와 같은 것들이 작아지는 경향이 보이고, 또한 석영암제 석기들은 몸통이 두꺼워지고 다각면원구형의 석기들이 많이 남게 된다는 것은 석재에 영향을 많이 받게 되는 단계였음을 보여주는 것이다.[66]

네팔

네팔지역의 전기구석기, 중부 홍적세의 유적들은 그 연대가 불분명하기는 하지만 지질학적 층서상황으로 미루어 전기로 판단하고 있는 유적지점들이 있다. 일찍이 카트만두 지역에서도 가롯날도끼가 채집된 것이 보고된 바 있고,[67] 사트파티(Satpati)의 휘어진 지층 속에서 아슐리안 주먹도끼들이 발견된 사례가 있는데 그 층서적인 구조로 보아서 지각운동이 있기 이전에 퇴적된 것으로 생각될 수 있고 상당히 오래된 유적으로 판단할 수가 있다.[68] 이러한 지점들 중에서 가다리(Gadari) 두 지점에서 아슐리안 주먹도끼들이 수습되었고 이 주먹도끼는 중부 홍적세의 것으로 판단하였다. 또 다른 지점으로는 아르준(Arjun)에서 중기구석기에 해당하는 석기 공작이 수습된 것이다. 이 중기구석기 공작은 박편과 석인이 포함되어 있는데 인도의 중기구석기와 유사하다고 판단하고 있다. 가다리 지역에서는 석기들이 층위에서 이탈하여 낮은 곳으로 흘러내려 시와리크의 기반암바닥에서 수습된 것이다.[69] 시와리크의 퇴적물들은 지난 1300만 년 동안 퇴적된 것으로 히말라야의 융기로 인하여 지각운동이 활발하게 진행된 곳으로서 과거의 하천퇴적물이나 호소성 퇴적물들이 습곡산지가 되거나 침식되면서 흘러내려 새로운 퇴적을 만드는 지점들이 많다. 그 동안 네팔의 서부 지역의 당-턱후리 계곡지역에서 집중적인 조사가 이루어지고 다수의 주먹도끼가 발견되었는데 바로 가다리도 그러한 유적의 하나이다. 이러한 경우를 보더라도 시와리크 지질층군으로 덮여 있는 지역에서는 사실 오래된 석기를 기대하기는 어려울 것으로 보이는데 침식과정에서 노출된 층들에서 이러한 오래된 석기들이 수습되는 것으로 생각된다.

그런데 이 시와리크 지역에서 발견된 아슐리안형의 주먹도끼들은 시와리크 후퇴적

66 Sharon 2009.

67 Joshi 1964.

68 Corvinus 1990, 2006.

69 Corvinus 1995.

에서 나타나는 것으로 대체로 상부 홍적세에 해당하는 것으로 생각하고 있다. 인디언 아슐리안의 전통의 일부로 보아야 한다는 견해와 일반적인 아슐리안 석기 공작과는 다르게 분류하는 것이 타당하다는 견해가 있다. 주먹도끼들은 대체로 규암제로 만든 것들인데 측면에 지그재그 날이 만들어져 있고 박리가 얇게 되어 있는 등의 속성이 인도의 아슐리안과 통하는 것으로 보았다. 여하간에 주먹도끼 공작들이 발견되지만, 아직도 이러한 석기 공작들이 어느 정도 오래된 것인지에 대해서는 확실한 판단을 하기는 어려운 점이 있다. 특히 이 지역에서는 퇴적층이 형성된 이후에 지각변동의 시기를 확인하는 것이 전제되이야 석기 공작의 연대를 추정할 수 있는 근거를 얻을 수가 있을 것이다.

1.3 동남아시아대륙의 구석기 유적들

대륙지역

동남아시아지역은 열대 내지는 아열대 기후로서 인간의 거주가 오늘날처럼 언제나 큰 제한요인 없이 이루어질 수 있는 곳이다. 오늘날 알려진 바와 같이 이르게 본다면 1.8MA시기에 이미 고인류가 이 지역에 나타난 증거가 있어서석기 공작의 발견 가능성이 높다고 생각할 수 있지만, 아직도 아주 이른 시기의 석기 공작은 발견되지 않았다. 지난 20세기 초에 이루어진 조사에서 그동안 중부 홍적세일 가능성이 제기된 석기 공작으로서 미얀마의 아니야티안(Anyatian) 문화, 말레이시아의 탐파니안(Tampanian) 문화, 타일랜드의 핑노이안(Pingnoian) 문화, 자바의 파찌탄(Pacitan) 문화 등을 들 수가 있을 것이다. 이러한 석기 공작들은 타이의 핑노이안 문화를 제외하고는 이미 모비우스가 동아시아지역의 석기 공작의 특성을 찍개 문화권이라고 설정하였을 때부터 거론되던 문화라고 할 수 있다.[70] 이러한 석기 공작 이외에도 지난 70년대 이전 섬 지역에서도 오늘날 지속해서 거론되는 술라웨시, 루손섬, 보르네오 등지에서 석기 공작들이 확인된 바가 있었다. 이러한 석기 공작 중에서 중부 홍적세 내지 상부 홍적세에 속하는 것으로 분류되기도 하였지만[71] 오늘날 이러한 석기 공작들의 연대나 퇴적과정 등에 대해서는 아직도 불명확한 것들이 대부분이어서 석기문화의 진화양상을 파악하기에는 무리가 있는 것이 현실이다. 대체로 이러한 석기들

---

70 Movius 1948.

71 Heeraken 1972.

은 상부 홍적세에 속하는 것으로 알려졌다.[72] 최근에 발견된 수점의 석기 공작[73] 역시 중요하다고 평가되지만 그 연대나 퇴적상황은 불확실한 점이 많다.

동남아시아지역은 일반적으로 중부 홍적세에 속하는 석기 유적들이 극히 적다. 과거에 대륙지역에서는 탐파니안 석기 공작[74]을 서구의 것과 대비하여 중부 홍적세의 범위에 넣어서 설명하면서 시대가 이른 시기로 생각되었지만 오늘날에는 아니야티안이나 빠찌딴 등의 석기 공작을 시대가 늦은, 즉 상부 홍적세의 후반으로 보는 경우가 많다.[75] 그런데 최근에 말레이시아에서 탐파니안 문화가 확인된 렝공지역에서 주먹도끼 공작들이 수에바이트 암석 속에 녹아들어 있는 것이 발견되었다.[76] 이 석기들은 강돌로 만든 양면 가공의 주먹도끼들이고 첨두형이 대부분인데 손잡이 쪽에 자연면이 넓게 남아 있는 것들이 많다. 여하간에 이 석기들이 출토된 층위는 불명하지만 수에바이트(Suevite)를 연대 측정한 절대연대치가 1.8MA로 나오고 있어서 수수께끼의 석기 공작이다. 앞으로 유사한 석기 공작이 이 지역의 층위 속에서 나오기 전까지는 단언하기가 어려운 점이 있다. 그렇지만 그러한 우주적인 사건의 지질학적인 증거를 여러 지점에서 동시에 남길 수는 없기 때문에 연대의 재확인은 숙제인 셈이다. 주먹도끼의 모양은 대체로 강돌을 가공한 것이 대부분인데 첨두형이 다수를 차지하고 부분적으로 양면 가공한 것들이다. 이 외에 이 지역을 흐르는 페락강의 유역에서 중부 홍적세 후반에 속하는 석기들이 발견되었다고 보고된 바 있지만 불확실한 점이 많다. 탐파니안 석기 공작들은 강돌을 다듬은 것으로 찍개나 석핵 등의 큰 석기들이 많이 포함되어 있는데 다른 강자갈들과 함께 퇴적되어 있는 양상을 보여서 재퇴적된 것들로서 그 연대는 상부 홍적세의 후반에 속하는 것들로 판단하고 있다.

타일랜드의 중부지역에서 역시 강돌로 만든 석기들이 보고된 바 있는데 앞서 언급된 반 돈문(Ban Don mun)과 반메타(Ban Meta) 그리고 카우파 남 유적들의 석기들이다. 이 석기들은 강역층의 상부에서 발견된 것으로 그 아래에 있는 용암의 연대가 0.73MA이므로 층서 상의 위치로 보아서 중부 홍적세 이전의 것으로 주장된 바 있다.[77] 그러나 석기가 많지 않을뿐더러 박편작업이 대단히 단순하여 인공품에 대한 회의적인 시각이 있다. 이와 유사한 강돌석기들이 태국의 북동부의 사오 딘(Sao Din) 유적에서 발견되었는데 중국의 남부지역의 주먹도끼 공작과 대비하여 대체로 중부 홍적세의 시기로 알려졌다.[78] 강돌을 가공

72 Hutterer 1977.

73 Widianto and Noerwidi 2020.

74 Sievcking, 1958.

75 Bartstra 1983; Shepartz et al. 2000.

76 Moktar 2000.

77 Pope et al 1986; Pope et al. 1987.

78 Zeitoun et al. 2012.

하여 만든 것들로서 주먹도끼류가 포함되어 있는데 이러한 석기들에 대해서는 아직도 불확실한 점이 있다.

베트남에서도 일찍이 주먹도끼 공작이 누이 도(Nui Do) 유적에서 확인된 것으로 알려져 있다.[79] 그렇지만 이 유적은 이미 그 출토층 위를 전혀 알 수가 없기 때문에 출토의 상황을 이해하기가 어렵다. 주먹도끼는 잘 다듬어진 것들이 포함되어 있는데 후대의 것으로 생각하고 있다. 북부 지역 동굴에서 호모 에렉투스와 기간토피테쿠스를 포함한 동물화석층의 연대가 50만 년 전후로 나온 사례[80]가 있지만, 고인류의 흔적이라고 보기에는 아직도 적극적인 증거가 없다. 그래서 그 연대적인 범위에 대해서는 아직도 오리무중이라고 할 수 있다. 최근에 베트남 중부 지역의 고원지대에 있는 안케(Ankhe) 유적에서 주먹도끼가 새로이 발견되었다.[81] 안케 유적은 산악지대의 전면에 넓게 펼쳐진 들판에서 발견된 것인데 사면에서 내려온 퇴적물로 구성되어 있는데 작은 역층 속에서 석기가 발견되었다. 그 연대가 80만 년 전으로 추정하고 있다. 중부 홍적세의 퇴적물이 베트남의 고원지에서 발견될 가능성을 보여준다는 점에서 중요하며 동남아시아 석기 공작의 연구에 새롭게 기대되는 석기 공작이다.

동남아시아지역에 분명히 중부 홍적세 이전부터 고인류들이 생존하였던 것이 분명하지만 사실 석기 유적은 오늘날 확인된 자료로 보아서는 극히 적거나 불확실하다고 할 수 있다. 그래서 이 지역의 환경의 특성상에 생태환경이 좋고 그 반면에 열대 몬순환경으로 인하여 퇴적환경이 지속해서 변화하기 때문에 오래된 퇴적층이 남게 될 가능성이 적다는 점을 들 수가 있을 것이다.

순다

인도네시아 자바 섬은 분명히 호모 에렉투스가 살았음에도 불구하고 분명하게 이 시대로 속할 수 있는 유적이나 유물은 없다. 동남아시아의 섬 지역의 유적에서 나온 것으로 가장 확신이 가는 석기 공작은 엔게붕에서 발견된 가룻날도끼를 포함한 대형석기와 박편 등 20여 점의 석기들인데 퇴적의 구조로 미루어 중부 홍적세에 속하는 것으로 제시되었다.[82] 카부층군의 하부에 화산재층과 하천퇴적물 등의 퇴적물에서 다섯 개의 군집상을 이루고 있는 석기들이 수집되었는데 이 석기들에는 석핵과 박편 그리고 석인형의 석기들

---

79 Anisyutkin & Timofeyev 2006, Borikovsky 1966.

80 Ciochon et al. 1996.

81 Derevianko et al. 2018.

82 Soejono 1982; Simanjuntak and Semah 1996; Semah and Semah 2012.

이 포함되어 있다. 이 석기들이 약 80만 년 전의 연대를 가진 것으로 주장되었다.[83] 삼풍마찬 유적에서도 두 점의 석기가 중부 또는 상부 홍적세 층에서 발견된 것으로 알려졌다.

사라와크의 섬의 만술리 유적의 연대가 235ka로 밝혀졌는데[84] 이것은 보르네오에서 가장 오래된 연대에 해당한다. 그러나 말레이시아 전역을 통해서 극히 예외적으로 렝공지역의 경우 이외에 중부 홍적세의 퇴적층 속에 유물이 발견된 경우는 보고된 바가 없다. 말레이 반도는 고대 호모의 확산에 중요한 루트가 되었음이 틀림없는 것으로 추정되지만 아직도 그 증거들은 빈약한 편이다. 그리고 발견된 자료들도 정식 고고학적인 조사보다도 오히려 광산 등의 작업으로 우연히 발견된 것들이어서 한계가 있다.

순다지역과 사훌지역의 경계에 있는 플로레스 섬은 고인류학적으로 수수께끼의 섬이라고 할 수 있는데 이 섬에서는 플로렌시스 화석이 발견되었기 때문이다. 중심에 있는 소아 저지는 중부 홍적세의 호소성 퇴적이 남아 있는데 중부 홍적세의 퇴적물이라고 볼 수 있는 올라 불라층군에서 이 시기의 화석과 함께 석기들이 발견된바 있다. 이 중에서 마타멩게 유적에서 동물화석들과 함께 수 백점의 석기들이 수습되었다.[85] 동반된 동물화석 중에는 스테고돈 플로렌시스, 엄청나게 큰 쥐인 후이제로미스 누사텐가라, 악어 종과 연체동물류가 포함되어 있는데 이 유물들이 발견된 층의 바로 아래층에서 발견된 용암의 연대가 그리고 동물화석들과 함께 발견된 층의 아래와 윗층의 연대측정치가 0.80+/-0.07MA 그리고 0.88+/-0.07MA이라는 연대가 피션트랙법으로 얻어진 바 있다.[86] 그러나 석기의 연대를 지시한다고 보기에는 어려운 점이 있다. 이 유적에서 발견된 석기가 500점이 넘는 것으로 되어 있는데 많은 수가 물에 의해서 운반되어 퇴적된 것으로 마모 흔이 많은 것이 많지만 신선한 것들도 포함되어 있다. 이 석기들은 지역에서 나는 석재들을 사용하여 만든 것들인데 대단히 단순한 타격을 가하여 만든 것이다. 그래서 일정한 박리과정을 보이는 것이 없어서 단순한 모양을 하고 있다. 박편작업은 큰 강돌에서 직접 타격으로 하였는데 표면에 많게는 20여 개의 박리흔이 덮인 것들이 있으며 일부 망치돌도 수습되었다. 이 석기 공작은 동남아시아지역의 고인류의 확산과정과 적응에 대해서 중요한 시사점을 던지고 있다. 최근에는 이보다도 오래 되었음직한 석기 공작이 월로 세게(Wolo Sege) 유적에서 발견되었는데 그 연대가 아르곤 법으로 측정한 결과 1.02+/-0.02MA가 얻어진 바 있다.[87]

그런데 시간상으로 늦고 상부 홍적세의 초기에 해당되지만 이와 대단히 유사한 석기 공작이 바로 리앙 부아 동굴에서도 동일한 석재를 이용하여 만든 것들이 발견되었다는

---

83 Semah and Semah 2012.

84 Abdullah et al. 2015.

85 Sondaar et al. 1994; Morwood et al. 1998.

86 O'Sullivan et al. 2001.; Morwood et al. 1998.

87 Brumm et al. 2010.

것은 대단히 흥미롭다. 이 석기 공작은 훨씬 젊은 연대로서 95~12ka로 알려진 것으로 이 지역의 석기 공작의 보수적인 특성을 말하는 것으로 생각하고 있다.[88] 그런데 문제는 '이 시기에 어떻게 섬으로 이동하였을까?'라는 것이다. 플로레스 섬은 단 한 번도 연육되지 않았으며 가장 가까운 섬이라고 할 수 있는 발리나 수마트라와도 적어도 25킬로미터 이상 떨어져 있기 때문이다. 여하간에 고인류들은 태풍과 같은 비상상황에서 부득이 하게 난파되어 이동한 것으로상상할 수 있을 것이다.

그래서 아직도 더 많은 증거들을 기다려야하지만 이러한 자료들을 통해서 우리가 생각하던 시기보다도 훨씬 이른 시기에 고인류, 즉 호모 에렉투스가 바다를 건너서 섬 지역으로 확산하였다는 점, 대단히 원시적인 석기 공작을 사용하고 있었다는 점 그리고 중요한 것은 많은 섬들에서 석기 공작이 대단히 희귀한 것은 결국, 석기의 사용 자체가 많지 않다는 점과 함께 유적의 퇴적 후 변형과정이 대단히 클 수 있다는 점을 말하고 있다. 결국 동남아시아지역의 섬들에 고인류가 일찍이 들어가서 살았을 수 있지만 그 흔적을 찾기는 어려울 수가 있다는 것을 입증하는 자료인 셈이다. 그리고 흥미로운 것으로 지적된 것은 이 석기 공작은 리앙 부아 동굴, 즉 호모 플로렌시스가 발견된 동굴의 석기 공작과 흡사하다는 것이다.[89] 그 연대가 95~12ka로 밝혀진 층들에서 나타난 것인데, 이러한 유사성은 석기의 용도가 제한된 곳에서 원시적인 특징을 가진 석기들 사이에 보이는 것으로 생각될 수 있을 것이다. 이러한 시기적으로 연속된 고인류의 존재가 확인된 것은 여하간에 지속해서 섬으로 남아 있던 플로레스에 인류가 자연적으로 만들어진 뗏목, 즉 태풍 등에 의해서 숲이 통째로 씻겨서 바다로 이동하는 경우, 등에 얹혀서 이주한 이래,[90] 오랫동안 이 지역에서 새로운 이주가 이루어질 때까지 존재할 수 있었을 정도의 규모의 인류가 왔던지 그러한 상황이 제한된 규모이나마 반복적으로 일어나게 되었든지의 가능성을 엿볼 수 있는 증거인 셈이다. 그런데 이 지역의 다른 섬들에서 인류의 흔적을 아직도 발견할 수가 없는 것은 수수께끼로 남는다.

---

88 Brumm et al. 2006.

89 Dennel 2015. p412.

90 Morwood et al. 1998. p. 174.

1.4 동북아시아

동북아시아 지역은 구석기 유적들이 많이 있고 그 문화적인 다양성도 대단히 높은 지역이다. 앞에서 언급된 하부 홍적세에 속하는 석기 공작들이 중국 대륙의 북쪽 지역에서 이미 발견되었으며 한반도의 전곡 유적에서 아슐리안형의 주먹도끼 공작이 발견된 이래, 최근에는 대륙의 중부지역에서 뤄난이나 큰 강의 유역에서 주먹도끼를 포함한 공작들이 많이 발견되어 동북아시아 지역의 구석기 전통에 대해서 새로운 관심이 늘어가고 있다. 그동안 아슐리안 논쟁을 통해서 세계구석기의 패턴의 한 축으로서 논의되던 지역이다. 지난 세기 후반 이래 많은 유적이 새로이 발견되고 발굴되었으며 새로운 자료는 이 지역의 문화적인 진화과정을 복원하는데 풍부한 자료를 제공하고 있다. 그러나 아직도 석기 공작의 연구에 있어서 방법론 개발이 충분하지 않은 점이 있으며 그동안 급격히 증가한 자료들의 체계적인 정리 작업들이 선행되는 것이 반드시 필요할 것으로 보인다. 이와 동시에 이 지역의 석기 공작의 분류에 가장 적절한 분류체계를 수립하는 것이 무엇보다도 시급한 작업으로 생각된다.

중국대륙지역의 초기구석기공작

중국지역에서는 중부 홍적세에 해당하는 구석기 유적들이 일찍이 발견되었고 오늘날에는 북부의 건조한 지역을 제외한 전 지역에서 발견된다고 할 수 있다. 특히 중국 지역에서는 고인류 화석보다도 훨씬 오래된 석기들이 북중국 지역에서 발견되었다. 가장 먼저 발견된 것은 바로 저우커우뎬(Zhoukoudian, 周口店) 동굴유적이지만 그 이후에 황하 중부 유역, 즉 산시(山西) 지방에서 많은 유적이 강단구면에서 발견되었고 그 후 장강 유역에서 조사가 이루어지면서 많은 석기 유적들이 발견되었다. 그런데 중국의 남서 지역에 해당하는 바이서 지역에서 많은 수의 주먹도끼 공작들이 발견되어 한반도 전곡에서 처음 확인된 주먹도끼 공작이 중국지역에서도 대량으로 확인되었고 그러한 석기류들은 그 후에 산서 지방의 락남 분지에서도 발견되었다. 이러한 석기 공작들은 출현은 결국 중국이나 한반도 등지의 동북아 지역에서 중부 홍적세에 이미 주먹도끼 공작들이 널리 확산하여 있었음을 보여주는 것이다.

중국지역의 환경적인 조건은 북부와 남부가 상당히 다른 것으로 인간의 서식 조건에 크게 차이가 난다고 할 수 있다. 남부지역, 즉 친링산맥의 남부지역은 기후가 따뜻하거나 온화하여 인류의 서식에 어려움이 없겠지만 북부지역은 추운 겨울로 인하여 제약이 있었을 것으로 추정되어 이 지역에 남긴 고인류의 흔적들이 아마도 기후가 비교적 온난한 간빙기나 빙간기에 만들어진 것으로도 생각하기도 한다.[91] 그러나 남부라고 하더라도 고원지의 연평균 기온은 상당히 차이가 있었을 것이고 또한 이 시기의 고인류의 진화가 어느 정도의 기후조건을 극복할 수 있었을 것인지에 대한 평가는 아직도 불분명하기 에 온대지역에서 서식의 범위를 정하기는 것은 쉽지가 않을 것이다. 그리고 중국의 구석기를 이해하는데 모델로 제시되었던 두 가지의 다른 석기 전통에 대한 것인데 작은 석기 전통과 대형첨상기 전통이 바로 그것이다.[92] 그런데 여기서 전통이라고 하는 것은 인간의 문화적인 선택과 그러한 선택이 유지되는 정신적인 기준이 있었다고 하는데 하부 홍적세 초기부터 형성되었다고 하는 것으로 이러한 이론은 성립 자체가 안 되는 것으로 생각된다. 이 시기의 인류의 단계와 환경 적응을 위한 석기 제작기술은 대단히 원형적이라고 할 수 있고 그러한 선택을 할 만큼 여유롭지 못한 상황이라고 판단할 수 있다. 그러한 패턴은 문화적인 선택이 아니라 석재나 유적의 형성과정 등에서 남겨진 패턴이라고 할 수 있을 것이다.[93]

저우커우뎬 1지점

동북아시아에서 가장 일찍이 확인된 고인류 화석 및 구석기 공작 지점이자 발굴된 곳이고 또한 가장 풍부한 고고학적, 그리고 고인류학적인 자료가 쏟아진 유적이다. 이 유적은 일찍이 스웨덴 지질학자였던 엔더슨에 의해서 1921년에 발견되어 그 해부터 발굴이 되기 시작하였다. 그 후 1927년에 발견된 인류의 어금니를 가지고 시난트로푸스(*Sinanthropus*)라는 새로운 속명을 주었다.[94] 그 후 일본이 침략할 때까지 초기에는 샤르댕이 도움을 받고 중국 고고학자로서 페이 웬종, 지아 란포 등이 발굴하여 인류화석으로서 두개골, 16개의 턱뼈 147개의 이빨 그리고 많은 몸통뼈가 수습되어 약 40개체 분이 확인되었다. 나중에는 블랙이 발굴을 지휘하다가 죽고 바이덴라이히가 이어받아서 발굴하였다. 이 유적의 발견과 그 이후에 지속해서 드러난 증거들은 이십 세기 초에 고고학자들이 고인류의 기원이 중국이라고 생각하기도 하였고 이러한 생각은 이십 세기의 상당 기간 아시아지역의 현생인류 원조라고 생각하고 다(多)지역 기원설의 근거가 되기도 하였다.

발굴은 1921년에 시작되었는데 초기의 발굴은 거친 편이었지만 점차로 개선되어 30년대의 발굴은 대단히 정교하게 1미터의 그리드를 구분하여 실시하였다. 이 당시로써는 대단히 진전된 것으로 평가하지만 후대의 고고학자들은 추정하기를 아마도 많은 작은 편들은 수습되지 못하였을 것으로 하였는데[95] 이것은 작은 동물들이 살았었다는 것이 확인

91 Zhu and Zhou 1994; Wang et al. 1997.

92 Jia 1985.

93 Bae, K. 1988.

94 Pei 1930; Weidenreich 1939, 1943.

95 Binford and Stone 1986.

되었지만 실제로 수습된 뼈는 그 수효가 크게 작기 때문이다. 그렇지만 당시 발굴을 담당한 페이는 '하나라도 놓치지 않기 위해 노력한 결과 영의 이빨을 수백 개를 건질 수 있었다' 라고 적고 있다.[96] 지아나 바이덴라이히 등의 증언도 이를 뒷받침하고 있어서 작은 파편들을 건지기 위해서 엄청난 노력을 한 것은 틀림없을 것이고 발굴기법을 정교하게 하기 위한 노력이 있었을 것이다. 이 유적은 이제까지 발굴된 범위가 상당히 넓은데 거의 8500㎡에 달하는 범위이며 발굴 층서의 깊이도 50미터에 달하고 있다. 제2차 세계대전 이전에 이루어진 것 말고도 최근에 중국의 고고학자들에 의해서 지속해서 조금씩 진행되고 있다. 이 동굴은 입구가 있었고 두 개의 틈새 굴이 교차하는 지점에 해당하는데 초기에는 이 피셔의 벽면에서 떨어져 쌓인 퇴적물이 있었고 그 후보다 세립질의 퇴적물들이 섞인 각력들이 덮고 있다. 동굴 내의 퇴적은 총 15개 층으로 구성되어 있는데 10층 아래의 퇴적에는 이 동굴 속에 물이 흐르면서 형성된 층으로 구성되어 있고 제10층은 아마도 우묵한 지역에 퇴적된 양상으로서 켜를 이룬 퇴적물로 구성되어 있다. 이러한 퇴적물들은 아마도 동굴의 인근에 있는 흐름이 동굴 내로 유입되면서 형성된 것으로 생각된다. 다른 종류의 퇴적물은 바로 동굴의 천정과 벽에서 떨어진 돌들로 구성된 것으로 구성된다. 대체로 석회암이나 돌로마이트 석괴들이다. 그리고 또 다른 퇴적물은 동굴의 외부에서 유입된 풍성층이다. 이러한 퇴적물들이 바로 제10층을 덮고 있는 층이다. 이러한 층들 중에서 6층과 10층에서는 대단히 고운 점토와 실트가 채워져 있는 셈이고 이 고운 퇴적물들은 10층이나 7층 그리고 4층에서는 켜를 이루고 퇴적되어 있다. 그리고 곳곳에 포켓 양상의 각력층들이 있는데 아마도 주변에서 쓸려온 것으로 판단하고 있다. 4층은 천정이 내려앉고 난 직후에 이뤄진 층인데 이 층의 상부의 층위는 이미 동굴이 아니라 노천환경이었다. 그래서 제1지점의 동굴은 몇 번의 구조적인 변화를 거치면서 퇴적물이 형성된 것이다.

동굴의 퇴적층들에서 나온 화분분석의 결과로 보면 이 지역에서 기후가 변동된 것이 보이는데 대체로 온대 혼합림이 상수리와 자작나무 등의 활엽수나 거의 3분의 1을 차지하는 소나무, 전나무 등의 침엽수의 비율이 달라지는 것을 볼 수 있고 다른 한편으로 초원성 식물들이 증가와 감소로서 알 수 있다. 한 화분분석의 결과를 보면 현재 남중국 지방에서 살고 있는 편백 종류가 나타나는 층이 4, 6, 8, 그리고 9층인데 이 층이 바로 간빙기 층으로 생각되는 것이다. 그리고 초본류가 증가하는 층이 7, 10 그리고 11층이어서 이 시기를 추운 시기에 형성된 것으로 보았다.[97] 동굴에서 발견된 동물화석도 엄청나고 또한 다양한 환경을 보여주고 있다. 거북, 물소, 하이에나, 코뿔소, 박쥐 등등 수많은 종의 동물들이 확인되었다. 특히 새의 화석들이 여러 층이 확인되었는데 이 일대 지역의 환경이 다양하였음

---

96 Pei 1934.

97 Kong et al. 1985.

을 보여주는 것으로 보았다.

저우커우뎬 1지점의 연대에 대해서는 초기부터 많은 논의가 있었다. 절대연대의 측정이 이루어지기 전에도 이 유적의 연대는 인류의 기원 단계에 속한다는 생각이 많았던 것이 사실이다. 왜냐하면 당시로써는 인류화석이 발견된 유적이 많지 않았고 오늘날과 같이 아프리카 지역에서 오래된 초기 인류들이 많이 발견된 것이 아니었기 때문이다. 그래서 그 동안 이 유적의 연대를 측정하려는 노력으로 특히 지난 30년 동안 많은 시도가 있었는데 TL, U 시리즈 법, ESR 그리고 가장 최근에는 TIMS 기법이나 황사 퇴적과의 상대적인 편년도 시도되었다. 지난 1985년 이전에는 이 유적의 퇴적은 대체로 50만 년 전에서 25만 년 전경으로 추정하고 있었는데, 최근에 비교적 연대측정이 안정적이라고 하는 TIMS 법에 의한 연대측정은 최상층인 1과 2층의 연대의 범위가 40만 년 전후한 시기로 나오고 있어서,[98] 적어도 이 유적의 퇴적의 범위가 중부 홍적세의 중반에 끝이 나는 것으로 확인되었다. 이 유적의 퇴적에서 역지자기가 없다는 점에서 제1지점의 퇴적층 전체를 중부 홍적세의 퇴적으로 판단하고 있다. 그래서 제2층을 MIS 11(386~417ka)로 보고 제10층을 이제까지의 절대연대의 범위로 미루어서 MIS 17(693~712ka)로 보는 것이 현재로서는 가장 합리적인 연대관이라고 생각하고 있다. 그런데 최근의 우주선 연대측정치, 즉 Al/Be법은 이보다도 더 오래된 연대인 77만 년 전으로 확인[99] 된 바 있어서 과거의 생각보다는 오래될 가능성이 다분하고 중부 홍적세의 시작과 함께 인류의 서식이 이루어진 것으로 생각할 수 있다.

엄청나게 많은 석기 공작이 이제까지 수습되었지만 사실 1931년까지 석기 공작에 대한 확인은 이루어지지 않았으나 1937년에 이르러서 석기가 보고되었다. 이제까지의 분석에 의하면 1만 7000점 이상의 석기가 수습되었는데 대체로 제4층에서 집중되어 발굴되었고 제3층과 8층 그리고 9층에서는 도합 2000점이 못 되는 수량이라고 확인되었다.[100] 그렇지만 석기의 흔적들은 5, 6, 7, 10 그리고 11층에서도 발견되었다. 인류화석이 동반된 층은 1~4층과 6~11층인 것으로 확인되었다.[101] 최근의 작업에서 흥미로운 점은 이러한 석기들이 정작 재가 집중된 면에서는 발견된 적이 별로 없다는 점이다.[102] 이 점은 과거에 재들이 인위적으로 사용된 것이라기보다는 자연발화에 의한 것이라는 주장을 뒷받침하는 상황이라고 생각된다.[103] 사용된 석재로서는 맥석영이 가장 많은데 거의 90% 정도이고 나머지는 처트, 사암 등이 포함되어 있다. 이러한 맥석영은 주변에서 흔히 구할 수 있고 일부 석

---

98 Shen et al. 2001; Zhou et al. 2000.

99 Shen et al. 2009.

100 Pei and Zhang1985.

101 Keates 2000.

102 Keates ibid and Boaz et al. 2004.

103 Binford and Ho 1985.

재들은 반경 20킬로미터 이내에서 구할 수 있는 것으로 알려진데, 특히 석재 중에서 수정이 있는 것이 흥미롭다. 석기를 만드는 기법은 직접 타격이나 양극 타격을 사용한 것이 많은데 이것은 단단한 석재를 가공하기 위한 보편적인 방법이고 석재가 불규칙한 박리가 흔할 때 작은 박편을 만드는데 용이한 기법이 바로 양극 타격법이라고 보인다는 점에서 충분히 기술적으로 이해되는 점이 있다.

중부 홍적세의 오랜 기간 동안 지속하는 저우커우뎬 1지점의 석기들은, 석기들이 시간상으로 변화는 것을 비교적 잘 볼 수가 있다. 하부의 문화층인 77만 년 전의 석기 공작들은 석영과 규암제도 있지만 푸른 사암으로 만든 찍개류의 석기들이 포함된 석핵 - 박편 석기 공작이다. 다른 석재들은 극히 소량으로 나타난다. 대부분의 석핵석기들은 아직도 석재의 모습을 유지한 채 만들어진 것이다. 더 이상 쓸모없을 정도로 작아진 석핵들은 드물다. 대부분 석영암제로 만들어진 것이고 있는 그대로 사용된 것으로 보이는데 이것은 석핵으로서도 박편을 떼어내었다. 석핵의 타면을 조정한 것은 극히 드물다. 박편들은 일반적인 타격법에 의해서 만들어진 것들인데 양극 타격이나 모루 타격 그리고 직접 타격법을 사용하고 있다. 양극 타격법은 주로 다른 방법으로는 박편을 제작하기 어려운 석영암제 석재에 사용되고 있는 것을 볼 수 있다. 양극 타격으로 제작된 박편은 대체로 작은 크기인데 흔히 40밀리미터 이하의 길이, 이것은 이 재질의 특성이 가지는 또 다른 제약 때문일 것이다. 망치돌과 수천 점의 박편과 석편들이 남아 있는 것은 바로 유적 내에서 제작이 이루어진 것을 말하는 것이다. 초기 박편석기들은 비교적 수적으로 많고 가공하여 여러 가지의 긁개를 만들었고 또 첨두기도 보이지만 2차 가공을 한 것은 아니니다.

제4-1의 상부, 51만 년 전에서 4만 년 전에 문화층이 형성되기까지지 석재가 달라지고 기술도 달라지고 형태들도 다양해지고 가공도 많아지게 된다. 이 층들의 석기 공작들은 석핵과 박편을 기본으로 하고 맥석영을 석기의 주요한 재료로 하고 있지만 우유빛 나는 석영과 처트석재가 아래층보다도 많아지는 것을 볼 수가 있다. 이러한 석재들을 사용하여 만든 박편석기들은 박편석기 공작의 3분의 1 정도를 차지하게 되는데 이것은 이 시기에 압도적인 구성으로 나타나는 것이다. 양면 타격기법은 중심기법으로 남게 되고 이 유적에서 처음 사용했을 때보다도 더 정교해지는 것을 볼 수가 있는데 직접 타격법 역시 발전하게 된다. 이 시기에 연질 타격법도 도입될 가능성이 있다. 형식학적으로 부리형 석기가 이 시기에 처음으로 나타나게 되고 이전에 있었던 다른 형태의 석기들은 다양해지는 것을 알 수 있다. 예를 들어서 첨두기 형식은 비교적 많은 가공으로 만들어지게 된다. 형식학적인 분류는 이전이나 마찬가지로 그다지 크게 두드러지게 다르지 않고 형식이 상호 점이적인 특성이 있음을 알 수 있다.

석기들의 모양은 다양하지만, 정형화된 것이 많지 않아서 분류가 어려운 점이 있다는 것은 이미 지적된 바 있다.[104] 중국의 대표적인 구석기 고고학자인 장센수이(張森水) 교수의 분류에 따르면 박편이 5160, 긁개가 2228점 석핵이 445점 그리고 첨기가 406점, 찍개가 160점, 조각도가 113점, 망치돌이 61점, 부리형석기가 47점, 모루가 19점, 구형석기가 8점 등, 그리고 나머지 8444점은 버리는 석재로 분류한 바 있다. 석기로 분류된 것 중에서 많은 수들은 박편으로 만든 것으로 분류하였다. 그리고 박편석기 중에서 대부분은 대단히 작아서 5센티 미만의 것들이 그중에서는. 이 석기 공작에서 주먹도끼는 없는 것으로 확인되었는데 이것은 석기의 재료에 기인하는 것으로 볼 수 있을 것이다. 석기 제작 기술이나 확인된 석기의 모양은 층에 따라서 변하는 것을 확인할 수 있는데 전반적으로 석재가 상부층으로 갈수록 질이 좋은 것이 많아지는 것을 알 수 있다. 마지막 단계인 제1층에서 5층 사이에서 수습된 석기들에서는 플린트제나 쳐트 계통의 석재가 자체의 3분의 1을 차지하는 것을 볼 수 있다. 이 시기에 박편들의 모양이 좋아지는데 심지어 석인도 언급되고 있지만 아마도 이것은 형태적으로 긴 박편으로 이해된다. 또한 양극 타격법으로 만든 것들도 증가하는 양상을 보이면서 석기는 점차로 작아지는 경향을 보이는 것을 알 수 있고 가공이 점차로 많아지는 것으로 보고되었다.[105] 전반적으로 이 유적에서 수습된 석기들은 아직도 표준화되지 못한 석기들이라고 흔히 표현되고 있고 그러한 패턴의 이유로서 다루기 어려운 석재인 석영맥암으로 만든 것이 압도적이기 때문이라고 생각하는 것이 일반적이다. 이러한 원시적인 특성으로 인하여 아직도 많은 사람은 모비우스의 이론에서 흔히 찍개 문화의 대표적인 것으로 생각하는데 사실 이러한 견해는 아직도 석기 제작과 환경과의 관계를 충분히 이해하지 못한 탓이라고 할 수 있을 것이다. 이 유적의 조사과정에서 골기의 사용이 제기되고 또한 석기시대 이전에 골기시대가 설정되는 등의 문화단계까지 생각되기도 하였지만,[106] 인위적인 결과가 아니라는 주장[107]도 있어서 설령 있다고 하더라도 오늘날에서는 대단히 제한된 범위에서 골기의 사용이 이루어졌을 것으로 보고 있다.

이 동굴 유적에서 가장 논란이 되는 것 중 하나로서 동굴 속에 남아 있는 재층의 문제이다.[108] 즉 북경원인들이 불을 사용한 증거가 될 수 있는가의 문제인 셈이다. 불의 사용에 대해서는 일찍이 브로일에 의해서 제기되었는데, 당시 불에 탄 뼈들의 존재를 확인하여 내린 결론이 고인류들이 불을 사용하여 요리를 할 수 있었다는 것이었다. 그러나, 이 불이 자연발화에 의한 것이고 또한 검은색이 남게 된 것은 미네랄이 협착된 것이라는 주장[109]

---

104 Zhang1985.

105 Jian 1998.

106 Breuil 1932.

107 Boaz et al. 2004.

108 Gao et al. 2017.

109 Binford and Stone 1986.

이 제기되면서 지속해서 그 논쟁이 이어지고 있다. 재층은 제3층의 하부에 커다란 낙반석을 덮고 있는 양상이다. 그리고 제6층에서도 1.2미터의 길이와 75센티미터의 두께를 가진 재층이 나타나는 것이 보고되었다. 그런데 가장 두꺼운 재층은 제4층에서 확인되는데 재가 나타나는 두께가 6~10미터에 달하는 것으로 알려졌다. 재층이 켜를 이루고 있는 것은 물에 의해서 퇴적되었기 때문으로 주장되고 있다. 제8층에서 10층 사이에서도 나타나고 있는데 특히 핵베리의 씨앗은 8층에서 10층의 재층에서 발견되고 4층과 5층에서는 불에 탄 것들이 나타난다. 그런데도 최근의 연구에서는 이러한 재층은 실제로 재가 아니고 고운 실트층이 누적된 것이며 재층은 없었다는 분석이 있다. 외부로부터 흘러들어오는 흐름에 의해서 운반된 퇴적물[110]들이 쌓일 수 있는 동굴 내에서 작은 연못이 있었고 그 연못에 퇴적된 실트나 점토가 호소성 퇴적의 특성으로 켜를 이루게 된 것이라는 분석이다.[111] 그런데 또 다른 분석으로 불에 탄 뼈들의 존재에 대한 분석인데 이미 국립영국박물관에서 시도한 분석에서도 불에 탄 뼈가 관찰된 것이 보고된 바 있는데 분석을 주도한 바이너 역시 재층은 없어도 불에 탄 뼈의 존재는 인정하고 있는 것을 볼 수 있다. 바이너는 동굴 속에 불에 탄 뼈들이 다른 곳에서 불에 탔을 가능성을 제기하는데 이것은 재층이 없기 때문이다. 사실 이러한 증거들을 해석하는 과정에서 퇴적과정에 대한 일반적인 상황이 철저히 무시되는 것을 알 수 있다. 아마도 동굴의 퇴적 양상으로 미루어 볼 때 분명히 물이 동굴 내에서 퇴적에 관여했다고 하면 재는 사라졌을 것이 뻔한 것이다. 우리가 노천유적의 주거지의 노지에서 재를 볼 수 없는 것과 마찬가지 이유일 것이다. 그렇지만 상대적으로 입자가 굵은 것들은 살아남을 수가 있는 것이다. 여하간에 불에 탄 뼈나 나무 등의 존재로 밀어서 불을 사용하였을 것이라는 점은 인정될 수 있을 것이다.[112] 이 동굴 속에서 불과 재층의 관계에 대해서는 두 가지의 다른 견해가 일리가 있다고 생각하는데 이를 정확히 해석하자면 분명히 퇴적 후의 변형과정에 대한 이해가 필요할 것이다.

거의 한 세기에 이르는 조사에서 이 유적은 동아시아에서 가장 풍부한 고고학적인 자료를 생산한 유적이고 또한 가장 많은 분석이 시도된 유적이라고 할 수 있다. 다른 한편으로는 다양한 고고학적인 신화를 만들어내었던 유적이기도 하다. 다양한 고고학적인 발견은 중국의 호모 에렉투스의 정체에 대해서 다양한 학설을 만들어내었던 유적이다. 두꺼운 재층의 확인으로 호모 에렉투스가 불을 사용하고 요리를 할 수 있었다고 믿게 되었고 또한 부서진 인류화석은 당시에 고인류가 사람을 잡아먹는 식인풍습이 이야기되기도 하였

---

110 Goldberg et al. 2001.

111 Weiner et al. 1998; Goldberge et al. 2001.

112 Boas and Ciochon 2004.

던 것이다.[113] 불의 사용에 대해서는 아직도 굳게 믿는 편이지만, 이러한 불이 주기적으로 동굴 내의 자연발화에 의한 것으로도 해석되기도 하였고, 또한 식인풍습이라고 하는 것도 동굴 내에서 기거하던 하이에나의 소행으로 반박되기도 하였다.[114] 하이에나의 분비물이 많이 남아 있음이 확인되었는데 아마도 이 동굴이 하이에나의 거소로 사용되었다고 보는데 호모 에렉투스의 두개골의 하부가 없는 것은 바로 하이에나가 그곳을 먼저 먹었기 때문일 것이라는 추정이다. 그렇지만 이러한 흥미로운 제안 역시 다르게 해석될 여지가 있다.

동굴 속에 남겨진 고인류의 행위에 대해시 불의 사용 이외에도 두어 가지의 큰 이슈가 남아 있다. 하나는 사냥과 시체청소부 관련 행위와 또 다른 하나로 그동안 지적되었던 식인풍습에 관한 설명이 필요할 것이다. 동물 뼈에서 보이는 인간 행위의 증거는 빈포드와 스톤에 의해서 분석된 바 있는 동굴 내의 많은 뼈가 가진 변형의 흔적을 보면 인류에 의한 것보다는 하이에나 등의 식육류 짐승들에 의한 것들이 많다는 것을 확인할 수가 있다. 물론 뼈에 남겨진 많은 흔적은 고인류에 의한 흔적들도 있다. 그런데도 빈포드와 스톤은 이 동굴에 살았던 고인류들은 사냥꾼이라기보다는 시체 청소부였을 것으로결론을 짓고 있다.[115] 그리고 최근의 연구에 의하면 이 동굴의 고인류는 시체 청소부였을 뿐 아니라 이 동굴에 남겨진 많은 고인류의 화석들이 주로 두개골 부분이 많고 신체의 골격 뼈는 없다는 점에서 이 동굴의 초식 동물화석 뼈들은 바로 식육류 짐승들의 소행의 유물로 생각하고 있는 것이다. 지난 2000년대 초에 시도된 동굴의 인류화석들의 컴퓨터 시뮬레이션을 통한 형성과정의 재구성에서 동굴에서 발견된 고인류들의 뼈가 신체 부위 뼈가 현저히 적고 개체 수와 뼈의 개수가 엇비슷하다는 점 또한 고인류 뼈들이 흔히 식육류 짐승들의 뼈와 함께 출토된다는 점을 들어서 동굴은 주로 식육류 짐승들이 차지하고 있었고 고인류들은 사냥감이었을 것으로 추정하였다.[116] 즉 다시 말해서 다른 초식성 동물들과 마찬가지로 밖에서 잡혀서 동굴 속으로 끌려 온 것으로 설명하고 있다. 그래서 석기의 출현이 고르지 않고 대단히 불규칙한 분포 양상을 띠고 나타나는 것이 그러한 이유라고 설명하고 있다. 그래서 저우커우뎬 1지점 동굴은 하이에나 소굴이었을 것으로 결론을 짓고 있는데[117] 과거 무수한 고인류학자들이 내린 호모 에렉투스가 지속해서 불을 가지고 살았을 것이라는 설명과는 정반대라고 할 수 있다.

이 유적이 인류의 진화를 이해하는데 가지는 가장 큰 의미는 바로 위도상의 위치에 있다는 점이고 또한 한 유적에서 거의 80만 년 동안 지속적인 인류 진화와 문화 진화의 과

113 Weidenreich 1930.

114 Binford and Ho 1985.

115 Binford and Stone 1986.

116 Boaz et al 2002/2004.

117 Tuner and Anton 1996.

정을 보여준다는 점이다. 설령 이 유적이 인간 이외의 식육류 동물이 관여하였다고 하여도 이 유적이 인류 진화상의 가치는 절대로 폄하될 수가 없는 것이다, 왜냐하면 호모 에렉투스가 이 지역에 지속해서 살아왔다는 점을 명백하게 입증하고 있고 또한 상대적으로 온대 지방의 열악한 환경에서 하이에나 등의 식육류의 짐승들과 경쟁적인 관계 속에서도 생존한 것은 바로 그 인구집단 규모의 지속성을 충분히 입증하고 있음이다. 이 점이 암시하는 것은 이미 호모 에렉투스는 계절성이 뚜렷한 온대 환경에서 충분히 적응하고 어떠한 조건에서도 살아남을 수 있는 정보력과 수단 그리고 체질을 가진 것으로 이해할 수밖에 없도록 만드는 것이다.

오늘날 이 유적의 석기 연구에서 새로운 반성이 일어나고 있다.[118] 거친 석영암제의 석기들이기 때문에 거칠게 보이지만 최근의 일련의 새로운 시도에서 석기의 기능을 확보하기 위한 정교한 노력이 확인되고 그러한 기술들이 보이는 것보다도 원시적인 것은 아니라는 것을 확인하고 있기 때문이다. 그래서 중국 구석기의 대표적인 석기 공작으로 볼 수 있는 저우커우뎬 석기 공작에 대해서 석기의 박리과정의 정확한 복원, 접합석기들의 연구, 사용 흔 분석 등등의 새로운 방법론을 적용할 필요가 있다는 것을 인식하고 있다. 특히 이 석기 공작의 이해를 위해서는 엄격한 정의에 의한 분류체계를 확립하는 것이 중요하다고 인식하고 있다. 이러한 인식은 결국 동아시아의 다른 지역의 거친 석기들에게도 마찬가지이고 이것이 이루어진 다음에 서구의 플린트제나 다른 치밀하거나 고른 석재들로 만든 석기들과의 비교연구가 더욱 분명한 결과를 유도할 것으로 보이는 것이다.

저우커우뎬의 기타지점

저우커우뎬에는 제1지점 이외에도 여러 동굴지점이 있는데 그중 13지점의 경우에는 동물상으로 미루어 아마도 이 유적 군에서 가장 오래된 것으로 알려진 곳이다.[119] 이 동굴은 30년대와 50년대에 발굴되었다. 주변에 흔한 규암으로 석기를 제작하였는데 일찍이 찍개류 석기 공작으로 알려졌지만, 사실은 석핵과 박편으로 구성된 석기 공작으로 생각하고 있다.[120] 제15지점은 30년대에 발굴되었는데 아마도 고인류가 거주하는 시기에 동굴의 지붕이 내려앉은 것으로 보인다. 그래서 일종의 바위 그늘 같은 구조로 되어 있었던 것으로 생각된다. 동물상으로 보아서 제1지점의 상부층, 즉 중부 홍적세의 마지막 단계나 상부 홍적세의 초기 정도로서 기후가 온난하였다는 것을 동물상과 화분분석을 통해서 알 수 있다. 지난 90년대 말에 실시된 ESR법과 우라늄 시리즈 법에 의해서 연대측정을 한 결

---

118 Shen et al. 2015.

119 Zhang 2004.

120 Shen et al. 2016.

과 14만 년 전에서 11만 년 전까지의 시기로 나타났는데[121] 동물상 구성과 일치되는 면이 있다. 그러나 새로운 우라늄 연대측정은 28만 5000년 전으로 판명[122]되어 과거보다도 오래된 중부 홍적세 유적인 셈이다. 이 지점에서는 7000점에 이르는 석기가 수습되었지만, 최근에 이것에 대한 분석이 이루어지게 되었는데 이 석기 공작은 1지점의 석기 공작들보다도 훨씬 발전한 것으로 생각되는 것으로 타격면이 여러 개가 있고 또한 교차 타격이 있는 등의 기법이 보인다. 분류에 따르면 여러 가지의 긁개류 이외에도 밀개류의 석기들이 보인다. 그래서 다양한 소형석기들이 압도적인 비율로 나타나고 있다. 제4지점도 지난 세기의 30년대에 발굴 조사되었고 또 2차 대전 이후 지난 70년대에 조사가 되었는데 석기 그리고 산먼마(三门马)를 포함한 40여 종의 동물화석들과 함께 고인류 상악 어금니 이빨 화석이 발견되었다.[123] 이 이빨은 호모 에렉투스와 이른 시기의 현생인류의 사이의 시기의 것으로 보고 있는데 우라늄시리즈법과 TL 법으로 측정된 연대가 25만 년 전 사이에서 13만 5000년 전 사이로 파악하고 있다. 81점의 석기가 수습되었는데 대체로 소형의 석기들이며 석영암 계통의 석기로 직접 타격 외에도 양극 타격법을 사용한 것이다.

황토지대의 남부와 친링(Qinling, 秦岭)산맥의 북쪽

중국의 중부에 서쪽으로 치우쳐서 동서로 뻗어 있는 친링산맥(秦嶺山脈)은 중생대 이후 대륙판의 충돌로 이루어진 습곡 산지로서 현재 2000미터의 높이를 가지며 중국의 기후를 남북으로 구분하는 지리적인 경계가 된다. 이러한 산맥의 융기현상은 대체로 그동안의 연대측정의 결과로 볼 때 1.2MA, 0.8MA 그리고 0.15MA에 일어난 것으로 보는데 실제로 뤄난 지역의 하안단구면의 형성과정에서도 그러한 시기적인 변동을 확인할 수가 있다.[124] 이 산맥은 중국의 자연환경뿐 아니라 역사에서도 중요한 역할을 하는 경우가 많다. 다시 말해서 인류의 서식과 이동에 중요한 조건이 되는 산맥이다. 이 산맥지역은 산시성(山西省)이 중심이 되지만 동서 방향으로 2200킬로미터 펼쳐져 있다. 북쪽 사면은 북쪽 허베이 평원과 건조한 지대와 연결되어 있고 이 산맥의 북쪽 산록에서 발원되는 강은 황허로 흘러 들어간다. 그러한 반면에 그 이남 지역은 양쯔강 저지를 중심으로 아열대 식생이 남쪽으로 시작되고 남쪽에서 시작한 강들은 양쯔강으로 흘러 들어간다. 친링산맥은 북쪽 건조한 대지에서 날아오는 뢰쓰들이 북쪽 전면에 넓게 가라앉는데 중국 북부 넓은 황토 대지의 남쪽 끝자락에 해당하는 곳이라고 할 수 있다. 중국의 기후구를 이 산맥을 중심으로 구분할

---

121 Gao 2000.

122 Shen G. et al. 2004.

123 張三水-宋暢泳 編 2004.

124 Liu 2004; Sun et al. 2012.; van Buuren et al. 2020.

뿐 아니라 기후변동에 따른 동식물의 이동이 일종의 완충지 역할을 하는 셈이다. 그래서 중국의 기후나 식생을 나눌 때 흔히 친링산맥을 경계로 삼는 것이다.

친링산맥(秦嶺山脈)이 있는 지역의 일대에는 산맥의 남과 북으로 뤄난(Luonan, 洛南) 분지와 루시 분지가 북쪽 사면에 있고 남쪽으로 안강 분지가 있으며 그 동남쪽으로 윤샨 분지가 있다. 많은 유적이 발굴된 단지앙커우(Danjiangkou, 丹江口) 지역은 윤산 분지의 동쪽으로 있다. 이러한 분지들에 많은 유적이 발굴되었고 또한 뢰쓰퇴적에 대한 비교연구가 많이 이루어진 바 있다.[125] 이 지역의 뢰쓰 층에서 발견된 인류의 문화 흔적들은 이미 140만 년 전부터 시작되어 5만 년 전 사이의 시기에 해당한다.[126] 이 시기 동안 기후변동은 이 지역의 뢰쓰층, 즉 황토층들에 잘 남아 있는데 고토양층과 황토층으로 구분되는 사이클로 나타나는데 흔히 S(Soil)와 L(Loess)자로 표기하는 층서로 표현된다. S로 표기되는 고토양층은 덥고 습윤한 기후 아래에서 형성되는 층으로서 비교적 많은 구석기 유적들이 남아 있다. 호모 에렉투스 화석이 발굴된 첸지와 유적의 경우에는 S6층에 해당하는데 최근에 개선된 연대가 0.67~0.66MA로 알려졌다.[127] 반면에 L자로 표기되는 황토층은 춥고, 건조한 기후에서 빠르게 퇴적되는 풍성층인데 상대적으로 구석기문화층이 많이 나타나지 않기 때문에 추운 기후 동안에 일부 지역에서는 고인류들의 거주가 줄어들거나 다른 지역으로 이동한 것으로 생각하는 경향이 있다.[128] 유적의 층서를 토대로 이 지역에 고인류들이 단속적으로 나타났을 것이라고 보기도 한다.[129]

중국에서 중, 남부라고 하면 막연한 경계일 수밖에 없지만, 이 논의에서는 일단 친링산맥을 기준으로 친링산맥의 남쪽 사면을 포함하는 지역을 남부라고 포함하여 설명하였다. 물론 친링의 남사면 이남과 북사면은 태평양 몬순의 영향으로 환경적으로 상당히 다른 점이 있다. 일단 황토고원지대와 구분한다는 의미로서 친링 즉 중국의 중부지역은 남부지역에 포함하여 설명하고자 하는 것이다. 이것은 단순한 지형적인 구분이기도 하지만 다른 한편으로 중국의 고고학자들이 구분하려고 하는 주먹도끼의 분포 선을 기준으로 구분한 것이다. 즉 크게는 뤄난(Luonan, 洛南)과 딩춘(Dingcun, 丁村)을 잇는 선을 북부와 남부를 구분하는 선으로 보고 설명을 하는 것이다.

중국의 중부지역에서도 중부 홍적세의 유적들로서 모드1, 즉 올도완 석기 공작단계에 해당하는 석기들이 많은 지점에서 발견되고 있고 이러한 유적들은 앞으로도 점차 증가할 것으로 기대된다. 예를 들어 저장성(浙江省) 지역에서도 100여 군데가 넘는 지점들에서

---

125 Lu, Zhang, Wang, ...et al. 2007; Sun et al. 2012.

126 Lu, Sun ...et al. 2011.

127 Lu et al. 1999.

128 Fang et al. 2017.

129 Lu, Zhang,.. et al. 2011.

100만 년 전에 가까운 지점을 포함하여 이러한 석기 유적들이 남아 있는 것이 확인되었다.[130] 그런데 중남부 지역의 특성으로 흔히 지적되는 것은 바로 주먹도끼 공작들이 분포한다는 점이다. 특히 뤄난(Luonan, 洛南)저지, 단지앙커우(Danjiangkou, 丹江口) 지역, 산먼시아(三門峽) 지역 그리고 남방의 바이서(Baise, 百色) 유적들이 그 대표적인 지역이다. 이 지역의 주먹도끼는 이 지역의 고인류의 확산과정과 진화과정을 논하는데 문화적인 증거로서 열띤 논쟁거리가 되고 있다.

친링산맥의 북쪽으로는 황하 유역의 많은 지점에서 중부 홍직세의 석기 공작들이 확인되었다. 대표적인 곳으로서 공왕링(Gongwangling), 딩춘(Dingcun, 丁村), 시후두(Xihoudu, 西侯度)이 일찍부터 알려져 왔다. 이러한 유적들은 대부분 황하나 그 지류의 단구면에 있는데 그 지질학적인 위치에 의해서 연대를 추정하는 것이 일반적이지만 근래에는 연대측정치가 제시되는 곳도 있다. 중부 홍적세의 야외 유적에서 발견되는 석기 공작들에서는 흔히 대형의 첨상기로 불렀던 주먹도끼류의 석기가 포함되어 있다. 그렇지만 일반적으로는 찍개나 가공하지 않은 박편과 박리흔으로 덮인 석핵 등이 포함되는 경우가 많다. 다만 시대가 떨어지는 것으로 확인되어 중부 홍적세의 후반에 속할 것으로 추정하는 딩춘 유적에서는 대형의 박편의 일부를 가공한 석기가 포함되어 있는데 이것이 원시적인 형태의 가롯날도끼로 볼 수도 있을 것이다.

뤄난(Luonan, 洛南) 지역

뤄난(Luonan, 洛南) 분지는 친링(Qinling)산맥의 북쪽 사면에 해당하는 곳이고 또한 루오 강의 상류 저지이기도 하다. 이 지역은 사실 지대가 높아서 해발 900미터가 넘는 곳이다. 북쪽에서 황토가 불어와서 친링산맥을 넘지 못하고 두껍게 쌓이는 지역으로 그 두께가 30미터에 이르는 곳도 있으며 황토층, 즉 뢰쓰는 뤄난(Luonan, 洛南) 분지의 전 지역에 남아 있다. 뤄난(Luonan) 지역은 친링(Qinling)산맥이 단계적으로 상승하는 동안 수분공급이 차이가 나기는 하였어도 완전히 건조한 환경으로 변하는 것은 아니어서 인간의 거주에 적절한 기후였을 것으로 추정하고 있다.[131] 그동안 조사에서 200여 지점의 석기유적이 발견되었고 지표에서 많은 수의 주먹도끼들이 수습되었다.[132] 통계에 의하면 만 4000점 가까운 석기들이 수습되었고 이 중에 주먹도끼가 236점 첨두형주먹도끼가 231점이 포함되어 있다. 이러한 주먹도끼들은 대칭으로 다듬어진 것이 많아서 동아시아의 다른 지점에서 발

---

130 Guan et al. 2018.

131 Fang et al 2017.

132 Wang et al. 2004, 2005, 2007.

견된 것들보다도 비교적 일반적인 아슐리안 개념에 더 부합된다고 보고 있기도 하다.[133] 특히 이 유적군에서는 119점의 가롯날도끼가 포함되어 있는데 이것은 중국의 다른 주먹도끼 유적들과는 석기조합의 양상이 다른 것이다. 이 석기들도 층서가 불완전하기는 하지만 뢰쓰 최적의 분석을 근거로 대체로 60~80만 년 전의 중부 홍적세 층에서 유래된 것으로 생각하고 있다.[134] 그리고 그러한 석기 전통은 시기가 늦은 딩춘 유적에서 연속되는 것으로 보고 있다.

이 지역에서 아슐리안형 주먹도끼들이 다수 발견되어 세계적인 주목을 끌었던 지역이다. 특히 뤄난(Luonan, 洛南) 지역에서 발견된 주먹도끼들은 서구의 아슐리안에 가장 근접한 형태적인 패턴을 가지고 있는 것으로 보고 있다. 그런데 이 주먹도끼들은 연대가 불분명하여 논란이 되어왔다. 뤄난(Luonan) 지역에서 발견된 주먹도끼 공작은 최근에는 중국학자들이 대형자르개라는 용어를 자주 사용하는 석기 공작인데 주먹도끼 이외에도 같은 계열의 석기인 가롯날도끼, 대형첨두기 등등의 소위 아슐리안 주먹도끼 계열의 석기 공작들이다. 이 주먹도끼 공작들을 서구의 아슐리안의 개념에 더욱 근접하는 것이라는 견해도 있지만[135] 크게 본다면 동아시아의 주먹도끼 공작의 다양한 형태의 범주에 들 수 있다. 왜냐하면 첨두가 많고 아직도 많은 수의 박리흔이 있는 것은 아니고 비교적 두꺼운 몸통에 측면에 자르는 날을 가진 것이 드물기 때문이다. 그래서 중국지역에서 발견되는 주먹도끼 공작 중에서 비교적 정련된 기법을 보이는 것으로 보아야 할 것이다.

그런데 이 지역 일대에는 시후두(Xihoudu, 西侯度)[136] 등의 일찍이 발견된 유적들이 있고 그동안 지속적인 조사로 많은 수의 지점에서 석기 공작들이 확인되었다. 최근에는 뤄난(Luonan, 洛南) 석기 공작들의 연대가 불명확하여 이 일대에 많은 조사가 이루어지고 일부 유적에서 뢰쓰 퇴적층의 연대를 추정하는 시도가 많이 있었다.[137] 뤄난(Luonan) 유적의 석기 공작들은 주먹도끼는 없지만, 석영암과 규암으로 만든 석기들이 많이 수습되었는데 가공이 단순하고 출토층의 연대를 중기구석기시대로 보는데 이것은 출토된 층위가 뢰쓰퇴적의 S1에 해당한다고 보기 때문이다. 그리고 하부층에서 출토된 석기들은 55만 년 전에서 70만 년 전의 층에 해당한다고 보고 있다.[138] 이 두 문화층 사이에 보이는 차이는 오래된 시기에는 석영암을 주로 많이 사용하였다는 점이다. 이웃한 치아오지야오(Qiaojiayao) 유적에서 출토된 석기가 880점이 넘는데, 주로 석영암과 규암제로 만들어진 것이 대부분이며

133 Shipan and Petraglia 2010; Wang, Zhang..et al. 2013.

134 Fang et al. 2017.

135 Zhang and Liu 2013.

136 Chia and Wang 1978.

137 Wang et al. 2008.

138 Sun, Lu ... et al. 2014.

주로 석핵과 박편들로 구성되어 있고 약간의 가공으로 날을 만든 것들이 포함되어 있다. 이 지역에서는 가장 오래된 구석기로 60만 년 전경으로 추정하고 있다.[139] 석기가 나온 층이 뢰쓰층서의 S5 에 해당하는 것을 토대로 추정한 연대가 503~630ka에 해당하기 때문이다. 이 유적은 뤄난(Luonan, 洛南) 지점들에서 동으로 140킬로미터 떨어진 지점에 해당하는데 루오강의 중류의 단구면에 위치하고 있다.

딩춘(Dingcun, 丁村) 유적

딩춘(Dingcun, 丁村) 유적은 일찍이 그 특징적인 삼릉형 대형첨상기라고 불리는 주먹도끼류의 석기들이 발견된 유적이다.[140] 딩춘(Dingcun) 유적은 일찍이 1954년도에 발굴 조사하여 대형첨상기를 출토하는 전기구석기시대의 유적으로 알려진 바 있다.[141] 이 유적은 황허의 중류지역의 펭허 그라벤에 있는데 그동안의 조사에서 13개의 지점에서 2000점이 넘는 석기들이 인접한 지역에서 발견되었는데 대체로 동일한 층서구조를 가진 것으로 보았다.[142] 애초에 퇴적층의 추정 연대는 7만 3000년 전에서 12만 8000년 전으로 알려진 것이어서[143] 상부 홍적세의 전반으로 알려졌지만, 우라늄 시리즈 연대법에 의해서 16만 년 전에서 21만 년 전이라는 연대측정의 결과는 중부 홍적세의 후반으로 평가되고 있고 아슐리안 석기공작의 하나라고 보고 있다.[144] 그런데 딩춘 석기 공작의 가장 큰 특징은 바로 대형 박편을 이용하여 만든 주먹도끼들이다. 학자에 따라서는 대형자르개 LCT라고 부르기도 한다. 이러한 석기 제작의 공정은 뤄난(Luonan, 洛南) 유적에서도 유사한 양상을 볼 수 있어서 이 두 문화가 상통하는 것으로 이해하고 있다. 그렇지만 딩춘 유적에서도 대형 주먹도끼만이 있는 것은 아니며 작은 석기들과 버리는 석재들도 많이 발견되었는데 이러한 석기 공작의 구성이 아프리카의 아슐리안 후기공작들과 비교하기도 하지만 그러한 작은 석기 비율은 유적의 기능과 퇴적양상에 따라서 크게 변할 수 있는 것이기 때문에 그러한 것이 석기 공작의 문화적인 특징이 될 수는 없을 것이다.

딩춘 유적에서 발견된 주먹도끼류의 석기들은 흔히 아슐리안 계의 석기로 생각하는데 이 유적에서는 남부지역의 주먹도끼 공작과는 달리 큰 박편을 중간 석재로 많이 사용하고 있다는 점이다. 이러한 경향성은 뤄난(洛南) 석기 공작과 유사한 점을 보인다. 그래서 중부 홍적세 후반에 나타나는 대형 박편 기반의 아슐리안 석기 전통의 문화로 규정하고

---

139 Sun et al. 2014; Wang 2005.

140 Jia et al. 1972.

141 Jia 1955.

142 Pei et al 1958.

143 Kukla and An 1989.

144 Chen et al 1984; Yang et al. 2014.

있다.[145] 그런데도 이 주먹도끼들도 그 가공의 정도는 높지 않으며 또한 일정한 부위, 즉 첨두 등에 가공이 집중되는 현상을 볼 수 있는 것은 다른 중국의 주먹도끼들과 통하는 점이다.

친링산맥(秦岭山脈)의 남쪽의 유적들

친링산맥(秦岭山脈)의 남쪽 지역에 상당히 많은 지점에서 석기들이 수습되었는데 뢰쓰 퇴적의 지질학적인 층서를 토대로 적어도 하부 홍적세에 형성된 유적들이 상당수 보인다. 친링산맥(秦岭山脈)은 북쪽의 뢰쓰가 확산하는 방패막이 역할을 하기 때문에 남록에서는 북쪽 지역보다는 두껍지 못한 점이 있다. 그러나 퇴적물의 층서는 북사면과 대비될 수 있는 구조를 가지고 있다. 남쪽에 흐르는 한지앙 강의 유역에서도 다수의 구석기 유적들이 발견되었다. 한지앙 강 유역은 친링산맥(秦岭山脈)을 따라서 남쪽에 동서 방향으로 흐르는데 가장 서쪽에서부터 한종 분지, 안캉 분지 그리고 동쪽에 윤산 분지가 자리 잡고 있고 이 지역들에서 하부 홍적세에서 중부 홍적세의 석기 공작들이 남록의 여러 지점에서 확인되고 있다. 한종 저지의 롱강시(Longgangsi) 3지점의 하층이나 롱간시의 2지점의 석기 공작, 그리고 야오창완(Yaochangwan) 유적에서는 대체로 3개의 다른 석기문화 시기들이 층서에서 보이는데 가장 오래된 시기가 대체로 1.2MA이다. 이 가장 오래된 문화층에서 발견되는 석기들은 불규칙한 편들이 대부분이고 몇 번의 타격으로 변형된 것들이다. 이 지역의 몇 지점에서 발견되는 이러한 석기 전통은 중부 홍적세의 말엽에 해당하는 시기까지 지속하는데 소위 주먹도끼라고 볼 수 있는 석기들이 간혹 포함되는 경우가 있다. 그런데 롱강시 2지점과 3지점에서는 뤄난에서 발견되는 석기 공작과 유사한 것들로 생각하고 있다. 한지앙 유역의 또 다른 분지인 안캉 저지의 우타이춘(Wutaicun) 유적의 연대는 0.95MA까지 올라가는 것으로 측정된 바 있다.[146] 한지앙 강에서 상대적으로 하류 지역에 해당하는 윤시안 분지지역에서도 비슷한 범주의 시대에 속하는 석기 공작들이 발견되고 있는데 가장 오래된 지점으로 슈에탕량지(Xuetanliangji) 유적층은 적어도 80만 년 전에서 98만 년 전으로 추정하고 있다.[147] 뢰쓰층서의 연대로 보아서 대체로 0.9MA에 하층의 하천퇴적 상부에 시작되는 뢰쓰층에서 윤시안 고인류 화석층이 나왔고 또한 석기 공작들이 발견되었다. 이후 중부 홍적세 동안 퇴적되는 뢰쓰층에서 석기 공작들이 지속해서 확인되고 있다.

친링산맥의 남쪽과 북쪽의 석기 공작들의 시대적 범위에서 두 지역 간의 연결성을

---

145 Yang et al. 2014; Yang et al. 2016.

146 Heslop et al. 2000; Liu et al. 1999.

147 Feng et al. 2011.

근거로써 고인류의 이동이 남북방향으로 이루어진 것으로 추정하고 있다.[148] 특히 롱강시 3 지점의 연대가 1.2MA로 올라가기 때문에 시후두나 췐지와 등의 북쪽의 100만 년 전 이상 오래된 유적들과 같은 시간적인 범주로 알려졌다. 또한 그 이후로도 뢰쓰 퇴적에서 중부 홍적세의 말엽에 이르기까지 적어도 주기적으로 구석기 유적들이 분포하고 있다. 그래서 친링의 남북의 구석기 유적들의 연대 폭으로 미루어서 이 두 지역은 하부 홍적세에서 중부 홍적세를 지나는 기간 동안 지속해서 고인류들이 출현하였고 남북의 이동이 있었을 것으로 생각할 수 있다. 이러한 분포로 보아서 두 지역 간의 이동이 지속해서 있었다고 판단하고 있지만 친링산맥(秦岭山脈)의 북쪽과 남쪽을 관통할 수 있는 통로로써 강을 따라 분포하는 저지대 이외에는 다른 방도는 현재로서 알려지지 않는다.

단지앙커우(Danjiangkou Reservoir Region, DRR) 일대 유적들

단지앙커우 저수 지역은 친링산맥(Qinling, 秦岭山脈)의 남쪽 자락에 해당하는데 양쯔강의 가장 큰 지류인 한 강의 댐 지역에 해당하는 곳이다. 댐공사로 인한 발굴이 여러 지점에서 이루어지면서 100곳 이상의 구석기 유적들이 조사되었고 많은 지점에서 주먹도끼들이 발견되었다. 그중에 친링산맥(秦岭山脈)의 남록의 끝자락에 해당하는, 한강의 상류 지역의 준시안(Junxian) 저지의 단지앙커우 댐(Danjiangkou Reservoir)을 건설하면서 발굴된 수앙수(Shuangshu)의 유적에서도 13점의 대형자르개(LCT Large Cutting Tool)로 분류된 석기들이 수습되었다.[149] 이 중에 주먹도끼가 열점이고 한 점은 가롯날도끼였는데 다양한 모양의 주먹도끼들이 포함되어 있다. 이들 석기들은 대체로 첨두형인데 석재에 따라서 석핵으로 만든 것과 박편으로 만든 것으로 나뉘는데 박편으로 만든 것들은 납작하고 서구의 아슐리안 석기들과 유사한 모습을 가진 것으로 생각하고 있다.[150] 이 지역의 주먹도끼가 출토되는 유적들은 하부 홍적세의 후반에서 상부 홍적세의 시기에 걸치는 것으로 생각된다. 대형자르개로 분류된 석기들은 주먹도끼, 첨두형도끼(pick), 가롯날도끼 그리고 단면가공 첨두기(unifacial pick) 등으로 구분하고 있다. 대체로 강돌로 다듬은 것들이 대부분이고 박편을 원형으로 시작한 것도 포함되어 있다. 양면으로 가공한 것들은 대체로 3분의1 정도이고 부분적인 양면 가공이 반 정도 그리고 나머지는 단면가공으로 구성되어 있다. 그런데 주먹도끼, 즉 대형자르개 석기군의 빈도나 전체 석기출현의 빈도가 낮은 것을 이미 여러 연구에서 지적된 바와 같이,[151] 동아시아적인 전통의 하나로 생각하고 있지만, 그러한 경우는

---

148 Sun et al. 2017.
149 Kuman et al. 2014.
150 Li et al. 2014.
151 예를 들어서, Lycett and Norton 2010.

유적의 기능과 관련되는 것으로 생각하여야 할 것으로 판단된다. 다시 말해서, 주먹도끼가 한자리에서 집중되어 많이 나오는 것은 이상한 현상이지 유적을 활용하는 일상적인 장소에서 그렇게 많이 발견될 수가 없을 것이고 동일한 작업이 반복된다고 하더라도 그것은 후대의 재퇴적과정에서 분급 현상에서 이루어졌을 가능성이 많은 것이다. 그런데 흥미로운 것은 이 유적에서 발견된 주먹도끼류의 석기들을 제작하는데 사용된 석재선택인데 유적의 석재는 석영암과 규암 천석이 압도적인 95% 이상인데 규질조면암이나 삽인석을 사용한 것이 당시에도 좋은 석기를 만들기 위해서 석재를 선별하였다는 것을 보여주는 증거라고 할 수 있다. 이 유적의 연대는 ESR 법으로 측정하고 고지자 기법으로 검증한 것인데 651+/-65ka 그리고 518+/-52ka로 얻어진 바 있어서 대체로 중부 홍적세의 전반기에 해당하는 것으로 보고 있다.

단지앙커우(Danjiangkou) 유적들에서 발견된 대형자르개 석기들은 그 절대적인 숫자나 전체 석기 공작에서 차지하는 숫적 비율이 낮지만, 그 석기 공작의 제작기술이나 형태의 범주가 서구의 아슐리안(Acheulean)을 정의할 때 사용하는 기준에 충분히 부합되는 것으로 판단된다.[152] 이러한 석기 공작에서 보이는 빈도와 형태의 다양성은 이 지역의 유적의 경관에서 유래하는 것일 수 있고 또한 이 지역에 적응하는 과정에서 오는 결과로서 얻어진 다양성이라고 보았다. 그래서 흔히 지적되는 용어사용으로서 '아슐리안 공작의 동아시아적인 양상'으로 보고 있다.[153] 이러한 중국의 주먹도끼 공작들이 그 빈도는 일반적으로 아프리카의 것들에 비해서 턱없이 낮은 비율로 나타나지만, 아슐리안과 공통적인 부분과 다른 부분이 있다는 점을 토대로 직접 이동한 집단이 만든 것이거나, 두 지역의 고인류 집단이 기원이 같거나 한동안 섞였을 것으로 하는 주장도 있다.[154] 그러나, 그러한 설명을 검증하는 것은 지금 지난 수십년 동안 진행되는 주먹도끼 논쟁의 일부라고 보아야 할 것이다.

양쯔강과 그 이남의 중부 홍적세에 해당하는 구석기 유적들도 일찍이 알려져 있었다. 산샤댐의 건설로 인한 수몰 지구 발굴에서 많은 유적이 알려지게 되었고 이 지역의 구석기 공작의 특성을 더욱 확실하게 알 수 있게 되었다. 유적 중에서는 고인류 화석이 출토된 윤샨유적 일대의 수에탕리앙지(Xuetanliangzi) 지점의 층에 대한 ESR방법 측정으로 그 연대가 100만 년 전 이전의 연대를 보이고[155] 한편으로는 고지자기 상대연대가 80만 년 전인데 대체로 하부 홍적세부터 시작되었을 것으로 보인다. 지곤산 유적에서는 수천 점의 박편들이 1.5~2.5미터의 원의 모습으로 깔려서 나오는데 분명히 인간의 행위의 흔적으로 보

152 Li, Li, Kuman 2013, 2014; Li, Li et al. 2014.

153 Li et al. 2014.

154 Kuman et al. 2016; Li, Kuman, Li 2018.

155 Sun et al. 2016.

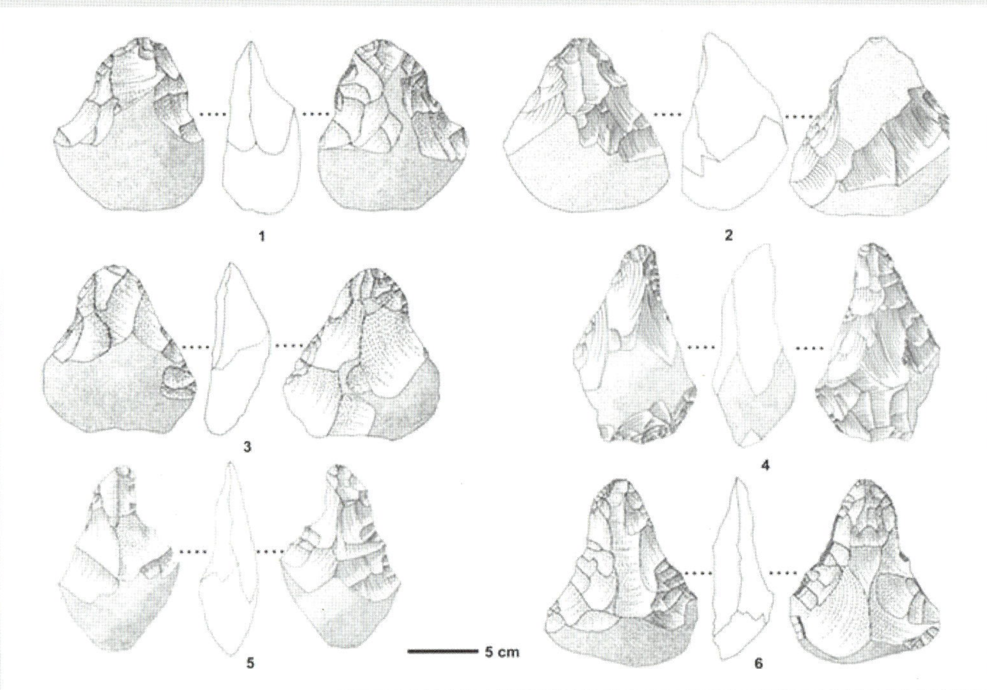

도판 22 중국지역 주요유적에서 출토된 주먹도끼

상) 바이서 유적(Hou, Y. 2014에서). 중) 바이서 유적(Wang W. 협조). 하) DRR출토 주먹도끼(Li et al. 2014에서).

인다. 그리고 마오쥬샨유적의 경우에도 수천 점의 석기들이 반원형으로 집중되어 나타나는데 이 유적도 최근의 ESR 연대로 보아서 60만 년을 넘는 것으로 알려졌다. 이러한 유적들의 상태는 앞으로 이 지역의 고인류의 행위 분석에 중요한 자료가 될 것으로 기대되고 있다.

중국의 남부 지역 총칭의 황마 마을 부근의 동굴에서 뼈로 만든 주먹도끼가 발견된 사례가 있다. 스테고돈의 턱뼈로 만든 것인데 화석화가 많이 진행된 것이며 우라늄 시리즈 연대법에 의해서 167.55~171.54ka로 측정되었다.[156] 첨두를 가진 타원형으로 양면을 가공하여 만든 것인데 동아시아에서는 유일한 사례이다. 이것은 결국 당시 고인류들이 주먹도끼의 기능에 대해서 충분히 알고 선호하였다는 것을 보여주는 증거이며 지금은 유적에서 풍화되어 사라졌다고 하더라도 그러한 기능을 가진 골기들이 많이 있었을 가능성을 보여준다.

중국남부의 유적들

바이서(Baise, Bose 百色) 유적

본격적으로 중국의 주먹도끼를 재확인하게 되는 것은 바로 바이서(Baise, 百色) 유적의 발견이다.[157] 바이서 유적의 주먹도끼발견은 중국의 주먹도끼 공작에 대해서 새로운 인식으로 전환하는 대단히 중요한 계기가 되었는데 모비우스의 학설을 허무는 것으로 인식되었고 서구의 학자들과의 합작은 국제적인 관심을 크게 불러일으키게 되었다.[158] 바이서(Baise, 百色) 유적 분지 일대에는 모두 70여 개 지점에 구석기들이 발견되었다. 중국 남부의 광시성(广西省) 바이서(百色) 유역은 유지앙강이 흐르는 계곡에 위치하고 있는데 강의 단구면에 있는 유적인데 이 유적에서는 200여 점의 많은 주먹도끼, 흔히 대형자르개 석기 LCT들이 발견되었다. 오스트레일리아 기원의 운석역들이 많이 발견되었는데 이것의 연대를 측정하여 유적의 연대가 대략 70만 년 전으로 추정하였고 최근에 새로운 시도 아르곤 연대법으로 80만 3000년 전에서 78만 6000년 전경으로 측정하였다.[159] 이 유적은 단구면의 하부에 5~20미터 정도의 두께를 보이는 고르게 분급된 자갈층이 있고 그 위를 덮은 라테라이트 성의 적색토가 7~10미터 정도의 두께를 보인다. 석기들은 이 적색토층 속에서 나타나는데 석영, 규암, 사암, 쳐트 등의 다양한 석재로 만든 석기들이 수습되었다. 이 유적에서

156 Wei et al. 2017.

157 Huang 1987; 广西壯族自治區自然博物館 編著, 王頠 主編. 2014.

158 Hou 2014.

159 Hou et al. 2000; Wang et al. 2014.

991점의 석기가 수습되었는데 이 중에서 84%가 지표에서 수습된 것이다. 이 석기들은 표면이 아직도 마모가 심하지 않은 편이며 크기와 박리작업이 적극적으로 이루어진 점에서 특징적이라고 할 수 있다. 석기 중에서 172점이 양면 또는 단면가공으로 만든 것으로 점두형이며 손잡이 부분이 분명하게 만들어져 있다. 상당수의 석기는 주먹도끼 형태를 가지고 있으며 서구의 아슐리안과 유사하다고 보는 견해가 많다.

중국에서는 후에 발견된 뤄난 유적과 더불어 주먹도끼 유적으로서 가장 중요한 지점이다. 사실 그 이전에 동아시아지역에서는 한국의 전곡리 유적에서 아슐리안형 주먹도끼가 발견되어 주목을 끌었지만,[160] 보서유적의 발견은 중국 구석기의 새로운 면모라는 점에서 훨씬 큰 파장을 가지고 온 셈이다. 그래서 동아시아지역에서 주먹도끼에 대해서 새로운 시각에서 새로운 논쟁을 불러온 셈이다. 이 유적에서 발견된 주먹도끼들은 대형자르개로 보고서 모드2에 해당되며 유로아프리카의 아슐리안형의 석기라고 평가하고 있다.[161] 보서유적에서 발견된 주먹도끼들은 큼직한 박편으로 뒤덮인 것이 많고 첨두를 가진 것들이 대부분이며 측면에 자르는 날을 가진 것은 별로 보이지 않는다. 이러한 점은 전곡리의 석기들과 일맥 통하는 모습이다.

서구의 학자들 사이에서 이 유적의 석기들이 아슐리안과의 차이라고 지적되는 점은 석기 제작이 원석이 비대칭의 두꺼운 역석이라는 점인데 거의 90% 이상의 석기들이 이 범주에 들어가며 대형의 자르개류들도 80% 이상의 석기들이 이러한 원석으로 만들어졌다. 또 다른 차이로서 단면가공이 많다는 점인데 박리흔이 덮인 석기의 71% 정도이며 대형자르개류의 석기로서는 65%에 해당하는 것들이다. 대형자르개류의 석기 중에서 35%는 대형 박편을 이용한 것인데 이들은 아슐리안 범주에 속하는 것으로 주먹도끼, 피크 그리고 칼이라고 분류될 수 있는 것들로 판단하고 있다. 그리고 보서 출토 석기들은 아슐리안 석기들에 비해서 둔중한 편이다. 보서의 석기들의 무게가 2~3킬로그램 정도이고 심지어 5킬로그램이나 되는 것도 있다. 이것은 올두바이고르지의 베드 2의 석기들이 400~700그램 정도 나가는 것에 비하면 무거운 것이다. 네 번째의 차이는 이것들이 전체적으로 두껍다는 것이며 가롯날도끼가 보이지 않는다는 점도 지적될 수 있다. 이러한 점에서 보서 주먹도끼류의 석기들을 아슐리안과 연결하는 것을 주저하게 되는 것이다. 그래서 이 유적에서 호모 에렉투스가 대형 박편을 제작하는 능력이 한계가 있는 것처럼 생각하기도 한다. 한편으로 이 유적에서 운석역과 함께 규화목들이 발견되는데 이를 토대로 당시의 숲 환경에 적응하는 것을 보여주는 석기 공작이라고 보기도 한다.[162] 그렇지만 규화목의 연대는

---

160 김원용과 정영화 1978. Yi & Clark 1983. Bae 2013.

161 Yammei et al. 2000.

162 Hou et al. ibid.

훨씬 오래된 것이어서 직접적으로 연계를 할 수가 없을 것이다. 적어도 이 유적의 증거에서 판단할 수 있는 것은 중부 홍적세에 주먹도끼 공작이 이 지역에서 번성하였다는 점이 가장 중요한 가치라고 할 수 있다. 그리고 석기의 형식적인 판단에 대해서는 앞으로 많은 논의가 필요할 것으로 생각된다.

여하간에 보서 유적의 대형자르개 또는 아슐리안형 주먹도끼들은 동아시아지역에서 대표적인 아슐리안형 석기 공작의 하나이며 현재로서는 가장 오래된 것으로 알려진 셈이다. 이 유적의 주먹도끼 공작은 북부의 황토 고원지대인 뤄난(Luonan, 洛南) 지역이나 딩춘(Dingcun, 丁村) 유적의 주먹도끼와는 석재선택이 다르다는 점이 지적되기도 한다. 황토지대에서는 주로 대형 박편을 사용한 반면 보서 지역에서는 강돌을 잘라서 사용하는 것을 대비한 것인데 이것은 문화적인 선택이라기보다는 활동 공간 내에 분포하는 구하기 쉬운 자연적인 재료사용의 전략으로 보아야 할 것이다. 또 다른 한편으로 광시의 보서 일대의 석기 공작들에 보이는 주먹도끼류에는 대형첨두도끼가 주류를 이루고 많은 수의 찍개류가 포함되어 있어서 중국학자들이 혼란스러워하고 있지만,[163] 그것은 자연스러운 석기 공작의 조합이라고 볼 수 있을 것이다. 그리고 박편이 많은 것은 그 유적의 기능적인 특성에서 오는 것이지 그것이 바로 문화적인 특성을 말하는 것은 아니라고 보아야 할 것이다.

다동(Dadong, 大洞) 동굴

귀조우(貴州) 다동(Dadong, 大洞) 유적의 고인류의 흔적은 이 시기의 인류의 삶을 복원하는 데 중요한 것으로 생각되고 있는데 바로 기후변동에서 고원지대의 적응 적합성을 보여주는 증거로 생각될 수 있기 때문이다. 이 동굴은 표고 1630미터의 고원지에 있는데 원래는 고원지의 계곡의 바닥에 있던 것으로 판단된다. 그래서 이 동굴의 발굴은 여러 가지의 방법으로 퇴적물의 분석이 이루어진 바 있는데 특히 고인류의 고원지 삼림지역에 대한 적응의 방식을 보여주는 유적으로 중요하다고 보는 것이다.[164] 동굴의 퇴적물은 4~5미터 정도에 달하는데 대체로 MIS 8에서 MIS 5단계에 속하는 것으로 알려져 있다.[165] 그런데 여러 매의 층으로 구성되어 있고 점토 성분의 층과 자갈층도 있는데 흥미로운 것은 이 동굴 내의 퇴적물에 서리 작용으로서 쐐기형의 갈라짐 현상이 층에서 보인다는 것인데 이는 산악지대에 기후가 추워지게 되면 나무숲의 고도가 하강하는 시기와 비슷한 것으로 중국 남부의 고원지대에서 기후변동에 따라서 나타나는 현상이다.

동굴 내의 퇴적의 상부층들은 여러 가지의 절대 연대측정치들의 범위로 미루어서

---

163 Gao and Guan 2018.

164 Liu et al 2013.

165 Wang et al. 2004.

MIS 5~6에 해당하는 것으로 생각하였으나 최근에 들어서 새로운 연대측정치는 그 연대 범위가 26만 년 전경에서 14만 2000년 전경의 범위로 나타나서 MIS 7에서 6의 범위 정도로 추정하고 있다.[166] 그런데 연대측정치 중에서 중요한 것은 바로 ESR/U series 법으로 측정된 연대 294+/-35/30ka인데 고인류의 이빨로 측정한 것이기 있기 때문에 MIS 8로 더 올라갈 가능성이 있다. 그래서 이 유적은 중부 홍적세의 따뜻한 기후에서 마지막 단계의 비교적 추운 기후 사이의 시기에 해당한다고 할 수 있다. 그래서 이 연대는 이 지역의 동종의 고인류 화석에서 기장 오래된 연대를 보여주는 것이다. 발굴에서는 박편석기들이 중심이 되는 석기 이외에도 동물화석들이 많이 발견되었는데 그 빈도는 낮은 편이다.[167] 이 동굴에서 발견된 동물화석은 47종이 확인되었는데 이 중에는 코뿔소나 코끼리 종류도 포함되어 있다. 이러한 거대한 동물화석들이 산악지역인 이 지역에서 발견되는 것은 이례적이다. 특히 사람의 이빨 다섯 점이 확인되었는데 이들이 구체적으로 어떤 고인류 종인지는 알려지지 않았다. 동굴 속에서 발견된 동물들의 생태적인 특징으로 미루어볼 때 이 일대 지역은 혼합 삼림이 있었으며 특히 대나무 숲의 존재가 두드러지는데 이것은 바로 판다나 대나무 쥐들이나 사향사슴 등의 존재로서 알 수 있다. 하여간에 많은 동물은 주로 설치류의 흔적이 있지만 식육류 짐승의 흔적들은 많지 않다. 앞서 언급한 사람들에 의한 변형은 바로 코뿔소의 이빨 이외에는 별다른 흔적이 발견되지는 않았다.

석기는 6000점 이상이 3년 동안의 발굴에서 확인되었지만, 석기는 29.1%에 지나지 않으며 절반이 뼈이고 17.8%가 이빨로 구성되었다. 유물들의 퇴적 상황으로 미루어서 고인류의 행위의 흔적으로 남은 것이라는 판단은 어려운 것으로 보인다. 왜냐하면 석기 중에서 접합되는 것도 없고, 밀집되어 나타나는 평면도 없으며 모든 유물이 약간의 차이가 있기는 하지만 단위 발굴 양에서 차지하는 비율이 극히 낮기 때문이다. 그런데 하나 특이한 사항은 독립적으로 나타나는 동물의 이빨 중에서 가공한 흔적들이 보이는데 이것은 아마도 당시에 질이 나쁜 석재를 대신해서 이빨을 가공하여 도구로 사용한 흔적으로 보인다.[168] 아마도 이러한 정황은 초기 동아시아 구석기인들의 적응과정에서 나타나는 현상으로 보인다고 할 수 있다. 석기들은 석회암제뿐 아니라 쳐트나 현무암 등도 사용되었는데 현무암은 그다지 많은 가공을 보이는 것은 아니다. 쳐트의 경우에 가장 확실하게 박리흔을 보이는 데 반해서 현무암이나 석회암 등은 불분명한 것들이 많다. 전반적으로 이 유적의 석기들은 원시적인 기술로 만들어진 것들이며 이 동굴은 아마도 과거에 주거 용도로 사용되었을 것이지만 그 흔적은 명확하지 않다.

---

166 전게논문.

167 Bekken et al. 2004.

168 Miller-Antonio et al. 2000.

다동(大洞) 동굴의 석기 제작기법을 보면 북부 니허완(泥河湾) 지역의 석기 제작과정에서 일어난 패턴과 유사한 점이 있다. 여기에서도 박편이 압도적인데 석핵이나 석핵석기는 극히 적고 직접 타격기법이 주요한 제작기법이다. 사전조정이 보고되어 있기는 하지만 이러한 모양을 갖춘 것은 극히 적은 것이어서 일반화된 기술이라고 볼 수는 없으며 많은 경우에 사전조정이라기보다는 타격면이 박리 흔 으로 되어 있거나, 또는 등면이 평행 박리 흔 으로 되어 있다는 등의 특징을 가진 박편의 존재로 그러한 판단을 하는 경우가 많다. 층서적으로 시간이 흐르면서 보다 다양한 재질의 석재로 바뀌는 것을 볼 수 있지만 그런데도 지역적인 재료인 용암이나 쳐트 같은 재료를 사용하고 있다. 석재는 대단히 다루기 어려운 점이 있고 석기들이 뚜렷한 목적으로 보여주는 것이 드물고 또한 여러 가지의 용도로 사용될 수 있음을 암시하고 있다. 이러한 석기의 특성은 일견, 동남아시아지역의 열대나 아열대 지방의 석기 공작과도 통하는 것으로 생각할 수도 있다.

관인동(Guanyindong, 觀音洞) 동굴

관인(Guanyin, 觀音) 동굴 유적은 귀조우(貴州)의 첸시현(黔西縣)의 남쪽에 25킬로미터 떨어진 지점에 있는데 1950년에 발견된 유적이다.[169] 수천 점의 석기와 함께 23종의 동물 화석들이 발굴되었다. 유적의 내부의 퇴적물을 그룹 A와 B로 나뉘었는데 이 둘은 시기를 달리하는 것으로 보인다. 그런데 이 동굴의 퇴적물 연대에 대해서 그동안 다양한 견해가 있었는데 대체로 지금은 절멸한 코끼리 종을 토대로 적어도 저우커우뎬 유적 1지점보다도 더 오래되었을 것으로 보는 견해에서부터 중부 홍적세의 후반에서 상부 홍적세 사이에 있는 시기의 것이라는 등의 광범위한 시기에 해당하는 범위에 위치하는 것들이다. 그런데 최근에 동굴의 여러 지점에서 얻어진 우라늄 토리움 연대측정치를 토대로 내린 결론은 그룹 B 퇴적물은 가장 아래쪽에 쌓인 것인데 대체로 20만 년 전에서 14만 년 사이의 시기로 보고 있다.[170] 그리고 그룹 A의 퇴적물은 동굴의 서편에 있는 퇴적물인데 OSL연대치는 87~42ka의 연대로 나타나고 있어서[171] 9만 년 전에서 4만 년 전 사이에 최적된 것으로 판단하고 있다. 그런데 한편 석회마루층 속에서 발굴된 코뿔소의 이빨의 우라늄 시리즈 연대는 469+/-37ka 그리고 336+/-7ka로 나타나고 있는데 대체로 중부 홍적세의 중후반의 퇴적물일 가능성이 높은 것으로 보인다. 이제까지 알려진 연대치의 괴리가 있고[172] 또한 퇴적물의 구성에서 알 수 있듯이 이 동굴의 퇴적은 퇴적과 침식을 반복하였고 그동안 일부

169 李炎賢, 文本亨, 1986.

170 Sun et al. 2019.

171 Hy et al. 2019.

172 Shen et al. 1992.

층들의 구성물들이 혼합되었을 것으로 추정하고 있다.

석기 공작은 대체로 석핵과 박편으로 구성된, 오래된 특징을 보여주는데 이 중에서 르발르와 기법으로 보려고 하는 석기가 포함되어 있어서 논란이 있다.[173] 관인동(Guanyin dong, 觀音洞) 동굴 유적이나 다동(Dadong, 大洞) 동굴 유적의 경우에는 이 시기의 고인류들이 단순히 사바나와 같은 개활지만을 생존 터전으로 삼지는 않았다는 것을 잘 보여주는 사례라고 생각된다.[174] 이것은 결국 몇몇의 학자들이 제시[175]하는 바와 같이 확산하는 과정에서 지역적 환경에 맞추어 다양한 방식으로 적응하면서 살았고 또한 기후변동에 적응하였을 것이라는 점을 상기시켜 주는 유적이다. 이러한 점은 과거에 서구고고학에서 시작된 고인류의 문화 진화행위와 관련된 개념들이 만들어낸 패턴에 대해서 새로운 시각으로 변환하여야 한다는 점을 보여주는 것이며 동아시아적인 사례를 통해서 수정되어야 한다는 점도 일깨워 주는 하나의 사례라고 할 수 있다.

중국대륙지역의 초기구석기문화의 패턴

중부 홍적세 동안의 중국지역의 초기구석기문화는 석핵 - 박편의 기본적인 기술로 제작된 것이 일찍이 나타나지만, 하부 홍적세의 말기나 중부 홍적세의 초기 이래 주먹도끼를 포함하는 좀 더 진화한 양상의 기술이 황허의 중부유역과 친링산맥을 중심으로 한 일대와 서남부에서 나타나게 된다. 그리고 크게 남과 북이 다른 패턴으로 나타난다고 보고 있다. 북부지역에서는 석핵과 박편으로 구성된 석기문화가 시간대와 관계없이 지속해서 사용되었고 남부지역에서는 강돌을 주요 석재로 하여 석기를 제작하는데 많은 지점에서 주먹도끼와 같은 대형석기 공작들이 나타난다고 보았다. 주먹도끼에 대해서는 일찍이 발견되었지만 분류 명칭을 다르게 사용하는 바람에 오랫동안 비교하기가 어려운 점이 있었다. 과거에 제시되었던 대형첨상기로 불리던 대형의 주먹도끼들과 함께 그동안 새로이 발견된 주먹도끼들을 중심으로 서구의 아슐리안 석기 공작과의 상사성과 상이성을 두고 논쟁이 지속하고 있다. 실제로는 일찍이 30년대에 저우커우뎬 15지점의 박편으로 만든 '아슐리안형의 주먹도끼'라고 부르기도 하였다.[176] 그 후에도 연속해서 소위 대형첨두기가 발견되었지만 용어가 달라지고 분류 명칭이 다른 탓에 세계의 각지의 유사한 구석기 공작과의 비교연구에는 관심을 두지 않게 되었던 것이다.[177] 70년대 중반에 중국을 방문한 서구의 고고

---

173 Hu, Marwick... et al. 2018.

174 Schepartz et al. 2000.

175 Bakkan et al 2004.

176 Pei 1939.

177 Gao and Guan 2018.

학자들이 관찰한 보고서에 따르면 모비우스의 견해와는 달리 공왕링(Gongwangling) 등에서 출토된 석기 중에서 주먹도끼가 있다는 것을 확인한 것이다.[178] 그렇지만 이러한 석기들은 중국에서는 대형첨상기(Large Trihedral Point)로 분류되었기 때문에 동종의 석기로 확인할 기회가 없었다. 이러한 소위 '아슐리안 형'이라고 분류되는 석기들이 동아시아적인 양상이기는 하지만 유로아프리카 지역에서 아슐리안 석기 공작에서도 널리 발견된다는 점에서 아슐리안 논쟁이 간단하지 않음을 말해 준다. 결국 아직도 모비우스 라인이 가지는 의미가 있는 것으로 주장하는 학자들이 중국 고고학자 사이에 있지만,[179] 다른 한편으로 분명히 아슐리안 주먹도끼 공작이 존재하는 것을 주장하는 경우도 있다.[180]

중국의 북부지역의 석기 공작군들이나 저우커우뎬 유적의 오랫동안 지속한 문화에서 볼 수 있는 석핵과 박편으로 구성된 석기 공작들은 오랜 기간의 환경 변화를 거치면서도 새로운 기술혁신을 보이지 않은 점이 지속해서 지적되었다. 석기문화의 진화과정에 대해서 현재의 구석기 공작에 보이는 보수성과 주먹도끼 공작들이 아슐리안과 비교하여 상대적으로 발전하지 못한 점을 들어서 중국지역의 자체적인 문화 진화의 결과로 보고 새로이 유입된 요소로서 주먹도끼 공작이 이 지역의 문화에 융합되는 과정을 보여주는 것으로 보기도 한다.

한반도의 전기구석기문화

한반도에 언제 최초의 인류가 도달한 시기에 대해서는 아직도 분명하지 않다. 그런데 오늘날 중국의 허베이(河北) 지역에 대단히 이른 시기에 고인류의 출현이 있어서 그 환경적인 연속선상에 있고 또한 자연적인 장애가 없다는 점에서 이른 시기에 들어올 가능성이 크지만, 아직도 하부 홍적세에 속하는 확실한 인류의 흔적은 없다. 다만 북한의 상원 검은모루 동굴유적에서 절멸율이 대단히 높은 동물상들과 함께 석기가 두 점 발견된 바가 있는데[181] 인위적인 흔적의 여부에 대해서 논란이 있고 동물상의 연대에 대해서도 확실한 근거가 부족한 점이 있다. 출토된 석기는 주먹도끼로 보이는 것이 한 점이 있는데 앞으로 절대연대 확인 등의 과학적인 분석이 필요하다.

그런데 한반도의 석기 공작 중에서 중부 홍적세에 속하는 것으로는 한탄강과 임진강의 주먹도끼 석기공작군이 포함된다.[182] 한탄강 임진강 유역은 중부 홍적세에 현무암의

178 Freeman 1977.
179 Lin 1996.
180 Gao 2012.
181 고고학연구소 1966.
182 Norton et al. 2006.

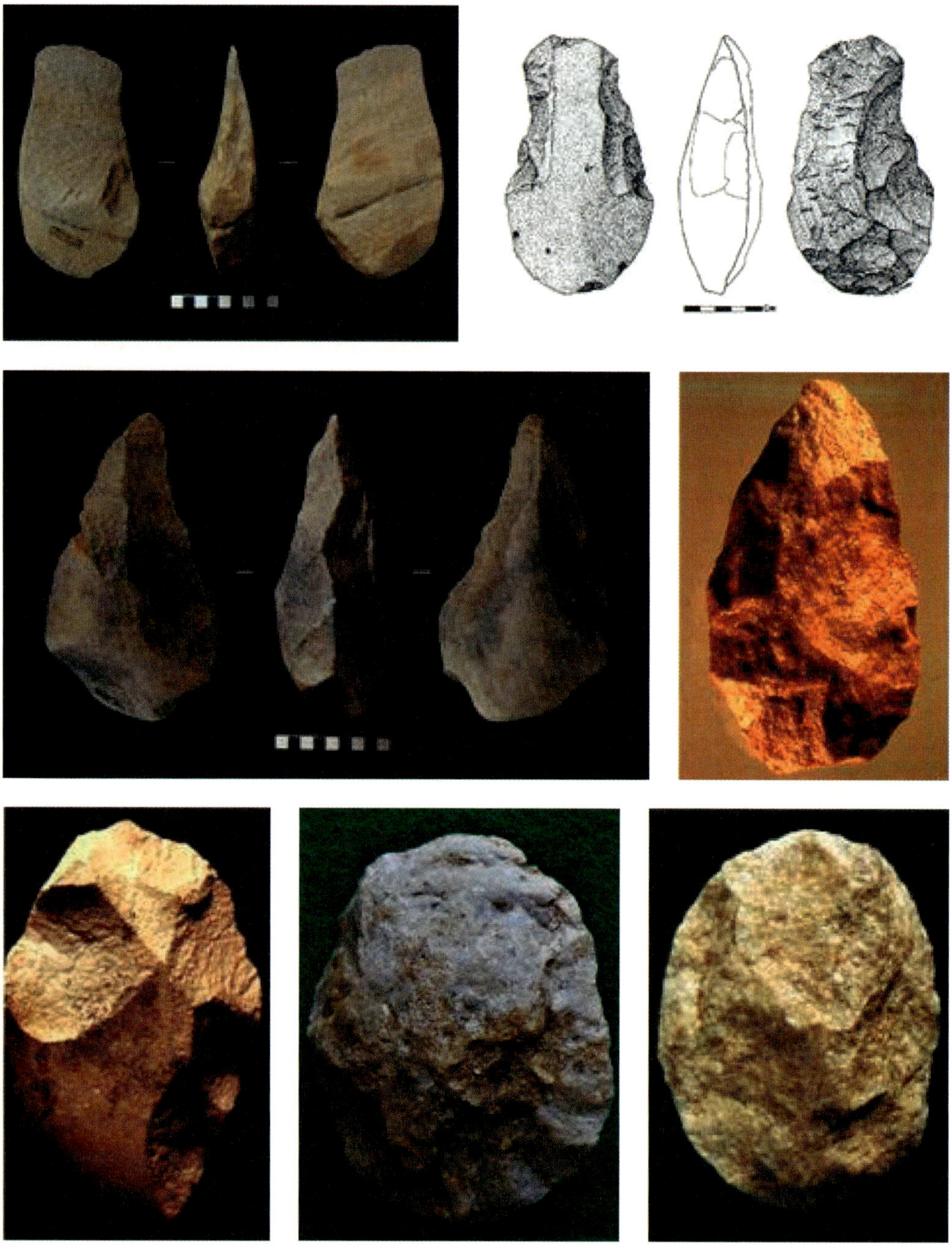

도판 23 한반도 중부지역 출토 전곡리안 주먹도끼 각종
상) 가롯날도끼, 중) 첨두형 주먹도끼, 하) 타원형주먹도끼.

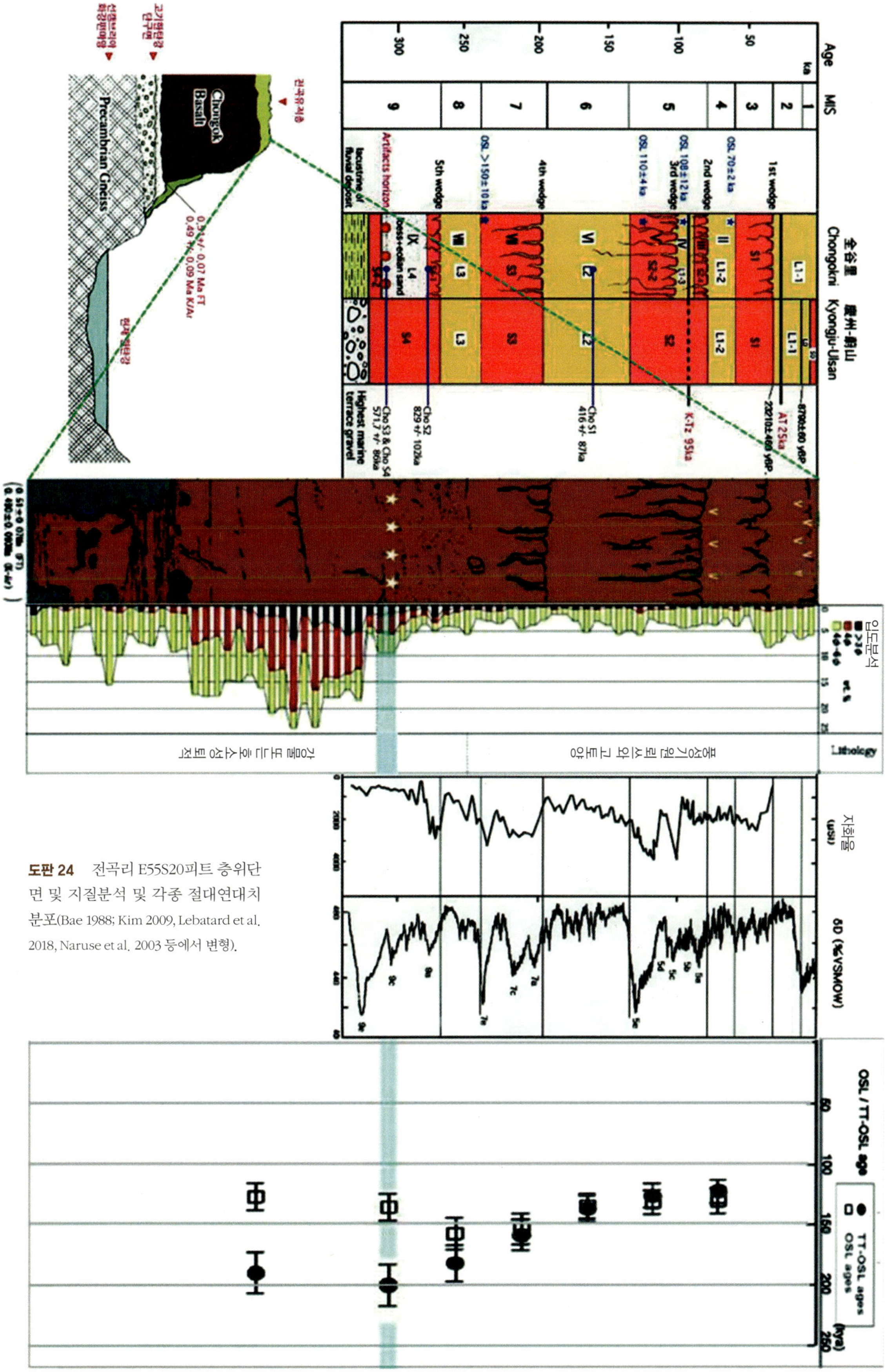

도판 24 전곡리 E55S20피트 층위단면 및 지질분석 및 각종 절대연대치 분포(Bae 1988; Kim 2009, Lebatard et al. 2018, Naruse et al. 2003 등에서 변형).

분류로 인하여 급격한 지형 변화가 일어나고 또한 주상절리 등 절리현상이 많은 현무암 침식의 특성상 급속도로 침식되는 과정에서 현무암반 위의 풍성퇴적물들이 후대에 상대적으로 유로에 의해서 침식을 비교적 덜 받게 되어 잘 남아 있음으로써 강 유역을 따라서 비교적 오래된 층들 속에서 주먹도끼류를 포함한 석기 공작이 여러 지점에서 발견되었다.[183] 다른 지역에서도 이와 유사한 주먹도끼를 포함한 석기 공작군들이 사면붕적기원의 퇴적층에서 발견되고 있지만, 연대적으로 상부 홍적세에 해당하는 연대로 알려진 것들이 많은 데 퇴직물의 연대를 측정하는 OSL 기법으로 얻어진 것들이 대부분이다. 그러나 퇴적되는 시점과 인류가 살았던 시간적 범위와 현격한 차이가 날 수가 있다고 보이기 때문에 이러한 연대의 유효성에 대해서는 앞으로 새로운 기법개발이 필요하고 또한 유적의 형성과정에 대한 면밀한 검토가 필요하다.[184] 이것은 다수의 유적에서 암반 위에 석기들이 노출되거나, 또는 층서의 최하층의 자갈층 속에서 석기가 수습되는 경우들이 있는데 이것은 오래된 층이 기후변동으로 인한 침식으로 재퇴적된 것을 보여주기 때문에 그 연대적으로 층서의 퇴적 시기보다도 오래될 가능성이 다분히 있기 때문이다.

전곡유적과 한탄임진강 유역 양면 석기군

현재로서 가장 오래된 연대가 확인된 것은 한탄강 유역의 전곡리 유적이다. 이 유적은 지난 1978년도에 아슐리안형 주먹도끼가 동아시아에서 처음으로 확인되어[185] 과거에 동아시아의 전기구석기문화를 찍개 문화권으로 정의하였던 모비우스의 학설의 타당성에 대한 근본적인 의문을 제기하였고 그 후 세계 전기구석기 시대의 주먹도끼 진화에 대한 논쟁을 재연하게 한 발견이었다. 아슐리안형의 양면 가공 주먹도끼와 가롯날도끼가 출토되었다. 이 유적은 다양한 방법의 연대측정 방법으로 얻어진 절대연대가 80만 년 전에서부터 3만 년 전까지의 큰 범위에 걸쳐 있는데, 기반암인 현무암의 연대가 50만 년 전으로 알려지고 또한 그 위의 퇴적층의 TTOSL 연대와 화산재연대, 우주선 연대 그리고 뢰쓰퇴적의 퇴적 속도로 미루어 아무리 늦어도 35만 년 전에 퇴적이 시작된 것으로 추정되고 있다.[186] 최상부층에서 일본에서 불려온 AT 화산재가 있는 것으로 미루어 볼 때 이는 3만 년 전후까지 연속된 것으로 보인다.[187] 아슐리안형의 주먹도끼는 최하 문화층부터 수습되어 유적이 형성되기 시작할 단계부터 사용된 것으로 판단된다.

그런데 전곡리 유적이 있는 지역은 한반도의 중간에 있는 한탄 - 임진강의 유역인데

---

183 배기동과 김기룡 2017.

184 배기동 2000.

185 김원용과 정영화 1978.

186 Naruse et al. 2003; Nagaoka 2006.

187 Naruse 2006.

이 계곡을 따라서 많은 구석기 유적들이 분포하고 하류 지역의 여러 지점, 금파, 주월, 가월, 장남, 장산 등의 지점들이 발굴되었고 또한 동종의 주먹도끼들이 수습되었다.[188] 대부분의 유적들의 퇴적층은 하부에 강퇴적으로 된 모래 - 호소층이 있고 그 상부로 풍성층이 있는 경우가 대부분이다. 이러한 층서는 결국 현무암의 분류 후에 강이 현무암의 상부를 흐르면서 이루어지는 퇴적과 강 흐름이 현무암 대지에서 후퇴 하강하고 난 이후에 지속해서 풍성 기원의 퇴적물이 쌓이게 되는 경우를 보여준다.[189] 이러한 퇴적물들은 중부 홍적세의 후반에서 지속해서 쌓이게 되었던 것으로 추정되고 상부 홍적세까지 연속되는 것으로 보인다. 장산 유적에서도 퇴적층의 OSL이 20만 년 전에서 10만 년 전으로 알려지고[190] 장남유적의 경우에는 24만 년 전으로 추정되는 Al^{10}/Be^{24}의 연대가 확인된 바 있다.[191]

한탄 - 임진강 유역의 유적들에서는 주먹도끼류의 석기들이 석영암 또는 규암제의 강돌을 가지고 양면 가공으로 균형이 잡힌 것들도 있는 반면에 상당히 불규칙하게 만들어진 도끼들도 포함되어 있다. 대체로 몸통이나 손잡이 부분이 두껍고 강한 첨두를 가진 것들이 많으며 타원형으로 다듬은 것들도 있지만 그리고 대형 박편을 이용한 가롯날도끼들도 포함되어 있다. 그런데 석기 제작 기술상으로 볼 때 주목되는 것이 바로 타원형 양면 가공 주먹도끼들이다. 흔하게 보이지는 않지만 전곡유적에서 수습된 것을 보면 석기의 주변에서 중심을 향해서 지속해서 박리작업을 하여 만든 것으로 르발르와 기술 전 단계의 기법과 유사한 점이 있고 또한 주산알 모양의 석핵의 기법과 같은 류라고 할 수 있다. 석기 중에는 다각 면 원구들이 특징적이며 찍개와 같은 석기들이 있지만 석핵류가 많고, 가공하지 않은 박편들이 많기 때문에 주먹도끼가 다수 출현하고 있어서 전반적인 특성을 '무가공 박편석기 공작'이라고 특징 지을 수 있을 것이다.

한반도의 기타지역

한반도의 다른 강들에서도 주먹도끼 공작들이 발견되었다. 중부지역에서는 북한강 그리고 남한강 유역에서도 다수의 주먹도끼 유적들이 발견되었는데 오늘날 하구 부근에서는 상지석리의 석기 공작[192]이 주목할 만하며 또 다른 김포와 파주 지역의 여러 지점에서 주먹도끼 공작들이 발견되었다. 한강이 두 지류를 따라서 연양리 유적[193] 등에서도 보듯이 시기를 달리하는 것으로 생각되는 단구면의 상부 점토 퇴적물에서 석기 공작들이 발

---

188 김기룡 2019; Bae et al. 2012.

189 Naruse et al. 2003.

190 이선복 1996.

191 배기동 외 2007; Hyun et al. 2018.

192 전범환 외 2012.

193 이정철 2012.

견된다. 그리고 금강 유역에서도 유사한 석기 공작들이 보이는데 만수리에서 두꺼운 풍성층 속에서 중부 홍적세로 오르는 주먹도끼를 포함하는 석기 공작들이 발견되었다. 그리고 이 만수리 유적 4지점에서 측정된 Al^{24}/Be^{10} 연대 측정치는 중간층의 연대가 45만 년 전후에 나타났다.[194] 이러한 지점 중에서 송두리와 같은 유적[195]의 경우에는 한강 김포지역의 유적들과 같이 침식과정의 잔존물의 형태로 암반 위에 흐르는 수로에 석기들이 집중되어 나타난다. 이러한 중부 홍적세의 가능성이 있는 유적들에서 연대에 대한 논란이 있는데 OSL 연대치는 대체로 상부 홍적세에 속하는 경우가 많아서 중부 홍적세의 공작이 침식되는 과정에서 상부 홍적세 층으로 들어가게 된 것인지 그 이후의 석기 공작이 남게 된 것인지는 앞으로 연구과제이다. 김포와 파주 지역의 유적들에서 보듯이 많은 경우에 침식과정으로 유물들이 각력자갈들과 함께 발견되는 경우[196]가 많은데 이것은 금강이나 영산강 등의 다른 강 유역에서도 흔히 볼 수 있는 유적구조이어서 한반도에서 기후변동과정에서 퇴적 후 변형과정이 상당히 있었다는 점을 잘 보여주고 있다.

한반도에서는 대체로 상부 홍적세의 후기구석기시대의 석기 유적들이 발견되는 층의 아래에 사면붕적기원으로 보이는 퇴적물 속에서 발견되는 석기 공작들을 중기구석기로 부르는 경우가 많은데 상당히 대규모의 재퇴적과정을 거친 것들이 많다. 어쩌면 한반도는 기후변동에 따라서 따뜻한 기후에 서해가 공급하는 수분으로 춥고, 건조한 환경에서 노출된 기존 퇴적물들을 삭박하여 재퇴적하는 과정이 반복되면서 오래된 유적들이 사라지게 되고 사면붕적기원의 퇴적물 속에서 혼재하는 것일 수도 있다.[197] 특히 사면붕적 기원의 토층의 OSL 연대가 10만 년 전을 넘어서지 못하는 것은 아마도 중부 홍적세의 퇴적물들이 기후변동 과정에서 지속해서 재퇴적 되는 과정이 지난 마지막 간빙기 이래, 넓게 일어났을 가능성도 암시할 수 있을 것이다.

한반도의 전기구석기 공작은 상부 홍적세의 전반에 이르기까지 기술적으로 구분이 어려운 점이 있다. 대체로 석핵과 가공되지 않거나 최소한의 변형이 있는 석기들이 주류를 이루고 있고 홈날이나 부리형날 등을 포함하는 긁개들이 발견되는데 기법상으로 뚜렷하고 특징적인 것들이 드물다. 특히 서구의 중기구석기시대를 대표하는 석기 제작 기술인 르발르와, 즉 사전조정 타격기법으로 제작된 석기들이 전무하여 중기구석기의 설정이 어렵고 전기와 후기로 나누어 설명하는 경향이 점차로 많아지게 된다.[198] 다음은 석기로서 주

---

194 Lebarter et al. 2018; Hyun et al. 2018.

195 이융조 외 2006.

196 이정철 2013; 윤병일 2020.

197 배기동 2000; 한창균 2003.

198 배기동 1998; 성춘택 2002.

먹도끼 이외에 대단히 흔하게 발견되는 다각 면 원구의 존재는 대단히 특징적[199]인데 반복적으로 박편을 만들어내었던 석핵의 기능을 하였을 것으로 생각된다. 그래서 저가공 박편석기 공작이 주를 이루고 있고 주먹도끼들이 포함되는 석기 공작 전통이 중부 홍적세에서 상부 홍적세 전반기, 즉 석인기법이 도달하기 전까지 지속하는 것을 알 수 있다. 그런데 한반도의 주먹도끼 공작의 연대를 상부홍적세의 중반에 국한시키려는 연대관[200]은 현재까지 누적된 다양한 방법의 절대연대치를 보거나, 또는 동아시아 지역의 석기공작의 일반적인 진화 양상과 크게 괴리되는 것으로서, 주먹도끼제작이 늦은 시기까지 지속될 수는 있어도 전체 주먹도끼공작이 그러한 늦은 시기에 국한되는 것은 전혀 타당하지 않다.

한반도의 중부 홍적세의 석기 공작들은 많지는 않지만 대체로 주먹도끼나 가롯날도끼가 포함된 석기 공작들이며 중국의 주먹도끼 공작들과 크게 다르지 않다. 몸통이 두껍고 첨두형이 많다는 점과 소위 전형적인 아슐리안형의 주먹도끼가 없다는 점이 유사한 양상이다. 주먹도끼 공작의 형태나 빈도 그리고 나타나는 퇴적 양상들을 고려한다면 중국의 중부지역의 유사한 석기 공작과 한반도의 주먹도끼를 포함하는 석기 공작들이 대비되는 점이 많다. 그래서 동아시아의 전기구석기시대 이러한 타입의 주먹도끼가 포함된 석기 공작을 설명하기 위한 용어로서 전곡리안(Chongoknian)의 개념[201]은 중국지역의 주먹도끼 공작들에도 적용될 수가 있을 것으로 보인다. 그래서 동아시아지역, 즉 인도 이동지역의 중국의 황토 지역의 남단부와 중 - 남부지역과 한반도 중 - 남부지역에서 나타나는 주먹도끼 공작의 특성을 공간적으로나 시간상으로 표현할 수 있는 용어로서 아슐리안과 혼란스럽지 않게 적용될 수 있을 것으로 생각할 수가 있을 것이다.

---

199 이정우 2019.

200 Yi 2015; 이선복 1996, 2000.

201 배기동 1994.

2 석기 공작 패턴의 지역성과 문화 진화

2.1 석기 공작 패턴 설정을 위한 전제

중부 홍적세 기간에 동아시아 그리고 동남아시아지역에서 고인류의 진화과정에서 보이는 주요한 문화양상은 지역에 따라서 다양하게 나타나는데 세계의 다른 지역의 석기의 진화와는 훨씬 두드러진 지역적인 보수성이 두드러지는 것이 공통된 지적이다. 아슐리안으로 불리든 아니든 간에 주먹도끼가 나타나서 그동안 그 기원과 진화과정에 대해서 뜨거운 논쟁이 있었지만, 이 또한 크게는 아프로유럽 지역의 발전 양상과는 달라서 또 다른 의미에서 그 보수적인 특성, 즉 석핵과 박편의 단순한 작업과정이 오래전부터 지속해서 지적되고 있다. 거친 형태를 가진 주먹도끼가 있었지만 유럽이나 아프리카처럼 '완성된' 형태가 나타나지 않았다는 것이다. 이러한 석기 공작의 진화양상은 최근에 많이 증가하고 있는 새로운 고인류학적인 자료들이 그 다양한 특질과 혼합적인 특성으로 인하여 동아시아의 고인류의 계통과 행위적인 특성에 대해서 논하는 과정에서 두 가지의 다른 자료 즉, 석기와 고인류 화석이 가지고 있을지도 모르는 상호 연관성에 대해서 언급되기도 하는 것이다. 결국 고고학적인 현상에서 보이는 고인류의 행위나 문화적인 요소의 이러한 지역적인 패턴을 고인류의 진화의 큰 틀 속에서 어떻게 이해할 것인가?'라는 문제가 핵심적이고 궁극적인 주제이다. 이러한 설명을 시도하는 일은 그동안 지속해서 있었지만, 아직도 본격적으로 인간 행위 진화의 일반적인 법칙을 접근할 정도는 되지 못한 것으로 볼 수 있고 그러한 점에서 아직도 본격적으로 시작되지도 않았다고 할 수 있고, 앞으로의 과제라고 할 수 있을 것이다.

아프로 유럽지역에서는 고인류의 석기사용의 뿌리, 즉 올도완 - 석핵과 박편의 비교적 단순한 작업 과정 관계가 시간이 지나면서 보다 정형적인 양상을 가지고 보다 특화되고 또한 기술적으로 복합되는 전통으로 발전하게 된다. 점진적으로 기술적으로 높은 단계로 이행하게 되고 이러한 발전단계들이 큰 틀에서 특정한 인간 진화 단계나 종으로 연결되는 것이다. 흔히 올도완 - 아슐리안 - 르발르와 기법을 기반으로 하는 무스테리안 내지는 중기 구석기 - 석인기법으로 만든 후기구석기 공작 등의 순서로의 발전 단계이다.[202] 또 다른 분류로서 모드 1, 2··· 등으로 표현되기도 하는 것이다.[203] 정확하게 석기발전과 인류 진화가 단계적으로 일치되는 가의 문제는 별도로 한다면, 적어도 서양 고고학에서는 그렇게 이해하여 온 것이고 그러한 모델을 지속해서 동아시아 구석기문화에 적용하려고 한 것이다. 그러한 과정에서 아시아지역의 증거들은 핵심적인 기술혁신이 없이 보수성을 보이고 오랜 시간 동안 변화 없이 정체된 모습으로 나타나고 있는 것처럼 보인다. '고인류는 진화하여도 이들의 행위로서 나타나는 석기문화의 보수성이 고인류의 지적 진화의 또 다른 선택적인 길인가?' 또는 '문화의 보수성으로 보이는 것이 자료의 착시 현상인가?' '다르게 표현될 수 있는 주제로서 석기의 보수성이 가지는 진화적 의미는 무엇인가?' 이러한 문제는 앞으로 지속해서 추구되어야 할 동아시아 구석기 연구의 주제임에는 틀림없을 것이다.[204] 인류의 진화단계에 따라서 변화하여야 하는 석기 공작이 '이 지역에서는 뚜렷하게 변하지 않는 현상을 어떻게 설명할 것인가?'라고 할 수 있을 것이다.

이 문제에 대한 설명은 이제까지의 인류의 체질적인 진화와 문화적인 진화의 평행적인 설명에서 인류 적응 기저의 거대한 다양성을 설명하는 단계로 전환하는 계기가 될 것이다. 다시 말해서 지구상의 거대한 진화 패턴을 하나의 기준으로 설명하는 것은 어렵다는 점을 인식하는 것이 필요하다. 오늘날 앞서의 질문들이 제기되는 것은 과거 유로 아프리카 지역에서 고고학의 초기발달과정에서 생성되어 발전해온 기존의 모델을 가지고 인류 진화 과정에서 일어난 문화적인 진화를 설명할 수 없다는 점을 깨닫게 되는 과정이라고 할 수 있다. 최근에 그러한 반성을 담은 글들이 늘어나고 또한 이러한 경향을 반영하는 논문들이 보이기 시작하는 것이 바로 새로운 시각을 보여주는 것이다. 이것은 아마도 인류 진화 연구의 하나의 패러다임 쉬프트와 같은 의미를 가지게 될 것으로 기대되는 것이다. 그래서 어쩌면 이제까지의 고고학자들이 보지 못하는 진화적인 가치를 기대할 수도 있을 것이다. 반대로 우리가 그동안 보지 못했던 것이 무엇이며 어떠한 편견을 가지고 보아 왔던가를 깊이 생각하여야 하는 시점이라고 할 수 있다. 그러한 시도에서는 오늘날 우리가 알고 있는 또는 보고 관찰할 수 있는 문화 현상 속에 내재된 문화의 심원한 진화원리를 가지고 과거의 구석기문화를 새롭게 보려는 노력이 있어야 할 것으로 보인다.

202 Bordes 1968.

203 Clark 1977.

204 Vaquero & Romagnoli 2018.

2.2 지역 패턴과 석기 전통가설 비판

중부 홍적세 단계에서 아시아에서 앞서 지리적으로 구분된 생태환경별 지역들에서 각기 석기 구성에서 차이를 보인다. 우선 북부 중앙아시아나 시베리안 지역에서는 이 시대에 속하는 석기 군들이 제한적으로 나타나는데 대체로 천석을 이용하여 거칠게 다듬은 석기들이 주류를 이루고 있다. 인도대륙을 포함한 남아시아지역에서는 하부 홍적세에 시작되는 주먹도끼 전통이 확인되고 있고 또한 석핵과 박편으로 구성된 석기 공작들이 이와 병행해서 나타나는 것을 볼 수가 있다. 인도의 일부 지역에서는 주먹도끼 중에서도 가롯날도끼가 주류를 이루는 석기 공작도 있어서 주먹도끼 공작에서도 지점별로 특화되어 나타나는 것을 알 수 있다. 또한 일부 지역의 중기구석기 공작에서는 르발르와 기법이 중부 홍적세에 이미 보이는 것으로 보고된다. 그런데 동남아시아지역에서는 초기 인류들과 관련되는 석기 공작은 극히 출현 빈도가 낮고 불분명하여 그 석기문화의 전모를 구체적으로 말하기 어려운 점이 있다. 그리고 늦은 시기에 석기 공작이 나타나기는 하지만 대단히 원시적인 특성이 있고 또한 그 유래에 대해서 아직도 논란이 지속하고 있어서 중부 홍적세의 석기 공작을 구체적으로 설명하기가 어려운 점이 있다. 그런데 동남아시아지역에서 나타나는 주먹도끼 공작의 존재는 아직도 수수께끼로 남아 있는데 시대가 불명하고 그 수효가 극히 제한되어 나타나기 때문에 크게 동남아시아 석기문화 이해에는 제한적인 의미가 있다고 보아야 할 것이다. 한편으로 동북아 온대 지역에서는 다양한 석기 공작이 일찍부터, 즉 하부 홍적세부터 나타나는데 초기와는 달리 중부 홍적세에 들어서면서 주먹도끼와 같이 발달한 석기들이 포함되어 있고 중국 대륙뿐 아니라 한반도 등의 여러 지역에서 확인되고 있다. 그래서 이 지역의 적응과정에서 석기의 중요성과 그 진화과정을 보여주고 있다. 시베리아와 몽골을 이어주는 북방지역에서는 중부 홍적세에 속하는 석기 공작들로 주장[205] 되는 것들이 있기는 하지만 아직도 그 문화전통을 논할 정도로 뚜렷한 양상을 보이는 것은 아니다.

중국학자들 사이에 하부 홍적세에서 중부 홍적세의 말엽에 이르는 시간, 또는 상부 홍적세의 전반에 이르는 긴 시간까지 석핵과 박편 석기들로 이루어진 중국 북부지역의 석기 공작을 토대로 문화의 연속성을 제시하고 이것인 중국지역의 진화가 지역적으로 일어난 것을 뒷받침하는 문화 현상으로 설명하기도 한다. 즉 연속성과 융합모델(Continuity and hybridyzation) 과정을 입증할 수 있는 문화 현상으로 보려고 하는 것이다.[206] 이것은 중국 니허완(Nihewan)의 작은 석기들, 둥그스름한 석핵과 박편으로 이루어진 석기 공작이 지점

205 Derevianko 2020.

206 Gao 2014; Gao et al. 2010.

과 관계없이 보편적으로 나타나고 또한 시간과 관계없이 오랫동안 지속하는 것과 저우커우뎬 유적에서 초기에서부터 지점의 최상부층에 이르기까지 석영암으로 만든 거친 석기가 연속되는 것을 석기의 연속성이라고 보았다. 그런데 연속성을 주장하는 핵심적인 요소인 이러한 박편 위주의 석기 공작을 특정한 인류종의 고유한 문화 현상으로 보는 것은 위험한 발상이다. 무엇보다도 같은 인류도 다른 문화를 서양 고고학 열려 있고 또한 같은 문화라고 하더라도 다른 고인류종에 의해서 만들어진 것이 세상에 허다한 것이다. 아슐리안 주먹도끼를 만든 아프리카의 호모와 유럽의 호모가 같은 진화계열이라고 주장하는 것과 마찬가지인 것이다.

중국의 증거들을 통해서 볼 수 있는 것은 고인류들이 석핵과 박편석기 공작에 지속해서 매달리는 것이지만, 이 속에서 기술적인 성숙함이 나타나는 것을 볼 수가 있다. 뚜렷한 기술적인 변화가 보이는 것은 아니지만 형태적으로 다양해지고 석재에 있어서도 선호가 바뀌는 것을 볼 수 있다. 가공 흔적인 늘어가는 것을 볼 수 있고 따라서 작은 석기들이 많아진다. 이러한 변화는 여러 가지의 이유가 있겠지만, 석기 제작기술의 점진적인 발전의 흔적이라고 볼 수도 있고 적응의 과정에서 그러한 양상이 나타난 것이라고도 볼 수 있다. 기존의 석기 제작의 문화적인 전통을 가지고 있으면서 환경에 적응하는 과정에서 일어나는 일종의 점진적인 기능적인 분화가 일어난 흔적일 수가 있지만, 아직은 그러한 시각에서 분석한 사례들이 많지 않아서 분명하지 않기 때문에, 확신할 수는 없을 것이다. 그래서 이러한 석기의 변화에 대해서는 특별한 방식의 분석 기법들이 필요로 할 것이다. 그리고 또한 석기를 바라보는 진화적인 관점이 달라져야 할 수도 있을 것이다.

중부 홍적세에 나타나는 석기 공작의 시간적 공간적 패턴들을 인류 진화단계와 관련하여 논하는 것은 어렵다. 특히 동남아시아지역에서 석기 유물들을 호모 에렉투스와 관련성을 확인하는 것은 그리 간단한 작업이 아니다. 솔로강의 높은 단구층 속에서는 고인류의 두개골 편만이 아니라 석기들도 포함되어 있다. 솔로강의 높은 단구면과 상기란의 고하천퇴적층이 서로 맞아떨어진다면, 상기란 돔의 북서쪽에 위치한 엥게붕유적의 상부층에서 발견된 석기들은 대단히 거친 추정이겠지만, 아마도 이 고인류 집단에 의해서 만들어졌을 것이다. 작은 박편과 석핵은 상기란 박편석기 공작으로 불리는데 분명히 석핵석기 공작과는 다른 것으로 보인다. 쾨니히스발트[207]에 의해서 이루어진 제한된 발굴에서 수습되었던 박편과 석핵 석기들은 약간의 가공을 보이고 반입된 석재를 사용한 것들이며 층서상으로 트리닐층준의 동물상과 연계된 것으로 보고된 바 있어서 고인류와 연결 가능성을 예견하기도 한다.[208] 여기서 발견된 석재로서 석영암, 칼세도니, 아스퍼 그리고 규화 목 등은 자바

---

207 Koenigswald and Ghosh 1973.

208 Hutterer 1977.

의 남쪽 산지에서 온 것들이다. 이와 비교되는 것으로 석핵석기 파찌탄의 서쪽 지역의 하안단구면을 따라서 섬의 남쪽 지역에서 석핵석기들이 발견되는 것이다.

파찌탄(Pacitan)이라는 석기문화명칭은 원래는 아슐리안과 같은 시대의 것이거나 이보다도 더 오래된 것으로 생각되었을 것이다.[209] 모비우스의 생각으로는 이것이 자바에서 발견된 피테칸트로푸스 에렉투스의 문화라고 생각하였다. 그렇지만 그 이후에 대체로 상부 홍적세의 것들이라고 알려져 왔다. 솔로강 단구면이나 상기란의 단구면에서 발견되는 박편석기 공작들은 파찌탄의 석핵석기 공작과는 확연히 구분되는 점이 있다. 이 두 가지의 다른 석기 공작은 호모 에렉투스의 석기 공작과 호모 사피엔스 석기 공작의 출현을 보여주는 것으로 생각되었다.[210] 그러나 오늘날 응안동의 고인류 화석의 연대가 늦은 점을 생각하면 이런 견해가 새롭게 다시 재구성되지 않는다고 생각할 필요는 없을 것이다. 일종의 가능성으로서, 모비우스가 이 석기 공작들이 대륙 쪽의 석기 공작보다는 발달한 것으로 하는 모비우스의 견해를 다시 보는 것도 흥미로울 것이다. 서구학자들의 석재에 의한 석기 차별인식을 확인할 수가 있는 셈이다. 석기 차별인식이라는 것은 바로 동일한 기술로 만들어진다고 하더라도 좋은 석재의 것들이 더 발달하여 보이는 착시현상이다. 모비우스는 이 석기 공작들이 비교적 구분되는 석기들로 다양하게 구성되어 있고 또한 그러한 석기들을 만들 수 있는 규화목을 선택하였다는 점을 들고 있다. 이 석기 공작은 적은 수인 6.32%의 양면 석기들을 포함하고 있는데 서구의 것에 비해서는 특징적인 박리작업으로 만들어진 것들이다.[211] 이 석기 공작이 후대에 살아남은 호모 에렉투스가 제작하였을 가능성을 어느 정도는 생각할 수 있을 것이나 이러한 앞선 연구의 접근의 방법론은 더 받아들여지기 어려울 것이다.

앞서 언급한 바로 어떤 유적의 층에서 발견된 석기 묶음을 석핵석기와 박편석기로 나누는 것은 고고학적인 신기루 현상일 수 있다. 왜냐하면 석핵이 없으면 박편이 불가능한 것이며 이 둘은 같은 과정의 산물이고 다른 한편으로 석핵은 하나일 수 있지만, 박편은 무지하게 많이 남게 되는 것이다. 그래서 석기 공작의 패턴 설명에서 언급되지만, 소규모의 석기 공작에서 그 특성을 박편과 석핵으로 나누는 것은 극히 단편적인 사고인 셈이다. 석핵이나 박편이나 모두 동일한 세트의 문화기술행위에서 만들어질 수 있는 것이기 때문에 문화적인 구별의 단위로 논하는 것은 착시현상을 유발할 수 있다. 다른 한편으로 '박편기본'의 이 석기 공작과 '석핵기본'의 석기 공작의 구분되는 전통이 두 부류의 다른 종류의 사람들이 각기 만든 것이라는 설명은 최근에 새로운 시각에서 비판을 받고 있다. 무어와 브

209 Movius 1948.

210 Heerakeren 1973.

211 Movius 1948.

룸(Moor and Broom)[212]은 두 개의 다른 석기 공작들은 플로레스 지역의 석기 공작들을 분석하여 비교한 결과 하나의 석기 제작과정에서 생겨난 것들이 각기 공간적으로 분리되어 남게 된 것이라는 점을 확인한 것이다. 이것은 의미 있고도 중요한 발견이고 한편으로는 플로레스섬 내에서 고인류의 움직임을 알 수 있는 하나의 씨줄이라고 할 수 있다. 그리고 저자들의 이러한 논리는 동남아시아의 다른 섬에서도 같이 적용되지 않으리라는 법이 없을 것이고 또한 수십만 년 올라간 석기 공작에도 똑같이 적용될 수 있을 것이다. 2004년에 상기란 유적의 크렌즈뱅크 층, 80만 년 전, 을 발굴하는 과정에서 리 위디안토[213]는 220점의 작은 칼세도니 박편들을 발견하였는데 상기란의 박편석기 공작을 연상하게 하는 이 석기들은 자바섬의 석기 공작들이 오래될 수 있음을 보여주고 있다. 그렇지만 궁극적으로 많은 고인류 화석들이 발견되었음에도 불구하고 자바 지역이나 다른 섬 지역의 유적에서 석기가 그다지 많지 않은 점은 분명히 적응행위가 다를 수가 있다는 점에 유의하여야 할 것으로 생각된다.

아시아지역 중에서 인도 이동의 동남아시아와 동북아시아 지역에서는 주먹도끼 공작들이 나타나지만 석핵 - 박편 중심의 석기 공작이 지속하고 전반적으로 보수적인 양상을 띠고 있다. 그러나 고인류가 가지고 있는 인지 능력에서는 큰 차이를 보인다고 할 수 없는 점에서 석기 공작의 형태적인 차이에도 불구하고 적응과정에서 필요한 전략으로서 도구의 기능적인 면은 충분히 이해할 수 있다. 석기 제작과정에서 석재나 중간 석재(blank)를 성능을 높이기 위해서 공격적으로 재구성하지 않고 대신에 박편을 필요한 기능에 즉석에서 사용하는 방식을 취했던 것이다. 그래서 이러한 석기 공작들을 '즉흥적(expedient)'라고 묘사하기도 하는 것이다.[214] 그래서 이러한 석기 제작의 행위적인 특성을 진화적인 관점에서 접근하는 새로운 노력이 필요한 것이다. 새로운 노력에는 기존의 모델을 가지고 설명하려고 하는 것은 새로운 설명을 유도하기가 어려울 것이다. 그러한 점에서 기존의 방법론적인 도구들에서 해방되는 패러다임 쉬프트가 절대적으로 오늘날 세계 구석기의 패턴을 이해하는데 도입되어야 하는 것이다. 패턴인지와 그 과정의 설명을 위해서 새로운 요소들을 파악하고 그 상호간에 유기적인 시스템을 복원하여 설명하는 것이 필요한 것이다. 기존의 서구에서 개발된 지역적인 용어들, 즉 보르드나 데비나스의 분류체계 그리고 진화적인 단계별 용어들,을 세계적인 현상에 적용[215]하는 것은 극히 위험하고 도루묵설명이 될 가능성이 많을 것이다. 또한 아직도 석기연구에 있어서 지역적 석재자원의 경제성이나 한계가 인간의

---

212 Brumm and Moor 2012.

213 Widianto 2006.

214 Sackett 1982.

215 올도완의 개념으로 중국과 아프리카 석기를 비교하려는 시도의 사례. Louys 2019.

자원선택에 미치는 영향에 대해서 그다지 심도있게 연구하였다고 볼 수가 없을 것이다. 하나의 고고학적인 현상으로서 석재가 하나의 변수가 될 수 있을 것이라고 추정하였을 따름이다. 그리고 인간의 인지적 능력에 대해서 복합적인 연구는 아직도 요원한 실정이다.

호모 단계에서 어느 정도 인간이 자원과 기술 그리고 적응이라는 절명의 삼각지대에서 이루어지는 일상적인 판단의 과정에 대해서는 아주 섬세한 연구들이 누적되어야 비교적 확실한 접근이 이루어질 수 있을 것이다. 동북아시아 지역에서 가장 흔하게 발견되는 석영이나 규암제의 석재들이 고인류들의 일상적인 생활의 과정에서 어떻게 받아들이고 취급되었을까에 대한 설명[216]은 문화진화의 원리와 그 패턴의 지속에 대한 깊은 사고를 필요로 할 것으로 생각된다. 어떤 의미에서는 현대의 쌀문화와 밀문화의 거시적인 문화패턴을 접근하는 것과 같은 것일지도 모른다.

2.3 주먹도끼 공작 논쟁과 석기문화 진화

주먹도끼 정의와 논쟁의 출발

중부 홍적세의 석기 공작 중에서 아슐리안 또는 '아슐리안 형'의 주먹도끼 공작은 이 시기에 가장 모양이 뚜렷한 석기로서 그 존재 자체가 석기 공작의 특성을 규정짓는 핵심적인 석기 형태라고 할 수 있다. 주먹도끼를 최초로 프랑스의 쌩 따슐에서 발견되어 아슐리안이라는 명칭으로서 불리게 된 이후, 유럽과 아프리카 그리고 인도 등지에서 발견되어 구석기시대의 공통적인 석기문화 단계로 인정하게 되었다. 거의 200년 동안 그 기능과 석기 전통과 그 문화 진화적 의미성에 대해서 논쟁을 해 왔다.[217] 흔히 양면기(biface)라고도 불리기도 하지만 한쪽으로 가공한 것들도 포함될 수 있고 또한 분류에 따라서는 대형자르개(large cutting edge(LCT)[218]로 지칭되기도 한다. 도살이나 굴지구 이외에도 사냥돌로서의 기능 등등을 제기하고 있지만, 최근에는 확실한 기능을 정하기가 어렵다는 점에서 심지어 성적인 접근을 위한 상징물 또는 남성의 상징물로서 기능이[219] 제기 되기도 한 아주 특별한 석기 형태이다. 이와 유사한 견해로서는 주먹도끼는 새의 노래와 같이 집단의 사회성을

---

216 이러한 연구의 사례로서, Manninen, Mikael A. 2016; Marwick, B. 2008.

217 de la Torre 2016; Dennel 2014, 2015.

218 Clark 1969; Leakey, M. 1972. Kuman et al. 2014.

219 Kohn and Mithen 1999; Nowell and Chang 2009.

의미하는 하나의 문화적인 행위에 의해서 만들어진 것으로 보는 견해도 있다.[220] 그만큼 공을 들여서 만든 것이라는 점과 함께 사회적인 교류를 위한 다목적 기능을 가진 도구라는 점이 일반적인 인식이다. 주먹도끼의 정형성을 규정하는 기준인 좌우대칭을 만드는 것 역시 사회적인 활동으로서 스스로 즐기기 위한 것이라고 하는 주장도 있고[221] 또한 상호 좋은 감정(Good will)을 표하기 위해서 만든 것이라는 주장이나 작은 주먹도끼들은 아마도 어린아이들 놀이기구였을지도 모른다는 주장도 있다.[222] 그만큼 실제의 기능에 비해서 과도한 가공이 있다는 것을 공히 인정하는 셈이다. 주먹도끼의 기능은 그 용어만큼이나 이해하기가 어려운 점이 있을 것이다. 실제로 주먹도끼의 기능이 그리 세분되지는 아니하였을 것이고 우리가 자르고 찍고 하는 기능이 도끼의 형태에 어떻게 반영[223] 되는지는 그저 우리의 선험적이거나 아주 협소한 실험결과로만 설명하고 있고 또한 어떤 경우는 도끼라고 보기에는 그러한 기능을 수행할 수 없을 정도로 크거나 작은 것들이 이 카테고리에 들어 있는 것이다. 결국 분류상의 문제이기도 하고 또한 기능에 대해서 너무 집착해서 보려는 연구의 목적이 무리한 설명을 만들어 내는 것으로 생각된다.

애초에 동아시아의 구석기문화에 대한 논쟁의 가장 핵심은 아슐리안의 지리적 범위 문제일 것이다. 이 문제는 결국 흔히 '모비우스 라인'의 정의로 귀결되는 주제이다. 오늘날에 있어서는 이러한 논쟁의 핵심은 전곡리에서 인지되기 시작한 동아시아지역의 아슐리안형의 석기 공작들의 존재로 말미암아 분포와 함께 아슐리안 석기 공작의 정의로 이동하여 논쟁이 진행 중인 셈이다. 그리고 동아시아의 주먹도끼들 기원에 대한 여러 가지의 학설들이 경쟁적으로 논쟁을 지속해 온 것이다. 지난 세기 중엽에 처음으로 제기된 바 있는 모비우스의 학설을 간략히 소개하자면 전 세계의 전기구석기시대의 석기 양식은 크게 두 종류, 석핵과 박편으로 구성된 찍개 문화와 주먹도끼를 비롯한 다듬은 대형석기가 출현하는 아슐리안(Acheulean) 석기문화로 구분된다는 것이고 이러한 두 가지의 다른 석기 공작들은 분포를 달리해서 유럽과 아프리카 그리고 남아시아인 인도지역까지는 아슐리안이 분포하고 있고 동남아시아를 포함하는 동아시아지역에서는 찍개 문화(Chopper-chopping tool culture)가 분포하고 있다는 것이다.[224] 모비우스 라인은 그동안 수많은 견해가 제시되었지만 결국에는 어떤 의미이든지 간에 두 지역의 문화에서 차이를 토대로 문화적인 경계[225] 로 생각하고 있고 그 경계의 의미를 설명하기에 골몰하는 경우가 많은 것이다.

---

220 Corbey et al 2016.

221 White & Foulds 2018.

222 Spikins 2012.

223 Key et al. 2016.

224 Movius 1948.

225 Norton et al. 2006; Norton and Bae 2008; Schick 1994.

'아슐리안' 또는 '주먹도끼' 논쟁에서는 몇 가지의 다른 주제들이 있다. 흔히 두 가지의 다른 석기 전통의 지리적인 구분이 중요한 쟁점같이 보이지만 주먹도끼의 형식적 구분과 진화적인 과정, 석기의 제작기술과 석기에 반영된 인지적인 능력 그리고 석기의 기능과 사용과정의 변화에 대하여 광범위한 주제에 대한 논쟁이 이루어지고 있다. 이러한 논점들이 개별적으로 논의되기도 하지만 복합적으로 접근되는 것이 일반적이라고 할 수 있다. 우선, 두 가지의 다른 전통의 문화가 세계를 두 개의 지역으로 구분할 수 있는가에 대해서 논쟁이 촉발되었는데 이것은 바로 한반도의 전곡 유적에서 아슐리안형의 석기가 최초로 확인되면서[226] 동아시아지역의 주먹도끼들이 새롭게 인지되기 시작하고 또한 새로운 발견들이 보태지면서 완전히 새로운 시각에서 토론이 이루어지게 된 것이다. 그 후에 중국의 바이서(Baise, 百色) 유적 그리고 뤄난(Luonan, 洛南) 유적 등지에서 다수의 주먹도끼가 발견되고 또한 기존의 발견물에 대한 새로운 판단이 가미되면서 모비우스 세계구석기문화의 이분법적 구분 학설의 타당성에 대한 논쟁이 1980년 전후한 시기 이래 이어져 왔다. 그런데 다수의 서구학자가 아슐리안 용어를 지역적으로 확대 적용을 꺼리는 이유로서 아슐리안이 기술적인 용어라기보다는 '문화'를 지칭하기 때문에 다른 지역에 그대로 적용하는 것은 문제가 있다는 의식 때문이다. 결국 동아시아의 주먹도끼 공작들이 유로아프리카 지역의 아슐리안 석기들과 기술적인 연속성을 확인할 수 없고 동일한 문화의 지리적인 연속이라고 볼 수가 없어서 아슐리안 용어의 사용을 꺼리는 이유일 것으로 생각된다. 그렇지만 서구의 고고학자들 사이에도 아슐리안의 용어를 사용할 때 그 정의의 적용이 차이가 많은 경우를 보면 혼란스러운 점이 있다. 아직도 아슐리안을 정의할 때 그 기준을 기술적인 면으로 볼 것인지 또는 정신적인 것으로 볼 것인지에 대한 논의는 잠재된 셈이다.

그런데 전곡리에서 출토된 주먹도끼를 '아슐리안'이라고 부르고 난 다음에 중국의 유사한 석기들에 대해서도 동일한 용어가 현재까지 지속해서 사용되는 것을 흔히 보아왔다.[227] 그러나 이러한 용어의 적용에 있어서 불명확한 기준에 의해서 동아시아의 석기군에 적용하는 것을 부정적으로 보는 견해[228]가 제기되면서, '아슐리안형(Acheulean like or Acheulean typed)'이라는 용어가 사용되기 시작한 것이다. 지금도 동아시아지역의 주먹도끼 공작의 명칭이 혼란스럽게 적용되고 있다. 결국 아시아의 주먹도끼 공작의 문화 진화단계를 설명하는 데에 두 가지의 큰 문제점이 잠재되어 있는 것이다. 아슐리안이라는 용어에서 파생된 '아슐리안형'이라는 용어는 설명의 방편은 될 수 있지만, 동아시아의 광대한 지역에서 나타나는 보편적인 석기문화 현상을 설명하는 데 그러한 용어 사용이 적절한가의 문제

226 김원용과 정영화 1978.

227 Li et al. 2017 등.

228 Clark 1982; Shick 1994.

이고, 또 다른 한편으로는 이러한 구분이 궁극적으로 석기 제작의 기술적인 진화단계를 설명하기는 어려운 점이 있는 것이다. 그리고 이러한 논쟁에서 지속해서 두 가지의 다른 견해가 대립하는 것은 결국 아슐리안 양면 석기를 지리적 기반을 가진 특별한 문화로 보는 것인가 또는 석핵이나 대형 박편을 이용한 도끼형 대형석기들을 포괄적으로 전 지구적인 차원에서 형태적 - 기술적으로 다루게 되는지의 차이가 문제를 혼란스럽게 만들고 있다. 왜냐하면 서구의 고고학자들의 많은 글에서 동아시아지역을 다룰 때 '아슐리안형(Acheulean-like)'이라는 용어를 사용하지만 다른 지역의 유사한 석기 공작들에 대해서는 그러한 용어를 사용하지 않는다. 그리고 지금은 광대한 지역에 분포하고 있는 아슐리안 또는 아슐리안 주먹도끼 석기 공작들이 한 종류의 인류나 하나의 문화전통에서 연계된 것으로 판단하고 있지 않은 경우가 많다고 널리 인지하고 있다. 그러면 양면 석기와 아슐리안 양면 주먹도끼 그리고 단면도끼 등의 대형 석기들의 분류 정의와 그 기술적인 또한 문화적인 의미가 무엇인지에 대해서 분명하지 않으면 이러한 논쟁은 지속할 것이다. 그리고 그러한 것들을 다루는 구석기 전문가들의 명확한 기술적인 정의에 대한 논의가 전제되는 것이 필요한 것이다.

동아시아지역 주먹도끼류의 석기 공작의 용어와 분류의 쟁점

동아시아의 주먹도끼에 대한 논쟁이 지속하는 가운데 앞서 언급된 용어의 정의 이중성 이외에도 다양한 시각에서 토론이 이루어져 왔다. 앞서 제시된 몇 개의 사례를 대상으로 이루어진 그동안의 논쟁에서 중국 고고학에서는 이러한 주먹도끼 공작들을 땅을 파는데 필요한 대형굴지구의 기능을 가진 것으로 생각하고 과거의 대형첨상기라는 명칭으로 분류를 시도 했다.[229] 또한 석기의 첨두를 강하게 만든 것이 많아서 Pick-chopper 석기 공작, 즉 찍개류의 한 부류로 보지만 대형자르개의 범위에 넣어서 설명하기도 하는데 이렇게 서구의 다양한 용어를 적용하여 그 특성을 설명하려고 하는 것을 볼 수 있다. 그리고 이러한 석기 공작을 강돌을 가지고 쉽게 가공할 수 있는 대형석기로서 그 제작공정이 찍개류와 유사하다고 보아서 '첨두기 - 찍개 문화(pick-chopper culture)'로 규정하려는 시도를 볼 수 있다.[230] 여기서 첨두주먹도끼, 즉 pick을 강조한 것은 바로 중국지역의 주먹도끼들이 뤄난지역에서 수습된 일부 석기들은 제외하고는 대부분 첨두를 집중적으로 가공하여 만든 것이어서 서구의 아슐리안과 구분되고 이러한 석기를 토대로 이 지역의 석기 공작의 특성을 과거에 '쵸퍼 츄핑툴(chopper chopping tool)' 대신에 이 명칭으로서 문화권을 설명하고자 하

229 Jia 1985.

230 Gao and Guan 2018.

는 것이다. 서구의 아슐리안과 구분이 필요하다는 점에서 공감할 수는 있겠지만, 우선 무엇보다도 서구의 아슐리안 공작에서도 첨두형 도끼들이 주먹도끼의 범주의 아분류로서 존재한다는 점에서 '아슐리안' 또는 '아슐리안형'과의 구분이 뚜렷하게 동서양으로 구분되는 기준으로 보기에는 어려운 점이 있을 것이다. 그리고 중국의 주먹도끼 중에서도 대형첨상기와는 다른 분류, 즉 타원형 주먹도끼에 포함되는 것들이 상당히 많이 있음을 볼 수가 있다. 그래서 첨두기와 찍개는 기본적으로 석기의 제작과정에서 전제되는 기획의 방식, 즉 도구 기능과 제작공정에 대한 인지 방식에서 오는 차이가 다르기 때문에 두 가지의 개념이 혼재하는 것은 그 특성을 잘 표현하지는 않는다고 생각된다. 이러한 주장 역시 중국의 주먹도끼 공작을 아슐리안과 구분하기 위한 노력의 하나로 보이지만 석기 공작 구분의 본질을 분명하게 구분할 수 있는 것으로 보이지 않고 또한 주먹도끼 공작에 대한 논쟁의 핵심을 간과하게 할 수 있다는 점이 염려된다.

첨두기적인 형태와 기능을 강조한 앞의 사례와는 다르게 중국의 주먹도끼 공작을 분류하는 용어로서 최근에 대형자르개 공작(Large Cutting Tool)[231] 이라는 용어를 사용하기도 하는데[232] 이 용어는 동아프리카의 주먹도끼, 즉 주위를 양면으로 가공한 주먹도끼류의 석기를 지칭하는데 첨두형이 위주인 동아시아의 주먹도끼 분류로서 적절한가에 대해서 의문을 가질 필요가 있다. 왜냐하면 이 용어에 담겨 있는 구체적인 기능인 '대형 자르개'로서의 기능이 불분명하기 때문이다. 원래 이 용어는 주먹도끼가 가지고 있을지도 모르는 가상의 기능을 가지고 정의한 용어[233]라고 할 수 있고 실제로 긴 날을 가진 전형적인 아슐리안 석기들에서 적용될 수도 있을 것이다. 석기의 분류 용어가 바로 기능을 엄격하게 정의하는 것은 아니라는 것은 일반적인 고고학적인 상식[234] 이라고 하지만 실제로 분류의 현장에서는 그러한 용어들이 석기를 이해하는데 타당성과 함께 불합리한 면을 가지고 있는 셈이다. 그러나 동아시아의 많은 주먹도끼가 자르는 날을 가진 것으로 보기보다는 찍는 첨두날을 가진 것이 대부분이다. 그래서 유로 아프리카의 주먹도끼 공작들이 가진 측면의 긴 자르는 날을 가진 도구는 극히 적은 것이 지금까지의 현상이다. 있다고 하더라도 대단히 제한적인 날이며 날을 위한 집중적인 가공을 가진 것도 아니다. 이러한 점에서 그러한 아프리카 석기 분류용어를 직접적으로 적용하는 것은 재정의가 필요하거나 다른 용어를 사용하는 것이 필요할 것이다. 이러한 개념으로 분류된 샤웅수 유적의 주먹도끼 분류에서 박편에 제작된 납작한 주먹도끼들, 즉 자르는 날이 있는 주먹도끼류, 들을 서구의 아슐리안

231 Leakey 1971; Clark ed. 1969.

232 Gao and Guan 2018; Li et al 2014; Hou et al 2000; Yang et al. 2016.

233 Kleindinst and Keller 1976; Presler et al 2018.

234 Andrefsky 1997.

타입으로 생각하고 별도의 전파로 생각하는 것을 볼 수 있는데 이것은 특정한 형태가 별도로 확산하여 온 것이라는 설명은 납득하기 어려운 점이 많다. 석재에 따라서 형태가 달라지는 것은 많은 석기 공작에서 볼 수가 있기 때문이다. 이 용어, 즉 대형자르개(Large Cutting Tool)가 가지는 문제점은 아프리카나 인디아의 아슐리안 중에서 대형박편으로 만든 주먹도끼가 그 기술적인 과정이 복잡하다는 점에서 전파된 것으로 보는데,[235] 동아시아 지역에서 그렇지 아니한 주먹도끼들과 혼란을 야기 시킨다는 점에서 용어가 엄밀하게 기술적으로 정의되 않게 되면 논의가 허구가 되는 것이다.

중국의 주먹도끼 공작은 인식의 주체에 따라서 큰 변화를 보이는 것을 그동안 동아시아의 주먹도끼 연구사에서 볼 수가 있다. 단순한 '아슐리안'용어의 적용 예[236]에서부터 다시 완전히 다른 개념의 석기인 '찍개류' 또는 '대형첨상기' 그리고 새로이 발견된 보서와 뤄난 유적의 주먹도끼 석기군의 등장으로 '아슐리안' 그리고 '비아슐리안' 등의 개념이 새롭게 제기되었다. 그런데 중국의 주먹도끼가 아슐리안이 될 수 없다는 기술적인 근거를 제시하면서 서구와 다른 석기 공작이라는 점을 제시한 경우가 있다.[237] 르발르와 기법으로 제작하지 않았기 때문에 아슐리안으로 분류할 수가 없고 서구의 아슐리안 범주와는 다르다는 것이다. 그러나 르발르와 기법이나 이와 유사한 곰배와 기법은 중부 홍적세의 후반에 나타나는 기법이다. 물론 아슐리안 석기 공작의 제작에 사용되기는 하였지만, 그 이전의 많은 주먹도끼도 아슐리안으로 분류하는 것이 현재의 일반적인 분류라는 점에서 받아들이기 어렵다. 그러한 기법은 주먹도끼들을 단면이 렌즈형으로 납작한 형식으로 생산하는데 필요한 것이지 그러한 형식만을 '아슐리안'이라고 분류하는 것은 분류의 원칙에 위배되며 지금 지구상의 일정한 석기 공작을 일반적인 원칙 하에서 글로벌 한 패턴을 보려고 하는 노력에 도움이 되지 못하는 것이다. 중국 내에서도 친링산맥 북쪽 사면의 주먹도끼들과 남쪽과 광시의 보서 유적들의 주먹도끼들을 비교하여 구분하려는 시도도 있지만,[238] 그러한 형태적인 구분이 문화적인 정의에 큰 의미가 없을 수도 있을 것이다.

아슐리안 주먹도끼의 박리 기술적인 측면에서 본다면 비교의 기준이 될 만한 속성으로서 도구 제작을 시작할 때 원형재료(blank or primary form)가 중요한 변수 임에는 틀림없다. 아프리카의 아슐리안 석기의 기술적인 출발점에 바로 대형 박편을 큰 원석에서 떼어내는 것이다. 이것이 바로 올도완 석기 공작기술과 원천적으로 구분되는 박리 기술이라고 할 수 있다.[239] 그리고 양면 가공기술과 그 적용의 정도와 범위가 아슐리안 주먹도끼의 기

---

235 Mishra et al, 2010.

236 예를 들어서 Li et al 2017 등.

237 Lin 1994, 1996.

238 Yang et al. 2016.

239 Isaac 1969; Sharon 2010.

술적인 정의의 핵심적인 속성이라고 할 수 있다. 이러한 기술은 앞서 언급한 르발르와 기법에 훨씬 앞서서 석기 제작 기술로써 출현하는 것이고 그 적용에 따라서 석기의 형태가 크게 변화하는 것이다. 대형 박편을 떼어내는 작업은 최종 석기에 대한 기본적인 계획이 전제된다는 점에서 중요하고 또한 고인류의 인지능력을 반영하는 것으로 볼 수 있는 것이다. 주먹도끼의 제작과정과 형태의 이해에서 충분히 고려되어야 할 점으로서 대형 박편에서 시작된 것이든 또는 자연석을 이용하여 만들었든 간에 석기의 사용과정에서도 재가공이 이루어져서 지속해서 형태적으로나 기능적으로 변형될 수 있다는 점이다.[240] 또 다른 한편으로 중간 석재의 차이의 문제는 지역의 석재자원의 특성에 기인 할 수도 있다는 점도 유의하지 않으면 안 될 것이다. 암괴에서 채석을 하는 경우이거나 대형의 괴상 석재가 많은 경우와 또한 강의 자갈에서 채집하여 석기를 제작하는 경우에서 각기 석기 만드는 전략이 달라질 것이고 이러한 과정에서는 결국 자원에 의해서 기술이 제한되는 결과를 가져오게 되는 것이다.

모비우스 라인의 쟁점

현재로서 모비우스 이분법적인 학설의 근거가 빈약하다는 것은 이미 여러 차례 논쟁을 통해서 확인되었지만,[241] 아직도 그 지리적인 구별이 가지는 의미가 어느 정도 있다고 보는 것이 많은 학자가 주장하고 있다.[242] 아프로유라시아의 아슐리안 문화와 동아시아의 주먹도끼 문화의 차이는 흔히 가공의 정도에서 두드러지게 나타난다. 동아시아의 주먹도끼 공작들에서는 양면 가공의 기술로써 날을 손질한 것들이 적고, 또한 석기를 전체적으로 가공한 것들도 적다.[243] 그래서 손잡이 부분이 자연면으로 남아 있는 것이 많고 두껍다. 그래서 가지런하게 손질된 자르는 날이 있는 것이 적고 또한 몸통부가 납작한 렌즈형으로 남은 것이 극히 드물다. 그런데 납작한 전면가공의 주먹도끼들은 아프로 유라시아의 아슐리안에서도 늦은 시기의 아슐리안에서 나타나는 것으로 이른 시기의 아슐리안에서는 그 주먹도끼의 양상이 동아시아의 것들과 큰 틀에서 비슷하다고 할 수 있다. 동아시아의 주먹도끼 공작에서는 가지런하게 다듬은 자르는 날을 가진 것보다는 일반적으로 강한 첨두를 가진 것들이 압도적으로 많다. 그래서 아프리카의 기준으로 대형의 자르개로서 주먹도끼의 기능과 형식을 논한다고 한다면[244] 분명히 두 지역 구분은 의미가 있을 것이다.

---

240 Preysler et al. 2018.

241 Brumm 2010.

242 Norton et al. 2006; Norton and Bae 2008 참고.

243 Moncel et al. 2018.

244 Amrose 2001.

그렇지만, 개별석기의 분류가 그리 간단한 일은 아니며 실제로 적용에 있어서 경우에 따라서 그 적용의 기준에 많은 차이가 있다. 아시아지역에서 보이는 첨두형 석기들과 유사한 주먹도끼들이 유럽이나 중근동 그리고 인도 등지에서 보인다고 할 때 이를 아슐리안이 아니라고 말하지는 않는다는 점에서 아슐리안의 정의와 석기의 형태 판단에 편차가 발생하는 셈이며 이 문제는 지속해서 석기정의 논쟁에서 거론되는 주제이다. 왜냐하면 '아슐리안'이라는 용어가 문화를 지칭하기도 하지만 주먹도끼 자체를 지칭하기도 한다는 점에서 동일한 기술로 만들어진 동종의 형태의 석기를 다른 이름으로 부르는 것이다. 그리고 전형적인 아슐리안 주먹도끼, 즉 아주 얇고도 렌즈형의 몸통을 가지고 주변 전체를 가공한 정교한 아슐리안 주먹도끼는 아프리카 유럽 지역에서도 조정 타격기법들이 나타나서 길쭉한 박편을 떼어낼 수 있을 수 있는 기술적인 단계에서 나타나는 것으로 대체로 50만 년 전에서 30만 년 전이 그 상한으로 제기된다. 그런데 문제는 아시아지역에서는 사전 조정 타격기법인 소위 르발르와 기법이 잘 나타나지 않는 것이다. 그러한 기술적인 결함은 결국 전체적으로 아슐리안 주먹도끼의 진화가 이루어지지 않았고 전체적으로 석기의 정련도가 크게 변화하지 않고 원시적인 특성이 두드러짐으로써 문화단계에 대한 다양한 견해가 있게 된 것으로 볼 수 있다. 그런데 동아시아지역에서 르발르와 기법이 보고되기는 하지만 불확실한 사례가 많고 중국 북부의 유적에서 시베리아의 영향을 받아서 나타나는 것은 상당히 후대, 즉 상부 홍적세 중후반에 속하는 시기이다.

동아시아의 주먹도끼의 공작의 평면적인 통계치의 비교에서 아슐리안의 범위에 해당하는 것으로 중국의 뤄난(Luonan, 洛南) 석기 공작들이라고 주장하기도 한다.[245] 그러나 크기나 평면의 비율 등이 중요한 지표이기는 하지만 주먹도끼를 만드는 기술적인 개념의 극히 한 부분일 것이지 그러한 방식의 통계지표로서 아슐리안과 비아슐리안의 구분은 적절하지 않다고 판단된다. 왜냐하면 주먹도끼라는 도구의 개념이 일정한 범위의 크기나 석기의 방향성, 즉 종축으로 다듬어가는 등의 기본적인 차원은 개념적으로 설정된 것으로 생각되기 때문이다.

결국은 두 지역의 주먹도끼 공작에서 보이는 뚜렷한 차이는 결국 '잘 다듬어진 주먹도끼의[246] 출현 유무이며, 또한 빈도가 어느 정도 높을 수가 있는가의 문제로 귀결되는 셈이다. 동아시아의 주먹도끼들은 기능적으로 자르는 것보다는 첨두의 기능이 두드러지는 것도 차이일 것이다. 이러한 모든 형태와 빈도의 차이가 인류 진화, 즉 인지 진화에 있어서 가지는 의미의 차이가 문제인 셈이다. 석기의 정련도가 반드시 인지능력의 차이, 즉 인류가

245 Shipton and Pertaglia 2010.

246 흔히 말하는 끝이 약간 뾰죽한 물방울 모양의 평면에 단면이 렌즈형으로 납작하며 주변을 지속해서 양면으로 가공하여 타원형의 긴 날을 가진 주먹도끼.

더 진화되었다는 것을 입증하는 것은 아니다.[247] 이것은 이미 특정 석기의 분포패턴이 고인류의 진화단계의 차이와 반드시 일치하지 않다는 것은 잘 알려진 사실이다. 그리고 그러한 사실은 이미 여러 가지의 방법으로도 입증된 것이다. 예를 들어서 석기의 대칭성도 석기발전 단계의 초기에서는 뚜렷하게 그 차이를 인지할 수 있지만, 시간이 흐르면서 여러 가지 조건이 바뀌게 되면 대칭과 비대칭의 형태적인 차이는 인간의 기술적 선택의 하나이지 반드시 대칭성의 정도가 발달한 인지를 말하는 것은 아닌 것은 통계적인 방법에 의해서도 입증하고 있는 것이다.[248] 결국 기술혁신이 일어나서 확산하고 난 이후에는 제작과정에서 적용되는 기술적 옵션의 하나가 되는 셈이다. 인류의 진화과정에서 애초에 올도완 석기공작을 사용하다가 보다 높은 단계의 석기제작을 시작하게 되면서 유라시아 대륙으로 나오게 되었는데 이것은 바로 인지적인 능력의 진화를 말하는 것이고[249] 그러한 인지가 퇴행적으로 이해할 수는 없는 것이다.

석기 공작 모음 내에서나 지리적인 유적의 분포상에서 주먹도끼의 빈도가 동아시아에서는 낮게 나타난다고 보고 있는 경우가 많지만, 이 또한 서구의 아슐리안 유적에서나 또는 이른 시기의 유적에서도 크게 높은 비율로 나타나지 않는다고 할 수 있을 것이다. 그리고 아프리카 일부 지역에서 많이 보이는 가롯날도끼는 동아시아에서는 뤄난 유적[250]이나 전곡리 유적을 제외하고는 극히 드물다는 점도 차이라고 할 수 있다. 이러한 빈도의 차이는 주먹도끼의 제작의 빈도가 낮았다거나 석재의 불규칙한 흠들로 인하여 예상하지 못한 결과로 끝나는 수가 많거나 또는 생태 공간 내에서 적절한 석재의 부족으로 인하여 반복적인 재사용의 결과로 다른 석기 형태로 변화하는 것 등을 상정할 수 있을 것이다. 그렇지만 결국 오랜 기간 동안 절대적인 숫자가 적다는 것은 도구 공작 세트에서 빈도가 낮았음을 반영하는 것으로 보는 것이 옳을 것이다. 결국 어떠한 이유이든지 간에 석기의 빈도로 본다면 주먹도끼 문화의 차이의 하나라고 볼 수밖에 없을 것이다. 동아프리카의 이시밀라 유적에서 집적된 아슐리안 주먹도끼 공작이 유적의 침식과정에서 조리질 현상에 의해서 대형석기들이 바닥에 집적되기는 하였지만[251] 한국의 동일한 과정을 겪은 파주나 김포의 유적의 경우에 그러한 집적도가 없다는 점이 대비될 수가 있을 것이다. 요점은 결국 주먹도끼의 대칭성이나 측면 날을 가공하는 정도 또는 전면적인 가공의 정도에서 차이가 나는 것이며 주먹도끼류의 석기 중에서 첨두날이 압도적으로 많은 것이나 절대적인 빈도가 적다는 등의 차이가 모비우스의 라인을 경계로 달라지는 것은 모비우스의 원래의 정의와

247 Bae, C. 2012.

248 Saragusti and Sharon 1998.

249 Shea 2010, 2017.

250 Wang 2006; Gao and Guan 2018.

251 배기동 2004.

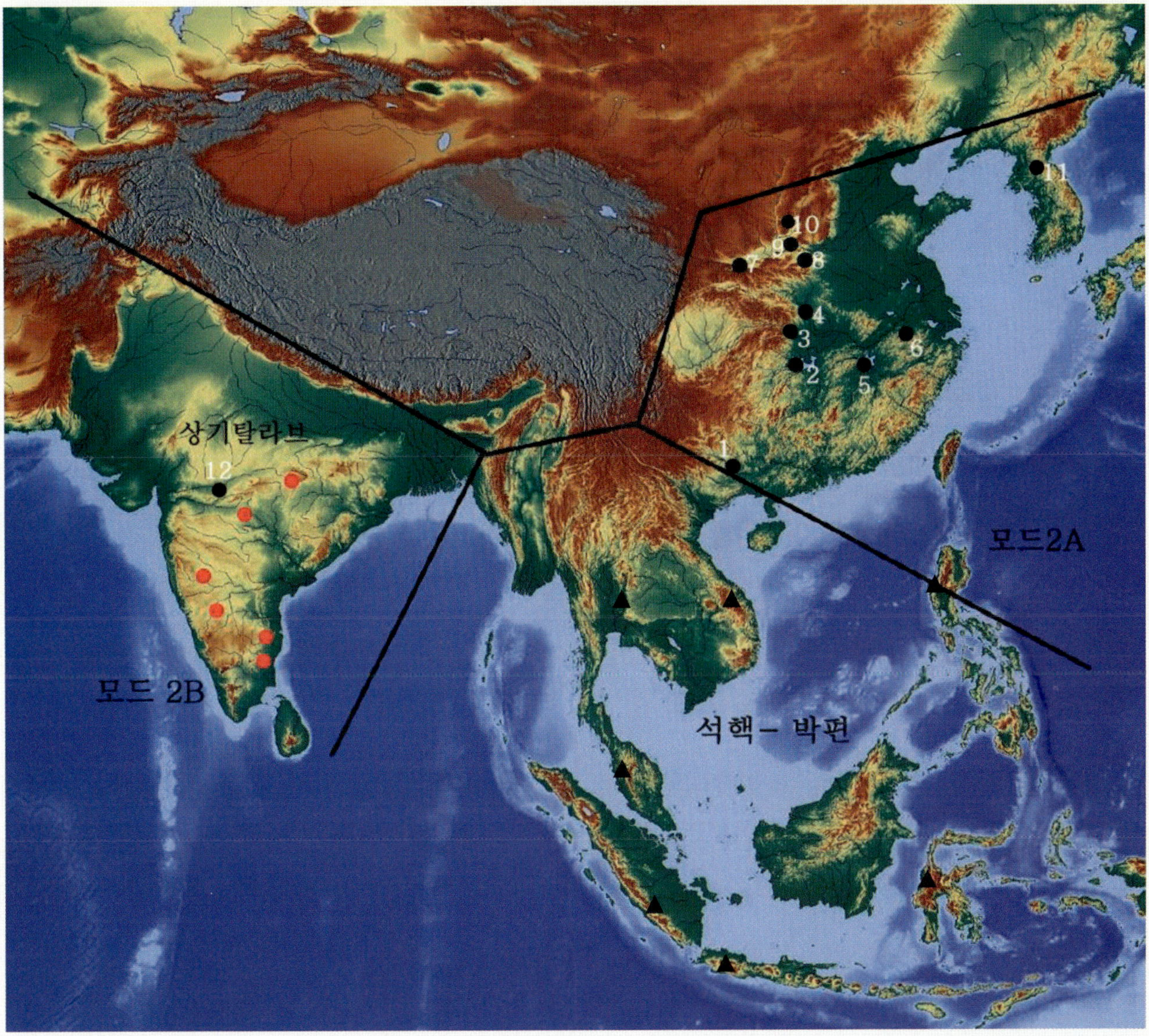

도판 25 아시아 중부홍적세 주먹도끼공작 모드 2A(●)와 모드 2B(●) 주요유적과 분포패턴

* 모드 2A에 속하는 유적들에서도 대형박편으로 다듬은 주먹도끼나 가롯날도끼가 존재하는 것을 볼 수 있고 또한 모드 2B에 속하는 석기공작에서도 박편을 만들어서 원재료로 사용하지 않고 원석에서 바로 만들어서 몸통이 두터운 주먹도끼들이 포함되어 있지만 각각 기술적으로 두드러진 것을 기준으로 구분하였다.

** ▲로 표시된 유적들은 주먹도끼로 보이는 석기가 포함되어 있지만 빈도가 극히 적거나 시대가 불분명하여 대비하기 어려운 유적.

*** 표시된 동북아시아 유적 ● 1. 바이서 2. 리슈이 계곡 3. 시안가양 4. 단지앙커우 댐 지역 5. 리야호계곡 6. 수이양기 계곡 7. 한종 8. 뤄난 9. 삼넨시아 10. 딩춘 11. 한탄-임진강유역

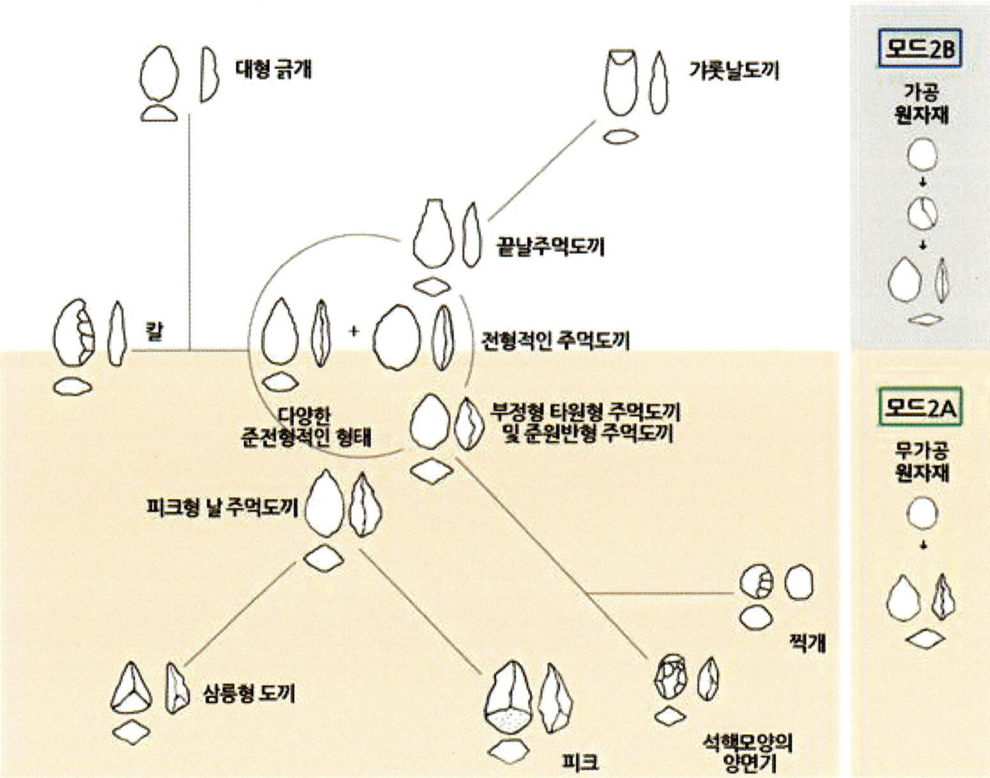

도판 26 주먹도끼 제작 계통적 구조와 형태적인 분류(G. Isaac 1977에서 변형)
모드 2A(석핵가공 주먹도끼공작)와 모드 2B(박편가공 주먹도끼공작). 이 두가지의 제작기법은 완전히 배타적으로 나타나지는 않지만 그 빈도에 있어서는 분명히 차이가 나게 되고 석기공작의 특성을 정의하게 된다.

다르다고 하더라도 그러한 차이가 존재한다고 볼 수 있는 것이다.

심화된 인지이해와 분류체제

그리고 이러한 주먹도끼석기 공작의 차이를 이해하는 도구로서 용어의 다양성을 어떻게 극복하는가에 대한 문제라고 생각된다. 특히 아프리카 지역에서는 주먹도끼 등의 대형석기 공작에 대해서 아슐리안 이외에도 시대상의 차이가 있기는 하지만, 상고안(Sangoan)이나 포레스미스(Fauresmith) 등등의 다양한 용어들이 지역적으로 사용되고 있는데 이러한 석기 공작들이 궁극적으로 어떤 차이를 가지고 있는 것인지 또는 구석기 공작을 이해하는 개념으로서 어느 정도 문화적인 차이를 말하는 것인지에 대해서 논의가 필요할 것이다. 아프리카 지역에서도 두꺼운 석핵을 사용하고 첨두형의 날을 가진 대형의 주먹도끼가 특징인 상고안 석기문화 역시 아프리카 열대지역에서 늦은 시기, 즉 상부 홍적세에 나타나는 것으로 이해하는 것이다.[252] 결국 같은 인지능력이 환경의 차이에 적응하는 과정에서 다르게 나타나는 것을 말하는 것으로 간주할 수 있다.

아프로유라시아 대륙의 구석기시대의 석기문화 진화과정에서 주먹도끼가 가지는 인지적 그리고 기술적인 의미를 분석하는 기준으로서 다음은 석기의 크기, 석기의 축 그리고 다용도성 등을 들 수가 있을 것이다. 속성분류의 이러한 상부개념, 즉 일차적인 개념은 결국 인간의 환경 적응과정에서 이루어지는 인지능력의 보편성[253]을 보여주는 것으로 할 수 있다. 이러한 도구 제작에서 작용하는 일차적인 도구개념의 하부개념으로서 대칭성, 정형성 그리고 효율성 등을 가지고 논할 수 있을 것이다. 이제까지의 아슐리안 토론에서 상부개념과 하부개념이 선후를 가리지 않고 혼재되어 문화를 규정하고 설명하였기 때문에 혼란이 있었던 셈이다. 결국 상부개념으로 석기를 정의한다면 그 모두가 하나의 범주에 들 수 있다고 생각된다. 다른 한편으로 두 번째 하위 개념으로 분류를 하게 된다면 동아시아 석기들은 기술적으로 동일한 단계라고 분류하기가 어려워질 것이다. 그래서 아슐리안이라는 용어를 석기문화의 발전단계를 규정하는 용어로서 글로벌한 문화 현상을 설명하기 위해서는 상위개념에 기준하는 석기 분류를 포괄하고 그 내부에서 하위 카테고리로서 구분하는 것이 구석기문화 현상을 보다 객관적으로 판단할 수 있는 방법을 제공하는 것으로 판단된다. 그래서 아슐리안을 단계별로 나누어 '초기형'과 '발전형'으로 나누어 이해하는 것이 현재의 패턴을 이해하는 방법론적인 도구로서 유효할 것으로 판단된다. 만일 클라크의 모드 시스템[254]으로 볼 때 분류상의 상위개념만을 적용할 수 있는 모드 2A와 상·하위 개념이 모두 적용될 수 있는 모드 2B로 구분하여 사용한다면 석기 공작을 이해하는데 명확할 것으로 생각된다. 클라크의 모드 시스템이 현재의 전 세계적으로 석기의 새로운 양상을 설명하기에는 문제가 있다는 점은 이미 지적되고 개선하려는 시도들이 있어 왔다.[255] 아슐리안 역시 새로운 고민을 하여야 할 시기라고 생각된다. 그러나 이러한 구분이 바로 '모드 2A가 모드 2B로 진화하지 못하였는가?'의 질문에 대한 해답을 구하는 것이 오늘날 이어지고 있는 논쟁이자 또 다른 작업이라고 할 수 있을 것이다. 주먹도끼의 비교에 있어서 어떤 속성의 조합을 가지고 비교하는가에 따라서 석기 공작의 친연성에 차이가 나타날 수 있다는 주장[256] 역시 이러한 인지 단계별 구분을 토대로 본다면 해결될 수 있을 것으로 생각된다. 동서양의 주먹도끼 공작을 새롭게 비교하여 제기하는 병행진화모델[257]도 이러한

---

252 Davis 1954; Hoover 1974.

253 Wang et al. 2012.

254 Clark 1977.

255 Shea 2013.

256 Lycett and Gowlett 2008.

257 Wang et al. 2012.

개념과 일맥 통하는 것으로 볼 수 있다. 병행진화의 모델에서는 유럽-아프리카 지역의 아슐리안 석기 공작들 사이에 보이는 친연성이 보서석기 공작과의 비교에서 나타나는 형태적인 친연성을 훨씬 뛰어 넘는다는 점을 이러한 주장의 근거로 제시하고 있다.

그러나 이 오래된 논쟁의 역사를 반추하여 본다면 유럽의 아슐리안 주먹도끼라는 명칭이 아프리카에서도 적용되었는데 이 두 그룹이 같은 문화집단으로 본다는 것에 문제가 있는 것이다. 단순히 공간적인 측면뿐 아니라 시간상으로도 그 출현의 연속성은 여러 다른 단계의 고인류들을 포함하고 있다. 그래서 결국 형태적으로 같다고 해서 문화적인 연속성을 반영하는 것이 아니라는 것은 이미 여러 경우에서 입증된 것이다. 이 주제에 관련된 많은 논문에서 동아시아의 주먹도끼 공작이 동일문화가 전파된 것이라는 관점에서 보려고 하는 것에서 아직도 문화적인 상관성을 전제로 하는 것으로 생각할 수 있는 것이다. 물론 지리적 그리고 집단의 연속성이 있을 수도 있지만, 서유럽과 아프리카에서 보듯이 단순히 동아시아의 경우에도 전파에 의한 문화 연속이라는 모델로서 어려운 것이다. 이러한 생각들의 이면에는 결국 아슐리안 또는 주먹도끼의 제작과정이 복잡하여 그저 한 지역에서 자생적으로 발생하는 것은 어려울 것이라는 생각[258]이 숨어 있다고 볼 수 있다. 그렇지만 최근에 나타나는 학설에서 읽을 수 있듯이 문화의 연속이나 전파의 개념으로만 해석하는 것이 반드시 타당한 것이 아니라는 점이 널리 인식되고 있으며 그러한 점을 인식하여 콘버전스의 개념을 바탕으로 하는 인구모델 같은 학설이 나타나는 것으로 볼 수 있다. 그러한 점에서 아슐리안 용어의 적용과 문화 진화의 이해방식에 새로운 차원의 방법론의 개발이 필요하다. 아슐리안 석기 공작에서 보이는 정형성과 과정의 복잡성 그리고 기능의 복합성 등을 토대로 인지적인 능력이 표현된 것이라는 숨은 의미가 있었지만, 최근의 유럽과 아프리카 아슐리안 석기 공작의 연구에서 보듯이 실제로 그러한 인지적 능력이 있다고 하더라도 아슐리안 석기의 특성을 고집해서 기계적으로 만든 것은 아니며 그러한 '양식적' 형태, 역시 개인 선택의 하나였다는 것을 주장하고 있는 것이다.[259] 궁극적으로는 인류가 특정한 단계에서 새로운 생태환경에 적응하는 과정에서 선택할 수 있는 옵션의 폭과 선험적인 역량이 복합적으로 작용하여 실제로 적응행위를 마련하는 것으로 할 수 있다. 석기를 제작하는 과정에서 선험적인 지식이나 문화적인 모델 등이 있었을 것[260]이고 제작 현장의 환경적인 요소와 석기의 기능을 극대화 내지는 개인적 목적에 최대한 맞도록 하는 과정 전략 등이 제작하는 과정 속에서 연속적으로 이루어질 것인데 오늘날 기계가 제품을 찍어내듯이 동일하게 만든 것이 아니라 과정에서 순간적인 판단이 결과물에 중요한 판단을 하

---

258 Schick 1994.

259 Mcnabb 2013.

260 García-Medrano et al. 2019; Gowlett 1990.

였을 것이다. 석기의 형태적인 보수성이나 불규칙성을 단선적인 진화론적인 입장이 아니라 이 역시 고도의 진화적 입장에서 해석하지 않으면 안 되는 것이다.[261]

중부 홍적세 석기 공작패턴에 대한 기존 가설들 비판

동아시아지역에서 전형적인 아슐리안이 나타나지 않고 주먹도끼 또는 양면기 전통의 공작이 존재하는 것에 대해서 설명하는 여러 가지의 학설이 있다. 그리고 동남아시아나 동아시아지역에서 석기들이 결국 새로운 단계 없이 석핵과 박편 그리고 일차원적인 석기 가공기술만이 존재하는 것에 대해서 다양한 설명이 시도되고 있다. 서구학자들이 제기한 여러 가지의 학설 중에는 대나무나 다른 단단한 나무들을 많이 사용함으로서 주먹도끼의 지속적인 발전이 되지 못한 것이라는 대나무 학설,[262] 석재의 차이가 석기 공작의 차이를 유발한 것이라는 설명, 주먹도끼가 반드시 필요한 대형 동물군이 두드러지지 않는 생태환경의 차이에서 오는 현상, 그리고 작은 규모의 집단들이 생태환경 간, 즉 인디아에서 동남아시아 그리고 중국으로 이동하는 인구집단의 규모와 밀도 그리고 사회적인 소통의 저하에 따른 것이라는 인구학설,[263] 고립가설,[264] 채집노동집약 전략[265] 등등의 가설들이 있다. 그렇지만 이러한 학설들이 그 어느 것도 완전한 설명이 되지 못하지만 또한 완전히 틀렸다고 말할 수도 없는 부분이 있다고 보는 것이다.

'고립가설' 또는 '인구가설(demographic hypothesis)'은 동·동남아시아지역의 석기들이 원시적인 전통이 오랫동안 지속하는 것에 대한 설명으로서 초기 인류가 올도완석기 공작기술을 가지고 인디아와 동남아시아 그리고 동아시아지역으로 확산하고 난 이후에 동남아시아지역과 동아시아지역은 단절되어 자체적인 진화를 하게 됨으로서 원래 가지고 있던 기술을 잃고 일종의 문화적인 지체지로 남게 되었다는 설명이다.[266] 결론적으로 일차적인 문화 확산이 있었던 다음에 고립되어 후속되는 문화전파가 없었다는 것을 의미하는 것이다. 그렇지만 당연히 160만 년 동안 그러한 상태가 지속하였다는 것은 설득력을 잃는 것이고 오늘날 호모의 다양한 확산이론을 고려하여도 성립되지 않는다. 이 학설에서 좀 더 진전된 생각을 정리한 학설이 '인구이론'이라고 할 수 있다. 동아시아지역에는 홍적세 기간은 지리적인 여건이나 확산과정의 어려움으로 인하여 인구의 규모가 작아서 아슐리안 주먹도

261 Vaquero & Romagnoli 2018.

262 Hutterer 1977; Brumm 2010:Pope 1989.

263 Lycett and Norton 2010.

264 Schick 1994; Hou et al. 2000.

265 Bae 1988.

266 Schick 1994.

끼가 나타나기는 하여도 그다지 번성하는 석기문화로 되지 못하다는 설명이다.[267] 고립학설과 유사하기는 하지만 간헐적인 아슐리안 혁신이 있었다는 점에서 다르다고 할 수 있다. 인구학설도 이와 유사한 관점이라고 볼 수 있지만, 전승이 잘 이루어지기 위해서는 적정규모의 인구가 개재되어야 한다는 이론에서 출발한 것이다. 과거에 제시된 모비우스 라인을 생물학에서 말하는 월레스 라인처럼 일종의 인구압의 경계선으로 보고서 동북아시아 지역으로 이동하여 살았던 인구의 규모나 밀도 그리고 인구집단 내에서의 사회적인 정보 소통이 줄어들게 됨으로써 석기문화의 기술적인 전통이 단절되고 새로운 기술개발에도 한계가 있어서 새로운 기술이 개발되더라도 초보적인 단계에 머물게 된다는 학설이다. 또 다른 시각에서 인구론으로 접근하는 경우는 바로 중심지역과 변방지역의 대비적인 지역 구분으로 현재의 석기 패턴을 구분하는 것인데 이 학설에서도 중심지역, 즉 유럽과 아프리카에서 인구가 집중되기 때문에 아슐리안이 있고 아시아 등지의 다른 지역은 인구압이 낮은 변방지역이기 때문에 정교한 석기가 드물다는 설명이다.[268]

그러나 논자가 아프리카와 비교하여 인구압이 낮은 것으로 보는데 유적의 수효를 단순 비교하는 것은 극히 위험한 발상이라고 할 수 있어서 인구압이 낮다는 점은 입증할 방도는 없는 셈이다. 그리고 인구의 규모가 작다는 것은 막연한 것이지 사냥채집 집단의 경우에 가지는 자연적인 밴드집단의 규모는 유지되는 것이 일반적이라고 할 수 있어서 그러한 부분에 대한 입증할 근거가 박약한 것이다. 그리고 동아시아지역이 오늘날 세계에서 가장 인구밀도가 높다는 것은 단순히 농경사회이기 때문에 그러한 인구양상이 나타나는 것은 아니고 분명히 생태 환경적인 조건이 인구 부양에 적합하기 때문일 것인데, 일단 들어온 인구가 소규모라고 하더라도 적절한 환경에 들어갔을 때 생태환경 부양능력(Carrying capacity) 범위 내에서는 빠르게 확장되면서 그 인구의 증가가 제이커브를 그리고 증가하는 것이 인구증가의 원리라는 점을 고려한다면 밀도가 낮다는 것도 이해가 어려운 논거라고 할 수 있다. 그리고 적어도 수십만 년이라는 긴 시간으로 본다면 인간의 적응과정에서 비교적 쉽게 접근할 수 있는 자원이 있고 제한조건이 완화된 지역에서 인구집중 현상이 나타난다는 점[269]에서 그러한 설명은 쉽게 수긍하기는 어려운 점이 있다. 인구론은 아마도 고고학자들에게는 어쩌면 고고학적인 현상에 대해서 막연하지만 그럴듯한 손쉬운 설명의 한 방안처럼 사용되는 것으로 생각될 수 있다. 보서지역의 주먹도끼가 서구의 아슐리안 보다도 덜 발달된 것이라는 점을 하부 홍적세 말엽에 있었던 대규모 화산폭발로 인한 인구감소

---

267 Henrich 2004;Lycett and Norton 2010.

268 Shea 2010, 2013.

269 Boserup 1976.

현상에서 설명하려는 것[270]은 환경 변화에 대한 세밀한 관찰이 전제되지 않고는 설득력이 없다.

동남아시아와 동북아시아의 남부지역에 흔히 생장하는 대나무가 석기의 용도를 대신하였을 것이고 또한 전형적인 아슐리안 석기 공작으로의 진화로 이어지지 않은 이유라고 설명하는 것이다. 70년대에 제기된 소위 대나무 학설(Bamboo hypothesis)이다.[271] 그렇지만 이 학설이 가지는 맹점은 정말 대나무가 주먹도끼의 기능을 대체할 가능성에 대해서 아직도 검증되지 않았다는 점이다. 그리고 이 대나무 학설은 결국 동남아시아나 동아시아지역의 석기 공작들이 단계적인 발전을 하지 못하고 석핵 - 박편의 단계에 머물고 있는, 즉 대단히 보수적인 석기 양상을 보이는 것을 설명할 수 있을 것인가의 문제와 연결되어 있다. 실제로 대나무는 껍질이 강해서 유용하기는 하지만 이것을 가공하기 위해서는 적어도 날카로운 석기나 골기가 필요한 것이며 만일 그러한 도구를 만들 수 있다고 하면 한 단계 복잡한 과정을 거치게 되는 대나무를 가공할 필요가 있을 것인가의 의문이 남게 되는 것이다. 대나무 가공이나 석기대신 사용을 입증하기 위한 관찰[272]도 있지만 그렇게 확신할 수 있는 증거라고 보기는 어렵다. 대나무 가공 역시 상당한 기술이 필요하며 이것이 석기를 제작하는 것보다도 비효율적이라고 생각된다. 그리고 대나무 도구가 큰 짐승들의 두꺼운 가죽을 뚫는 것은 비효율적이라는 결론을 얻고 있는 연구가 있는데,[273] 근본적으로 대나무 도구들이 어느 정도 필요한 생계 환경이며 또한 필요한 기능, 즉 도살이라든가 사냥에 직접적으로 효율성을 높일 수 있었을 것인가에 대한 논의가 필요한 것이다. 그래서 대나무 학설을 입증하기 위해서는 많은 검증이 필요할 것으로 보인다.[274] 그런데 북중국의 경우에는 대나무의 생장이 적절하지 않은 지역에서도 동일한 석기류들이 많이 보이는 것에 대한 설명도 있어야 한다. 그런데도 동남아시아 지역에서 현대 사회에서 관찰되는 대나무가 널리 활용되는 것을 보면 이 지역의 석기 공작들의 출현 양상과 관계가 있을 수 있다는 것을 알 수 있다. 특히 오스트레일리아 원주민들의 석기 제작과 사용의 과정을 보면 작은 박편이 많은 기능을 해내고 있다는 점에서 석기가 대나무나 다른 나무 도구들을 다듬는 기능을 하고 있고 그러한 석기들이 그다지 가공이 없이 사용되고 버려진다는 것이다.[275] 이 민족지적인 관찰은 동남아시아의 석기 공작의 이해에 많은 시사점을 던지는 것으로 생각된다.

---

270 Li et al. 2021.

271 Hutterer 1977; Pope 1980l West and Louys 2007.

272 West and Louys 2007.

273 Bae-Yosef et al. 2012.

274 Brumm 2010.

275 Hayden 1977.

석재의 차이는 동아시아지역에서 흔히 사용되는 규암이나 석영맥암류의 석재가 가지는 강하고도 불규칙한 결이 많다는 점에서 좋은 석기를 다듬을 수 있기 어렵다는 점이 있다. 그리고 석재가 불량할 때에는 석기 제작기술이 어떠하든지 간에 많은 경우에 비교적 덜 정교한 모습으로 귀결되는 것을 확인할 수가 있다. 예를 들어서 이시밀라와 같이 전형적인 아슐리안 유적도 석영 내지 규암제 석재로 만든 주먹도끼들은 그 길이와 몸통 두께의 비율이 1에 더욱 근접하고 그 수치가 동아시아의 주먹도끼들과 비슷하게 나타난다는 것을 확인할 수가 있다.[276] 그러나 그러한 석재, 즉 석영맥암이나 규암 그리고 질이 나쁜 쳐트 같은 석재 등의 질기고 내부흠결이 있는 석재들을 가지고, 주먹도끼나 조정 타격 면으로 가공한 르발르와 석핵을 만들어 내는 석기 공작들이 있고 실험적으로도 만들 수가 있다는 것을 보여주고 있다.[277] 또한, 석재와 기술적인 숙련도에서 차이 나는 사람에 대한 실험에서도 석재의 차이가 절대적인 것은 아니라는 결과이다.[278] 이러한 관찰은 중기와 후기 구석기시대의 석기에 관한 것이지만 동일한 선상에서 전기시대의 석기 공작 가공에 있어서 석재와 석기 제작기술 그리고 인지능력 등의 상관성에 대한 이해를 할 수 있는 단서가 될 수 있을 것이다. 그리고 만일 우리가 인간의 인지능력에 대해서 일반적인 가정으로써 판단한다고 하면 적응을 위해서 필요한 석기라면 반드시 만들었을 것이고 그렇지 않다면 다른 대체적인 도구가 있었을 것으로 할 수 있다. 석재에도 주변의 석재를 사용하는 것이 기본적인 수요충족이 가능하다면 다른 전략적인 목적, 즉 복합기능의 석기를 만든다든지 모든 보다 정확한 기능을 가진 석기를 만드는데 부적절하다면, 고인류들은 적절한 석재를 구하는 데 보다 많은 시간을 소비하였을 것이다. 결국 '왜 좋은 석재에 대한 고집과 관심을 두지 아니하였던가?'에 대한 설명이 부족한 흠이 있다. 궁극적으로 문화적인 현상에서 이해하는데 그 원리가 되어야 할 것은 바로 '필요는 발명의 어머니'라는 가장 일반적인 격언일 것이다.

문화의 단일진화설에서 다원적 진화설

석재제작기술을 잊어버려서 아슐리안에 비교해서 저급한 주먹도끼가 발생하였다는 학설은 어떤 의미에서 상당히 호모 단계의 다양한 종의 생물학적인 능력에 대한 차별적인 발상이라고 할 수 있다. 인종적인 차이라고 보는 것은 이미 모비우스[279]에 의해서도 제

---

276 Bae K. 2018.

277 Brantingham et al. 2000.

278 Erena et al. 2011.

279 Movius 1944, 1948.

시되었고 그 이후에도 몇 고고학자들에 의해서 지속해서 제시되어 온 것이다.[280] 이러한 설명은 흔히 고고학자나 인류학자들이 쉽게 뱉어버리는 경향이 있는데 이것은 자료의 축적이 적고 또한 논증될 수 있는 다른 연구가 태부족할 때 흔히 제기되는 막연한 가설이다. 왜냐하면 어떤 특정 단계의 인류는 이미 적정한 인지능력과 문제해결 능력을 가지고 있다고 보아야 하는 것이 인간의 진화단계를 설정하는 근본적인 가정이기 때문이다. 호모 에렉투스는 오스트랄로피테쿠스보다도 어느 정도 높은 능력이 있을 것으로 보아야 하고 설령 문화적으로 다르거나 이상한 것이 발생한다고 하더라도 그 인간종의 단계가 저급하다고 평하는 것은 설명을 회피하는 셈이 되는 것이다. 우리가 오늘날 문화 다양성의 차이를 인식하는 틀에서 보면 엄청나게 위험한 생각인 셈이다. 흔히 짧은 시간에 기술의 미발달을 모델로 설명하려고 하지만, 이미 상당히 진화한 호모 에렉투스 집단이 기억상실로 인해서 기본적인 인지력과 적응력이 낮기 때문에 개발하지 못하였다고 하는 것은 '같은 진화 단계의 고인류차별'이라고 생각할 수밖에 없다.

아슐리안 문화의 지리적인 범위를 인도 이서로 한정되는 것에 대하여 당시의 고인류의 새로운 생태환경으로 확산능력의 한계가 국지적인 분포를 가질 수밖에 없었고 또한 지리적인 장애를 넘을 수 있는 동기나 능력의 한계를 들고 있다. 당시의 고인류들이 환경이 양호한 지역에만 분포하였고 동남아시아지역으로 넘어 오지 못했을 것 이라고 주장한다. 스리랑카나 인도의 북동부, 즉 방글라데시 지역에 구석기문화의 흔적이 극히 희소하다는 점을 그 근거로 들고 있다. 그래서 서아시아지역에서 아슐리안 기술을 연마한 집단이 아주 희소하였기 때문에 아슐리안이 동아시아 쪽으로 확산하기가 어려웠을 것으로 주장하는 것이다.[281] 그렇지만 최근에 인디아에서는 100만 년을 상회하는 아슐리안 주먹도끼 공작이 발견되기 때문에[282] 100만 년이 넘는 기간에 아슐리안 주먹도끼의 동으로의 확산이 불가능하다고 볼 수는 없을 것이다.

그리고 궁극적으로 오늘날 동서의 주먹도끼 공작으로서 소위 아슐리안 문화나 아슐리안형 문화단계의 초기의 석기 공작들은 동과 서의 차이가 그다지 크지 않을 것이다. 만일 아슐리안 석기 공작단계를 모드 2로 나눈 클라크의 석기문화 단계를 이용한다면, 소위 '아슐리안 발전형', 쉽게 표현하자면 '모드 2의 발전형 = 모드 2B' 출현 빈도가 극히 저조하다는 것이지 그 개념이 전혀 없다는 것은 아니라는 점을 생각한다면 동서의 문화권 구분을 너무 단순하게 보는 것으로 판단된다. 현재는 그러한 석기 현상이 왜 사라지거나 또는 초기형이 압도적으로 동아시아에서 나타나게 되었는가의 문제일 것이다. 호모 에렉투

---

280 Pope 1989; Schick 1994.

281 Dennel 2015.

282 Pappu et al. 2011.

스 단계의 사람들은 이미 새로운 다른 생태환경을 극복하고 생존하였고 그러한 과정에서 두뇌의 진화와 정보의 누적 등의 다차원적으로 이미 진화한 고인류라고 보아야 할 것이다. 오늘날 극지방의 에스키모들이 아파트를 짓지 않고 산다는 것으로 그들의 지적 능력을 의심할 수는 없는 것이다. 그리고 동아시아지역에서 고인류 집단이 소규모 집단이 유지되었다는 것은 설득력이 떨어지는 전제인데 왜냐하면 현재도 동남아시아와 동아시아의 인구 규모가 세계에서 가장 높은 지역이고 동남아시아지역의 경우에는 아마도 생태계의 부양 능력이 다른 지역에 비해서 크다고 할 수 있는 곳이다. 이런 점에서 우리는 진화의 논쟁에 있어서 생물학적인 진화와 문화적인 진화를 혼동하면서 진화를 논하는 우를 범하는 경우를 흔히 보게 된다. 그러한 것은 단지 '하나의 설명'으로서 제시될 수는 있겠지만 오늘날 학문적으로 설정된 인류 진화를 이해하는 대전제를 이해하지 못하고 단편적이고 왜곡된 증거들을 가지고서 논리적이지 못한 그저 이목을 집중시키려고 하는 센세이셔날한 일화적인 설명으로서 혼란을 불러일으키는 경우라고 할 수 있는 것이다.

인구집단과 관련되는 학설에서 흔히 분포의 공백이 지리적인 패턴을 이해하는 암초이자 반대로 중요한 단서가 될 수도 있는데 과거에 인지하지 못하였던 유적들이 지속해서 나타나서 공백을 이해하는 새로운 증거가 되고 있고 또한 고인류의 적응에 대한 새로운 이해 방법이 과거의 고고학적인 인식체계를 송두리째 바꾸는 것도 많은 것이다. 고인류의 확산 과정에서도 전 지구상에 동일한 환경이 연속된다고 하더라도 고인류의 증거들이 고르게 분포할 수만은 없다, 그래서 고인류 증거의 분포는 고인류의 확산 범위를 알려 줄지언정 발견된 지점에만 인류가 거주하고 있었다고 할 수는 없을 것이다. 드마니시 - 상기란 - 동북 중국으로 이어지는 홍적세 초기 인류의 흔적은 그 시간적인 차이가 있기는 하지만 크게 볼 때 이미 이 시기에 이 지역에 인류가 들어와서 적응하고 살고 있었다는 것을 말하는 것이며 이 지점만이 인류가 있었다고 할 수는 없을 것이다. 물론 이동의 루트나 과정 그리고 시기 등에 있어서 다양한 이론이 있을 수는 있지만 이미 고인류는 그러한 생태환경에 적응하고 살만한 단계에 속한 것으로 보아야 할 것이다. 어느 시대를 막론하고서 고인류의 흔적이 발견된 두 지점 사이에 있어서 인간거주의 극심한 제한조건이 있는 지역이 아니라고 한다면, 물론 확산에서 시차가 있을 수는 있을 것이지만, 고인류의 거주나 확산이 이루어졌을 것으로 보는 것이 타당할 것이다. 그래서 공백으로 인식되는 지리적인 공간들을 당시의 인류 확산을 저해하는 요인으로 단순하게 인지하는 것은 추론의 과정에 오류의 요인이 될 가능성을 남기게 되는 것이다.

아슐리안과 비 아슐리안의 양면 석기 분포 양상은 석기와 석기 공작에 대한 새로운 정의와 접근이 필요하다고 생각되고 그러한 분포양상이 가지는 것이 문화적인 차이가 아니고 석재나 생태환경에 대한 적응행위의 차이에서 오는 것일 가능성을 열어두어야 할 것으로 생각되는 것이다. '채집중심 노동집약적 적응체계'에서 오는 문화 현상으로 보는 것이다.[283] 그러한 적응환경은 도구 재료의 대체재에 대한 관심뿐 아니라 기본적으로 생태환경 적응과정에서 필요한 도구체계에 대한 개념개발이 이 지역의 도구 공작의 패턴에 대한 이해의 관건이 될 것이다. 왜냐하면 아마도 인류의 진화과정에 있어서 열대우림에 적응한 것은 아마도 동남아시아지역이 처음인데 이 지역은 아슐리안뿐 아니라 그 후대의 석기시대에서도 석기 공작의 규모나 다양성이 극히 제한적으로 나타나는 것을 볼 수가 있다. 이 점은 단순히 아슐리안의 형태적인 문제가 아니라 자연환경의 적응방식에서 오는 거대패턴의 하나일 것으로 생각할 수 있다. 열대우림 지역에서는 무엇보다도 채집행위가 많은 것이고 이러한 행위에서는 도구가 그다지 많이 필요하지 않을 수 있을 것이다. 특히 석기의 필요성이 줄어들게 되거나 많은 기능이 나무나 뿔 등으로 대치될 수도 있을 것이다. 이러한 물질문화적인 특성은 아프리카 밀림지대인 이투리(Ituri) 숲속의 피그미들의 생계와 도구 종류에서도 충분히 볼 수가 있다.[284] 그리고 중위도 지방, 즉 온대지역에서도 식물 식료자원들은 그 종류가 풍부한 대신에 오히려 그 양과 질에 있어서 열대우림에 비견될 수 있는 정도가 되지 못할 것이다.

그리고 또 한 가지의 큰 차이는 계절성은 열대우림에도 있지만, 식료자원의 계절적인 분포에서 큰 차이를 보이지 않지만, 온대지역에서는 계절적인 차이가 대단히 커서 대체적인 자원이 절대적으로 필요할 것이다. 그래서 온대지역에서 채집은 질이 떨어진 식료자원을 획득하는데 시간과 노동이 증가하게 되는 단점이 있을 것이다. 그래서 이러한 생계환경에서 필요한 단위 식량을 채집하기 위하여 노동집약적인 적응과정에서 정교한 도구 또는 복합적인 도구가 필요하지 않은 전략에서 석기의 제작은 무엇보다도 짧은 시간 속에 기능을 충족시킬 수 있는 도구를 만들어 사용하게 될 것이다. 결국 온대지역에서는 채집 식료자원의 특성이 생계전략에 중요한 요소로 작용하게 되고 석기 제작에 영향을 미치게 되어 오늘날 석핵과 박편을 위주로 하는 보수적인 특성의 문화가 지속하였을 것으로 보았다. 중국과 한반도에서 중부 홍적세 기간에 석핵과 박편을 위주로 하는 석기 공작이 지속하면서 일부 양면 석기들이 증가하는 것은 아마도 이 지역의 이러한 환경 적응의 과정의 산물이라고 보아야 할 것으로 생각된다. 이 지역의 환경에 적응하는 과정의 특성과 함께 고인류가 가지는 지적능력 속에서 문화적인 전략 선택의 범주 등을 고려하여 설명을 도출하지 않으면 안 될 것이다.

283 Bae K. 1988.

284 Tanno 1981.

중국 고고학에서 제시하는 구석기시대의 '문화전통'으로 '소석기 전통'과 '대형첨상기 전통'을 제시한 것이 있다.[285] 이 학설은 황하 중류의 소위 대형 첨상기를 공반하는 유적들과 주구점과 중국 북부의 작은 박편석기로 구성되는 석기문화를 구분하여 그 계통성을 설정한 것이다. 여기서 대형첨상기로 부르는 석기들이 바로 첨두형 주먹도끼로 볼 수 있는 것들이지만, 중국 고고학 특유의 고유한 용어를 사용하게 됨으로써 한동안 비교연구가 없었던 셈이다. 특히 니허완(泥河湾)의 석기들이 작은 석핵과 석편으로 구성되어 있는데 이러한 석기 공작의 전통을 동구투어(Donggutuo, 東谷坨) - 시유(Shiyu, 峙峪) 소석기 전통이라고 부르고 이것이 후대의 세석인의 발생과 연결하고 있기도 하며 중국 석기의 지역적 지속성을 강조하는 증거로 간주되기도 한다.[286] 니허완(泥河湾) 지역의 전기구석기시대에 속하는 유적들의 석기 공작은 대체로 작은 크기의 것들인데 이러한 석기들은 후기구석기시대에 세석인석기들이 나타나기 이전 단계에서는 엄청나게 긴 시간적인 길이에도 불구하고 그 구분이 어려울 정도로 지속하고 있어서 이러한 하나의 전통으로 보려고 하는 것이다. 석기들이 주변 지역에서 흔하게 취할 수 있는 조악한 질의 석재를 가지고 직접 타격법으로 석기들을 만들었는데 크기가 작고 재가공된 것들이 극히 적은 편이다. 그리고 큰 석기들이라고 할 수 있는 찍개류의 석기는 전무하게 나타나는 것이다. 그런데 석기 공작 속에서 발견되는 석핵의 경우에 후기구석기시대에 나타나는 세석인 석핵과 흡사한 동구투어(Donggutuo, 東谷坨) 석핵[287]이라는 것이 있다. 이러한 특징들 때문에 일찍이 이러한 북중국의 전통을 저우커우덴(Zhoukoudian, 周口店) 유적의 박편석기들 전통과 연계하여 소석기 전통으로 구분하였다.[288] 오늘날에는 니허완(泥河湾)의 동구투어(Donggutuo), 시유(Shiyu, 峙峪), 산커수(Sankesu, 三棵樹), 저우커우덴(Zhoukoudian, 周口店) 1지점 그리고 수자야오(Xujiayao, 許家窯) 유적 등을 엮어서 하나의 소석기 전통유적으로 분류하는 것이다.[289]

어떤 특정한 유적에서 나타나는 석기 공작의 크기의 빈도는 그 장소의 기능이나 퇴적 후의 변형과정에 다르게 나타날 수 있는 것으로 석기의 크기를 문화적인 선택으로 보는 것은 방법론적으로 너무 비약된 논리를 적용한 것으로 생각된다. 고고학 유적에서 발견되는 현장은 고대 인간의 행위를 포함한 여러 가지 요인들이 작용하여 만들어진 것이며 인간의 행위도 문화적인 행위와 생물학적인 적응행위로 나뉘어 생각하여야 한다. 문화적인 행

---

285 Jia 1985.

286 Liu et al. 2013.

287 Hou 2003/2008.

288 Jia et al. 1972.

289 Jia et al. 1972;Lin et al. 2013.

위는 결국 인간이 자의적으로 여러 가지의 행위방식 중에서 선험적인 기저에 의해서 선택하여 이루어지는 것이며 생물학적인 적응행위는 필연적이고 기계적인 행위를 말하는 것이다. 그래서 니허완(泥河湾) 지역은 그 지질학적인 구조로 인하여 넓은 지역이 고운 호소성 내지는 풍성 퇴적물로 덮여 있고 석기를 만드는 재료가 시기에 따라서는 제한될 수밖에 없는 지리적인 여건이다. 그래서 이러한 환경에서 석재의 스트레스가 만들어지는 석기가 작아질 수 있는 것이다. 첸지와 유적에서 볼 수 있듯이[290] 석기가 크고 작고의 문제는 문화전통이 아니라 큰 석기를 만들기 위해서는 작은 석기들이 무수히 생산될 수밖에 없으며, 또 다른 한편으로 그러한 석기들이 집중된 '유형'으로 보이는 것은 유적의 형성과정의 차이나 다양한 지질학적인 변형과정에서 그러한 양상으로 남게 될 수 있기 때문이다. 결국 그러한 고고학적인 유적에서 보이는 패턴을 모두 문화적인 반영으로 볼 수가 있는데 결국은 '패턴과 해석(pattern recognition and explanation)'이라는 고고학 방법론의 본질에 대해서 질문을 하지 않을 수가 없는 것이다.

실제로 고고학에서 발굴되는 많은 유적은 폐기 시점과 후대의 발굴 시점의 상황이 크게 다른 경우가 많다. 이것은 오랜 시간이 지나면서 다양한 힘으로 유적의 원형이 변형되는 것이다. 그리고 원천적으로 당시의 인간의 공간 활용 전략에 따라서 남아 있는 물질문화는 극히 일부로서 전체적인 문화를 반영하지 않을 수도 있는 것이다. 특히 석기의 크기에 의한 문화 분류 개념은 문화 분류의 개념이라기보다도 발굴된 유물세트의 분류라고 할 수 있다. 원래의 인간의 문화적인 행위 반영이 아닐 경우가 많음에도 불구하고 문화적인 개념으로 포장하는 셈이다. 물론 구석기 연구에 있어서 학문적인 공유를 위한 방편으로서 다양한 용어가 사용될 수 있지만, 나름의 정의가 수반되어야 혼란을 방지할 수가 있을 것이다. 그런데 그러한 방편적인 용어가 고인류의 행위와 문화를 반영하는 것으로 포장으로 도출된 설명은, 결국 고고학자의 눈에 보이는 현상에 대한 설명이고 주관적으로 남을 수밖에 없는 것이다. 특히 구석기시대처럼 단순한 석기유물로 구성되어 있는 유물공작세트의 경우에는 그 비율이 중대한 문화구분의 요소가 된다는 점에서 설령 석기 공작이 상당히 남아 있다고 하더라도 그 문화적인 특성을 논하는 경우에는 대단히 유의하지 않으면 안 된다. 그래서 유적에 보이는 고고학적인 현상에서 고인류의 문화와 행위패턴을 읽어내려고 하는 노력이 바로 고고학적인 접근의 요체라고 할 수 있다. 많은 고고학 논문에서 언급되는 '역석기문화(pebble tool culture)'라는 것은 재료로 강돌을 사용하였다는 것인데 그것이 당시의 문화적인 선택인지 또는 단순한 적응과정의 필연적인 선택으로서 산물인지에 대해서는 논쟁의 여지가 있을 것이다. 각 지점에서 흔한 자원을 재료로 사용하는 것을 문

---

290 Guan et al. 2016.

화적인 선택, 나아가 문화권을 구분하는 방편적인 구분이 결국 문화 선택으로 포장되는 과정이 되는 셈이다. 소석기 공작으로 구분되는 것이 과연 문화적인 선택의 정신적인 경향을 말하는 것인가? 반드시 그렇지는 않을 것이다. 전곡리 유적에서도 약 100미터의 반경의 범위 내에서 대형석기들이 집중된 발굴지점이 있지만, 다른 지점에서는 작은 석기들만이 발굴되기도 하는 것을 보면[291] 같은 유적이라도 그러한 양상이 나타나는 것이며 발굴지점에 따라서 그러한 오해가 생길 수가 있을 것이다. 5센티미터 이내의 소형 박편을 중심으로 한 석기 공작이 거친 모래가 혼입된 층면을 따라서 얇게 분포하고 있었으며 또한 석기가 놓인 방향성(orientation)도 일정하게 집중되는 양상을 보여서 적어도 약하게 흐르는 물에 의해서 분급되고 또한 조리질 현상에 의해서 퇴적물이 재구성된 것으로 판단되었다. 그래서 발굴 단위로 본다면 이것은 작은 석기들이 중심이 되는 석기 공작세트이고 만일 이것이 발굴의 전부였다고 하면 소석기문화전통을 반영하는 석기 공작세트가 될 수 있는 것이다. 또한 저우커우뎬(Zhoukoudian, 周口店) 석기 공작에서 보듯이 석재가 나쁘게 되면 작은 석기들이 많이 남게 되는 경우도 나타나게 되는 것이다. 석재가 강하기도 하고 석재 내부의 자연 균열면 때문에 큰 석기를 제작하는 데 한계가 있을 수도 있다. 그래서 유적에서 수습된 석기들의 크기를 가지고 '전통' 또는 '문화'를 규정하는 것은 행위를 반영하지 않을 수 있어서 유의하여야 한다. 큰 석기를 다듬었을 때 버리는 작은 석편들은 다 어디로 갔을까? 과정에 대해서 깊이 통찰하지 않은 문화 패턴 논의는 정확한 설명에 근접할 수 없을 것이다.

석기문화 패턴 인지에서 새로운 설명으로

동아시아지역에 고인류가 거주가 시작되었을 때 조상이 되는 인구 집단들은 아프리카에서 아슐리안이 발생하기 이전에 출발하였고 기술적으로나 행위적으로 다른 경로가 작동하였을 것으로 생각하기도 한다. 그러나 그러한 기술을 가지고 있었던 것은 틀림없는 것이며 만일에 찍개류 제작기술에서 주먹도끼 제작기술로의 전환이 기술적인 능력의 차이라고 말하는 것은 대단히 위험한 발상이다. 왜냐하면 동아시아의 고인류들은 아프리카의 이전 단계의 호모들보다도 훨씬 더 많은 경험, 즉 다양한 환경에 노출되고 이로 인하여 정보의 누적과 인지능력이 향상되었다는 것은 의심할 여지가 없는 정황이다. 그런데도 종축-양면 가공의 기술개념 그리고 전면가공 대형 석기의 낮은 빈도를 그러한 지적능력 차이 모델로서 설명하는 것은 인류 진화에 대한 몰이해라고 할 수 있을 것이다. 문화는 적응의 하나의 선택적인 수단으로서 나타나게 되는 것이며 그러한 선택 자체는 다양한 양상을

291 Bae K. 1988.

떨 수가 있다는 점을 염두에 두고 거대 패턴을 읽는 시도들이 많이 제기 되어야 한다. 동아시아지역의 석기 공작을 제대로 이해하기 위해서는 다른 지역에서 개발된 석기기술에 가당치 않게 비교하는 것보다는 대안적이고 지속 가능하며 고인류 종의 구분법에 기반을 두지 않은 진화적인 경로가 석기 제작기술의 특성을 설명하기 위해서 제시되어야 할 것이다.

이제까지의 많은 논저에서 인류의 확산에 대한 생각으로서 애초에 하부 홍적세에 동아시아와 동남아시아로 확산하는 과정에서 고인류가 원래 이들이 적응하였던 사바나 환경들에 들어가는 것으로 이해하고 있다. 이러한 설명이 설득력이 있지만, 이것은 인류의 적응력이 특정한 환경에 고정된 것이라는 개념에서 그러한 설명을 반복적으로 시도하는 것으로 비판할 수 있다. 다시 말해서 초기 인류들이 새로운 선택을 하지 않고 원래 주어진 적응한 환경을 이후의 진화단계에서도 고집스럽게 지속하여 집착하는 집단으로 생각하였다. 아니면 새로운 환경에 적응할 수 없는 지적 능력을 갖추고 있다는 가정을 가진 것으로 생각될 수 있는 것이다. 그러나 광역적인 인구 이동이 이루어지기 위해서는 그리고 성공적으로 확산하기 위해서는 이동의 절대적인 동인이 있어야 할 것이고, 또한 다른 환경에 적응할 수 있는 능력이 절대적으로 전제되어야 한다. 아니면 지역적으로 절멸하게 되는 것이다. 오늘날 중부 홍적세에 분포하는 인류의 흔적들은 분명히 다른 환경에 진출하여 오랫동안 진화하여 온 것임을 보여준다. 호모 진화에 있어서 적응하는 과정에서 인류가 가진 고유한 특성으로서 유연성과 끈기 등을 고려하지 않는다면 진화의 이해는 생물학적인 틀에서 벗어나기가 어려울 것이다.

최근까지 아시아지역의 호모 사피엔스가 고안해 낸 행위, 문화 그리고 기술적인 혁신들은 서구의 구석기시대 연구 성과에 의존해서 접근되었다. 그 결과 현생인류의 진화에 대한 전통적인 접근은 주로 많이 조사된 지역, 즉 유럽과 아프리카 지역의 결과를 토대로 이루어지게 되고 그것을 표준화된 것으로 생각하여 다른 지역들의 초기 증거들을 해석하고 있었던 것으로 볼 수 있을 것이다. 새로운 지역의 문화 현상을 관찰하고 설명하기 위한 부득이한 방법론이라고 판단되지만, 장기적으로는 이러한 접근에서 생기는 오해와 편견은 부지불식간에 생길 수가 있는 것이다. 인간의 일반적인 인지능력을 이해하고 적용하는 것이 구석기 연구에서 절대적으로 필요한 것이며 문화 현상을 곧바로 인지능력의 차이라고 설명하는 것은 편리한 점은 있지만, 위험한 발상이다. 인류의 진화과정은 결국 아시아로 확산하면서 가지고 있었던 능력, 즉 인지와 행위의 유연성 확장과 소통 확대를 통한 협력 체제의 강화 등이 어떠한 행위 성과로 나타날 수 있는가에 대한 생각을 바탕으로 진화의 과정을 복원하려는 이제까지 제시된 다양한 시각들의 총체적인 접근이 필요할 것으로 생각된다. 결국 인류의 진화과정에서 누적된 경험을 바탕으로 인지적인 능력이 확장되고 또한 선택의 폭이 넓어짐에 따라서 이루어지는 다양한 선택의 하나로서 기술적인 현상이 지역적으로 나타나는 것이라고 볼 수 있을 것이고 이러한 과정은 '다양성(Diversity)'으로 부르고 또한 인간의 인지적 능력을 바탕으로 할 수 있는 '선택의 폭의 확장성(Multiplicity)'의 개념으로 접근하려는 사례들이 늘어가고 있는 것을 볼 수 있다.[292]

중부 홍적세 유적들의 형성과정과 변형과정에 대한 개념의 개발이 절대적으로 부족한 편이다. 물론 동굴유적의 경우에는 야외 유적보다는 훨씬 잘 보존된 상태인 점은 틀림없지만 동굴유적 내에 남아 있는 유적이라고 하더라도 그 형성과정의 복잡성을 충분히 이해하는 것이 필요하다. 저우커우뎬(Zhoukoudian, 周口店) 유적의 경우에도 개별 유물에 대한 설명이나 그러한 유물이 층서적인 묶음으로서의 구성에 대해서 논의가 있지만, 인간의 행위의 과정이나 동굴 내의 행위의 구조를 복원하는 것은 많이 이루어지지 않았는데 그만큼 어렵다는 말일 수도 있는 것이다. 야외 유적의 경우에는 기후변동 과정에서 심각하게 변형되는데 기후변동의 시간이 길어질수록 유적의 흔적을 발견할지는 몰라도 그 행위의 과정을 보여주는 증거로서는 태부족한 것이다. 예를 들어서 이스라엘의 대표적인 아슐리안 석기가 발견된 GBY유적의 경우에는 아마도 구석기시대의 폼페이같이 인간의 행위를 복원할 수가 있는데 이러한 유적의 콘텐츠는 정말 발견하기가 어려운 것이다. 그러한 유적이 보존된 것은 결국 호소성 퇴적이 사라지지 않고 지형적으로 보존되었기 때문이다. 그래서 이 유적의 고고학적인 양상이 아마도 전기구석기 시대의 곳곳에서 이루어지고 있었겠지만 많은 유적에서는 극히 일부의 유물들이 엄청나게 변형된 형태로 남아 있다고 생각하여야 할 것이다. 그래서 이러한 유적의 보존상의 차이를 가지고 우리가 오늘날 보는 석기 공작의 양상에서 인류의 행위를 복원하지 않으면 안 되는 것이며 그러한 방법론을 개발하여야 하는 것이 오늘날 구석기 고고학의 명제라고 할 수 있는 것이다.

292 Carbonell et al. 2015.

3 고인류의 행위와 인지 진화

중부 홍적세 기간은 세계 각지에서 인류가 엄청난 변화를 가져온 시기라고 할 수 있다. 물론 하부 홍적세에 동북아시아 지역까지 진출한 것은 이미 확인되었지만, 중부 홍적세는 기후변동이 심해지는 과정에서 다양한 생태환경으로 확산한 인류가 변화하는 환경에 적응하면서 다양한 모습으로, 다양한 행위로서 살아남았고 확산하여 갔을 것이다. 동아시아지역에서 석기 공작들이 아프로유로지역과 차이가 나기는 하지만 다양한 환경에서 끊임없는 변화에도 살아남았다는 점에서 인지능력의 차이에서 오는 것으로 할 수는 없을 것이고 결국 기술적인 선택으로 보아야 할 것으로 생각된다. 아시아지역의 초기 호모나 중부 홍적세의 호모 집단들의 적응행위는 결국 우리가 단순하게 석기나 고인류 화석에서 남겨진 증거들만으로 재구성하는 것은 어려울 수도 있을 것이다. 행위의 유연성의 정도가 커지고 사회적인 소통이 많아지고 다변화되어 협동작업이 더 강화되는 등의 행위를 찾아내서 진화를 설명하는 것은 그리 단순한 작업이 아니다. 구석기시대 문화의 비교적인 관점에서 동아시아 고인류의 행위적인 특성에 대한 설명은 이제 막 시작된 단계이며 그동안의 서구적 관점에서 벗어나 새롭게 인간 행위의 원론적인 입장, 환경 변화에 대한 인지적인 적응에서 그 진화과정을 설명하여야 하는 것으로 생각한다.

아시아 호모 에렉투스의 확장된 생계 행위에 대해서 추론을 하는 것은 아직도 제한적이다. 현재 알고 있는 것은 동북지역의 아시아 고인류 그룹들은 초원 - 숲의 복합환경을 차지하고 있었고 호수나 강 주변을 주로 활용하고 있었다. 이러한 환경의 선호는 아시아지역뿐 아니라 다른 지역에서도 자원의 다양성과 분포의 안정성으로 당연한 선택일 것이다.[293] 바로 그곳은 석기를 생산하기 위한 석재를 구하거나 또는 주기적으로 큰 짐승들이

293 Roach et al. 2016.

모이게 되는 지점이었고 이들 스스로가 끌어들이기도 하였을 것이다. 물가는 생명을 지키는 자리이기도 하지만 아마도 많은 고인류는 길목을 지키는 맹수에 의해서 물가에서 죽음을 맞이하기도 하였을 것이다. 그리고 일부 학자들은 물이 고인류들의 목적일 수도 있다는 것을 주장하기도 한다. 그런데 이러한 거주지 생태환경의 성격은 아시아의 특수한 상황일 수 없거니와 옛날의 주거전략이라고만 할 수도 없고 오늘날에도 세계 어느 곳이든 마을이나 도시가 발달하기 위해서는 물이 가장 중요한 요소인 점은 마찬가지이다. 이것은 어떤 특정한 시대에만 적용되는 적응행위라고 볼 수도 없는 것이다. 초기 고인류들은 이러한 지점들을 자주 들락거리고 우리가 고인류들이 왜 어느 특정한 지점을 찍게 되는 가를 논하고 있지만, 무엇이 진행되었고, 사전에 예고된 것인지, 또는 우연히 생긴 일인지에 대해서 말하기가 어려운 것이다.

동북아시아 지역의 거주 지속성은 결국 인류들이 추위라는 환경의 제한조건을 극복할 수 있는 문화 적응 체계를 가지고 있는가에 달려 있을 것이다. 물론 이 지역에서 지속해서 중부 홍적세에 고인류가 빙하기의 추운 기후에 살았을 것이라는 전제에 대해서는 논란이 있을 수 있다. 일부 학자들은 앞 장에서 언급한 것처럼 빙하기 동안에 남쪽으로 이동하였을 가능성을 제기하기도 한다. 그렇지만 기후변동에도 불구하고 어느 정도의 북방한계선의 이남 지역에서는 지속적인 출현이 있었으리라는 것이 보편적인 생각이다.[294] 특히 저우커우뎬 집단. 북쪽 지역 유적들이 여러 기후 환경 속에서도 사용되었다는 것을 지구화학적 그리고 광물학적 분석을 통해서 입증하고 있다. 기온이 섭씨 영하 15도 이하로 내려가는 겨울 추위로부터 보호하기 위해서 이 지역의 고인류들이 불을 피우거나 유럽에서 발견되는 사례[295]처럼 오두막을 만드는 기술이 있었으리라는 것에 대해서는 의심의 여지가 없을 것이다.[296] 이제까지는 사람들이 불을 동굴 안에서 사용하였다는 점을 많이 이야기 해왔다. 그러나 동북아시아 지역의 많은 야외 유적들을 볼 때 반드시 불 때문에 동굴에 있었던 것은 아니지만 불에 탄 뼈들을 보면 분명히 사람들이 동굴에서 불을 다루기는 하였다는 점을 알 수 있고 그러한 증거가 동굴 속이기 때문에 그나마도 남아 있다고 보아야 할 것이다. 이러한 불을 사용하는 것이 반드시 중부 홍적세 기간에 동아시아 고인류만의 능력이라고 볼 수는 없을 것이다. 그렇지만 고인류 유적의 환경으로 판단한다면 이 지역에서는 불이 없이는 생존이 어려웠을 것이고, 또한 그 증거들이 남아 있다는 점이 의미가 있는 것이다. 아마도 불의 사용능력은 이미 아프리카를 떠나기 이전부터 가지고 있었던 특성

294 Ao et al. 2010.

295 Sklenář 1987.

296 Dennel 2013.

으로 볼 수도 있을 것이다.[297] 이러한 능력이 뒷받침될 때라야 온대지역의 겨울나기를 할 수 있었을 것이고 다양한 식육류의 공격을 방어할 수도 있었을 것이기 때문이다.

중국지역의 중부 홍적세의 동굴유적들은 많은 경우에 일시적이 아니고 반복적인 사용을 보여주기 때문에 고인류의 거주와 이동의 전략을 이해하는데 중요한 단서를 제공한다. 무엇보다도 일종의 홈베이스로서 주변 생태환경과의 관계를 잘 보여주는 것이다. 저우커우뎬 동굴처럼 동굴 내에서 발견되는 다양한 종류의 불에 탄 씨앗이나 상당한 거리에서 운반된 수정이 발견되는 등의 인간의 일상적인 활동을 보여줄 수 있는 자료가 집적된 것이다. 그러나 이러한 생계 활동이 연간 지속한 것인지, 계절적인 것인지에 대해서는 아직도 의문이 지속한다. 동북아시아 지역에서는 자원의 계절성이 대단히 뚜렷하게 나타나기 때문에 특히 겨울철을 나기 위한 이 지역의 고인류의 전략은 고도의 예지력과 지혜가 필요하였을 것으로 추측된다. 특히 안정적으로 식량을 확보하기 위해서 자원에 대한 다양한 정보를 가지고 계절적인 예측을 하지 않는다면 사계절이 있는 온대지역에서 생존하는 것은 극히 어려웠을 것이다. 식물식량은 유적에 잘 남아 있지 않지만 이스라엘의 게셰 베노트 야코브 유적의 경우에 습지에 잘 남아 있는데[298] 구석기시대의 식량에 대한 중요한 정보를 확인하고 있는 셈이다. 한반도의 중세 야생 채집 식량자원에 대한 목록을 보면 사계절 중 겨울은 극히 제한되어 있었다는 것을 알 수 있다.[299] 그렇지만 춥고, 건조한 계절 동안의 먹거리 장만의 문제는 오늘날 이 지역 환경에서 보듯이 환경에 대한 정보가 대단히 중요할 것이다. 이보다도 더 중요한 것은 결국 보온이다. 불의 사용뿐 아니라 낮은 기온에 대한 문화적인 방어기술이 없으면 생존은 어려웠을 것이다. 그러나 일정한 지역 내에서는 그러한 조건은 마찬가지였으므로 광역적인 계절적 이동을 고려하지 않는다면 오늘날 보는 장기적으로 사용된 유적의 경우에는 전천후로 사용되었고 따라서 유적의 생계환경 조건이 중요한 선택조건이었을 것이다. 그렇지만 현재 유적의 분포양상으로 미루어볼 때 적어도 장기적으로 생존이 가능했었을 수 있었던 북방 한계가 대체로 북위 40도 선이라는 점이 지적된다. 저우커우뎬의 경우에 수십만 년 동안 고인류에 의해서 사용되었는데 환경 변화에 따라서 차이가 있겠지만, 물이 흐르는 개천을 끼고 있고 평원과 산지가 복합적으로 존재하는 모자이크적인 생태 공간이었다. 이는 동굴 내의 많은 종류의 동물화석들이 여실히 반증하고 있고, 또한 많은 새 화석이 이 지역 환경의 다양성을 보여주는 것이다. 설사 기후변동에 따라서 이동하였다고 하더라도 이 지역이 반복적으로 사용된 이유에 대한 고인류의 거주지 선택의 조건들을 이해할 수가 있는 것이다. 다시 말해서 여러 가지의 복합적인 생계자

297 Gowlett 2013, 2016.

298 Melamed et al. 2016.

299 救荒撮要 (세종 代의 야생구황식물 목록과 요리법), Bae K. 1988 참조.

원을 취할 수 있는 모자이크 성의 자연환경 조건이 최적으로 선택 되었을 것이다.

인류가 적응하는 데는 기본적으로 생태환경의 제한조건이 극복하여야 할 원천적인 조건이라고 하지만 자원, 특히 식료자원을 두고 생태계의 가장 높은 위치에 있는 집단과의 경쟁이 중요한 변수였을 것이다. 다시 말해서 인류의 진화과정에서 식량자원이나 서식의 장소를 두고 식육류짐승들과의 경쟁에서 오는 충격을 음미해 볼 필요가 있을 것이다. 극심한 경쟁으로 낙오가 되든 또는 다른 환경으로 튕겨가서 성공하게 되고, 또한 그곳에서 살아남게 되든 간에 아시아 각 지역에서 나타나는 식육류짐승군(群)(Carnivore guild)의 확장과 관련이 있다는 점이 유럽의 고인류들의 확산을 이해하는 보다 진전된 이유였다. 이러한 점에서 고인류가 살아남은 동북아시아와 동남아시아지역의 식육류 짐승 집단의 경우에 다른 점이 무엇인가를 확인하여 볼 가치가 있다. 동물상에서 보이는 경쟁이 동남아시아의 고인류들이 중국의 경우에 비해서 훨씬 낮은 수준이었을 것이다. 중국의 저우커우뎬 동굴유적에서 출토된 고인류 화석 두개골의 바닥이 없다는 점을 과거 일부 학자들이 식인풍습의 가능성을 보여주는 증거로 설명하기도 하였지만 이것은 하이에나에 의한 뼈의 변형이라고 보는 견해[300]도 있었는데 이 동굴에서 하이에나의 활동은 고인류와 지속해서 경쟁적인 관계에 있었을 것으로 보는 것이 일반적인 견해이다. 최근에 이루어진 분석에서 얻어진 흥미로운 추론의 요점은 중국의 호모 에렉투스들은 아마도 영장류의 움직이는 특성과 사회적인 조직에 따라서 낮 동안 사냥과 사체 수습 등, 식량을 구하는데 식육류짐승들과 종간의 높은 경쟁뿐 아니라 대형의 식육류짐승들의 먹이가 되는 경우가 자바에 살았던 집단보다도 더 많았다고 보는 것이다.[301] 식육류짐승과의 경쟁이 결국 중부 홍적세의 호모 진화에 큰 영향을 주었을 것으로 보는 것이 일반적이다. 다시 말해서 경쟁이 적은 지역에서는 진화가 더디게 될 수밖에 없을 것으로 보는 것이다.

자바의 고인류들은 비교적 숲으로 둘러싸인 환경과 개활지의 확장 등의 환경 변화에 대한 적응 등 장기적인 적응에 도전을 받을 것인데 자바에 있어서 지난 100만 년 동안 계속해서 출현한 식육류 짐승으로서 유일한 것이 바로 호랑이라고 지적된다.[302] 응앙동 동물상에서는 체구가 훨씬 커져 있고 판데라 티그리스 소다이카라는 아종 하나가 그 섬과 토착종으로 지속되었고 이 아종은 오늘날 호랑이 판데라 티그리스 소로엔시스(*Panthera tigris soloensis*)로 진화하는 다른 아종으로 대체하게 된다. 자바의 상기란 돔 지구의 여섯 지점에서 나온 동물화석 뼈들 속에서도 식육류짐승이 적다는 점과 초식성 중에서 특히 기

300 Binford 1981; Binford & Stone 1986, 1987.

301 Rolland 2002.

302 Hetler and Volmer 2008.

제굽 종류가 압도적인 점이 발견된다.[303] 아직도 하나의 추정이지만 자바에 있어서 그다지 활발하지 않은 식육류짐승 군의 크기를 생각해 본다면, 호모 에렉투스와의 경쟁이 판데라 티그리스 솔로엔시스에서 보이는 증가를 촉발하였을 것이고 또한 고인류의 체격부피의 증가가 발생하게 된 원인과도 상관관계가 있었을 것이다. 이러한 상관성으로 보건대 자바의 경우에는 식육류의 종류가 한정되어 있어서 하이에나를 대적해야 하는 중국과 동북아 지역보다는 훨씬 경쟁이 낮았을 것으로 볼 수 있다.

자바 지역의 이른 시기 호모들이 차지한 장소는 분명히 해안이나 호소성의 환경이었다는 것이 널리 받아들여지는 설명이다. 왜냐하면 이러한 환경은 분명히 자바로 향하는 과정에서 경험하였을 것이기도 하고, 또한 가장 생산력이 높은 환경이기도 한 것이다. 자바의 호모 에렉투스가 차지한 생태 적소는 오랫동안 생존할 수 있도록 보장된 곳이라고 할 수 있고 또한 경쟁이 되는 식육류짐승의 종류는 단 하나였음을 알 수 있다. 이 지역에서 장기적인 생존 결과 인구증가 등의 증가한 환경 선택압력과 감소한 트로픽수준(증가된 에너지 효율)의 조합은 자바 고인류의 생태 적소를 확장하게 했을 것이고 다른 섬들, 즉 플로레스와 같은 곳으로 확장되었을 것이다. 결국 각 지역에서 고인류들이 생태 적소에서 적응하게 되는 관건은 그 생태공동체 안에서 생태계 먹이사슬의 최상 위치에 근접하는 다른 종들과의 경쟁이라는 것이며, 경쟁이 제한적이라면 살아남을 확률이 클 것이고 다른 한편으로 진화의 속도 역시 떨어지게 되는 것으로 설명할 수가 있을 것이다. 이러한 상황에 대한 추론은 결국 동남아시아 열대 우림지역의 호모 진화를 추론하는 데 중요한 단서가 될 수 있을 것이다. 이러한 점은 결국 플로렌시스와 같은 진화가 지체된 경우를 설명할 수 있는 기반을 제공할 수도 있을 것이다. 그런데 이러한 추론에서 유의하여야 할 점은 바로 당시의 집단이 독립적인 진화를 할 만큼 긴 시간 동안 외부의 새로운 인류의 유입이 없었다는 것을 의미할 수 있다는 점이다. 실제로 그럴 가능성은 별로 없을 것이다.

동물의 화석들과 관련된 고인류의 행위에 대한 연구가 많이 진행되기는 하였지만, 아직도 고고학적인 증거들에서 고인류의 행위에 의한 변형을, 다른 생물에 의한 자연적인 변형과 구분하기는 어려운 점이 많다. 많은 경우에 동물 뼈들은 대단히 많이 부서져 있는 것들이었고 보존상태가 각각이었다. 대체로 하천유수에 의해서 이동되었거나 퇴적 후의 습기에 의한 변형 등등이 일어난 것이다. 이러한 것들 어떠한 것도 인류의 흔적을 보이는 것이 없었고 어떤 경우에도 많이 닳은 것들이었다. 타중이나 엔그레젠 유적들에서는 부스러진 흔적이 선명하게 남아 있고 출처가 불분명한 것들이 포함되어 있고 반면 엔게봉 2 유적에서만 고인류의 흔적이 분명하게 나타나고 있다. 여기서는 어느 정도인지 알 수 없지만

303 Bouteaux et al. 2007;Bouteaux & Moigne 2010.

소과 짐승의 뼈에는 도살 흔들이 확실하게 인정되었다.[304] 이러한 도살 흔들이 사체를 분리하는 과정에서 생긴 것인지 고기를 발라내는 과정에서 생긴 것인지는 보고되지 않았지만 아주 미세한 선들이 도살 흔 속에서 보이는 것으로 미루어 분명 박편 같은 석기에 의한 것으로 판단하고 있다. 자바의 일부 화석동물군의 구성이나 또는 도살 흔 등으로 보아서 인공의 흔적이 보이지만 동물화석의 퇴적환경으로 미루어서 구체적인 인간 행위를 적시해 내는 것은 아직도 어렵다. 특히 생계경제에서 동물들이 차지하는 비중이나 획득의 방식을 복원하기가 쉽지 않을 것이라는 점이다. 자바라는 지역은 오늘날의 섬으로서 해양환경에 접하고 있는데 트리닐 일대에서나 상기란 지역에서는 조개들이 유적 내에서 많이 보이는데 특히 트리닐에서는 조개무지와 같이 나타나기 때문에 일찍이 이 지역의 호모들의 수산자원 활용에 대한 기대가 제기되고 있기도 하다.[305] 수산자원의 활용에 대한 기대치는 호모가 해안 적응을 하면서 확산하였을 것으로 보는 관점에서 대단히 중요한 단서를 제공할 것으로 기대되어 지속적인 관심 주제라고 할 수 있다.

이러한 동물상의 상황과 대비되는 것으로 중국 귀조우성(貴州省)의 판현(盤縣) 다동(大洞)의 동물 뼈들에도 두드러진 패턴이 발견되었다. 출현하는 신체 부위나 대형동물들의 이빨에서 보이는 연령층 등… 라이노세로스 시넨시스의 연령층은 골고루 보이는데 반면에 50% 이상이 가장 성체에 달한 개체들이다. 그래서 자연 상태의 개체군의 분포와 흡사한 면이 있다. 동굴 내에서 누적되기 때문에 생기는 자연적인 요인들을 생각하여 제거하여 보면 이 동물 화석 모음들은 분명히 고인류들이 식량으로 획득하여 생긴 결과라고 보았다.[306] 스테고돈 오리엔탈리스의 뼈들의 경우에는 젊은 개체들이 많이 포함되어 있다. 그러나 잠정적이기는 하지만 이 또한 선택적인 경향이 보인다. 이러한 동물군의 구성적인 특성 이외에도 도살 흔이나 불에 탄 뼈의 존재, 그리고 식육류짐승의 뼈가 없다는 점에서 고인류의 소행이라는 점을 추정할 수가 있는 것이다.

다른 경우로서 난징에서 나온 동물상 중에서 라이노세로스(*Rheinoceros*) 디세로리누스 메르키(*Dicerorbinus merkii*)의 프로파일을 보면 어린 것들에 편중되어 있어서 분명히 집중적으로 사냥한 것으로 생각하였다.[307] 이것이 하이에나가 한 것인지 고인류가 한 것인지에 대해서 분명하지 않다. 왜냐하면 어떤 뼈에는 식육류 짐승의 이빨 자국으로 보이는 것들 이외에 아무런 도살 흔이 보이지 않기 때문이다. 그런데도, 이 동물상들이 고인류들에 의해서 형성된 것으로 보는데 그 이유는 동시대의 아프리카의 유적에서 하이에나에 의

---

304 Bouteaux and Moigne 2010.

305 Joordens et al. 2009.

306 Schepartz and Miller-Antonio 2010.

307 Tong 2001.

한 동물 뼈의 패턴과 다르기 때문임을 제시하고 있다. 과연 중부 홍적세의 중국의 유적들에 남은 다른 동물 뼈들도 모두 그러한 방식으로 생각하여야 하는지에 대해서는 앞으로 많은 논의가 필요하다. 유적의 형성과정은 다양한 요인들이 작용할 수 있어서 단순히 상사적인 구성으로만 고인류의 동일한 행위로 판정하는 것은 성급한 점이 있다.

훨씬 북쪽의 훨씬 오래된 유적인 니허완(泥河湾)의 마퀀구(Maquangou, 馬圈溝3)나 샤오창량(Xiaochangliang, 小長梁) 유적에서 수습된 동물 뼈 역시 유적형성과정학적인 분석에서 고인류의 행위로 보기도 하지만 다른 견해로서는 식육류 짐승이나 지질학적인 변형과정, 즉 자연적인 과정에 의해서 이루어진 동물 뼈 모음으로 보는 것이 더욱 설득력이 있는 것처럼 보인다.[308] 뼈의 표면이 변형되는 것은 퇴적층 속에서 이루어진 것이라는 점이 마퀀구(Maquangou, 馬圈溝3) 유적의 분석에서 확인한 것이다. 그렇지만, 샤오창량 유적의 경우에 지형적인 양상은 호숫가로 추정되는데 이러한 경우에 반복적으로 침수가 되기 마련이어서 아프리카 지역에서 보듯이 동물이나 고인류의 사체가 화석으로 많이 남게 되는 지역이다. 이러한 환경은 유적의 형성이나 변형과정이 복잡할 수밖에 없는 지점이라고 할 수 있을 것이다. 식육류의 흔적이나 도살흔이 적게 나타난다는 것이 부근의 유적인 100만 년에서 백이십만 년 전 유적으로 알려진 동구투어(Donggutuo, 東谷坨) 유적에서 확인되었는데 이 지역의 동물화석들에서 어느 정도 인류의 흔적들이 남아 있을 것인지는 아직도 확인되지 않고 있다. 북중국의 유적들에서 동물고고학적인 연구는 이제 막 시작된 셈이다. 아직은 고인류의 행위를 뒷받침할 만한 적극적인 자료들이 많이 보이지는 않지만 아마도 지속적이고 유적 형성학을 포함하는 다면적인 연구에서 새로운 증거들이 있을 것으로 기대해 볼 수 있다. 특히 북중국 지역의 동물화석 분석에서 기대하는 것은 바로 거주의 계절성이나 기후변동과의 관계를 확인하는 것으로 할 수 있다.

고인류의 화석에서 보이는 다양성은 적어도 종 또는 여러 종이 다른 환경적인 상황을 수용할 수 있었던 것과 그리고 환경적인 수요, 즉 조건에 대해서 고인류들이 유연하게 적응하였다는 것을 보여주는 것이다. 이것은 고인류 화석에서 보이는 형질적인 다양성은 거주환경과의 관계에 대해서 풀어야 할 과제이다. 또 다른 시각에서 보자면 아시아적인 증거들의 양상은 아프리카와 유럽의 초기 고인류들에게서 나타나는 높은 다양성의 또 다른 확장성을 보여줄 수도 있을 것이다. 어떤 시나리오든지 간에 아시아의 고인류에서 분명한 것 하나는 체질적인 다양성은 각기 살았던 환경 속에서 어떤 능력이 필요하였고 결국 선택적으로 가지게 되었다는 것을 말하는 것으로 생각할 수 있을 것이다. 자바 지역의 환경에서 호모 에렉투스 집단이 지체된 방식으로 진화하거나, 또는 다른 고인류가 호모 플로렌시

308 Zhu et al. 2004; Patterson et al. 2004.

스로 진화하거나, 또는 추위에 적응한 고인류 집단으로 저우커우뎬이 나타나는 것으로 볼 수 있는 것이다. 결국 기후 환경의 변화로 인한 적응 생태계의 변화와 각 고인류 화석들이 가지고 있는 특성이 어떻게 연계되어 이루어지는 설명이 필요한 것이다.

홍적세의 기후변동에 따르는 각 지역의 생태계 변화는 고인류의 지역 진화에 큰 작용을 하였을 것이다. 개활지에서 숲으로, 습하고 더운 기후에서 건조하고 서늘한 기후로, 호수환경에서 초원환경으로, 육지환경에서 해양환경으로의 등등의 변화는 고인류의 다양성이 나타나는 과정을 이해하는데 필수적인 고려 대상인 것이다. 또 다른 한편으로 동남아시아지역에서 관찰되는 동물상의 구조로 보아서 식육류의 약탈이 줄어들게 됨으로써 아시아 고인류들은 생존하고 번성할 수가 있었을 것으로 판단되는 점이 있다. 이러한 환경적인 상황은 북부지역의 것과는 큰 차이가 있었을 것이다. 그러한 점은 인류 진화의 동적인 그리고 적응적인 행위변화를 더욱 가속하였을 것으로 판단되는 것이다. 그래서 부분적으로는 이러한 것들도 체질적인 변화, 즉 진화에 큰 영향을 주었음은 틀림없을 것이며 다른 한편으로 기술적인 행위의 진화 역시 이러한 진화의 과정에 큰 역할을 하였을 것이다. 그러한 점에서 지적인 적응체계는 석기 공작의 기술적인 진화 정도와 상관없이 대단히 유용한 적응체계로서 작용하였을 것이다.

수십 년 동안 동아시아와 동남아시아의 석기 공작들은 서구의 것들에 비해서 '보수적'이라거나 또는 문화적으로 '퇴행적'이라는 표현을 해왔다. 그리고 서구의 형식분류에 잘 맞지 않는다는 것을 지적해 왔다. 오늘날 새로운 시각으로 접근하는 것은 바로 동 그리고 동남아시아의 석기 공작 자료들은 기술적인 진화에 있어서 서구의 것과는 다른 새로운 문화 진화 과정을 보여주는 것이라는 관점에서 시작되어야 할 것이다. 우열의 문제가 아니라 진화의 과정이 각기 다른 과정이 있었을 것이라는 점을 염두에 두어야 한다는 것이다. 단선적인 진화론으로서 아시아의 석기 공작들을 평가할 수는 없을 것이다. 왜냐하면, 석기는 적응의 방편이지만 적응의 모든 면을 보여주는 것은 아니기 때문이다. 그리고, 석기 공작의 지속성, 다른 말로 하면 보수성은 분명하지만, 장기적으로 석핵과 박편 석기 공작기술이라는 틀 속에서 변화가 없는 것은 아니다. 앞서 언급되었듯이 작은 변화와 다른 선택적인 옵션을 가지고서 환경에 적응하면서 진화를 거듭한 것이다.[309] 석재의 획득과정이나 형태적인 다양화 과정 그리고 기술의 정련도 등에서 반복적인 혁신을 통해서 그 변화를 볼 수 있다. 인류의 진화과정에서 관통하고 있는 원리를 이제까지 현상적인 석기 패턴에 집착하여 인간의 인지능력과 행위 간에 일어나는 역동적인 관계의 원리에 대해서 간과하면서 고인류의 진화적인 맥락을 제대로 읽지 못한 것으로 할 수 있을 것이다. 동아시아 석기 공

309 Rabett 2015.

작에서 보이는 미세한 변화들이 이 지역의 환경적 어려움을 극복하는 데 충분했다면, 고인류들의 행위가 가지는 효율은 우리가 상상하는 것보다도 훨씬 클 수 있다는 점을 간과한 셈이다. 석기가 상대적으로 희소하게 나타나는 동남아시아지역에서도 그러한 현상이 가지고 있는 암시가 무엇인지에 대한 접근이 다차원적으로 이루어져야 할 것으로 기대된다. 이제는 지난 백 년 동안 동아시아 구석기 공작을 이해하는 이상한 패러다임의 틀을 벗어나서, 동아시아의 고인류들의 진화적인 행위를 이해하는 과정에서 오늘날 우리가 보고 있는 문화 다양성의 원초적인 표본이라고 생각하고 그 다양성의 원리가 고인류와 자연과의 관계에서 일어나는 인지의 현상학적인 패턴으로 이해하지 않으면 안 될 것이다. 이런 점에서 동아시아의 고인류 행위연구는 이제부터 새로운 시각에서 이해하는 연구가 필요한 것이다. 특히 동북아시아 지역의 두꺼운 뢰쓰퇴적 속에서 발견되는 석기 공작들은 때에 따라서 우리가 아직도 발견하지 못한 고인류 적응과정의 행위정보를 담고 있을 가능성이 충분히 있다고 보인다.

VII

상부 홍적세의 환경 변화

상부 홍적세의 기후와 식생 변화

—

지역별 환경 변화

—

퇴적물 환경과 유적의 구조

1 상부 홍적세의 기후와 식생 변화

인류의 진화과정에서 상부 홍적세는 드라마로 말하자면 클라이맥스에 해당하는 시기이다. 기후변동도 극심하지만, 인류의 진화가 완성되는 시기이기 때문이다. 상부 홍적세는 전 지구적으로 가장 추운 기후의 시간이었다고 알려져 있다. 이것은 이미 심해퇴적물 등의 지속적인 퇴적에서 반복적으로 확인되는 것이다. 물론 이 기간, 즉 지난 13만 년 동안에서도 기후의 변동은 큰 폭으로 있었다. 동아시아지역에서의 상부 홍적세의 기후변동은 아마도 대단히 극적인 변화를 겪었을 것으로 보인다. 왜냐하면, 빙하 시기 즉 MIS 3과 MIS 2 등의 기간 추운 시기에는 동북아시아 지역에서는 서해와 동중국해의 대륙붕이 노출되고 또한 순다대륙붕이 노출되는 것이 가장 극대화됨으로써 이 지역의 몬순의 체계가 상당히 달라졌기 때문이다. 여름 몬순이 약해지게 되면 태평양의 수분이 대륙 쪽으로 이동하는 양이 적어졌을 것이고 또한 대륙의 깊은 곳에서는 강수량이 더욱 적어졌을 것이기 때문이다. 그리고 동아시아지역은 추운 시기인 겨울에 시베리아-몽골지역에서 발달하는 최고 1085hPa에 달하는 건조 하고도 강력한 찬 성질의 고기압이 북서 태평양 지역에 놓이게 된다. 이때 저기압의 방향으로 강한 북서풍이 불어오게 되는데 상부 홍적세의 추운 시기에는 훨씬 더 강력한 바람이 불어왔을 것이다. 이러한 겨울 몬순은 결국 몽골과 현재의 중국의 북부지역에 노출된 사막 지역의 먼지를 불어와서 동아시아의 넓은 지역에 따라서 두꺼운 황토 퇴적물을 남기게 된다. 남시베리아 그리고 중국 북부의 두꺼운 뢰쓰 퇴적물은 홍적세 기간 중의 기후변동의 상황을 잘 보여주는 연속된 증거의 하나이다.

전체적으로 본다면 동북아시아 지역에서는 침엽수림대가 남쪽으로 확산하게 되고 시베리아와 중앙아시아의 초원식생이 남하하고 또한 식물상의 분포 역시 크게 달라지는 것을 화분분석의 자료에서 확인할 수 있다. 중부 홍적세 이후 마지막 간빙기 동안은 화분분석을 통하여 기후가 지금보다도 온난하여 시베리아 기온이 2~3도 정도 상승한 것으로 판단하고 있다. 12만 년 전 이후의 마지막 빙하기가 시작되고 빙하극성기에서는 시베리아에서는 10~12도 정도 기온이 낮고 또한 동북아 지역, 즉 오늘날 온대 지역뿐 아니라 아열대성 기후의 지역에서도 삼림이 후퇴하고 개활지가 늘고 고도가 높은 지역에서는 개활지가 많은 숲 환경이 전개된 것으로 보고 있다.[1] 빙하극성기의 기후는 결국 점진적으로 추워지고 건조해지는 것이 대륙 내부로 갈수록 심해지고 지역에 따라서는 극심해질 것이기 때문에 시베리아, 중앙아시아 그리고 몽골지역에서는 인간의 지속적인 거주가 힘든 지역이 늘어났을 것이다. 아직도 이러한 지역에서 현생인류들이 어떠한 선택을 하였던 가에 대해서는 논란이 많이 있는 셈이다.

현재 남중국의 위도 20~30도 사이만 해도 빙하극성기에 숲이 줄어들고 개활지들이 넓어져 간 흔적이 있으며 당시의 강우 패턴으로 미루어 고산이 있는 지역들은 삼림으로 덮여 있었겠지만, 평지에는 일종의 스텝기후가 확산하여 있었을 것이다.[2] 심지어 중국의 남서부에 있는 위난 지역도 이 빙하극성기에는 사바나 같은 식생으로 변화한 것을 알 수 있다.[3] 그리고 빙하극성기에는 좀 더 서쪽에 해당하는 양쯔강 상류 지역만 하더라도 개활지가 있는 소나무 숲으로 덮여 있었을 것으로 보고 있다. 이러한 기후의 상황은 일본 열도만 해도 남부지역이 빙하극성기에 기온이 7~9도 정도 낮았을 것이고 보리 알 타입의 숲이 덮고 있었을 것으로 추청하고 있고 강수량은 현재의 3분의 1 수준으로 낮았을 것이다.[4]

이러한 기후변화에 따른 식생의 변화에 따라서 동물상도 크게 변화하게 된다. 그래서 고유한 생태 적소를 가진 집단은 결국 줄어든 생태환경에 적응하여야 하는데 좁아진 경계 내에서 살아남을 수 있는 동물들이 혼재하게 되는 것을 알 수 있고 변화된 환경은 결국 그 환경에 적응할 수 있는 새로운 종들이 들어와서 살게 되는 것을 볼 수가 있다. 상부 홍적세 동안, 고 극지 동물상들의 활동 범위가 남하하는 것을 볼 수가 있고 또한 동물들의 이동과 밀집도가 높아질 수가 있는데 결국 이것은 고도의 경쟁을 유발하게 되어 새로운 적소로 이동하거나 절멸할 수밖에 없게 되는 것이다. 그래서 상부 홍적세의 기후변동은 각 지역의 동물상 구조를 크게 변화시키는 시간이 되는 것이다.[5] 고극지 동물군에 해당하는 것은 매머드, 털 매머드, 털 코뿔소, 말, 사향소, 들소, 레인디어, 사이가 사슴, 극지 곰, 레밍 등등이 흔히 포함된다.

---

1 Liew et al. 1998.

2 Winkler and Wang 1993.

3 Liu 1991.

4 Yasuda 1990.

5 Calatayud et al. 2019.

2 지역별 환경 변화

2.1 중앙아시아, 시베리아 그리고 몽골

현생인류가 유라시아 대륙으로 확산하기 시작하는 상부 홍적세 동안은 시베리아 지역의 기후변동은 상부 홍적세 동안 더욱 건조하고 추운 환경이 지속하는 것을 볼 수 있다. 상부 홍적세는 러시아에서는 카잔체바(Kazantseva) 간빙기와 지라인카(Zyrianka) 빙하기로 불리는 시기로 구성되어 있다. MIS 5기의 초기단계 즉 마지막 간빙기 동안은 수분의 공급이 많아지고 기온이 상승하여 황토 퇴적물 내에서도 흔히 체르노쳄이라는 어두운 색조의 토양이 발달하고 있는 것을 볼 수 있고 곳에 따라서는 물에 의한 퇴적물이 보이기도 한다.[6] 그리고 이 지역에서는 초원과 타이가 삼림 등이 기온이 올라갈 때는 확산하고 반면에 기온이 하강하게 되면 초원이 확산하고(?) 또한 건조한 사막형 식생이 확산하는 것이 반복되는 것이다. 그리고 기온이 상승하는 간빙기나 빙간기 시기에는 어두운 색조의 토양이 발달하게 되는데 이 시기에는 어두운 토양층에서 계절적인 서리작용이 강화하게 되는 것을 볼 수 있다. 툰드라 식생은 극지방에 한정적으로 분포하게 되고 시베리아에서는 낙엽송, 가문비나무 그리고 전나무 등으로 구성되는 타이가 숲이 확장된다. 한편으로 북위 56도 이남 지역에서는 초원지대가 발달하게 된다.

마지막 빙하기에 접어들게 되면 시베리아 서북부에는 대륙빙하가 덮이게 되고 그 주변으로 툰드라 식생이 발달하게 되며 또한 숲은 줄어들어서 강변이나 골짜기의 바닥에 깔리게 된다. 이 시기에는 연평균 기온이 9~10도 정도 낮은 것으로 관찰되고 있다. 그리고 빙기로 변화하게 될 때 그러한 서리작용의 깊이가 기온의 정도에 따라서 작용 깊이가 달라

---

6 Chlachula 2003.

지는 것이다. 알타이 지역의 황토 퇴적층에서 보면 OIS 7(244~179ka)에서는 간빙기와 같은 온난한 기후를 보이고 간빙기와 유사한 체르노젬의 토양이 발달하는 것이 관찰된다. 시베리아 지역의 환경 변화에서 중요한 것은 결국 한랭과 온난의 지구환경의 반복적인 현상에서 초원과 숲의 확산 정도가 반복되고 황토퇴적의 정도가 크게 차이가 난다는 것이다. 이것은 건조한 지역과 강한 바람의 영향으로 지형적인 변동이 있게 되고 인간의 거주환경이 크게 변화하게 된다는 점이다.

바이칼을 중심으로 하는 지역의 환경 변화는 지점에 따라서 다르다. 크게는 포어 바이칼과 트랜스 바이칼로 구분하여 볼 때 빙하극성기에 포어 바이칼 지역의 볼쇼이 나린 유적에서 발견된 동물상의 내용을 보면 건조한 초원 지에 사는 종이 40%를 넘고 숲에서는 사는 종이 27% 그리고 툰드라 종이 23% 정도가 된다.[7] 한편으로 쿠르텐 동굴의 동물상의 경우에는 숲에서 사는 종들이 압도적이어서 거의 90%를 차지하는 것을 볼 수 있는데 지점에 따라서 다르기는 하지만 숲 환경과 함께 건조한 초지들이 펼쳐져 있었던 것으로 알 수 있다. 중앙아시아 쪽으로 연결되는 트랜스 바이칼 지역에서는 대단히 모자이크 패턴의 식생이었다는 것을 보여주는데 골짜기를 따라서 숲들이 분포하지만 건조한 스텝초원들이 널리 분포하였다. 이 시기 동안 이 지역의 겨울 평균기온이 영하 17도이고 여름 평균기온이 18도 정도가 되었다는 보고가 있다.[8] 이러한 빙하극성기의 식생 패턴은 사르탄기(2만 3000~1만BP) 기간에 큰 변화가 있게 되는데 포어 바이칼 지역에서 말타와 볼쇼이 유적이나 오제르나야 등의 유적에서 발견된 동물상을 보면 툰드라 초원형의 동물상이 초지 스텝을 거쳐서 숲 스텝으로 변화하여 가는 양상을 볼 수가 있다. 트랜스 바이칼 지역에서도 변화가 큰데 건조한 스텝기후로 변화하여 가는 것을 볼 수 있고 겨울 평균기온은 더 하강하였을 것으로 보기도 한다.[9] 이러한 환경은 화분에서도 입증이 되며 산록에서는 나무숲이 남아 있었다는 증거들이 보인다.

몽골지역은 크게 두 환경 군으로 나눌 수가 있을 것인데 서편부의 산악지역으로서 칼가이 - 켄티 그리고 알타이 지역인데 이 지역은 비교적 수분공급이 되고 타이가 숲들이 덮여 있는 곳이 많지만 이와는 대조적으로 동부와 남부지역은 스텝초원이거나 또는 사막으로 이루어져 있어서 건조한 편이다. 남쪽 지역의 사막이나 건조한 지역들은 계절적인 차이나 밤과 낮의 기온 차이 등 인간의 이동에 불리한 점이 많은데 만일 수분이 공급되고 식생이 두터워지게 되면 러시아 알타이에서 몽골리안 알타이, 중가르 분지, 동부 샤얀산캑, 캉가이 그리고 켄티 산지들을 지나서 이동하는 것이 가능할 것이다. 그래서 기후변동에

7 Khenzykhenova et al. 2011.

8 Savinova 2006.

9 Savinova 2006.

따라서 그 고인류의 이동 가능성을 예측할 수가 있을 것이다. 그리고 그러한 동서 연결로가 가능할 곳은 바로 고비 알타이산맥과 호수가 있는 몽골의 남쪽 지역일 것이다.

이 지역에서는 당연히 초원지대나 추운 툰드라 지대에 적응한 동물들이 주류를 이루고 환경과 식생 변화에 따라서 그 분포를 달리하고 있음을 볼 수 있다. 대체로 레인디어, 사슴과 짐승, 말 등이 출현하지만 가장 두드러진 동물은 바로 매머드이다. 특히 털 매머드는 한때 몽골을 포함한 시베리아 전 지역에서 발견되었지만, 기후가 온난해지면서 그 분포 지역이 북쪽으로 밀려나게 되고 야쿠티아나 북극해의 섬에 고립되었다가 절멸하게 되었다.[10] 베레레크 유적의 매머드 화석[11]들은 150여 구가 넘게 나타났는데 인간의 흔적과 함께 죽은 매머드의 사체들이 강물에 의해서 운반되어 쌓인 유적이다.

2.2 남아시아의 환경 변화

상부 홍적세 동안 남아시아지역의 환경 변화는 몬순 시스템의 변화로 상당히 두드러진다. 북부의 티베트와 히말라야 고산지가 지속해서 높아지는 탓에 기후변동은 몬순의 약화를 가져오게 되었는데 인디아의 서부 인도양에서 오는 여름 몬순의 경우에 크게 약화하여 강우량이 계절적으로 분산되는 결과를 가져오게 되고 또한 운반되는 수분이 많이 감소하게 된다. 빙하기 동안 인디아의 북서지역의 모래 언덕의 이동이 관찰되고 있고 강의 흐름이 현저히 줄어드는 것을 보여주고 있기 때문이다. 4만 년 전 이후의 시기에 전반적으로 건조한 환경이 확산하면서 식생 환경 역시 변화하게 되어 다양한 식생 군이 혼재하게 되는 모자이크 성 환경이 형성되는데 35kya에서 25kya 사이의 기간은 북서지역에서 초원 지가 건조한 사막환경으로 변화하게 된다. 인도 전역에서도 사막, 사바나와 같은 환경이 내륙지역에서 확장되고 강수량이 풍부한 지역에서는 나무숲이 남아 있기는 하지만 일부 지역으로 국한되는 상황으로 변하였다.

그리고 해양의 염도 변화나 또한 해양의 해수 상승도 몬순의 약화를 보여주고 1만 5800~1만 2500년 사이에 가장 두드러지는데 이것은 곧 연대보정을 하게 되면 1만 7800~1만 3800년이 되어서 빙하극성기가 바로 지난 시기가 되는 셈이다.[12] 인디아의 동북지역의 겨울 몬순의 경우에는 비교적 변화가 심하지 않은 편이다. 그래서 여름 몬순의 약

10 Ukraintseva et al. 1996.

11 Pitulko 2011.

12 Zonneleld et al 1997.

화로 인하여 인디아 전역에서 건조한 지역이 확대되고 서북지역에서는 사막이 넓어지는 식생 환경이 유발되어 일부 지역은 인간의 거주가 힘든 환경으로 변화한 것으로 보인다. 그렇지만 남아시아 전체적으로 본다면 강우량이 줄기는 하였어도 타르사막 지역 이외의 지역이 고인류가 생존이 불가능한 지역으로 변한 것으로 볼 수는 없다. 남아시아지역에서 스리랑카지역은 지속해서 열대우림 환경을 유지한 것으로 관찰되고 있고 동북 인디아 지역의 아셈 지역 역시 강수량이 풍부하여 환경의 변화가 적은 편이라고 할 수 있다. 그렇지만 숲의 수종변화가 있어서 상록이 활엽으로 바뀌거나 또는 개활지가 형성되는 등의 식생 환경 변화를 겪었을 것으로 보인다.

2.3 동남아시아

동남아시아나 중국의 남부지역의 열대 또는 아열대우림 지역의 오늘날의 식생 원형은 과거에도 그렇게 지속된 것은 아니다.[13] 빙하기에는 건조하여 개활지가 넓어지고 해안 통로들이 커지게 되어 인간의 이동이나 적응방식이 크게 변하게 된다. 비교적 높은 산지에는 숲으로 덮여 있지만 낮은 곳에는 삼림이 줄어 낮은 관목들이 들어서고 환경이 건조한 모습으로 변화하는데 곳곳이 사바나와 같은 양상으로 변화하는 것을 볼 수가 있다. 그래서 오늘날의 해안지역들은 빙하기에는 연육현상으로 노출됨에 따라서 바다로부터 수분공급이 줄어들고 건조한 지역으로서 초원지나 사바나와 같은 식생의 형태로 변화한 것을 알 수가 있다. 그러나 고인류들의 서식환경으로서는 상대적으로 좋은 환경을 유지하는 것으로 볼 수 있다. 이러한 사바나 환경은 빙하기에 확산하여 빙하극성기 즉 LGM에는 폭이 50~150킬로미터 정도의 폭으로 해안을 따라서 분포하였을 것으로 추정하기도 한다.[14]

그러나 상부 홍적세의 초반의 생물상은 비교적 열대우림의 특성을 더 많이 가지고 있다. 푸눙 동물상은 8만 년 전경으로 추정되지만, 대단히 덥고 습윤한 기후 아래에 살았던 10종류 이상의 동물들이 포함된 것을 볼 수 있다. 여기에는 오랑우탄, 기본 등이 포함된 것이다. 대체로 동물상으로 미루어 보건대 마지막 간빙기 동안, 즉 12만 6000년 전에서 8만 1000년 사이, 자바섬 지역은 대단히 습윤한 열대 우림이 번성하고 있었다는 것을 알 수 있고 낮은 지역에서는 열대 우림이 산록지에서는 나무숲이 두껍게 확산하여 있었다는 것을 알 수 있다. 이러한 식생변화는 자바의 반둥지역에서도 관찰되는데 상부홍적세의 진

---

13 Louys & Meihiaard 2010.

14 Heaney 1991' Bird et al. 2005.

반기에서는 열대우림환경에서 MIS 4에 접어들면서 숲에 점차로 개활지가 증가하게 되고 MIS3으로 접근하면서 더욱 건조한 환경으로 변하게 되는데 아마도 빙하극성기에는 기온이 4도에서 7도 정도 낮았을 것으로 추정한다.[15]

2.4 동북아시아

중국의 남부지역은 동남아시아와 열대 또는 아열대 환경으로서 연속성을 가지는 환경구역이다. 그러한 점에서 그 이북에 펼쳐지는 온대혼합림 지역과는 환경의 변화가 달랐고 또한 인류의 적응과정도 달랐을 것이다. 한반도 지역을 포함하는 서해 연안 지역의 환경은 순다지역과 함께 가장 변화가 심한 지역이었을 것이다. 왜냐하면, 빙하기가 되었을 때 주변의 대륙붕들이 드러나는 면적이 넓어지고 해륙분포가 바뀌게 되고 또한 강 흐름 역시 급격하게 바뀌어 갔을 것이다. 동해 역시 완전한 내해는 아니라고 하더라도 줄어들어 내륙 호수적인 기능을 하게 되었을 것이다. 빙하극성기인 1만 8000년 전후한 시기에서는 한반도는 더는 반도가 아니며 동중국해의 많은 부분은 대륙으로 드러나게 되었다. 그래서 북쪽의 차고 건조한 기단의 영향을 더욱 받게 되는 동시에 수분 공급하는 바다의 면적이 줄어들게 되어 기후가 크게 변하였을 것이다. 그러한 흔적들이 상부 홍적세의 화분분석의 결과로서 알 수 있다. 그리고 또한 이 시기에는 고 극지 동물군들이 남하하여 한반도에까지 그 세력을 펼치고 있었던 것을 동물화석에서도 알 수가 있는 것이다. 그러한 환경적인 변화에도 불구하고 초원성 식생을 포함하는 모자이크 식생의 확대 등의 인간 적응에서 유리한 점도 있었던 것을 알 수 있다.

일본 열도에 인류의 확산과정에 의미가 있을 상부 홍적세 기간에 상당히 큰 변동이 있었다. 현재 크게 네 개의 섬으로 구성되어 있지만 큐우슈우를 포함한 하나의 섬과 홋카이도가 연해주로 연육 된 시기가 있었다. 그러나 이러한 기간 중에서도 일본 열도는 대륙으로 직접 연결되지는 않고 쯔가루해협과 대한 해협이 마지막 빙하 극성기에서조차 남아 있었다.[16] 그래서 빙하가 극심해지는 기간에는 쿠로시오 해류의 동해로의 유입이 줄어들고, 또한 한반도의 남쪽에 드러난 대륙붕이 수분공급이 줄어드는 요인이 되어서 일본 열도가 비교적 건조하고 추운 기후가 강하지는 경향을 띠게 되었다. 상부 홍적세 중에서 대단히 추운 시기인 MIS2에서도 일본 열도 중 홋카이도 지역은 연해주나 사할린과 같이 침

15 Kaars et al. 1995.

16 Matsui et al. 1998.

엽수림으로 덮여 있었고, 열도의 각 섬의 태평양 측은 아열대림으로 연속되어 있었다. 이 시기에 매머드가 대륙으로부터 이동하여 와서 북쪽 지역에 살았다. 그런데 중부 홍적세에 들어온 나우만 코끼리(*Paleoloxodon naumani*)와 사슴과의 동물들이 이 시기에도 특징적인 동물상으로 나타난다. 이 코끼리는 홋카이도의 유베츠 유적에서 나타난 경우는 3만 5000년 전경으로 밝혀졌다.[17] 대체로 일본의 중부지역에서 대형포유류가 사라지는 것은 2만 년 전이며 홋카이도 지역에서는 1만 6000년 전이라고 보고 있다.[18]

---

17 Takahashi et al. 2004.

18 Takahashi 2007.

3 퇴적물 환경과 유적의 구조

상부 홍적세의 시기는 앞선 시기보다는 훨씬 많은 지점에서 구석기 유적들이 발견되었다. 이것은 물론 이 시기에 고인류의 인구밀도 그리고 분포가 커진 점도 있고 추운 기후 아래에서 많은 활동을 하였을 것으로 생각할 수 있겠지만 상대적으로 유적이 폐기되고 지나간 시간이 짧기 때문이라고 판단된다. 그만큼 침식의 시간이 적었다는 점에서 보존의 기회가 많은 점이 있을 것이다. 그래서 퇴적층의 최상부에 있는 경우가 많을 것이고 또한 지점에 따라서는 두꺼운 퇴적이 형성되기도 하였지만, 노천 유적의 경우에는 그다지 깊지 않은 지점에서 연속되어 나타나는 경우가 많을 것이다. 특히 강의 단구면에서는 유수 퇴적이 끝이 난 이후의 사면붕적 기원이나 풍성 기원의 퇴적물들에 의해서 포장된 경우가 많다. 그리고 유적의 보존상황이 지점에 따라서는 앞선 시대와 비교할 때 대단히 양호하여 당시의 생활상이나 고인류의 행위를 엿볼 수 있는 지점들이 많은데 상부 홍적세의 고인류의 적응과정을 복원할 수 있는 좋은 상태의 유적들이 허다한 것이다. 특히 건조한 지역의 유적들이나 폐기 후에 대규모의 침식을 피해서 보존된 경우에는 인간의 행위들이 고스란히 반영된 유구들도 발견되는 것이다. 그리고 이동 과정에서 반복적으로 사용하거나 또는 이동하면서 만들어진 유적이 전혀 훼손이 없이 발견되어 풍부한 고고학적인 자료가 발견되는 경우도 많은 것이다.

상부 홍적세 동안은 춥고, 건조한 시기가 많아서 지역에 따라서는 식생이 엷어지고 사막화되는 지역이 커지고 또한 겨울 몬순이 강해져서 풍성토의 퇴적이 많아진다. 동북아시아 지역에서는 지속해서 황토퇴적이 쌓이는데 상부 홍적세의 추운 기후 그리고 겨울 몬순의 영향으로 북서 계절풍이 더욱 강해짐으로써 황토퇴적의 속도나 범위가 더욱 넓어지는 것을 볼 수 있다. 만주 지역에서도 몽골 동부의 트랜스바이칼 지역의 먼지와 모래가 불어와서 두껍게 뢰쓰 퇴적이 쌓인 것을 볼 수 있다. 이러한 장거리 풍성 퇴적물은 지역적인 풍성 퇴적물과 혼합되어 평탄지에 퇴적되는데 강기슭의 단구 면의 상부에서도 범람원 퇴적이 끝난 후에 퇴적되는 층들은 풍성 퇴적물이 많이 발견되는 것을 볼 수 있다. 그래서 강기슭 단구면의 퇴적물과는 달리 범람원 퇴적이나 풍성 퇴적물에서 이러한 구석기들이 많이 포장된 것을 알 수 있다. 앞서 언급한 바로 이 풍성 퇴적층에서는 기후변동에 따라서 황토 퇴적(Loess)과 토양화(Soil)가 다른 색조를 보인다. 흔히 뢰쓰와 고토양이 밴드 상으로 교대로 나타나는데 이러한 구조는 결국 기후변동의 사이클을 반영하는 것으로 보는 것이 일반적이다. 그러나 그러한 기후변동이 큰 주기를 의미하는지 또는 작은 주기의 변동인지는 다른 과학적인 분석의 결과를 가지고 판단하는 것이 바람직할 것이다. 앞서 제기된 바와 같이 중국 북부지역의 뢰쓰의 경우에는 MIS 주기와 연결지어 상대 편년을 구축하고 있는 것을 볼 수 있다. 반면에 한반도의 적색 점토층의 경우에 그러한 토양화된 층에 보이는 땅 갈라짐 현상을 토대로 상부 홍적세 동안 짧은 추운 기간으로 확인되는 하인리히(Heinrich) 이벤트로 해석하는 경우도 있다.[19] 그러나 그러한 구조의 형성과정을 건열(Dry crack)의 경우로 판단하는 경우가 많고 상부 홍적세의 퇴적에서 보이는 그러한 패턴이 소 주기적인 것인지 대 주기적인 것인지는 불확실한 것이며 오히려 풍성 퇴적층이 얇아지는 것은 퇴적 원이 거리가 있거나 또는 기후변동에 의한 침식의 속도와 시간적인 길이에서 차이가 나는 등의 원인도 충분히 고려되어야 할 것으로 판단된다.

상부 홍적세의 기후변동은 대단히 극심한 양상으로 나타나기 때문에 유적의 퇴적층 형성과 변형에 특별한 관심을 두지 않으면 안 된다. 건조하고 습윤한 환경이 교차로 나타나고 또한 연교차나 건기와 우기가 크게 대비되는 지역에서는 퇴적층이 침식되기가 쉽기 때문이다. 특히 경사가 많은 지형적인 조건에서는 이러한 기후 사이클이 오랫동안 반복되는 경우에 침식이 극심하게 앞선 시기에 형성된 기존의 퇴적을 변형시키거나 완전히 사라지게 하는 경우가 많을 것이다. 또 다른 유적변형 현상으로서 고토양이 형성되는 경우에 결국 지표로서 한동안 노출되었을 것인데 토양화된 이 지표면에는 여러 가지의 기후에 의한 변화작용이 가해질 수가 있는데, 흔히 연교차가 크고 강우의 계절성이 있는 지역에서는 땅 갈라짐 현상이 나타나게 된다. 이러한 현상은 건조한 지역이나 서리 현상이 있는 지역에서 수분의 이동으로 생겨나는 것인데 건조해진 웅덩이의 바닥에서 보이는 건조 균열과 동토 지역에서 보이는 얼음 쐐기 현상 등이 있지만 한반도를 포함하는 동북아 온대기후 아래에서는 얼음 쐐기 현상은 두드러지지 않는다. 다만 계절적인 수분과 온도 변화에 의해서 토양의 팽창과 수축 현상이 있고 계절성의 얼음이 틈새에 형성되어 땅 갈라짐 현상 또는 땅 문양이 만들어지는 것을 볼 수 있다. 이것은 계절적으로 기온의 차이가 크고 수분공급이 있는 지역에서 나타나는데 그 크기가 동토대처럼 크지는 않고 틈도 미세한 것이 대부분

19 김주용 2015; 성춘택 2004.

이다. 그러나 이 틈새로 수분이 이동하면서 철분을 이동시켜서 색상이 하얘지게 되고 큰 크랙으로 보이지만 실제로 틈새에 흐르는 물에 의해서 퇴색화 한것이 대부분이다. 또는 이 틈새를 물이 지나고 난 다음에 미세한 점토가 상부에서 내려와서 충전되어 짙은 망상구조를 보이는 경우도 있다. 이러한 현상에서도 토양화의 과정에서 상부의 미세물질이 하부로 이동하는 것을 예상할 수가 있다.[20]

상부 홍적세 동안 풍성 기원 퇴적물로서 인류의 활동 연구에 중요한 단서를 제공하는 것으로 화산재가 있다. 동아시아지역에서 상부 홍적세 동안 인도네시아의 토바 화산뿐 아니라 일본의 아소 화산 등, 거대한 화산의 분출이 있었고 이러한 분출이 인간의 거주환경을 크게 바꾸어 둔 것은 여러 연구에서 이미 지적된 바 있다. 거대한 화산의 폭발은 바람의 방향과 그 규모에 따라서 넓은 지역을 담요로 덮는 것처럼 두꺼운 퇴적물을 남기게 되는데 이러한 화산재가 낙하하는 지역은 짧은 기간이지만 식생이 크게 변할 수 있다. 그리고 이러한 폭발 현상이 상당한 시간 동안 태양 빛을 차단하는 경우에는 결국 식생에 피해를 주고 고인류의 식량을 걱정하는 단계가 될 수 있으며 인구의 이동을 자극하게 되는 원인을 제공할 수가 있을 것이다. 동아시아지역에는 태평양판과 대륙판의 접점들이 연속해서 있어서 수많은 화산들이 분포하고 있고 몬순의 영향을 받으면 상당히 넓은 지역에 영향을 줄 수가 있는 것이다. 동북아 지역에는 일본의 화산들 폭발이 큰 영향을 준 것으로 보이는데 아소 화산은 세계 유수의 큰 화산으로서 그 영향이 중국의 내륙에도 남아 있다. 그런데 이러한 화산재 역시 일종의 풍성 기원의 물질로서 퇴적 후의 구조적인 변형이 일어나지 않은 퇴적물 속에 있는 것은 그 연대를 추정하는데 대단히 중요한 자료가 된다. 이것은 화산재는 일종의 유리 물질인데 각기 형태나 투과색상이 다르기 때문에 그 기원지를 알 수가 있고 또한 여러 가지 방식으로 연대를 측정하여 두었기 때문에 아주 세밀한 연대를 읽어낼 수 있는 자료이다. 동북아시아 지역에서는 상부 홍적세 동안 아소 화산, 키가와 화산 그리고 AT 등의 화산재가 여러 구석기 유적들에서 확인되었는데 유사한 구조가 중국 산둥 지역에서 발견되어 광역적인 연대지표를 제시하고 있다.

20 Perrenoud 2003.

VIII

절멸종의 고인류 화석들과 현생인류의 확산

절멸종의 호모 그룹들

—

현생인류 체질적 특성과
기원에 대한 의문들

—

아시아 각지의 현생인류 화석

—

아시아지역에 있어서
현생인류의 진화

1 절멸종의 호모 그룹들; 네안데르탈, 데니소반 그리고 플로렌시스

중부 홍적세를 다루는 앞 장에서는 이 시기에 나타나기 시작하는 고형의 호모 사피엔스를 다루었다. 고형의 호모 사피엔스는 시간상으로 중부 홍적세에만 분포하는 것은 아니다. 상부 홍적세에도 현생인류와 어느 정도 공존한 것으로 보아야 할 것이다. 그런데 상부 홍적세 기간에 현생인류 이전 또는 동시대에 확인된 다른 종의 고인류들로서 수효는 많지 않지만 이러한 고인류 종들과 현생인류와의 관계가 현재로서는 현생인류 진화를 이해하는데 중요한 관건의 하나이다. 사실 호모 에렉투스에서 현생인류인 호모 사피엔스로 연결되는 과정에서 형질적으로 다양하게 화석인류가 나타나지만 앞서 중부 홍적세의 고형의 호모 사피엔스로 구분되는 것들과 마찬가지로 상부 홍적세에서도 여러 종으로 구분되는데 이제는 이러한 인류 종들의 선조 격에 해당하는 화석인류에 대해서 일부 논문들에서는 p-dem(선조집단) 등으로 막연하게 표현하는 등 더욱 다양한 갈래의 가능성이 제기되고 있다. 그렇지만 이러한 종들이 각 종이라고 명명된 개별적인 집단들이 어느 정도 계통적인 타당성이 있는지, 그리고 아직도 어느 정도 소위 '종'간의 유전적인 차이가 있을 것인지에 대해서는 불확실한 점이 많다.[1]

현재 상부 홍적세에 서시베리아 이동에서 확인된 현생인류 이외에 다른 고인류 종으로 분류된 것은 네안데르탈인 외에도 데니소바인, 플로렌스인 등이 있고 또한 중부 홍적세의 후반에 호모 에렉투스와 구분되는 고형의 호모 사피엔스도 상부 홍적세의 초반에 걸쳐서 나타난다. 고형의 사피엔스와 마찬가지로 데니소반의 경우나 네안데르탈인의 경우에 이미 중부 홍적세의 후반부에 나타난 것으로 주장되고 있지만 이러한 고인류들은 결국 오늘날 살고 있는 현대인, 특히 동남아시아지역의 섬에서는 거의 5% 정도의 유전자에게서도

1 Wood and Lonegran 2008.

그 유전자가 확인되고 있어서 상부 홍적세에서 논하는 것이 적절한 것으로 생각된다. 결국 오늘날 전 지구상에서 현생인류가 홀로 살아남는 과정에서 상부 홍적세 동안 적어도 고인류학적으로 4개의 종 이상의 인류 종이 공존하고 경쟁하면서 살았다고 보아야 하며 현재는 살아남지 않은 이러한 중간 단계의 화석인류들은 결국 절멸하게 되었지만 궁극적으로 현생인류로 진화하는 과정에서의 역할이 중요한 논쟁거리인 것이다. 생물종의 절멸은 환경 속에서 아주 미세한 적응력의 차이에 의해서도 종의 재생산의 차이가 세대를 거듭하면서 급격히 차이나게 되고 종국에는 유전자 전이 등에 의해서 지구상에서 사라지게 되는 것이다.[2]

그리고 최근 타이완 해협에서 발견된 펭후(Penghu)인이나 필리핀에서 새롭게 정의된 루존넨시스(Luzonensis) 등의 화석인류들의 진화적인 위치가 아직도 불명확하다. 그리고 중부홍적세의 화석인류들 중에서 데니소바인과의 진화적인 상관성이 있다고 보는 것들도 앞으로 진화적인 갈래 재구성에 고려되어야 할 대상이다.

1.1 네안데르탈인의 화석과 데니소바인 화석

과거에는 진화적인 순서 관계로 현생인류 발생 이전에 살았던 절멸한 고인류라고 보았던 네안데르탈인은 중근동 지방과 유럽지역에 상부 홍적세 동안 널리 퍼져 살았던 고인류 종이며 현생인류의 평균치보다도 더 큰 두뇌 용적[3]을 가지고 있었고 강건한 모습을 가지고 있다. 그 골격의 강건한 모습이 추위에 적응한 인류라든지 또는 거인형의 인류라든지 등등의 평가가 있었지만 아마도 현대인과 그 모습이 크게 차이 나는 것으로 볼 수는 없을 것이다.[4] 그런데 화석에서 쉽게 확인할 수 있는 두개골 뒤통수가 튀어나온 모습이 특징적인데 네안데르탈 번(bun)이라고 부르고 있다. 그리고 턱뼈의 끝이 튀어나오지 않고 둥그스름한데 이것은 현생인류와 뚜렷하게 차이가 난다. 목뼈도 비슷하다고 하지만 구강의 구조가 아마도 현생인류보다는 발성이 다양하지 않았을 것으로 생각하였지만 최근 귀부분의 두개골 구조 분석에서는 현대인과 유사한 정도의 말로서 소통하였을 것으로 추정하고 있다.[5] 그리고 적색 점토의 사용[6]뿐만 아니라 여러 가지의 소재를 이용한 장신구와 장례 등

---

2 Young & Bettinger 1995; Zubrow 1989.

3 Amano et al. 2015.

4 Rae et al. 2011.

5 Conde-Valverde 2021.

6 Roebroekset al. 2012.

의 다양한 상징적인 행위들이 유적에서 발견되고 있다. 네안데르탈인 화석이 나타나는 범위는 서시베리아, 즉 알타이 지역까지이지만 그 유전자 동아시아와 동남아시아지역까지 나타나는 것을 보아서 그 유전적인 영향은 대단히 넓은 지역까지 이른다고 할 수 있다.

네안데르탈인은 중근동, 유럽 그리고 서시베리아 지역에 널리 분포하고 있고 화석이 발견된 유적은 근동에서 수천킬로미터 떨어진 알타이 지역까지 분포하고 있다. 네안데르탈 아이의 뼈가 일찍이 발견되었던 테쉭 타쉬 유적만 하더라도 데니소바 동굴이 있는 알타이에서 2000킬로미터 이상 떨어져 있다. 현재로서는 알타이 지역의 이동으로는 확실하게 네안데르탈인 화석이라고 보는 것이 없다. 그렇지만 네안데르탈인의 유전자는 사하라 이남의 아프리카를 제외한 지역에서 광범위하게 나타나고 아시아의 태평양 지역에서 그 빈도가 높게 나타난다. 그러한 점에서 현생인류로의 진화과정에서 네안데르탈의 역할에 대해서 새롭게 많은 문제가 제기되고 있다. 인류 확산과정의 풀리지 않는 수수께끼인 셈이다.

인류의 동아시아 확산과정을 복원하는 중요한 과제로서 결국 네안데르탈인들이 시베리아 지역으로 몇 번이나 이동하여 온 것인지에 대해서 논의가 되고 있다. 그리고 어느 파장이 동아시아나 태평양지역의 어느 경계까지 확산하여 갔을 것인지가 큰 주제이다. 이러한 문제는 데니소바 동굴에서 나온 네안데르탈인의 유전자가 던지는 문제이자 파생된 문제들을 해결할 수 있는 증거 역시 데니소바 동굴의 유전적 그리고 고고학적인 패턴이 중요한 단서인 셈이다. 현재로서는 데니소바 동굴의 퇴적층 연대와 고인류들의 출현 양상을 토대로 이 유적에서 최초로 출현한 고인류는 아마도 네안데르탈인과 데니소반의 공동 조상 격이 되는 선고 인류 즉, p-dem(Paleo-demo)일 가능성을 제기하고 이 공동 조상에서 분기한 것이 대략 43만 년 전경일 것으로 생각하고 있다.

여하간에 이 두 고인류는 어떤 지역에서 공동 조상에서 분기한 그 이후에 네안데르탈인이 근동으로부터 확산하여 온 것으로 보는데 그 파장 역시 네안데르탈 어린이 인골이 나타나는 테쉭 타쉬 유적의 석기 공작과의 차이를 들어서 적어도 두 차례 이상일 것으로 보고 있다.[7] 그런데 최근에는 테쉭 타쉬의 이빨의 특징을 들어서 데니소반인으로 생각하는데 이들이 데니소바 동굴의 데니소반 고인류들과 통하는 것으로 생각하고 있는 것을 볼 수 있다.[8] 그러나 테쉭 타쉬의 고인류의 종이 데니소반의 조상 격이 되는 집단으로 보기도 하여[9] 동유럽에서 알타이 지역까지의 네안데르탈인의 확산경로에 대해서는 새로운 시각을 가지고 좀 더 확인하여야 할 필요가 있다. 여하간에 중앙아시아 알타이 지역으로 데니

---

7 Barham 2002; Derevianko 2011.

8 Buzhilova et al. 2017.

9 Dervianko and Shunkov 2004; Derevoianlo et al. 2014.

소바인들은 선조 격이 되는 고인류가 이동한 후에 한동안 고립되어 독립적인 진화를 하여 그러한 특징적인 고인류가 나타난 것으로 보고 있다.

알타이 지역에서는 네안데르탈인들이 그들의 본거지인 중근동 지역으로부터 수천 킬로미터 흘러와서 살고 있었다. 챠가기르스카야 동굴과 오클라드니코프 동굴에서도 보이지만, 가장 중요한 지점은 바로 알타이 지역의 데니소바 동굴과 그 일대의 유적들이다. 하여간에 알타이 지역에서는 적어도 세 종의 인류, 즉 네안데르탈인, 데니소반인 그리고 현생인류들이 시간을 달리하거나, 또는 교차적인 시간의 범주에서 나타난 것으로 볼 수 있다. 그래서 시베리아를 통한 인류의 확산과정과 현생인류의 형성과정을 이해하기 위해서는 이 지역의 고인류들의 증거들이 핵심적이라고 할 수 있는 것이다. 이러한 추적에 핵심적인 장애는 바로 데니소바인의 화석자료가 데니소바 유적뿐 아니라 다른 지역에서도 극히 드물다는 점이다. 그런데 티베트지역은 그동안 오랜 인류의 진화에 그다지 많은 자료가 없었지만, 최근에 발견된 고인류는 알타이의 데니소바인 확산과정을 추정하는데 중요한 단서를 제공하고 있다.[10] 데니소바인의 경우에는 화석자료의 부족으로 체질적인 정보가 태무하여서 비교할 수 있는 자료가 없을 수도 있지만, 유전자가 퍼져 나가는 과정과 동아시아지역에서 발견되었던 고형의 호모 사피엔스나 현생인류 화석에서 보이는 특성 중에서 관계될 수 있는 것을 찾고 있으며 아직도 이러한 특성들이 정작 특정한 인류 종에서 오는 것인지에 대해서는 논란이 많이 있다. 그렇지만 오늘날의 연구에서 그동안의 비교연구를 토대로 본다면 데니소바인의 계통으로 분류될 고인류의 체질적인 특성이 여러 화석에서 보임으로서 데니소바인들의 확산이 대단히 넓게 영향을 남긴 것으로 보고 있어서 데니소바인의 기원과 확산과정에 대해서 새로운 연구들이 필요한 시점이다.

데니소바(Denisova) 동굴유적

데니소바(Denisova) 동굴은 북위 51도 23분의 북쪽에 있는 동굴인데 홍적세의 후반 30만 년 동안의 고고학적인 자료가 쌓여 있는데 알타이의 북서부에 해당하는 지점이다. 계곡의 바닥에서는 28미터 정도 높은 지점인데 계곡을 내려다보면서 남서 방향으로 입구가 나 있다. 이 동굴은 1977년에 최초로 보고되었고[11] 80년대 초에 체계적인 조사가 이루어진 바 있는데 단속적으로 조사가 이루어지다가 2000년대 들어와서 집중적인 조사를 통해서 새로운 사실이 많이 밝혀진 셈이다. 주 동굴 공간이 1980~1990년대에 주로 조사되었고 또한 1999년에서 2003년 사이에 남쪽 방이 조사되었으며 동쪽 방은 2004년부터 16년까지 조사되었다.

---

10 Chen et al. 2019.

11 Okladnikov & Ovodov, N.I. 1978.

현대까지 데니소바 동굴에서 발굴된 고인류 화석 중에서 6개의 개체를 확인하였는데 그중 4점의 화석은 데니소바인(Denisovan)으로 밝혀졌고 작은 손가락뼈에서 채취된 유전자 분석을 통해서 네안데르탈인이나 현생인류와는 다른 고인류임을 밝혀지게 되어 데니소반이라고 명명되었다.[12] 나머지 하나가 알타이 네안데르탈인으로 확인되었다.[13] 이 인류 화석도 원래는 데니소반 5로 명명되었다가 네안데르탈인으로 밝혀진 것이다. 이 중에서 데니소바 2로 명명된 어금니는 1984년에 확인된 것으로 여성의 것이고 가장 오래된, 적어도 10만 년 전 이전, 고인류 화석이다. 네안데르탈인 화석은 동쪽 방의 11층에서 2010년 발굴되었는데 데니소바인의 손가락뼈와 동일한 층위 위치에서 발굴된 것이다. 이 뼈에서 많은 네안데르탈 유전자가 최초로 얻어진 것이며 대체로 12만 년 전의 연대로 추정하고 있다. 데니소반 11이라는 작은 뼈는 가장 최근에 발견된 것으로 9만 년 전 정도 된 것으로 알려졌는데 동물의 뼈의 종류를 확인하는 새로운 기법으로 인류의 것으로 밝혀진 작은 뼈인데 13살 정도의 여성의 뼈로 밝혀졌으며 네안데르탈 어머니와 데니소반 아버진 사이에서 태어난 딸이라고 하였다.[14] 데니소바 동굴에서 발견된 다수의 고인류 화석 편들에 대한 유전자 조사가 이루어졌고 또한 데니소바 동굴 내의 화석이 발견된 지점보다 더 낮은 층의 토양에서도 데니소반 유전자 그리고 또 다른 층에서는 네안데르탈 유적자 등의 고인류의 유전자들이 수습되어 고인류 연구에서 새로운 방법론이 제시된바 있다.[15]

그동안 수습된 고인류 화석에 대한 최근의 유전적인 연구에서 이 동굴에서는 세 가지의 다른 고인류가 존재하였던 것으로 판단하였는데 그 중 현생인류 이전의 인류로서, 즉 고형의 사피엔스라고 분류할 수 있는 고인류 종으로서 데니소바인(Denisovan)과 네안데르탈인이 있다. 그러나, 불행스럽게도 데니소바 동굴에서 현생인류의 화석은 발견되지 않았다. 근래의 새로운 연구에서 데니소바인은 이 동굴에서 대단히 오랫동안 살았는데 어금니의 크기나 턱뼈의 크기로 보아서 다른 고인류 종들과는 분명히 다른 체질을 가진 것으로 보이고[16] 티베트의 유적에서도 그러한 형질을 가진 고인류가 후대의 유적에서 나타나는 것으로 본다면 시베리아 지역에서 널리 오랫동안 분포하였을 것으로 볼 수 있을 것이다. 이러한 특질이 데니소반들이 고립되어 진화하면서 생겨난 것으로 보는 경향이 강하다. 유전자에 대한 분석에서 데니소바인들의 유전자에 남아 있는 네안데르탈인의 유전자는 오래전 300세대 이전에 혼혈이 이루어진 것으로 추정하는데 데니소바인(Denisovan) 11번 화석의 경우에는 크로아티아의 빈디자에서 발굴된 네안데르탈인과 유사하고 데니소바 동굴에서

12 Reich et al. 2010.

13 Slon et al. 2017.

14 Vogel 2018.

15 Slon et al. 2017.

16 Reich et al 2010; Sawyer et al. 2015.

발굴된 네안데르탈인과는 차이가 크다고 보고 있어서 데니소바 동굴로의 고인류의 이동과정이 동유럽 쪽에서 여러 차례 일어났음을 보여주는 증거라고 할 수 있을 것이다. 그리고 또 다른 데니소바 자료가 던지는 의미는 인류의 진화과정에서 오늘날 우리가 다른 종으로 구분하는 종간에 유전자의 교류가 있었음을 확인하여 줌으로써 그동안 지역적인 변이의 과정에 대하여 더 깊은 논의를 할 수 있도록 만들어주게 된 점이다.

챠기르스카야(Chagirskaya) 동굴

이 동굴은 알타이 산지의 서부 사면에 있는 차기르쉬 강변에 강바닥에서 19미터 높이에 위치하는 동굴유적이다.[17] 데니소바(Denisova) 동굴에서 100킬로미터 정도 서쪽으로 떨어져 있다. 동굴 내의 3.5미터 정도의 퇴적물 중 분급이 불량한 5층과 6층에서 9만 점 이상의 석기와 골기들이 확인되었는데 무스테리안 석기 공작들이다. 석기들은 많은 양의 조각돌이 포함되어 있고 다양한 형태의 긁개 류가 포함되어 있다. 그리고 74점의 네안데르탈인의 화석이 수습되었고 25만 점의 동물 뼈들이 발굴되었다.[18] 이 동굴에는 후기구석기 공작에 해당하는 층은 없는 것으로 알려졌다. 많은 양의 석기와 동물화석 편으로 보아서 이 동굴이 아마도 사냥감의 처리 장소였을 것으로 짐작하고 있다. 이 동굴에서 발견된 석기 공작은 전형적인 중기구석기의 시베리아 형이라고 볼 수 있는데 데니소바 동굴의 같은 시기의 층의 것과는 크게 다른 것이다.

5층과 6층은 연대측정으로 보면 63+/-4ka 그리고 48+.-3ka로 알려졌는데 네안데르탈인 뼈에서 추출된 유전자의 분석에서 추정된 연대는 이보다도 더 오래된 것으로 8만 7000년에서 7만 1000년 정도로 추정되고 있는데 이러한 차이는 아마도 네안데르탈인 단계에서 변이가 많았기 때문에 생긴 것이라고 주장한다. 그래서 이 동굴유적에서 살았던 네안데르탈인과 데니소바 동굴에서 발견된 데니소바인(Denisovan) 3 인류화석은 동시대일 것으로 추정하고 있다.[19] 그런데 이 네안데르탈 화석인류는 유럽의 미꼬끼안 문화와 유사한 석기 공작을 가지고 있었다는 점에서 MIS 4의 말기나 MIS 3의 초기에 유입된 새로운 네안데르탈 집단일 가능성이 높을 것으로 보고 있다.

오클라드니코프(OKladnikov) 동굴

알타이의 아누이 계곡에 있는 유적인데 데니소바(Denisova) 동굴에서 북으로 약 50킬로미터 떨어져 있다. 1984년에 처음으로 발굴되어 4000점에 이르는 전형적인 르발르

---

17 Derevianko et al. 2015.

18 Viola... & Hunlin et al. 2012.

19 Kolodova et al. 2020.

와 기법으로 만들어진 무스테리안 석기 그리고 동물화석들과 함께 네안데르탈인으로 분류되는 적어도 4개체의 고인류의 파편들이 수습되었다. 석기 공작은 앞서 언급된 챠기르스카야(Chagirskaya) 유적의 것과는 분명한 차이가 보인다. 유라시아에서 가장 동쪽에서 발견된 네안데르탈 화석으로서 유전자 분석 결과 유럽지역의 네안데르탈의 것과 유사한 점이 많은 것으로 알려졌다.[20] 유적에서 알려진 측정된 연대치 중 가장 오래된 것이 4만 3300년 전으로 확인되었지만 추정되는 연대는 3400~3만 3000BP로 알려졌다.[21]

1.2 호모 플로렌시스(*Homo floresis*) 화석인류

플로레스(Flores) 섬의 리앙 부아(Liang Bua) 유적에서 발견된 호모 플로렌시스 화석은 21세기 들어서 고인류학자들에게 엄청난 충격을 주게 된 화석이다. 두개골의 용량이 434cc로서 오스탈라로피테쿠스 아파렌시스의 정도이지만 머리의 모습이 호모라고 볼 수 있는 것이다.[22] 무엇보다도 진화상의 분류 위치에 대한 논쟁이 지난 10년 동안 지속한 것이다. 이 화석은 작은 체구를 보여주는 특성 때문에 호모 에렉투스 이전 단계의 고인류인지[23] 또는 호모 에렉투스의 섬 진화의 과정에서 남은 난쟁이 인류[24] 등의 학설이 제기되었지만, 또 한편으로는 현생인류의 또 다른 갈래로 보는 견해도 있었다.[25] 일단 호모 에렉투스에서 지역적으로 진화한 호모 속(*Genus Homo*) 하나의 종으로 구분하는 것이 이제는 일반적인 통용이 되었지만[26] 그 논쟁의 불씨는 앞으로 지속할 것이다.

그런데 애초의 연대측정 결과 현생인류 단계에서 동남아시아에 현생인류와 공존하였을 것이라는 추정과는 달리 최근의 연대측정치를 토대로 보면 19만 년 전에서 5만 년 전 사이에 존재한 고인류로 현생인류와 공존의 가능성은 적어 보인다.[27] 그런데 어떻게 이러한 고인류가 이 시기에 존재할 수가 있었을까? 에 대한 설명은 아직도 불명확하지만, 이 지역에 체구가 작은 호모 에렉투스가 들어와서 이 지역의 환경에 적응하는 과정에서 그러한

---

20 Kraus et al. 2007.

21 Derevianko, A.P. 2013; Derevianko et al. 2007;Dobrovolskaya et al. 2013.

22 Falk et al. 2005.

23 Junger and Baab 2009; Lieberman 2009; Morwood and Junger 2009.

24 Kaifu et al. 2011.

25 Richards 2006.

26 Baab et al. 2013; Lieberman 2009.

27 Sutikna et al. 2016.

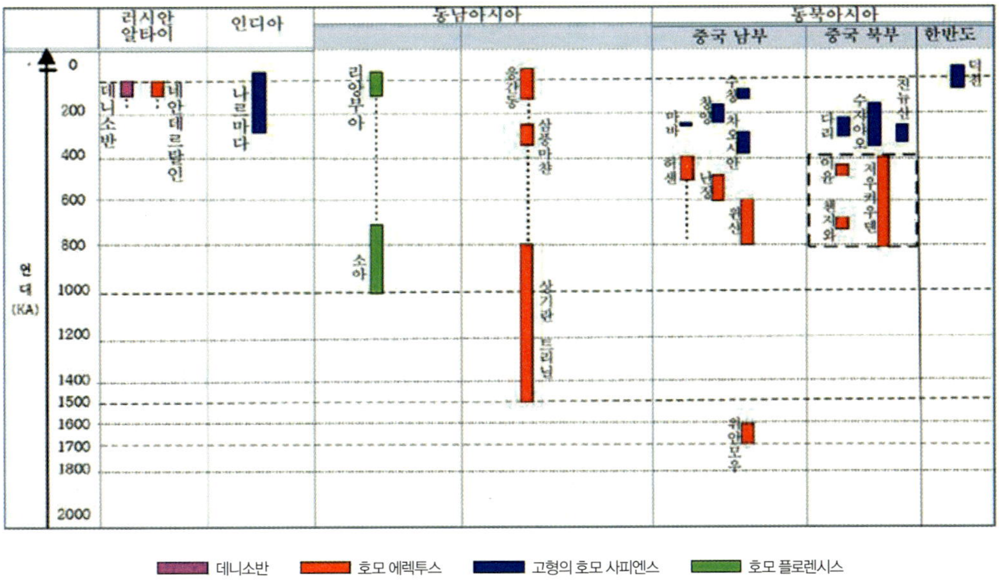

도판 27 아시아의 호모 에렉투스, 고형의 사피엔스, 호모 플로렌시스, 데니소반, 네안데르탈 등의 편년 및 진화계통 추정도

진화 방향이 그대로 지속하였을 것이라는 설명이다.[28] 다른 견해로서 호모 에렉투스 이전 단계에서 갈라져 나왔을 것이라는 견해[29]도 있지만 사실 호모 에렉투스 이전의 어떠한 단계인지 불명확할뿐더러 만일 아프리카 지역의 호모 이전의 단계를 지칭한다면 그 긴 시간 속에서 이 지역에는 아무 일도 일어나지 않았다는 것을 의미하고 다른 지역에서 유사한 사례가 보이지 않다는 점에서 신뢰하기가 어렵다. 그런데 이와 유사한 고인류 화석이 70만 년 전의 것으로 주장되는 것이 발견되어[30] 플로레스섬의 특별한 진화는 다른 지역과의 비교에서 더욱 특화된 것으로 보이고 이러한 진화가 호모의 보편적인 진화의 관점에서 어떻게 설명되어야 하는 것인지가 앞으로 숙제인 셈이다.

---

28 Kaifu et al. 2011' Meijirt et al. 2010; van den Berge et al. 2009.

29 Argue et al. 2009; FAlk et al. 2009.

30 van de Bergh, G.D. et al. 2016.

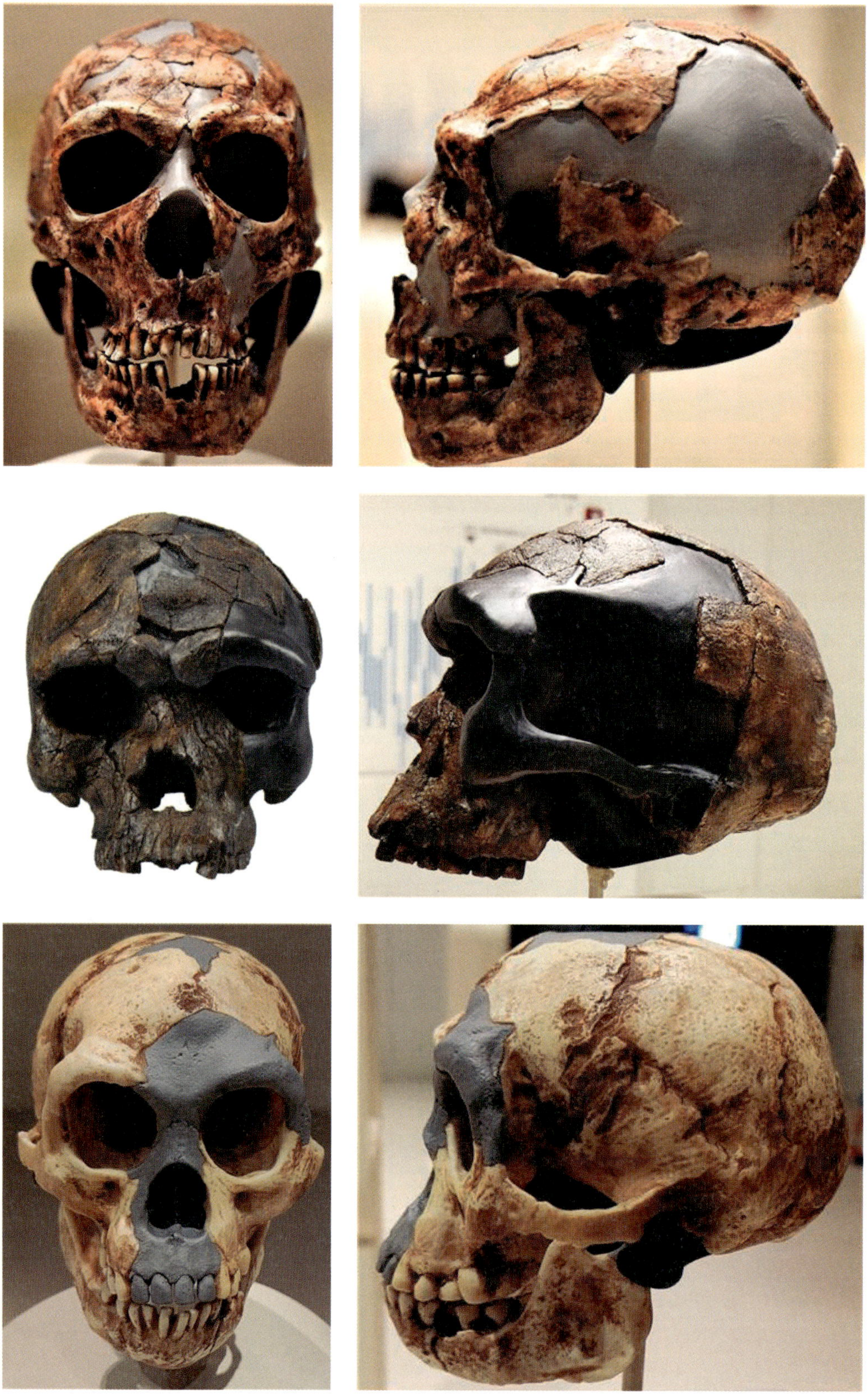

도판 28 중부홍적세 후반에서 상부홍적세 호모 화석. 상) 호모 네안데르탈렌시스(1600ml), 샤니다르 0.08-6Ma. 중) 호모 사피엔스 이달투(Idaltu, 1450ml), 헤르토 0.16Ma. 하) 호모 플로렌시스(380ml) 0.1Ma.

2 현생인류 체질적 특성과 기원에 대한 의문들

구석기시대의 현생인류는 오늘날 살아 있는 현대인의 직접적인 조상이 되는 사람들이다. 화석으로 남아 있는 현생인류의 체질적인 특성은 우선 머리가 커서 두뇌 용적이 대체로 1500밀리리터 정도 되며 머리통이 둥글고 높은 편이며 머리의 뒤통수 부분이 동그스름하게 확장되어 거의 구형을 유지하고 있다. 이마가 수직으로 되어 있고 코 부분이 두드러지지 않아서 얼굴이 전체적으로 수직에 가까운 형태를 유지하고 있다. 또한 눈두덩이의 발달이 두드러지지 않고 턱뼈가 작고 좁은 편에 속하며 턱뼈의 아래쪽 끝이 삐죽하게 튀어나온 것이 이전의 고인류 화석에서는 볼 수가 없는 특징이다. 두개골의 안쪽에서 나타나는 혈관이나 뇌의 주름의 양상으로 보면 이전과는 크게 차이 나는 복잡한 구조를 보인다. 그리고 이빨이 작아지고 두개골의 두께 역시 얇아지는 경향을 보인다. 현생인류는 지적능력이나 소통능력에 있어서 오늘날의 현대인들이 가진 능력을 갖춘 것으로 보는 것이며 상상력 역시 풍부하다는 것이 후기구석기시대의 여러 가지 인간성의 획기적인 확장을 보여주는 고고학적인 증거로 알 수 있다. 고고학 유적에서도 종교와 예술적인 활동의 흔적들이 보이며 또한 두개골의 내부에 남아 있는 실핏줄의 흔적이 과거 인류보다 대단히 복잡하게 남아 있는 것이 그러한 두뇌활동을 반증하는 것이다.

현생인류 역시 아프리카에서 진화하여 전 세계로 퍼져 나간 것이라는 것이 일반적인 결론이다. 중부 홍적세 후반에 동아프리카 지역에서 선대의 고인류들이 지역화와 새로운 혼합을 거듭하는 과정에서 생겨난 것으로 보고 있다.[31] 어떠한 과정을 거쳐서 기원이 된 것인지 그리고 전 세계로 확산되어 가는 과정에서 기존에 살고 있던 다른 인류종과의 관계는 어떤 것인지? 현생인류의 출현 과정을 확인하는 것은 단지 화석적인 자료뿐 아니라

31 Mounier and Lahr 2017.

현대인들의 유전적인 자료가 대단히 중요한 근거로 사용되고 있다. 현생인류의 확산을 이해하는데 획기적인 변화를 가져오게 된 것이 바로 고인류 화석에서 추출한 DNA이다. 화석에 유전자가 남아 있을 것으로 기대하기는 어렵다고 생각하였지만, 이제는 유전자 채취기술이 발달하여 잘 보존된 화석에서도 남아 있는 유전자를 해독하게 되었다. 이 기술의 발전은 특히 아시아지역의 인류 확산과정에 많은 시사점과 함께 새로운 문제를 던지고 있는 셈이다.

현생인류에 관한 고인류 화석자료가 증가하고 또한 그 연구 결과가 누적되고 다른 한편으로는 현대인과 화석인류의 유전자 자료가 누적되면 될수록 현생인류의 기원과 확산을 논하는 것이 더욱 복잡한 양상을 보이게 되고 있다. 이제까지 인류 진화를 이해하는 데 암묵적으로 적용되었던 단계별 급진적인 진화가 아니고 오랜 동안 점진적인 진화의 과정이 있었을 것이라고 생각되는 한편, 이제는 현생인류가 과거의 다(多)지역 기원설처럼 각 지역에서 살고 있던 호모 에렉투스 원주민들의 후예일 수도 있다고 하는 주장도 새롭게 제기되는 것을 볼 수 있다. 또 다른 가능성으로 제기되는 것은 호모 에렉투스가 처음으로 확산한 중근동 지역에서 지속적인 진화를 하는 과정에서 이 지역의 고인류가 다시 아프리카로 들어가서 현생인류의 조상이 되어 유라시아로 퍼져 나왔을 것이라는 주장도 있는 것이다. 그리고 데니소바인의 등장은 그동안의 현생인류 진화에 대한 기존의 생각을 송두리째 흔드는 결과를 가져오고 있다고 할 수 있다. 결국 과거에 인식한 것보다는 훨씬 잘 알려진 셈이지만 아직도 해결되어야 할 숙제들이 많다. 결국 아시아지역의 화석과 구석기 공작들의 양상에 대한 분석과 설명이 앞으로의 관건이 될 수 있을 것이다.

오늘날 지구상에 유일하게 인류 종으로 남아 있는 현생인류의 기원과 확산의 문제는 고인류학에서 가장 뜨거운 이슈이고 매년 수많은 논문이 쏟아지고 있고 엄청난 관심을 끌고 있는 주제이다. 아시아, 특히 동아시아지역의 현생인류들도 유럽과 아프리카와 마찬가지로 체질적으로나 문화적으로 공통적인 점이 많이 나타난다. 물론 일부 지역에서 문화적으로 다르거나 또는 동일한 종류의 문화 현상이 유적에서 나타나지 않기도 하지만 그러한 것은 선택이 달랐거나 현재 남아 있지 않을 따름이라고 생각한다. 상부 홍적세 동안에 동아시아지역에서 일어난 인류의 진화과정은 오늘날 고인류학에서 가장 뜨거운 이슈의 하나이다. 왜냐하면, 중부 홍적세의 후반 동안의 다양한 모습을 가진 여러 고인류의 종이 등장하였고 이러한 종들이 같은 종의 지역적인 변이이든지 또는 정말 하나의 생물 종으로서 존재하였든 간에 이러한 종들이 통합되어 하나의 종, 즉 현생인류 - 현대인으로 가는 과정을 보여주고 있기 때문이다. 그래서 상부 홍적세 동안 동아시아에서 벌어진 일은 결국 인류의 진화를 이해하는데 하나의 클라이맥스에 해당하는 것으로 할 수 있다. 중부 홍적세 동안 번성하던 호모 에렉투스의 후예들은 어떻게 진화하였는지? 그리고 어떻게 변화하여 갔던 것인지? 어느 이름의 고인류들이 진화의 주류로 갔을 것인지? 등등의 무한정한 질문들이 있을 수 있다. 그런데 가장 중요한 질문은 결국 현생인류가 아프리카에서 기원하여 동아시아로 퍼져 들어오는 과정에서 '어떻게 기존에 그 지역에 존재하던 고인류들과 유전자 교류를 하였을까?'라는 질문은 관심 있는 고인류학자뿐 아니라 인류 진화에 관심 있는 일반인들 누구에게나 있을 것이다. 또 다른 큰 질문은 '현생인류가 언제 아프리카를 떠나서 동아시아지역으로 들어오게 되었을까?'라는 질문이다.

항상 지속해서 제기되는 이러한 질문들은 그동안 화석이 발견될 때마다 그 설명이 달라지는데 과거에는 그 시작을 5만 년 전 내외에서 시간상으로 더 올라가서 한동안 마지막 간빙기, 이제는 다시 중부 홍적세의 마지막 단계로 상승하고 있고 심지어 중국학자들 사이에서는 이보다도 더 오래된 연대를 암시하는 논문들도 다수 있는 것이다. 이러한 질문에 파생되는 질문은 바로 '어느 정도 빠른 속도로 동아시아, 즉 극동아시아까지 오게 되었을까?'라는 질문일 것이다. 또는 현생인류가 전 지구상에 존재하는 다양한 환경의 제한조건을 극복하는 과정과 확산과 관련된 질문으로서 '어느 시기에 북극해 해변이나 베링해의 드러난 넓은 벌판을 쳐다볼 수 있었던가?'라는 질문일 것이다. 이 모두 그동안 많은 논쟁에도 불구하고 아직도 그대로 남아서 대답을 기다리는 고인류학의 오래된 숙제이다. 오늘날 드러나는 새로운 증거들은 우리가 가지는 의문의 일부는 해결하고 있다. 그러나 논쟁이 지속하는 것은 불완전한 증거들이고 또한 새로운 가능성이 남아 있기 때문일 것이다.

'현생인류가 확산하는 길은 어디일까?'라는 질문이다. 남과 북에서 동서 통행로가 있었을 것은 틀림없어 보이지만 '육상의 길과 해상의 길은 어떠한 길인가?'의 문제가 논의되어야 한다. 북쪽 루트에서 제기되는 문화와 유전자의 분포패턴 괴리에서 오는 질문이나 남쪽 루트는 분명히 기후의 영향을 그다지 받지 않고도 인간의 지속적인 거주나 이동이 이루어질 수 있음에도 불구하고 지역적인 문화상의 패턴이 크게 달라지는 불연속적인 분포에 대한 의문들은 확산 루트를 설명하는데 넘어야 할 과제일 것이다. 그리고 더욱 근본적인 질문의 하나는 현생인류의 확산과 그 행위의 출현시기의 괴리를 어떻게 설명할 것인가의 문제이다. 실제로 현대인적인 행위에 대한 정의와 이를 고인류의 단계에 적용하는 것은 아직도 요원한 숙제라고 할 수 있다.

3 아시아 각지의 현생인류 화석

3.1 시베리아, 중앙아시아와 몽골지역

시베리아 지역은 대체로 5만 년 전후한 시기에 현생인류가 들어온 것으로 이해하는데 동유럽에서 알래스카로 동서로 뻗치고 또한 중국의 북부지역에 이르는 광대한 지역이다. 이 지역은 동토대가 있는가 하면 툰드라 타이가 삼림 그리고 초원과 함께 건조한 사막들까지도 포함된다. 상부 홍적세 동안 추워지는 기후에도 불구하고 현생인류는 새로운 한계 지역을 확장하여 시베리아 지역은 결국 인류의 확산과정에서 북쪽 루트로 사용되는 지역이다. 과거에는 네안데르탈 화석이 테쉭 타쉬 유적에서 발견되어 그 동쪽 한계라고 알려졌지만[32] 그 후에 알타이 지역에서 발견된 유적들에서 네안데르탈인 화석들이 발견됨으로써 훨씬 동쪽까지 확장되었음을 알 수 있다. 또한 최근의 인류화석의 유전자 연구를 통해서 인류가 시베리아 지역을 통해서 확산하였다는 점을 새로이 확인하게 되었다.

시베리아 인류 확산의 중요한 고리가 되는 데니소바 동굴의 퇴적은 30만 년 전에 시작되었지만, 그 후에도 이어지고 세 종류의 고인류가 모두 발견된 유적이다. 바로 네안데르탈, 데니소반 그리고 현생인류이다. 앞의 두 종류의 고인류는 유전자가 밝혀졌지만, 현생인류의 유전자는 얻지 못하였다. 그런데 이 세 종류의 고인류가 거의 비슷한 시대에 살고 있었다는 것은 바로 세 종류가 동굴을 공동으로 사용할 수도 있었다는 것을 말하고 제3의 고인류의 유전자가 최근에 구해진 것인데 바로 네안데르탈과 데니소반의 유전적인 특징을 가지고 있어서 자손의 것으로 보고 있다. 그래서 이 동굴에서 네안데르탈과 데니소반이 같이 살았고 또한 짝짓기가 가능하여 자손을 낳을 수도 있었다는 것이다. 그러나, 데니소바

32 Okladnikov 1939.

인(Denisovan)과 네안데르탈인이 이보다도 훨씬 이전, 즉 43만 년 전에 공동 조상에서 갈라져 나온 것이라는 주장[33]이 있어서 이 유전자의 존재에 대해서 다양한 학설이 가능할 것이다. 그렇다면 이미 갈라져서 종이 다른 개체 간에 자손이 번식할 수 있었다는 말이 되기 때문이다.

그런데 최근에 데니소바인이라고 생각되는 고인류 턱뼈 화석이 티베트고원지대에서 발굴되었는데 그 연대가 16만 년 전으로 밝혀졌다.[34] 고인류 학자들은 이 고인류가 이렇게 열악한 환경의 고원지대에 살 수 있었던 것은 바로 데니소반이 알타이와 같은 지역에서 살 수 있었던 것과 같은 체질이었기 때문이라고 생각하고 있다. 데니소반인의 체질적인 특성[35]은 현생인류뿐 아니라 네안데르탈인이나 소위 고형의 호모 사피엔스라고 불리는 여러 화석과는 차이를 보이는데, 이러한 차이는 아마도 이 지역에는 오래되고도 지금은 알려지지 않은 고인류가 있었을 것으로 추정하고 있다.[36]

시베리아 지역에서 일찍이 알려진 인류화석을 동반한 유적으로써 말타(Malta)가 있다.[37] 이 유적은 탄소연대법에 의해서 2만 4000년 전후한 시기로 알려졌는데 움집 자리가 확인되었고 현생인류 화석과 함께 석인석기와 장신구들이 발견되었다.[38] 이 유적의 고인류 화석의 유전적인 특성은 서유라시아 계통이며 또한 북아메리카 원주민적인 특성을 동시에 가지고 있지만, 동아시아계와는 관련이 적은 것으로 보인다. 이러한 특성은 아메리카 대륙의 초기 선주민으로 알려진 케네위크인의 유전자와 통하는 점이 있다.[39] 이러한 유전자의 발견은 시베리아 지역에서 현생인류의 기원지를 보여주기도 하지만 오늘날 아메리카 대륙의 원주민인 인디언들이 동아시아계의 유전자를 가지고 있다는 점에서 시간상으로 다른 확산이 있다는 것을 보여준다. 그리고 가장 추운 시기에 이 지점에서 살고 있었다는 것은 시베리아의 다른 유적의 시기를 추정하는 데에도 중요한 단서가 되는 셈이다.

시베리아 지역의 구석기시대에 관심이 큰 것은 바로 극지방에 처음으로 도달한 시기이다.[40] 극지방에서 더 남쪽으로 2000킬로미터 떨어진 북서 시베리아 지역의 토볼스크(Tobolsk)의 우스트 이심(Ust Ishim) 유적에서는 사람의 엉치뼈가 발견되었는데 현생인류의 것으로 탄소동위원소연대가 4만 5000년 전의 것으로 알려졌다. 이 인류화석은 시베리아

---

33 Meyer et. al. 2016 Viola and Paabo. 2013.
34 Chen et al. 2019.
35 Derevianko et al. 2020.
36 Reich et al. 2010, Sawyer et al. 2015.
37 Gerasimov 1964.
38 Liudmila et al. 2015.
39 Raghavan et al. 2014.
40 Graf and Buvit 2017.

초원지에서는 가장 오래된 화석으로 알려진데 그래서 대체로 상부 홍적세의 중기에 이르러서 현생인류가 북극지방 즉 북위 70도 내외의 지역까지 진출하였던 것으로 볼 수 있다. 이 유적의 인골의 유전자 연구를 통해서 지난 4만 5000년 동안의 변이를 확인하고 두 가지의 유전자 연구의 자료, 즉 m DNA와 남성 유전자 Y 염색체의 돌연변이의 속도가 다르다는 것을 확인할 수 있게 해 주었다.[41] 이 개체의 유전자는 남아시아나 서아시아지역보다도 중국의 현생인류 화석 티엔위엔인(Tianyuan Man, 田園人)과 가까운 것으로 주장된다.

북동 시베리아 지역인 야나강의 하구지역 야나 라이노 뿔 유적(Yana Rhinoceros Horn site)에서 3만 1600년 전의 어린아이의 뼈가 석기들과 함께 발견된 것이다. 이 어린아이의 뼈에서 추출된 유전자는 이들이 유럽 쪽에서 온 것으로 판단하고 있다. 그래서 또 다른 유적인 콜리마강 부근에서 발견된 아이의 뼈가 1만 년 전으로 밝혀졌는데 이 뼈는 동아시아지역의 집단들과 유전적으로 유사하기 때문에 2만~1만 8000년 전후한 시기에 새로운 아시아계의 주민들이 들어와서 결국 시베리아 지역에서는 두 가지의 다른 갈래의 흐름이 있었을 것으로 생각하고 있다. 이러한 주민의 계통성에 대해서는 말타에서 나온 2만 4000년 전의 어린이 인골의 유전자분석에서도 현재의 남부 시베리아와 중부 시베리아의 주민들과 관계가 없는 것으로 보이지만, 아메리칸 원주민들과는 일정한 관계를 보인다.[42] 그래서 현재까지 아메리카로 건너간 시기가 1만 5000년 전으로 알려졌지만 시베리아 북단의 유적 연대로 미루어서 이보다도 이른 시기에 확산하여갔을 가능성을 염두에 두는 경우도 많다.

몽골지역에서 인류화석이 발견된 곳은 바로 2006년에 두개골 파편이 켄티 주의 노보브린 솜의 살키트(Salkhit) 계곡으로 이 유적 일대에서 골재채취를 하던 중에 발견되었다. 이 두개골을 몽골란트로푸스(*Mongolanthropus*)라고 명명되었다.[43] 발견된 지점에 대해서 몽골-프랑스 연합팀이 발굴하여 다른 뼛조각을 찾았고 살키턴 쿤디 유적이라고 명명하였다. 부근의 캠프유적을 발굴하여 동물 뼈와 토양 샘플을 채취하였는데 분석 결과는 살키트 화석의 연대가 대략 2만 년 전경으로 알려졌다.[44] 그러나, 최근의 새로운 탄소연대측정은 3만 5000년 전 정도로 보고 있으며 현생인류의 유전자로 판단하고 있다.[45] 그러나, 두개골의 모습은 두정부가 낮고 눈두덩이가 튀어나와서 상당히 고형의 호모 에렉투스와 비슷한 모습을 하고 있어서 고인류 화석이 왜 그러한 특징을 가지게 된 것인지[46] 아니면 어느

---

41 Fu et al. 2014.

42 Rahavan et al. 2014.

43 Damdinsürengijn et al. 2007.

44 Gunchinsuren et al. 2012.

45 Deviese et al. 2019.

46 Coppens et al. 2008. 코팡은 이 두개골의 특징을 호모 에렉투스, 고형의 사피엔스 그리고 네안데르탈의 특성을 혼합한 것 같다는 표현을 하고 있다.

정도 오래된 것인지에 대해서 의심을 가질 수가 있지만, 현재 이 화석에서 추출된 mtDNA의 하플로 그룹이 N으로서 유라시아지역의 현생인류에 해당하는 것으로 알려졌다. 그래서 왜 그렇게 원시적인 모습이 지속한 것인지에 대한 설명이 필요한 것이다.

3.2 남아시아

인도 지역에서도 많은 석기 유적이 발견되었음에도 나르마다 고인류 화석을 제외하면 상부 홍적세 이전의 고인류 화석의 발견은 극히 드문 셈이다. 많은 동굴퇴적이나 동물화석들이 풍부하게 발견되지만 실제로 고인류 화석을 발견하지는 못하고 있다. 이러한 상황은 침식되는 과정에서 고인류 화석이 사라지거나 또는 아직도 조사가 부족하다고 할 수도 있다. 중앙아시아와 남아시아 사이의 지역인 아프가니스탄의 다라 이 쿠르(Darra-i- Kur) 유적의 인류화석은 그 연대가 3만 년 전후한 것으로 알려져 있는데 네안데르탈인의 특성도 가지고 있는 것으로 보며,[47] 네탄케리(Netankheri) 유적에서 발견된 다리뼈 파편들이 7만 5000년 전보다도 오래된 것으로 현생인류의 것이라는 주장인데 석기 공작으로는 중기구석기와 후기구석기적인 특성을 가진 것으로 확인되었다.[48] 자왈라푸람에서 대단히 늦은 시기의 이빨이 출토된 것을 제외하면 상부 홍적세의 전반으로 올라가는 현생인류의 흔적을 보기는 어렵다. 이러한 인류화석의 빈곤 원인은 이제까지 인류화석의 발굴에 훈련된 고고학자들이 태부족한 것도 한 요인이겠지만 많은 중기구석기 유적이나 후기구석기 유적들이 있다는 점에서 화석이 잔존할 수 있는 유적형성과 변형의 과정이 아니라는 점을 웅변한다고 볼 수 있다.

그런데 인도에서 현생인류의 확산은 토바 화산재층을 중심으로 전후를 나누어 설명하고 있다. 화석은 없지만, 오늘날 인디아 지역에서 발견되는 현대인들의 유전자 중에서 하플로 그룹 L은 토바 이후에 출현한 것으로 보이는데 아프리카에서는 보이지 않는 것으로 그 출현 연대를 7만 년 전 이후로 잡고 있다. 그렇지만 중기구석기나 후기구석기 공작들이 서구의 학자들에 의해서 지속해서 아프리카의 것들과 상사성을 주장[49]하여, 이러한 경우에 결국 현생인류의 아프리카에서 넘어오는 시기가 토바 직후에 넘어온 것으로 볼 수 있다. 그러나, 오늘날 새로운 자료는 이보다도 훨씬 복잡하여 앞으로 자료의 증가를 기다려

---

47 Angel 1972.

48 Sankhyan et al. 2012.

49 Mellars et al. 2013; Petraglia et al. 2007.

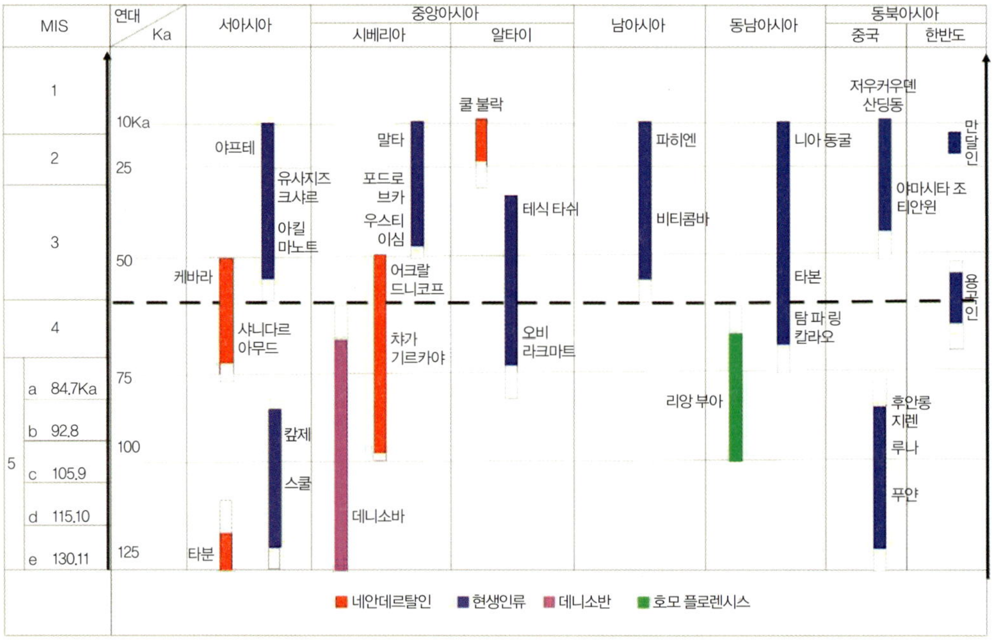

도판 29 상부홍적세 고인류 화석종의 지역간 분포와 편년

서 그 상황을 설명할 수밖에 없을 것이다. 인도 지역은 현생인류가 동아시아지역이나 오스트레일리아 지역으로 이동하는 일종의 관문과 같은 역할을 하게 되는데 앞서 언급한 바와 같이 아주 이른 중기구석기 유적도 현생인류의 확산과 관련지을 수 있어서 앞으로 아프리카나 근동지역의 자료가 좀 더 증가하면 남아시아지역의 현생인류의 흐름을 보다 구체적으로 설명할 수 있을 것으로 기대된다.

3.3 동남아시아의 현생인류와 그 동시대 화석

동남아시아 중 자바 지역에서는 많은 수의 화석인류가 발견되었고 이 중에서 호모 에렉투스로 분류된 것 이외에도 호모 사피엔스로 분류되는 것들이 다수 있다. 이러한 화석단계는 사실 현생인류로의 진화과정에서 어느 위치를 점하고 있는지는 아직도 애매하다고 할 수 있다. 그런데 동남아시아의 화석인류 중에서 수수께끼와 같은 존재가 바로 호모 플로렌시스 화석이다. 이 화석은 발견될 당시부터 고인류학에서 정말 전위적인 쇼킹뉴스였는데 그동안의 연구에서 이 역시 데니소반 고인류 화석의 유전자 추출과 함께 인류의 진화를 이해하는 새로운 틀을 만드는 역할을 하고 있다고 볼 수 있다. 대단히 오래된 형질이 대단히 늦은 시기까지 존속되었다는 것을 보여주는 인류화석인 것이다.[50] 그리고, 현생인류가 출현한 이후에도 분명히 공존하는 다른 종의 인류가 있었다는 것을 보여주는 증거로 제시되곤 한다.

동남아시아의 현생인류의 진화과정 중에서 현생 주민에 대한 연구는 대단히 많다. 왜냐하면 이 지역에 존재하는 많은 섬의 현재 주민들의 DNA는 현생인류의 태평양 지역으로 확산하는 과정을 보여준다고 생각하기 때문이다. 순다랜드 지역에서 살고 있는 주민들의 초기 조상이라고 하는 집단을 오스트로멜라네시안 주민이라고 부르는데 이 들은 아마도 오늘날 니그리토라고 부르는 섬 지역의 주민들의 조상이라고 생각하는데 결국 이 지역의 현재 주민들을 두 개의 다른 층으로 구성되어 있다는 학설[51]의 바탕이 되고 있다. 그런데 흥미로운 것은 이빨에 대한 연구에서 동남아시아 주민 중에서 섬 지역의 주민들은 비교적 많은 사람이 순다돈트(Sundadont)라고 하는 모양의 이빨을 가지고 있고 북으로 대륙지역에 사는 사람들은 비교적 그 빈도가 시노돈트가 높다는 것인데 이빨의 상아질의 모양이 시노돈트가 더 복잡한 것을 보면 시노돈트(Sinodont)가 더 진화한 것으로 아마도 순다돈트의 주민들이 북으로 간 것을 보여주는 증거라고 보고 있다는 점은 흥미롭다.

동남아시아지역은 같은 열대 또는 아열대 지방이지만 섬 지역과 대륙의 내륙지역과는 환경의 큰 차이가 있다. 우선 대륙 지역의 현생인류의 흔적을 보면 최근의 조사에서 라오스에서도 현생인류의 흔적이 발견되었다. 탐 파 링(Tam Pa Ling) 유적은 후아 판 지역에 있는데 북 라오스의 안나미트 산악지역이다. 프랑스고고학자인 드미터에 의해서 두 구의 현생인류 화석이 발견되었는데 모두 상부 홍적세의 현생인류인데 두개골 이마 부위의 뼈에 대한 직접적인 우라늄 시리즈 연대가 63.6+/-6ka[52]로 알려진 바 있는데 다른 여러 가지의 절대 연대치를 종합해 보면 대체로 5만 2000년에서 4만 6000년 사이의 시기에 살았던 인류라고 판단한다. 이전에 2010년에도 두개골과 윗 턱뼈가 발굴된 바 있는데 이것은 각기 다른 개체이다. 이 개체의 연대는 과거에 4만 4000~3만 6000년 전이 얻어졌지만 적어도 4만 4000년 전이 가장 유효한 연대로 보았다.[53] 라오스 지역에서 발견된 고인류의 화석으로는 탐 항 바위 그늘 유적이 1930년대에 발굴되었는데 이 동굴에서는 중부 홍적세의 동물화석들이 인류화석들과 같이 발견되었다. 아직도 이 인골에 대한 정확한 성격이 밝혀진 바가 없는 셈이다. 다만 콜라겐으로 측정한 연대가 빙하의 마지막 단계인 1만 5000년 전후가 나온 바[54] 있지만 실제 연대를 반영하는 것으로 믿지는 않는다. 라오스 발견 이전에 북

---

50 Brown et al 2004; Morwood et al. 2004.

51 Matsuura and Oxenham 2014.

52 Demeter et al. 2012.

53 Demeter et al. 2015.

54 Demeter 2009; Shackelford and Demeter 2012; Shackelford et al. 2018.

도판 30 동남아시아 대륙 및 순다와 사훌지역의 상부홍적세 고인류화석 지점들

부 베트남에서도 호모의 이빨이 한 점과 두개골의 파편이 마우오이(Ma UOi) 동굴에서 발견되었는데 고동물 화석의 구성으로 미루어서 대체로 중부 홍적세 말기에서 상부 홍적세로 추정하고 있다.[55]

모 키웨 동굴은 타일랜드의 남쪽 끝에 위치한 것인데 상부 홍적세의 고인류 화석이 발굴되었고 목탄 연대 측정에 의해서 2만 5800+/-600년으로 알려졌다. 이 인류화석의 경우에는 윗 머리뼈를 비롯해서 얼굴 뼈, 턱뼈 등이 있어서 거의 완전한 모습의 인골을 구성하고 있다.[56] 개체는 형태로 보아서 성인 여성의 것으로 판단되는데 이 인골은 대륙 쪽에서 초기 오스트로 멜라네시안 형의 주민이 존재한다는 점을 상기시킨다고 보고 있다. 베트남의 북쪽의 항 조 석회암 동굴 유적에서도 인골이 호아비니안 석기 공작과 함께 발굴되었는데 그 연대적인 범위는 1만 년 전후한 시기로 보고 있다.[57] 대륙의 말레이시아에서는 일찍이 탐파니안 구석기가 발견되었지만 그에 상응할만한 고인류 화석은 보이지 않았다. 다만 렝공지역의 동굴에서 호로세 말기의 인골이 발견되었는데 세계유산의 일부로 지정된 바 있다.

동남아시아의 섬 지역 몇 지점에서 현생인류 화석이 확인되었다. 필리핀 열도 중의 하나인 루손섬의 유명한 타본 동굴의 인류화석은 일찍이 60년대 조사에서 알려졌는데 앞

---

55 Demeter et al. 2005.

56 Pookajorn 1996; Matsuura and Pookajorn 2005.

57 Matsumura et al. 2008.

머리뼈와 턱뼈가 포함되어 있다.[58] 코뼈 부분을 우라늄 시리즈로 연대 측정한 결과는 16.5+/-2ka.[59] 그런데 그동안 이 유적의 인류연대를 확인하기 위해서 조사가 자속하였는데 최근에 얻어진 연대는 턱뼈 부분의 우라늄 시리즈 연대가 31+/-8/7ka로 알려졌고 또한 최근의 새로이 수습된 다리뼈를 가지고 측정한 것은 47+/-11/10ka로 나타나고 있어서 상부 홍적세 후반의 시기로 올라가는 것을 확인할 수 있다. 그런데 최근에 이 유적에서 수습된 홀로세로 추정되는 인골들을 분석하는 과정에서 이 집단 중에서는 상당히 뚜렷한 체격 이분 현상을 관찰할 수 있다.[60] 이보다도 더 오래된 현생인류 화석이 북루존섬의 칼라오(Callao) 동굴 유적에서 발굴되었는데 호모 루존넨시스(*Homo luzonensis*)라고 명명되었다.[61] 우라늄 시리즈 연대측정법으로 66.7+/-1ka로 나오는데 이것은 필리핀에서 가장 이른 시기로서 현생인류의 섬으로의 초기이동 시기를 보여주는 증거이다.[62] 칼라오 동굴에서 나온 고인류 화석은 7개의 이빨, 손뼈, 허벅지 뼈 그리고 발뼈 등이 포함되어 있는데 플로렌시스보다도 더 작은 체구로 알려졌다. 그런데 같은 층에서 손가락과 발가락뼈는 나무에 오르게 둥그스름한 구조로 되어 있는 것으로 확인되었다. 그리고 어금니의 크기가 매우 작아서 플로렌시스보다도 더 작다. 그래서 플로렌시스에 이은 또 하나의 특수한 진화를 한 호모가 동남아시아 환경에서 발견된 셈이다. 우라늄 시리즈로 측정한 연대가 5만 년 전에서 8만 년 전으로 나왔지만 대체로 적어도 6만 7000년 전이 될 것으로 생각하고 있다. 이 인류화석의 발견은 결국 태평양의 섬에 확산한 시기가 점진적으로 시기가 올라간다는 것을 확인한 셈이다.

섬 지역인 인도네시아 지역은 이미 고인류 화석으로 널리 알려진 바 있는데 푸눙에서 발견된 인골들은 체형에 대한 분석 결과 호모 사피엔스의 것으로 분류되었고 이와 관련된 유적의 석회퇴적을 연대 측정한 것이 대체로 12만 년 전후한 결과를 보여서 현생인류가 아마도 마지막 간빙기 전후한 시기에 들어왔을 가능성을 조심스럽게 제시하고 있다. 과거에 홀로세의 인류라고 보았던 와작인의 뼈들은 새로이 탄소연대 및 우라늄 시리즈 연대 측정으로 대체로 3만 7400년에서 2만 4500년 사이에 살았을 것으로 추정하고 있다.[63] 수마트라의 리다 아제르 동굴에서 많은 동물뼈와 함께 현생인류의 이빨이 수습되었는데 그 연대가 73에서 63ka로 측정되어 가장 이른 시기의 것으로 주장되고 있지만[64] 직접적인 연

58 Dizon et al.

59 Dizon et al. 2002.

60 Detroit et al. 2013; Detroit et al. 2019.

61 de Leon & Dizon 2010.

62 Mijare et al. 2010: Wade 2019.

63 Strom 1995.

64 Westaway et al. 2017.

대가 아니라는 점이 지적될 수 있다.

말레이시아의 사라와크 섬의 니아 동굴에서 발견된 고인류는 4만 년 전으로 알려졌는데 이후 시도된 탄소연대나 우라늄 시리즈 연대에서도 3만 5000년 전의 연대가 얻어짐에 따라서 더욱 확실해진 셈이다.[65] 이 인류화석은 여러 학자에 의해서 젊은, 20세에서 30세 정도,의 여성으로 판단하고 있는데 오스트로 멜라네시아인의 선조로 보는 견해[66]가 있는 반면에 또한 니그리토 적인 특성도 있는 것으로 판단하고 있어서 이 인골은 결국 동남아시아의 현생 주민들이 두 가지의 다른 기원의 이원론적인 설명에 도움이 되지 못하는 것으로 생각하고 있다.[67] 동남아시아지역은 기후 탓으로 인골이 잘 보존되기가 어려울뿐더러 된다고 하더라도 콜라겐 등의 보존이 불량하여 연대측정이 어려운 점이 있다. 그러나, 근래 다수의 지점에서 새로운 인골이 발견되고 연대가 올라가는 것이 있어서 동남아시아에 현생인류의 존재가 상당히 일찍이 출현한 것은 입증되는 셈이다. 그리고 또 한간지 고무적인 일은 이 지역의 주민들에게서 오래된 유전자 하플로 그룹들이 남아 있고 또한 데니소반의 유전자도 다른 지역보다도 상대적으로 빈도가 높다는 것[68]은 이 지역의 주민 기원을 추정하는데 중요한 시사점을 던지고 있다.

그런데 이 지역에 현생인류의 확산은 지금까지 제기된 연대보다도 더 오래될 가능성은 여전히 남아 있는데 중국의 남부 지역의 현생인류 연대가 올라가게 된다면 이 지역 역시 그럴 가능성이 있기 때문이다. 그리고 이 지역에서 사훌(Sahul) 지역으로 확산하여 간 것은 오스트레일리아의 연대 이전[69]으로 되어야 하는데 현재까지 결과로 본다면 적어도 5만 년에 이미 사훌 지역을 지나간 것으로 생각할 수 있는데 바로 마제트베베 유적과 나우왈라빌라 유적에서 얻어진 연대 자료가 바로 그 증거로 제시되고 있다.[70] 대륙의 뭉고호수뿐 아니라 동 티모르에 4만 2000년 전이나 비스마르크 열도에서도 4만 5000년 전에 가까운 연대를 가진 현생인류 화석이 발견되고 있지만 월레스 라인을 넘어서 오스트레일리아나 여러 섬들로 현생인류가 확산되는 과정에 대해서는 많은 추정이 이루어지고 있지만 정작 넓은 해양을 건너는 방법에 대해서는 아직도 불분명하다.[71]

65 Barker et al. 2007; Harrison 1959.

66 Birdsell 1979.

67 Curnoe et al. 2016.

68 Cooper and Stringer 2013.

69 오스트레일리아의 뭉골유적에서 발견된 현생인류의 화석 연대는 4만 년 이상이 된 것이며 최근의 동굴의 최하층 연대가 46-50ka로 알려진데 적어도 5~6만 년 전에 인류가 확산하였을 가능성을 제시하고 있는데(예 Turney et al 2001) 아직도 회의적인 시각이 많다(O'Connel and Allen 2015).

70 O'Connel and Allen 2015.

71 O'connor 2015.

3.4 동북아시아

중국지역

중국지역에서는 현생인류 화석만 거의 50지점에 가깝게 확인되었다. 이 중 현생인류의 기원과 관련하여 오랫동안 논란이 지속하는 인골화석이 바로 류지앙(Liujiang, 柳江) 인이다 류지앙(Liujiang) 유적은 일찍이 60년대에 광시(广西) 서북부에서 농부에 의해서 발견되고 지질학자인 리유헹에 의해서 확인되었던 현생인류화석 인골이다. 화석 인골은 두개골을 포함하여 신체 각 부위의 뼈가 포함되어 있다. 이 현생인류 인골이 발견된 지점의 퇴적물 속에서는 판다를 비롯한 동물 뼈들이 포함되어 있는데 인골은 상부층에서 나온 것으로 추정하고 있고 단단한 하부층은 중부 홍적세에 형성된 것으로 보고 있다.[72] 그런데 이 화석의 연대에 대해서 다양한 견해가 제시되는 것은 애초에 이 층의 탄소연대가 4만 년 정도로 보았지만, 이 인골화석이 유래된 층, 즉 탄산염이 유래된 층의 고인류 화석이 유래한 지점과 근접한 지점의 석회암을 측정한 결과는 다양하여 적어도 6만 8000년 전에서 15만 3000년 전의 연대가 얻어졌는데 적정한 연대의 범위를 11만 1000년 전에서 1만 3900년 전으로 평가하고 있다. 만일 고인류 화석이 낮은 층서에 있는 석회암에서 유래된 것이라면 그 연대는 15만 년까지도 올라갈 수도 있는 것으로 확인되었다.[73] 그래서 애초의 연대도 오래된 것이지만 새로이 제기된 연대는 더 오래되어 근본적으로 현생인류의 확산 과정을 재구성해야 하는 증거로 등장한 셈이다.

최근에 몇 가지의 화석들의 연대가 10만 년 전 이전으로 올라가는 것에 고무되어 중국 고인류학자들은 과거의 이론과는 다른 현생인류 기원론을 펼치고 있음을 볼 수 있다. 오래전에 동아시아로 퍼져나온 호모 에렉투스 그룹이 지속해서 동아시아지역에서 살아오다가 이 지역으로 새롭게 들어오는 집단과 유전적인 교류를 통해서 현생인류가 생겨났을 것이라고 주장한다. 이 학설은 중국에서는 호모 에렉투스의 발견에서부터 시작되었던 설명인데 그 후 현생인류의 아프리카 기원론이 제기되어 일반화되어 감에 따라서 이제는 앞서 언급한 바의 '교접을 통한 연속설'을 가지고 현생인류의 지역 진화를 설명하고자 하는 것이다.[74] 이러한 설을 뒷받침하는 증거로서 결국 류지앙(柳江)의 현생인류화석, 다리(大荔)인 화석 그리고 황룡동(黃龍洞)인 등을 제시하고 있다.

---

72 Woo 1959.

73 Shen et al. 2002.

74 Wu 1998.

황룡동(Huanglong, 黃龍洞)

후베이성(湖北省) 북쪽 윈시현(鄖西县)의 황룡동(Huanglong, 黃龍洞) 동굴인은 지난 2000년 대 초에 발굴된 인골로서 7점의 이빨로 구성되어 있고 상부 홍적세에 해당하는 남부 동물군, 즉 팬다와 스테고돈 동물군, 동물들 화석이 동반되었고 3층의 하부에서는 석기와 골기들이 수습되었다.[75] ESR 연대측정치는 44~34ka로 나타났고 우라늄 시리즈 연대법은 103~79ka로 나타났는데, 최근에 새롭게 시도한 고인류 화석과 같은 레벨에서 드러난 종유석의 연대가 10만 년 전으로 밝혀저 이것을 그 연대로 생각하고 있다.[76] 이빨의 뿌리가 좀 큰 편이어서 고졸한 느낌이 있지만 재미있는 특징으로서 삽니처럼 현대중국인의 특징이 있어서 분명히 상부 홍적세의 초기에 속하는 현생인류에 속하는 것으로 보고 있다.[77] 그리고 또 한편으로 불의 사용 흔적이 있고 또한 그런데 최근에 이루어진 발굴에서 발견된 석기들은 석핵-박편의 석기 공작들이다.

링징(Lingjing, 灵井) 유적

링징(Lingjing, 灵井) 유적은 허난성(河南省)의 수창현(許昌縣)에서 발견된 노천유적이다. 이 유적은 상부 홍적세의 초기에서 호로세에 걸치는 층위로 구성되어 있는데 제2층에서 쉬창인(Xuchangren, 許昌人) 두개골이 두구가 발견되었고 말과 사슴 등의 동물화석들이 동반되었다. 이 층에서는 석염암제의 중기구석기로 분류한 석기들이 발굴되었다. 이 층의 OSL 연대 측정치는 105~125ka로 알려진데 상부층의 연대로 미루어 이 층이 상부 홍적세의 초기임을 틀림없는 것으로 판단하고 있다.[78] 이 유적에서 발굴된 이 두개골의 뇌수용적은 지금까지 출토된 네안데르탈이나 현생인류들보다도 큰 편에 속한다는 점이 주목된다.[79] 두개골의 모습이 네안데르탈인보다는 강건하게 생기지는 않았는데 눈두덩이 뼈가 튀어나오고 눈두덩이 뒷편이 오목하게 들어간 것이 특징이다. 이 고인류 화석은 두개골이 커지면서도 연약해 보이는 모습을 가진 것인데 중부 홍적세의 동아시아지역의 고인류나 또한 상부 홍적세의 현생인류 단계에서 나타나는 특성을 가지고 있을 뿐 아니라 중부 홍적세 후반의 유럽지역의 고인류의 특성, 즉 네안데르탈인적인 특성을 공유하고 있다.[80] 그래서 일부 학자들의 반론에도 불구하고 중국학자들은 이 두개골을 지금까지 알려지지 않은 네안데르탈인의 아시아적인 변형으로 생각하고 있다. 북중국의 티안위안 유적의 화석도

---

75 Liu,.... & Norton 2010.

76 Wu et al. 2006.

77 Martinon-Torres et al. 2017.

78 Li, Chen.

79 Li, Wu,.. Trinkhaus 2017.

80 Li et al. 2017.

유사한 모습을 보여서 앞으로 두 집단, 즉 네안데르탈인과 동유라시아 지역의 현생인류 사이의 유전적인 교류의 가능성에 대한 논의의 중요한 자료가 될 것으로 보인다. 결국, 이 화석인류는 새로운 종으로서 그동안 현생인류의 기원과 확산에 관한 설명을 흔드는 자료로써 생각하고 있다. 이 고인류는 중부 홍적세 이래 유라시아 대륙의 당시 살고 있던 고인류들이 상호 유전적인 교류를 하면서 진화하고 있었다는 설명을 뒷받침할 수 있는 증거로 생각하고 있다. 골각기를 사용하였다는 주장이 있고 뼈의 파편에 불규칙한 기하문을 그린 것들이 보이는데 유적의 층서의 연대로 보아서 대단히 오래된 것으로 적어도 4만 년 전 이전의 예술적인 행위의 증거라고 생각하고 있다.[81]

다오시엔동(Daoxiandong, 道縣洞) 유적

후난성(湖南省)에서 발견된 동굴유적인데 47점의 현생인류로 보이는 이빨이 수습되었는데 애초에 8만 년 전으로 추정하였지만, 최근에는 여러 가지의 방법으로 측정하여 12만 년 전으로 주장되고 있다.[82] 최근 새롭게 알려진 유적으로서 현생인류의 기원에 대한 도전을 할 수 있는 증거로서 제시되는 것이 바로 남중국의 다오시엔(道縣)에 있는 후윤(富蘊, Fuyun) 유적 47점의 이빨이다. 이 이빨들은 같은 시대의 현생인류들의 것들보다도 작은 편이다. 이 유적의 연대와 퇴적과정에 대해서 의문을 제기하고 있지만,[83] 현재로서 확인된 연대로 볼 때 이 유적에서 발견된 이빨은 분명히 현생인류로서 과거에 현생인류의 확산 시기에 대해서 의문을 제기하는 증거로 인식되고 있다. 이 유적에서 발견된 현생인류의 이빨들은 동시대에 속하는 어떤 화석보다도 가장 진화한 형태로 보이는데 이스라엘의 초기 호모인 캎제의 화석의 것보다도 훨씬 진화한 것으로 아마도 다른 계열의 현생인류 화석으로 생각되고 있다.[84]

지런동(Zhirendong, 智人洞) 유적

현생인류의 동으로의 반복적인 확산을 추정하는데 중요한 자료이다. 중국 남부의 광시(广西) 주앙자치구의 지런동(Zhirendong, 智人洞) 유적에서도 2점의 턱 어금니와 턱뼈의 앞부분이 발견되었는데 우라늄 시리즈 연대법으로 오래된 연대 106.2+/-6.7ka 사이로 상부홍적세의 초기로 알려졌다. 출토된 이빨과 턱뼈는 조금 오래된 특징과 함께 잘 발달한 현대인의 특징을 가지고 있어서 지런(Zhiren, 智人)인이 현대인의 가장 오래된 모습일 것으로

---

81 Li... . d'Errico 2019; Li & Chen 2010.

82 Liu et al. 2015.

83 Michel et al. 2016.

84 Martinon- Torres et al. 2017.

1 Daoxian 다오시엔 道县
2 Tianyuan Cave 티엔위엔 동굴 田园洞
3 Upper Cave 산딩동 동굴 山顶洞
4 Liujiang 류지앙 柳江
5 Hualong Cave 후아롱 동굴 华龙洞
6 Zhiren Cave 지런 동굴 智人洞
7 Luna Cave 루나 동굴
8 Tobo Ganqian Cave 토보 칸키안 동굴
9 Jimuyan 지무얜 雞母岩
10 Longlin 룽린 隆林
11 Maludong Cave 마루동 동굴 马路东
12 Xujiayao 수자야오 许家窑
13 Maba 마바 馬壩
14 Dingcun 딩춘 丁村
15 Panxian Dadong 판센 다동 盤縣 大洞
16 Zhoukoudian Locality Ⅳ 저우커우뎬 지역 4 周口店 4
17 Hexian 허센 和縣
18 Yiyuan 이위안 沂源
19 Pa ling 파 링 동굴
20 Niah Cave 니아 동굴
21 Denisova 데니소바
22 Callo Luzone 칼라오 루존
23 Penghu 펭후
24 Salkhit Monggols 살키트 몽골
25 덕천 승리산

도판 31 동아시아와 동남아시아 지역 현생인류 및 고형의 현생인류화석 출토 지점

추정하고 있다.[85] 그러나 그동안 턱뼈의 오래된 특징을 가지고 연대에 대해서 의심이 제기[86] 되었지만 새로운 OSL 연대가 106~110ka로 나와서 두 다른 방법의 연대치가 근접하기 때문에 해소되었다. 그런데 연약형의 호모 에렉투스라고도 분류될 정도로 오래된 요소를 가지고 있지만, 턱뼈의 다른 모습이나 이빨의 마모 특성들은 전형적인 현대인의 것으로 볼 수 있는데 오래된 특징과 현대적인 것이 모자이크 양상으로 나타나는 것으로 할 수 있다. 그래서 오래된 연대를 기준으로 한다면 아프리카에서 현생인류가 추정하는 것보다도 더 오래전에 확산한 것일 수 있다는 견해를 지지하는 증거인 셈이다. 그래서 이 현생인류 화석은 이른 시기의 현생인류가 확산하여 와서 중국지역에서 동화되어 가는 양상을 보여주는 것이라고 주장한다. 그리고 이러한 견해가 맞다고 하면 당연히 현생인류의 대표적인 행위를 표현하는 석기문화로서 석인석기문화보다도 훨씬 오래전에 확산하여 온 것으로 할 수 있고 또한 고형의 사피엔스들과 공존한 시간이 상당히 길다는 것도 의미하는 것이다. 그렇지만 오래된 현생인류 화석으로 대표적으로 거론되는 이 인류화석의 연대치에 대해서 아직도 의심이 가시지는 않고 있으며 남중국 지역에 현생인류가 도달한 시간을 일반적인 확산시기인 50-45ka 정도로 생각하는 반론이 제기되고 있다.[87]

후윤(富蘊, Fuyan(Fuyun)) 동굴

후난성(湖南省) 다오현(道縣)에 있는 후윤(富蘊, Fuyun) 동굴에서 47점의 이빨이 수습되었는데 이것은 완전한 현생인류의 것들로 확인되었고 그 연대를 12만 년 전에서 적어도 8만 년 전 사이로 확인하고 있다.[88] 이러한 이른 시기의 완전한 현생인류의 동아시아 출현은 근동 지방의 것들보다도 시기가 훨씬 앞선다는 점에서 주목을 받았다. 그러나 최근의 탄소연대측정에서 얻어진 값은 훨씬 후대, 즉 홀로세의 것으로 대단히 복잡한 퇴적양상으로 보이지만 기존의 유전자 분기연대를 넘지 못하는 것으로 알려졌다.[89]

루나동(露娜洞, Lunadong) 동굴유적

광시(广西) 장족(Zhuangzu, 壯族)자치구의 동굴유적인데 2점의 어금니가 발견되었는데 모두 현생인류의 것으로 알려졌다. 우라늄 시리즈 연대측정으로서 얻어진 연대가 126.9+/-1.5ka 그리고 70.2+/-1.4ka이다. 이러한 연대는 현생인류가 이른 시기에 중국으로

85 Liu et al. 2010.

86 Dennel 2010; Kaifu and Fujita 2010; Cai et al. 2017.

87 Hublin 2021; Sun, Xue... et al. 2021.

88 Liu et al. 2015.

89 Xue-Feng et al. 2021.

확산하여왔을 가능성을 보여주는 것으로 생각하고 있다.[90] 그렇지만 이빨의 특성이 현생인류에 속하는 것과 함께 크기가 크고 오래된 것도 있어서 현생인류로서 덜 진화한 것으로 보는 견해도 있다.[91]

티엔위엔(田園, Tianyuan) 동굴유적

중국의 북부지역, 바로 저우커우뎬(Zhoukoudian, 周口店) 27지점에 해당하는 티엔위엔(田園, Tianyuan) 동굴유적이다. 저우커우뎬(Zhoukoudian) 유적에서 약 6킬로미터 정도 떨어진 지점이다.[92] 인골화석은 제3층에서 다른 동물들과 함께 출토되었다. 화석에 대한 직접적인 탄소연대 측정 결과 3만 4755+/-403BP에서 4만 3458+/-882BP 4만 년 전으로 확인되었고,[93] 성인 남자 한 사람 의 것으로 알려졌다. 거의 완전한 개체로 복원될 수 있어서 동아시아 현생인류의 진화를 밝혀줄 수 있는 중요한 자료이다. 그런데 티엔위엔(田園, Tianyuan) 동굴에서 발견된 고인류 화석종에 대해서 화석의 특징으로 볼 때 분명히 현생인류이지만, 손가락뼈 등이 굵다는 점 등 적어도 4~5% 정도의 네안데르탈인의 유전적인 특성에 있어서는 분명 두 인류 종의 혼혈에 의한 후손이라고 확인된 것이다.[94] 흥미로운 것은 이 유전자에서는 데니소반의 것은 보이지 않는다는 점이다. 그런데 더욱 의미 있는 주장은 이 고인류 화석에서 나온 DNA는 네안데르탈 유전자가 당시에도 사라지는 과정에 있다고 보는 것이며[95] 이것은 결국 네안데르탈인이 동아시아지역에서 어떻게 도태되어 갔는지를 알 수 있게 만드는 고인류 화석인 셈이다. 현대 유럽인이나 아시아계 현대인들은 대체로 1.8~2.6% 정도의 범위에 있다고 보면 상당히 높은 수준이고 시기가 그만큼 오래전이라는 것을 확인하여 주는 셈이 되는 것이다. 그런데 흥미로운 것은 이 고인류 화석은 벨기에의 고에트(Goyet) 동굴에서 나온 3만 5000년 전의 화석인류와 유전적으로 대단히 가깝다는 것이다. 그렇지만 유럽의 다른 고인류 화석의 것들과는 다른 특성을 가지는 것이고 반면에 남아메리카 대륙에 이르는 지역에까지 동일한 유전자들이 확산하여 있는 것으로 확인된 바 있다. 그리고 또한 이 티엔위엔(田園, Tianyuan) 동굴인의 유전자는 한국인과 동남아시아인을 포함한 아시아계의 인류들과 공통의 유전적인 특성을 갖고 있으며 심지어 뉴기니아와 오스트레일리아까지지도 보인다. 그래서 이 유전자 확인이 가지는 의미는 대단히 신장한 것으로 볼 수 있다. 이 동굴에서는 많은 동물 뼈들이 발견되었는데 석기는 발견되지 않았

---

90 Bae et al. 2014.

91 Moartinon-Torres 2017.

92 Tong et al. 2004.

93 Shang et al. 2007.

94 Fu et al. 2017.

95 Stringer 2014.

다. 그런데 이 고인류 화석의 경우에 아마도 원래 완전한 개체가 있었을 것으로 보이는데 동물에 의해서 운반되거나 또는 다른 사람들에 의해서 도살된 것이 아니라는 점은 확실한 것으로 생각하고 있다.[96]

산딩동인(山頂洞人, Upper cave Man)

또한 유명한 저우커우뎬 산딩동(Upper cave Man)의 인골은 새롭게 측정된 연대가 대체로 3만 5000년 전에서 3만 3000년 전으로 알려졌다.[97] 이 동굴에서는 3구의 잘 보존된 화석 인골이 있는데 이 중에 산딩동 1번 화석인류는 그동안 현대 여러 인종들과의 관련성에도 불구하고 유럽의 후기구석기시대 화석 인류들과 유사성이 많다는 설이 있다.[98] 이것은 이 화석인골과 비교하였던 동아시아지역의 사람들, 즉 몽골로이드 집단들의 특성들은 비교적 최근에 형성된 것으로 보아야 한다는 점에서 이 화석골의 계통을 다르게 설정하고 있는 셈이다. 이 동굴에서 발견된 다른 두 개의 고인류 화석의 경우에도 몽골로이드의 원시적인 형태라고 보는 견해가 있지만,[99] 그 형태적인 다양성의 정도가 커서 이것이 이 집단 내의 다양성의 폭을 의미하는 것인지 초기의 견해처럼 다른 인간집단계통을 의미하는 것인지 알 수가 없다. 초기 바이덴라이히의 연구에서는 이들은 멜라네시아나 에스키모인들과 유사성이 있다는 보고를 한 바 있다.[100]

중국에서는 이 외에도 광서(广西)의 퀴린 시의 바오지안동(Baojiandong) 동굴에서 발견된 사람의 이빨이 있는데 같은 층에서 석기들과 동물 뼈들이 함께 발견된 바 있다. 상부 홍적세의 동물군들인데 연대는 3만 4000년이 하한일 것으로 보고 있다.[101] 바이리엔동(Bailiandong, 白蓮洞) 유적은 광서(广西)의 리우주 현에 있으며, 어금니 2점이 상부 홍적세에 속하는 동물들과 함께 발견되었고 사람 이빨의 상부에 있는 석회층의 우라늄 시리즈 연대가 적어도 16만 년 전으로 알려졌다. 윈난(云南) 이리앙현(宜良縣) 장코우동(Zhangkoudong, 張口洞) 동굴에서는 현생인류의 이빨이 40여 개가 석기들과 함께 수습되었다. 그런데 연대는 아직도 분명하지 않은 점이 있다. 이 외에도 여러 지점에서 현생인류의 화석들이 발견되었지만, 그 연대가 불분명한 것들이 많다. 중국에서는 이러한 유적들 이외에도 연대가 불분명한 현생인류 화석들이 발견돼 지점들이 다수 있다. 이러한 지점 중에서는 상부 홍적세의 말엽에 해당하는 것도 있지만 아마도 앞으로 조사 여부에 따라서는 시대가 올라가는 것들

96 Fernandes-Javo et al. 2015.

97 Chen et al. 1989; Chen et al. 1992; Li et al. 2018.

98 Brauer and Mimisson 2004; Harvati 2009; Kaifu and Fujita 2012.

99 Wu 1961.

100 Weidenreich 1938/39.

101 Wang et al 1982.

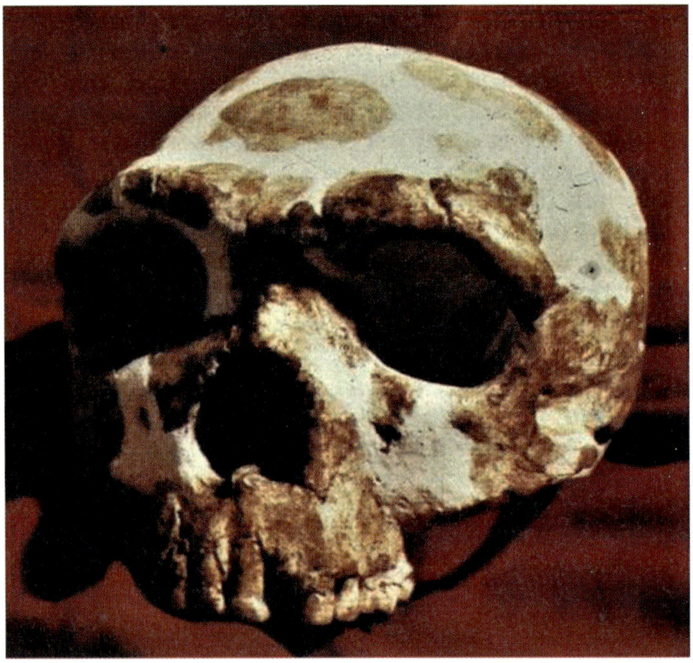

도판 32 극동 대륙지역의 고인류화석. 상) 고형의 호모 사피엔스 진뉴산인, 0.27MA. 하) 호모 사피엔스, 평양 만달리, 15ka.

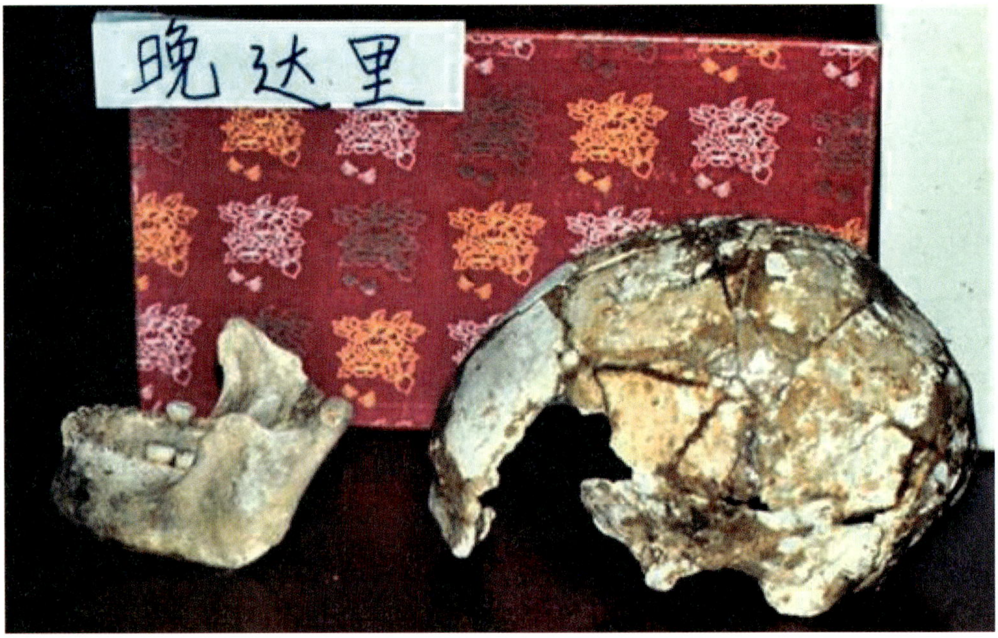

이 발견될 가능성이 다분히 있다고 기대된다. 아마도 중국의 현생인류 기원에 대한 논의는 전 세계 어떤 지역보다도 관심을 끌고 있는 것은 틀림없다.

만주 지역

오늘의 중국 동북지구라고 말하는 만주의 지린 스먼산 유적에서도 현생인류 화석이 발견되었는데 안도인(安圖人)라고 명명되었다. 아래턱뼈의 첫째 어금니인데 마모의 흔적으로 미루어 중년 여성으로 추정하고 있다.[102] 안도인에 동반된 동물화석의 연대는 2만 6600+/-550에서 3만 5400+/-1800년이 얻어진 것인데 이것이 고인류 화석의 연대로 직접 연결되는지는 불분명하지만, 대체적인 시간적 범위를 보여주는 것으로 생각된다. 대체로 후기구석기시대로 보며 산딩동보다는 이른 시기의 것으로 보는데 동물군은 살라우수동물군과 유사한 단계로 보고 있다. 지린성의 위슈(楡樹)시의 송화강 기슭의 주지아유팡(周家油坊) 유적에서도 두개골 화석 편과 정강이뼈로 구성된 현생인류 화석이 발굴된 바 있는데 위슈인(楡樹人)이라고 명명되었다.[103] 세밀한 가공을 보여주는 석기와 골기 그리고 동물화석들이 다량 수습되었는데 맘모스 등의 동반된 동물화석으로 미루어서 상부 홍적세의 후반의 늦은 시기로 보인다. 불소함유량이 비슷하다고 측정된 주지아유팡 유적1지점의 맘모스뼈의 연대가 2만 9800+/-1200년을 보여서 이 위슈인의 연대를 간접적으로 추정하고 있다. 만주 지역의 상부 홍적세의 후반에 고인류 화석들이 나타나고 있지만, 아직도 이러한 화석들이 가지고 있는 특성에 대해서 비교연구가 태부족한 셈이다.

한반도

한반도 내에서도 석회암 지대의 동굴에서 다수의 고형의 호모 사피엔스와 현생인류 단계의 화석들이 확인되었다. 모든 고인류 화석들은 석회암 동굴에서 발견되었는데 대체로 한반도 중부지역에서 발견되었다. 이 중에서 비교적 이른 시기, 고형의 호모 사피엔스로 구분될 수 있는 것들이 역포인[104]과 덕천인[105] 그리고 용곡인도 알려진 연대로 본다면 이 시기에 포함될 수 있을 것이다. 많은 고고학자료가 발견된 용곡동 동굴에서는 도합 5개체분의 뼈들이 수습되었는데 가장 아래층에서 나온 것은 대체로 7만 년 전에서 5만 년 전경으로 알려졌다.[106] 용곡인 화석은 애초에 대단히 절대연대 측정치를 토대로 대단히 오래된 것으로 보기도 하였지만,[107] 그 두개골의 특징이 현생인류의 것들과 비교하여 큰 차이가

102 姜鵬 1975.

103 孫建中 외 1981.

104 김신규·김교경. 1985.

105 고고학연구소 1978.

106 김근식 1991; 한창균 1992.

107 전제헌 외 1986.

없어서 많은 문제점이 지적됐으며 새로운 연대치가 현생인류의 범주에 들지만, 문제는 현생인류로서는 이 지역에서 초기에 해당하는 것이다. 가장 중요한 현생인류 화석은 바로 만달리 동굴에서 발견된 만달인 화석인데 거의 완전한 모습의 두개골과 턱뼈로 구성되어 있으며 이외에도 골반과 넓적다리뼈 등이 발견되었으며 외형은 완전히 현생인류의 모습을 하고 있다. 이 고인류 화석은 흑요석으로 만든 세석인석기 공작을 동반하고 있어서 상부 홍적세 중에서도 상당히 후반에 속하는 것으로 생각하고 있다.[108]

승리산 동굴유적은 평안남도 덕천에서 발견되었는데 35세 정도의 남자 턱뼈가 수습되었는데 이 층에서는 아무런 동물상이 포함되어 있지 않았다.[109] 대체로 4만 년에서 3만 년 전 사이의 시기로 보고 있는데 이 층의 화분분석의 결과 복원된 식생으로 미루어도 연대의 범위는 타당할 것으로 보인다. 이 아래층에서 덕천인의 화석이 발견된 바 있다. 승리산인 턱뼈 화석은 만달인의 것과 거의 유사한 특징을 가지고 있고 이러한 화석들의 특성이 머리가 높고 턱뼈가 높다는 점이고 이러한 특징은 현대 한국인들에게 연결되는 것으로 주장하고 있다.[110] 평안남도의 북창의 풍곡리 동굴에서도 이마와 눈두덩이 부분이 있는 두개골 편이 확인되었는데 풍곡인으로 명명되었고 눈두덩이가 두드러진 점으로 미루어볼 때 현생인류에서 고형적인 특성이 많이 있는 것으로 볼 수 있다.[111]

한반도 서북지역인 서해도 태탄의 냉정 동굴 유적에서도 현생인류로 판단되는 사람의 뼈가 두개골 뼈 2점을 포함하여 석기들이 발견되었는데 중년 남자의 것으로 판단하고 있고 대체로 현생인류의 초기 단계의 것으로 추정하고 있다.[112] 이 동굴유적에서는 중부 홍적세에서 상부 홍적세의 후반에 이르는 단계의 퇴적이 있고 기후변동을 반영하는 동물상이 보고되었는데 그 절멸율이 50%로 상당히 높은 수준이다. 두 단계의 문화층으로 구분되는데 고인류 화석은 상부문화층에서 발견되었는데 동반되는 고동물상은 서늘한 기후를 반영하고 있고 절대연대가 대체로 5만 년에서 4만 2000년 전으로 얻어진 바 있다. 하부층의 상부층에서 얻어진 연대는 9만 8000년 전이다. 상원군의 금천 동굴에서도 현생인류의 화석이 발견되었는데 턱뼈와 이빨 등 5개체 분으로 보고되었는데 30대 중반의 사람들의 것으로 턱뼈의 두께로 미루어서 현생인류의 초기 단계의 것으로 추정하고 있다.[113] 평안남도의 상천군의 금평 동굴에서도 현생인류 화석이 발견되었는데 나이가 든 남녀에 해

108 김신규·김교경 외 1985.

109 고고학연구소 1978 전게서.

110 장우진 1987.

111 전일권 외 2009.

112 인류 진화발전사 연구실 1995.

113 장우진 외 1988.

당하는 아래턱뼈가 발견되었다.[114] 늦은 시기의 현생인류로 보고 있으며 후기구석기문화와 함께 발견되었는데 대체로 찍개류의 큰 석기들이 다수인데 석기의 형태가 애매한 모양들이다. 그런데 불 자리가 있는 점으로 미루어 동굴 내의 인공적인 행위가 분명하며 동물화석들은 대다수 현생 종들로 구성되어 있다.

충청북도 단양의 상시 바위 그늘 제3 유적에서도 고인류 화석이 발견되었는데 두개골 편, 어깨뼈, 팔뼈 등이 수습되었는데 같은 층의 동물화석으로 측정한 우라늄 시리즈 연대가 3만 년 전경으로 밝혀졌다. 특히 두개골 편은 왼쪽 옆머리뼈 조각들과 윗머리뼈 조각이 있는데 현생인류적인 특징을 잘 보여주는 것으로 관찰되었으며 팔뼈로 추정한 키는 158~159센티미터 정도라고 추정하고 있다. 석기와 골기들도 함께 출토되었으며 동물화석들은 추운 기후에 적응한 것들로 구성되어 있다.[115]

일본 열도

일본 열도는 어쩌면 인류의 확산과정에서 유라시아 대륙에서 가장 늦은 시기에 도달한 지역의 하나이지만 시대가 올라갈 가능성은 있을 것이다. 지난 60년대 후반에 미나토가와 유적에서 4개체의 인골들과 함께 턱뼈들이 수습되었는데 틈새 굴의 가장 낮은 퇴적물에서 오래된 것이다.[116] 그렇지만 이 두개골들은 상부에서 굴속으로 떨어져서 쌓은 것이어서 시기적으로 같이 취급하기가 어려운 점이 있다.[117] 이 인골들이 발견 지점에서 멀지 않은 곳에서 채집된 목탄으로 측정한 연대는 1만 6600+/-300BP이지만 보정연대로는 1만 9000년 전이 될 것이고 또 다른 연대로는 보정연대가 2만 1800년 정도 되는 것이다. 이 동굴 내에서 얻어진 다른 탄소연대들은 이보다도 늦은 시기의 것들이고 늦어도 1만 년 전 이전의 연대 폭을 보인다.[118] 그런데 미나토가와 틈새 굴과 똑같은 퇴적구조를 보이는 다른 유적에서 얻어진 연대가 적어도 2만 4000년 전으로 나오고 있어서 그 연대는 더 올라갈 수도 있을 것으로 기대하고 있다. 미나토가와 화석은 북중국의 현생인류 화석들보다는 남중국의 리지앙 화석이나 동남아시아의 니아동굴의 화석[119] 등의 현생인류 집단과 두개골의 모양이 더 유사한 측면이 있다고 보고 있다.[120] 또한 동남아시아 주민들의 특성인 순

---

114 인류 진화발전사 연구실 1995.

115 손보기 1994; 홍현선 2009.

116 Suzuki and Hanihara 1982.

117 Matsu'ura et al. 2011.

118 Kaifu 2012.

119 Harrisson 1959.

120 Wu 1992; Baba et al. 1998; Kaifu and Fujita 2012.

다돈트적인 특질을 가진 이빨을 보인다. 그리고 몽골로이드에서 특징으로 나타나는 납작한 얼굴 모습이 아니었을 것으로 추정하고 있다. 이러한 점은 동아시아 주민들의 확산과정을 반영하는 증거로 볼 수가 있을 것이다.

그러나, 현재까지의 증거로 미루어서 상부 홍적세로 올라갈 수 있는 고인류 화석은 미나토가와 이외에도 하마키다 유적과 오키나와의 여러 섬의 동굴들에서 발견된 것들이다. 하마키다인의 인골들은 60년대 수집되었는데 아래층에서 나온 정강이뼈의 연대는 2만 1000년 전으로 알려졌고 상부층의 뼈의 연대는 탄소연대측정으로 1만 7000년 전의 것으로 알려졌다.[121] 이러한 연대치는 빙하극성기의 후반에 해당함으로써 이 시기에 대륙으로부터의 새로운 유입을 상정하기도 한다.

오키나와의 야마시타조 동굴에서 발견된 아이의 정강뼈와 허벅지 뼈가 발견되었다. 이 뼈가 나타난 층의 연대가 3만 6644+/-1353cal BP로 알려졌는데 이 연대를 이 인골의 연대로 보고 있다. 이 화석을 현생인류의 오래된 형태라고 보지만 새로운 분석관찰에서는 다리뼈의 구조가 조몽인들의 것과 큰 차이가 없다는 점이 제기되어[122] 앞으로 더 연구가 필요할 전망이다. 이 외에 두 지점, 시모지바루 동굴과 핀자 아부 동굴 등에서 발견되어 각기 1만 5200+/-100 세리고 2만 6800+/-1300BP와 2만 5800+/-900BP가 나왔다. 이시가쿠 섬의 시바로 사오네타바루 동굴에서도 많은 인골이 수습되었는데 두 차례의 발굴에서 인골은 그 연대의 폭이 2만 5000년 전에서 1만 5000년 전 사이의 값이 얻어진 바 있다. 이러한 인골들의 유전자 분석은 주민들이 동남아시아나 남중국에서 넘어 온 것으로 보고 있고[123] 몇 지점의 인골의 체질적인 특성 역시 인도네시아의 와작 인골,[124] 37ka로 알려진 니아동굴 유적의 인골[125] 등과 연결하고 있어서 이 지점들의 인골들의 주인공들의 기원을 짐작하게 한다. 그래서 결론적으로 현재 드러난 인골 화석으로 말하자면, 일본 열도에 적어도 4만 년 전에는 현생인류가 도달한 것으로 추정하고 있다.[126]

---

121 Kondo and Matsuura 2005.

122 Fujita et al. 2007.

123 Shinoda and Adachi 2013.

124 Baba et al. 1998.

125 Kaifu and Fujita 2012; Reynold and Barker 2015.

126 Ikawa-Fumiko 2015.

4 아시아지역에 있어서 현생인류의 진화

4.1 현생인류의 아시아지역 확산의 시기와 과정

현생인류, 호모 사피엔스(*Homo sapiens*) 분류학적인 정의

오늘날 살고 있는 현대인을 포함하여 인류 진화사 상의 가까운 과정에 살았던 우리와 같은 종이라고 생각하던 화석인들을 현생인류로 정의하였다. 한동안 현생인류의 기원을 5만 년 전 전후한 시기로 보고 그 이후의 고인류학적인 증거 이외에도 석인석기의 등장이나 상징적 표현이 담긴 유물 등이 출현하는 것들을 중요한 증거로 삼았다. 그러나, 유전자분석의 결과가 쌓여가고 또한 새로운 고고학 증거 그리고 그 새로운 해석이 증가함에 따라서 현생인류의 확산 시기를 추정하는 것이 간단하지 않음을 보여주고 있다. 그래서 과거와는 완전히 다르게 고고학적, 고인류학적 그리고 유전학적인 자료의 전체적인 검증을 통한 새로운 관점에서 접근하여야 한다는 주장[127]들이 지속해서 제기되고 있다. 우선 아프리카 지역에서 오래된 현생인류 또는 초기 현생인류 화석(early *Homo sapiens*)들의 새로운 연대가 중부 홍적세로 올라가는 것이 확인되고 있고 아시아지역에서도 현생인류로 판정되는 화석의 연대가 과거보다도 훨씬 올라가는 것으로 확인되고 있어서 아시아로의 확산과정 역시 한 차례가 아니라 몇 차례 있었을 것으로 추정하고 있다.

최근에 유전학의 발전으로 고인류 화석의 유전자가 채취되고 비교될 수 있음으로써 현생인류의 연구 방법론에 획기적인 전환이 이루어지고 있다. 고인류 화석의 형태적인 비교연구와 함께 현생인류의 기원을 훨씬 더 정교하게 복원할 수 있게 된 것이다. 그래서 오

---

127 기존의 학설들을 잘 정리한 논문 예; Groucutt et al. 2015 등.

늘날 대단히 빠른 속도로 현생인류의 기원에 대한 과거의 오류 수정과 새로운 증거에 대한 해석이 이루어지고 있다. 그렇지만 현생인류의 기원과 확산에 대해서 논하게 될 경우에 현재로서 몇 가지 중요한 전제 질문이 있다. 가장 근본적인 질문으로서 하나는 현생인류, 즉 호모 사피엔스(*Homo spaiens*)라고 분류하는 인류 종이 생물학적으로 그리고 행위적으로 어떻게 정의할 수 있는가? 라는 질문을 생각할 수 있다. 이러한 정의를 토대로 현생인류에 대해서 다양한 질문들 즉, '아프리카에서 언제 그리고 어떻게 진화하였을까?'라는 것이고 또한 '언제 유라시아 대륙으로 확산히기 시작하였으며 확산과정에서 근동지역은 어떤 역할을 하였을까?' 등을 제기할 수 있을 것이다. 그리고 동아시아 대륙으로 건너오는 다른 루트에 대한 시기의 문제일 것이다. 그리고 동아시아적인 입장에서 질문을 다시 던진다면 '현생인류가 몇 번 확산하여 왔을까?' 이러한 질문에 대해서 새로운 자료가 증가함으로써 과거에 제기되었던 학설들의 타당성에 대한 논의가 활발하게 진행되고 있는데 그 핵심적인 주제는 결국 현생인류에 대한 정의 문제라고 할 수 있다.

그리고 또한 큰 심각한 질문은 단일 기원을 말하는 아우트 오브 아프리카설의 관점에서 볼 때 그 확산과정에서 아프리카나 중근동에서 출발한 현생인류와 그 지역에 살고 있었던 기존의 인류종들과의 관계문제이다. 예를 들어서 네안데르탈인과 현생인류가 유전자 교류가 가능하다는 것이 이제는 보편적인 지식이 되었지만[128] 분명히 종은 다르다고 판단하는 것이다. 그래서 '종'이라는 단절적인 개념의 구분이 이제는 점이적인 정의로 바꾸어야 하지만 아직도 분명하게 구분하는 방안이 제시된 것은 없다. 결국, 오늘날 유전학적인 증거가 증가할수록 제기되는 문제는 바로 현생인류(*Homo sapiens*)라는 인류종에 대한 정의일 것이다. 이 논의는 아직도 많이 이루어지지 않고 있지만, 과거에 유전자 확인 이전의 인류 종의 개념과는 다르다는 점은 분명히 전제하고 이해되어야 할 것이다. 바로 생물 종간의 유전자 교류가 장기적으로 가능할 것인가의 진화를 다루는 학문에 있어서는 본질적인 문제이지만 화석종의 단계에서 인류 종의 개념을 유연하게 적용하지 않으면 논의를 지속할 수가 없게 되어 있는 것을 아는 것이 필요하다. 이러한 현생인류 종의 정의에 대한 문제는 인류화석을 분류할 때 더 애매하게 적용되는 것이며 또한 유전자분석에 의한 분류라고 하더라도 어느 정도 유전자의 교류가 가능한 정도에 따라서 그 종을 구분하는 방법이 애매해질 수 있는 것이다. 이러한 점을 유념하여 현재 제기된 각 현생인류 관련 인류종의 개념을 이해하는 것이 필요할 것이다. 이러한 점에서 현생인류의 연구는 아직도 시작되는 과정에 있다고 하여도 과언이 아닐 것이고[129] 이러한 현생인류와 화석종간의 정의나 분류의 문제는 앞으로 더 올라가는 단계의 고인류 연구에도 적용될 수 있는 모델을 제공하게

128 Mafessoni 2019; Villanea and Schraiber 2019.

129 Hublin 2014.

될 것으로 기대한다.

현생인류 진화의 시기

현생인류가 어디서 언제 시작되었는가? 이 질문이 무엇보다도 우선적으로 설명이 되어야 할 필요가 있다. 그래야 유라시아 대륙으로 건너오는 시기와 확산이 시작되는 시기에 대한 설명이 이어질 수가 있기 때문이다. 그동안 두 가지의 고고학적인 사실에서 아프리카가 현생인류의 기원지라고 생각될 수 있었다. 하나는 가장 오래된 현생인류는 이스라엘의 카멜산의 유적인 갚제와 스쿨 동굴에서 약 10만 년 전에 살았던 인류이고 시간적인 갭이 있고 난 뒤에 새로이 이 지역에 등장하는 현생인류 역시 유라시아에서 가장 오래된 시기로 알려진 사실이고, 다른 하나는 이보다도 더 오래된 현생인류 화석들은 모두 동아프리카 지역에서 나타난다는 것이다. 유전인류학이 발달하기 시작한 지난 80년대 초에 각 대륙의 현대인에 대한 mtDNA 유전자 연구에서 아프리카에서 기원하고 중근동에서 분기하여 동으로 북으로 확산하여 간 것으로 알려졌다.[130] 오늘날 현대인뿐 아니라 고인류 화석에서 유전자를 추출하여 비교분석이 이루어지면서 현생인류의 기원과 확산에 대해서 급속도로 자료가 증가[131]하고 새로운 학설이 뒤를 잇고 있다.

현생인류가 최초로 발생한 지점에 대해서는 과거에 16만 년 전으로 알려진 헤르토인[132]이 발견된 동아프리카의 에티오피아 지역으로 생각되어 왔지만, 특히 최근에 발견된 모로코의 제벨 이부루드(Jebel Ibrouhd) 유적에서 새롭게 발견된 호모 사피엔스, 즉 현생인류로 분류된 화석 이빨의 연대가 28만 6000년 전에서 31만 8000년 전경의 시기에 해당하는 것으로 측정되었고 초기 현생인류(early *Homo sapiens*)로 구분되었다.[133] 현생인류의 초기형태라는 뜻이다. 현생인류의 기원이 이제까지 생각했던 것보다도 훨씬 이른 시기에 확산하였을 것이라는 생각을 뒷받침할 수 있는 자료들이 증가하고 있다.

아프리카 지역에서 현생인류가 최초로 나타나는 과정은 동아프리카와 남아프리카의 중부 홍적세의 선대 고인류들이 지역적인 진화와 진화된 집단들이 서로 유전적인 교류를 하는 과정에서 생겨난 것으로 보고 있는데 그동안 헤르토 등의 유적에서 현생인류로 분류되는 화석이 나왔지만 정작 현생인류의 가장 원조가 될 수 있는 화석은 아직도 보이지 않는 것으로 판단하고 있다.[134] 앞서 언급된 제벨 이부루드의 화석의 경우에 이러한 진

---

130 Cann, et al. 1982; Cann et al. 1987.

131 Behar et al. 2012.

132 Hublin et al. eds. 2012; Stringer 2002; Stringer and Andrew 1988.

133 Hublin et al. 2017.

134 Pounier and Lahr 2019.

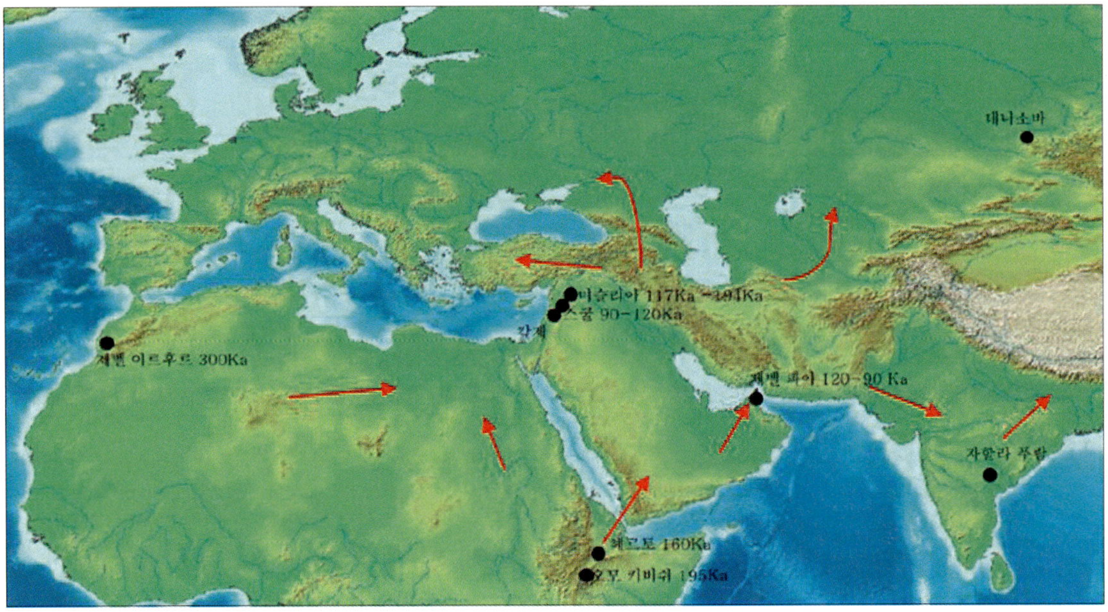

도판 33 현생인류 초기단계 유적들의 분포와 아프리카로부터 유라시아 대륙으로 확산의 방향

화과정에서 어떠한 의미를 가지는 것인지는 앞으로 비교연구의 관건일 것이다. 결국 중부 홍적세 들어서 호모 에렉투스의 후예들 또는 하이델베르크인으로 불릴 수 있는 고인류들이 지속해서 진화하여 중부 홍적세의 후반에 현생인류로 진화하는 셈인데 왜 이 시기에 현생인류가 나타나게 된 것인지에 대해서는 아직도 설명하기가 어렵다. 그러나, 현생인류 단계에서 나타나는 많은 문화적인 진화의 결과들을 미루어 본다면 중부 홍적세의 후반에 나타나는 기후변동, 즉 추운 기후로의 전환이 큰 영향을 미쳤을 것으로 추정할 수가 있다. 인간의 두뇌 발달에 가장 큰 역할을 하는 것이 바로 생태계의 적응과정이고 또한 사회적인 협동과정이라는 점[135]에서 그러한 추론이 가능할 것이다.

현재의 증거로 미루어서 보건 데는 현생인류들이 근동 지방까지 이미 이른 시기에 확산하여 있다가 어느 정도 시간이 지나간 다음에 유라시아 대륙으로 퍼져 나갔을 것으로 보는 견해[136]가 우세하다고 볼 수 있을 것이다. 즉 다시 말해서 아프리카에서 초기의 확산과 환경이 변화함에 따라서 다시 새로운 확산들이 있었을 것으로 보는 것이 점차로 그 설득력을 얻고 있다고 할 수 있다. 결론적으로 말하자면 과거에 한차례의 확산이 있었을 것이라는 설명에서 두 차례 이상의 확산이 있었을 것이라는 주장이 큰 흐름이다. 그래서 아프리카 전 지역에서 발견된 현생인류와 근접하는 화석 인류들의 연대가 에티오피아의 보

---

135 González-Forero & Andy Gardner 2018.

136 Reys-Centeno, H. 2016.

도 유적 화석이 60만 년 전, 그리고 엔두투의 40만 년 전에서부터 탄자니아의 응갈로바 인골의 12만 년 전 사이에 분포하는 것으로 미루어서 아프리카 지역에서 이미 지난 60만 년 전 이래로 하이델베르그인과 후대의 현생인류 사이에 중간 종들의 유전자 교류가 있었을 것이라는 점을 의미한다고 보았다. 그래서 적어도 30만 년 전에는 아프리카에서 현생인류가 나타났다고 보는 것이 일반적인 생각이다. 최근에 남아프리카의 고인류화석에서 나온 유전자 분석[137] 에서나 데니소반, 네안데르탈 그리고 현생인류의 유전자의 비교연구에서 네안데르탈인과 현생인류가 갈라진 연대를 37만 년 전으로 추정하는 계산[138] 이 나온 것을 보면 현생인류가 아프리카에서 생각하는 것보다도 훨씬 이른 시기에 출현하였다는 증거들이 늘고 있는 셈이다.

화석의 연대가 올라가는 것도 새로운 사실이지만 인류의 진화과정에서 mtDNA의 변이 속도와 갈래를 재구성하는 과정에서 새롭게 알려진 사실을 토대로 현생인류의 기원이 훨씬 오래될 수도 있다는 것을 제기하고 있다.[139] 그리고 연관유전자들의 불균형적 유전패턴의 분석(Linkage Disequilibrium(LD))에서도 오스트레일리아로 확산한 현생인류의 유전자가 아프리카 내에서 후에 확산한 것보다도 더 오래된 양상을 보이기 때문에 분명히 아우트 오브 아프리카 확산이 한번이 아니고 여러 차례이었다는 점을 뒷받침하고 있는 것으로 생각하고 있다.[140] 다시 말해서 마지막 현생인류의 확산 이전에 이미 현생인류가 확산하여 있었다는 것을 보여주는 증거로 생각되는 것이다.

현생인류의 근동과 서아시아 확산의 시기와 패턴

현생인류의 동아시아로의 확산을 생각할 때 최우선으로 설명되어야 할 부분이 근동과 서아시아지역으로 확산한 시기이며 또한 그 횟수 그리고 루트일 것이다. 확산이 한차례였을 것이라는 학설과 여러 차례 있었을 것이라는 학설이 아직도 경쟁하고 있다. 근동지역과 아라비아 지역은 아프리카와 연속된 환경으로서 현생인류가 아프리카에서 진화한 다음에 바로 진출할 수 있는 지역이지만 이 지역을 벗어나게 되면 환경이 크게 달라지는 만큼, 이스라엘 지역의 유적들에서 보이는 공백이 암시하듯이 이 지역과 다른 유라시아 지역과는 확산의 시기에 차이가 있을 수가 있다. 그동안 유라시아 대륙에서 가장 오래된 현생인류 화석이 갚제나 스쿨 같은 동굴에서 발견된 것은 오늘날에도 전혀 이상스러운 일은

---

137 Schlebusch et al. 2017.

138 Petr et al. 2020.

139 Harrod 2013, Behar van Oven 2012; Catherine 2012; Pagani et al. 2016.

140 Reys-Centeno, H. 2016.

아닐 것이다. 그런데, 10만 년 전후한 시기에 근동지역, 즉 오늘날 이스라엘 지역에 나타난 현생인류는 그 지속 하였다는데 수수께끼처럼 한동안 이 지역에서 보이지 않는다.[141] 애초에 이집트의 시나이반도 그리고 이스라엘 등의 근동지역으로 이어지는 지역에 분포하던 현생인류들이 상부 홍적세의 MIS 4가 시작되면서 기후가 나빠지고 유럽지역에서 남하하던 네안데르탈인들에 의해서 대치되어 일차적인 확산이 실패하였을 것이라는 주장도 있었다.[142] 다시 말해서 이스라엘 카멜산의 캎제 동굴(적어도 10만~9만 년 전경)과 스쿨 동굴(12만 년 전에서 9만 년 전)에서 보는 현생인류 화석이 그 후 이 지역에서 한동안 사라지고 다시 나타나는 것이 이스라엘의 마노트 동굴의 현생인류 화석으로 보았을 때 대체로 5만 5000년 전경 이후라고 보기 때문이다.[143] 그래서 그 사이의 시간은 이 지역의 다른 유적들 아무드나 케바라 유적에서 출현하는 네안데르탈들에 의해서 적어도 이 지역에 있어서는 대체된 것으로 이해할 수밖에 없었던 것이다. 상부 홍적세 초기에 출현하였던 현생인류는 MIS 3단계에 이르러서야 이 지역에도 현생인류가 다시 등장하게 되기 때문이었다. 이 점은 과거에는 실패한 아우트 오브 아프리카의 증거로 보았지만 오늘날 새로운 자료를 토대로 현생인류가 아프리카에서 유라시아 대륙으로 이동하기 시작한 것이 적어도 한번은 아니었을 것이라는 점을 분명히 해 주는 증거로 해석되었다.

그런데 아프리카 지역의 현생인류의 초기진화 연대가 점차로 오래된 것들이 지속해서 발견되고 아프리카에서 이 지역으로 확산하여 온 것이 이러한 시기보다도 훨씬 이전에 이루어졌을 것으로 보이는 새로운 자료들이 나타나고 있다. 또한 중근동 이스라엘의 미스리야 Misliya, 유적의 우라늄 시리즈 연대가 17만 7000년 전에서 19만 4000년 전경으로 밝혀지고 특히 윗턱뼈의 경우에 네안데르탈인이나 이보다도 더 오래된 인류들의 것과는 확실히 차이가 있다는 점에 따라서 현생인류의 확산이 지금까지 생각하던 것과는 크게 시대가 앞설 수도 있고,[144] 또한 그 확산의 시기와 방향 역시 새롭게 해석되고 있는 셈이다. 당연히 홍해를 건너기 이전에 이미 연육된 통로이었을 근동 지방을 통해서는 확산할 수가 있었던 것이다. 그 정확한 시기에 대해서는 논란이 있지만 현재로서는 고인류 화석들을 근거로 본다면 현생인류가 아프리카에서 30만 년 전후한 시기에 나타났다고 보고 시간이 바로 그 직후 또는 한참 지난 후에 적어도 20만 년 전경에 아프리카를 떠나 근동이나 아라비아 지역으로 확산하는 것으로 보고 있다. 최근에 그리스에서 오래전에 발견된 아피디마(Apidima) 유적의 고인류 화석을 새롭게 연대 측정한 결과 21만 년 전으로 알려졌다.[145] 현

141 Stringer et al. 1989.

142 Shea 2008; Oppenheimer 2011.

143 Reyes-Centeno 2016.

144 Herskoivtz et al. 2018.

145 Havati et al. 2019.

생인류가 그리스의 유적에서 20만 년이 넘는 화석이 발견된다는 점은 근동지역으로 넘어와서 바로 확산하였다는 것을 보여주는 자료라고 생각할 수 있고 또한 유럽지역의 화석인류 중에서도 이미 27만 년 전에 네안데르탈인과 구분되는 현생인류의 흔적이 제시되고 있어서[146] 캎제나 스쿨 유적의 경우보다도 훨씬 앞서는 시기에 이미 유라시아 대륙의 서쪽 지역에서는 나타나고 있었다.

아주 초기의 확산 이후에 아마도 연속된 확산의 파장이 있을 것으로 보이는데 현재로서는 최후의 간빙기를 지나는 시점, 즉 13만 년에서 11만 5000년 전 사이의 시기에서 중기구석기를 사용하는 집단의 확산[147]과 대체로 5만 년에서 5만 5000년 전 사이의 시기의 석인석기를 사용한 집단의 마지막 확산[148]이 두드러진다. 그런데 초기 확산의 흔적은 희미하게 남아 있는 반면에 마지막 확산이 오늘날 현생인류로 연속되는 것으로 볼 수 있을 것이다. 그래서 초기 확산이 어디까지 이루어진 것인지에 대해서는 아직도 많은 논란이 있다. 이러한 상황은 과거와는 달리 현생인류의 와 과정을 복원하기 위해서 다양한 유전자분석법이 사용되고 있어서 화석 형태의 진화상의 단계 구분이나 연대측정법을 통하여 설명하였던 시기와는 엄청나게 다른 양상으로 설명들이 전개되고 있기 때문이다. 유전자 자료와 고인류의 화석자료가 상호 잘 부합되는 경우에는 더욱 확실한 입장에서 설명될 수 있지만 그렇지 아니한 경우에는 다양한 가설들이 제기되고 새로운 검증의 대상이 되는 과정을 거치고 있는 단계라고 할 수 있다. 근동지역의 현생인류 문화의 시기적인 공백 현상은 복수 확산을 주장하는 근거가 되지만, 다른 한편으로 고려하여야 하는 것은 이스라엘의 현생인류 유적들이 이 지역의 전체적인 문화분포나 시간적 지속성을 대표하는 것이 아닐 수도 있다는 점에서 다른 시각에서 새로운 복수 확산론이 제기될 수 있을 것이다. 유전자연구에서도 북과 동아프리카가 현생인류 유전자의 풀이 형성되어 있는 곳이었을 것이라는 점과 이 지역에서 진화가 먼저 일어난 점에서 확산여부에 관계 없이 현생인류가 이 지역에 오래전부터 진화하고 있었다고 보는 것[149]이며, 아프리카 지역이나 아라비아반도에서 현생인류들이 만든 것으로 보이는 동, 북아프리카와 같은 종류의 중기구석기나 후기구석기 공작들이 시간적인 공백이 없이 지속해서 나타나는 것을 토대로 현생인류의 확산이 적어도 5~6만 년 전 훨씬 이전부터 연속적으로 나타났을 것으로 보는 것이다.[150]

그런데, 현생인류의 복수 확산 주장을 결정적으로 강화하게 된 전기가 새로이 마련된 것은 바로 해양학의 연구성과 덕분이다. 과거에는 현생인류가 아프리카에서 아시아로

---

146 Posth et al. 2017.

147 Armitage et al. 2011.

148 O'Connell et al. 2018.

149 Hublin and Klein 2011; Hublin et al. eds. 2012.

150 Harrod 2013.

확산하는 경로를 시나이반도를 연결하는 근동지역만을 생각하였고 실제로 의미 있는 많은 유적이 집중되어 나타나고 있었지만, 유전학과 구석기 고고학의 새로운 자료를 근거로 확산의 새로운 루트에 대한 설명이 등장하게 된 것이다. 바로 에티오피아 지역에서 홍해를 건너서 아라비아반도의 남단으로 진출하여 남아시아로 확산하는 시나리오다.[151] 이러한 주장을 더욱 가능성을 높이는 것이 바로 홍해가 상부 홍적세의 초기 즉 마지막 간빙기가 시작되던 시점, 즉 MIS 5의 초기에 해수면이 낮아지면서 밥 알 만다브 해협에 불완전하지만 이동의 통로가 나타났을 것이라는 학설이 등장한 것이다.[152] 이 새로운 루트에 대한 설명이 최근에 증가하기 시작한 연대가 점차 오래 걸리는 현생인류의 화석 증거들이 늘어가면서 설득력을 얻게 된 것이며 이에 맞추어 다른 증거들을 해석하려는 시도들이 지속하는 것이다. 그리고 이 통로를 통한 현생인류의 확산은 해수면 변동의 주기가 크게 영향을 미친 것으로 판단하는 것이다. 결국 해수면 변동주기는 상부홍적세 기간 동안 기후의 변동주기를 말하는 것으로서 106-94, 89-59, 59-47 그리고 45-29ka의 시기가 된다.[153]

아라비아로의 확산이 북쪽 통로(northern corridor)로 지칭되는 시나이반도를 거쳐서 근동 그리고 아라비아로 확산하는 경로와 함께 홍해를 건너서 예멘 쪽으로 연결되는 남쪽 통로(southern corridor)가 있었을 것이고 이 통로를 통해서 동아프리카의 현생인류들이 건너와서 남아시아로 향하였을 것으로 보는 견해가 제시되었다. 이 남쪽 통로는 애초에 아프리카의 후기구석기의 확산을 논하면서 잠정적으로 제기되었지만 구체적으로 그 과정이 설명되지 못하였는데 이보다도 훨씬 이전에 중기구석기를 가진 집단이 이주하는 통로로 사용되었을 것으로 보는 것이다. 초기 현생인류 유적인 에티오피아의 헤르토 유적에서 확인되는 석기 공작들과 이 시기에 나타나는 아라비아반도의 중기구석기 공작, 제벨 파야(Jebel Faya나 Jebel Qattar 1) 등과 같은 유적들의 석기 공작,들이 비슷한 양상으로 보이고 특히 누비안 석기 공작들이 아라비아에서 널리 관찰되는 것으로 미루어서 에티오피아, 오늘날에는 에리트레아 지방에서 건너왔을 가능성을 더욱 짙게 만들고 있다.[154] 여하간에 아프리카에서 중기구석기를 만들어 사용하던 현생인류 집단이 상부 홍적세 초기에 기후변동과정에서 홍해를 건너서 아라비아반도로 이동하였다는 것을 보여주는 것이다.

이러한 주장은 과정에 우리가 석인석기의 확산과 현생인류의 확산을 동일시하던 모델에서 변화한 것이며 시기적으로도 훨씬 앞서는 연대가 되는 것을 의미하는 것이다. 홍해 도해 모델이 성립될 수 있는 것은 바로 해양학적인 연구에서 홍해가 한 번도 내해가 된 적

---

151 Blinkhorn et al. 2013.

152 Bailey 2015; Lambeck et al. 2011; Zonneveld 1991.

153 Timmermann and Fridrich 2016.

154 Armitage et al. 2011; Bretzke et al. 2013; Rose et al 2011; Petraglia et al. 2011; Groucutt et al. 2015.

이 없지만, 빙하기에 해수면이 50미터 이상 낮아지게 되면 밥 엘 만데브 해협이 아라비아의 예멘 쪽과 아프리카의 에리트레아 쪽이 상호 헤엄칠 수 있는 거리인 5킬로미터 내외로 줄어들게 된다는 것이다. 그런데 중요한 점은 아라비아 지역이 건조하게 되면 사람이 살기 어렵기 때문에 인도양의 몬순이 강해져서 아라비아가 습해지고 해수면이 아직도 낮은 단계에 있을 때 이동하게 되면 아라비아 각 지역으로 확장될 수 있을 것이라고 설명한다. 이러한 시기가 바로 MIS 5의 시작 이후의 비교적 짧은 특정한 시기로 추정되는 것이다.[155] 이 시기가 대체로 13만 년 전 부근일 것으로 보는 견해이다. 이 중근동 지역에서 중기구석기 공작으로 분류되는 '누비안' 석기 공작들이 아프리카지역과 공통성을 가지고 있다는 점이 그 근거로 제시되는 것이다. 그리고 아라비아의 제시된 유적들에서 이와 비슷한 범위의 연대치가 있다는 점에서 설득력이 있는 것이다. 또한 새롭게 제시된 현생인류의 분기연대에서도 이러한 연대치를 뒷받침하는 것으로 보는 것이다.[156] 다른 자료로서는 알타이의 네안데르탈인의 화석에서 관찰된 유전자가 근동지역에서 이미 10만 년 전 이전에 현생인류의 유전자가 혼합된 것이라는 연구도 있다.[157] 그래서 반드시 아라비아의 해안 루트를[158] 통하지 않고도 습한 시기에 아라비아 대륙을 가로지를 수 있었다고 보기도 하는 것이다.[159] 현재 유전자연대측정의 방법론의 상의 지적된 문제점 말고도 새로운 분기연대가 고인류 화석에서 추출된 유전자에서 새롭게 얻어지고 있다.

그렇지만 아직도 유전자 분기의 연대에 대해서는 이전의 현생인류의 확산 연대, 즉 5~6만 년 전으로 보는 견해가 견고하게 남아 있다.[160] 이러한 견해 차이를 이해하는데 또 다른 변수로는 현생인류의 집단 중에서 다시 아프리카로 들어갔던 집단이 있다는 점이다.[161] mtDNA의 U6와 M1의 경우에 유라시아 기원임에도 불구하고 북과 동아프리카 지역에 분포하고 있다. 심지어 유라시아 기원의 유전자가 동아프리카 지역에서는 상당히 높은 수준으로 나타나기도 하는 것이다. 물론 홀로세의 인구이동에 의해서 된 부분도 있지만 이러한 경우들을 보면 과거에도 유사한 현상이 있었을 것으로 유추할 수가 있는 것이다. 그래서 아직도 이 시기 이전에 근동과 아라비아반도에 남아 있는 현생인류의 흔적으로 보는 고고학 자료들을 어떻게 보아야 할 것인지는 앞으로의 숙제라고 할 수 있다. 결국에 유라시아 유전자의 분기기원시간이 대체로 6만 5000년 전에서 7만 년 전의 시간적인 범위에서

155 Bailey 2015.

156 Catherine 2012.

157 Kuhlwilm, et al. 2016.

158 Mellars et al. 2013.

159 Breeze et al. 2015; Petraglia et al. 2019.

160 Karmin et al. 2015; Vai et al. 2019; Clarkson et al. 2017.

161 Gonzalez et al. 2007.

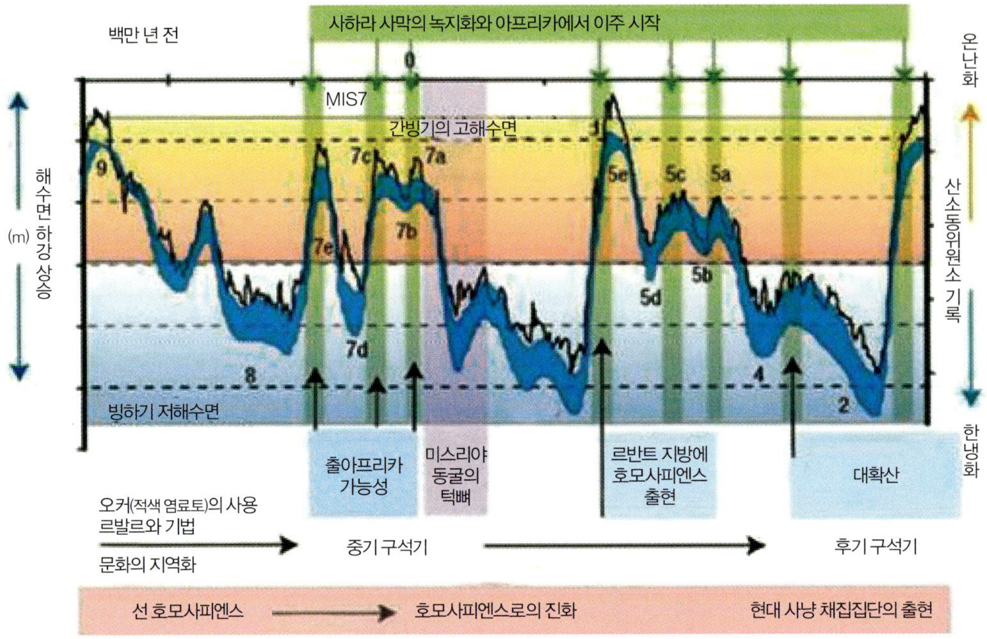

도판 34 홍적세 후반부 기후변동과 현생인류 확산과정(Compton 2017에서 변형: Compton blog: https://johnscomptonblog.wordpress.com/2017/08/07/new-ages-from-jebel-irhoud-morocco/)

현생인류의 유라시아 확산이 있었을 것으로 보는 견해[162]와 그 이전에 이미 유라시아 확산이 있었었고 다수의 확산이 있었다고 하는 주장이 경쟁적인 입장에서 제시되는 셈이다. 그러나, 복수확산을 뒷받침하는 자료가 증가하기는 하지만 궁극적으로 유전자의 분기연대에 대한 새로운 자료나 해석이 제시되지 않는다면 지속적으로 다양한 견해가 제시될 것으로 기대되는 것이다.

현생인류의 아시아 태평양 지역으로의 확산의 과정

현생인류가 근동을 떠난 시점에 대한 논의를 잠정적으로 유보하고 현재의 고인류 화석자료와 유전자 분석자료의 괴리를 먼저 확인하는 것이 필요할 것이다. 다만, 최근에 유전자의 시계에 대해서 새로운 계산 방식이 제기되고 있어서[163] 유전자의 분기 시기가 달라질 수 있다는 점을 고려하여야 할 것으로 보인다. 유전학적인 자료들은 결국 어떤 계산을 한다고 하더라도 변이의 속도를 어떤 기준으로 정하는가에 따라서 달라질 수 있고 또한 mDNA가 Y염색체의 변이속도보다는 빠르다는 것이 지속해서 확인되고 있어서 그 변이의

---

162 Oppenheimer 2012a, b.

163 Groucutt et al. 2015.

시간 값을 정하는 것이 중요하다. 그리고 또한 세대 간의 기간에 대한 정의에 따라서 달라질 수가 있는 것이다. 그리고 고인류학적인 연대는 고인류 화석이 가지는 애매한 정의들 때문에 분류가 명확하게 이루어질 수 없다는 문제가 있고 고고학적인 자료는 점이적인 변화 때문에 확실하게 그 단계나 귀속을 알 수 없는 점이 한계인 것이다. 그래서 현생인류 단계에서 많은 연대적인 자료가 나타나지만 결국 혼란스러울 정도로 다양한 의견이 제기되고 있는 것이고 실제적인 양상이 그렇게 단순하지 않다는 것을 암시하고 있다. 근본적으로는 고인류학적인 증거들이 그다지 많지 않다는 점이고 지역적으로 편재하고 있다는 점이 한계일 것이다. 석기나 예술품이나 다른 고고학적인 유물 역시 이 논쟁에서 가지는 한계는 명확하다. 우선으로 제작과 사용의 주체의 진화적인 단계를 확실하게 판단할 수 없는 경우들이 많고 과거의 생각과는 다른 경우 즉, 더 이른 시기의 화석 인류들이 늘어가고 있는 것이다. 예를 들어서 르발르와 기법이나 북아프리카의 아테리안의 슴베찌르개 등등의 현생인류보다 앞선 단계로 보았던 유물들이 이제는 현생인류의 것으로 보는 견해가 점차 증가하고 있다. 그러한 점에서 유전자분석의 결과나 문화적인 흔적의 패턴이 엄청나게 혼란스러운 상황으로 제시되어 있다는 점에서 각각의 분석의 결과나 가설들을 유의하게 받아들이지 않으면 안 된다.

현생인류 유전자의 분기연대는 아프리카의 원래의 현생인류가 가지고 있던 미토콘드리아 디엔에이(mtDNA)의 하플로 그룹 L이 M과 N으로 갈라지게 되는 시기를 8만 5000년 전이고 아프리카나 근동지역에서 확산하기 시작한 시기를 대체로 6만 5000년 전으로 보는 것이 유전학 연구에서 일반적으로 제시하는 시기이다. 이 두 종류의 초기에 분기된 하플로 그룹은 아라비아를 거쳐서 인디아 그리고 동남아시아 해안을 따라서 오스트레일리아까지 남쪽으로 확산하여서 갔고 또 하나는 북으로 대륙 쪽으로 확산하여 갔는데 현재 그 분포를 본다면 아시아지역에서는 M 하플로 그룹이 압도적으로 많고 유럽지역에서는 N으로 구성되어 있다. 그런데 오스트레일리아 지역 원주민들은 N이 흔하게 나타나는 것으로 미루어서 두 가지의 하플로 그룹이 함께 출발하였지만, 초기 집단의 구성에서 비율이 낮은 하플로 그룹이 유전자 전이에 의해서 사라지게 되었을 것으로 보는 것이다.

현생인류 확산을 설명하는 큰 틀로서 적용되던 단일확산론은 현생인류의 유전자 분석에 기반하여 그 시기와 확산의 방식을 설명한 모델이다. 현생인류가 진화의 초기에는 인구의 병목현상이 생겨서 인구가 급격히 가속하는 과정을 겪고서 나중에 빠른 속도로 확산하여간 것으로 설명하고 있다.[164] 그렇지만 오늘날의 유전자의 다양성으로 볼 때 그러한 인구 병목현상이 자주 있었을 것으로 보지 않는다.[165] 두 가지의 다른 유전자, mDNA

---

164 Deshpande et al. 2009.

165 Pickrell et al. 2014.

그리고 Y 염색체의 분석에서 대체로 8만 5000년 전에서 5만 5000년 사이의 어느 시기에 확산하였을 것으로 보았는데, 아프리카 지역에서 인구가 증가한 현생인류가 6만 년 전에서 5만 년 전[166] 또는 4만 년 전 사이에 남아시아에 진출하여 적어도 5만 년 전후한 시기에 멀리 오스트레일리아에까지 확산하여 간 것으로 주장하는 학설이 제기되었다.[167] 이것이 바로 현생인류의 단일확산론의 핵심적 내용이다. mDNA의 분석을 통한 연대를 보면 이른 시기로는 6만 년 전[168]에 아프리카를 떠나서 적어도 4만 6000년 전[169]에는 오스트레일리아에 도착하였을 것으로 주장하는 것이다. 이러한 추론은 결국 오스트레일리아의 뭉고 유적의 현생인류의 연대를 토대로 역으로 추산하는 것으로 볼 수 있다. 여하간에 중근동에서 오스트레일리아에 이르는 지역에서 화석 인류들의 연대나 유전자 분기연대 등을 보면 현생인류가 중근동에서 북으로 가기 이전에 이미 남으로 행하였을 것이라는 점이 분명하다.[170] 특히 남방 루트의 중간 지점에 있는 안다만섬의 원주민들의 mtDNA의 분석에서도 이미 6만 년 전에 M하플로 그룹이 나타나고 있었다는 것이 확인된 것이다.[171] 현생인류의 동남아시아 해안지역으로 초기 확산은 오스트레일리아 뭉고유적을 연대가 버티고 있어서 이 시기보다 오래된 시기를 예상하였는데 이제는 가장 최근의 현생인류 유전자 분기연대를 대체로 6만 5000년 전으로 보는 견해[172]가 제기되었다. 그리고 이 연대와 오스트레일리아 뭉고 호수의 현생인류 화석 연대와의 시간적인 기울기에서 남쪽으로 확산하는 각 지역의 시기를 추정 내지 확인하려고 하는 것이다.

이 시기에 현생인류가 남아시아에 진출하였을 것으로 보는 것은 이 지역의 현생인류의 석기문화가 남아프리카 지역의 호위슨즈 푸르트 석기 공작[173]과 유사한 점이 있고 또한 타조알 비드 등의 장신구의 세트가 함께 확산하여 나온 것으로 보고 이 시기가 바로 현생인류의 확산을 지시하는 연대와 유사한 범주에 있다는 점을 들어서 가장 유력한 시기로 보았다.[174] 이러한 남아시아-오스트레일리아 확산설을 뒷받침하는 새로운 학설로서 해안 통로가 먹거리 자원이나 또는 식수 공급에 용이한 환경이었을 것으로 생각하였다.[175] 앞서

---

166 Underhill and Kivisild 2007.

167 Macaulay et al. 2005; Shi et al. 2010.

168 Roberts et al. 1994.

169 O'Conell and Allen 2004.

170 Forter and Matsumura 2005.

171 Metspalu et al. 2004; Thangaraj et al. 2003.

172 Macaulay et al. 2005; Soares et al. 2012.

173 남아프리카에서 발견되는 석기 공작으로서 69~58ka 사이의 기하문식의 등가공의 세석인공작으로 현생인류의 문화.

174 Mellars et al. 2013.

175 Stringer 2002.

의 가설을 토대로 본다면 현생인류의 이동 속도는 대단히 빠르다고 할 수 있는데 말레이반도까지 확산하는 것은 '해안 통로 특급'이라고 할 만큼 대단히 짧은 시간이 걸린 것으로 추정되는 것이다.[176] 이러한 견해는 앞 성 언급한 데로 안다만 군도의 원주민들의 mtDNA가 6만 5000년 전에 갈라져 나온 M 계열의 것이 압도적으로 판명되었기 때문에 설득력을 얻고 있다. 특히 상부 홍적세의 추운 기후는 대륙붕이 드러남으로써 더욱더 넓은 해안평야가 노출되었을 것이고[177] 이전에 살던 원주 인류들은 이미 내륙지역에서 살았을 것이라는 주장도 포함되어 있다. 그러나, 해안 역시 평지나 인간이 살기 좋은 지역으로 연속된 것은 아닌 만큼 일찍부터 해안지역을 근거지로 사용하였다는 전제는 고고학적인 증거나 장애가 되는 지형적인 조건이 있다는 점에서 초기 인류의 빠른 확산을 입증하기 위해서는 추가적인 설명이 필요할 것이다. 확산통로의 다변화를 전제하는 연구가 필요할 것이고 그러한 대상에는 육상통로 역시 지속적인 검증이 필요할 것이다.[178]

그러나, 일찍부터 현생인류의 확산이 한 차례가 아닌 여러 차례 있었을 것이라는 주장이 제기[179] 되었고 오늘날 현생인류의 화석자료는 이 시간적인 범주, 즉 6만 5000년 전보다도 더 오래된 경우가 늘어가고 있다. 적어도 초기 50-100ka 그리고 후기 15-50ka의 시기, 두 차례 이상일 것이라는 주장이 일찍이 제시되었던 것이다.[180] 그리고 앞서 언급한 유전자 시계가 실제보다도 느리게 계산되었을 가능성이나 방법의 정확도에 문제가 있을 수도 있다는 점이 계속해서 제기되고 있고[181] 또한 마지막, 즉 가장 후대의 현생인류 확산(Most recent *Homo sapiens* dispersal)에서 나타나지 않는 유전자가 각 지역에서 발견되는 경우가 있어서 이러한 유전자의 주인공들이 마지막 확산 이전에 확산한 현생인류로 추정하거나 그 이전의 유령 조상군이 있었을 것으로 생각하는 것이다. 그래서, '현생인류는 몇 차례나 동으로 확산한 것인가?', 사실 이 질문은 인간들의 이동성을 고려할 때 논리적으로 맞지 않는 점이 있지만, 여러 가지의 이유에 의해서 단시간에 일어날 수 있는 비교적 대규모의 이동을 지칭하는 것으로 보는 것이 현재로서는 적절할 것이다. 단일 확산론이 먼저 제기된[182] 이후에 여러 각도에서 비판이 이루어졌는데 그 후에 고인류 화석과 현대인들의 유전자 정보에 대한 분석이 증가하고 또한 새로운 고고학적인 자료에 따라서 여러 학자에 의해서 현생인류의 남아시아로의 확산이 어쩌면 6만 년 전 이전에도 일어날 수 있었을 것이라는 주장도

176 Forster and Matsumura 2005.

177 Faure et al. 2002.

178 Boivin et al. 2013.

179 Lahr M, Foley R. 1994; Lahr M, Foley R. 1998.

180 Stoneking & Delfin 2010.

181 Lopez et al. 2015; Soares et al. 2009.

182 Stringer and Andrews 1988.

있었다.[183] 이러한 주장은 새롭게 시도되었던 유전자 연구에서 mtDNA의 L그룹이 7~6만 년 전에 갈라져 동으로 확산한 것으로 보는 점에서 그 이후가 될 것으로 생각하고 있었지만, 이마저도 최근에 확인되는 자료는 지금까지 사용한 유전자의 시계에 대한 의문을 제기하게 되는 경우가 많은 것이다. 그래서 아마도 mtDNA의 L이 1차 현생인류 확산하고 난 이후에 다시 확산하여 온 것으로 생각할 수밖에 없게 되는 것이다. 기왕의 확산모델에 대한 문제점은 이미 몇 가지의 영역에서 지적되어 분야별로 비판받은 바가 있다.[184]

아프리카와 중근동의 자료와는 별개로 최근에 동아시아지역의 최근 고인류 화석의 발견을 토대로 적어도 9만 년 전 이 전으로 올라갈 가능성을 제기하는 경우가 늘고 있다. 또한 중국에서도 전 세계 인구집단들의 유전자 연구에 참여하기 시작한 지난 20세기 말부터 중국인들에 대한 유전자 연구에서 중국인을 포함한 동아시아 사람들 모두가 아프리카에서 지난 8만 년 이후에 이주한 것으로 결론을 맺은 바 있다.[185] 이러한 연대는 유전자 분기연대보다도 앞서는 것이다. 아직은 확실하다고 말하기는 어렵지만 류지앙 유적의 새롭게 제시되는 연대가 거의 10만 년 전으로 주장되고 있고 또한 적어도 6만 5000년 전 이전이라고 보는 것이 일반적이다. 최근 아프리카의 현생인류의 연대가 올라가는 것을 볼 수 있지만, 중국 지역에서도 화석의 비교연구를 통해서 연대가 이보다도 더 오래된 연대를 제시하고 있는데 심지어 20만 년 전 이전으로 보려는 시도가 있다.[186] 예를 들어서 지런동(Zhirendong, 智人洞) 유적에서 출토된 화석의 연대가 올라가서 12만 년 전에서 8만 년 전으로 확인되자 중근동 지방의 호모 사피엔스가 이즈음에서 동아시아지역으로 확산한 것으로 하는 주장도 있다.[187] 이러한 주장은 후난성(湖南省)의 다오시엔동(Daoxiandong, 道縣洞) 유적의 인류화석들의 양상과도 부합되는 것으로 생각하는 것이다. 또한 최근에는 필리핀의 칼라오(Callao) 동굴의 화석이 6만 7000년 전으로 알려진 바도 있다.[188] 그렇지만 최근에 다오시엔(Daoxiand)이나 지런동(Zhirendong, 智人洞) 이빨의 연대가 이보다도 훨씬 늦은 시기일 것이라는 주장이 제기[189]되고 있어서 아시아지역의 고인류 화석의 오래된 연대가 확실하게 초기 확산의 결과라고 보기는 아직은 이른 점이 있다. 얻어진 연대 자체가 불확실할 뿐 아니라 유적의 재퇴적 과정이 복잡하여 현대 얻어진 연대가 인류화석의 연대라고 보기는 어렵고 이보다도 훨씬 후대의 연대일 가능성을 제기하고 있다. 그래서, 결론적으로 중

---

183 Field and Lahr 2005.

184 Dennel and Petraglia 2012; Groucutt et al. 2015.

185 Ke et al. 2001.

186 Wang 2019.

187 Qiu 2016.

188 Mijares et al. 2010.

189 Xue-feng et al. 2021.

국 남부지역에 현생인류가 도달한 시점을 현생인류 마지막 확산 이후의 시간으로 보아야 한다는 주장이다. 그렇지만 중근동의 자료와 중국의 자료를 기초로 해서 본다면 적어도 두 차례 이상의 확산이 있었다는 것은 점점 더 분명해지는 것이고 그 경계를 6만 년 전으로 삼아서 전후의 확산을 대비[190]하기도 하는 것이다.

그런데 이른 시기의 주장을 뒷받침하는 가장 강력한 고고학적인 증거로 제기되는 것은 결국 아라비아반도, 근동 그리고 인디아 지역의 중기구석기 공작의 특성과 연대 문제이다. 앞서 언급한 것처럼, 현생인류가 아프리카에서 사용하였던 석기 공작이 중기구석기 공작이기 때문이다. 그동안 현생인류의 확산 시기를 논하는 과정에서 중요한 근거로 대두된 것이 인도대륙에 언제 출현한 시기가 문제였다. 인도 지역에서도 현생인류의 확산을 웅변하는 석인석기공작과 여러 가지의 예술품들이 나타나는 시기가 일반적으로 5내지 6만 년 전의 확산론을 뒷받침하는 것으로 보이고 그 이전의 중기구석기를 사용하던 현생인류의 확산론의 근거를 취약하게 하는 것으로 보이지만, 그러한 새로운 문화현상은 이미 존재하던 현생인류가 기후변동에 적응하는 과정에서 지역적으로 나타나게 된 것이라고 보는 것이다.[191] 그동안, 현생인류의 남아시아 진출의 시기를 추정하는 중요한 단서로 사용된 것이 바로 인도네시아 수마트라의 거대한 화산인 7만 3000년 전에 있은 토바 화산의 거대한 마지막 분출이다. 그 화산재의 분출 규모가 엄청나게 컸기 때문에, 한때는 이 화산재가 불려간 지역, 즉 동남아시아와 인도 일부 지역에서 생태계가 크게 변하여 인류가 절멸의 위기도 있었을 것으로 보기도 하였다.[192] 다시 말해서 중기구석기를 가지고 남아시아지역에 확산하였던 고인류들이 이 자연 재앙으로 크게 위축되어 더 이상의 확산이 어렵게 되고 그 이후에 현생인류가 후기구석기 공작, 즉 석인석기 공작을 가지고 새롭게 확산한 것으로 인식하기도 하였다. 그렇지만 오늘날에는 오히려 토바 화산재층의 위와 아래에서 중기구석기 공작의 전통이 연속되는 것은 이 지역의 주민들 연속성을 주장하고 토바 화산 분출 이전에 현생인류가 서아시아 지방에서 중기구석기 전통을 가지고 들어왔을 것으로 보는 것이다.[193] 과거에는 토바 화산재 아래에 존재하던 층에서 나오던 석기 공작전통이 사라진 것으로 보고 상부층에서 새로운 석기 전통이 나타나는 것으로 전망하였지만 최근의 조사에서는 중기구석기 공작이 토바 화산재층의 상하부에 연속적으로 나타나는 것으로 확인되면서[194] 문화의 단절, 즉 주민의 단절은 일어나지 않은 것으로 보고 있다. 이 점은 결국 중기구석기를 가지고 남아시아지역으로 확산하여온 현생인류가 토바 화산폭발 당시에 지역

---

190 Bae, C. et al. 2017.

191 James and Petraglia 2005.

192 Ambrose; Oppenheimer 2003.

193 Petraglia et al. 2007.

194 Petraglia et al. 2007; Jones 2012; Clarkson et al. 2012.

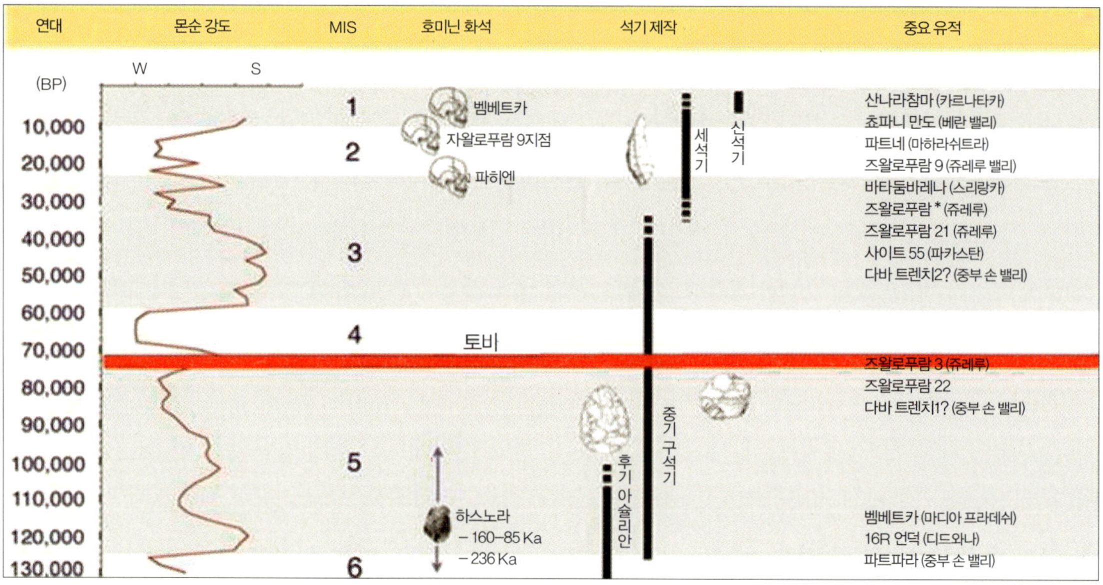

도판 35 토바 화산 분출과 인도지역의 중기와 후기구석기문화의 진화(Petraglia et al. 2012에서 변형)
토바 화산재의 강하 전과 후에 중기구석기문화가 인도지역에서 발견되고 4만 년 전후한 시기까지 지속되기 때문에 그 이전에 이 지역으로 들어온 현생인류는 중기구석기를 사용하고 있었을 것으로 추정할 수 있다는 편년적인 증거.

에 따라서 크게 영향을 받기는 하였지만, 완전히 절멸한 것은 아니라는 입장이다. 이러한 입장은 결국 앞서 언급된 바의 상부 홍적세 초기의 홍해와 아라비아반도로 이어지는 확산의 경로가 뒷받침하고 있는 셈이다.

아프리카에서 중부 홍적세의 후반 이래 기후변동, 즉 아라비아반도가 초원화 되는 습한 시기에 여러 차례의 확산이 있었을 것이고, 이어서 남아시아로의 확산이 있었을 것으로 보는 것이 일반적일 것이다.[195] 그런데 현생인류가 남아시아지역으로 확산한 것이 이보다도 훨씬 오래되었을 가능성을 제기하는 증거로서 남인도의 대표적인 아슐리안 유적인 아트람파캄의 중기구석기 공작층의 연대가 172ka+/141ka가 보고된 바 있다.[196] 아프리카나 중근동에서 현생인류의 출현 연대가 점차로 중부 홍적세 후반으로 올라가는 것은 확인되고 있지만, 남아시아지역의 출현 시기에 바로 연결될 수 없다는 점에서 이 경우에 실제로 현생인류의 확산을 확인하기 위해서는 좀 더 확실한 증거들이 필요할 것이다. 현재 중부 홍적세의 시기에 살고 있었던 다양한 이름으로 구분되는 고인류들과의 분명한 구분이 필요한 것이지만 석기를 토대로 그렇게 간단하게 판단되기는 어려울 것이다. 그리고 실제로 현생인류들이 상부 홍적세의 초기에 확산하여 왔다고 하더라도 그 후 새로운 문화 세트를 가지고 들어온 집단과의 관계 문제는 앞으로 많은 논의가 필요할 것이다.

---

195 Jennings et al. 2016.

196 Aklhilesh et al 2018.

현재로서는 현생인류의 이른 시기 확산론을 뒷받침하는 증거들이 점차로 늘어가기는 하지만 아직도 가장 늦은 시기의 확산론이 어떠한 전제이든지 간에 설득력이 있어서 두 가지 다른 가설들이 학자에 따라서 다른 입장에서 설명되고 있음을 볼 수 있다. 현재의 화석적인 증거와 유전적인 증거를 토대로 형성된 확산의 패턴은 크게 두 가지 방향에서 압축적으로 설명할 수 있는데 하나는 '점진적인 갈래론(gradual divergent model)'이며 또 다른 설명으로서 '지체된 확산모델(delayed expansion model)'이다.[197] '점진적인 갈래론'은 현생인류의 아프리카 조상과 그 이외 지역으로 확산하여 간 인류들과 지속해서 유전적인 교류를 하였고 오늘날 기원을 따질 때는 '마지막 교류(most recent dispersal)'가 일어난 시기의 현생인류가 바로 현대인의 직접적인 조상이 될 수 있다는 모델이다. 그리고 '지체된 모델'은 바로 현생인류의 조상이 진화하고 난 이후에 아프리카와 중근동지역에 국한되어 오랫동안 지속하다가 8만 8000년 전에서 4만 년 전 사이의 어느 시기에 가장 최근의 직접적인 조상이 유라시아 대륙으로 확산하여 간 모델을 말한다. 학자에 따라서 그 추정하는 시기에 차이가 있기는 하지만 다른 개념으로 보자면 앞서 설명한 연속된 진화와 병목현상 모델과 같은 것이다. 그렇지만 이러한 모델이 오스트레일리아와 멜라네시아의 현생인류들 기원을 설명하는 데는 문제가 있다. 왜냐하면 이 지역에서는 일찍이 확산한 현생인류들의 유전자 흔적들이 남아 있기 때문이다.[198] 어쩌면 오늘날 새롭게 제기되는 '유령조상군'이라고 불리는 고인류 집단들이 '점진적 갈래론'을 뒷받침하는 것인지도 모르지만 아직도 그러한 조상 인구집단을 유전적으로 그 실체를 확인하기는 어려운 점이 있다. 그러나, 오늘날 오스트레일리아의 원주민들에 대한 유전자 분석 결과로 보면 이들은 이미 7만 5000~6만 2000년 전에 분기되었던 것으로 나타나서 그 이전의 조상이 있었고 이들이 아마도 오늘날 지구상에 존재하는 현생인류 중에서 가장 오래된 모습을 간직하는 것으로 간주하고 있다.[199] 그래서 오늘날 드러난 현생인류의 진화와 관련된 현상들은 지역적으로 나타나는 현생인류의 종의 범주 내에서 일어나는 시간적인 변이의 하나일 수도 있을 것이다. 상부 홍적세의 시간 내에서도 현생인류와 다른 고인류들, 즉 네안데르탈이나 데니소반 등, 이 유전자가 상호 교류되었다는 사실에서 현생인류 범위 내에서 유전자의 차이가 있을 수 있고 그러한 차이가 복수(複數)적인 또는 집단 간의 접촉 대상에 따라서 유전자의 변화가 있을 가능성도 있어서 판단하는 기준에 따라서도 설명의 입장이 달라질 수 있을 것으로 보이는 것이다.

또 다른 변수는 현생인류의 확산 초기 단계에서 나타나는 인구의 규모이다. 이 문제는 유전자의 해석에 중요한 요소인데 유전자 전이나 복합의 과정에서 그 구성이 유전자 전

---

197 Reyes- Centeno 2016.

198 Wollstein et al. 2010; Aghakhanian et al. 2015.

199 Rasmussen et al. 2011.

이 현상에 의해서 크게 변화할 수도 있다는 점이다. 유라시아 대륙의 현생인류 인구가 지난 4만 년 전에서 2만 년 사이, 즉 MIS 3기 후반과 MIS 2기에 인구가 현격히, MIS 5기에 비해서 10분의 1수준까지 줄어들었다는 유전자분석연구[200]가 있기는 하지만 지역적으로 인구규모가 어떻게 변화에 대한 자료는 그다지 연구된 바가 없다. 그래서 확산의 파동이 여러 번 있다고 하더라도 그 기원집단의 규모의 차이가 오늘날 남아 있는 유전자의 패턴을 크게 바꿀 수가 있어서 확산의 빈도나 패턴을 추정하는 데 한계로 남을 수가 있을 것이다. 큰 틀에서 본다면 현생인류의 유전자들 분포가 서에서 동으로 오면서, 즉 인도를 기점으로 차이가 뚜렷이 보인다든지 지점별로 구성의 차이가 점진적이라든지 또는 태평양 인도양의 섬 지역에서 오래된 유전자들이 더 많이 보이는 분포 패턴을 볼 때 현생인류가 지속해서 파동처럼 서에서 동으로 확산하여 온 것이고 또한 지역적으로도 상호 교류가 지속해서 있었다고 볼 수가 있을 것이다.[201] 결국 현생인류의 마지막 확산이 5만~6만 년 전에 있기 이전에도 중근동에서 동으로의 확산이 있었는데 동아시아지역으로 어느 시기에 몇 번에 걸쳐서 확산하였던 것인지는 중국과 동남아 지역의 마지막 확산 이전의 연대를 가진 자료가 있기는 하지만 불분명한 점이 많다. 그런데 지구상에 분포하는 각 17개 집단의 유전자를 분석한 결과를 보면 아프리카와 유럽이 분기된 시점과 아프리카와 아시아의 분기된 시점이 조금 달리 나타나는데 최근의 계산에 따르면 동아프리카 집단과 유럽의 것들이 나뉘어진 시점이 5만 7000~7만 6000년 전 사이의 기간인 반면에서 동아시아 집단과 아프리카 집단은 7만 3000~8만 8000년 전 사이의 기간 그리고 오스트랄로 멜라네시안 인들과의 분기는 8만 7000~11만 9000년 전에 이루어졌던 것으로 나타나고 있어서 여러 차례의 확산이 있었다는 것을 보여주고 있다.[202] 그동안 동아시아의 다수의 유적에서 현생인류의 마지막 확산 이전의 시기에 해당되는 것으로 제시되었지만 실제로 연대에 이론이 있어서 아직도 마지막 확산의 연대는 5만 년에서 5만 5000년 전으로 보려고 하는 보수적인 견해[203]는 사라지지 않고 있으며 문화적으로나 유전자적으로 분명한 차이가 나타나는 시점이라고 볼 수 있을 것이다.

마르티논 토레스 교수팀이 유라시아 대륙에서 발견된 이빨 5000개를 비교한 결과를 보면 아프리카의 것들과는 다르게 유라시아 고인류의 것들이 상호 유사성이 크다는 점을 들어서 오랫동안 유라시아 대륙의 호모 사피엔스는 아프리카와는 별도로 진화하여 온 것이라는 결론을 내린 것이다.[204] 결국 180만 년 전에 아프리카를 나온 초기 호모가 현재

200 Li & Durbin 2011.
201 Reyes-Centeno et al. 2015.
202 Tassi et al. 2015.
203 O'Connel et al. 2018.
204 Martinon-Torres 2006.

의 호모 사피엔스의 먼 조상뻘이 되는데 이들이 중근동 지방에서 정착하고 살다가 기후가 좋은 시기에 좀 더 진화된 종들이 확산하면서 인도네시아의 제군도로 확산하여 가고 다른 한편으로는 네안데르탈이 되어 유럽 쪽으로 그리고 데니소반이 되어서 동으로 확산하는데 일부 집단이 다시 아프리카로 들어가서 오늘날 말하는 호모 사피엔스, 즉 현생인류로 진화하여 다시 유라시아 대륙으로 나오게 된 것으로 보기도 한다. 이는 대단히 복잡한 시나리오인데 문제는 이빨에서 보이는 형질적인 특성을 진화의 일반적인 과정을 어떻게 대표할 수 있는가에 따라서 달라질 수 있어서 다른 증거들과의 복합적인 접근이 필요할 것으로 보이는데 시사하는 바가 크다는 점은 분명하다. 최근에 화석인류의 유전자를 토대로 유전자의 변이 속도를 새롭게 계산하려는 시도가 이어지고 있는데[205] 새롭게 추출한 유라시아의 현생인류 집단이 아프리카 현생인류 집단과 마지막으로 분기된 시점을 9만 년 전으로 제시한 연구[206]가 있는데 앞으로 재료와 경우의 수가 늘어나게 된다면 유전자 분기의 시점을 더 정확하게 추산할 수 있게 될 것이다. 앞으로 유전자 시계에 대한 방법론이 더욱 정확하게 계산해내는 것이 핵심적인 전제가 될 전망이다.

동아시아로의 경로와 과정

중근동을 지나와서 어느 집단이 어느 시기에 시베리아 지역으로 향하고, 어느 집단이 해안 경로를 거쳐서 동아시아로 들어온 것인지는 아직도 알기가 어려운 점이 있다. 다만 서아시아 지방의 유전자 연구에서 두 가지의 다른 집단이 갈라져서 남과 북으로 향한 것이라는 것은 현대인의 유전자 조사에서 분명한데, 다만 그 시기가 유전자 시계로 추산할 때 6~7만 년 전인 것이 오늘날 증가하는 고고학적 그리고 고인류학적인 증거들과 괴리를 보인다고 할 것이다. 그동안 남으로의 확산과정이 핵심적인 관심이었던 것은 호주대륙에 현생인류가 건너간 시기에 대한 관심에서 증폭된 점이 있다. 이러한 관심은 단지 인류뿐 아니라 유라시아 대륙의 생물상의 확산과정에 대한 관심과 연계된 선상에서 제기된 주제였을 것이다. 그래서 생물상이 완전히 달라지는 왈레스 선을 넘어 인류가 존재하게 되는 시기에 대한 관심이었을 것이다. 그렇지만 동아시아로의 확산과정에서 본다면 남으로의 확산과 정도 중요하지만, 현생인류의 북방 루트에 대한 논의가 석기문화를 중심으로 오랫동안 이어져 왔다. 이 두 확산의 경로를 인류가 각기 다른 환경을 개척하면서 동으로 확산된 것[207]은 틀림없을 것이다.

---

205 Scally 2016.

206 Fu, Mittnik et al. 2013.

207 Wakano & Kadowaki 2021.

북부 루트를[208] 따라서 발견되는 현생인류의 흔적은 많지 않다. 그런데 형질적으로 판단이 분명하지는 않지만, 몽골에도 보인다. 네안데르탈과 데니소반의 형질적인 차이로 본다면 두, 세 종류의 다른 인류들이 미리 이 지역에서 살고 있었거나 시간적인 차이를 두고 두, 세 차례 확산하여 왔을 가능성을 제기하고 있다. 데니소바 동굴의 화석 인류들이 시간상으로 중복되어 나타나는 것은 현생인류의 확산 과정을 이해하는 데 중요한 단서가 있을 것으로 생각한다. 그런데 현생인류의 화석은 발견되지 않지만, 분명히 이들이 만든 것으로 판단되는 석인석기 공작으로 보아서 현생인류가 적어도 4만 5000년 전후한 시기에 일타이 지역에 살고 있었다는 것을 추정할 수 있고 석인석기 공작의 문화적인 확산으로 미루어 동으로 이동하여 갔을 것이다.[209] 현재로서는 석기문화의 증거를 가지고 현생인류의 동으로의 확산을 복원하는 것이 가장 유용한 방법이 되고 있다. 상부 홍적세의 후반, MIS 3에 들어서 현생인류가 온대 지역이나 시베리아의 초원지대뿐 아니라 이 시기에 북으로 이동하여 극지방까지 도달하는 것을 볼 수 있는데 이미 3만 5000년 전경에 시베리아의 북단에 도달한 것으로 확인된 바 있다.[210] 물론 동시베리아 지역에서 베링해를 건너서 아메리카 대륙으로 건너간 것은 대체로 빙하극성기의 말엽으로 보는 것이 보통이지만 그 이전에서 이미 현생인류의 확산 능력을 보여주는 증거인 셈이다.

동아시아지역에 현생인류의 화석들의 상부홍적세의 전반, 즉 10만 년 전후한 시기에 해당되는 연대가 있지만 아직 확신하기 어려운 점이 남아 있어서, 확산한 시기는 대체로 65~50ka로 보는 보수적인 입장이 아직도 강한 편이라고 할 수 있다.[211] 그리고 또한 남부지역의 화석 인류들이 중국의 북쪽의 현생인류들의 연대의 범위, 대체로 4만 년 전후한 시기보다도 훨씬 앞서는 것으로 알려졌고[212] 또한 중부 홍적세의 말엽으로 알려진 인류화석들의 양상 역시 북쪽 지역의 화석들보다도 훨씬 더 진화한 모습을 가지고 있다고 보고 있다. 그래서 중국에서 남북으로 고인류의 특성이 다르게 나타나고 시간상으로 남부가 빠르다는 것을 의미하는데 이러한 지역적인 차이는 현생인류의 확산 경로를 추정하는데 중요한 의미를 던지고 또한 확산과정이 적어도 남과 북으로 복수였음을 암시하는 것으로 생각하고 있다. 그리고 이러한 연대적인 차이는 다른 한편으로는 북방 루트로의 확산과 연계하여 생각할 필요도 있을 것이다. 수이동구 유적에서 보듯이 4만 년 전후한 시기에 후기구석기를 가진 현생인류 집단이 중국의 북쪽 지역으로 확산하여 온 것은 석기 공작의 변화에서도 볼 수가 있기 때문이다. 이러한 점은 현생인류 초기 확산의 한 흐름에서 중기구석

208 Fu et al. 2014.

209 Derevianko and Shunkov 2004 Derevianko et al. 2005.

210 Pitulko et al. 2016, 2017.

211 Mastumura et al. 2019.

212 Bae C. et al. 2014; Martinon-Torres et al. 2016.

기 공작을 가지고 동으로 확산하여왔을 것이라는 보는 견해로 본다면 시기적으로 중국 남부지역의 현생인류 화석의 특성과 남아시아나 동남아시아의 인류와의 특성의 비교연구가 확산의 갈래를 확인하는 전제 작업이 되어야 할 것으로 보인다. 그렇지만 동남아시아의 석기공작과의 비교연구가 극히 어렵기 때문에 현재 보이는 고인류화석의 연대적인 괴리를 설명하려면 유전자연구의 누적과 신뢰할 수 있는 고인류화석의 연대적인 자료가 필요할 것이다. 그 대신에 동남아시아 주민들의 유전적인 연구가 활발하여 남과 북의 이동의 과정과 시기 등에 대해서 비교하여 논할 수 있을 것으로 기대된다.

현생인류가 동으로 확산하는 북쪽 루트의 과정은 고인류화석 자료가 적기 때문에 주로 석인과 세석인 석기문화의 변화와 지역적 연대분포를 가지고 설명하는 것이 보편적이다. 이 후기구석기문화는 유럽지역에서 시베리아를 거쳐서 동아시아 한반도와 일본에 이르는 지역으로 연결되고 또한 남으로의 확산을 보여주는 것이다. 그렇지만 이러한 문화의 흐름이 곧바로 현생인류의 확산의 경로와 시기를 명확히 보여주는 것은 아니다. 서시베리아와 동시베리아나 동북아시아 지역을 잇는 과정에서 지리적으로 대단히 이동이 어려운 사막과 고산지가 있기 때문에 경로가 단순하지는 않다. 일반적으로 중앙아시아에서 알타이로 이어지는 고산지와 그 이동에 있는 사막이 이동의 큰 제약이었을 것이다. 그래서 흔히 알타이 - 몽골 - 동북아지역으로 설명되고 있지만 비교적 북쪽으로 치우쳐 추운 기후조건이 제약이 될 수 있어서 다른 가능성으로서 지형적인 장애가 많은 루트로서 중앙아시아에서 천산산맥 - 타림 분지 그리고 타클라마칸 사막을 넘어서 중국 북부로 들어올 수 있는 가능성을 제기하고 있다. 바로 언덕을 넘어서 모델에[213] 해당하는 셈이고, 또 다른 개념으로는 최소 비용 통로 모델(Least cost path)[214]이 적용될 수 있는 확산의 루트가 된다. 이 루트는 산이 높고 또한 사막지대가 많아서 인류의 확산이 어렵기는 하지만, 최근에 발견되는 아라비아 사막이나 타르사막의 유적들에서 보건대, 사막의 경우에도 과거 기후 변동에서 수분이 많이 공급되고 온난한 경우가 있었다는 것이 이 지역의 호수면 상승 흔적에서 확인될 수 있고, 또한 유적들도 보이기 때문에 그러한 가능성을 배제할 수는 없을 것이라고 주장한다. 특히 초창기의 후기구석기 공작(IUP)들이 5만 년 전후한 시기에서 확산하는 것으로 미루어서 그럴 가능성이 있다고 보는 것이다. 중앙아시아의 남부의 파미르고원에서 북으로 알타이 지역까지 그리고 동으로 몽골의 항게이 산맥으로 연결되는 산악지대의 낮은 사면들에는 두꺼운 뢰쓰퇴적들이 초원지대로 남아 있는데 이 지역들에서 다수의 석기 유적들이 남아 있는 것을 볼 수 있다. 최근의 조사에서 상부 홍적세의 후반에 지속해서 유적들이 사용된 증거가 있고 또한 일대의 여러 유적이 분포하고 있기 때문에 그 연대가 애매하

213 Goebel 2015.

214 Li et al. 2019.

기는 하지만 과거 추운 기후 시절에 하나의 피난처로 사용되기 좋은 곳으로 추정되고 있는 지역이다.[215] 그리고 앞으로의 조사에 따라서 새로운 유적들이 이 지역에서 발견될 가능성을 예견하고 있다. 그래서 북부 루트의 갈래를 상정하는 것이 필요하고 이러한 확산의 길이 언제 가능할 수 있었던 것인지는 고고학적인 조사와 함께 기후학적인 분석들이 앞으로 필요할 것이다. 그래서 초기 호모들의 동아시아 확산과정에서도 이 지역의 통과가 수수께끼로 남아 있는데 현생인류의 확산과정에서 확인된다고 하면 초기 호모의 확산에서도 중요한 근거를 얻을 수 있을 것이다.

현생인류의 남방으로 확산하는 과정은 훨씬 복잡한 양상이다. 우선 중근동 지방에서 남아시아 지방으로 가는 과정에 대한 고인류학적인 증거가 아직도 그다지 많지 않다. 석기 공작들의 분포를 가지고 논하고 있지만, 고인류 화석의 증거는 그다지 기대할 수준이 못 되는 것이다. 이것은 결국 이 지역에서 나타나는 고고학적 그리고 고인류학적인 자료들이 유럽지역의 후기구석기가 나타나기 이전에 현생인류의 확산을 보여주기 때문에 그 이전의 시기와 문화단계[216]를 고려하여야 하는 것이기 때문이다. 결국 동아프리카 지역의 초기 호모 사피엔스들이 사용한 석기 공작들이 중요한 관건[217]이었던 것이고 이러한 석기 공작과 유사성이 아라비아반도에서 연속되고 있다는 점에서 현생인류의 확산의 시기가 앞서는 시기가 될 것으로 보는 것이다. 그런데 그러한 석기문화의 연속성의 증거는 문제가 있기는 하여도 현재로는 인도지역까지 중기구석기 공작과 후기구석기 공작의 양상이 현재로서는 그 흐름이 관찰될 수 있다. 그러나, 그 이동지역, 즉 동남아시아 지역에서는 그 연결선이 희미해진다.

결국 남방루트로의 확산의 과정을 복원하기 위해서는 물론 현대인의 유전자 분포와 특정한 하플로 그룹의 흐름과 확산의 종점에 해당하는 오스트레일리아의 현생인류의 시기적 범위 등이 중요한 단서이다. 고인류학적인 증거인 뭉고 호수의 고인류화석의 연대가 5만 년 전으로 알려져 있어서 이보다도 더 이른 시기에 확산되었다고 보아야 하고 현재 유전학적인 분석에서는 6만 년 전에 도착하였을 것으로 추정하는 것이 일반적이다. 그런데 아직도 결론을 내리기는 어려운 몇 가지 전제가 있다. 가장 원천적인 문제는 인도지역까지 상부홍적세 초기에 도달하였다고 본다면 인도지역에서 오스트랄리아 지역까지 수만 년의 시간이 소요된다는 것이어서 기존의 해안특급의 가설에서 전제된 것이 전혀 이론적인 의미가 없다는 결론이 되는 것이다. 동남아시아 지역의 유전자의 구성과 분포는 대단히 중요한 단서를 암시하고 있지만 현생인류의 기원과 확산을 설명하는데 더욱 복잡한 질문을 던

---

215 Fitzsimmons et al. 2017; Hais et al. 2015.

216 Scerri et al. 2014.

217 Armitage et al. 2011.

지고 있다. 동남아시아와 오스트레일리아 주민들의 유전자 분석을 토대로 보는 견해는 이 지역에 현생인류의 초기 확산이 있었고 그러한 특성이 잘 유지된 지역이라고 지적하는데, 이후에 이루어지는 즉, 빙하극성기에 이동이 더 컸을 것이라는 개연성이 있음에도 불구하고 격리되어 유전자의 구조에서 초기적인 특성이 두드러진다는 것[218]은 좀 더 설명이 필요할 것이다. 남아시아, 동남아시아나 오스트레일리아에 중부 홍적세의 후반에 아프리카와 아라비아에서 중기구석기 공작을 사용하던 사람들이 확산하여 왔다고 하더라도 확산하는 과정에서 인구가 점차로 줄어들어 오늘날 주민의 유전적인 기여는 제한적이었을 것으로 추정하고 있다.[219] 이러한 설명이 정확하다고 본다면, 아직도 막연하기는 하지만 이 지역에 아마도 현생인류의 초기 확산이나 그 이전에 있었던 주민들의 유전적인 유전적인 이력이 오늘날 주민들에 많이 남아 있다는 것이고 초기 유입 이후의 인구유입의 규모가 토착민의 규모를 압도하여 유전적인 전이가 다른 지역보다도 많이 일어나지 않앗을 것으로 추정할 수밖에 없는 셈이다. 여하간에 유전자 교류의 항목에서 다루어지지만, 동남아시아지역 현대 주민들의 유전자 특성은 홍적세 동안의 현생인류 이동을 읽을 수 있는 중요한 자료이다. 아이러니칼하게도 동남아시아의 섬 지역은 주민의 이동이 제약되어 다른 지역에 비해서 인구의 확산과 변동의 규모가 작기에 원형이 더 잘 보존될 수 있다는 점이 오늘날 현생인류의 확산 수수께끼를 푸는데 중요한 실마리를 가지고 있는 지역인 셈이다. 특히 이 지역에서 높게 나타나는 데니소바인 유전자는 상부홍적세의 유라시아 고인류의 확산스토리를 구성하는 핵심적인 단서가 숨어 있는 셈이다.

동북아시아 지역은 다른 앞선 지역보다도 훨씬 복잡한 양상이다. 왜냐하면, 현생인류의 시베리아를 횡단하는 북방 루트와 동남아시아를 통하는 남방 루트의 이동선이 합쳐지는 지역이기 때문이다.[220] 동북아시아, 중국과 만주 그리고 한반도 지역은 연결된 환경 공간으로서 현재에는 중국의 북부지역과 중서남부 지역에 오래된 고인류들의 흔적들이 남아 있어서 이 지역에 유라시아 대륙으로 인류확산 초기부터 인류가 거주하고 있었던 지역이다. 그리고 호모 에렉투스의 화석들은 현재 중국지역에서만 보이고 있지만 고형의 현생인류 출현 이 후에는 한반도를 포함한 북위 40도 이남의 지역에 산재 되어 있다. 현생인류 이전의 이러한 선주 고인류들이 현생인류에 어떠한 영향을 미친 것인지는 좀 더 연구가 필요하겠지만 다른 지역의 상황으로 보건데 홍적세 중후반을 통해서 이 지역에서 새로운 확산되는 현생인류들과 공존하였을 것으로 추정할 수가 있을 것이다.

동북아시아 지역으로 시베리아 지역에서 이동하여 오는 현생인류의 흔적은 석인석

---

218 Rasmussen et al. 2011.

219 Reyes-Centeno 2016.

220 Kimura 2015.

기나 세석인 석기의 이동경로를 가지고 추적할 수 있는데 그 이전의 확산여부나 시기에 대해서는 확인하기가 어렵다. 왜냐하면 고인류화석들이 그다지 많은 편이 아니고 특히 고형의 호모 사피엔스의 화석도 북쪽 지역에서는 진뉴산(Jinniushan, 金牛山人) 고인류화석 정도 이외에는 그 시기가 상부홍적세의 후반에 속해서 현생인류의 이동을 추정할 수 있는 근거가 되지 못하기 때문이다. 다만 석기공작 중에서 초창기 후기구석기의 확산이 빠르게 일어난 것을 보면 서시베리아나 알타이 지역의 고인류의 존재가 이 지역에로의 확산을 예견할 수는 있을 것으로 보인다.

다른 한편으로는 중국과 만주 지역 그리고 한반도에서는 중부 홍적세 이래 고인류 화석들이 발견되고 있는데 고형의 현생인류와 현생인류의 화석들이 다수의 지점에서 발견되었다. 연대의 타당성에 대한 논란이 지속하고 실제 연대는 늦을 것으로 보는 주장이 새롭게 제기되고 있기는 하지만 기존의 연구에서 보면, 화석 인류들의 연대적인 분포가 류지앙인(廬江人, Lujiang Man)과 같은 유적들에서 10만 년 전을 상회하거나, 또는 근접하는 연대를 보이고 최근에는 광시지역 동굴에서 나온 현생인류 이빨을 20만 년 전일 가능성을 제시하고 있다.[221] 결국, 중국의 서남부지역에서 오래된 현생인류 화석이 발견되고 중국의 서남부지역에서 동북부지역으로 연대적인 기울기가 낮아지고 있는데 유전자의 흐름 역시 그러한 방향을 가지고 있어서 현생인류의 확산 방향을 보여주는 것으로 해석될 수 있다. 그리고 상부 홍적세 현생인류에 속하는 두개골의 비교분석에서 이 시기에는 유라시아 전역의 두개골의 특성이 동남아시아의 것들과 공유하고 있다는 점과 그 이후 홀로세에 달라지는 경향을 보인다는 점에서도 상부 홍적세에 인류의 확산 방향이 동남아시아지역에서 동북지역으로 확산하였음을 보여준다.[222] 이후에 동북 아시아적인 특성이 형성되는 것으로 확인되고 있다. 그래서 석인석기 공작의 확산 경로와 상관없이 결국 현생인류의 확산 과정과 방향은 분명히 동남아시아지역에서 동북아시아로 이어지는 방향이 큰 흐름이었을 것이고 북방 루트에서도 지속적인 동북아시아 유입이 있었을 것이다.[223] 이러한 남과 북의 흐름은 상부 홍적세 동안 시간상으로 분리되는 것은 아니며, 현대인들의 유전자의 다양성이 동남아시아 높은 북쪽 지역에 현생인류의 화석의 연대가 늦기 때문에 동남아시아 - 중국 남부지역에서 지속해서 북동 방향으로 현생인류들이 이동하였을 것이며[224] 빙하극성기 동안의 식생의 남하를 따라서 현생인류의 남하를 주장할 수도 있겠지만 이 시기에 육화되어 드러난 동중국해와 서해는 남방으로부터의 유입이 더욱 커지게 했을 가능성이 있을 것이다. 물

221 Wang 2019.

222 Matsuura et al. 2019.

223 Chu et al. 1998; Jin and Su 2000; Rosenberg and Wu 2013.

224 Su et al. 1999.

론 석인석기 공작의 확산과정에서 보면 서시베리아와 알타이 지역으로부터 동으로의 이동이 분명한 만큼 현생인류의 북에서의 이동 가능성은 충분히 있지만[225] 인구의 규모는 남으로부터가 훨씬 컸을 가능성이 많은 것이다. 이러한 경향성은 화석인류뿐 아니라 이미 현대인들의 유전자 연구에서 많이 드러나고 있는 사실들이다. 그런데 다른 한편으로 현생인류의 남북방향 이동에 대해서 많은 논의가 없고 또한 앞서 언급되었던 연구결과로서 중국지역의 남북의 현생인류 화석에서 남북 간의 차이가 보인다는 주장도 있지만, 네안데르탈인과 데니소반의 유전자 분포에서 보듯이 이러한 고인류들이 어디에서 발생하여 어떤 방향으로 확산하여 왔든지 간에 현생인류 단계나 그 이전의 단계에서 남북방향의 이동을 배제할 수는 없을 것이고 동북아 지역은 서남아 지역과 함께 현생인류의 남북교류가 많이 이루어졌을 가능성이 가장 높은 지점이라는 점에서 앞으로의 남북 유전자 교류의 실마리를 찾아야 할 지역이다.

아메리카 대륙에도 마지막 빙하기 단계에서 동북아시아 구석기인들이 북상하여 살고 있던 동시베리아에서 이주하게 되었고, 앞서 언급한 바대로 북극권의 몇 지점의 확산의 흔적을 토대로 보아서 빙하극성기 이전에 MIS 3단계에서 현생인류들은 이미 북극의 바닷가에 서 있었을 것이다.[226] 그런데 동북아시아 지역에서는 일본 열도가 인간거주가 확실해진 시기이다. 오래된 고인류 화석들은 없지만, 오키나와뿐 아니라 일본 열도의 주요한 섬에 현생인류의 거주가 상부 홍적세의 중엽, 사키타리 동굴에서는 35ka까지 올라가는 유물들이 수습되었기 때문에[227] 대체로 4만 년 전 내외, 에 시작된 것은 틀림없고 최초의 시기에 대해서는 아직도 그 증거를 찾고 있다. 그런데 일본 열도의 경우에 동북아시아 지역에서 호모 에렉투스가 오랫동안 살고 있었음에도 그리고 중부 홍적세의 시간 중에 연육이 되었을 것으로 보이는 시기[228]가 있었고, 또한 대륙의 동물상이 이동하였음에도 불구하고 아직까지는 확실한 증거가 없다.

---

225 Jin and Su 2000; Zhong et al 2011.

226 Pitulko et al 2016.

227 Fujita et al. 2016.

228 Kawamura 2011.

4.2 현생인류, 데니소바인, 네안데르탈인 그리고 유전적인 교류

과거에 단순히 네안데르탈에서 현생인류 그리고 고형 사피엔스에서 현생인류 등으로의 단순한 선형진화의 논리가 유전자 연구의 진보로 대단히 복잡한 구도가 되었다. 그래서 앞선 단계의 고인류에서 현생인류로의 진화과정에 대해서 여러 가지의 학설들이 난무하고 있는 것을 알 수 있다. 유전학이 발전하기 이전에 애초에 일반적이었던 현생인류 지역기원설, 즉 다(多)지역 기원설이 오랫동안 유지되었지만, 지난 80년대에 시작된 현대인 유전자 연구와 화석증거의 뒷받침으로 아프리카에서 기원되고 확산한 호모 사피엔스가 대체해 나갔을 것이라는 전통적인 아프리카 기원설이 획기적인 학설로서 받아들여지고 있었다. 그러나, 오늘날 새롭게 증가한 화석적인 자료 그리고 유전자 분석의 성과 들을 토대로 현재에는 화석인류에서 보이는 다양성 그리고 최근의 유전자분석의 새로운 결과를 토대로 제기되는 지역의 기존의 집단과의 혼혈설까지 다양한 학설이 공존하고 있다. 그리고 현생인류와의 유전자 혼혈은 이미 네안데르탈이나 데니소반의 경우에 현대인의 유전자 속에서 확인되었기 때문에 오늘날 우리가 인류 진화연구에서 '인류종'이라고 분류하는 종간의 유전자 교류는 있었을 것으로 보는 것이 타당할 것이다. 유전자 연구가 진행될수록 이러한 소위 일찍이 제기되었던 '화석종'간의 유전자 교류는 점점 더 확실해 지고 있음을 알 수 있다. 그렇지만 이러한 각 지역의 유전자 교류를 현생인류가 각 지역에서 각기 진화가 시작된 것이라는 점에서 기존의 여러 지역 기원설과는 다르다고 할 수 있다.

아시아 현생인류의 진화과정과 확산과정에는 대단히 유의할 점이 몇 가지 있다. 하나는 무엇보다도 동아시아지역에서는 현생인류와 함께 다른 화석인류종이 분명히 살고 있었다는 점이다. 호모 플로렌시스[229]는 아마도 그중의 하나일 것으로 생각된다. 그리고 현대인에서 발견되는 네안데르탈인이나 데니소바인의 유전자로 보아서 이들도 아시아지역에서 현생인류의 진화과정에 등장하는 인류들이다. 그래서 과거에 우리가 화석 인류들이 하나의 독립된 생물 종이라는 개념이 아니라, 유라시아 전체 대륙에서 현생인류의 이동과 기존의 고인류 '종'과의 혼합현상이 있었을 것이라는 점이다. 오늘날 현대인으로 진화하는 과정에서 현생인류는 지난 10만 년 전에서 2만 년 전 사이에 적어도 데니소반이나 네안데르탈 등의 세 번 이상의 다른 종으로부터 유전자의 유입이 있었을 것이라고 유전자 연구의 결과를 토대로 추정하고 있다.[230] 그리고 데니소반인들의 유전자는 현재 월레스 라인의 서쪽지역에 높게 나타나는데 뉴기니아 원주민들의 경우에 현대인과의 교류가 3만 년 전 또는 더 늦게, 15ka 전경에도 교류가 있었을 것이라는 주장이 제기되고 있다. 아직은 검증이 필

229 Morwood et al. 2004; Aiello 2010.

230 Gokcumen 2020.

요하다고 보지만 대단히 늦은 시기까지 현생인류와의 교류가 있었을 가능성이 있는 것이다.[231] 중국남부의 두샨화석골에서도 보듯이 빙하시대의 늦은 시기에까지 오래된 형질이 화석인류에서 보이는 것[232]이 어쩌면 그러한 유전자유입과정을 보여주는 것일 수도 있을 것이다.

또 중요한 현상으로서 바로 데니소바 동굴에서 발견된 데니소바인과 네안데르탈인의 유전자가 동아시아지역에서 비율이 극히 적기는 하지만 해당 고인류들의 유전자가 비교적 다른 지역에 비해서 상대적으로 많이 남아 있다는 점[233]을 들 수가 있다. 특히 데니소반뿐 아니라 네안데르탈인들은 동아시아지역에서 그 유전자의 비율이 유럽보다도 높은 편(1~4%)[234]고 특히 동남아시아 지역의 뉴기니아를 비롯한 섬 지역에 높게 분포하고 있다. 이러한 유전자 분포가 현생인류의 진화과정을 복원하는 일에 어떤 의미가 있는지에 대해서 많은 논의가 있다. 그래서 현생인류로의 진화를 이해하기 위해서는 이들 고인류종 간의 유전자의 교류가 일어나는 시기와 상황이 중요한 관건으로 등장한 것이며 또한 데니소반의 경우에는 그 기원지역이 어디이며 현재의 자료를 가지고 확산과정을 설명하여야 한다. 유전자의 교류가 확인된 이 세 종류의 인류들을 분류하는 방식도 문제가 된다. 호모 에렉투스와 같이 아종을 구분하지 않는 경우와는 다르게 취급되지 않으면 안될 것으로 보인다. 그래서 최근 다시 아종으로 구분하는 즉, 호모 사피엔스 데니소바(*Homo sapiens denisovan*), 호모 사피엔스 네안데르탈렌시스(*Homo sapiens neanderthalensis*) 그리고 호모 사피엔스 사피엔스(*Homo sapiens sapiens*)로 회귀하는 것이 오히려 종 간의 관계를 더욱 명확하게 할 것으로 보인다. 물론 이 세 아종 간에는 지적인 능력의 차이가 보이고 실제로 유전자에서 확인되고 있다.[235] 이 세 아종 간에는 지난 60만 년 동안 어느 형태이든, 있었던 것으로 생각할 수 있을 것이다. 현생인류의 조상이 먼저 갈라지고 나중에 네안데르탈인과 데니소반이 갈라져 나온 것이지만 그 후로도 지속적으로 유전적인 교류가 있었다는 것이 확인되고 있다.[236] 데니소바 동굴에서도 그렇지만 유럽의 경우에는 현생인류의 유전자가 네안데르탈인으로 흘러간 경우도 있는 것이다.

231 Jacobs et al. 2019.

232 Liao, Xing, .. Martinin-Torres...et al. 2019.

233 Kraus et al. 2010; Reich et al. 2011.

234 Green et al. 2010; Jeffrey et al. 2013; Steward and Stringer 2012.

235 Gunbin et al. 2015.

236 Hawks 2017.

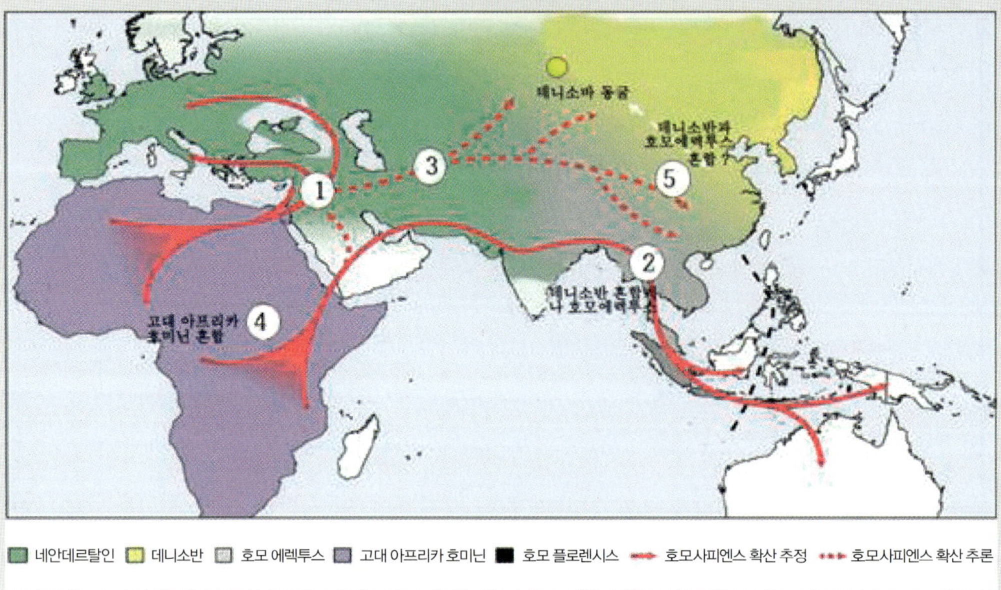

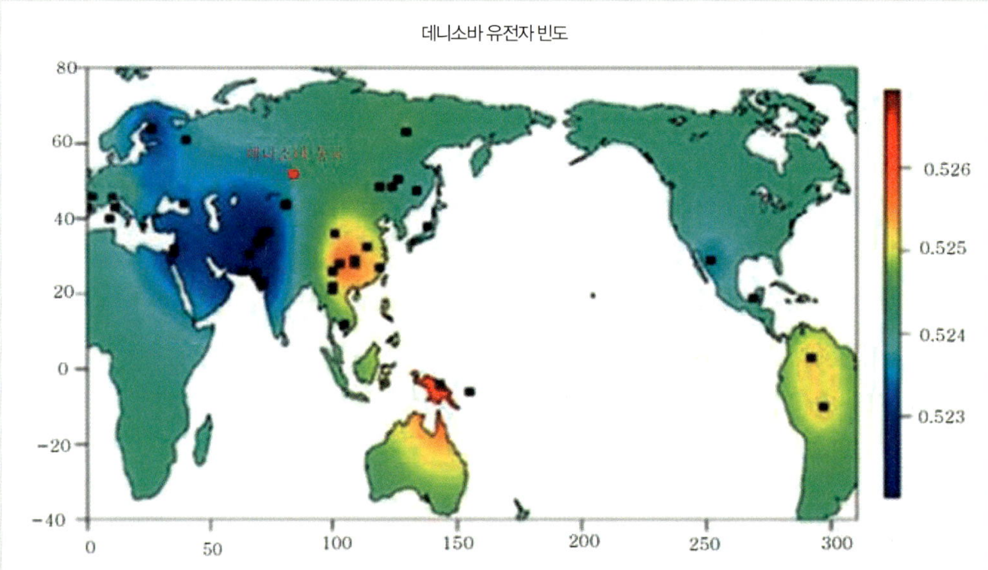

도판 36 현생인류의 확산과정과 다른 호미닌과의 유전자 교류의 가능성

상) 중근동에서 네안데르탈인들과 유전자 교류(Roberts & Stewart 2018에서)(1), 동남아시아 지역에서 이 지역의 호모 에렉투스 집단과의 교류 가능성(2), 서아시아지역에서 데니소반집단과 교류의 가능성(3), 동북아시아 지역에서 호모 에렉투스나 고형의 호모 사피엔스와 유전자 교류의 가능성(4), 아프리카를 떠나기 전에 현생인류 직전 단계의 집단과의 유전자 교류를 통한 현생인류로의 진화(5).

하) 데니소반 유전자의 분포(Skokund and Jakobsson 2011에서 변형). 동남아시아, 특히 뉴기니아 지역에서 가장 높게 나타나고 서아시아와 유럽지역은 크게 낮게 나타난다.

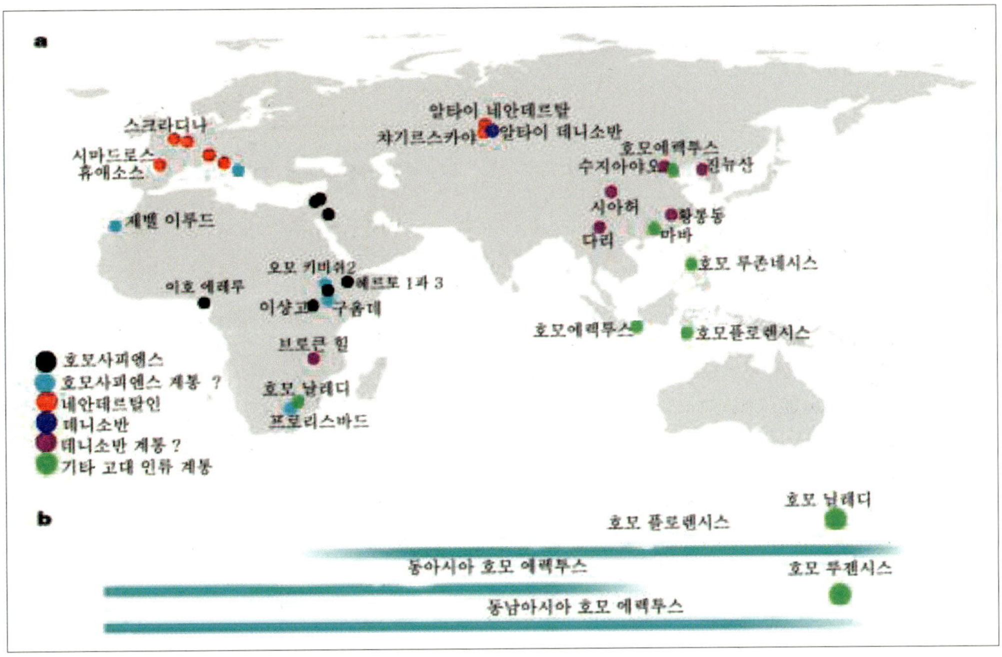

도판 37 데니소바인, 네안데르탈인, 아프리카와 서아시아 현생인류 그리고 다른 고인류 유적으로 주장되는 유적들의 분포 (Bergström et al. 2021에서 변형)

네안데르탈 유전자

네안데르탈인은 아직도 그 기원의 연대는 불확실하지만 대체로 25만 년 전후한 시기에 출현[237]하였을 것으로 보는데 상부 홍적세의 후반에 절멸할 때까지 유럽지역에 주로 발견되었던 고인류 종이었다. 그리고 네안데르탈인의 mtDNA는 최초로 확인되었을 때는 현생인류 종과 전혀 관계가 없을 것으로 생각하였다.[238] 그러나 그 후 완전한 유전자 분석에서는 현생인류와 교접을 하고 유전자가 교류되었다는 것이 확인되었다.[239] 오늘날 아프리카 이외의 지역의 사람들에게서 1.5~2.1% 정도의 유전자가 남아 있다고 보았고 또한 진전된 연구에서는 이러한 유전자 혼합이 3만 5000에서 4만 9000년 전 사이에 중근동과 동유럽을 중심으로 일어난 것으로 확인하였다. 그리고 동남아시아 특히 오스트레일리아 원주민들에게서 보이는 네안데르탈 유전자는 아마도 이들이 진화하는 과정에서 분명히 네안데르탈과의 직접적인 접촉을 통한 유전자 교류가 있었을 것으로 보고 있다.[240] 로마니아의

---

237 Hublin 2009.

238 Currat M, Excoffier L. 2004. ; Serre D, Langaney A, Chech M, et al. 2004.

239 Green R, Malaspinas A-S, Krause J, et al. 2008.

240 Cooper A, Stringer CB. 2013; Reich et al. 2011; Skoglund et al. 2011.

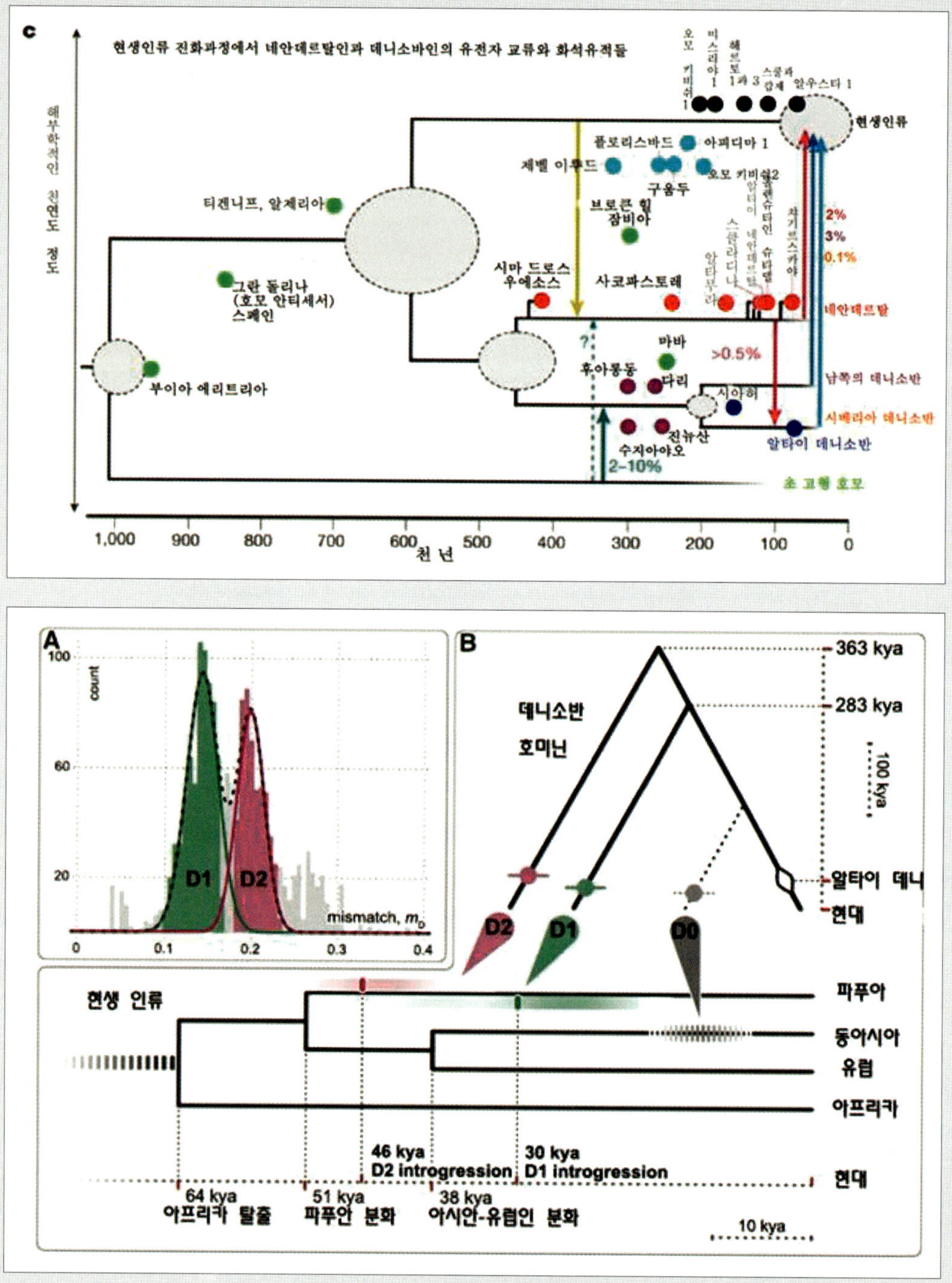

도판 38 현생인류 진화과정에서 네안데르탈인과 데니소바인과 상호 유전자교류
상) 주요 고인류화석들의 종류별 진화과정과 지역별, 고인류종별 유전자 교류(Bergström et al. 2021에서 변형).
하) 데니소바인 유전자가 오늘날 지역별 현생인류들에 유전자 이입시기(Jacobs et al. 2019).

오아세 1(Oase 1)화석은 3만 7000년 전에서 4만 2000년 전 사이인데 심지어 9% 정도의 네안데르탈 유전자가 확인되는 것이 보고되었고 이러한 혼혈은 아마도 몇 세대 앞의 조상 단계에서 이루어졌을 것으로 보았다.[241] 여하간에 네안데르탈 화석에서 현생인류의 유전자 혼입이 되는 흔적들이 지속해서 발견되어 이 두 종 사이에 유전자의 교류가 지속한 것으로 생각된다.

데니소반 화석과 유전자의 분포

데니소바인은 데니소바 동굴에서 발견된 손가락뼈에서 추출된 유전자가 네안데르탈인이나 현생인류와는 분명히 다르기에 구분된 종이다.[242] 데니소반은 네안데르탈인과 이미 38만 년 전에서 47만 년 전 사이의 어느 시기에 갈라진 종으로 알려졌다.[243] 현생인류와 다른 고인류 종과의 유전자 교류를 밝히는 데 있어서 한 가지 의미심장한 증거로서 현대까지 알려진 고인류의 유전자로서 네안데르탈인과 데니소반유전자의 빈도가 서구쪽 보다도 현재의 아시아인, 특히 동남아시아 인들에게서 높게 나타난다는 점이다.[244] 특히 데니소반 유전자가 동남아시아의 월레스 라인을 넘어서도 섬들에 분포하고 있다는 점이다. 이 점은 이 유전자가 우리가 생각하는 것보다도 훨씬 더 넓은 지역에 분포하고 있다는 점이며 그러한 정도가 우리가 아는 다른 고인류의 종들보다도 넓은 지역이라는 점이다. 그런데, 최근의 연구에서 아시아지역에 데니소반 유전자가 새로이 확인되었는데 특히 동남아시아의 섬 지역, 특히 인도네시아 동부의 섬 지역에 사는 오스트랄로 파푸안 인구집단에서는 거의 5% 정도에 달하는 유전자를 가지고 있는 것으로 확인되었다. 그리고 이러한 유전자가 유럽이나 아프리카 지역 그리고 대륙 지역의 인구집단에서는 나타나지 않는 것으로 확인되고 있다.[245] 그래서 왜 이 지역에서 높게 나타나는 것인지에 대한 논란이 지속하고 있다.

데니소반 유전자가 이 지역에 높게 분포하는 이유가 지난 3만 년 전에서 1만 5000년 전 사이에 현생인류와 유전적인 교류를 한 것으로 주장하고 있다.[246] 이러한 주장에 대해서 그러한 유전자를 가진 현생인류가 오랫동안 그 지역에 존재하였다는 반론도 만만치 않지만 데니소반의 유전자가 현생인류에 지속하는 과정에서 어느 시기까지 데니소반인들이

241 Fu et al. 2015; 2016.

242 Reich et al. 2010.

243 Prufer et al. 2014.

244 Steward and Stringer 2012.

245 Prufer et al. 2014; Beich et al 2011.

246 Browning et al. 2018. Cell.

아시아지역에 존재할 수 있었던가를 확인하는 것은 중요한 관심 주제가 된 것이다.[247] 이것은 결국 지난 상부 홍적세 기간에 존재하던 여러 종의 인류들이 상호 교배가 가능하였다는 것을 보여주는 증거인 점에서 충격적이라고 할 수 있다.[248] 데니소바인의 유전자가 왜 이 지역에서 많이 나타나는 것인지에 대해서는 여러 가지 가설이 있지만 크게 두 가지의 설명이 가능할 것이다. 하나는 현재까지도 유전자의 혼합이 충분히 일어나지 않아서 전이 현상이 일어나지 않았거나 다른 하나의 가설로서는 무엇인지 모르지만, 환경 적응에 도움이 되는 특징을 가지고 있을 수 있다는 가정이다. 대표적인 경우로 제기되는 것이 바로 고산지에 적응한 경우라고 주장된다.[249] 다른 사례로서 멜라네시아인들의 혈당조절기능과 면역체계를 조절하는 유전자가 데니소바인에서 유래된 것으로 판단된 것이나 오늘날 오지의 사람들이 그 지역의 풍토병에 강한 유전자들이 네안데르탈인이나 데니소반의 유전자에 포함되어 있다는 연구들이 이러한 설명을 뒷받침할 수 있을 것이다.[250]

동남아시아 섬 지역의 유전자는 아마도 고인류의 기원과 확산에 대한 유전적인 정보를 가진 보고라고 할 수 있다. 이것은 섬 환경이라는 특수한 지리적인 여건으로 유전적인 교류가 적어지게 되고 환경이 안정적이어서 종의 보수성이 강하기 때문에 과거의 유전 기록들이 잘 보존될 수 있는 환경이다. 이 지역에서 발견된 호모 플로렌시스가 던지는 또 하나의 다른 의미는 바로 동남아시아지역의 진화적인 보수성이다. 만일 이 지역에서 발견되는 석기 공작의 연대가 맞다는 것을 가정 할 때 호모 플로렌시스는 지난 100만 년 이래 이 지역에서 홍적세 지구환경의 끊임없는 변화에도 불구하고 섬에 지속해서 생존한 동물군의 한 구성원으로서 있었다는 점인데 이제까지 우리가 관찰한 인류의 진화와 확산의 일반적인 패턴으로 해석할 수가 있는가의 문제일 것이다. 이것은 고인류학자들이 인류 종을 다른 동물들과 같은 레벨에서 하나의 에코 시스템 속에서 존재하는 대형 동물 개체군으로 이해하는 것을 말하는 것인데 고인류, 즉 호모의 인간적인 능력을 부정하는 전제로 이해될 수가 있다는 점에서 앞으로 논의가 이루어지지 않으면 안 될 것이다. 그리고 더욱 근원적인 질문은 데니소바인들이 어디서 시작되어 시베리아 알타이 지역까지 확산하였던 것인지 네안데르탈인과의 관계일 것이다.

데니소바인의 유전자가 알타이 산중에서 나오고 또한 동남아시아 섬 지역의 현대인에서 높게 나온다는 점에서 동남아시아 기원[251]을 논하기도 하지만 그렇게 단순할 것 같지는 않다. 왜냐하면 그 이전에 존재하였을 공동 조상이 출현하는 지역이 흐름의 방향을

247 Gibbon 2019.

248 Callaway 2013.

249 Huerta-Sanchez et al. 2014.

250 Almarri et al. 2020; Brzozowska et al. 2019.

251 Matsumura et al. 2019.

결정할 것이기 때문이다. 또한 네안데르탈인의 유전자도 현대인에게 남아 있다는 점에서 이 세 그룹의 고인류 종들을 어떤 유전적인 관계이었을 것인지에 대한 의문 역시 앞으로의 고인류학적인 과제이다. 그리고 또한 현재 적어도 유전적으로 두 종류 이상의 데니소바인 그룹이 있었을 것으로 확인되는데[252] 데니소바인이 어느 정도 분화할 수 있었을 것인지 알 수 없기 때문에 현재 단계에서 다른 종류의 인류와 관계를 논하기는 어려운 점이 있을 것이다.

공동 조상과 분기연대

동아시아로의 현생인류 확산을 이해하기 위해서는 상부 홍적세에 출현하는 고인류와 현생인류들의 상호 진화관계 즉 공동 조상의 시기를 확인하는 것이 필요하다. 아프리카에서는 유전자가 보이지 않는 데니소바인의 진화과정은 특히 중요한 면이 있다. 언제 그리고 구체적인 지역에 대해서는 알려지지 않지만, 확산과정에서 유럽지역과 아시아지역의 네안데르탈인이 갈라서 나온 뒤에도 아시아지역에서는 유전자 교류가 일어났을 것으로 추정하고 있는 것이다.[253] 이러한 점은 이들의 공동선조 고인류(p-dem)에서 진화가 이루어진 고인류에서 확인되는 유전자와는 다른 의미를 가지는 것이다. 다시 말해서 현재 유전자가 발견되는 시점에 앞서서 공동 조상이 있다는 것을 보여주는 것이다. 그런데 이 공동선조 집단은 아마도 200만 년 전에 갈라져 나와서 진화한 것이고 데니소반이나 네안데르탈인들의 조상이 되는 집단은 중부 홍적세의 초기에 갈라진 것이며 이 조상 집단과도 유전자 교류가 있었을 것으로 주장하고 있다.[254]

현생인류와 데니소바인 그리고 네안데르탈인들은 90만 년 전후의 시기에 공동조상에서 갈라져 나온 것으로 유전자 분석으로 알려지고 있는데 네안데르탈인과 데니소반의 갈래에 대해서는 그 과정에 대해서 아직도 불분명한 점이 있다. 일부에서는 현생인류와 40만 년 전후의 시기에 갈라진 것으로 보는 반면 다른 견해는 이와 비슷한 시기에 데니소바인과 갈라진 것이라고 보기도 한다. 여하간에 현생인류와 갈라진 이후에 이 두 절멸종들의 유전자가 오늘날 현생인류에 남아 있게 된 것은 그 이후에 간헐적이든 지속적이든 교류가 있었음을 보여주는 증거인 셈이다. 특히 데니소바인 유전자는 대단히 늦은 시기까지 유전자 교류가 있었을 것이라는 유전자 분석이다.

현재까지 알려진 3개의 데니소반 유전자의 염기배열은 유럽과 시베리아 지역에서

252 Browning et al 2018.

253 Wall 2013.

254 Rogers et al. 2020.

발견된 다른 7 사례의 네안데르탈인들의 염기배열과는 크게 다르다는 점이다.[255] 데니소바인 화석이 발견된 지역인 알타이산록지의 챠기르스카야 유적의 최근 발굴에서 74구의 네안데르탈 인골과 함께 엄청난 규모, 9만 점 이상의 석기들이 수습되었는데 석기의 형식이 동유럽의 미꼬끼안 문화로 판단되고 있다.[256] 그런데 이러한 문화는 분명히 출현하였을 가능성이 높은 데니소바 동굴에서는 보이지 않기 때문에 적어도 2번 이상의 네안데르탈의 대륙 간 이동이 있었을 것으로 보고 있다. 하여간에 데니소바인의 존재와는 별도로 동유럽에서 시시베리아를 경유해서 알타이 지역까지 네안데르탈인들의 이동이 반복적으로 있었다는 것은 고고학적으로 입증되는 셈이다. 이러한 증거들은 네안데르탈인과 데니소반의 공동 조상이 오래전에 갈라졌음을 의미하는 것이다.

한편, 오늘날 중국 베이징 지역의 티안위안인의 경우에 네안데르탈인의 유전자를 4~5% 정도 가지고 있는 것으로 확인되었는데 현대 동아시아인에 비해서도 상당히 높은 비율로 나타난다.[257] 그런데 이 화석인류는 데니소바인의 유전자가 없다는 점이 주목된다. 다른 한편으로는 이 화석이 가지고 있는 유전적인 특성은 현대 동아시아인의 유전자와 통하지만, 특히 북아메리카를 제외하고 아마존 원주민이나 오스트레일리아 원주민 등과도 연결된 점이나 유럽의 고인류 유전자들과도 관련성이 확인된다. 이 증거는 네안데르탈인과 현생인류로의 과정에 있는 고형의 사피엔스가 이미 네안데르탈인의 유전자를 가지고 있었고 이들은 북으로 확산하여 아메리카 대륙으로 확산하여 갔는데 이것은 마지막 확산의 이전일지도 모른다는 점을 예견하는 셈이다. 여기서 문제가 제기되는 것은 바로 동아시아지역의 호모의 진화과정에서 현생인류와 이전의 고대 호모와의 관계는 아직도 분명하게 그 진화와 혼합의 과정을 알 수가 없다는 점이다. 이것은 호모 에렉투스가 대단히 오랫동안 이 지역에서 존재하여 왔지만, 그 지역적인 진화에 대해서 분명한 정리가 되어 있지 않은 것과 마찬가지로 현생인류의 확산과정에서 이전의 호모들과의 관계 역시 설명되지 못한 점이다.

그런데 현생인류와 네안데르탈인의 유전자 교류의 시기를 6만 년 전에서 5만 년 전경으로 유전자 연구에서 밝히고 있다. 알타이 데니소바 유전자 혼합이 이 시기의 유전자 교류의 결과라고 한다면 대단히 복잡한 가설들이 성립될 수 있다. 이 시기 이전의 두 인류종의 혼혈이 없었거나 미약해서 그 흔적이 남아 있지 않거나 우리가 찾지 못하고 있을 수도 있다고 보는 것이다.[258] 이러한 새로운 유전자적인 연구는 앞으로 인류 진화를 이해하

---

255 Gibberns 2011.

256 Kolobova et al 2020.

257 Fu et al. 2013; Yang et al. 2017.

258 Groucutt et al. 2015.

는 것이 과거보다도 훨씬 복잡한 양상으로 전개될 것으로 전망하게 만드는 것이다. 최근의 한 연구에서는 네안데르탈인과 데니소반이 공동 조상으로서 이 고형의 고인류가 존재하고 이들은 일찍이 현생인류의 조상과 떨어져 나온 것으로 이해하는데 아시아 쪽에서는 데니소바인들을 현생인류가 동화 또는 대체하여 간 것으로 이해하려는 시도도 있다.[259] 그래서 조심스럽기는 하여도 인디아의 나르마다 화석이나 중국지역의 다리(Dali) 화석, 진뉴산(Jinniushan) 화석 그리고 마바(Maba) 화석 등의 고인류들을 데니소반과 관련이 있을 것으로 분류하기도 한다.[260] 그리고 자바에서 발견된 고인류 화석 중에 중기홍적세의 후반에서 상부 홍적세 시기에 속하는 것들, 응안동이나 삼풍마찬, 응아위 등의 유적에서 발견된 화석들이 가지는 특성이 오스트레일리아 지역의 고인류들과 유사한 점이 있다는 점에서 데니소반과 현생인류의 혼합적인 특성을 보이는 것으로 추정하기도 한다.[261] 그렇지만 아직도 확실하게 데니소반의 기원지와 확산과 융합의 과정을 복원하는 일은 요원하다.

다른 한편으로는 앞서 언급된 것과 같이, 중국의 학자들은 동아시아지역에서 호모 에렉투스가 진화한 고인류가 있고 여기에 새로운 집단이 유전적 교류를 통해서 지 이 지역의 고형의 사피엔스들이 나타난 것으로 보고 있기도 한 것이다.[262] 시베리아 알타이에서 발견된 데니소반 유전자가 오스트레일리아를 포함한 서태평양 지역, 특히 동인도네시아 제(諸)군도에서 그 빈도가 높다는 점을 들어서(유전자의 5% 정도까지 나타남) 데니소반인들이 동아시아에서 확산하여 다리인 또는 수자야오인 등으로 대표되는 호모 사피엔스 이전의 고인류로 살았을 것이고 이러한 집단이 새롭게 들어오는 호모 사피엔스와 유전자 교류를 통해서 오늘날 동아시아의 현생인류가 되었을 것으로 설명하는 것이다.[263] 오늘날까지 연구된 결과로 미루어 본다면 현생인류와 앞선 집단, 특히 네안데르탈인이나 데니소반인들과의 유전자 교류는 적어도 5만 년 이전부터 이루어진 것이고 심지어 2만 년 전까지도 있었던 것으로 알려졌다.[264] 이러한 유전자 교류의 증거들은 결국 새롭게 유입되는 고인류와 지역에서 살고 있던 고인류 간의 교류와 새로운 진화의 가능성을 보여주는 것으로 믿고 있는 셈이다. 네안데르탈인 유전자와는 달리 데니소반 유전자가 아시아지역에서 나타나는 것을 보면 아시아지역에서 이 지역만의 진화가 일어나고 확산하는 과정을 거친 것으로 볼 수 있을 것이다. 그리고 아직도 데니소바인의 화석 형질이 구체적으로 밝혀질 수가 없기 때문에 중부 홍적세 이후 고형의 사피엔스나 현생인류 화석에서 보이는 모자이크적인 특

259 Roger et al. 2020.

260 Cooper and Stringer 2013.

261 Reys-Centeno 2016; Reich et al. 2011.

262 Gao et al. 2010.

263 Martinon-Torres.

264 Gokcumen et al. 2020; Wall et al. 2016.

성 중의 일부가 이 집단에서 유래될 가능성은 충분히 있다고 보아야 할 것이다. 나아가 오늘날 각 지역에 살고 있는 집단들은 각 지역에서 오래전부터 살고 있던 집단이 새로운 집단을 받아들여 유전자 융합을 통해서 현생인류로 진화하게 되었다는 '교배를 통한 연속설(Continuity with hybridization)'을 주장하고 있는데[265] 유전자의 교류를 토대로 설명이 비약된 점이 있는 셈이다. 여기서 말하는 새로운 집단은 과거에는 불분명한 점이 있었지만, 이제는 유전적인 자료에 근거하여 분명히 데니소바인이나 네안데르탈인이라고 볼 수 있는 셈이다. 그러한 점에서는 이러한 혼혈이 이루어지는 시점에서는 이미 다르게 분기하여 진화가 이루어졌다고 봐야 하는 점에서 조상인류는 그 이전에 있다는 추론이 가능한 것이다. 이러한 점에서는 아이러니하게도 일부 고인류학자들과 중국학자들에 의해서 오래전부터 제기되었던 다지역 기원설의 일부가 실증된 것으로 볼 수 있을 것이다.

그렇다면 '어떤 과정에서 유전적인 교류가 일어나게 되었을까?'라는 의문에 대해서는 네안데르탈인들과 현생인류와의 유전적인 교류에서 단서를 가질 수 있다. 이미 앞서 언급된 바와 같이 아프리카의 현생인류들조차도 네안데르탈 유전자를 0.5%를 가지고 있고 현대 유럽인이나 아시아인들은 적어도 1.7~1.8%의 네안데르탈 유전자를 가지고 있다는 것이 확인되었는데 아프리카의 경우에는 현생인류가 유럽이나 네안데르탈 지역에서 유전자 교류가 이루어지고서 다시 아프리카로 가서 유전자가 남게 되고 다시 유라시아 대륙으로 확산되었을 것이라고 보는 견해가 있다. 이러한 경우들을 본다면 어느 지역이고 막론하고 이제는 화석종간의 유전자 교류를 생각하지 않고는 현생인류의 진화를 설명할 수 없다는 것을 보여주는 것이다. 시기적으로 좀 늦기는 하지만 유럽의 경우 네안데르탈인들이 사용하였을 것으로 보이는 석기 공작인 무스테리안이나 샤뗄페로니안 석기 공작과 현생인류가 사용하였을 석기 공작인 올루찌안과 4만 년 전의 시기에 2500~5000년 정도 중첩되어 나타나는 것으로 보아서 유전적인 교류와 함께 문화적인 소통이 일어났을 것으로 보고 있다.[266] 물론 석기 공작으로 구분하는 것도 문제가 있고 그러한 교류가 일어나는 시기와 중첩의 길이는 지역에 따라서 크게 달라질 수 있지만 두 집단의 유전적 그리고 문화적인 교류의 가능성을 엿볼 수 있는 설명이라고 할 수 있다. 그러나, 네안데르탈 유전자의 현생인류의 유입에서도 과거에는 네안데르탈 유전자가 현생인류로의 흐름은 가능하여도 그 역은 불가하다고 하였지만 새로운 자료는 적어도 네안데르탈인 중에 한 집단에게는 상호교류가 가능하였을 것이다. 고인류 종간의 교류를 어떻게 설명할 것인지 또는 화석종의 개념의 범위를 어떻게 새롭게 정의할 것인지에 대한 논의가 전제되어야 할 것으로 생각된다.

265 Wu 1998; Gao et al. 2010.

266 Higham et al 2014.

현재 확인되는 지리적인 분포를 토대로 유전자의 시간적인 흐름을 복원하려고 할 때, 발견된 화석종으로서 데니소바인이 오기 '이전의 종들은 어떻게 정의할 수 있는가?'라는 문제가 새롭게 대두되는 셈이다. 이러한 연구에서 아시아지역의 고인류의 종들은 우리가 과거에 생각하던 종의 개념이나 종의 수와는 크게 달라서 새롭게 정의를 해나가야 하는 것을 암시하는 것이다. 데니소바인의 유전자의 분포와 대단히 어금니의 구조적 특성의 분포를 토대로 고인류들의 가상적인 갈래 현상에 대해서 많은 논의가 있었다. 데니소반 유전자가 확인된 이후에 데니소반 유전자의 분포 확인에서 유럽과 아프리카 그리고 남시베리아 지역에서는 사라지고 없는 반면, 아시아지역에서 많이 나타나지만, 특히 오세아니아 지역, 오스트레일리아나 동인도네시아의 여러 섬 지역의 원주민 등에서 5% 정도까지 높게 나타난다. 이러한 현대인에게서 나타나는 데니소반의 확산 증거를 가지고 그 기원과 시기에 대한 시기를 추정하는 시도가 있는 것이다. 결국 확실한 인류화석으로서 데니소반인의 증거는 시베리아 있지만, 그 흔적으로서 유전자는 동남아시아지역에 높게 나오는 결과이다. 오늘날 알려진 화석, 오래된 유전자 그리고 현대인 유전자 등의 자료를 토대로 본다면, 데니소반의 경우에 아시아지역에서 생겨나서 퍼져 나갔을 것으로 보고 있는 반면에, 네안데르탈인은 발생지가 지중해 연안, 즉 중근동 지역이었기 때문에 이 지역에서 동유럽지역을 거쳐서 동아시아의 방향으로 확산하여 온 것으로 생각할 수 있다. 이러한 설명은 데니소반의 유전자가 네안데르탈인보다도 더 다양하다는 점[267]에서 그 화석의 최초 확인되는 알타이 지역으로 어디서 오게 된 것인지가 관건인 셈이다. 데니소바인을 하이델베르겐시스에서 진화하여 서아시아지역에 널리 분포하였을 것이고, 데니소바의 출현은 그 연장선에 해당한다고 보는 견해[268]도 있지만, 진화의 단계로서 그러한 설정이 의미로 기원지가 어디가 될 것인지는 논쟁거리이다. 그래서 데니소바인이 언제 어디서 출현하여 확산하여 간 것인지가 현생인류로 진화하는 가정에서 설명되어야 할 과제이다. 최근에 유전자 분석은 데니소반과 현생인류가 갈라진 것은 아마도 70만 년 전경일 것이라고 보고 있다.[269] 그렇다면 분명히 시베리아 지역이 되기는 어려울 것이라고 볼 수 있을 것이다.

흥미로운 설명으로 데니소바인 학설(Great Denisovan hypothesis)은 한 종류의 데니소바인의 조상이 전 아시아로 퍼져나갔을 것이라는 가능성은 오늘날 알려진 화석들이 각기 특징적인 점에서 설명하기 어려운 점이 있다고 보는데 몇 가지의 다른 가설들이 제시되고

---

267 Gibbens 2011.

268 Derevianko 2019.

269 Petr et al. 2020.

있다. 하나는 동남아시아의 조상과 시베리아 조상이 공동 조상에서 갈라져 나온 것으로 보는 것이고, 완전히 다른 극단적인 견해로서는 시베리아의 데니소바인은 그 층에서 나오는 네안데르탈인과 다른 종이 아니고 같은 종의 개인 편차에서 오는 것으로 볼 수 있다는 것이다. 그리고 데니소바인의 조상으로서 제기되는 아시아지역의 호모로서는 중국의 마바와 인디아의 하스노라 유적의 고인류 화석종, 동남아시아의 후기 호모 에렉투스로서 응안동 계열의 화석인류 그리고 플로렌시스 화석 등을 제시할 수 있을 것인데 마바-하스노라 고인류 계열이 시기적으로 타당한 공동 조상을 대표하는 것으로 볼 수 있지만, 남아시아지역의 현대인에서는 데니소바 유전자가 보이지 않는다는 점에서 문제가 있다. 또 다른 가능성으로서 동남아시아의 호모 에렉투스가 동남아시아에 널리 퍼져 있는 데니소바인 유전자의 조상이라고 보는 것인데 오스트레일리아 원주민들의 두개골의 형태에서 호모 에렉투스의 특징이 남아 있는 점에서도 그 가능성을 엿볼 수 있는 설명으로 받아들여진다. 그리고 데니소반인의 화석 인류학적인 특성이 두드러지기 때문에 그 유전자가 유라시아 전역에 퍼져 있기는 하지만 지금의 발견 사례들로서는 격리된 채 진화한 것으로 보는 경우가 있다는 점[270]을 고려하여야 할 것이다. 현재 데니소바인의 어금니로 확인된 두 개의 어금니 중에서 데니소바 8이라고 명명된 어금니는 동아시아의 고인류들의 것과 공통점이 많지만, 지역적으로 분산된 분포를 보이는 것으로 생각하고 있다.[271] 그래서 데니소바인 조상의 시기와 확산과정의 상황에 따라서 다양한 시나리오가 만들어질 수 있다. 데니소바인의 유전자가 알타이 지역과 오세아니아 지역이 다르기 때문에 최소한 두 종 이상이 있었을 것이라는 보고도 있다.[272] 최근 각 지역의 현대인에 대한 연구에 따르면 데니소바인들의 유전자를 세 가지의 다른 그룹으로 나누어지고 각기 다른 시기에 나타나서 상호 유전자 교류가 일어났고 또한 현대인에게 오는 과정에서 지난 1만 년 전에도 아시아 지역에 유전자유입이 있었다는 보고가 있다. 현재로서 데니소바인에 대한 연구가 가지는 가치는 예전의 고인류 화석으로만 그 계통을 세우던 것에서 유전적인 정보가 제시됨으로써 훨씬 더 정확하고도 다양한 시각에서 현생인류의 기원에 대한 논쟁을 이끌어 낼 수 있다는 점이다. 이 점은 아마도 현생인류의 기원 연구에서 혁명적인 변화라고 할 수 있을 것이다. 그러나 아직도 본질적인 문제는 데니소반은 유전자로서 확인되고 아주 작은 손가락뼈와 이빨이 확인된 고인류의 한 종이다. 이러한 종을 현재 알려진 고인류화석들과의 유전적인 친연성을 논하고 있다는 점이다. 결국 아직도 데니소반의 골격적인 특성에 대해서는 알려진 것이 없고 현재 데니소반의 유전자의 분포를 가지고 고인류화석종의 특성을 데니소반적인 것으로 추

---

270 Buzhilova et al. 2017.

271 Kaifu 2017.

272 Browning et al. 2018.

정하는 단계인 것이다. 앞으로 호모 에렉투스와 현생인류 사이의 인류종들에 대해서 엄밀한 비교정의가 이루어진다면 데니소반적 특성이 분명해 질 수 있을 것이다. 그동안 달리인이나 진뉴산인 등이 데니소반에 속하는 것으로 추정하고 있고 또한 오래 전에 만주의 하르빈에서 발견된 호모 롱기(龍人, *Homo longi*, Dragon Man) 역시 중부홍적세 말엽, 즉 14만 6000년 전으로 알려지고 있는데 달리인과 유사하다는 평가와 함께 데니소반적인 특성을 어느 정도 가지는 것으로 생각되고 있다.[273] 앞으로 데니소반이 아시아 지역의 호모 에렉투스와 어떻게 유전자 교류가 이루어지고 현생인류로 진화에 기여하게 되는지가 앞으로 관심거리일 것이다.

데니소반 유전자와 함께 등장하는 네안데르탈인의 유전자 역시 동아시아 현생인류의 진화를 설명하는데 생각되어야 할 문제이다. 데니소바 동굴에서는 데니소바인과 네안데르탈인의 유전자가 교류된 흔적으로서 데니소반 젊은 여성이 발견되었는데 이러한 유전자 교류의 과정은 결국 다른 화석종 간의 유전자 교류에도 적용될 수가 있을 것인데 어느 정도 어느 시점 그리고 어떠한 과정으로 일어나게 되었을 것인지에 대해서 논의가 필요할 것이다. 그런데 네안데르탈 유전자도 동아시아 현대인에게도 남아 있는 만큼 네안데르탈인의 화석이 알타이의 이동에서는 발견되지 않았지만, 아시아지역에서 네안데르탈의 유전자 형질이 발견되었다는 점에서는 현재의 고인류 화석의 분포에 대해서도 다른 해석에도 또 다른 여지가 있는 셈이다. 네안데르탈인들이 몇 차례에 걸쳐서 동유럽에서 알타이 지역으로 확산하여 온 것으로 미루어볼 때 그 확산의 범위는 이보다도 더 동쪽일 가능성이 충분히 있을 것이다. 그리고 데니소반과의 혼혈의 문제는 아마도 그 이전의 단계에서 이루어진 것으로 보기 때문에 오늘날 동아시아지역의 현대인들과는 일종의 공동 조상이 이전 단계에 존재하였을 것으로 볼 수가 있을 것이다. 이러한 점은 일반적으로 아프리카기원지에서 멀어질수록 유전자가 단순해지는 것이 원리이지만 그 반대로 동아시아 지역 특히 동남아시아 지역으로 갈수록 새로운 양상이 나타나는 것은 지역의 현생인류진화 과정이 그리 간단하지 않다는 것을 의미하는 것으로 판단하고 있다.[274]

현재까지의 인류화석이나 유전자 연구의 결과를 토대로 본다면 데니소바인과 네안데르탈인의 유전자가 현생인류의 후예인 현대인에게서 관찰되고 또한 데니소바인과 네안데르탈인의 데니소바 동굴에서의 혼혈을 토대로 복원한다면 분명히 아시아지역 어디에선가 공동 조상이 있었을 것이다. 데니소바인의 어금니의 형태가 아시아지역의 저우커우뎬이나 마바 등에서 출토된 화석에서 보편적으로 나타나는 것을 토대로 미루어서 데니소바인들이 크게 확산한 시기가 있었을 것이고 그러한 확산을 '위대한 데니소바인 가설'이라고 제

273 Ji et al. 2021; Gibbons 2021.

274 Skoglund & Jakobsson 2011.

시되기도 하였다.[275] 아직은 거친 추측에 불과한 것이지만 데니소반인들의 화석이 티베트의 고산지에서 발견되고 그 연대가 16만 년 전으로 밝혀진 것이 있어서[276] 이미 이 시기에 데니소반들은 환경적응력이 뛰어났다고 볼 수 있으며 이 세상 어디든지 웬만한 환경에서 살 수 있었을 것으로 볼 수 있는 것이다. 그래서 결국 현재 시베리아에서 화석이 먼저 발견되기는 하였지만 앞서 언급한 바로 생물 종의 일반적인 분화과정을 토대로 본다면 환경이 양호하여 인구압이 상대적으로 큰 지역인 남방에서 기원하여 북방지역으로 확산하였을 가능성을 배제할 수는 없을 것이다. 특히 중국의 남부 고원지역이 그 가능성이 크다고 볼 수 있는데 이것은 다른 종들도 열대지역에서 북상하면서 고원의 서늘한 기후에 적응하면서 새로운 종으로 진화하는 것으로 알려지기 때문이다.

고형의 호모 사피엔스 그리고 하이델베르크인과의 관계

이러한 다양한 견해들은 결국 호모 사피엔스 이전의 호모 에렉투스 이후 출현하는 중간 단계, 즉 고형의 호모 사피엔스라고 불리는 혹은 하이델베르크인으로 분류되는 화석들의 특성이 고형과 새로운 형질이 모자이크 양상으로 나타나는 것에서 유래하는 것으로 할 수 있을 것이다. 현생인류나 고형의 사피엔스의 화석들이 다양한 모습을 보이는 것은 공동조상으로 있었다고 볼 수 있는 지난 90만 년 전 이래로 바로 다른 '종'들의 유전자 교류의 결과로서 나타나는 것이라는 설명이 흔히 제기될 수 있는 것이다.[277] 그런데 이러한 다양한 학설들이 검증되기 위해서는 앞으로 더 많은 화석에서 추출된 유전자가 필요할 것이다. 앞으로 고인류 화석의 새로운 발견이 이어지고 또 한편으로 전 지구적인 비교연구가 더 진전되고, 그리고 현대인의 유전자 분포와 특정한 하플로 그룹의 기원과 확산에 대한 정확한 정보가 가미된다고 하면 더욱 그 과정을 좀 더 분명하게 이해할 수는 있을 것이다. 그러나 그러한 자료의 누적이 되기 이전까지는 외형적인 특성의 진화적인 가치에 대한 판단은 결국 주관적으로 될 수밖에 없음으로 다양한 학설은 당분간 지속할 것이다. 결국 오늘날 많은 자료의 증가와 열띤 논쟁에도 불구하고 그동안 현생인류의 진화 여정이 확실하게 밝혀진 것은 많지 않다는 것을 말하고 있는 셈이다. 그러나, 이제 증가한 자료들을 전 아프로유라시아적인 관점에서 비교하기 시작한 단계이고 또한 새로운 세대에 의한 새 개념의 연구 방법, 특히 유전자의 확인과 비교분석이 가능한 시대이기 때문에 과거보다도 훨씬 더 구체적인 과정이 밝혀지리라고 기대할 수 있을 것이다.

---

275 Kaifu 2017.

276 Hublin 2019.

277 Martinon-Torres 2017.

표 2 현생인류 기원과 확산에 대한 학설들(Groucutt et al. 2015에서 변형)

현생인류의 기원				
아시아 기원 모델	불특정 시기	아시아가 현생인류의 탄생지	5	McCown & Keith 1939
서남아/북아프리카 모델	불특정 시기	이 지역 기원후 바로 확산	6	Field 1932
다지역기원	홍적세기간 중	여러 지역에서 발생후 새로운 유전자유입에도 지역성유지	7	Wolpof 2003.
최근 아프리카 기원	10만~4만 년 전	아프리카 한 지역기원 후 동아프리카이동 후 확산	3, 4	Stringer 2011
최근 아프리카 기원 및 혼혈	10만~4만 년 전	최근 아프리카 기원론에 유라시아 다른 고인류종과 혼혈	8, 9, 10	Brauer 1992; Green et al. 2010; Reich et al. 2011.
동화 이론 모델	10만~4만 년 전	아프리카 기원 후 곧 각지로 확산해서 유전자 동화	11, 12	Smith 1992; Trinkhaus 2005.
늦은 확산에 대한 다양한 모델들				
복수 확산 모델	7만년 전 이전/ 5만 년 전 이전	MIS4에 호주지역으로 해안통로/ 북방루트를 통한 확산	13	Lahr & Foley 1998.
후기구석기 모델	5만~4만 5000년 전	창과 같은 장착형 도구개발 이후 아프리카에서 확산 가능	14, 15	Klein 2009; Shea 2011.
MIS4 단일 해안통로	7만 5000~6만 년 전	mtDNA분석결과 이 시기 확산	16	Oppenheimer 2012.
기하문세석기공작 해안통로 단일	6만~5만 년 전	기하문세석기공작의 해안통로확산	17	Mellars et al. 2013.
이른 시기 확산에 대한 다양한 모델들				
이른 시기 복수 확산	MIS5 초기(13만 5000~7만 5000년 전)와 MIS3	해수면 변동의 기회/ 중기구석기공작	2, 18	Petraglia et al. 2010; Reyes-Centeno et al. 2014.
제벨 파야 모델	13만 년 전	르발르와 기법, 양면석기, 석인석기들이 아라비아로 확산	19	Armitage et al. 2011.
누비안 모델	~10만 6000년 전	동아프리카의 누비안 석기(좁은모서리박리 석인석핵)의 확산	20	Usik et al. 2013.

그런데 동아시아지역의 현생인류의 출현 시기에 대해서는 그동안 적용하던 돌연변이의 속도에 대해서 새로운 시각에서 그 적절성이 재론되고 있는데 바로 돌연변이의 속도가 생각하던 것보다도 느리게 나타났을 가능성을 말하는 것인데 그렇다면 그동안 적용하던 돌연변이의 누적량으로 계산한다고 보면 그 시기가 더 오래될 가능성이 있는 것이다. 그리고 이러한 새로운 계산법[278]은 일부 고인류 화석의 절대연대와 부합되는 것으로 생각하기 때문에 앞으로 현생인류의 동아시아 도래의 시기는 생각보다도 더 오래될 가능성이 있는 것이다. 그러한 점은 결국 근동지역에서 인도 지역으로 넘어오는 과정에서 중기구석기

278 Scally & Durbin 2012.

를 가지고 오는 현생인류라는 설정을 본다면 생각보다도 훨씬 앞서 현생인류가 도달하고 문화가 그 이후에 따라서 확산하였을 가능성을 말 할 수 있다. 그래서 그동안 현생인류의 유전자 연대와 화석연대가 상충하는 점이 해석될 수 있을지가 이 새로운 분석에 대한 관심의 핵심이다.

4.3 구석기시대 현생인류와 현대인과의 관계

각 지역에 사는 현대인은 생물학적으로 현생인류의 현재형이다. 현생인류는 하나의 종으로서 이 종에 속하는 개체는 모두 유전적인 교류가 가능하므로 자손을 지속해서 만들 수 있는 단일 생물종(*Homo sapiens*)의 구성체라고 할 수 있다. 상부 홍적세의 말엽에 새로운 환경에 적응하면서 인구집단들이 정착 생활을 시작하게 되면서 각 지역의 원주민 집단이 형성되기 시작하였을 것으로 보는데 현생인류 연구에서 아직도 제대로 진전되지 아니한 것이 바로 구석기시대의 인류들이 오늘날의 지역적인 주민들과의 관계에 대한 것이다. 물론 구석기시대 이후 엄청난 주민 이동이 있었다고는 하지만 구석기시대가 끝나고 홀로세에 들어오면서 인구의 구성과 분포가 어떻게 되어 있었고 그 이후 정착하는 집단의 구성에 어떤 영향을 주었던 것인지에 대한 연구가 부족한 것이다. 오늘날 많은 유전자 연구는 지역적인 유전자의 분포를 지역적인 지속성을 염두에 두고 역사시대에 들어와서 문화의 혼합과정에서 있을 수 있는 집단의 이동에 관해서 설명하고자 하는 것이 대체적인 접근의 주목적이 되었다. 그렇지만, 과거에는 막연하게 연속성을 상정하였지만, 이제는 유전자적인 연구가 구석기시대의 화석인류라고 하더라도 유전자가 존재할 수 있어서 현대인과의 관계가 구체적으로 밝혀질 수 있을 것으로 기대된다. 그래서 이제는 과거와는 훨씬 복합적인 방법으로 특정 지역의 민족이나 종족의 기원을 논할 수 있게 된 것이다. 현대인, 홀로세의 고고학 유적에서 나오는 인골의 유전자 그리고 드물게는 구석기시대의 고인류의 유전자 등과 함께 문화적인 변동과정을 고려하여 논할 수가 있게 되었다. 그렇지만 유전자연구나 또는 고인류화석연구가 해당 지역의 오늘날 주민을 현생인류로의 진화과정 초기 단계의 지역성을 대표하는 것은 아니라는 점을 분명히 인식하는 것이 필요하다.[279] 이러한 사실은 현대유럽인들의 유전자의 형성에서 볼 때도 대체로 홍적세 말기 14ka 경 기후가 온난화되면서 근동지역의 주민들이 널리 퍼져서 이루어진 것이 고인골의 유전자 분석에서 밝

---

279 Groves and Lahr 1994.

혀진 바가 있어서[280] 상부홍적세 동안 기저민의 변동이 상당하였다는 점에서도 알 수 있다. 이러한 변동은 광역적으로 다른 체질적인 집단이 있을 경우에 확실하게 관찰될 수 있지만 동질의 그룹이 생계경제가 변화하였다고 해서 그렇게 지역적으로 차이가 두드러지지 않을 수 있을 것이다.

현대인의 유전자의 지리적인 분석을 보면 대체로 지역별로 어느 정도 중심이 있고 주변 지역으로 가면서 특정한 유전자가 줄어들기도 하고 또한 특정 유전자들이 각기 다른 방향으로 연결되고 있는 점을 발견하지만, 지역적인 집단들이 공유하는 면이 강하게 나타나는 경우가 많고 그러한 경향은 큰 집단일수록 더욱 뚜렷하게 나타나는 것은 구석기시대 이래로 정착 생활의 시작 그리고 문명의 발생 등의 정착촌 내지는 도시의 발달을 거치면서 오랫동안 지역적으로 인구증가를 가져왔기 때문으로 생각된다. 이러한 정착 생활은 큰 강을 중심으로 마을이 형성되고 확산하게 되는 과정을 거치게 된다. 최근의 일련의 유전자 연구에 따르면 동북 아시아지역, 즉 서해를 중심으로 하는 지역에서는 상부 홍적세 기간에 드러난 대륙붕을 따라서 북상하는 남방계 현생인류들이 강을 중심으로 이 지역의 주민을 구성하고 다시 이 지역으로부터 확산하여 간 것으로 보인다.[281] 동아시아지역의 많은 유전자 분석들이 동남아시아지역에서 동북상하는 확산의 방향을 지시하고 있는데 남성 염색체의 하플로 그룹 C의 변이에서도 동남아시아 대륙지역에서 동북아시아지역으로 해안을 따라서 확산하는 과정을 볼 수 있고 그 시기가 대체로 이른 시기로서 4만 년 전일 것으로 추정하고 있다.[282] 다른 연구에서는 2만 년 전에서 4만 5000년 전일 것이라는 주장도 있다.[283] 이러한 연구에는 결국 오늘날 현대인의 유전자를 가지고 추정해 나가기 때문에 방법에 따라서 달라질 수 있는 함정이 있지만 대체로 상부 홍적세의 후반에 해당하는 것이고 바로 후기구석기시대의 시작 무렵이라고 할 수 있다. 북쪽 루트를 통해서 동북아시아로 들어오는 현생인류들은 후기구석기시대의 문화적인 특성에 의해서 잘 나타나고 있지만 그 인구규모는 남성염색체의 분석에서 7% 정도[284] 차지하듯이 현저지 작았을 것이라는 점이 이미 지적되었다. 그런데 현생인류의 이동이 항상 서에서 동으로만 있었던 것은 아니며 여러 요인에 의해서 동에서 서로도 이동이 가능하였을 것이다. 실제로 인도의 경우나 티벳의 경우에는 동아시아의 유전자 집단들이 많이 발견되는 것[285]이 그러한 쌍방향의 이동을 보여주는 증거일 것이다.

---

280 Fu et al. 2011.

281 배기동 2017. Hong et al. 2007.

282 Zhong et al. 2010; Zhong et al 2010.

283 Atkinson et al. 2008.

284 Zhong H, Shi, H. et al. 2011.

285 Athreya, S. 2015.

홀로세에 들어서 인간의 정주생활이 시작된 이후에는 이동의 패턴이 크게 바뀌게 된다. 4000년 전 전후에 농경사회가 획기적으로 팽창하면서, 즉 문명의 확장으로 중국 대륙지역의 인구가 팽창하게 되면서, 동남아 지역으로 중국 남방 지역의 인구가 확장하게 되는데 이를 타이완 특급(Taiwan express)이라고 부르기도 한다.[286] 당시의 전 세계에서 농경-정착생활이 진행되면서 생겨나는 인구압이 결국 이동을 유발하여 농경민 확산의 과정을 겪게 되고 각 지역에서 새로운 유전자 구성을 만들게 되는 것이다. 이즈음에서 많은 동남아시아 섬 지역에 중국 남부의 주민들이 이동하게 된 것으로 보고 현생인류, 즉 현대인은 후기구석기시대 확산된 선주민들과 그 이후 이동하여온 두 가지의 다른 유전적인 집단의 층으로 구성된 것으로 보고 있다.[287] 이러한 결론은 현대인과 현재까지 발견된 현생인류의 두개골의 측정치에서, 구석기시대의 장두형의 낮고 넓은 얼굴을 한 형질과 4000년 전 이후의 넓적하고 긴 얼굴과 짧은 두개골을 가진 형질의 집단들, 두 가지의 경향을 띠는 것을 토대로 얻어진 것이다. 그러나, 유라시아 대륙에 있어서 고인류나 현생인류의 지역적인 차이가 없었다는 것은 이해하기 어렵고 또한 데니소반이나 네안데르탈인의 유전적인 그리고 형질적인 특성을 고려한다면 구석기시대 인류를 일률적으로 한 종에 속한다고 보고 오늘날 현대인의 형질적인 분포를 논하는 것은 설명이 어려운 점이 있을 것이다. 만일에 초기 확산한 현생인류의 유전자가 해당 지역에서 완전히 사라지지 않았다면 후대에 도래하는 현생인류의 유전자와 혼합되었을 가능성도 있을 것이고 앞서 언급한 인류 종의 집단별 유전적인 특성의 분포에도 차이가 있을 수 있다. 그러한 미세한 차이들이 오늘날의 유전자 연구에서 불분명하지만 각 지역의 고인류들이 가지고 있었을 유전적인 차이를 암시적으로 드러나는 것을 볼 수 있는 것이다. 이러한 각 지역의 주민의 형질을 이해하는데 중요한 관건은 일정한 단위시간 범위 내에서 이루어지는 외부로부터의 유전자 유입의 양일 것이다. 이미 네안데르탈인 유전자나 데니소반의 유전자의 분포에서 섬지역이 높다는 점은 바로 그러한 외부 유입의 양이 다른 지역보다 제한되기 때문에 오래된 유전자가 전이로 사라지지 않고 남아 있는 것이며 이러한 현상은 오지로 분류되는 히말라야 고산지의 주민들에게도 오래된 유전자가 안정적으로 유지되는 것[288]에서도 알 수 있는 것이다.

동북아시아, 즉 중국, 한반도 그리고 일본, 또한 동남아시아지역의 고대와 현대인의 두개골의 특성을 가지고 분류한 것을 보면 동남아시아지역과 동북아시아 지역에서 크게 구분되는 점이 있다.[289] 이 점은 그동안 현대 주민들의 형성과정에 대한 두 가지의 다른 가

---

286 Bellwood 2013, 2018.

287 Matsumura et al. 2019.

288 Jeong et al. 2016.

289 Pietrusewsky et al. 2010.

설 중에서 구석기시대 이래의 인구집단의 유전적인 지속성을 잘 보여주는 것으로 받아들이고 있다. 다른 연구에서는 동아시아인들과 동남아시아 인들 사이에는 두개골의 형태에 유사성이 오스트로멜라네시아인들보다도 상당히 높은 것으로 확인되기도 하였는데[290] 이러한 상충되는 결론들은 분석의 방법에 따라서 달라질 수 있을 것이다. 그렇지만 큰 틀에서는 이 두 그룹들이 연속적인 것이라고 볼 수 있고 특히 동남아시아인들의 특성이 일본 죠몽인들에게 지속되는 것은 주민의 이동을 암시하는 자료인 셈이다. 아직까지 각 지역의 주민의 연구에서 구석기시대 주민이 기여한 유전자의 규모에 대해서는 많은 연구가 없지만 분명히 신석기시대 정착생활이 시작되기 이전에 이미 상당한 밀도의 인구 규모를 가진 것으로 볼 수 있다. 한반도나 중국 중부지역의 현재의 인구로 추산한 것은 평균 1제곱킬로미터당 1명 정도가 되는데 이것은 인구서식가능환경으로 본다면 이보다도 더 큰 규모라고 할 수 있다. 그렇게 본다면 구석기인구가 기반이 되고 그 이후 신석기시대 주민의 분화에 의해서 새로운 유민들이 섞여가는 과정이었을 것이기 때문에 구석기인들이 각 지역의 주민의 기반이 되었다고 할 수 있을 것이다.[291] 특히 동북아시아 지역에서는 과거에 중국의 고인류들의 특성을 기반으로 집단의 지속성이 주장되기도 하였던 바 있다.[292] 그런데 동북아시아 지역의 주민들의 이러한 체질적인 특성은 동질성이 강하게 반영되고 있지만, 이 중에서 특히 한반도의 주민들이 중국 남부의 하이난섬이나 일본 지역의 주민들과 상관도가 높은 것으로 나타나는데 이것은 홀로세 이전의 유전자 흐름을 반영하는 것으로 생각할 수가 있고 특히 일본의 경우에 죠몽인들과 아이누와 현대 야요이 시대 이후의 일본인들의 형질에서 차이가 있다는 점에서 일본인의 기원에는 이중적인 구조가 있다는 것을 말하고 있다.[293] 이러한 이중적인 구조는 동남아시아의 섬 지역의 원주민이라고 보는 니그리토의 경우에도 지난 5만 년부터의 지속성과 홀로세 단계에서 새로운 유입으로 이중성을 가지고 있는 것으로 판단하고 있음을 볼 때 상부 홍적세 동안의 현생인류의 중층적인 확산 파장이 보편적이었다는 면을 보여준다.[294] 이러한 관찰은 결국 현생인류의 상부 홍적세 후반에 이동과 관련하여 중요한 암시하고 있고 동북아시아 지역에서 현대 주민들의 기원을 이해할 수 있는 설명모델이 될 수 있을 것으로 보인다. 이러한 점은 결국 홍적세가 끝난 이후 각 지역에서 정착 생활로 팽창된 인구들이 새로운 이동을 하게 되면서 일본 같은 지역에서는 두드러지게 인구구성이 바뀐 것으로 이해할 수가 있을 것이다. 그렇지만 청동기시대 이후에 매장된 주체에 대해서는 이미 사회가 복합 계층적인 구성을 가지고 있고 매장이라는

---

290 Hanihara 1993.

291 배기동 2015.

292 Etler 1996.

293 Hanihara 1991; Matsumura et al. 2019.

294 Matsumura and M.F. Oxenham 2014; Bellwood 2018.

의례를 거치는 집단에서는 우월적인 사회계층일 가능성이 있어서 당시의 복합사회 내에서의 인구집단의 유전적 분포를 그대로 반영한다고 볼 수는 없을 것이다.

역사시대의 정치적인 또는 다른 재난이라는 요인으로 인간의 이동이 유발되었을 것인데 이러한 과정을 제거하고 신석기시대 초기의 선주민이 중요하고 이들과 그 이전의 구석기시대 주민들과의 관계와 그 이후의 변화가 오늘날 현대인을 구성하게 되었을 것이다. 앞서 언급된 바와 같이 정착 생활이 이루어진 이후에 지속해서 농경지의 확보를 위해서 지역을 확산 이동하는 흐름이 오늘날 인구의 지리적인 분포 현황을 만들었을 것으로 보는 것이 일반적이다. 그리고 또한 금속기의 사용으로 인하여 생산력이 급격히 증가하였을 단계에서도 지역적 인구팽창으로 이동이 발생하여 인구의 구성에 큰 변화를 가져올 수 있을 것이다. 주민의 흐름의 방향은 역사시대 이래 정치적인 이유나 경제적인 이유에 의해서 새로운 흐름이 생기기도 하였지만, 근본적으로 아직도 오랫동안 인류가 살았던 지역에서는 선주민 집단의 영향이 강하게 남아 있는 것으로 볼 수 있다. 이것은 선주민 집단이 강하게 경계 주의가 행해지는 신석기시대나 더욱 강한 단계가 되는 국가의 출현 이후에는 결국 인간의 이동이 제한되는 제도가 선주민들의 유전자 형성에 크게 기여를 하였을 것이고 또한 종족 간의 이동이 있었다고 하더라도 이웃한 종족 간의 유전자의 차이는 크지 않을 경우가 많았을 것이다. 일반적으로 어느 지역이든 간에 현대 주민의 유전적인 형질이 간단하지는 않을 것이다. 구석기시대의 원주(原住) 집단과 후대의 이주집단들이 복합적인 유전적인 구성을 만들어 가지만 결국 모집단의 규모에 따라서 현대 집단의 유전적인 특질이 다르게 나타날 수 있는 것이며 대부분의 지역에서 이원적 또는 다원적인 유전자 구성을 보인다.

지역 진화에 대한 오해

중국의 학자들은 200만 년 전에 아프리카에서 온 중국지역의 호모 에렉투스가 지역적인 진화를 하는 과정에서 호모 사피엔스가 아프리카에서 와서 유전적으로 혼합되어 이 지역의 현생인류로 진화한 것이라는 주장이 지속하고 있다.[295] 이러한 현생인류 진화의 '중국적인 자생모델'은 그동안 세계 고인류학계에서도 이러한 주장 속에 아직도 학문에서도 중화주의 적인 견해가 남아 있었고 또한 뿌리 깊게 남아 있는 후광으로 반복되는 것으로 보는 견해도 심심치 않다. 또한 이러한 중국지역에서 현생인류의 기원에 대한 설명을 '교접을 통한 연속성'으로 보는 것은 바로 현대 중국인가 가지고 있는 현생인류의 특성이 이보다도 오랜 시간에 이 지역에 존재하던 고인류의 특징을 지역적으로 지속한 특성의 하나로

295 Gao et al. 2010.

설명하려는 것이다. 중국학자들이 현생인류나 그 이전의 고인류 집단에서 지역적인 특성 중에는 넓적한 얼굴 모습과 튀어나온 광대뼈, 삽니모양의 앞니, 낮은 코, 두드러지는 화살융기 등등 들고 있다.[296] 중국학자들은 중국의 구석기문화의 정체된 전통 역시 체질적인 연속성을 문화적으로 입증하는 것으로 주장한다. 중국 지역에서 박편석기 공작이 큰 변화 없이 지속하는 것도 이러한 지속성을 설명하는 증거로 활용되고 있다.[297] 북중국의 대단히 완만한 석기의 진화나 남중국 지역의 거의 정체된 석기 전통이 바로 이 지역에서 지속해서 살았던 사람들의 '흔들리지 않는' 행위 패턴을 보여주는 것으로 보는 것이다. 그래서 석기 공작의 이러한 전통을 '포괄적 행위 모델(Comprehensive Behavioral Model)'로 설명하려는 것을 볼 수 있는데[298] 이러한 모델에서 보이는 문제는 상충한 원리, 즉 문화변동의 원리와 생물 진화의 원리, 가 혼합되어 구체적인 문화 현상과 내재하는 원리의 구분이 잘 안 된다는 점이다. 예를 들어서 그 내용을 설명하는 용어로서 적응력이 높았을 것이라는 개념과 문화혁신이 없었다는 것은 별도의 설명이 없는 한 상충된 개념으로 이해하는 것이 보통인 것이다. 문화적인 적응행위가 분명히 생물학적인 선택을 보완하였을 것으로 판단되지만 긴 세월 동안 나타나는 문화 현상을 바로 특정한 인류 종의 특성으로 판단하는 것은 바로 모비우스의 아슐리안 주먹도끼 공작의 분포에서 보이는 이분법과 같은 차원의 결론이라고 할 수 있을 것이다. 이러한 학설들의 이면에는 중국이라는 국가 지역 중심적인 사고들이 뿌리 깊게 들어 있다는 것을 볼 수 있다.

이러한 사고의 문제점은 우리가 아직도 고인류 화석들의 종의 개념에 대한 정의가 완전히 달라져야 한다는 점을 간과하고 있다는 점이나 그러한 체질적이고 문화적인 현상이 인류 종 간의 특성인지 아니면 유전자 교류가 가능한 동일 종의 다른 형태인지에 대한 개념적인 설정이 전제되어야 한다. 오늘날 전 지구상에 존재하는 현대인의 골격에 대한 비교에서 나오는 차이가 동일한 시대에 속하는 고인류의 화석에서 보이는 체질적인 특성의 차이보다는 비교 특성에 따라서 훨씬 크다는 점은 이러한 추론의 함정을 암시하고 있다. 결국 유전자 교류가 있었을 것이라는 점은 분명히 오늘날 화석의 유전자 증거로서 확인되지만 그러한 유전자 복합의 과정의 시나리오는 그렇게 단순하게 설명될 수는 없을 것으로 보인다. 연구가 진행될수록 유전자 교류의 범위가 늘어나고 또한 진화의 갈래가 일찍 나타난 것으로 알려지는 것이 바로 그러한 것을 예견하는 셈이다. 또한 새로이 유입된 인류 종이 압도적인 유전적인 우위를 점하게 되는 것은 결국 수적으로 증가하는 속도가 상대적으로 빠르기 때문인데 '기존의 것에 새로운 것'이 추가되는 식으로 생각하는 것은 진화의 본

---

296 Zhang1999.

297 Gao 2010; Wu 2006.

298 Gao et al. 2006.

질을 왜곡시키게 되는 것으로 생각할 수가 있는 것이다.

결국 인류 진화의 지리적인 방향, 즉 아프리카에서 유라시아 대륙으로 진화하면서 확산한 것은 변함이 없지만, 최초 확산 이후의 과정에서 일어난 현생인류와 지역에 살고 있던 조상 고인류(p-dem)들과의 유전자혼합과 새로운 종의 형성과 새로운 확산의 방향은 오늘날 유전자의 흐름으로 보아서 충분히 가능하다고 보아야 할 것이다. 그렇지만 어느 장소에서 언제 새로운 종이 형성되고 확산하여 오늘날 살고 있는 사람들과 단일 종의 현생인류로 진화가 이루어진 것인지는 많은 비교검토가 이루어져야 확신을 할 수가 있을 것이다.

IX

상부 홍적세의 석기 공작의 다양성

기술과 편년체계 그리고 석기문화 진화 이해의 방법론

—

지역별 석기문화 양상

—

동아시아 구석기시대 예술의 기원과 진화

1 기술과 편년체계 그리고 석기문화 진화 이해의 방법론

상부 홍적세 동안은 전 세계적으로 문화의 획기적인 진화가 있었다. 석기문화의 급속한 진화와 예술 행위의 증거들이 널리 나타나기 시작한 것이다. 동아시아의 구석기 공작의 양상 역시 지역적으로 상당히 다양한 양상으로 발전된 것을 알 수 있다. 석기의 발명 이래 오랫동안 인류가 사용해왔던 석핵과 박편의 1차원적인 석기 제작기술이 지속하는 가하면 중부 홍적세 동안에 고형의 호모 그리고 네안데르탈에 의해서 사용되었다고 생각하였던 조정 타격기법, 즉 르발르와 기법이 지속해서 상부 홍적세에 등장하게 된다. 그런데 이러한 전통적인 석기 제작 기술 이외에 새롭게 나타나는 것이 석인석기의 기원과 확산이라고 할 수 있다.[1] 물론 아프리카 지역에서는 이러한 석기가 중부 홍적세에 시작되는 곳도 있지만, 유라시아 지역에서는 거의 상부 홍적세의 석기기술의 대표적 양상이라고 할 수 있다. 그리고 이러한 기술이 더욱 세련되어 나타나는 세석인 제작 기술이 석인기법에 이어서 나타나게 된다. 이 기술은 결국 상부홍적세의 환경 변화에 적극적으로 적응하기 위한 기술혁신이었다고 말할 수 있다.[2] 상부 홍적세의 가장 획기적인 도구 제작기술은 바로 활과 화살이나 창과 같은 장착용 석기의 시작일 것이다.[3] 이것은 세석인뿐 아니라 기하문형석기들이나 슴베찌르개와 같은 석기들이 나타나는 것이다. 사냥의 증가에 대한 인간의 문화적인 적응이라고 할 수 있는데 위험도를 줄이고 사냥의 효율을 높이기 위해서 던지는 도구가 보편화되는 것이다.[4] 이러한 석재와 나무나 뼈 등을 활용하고 접착제나 끈 들을 이용하여 고정시키는 등등의 기술들이 상부 홍적세의 인류들이 사용한 것인데 지역적으로 그 조합상이

---

1 Bar-Yosef 2002; Bar-Yosef & Kuhn 1999.

2 Elston & Brantingham. 2002; Elston et al. 2011.

3 Coolidge et al. 2016.

4 Knecht 1993, 1997.

다양하게 나타난다. 이것은 바로 환경에 대한 적응과정에서 오는 기술적응의 차이와 확산 과정에서 오는 문화적인 차이에서 기인하는 것으로 생각할 수 있다. 특히 상부 홍적세는 현생인류가 아시아로 확산하여 오면서 기존의 인구집단과의 문화융합이 이루어졌을 것이고 또한 새로운 환경에 적응하는 과정에서 다양한 선택적인 행위를 생각할 수 있을 것이다. 그리고 이들이 가지고 이동한 석기문화가 각 지역의 석기문화 형성에 큰 영향을 주었을 것은 틀림없을 것이다. 그래서 상부 홍적세의 초기에 확산하기 시작한 고인류 집단들의 유전자의 혼합양상을 정리하여 행위적인 측면과 연계하여 보는 것이 필요할 것이다.

상부 홍적세 동안에 전반과 후반, 즉 MIS 4기와 MIS 3기 이후의 시기에, 많은 지역의 석기문화에서 차이가 나는 것을 볼 수 있는데, 전반부는 많은 지역에서 중기구석기라고 분류되는 석기 공작들이 지속하는 것이 일반적이고 후반부에 가면 북쪽 온대지역과 시베리아 등의 한대지역에서 석인석기문화가 이즈음에 출현하여 동으로 확산하는 과정에서 지역적 석기 공작의 양상을 크게 바꾸는데 과거에 이러한 변화는 현생인류의 출현으로 이해되었다. 반면에 인도에서는 석인과 세석인들의 출현에도 불구하고 인도 이동의 동남아시아 지역에서는 석인석기의 전통이 거의 보이지 않아서 극명하게 대비를 보이는데 이것은 분명히 환경과의 관련 하에서 설명되어야 할 것으로 보인다. 이러한 두드러진 기술적인 변화가 고인류의 진화와의 관계가 어떻게 전개되는 것인지에 대한 관찰과 그 설명이 중요한 관점이 될 것이다. 분명 새로운 현생인류의 파장이 인도까지 몰려온 것으로 이해할 수 있고 또한 동으로 이동을 생각할 수 있지만, 그 증거는 고고학적으로 확실하게 보이는 것이 없다.

상부 홍적세 인류의 행위적인 관찰의 기본적 자료는 바로 석기 공작의 기술적인 발전양상이라고 할 수 있다. 그 기술적인 특성과 그 분포가 인류의 행위 진화와 확산 이해의 가장 핵심적인 증거들이다. 이러한 기술 행위적인 표현으로서 대표적인 것들이 바로 조정타격법의 개발과 발달과 그 연장선에서 이루어지는 석인기법의 발달, 그리고 치밀화 또는 기능 분화되는 기술로써 세석인의 출현과 이와 함께 고려되어야 할 기술적인 요소로서 장착용 석기들의 출현과 발달이 중요한 석기 공작 제작 기술적 요소이다. 또한 도구의 기능 개선에 큰 역할을 하게 되는 치밀한 기법의 석기 제작기술의 개발 역시 상부 홍적세 후반에 일어나게 되는 현상이다. 다른 한편으로서 대단히 중요한 기술적인 진전으로 보아야 하는 것이 장착용 도구의 출현과 확산이라고 할 수 있다. 그리고 대단히 중요한 변화로서 상징적인 표현과 예술적인 표현의 출현이라고 할 수 있을 것이다. 그리고 이와 관련하여 확고한 현대적인 언어의 출현이 있었을 것이라는 점이다.[5] 이러한 새로운 요소들이 시간상으로 어떻게 변화 발전하며 어떠한 고인류 집단들과 연결되어 나타나는 것인지 그리고 어떠

5 Tattersakl 2017.

한 환경적인 상황에서 발생하게 되는지에 대한 관찰과 설명이 이루어지는 것이 필요한 것이다.

유럽과 아프리카 지역의 중기구석기시대에 나타나는 석기 공작의 양상은 기본적으로 이미 중부 홍적세 단계에 나타나는 조정 타격기법인 르발르와 기술이 더욱 발전하여 정형화한 박편을 제작하게 되고 또 다른 기술적인 발전으로서 장착용 석기들이 출현한다는 것이다. 슴베찌르개로 불리기도 하는 이러한 석기들의 출현은 도구 제작의 복잡성이 보이고 기능에서도 복합성을 가지고 있는데 이것은 결국 인류의 인지능력 발전을 반영하는 것으로 보는 것이다. 석인석기는 날카로움을 추구하는 석기 제작목적으로 본다면 획기적인 기술혁신으로 생각되어야 하는데 그 섬세한 기술과정은 보편적으로 현생인류의 인지적인 역량의 상징같이 생각된다. 그래서 석인석기 공작의 출현 자체가 현생인류의 확산을 웅변하는 것으로 생각하는 것이 보편적인 설명이다. 그런데 아시아 각지의 석기 공작에서 이러한 석기가 나타나는 시기와 지역은 유럽과 아프리카 지역의 연구된 현상과는 크게 차이가 나는 것을 알 수 있는 것이다. 그런데도 동아시아지역에서 나타나는 이러한 기법들이 인지의 보편적 현상으로서 평행진화를 한 것인지 또는 전파적인 입장에서 이해되어야 하는 것인지에 대해서 설명이 지속하여야 하는 것이다.

동아시아의 구석기의 편년은 그동안 서구의 편년체계를 그대로 적용하여 전기, 중기 그리고 후기 등으로 사용해 왔는데 근래에는 점차로 중기를 언급하지 않고 전기와 후기로 구분하는 경우가 많아지고 있다. 왜냐하면 기존의 서구에서 널리 사용되는 편년체계를 본다면, 타면을 조정하는 박리기법으로 발전한 것이 바로 중기구석기를 구분하는 기준이 되고 후기가 되면 얇고 길쭉한 석인을 만들어서 도구를 제작하는 기법이 출현하는 시기를 후기로 구분하는 것이 서구의 기법이라고 할 때, 동아시아지역에서는 타면을 조정하여 박편을 만드는 기술이 보이지 않기 때문에 기술상으로는 중기와 후기를 구분할 수 있는 기준이 없기 때문이다. 근래에 몇 지점에서 타면 조정기법들이 확인된다고 하지만 전체적인 편년체계를 크게 흔들지는 못하는 것으로 보인다. 그러나, 일부 학자들에 의해서는 지속해서 '중기'라는 단어가 사용되기는 하는데 이 단어는 기술적인 개념으로서 편년이라기보다는 '후기에 앞설 수 있는 석기 공작'이라는 의미를 담고 있는 경우가 대부분일 것이다. 결국 상부 홍적세의 초반에 해당하는 퇴적층에서 나온 석기 공작을 지칭하는 편년 용어인 셈이다. 그렇지만 이제는 동아시아 지역에서도 석기공작의 편년에서 반성의 목소리가 커지고 있고 중기구석기시대라고 부르는 용어 사용에 대한 비판이 제기되고 있는 것이다.[6] 이러한 편년의 고민은 한반도의 경우 후기구석기를 석인단계와 세석인 단계로 구분하는 경우를

6 배기동 1998; Li, F. 2014; Norton et al. 2009.

볼 수 있는데[7] 앞 선 단계와 고인류의 진화나 기술의 중요성에 비추어 기준이 고르지 않은 점이 있다.

그런데 후기구석기시대의 기술적인 분포에서도 동아시아지역은 남북의 차이가 현격히 나타난다. 남쪽의 아열대 내지는 열대 지역에서는 석인석기들이 나타나지 않는 것을 볼 수가 있는데 그래서 이 지역에서도 편년의 기준이 다르게 설정되고 있는 것을 알 수 있다. 이러한 석기 제작기술이 편년의 중요한 기준이 되는 것이지만 실제로 그러한 기술을 엄격하게 정의하여 나가는 작업이 있어야 하고 더욱이 세분화된 기술을 논하는 과정에서는 그러한 정의가 혼란이 없게 하는 것이 전제라고 할 수 있을 것이다. 그래서 동남아시아지역에서는 구석기시대의 편년의 개념이 발달하지 못한 점이 있는데 이것은 후기 이전의 석기 공작의 수효가 극히 적기 때문이다. 그리고 후기라고 하더라도 불명확한 경우가 많으며 이어서 나타나는 호아비니안(Hoabinian) 석기 공작들의 시간적인 범주와 구분도 힘든 점이 있다. 아시아지역의 후기구석기발달 양상은 크게 달라지기 때문에 이러한 차이가 환경과의 관계 그리고 석기 제작기술이 왜 확산하지 못하고 일정한 지역에 특징적인 양상을 만들어 내게 되었던 것인지에 대한 설명이 필요하다.[8] 현생인류가 확산하는 과정에서 왜 그러한 문화가 동반하지 않은 것인지에 대하여 생각해 볼 필요가 있는 것이다.

동아시아지역에서 석기 제작기술의 변화는 유럽과 아프리카와 대비하여 지역적으로도 발전과정이 변화가 크다는 것을 알 수 있다. 그리고 이러한 기술적인 변화를 반드시 호모의 진화과정, 즉 현생인류의 확산과 관련지어 볼 수가 없는 셈이고 또한 기술적인 차이를 가지고 인간의 인지능력의 차이라고 판단하는 것도 위험한 일인 셈이다. 결국, 현생인류나 그 이전 단계의 고인류들이 확산하면서 새롭게 부딪히는 환경 속에서 가지고 있던 기술적인 인벤토리를 어떻게 적용하여 적응하게 되는가의 선택적인 결정에 따라서 그 문화 양상이 이루어진 것으로 보아야 하는데 그 원인과 과정을 확인하는 작업은 정말로 어려운 일이다. 그러나, 어떠한 점에서는 가장 인류학적인 관점에서 구석기시대의 문화를 바라볼 수 있는 점이 있고 또한 큰 틀에서 역사적인 지속성이라는 관점에서 구석기문화를 볼 수 있다는 점에서 가장 흥미로운 시대이기도 한 것이다.

---

7 성춘택 2006a, b; Seong 2015; 이선복.

8 Marwick 2018.

2 지역별 석기문화 양상

2.1 시베리아와 중앙아시아 그리고 몽골의 중기, 후기구석기

유라시아 대륙의 내륙지역이라고 할 수 있는 시베리아와 몽골지역의 구석기문화가 인류의 진화와 확산에 어떠한 의미가 있게 되는 것은 크게 두 가지의 문제가 있다. 하나는 시베리아 서부 지역, 특히 알타이 지역의 구석기 문화가 동으로 이동한 경로와 시기 등을 보여주는 것이며 또 다른 하나는 인류가 북으로 더욱 열악한 환경을 개척하면서 이동한 과정을 보여주는 것이다. 아프리카와 근동을 지난 고인류들이 북방지역에서 동으로 이동하는 경로가 있는 지역이다. 고인류가 북으로 확산하여 가고 또한 중앙아시아지역의 고산지를 어떻게 적응하여 가로지르며 동진하는 과정에 대한 증거들이 특별히 중요한 관심사이다. 현생인류가 전 세계 각지로 확산하는 과정 가운데 추위를 극복하는 과정과 고산지를 극복하는 과정의 증거들이 남아 있는 지역인 셈이다. 그러한 증거들이 이루는 패턴이 결국 현생인류의 확산 과정을 설명할 수 있는 단서가 되는 것이다.

이 지역의 석기 공작은 유럽과 근동의 석기 공작의 진화와 밀접한 관련이 있는 것으로 보이는데 르발르와 기법의 출현과 확산 그리고 석인석기 공작의 출현 과정 등이 이 지역의 현생인류 확산을 이해하는 데 핵심적인 증거들이다.[9] 특히 그러한 석기 공작의 기술들이 동아시아 어느 지역까지 확산하여 사용되었던 것인가? 의 문제가 단지 문화적인 분포에서만이 아니라 현생인류의 확산과정을 이해하는 단서이다. 특히 후기구석기 시작과 관련하여 초창기 후기구석기(IUP)의 기원과 확산이 현생인류의 확산을 복원하는 데 중요한 단서가 되기 때문에 많은 관심을 불러일으키는 석기 공작이다.[10] 이 초창기 후기구석기는 본

---

9 Anikovich et al. 2007;Bar-Yosef O. et al, 2010.

10 Kuhn & Zwyns 2014; Kuhn 2019.

격적인 후기구석기에 의해서 대체되는데 그 석기의 구성이 르발르와 기법으로 만든 첨두기가 보이고 또한 양측 면이 가지런하게 평행하는 석인들이 포함되어 있다. 아직도 정형화가 덜 된 프리즘형의 석핵에서 중간 정도 크기의 석인들을 떼어내는 기술이 포함되어 있다.[11] 이러한 석기 제작기술은 중기구석기시대에서 오는 것이지만 몇 가지 점에서 구분되기 때문에 그 사용 주체에 대한 관심이 큰 것이다. 그리고 그러한 문화적인 이동이 현생인류의 확산과 어떠한 관련성이 대단히 의미심장한 주제이다. 특히 유럽, 특히 서시베리아 지역의 후기구석기 공작들이 동유럽이나 근동지역의 후기구석기의 동쪽으로 확산과 연관성이 중요한 관심이라고 할 수 있다.[12] 알타이나 중앙아시아 그리고 몽골 등지에서 연속적으로 초창기 후기구석기[13]가 나타나고 심지어 수이동구 유적[14] 등, 동북아시아 지역의 석기 공작도 유사하다고 언급되는 경우가 많다. 이 초창기 후기구석기 공작(IUP)은 아직도 현생인류 화석과 같이 발견된 적은 없지만, 분명히 현생인류의 확산과 밀접한 관련성이 있는 것으로 생각되고 있다.[15] 알타이 지역은 최근에 현생인류의 진화와 관련하여 가장 뜨거운 지역이다. 현생인류로 진화하는 과정에서 여러 고인류가 출현하는데 이러한 고인류들의 석기 공작과의 관계 역시 대단히 흥미로운 관심사이다.

중앙아시아지역

알타이 지역과 중앙아시아지역은 상부 홍적세 동안에 연속된 환경 공간으로서 인류나 문화의 확산에 중요한 단서를 가지고 있는 지역이다. 특히 중앙아시아지역은 카스피와 연결되고 동유럽 그리고 중근동으로 연결되기 때문에 동으로의 확산을 확인할 수 있는 지역인 셈이다. 그렇지만, 중앙아시아지역의 구석기문화에 대해서는 아직도 분명하지 못한 점이 많다. 넓은 지역에서 그동안 조사가 많이 이루어지기는 하였지만, 유적의 보존 상태가 분명한 것들이 드물고 이에 따라 연대가 불분명한 것들이 대부분이다. 그렇지만 동서 유라시아 지역의 문화의 확산과정을 이해하기 위해서는 대단히 중요한 지역이고 시베리아 추운 지역에서 현생인류의 생존을 이해하는 데 단서를 제공할 수 있는 지역이다.

중앙아시아와 알타이 지역은 고인류의 북방 확산 통로라고 흔히 지적하고 있다.[16] 이 지역의 구석기문화 현상으로서 중요한 것은 바로 사전조정 타격기술과 석인 기술의 출

---

11 Rybin and Khatsenovich 2020.

12 Goring-Morris & Belfer-Cohen 2020; Hublin 2015, Hublinc et al. 2020.

13 Hoffecker 2019; Rybin 2014.

14 Morgan et al. 2014.

15 Fu et al. 2016.

16 Derevianko et al. 1998; Goeebel 1999:Iovita et al. 2020.

현과 확산의 과정이다. 이 지역에서 르발르와 기법을 토대로 한 중기구석기와 석인 기술을 바탕으로 하는 후기구석기 공작의 동으로 확산의 거점이라고 보기 때문이다. 특히 최근에 여러 논문에서 제기되는 초창기 후기구석기 공작(IUP)이 아시아 동쪽으로 출발하는 곳이라고 보고 있다.[17] 고산지의 산록 지역에서 동굴유적과 야외 야외유적에서 중기구석기들이 많이 발견되었다. 이 중에는 유럽의 끼나형의 옆긁개 류가 특징적인 석기들이 출현하고 또한 르발르와 기법들도 확인된다. 이러한 유적 중에 잘 알려진 것이 바로 우즈베키스탄의 테쉭 타쉬 유적인데 이 유적은 어린아이의 인골과 함께 르발르와 기법으로 만든 석기들이 보인다.[18] 또한 우즈베키스탄의 오비 라크마트(Obi-Rakhmat) 유적은 중기구석기시대에서 후기 구석기시대에 걸치는 층위가 노출되었는데 여기에서도 중근동 지방의 르발르와 무스테리안과 유사한 석기 공작이 발견되고 있다.[19] 그런데 쿨부락 유적의 양상에서는 르발르와 기법과 함께 이 지역에서 새로운 석기 공작의 발전이 이루어지고 있는 것을 볼 수 있는데 밀개들이 많이 보이고 또한 톱니 날 석기들이 다수 나타나고 석인기법을 토대로 한 후기구석기시대로 이행하는 것을 볼 수 있다. 이러한 발전은 오비 라크마트 유적에서 얻어진 연대[20]를 토대로 본다면 이 지역에서 대체로 4만 년 전경 또는 이보다도 좀 더 앞선 시기에 후기구석기로의 이행이 일어난 것으로 보인다.

우즈베키스탄의 동쪽의 사마르칸드스카야(Samardkanskaya) 유적의 경우에는 제라브신 강의 분지의 퇴적층에서 발견된 것인데 역석기로 불리는 석기들이 석인들과 함께 석인석기와 세석인, 그리고 밀개와 부리형 석기 긁개 등 세밀한 가공을 한 석기들이 출토되었다. 무스테리안적인 요소가 있는 후기구석기 공작이 복합된 것으로 이 석기들은 쿠불락 유적의 것과 흡사한 면이 있어서 대체로 후기구석기 공작으로 보고 있다.[21] 많은 양의 동물 뼈들이 수습되었는데 낙타, 붉은 사슴, 멧돼지, 양, 가젤 등의 초원성 동물들이 많이 포함되어 있다. 그리고 대형 동물 즉, 석기 공작의 규모와 그 구성 특성 등을 고려하고 유적 층서 내에서 불에 탄 흔적들과 목탄 등이 발견되는 것으로 미루어 유적은 아마도 초원지의 캠프 유적일 것으로 추정하고 있다. 그런데 중앙아시아지역에서는 특이한 중기구석기 공작이 보이는데 이를 무테리안-소아니안이라는 용어로 부르기도 한다.[22] 이 석기 공작은 강돌을 이용한 것들이 포함되어 있는데 그러한 기술적인 특성이 후기구석기시대에도 지속하는 데 사마르칸스카야 유적이 대표적인 것이다.

---

17 Brantingham et al 2001; Rybin 2014.

18 Ranov 1965.

19 Dereviankod et al. 1998; Krivoshapkin et al 2010.

20 Derevianko et al. 2000; Krivoshapkin et al. 2010.

21 Davis and Ranov 1999; Vishnayatsky 2004.

22 Ranov ibid.

중앙아시아의 남부지역은 티베트 등의 고산지역의 영향으로 몬순의 영향이 크게 약화되기 때문에 건조하고 년 교차가 너무 커서 생물이 적응하기에는 어려운 환경이다. 카자흐스탄 지역에서는 60지점 이상의 구석기 유적이 알려진 바 있다.[23] 몇 지점에서 상부 홍적세보다도 오래된 것으로 알려지기는 하였지만, 대부분이 석핵과 박편으로 된 석기 공작으로서 중부 홍적세로 구분되었다. 중앙아시아의 동남지역에서 비교적 층서적으로 의미가 있는 것은 바로 황토 지역에서 발견된 석기 유적들이다. 바로 타지키스탄과 아프가니스탄의 북쪽 지역의 뢰쓰(황토)지대이다. 황토퇴적은 파미르고원에서 북으로 친산산맥을 거쳐서 알타이 지역으로 이어지는 산지의 사면과 곡부의 저지에 남아 있는데 이 산맥들의 사면의 뢰쓰퇴적에서 석기 유적들이 확인되는 것이다. 그래서 이 지역들이 기후 환경의 변화에 따라서 인류의 동서 이동의 통로로써의 역할을 하였을 것이라는 주장이 지속해서 제기되는 것이다.

키르기스스탄에서 발견된 세룽구르(Selungur) 동굴유적[24]은 대략 상부 홍적세의 초기 즉 마지막 간빙기 즉 5e기에 형성된 것으로 보이는데 석회 마루 아래에 5개로 구분되는 층위가 있다. 이 유적에서는 대체로 거친 타격을 통한 두꺼운 박편들이 많이 보이지만 가롯날도끼가 보이고 또한 아슐리안형의 양면 가공의 석기가 포함되어 있는데 아슐리안이라고 부르는 데는 이견이 있다.[25] 이 동굴에서 발견된 동물상들은 다양한 환경을 보이는데 이 지역의 부근에 흐르는 시냇물의 규모에 따라서 환경이 달라졌을 것이다. 동물 종 중에는 사막 종도 보이지만 초원에서 사는 것이나 덤풀에서 사는 종들이 포함되어 있다.[26] 특히 동굴 속에는 하이에나나 여우 그리고 늑대 같은 식육류들이 많이 보이는데 이들은 분명히 이 동굴을 사용한 것으로 판단되고 동반되는 사슴이나 양 같은 종들은 아마도 이러한 식육류 짐승들이 반입한 것으로 볼 수 있을 것이다. 특기할 사항으로서 이 동굴에서 고인류의 화석이 포함되어 있는데 너무 작은 편들이어서 종의 판단은 어려운 형편이다.

카자흐스탄의 남부의 마이부락(Maibulak) 유적과 발리카노바(Valikhanova) 유적은 리스 퇴적 속에서 발견된 것으로 비교적 최근에 조사되었는데[27] 이 유적들에서 확인된 중요한 점은 바로 이 지역이 4만 7000년 전부터 지속해서 아마도 빙하극성기에 이르는 시기까지 사용되었다는 것이다. 발리크노바 유적에서는 부채살 타격흔을 가진 원반형석핵으로 대변되는 석기 공작을 중기구석기 그리고 석인석기들을 후기구석기가 상부에서 노출되었다. 마이불락 유적에서도 르발르와 석핵과 석인석기 공작이 발견되는데 시간적인 범위는

---

23 Vishnyatsky 1999.

24 Vishnyasky 1999.

25 Islamov 1990.

26 Vishnyasky 1999.

27 Fitzsimmons et al. 2017.

4만 7000년 전에서 2만 1000년 전경으로 확인되었다. 이러한 석기 공작의 기원들은 잘 알려지지 않았지만, 알타이 지역의 석기 공작을 고려하면 그 연속성을 충분히 상정할 수 있을 것이다.

카자흐스탄의 우쉬부락(Ushbulak) 유적은 쉴리크티 계곡의 북단에 위치하는데 3단계의 다른 문화층이 확인되었고 맨 아래층이 초창기 후기구석기 문화층(IUP)이고 그 위에 후기구석기 층이 있다.[28] 이 유적은 신장성과 국경이 접하는 지역에 있다. 초창기 후기구석기층은 중근동지역에서부터 몽골의 서부에 이르는 지역에서 발견되는 문화단계이다. 이 층에서 1만 4000점에 이르는 석기들이 수습되었는데, 큼직한 석인과 첨두의 긴 박편들이 특징적이며 또한 양 끝에 마주 보는 타격 면을 가진 프리즘형의 석인석핵들이 압도적이고 다양한 기술격지(技術剝片, Technical flake)들이 포함되어 있다. 석기 중에는 긁개, 밀개 등 면을 가공한 석인, 조각도, 첨기 등이 포함되어 있고 또한 양면 가공 석기도 있다. 초창기 후기구석기문화층의 중간층에서 얻어진 연대가 4만 5250~4만 4000년 정도인데 이 유적의 위치가 알타이 지역의 카라 봄이나 우스티 카라톨1 유적의 같은 단계의 유적과 북 몽골지역의 유적, 즉 톨보르 4나 21 유적들과 사이에 위치한다는 점에서 그 문화의 확산과정을 이해하는데 중요한 자료이다. 중간 단계인 후기구석기시대 층에서는 하부층보다도 훨씬 많은 박편이 포함되어 있고 박편이나 격지(剝片)들도 작은 크기의 것들인데 특징적인 석기들이 보이지 않아서 문화적인 계통을 말하기가 어려운 점이 있다. 그 연대는 대체로 25~20ka로 추정하고 있다.

그런데 인간이 언제 고산지에 들어가서 살게 된 것인지에 대해서 의문을 가져왔다. 왜냐하면 고산지의 주민들은 흔히 일종의 피난자로 생각하기 때문이다. 고산지는 춥고 또한 식량자원이 부족할 경우가 많아서 들어가서 살기가 쉽지 않다. 더구나 높은 곳으로 가게 되면 산소가 부족하여 고산병이 생길 수도 있는 것이다. 그래서 현생인류 어느 단계에서 고산지에 살게 된 것인지는 인류학적으로 중요한 숙제였다. 그런데 최근에 티베트 지역에서 후기구석기시대의 석기 유적들이 발견되었다. 해발 4600미터 높이에서 발견된 은위아 떼부(Nwya Devu) 유적으로서 OSL 연대 4만 년 전에서 3만 년 전경에 사람들이 들어가서 석인석기 공작을 만든 것이 확인된 것이다.[29] 이 유적은 티베트의 수도인 라싸에서 북서쪽으로 300킬로미터 떨어진 곳인데 2013년에서 18년 사이에 조사가 있었다. 퇴적물의 구성으로 미루어 다양한 퇴적과 침식환경이 있었던 것으로 보이는데 추운 지방의 특유의 지질 현상도 있다. 3개의 층에서 석기들이 발견되었고 제1층에서 가장 많은 3000점 이상이 발견되었다. 이 세 개의 층에서 발견된 석기 공작들 사이에는 재료나 기술적인 차이는 없

28 Anoikin et al. 2019; Shunkov et al. 2020.

29 Zhanget al. 2018.

는 것으로 보인다. 석재는 검은 슬레이트로 만든 것이 대부분인데, 큼직한 석인석핵과 석인들로 구성되어 있다. 석핵의 좁은 모서리를 이용한 것들이 많고 일부에는 원추형으로 보이는 것도 포함되어 있다, 대체로 하나의 주 타격면에서 떼어낸 것이지만 마주 보는 면에서도 석인을 떼어낸 것들이 있다. 이러한 석인 기술은 알타이나 동몽골 등지에서 유사한 것들을 볼 수가 있다. 그런데 어떻게 이러한 열악한 환경에서 반복적으로 출현할 수 있는 능력을 데니소반 유전자에서 찾기도 한다.[30] 여하간에 인간의 고산지 확산의 획기적인 증거이며 이러한 증거는 앞으로 중앙아시아의 인류 확산의 흔적을 추적하는데 중요한 단서가 될 수 있을 것이다.

알타이 지역의 데니소바 동굴 유적과 인근 유적들

알타이 지역은 동아시아로의 인류와 문화의 확산을 이해하는데 출발점이 되는 지역이다. 중근동이나 동유럽지역의 문화적인 특성이이나 유전적인 특질이 이 일대의 유적들에서 나타나는 영향이 인간의 확산과정을 이해하는 데 핵심적인 자료가 되기 때문이다. 알타이 지역에서 가장 중요한 유적이라고 할 수 있는 데니소바 동굴유적은 풍부한 고인류학적 그리고 고고학적인 자료가 출토되었다. 고인류 화석뿐 아니라 풍부한 동물화석들이 포함되어 있어서 당시의 기후 환경의 변화를 복원할 수 있게 한다. 동굴의 가장 오래된 층은 28만 2000년 된 것으로 측정된 바 있는데 가장 후대의 무스테리안 층은 6만 9000년 전으로 알려졌다.[31] 그런데 데니소바 동굴의 중기와 후기의 연속적인 층서와 그 속에서 발견된 석기 공작의 점진적인 변화를 토대로 석인석기 공작의 발전이 이 지역에서 이루어진 것으로 주장하고 있다.[32] 그러나 여러 논문에서 지적되는 바와 같이 중근동에서 주민의 이동성을 고려할 때 앞으로 좀 더 자료를 지켜보아야 할 것으로 판단된다. 알타이 지역에서는 르발르와 무스테리안이라고 할 수 있는 석기 공작이 데니소바 동굴이나 오클라드니코프 동굴 그리고 우스트 칸스카야 유적들에서 대표적으로 보이고 또한 이러한 석기들과 함께 네안데르탈 인골이 발견되었다.[33] 이러한 석기 전통은 이 지역의 카라 봄 유적의 경우를 미루어서 4만 3000년 전까지 지속한 것으로 생각할 수 있다.[34] 이 석기 공작들은 확실하게 중근동 지방의 무스테리안 석기 공작과 유사한 것으로 보여주고 있고 또한 한두 개의 타격 면에서 석인을 제작하는 원추형의 석핵이 포함되는 석인석기들로 구성되는 후기구석기로 전이 양상도 흡사한 것을 볼 수 있다. 이러한 석인석기들은 유럽형의 아우리그네시안

---

30 Huerta-Sanchez et al. 2014.

31 Derevianko 2001.

32 Derevianko et al. 2005.

33 Drevianko et al. 1998.

34 Derevianko et al. 2000.

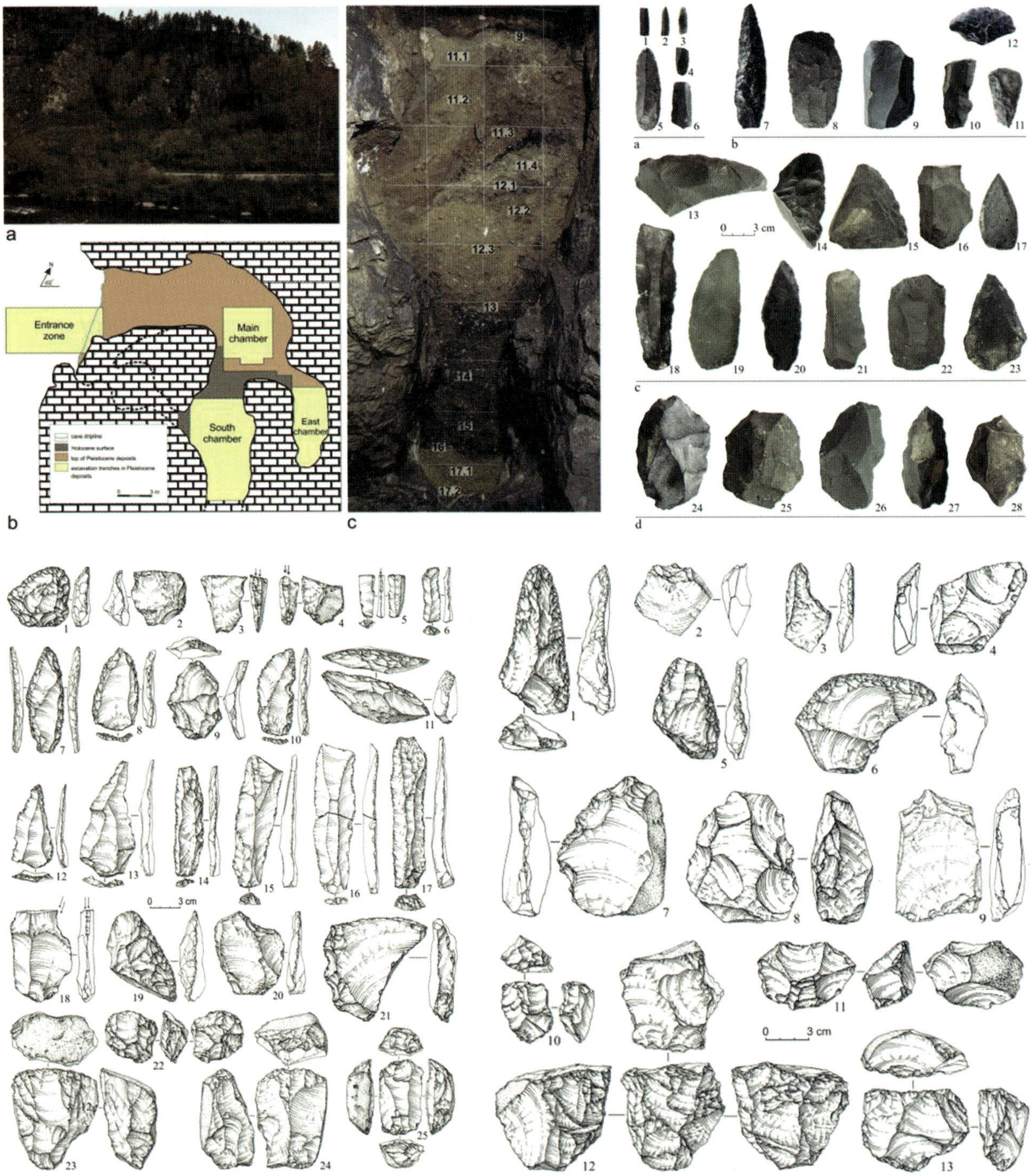

도판 39 데니소바 동굴 평면과 동쪽 방 층위단면(2015년 발굴)과 석기

A. 9층 출토 석기. B. 14층과 15층 출토 석기. C. 13-11. 3층 출토 석기(Shunkov et al. 2020에서).

문화가 확산하여 온 것으로 생각하는데 우스트 카라콜에서 얻어진 연대로 미루어서 대체로 3만 5000년 전경에 일어난 것으로 생각하고 있다.[35]

데니소바 동굴유적은 아시아 인류의 진화과정을 이해하는데 가장 핵심적인 증거가 되는 유적이라고 할 수 있다. 유적은 1970년대 후반에 처음으로 발견되었고 80년대에 조사가 시작되었는데 그동안 수많은 고고학 발굴 이외에도 종합적인 조사가 이루어졌으며 아직도 조사가 진행 중이다. 지난 30만 년 동안의 중기구석기 공작과 후기구석기 공작이 퇴적되어 있어서 아시아지역의 석기문화의 발전과정을 이해할 수 있는 아주 독보적인 자료를 담고 있다. 데니소바 동굴과 이 지역의 여러 지점의 석기 공작들을 보면 이 지역에서 중기구석기 공작에서 후기구석기 공작으로 발전하였을 것으로 보고 있다.[36] 이 동굴에서 가장 오래된 석기 공작은 MIS 8에 해당한다고 보고 있는데 중기구석기 아주 이른 단계로 분류하고 있다. 이 초기 단계에서는 다양한 형태의 석핵과 박편 이외에도 석인이라고 볼 수 있는 것도 출현하고 있다. 이러한 중기구석기시대 이른 시기의 석기 공작은 이 동굴에서 2킬로미터 정도 상류에 있는 우스트 카라콜 유적에서도 나타나는데 조정된 타격 면을 가진 평행으로 가지런한 박리 흔으로 덮인 박편들이 보이고 긁개, 밀개 그리고 톱니 날과 홈 날 등의 석기들이 포함되어 있다.

데니소바 동굴의 석기 공작의 층서적인 변화를 보면 중기에서 후기 초창기 그리고 후기를 거치는 동안에 지속성을 볼 수가 있다. 이 지속성을 보여주는 것은 석재가 이 지역에서 흔하게 발견되는 퇴적암과 화산암이 지속해서 사용되고 있고 또한 석기 공작의 기술적인 선호에서도 길고 평행 된 평면을 가진 석편들, 즉 장박편이나 석인 등을 꾸준히 만들어 내고 있고 그 발전이 층서적으로 점진적인 경향을 보이고 연속되고 있다는 점이다. 본격적인 중기구석기 공작에는 르발르와 기법과 방사형박리가 출현하는데 다듬은 석기로서는 긁개와 홈날과 톱니날이 다수를 점하고 있다. 그리고 상부층으로 가면서 석인들이 증가하여 후기구석기적인 성격의 석기들이 증가하고 홈 날이나 톱니 날 석기들은 줄어드는 양상을 보인다. 르발르와 기법이나 방사형 박리 등이 지속해서 그 빈도를 달리하며 나타나고 또한 편평한 타격 면에서 지속해서 긴 박편이나 석인을 떼어내는 기술도 층서들에서 연속되고 있다. 결국 후기구석기시대에는 이러한 기술들이 더욱 심화하여 좁은 면에 지속적인 작업을 한다든지 또는 원추상으로 떼어내는 기술들로 진화하는 것을 알 수 있는 것이다. 중기구석기 층에서 흔하던 르발르와 기법의 석기들이 초창기 후기구석기 층에서도 적지만 전형적인 것들이 나타나는 것 또한 그 지속성의 증거로 간주하고 있다. 데니소바 동굴을 포함하는 일대의 유적들에서 나타나는 후기구석기 공작은 탄소연대의 폭이 5만 년 전에서

35 Otto and Kozlovski 2005.

36 Derevianko and Shunkov 2002, 2004.

3만 년 사이의 범주에 속하는 것으로 나타난다.[37] 이 단계에서는 르발르와 기법의 사용이 현저히 줄어드는 반면에 좁은 면에서 석인들을 만들어내거나 방사형으로 박편을 떼어내는 기법들을 적용한 석핵들이 많이 보인다. 석인의 사용이 많이 증가하고 박편의 사용이 줄어드는 것을 볼 수가 있고, 다듬은 석기 중에는 긁개, 톱니 날, 홈 날 그리고 박파형으로 만들어진 것들이 포함된다. 한편으로 이 시기에는 많은 수의 골기들이 나타나는데 맘모스의 상아, 새알, 이빨 등의 재료를 가지고 팔찌, 보석 등의 장신구들을 만들고 있고 또한 바늘, 송곳 등 생활 도구를 만들고 있다. 이러한 도구 집합들이 북-중앙아시아지역에서 가장 오래된 후기구석기 공작에 해당하는 것이다. 그런데 상층부에서 발견되는 후기구석기 공작들에서는 세석인 기법을 사용하여 석인의 생산이 급증하게 되는 것을 볼 수가 있고 이 시기에는 석기로서 옆긁개나 톱니 날과 홈 날 이외에도 조각도나 소형의 밀개 등이 특징적으로 나타나는 것을 볼 수 있다.

이러한 석기 공작들의 특성은 가까이 있는 아누이 유적에서도 고스란히 나타나는 것을 볼 수 있다. 여러 가지의 예술적인 요소들과 함께 데니소바 동굴유적에서 발견되는 후기구석기 문화적인 특징이 5만 년 전에 해당한다는 점에서 유라시아 대륙에서 가장 이른 시기의 것으로 보고 있다. 알타이 지역의 후기구석기 공작의 진화에 대해서는 중기구석기시대에서 자생적으로 진화한 것이라는 주장이 보편적인 시각으로 보이지만, 한편으로 동유럽지역이나 중근동 지역의 후기구석기 공작의 확산으로 이루어질 수 있다는 견해도 만만치 않다. 그리고 후기구석기 공작의 연대가 5만 년 전 이후의 시기로 잡고 있는데 이러한 시기는 네안데르탈인의 르발르와 무스테리안 석기 공작과 시기적으로 중첩되는 점이 있어서 이 유적의 고인류 종들의 유입과정과 석기의 발전과정이 혼재할 수도 있을 것이다. 후기구석기시대에서 후반에 진화하게 되는 세석인 공작의 출현 시기에 대해서, 데니소바나 알타이의 우스트 카라콜 유적에서 나오는 세석인 공작들이 보정된 연대로서 4만 년이 넘을 것으로 주장[38]되기도 하였지만, 안정적인 상한(上限) 연대로서는 3만 3000년 전에서 3만 9000년 전경으로 추정[39]하고 있다.

중기구석기 공작이 발견된 이 지역의 노천 유적 중에는 우스트 카라콜 유적 이외에도 아누이(Anui), 카라 봄(Kara Bom), 우스트 칸스카야(Ust Kanskaya), 스라스흐나야(Strahnaya) 동굴, 티우메친 1(Tyumechin 1) 유적들이 있다. 이러한 유적들에서는 공통으로 르발르와 기법이 적용된 박편과 석핵 그리고 좁은 면을 이용하여 긴 박편을 만드는 기법과 홈 날 제작 등이 흔히 나타나고 있다. 그리고 데니소바에서 서쪽으로 약 100킬로미터 떨어진 곳에 있

37 Derevianko 2009, 2010.

38 Buvit 2016.

39 Kuzmin 2007.

는 샤기르스카야 유적에서 9만 점이라는 엄청난 숫자의 석기와 74점의 네안데르탈 인류화석 편이 수습되었는데 역시 알타이 지역의 중기구석기를 대표하는 유적이라고 할 수 있다.[40] 5만 9000년 전에서 4만 9000년 전의 시간, 즉 MIS 3 기간 사이의 층에서 발견된 이 석기 공작은 동유럽지역의 미키꼬끼안 석기 공작이 확산하여 온 것으로 보고 있는데 이러한 석기 공작은 다른 네안데르탈 관련 유적에서 없는 경우가 있어서 아마도 네안데르탈 역시 몇 차례 확산하여 왔을 것으로 추정하고 있다.

알타이 지역의 가장 중요한 유적의 하나라고 할 수 있는 데니소바와 그 일대의 유적들의 석기 공작의 진화과정을 보면 르발르와 기법을 기반으로 하는 중기구석기 공작들이 나타나고 그다음을 잇는 석기 공작이 대체로 4만 5000년 전에 본격적인 석인석기들이 나타난다. 이 지역에서는 틀림없이 네안데르탈인들이 르발르와 기법을 토대로 한 석기 공작의 주인공이었을 것이다. 그러나, 그 이전의 석기 공작의 주인공에 대해서는 아직도 화석으로서 발견된 것은 없지만 호모 알타이엔시스(*Homo altaiensis*)라고 부르기도 한다. 이 동굴에서 발견된 네안데르탈인 화석은 오클라드니코프 동굴의 것과 함께 가장 동쪽에서 발견된 네안데르탈인 화석으로 알려진데 이들은 데니소바 동굴에서 같은 층에서 데니소반과 함께 발견되어 동시대에 이 지역에서 살았을 것으로 보고 있다. 그리고 오늘날 유전자 연구에서 보여주듯이 이들은 단순한 공존의 가능성뿐 아니라 교접을 통한 유전자 교환이 일어났을 것으로 판단하는 것이다. 그런데 아직도 이 동굴에서는 현생인류의 화석이 발견되지 않았는데 현생인류의 존재는 이미 그 문화를 통해서 충분히 알 수 있는 셈이다. 데니소바 동굴의 후기구석기 층에서는 석인석기들 이외에도 여러 가지의 장신구들이 발견되었는데 이 중에는 맘모스아이보리로 만든 것이나 사슴 이빨로 만든 것들이 있고 석제로 만든 구슬들도 출토된 바 있다.[41]

몽골지역

몽골지역은 중앙아시아와 알타이 지역과 연결된 지역으로서 중앙아시아와 연결되는 서부 산지 지역과 북쪽의 산지 지역에서 보이는 석기 공작들은 이동의 동아시아지역의 문화 확산과정을 이해하는 데 핵심적인 자료이다. 왜냐하면 이 지역까지 초창기 후기구석기 공작(IUP)이 확인되고 이에 앞서서 르발르와 기법들이 중기구석기에 보이기 때문이다. 그러한 점에서 동북아시아의 구석기문화를 이해하는 데 전제조건이 될 수 있고 또한 현생인류의 진화를 이해하는 데 하나의 방증 자료로서 석기 공작의 이해가 필요한 것이다. 또

40 Kolobova et al 2020.

41 Derevianko et al. 1998.

한 기후 변동에 따라서 몽골의 저지는 인류의 동서 이동로를 추적할 수 있는 핵심적인 지역이기도 하다. 몽골지역은 인류의 흔적을 찾기 위한 노력이 20세기초부터 시작되었지만 실제로 중후기 구석기가 발견되기 시작한 것은 1060년대 오클라드니코프와 데레비안코 등의 러시아 학자들의 노력에 의해서 이루어졌다.[42]

특히 산지와 사막이 대부분을 차지하고 있어서 환경 변화 속에서 가능한 통로를 발견하는 것이 인류 확산 이해의 관건이다. 중앙아시아지역과 알타이 지역에서 몽골지역으로 이어시는 이동동로는 그동안 많은 학사의 관심이었다. 왜냐하면 시베리아 지역에서 동서로 문화적으로 그리고 인류의 유전적으로 동서로 연결된 것이 분명하기 때문이다. 앞서 환경에서 언급되었듯이 이 지역은 빙하기가 되면 건조하고 춥고 연교차 일교차 등의 기후의 난점으로 인간이 지속성 있는 삶을 유지하기가 어려운 점이 있기 때문이다. 몽골지역은 기후변동으로 인하여 지형적인 변화가 심하게 이루어지는 탓에 일차퇴적으로 이루어진 구석기문화층이 발견되는 것은 대단히 드물다고 할 수 있다. 이것은 반복되는 침식이나 사태붕적, 그리고 상대적으로 가벼운 퇴적물들을 날려버리는 바람 등의 요인으로 유적이 변형되기가 쉬운 조건이기 때문이다. 그래도 일부 동굴 유적에서 보이는 층서퇴적물들이 중, 후기의 구석기시대의 변화양상을 가늠하게 만드는 것이다.

몽골지역에 대한 고고학적인 그리고 지리학적인 조사는 오스본(H.F. Osbon)에 의해서 이미 1920년대에 시작되었다. 본격적인 구석기시대를 포함한 선사시대 유적에 대한 탐사는 러시아 고고학자인 오클라드니코프에 의해서 오르크혼강 유역 등의 지역이 조사일 것이다. 그 후 러시아와 몽골의 연합조사가 데레비안코에 의해서 시작되면서 많은 유적이 조사되었고 그중에는 차간 아구이 유적이나 침크혼 아구이 등의 유적들이 알려지게 되었다. 그 후 국제적인 여러 팀의 조사가 이어져 왔다. 몽골의 구석기시대는 아직도 전기에 해당하는 석기 공작의 연대가 확인된 바가 없고, 중부 홍적세의 후반 정도에서 시작되는 중기구석기와 후기구석기로 나누는 것이 보통인데 후기구석기를 3단계로 나누어서 이해하고 있다.[43] 가장 이른 시기에 해당하는 석기 공작들은 거친 석재로 만든 투박한 박편과 다각 면 원구나 임기응변적으로 만든 석기들로 구성되어 있는데 차간 아구이 동굴이나 오르크혼 7 그리고 톨보르 21 유적들의 가장 아래층의 석기 공작들이다. 연대는 불명하지만 적어도 MIS 5나 MIS 4까지는 올라갈 것으로 생각된다.

몽골의 소위 중기구석기는 추정되는 석기 공작들의 대부분이 지표에서 채집된 것이기 때문에 확실하게 말하기 어려운 점이 있다. 그리고 전기와의 구분 역시 한계가 있는 것이 현실이다. 그래서 후기구석기 시대보다도 오래된 것 같은 석기 공작을 중기구석기로 분

---

42 Zwyns et al. 2014.

43 Zwyns et al. 2019.

류하는데 이것은 아시아의 다른 지역과 유사한 개념의 편년이라고 할 수 있다. 몽골에서 중기구석기가 출현하는 것은 MIS 4의 마지막 단계이거나 MIS 3단계의 시작 무렵일 것으로 추정한다. 그런데 몽골에서 중기구석기시대를 정의하는 석기 제작 기술인 르발르와 기법이 거론된 것은 80년대 초에 러시아 고고학자인 오클라드니코프에 의해서 모일틘암(Moiltyn-am) 유적의 석기를 정의하면서 르발르와 단계라고 명명하였던 것이 최초이다.[44] 이러한 기술로 만들어진 석기 공작들이 몽골의 중앙부와 남부 그리고 고비사막 지역에서 발견되었다. 특히 과거에 호수가 있었던 지역에서 많이 발견된 것으로 보아서 고인류의 이동 경로를 따라서 분포하던 것으로 보인다.

고비 알타이 지역에서 수습된 르발르와형의 석기 공작들을 흔히 무스테리안으로 발전하는 과정의 석기 공작이라고 설명하기도 한다.[45] 그런데 앞서 언급된 차간 아구이(Tsagaan Agui) 유적에서 RTL연대(22만 7000~52만BP)가 있지만 시기가 불분명하고 아마도 재퇴적되면서 혼합된 석기 공작 중에서 르발르와 기법으로 보이는 석기들이 있었다. 상부에는 초창기 후기구석기층이 덮고 있었는데 이 두 개의 다른 시기층 상이에 상당한 시간 갭이 있었을 것으로 판단하고 있다.[46] 중부 몽골의 셀렝가강 유역의 오르크혼1 유적에서도 르발르와 요소들이 대체로 4만 5000년 이전경의 퇴적물 속에 포함되어 있는 것이 확인된다. 이 유적에서는 동심원을 이루도록 박리작업을 한 석핵과 그리고 박편에 평행하여 박리작업을 한 박편석핵 등의 르발르와 기법이 보인다. 석기 공작 중에는 가공된 박편이나 석인 그리고 긁개나 밀개 또한 뚜르개 등이 보이는데 중기구석기에서 후기로 이행하는 과정의 것으로 보고 있다.[47] 이러한 르발르와 기법의 석핵들이 오르크혼의 여러 지점에서 확인되는데 그 퇴적층의 양상이나 절대연대로 미루어 후기로의 이행과정의 단계로 본다. 모일틘암 유적에서도 르발르와 기법으로 가공된 석기들이 오르크혼의 다른 유적들보다도 월등히 많은 나타나는 유적이다. 그리고 이보다도 더 북쪽의 카르가닌 골 유적에서도 중기구석기의 마지막 단계의 석기들이 나타나고 있다. 여기에서 발견된 석핵들은 동심원상의 박리, 평행 박리 기법 이외에도 르발르와 첨기가공기법이 보인다. 중기구석기 유물이 출토된 층 중 상부의 층에서 얻어진 두 개의 탄소연대는 적어도 4만 5000년 전 이전임을 보여주고 있다.

고인류의 통로이었을 것으로 추정되는 누우루우딘 쿤디(Nuuruudin Khundii) 호수 계곡에서 발견된 오로크 누르(Orog Nuur) 유적 지점들에서 발견된 석기 공작들을 르발르와 무스테리안의 변형된 것으로 보고 있다.[48] 여기에서도 동심원을 모양의 박리흔을 보이는

44 Okladnikov 1981.

45 Derevianko et al 2000.

46 Derevianko et al. 2004.

47 Derevianko et al. 2010.

48 Derevianko et al 2004.

석기들이나 끝이 좁아지는 삼각형의 첨기를 만들기 위해서 사전가공을 한 흔적이 발견되는 것이며 마지막 단계의 중기일 것으로 보인다. 여하간에 서몽골지역, 즉 고비 알타이 지역 일대에서 르발르와 기법과 유사한 공작들이 보이는 것은 여러 지점에서 확인되고 있다.[49] 이러한 중기구석기시대의 석핵은 대체로 편평한 면에서 석인을 떼어내고 있는데 이것은 후기구석기대의 석핵과는 차이가 난다. 그리고 타격 면을 조정하고 방사형으로 박리작업을 한 석핵들이 나타난다. 그런데 르발르와 기법은 후기구석기시대에도 지속하는 것을 볼 수가 있는네 지금으로 보면 이 기술은 이 지역에서 전승된 것으로 볼 수가 없고 아마도 외부에서 각기 별도의 집단에 의해서 도입되었을 것으로 보는 견해가 많다.[50] 이와 유사한 석기 공작들이 서 몽골과 몽골리안 알타이 지역에서도 확인된 바가 있다.

몽골의 후기구석기시대는 흔히 중앙아시아지역과 함께 설정되는 초창기와 전엽으로 나누는데 초창기는 중기구석기 흔적이 중복되는 시기라고 할 수 있다. 지리적으로도 중기구석기 말엽 단계와 후기구석기 초창기 단계의 분포범위가 중복되는 것을 볼 때 두 다른 단계의 문화의 연속성을 보여주는 것으로 할 수 있다. 그리고 문화적으로 러시아 알타이 지역과 문화적인 관계가 두드러지는 것을 확인할 수가 있다. 몽골의 서남부 지역의 후기구석기의 출현 과정을 초창기로 구분하게 되는데 이러한 초창기 후기구석기(Initial Upper Paleolithic) (IUP)는 대체로 러시아 알타이 지역에서 시작된 것으로 북 몽골이나 중부 몽골 지역에서는 4만 5000년 전경에 나타나는 것으로 주장하고 있다.[51] 물론 초창기 후기구석기가 이보다도 더 멀리 동유럽 지역에서 온 것이라는 주장도 있지만,[52] 일단 가까운 러시안 알타이 지역에서 이보다 약간 앞선 연대에 나타나기 때문에 직접적인 기원지라고도 볼 수 있을 것이다. 그래서 초창기의 후기구석기 공작의 확산 범위를 알타이 지역의 데니소반 그룹들이 동으로 확산된 과정을 보여주는 것이라는 주장이 제기되었다.[53] 바로 이 시기가 시베리아와 몽골 지역에서 비교적 온난한 기후가 몬순의 변화로 생겨서 인간의 거주지가 늘어난 영향이었을 것으로 추정하고 있다. 그렇지만, 몽골의 초창기 후기구석기에서도 알타이 지역이나 그 이서지역의 것들과는 반드시 동일한 패턴으로 나타나는 것은 아니며 중기에서 후기로 넘어 오는 과정을 초창기 후기구석기라고 부르는 것을 주저하는 학자들도 있다.[54]

초창기의 유적지가 발견되는 곳이 톨보르강의 유적들이며 또한 고비 알타이 지역이

---

49 Jaubert et al. 1997.
50 Rybin et al. 2020.
51 Brantingham et al 2001; Derevianko et al. 2013.
52 Kuhn and Zwyns 2014.
53 Zwyns et al. 2019.
54 Jaubert 2015.

라고 할 수 있다. 현재로서 가장 이른 시기의 것이 북서몽골 지역의 세렝게(Selege)강의 지류에서 있는 톨보르(Tolbor) 4 유적에서 발견되는 큼직한 석인들이다.[55] 이 석인들은 2개의 마주 보는 타격 면에서 마주 보는 방향으로 석인을 떼어낸 석핵에서 만들어진 것이다. 마주 보는 타격 면은 점차로 단일 타격 면으로 바뀌는 경향이 보이고 또한 좁은 면에서 석인을 떼어내는 기술로 전환하게 된다. 그리고 역시 이러한 중간 석재들을 가지고 작은 석인을 가공하는 조각도 모양의 석핵으로 사용하는 것이다. 그리고 르발르와 기법이 적용된 끝이 첨두형의 석인을 만들어내기도 하는데 아주 작은 석인첨두기도 보인다. 석기 공작 속에는 초기 단계의 프리즘형의 석핵도 있고 또한 다듬은 석기로서 배면을 평평하게 가공한 여러 가지 모양의 첨두기가 있고 버들잎 모양의 양면 가공의 석기들이 나타나는데 이와 함께 양면 가공의 석기들이 포함되어 있다. 그리고 약간의 기부(肌膚)가공을 한 석인들이 있는데 슴베가공이라고 볼 수 있는 것들이 있다. 이러한 석기 공작은 후기구석기형 석기 공작이라고 생각한다. 톨보르 4지점의 제6층, 즉 가장 오래된 석기 공작의 경우에는 그 연대가 4만 5000년이 넘는다.[56] 내몽골지역의 수이동구 유적의 초기연대와 근접하는 것이다. 톨보르 21유적의 최하층에서는 이보다도 더 오래된 연대인 4만 9000년 전이라는 연대가 얻어진 것도 있다. 이외에도 카르가냔 골5 지점이나 모일틴 암 3층, 차간 아구이 유적의 3층 등이 초창기적인 전통을 가진 석기 공작인데 대체로 3만 5000년 전 이전으로 연대가 나오는 것이 다수인데 현재로서는 중기구석기와 후기구석기의 경계를 3만 1700+/-6000BP로 보기 때문에[57] 거의 상한선이라고 보아야 할 것으로 생각된다. 톨보르 16지점의 석기 공작도 초창기 후기구석기를 대표하는 석기 공작으로서 연대가 45만BP로 나타나고 있다는 점에서 알타이 지역에서 빠른 속도로 현생인류의 동아시아의 확산을 보여주는 자료라고 알려져 있다.[58]

완전한 후기구석기 단계는 3만 4000년 전경에 시작되는데 초기 단계는 3만 1000년 전경에 끝나고 후기구석기시대 중엽으로 넘어가게 된다. 이 단계는 크게 3개의 지역에서 나타나게 되는데 북부 몽골지역, 중부 몽골의 오르크혼 강 유역의 유적들 그리고 고비 알타이 지역이다. 이 시기에 석인들이 단일타격 면이나 복수타격 면에서 석인을 떼어내는데 이미 세석인들이 등장하기 시작하는 단계이다. 특히 단일타격 면에서 넓은 면에 석인을 떼어낸 석핵인데 이러한 제작과정은 후기에는 사라지게 된다. 석기들은 긁개, 밀개, 홈날, 톱날 등인데 이 시기에 등을 가공한 석인은 드물게 나타난다. 치킨 아구이 유적의 제 층에서

55 Gladyshev et al. 2012.

56 Derevianko et al. 2013.

57 Derevianko et al. 2001.

58 Zwyns et al. 2019.

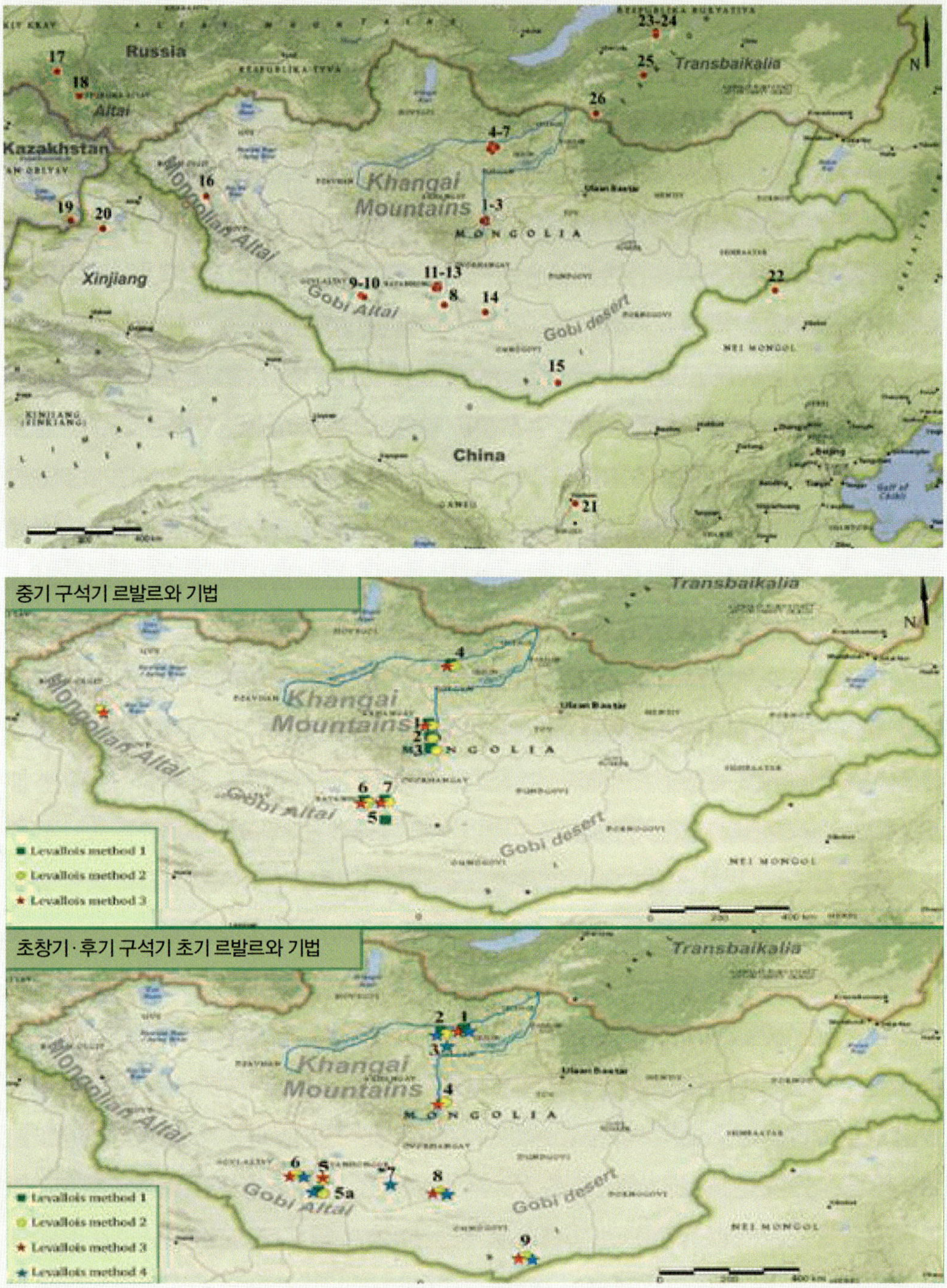

도판 40 알타이 - 중앙아시아 - 몽골 - 중국북부 지역의 주요 중기 및 후기구석기유적 분포와 편년
상) 르발르와 기법분포. 하) 주요유적 절대연대편년(Rybin & Khatsenovich 2018에서).

1 오르크혼 1(Orkhon-1)
2 오르크혼 7(Orkhon-7)
3 몰틴 암(Moil'tyn-am)
4 카르가닌 골 5(Kharganyn Gol 5)
5 톨보르 4(Tolbor-4)
6 톨보르 21(Tolbor-21)
7 톨보르 16(Tolbor-16)
8 차간 아구이(Tsagaan Agui)
9 치킨 아구이(Chikhen Agui)
10 치킨 2(Chikhen 2)
11 오로그 누르 1(Orog Nuur 1)
12 오르크 누르 2(Orog Nuur 2)
13 나린 골 17a(Nariin Gol 17a)
14 아르츠 보그드(Arts-Bogd)
15 옷슨 마안트(Otson Maan't)
16 만칸(Mankhan)
17 데니소바 동굴(Denisova Cave)
18 카라 봄(Kara-Bom)
19 우수블락(Ushbulak)
20 루오토시(Luotoshi)
21 수이동구(Shuidonggou)
22 진시타이(Jinsitai)
23 코티크(Khotyk)
24 바룬 알란(Barun Alan)
25 톨바가(Tolbaga)
26 카멘카(Kamenka)

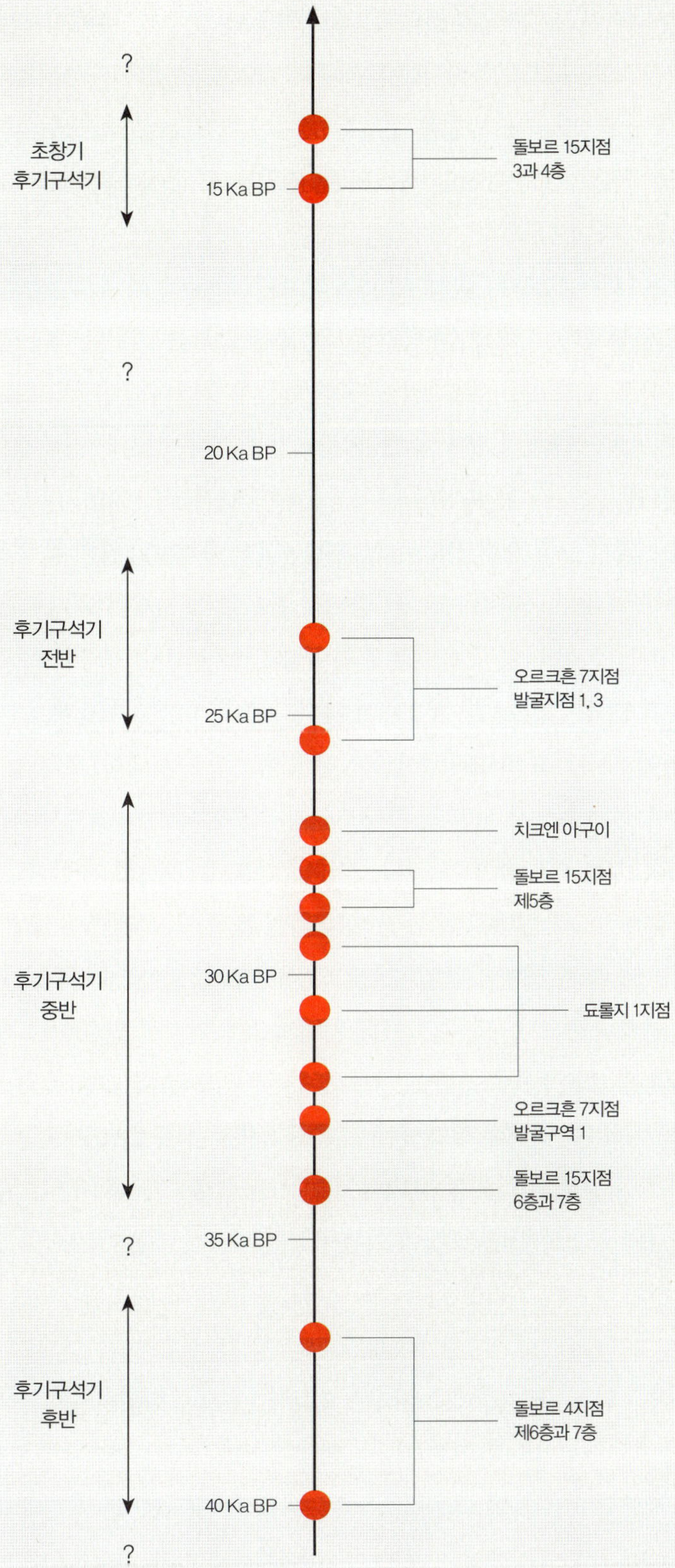
?
초창기
후기구석기
15 Ka BP
돌보르 15지점
3과 4층
?
20 Ka BP
후기구석기
전반
25 Ka BP
오르크혼 7지점
발굴지점 1, 3
치크엔 아구이
돌보르 15지점
제5층
후기구석기
중반
30 Ka BP
됴롤지 1지점
오르크혼 7지점
발굴구역 1
돌보르 15지점
6층과 7층
?
35 Ka BP
후기구석기
후반
돌보르 4지점
제6층과 7층
40 Ka BP
?

는 여러 지점에서 불 자리가 확인되었는데 그 시기가 3만 2000년 전에서 2만 6000년 전 시기로 나오는 것을 보면 오랫동안 시기를 달리하면서 같은 지점이 사용되었음을 보여준다. 연대가 3만 3000~3만 2000년 전으로 알려진 콜보르 15지점에서 출토된 쐐기형 석핵으로 세석인의 기원을 주장하기도 하지만 아직도 이 지역을 세석인의 기원지로 보기에는 충분하지 않은 것으로 판단한다.

후기구석기시대 중엽은 톨보르 계곡의 유적들에서 대체로 3만 년 전에서 1만 9000년 전으로 구분된다. 이 시기는 빙하극성기를 포함하는 시기에 해당하는데 춥고, 건조하여 몽골의 다른 지역에서는 유적들이 극히 드물게 나타나고 유적의 상태가 불확실한 점이 많다. 이 시기에는 박편의 사용이 증가하는 것을 볼 수 있는데 상대적으로 석인의 출현 빈도가 줄어드는 경향을 볼 수가 있다. 그리고 세석인들이 보이지 않는데 석기의 가공 형태 단순하고도 역시 불규칙한 것들이다. 후기구석기시대의 말엽은 북몽골과 고비 알타이 그리고 북동 몽골에서 나타나는데 이 중에서 톨보르 16지점의 유니트 4의 연대가 1만 8500년 전으로 가장 이른 시기의 것으로 확인되었다.[59] 이 시기에는 프리즘형의 단일 타격면이나 양단 타격 면 등을 이용한 석핵들이 나타나는데 석인들이 크게 증가하는 것을 볼 수 있다. 석핵들이 작아지고 박리작업이 일정하게 이루어진 석핵들, 프리즘 모양에 가까워져서 나무통같이 생긴 것들이 보인다. 사다리꼴의 석기들이 다량 출토되고 있고 조각도들이 많이 증가하는 것을 확인할 수가 있다. 그리고 기부에 홈 날로 가공한 것 중에는 초기 형태의 슴베찌르개로 보이는 것들이 등장하는 것을 볼 수가 있다.[60] 몽골지역에서 비슷한 시기에 나타나는 또 다른 전통의 말엽의 석기 공작들로서는 프리즘형의 석핵들과 함께 쐐기형 석핵들이 나타나는 것을 볼 수 있는데 가압박리에 의해서 만들어진 박리 면들이 삼각형 또는 사각형을 보인다.

후기구석기시대의 중엽에 해당하는 석기 공작으로는 톨보르 15 유적의 5에서 7층에서 나온 석기들이나 톨보르 4 유적, 그리로 치킨 아구이 유적이나 치킨 2 유적 등에서 볼 수 있는데 약간 큼직한 석인들을 제작하고 뿔망치로 제작한 것들이 보인다. 그리고 중요한 변화는 조각도형의 석인을 가지고 아주 작은 석인을 만들어내는 세석인화되는 공정들이 보이는데 대체로 2만 6000년 전에서 2만 3000년 전경 사이에 해당한다. 후기구석기시대의 전기에 서몽골이나 북몽골 지역에서 보이는 유사 르발르와 기법은 중기가 되면서 사라지게 된다. 그리고 후기구석기시대의 후기는 톨보르 유적의 상층, 3층과 4층에서 나오는 석인들인데 미세한 석인들에서 가압 박리법을 가지고 세석인을 만드는 기법이다. 이러한 석기 공작은 1만 5000년 전경에 성행한 것으로 보이는데 결국 빙하극성기 이후 주민의 적응과

59 Gladyshev et al. 2013.

60 Khatsenovich and Rybin 2015.

정에서 사용한 석기들인 셈이다. 이러한 석기 공작은 빙하기가 끝날 때까지 지속한다.

몽골지역의 석기 공작들에서는 석핵과 생산된 석편들의 비율이 높지만, 그 수량이 상대적으로 시베리아의 다른 지점들보다도 적은 편이어서 단기간의 점유를 보여주는 것으로 이해할 수 있고 또한 이동성이 높은 생활방식을 반영하는 것으로 볼 수가 있다. 전반적으로 본다면 현재 가능한 자료로 판단할 때 몇 차례의 단절기가 있기도 하지만 후기구석기시대 중엽에 해당하는 빙하극성기 동안은 몽골지역에서도 주민의 출현을 보여주는 유적의 수효가 크게 줄어들고 있고 그 이후에 기후가 따뜻해지기 시작하면서 급격히 늘어가는 것을 볼 수가 있다. 그런데 몽골지역이 북아시아와 중앙아시아지역 사이에서 빙하극성기 동안 일종의 피난처가 되었을 것이라는 주장도 있다.[61] 이러한 주장은 일찍이 오클라드니코브가 제기한 바가 있는데 이 지역에서 추운 기후 속에서 적응하는 과정에서 몽골의 특징적인 양면 가공의 쐐기형 석핵이 개발되어 중앙아시아지역으로 퍼져나간 것으로 추정하는 것이다.[62] 이 석기 공작의 개발은 결국 현생인류들이 자원을 구하기 위해서 이동성이 커지게 되고 생계 공간이 확대되고 또한 석재를 구하기 위한 네트워크가 구축되는 등의 새로운 적응방식이 생겨나거나 원인이 될 수 있었다는 것이다.

몽골의 초창기 후기구석기의 양상을 볼 때, 동아시아지역까지 르발르와 기법이 어느 지역까지 확산하여 온 것인지에 대해서는 아직도 논란이 있다. 최근에는 중국의 내몽골지역에서도 르발르와 기법의 존재를 확인하였다고 보았지만, 그 빈도에 있어서는 아직도 낮은 것이어서 어느 정도 보편화한 것인지의 확인이 어려운 점이 있다. 반면에 석인석기 기법은 시베리아 지역을 횡단하여 내몽골을 거쳐서 내몽골, 중국의 북부, 한반도, 동시베리아 지역, 연해주를 거쳐서 일본 열도까지 확산하였다. 석인석기의 확산 시기에 대해서는 아직도 정확한 연대에 대해서 각 지역의 증거들이 다르기 때문에 논란이 있지만, 최근 한반도의 수양개 유적에서 4만 년 전을 상회하는 연대치가 얻어졌기 때문에 적어도 4만 년 전에서 유라시아의 동단까지 확산한 것으로 볼 수 있을 것이다. 결국 르발르와 기술과 석인 제작 기술은 상당히 밀접한 관련성이 있음에도 불구하고 몽골지역에서 사라지기 시작하는 것은 앞으로 현생인류 확산과정을 생각할 때 깊이 고려하여야 할 문화 현상이다.

몽골의 동북지역에 해당하는 트랜스바이칼 지역의 세석인 공작이 3만 2000년 전까지 올라가는 것으로 주장[63] 되기도 하였지만 세석인의 초기형태라고 볼 수 없다는 반론이 강하게 제기되었다.[64] 동북아시아 지역의 세석인 공작의 기원과 확산과정에 대해서는 아

61 Rybin et al. 2016.

62 Goebel 2002.

63 Buvit et al. 2016.

64 Kuzmin 2017. Comment on " Radiocarbon ... QI 436.

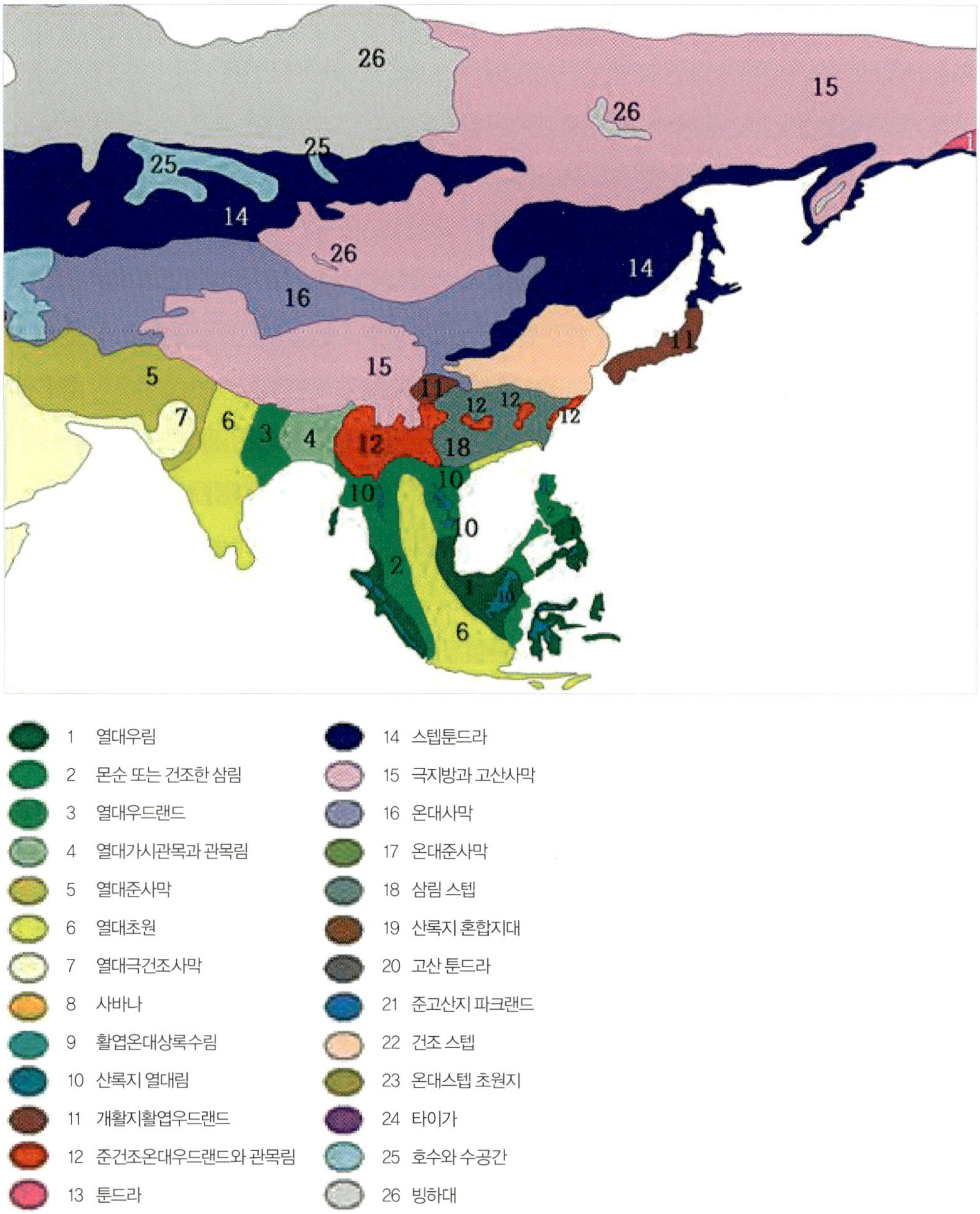

도판 41 아시아 빙하극성기 해안선의 변화와 식생 분포

직도 좀 불명확한 부분이 있는 것은 사실이다. 분명히 알타이 지역의 세석인의 진화과정이 잘 나타나지만 몽골과 북중국 지역에서 기술적으로나 시기적으로 혼란스러운 부분이 있다.[65] 그렇지만 지역적으로 진화한 것이 분명하지 않은 이상 시베리아 지역에서 확산되어 온 것이고 지역적으로 연대적인 편차는 앞으로 확인되어야 할 과제일 것이다.

65 Jaubert 2015.

동시베리아 지역, 즉 앙가라강 유적과 트랜스바이칼 지역에서 르발르와에서 후기구석기로의 이행과정이 보이는데 톨바가 유적과 바르라리나 유적의 경우이다. 레나강 상류의 마카로보 유적의 경우에는 3만 9000년 전까지 나타난다.[66] 서트랜스바이칼 지역의 바룬-알란 1 유적에서는 중기구석기시대라고 할 만한 시기의 석기들에서 시작하여 후기구석기시대로 이어지는 석기 공작이 발견된다. 이 유적에서도 르발르와 기법의 석기와 각추형의 석핵 등이 3만 5000년 전 이전의 층에서 발견되는데 방사성 타격 흔이 덮인 석핵 등이 박편 등과 함께 나타나고 3만 년 전후한 시기에서 시작되는 층에서는 양면 가공의 첨기가 많이 출현하는 케헨게렉테 문화(Kehnkerekte culture)가 출현하는데 이 문화층에서는 석인이 극히 드물게 나타난다. 이러한 석가공작 사례는 주변 지역에서 보이지 않아서 흔히 제기되는 점진적인 문화발전이라는 설명과는 다른 상황이다.[67] 그리고 이 지역에서도 르발르와 기법이나 석인기법이 나타나지 않는 유적들이 발견되어서 지역적인 전통으로 보기도 한다. 그렇지만 이 문화보다 앞서는 시기에 바이칼호의 서쪽 지역의 바룬 알란 1 유적의 하부층에서는 대체로 MIS 3시기 중에 르발르와 기법을 포함하는 석기 공작이 나고 있어서 지점에 따라서 다를 수도 있을 것이다.[68] 그래서 대체로 45~35ka의 시기에 알타이 지역에서 바이칼 지역으로 현생인류가 확산되었고, 초기 후기구석기유적들이 출현하는 것은 대단히 춥기 이전 MIS3기의 중간 단계 정도로 보는데 이 시기에도 비교적 온난한 시기에 확산되었을 것으로 보인다.[69] 그리고 맘모스 도살유적인 소포치나야 유적 북위 72도 정도에서 확인[70] 된 것으로 보면 시기나 계절에 따라 북쪽으로 진출하였을 것으로 추정하고 있다. 후기구석기시대 초기에 극지로 진출하는 과정에서 분명히 석기 이외의 다른 도구들을 사용하였을 것이라고 보는데 옷이나 집을 가죽이나 벼로 만들었을 것이다. 뼈바늘이나 장신구들이 발견되기도 하지만 유기물이기 때문에 유적에서 보존되지 않았을 가능성이 많을 것이다. 그렇지만 옷을 짓는 가장 오래된 흔적인 남아 있는 것은 보온에 특별한 기술이 있었음을 암시[71] 하는 것이다.

한편으로 이 지역에서는 알타이 지역과는 달리 아우리그네시안 전통은 출현하지 않는 것으로 생각하지만 말타 뷰레트 유적의 석기들을 그라베티안 문화로 주장하기도 한

66 Goebe and Aksenov 1995.

67 Zwyns et al. 2014.

68 Tashak 2018;Rybin et al. 2020.

69 Graf and Buvit 2017.

70 Pitulko et al. 2016.

71 Hoffecker 2005.

다. 이 시기에는 석인석기들이 많이 출현하고 또한 여러 가지 예술품 장신구들이 유적에서 흔해지고 석재를 구하기 위해서 넓은 지역을 움직이는 것을 볼 수 있는데 후기구석기시대 중엽(MUP; Middle Upper Paleolithic)의 문화적인 특징이다.[72] 시베리아 지역에서는 뼈나 상아를 이용하여 도구나 예술품을 만드는 경우가 많다. 중요한 점은 이 시기에는 근거가 되는 주거지와 이동과정에서 사용하는 주거의 양상을 구별할 수 있는데 환경을 이용하는 전략이 잘 드러나고 있다. 말타 유적은 시베리아 지역에서 20세기 초에 발굴된 유적으로서 다양한 형상의 여인상을 비롯한 많은 예술품이 발견된 것으로 잘 알려진 유적이다. 이 시기에는 석인보다도 박편석기들이 증가하는 현상을 보이고 있는 점은 앞선 시기와 차이가 나며 중기는 상부홍적세 MIS2기에 접근하면서 변화를 일으키게 된다.

동시베리아 그리고 트랜스바이칼 또한 사할린 등지의 후기구석기의 마지막 단계는 결국 빙하극성기에 시작되는데 이 시기에 전체적으로 유적의 수효가 줄어드는 것으로 보아서 인구들이 남쪽으로 내려왔을 것이라고 보는 견해가 많지만 완전히 무인지경에 된 것인지에 대해서는 아직도 불확실하다. 그런데 적어도 25ka에서 23ka 사이의 기간에는 유적들이 극히 적은 편이다. 트랜스바이칼 지역에 대략 25ka, 23ka 그리고 15ka 시기에 인구이동이 그리고 사할린, 홋카이도-쿠릴 지역에는 27ka 그리고 13ka경에 인구유입이 있었던 것으로 보이는데 마지막 단계에서 이 지역에는 신석기문화로 이행하는 것이 확인된다.[73] 이른 시기의 유적으로는 사할린 섬의 남단에 있는 가시와다이 유적인데 연대가 불명확하고 셀렘자 강의 유적에서 23ka 전후가 되는 유적이 이어서 연대의 범위를 알 수 있다.[74] 그런데 마지막빙하기가 끝나는 시점 즉 15ka에 접근하면서 다시 알단강의 상류지역까지 북상하는 것을 볼 수가 있고 대표적인 유적이 듀타이유적이라고 할 수 있다.

후기구석기의 후기의 도구문화는 크게 두 가지의 특성을 가지고 있다. 하나는 대단히 정형화된 세석인공작이고 다른 하나는 나무와 뼈 등을 이용하여 장착형의 도구들이 보편화된다는 것이다. 여기에 뼈와 상아로 만드는 장신구예술품들이 보편화되는 것을 볼 수 있다. 동시베리아 지역에서 세석인 기술들에 대한 관찰을 토대로 보면 이러한 석기기술전통이 대체로 3만 4000년 전경에 나타나는 것으로 이해하고 있다.[75] 바로바로 치트칸 제7문화 층에서 얻어진 연대 자료이다. 이 지역의 후기구석기 중엽에 큼직한 박편을 사용하여 세석인을 만들던 것이 쐐기형의 석핵으로 변화하면서 정형성을 가지게 된다. 동시베리아 지역의 세석인유적들의 탄소연대측정치의 분석에서 몽골이나 남시베리아 지역의 세석인

---

72 Derevianko 1998.

73 Buvit et al. 2016.

74 Derevianko and Zenin 1995.

75 Terry et al. 2016.

기술이 사할린 홋카이도 지역으로 2만 6800년 전경에 이동하게 되고 빙하극성기에 해당하는 2만 4830년 전에서 2만 2740년 사이에 사라졌다가 다시 트랜스바이칼지역으로 이동하는 것이 2만 2700년경으로 확인하고 있다.[76] 이 지역에서 세석인 기술은 동시베리아 지역에서는 후기구석기의 흔적들이 2만 5000년 전을 상회하는 것들이 아직도 보이지 않는다. 바이칼 지역의 코울라 유적에서 2만 4060+/-5700BP라는 연대가 얻어진 바 있는데 이것이 아마도 이 시기에 있어서 동시베리아의 한계라고 생각하고 있다. 그런데 동시베리아 지역에서는 강 돌을 이용하여 석기를 만드는 등의 원시적인 특징이 보이지만 한편으로는 고비 타입의 석핵으로 만든 석인들을 활용한 석기들이 나타난다. 2만 3000년 전경에 쐐기형 석핵이 새롭게 트랜스바이칼지역에서 나타나는 것을 볼 수 있다. 이 새롭게 나타난 세석인들은 분명히 홋카이도 지역에서 이동해 갔을 것으로 추정하고 있다. 그런데 동시베리아에서 대단히 특징적인 유적이 듀타이 동굴유적으로서 이 유적에서 나온 양면 가공의 첨두기는 그 연대가 1만 5000년 전으로 알려진, 대단히 정교하게 다듬은 것으로 듀타이 석기문화(Dyuktai complex)의 대표적인 유물[77]이 되고 있고 또한 이러한 석기가 북미 인디언들이 사용한 클로비스 첨기의 원조로 보고 있다.[78] 그런데 앞서 바룬-알란-1 유적의 양면 가공 첨기의 경우를 본다면 동-극지 시베리아 지역에서 일찍이 이 석기의 발전이 있었다는 것을 알 수 있다. 듀타이 석기 공작 속에는 이러한 양면 가공의 첨기와 함께 조각도나 칼 등이 있고 특히 중요한 것은 쐐기형 세석인 석핵이 포함되어 있다는 점에서 의미가 있다. 이러한 쐐기형 식핵 중에는 일본 열도의 유베츠형과 같은 것들이 포함되어 있다. 이러한 듀타이 문화는 홀로세가 되면서 이 지역의 중석기시대로 분류되는 숨나긴 문화로 바뀌면서 더욱 정교한 가압박리 기법들로 만든 석기들이 출현하고 있다.[79]

시베리아 극지 지역

시베리아 지역의 극지 지역에 대한 고고학 조사는 일찍이 18세기에 이미 발굴이 시작되었는데 당시에는 지금으로부터 천년 전경의 에스키모 유적을 해군 장교가 발굴한 것이다. 이 유적은 그 이후에 오클라드니코프에 의해서 재조사되어 잘 알려진 유적이다. 시베리아의 베링지아와 알라스카의 유적들은 결국 인류가 신대륙으로 확산되는 과정을 유추하는데 중요한 단서를 제공하는 유적들이다. 오늘날 학자에 따라서 견해의 차이가 있지만

---

76 Buvit et al. 2016; Graf 2015;Terry et al. 2016.

77 Mochanov 1980.

78 Mochanov 1976.

79 Coutouly 2016.

상부 홍적세 동안 인간이 극지에 처음으로 도달한 것은 4만 5000년 전경으로 확인되고 있다. 바로 예니세이강 하구의 분지 - 톨(Bunge-Toll/1885) 유적인데 이 유적에서 창에 찔린 늑대의 견갑골의 연대가 4만 5000~4만 7000년 전으로 알려졌다. 그리고 매머드 사냥 유적이라고 판단하는 소포크나야 카르가(Sopochnaya Karga) 유적에서도 이와 비슷한 연대가 얻어진 바 있다.[80] 그러나 대체로 후기구석기시대의 후기에 이러한 지역으로 본격적인 확산이 이루어진 것으로 볼 수 있다. 그런데 서베링지아와 알라스카 베링지아 사에는 시간적인 격차기 보이는데 알라스카의 스완 유적이 15ka 전후가 되는데 아메리카 대륙으로 인류의 확산의 시기를 가늠하는데 고고학적으로 다른 견해가 제기되는 근거가 되는 셈이다.

현생인류 화석은 서시베리아와 남시베리아 등지에서는 적어도 4만 5000년 전에 들어온 것으로 보고 있고 또한 현생인류는 이 지역에서 분명히 네안데르탈인들과 공존하였을 것으로 보는 것이 일반적이다.[81] 그렇지만 동시베리아의 끝단 부분에 해당하는 캄챠카 지역은 아직까지 그러한 연대까지 올라가지는 못하고 있는데 현재로서는 가장 오래된 유적이 바로 우스키 1유적인데 과거에는 1만 7000년 전까지로 보았지만 새로운 연대측정으로 1만 3000년 전경의 석기유적으로 보고 있어서[82] 서시베리아 지역보다도 훨씬 늦다.

극지방에 인류가 도달한 시기에 대해서는 최근 점차로 직접적인 고고학 증거들이 늘어나고 있는데 유럽 쪽의 극지는 이미 3만 5000년 전에 인류가 살았던 흔적이 있고 또한 동시베리아 지역에서도 2만 7000년 전에는 적어도 도달한 것으로 알려졌다.[83] 야쿠티아의 야나강의 하루지역에서 발견된 야나 RHS 유적이 바로 그 연대를 가지고 있는데 이 시기에는 이 지역이 지금보다도 더 추웠을 것으로 보고 있는데 석기 공작은 석인 기술은 보이지 않는다. 인접 지역에서 발견된 베레레크 유적은 엄청난 양의 맘모스 뼈로 유명한 유적인데 이 유적 내에서 발견된 양면 가공 첨기를 비롯한 석기들이 대체로 1만 4000년 전에서 1만 1000년 전경으로 연대가 측정[84]되었으나 야나 RH 유적의 경우가 2만 7000년 전경이기 때문에 시간적인 차이가 있음을 알 수 있다. 그리고 시베리아 지역에 빙하극성기, 즉 LGM기간에도 인류가 지속해서 살고 있었다는 주장[85]과 한편으로는 혹독하게 춥고, 건조하여 전혀 공백으로 남아 있었을 것이라는 주장이 대립하고 있다.[86] 공백으로 있었다가 기후가 풀리기 시작하는 1만 8000년 전에 새로운 주민들이 세석인 기술을 가지고 들어오게 되었다

80 Pitulko et al. 2016.

81 Kruase et al. 2007.

82 Goebell et al. 2010.

83 Nokolsky and Pitulko 2012; Pitulko et al. 2004.

84 Pitulko 2011.

85 Kuzmin and Keats 2013.

86 Goebell 2008.

는 주장이다. 그렇지만 데레비안코는 세석인 기술의 발전은 지역적으로 점진적으로 일어난 것으로 보고 주민의 연속성을 주장하고 있다.[87] 거주의 지속성을 주장에는 빙하극성기 동안 인구가 비교적 견딜만한 지역에 좁게 몰려서 살게 되다가 나중에 온난화가 진행되면 빠른 속도로 확산과 팽창을 하였을 것으로 보는 것이다. 이러한 주장은 아마도 빙하극성기 동안 시베리아의 많은 지역에서 일어났을 것이다.

시베리아의 후기구석기의 양상 중에서 가압박리에 의한 양면 가공첨기의 경우에는 1만 7000년 전에서 1만 3000년 전의 시기에 해당하는 동 시베리아의 듁타이 유적에서 발굴[88] 되어 주목을 받았는데 이러한 석기 제작기법이 이미 이 시기에 발달한 형태로 이 지역까지 확산한 것으로 이러한 석기는 나중에 동으로 확산을 지속하여 아마도 아메리카 고인디언 석기문화 클로비스 포인트의 조형이 되었을 것이다.[89] 듁타이 유적에서 보이는 세석인 기법은 소위 유베츠 기법으로 제작된 것이다. 세석인 기법은 일반적으로 석인기법에서 진화한 것으로 보는 것이 일반적인데 대체로 시베리아 지역에서는 2만 5000년 전 전후한 시기에 널리 확산하였던 것으로 확인된다. 이 시기 이후에는 시베리아 몽골지역에서 세석인들이 널리 발견되며 동북아시아 지방으로 연결되는 것을 알 수가 있다. 동시베리아의 가장 극단이라고 할 수 있는 캄차카와 사할린 등, 극동 러시아 지역에서도 늦은 시기의 석기 유적들이 발견되었다. 최근에 발견된 흑요석의 원산지 분석에서 적어도 수백킬로미터의 범주 내에서 채굴된 것이다. 그리고 알래스카의 북쪽 끝에서 1만 4200BP로 확인된 층에서 유베츠 기법의 세석인이 발견되어[90] 세석인을 사용하는 주민들의 이동의 범위와 북아메리카로의 이동의 단서를 보여준다.

빙하극성기 동안은 현생인류들은 북위 60도 이북으로는 진출이 어려웠을 것으로 보이는데 빙하극성기 이후 기후가 주기적으로 따뜻해지는 시기에 다시 북상하게 되는데 이 즈음에는 석기공작이 다양하게 전개된다. 세석인과 조각도가 출현하지 않는 석기공작도 나오고 다양한 기술로서 첨기가 포함되는 석기공작 그리고 박편 위주의 석기공작들이 베링지아와 알라스카 지역에서 나타나는 것이다. 그리고 이 시기에 빙하극성기에 동쪽 태평양 연안지역으로 후퇴한 집단들에 의해서 세석인이 사할린과 일본 열도의 북쪽에서 트랜스바이칼 지역으로 다시 확산되었을 것으로 보고 있다.[91] 그런데 인구이동의 일반적인 패턴을 본다면 남북 간의 이동, 즉 중국 북쪽의 유적들에서 볼 수 있다시피, 남쪽으로 밀려간 집단이 다시 기후가 회복됨으로서 다시 북상하게 되는 패턴도 생각해 볼 수 있을 것이

---

87 Derevianko 1998.

88 Mochanov 1980.

89 Goebell 2016.

90 Hirasaw and Holmes 2017.

91 Igarashi 2016.

다. 그러한 가능성에 대해서 몽골지역의 빙하극성기에 유적이 급감하는 현상에 대해서 가설로서 제시된 바도 있다.[92]

2.2 남아시아

남아시아지역의 상부 홍적세의 석기 공작은 현생인류의 동으로의 확산을 설명하는 중요한 증거로 생각되고 있다. 왜냐하면 현생인류의 남아시아로의 확산의 시기가 과거와는 달리 이른 시기로 올라감에 따라서 중기구석기의 양상에 관한 관심이 더욱 커지고 있다. 남아시아의 석기 공작들은 중부 홍적세와 마찬가지로 아프리카나 중근동지역의 석기 공작과 유사성이 지속해서 지적되고 있지만, 분포에서 연속성이 뚜렷하지 않은 곳도 많다. 그런데 인도 지역의 상부 홍적세 공작을 이해하는데 중요한 점은 중기석기문화와 후기구석기문화의 진화적인 관계라고 할 수 있는데 이는 곧 현생인류의 확산과정을 이해하는데 중요한 단서가 되는 자료이다. 이와 관련하여 아프리카나 중근동 지역의 석기문화전통과의 친연성에 대한 해석일 것이다. 다른 한편으로는 남아시아지역의 석기문화와 동남아시아 석기문화의 뚜렷한 불연속에 대한 설명이다. 이 현상에 대한 설명은 그리 간단한 문제는 아니다. 분명히 상부 홍적세 동안 인간의 이동은 있었음에도 불구하고 문화적인 연속성이 없다는 점에서 그 설명을 구하기가 쉽지 않다는 점이다.

중기구석기시대

인도 지역의 중기구석기 공작은 결국 아슐리안 석기 공작과 후기구석기 사이의 석기 공작을 말하는데 그 시작에서는 점차로 크기가 줄어드는 아슐리안 주먹도끼의 흔적이 남아 있고 또한 아슐리안에서 많이 보이는 대형 박편을 제작하는 전통이 사라지고 그 후기로 가면서는 석인들이 나타나기도 한다. 아슐리안 석기 공작이 보이지 않는 석핵과 박편으로 구성된 석기들로 구성된 것이 일반적인 현상이라고 할 수 있다. 그런데 조정 타격법이 나타나기는 하지만 반드시 그러한 것은 아니어서 석기 공작의 특성을 이러한 새로운 기술법 이외에 가공된 작은 석기들이 증가하는 양상이 나타나고 작은 박편을 가공하는 경우가 늘어간다. 그리고 장착할 수 있는 슴베가 달려 있는 석기들이 포함되는 경우도 있다. 그래

92 Rybin et al. 2016.

서 인도지역의 중기구석기 유적들의 석기 공작은 한 때 나무 등의 다른 재질로 된 도구를 다듬기 위한 석기로 생각하기도 하였다.[93]

중기구석기 유적에 대한 조사가 늘어나고 또한 그 양상이 좀 더 확실하게 파악됨으로써 중기구석기 공작에 대한 정의가 더욱 명확해지고 있다. 지역에 따라서는 르발르와 기법이 나타나고 방사선형 타격 흔을 가진 석핵이나 다타면을 가진 석핵들이 등장하는 것을 볼 수 있고 또한 석재가 치밀한 종류의 암석을 선호하는 경향이 보인다. 사전조정 타격법에는 르발르와 기법 이외에도 아프리카 지역에서 발달한 곰베와 기법들도 보이는데 이것은 중기구석기 이전의 단계에서 시작되어 이어지는 현상을 볼 수 있다. 그리고 또한 기능적으로 전문화한 작은 석기들이 증가하는 것도 볼 수 있다. 그래서 톱니 날 석기나 홈날 그리고 조각도와 같은 석기들이 증가하는 경향을 보이고 또한 장착을 우한 첨두기의 존재도 드물게 보이는 것을 볼 수 있다. 그리고, 작은 주먹도끼들이 등장하는 것이 큰 특징이다. 인도의 중기구석기 공작들도 지역에 따라서 다양하게 나타나는데 대체로 르발르와 기법은 석재의 재질과 관계없이 여러 지역에서 나타난다.[94] 푸라나 - 곤도와나 지역에서 르발르와 기법이 보편적으로 보이는데 이외의 지역에서는 다양한 기술들이 혼합되어 나타나는 양상이다. 그리고 석영암 석재들은 작은 주먹도끼를 만드는 데 흔하게 사용되는 것을 볼 수 있는데 그 숫자가 많은 것은 아니다. 그리고 여러 가지 단계의 석핵들이 공작에 포함되어 있고 가공을 한 박편들이 많이 포함되는 것이 일반적이다. 그리고 슴베찌르개 모양, 즉 소위 북아프리카의 아테리안 첨두기와 같은 것들이 몇 지점의 유적에서 발견된 것을 특별한 양상이다.[95]

인도 지역의 중기구석기를 논하는 경우에 흔히 토바 화산재층을 기준으로 삼게 되는데 이를 중심으로 중기구석기문화층이 상하로 있는 것이 확인된 것이다. 그런데 중기구석기의 연대적인 범위는 아직도 불명확한 점이 많은데 현재 잠정적으로 중기구석기 공작의 연대적인 범위를 토바 화산재의 바로 아래층에서부터 현생인류의 새로운 단계의 문화가 나타나는 시기를 포괄하는 7만 4000년 전에서 3만 8000년 전까지의 시기를 포함하는 것으로 보는데 그 하부연대의 범위에 대해서는 아직도 논란의 여지가 많다. 인도 북부의 손 계곡의 경우에 중기구석기의 하부에 바로 아슐리안이 나타나는 것으로 미루어서 중기구석기 연대의 시작을 14만 년 전이나 13만 년 전으로 보려고 한다.[96] 이보다는 좀 이른 시기인 대체로 15만 년 전으로 인도지역의 중기구석기의 하한이라고 볼 수 있는 것으로 생각

93 Isaac 1986.

94 Pant 1982; Pappu 2001.

95 Blinkhorn et al. 2013.

96 Haslam et al. 2012.

하고 있는데 바로 타르사막에서 발견된 유적의 층이 MIS 6에 해당하는 것으로 판단하고 있다.[97] 중기구석기 공작으로 보이는 것들이 아슐리안 석기 공작층을 덮고 있기 때문이었다. 그렇지만 일반적으로 아슐리안 석기 공작이 언제 중기구석기로 진화하게 되었던가는 아직도 불분명한 점이 많다. 그러나, 앞 장에서 언급한 바대로 일부 새로운 자료를 토대로 중기구석기 시의 시작을 30만 년 전 이전으로 보려고 하는 견해도 대두되고 있다. 특히 최근에는 대단히 이른 시기의 아슐리안 석기 공작이 발견되었던 아트람파캄 유적에서 발견된 르발르와 기법이 적용된 소형 석기공작들이 387ka에서 172ka로 연대가 알려지게 됨에 따라서 중기구석기 공작의 시작이 대단히 오래될 수 있다는 것을 보여주고 있다.[98] 이러한 연대적인 범위는 결국 현생인류가 MIS5 단계에서 아프리카에서 중기구석기를 가지고 아라비아반도를 통해서 인도로 확산하여 오기 이전의 단계가 되는데 아프리카지역에서 이미 30만 년 전후의 시기에 문화양상이 중기구석기 공작과 함께 현생인류적인 특성이 보이는 것을 토대로 현생인류나 유사한 단계의 고인류들이 중기구석기를 가지고 확산할 가능성을 암시하는 것으로 생각하는 것이다.

인도대륙의 북쪽 지역의 중기구석기시대는 더욱 불분명하다. 파키스탄 지역, 즉 인다스 유역에서는 르발르와 기술로 만들어진 중기구석기 공작이 분포하는데 르발르와 석핵뿐 아니라 첨기도 있고 또한 석인도 보인다. 이러한 석기 공작들은 네안데르탈의 동전과 관련지어 생각하기도 하지만 일단 중기구석기시대 기술이 확산한 것으로 볼 수 있을 것이다. 이러한 르발르와 기법의 중기구석기 공작은 아프가키스탄 지역을 거쳐서 중앙아시아와 연결되는 분포를 가지고 있다.[99] 중기구석기시대에 살았던 고인류들을 많은 학자는 현생인류가 중근동지역에서 중기구석기문화를 인도로 가져온 것[100]이라고 하지만 네안데르탈인이 이 석기 공작을 만들었다는 주장도 있다.[101] 중기구석기의 하한의 문제는 앞으로 석기 공작이 더 많이 발견되면 자연히 분명해지겠지만 대체로 중부 홍적세의 후반에 시작된 것으로 볼 수 있고 이러한 연대적인 범위는 결국 르발르와 기법이 적어도 25만 년 전에 나타나는 중근동 지역의 중기구석기문화의 영향을 받은 것으로 생각할 수가 있다.

인도의 중기구석기 공작을 이해하는 데 대단히 중요한 점은 바로 토바 화산재층의 상하로 분포하고 있다는 점은 인류 진화의 과정을 읽어내는 데 대단히 중요하다고 인식하고 있다. 한동안 7만 4000년 전에 가장 후대의 폭발이 일어나서 토바화산재가 인도 지역에

---

97 Dennel 2012.

98 Akhilesh et al. 2018.

99 Biagi and Starnini 2017.

100 Petraglia et al. 2012.

101 Mellars 2011.

널리 덮게 되었을 때 아마도 현생인류가 절멸의 위기에 치달은 것으로 보기도 하였지만,[102] 오늘날 새로운 자료의 등장과 기존 유물들에 대한 새로운 해석으로 문화가 위축은 되었지만 절멸하는 수준은 아니었다는 것이 확인되었다. 중기구석기문화의 연속성을 보여주는 대단히 중요한 자료로서 인도 중남부 지역의 자왈라푸람(Jwalapuram) 유적의 제3지점을 들 수가 있다. 바로 토바화산재 유적이다. 이 유적은 안드라프라데쉬 주의 주레라 강 유역에 있는데 토바화산재가 두껍게 쌓여 있고 석기 문화층이 그 위와 아래로 발견되었다.[103] 토바 상부의 퇴적물은 OSL 연대측정법을 통해서 7만 4000년 전 그리고 하부의 퇴적물은 7만 7000년 전으로 측정되었는데 결국 토바 화산재 강하시기, 즉 7만 4000년 전 전후한 시기로서 퇴적의 양상이 그다지 변화하지 않았다는 점에서 환경의 급격한 변화가 없다는 것을 보여주는데, 중요한 점은 화산재의 상하로 문화적인 연속성이 확인되었던 것이다.[104] 그런데 하부의 층, 즉 7만 7000년 전의 층에서 나온 석기들이 이미 석인석기 제작을 보여주고 있으며 또한 박편의 타격 면을 가공한 흔적이 있다. 이미 사전가공의 박리작업기술이 나타나고 있음을 보여주고 이러한 기술들은 중기구석기의 것으로 보는 것이다. 그리고 토바 화산재의 강하 후의 석기 공작은 전반적으로 작아지는 경향이 있고 석인 기술이 보이기는 하지만 그 수효가 많지 않다. 그리고 석인석핵의 타격 면이 하나 또는 마주 보는 두 개의 타격 면 등으로 가공과정을 보여주는 것이 특징이다. 그러나 석기들이 세밀하게 가공한 것들이 많아서 조각도나 홈날 석기들이 포함되어 있다. 이러한 석기들이 인도지역의 중기구석기의 보편적으로 나타나는 석기 공작들이다. 이러한 석기 공작 상의 특징은 중근동의 석기 공작보다도 아프리카적인 특성을 더 보여준다는 점에서 초기 현생인류가 근동지역을 거치지 않고 중기구석기 공작을 가지고 인도지역으로 온 것을 암시하는 것으로 생각하고 있다. 그러한 점에서 그동안 인디아 지역에 현생인류들이 중기구석기시대 공작을 들고 아마도 상부 홍적세의 초기에 나타났을 것이라는 가설[105]이 중기구석기시대의 가장 주요한 이슈가 되었고 또한 수마트라 화산 토바가 마지막으로 분출한 7만 4000년을 전후한 시기의 석기 공작의 연속과 변화에 대한 현생인류의 진화과정의 문제가 또 다른 큰 주제이다. 토바화산 폭발이 가져온 환경 변화에 대한 이론에도 불구하고[106] 이 유적이 인도지역의 중기구석기시대 토바 화산재의 강하를 전후한 시기의 문화 연속성을 보여주는 주요한 증거임은 틀림없을 것이다.

인도의 중부 지역의 나르마다(Narmada)강 유역의 삼나푸르(Samnapur) 유적에서도

102 Ambrose 1998.

103 Petraglia et al 2007.

104 Petraglia et al. 2007; Haslam et al. 2012.

105 James 2007; James and Petraglia 2005.

106 Ambrose 1998; Balter 2010.

발견된 중기구석기시대로 생각되는 석기 공작이 하부에 아슐리안 석기 공작을 덮고 있었다. 르발르와 기술은 보이지 않지만, 일부 박편 중에는 조정된 타격 면을 가지고 있었고 또한 다양한 형태의 다듬어진 소형석기들이 포함되어 있었다. 석기 중에는 끝긁개, 톱날석기, 홈날석기, 뚜르개 그리고 가공된 박편 등이 포함되어 있고 주먹도끼와 같은 석기는 포함되지 않은 것이었다. 연대가 확실하지는 않지만 중기구석기시대의 석기 공작의 양상을 추정할 수 있는 자료들이라고 볼 수 있을 것이다. 네팔의 아르준(Arjun) 유적에서 발견된 석기 공작이 비교적 석기 구성에서 유적이 비교적 덜 변형된 것으로 보이는데 1300여 점의 석기편들 중에는 작은 석기들이 많이 포함되어 있기 때문이다. 이 유적에서 수습된 석기 공작 중에는 다듬어진 석기가 극히 적은 양이었지만 르발르와박편과 원반형 석핵이 발견되어 중기구석기라고 구분되었다.[107]

남아시아지역의 중기구석기는 토바 화산재층이 연대적인 범위를 후기구석기와 구분될 수 있게 되었지만 그 시작에 대해서는 아직도 다양한 견해가 난무하는 실정이다. 물론 아슐리안 공작의 점진적인 변형과 관련하여 그 석기문화의 시작을 설명하지만, 그 시작 연대에 대해서는 뚜렷한 결론을 내기는 어렵다. 그리고 이 석기 공작의 제작자에 대해서는 더욱 불분명한 상황이다.

후기구석기 공작

인도의 후기구석기 유적은 그동안 전기구석기가 주요한 관심이었기 때문에 그다지 많은 연구가 되지 못한 점이 있지만 최근 들어서 현생인류에 대한 관심의 증가로 석기 공작에 대한 관심도 높아지고 있다. 인도의 후기구석기시대에 대한 정의는 세석인의 시간적인 범주에 대한 인식에 따라서 변화하여 왔다. 특히 세석인 기술공작들을 중석기의 범주에 포함해서 편년 하는 것이 오랫동안 사용되어 왔는데 이것은 그동안 세석인의 절대연대가 불분명한 상태로 있어서 유럽형의 편년체계에 의해서 석기의 진화가 이해되는 것에서 오는 불합리한 점이 있었다. 그러나, 최근에 절대연대가 증가함에 따라서 세석인 기술의 연대가 예전에 빙하기의 마지막 단계에서 홀로세의 초기라고 인식되던 것에서 이제는 상부 홍적세의 중엽까지 올라가서 세석인이 후기구석기의 주요한 기술발달단계로 인식되고 있다.

인도의 후기구석기 공작을 적어도 MIS 5에서 시작된 것으로 보는 견해가 있는 하지만 순수하게, 인도의 후기구석기문화는 세석인문화로 대표된다고 보는 견해가 양립하고 있

107 Corvinus 2003.

다.[108] 그동안 꾸준한 연대측정치를 종합하여 보면 일반적으로 인도 대륙에서 중기구석기 공작의 시작은 7만 4000년 전 이전에 시작되었을 것으로 보고 후기구석기시대는 4만 5000년 전에서 2만 년 전 사이의 시간에 분포하는 것으로 생각하고 있다.[109] 아슐리안 석기가 출토된 바위 그늘 유적인 빔베트카 유적에서도 중기와 후기구석기문화층이 발견되었는데 아슐리안 층의 상부에 연속적으로 중석기시대에 이르는 층들이 나타난다. 대체로 아슐리안 층에서 보이던 양면 석기들이 중기구석기에 오면서 사라지게 되고 박편을 활용한 석기들이 많이 증가하게 되는 양상이다. 그런데 중기구석기에서 후기구석기시대층 간의 변화양상에서도 석기의 크기가 작아지는 경향 이외에 그다지 큰 변화는 없다. 그런데 석인들이 아슐리안 단계에서부터 시작되는데 그 수효가 후대로 오면서 증가하지만 크기는 점차로 줄어들게 된다.[110] 후기구석기시대 층에서도 석인석핵은 보이지 않는데 많은 경우에 박편을 떼어낸 석핵을 이용하든지 아니면 박편을 이용해서 석인을 만들어내는 기법을 사용하고 있다.

인도지역의 후기구석기 공작을 대표하는 세석인공작 중에서 가장 오래된 것이 메타케리(Metakheri) 유적의 석기 공작인데 현재 가장 오래된 연대를 4만 8000년 전으로 알려졌다.[111] 메타케리 유적은 나르마다강 강변의 빈드하 저지의 메타케리 마을 부근에 위치한 것인데 현재의 강보다 약 15미터 상부의 단구 면에 있다. 조사된 지점들의 지층은 12미터 정도가 되는데 모두 하천퇴적물, 즉 자갈과 모래 그리고 실트 등으로 구성되어 있지만, 중간에 침식과정을 보이기도 하고 일부 층서 구간에서는 토양화의 과정을 볼 수 있다. 이 노출된 최 하부층에서는 중기구석기시대 공작이 나오고 있는데 적어도 7만 8000년 전 이전으로 보인다. 그 상부로 있는 층에서 세석인석기 공작이 출현하기 시작한다. 유적에서 연대는 주로 OSL과 방사성 탄소연대인데 전 구간에 걸쳐 대단히 안정된 분포를 보인다. 세석인이 나오는 층의 연대 중에서 가장 오래된 것으로 볼 수 있는 것이 4만 8000년 전이며 대체로 4만 5000년 전에서 시작된 것으로 보고 있다.[112] 석기는 다양한 석재로 만들었는데 경사진 타격면을 가진 세석인 석핵과 세석인들이 포함되어 있고 또한 가공된 작은 석기들이 있다. 메타케리 유적의 세석인 공작은 아마도 아프리카나 근동의 MIS 4단계의 석기 공작과 연계되어 나타난 것으로 보는데[113] 결국 인디아에서 자생한 것이라기보다는 건조한 시기에 환경 변화를 겪는 아라비아대륙과 아프리카 지역에서 확산하여 온 것으로 보는 것

108 Mellars et al 2013.

109 Clarkson et al. 2012; Clark et al. 2017; Mishra 1995.

110 Misra 1982.

111 Mishra et al. 2013.

112 Mishra 2013; Basak and Pradeep 2017.

113 Mellars 2006; Bar Yesef and Cohen 2013.

이다. 그렇지만 증가하는 인구압과 기후가 나빠져서 새로운 적응체계가 필요하게 될 때에 새로운 기술혁신으로서 35-30ka 시기에 급속히 확장하거나 자생적으로 발전한 것으로 보는 견해가 있다.[114]

세석인문화가 나오는 즈왈라푸람 유적들은 남인도의 안드라 프라데쉬 주의 쿤데루 강의 지류 유역에 있는데 이 구다파 저지지역은 산 사면에서 붕적되어 내려오는 규암제 자갈들과 풍화 물질들이 퇴적된 곳인데 곳곳에 바위 그늘이 남게 되어 선사 이래로 사용되고 있다. 이 지역에 토바 화산재가 두껍게 지표를 덮고 있는데 이 지역에서는 현생인류의 생존에 심각한 위협이 되었을 것으로 보인다. 이 지역에서는 세 지점이 중기구석기시대에 속하는 것으로 주먹도끼들이 포함된 석기 공작이다. 그런데 이 즈왈라푸람9 바위 그늘 유적이 중요한 것은 세석기 공작이 3만 5000년 전에 나타난다는 점이다. 세석인 공작에는 석핵의 하나의 타격 면에서 석핵의 넓은 면에서 세석인을 떼어내는 기법을 볼 수가 있고 또한 등가공의 기하학적인 세석인들을 볼 수가 있다. 이 세석인 공작을 상부 홍적세의 중엽에 환경이 나빠지기 시작하면서 나타난 것이라는 주장이 있지만,[115] 그러한 증거들이 아직도 뒷받침되는 것은 아니라는 점에서 반론이 제기된다. 여하간에 즈왈라푸람 유적은 드물게 보는 중기와 후기가 연속되는 층서구조를 가지고 있다는 점에서 중요하며 일부에서 세석인의 자생적인 발달을 주장하는 근거가 되기도 한다.[116] 그리고 또한 현생인류가 확산하여 온 시기가 토바화산재 이전이라는 주장의 근거도 이 유적군들의 토바 화산재층의 상하로 중기구석기 공작이 지속한다는 점을 들고 있는 것이라는 점에서 중요한 유적이다.

이보다도 좀 더 늦은 시기로 알려진 것이 데칸의 화산지역에 있는 파트네 유적으로서 2만 7000년 전으로 알려졌다. 즈왈로푸람 유적의 세석인석기 공작에서 보이는 양상을 근거로 이러한 세석인이 아마도 인도지역에서 중기구석기시대의 후반에서 자생적으로 생겨난 것으로 추정하고 있는데 이는 이전 단계에서 나타나는 석기 공작에서 세석인 기술의 초기적인 양상이 보이기 때문인데 앞서 언급한 메타케리의 경우는 연대도 앞서고 이와는 다르게 주장되고 있어서 앞으로 논의에서 정리되어야 할 부분이다. 그러한 양상은 이보다도 시기가 더 늦은 파트네(Patne) 유적에서도 중기와 세석인이 혼합되어 나타나는 것을 볼 수가 있다.[117]

남아시아의 세석인 문화는 전역에 걸쳐서 나타나고 스리랑카에서도 보이는데 대체로 3만 5000년 전에서 2만 8000년 전 사이에 전역으로 퍼져서 사용된 것으로 주장하기도

114 Clarkson 2009; Petraglia et al 2009. Clarkson et al. 2018.

115 Petraglia et al. 2009.

116 Korisettar 2018.

117 Groucutt et al. 2015.

하는데 바로 기후변동에 의해서 생태환경이 변화하고 가용한 주거지역이 줄어들게 됨에 따르는 도구의 혁신과정으로 생각하기도 한다.[118] 다른 시각으로는 석기 공작출현의 빈도나 석기의 조합으로 미루어서 환경이 나빠지는 시기에 인구의 급격한 증가가 이러한 석기 공작들로 발전시킨 것으로 주장하기도 한다. 여하간에 아직도 그 시작은 애매한 점이 많다고 지적되고 있는데 아직도 이전의 중기구석기나 후기의 전통적인 석기 공작과의 연속성이 불분명하기 때문이다. 이러한 점은 결국 세석인 문화는 분명히 외부에서 확산하여온 것으로 보는 것이 타당하지만[119] 아직도 외부지역의 편년적인 관계를 분명하게 설정할 수 없다는 점이 문제이다.

후기구석기 공작은 세 가지의 다른 석기기술기반으로 구성되어 있는데 하나는 박편 - 석인, 두 번째는 석인기반 그리고 세 번째는 석인과 조각도 기반으로 나누기도 하는데 여하간에 석인들이 보이는 것은 공통적이지만 그 빈도와 다른 공반되는 기술의 양상에 따라서 그 양상이 달라진다고 할 수 있다.[120] 그리고 중부와 남부 인도 지역에서는 이러한 기술적인 양상 이외에도 세석인을 사용하여 석기를 다듬는 경우도 보이는데 사실 세석인 기술은 이미 중기구석기시대에도 보이기도 한다. 그런데 흥미로운 것은 북부지역인 파키스탄 지역에서는 박편계 석인들이 세석인과 함께 나타나지만 남쪽인 스리랑카의 경우에는 완전히 세석기들이 나타난다.[121] 이 경우에는 재질이 고른 석재를 사용하는 것을 볼 수가 있다. 그런데 세석인석기 공작은 앞서 아슐리안과 중기구석기 공작으로의 이행과정에서 보이는 연속성과는 다르게 급작스럽게 나타나는 것을 볼 수가 있는데 마타타케리 유적의 경우에 거의 5만 년 전경에 갑자기 나타나는 것이어서 이를 동아프리카 나일강 유역의 6만 년 전 전후한 시기로 나타나는 세석인석기 공작들이 인도 지역으로 확산하여 온 것으로 주장하고 있다.[122] 아프리카의 세석인 문화와 후기구석기시대의 비드 제작 기술 등의 장신구 문화가 하나의 세트를 이루고 이동하여 온 것이지만 인도 지역에서는 아마도 소수의 집단이 넘어와서 기술적인 요소가 사라지게 되어 세석인 문화만이 메타케리와 같은 유적에서 나타나는 것으로 보았던 것이다.[123] 물론 현생인류가 최초로 인도지역으로 이동하여 온 것은 이보다도 시대가 앞서겠지만 세석인이 확장되면서 또 새로운 이동이 있었다고 추정할 수가 있는 셈이다.

인도의 세석인 공작의 기원에 대한 또 다른 가설로서는 적응가설(adaptive model)이

---

118 Petraglia et al. 2009; Wedage et al. 2019.

119 Petraglia et al. 2009.

120 Murty 1979.

121 Wedage et al. 2019.

122 Mishra 2013.

123 Mellars et al. 2013.

제기되었는데[124] 바로 일찍이 이 지역에 들어온 현생인류들이 상부 홍적세 기간의 비교적 온난한 기후가 끝나는 시점에서 건조하고 추워지는 기후에 적응하면서 지역 발생한 것이라고 주장한다. 인도의 각지에서 이미 세석기 공작들이 확인되었는데 이러한 석기의 시간적인 변화를 보면 중기구석기 공작에서 연속적으로 진화하여 등장한 것으로 볼 수 있는 것들이 있고 또한 다양한 지역 환경 속에서 나타나는 것으로 보아서 기후변동과 인구압에 적응하기 위한 자생적인 기술적인 변화라고 볼 수가 있다는 주장이다. 이러한 주장은 아프리카와 인도대륙을 연결하는 인도양의 해안 지역에서 이러한 석기들이 보이지 않는다는 점에서[125] 아프리카 확산설이 설득력이 없다고 보는 것이다. 이러한 주장은 결국 아프리카와의 시간 차이를 설명하는 모델로 이해될 수 있을 것이다. 결국 인도의 세석기 공작의 전개 양상은 지구상의 다양한 지역의 세석기 공작들과 함께 다원적인 기원을 보여주는 사례로 보는 것이 타당할 것이라는 주장이 지속하는 것이다.[126]

인도 지역에서도 후기구석기시대에 다양한 예술적 표현들이 등장한다. 예를 들어서 파트네 유적에서도 타조의 알에 밴드 속에 교차하는 기하문을 시문한 것을 볼 수 있는데 대체로 2만 5000+/-200BP라고 알려졌다.[127] 이 외에도 여러 지점에서 중석기시대 이전의 것으로 기하문으로 시문 한 돌이나 암반들이 발견되고 있다. 타조알로 만든 도넛 모양의 비드들이 파트네 유적이나 빔베트카 가파르케다 등의 유적에서 확인되었는데 카파르케다 유적에서는 구멍을 뚫는 작은 첨기도 함께 발견되었다.

스리랑카의 세석기 공작

남아시아지역의 열대우림지역인 스리랑카에서 세석기 공작이 나타난다. 스리랑카는 현재는 섬이지만 빙하기에는 연육되는 시기도 있었다. 이 지역의 세석기 문화는 해양지역에서 나타난다는 점에서 아프리카의 연계성을 제기하는 단서로 작용했을 것으로 보이는데 다른 한편으로는 이와 기후 환경이 비슷한 동남아시아 열대우림지역에는 이러한 석기 공작이 보이지 않는다는 점에서 대비될 수 있기 때문이다. 이 지역에서도 적어도 35ka 이전의 시기에 세석기 공작이 출현한 것으로 확인되고 있다. 대표적인 유적으로서 바타돔바유적, 이보다 조금 늦은 시기, 31~26ka,로 알려진 키툴갈라 유적 그리고 파히엔 레나 유적 등이 있다. 이 유적들은 대체로 3만 년 전 이전의 연대를 가진 이른 시기의 것들인데 작

124 Clarkson et al. 2014; Petraglia et al. 2009.

125 Groucutt et al. 2015.

126 Clarkson et al. 2018.

127 Kumar and Roy 2012.

은 박편의 등을 가공하여 기하학적인 모양으로 만들어서 조합식 석기들을 제작하고 있다. 바타돔바 레나 유적은 바위 그늘 유적이다. 이 유적에서 3만 6000년 전의 유적으로 알려졌는데 유적에서 불자리, 기둥구멍, 붉은 색토, 조개 장식품 등이 인골과 함께 발견되었다.[128] 이 유적의 동물상이나 식물상을 보면 개활지가 있는 열대우림지역의 환경에 적응하면서 살았던 것으로 판단된다. 파 히엔 레나 동굴유적의 경우에는 절벽 아래에 완만한 경사면이 시작되는 지점의 일종의 바위 그늘이라고 볼 수 있는 구조이다. 이 유적은 열대우림의 한가운데 있는데 스리랑카에서 가장 오래되고 대륙의 메타캐리 유적과 비슷한 시기인 48ka에서 45ka 시기로 밝혀졌다.[129] 이 유적의 석기 공작의 특성은 석영암 계열의 석기들인데 양극 타격으로 만든 아주 작은 박편 등의 중간 석재에 등가공을 한 것들이 압도적이다. 이와는 대비적으로 바타돔바 유적에서는 양극 타격도 있지만, 손에 들고 제작한 중간 석재들이 많은 편이다. 기하학 모양의 세석기 공작들은 스리랑카 지역의 유적들에서 상부 홍적세의 후반에서 홀로세에 이르는 시기에 지속해서 만들어지는 것을 알 수 있다.

2.3 동남아시아지역의 석기 공작

동남아시아의 상부 홍적세의 석기 공작은 흔히 후기구석기 공작과 호아비니안(Hoabinhnian) 공작으로 구분된다. 그렇지만 그동안 동남아시아의 석기 공작으로 흔히 언급되었던 빠찌따니안, 탐파니안, 아니야티얀 등등의 석기 공작들은 오늘날 대부분 상부 홍적세의 후반에 속하는 것으로 생각되고 있고 심지어 그 이후의 석기 공작으로 간주하는 경우도 있다.[130] 그런데 말레이시아의 렝공계곡에서 발견된 탐파니안 유적의 발굴에서 불규칙한 역층의 상부에서 석기들이 수습[131]되었는데 OSL 절대 연대치가 7만 년 전후의 시기로 상부 홍적세의 전반에 해당하는 것이 알려졌다.[132] 인도네시아의 자바에서는 일찍이 파찌탄의 석기 공작이 확인된 바 있지만, 그 연대가 후대의 것으로 알려진 바 있다. 그런데 이 지역에서 호모가 일찍이 들어와서 살고 있어서 이들의 석기 공작에 대한 의문이 지속해서 제기되고 있다. 가장 오래된 것으로 추정되는 석기 공작으로는 상기란의 푸캉간 층준의 하부에서 발견되는 석기들로서 하부 홍적세, 적어도 100만 년 이상이 된 것으로 생각되고

128 Perera et al. 2011.

129 Oshan et al. 2019.

130 Bellwood 2013; Simanjuntak et al 2010.

131 Goh, et al. 2020; Sieveking 1958.

132 Saidin et al. 2006.

있다.[133] 상기란, 삼풍마찬, 웅안동 등의 고인류 유적지의 부근에서 수습된 석기들이 보고된 바 있고 적어도 중부 홍적세의 것으로 추정하고 있지만[134] 아직도 연대가 신뢰할 수 있거나 문화적인 특성을 알 수 있는 경우는 많지 않다. 자바의 송 테루스 동굴에서는 30만년 전으로 올라가는 석기 공작들이 발견되었는데 천역이나 박편으로 만든 석기들이 대부분이다.[135] 아슐리안 주먹도끼로 분류되는 것들이 자바의 상기란이나 엥게봉 등의 지점에서 확인되었는데 강 퇴적 층에서 확인되어 그 연대를 추정하기가 쉽지 않지만, 수습된 석기 중에는 가롯날도끼로 분류되는 것들이 포함되어 있다.[136] 비슷한 주먹도끼가 수마트라의 남부지역에서도 보고된 바 있다.

필리핀 섬 지역에서는 카가얀 계곡의 카발와니안 석기 공작이 오래전부터 알려졌다.[137] 여기서도 전형적인 주먹도끼는 보이지 않지만, 원시적인 형태들이 찍개 등의 대형석기 공작 속에 포함된다. 아루보 유적에서도 주먹도끼들이 발견되는데 상부 홍적세의 후반에 속하는 것으로 보고 있다.[138] 이러한 석기 공작들을 이 지역에서 발견된 현생인류 화석 출현 이전의 석기 공작으로 보려는 의도가 있다.

호아비니안 석기 공작은 다른 지역의 후기구석기시대의 후반부에서 시작되어 홀로세의 초기에 이르는 시기에 지속해서 사용된 역석기 문화이다. 동남아시아지역에서 흔히 나타나는 석기 공작으로서 큼직한 강돌들을 다듬어서 만든 것들인데 주먹도끼도 포함되고 있고 흔히 단면가공을 한 것이 많다. 최근에는 인도지역이나 중국 남부의 석기공작도 이 범주에 넣어서 분류하는 것을 보는데[139] 아마도 남방계통의 석기공작전통으로 고려하기 때문이라고 판단된다. 그리고 주변을 급한 경사로 가공한 것들이 흔한데 단순하기는 하지만 다양한 기능을 가진 것으로 보인다. 그래서 크게 보면 상부 홍적세 동안 동남아시아의 석기 공작들은 고도로 발전된 기술로써 생산된 것들이 없다. 다시 말해서 타면 조정의 기법이라든지 모는 양면 가공의 기법들을 볼 수가 없다. 이러한 석기 공작의 특성을 앞에서도 언급된 대나무 이론을 가지고 설명하는 경우가 많다. 이러한 대나무 이론은 모두 서구학자들에 의해서 제기되었는데 실제로 대나무 수확에 찍개류의 단면가공이 좋다는 주장이 포함되어 있다. 그러나 대나무의 속성을 잘 모르고 하는 주장으로서 대나무를 껍질이 대단히 질기고 다루기가 어렵다는 점이 기술의 핵심인데 그러한 점을 극복할 수 있는

133 Widianto 2006; Semah et al. 2003; Simanjuntak and Sémah 1996.

134 Bartstra 1982.

135 Simanjuntak et al. 2010.

136 Simanjuntak 2008; Tiauzon 2011.

137 Fox 1978; Dizon et al. 2010.

138 Dizon and Pawlik 2010.

139 Hazarika 2012;Ji et al. 2016.

도구의 이점을 설명하지 않으면 그러한 설명은 의미가 없다. 그리고 그러한 고도의 기술이 발전하지 않은 것을 소규모의 집단이 널리 퍼져 살기 때문에 고도의 기술을 공유할 기회가 적다는 점으로 설명하는 경우도 있다.[140]

동남아시아지역의 사냥 채집집단이 지역의 유용한 식물들을 안정적으로 채집하기 위해서 주변의 나무를 제거한 것으로 보이는 유적이 있다 뉴기니아 고원의 이반느(Ivane)계곡의 유적인데 4만 9000년 전에서 4만 4000년 전의 유적이다. 이 유적에서 최하층에서서부터 석기가 출현하는데 강동의 한쪽을 거칠게 가공하든가 또는 쪼개는 등의 기법으로 만든 대형 석기들인데 이러한 석기가 수목 제거에 사용되었을 것으로 보는 것이다.[141] 유적에서 출토된 석기의 표면잔존물에 대한 전분 분석으로 미루어서 얌을 많이 가공한 것으로 보이는데 이것은 계곡의 하단부 지역에서 나온 것이어서 당시의 채집 범위와 생계전략을 엿볼 수가 있고 또한 판다누스(Pandanus) 나무의 열매를 채집하여 사용한 것으로 확인된다. 여하간에 동남아시아 열대우림지역에서도 석기의 제작에서 기술적인 큰 변화는 없었던 것으로 확인되는 것이며 최소한 가공으로서 기능을 얻었던 것을 확인시켜 주는 경우이다.

2.4 동북아시아

중국지역 중기구석기로 구분되는 석기 공작군

중국이나 한반도 등지에서는 중기구석기의 서구 구석기고고학에서 편년에 사용되는 기술과 형식적인 증거들은 극히 빈약하게 나타난다. 많은 보고서나 논문에서 중기구석기라고 부르는 석기 공작들은 근본적으로 이전 시대의 석기 공작들과 크게 다른 바가 없다고 볼 수 있다. 물론 좀 더 세련되어 보이는 것들이 포함되어 있기는 하지만 기본적으로 직접 타격에 의한 석기 제작이 지속하고 2차 가공이 그다지 밀도가 높게 보이는 것이 별로 없기 때문이다. 주먹도끼 공작도 보이는가하면 한편으로 기능이 좀 더 분화된 소형석기들이 보이지만 근본적인 차이가 없기 때문이다. 대형석기들이 많이 보이는 공작이나 소형석기들이 집중된 석기 공작들이 보이지만 그것은 유적의 형성과정에서 기능적인 인간 행위의 차이에서 오거나 또는 유적의 재퇴적과정에서 분리된 석기 모듬이라고 볼 수도 있는 것

140 Lycett 2007.

141 Summerheys et al. 2010.

을 고려한다면 기술적 나아가 문화적인 차이로 보이기에는 어려운 점이 있다. 시간상으로는 상부 홍적세의 전반, 즉 후기구석기 공작이 나타나기 이전의 석기 공작들을 중기구석기로 부르는 경향이 다분한 것[142]이 중국 구석기의 입장이다. 그렇지만 실제로 중기구석기로 명명한 석기 공작들을 보면 그 시기가 중부 홍적세의 후반기의 범주에 드는 것이 다수라고 할 수 있다. 이러한 석기 공작들은 대체로 고형의 호모 사피엔스 화석들과 동반되는 경우가 많다. 그러한 문제점으로 중국지역의 석기 공작의 진화 단계에서 점차로 중기구석기 공작이라는 용이를 사용하지 않으려는 경향이 나타나고 있다.[143] 여기에서 제시되는 사례들은 결국 그동안 중기구석기로 분류 설명된 것들을 제시하는 것이다.

니허완(泥河湾, Nihewan) 지역은 중국에서 가장 오래된 구석기 유적들이 있는 것으로 잘 알려졌지만, 일찍이 중기에서 후기까지도 중요한 유적들이 발견되었다. 그중에서 수자야오(Xujiayao, 許家窯人) 유적은 산시(山西)와 허베이(河北)성의 경계에 니허완(泥河湾, Nihewan)분지에 있는 유적이다. 수자야오(Xujiayao, 許家窯)마을 가까이 있는 리이고우 강의 서편 강변에 있는 유적인데 1974년에 발견되어 여러 차례의 발굴을 거치면서 2만 점 이상의 많은 석기가 수습되었다.[144] 여기에서도 20편 이상의 고형의 호모 사피엔스의 화석 편들이 수습된 바 있는데, 두정부 골편이나 턱뼈 등의 두개골 부위의 뼈들인데 아직도 진화적인 특성에 대해서는 논란이 있다.[145] 그동안 시도된 OSL연대가 마지막 간빙기 또는 상부 홍적세의 전반기(100~125ka)에 해당하는 연대를 보인다.[146] 석기들은 규암 또는 석영암으로 만든 것들이 대부분인데 박편과 석편이 압도적이어서 60%가 넘고 석핵도 거의 20%나 되어 석기 제작이 이루어진 지점이 많은 것으로 추정할 수가 있다. 그런데 주산알모양의 석핵과 함께 1000점이 넘는 많은 수의 구형석기 또는 다각면구형석기가 수습되었다. 다듬은 석기의 반은 옆긁개들이며 다각면구형석기가 27% 나 된다는 것은 이 유적석기 공작의 중요한 점이다. 그런데 이 유적에서는 석기들과 함께 말뼈와 라이노 뼈가 공반되어 출토된다는 점에서 아마도 도살유적이라고 생각하고 있다.[147]

저우커우뎬(Zhoukoudian, 周口店) 15 지점의 경우에는 거의 1만 점에 가까운 석기 공작들이 많은 동물 뼈들과 함께 수습되었는데 우라늄 시리즈 연대법으로 14만 년에서 11만 년 전의 것으로 나타나고 있다. 이 석기 공작의 특성은 석기 제작기술이 비교적 발달한 것으로 생각되고 있다. 석재가 다양해지고 또한 박리작업이 상당히 기획적인 면을 보이는 방

142 Zhang 1990; Lin 1996.

143 Gao and Norton 2002; Bar-Yosef & Van Peer 2011.

144 Jia et al. 1979.

145 Wu 1980/1990.

146 Nagatomo et al. 2009.

147 Ma et al. 2011.

사선형의 박리를 가진 석편들이 있고, 또한 석핵들이 반복적으로 사용되는 것을 볼 수가 있다. 그리고 일부 학자들이 르발르와 기법과 유사한 것을 보이는 것이 포함되어 있다고 주장한다. 소형석기 중에서는 긁개나 부리형 석기가 보이고 또한 조각도 같은 것이 포함되어 있다. 그리고 대형 박편을 만들어서 석기를 만드는 과정이 있고 또한 대형 박편 중에는 흔히 등가공 박편날이나 가롯날도끼라고 부르는 석기가 포함되어 있다. 그렇지만 이것은 전형적인 가롯날도끼에 속하는 것으로는 생각할 수는 없을 것이다. 다만 같은 기능을 가진 석기라고 생각된다. 많은 박편을 제작하고 일부를 선택하여 석기를 만든 것으로 보고 있는데[148] 이것은 석기 제작과정에서 흔히 행위 현상이라고 보는 것이 옳을 것이다.

황하 중류 지역에서도 전기에 이어서 중기로 분류되는 석기 유적들이 발견된다. 호모 에렉투스의 발견으로 중요한 지점으로 생각되는 란티엔(藍田) 지역에서도 후속된 조사에서 많은 석기가 황토 퇴적층에서 수습된 바 있는데 이 중에서 마란 뢰쓰층에서도 석기들이 발견되어 상부 홍적세의 석기문화의 양상을 볼 수 있다. 이 중 바헤강의 라오치(Laochihe) 유적의 경우에 과거 스텝성 생태환경이 위주라는 것이 발견된 동물상으로 확인되었다. 디아오쟈(Diaozhai)이나 간유(Ganyu) 유적 등, 제2 단구 면의 상부층에서 발견된 석기들은 규암이나 석영암 쳐트 사암 등으로 만든 것인데 여기에는 주먹도끼도 포함되어 있어서 이 지역에서 주먹도끼 전통이 상당히 늦은 시기에까지 사용되었다는 것을 보여준다.[149] 이러한 석기 공작의 조합은 대체로 7만 년 전에서 3만 년 전까지도 지속한 것으로 확인되었다. 이러한 대형석기들, 즉 주먹도끼나 가롯날도끼 그리고 대형첨상기 등이 보이는 것은 전기구석기시대의 동일한 전통이 중기시대에까지 지속하여 현생인류가 석인을 가지고 들어올 때까지 지속한 것으로 보고 있다.

중기구석기로 분류된 유적으로 가장 일찍이 거론되는 것이 바로 딩춘(Dingcun, 丁村)을 들 수가 있을 것이다. 이 유적은 1953년에 처음 발굴되었지만, 그 후에 새로운 조사를 해서 고인류의 이빨과 함께 많은 수의 석기와 동물 뼈들이 발굴되었다. 유적의 연대는 그동안 우라늄 시리즈, 생물층서적인 비교, 지질층서 등의 방법으로 26만 년 전에서 11만 년 전 사이의 유적으로 알려졌다. 이 석기 공작에 대해서는 여러 가지의 견해가 제시된 바 있다. 우선 대형첨상기 전통의 하나로 분류되었는가 하면, 한편으로는 북중국의 전형적인 주먹도끼 공작을 대표하는 것으로 생각되기도 하였다.[150] 많은 작은 석기들이 포함되어 있어서 전형적인 박편석기 공작이라고도 하기도 하였는데[151] 전반적으로 석기 공작이 석재, 즉 검

---

148 Gao 2003.

149 Wang et al. 2014.

150 Huang 1989.

151 Zhang 1994.

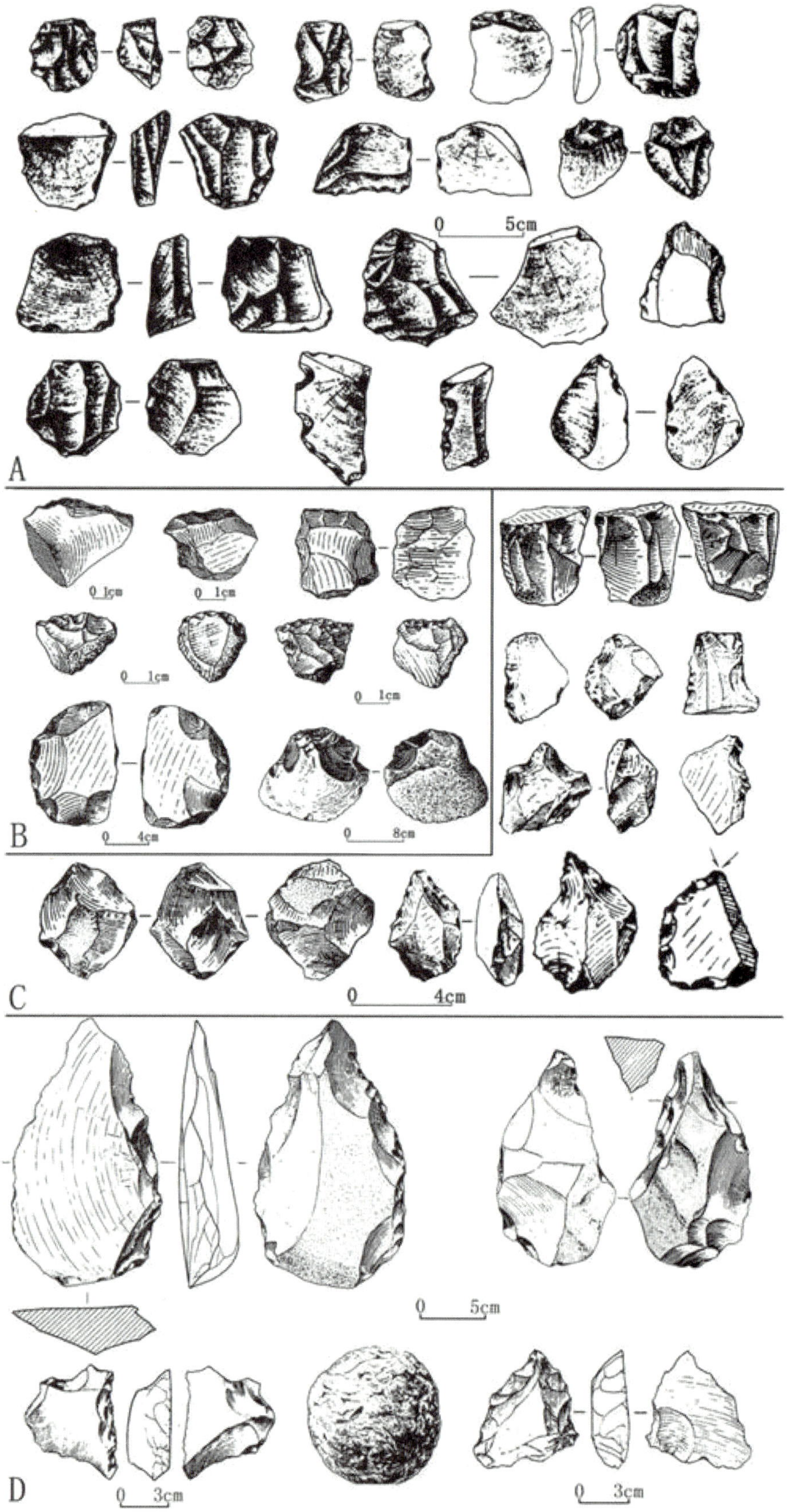

도판 42 중국지역의 늦은 시기의 전기구석기(소위 예전의 중기구석기, Gao et al. 2015에서)

은색 호온펠스를 사용한 탓으로 박리작업이 정교하게 이루어진 것으로 보인다. 그래서 다른 석기 공작보다도 정형화한 느낌이 많은 것이 일반적인 견해이다.

허난성(河南省)의 쉬창(許昌) 시의 링징(Lingjing, 靈井) 유적에서도 고형의 호모 화석 두개골 편이 수습된 유적인데 많은 동물화석과 함께 석기들이 수습되었는데 석기들은 대형 찍개류도 있고 또한 작은 긁개류도 포함되어 있는데 심지어 골기도 포함되어 있는데 아마도 자루를 끼워서 사용한 것으로 추정하고 있다.[152] 발굴된 동물 뼈중에서 말과 소가 많은데 고인류가 사냥하였을 것으로 판단하고 중기와 후기구석기시대의 사냥패턴이 유럽지역의 유적과 다를 바 없다는 것을 보여주는 것으로 생각하며 나가서 바로 현생인류의 행위를 보여주는 것으로 주장하고 있다.[153]

징수이완(Jingshuiwan), 유적은 양쯔강의 산시아 댐을 건설하는 과정에서 발굴된 유적인데 천역으로 만든 석기들이 910점 수습되었다.[154] 강돌은 대체로 석영암 계통이 많지만 화산암 등 다른 석재들도 사용되었는데 대단히 단순한 가공으로 다듬은 석기들이 주류를 이루고 있는데 그 OSL 연대가 7만 년 전 내외로 상부 홍적세 초기에 해당하는 시기이다. 보고자는 이 유적의 주인공으로 호모 에렉투스를 언급하고 있지만,[155] 석기의 원시적인 특성에 근거한 것으로 판단된다.

중국의 남서부에서 일찍이 조사된 관인동(Guanyindong, 觀音洞) 유적은 3000점 이상의 석기와 많은 양의 동물 뼈들이 수습된 유적이다.[156] 르발르와 기법으로 주장되는 박편이 있고 또한 원반형 석핵이 포함되어 있다고 주장되어 주목을 끌고 있다. 석기들도 다양하여 긁개 이외에도 홈날, 톱날, 첨두기, 조각도 등이 작은 석기들이며 한편으로 찍개류 석기들도 포함되어 있다. 하부층이 절대연대로 5만 년에서 24만 년 전 그리고 상부층이 4만 년 전으로 알려졌다.[157]

새롭게 발굴되어 중요하게 생각되는 귀조우(貴州)에서 발견된 다동(大洞) 동굴 유적은 1990년대 이후에 발굴된 것인데 고인류 화석의 ESR 연대가 12만 년 전에서 30만 년 전으로 나왔지만[158] OSL 연대는 19만 년 전에서 30만 년 전으로 나왔다.[159] 그래서 대체로 중부홍적세의 후반의 고형의 현생인류로 생각하고 있다.[160] 최근의 여러 가지 기법으로 시

---

152 Lin and Chen 2010.

153 Zhang, ... & Xing 2009.

154 Pei, Gao, ... Dennel 2010.

155 Pei et al. 2010.

156 Li and Wen 1986.

157 Shen amnd Jin 1992.

158 Jones et al. 2004.

159 Zhang 2015.

160 Liu, Shepartz .... & Martinon-Torres 2012.

도된 연대치를 근거로 이 동굴이 47만 년 전에 사용하기 시작했을 것이라고 보는 견해가 제기되었다.[161] 동굴에서 다양한 소형석기들이 포함되어 있는데 르발르와 박편으로 판단되는 것이 보고되었다. 중국의 서남부의 두 동굴의 석기 공작은 좀 더 발달한 양상으로 보고되어 석기 공작의 진화를 이해하는 데 새로운 의미를 던지고 있다.

현재 만주와 요하 지역에서 주목되는 진뉴산(Jinniushan, 金牛山) 유적의 석기 공작들은 소위 고형의 호모 사피엔스 인류화석과 함께 발굴된 것이다. 석기 공작이 포함된 층위 연대는 여러 방법으로 30만 년 전에서 20만 년 전 사이의 시기의 것으로 알려졌다.[162] 여기의 석기 공작들은 대단히 단순한 것들로서 2차 가공이 많지 않은 것들인데 석핵과 박편 그리고 긁개 등의 석기 공작들을 포함하고 있고 대부분 직접 타격이나 양면 타격으로 만들어진 것들이다. 랴오닝 지방의 다른 유적인 미야후샨 유적의 경우에도 고형의 호모 사페엔스로 보이는 인골 편들이 수습되었는데 64점의 석기가 수습된 것으로 보고되었다.[163] 옆긁개가 많고 찍개류의 석기들이 다수를 점하는데 기술적으로 특별한 것은 없다.

중국지역 후기구석기 공작

중국의 중기와 후기구석기의 양상은 분명하게 나뉜다. 애초에 논의된 것처럼 중기와 전기의 구분은 애매한 점이 많지만, 중국의 중북부 지역의 후기구석기 공작은 석기의 기술과 형태에서 분명한 차이를 보인다. 그리고 중국의 후기구석기 공작은 남북으로 뚜렷하게 두 가지의 다른 전통을 보인다. 북쪽 지역, 대체로 황허의 북쪽으로는 조정 타격기법과 석인석기 공작이 나타나고 남쪽으로는 석핵 - 박편석기 공작이 주류를 이루고 있음을 볼 수가 있다. 남과 북의 경계가 분명한 것은 아니지만 중원의 서쪽 지역에서는 황하의 남쪽에서 현저히 그 빈도가 떨어지는 것을 볼 수가 있고 서부지역, 즉 깐수나 쓰촨 등지에서도 보이는데 위도상으로는 비교적 남쪽까지 분포하고 있다고 볼 수 있다. 그런데 친링산맥 일대로 가면 거의 보이지 않고 특히 진정한 의미의 세석인들은 나타나지 않는다. 그리고 북쪽의 석인 출현지역은 시간이 지나면서 세석인들로 이어지는 양상을 볼 수 있는데 대체로 2만 5000년 전후한 시기에 널리 나타난다. 후기구석기에 있어서 시베리아와 몽골에서 이어지는 내몽골지역에서 중부지역, 즉 허난성(河南省)의 유적까지 석인석기가 확산한 반면에 이남의 남부지역에서는 전통적인 박편이나 석핵을 활용한 석기 공작이 지속해서 주류를

161 Sun et al. 2019.

162 Chen et al 1994.

163 Zhang 1999.

이루고 있어서 대비된다.[164] 이 점은 석인석기가 전역에서 확인되는 한반도와 상당한 차이가 있다고 할 수 있다. 이러한 지리적인 거대패턴은 아시아지역의 문화 흐름 속에서 이해되어야 할 것이다.

그런데 중국학자들은 중국의 석기문화 발전을 니허완(Nihewan)에서부터 저우커우덴(Zhoukoudian, 周口店) 유적의 시대별 지점들, 이러한 지점들에서 석핵 - 박편 석기문화가 반복하여 출현하는 것을 두고서 문화적인 '연속성(continuity)'라고 표현하고 있는데 이 말은 결국 중국에서 석기문화의 자생적인 발전을 지난 100만 년에서 50만 년 전 또는 석인석기가 출현하기 이전, 수만 년 전까지 지속한 것이고 이러한 것은 중국지역 인류의 연속성을 말하는 것으로 생각하고 있다.[165] 특히 중국 북부지역의 니허완(Nihewan)의 석기 공작 중 동구어타(Dongguota, 東谷坨) 유적의 석핵들은 흔히 후대의 세석인의 조형이 되는 예로서 그러한 지속성을 뒷받침하는 증거로 생각하는 것을 볼 수 있다. 궁극적으로 그러한 학설의 이면에는 중국지역에서 살았던 인류는 지속하여온 것이고 다른 인류들이 들어와도 결국 융합되어 나중에는 흔적이 사라지게 된다는 의미이다. 앞으로 석기 공작기술의 정의가 달라지거나 르발르와 기법이 나오게 되면 아마도 그 발명은 중국에서 나온 것으로 주장될 원리인 듯하다. 이러한 점은 중국학자들에게서도 새로운 분류체계와 정의에 의해서 변화양상을 측정을 시도하여야 한다는 점을 지적하고 있다.[166]

동아시아 후기구석기시대 석기의 확산을 잘 보여주는 유적으로 내몽골지역의 영하자치구의 수이동구(Shuidonggou, 水洞溝) 유적이 석인석기 공작의 가장 대표적인 유적이라고 할 수 있고 동아시아지역의 석인석기 공작의 흐름을 지표하는 유적이라고 할 수 있다. 이와 유사한 석기 공작을 보이는 진시타이(Jinsitai , 金斯太)나 다야오 유적들이 있고 남쪽으로는 허난성(河南省)의 시쉬 유적이 석인석기가 출토된 유적이다. 결국 알타이 지역과 중앙아시아지역에서 몽골을 거쳐서 확산하여 오는 아마도 초창기 후기구석기 공작(IUP)의 파장이 중국의 북부지역에 전개되는 양상은 유라시아 대륙의 인류 문화이동을 보여주는 것으로 생각되고 있고 다른 한편으로 그 이동에서는 확인하기 어렵다는 점에서 현생인류 확산의 수수께끼라고 할 수 있다. 그래서 이러한 파장이 한반도나 일본 열도의 석인석기 공작과의 확산과정이 중요하다. 다른 한편으로는 이 지역의 세석인단계에서 나타나는 시간적 그리고 공간적인 분포양상이 가지는 석기 공작진화의 과정과 당시의 고인류들 이동과 적응과정이 중요한 논쟁의 주제이다.

---

164 Xie et al. 2020; Wang, Y.P. 2017; Wang and Qu 2014; Wang and Wang 2014.

165 Gao 2014; Gao et al. 2010; Gai and Pei 2006;Shen et al. 2016.

166 Shen et al. 2016.

진시타이(Jinsitai, 金斯太) 유적

진시타이(Jinsitai, 金斯太) 유적은 중국과 몽골 국경 부근에 있는 동굴유적인데 이 유적에서는 르발르와 기법으로 만들어진 석기들과 석인석기 공작들이 발견되었는데 그 석기의 특성이 알타이나 몽골 등의 초창기 구석기 공작과 유사하다고 보고 있다.[167] 가장 동쪽에서 발견된 르발르와 기법석기 공작이라고 주장되고 있고 소위 무스테리안 석기 공작의 하나의 아시아적 변형이라고 보고 있다. 그리고 석기 공작의 연대가 47~42ka로 알려졌는데 이러한 연대는 결국 알타이나 몽골지역의 동류의 석기 공작과 거의 비슷한 시기로 추정된다. 이러한 시기에 출현하는 이 석기 공작은 그 주인공이 네안데르탈인이든 또는 현생인류이든 간에 서쪽에서 산지와 사막을 넘어와서 새로운 지역에서 적응하면서 동굴 내의 층서적인 연속성으로 미루어서 오랜 기간 동안 살았을 것으로 보는 것이다.

시유(Shiyu, 峙峪) 유적과 후두량(Hutouliang, 虎頭梁) 유적

니허완에는 적어도 20개소 이상의 후기구석기시대의 유적이 발견되었는데 이 중에 가장 잘 알려진 것이 바로 시유(Shiyu, 峙峪) 유적과 후두량(Hutouliang, 虎頭梁) 유적이다. 시유(Shiyu, 峙峪) 유적은 일찍이 60년대 초에 발견되었는데 그동안의 조사에서 1만 5000점의 석기들이 수습되었고 39점의 골기도 포함되어 있으며 또한 고인류 화석으로서 두개골의 뒷부분도 발견된 바 있다. 석핵, 박편 그리고 다듬은 석기들이 있는데 전반적으로 아주 작은 석기들이다. 이 유적의 석기들이 작을 뿐만 아니라 석핵에서 쐐기형 석핵을 포함하고 있어서 아마도 조합식 석기들이라고 생각하고 있는데 세석인의 원시적인 단계라고 생각하고 있다. 석기 유적의 연대는 탄소연 측정에 의해서 2만 8130+/-1370BP, 2만 8945+/-1370BP 그리고 3만 3155+/-64BP가 얻어진 바 있다. 후두량(Hutouliang, 虎頭梁) 유적은 상간강의 북쪽 강변 대지에 있는데 허베이성(河北省)의 양원현에서 동쪽으로 30킬로미터 정도 떨어진 지점이다. 유적들은 제3 단구면 상에 위치하는데, 가장 중요한 지점이 바로 유자고우(Yujiagou, 于家溝)인데 다섯 차례의 발굴을 통해서 4만 점 이상의 석기들이 수습되었다.[168] 석기들은 직접 타격뿐 아니라 간접타격이나 양극 타격을 이용하여 만들었는데 긁개, 첨기, 조각도, 살촉 등등의 기능적으로 분화된 유물들을 만들고 있으며 가압 박리법으로 가공한 것들이 포함되어 있다. 이 석기 공작은 북중국의 가장 대표적인 후기구석기시대의 세석인 공작이며 쐐기형의 석핵과 세석인들이 대부분이다. 이 유적의 연대는 1만 1000+/-210BP 그리고 1만 1600+/-110BP로 나타나고 있어서 후기구석기시대의 마지막 단계에 해당한다고 할 수 있다.

---

167 Li et al. 2017.

168 Gai 1991.

유팡(Youfang, 油坊) 유적

유팡(Youfang, 油坊) 유적은 니허완(Nihewan, 泥河湾)저지에 있는 유적으로서 허베이성(河北省) 유팡 동네에서 약 500미터 남쪽으로 있는 유적인데 북위 40도 이북의 지점이다. 3000점이 넘는 석기들이 발굴에서 수습되었는데 세석인들과 세석인 석핵들이 포함되어 있다.[169] 석기 제작에는 가압 박리법이나 간접타격법이 적용된 것이 나타나고 긁개, 찍개, 조각도, 등손잡이 칼이나 송곳 등이 다듬은 석기로 보인다. 세석인석기들의 OSL 연대의 범위가 2만 9000년 전~2만 6000년 전경으로 확인되어 MIS 3의 후반의 비교적 온난한 기후 아래에서 유입된 것으로 판단하고 있고 중국북부의 세석인의 기원지로 생가하고 있다.[170] 이 연대의 범위는 이 지역의 세석인의 출현연대로서 가장 오래된 것으로 알려져 중국북부지역의 세석인공작의 기원으로 생각하고 있지만, 이 범주의 OSL연대의 오차 가능성이 있을 가능성을 배제할 수는 없을 것이다.

시샤허(Xishahe, 西沙河) 유적

시샤허(Xishahe, 西沙河)은 니허완(Nihewan, 泥河湾) 저지의 후리우 강 단구면에서 발견된 유적인데 2만 9000년 전경부터 사용된 것으로 보이지만 세석인이 2만 7000년 전(보정연대)에 나타난다.[171] 이 유적에서 나타나는 세석인 석핵들은 발생 초기의 것으로 형태가 다양하여 기술적으로 아직도 완전히 표준화한 것은 아니며 후대의 세련된 세석인 기술과는 차이가 있다고 보았다. 이 유적은 유팡 유적이나 롱왕찬 유적과 함께 중국 북부 지역의 가장 오래된 세석인 유적이라고 할 수 있으며 시기적으로 비슷한 범위에 속하는 유적들이다. 이러한 유적군들의 초기형 세석인 공작들은 빙하극성기 이후에 출현하는 세석인 석핵과 구별하기 위해서 '초창기 세석인공작'으로 구분되기도 한다.

수지아청(Xujiacheng, 徐家城) 유적

수지아청(Xujiacheng, 徐家城) 유적은 간수성(甘肅省) 주앙량의 수아지아청 마을 마란 황토층에서 발견되었는데, 수이루오강의 하안 단구면의 상부에 해당한다. 이 유적에서는 5000점이 넘는 석기와 600점에 가까운 동물화석이 수습되었다.[172] 석영암제나 규암제의 석재를 직접 타격법이나 양극 타격을 통해서 만들었는데 톱니날이나 첨두기 등의 다양한 석기들을 다듬었다. 박편을 이용하여 한쪽 방향으로 가공한 것들이 많은데 이것을 북중국

169 Xie and Chang 1989; Xie 2006.

170 Nian et al. 2014.

171 Guan et al 2020.

172 Li et al. 2012.

의 작은 석기 전통의 하나라고 생각하고 있다. 목탄 AMS 연대로서 4만 6000~2만 3000년 전 사이에 형성된 층으로 판단하고 있다.

시시(Xishi, 西施) 유적

시시(Xishi, 西施) 유적은 허난성(河南省) 등펑(Dengfeng)의 다예 마을 부근 웨이수이(渭水) 강변에 위치하고 최근에 발굴되었다. 이 유적은 석인석기가 발견된 중부 중국의 최초의 유적인 점이 중요하고 또한 석인석기의 제작과정을 대단히 잘 보여주는 석기 공작이 노출된 점에서도 중요하다.[173] 사방 5미터×4미터 크기의 넓이의 공간에 석인을 제작하는 한 흔적이 그대로 남아 있는데 대체로 플린트제 석재들을 사용하여 석인을 비롯한 석인석핵, 박편, 세석인 등의 석기들과 함께 다듬은 석기들이 남아 있었다. 그리고 많은 수의 제작과정에서 남은 재료들이 있었는데 일부는 접합되는 것들이다. 1000점이 넘는 석기 중에서 석인석기는 20% 정도이다. 석기들의 구성으로 보아서 석기 제작과정에서 생기는 버리는 석재들이 많이 포함되어 있다. 이 유적에서 출토된 석인석핵의 경우는 실린더 형이거나 통형으로 생긴 것들인데 하나의 박리 면에서 지속해서 석인을 떼어낸 모습을 보인다. 그리고 어떤 석핵은 더 이상 석인을 제작하지 못하는 즉 버리는 석핵의 수준까지 도달하도록 사용한 것들도 있다. 여기서도 석인과 세석인들이 같은 층위에서 발견되는 것이 의미 있다. 그리고 석인석핵들 중에서는 아마도 초기에 떨어져 나온 스폴들이 포함된 것으로 보인다. 다듬은 석기 중에는 다종의 긁개와 조각도 등이 포함되어 있는데 대부분이 옆긁개이다. 유적에서 수습된 목탄을 가지고 측정한 연대치는 2만 2000년 전이지만, 보정연대는 2만 5000년 전이 될 것이며 OSL 연대도 이 연대에 근접하는 것으로 보아서 빙하극성기 바로 직전에 형성된 유적으로 판단하고 있다.

산딩동인(Upper cave Man, 山頂洞人) 동굴

저우커우뎬(Zhoukoudian, 周口店) 26지점은 흔히 산딩동 동굴(Upper Cave)이라고 부르는데 1930년에 발견된 지점이다. 이 지점에서는 후기구석기시대의 석기 공작과 함께 여러 가지의 장신구들 그리고 시체를 매장한 흔적이 남아 있는 전형적인 후기구석기시대의 유적인데 그동안 탄소연대측정의 결과를 보면 2만 9000년 전에서 1만 년 전 사이의 시기로 알려졌다.[174] 그런데 석기 공작은 그다지 많지 않은데 석인석기들이 보이지는 않는다. 이 중에서 변형되지 않은 강돌들이 있는데 아마도 반입된 석재로 보인다. 양극 타격으로 제작한 흔적도 보이는데 박편과 석핵 이외에 첨두기나 긁개 그리고 찍개 등이 포함되어 있다.

---

173 Wang and Wang 2014.

174 Zhang 2004.

수이동구(Shuidonggou, 水洞溝) 유적

동북아시아 후기구석기의 확산에 제일 많이 언급되는 중요한 유적이다. 흔히 가장 오래된 석인석기 유적으로 대표되는 유적이다.[175] 수이동구 유적은 내몽골 닝샤(Ningxia, 宁夏) 링우시(灵武市)의 황하 지류 변에 있는 유적인데 두꺼운 모래 실트 층 속에서 발굴되었다. 북위 38도 좀 더 북쪽의 위도 상에 있다. 지난 20세기 초에 샤르댕과 리상에 의해서 조사 보고되었다가 60년대에 발굴되고 근래에 중국 닝샤(宁夏) 박물관과 고척추 및 고인류 연구소에 의해서 여러 지점에서 여러 차례 발굴되었다. 그동안의 발굴에서 많은 인간 행위 흔적이 노출되었고, 부근 지역에서 채취한 치밀한 석재로 만든 석기 공작[176] 뿐 아니라 식물유존체,[177] 동물 뼈 그리고 불 자리를 비롯한 다양한 인간 행위의 흔적들이 발견되었으며 대체로 최근의 재확인된 연대로 최고 4만 6000년 전 이후 홀로세 초기에 이르는 시기까지 여러 층에서 확인되었다.[178] 중국의 가장 오래된 북방전통의 후기구석기의 대표적인 유적이며 그 기원과 발전과정을 일목요연하게 보여줄 뿐 아니라[179] 중앙아시아와 알타이 그리고 동북아시아 지역의 현생인류의 확산을 암시하는 유적이라고 할 수 있다.

모두 12개 지점에서 발굴조사가 이루어졌는데 이 중 1지점 등 여러 지점의 유구 상황을 분석하여 대체로 4개의 문화단계로 구분되었는데 지난 4만여 년 동안에 형성된 것으로 보인다.[180] 제1지점 아래층의 여러 가지의 절대 연대는 3만 8000년으로 알려졌지만 새로운 연대로는 4만 2000년 전에서 4만 년 전으로 나타나고 있는데[181] 가장 올라가는 연대가 4만 6000년 전까지 확인되고 있다. 현재로서는 석인석기 공작 중에서는 중국 지역에서는 가장 오래된 연대인 셈이다. 제2단계 문화층은 3만 2000년 전에서 2만 7000년 전 사이의 것으로 세석인 석핵과 박편이 나타나는데 석기로서는 긁개나 첨두기 끝 긁개가 앞선 단계의 유물을 하게 된다. 여기서 출토된 석기 중에서는 열처리한 것들이 있는 것으로 보고되었다.[182] 이 층에서는 타조알로 만든 장신구가 출토되었고 또한 기하문을 시문한 것들도 포함되어 있어서[183] 후기구석기인류들의 행위적인 특성을 잘 보여주고 있다. 불 자리도 여러 군데에서 노출되어서 당시의 고인류행위를 짐작하게 만들고 있다. 제3단계는 2만 년 전까지로 구분되는데 이 시기에는 불 자리의 흔적들도 포함되지만 석핵, 박편 그리고 가공

---

175 Pei et al. 2014.

176 Sam et al. 2019.

177 Guan et al. 2014.

178 Gao et al. 2013; Nian et al. 2014.

179 Li F. Gao, et al. 2013; Li, F., Chen, et al. 2014; Pei, Gao,.et al. 2012; Pei, Niu,.et al. 2014.

180 Gao et al 2013.

181 Mogran et al. 2014; Nian et al 2014.

182 Zhou et al 2013.

183 Feng et al. 2012.

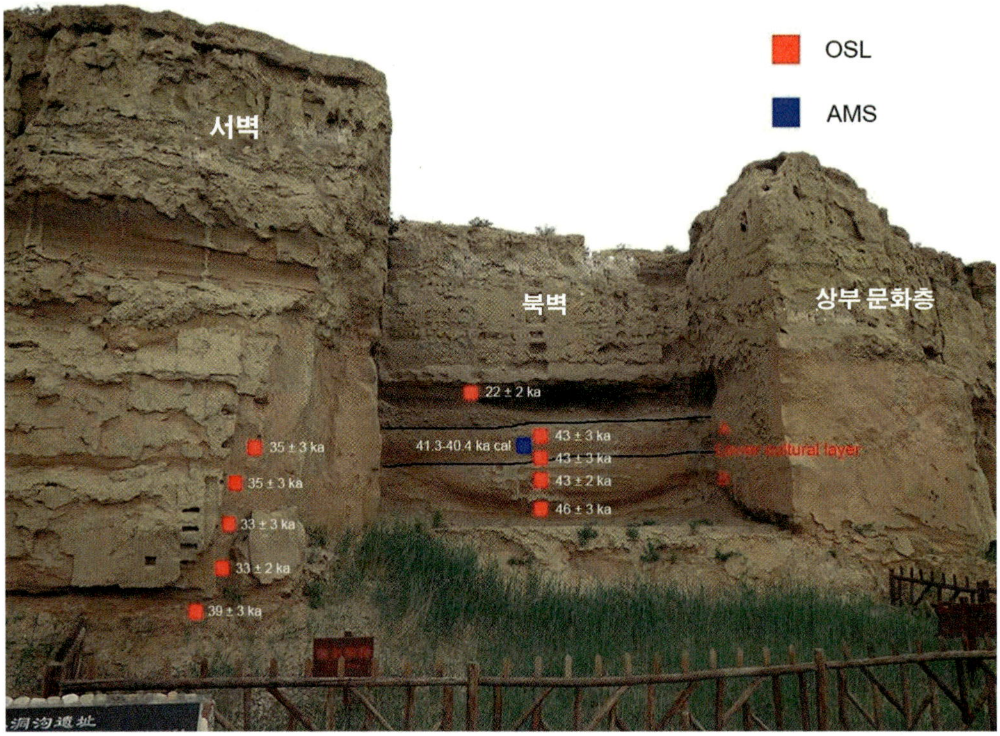

석핵가공 도구유형 장신구 골각기

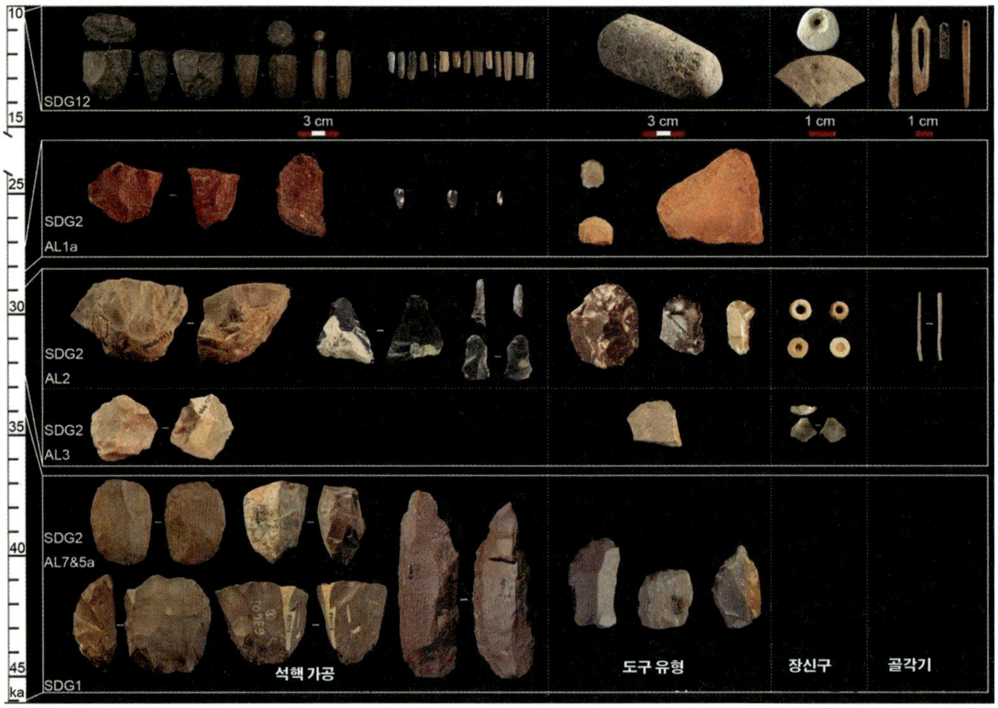

도판 43 수이동구 제1지점 발굴단면 및 층서연대와 석기편년(Li, F et al. 2019에서 변형)

한 석기들이 포함되어 있지만 그다지 양이 많지 않다. 이것은 이 시기가 점차로 LGM, 즉 빙하극성기로 근접하였기 때문에 이 지역이 인간거주에 적합지 않았을 것이기 때문으로 이해된다. 마지막 문화층은 1만 2000~1만 1000년 전에 나타나게 되는데 제3 문화층과 이 시기 사이에는 문화층이 별로 없는 것으로 보아서 이 지역이 거주에 좋지 않은 환경이었다는 것을 반증하는 것으로 생각된다. 제4 문화층에서는 아주 발달한 세석인이 나타나는 한편에는 마제석기들이 출현하게 된다. 그리고 이 시기에는 석재를 열 가공하는 것이 상당히 흔히 보이는데 전반적으로 이 시기에 대형 초식동물들의 뼈가 무더기로 나오는 것으로 보아서 이러한 도구의 진전과 함께 사냥의 방식 또한 크게 달라진 것으로 생각하고 있다.[184] 그리고 최상층에 해당하는 문화층에서는 당시에 물을 끓이는 데 사용하였던 불에 탄 돌들이 발견되어 주목된다. 이 유적에서는 많은 예술품들이나 12지점에서 출토된 뼈바늘[185] 등의 생활용구들이 발견되어 후기구석기시대의 현생인류들의 온대지역의 적응과정에 대한 행위를 잘 보여주고 있다.

수이동구(Shuidonggou, 水洞溝)는 동아시아의 석인석기문화가 서시베리아 지역으로부터 확산하는 중간 지점에 해당한다. 그래서 석인석기의 확산을 논할 때마다 거론되던 유적이다. 이 유적의 이른 연대로 미루어서 중국에서도 석인석기들이 자생하였을 가능성에 대해서 논하고 있지만[186] 실제로는 알타이 쪽에서 몽골지역을 통해서 확산하여 왔을 가능성이 많은 것으로 생각된다.[187] 연대가 알타이 쪽이 앞서고 있고, 중간 지점인 몽골지역에서 연대가 비교적 이른 시기의 유적에서 출토되고 있기 때문이다. 또 다른 이유로는 조정타격을 하여 박편을 제작하게 되는 르발르와 기법이 알타이 지역에서 칭하이성(青海省)[188] 이나 신장성(新疆省)[189]을 거쳐서 아마도 수이동구(Shuidonggou) 유적까지 확산하였을 가능성이 있기 때문이기도 하다. 제1지점에서 보이는 르발르와형(Levallois like), 석기들이 보이기 때문이다.[190] 그래서 조정타격 면기법이 기초로 하는 후기구석기 공작, 즉 초창기의 후기구석기문화가 동으로 확산한 마지막 지점으로서 인식되고 있는 것이다.[191] 제1지점과 7지점에서 새롭게 측정된 연대의 범위가 4만 년을 조금 상회하는 것을 볼 수 있는데[192] 몽골의 탈보르 유적의 동시대 유사한 석기 공작이 4만 1000~4만 2000년경으로 나타나고 있어

184 Yi et al. 2014.

185 Zhang, Gao...et al. 2016.

186 Morgan et al. 2014.

187 Brandtingham et al. 2001.

188 Brantingham et al. 2007.

189 Derevianko et al. 2012.

190 Boëda et al. 2013.

191 Niu et al. 2016.

192 Madsen et al. 2014.

서 수이동구(Shuidonggou, 水洞溝) 유적에서도 대체로 그 정도의 시기에 출현하였을 것으로 판단하는 것이 새롭게 제기되고 있다.[193] 그리고 서시베리아 지방의 연대와 비교할 때 대단히 빠른 속도로 확산하였음을 반영하는 것으로 볼 수 있다.[194] 그런데 일부 중국학자들의 말대로 만일 자생하였다고 한다면 그 중심지를 입증할 수 있는 근거가 절실하지만, 아직도 중국 북부지역에서 그러한 가능성을 가진 유적군은 보이지 않는다. 그렇지만 서구의 초기 후기구석기의 개념이라고 할 수 있는 '초창기 후기구석기(Initial Upper Paleolithic) (IUP)'을 사용하여 진파 후에 자생적인 발진으로 생성된 것으로 규정하려는 시도[195]를 볼 수 있는데 용어의 개념과 석인석기의 출현 과정에 대한 설명, 즉 빠른 속도로 확산하여 온 것이라는 견해와는 괴리가 보인다.[196]

시지탄(Shizitan, 柿子灘) 유적

시지탄(Shizitan) 유적은 산시성(山西省)의 황하 지류의 강변에서 발견된 유적인데 21세기 들어서 새로운 발굴을 통해서 엄청난 규모의 석기들이 수습되었다. 중국 북쪽 지역의 세석인문화를 이해하는 데 대단히 중요한 유적이다. 10만 점에 넘는 석기 중에는 물 끓이는데 사용하는 돌들이나 타조알 껍질로 만든 장신구 같은 것들이 포함되어 있고 수많은 불 자리가 유적에서 노출되어 있어서 당시의 생활상을 유추할 수 있는 단서가 되고 있다. AMS 연대측정치는 2만 8000년 전에서 8500년 전 사이의 시기에 이루어진 것인데 박편석기 제작전통이 세석인석기 전통으로 이행하는 과정은 보여주는 것이며 이 유적이 바로 세석인 전통의 기원과 그 기술적인 변화를 보여주는 대단히 잘 보여주는 유적으로 인식된다.[197] 세석인석기 제작전통은 이 유적의 연대적인 범위로 미루어서 2만 1000년 전에 출현한 것으로 생각할 수 있는 것이다. 그런데 무엇보다도 중요한 것은 이 유적에서는 동 시기의 다른 유적과는 달리 세석인 공작이 빙하극성기에도 지속해서 나타난다는 점이다. 이 점은 결국 중국의 하북 지방에서도 세석인 사용 집단이 지속해서 출현하였다는 것이며 그 빈도가 줄어들었을 것으로 생각할 수 있는 증거라고 판단된다.[198]

S29 지점에서 노출된 300개 이상의 불 자리는 대체로 세 가지의 구조를 보이고 있는 하나는 전혀 시설이 없는 것과 돌로서 원형으로 만든 것 그리고 흙으로서 뚝을 만든 것들이다. 또 다른 하나는 바로 바닥에 돌을 깔고 만든 것이다. S9지점에서는 갈돌과 갈 판

193 Keats and Kuzmin 2015.

194 Feng et al. 2013.

195 Gao et al. 2002; Zhang, Fei, ..& Li 2012.

196 Nia et al. 2014.

197 Song et al. 2019.

198 Song et al. 2017.

이 발굴되었는데 아마도 음식을 가공하거나 안료를 갈아서 가루를 만드는 작업 또는 장신구를 만들 때 사용한 것으로 보인다.[199] 시지탄(Shizitan, 柿子灘) 유적의 장신구는 몇 가지로 나눌 수가 있는데 타조알 껍질, 담수성 2매 패 조개, 그리고 뼈로 만든 것이다. 이러한 장신구를 만드는 과정에서 남은 중간재들도 보이고 또한 구멍 뚫린 장신구들도 보이는데 열 가공기법을 사용한 것이 있고 구멍을 뚫고 갈아서 만드는 기법이 흔히 사용되었다.[200] 유적에서 나온 뼈바늘은 시베리아 지역의 것과 통하는 것인데 빙하극성기에 재단한 옷을 지었다는 것을 보여주는 증거이다.[201]

유적에서 수수의 잔존물이 많이 나왔는데 이것은 이 도구들이 사용된 방식을 보여주는 것이며 또한 신석기가 시작될 때 이 시기의 채집행위가 결국 북중국의 수수경작으로 발전한 것을 암시하는 증거라고 할 수 있다. 그리고 상부 홍적세의 마지막 단계에서 이 지역의 주민들이 식물성 식료의 채집에 상당히 의존한 것도 말할 수 있는 셈이다.

추안판동(船帆洞) 유적

추안판동(船帆洞) 유적은 동굴유적인데 푸지안성 산밍 시의 왕소우얀 산에 있다. 현대의 유로에서 3미터 정도 높은 지점에 입구가 있는데 2개의 문화층은 3만 년 전에서 2만 3000년 전 사이의 시기로 판단하고 있다. 박편이나 천석을 사용하여 만든 석기들 이외에도 뼈로써 만든 도구들이 보이는데 첨두기나 칼 이외에도 삽 같은 것도 있다. 발굴된 동물들 뼈 중에는 사슴, 곰, 소, 대숲 쥐, 원숭이, 개과 등등이 포함되어 있다. 석기들은 2차 가공이 별로 없고 단순하여 남중국의 역 석기문화에 속하는 것으로 분류하고 있다. 그런데 동굴의 바닥은 천역들을 이용하여 생활을 위해서 평탄면을 만들었던 것으로 보인다.

다헤동(大黑洞) 유적

다헤 유적 역시 동굴유적인데 위난성의 다헤 현의 치투오 동네에 있다. 애초에 많이 훼손되었지만 21세기 초에 수차의 조사에서 많은 수의 짐승 뼈들이 수습되었다. 인류화석 이빨과 함께 2000점이 넘는 석기들이 수습되었는데 주로 응회암이나 화산암 그리고 플린트 등의 석재를 가지고 찍개류, 긁개 류, 조각도, 송곳 등등의 석기들을 만들고 있다. 특히 원반형 석핵, 원반형 긁개, 부리형 석기, 콧등날 긁개, 톱니날, 홈날 등의 기능이 분화된 석기들이 많이 포함되어 있는데 발굴자는 유럽의 무스테리안에 비견하고 있다. 이 유적의 석기 문화층은 우라늄 시리즈 연대법과 AMS 연대법에 의해서 4만 4000~3만 6000년 전경으

199 Liu et al. 2011.

200 Song, Shi.. et al. 2011.

201 Song, Li... et al. 2018.

도판 44 상) 한반도 후기구석기편년. 하) 호평동 출토 세석인 공작(홍미영·김종헌 2008에서).

로 알려져 있다.[202]

한반도와 만주

한반도와 만주 지역에서 중기로 구분되는 석기 공작들은 기술적으로 전기와 구분되기가 어렵기 때문에 중기라는 용어를 회피하려는 경향이 있는 것은 중국의 사정과 비슷하다. 전기적인 전통, 즉 석핵과 박편을 기반으로 제한된 2차 가공을 하는 석기 공작, 이 상부 홍적세의 후반까지 지속한다. 그런데 한반도 지역에서 중기구석기라는 전통서구식 용어는 아직도 지속해서 사용되는데 석인석기들이 출현하는 층의 하부에서 비석인, 즉 박편 계열의 석기 공작들이며 이와 동시대에 속하는 층서에서 발견된 석기 공작들을 이 범주에 넣어서 설명하는 것이 일반적이다. 그러나, 앞서 언급한 바대로 중기구석기라는 기술발전 단계를 구분할 수 있는 변동이 없기 때문에 중기를 별도로 설명하기 어렵다. 그래서 중기구석기라고 분류되는 대부분의 석기 공작들은 전기구석기의 박편과 석핵을 기본으로 하는 박편석기 전통이 그 본질이라고 할 수 있다. 그러한 점에서 한반도와 만주 지역의 시대편년을 단순화하여 전기와 후기로 구분하는데 문제는 한편에서는 상부 홍적세의 후반까지 지속해서 박편석기 전통이 지속하고 있었다는 점이다.

만주

만주 지역에서 발견되는 상부 홍적세의 유적으로서는 샤오구샨 유적,[203] 미야오후샨 등이 주요한 지점들이다. 요하에서 연해주에 이르는 넓은 지역으로서 기후변동에 따라서 인간거주환경이 많이 달라질 수 있는 지역이다. 그리고 문화적으로는 중국 북부나 몽골 지역과 연결되어 문화적인 영향이 보이는데 일부 석인석기 공작이 나타나고 또한 확인이 필요하지만 르발르와 기법이 언급되고 있기 때문이다. 최근에 많은 조사가 있어서 점차로 상부 홍적세의 유적들이 증가하고 있으며 한반도로 흐르는 북방 루트의 중간지점에 해당하여 문화의 흐름을 이해하는데 중요한 지역이라고 할 수 있다.

---

202 Ji 2008.

203 Zhang Z H, et al. 1985.

샤오구샨(Xiaogushan, 小孤山) 유적

샤오구샨(Xiaogushan, 小孤山) 유적은 북위 40도 정도 위치의 라오닝반도의 북부 지역에 있는데 '수동'이라고 불리던 동굴유적이다.[204] 고인류 화석이 발견된 잉코우동굴 유적의 동쪽으로 좀 떨어진 동굴유적인데 측정된 절대연대는 최하층의 8만 년 전에서 상부 홍적세의 말엽, 즉 제4층이 1만 7000년 전으로 상부 홍적세 빙하기의 대부분의 시간에 해당하는 시기로 확인되었다. 새로운 OSL 연대는 4만 6000~4400년 전 사이의 퇴적으로 확인되었는데 인류의 거주는 7만 년경에 시작된 것으로 보인다.[205] 동굴 내부의 퇴적물은 주변의 하천에 의해서 유입되고 또한 황토 풍성으로 이루어진 층들인데 최상부층에서는 신석기 유물과 함께 고인골이 수습되었다. 동굴의 1층에서 3층 사이에서 말과 같은 초원성 동물 그리고 매머드 등의 추운 기후의 동물상들과 함께 석기 유물들이 발견되었다.[206] 나타난 동물상은 이 지역이 다양한 모자이크 성의 환경으로 구성되어 있었음을 알 수 있다. 이 유적의 석기 공작들은 거친 석영암들로 만들어진 것들인데 만 점이 넘는 수량이 수습되었고 다각 면 원구나 주먹도끼 등의 대형석기들과 함께 홈날이나 첨두기 등의 작은 석기들이 발견되었는데 주산알 모양의 작은 석핵들이 특징적으로 보인다. 석인과 르발르와 기법이 보고되어 유럽의 중기구석기 기술과 비교하기도 하지만 기술적으로 불확실한 점이 있다. 그리고 이 동굴 유적에서 골각기가 발견되고 뼈로 만든 장신구들이 포함되어 있는데 구멍 뚫린 동물 이빨의 경우에 5만 6000년이 넘는 것으로 보고되어 있다.

만주지역의 다른 유적들

만주 지역에서 후기구석기에 속하는 석기 공작으로서 번시만족자치현(本溪滿族自治縣)의 묘후산(Miaohoushan, 廟后山) 유적, 해성(海城) 선인동(Xiranrendong, 仙人洞) 유적이나 길림성(吉林省) 지역의 유수현(楡樹縣) 주지아유팡(周家油坊) 유적, 다치아오둔(大橋屯) 유적, 왕푸둔(王府屯) 유적 등이 일찍이 확인되었다. 이외에도 고향둔, 염가강 그리고 앙앙계 유적들이 포함되어 있다. 그러나 이러한 유적에서 석기들이 수습되었지만, 원시적 특성의 석기들이 대부분이다. 다만 이 유적들에서 여러 종류의 골기들이 보고된 바 있다. 이 중에 묘후산(Miaohoushan, 廟后山)[207]은 석기들이 큼직한 박편이 많아서 애초에 중기구석기 공작으로 평가되었지만 실제로 얻어진 절대연대가 3만 년을 넘지 못하여 동굴에서 나온 각층의 전체적인 석기 공작의 연대에 대해서는 앞으로 새로운 접근이 필요할 것으로 보인다. 그런

---

204 Hwang and Fu 2009.

205 Zhang, J.F. et al. 2010.

206 Dong W, et al. 2010.

207 遼寧博物館 1986.

데 乾安현(Xuejijingdun, 學字井屯) 유적은 송료평원 남부에 있는 내륙 호수 변에서 발견된 유적인데 세석인석기들이 밀개 등의 석기들과 함께 보고되었다.[208] 염가강 유적에서 특기할 유구로서 동유럽이나 시베리아에서 발견되는 구조로 큰 동물 뼈를 가지고 결구를 세운 것이 발견된 것이다. 이러한 구조는 처음 발견된 것인데 대체로 2만 1000년 전으로 알려졌는데 빙하극성기에 이 지역에 살던 사람들이 야영을 하던 지점으로 추정되는 것이다.

만주 지역에서 남쪽으로 이어지고 문화 확산의 대륙의 종점에 해당하는 한반도는 그동안 지속적인 조사로 엄청나게 많은 상부 홍적세 유적들이 확인되었다. 일부 지점들을 제외하고는 거의 대다수의 유적이 상부 홍적세의 단계로 주장되고 있다. 그런데 상부 홍적세의 상당 기간 한반도는 서해가 완전히 또는 부분적인 육화되기 때문에 중국 대륙과 이어지는 시기들이 있었다. 그래서 상부 홍적세의 기간에는 남방 루트가 직접적으로 연결되어 문화적인 영향을 받았을 것으로 생각된다.

한반도

한반도 내에서도 상부 홍적세 초반에 해당하는 것으로 주장되는 석기 공작들이 상당히 많이 있다. 왜냐하면, 한반도의 유적들에서 석인석기출토 층의 하부에서 발견되거나 산록지의 사면붕적 기원의 퇴적물 속에서 발견되는 석기 공작들은 현재 OSL 연대측정의 결과가 거의 10만 년 전을 넘지 못하기 때문에 흔히 중기구석기로 부르는 경우가 많다. 그래서, 한탄강과 임진강 유역 그리고 한강 유역의 오래된 석기 공작 등 몇 군데의 사례를 제외하고는 대부분의 석기 공작들이 이 범주에 속하는 것으로 생각하는 경향이 있는 것이 사실이다. 이러한 석기 공작들은 대체로 후기구석기 층의 아래에 나타나는 박편석기 공작들인데 그 연대적인 범위가 결국 10만 년 전에서 4만 년 전 사이로 추정하고 또한 다수의 OSL연대가 보고되어 있다. 그렇지만 소위 '중기구석기 공작'이라고 분류된 공작들이 나타나는 층들이 모래질이 많거나 또는 큰 자갈들과 함께 석기가 발견되든지 또는 암반의 바닥 위에 나타나는 것으로 판단하여 볼 때 상당히 많은 퇴적 후의 변형을 거친 것으로 판단되는 것이어서 드러난 연대적인 범위가 석기의 제작되고 사용된 시기와 차이가 있을 수 있다는 점이 고려되어야 할 것이다.[209] 또한 대부분의 OSL 연대가 10만 년 이전으로 상회하지 않는 것은 유적의 형성과정의 패턴으로 나타난 것인지 아니면 연대측정법의 한계로 나타난 것인지에 대해서 앞으로 좀 확인작업이 필요할 것으로 보인다. 홍적세의 환경 변화 속에서 한반도 내에서는 오랫동안 퇴적되고 후퇴적 변형이 일어나지 않은 퇴적물이 극히

---

208 程新民 1988.

209 Bae K. 2017 ; 윤병일 2020; 이정철 2013.

드물게 나타나기 때문에 빙기와 간빙기의 기후변동 과정에서 지형적인 변화가 심하여 구릉성 산지 면의 퇴적물의 경우는 침식과정이 빠르고 광범위할 수가 있을 것으로 추정된다.

이 시기에 속하는 것으로 보고된 박편석기 공작들은 주먹도끼와 함께 다각면원구가 특징적으로 나타나고 박편석기들도 2차 가공이 많지 않다. 이 시기의 주먹도끼 공작도 중부 홍적세의 지점들과 큰 차이가 없고 흔히 피크라고 부르는 첨두형이 다수이고 또한 몸통이 두껍고 최소한의 박리작업으로 만든 것들이 대부분이어서 거친 느낌을 주는 것이 많다. 그리고 여리먼 석기로도 불리는 다각면원구는 전기구석기시대부터 특징적인 대형석기의 하나로 나타나지만, 지속해서 상부 홍적세의 전반의 유적들에서 다양한 단계의 것들이 포함되어 있는데 사냥돌로서 사용 된 것으로 생각하기도 하지만 대체로 여러 개의 타격 면을 반복적으로 또는 교차적인 단계로 박리작업이 지속하다가 더 이상 박리작업을 하지 못하는 단계가 되면 망치 돌 또는 흔히 추정하는 사냥돌 등의 용도로 사용하였을 것으로 보인다.[210] 이러한 석기들이 많이 나오는 것은 결국 박편석기 공작전통이 강하다는 것을 암시한다. 그리고 소위 '중기구석기시대'로 구분된 석기 공작들은 크게는 전기로 보는 석기 공작과 큰 차이는 없지만 석핵이 작아지고 방사선 타격 흔을 가지는 등의 주산알 형의 크기가 크지 않은 석핵들이 보인다는 점이 눈에 띄는 정도이다.

한반도의 후기구석기시대가 언제 어떻게 시작되는가는 아직도 분명하지 않은 점이 있지만 더욱 중요하게 지적되어야 할 점은 바로 후기구석기시대에 대한 기술적인 정의가 분명하지 않다는 점이다. 일부 유적에서는 석인 기술의 출현으로 판단할 수 있지만 많은 석기 공작들은 박편 위주의 석기 공작이다.[211] 그래서 석인석기의 출현과 함께 석재의 변화 석기 구성이나 가공도의 변화 그리고 층서적인 위치와 유적의 잔존상황 등을 고려하여 시대적인 귀속을 가리는 것이 일반적이다. 대체로 상부 홍적세의 후반 즉 MIS 3가 시작되는 전후의 시기에 석기 공작의 변화가 있었던 것으로 보인다. 현재까지의 자료를 본다면 4만 년 전 이전에 이미 석인석기기법은 수양개 유적의 최하층에서 나타나는 것을 확인할 수가 있다.[212] 한반도에서 나타나는 석인 기술을 보면, 석인을 만들기 위한 석핵의 모양을 보면 양쪽 끝에서 중심을 향해서 마주 보고 석인을 떼어내는 흔히 프리즘 형이라고 부르는 단면 마름모형의 석인, 하나의 타격 면에서 집중적으로 돌려가면서 떼어낸 쐐기형으로 생긴 것도 있지만 간혹 반복적인 사용이 지속하여 원추형으로 되는 것들도 보인다. 이러한 석핵들이 혼재하고 있어서 어느 특정한 기술을 지역적으로 구분하기는 어렵다.

한반도에서 후기구석기시대의 문화적인 특징은 석기공작에서 석인석기의 출현으로

---

210 박성진 2018.

211 Bae 2010; Seong 2009, 2015.

212 이융조, 우종윤 외 2018.

확인되기도 하지만 다른 한편으로 오래된 박편석기 전통이 지속해서 나타나고 있어서 지점에 따라서는 기술적으로 판단하기 어려운 점이 있다. 그래서 상부홍적세의 후반, 즉 MIS 3기와 2기 동안의 석기공작의 변화를 박편, 석인, 슴베찌르개, 세석인 등의 기술적인 징표를 가지고 편년을 하고 진화과정을 설명하고 있음을 볼 수 있다.[213] 문제는 박편석기와 석인석기가 지속적으로 공존하는 현상에 대해서 시간적인 진화를 구분하기 어렵다는 점에서 발생하는 것이다. 그리고 또한 주먹도끼공작을 이 시기에 연속되는 주요한 석기요소로 보는 경우[214]도 있어서 편년 상으로 황해의 대안지역인 중국의 중남부의 석기진화와 비교할 때 혼란스러운 점이 있는 것이다. 이러한 복합적인 현상에 대해서 구분을 하는 것보다는 이러한 기술적이 복합현상이 하나의 후기구석기의 문화적인 특성으로 묶어서 보아야 하는 것이 타당하고 또한 그러한 문화현상의 이유에 대해서 환경에 대한 선택적 적응과정적인 입장에서 설명하는 것이 합리적일 것이다. 그런데 이 시기에는 석기들이 앞서는 비해서 2차 가공이 많아져서 석기가 기능적으로 분화되어 가는 경향을 볼 수 있고 또한 그러한 석기 제작을 위해서 석재가 좋아지는 경향을 볼 수가 있다. 그래서 이전에는 보기가 어려운 치밀한 재질의 석재들, 즉 혈암이나 흑요석 그리고 처트 등을 사용한 석기 제작이 늘어가게 되고 이러한 석재를 구하기 위해서 상당한 거리를 이동한 것을 확인할 수가 있다. 전남 장흥의 신북 유적[215]이나 대구 남구 월성동에서 발굴된 흑요석의 경우에 백두산에서 이동한 것으로 보며 그 거리가 직선으로도 500킬로미터가 넘는 것을 확인할 수가 있다.[216] 그런데 석인 기술의 도입에 대해서는 아직도 자생설[217]이 제기되어 있는데 큰 틀에서 보자면 시베리아 - 몽골 - 내몽골로 이어지는 석인 분포선의 동쪽 확산의 끝 지역에 해당한다고 할 수 있다.

대체로 후기구석기시대의 층서적인 위치는 지표층의 아래에서 나타나는데 이 시기의 유적들은 앞서는 시대와 비교해서 유적에서 이루어진 행위의 흔적이 남아 있는 경우가 많다. 이 점은 앞서 시대의 유물의 출토상황과는 상당히 차이가 있는 점인데 같은 단구 면에서 연속적으로 나온다고 하더라도 유적의 보존상태가 확연히 구분되는 경우가 많은 것이다. 그래서 후기구석기시대, 즉 상부 홍적세의 후반에 접어 들고난 이후에 형성된 퇴적층들은 비교적 양호하게 보존될 수 있었다는 점은 유적의 형성과정 이해에 시사 하는바가 크다. 당시의 불 자리를 포함하는 생활면이 발견되거나 조합되는 석기가 많아지고 또한 동일 평면상에서 석기의 집중이 확실한 경우가 많은 것이다. 이러한 사례들은 수양개 이외의 유

213 성춘택 2006a,b;이헌종 2004, 2019.

214 이선복 2000; Yi 2015.

215 Lee and Kim 2015.

216 Chang and Kim 2018; Lee and Kim 2015.

217 성춘택 2005; Lee 2004.

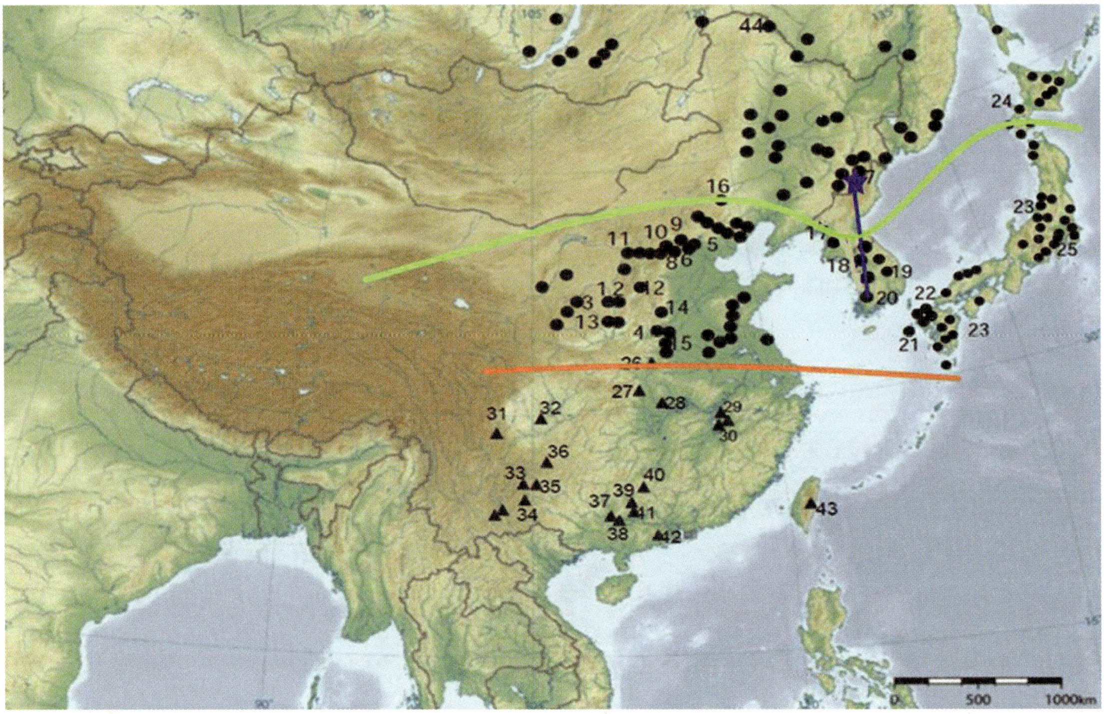

1 롱왕찬
2 시지탄
3 평양(PY) 03.05
4 시시
5 멍지아콴
6 에르다오량 후오시고우 웨팡
7 린동
8 지지탄
9 만샨, 후터우량, 유지아고우
10 유지아시아오부
11 딩지아촌
12 수에관
13 샤위엔
14 양터우샨
15 링징
16 화지동
17 다동 2단계
18 호평동
19 수양개
20 신북
21 후쿠이
22 요시오카
23 카와하라
24 카와시아다이 1
25 아라야
26 샤오콩샨
27 장나오동
28 지공샨(상층)
29 시에런동
30 디아오통안
31 후린
32 통량
33 추안동
34 마오마오동
35 바이엔지아동
36 마안샨
37 바이량동
38 리유추이
39 쳉피얀
40 유찬얀
41 미야오얀
42 두쉬차이
43 바시안동
44 시바챤

도판 45 동아시아 세석인공작(●)과 박편석기공작(▲)의 분포
노란선은 영구동층의 범위, 주황선은 세석인공작의 남방 한계선. 백두산에서 신북까지의 푸른선은 흑요석의 이동범위의 사례. 석인이나 세석인 공작은 북쪽 지역에 한정되고 북쪽지역뿐 아니라 한반도와 일본 지역에서는 지속적으로 출현하는 것을 알 수 있다.

적에서도 많이 관찰되는데 특히 진그늘 유적,[218] 신북 유적,[219] 하화계리 유적[220] 등등의 경우에서 볼 수 있다. 이러한 점은 생활면을 확인하기 어렵고 석기가 불규칙하게 출현하는 이전 단계의 유적들과는 후 변형과정에서 큰 차이가 있다는 점을 말하는 것이다. 이러한

218 이기길 2004.
219 이기길과 김명진 2008.
220 최복규 외 2004.

유구 상황은 당시의 주거 생활상을 추정할 수 있는 자료이다.

현재로서는 수양개 유적에서 보듯이 대체로 4만 년 전 이전에 이미 한반도에서는 석인석기들이 출현하고 있으므로 그 이전 단계에 도입된 것으로 보아야 할 것으로 생각된다. 이 시기는 상부 홍적세에서 추운 기후가 시작되는 시기로 보이는데 아마도 전 지구적인 기후변동의 영향으로 시베리아와 동아시아지역의 현생인류 이동이 많아지는 시기로 볼 수 있을 것이다. 그러한 점에서 이것은 대체로 현생인류의 동아시아지역의 확산과정에서 북방 루트를 통해서 확산하여 온 것으로 할 수 있을 것이다. 그리고 이러한 석기 공작의 변화는 상부 홍적세에 본격적으로 추운 기후의 시작으로 인한 인류 이동과 연관성을 염두에 두지 않을 수 없을 것이다. 그런데 문제는 한반도 주변 지역에서는 한반도의 석인석기보다도 오래된 연대가 발견되지 않는다는 문제가 있다. 확산의 중간 단계 유적이라고 할 수 있는 수이동구 유적의 경우에도 이에 근접하기는 하나 아직도 절대 연대치가 그 정도 오래된 것이 아니기 때문이다. 그래서 일부 학자들은 한반도 내에서 자생적으로 발전한 것으로 주장[221]하기도 하나 그 기술적인 과정에서 석인이 발전하는 다른 지역의 경우처럼 전 단계에서 조정 타격이 범용 되지 않았다는 점에서 자생적인 발전이라고 보기는 어려울 것이다. 또한 시베리아지역의 초창기 후기구석기(IUP)의 변형으로 이해하려고 하는 시도[222]가 있지만, 이러한 단계를 설정한 근동과 서아시아지역의 기술적인 특성으로 설정된 타격 면 사전 조정이 특징인 르발르와 기법이 앞서지도 않고 동반되지도 않기 때문에 기술문화에 대한 정의에 혼란이 우려되는 점이 있다. 이러한 점은 중기구석기를 사용하던 집단인 네안데르탈인의 동쪽 확산의 범위와 연계되고 시베리아 후기구석기 초기 확산과정에서 몽골지역에서 중요한 문화 진화상의 변화가 있었을 것으로 보이는데 앞으로 시베리아 - 몽골 그리고 중국 북쪽 지역에서 연대와 관련된 새로운 자료가 나올 것으로 기대하고 있다. 현재의 증거로 본다면 대단히 빠른 속도로 내몽골 지역에서 한반도로 확산했다고 판단할 수밖에 없는데 앞으로 중간 지역의 연대가 늘어나게 되면 그 과정을 확인할 수 있을 것으로 판단된다.

수양개 유적

한반도에서 석인석기가 포함된 가장 오래된 후기구석기 공작은 단양의 수양개 유적에서 이번 세기에 발굴에서 드러난 양상은 가장 오래된 석인석기 공작이 4만 2000년 전에 해당한다.[223] 최근 발굴에서 확인된 문화층은 네 개로 구분되는데 각 층은 사면에서 봉적

221 성춘택 2005.

222 佐藤宏之 2017; 이헌종 2018, 2020.

223 이융조 외 2018; 사또(佐藤) 2017.

도판 46 한반도 단양 수양개 유적 층위와 층별 석기군(이융조 외 2016에서)

된 각력이 포함된 층위가 경계를 뚜렷하게 만든다. 전체적으로 4개의 문화층으로 구분되는데 최하층인 제4층이 가장 오래된 층으로 4만 2000년 전경으로 확인되었고, 제3 문화층에서는 많은 수의 슴베찌르개들이 발견되고 기본적으로 석인 또는 세석인들이 발견되었다. 이러한 석기 공작의 양상은 이미 상당히 발전된 기술을 보이고 석재 역시 달라지는 것을 볼 수 있다는 점에서 새로운 기술문화의 유입이라고 보아야 할 것이다. 그리고 제3 문화층에서는 세석인이 많이 나타나는데 원시적인 기법으로 석핵을 이용한 것이어서 그 기술 진화의 과정을 이해할 수 있다.[224] 이 층에서 특기할 사항은 바로 긴 석봉에 눈금을 새긴 것이다. 그리고 또한 현생인류의 새로운 의식 세계를 보여주는 흔적들이다.[225] 4밀리미터 간격으로 23개의 선을 그은 석봉인데 무엇에 사용된 것인지 알 수는 없지만 분명 수학적인

224 이승원 2020.

225 이융조, 우종윤 외 2018.

개념이나 측정이라는 개념이 있었던 것은 틀림없을 것이다. 이것은 분명히 현생인류의 사고력을 반영하는 것으로 앞으로 유사한 현상과 비교하여 인지능력에 대한 분석을 시도할 필요가 있을 것이다. 그런데 제2 문화층은 2만 2000년 전이 되는데 이 시기 이후에서는 슴베찌르개가 사라지고 석인과 세석인석기들이 발견되는 것을 볼 수가 있다. 여하간에 이 유적에서 가장 오래된 석인석기가 4만 년을 상회하는 것이 발견된다는 점에서 중요하다. 그리고 세석인석기들도 동일한 층에서 나온다는 점에서 대단히 획기적이라고 할 수 있다. 수양개 유적의 편년성과는 한반도뿐 아니라 동아시아지역의 문화 확산과 현생인류의 확산 파장을 이해하는데 중요한 단서가 될 것으로 전망된다.

한반도 슴베찌르개의 진화와 확산

수양개 유적의 층서적인 연구를 통해서 몇 가지 중요한 변동을 볼 수가 있는 데 석기의 재료에서는 세일에서 시간이 가면서 흑요석이 추가되는 양상을 보이며 애초에 슴베찌르개가 시간상으로 앞서 나타나지만 곧이어 석인석기기술이 도입되는 것을 볼 수가 있고 또한 이러한 석기들은 시간이 가면서 아주 세련된 양면 가공의 첨기로 바뀌게 되는 것을 알 수 있다. 한편으로 다양한 석재를 이용한 석부형 석기들이 등장한다. 그래서 수양개 유적의 일련의 층서에서 보이는 석기 공작의 변화는 한반도의 후기구석기 공작의 변화나 후기구석기문화의 변동의 일반적인 패턴을 보여준다고 할 수 있다. 이 유적에 관련하여 애초에 슴베찌르개는 일본의 박편 첨두기의 조형으로 생각되기도 하는데[226] 결국 그 시기가 훨씬 오래된 것으로 판명되고 또한 석인석기의 연대가 올라가는 것을 볼 수가 있는데 이는 앞으로 상부 홍적세 동안 주민의 이동을 유추하는데 의미 있는 증거가 될 수 있을 것으로 생각된다. 왜냐하면 서 일본 지역에서는 후기구석기 초기에는 석인석기가 출현하지 않는 것으로 알려졌기 때문이다, 후기구석기시대, 대체로 4만 년 전 전후한 시기 이후 빙하극성기까지 한반도와 일본 열도와 사이에 거의 연륙이 이루어지면서 상호 문화적인 연관성이 보인다. 그러한 가능성은 앞에서 언급된 흑요석이나 일본의 큐우슈우의 세누카이트 석재가 신북에서 나타나는 것[227]으로 보아서 상호 교류가 확인되고 있기 때문이다. 그래서 상부 홍적세의 후반에 들어서면서 한반도에서 인류의 이동과 문화의 확산이 생각보다도 많았을 것으로 보인다.

한반도 내의 슴베찌르개는 동아시아지역에서 가장 이른 시기에 출현하는데 그 기

226 Matsufuji 1998; Morisaki 2015.

227 이기길 외 2008.

능에 대해서 일반적으로 장착용 도구라는 점에 대해서는 이견이 없는 셈이다.[228] 박편이나 석인의 날카로운 끝과 사면 날을 활용하는 것으로 생각되며 꼬다리 부분을 양쪽 또는 한 쪽을 가공하여 장착에 용이하도록 만든 것이다.[229] 그런데 실제적인 그 기능에 대해서 사용 흔 분석을 시도한 결과로 보면, 창끝 이외에도 다양한 용도로 사용되었다는 것이 확인된 바 있다. 가장 오래된 사례로서 한반도 중부 금강 유역의 용호동 유적에서 38ka로 연대가 측정되었는데[230] 이때는 박편을 이용하여 만든 것이다. 이것을 보면 석인 도입 이전에 이미 제작된 것으로 볼 수가 있다. 그리고 후기구석기시대의 유적에서 지속해서 나타나서 후기구석기시대의 말엽까지 많은 유적에서 나타나고 있다. 이 석기는 한반도에서 집중되어 나타남으로써 한반도형 후기 구석기적인 특성을 보여주는 석기인데 연해주 등지의 주변 지역에서는 이보다 시기가 늦고 또한 그 수효도 많지 않다.

한반도 세석인공작의 출현

석인석기 공작은 2만 5000년 전경에 세석인석기 공작으로 발전하게 된다.[231] 세석인 공작은 결국 작은 석기를 나무나 뿔에 끼워서 날을 만들게 되는데 이 또한 장착형 석기 도구의 하나로 보아야 할 것이다. 시기적으로 홍적세의 마지막 단계에 이르는 시기까지 포함하여 볼 때 세석인 공작의 분포를 보면 한반도 전역에서 발견되는데 신북 유적이나 해운대 중동 유적[232] 같은 지점들은 한반도의 남쪽 끝에 해당하는 지점들이다. 세석인 공작이 석인석기에서 자생적으로 발전하는 것인지 또는 다른 지역에서 확산하여 온 것인지 아직은 단언하기가 어렵다. 그러나 현재의 연대적인 상황으로 미루어 석인석기와 마찬가지로 확산하여 온 것으로 보아야 하지만 이 또한 이웃한 지역보다도 연대가 더 오래되었다는 점이 앞으로 설명되어야 할 부분이다. 세석인 석핵은 대체로 소위 말하는 배 모양 세석인석핵을 만들어서 모서리 부분을 지속해서 떼어내는 것인데 이러한 기법으로 연속작업이 가능한 경우에 석핵은 점차로 짧고 반 원추형으로 변화하게 된다. 석핵을 사전 가공하는 기법과 과정이 다양해서 그 형식을 여러 가지로 구분하고 있다.[233]

세석인 가공의 기술은 단순히 손에 들고서는 할 수가 없고 많은 경우에 다른 장비, 즉 뿔이나 나무 등을 가지고 고정하는 구조물을 이용하게 된다는 점에서 인간문화 사상

---

228 오오따니 2019; 이헌종과 장대훈 2011.
229 김은정 2016; 박가영 2013.
230 한창균 외 2002.
231 이기길 2012.
232 하인수 외 2008.
233 서인선 2015; 오오따니(大谷) 2018.

최초의 기계발명이라고 할 수 있는 셈이다. 정밀한 작업에 필요한 힘을 집중시키기 위해서 석핵을 고정하게 되는데 이를 위해서 석핵의 한쪽 모서리를 끼워서 잘 빠지지 않도록 만들어가는 과정을 볼 수가 있다. 이러한 정교한 석인을 만들기 위해서 대단히 치밀한 석재들을 사용하게 되는데 그 중 흑요석은 상당한 거리를 운반하면서 사용한 것을 볼 수가 있다. 심지어 백두산에서 기원 된 흑요석이 한반도의 중부지방에서도 볼 수 있는 것을 보면 후기구석기시대의 석재의 이동 범위가 수백 킬로에 이른다는 것을 알 수 있다.[234] 석인과 석인석핵은 갈수록 정교해져서 상부 홍적세의 마지막 단계가 되면 손톱만 한 크기의 석핵을 볼 수가 있는 것이다. 이러한 세석인석핵은 한반도 및 전역에서 나타나며 북한의 만달리 동굴에서는 만달인이라는 현생인류 화석과 함께 공반되었다.[235]

세석인석기의 사용과 함께 석기의 기능이 상당히 분화된 석기들이 보이는데 특징적인 것이 바로 양면 가공 첨기의 출현이고, 또한 소위 각추상첨기[236]라고 부르는 몸통이 두꺼우면서 양면을 가공하여 첨기형으로 만든 석기인데 서양의 리마스라고 부르는 석기와 비슷하다. 이러한 석기들은 세석인을 가지고 만들었을 것으로 보이는 조합식 도구 장착형 창과 함께 이러한 첨기들을 장착한 창들이 널리 사용되었을 것으로 추정할 수가 있고 사냥의 중요한 도구가 되었을 것으로 볼 수 있다. 그리고 이 시기에 이미 마제석기들이 출현하는데 경남 집현리에서 뿐 아니라 신북에서도 부분 마제의 석부가 발견되는데 이러한 석기들은 일반적으로 목공용이나 가죽가공용으로 추정된다.[237]

그런데 상부 홍적세 특히 후반의 빙하극성기에서는 서해와 동중국해 대륙붕들이 노출되어서 동남아시아 - 중국 남방으로 이어지는 통로에 넓은 해안평야가 노출되었다. 이를 통해서 남쪽으로부터 지속적인 주민 이동이 있었다고 할 수 있고 또한 그러한 증거들은 오늘날 현대 한반도 주민들의 유전적인 성향에서 잘 나타나고 있다. 남방계 유전자들이 압도적인 구성을 보이는 것이다. 오늘날 삼면이 바다로 둘러싸여 한반도로의 유입이 극히 제한된 상황에서 본다면 후기구석기시대에 남방으로부터의 주민 유입이 대단히 컸다는 것을 보여주는 증거인 것이다. 이러한 상부 홍적세 후반의 주민 이동의 방향은 석기 공작의 구성에도 크게 영향을 미치게 된 것으로 보이는데 후기구석기시대에 석인석기 제작기술의 유입에도 불구하고 석영제 박편 석기 문화가 지속하는 것은 아마도 지속적인 박편계 문화를 가진 집단의 유입이 그러한 문화 잡종을 지속시킨 것으로 볼 수 있는 것이다.[238]

---

234 장용준 2013; 장용준과 김종찬 2019.

235 고고학연구실 1973.

236 이기길 2018.

237 장용준 2010.

238 Bae 2010.

일본 열도에 언제 사람들이 거주하기 시작한 것에 대한 관심은 단순히 일본 고고학만의 문제가 아니다. 이것은 유라시아 대륙에서 섬 지역으로 어떻게 인간이 확산한 것인지에 대한 일반적인 과정이 여기에 적용될 수 있는지에 대한 것이다. 이 문제는 오스트레일리아의 뭉고 호수의 연대나 동남아시아의 섬들에서 발견되는 구석기시대 유적들의 연대를 고려한다면 현재 일본의 구석기 고고학적인 상황은 대단히 예외적인 것으로 생각할 수 있다. 왜냐하면 이미 동남아시아의 보르네오 등지의 유적들에서 발견된 석기들에 대해서 중부홍적세 단계에서 이루어진 것으로 보고되기 때문이다. 그동안 일본 열도의 초기 유적지들에 대해서 일찍이 발굴된 바 있는 조수다이 유적 말고도 최근에 발견된 유적들에서 그 가능성을 여러 차례 제시됐다 현재로서는 가장 오래된 것으로 MIS 5까지 올려보는 동북지방의 카네토리 유적[239]을 들고 있다. 이 외에도 수나바라, 일찍이 알려진 조수다이, 이리구찌 유적들의 잠정적인 연대가 MIS5 또는 MIS4 단계로 나오는 것들이 있지만,[240] 아직도 확실하게 받아들여지는 것으로 보기는 어려운 점이 있다. 현재까지 몇 개의 지점에서 기존의 후기구석기시대를 상회하는 석기가 발견되었다는 보고가 있지만, 아직도 논란이 지속하고 있는 것이다. 그래서 아마도 동북아시아 지역의 구석기시대 고고학의 하나의 수수께끼가 왜 한반도나 극동지역에서 '일본열도로 기후가 건조하고 추웠던 중부홍적세 후반이나 그 이전의 단계에 확산을 못하였을까?'라는 질문일 것이다.

일본 열도의 구석기시대는 후기구석기시대에 앞서는 몇 유적을 제외한다면 대부분이 후기구석기시대에 속하고 토기가 출현하는 1만 6000년 전에 신석기시대로 접어들게 된다. 일본 열도에서 가장 초기의 후기구석기는 38~37ka로 생각하고 있고 석인석기가 등장하는 것도 약간 늦은 36ka에서 시작된 것으로 생각하고 있다.[241] 이러한 초기구석기는 구주나 간사이 지방에서 오래된 유적들이 있기 때문에 한반도에서 확산된 것으로 보는 것이 일반적이다.[242] 일본의 후기구석기시대는 크게 전, 후 두 개의 시기를 구분하고 있다. 4만 년 전에서 3만 년 전 사이의 시기를 후기구석기시대 전반으로 3만 년 전에서 신석기시대의 시작 직전까지를 후반이라고 구분하는데 이것은 석기의 형식학적인 구분뿐 아니라 층서적으로 구분되는 것이다. 이 두 시기의 구분은 흔히 AT 화산재층[243]의 상하로 구분되는 것

239 Matsufuji 2002, 2010; Kikuchi 1986.

240 Sato 2016.

241 Morisaki et al. 2019.

242 Izuho and Kaifu 2015.

243 최근의 연대로는 3만 년 전의 보정연대 값으로 측정됨. Smith et al 2013 참조.

이다. 근래 새로이 개념화하려고 하는 초창기 후기구석기문화[244]가 바로 AT층의 아래에서 발견되는 것을 포함하는 것이며 이는 현생인류의 일본 열도 확산의 시간적 지표로 삼고 있다. 그러나, AT강회층이 시간적인 경계는 되겠지만 일본에 현생인류가 확산되고 난 이 후에 상부홍적세 후반동안 기후변동,[245] 즉 MIS 2에 근접하면서 그리고 후빙기로 이행하면서 기후변동은 상당한 규모이었을 것이고 또한 중요한 점이 대륙붕의 노출 규모의 변화가 이 지역의 현생인류의 문화상을 크게 바꾸었을 것이다.

일본 열도의 후기구석기시대의 고고학은 세계적인 유례를 찾기 어려울 정도로 발전되었다고 평가할 수 있다. 이 지역은 기후환경이 유기물을 잘 보존하지 못하는 점에서 동물화석이나 식물화석 잔존물들이 적어서 한계가 있지만 석기와 유구의 세밀한 분석을 통해서 후기구석기인들의 문화와 생활의 복원에 가장 정교한 자료해석과 고고학적인 현상을 설명하고 있다는 점에서 높이 평가받을 수 있다. 크게는 관동지방을 중심으로 동북지방과 관서지방으로 나뉘는데 열도의 양 단, 즉 홋카이도와 규우슈우 섬을 중심으로 한 지역에서 문화는 다른 과정을 거쳐서 발전하는 양상을 보인다. 이것은 결국 일본 열도에 구석기문화가 들어오게 되는 두 개의 관문을 의미하는 것으로 시베리아 - 연해주를 거쳐서 이동하는 집단 그리고 한반도와 남해지역을 거쳐서 이동하는 집단이 일본 열도로 유입되고 문화를 다르게 발전시킨 것으로 생각된다. 그래서 일본의 서부 지방의 후기구석기 공작의 시작이 석인보다 박편을 이용한 석기, 즉 박편 첨두기나 사다리꼴의 박편을 이용하는 등의 석기들이 초기에 나타나는데 이것은 여러 가지 생각하여야 할 문제가 있다. 하나는 한반도의 석기에 이미 석인석기가 있음에도 불구하고 석인 기술이 나타나지 않는다는 점이며 한반도에서 박편 첨두기가 일찍 나타나서 일본으로 확산한 것으로 보고 있지만, 앞의 고고학적인 현상과 상충하는 점이 있는 것이다. 이 점은 앞으로 두 지역 간에 후기구석기의 확산과정에 대해서 좀 더 다차원적인 접근이 필요하다는 것을 보여준다.

일본의 후기구석기문화의 시작과 지역적인 편년은 홋카이도와 동북지역과 서남의 큐우슈우 지역과 열도의 양단에서 대륙의 각 지점의 문화적인 특성의 영향으로 다르게 시작되어 점차로 내륙 중심지역으로 이동하고 결국 서로 혼합되는 양상으로 전개되면서 지역적인 특성을 가지는 것으로 이해하고 있다. 대체로 문화를 5단계 시기로 나누어서 보지만 가장 중요한 문화변동은 엄청나게 발달한 바로 세석인 공작의 출현일 것이다. 그리고 전시기를 통해서 다양한 형태의 장착용 첨기들이 일반적으로 나타나는 것이 이 지역의 후기구석기의 지역적인 특징이라고 볼 수 있다. 후기구석기 전반에서 특징적인 석기는 원시적인 행태의 박편석기와 함께 사다리꼴 모양의 박편기와 석인형의 박편들이 원시 형 석인들

---

244 Morisaki 등 전게논문.

245 Kubo & Kumon 2012.

과 함께 나타난다. 그리고 일부 유적에서는 마제석기들이 출현하는 것이 보고되어 있다.[246] 후기구석기 초기 단계에서 마제석부의 출현은 다른 지역에서 흔히 볼 수 없는 특수한 도구인데 분명히 목공과 관련된 작업이 많았음을 보여주는 것이며 특별한 환경 적응과정이 있었다는 점을 보여준다.[247]

현재 200지점 이상의 후기구석기시대 전반의 유적에서 발견된 것이다. 이 시기에 흔히 사용된 흑요석은 채취하기 위해서 배를 타고 상당한 거리, 적어도 40킬로미터 정도가 있는 고주시마 섬으로 간 흔적도 있는데 그 시기가 3만 7000~3만 8000년 전에 해당한다.[248] 이러한 자원 활용양상은 분명히 배를 주기적으로 활용하였다는 최초의 간접증거로 생각하고 있다.[249] 그리고 이 시기의 흥미로운 것은 이러한 마제석기나 석기 편들이 원 모양으로 늘어져 있는 유적들이 있는데 주거지의 증거라고 생각하는데 크기가 직경 20미터에서 100미터에 달하는 것이 일본 혼슈우를 중심으로 분포하고 있다.[250] 항상 마제석부가 발견되기 때문에 선사시대 사람들이 각 지점에서 모여 사냥과 도살을 하였을 것으로 보고 그러한 과정에서 사용된 것이라고 주장한다. 한편으로 사용 흔 분석을 통해서 나무를 자르거나 다루는데 사용하였을 것이라는 주장도 있다.[251] 다른 하나 특기할 유구로서 일본 전역에서 50개소 이상의 유적에서 발견된 함정 유구가 있는데 후기구석기시대 초기부터 나타난다. 가장 흔히 거명되는 것이 오츠께바다케 유적인데 비교적 온난한 시기인 4만 년 전으로 알려졌다.[252]

후기구석기 후반은 AT 화산재층의 위에서 발견되는데 이 화산재가 일본의 서부 지역에 널리 강하한 다음에는 유적의 수효가 급격히 줄어든 것을 알 수 있다. 그런데 이후 기후가 더욱더 추워지고 해수면이 낮아져서 오히려 대륙에서 새로운 이동을 추정하고 있다. 이 시기에는 일본 전역에서 구석기 공작들이 전반과는 다르게 석기의 제작공정이나 석기의 형태에서 지역적인 특성이 두드러지게 나타나는 시기이다. 혼슈우 섬의 중서부 지역에서는 세토우치기법이라고 불리는 가로 박편을 만들어서 두껍게 등을 가공하는 석기, 고 타입 첨두석기가 널리 분포한다. 이와는 다르게 혼슈우 중부로부터 홋카이도 지역까지는 석인을 사용하여 중간 석재를 만들어서 구체적인 기능을 가진 석기를 다듬는 기술인데 긁개, 특히 조각도를 만드는데 서 일본에서는 흔하지 않은 석기이다. 이러한 석기 중에 다양

246 Sagawa 2014; Sekiya 2006.

247 Sato 2013b.

248 Shimada 2013.

249 Ikawa-Fumiko 2017.

250 Sato 2013.

251 Sato 2012; Tsutsumi 2012.

252 Sato 2012b; Sato 2013b.

한 형태의 소위 나이프형 석기들이 혼슈우의 북동지역과 홋카이도 지역에 분포하고 있다. 혼슈우의 산지에서는 양면 가공의 첨두기들이 나타난다. 큐우슈우 지방에서 널리 나타나는 박편 첨두기는 아마도 한반도에서 유래되었을 것으로 추정하는데[253] AT 화산재 강하 직후에 나타나고 사라지는 것을 볼 수가 있다.

상부 홍적세의 빙하극성기가 시작되면서 새로운 적응방식으로서 출현하는 세석인 석기 공작은 아마도 연해주를 통해서 홋카이도로 건너온 것으로 보는 것이 일반적이다. 가시와다이 유적의 연대가 2만 5000년 전(보정연대로는 2만 6500년 전)으로 가장 오래된 연대를 보이는데[254] 그 후 지속해서 사용되고 다양한 석핵조정기법으로 만들어지는 것을 알 수 있다. 대체로 3단계의 발전으로 구분하는 것이 보통인데[255] 그런데 2만 년 전경에는 혼슈우 지방에서 원추형의 세석인석핵이 나타나는데 이 중 야데가와 기법은 큐우슈우에서 혼슈우 북쪽에 이르는 광범위한 지역에서 나타나서 대유행을 하게 되고 그 이후 아라야 석핵 기법이 1만 7000년 전경에 대체 하게 된다. 원추형세석인은 태평양 연안을 따라서 분포하고 쐐기형 세석인 기술은 북쪽 해안을 따라서 분포하고 있어서 문화의 확산경로가 다르게 나타나는 것을 볼 수 있다. 그런데 홋카이도 지역의 세석인 공작의 변화를 세 단계로 나누고 있는데[256] 이러한 단계에서 보이는 소형화가 보이고 조각도의 가공이 밀집되며 또한 석기 종류가 다양화되는 것은 빙하극성기의 초기에서 후대로 가면서 기후가 온난화되는 과정에서 이루어지는 문화적 적응과정의 산물이라고 보고 있다.[257] 홋카이도에 세석인 공작 기술이 확산하여 온 후에 다시 사할린 등의 당시의 반도의 북쪽으로 확산하고 한편으로는 다시 트랜스바이칼 지역으로 역 확산하여 간 것으로 보고 있다.[258]

일본의 후기구석기문화의 지역적인 진화과정은 규우슈우-간사이 지방의 이서 지역과 홋카이도 지방을 양극화하여 그 문화 유입과 확산의 방향을 생각할 수 있고 그 중간 지역을 주부지역, 즉 중부지역으로 구분할 수 있는데 나이프형 석기가 초기에서부터 후기구석기시대의 제3기까지 전반적으로 지속한다. 이 나이프형 석기는 간사이 이서지역에서는 박편첨두기로 진화하게 된다. 주부 지역에서는 4기에 들어서는 잘 다듬은 창끝형 첨기가 나타나는데 다른 한편으로 세석인석기들은 제3기부터 홋카이도 지역으로부터 시작되어 서부로 확산하는 양상을 보인다. 그런데 박편첨두기는 분명히 한반도의 슴베찌르개와는 통하는 것으로 보고 있다. 결국, 슴베찌르개 만드는 기술이 결국 3만 5000년 전경에 일

253 Matsufuji and Okamura 1998.

254 Hokkaido Center for Buried CP 1999; Buvit et al. 2016.

255 Izuho et al.

256 Sato and Yakushige 2014.

257 Otsuka 2017.

258 Buvit et al 2016.

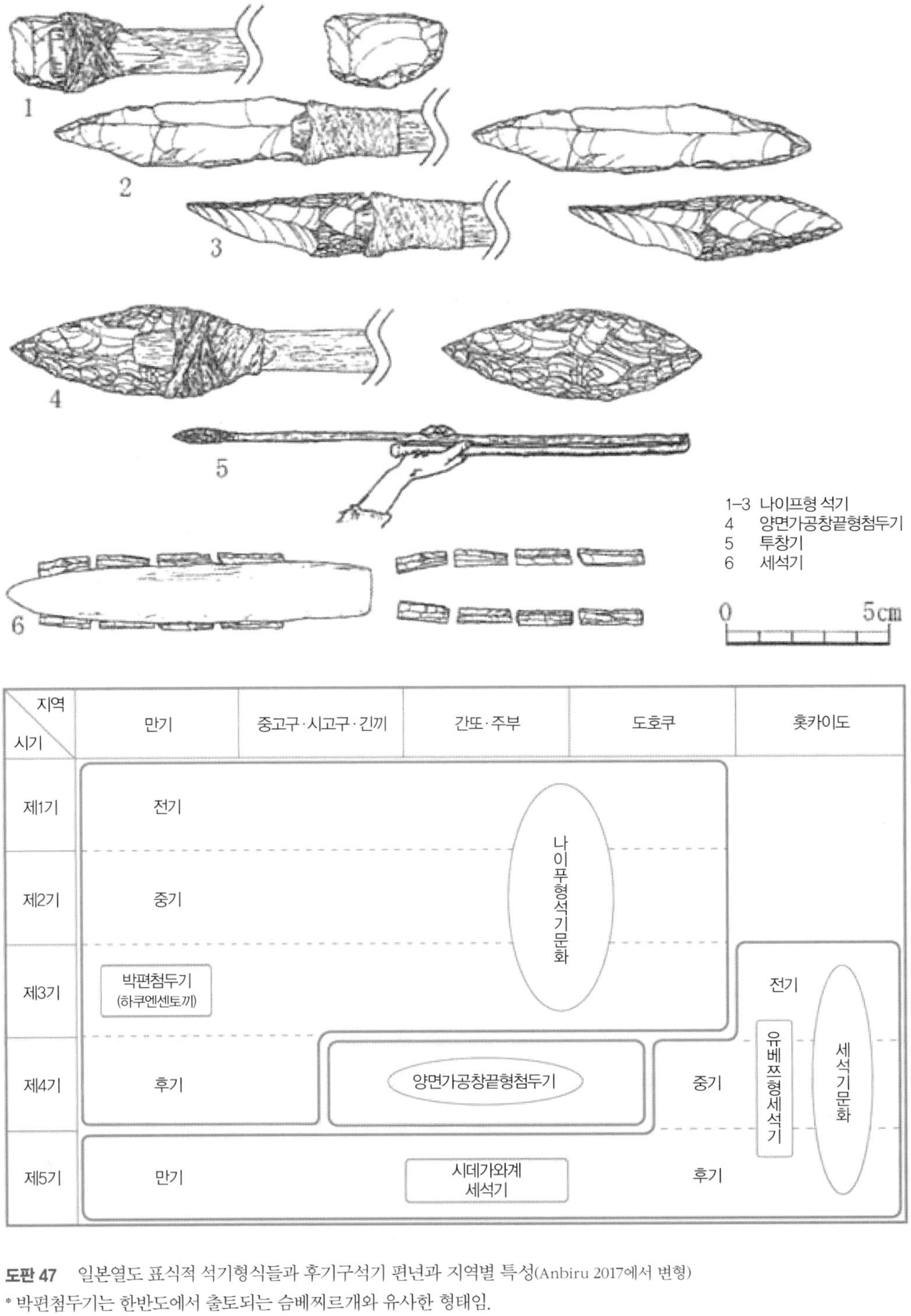

도판 47 일본열도 표식적 석기형식들과 후기구석기 편년과 지역별 특성(Anbiru 2017에서 변형)
* 박편첨두기는 한반도에서 출토되는 슴베찌르개와 유사한 형태임.

본 열도로 이동한 것으로 보고 있다. 다만 세부양식이 달라지는 것은 지역적으로 변화를 가지는 것으로 이해할 수 있다. 박편첨두기는 동으로 이동하면서 그 양상이 석재의 원산지에서 대량 제작되면서 지역적으로 양식적인 변화를 하게 된다. 이러한 과정에서 석인 기술은 홋카이도 지방으로부터 유입되어 전국적으로 확산하는 과정을 거치는 것이지만 결국 한반도의 남쪽의 석인석기문화와의 교류 역시 확산하였을 것이다. 그런데 한가지 의미 있는 패턴으로서 서부 지역에서는 박편석기들이 먼저 출현한다는 점일 것이다.

일본의 후기구석기는 현생인류적인 특징을 잘 보이는 도구 공작과 자연 활용방식을 잘 나타내고 있다. 우선 정형화를 보이는 석인석기공작 이외에도 도구 세트에 있어서 장착형 도구의 출현이나 활과 화살 등이 출현하고 있다. 구덩이나 다른 올가미 등의 장애물을 이용한 사냥 기법[259] 등은 식량 획득의 방식을 구체적으로 설명할 수 있는 자료라고 할 수 있다. 또한 자원 활용에서도 기획적이고 조직적인 면이 잘 나타나고 있고 이러한 과정 중에서는 섬에 있는 흑요석 원석을 구하기 위해서 배를 활용하여 상당한 거리의 섬을 다닌 흔적[260]도 있고 원산지 추적이 가능한 흑요석재가 많아서 당시의 자원 활용방식과 주거패턴의 변화를 볼 수가 있다.[261] 그런데 동아시아 지역에서는 일본열도로 현생인류의 확산의 방법이 항상 문제가 되어 왔는데 일부에서 제기된 대나무를 사용하여 만든 뗏목배가 제기되기도 하였지만 최근의 실험고고학적인 연구에서 이보다도 더 진전되는 기술로 만든 배들이 사용되었을 것이라고 보고 있다.[262]

근래에 발굴된 무사시다이 유적의 제10층의 경우엔 연대가 대체로 3만 6000년 전으로 알려졌는데 헤마타이트가 묻은 망치 돌이 발견되어 이 시기에 상징적인 행위를 유추할 수 있다. 일본 열도의 후기구석기 유적들에서 유기물 자료가 별로 없어서 생활상의 복원이 어려운 점이 있지만 1만 6000지점이 넘은 유적들이 있을 뿐 아니라 다수의 유적에서 잘 보존되어 유적지 내에서의 행위를 복원할 수 있는 좋은 자료가 많이 발견됨으로써 대단히 정교하게 후기구석기시대의 생활상을 복원할 수 있어서 동북아시아의 온대지역의 현생인류의 적응과정을 잘 보여주는 지역이다. 일본 열도의 후기구석기 공작은 이 시기의 현생인류들의 기술적 적응이나 생계경제전략 또는 사회적인 관계를 복원하는데 대단히 유용한 모델들을 제공할 수 있을 것으로 기대된다. 현재 많은 연구가 새롭게 제시되고 있는데 유기물 자료가 없는 한계가 보이기는 하지만 석기 자료와 유적형성과정자료 등을 통해서 현생인류들의 인지 문화적인 전략을 복원하는데 동아시아에서 가장 좋은 자료들이라고 생각된다. 그리고 유라시아 대륙의 동단부인 한반도에서 일본열도로의 확산 과정은 그동안 동아프리카에서 아라비아 반도로의 확산과 대비될 수 있는 동아시아 인류사의 큰 과제의 하나라고 생각된다.

---

259 Sato 2012, 2013.

260 Ikeya 2015.

261 Sato 2012a.

262 Kaifu, C-H Lin, A. Goto et al. 2019.

3 동아시아 구석기시대 예술의 기원과 진화

3.1 구석기시대 예술의 의미

상부 홍적세는 다른 종의 인류들도 살기는 하였지만, 현생인류의 시대라고 할 수 있을 것이다. 지역적으로 그 출현의 시점은 다르겠지만 결국 현생인류의 행위적인 특성, 즉 '인간성의 폭발' 또는 '창의성의 폭발'[263]이라고 이름 지을 수 있을 만큼의 인문학적인 문화 행위가 전 세계적으로 나타나는 시기이기 때문이다. 이것은 인간이 현실적인 세계에서 시공을 초월한 상상을 할 수 있을 정도로 지적인 능력이 있었다는 것을 말하는 것이다. 그래서 그 고고학적인 현상으로서 조각이나 그림뿐 아니라 음악 역시 있었을 것이지만, 확인하기가 쉽지 않을 것이다. 장신구를 제작하고 사용하거나 그림을 그리는 등의 미술 행위뿐 아니라 맘모스 뼈로 만든 북이라든지 오래된 피리 등의 악기가 곳곳에서 발견되고 있어서 오늘날 볼 수 있는 모든 예술 행위가 이 시기에 시작된 것이다. 그래서 후기구석기 시대에는 우리와 똑같은 방식으로 생각하는 것이 널리 퍼져 있었다.

이러한 예술과 종교적인 행위가 늘어가는 것은 이미 구석기시대에서도 정보나 감성의 전달에서 그 규모나 방식이 단순한 언어로서 가능하지 않을 정도의 사회가 되었다는 것을 의미한다고 볼 수가 있다. 사물의 의도적인 변형이나 특별한 종류의 사물을 선택하여 몸에 붙이거나 또는 사회의 구성원 간에 건네는 행위는 사회 공동체의 소통방식[264]으로서 가질 수 있는 상징의 기능도 중요하지만, 인간이 가지는 생각의 공간이 현실의 인지에서 미래의 인지 또는 보이지 않는 것에 대한 인지능력이 확장되거나 보편화한 것을 의미하는 것으로 보아야 할 것이다. 또 다른 한편으로는 이 시대에 아마도 '개인화'의 첫걸음이 시작된

---

263 Pfeiffer 1983.

264 Barnard 2002.

것으로 볼 수 있을 것이다. 다시 말해서 개인의 자아표현 욕구로서 이러한 장신구나 예술적인 표현이 있었을 것이라고도 생각할 수 있을 것이다. 그렇지만 이러한 예술성의 표현이 세계 곳곳에 동일한 강도나 범위로 나타나는 것은 아니다. 모든 지역에서 구석기시대에 그림이 나타나지도 않고, 또한 모든 유적에서 장신구들이 나타나지 않는다. 이것은 당시에도 사용했을 수가 있다고 하더라도 유적에 남지 않을 수도 있지만, 사실 일정 지역에 드러난 유적의 빈도에서 판단한다고 하더라도 예술적인 표현에 있어서 현생인류 행위의 다양성을 볼 수 있다고 생각될 수 있는 셈이다.

아시아 지역에서도 후기구석기시대에 엄청나게 많은 예술과 관련된 자료들이 나오고 있고 유럽지역에 비해서 절대로 적지도 않고 다양한 정도가 낮지도 않다고 할 수 있다.[265] 최근에 발견된 벽화 그림의 연대를 근거로 동아시아지역에서 예술이 기원 되었을 것이라는 시사성의 보도가 잇따르고 있지만, 예술의 기원을 지역적으로 편중하여 논하는 것은 어리석은 일이다. 왜냐하면, 인간의 지적인 진화과정에서 어느 정도의 단계가 되면 소통의 방식으로서 예술은 현대인을 포함하여 인간으로서 누구든지 다 느끼는 일일 것이다. 이것은 인간이 불특정한 다수를 기대하는 상상력 그리고 시간을 초월하여 정보를 전달하려는 기대 등이 상징적인 흔적을 남기게 되는 것이다. 그리고 인간의 새로운 경험이 가지고 오는 감성적인 충만에 의해서 터져 나오는 표현이라고 할 수 있을 것이다. 그래서 유사한 현상들이 홍적세 동안 여러 지역에서 발생하는 것을 보았을 때 이것은 기원과 전파의 과정으로 이해하는 것보다는 오히려 인간의 보편적인 능력, 즉 정신의 모형이 유사하기 때문에 표현방식은 다르다고 하더라도 나타나는 보편적인 현상으로 보아야 할 것이다. 또한 이것은 어느 지역에 나타난다고 하여도 다른 지역의 인간 능력이 뒤처지는 것은 아니라고 생각한다. 그런데 오랫동안 예술적인 능력이 현생인류 단계에 국한된 것인지 또는 네안데르탈이나 그 이전 단계의 인류에서도 볼 수 있는 것인지에 대한 논쟁이 지속하고 있다. 최근에도 이스라엘의 유적에서 발굴된 뼈의 음각선을 네안데르탈인의 것이라고 믿고 있다.[266] 중국 삼협지구의 싱롱동(Xinglongdong, 興隆洞) 유적에서 코끼리(Stegodon)의 상아에 음각선이 새겨진 것이 발견되었는데 15만년 전까지 올라가는 것으로 주장[267] 된 바 있고 고형의 사피엔스가 남긴 것이라고 보는 것이다. 그런데 현생인류의 시작 연대가 올라가고 또한 그 진화의 과정이 과거처럼 어느 시기에 갑자기 나타난 것이 아니라 유전적인 교류를 통해서 점진적으로 일어난 것일 가능성이 크기 때문에 현생인류적인 행위 특성 역시 그러한 과정을 거치면서 나타났을 가능성을 염두에 두어야 할 것이다. 그런데 오늘날 많은 예술품이 후기

265 Bednarik 2013.

266 Shaham et al. 2019.

267 Gao et al. 2004.

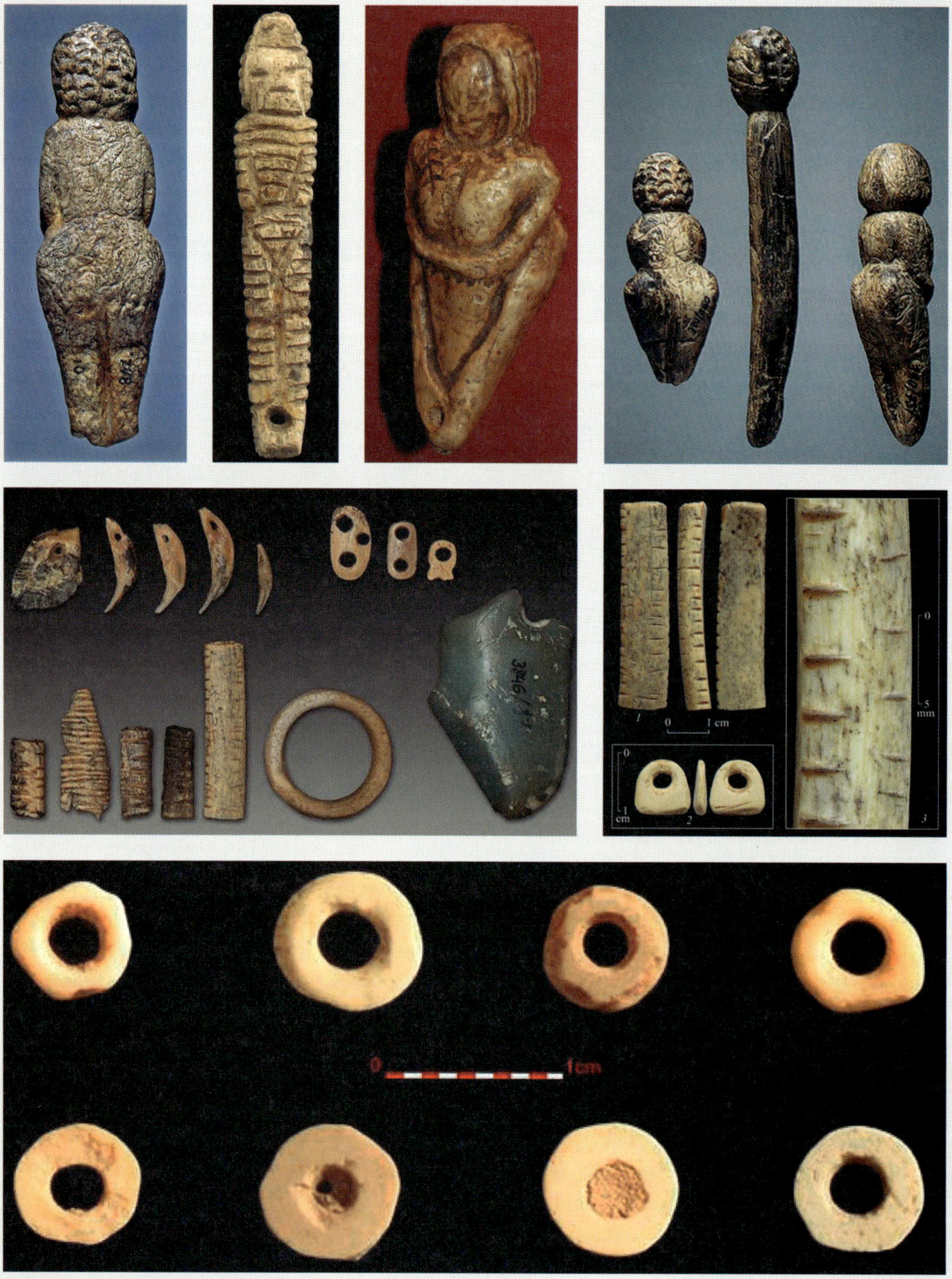

도판 48 아시아 각지의 구석기시대의 상징과 예술
상) 말타 유적에서 발견되는 인물상 조각품.
중) 데니소바 동굴에서 발견되는 장신구 및 상징유물들. 선각문골기들.
하) 수이동구 유적에서 발굴된 장신구들.

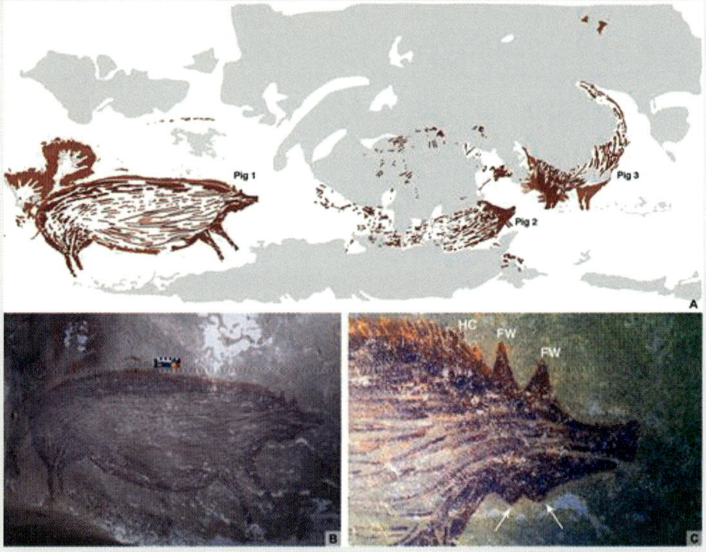

좌상) 트리닐 유적에서 발견된 선각문의 조개.
우상) 한국 수양개 유적의 눈금 새긴 돌.
중·하) 인도네시아 보르네오 술라웨시 섬의 동굴벽화.

구석기문화와 함께 나타나지만 실제로 초기 호모 사피엔스의 유적인 스쿨이나 캎제와 같은 유적에서도 그러한 예술적인 능력을 엿볼 수 있는 비드 등의 증거들이 나타나고 있는 것은 시기적으로 그리고 후기구석기 공작의 공반에 관계없이 시대적으로 훨씬 앞 단계였음을 보여주는 것이다.[268] 다른 한편으로 유적에서 색소로 이용한 흙이나 돌 등 예술의 희미한 조형이라고 볼 수 있는 흔적들이 나타나는 것은 상당히 오래전부터라고 할 수 있고, 네안데르탈 유적에서도 증가하고 있어서 현생인류의 전유물이라고 보기는 어려운 점이 있다. 다난 동일한 현상이라고 하더라도 실세 그러한 행위가 가지는 의미는 아마도 훨씬 다양하고 깊었을 수가 있을 것이다.

구석기시대의 예술은 남아 있는 유물을 가지고 논하게 되지만 사실 가장 원시적인 예술의 형태는 바로 인간의 몸 자체였을 것이다. 오늘날 현대인들이 하는 문신, 타투(tatoo)는 아마도 가장 오래된 예술적 표현이자 생존의 도구였을 것으로 생각한다. 왜냐하면 사냥에서 필요한 주술적인 힘을 가지기 위한 의식으로서도 필요하고 실제로 사냥에서 보호색 장식으로서의 의미도 있었을 것이다. 보호색이라는 의미는 다른 생물들의 보호색과는 달리 고인류 집단의 구성원들끼리 협업을 위한 집단표식으로써 이러한 신체 표현이 필요할 수도 있는 것이다. 이러한 사례는 오늘날 마사이족들이 붉은색의 옷을 자주 입는 것에서도 유추되는데 초원이나 숲속에서 쉽게 구별되는 것을 볼 수 있어서 맹수의 공격으로부터 보호할 수가 있다. 그러나 이러한 예술 행위는 잘 남게 되지 않으며 수십만 년 전의 아프리카의 유적들에서 나오는 색을 만들기 위한 붉은 철분이 들어 있는 돌이나 흙덩어리의 존재로서 짐작할 수가 있는 것이다. 이러한 붉거나 황토색을 만드는 돌은 이미 수십만 년 전의 아프리카 유적에서도 발견되는 것을 보면 예술적 표현의 씨는 이미 현생인류 전 단계에 발생한 것이다.[269] 그러나 오늘날 형체가 남아 있는 예술품들은 현생인류 단계에서 세계 각지의 후기구석기 유적에서 쏟아져 나오는 것을 볼 수 있다. 흔히 예술적인 능력이 네안데르탈 단계에서 기원 되었을 것이라는 주장들이 많이 있었지만, 오늘날 고고학적인 증거들은 현생인류 단계에서 집중적으로 후기구석기시대 동시다발적 그리고 다양하게 나오는 것을 보고 '인간성의 폭발'이라는 말을 사용하기도 하는 것이다. 그런데, 네안데르탈인의 경우에도 그 가능성은 있겠지만 '상징'이라는 인지적 행위는 지식정보를 다루는 과정에서 발생하는 것으로 본다면 그 차이는 엄청나게 컸을 것으로 본다. 상징예술의 하나인 음악의 경우만 하더라도 네안데르탈인들은 기껏해야 단순한 소리로 노래를 하였을 것이지만 음절을 만들고 멜로디를 구성하는 음악을 구현하였을 것으로 보는 것이다.[270] 이것은 성대나 혀와 관련된

268 McBreaty and Brooks 2000.

269 Barham 2002; Killin 2018.

270 Killin 2018.

근육구조가 그렇게 발달하지 않은 것으로 보았다. 그래서 네안데르탈인 단계에서는 현생인류의 예술적인 표현과는 현격히 차이가 있었을 것으로 추정하는 것이다. 최근의 네안데르탈인들의 성대 능력에 대한 연구에서 현생인류와 비슷한 능력을 갖췄을 것으로 보기도 하지만 고고학적으로 그러한 자료가 유적에서 나타나는 것이 현생인류의 것과는 현격히 차이 나는 것을 볼 때 현생인류 단계와 같다고 말하기는 어려울 것이다. 그런데도 아시아지역에서도 현생인류 이전의 예술적인 행위의 흔적의 가능성이 완전히 제거된 것으로 보기는 어렵다. 왜냐하면 예를 들어서 저우커우뎬 유적 제1지점에서 나오는 수정은 틀림없이 반입된 것이지만[271] 도구로 보기는 어려우므로 미적인 흥미에 의해서 반입된 것으로 생각할 수가 있을 것이다. 그런데 최근에 유전학적인 연구가 진행됨에 따라서 아시아지역에서 상부 홍적세의 중후반에 데니소바인과 네안데르탈인들이 혼재하였을 가능성이 제기되고 유적에서 광범위하게 예술품들이나 장신구들이 출현하기 때문에 반드시 현생인류만이 이 시기에 만들었다고 볼 수가 없게 되었다는 점[272]이 새로운 해석을 필요로 하게 되는 셈이다. 인류의 진화과정에서 사회적인 협업이 절대적인 생존의 전략이라고 할 때 상징적인 표현은 아마도 상당히 그 기원이 오래되었을 것이지만 그 흔적이 많이 남아 있는 것이 바로 현생인류의 단계라고 보아야 할 것이다. 이것은 결국 표현의 수단과 방식이 이전 단계보다는 훨씬 다양하게 진화하였기 때문일 것이다. 후기구석기를 통해서 나타나는 예술품들은 대체로 장신구 내지는 지니고 다니는 것이 일반적이다. 시베리아나 몽골 그리고 몽골 등지에서 흔히 보이는 암각화들이 구석기시대 시작되었다는 주장도 있지만 대체로 후빙기 이후에 만들어진 것들이 대부분이라고 보는 것이 일반적이다. 아마도 이것은 당시에 이러한 소위 예술품들이 만들어지는 목적이나 개념이 달랐음을 의미하는 것이라고 볼 수 있다.

3.2 지역별 초기 예술의 증거들

중앙아시아-시베리아-몽골

아시아지역의 후기구석기시대의 유적들에서 상징성을 표현한 흔적들이 많이 발견된 바 있다. 무엇보다도 알타이와 시베리아 지역의 구석기시대 예술들은 이미 오래전부터 확인된 바 있다. 아마도 고인류 화석으로 유명한 데니소바 동굴은 시베리아에서 가장 오래

271 Pei 1931.

272 Buvit et al. 2015.

된 예술유물들이 발견된 유적일 것이다. 이 유적에서 타조 알로 만든 원형 고리나 구멍 뚫린 돌이나 뼈 등은 모두 장신구의 일종일 것이다.[273] 이러한 장신구들은 적어도 4만 년 전 내지는 5만 년 전의 것으로 확인된 바 있다.[274] 그런데 이 층에서는 현생인류의 흔적이 없어서 이러한 장신구 예술이 네안데르탈인이나 데니소바인에 의해서 사용된 것으로 믿어지고 있다.[275] 그러나 발굴자들은 이러한 예술적인 오브제들은 분명히 현생인류에 의한 것으로 보고 중기구석기 공작에서 초창기 구석기가 개발되는 과정에서 현생인류가 나타난 증거로 생각하고 있다.[276]

말타 유적은 앙가라 강의 지류에 발견되었는데 2만 5000년 전경이라는 주장도 있지만 탄소연대가 1만 4750년으로 밝혀져 이 연대가 타당할 것으로 생각하고 있다.[277] 이 유적에서는 여러 가지의 모양의 장신구 예술들이 발견되었는데 이 중에는 상아로 만든 인물상이 있다. 이러한 인물상은 길쭉하게 조각하고 머리 - 상체 그리고 하체를 간략하게 조각하여 형태를 드러나게 만들었다.[278] 뷰레트에서도 인물상이 발견되었는데 기본적인 구조는 비슷하지만, 더욱 간략한 표현으로 되어 있고 여기는 모자를 쓴 것 같지는 않다. 이러한 인물상은 말타와 뷰레트 두 유적에서 만도 33구가 발견되었는데 흔히 구석기시대의 비너스라고 부르는 것으로 이 모두는 일반적으로 풍요를 기원의 상징으로써 만들어진 것으로 보고 있다. 이러한 인물상에는 음각 선으로 머리나 옷을 표현한 것들이 있는데 그러한 표현에도 양식적인 차이가 보인다. 그리고 말타에서는 맘모스의 뼈에 맘모스를 음각화로 그린 것도 있고 또한 기하문이나 점열문을 시문한 상아도 보인다. 이외에도 시베리아 지역에서 이와 비슷한 시기의 많은 유적들에서 장신구나 예술품들이 발견되었다.

남아시아

남아시아지역에서도 상징적 예술품들이 발견되고 있는데 아직도 대륙 쪽에서는 연대가 확실하게 측정된 것이 드물다. 그런데 스리랑카의 바카돔바 레나 유적에서 바닷조개를 가지고 마든비드가 발견되었는데 36~31ka로 추정하고 있고 파히엔 레나 유적에서 발견된 조개비드 역시 38ka로 측정된 것이다.[279] 이외에도 파트네 유적이나 즈왈라푸람 유적

273 Drevianko and Shunkov 2004.

274 Derevianko et al. 2014.

275 Li et al. 2018.

276 Shunkov et al. 2020.

277 Borikovsky 1984.

278)Lbova and Volkov 2016.

279 Perera et al. 2012.

등에서도 알껍데기로 만든 비드들이 발견되었는데 이러한 상징적인 유물들이 후기구석기시대의 여러 유적에서 발견되고 있다. 특히 즈왈라푸람 유적의 석재와 뼈로 만든 비드들은 인도 지역에서 가장 풍성한 예술성 자료로 평가되고 있다.[280] 파트네 유적에서도 타조 알에 겨자문의 띠가 음각으로 그려진 것이 발견되었는데 25ka로 추정하고 있다.[281] 인디아 지역에서의 로한다 날라 유적에서도 여성상이 나오는데 25ka에서 20ka 사이의 시기의 것으로 보고 있다.[282] 이러한 후기구석기시대의 예술품들은 아프리카 지역에서 확산하여온 후기구석기시대의 문화요소로서 보기도 한다. 그러나 이러한 것들은 대체로 현생인류가 나타나고 난 뒤 시간이 한참 지난 후의 것들로서 대체로 빙하극성기의 시점 전후한 시기이거나 지난 다음의 것들이 많다. 남아시아의 이러한 예술품들은 현생인류가 아프리카 지역으로부터 확산하여 오는 과정을 보여주는 것으로 생각되고 있는데 석인석기와 같은 후기구석기유물과 예술이 함께 현생인류 확산의 증거로 생각하는 것이다.[283] 인도 각지에서는 많은 바위 예술이 확인되었는데 구석기시대로 올라갈 가능성이 있는 것은 바로 빔베트카 바위 그늘 유적 일대의 채색 그림들일 것이다. 여러 시대의 것들이 나타나지만 바로 아래의 아슐리안 기 이래의 석기 공작이 발견되어 그 가능성이 있다.

동남아시아

현재로서는 세계에서 가장 앞설 수 있는 예술 활동이 있었던 것으로 확인되고 있다. 순다의 열대우림지역의 여러 지점에서 구석기시대의 벽화들이 발견되었다. 보르네오의 루방 제리지 살레 동굴에서 큼직한 발견된 소 그림은 그림 위를 덮고 있는 석순을 우라늄 시리즈 기법으로 측정한 결과 그 연대가 적어도 4만 년이 되었을 것으로 보고 5만 년 전 이전까지도 올라갈 수 있을 것으로 추정하고 있다.[284] 사실 지난 세기 동안 보르네오섬의 여러 지점에서 동굴 속에 그림이 남아 있는 것이 확인되고 동물이나 사람 모습 그리고 손 그림 등등의 여러 가지 다른 모티프를 그린 것들이 알려졌다. 이 동굴의 벽화 연대는 쇼베 동굴의 연대보다도 더 오래된 것으로 주장되고 있다. 그리고 이 동굴벽화 이전에 이미 2014년에 술라웨시에서 사람의 손을 스텐실 기법으로 그린 벽화가 발견되었다. 술라웨시의 리앙 블루 시퐁 4 동굴[285]이 그 유적인데 이 유적 내에서는 손 스텐실 그림 이외에도 돼지 등의

280 Clarkson et al. 2009.

281 Bednarik 2013.

282 Misra 1977.

283 Mellers 1996.

284 Aubert et al. 2018.

285 Aubert et al. 2019.

동물 그림들과 함께 사람들이 사냥하는 모습을 표현하고 있는데 아마도 가장 오래된, 사냥하는 모습을 그린 것이다. 이 벽화를 찬찬히 보면 시간적인 변화를 볼 수가 있는데 초기에는 적색 선이나 오렌지 빛깔의 색으로 주변 지역에 살고 있는 동물들을 그린 것들이고 두 번째 단계는 2만 년 전에 시작되는데 짙은 보랏빛 계통의 색상으로 손을 스텐실 기법으로 남긴 것이다. 그리고 마지막 단계는 1만 3600년 전에 시작되는데 이 시기에는 구체적인 인간의 모습이나 행동을 그린 것들이다. 그래서 머리 장식을 표현하고 춤추는 모습을 표현한 것들이 있다. 동남아시아 섬 지역에서 남겨진 이러한 천연색의 동굴벽화들은 유럽의 것들과 대비되는 현생인류의 예술적인 표현 욕구의 자연스러운 진화과정을 보여주는 자료들이다. 최근에 발견된 이 지역의 벽화들은 스페인과 프랑스의 구석기 동굴벽화들과 함께 구석기시대 미술의 두 축으로 생각하기도 하는데 이 지역에서 발견된 이렇게 오래된 벽화들은 현생인류가 오스트레일리아로 확산하는 과정을 보여주는 자료이기도 하다.

그런데 인도네시아의 트리닐 유적에서 54만 년 전의 구멍 뚫린 홍합 조개껍질에도 기하 음각선 문이 나타나는 것이 확인되었는데 이러한 것들이 정말 인공적인 표현인지에 대해서는 회의적인 시각도 많다. 시기적으로 너무 이른 시기여서 아직도 유보적인 입장에서 보아야 할 것으로 생각된다. 앞으로 좀 더 새로운 자료를 기다려 본 후에야 확실하게 논할 수 있을 것으로 보인다.

동북아시아

동북아시아의 유적들에서도 예술성이 표현된 유물들로서 뼈나 상아로 만든 것들이 산딩동 유적 등에서 나타난다. 후기구석기 유적들에서 구멍 뚫린 돌이나 이빨 그리고 뼈 등은 여러 유적에서 확인되고 있다. 삼협댐 지구의 興隆洞(Xinglongdong) 유적에서는 코뿔소의 뿔에 많은 음각선이 남아 있어서 분명히 인공의 흔적으로 보는데 그 연대를 12만 년에서 15만 년 전으로 보고 있어서 대단히 이른 시기로 추정하고 있다.[286] 유명한 저우커우뎬(Zhoukoudian, 周口店)의 산딩동 동굴 유적에서도 조개를 포함한 이러한 장신구 미술품들이 당시의 상징적인 행위의 증거로 평가되는 것이다.[287] 이 유적의 연대 역시 이제는 대체로 3만 5000년 전후의 연대로 보고 있다.[288] 음각 선으로서 표현한 것은 상당히 오래된 인류의 표현전통인데 최근에 중국의 허난성의 링징(Lingjing, 灵井) 유적 고인류유적에서 발견된 두 조각의 뼈에 선을 음각으로 그린 것인데 이것은 분명히 의도적으로 선을 교차하도

---

286 Gao et al. 2004.

287 Pei 1939; Norton and Jin 2009.

288 Li et al. 2018.

록 그은 것으로 보고 있다.[289] 그리고 도살흔과는 다르게 오래된 뼈를 이용하여 표현한 것인데 하나의 선이 아니고 여러 개의 평행선으로 이루어져 있다. 특히 음각 선 속에 남은 적색토의 존재로 미루어 더욱 예술적일 가능성을 고려하고 있다. 이 음각 선 뼈의 연대를 적어도 4만 년 전 이전, 아마도 11만 5000년 전으로 보고 있다. 그런데 린징 유적의 주인공을 데니소반일 것이라는 주장이 있지만, 아직도 확실하다고 보기는 어려울 것이다. 이러한 음각 선의 장식이나 기호는 사실 인류의 가장 오래된 감성표현이나 기호인 것은 이미 아프리카 유적에서 확인된 바 있는데 아시아지역의 후기구석기시대의 곳곳의 유적들에서도 확인되지만 대체로 시대가 늦은 시기의 것들이 대부분이다. 이러한 음각 선이 발견되는 사례로서 수이동구 유적의 4만 년 된 층에서도 음각 선이 그려진 돌이 발견된 바 있고 저우커우뎬(Zhoukoudian, 周口店) 유적의 산딩동 유적에서도 사슴의 뿔에 그려진 음각 선이 남아 있고 연대가 3만 년을 넘는 것으로 알려졌다. 수이동구 유적에서도 예술의 흔적이 남아 있는데 특히 타조 알 껍질로 만든 작은 장신구 말고도 돌에 음각선을 그린 것들도 포함되어 있다.[290] 이러한 선각예술 중에는 룽구 동굴에서 나온 1만 3000년 전의 사슴뿔에 그린 복잡한 기하띠문이 있다.[291]

예술적인 표현이라고 보기는 어렵지만, 선각(線角)이 규칙적으로 있는 단면이 둥글고 길쭉한 돌이 한국의 수양개 유적에서 발굴되었는데 23개의 짧은 선이 눈금처럼 규칙적인 간격으로 일렬로 선각되어 있다.[292] 그 규칙성으로 미루어서 셈을 하기 위한 도구로 보이는 데 구체적인 목적을 현재로서는 알 수가 없다. 그렇지만 이 시기에 셈이나 측정을 하기 위한 도구가 필요하였다는 점을 추정할 수 있다. 이 외에도 선각으로 된 골각기나 석제품들이 보고되었지만, 인공의 가능성에 대해서는 아직도 회의적인 시각들이 있다.

289 Li et al. 2019.

290 Feng et al. 2012.

291 Bednarik and Y. You 1991.

292 이융조 외 2015.

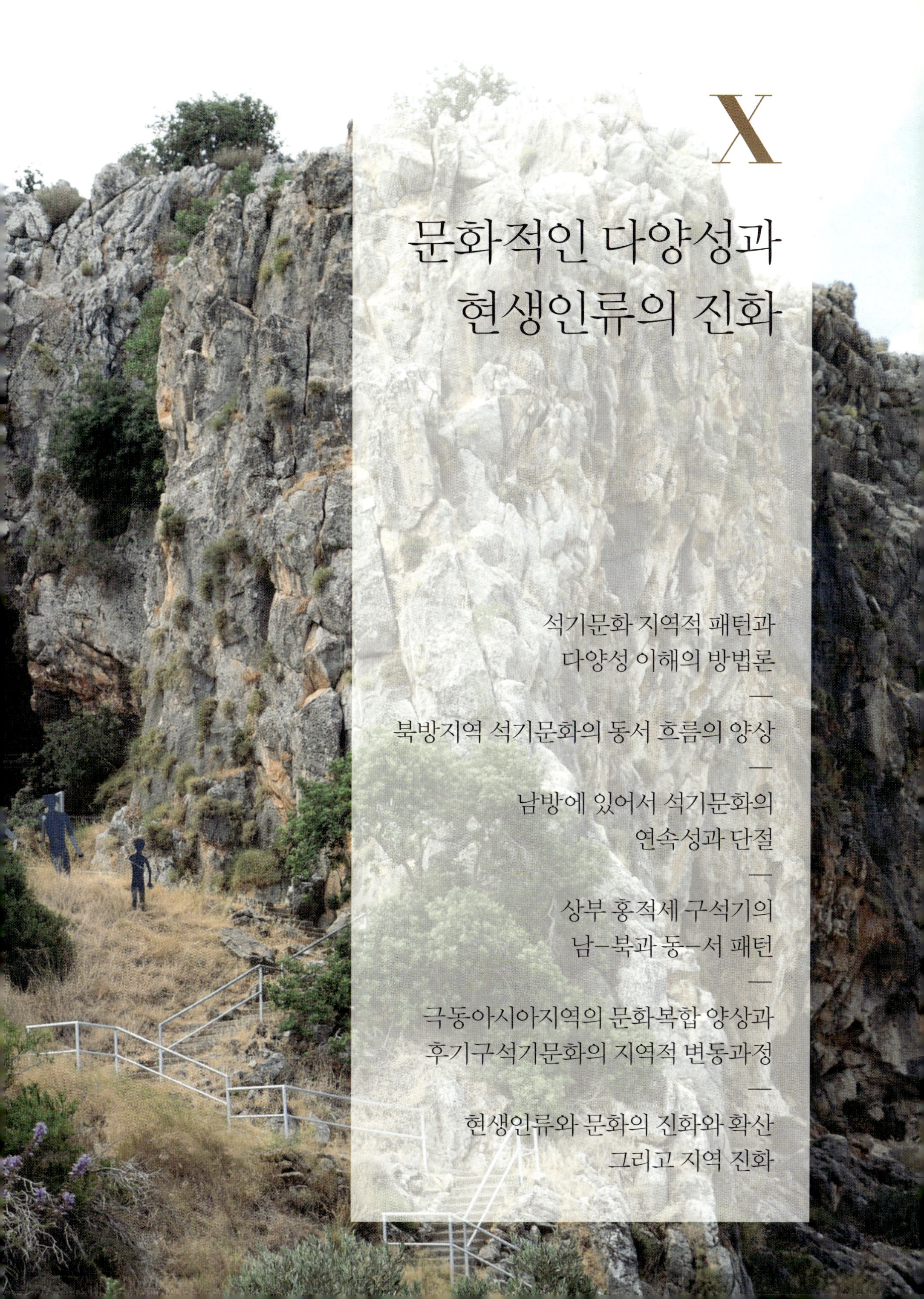

X

문화적인 다양성과 현생인류의 진화

석기문화 지역적 패턴과
다양성 이해의 방법론

—

북방지역 석기문화의 동서 흐름의 양상

—

남방에 있어서 석기문화의
연속성과 단절

—

상부 홍적세 구석기의
남–북과 동–서 패턴

—

극동아시아지역의 문화복합 양상과
후기구석기문화의 지역적 변동과정

—

현생인류와 문화의 진화와 확산
그리고 지역 진화

1 석기문화 지역적 패턴과 다양성 이해의 방법론

현재의 시점에서 구석기시대로 거슬러 올라간다고 할 때 아마도 현생인류와 후기구석기문화가 나타나는 시대에는 정말 흥미진진한 점이 많다. 수많은 문화적인 혁신이 나타나고 유적의 수효가 많은 것을 보면 인구도 늘어가는 것을 확인할 수 있고 또한 그 확산의 범위 역시 인간이 살만한 곳은 다 차지하고 살았다는 것을 알 수 있다. '그러한 극적인 변화가 어떻게 일어나게 되었을까?'라는 질문에 대한 답은 그리 쉽지는 않지만 그렇다고 완전히 불가능한 것은 아니다. 어렴풋이 고고학적인 자료를 토대로 인간의 선험적인 지식을 가지고 판단하거나 추정할 수는 있을 것이지만 확실하게 설명하기가 어려운 점이 있다. 그런데 그러한 과정을 설명하기 위하여 생각하여야 하는 요소로서 기술적인 혁신[1]과 사회적인 행위의 변화 등의 인간의 적응행위 변화가 있을 것이고 또한 인구증가와 인구압[2] 그리고 자연환경의 변화에 의한 환경 스트레스 등이 있을 것이다. 당시의 변화를 유발한 것이 그 어떤 요인인가에 대한 논란은 지속하고 있다. 그러나 이러한 요인들은 결국 상호 루프 관계를 맺고 있어서 그 어떤 하나의 것이 선도적인 역할을 하였다고 판단하기는 상당히 어려운 점이 있을 것이다. 이것은 결국 후기구석기시대의 일반성을 설명하는 점도 있지만, 국지적인 변화 역시 그러한 한계를 벗어나기는 어려울 것이다.

아시아지역의 상부 홍적세의 석기문화는 소위 중기구석기문화로 불리는 단계와 후기구석기문화로 불리는 두 단계의 것들이 포함되고 있는데 크게 네 가지의 단계 또는 기술요소로 구분할 수가 있을 것이다. 가장 보편적으로 나타나는 것이 바로 석핵 - 박편 석기 제작, 조정 타격기술의 출현, 석인 제작기술, 세석인 제작 등으로 크게 나눌 수가 있다. 이러한 구분은 중부 홍적세에 널리 나타나는 주먹도끼 공작을 제외하고는 결국 세계구석기발

---

1 Ambrose 2001; Mellars 1998.

2 Stiner 2001.

전단계 구분과 같다고 볼 수가 있다. 주먹도끼로 대표되는 대형 자르개나 찍개류의 석기들도 그 출현 양상은 다르지만, 상부 홍적세에 지속해서 나타나는 곳이 많다. 이러한 네 가지의 석기 제작기술의 단계 내에서도 다양한 기술적인 적용이 있을 수 있겠지만 큰 틀에서 본다면 이러한 기술들의 출현 유무를 가지고 각 지역의 문화적인 연속성과 상사성을 점검할 수가 있을 것이고 또한 인류의 확산과정을 복원하는 주요한 자료가 되거나 또한 인류의 적응 체제를 복원하는 자료가 될 수가 있을 것이다. 이러한 기술적인 요소는 아시아의 각 지역에서 다른 조합을 가지고 나타나는 것을 볼 수 있다. 나타나게 되는 과정은 많은 논의가 필요하지만, 서아시아와 시베리아의 동쪽과 서쪽, 남아시아, 동남아시아와 중국의 중남부지역 그리고 동북아시아 지역의 북부지역 등의 지역에서 상부 홍적세의 문화적인 진화과정이 각기 달랐음을 알 수가 있다.

아시아의 남북의 패턴에서 보면 두 지역에서 모두 주민의 큰 흐름은 동서 방향으로 이루어진 것으로 보이는데 그러한 현생인류의 흐름은 오늘날 발달하고 있는 현대인의 유전자 흐름에서도 볼 수가 있다. 현생인류가 아프리카에서 아시아대륙으로 건너온 다음에 한편으로는 북쪽의 시베리아 방향으로 퍼져 나가고, 그리고 다른 한편으로 인도를 거쳐서 동남아시아지역으로 확산하였다는 것은 유전자의 추적으로 알려져 있다. 동북아시아 지역의 유전자 유입도 바로 이러한 큰 흐름 속에서 이해되어야 한다. 이러한 유전자의 흐름 속에서 아시아대륙에서 보이는 상부 홍적세 동안의 지역적인 구석기문화 패턴이 가지는 의미는 인류 진화의 이해에 대단히 의미심장한 증거이다. 인류의 체질적인 특성과 문화적인 패턴 그리고 환경과의 관계 또한 환경과의 관계 속에서 작용하는 인간들의 인지 방식과 생존을 위한 선택의 과정 등을 엿볼 수 있는 증거가 숨어 있는 것이다. 특히 다양한 자연생태환경 속에 남아 있는 석기 공작은 단순히 변형된 돌조각이지만 그 속에 숨어 있는 인간 진화의 마지막 단계의 과정을 설명할 수 있는 단서가 담겨 있는 것이다.

문화는 환경에 적응하는 과정에서 생기는 산물이어서 지역적으로 달라지는 것은 당연한 결과이다. 그렇지만 기술이나 문화에 있어서 선택의 폭이 좁은 선사시대에 지역적인 패턴이 세밀하게 구분되기는 어려운 점이 있다. 그리고 각 지역에 살았던 집단들이 가지고 있는 기술적인 노하우가 제한되어 있어서 원래 가지고 있는 전통이 중요한 선택이 되었을 것이다. 그렇지만 그러한 과정에 대한 고고학자들의 판단은 쉽지가 않을 것이다. 유적의 모든 상황이 바뀌어 남게 되고 또한 그러한 기술적인 선택의 과정을 판단할 수 있는 단서가 극히 제한되고 석기 공작에 국한되어 나타나는 경우가 많기 때문이다. 아시아지역 전체를 두고 보면 상부 홍적세 동안의 구석기문화에 있어서 각 지역적으로 큰 패턴을 읽을 수가 있다. 바로 북쪽의 이동 루트에서 보이는 상부 홍적세의 석기 공작의 패턴과 남쪽 루트에서 보이는 석기 공작의 패턴이 뚜렷하게 다른 점이 있고, 또한 동서 방향에서도 본다면 인도와 시베리아의 중서부지역, 즉 중앙아시아나 몽골지역까지 나타나는 석기 공작의 양상과 동쪽, 즉 동북아 지역과 동남아 지역의 석기 공작이 다르다는 점을 알 수 있는 것이다. 이러한 지역에서도 환경적인 차이가 있다는 점에서 그러한 석기 공작의 거대 분포패턴은 아마도 인류의 확산과정과 관계가 많을 것으로 볼 수 있다.

석기 공작의 다양성은 사실 고인류의 진화과정이나 계통과는 다르게 이해하여야 하는 것이 일반적인 견해이다. 석기는 사실 인류종 간의 차이나 단계의 차이와는 무관한 경우가 많고 동아시아의 석기 공작의 지역적인 다양성은 확연하게 보여주는 점이 있다. 단적으로 유럽지역의 구석기문화발전과정과는 현격하게 다르게 동남아시아지역의 호모 에렉투스에서 호모 사피엔스의 현대인으로 오는 체질적인 진화의 과정 동안에 석기 공작 제작기술은 크게 변화한 것이 없다고 할 정도로 보수적인 경향을 보이는 것이다. 특히 동남아시아지역에서는 르발르와 기술이나 석인 기술 등이 전혀 보이지 않고 석핵과 박편의 모드 1 기술이 오랫동안 석기 제작기술로써 유지되어 왔다. 동남아시아지역에서 시대가 흐르면서 석기 공작의 미묘한 변화들이 있지만, 지역적으로 석기 자료가 극히 제한적이기 때문에 실제로 그러한 변화가 석기 제작기술의 혁신에서 오는 차이라고 보기는 어려운 점이 있다. 이러한 점에서 고려한다면, 특정 지역에서 어떤 시기의 문화 패턴을 이해하기 위해서는 기저 문화의 특성과 환경적인 조건에 반응하는 보편적인 행위와 지적인 선택의 범위 등이 복합적으로 고려되어야 하며, 이러한 과정에서 시대가 흐를수록 기저 문화 패턴의 누적량이 많은 집단의 기술적인 선택의 범주가 늘어가게 마련인 것이다. 그러나 이러한 선택은 일정한 방향으로만 나타나지 않을 수도 있다. 결국 선택의 효율성에 대한 분명한 담보가 없는 한 소위 퍼지(fuzzy)한 현상으로 문화 선택이 일어나게 되는 것이다. 그렇지만 선사시대에 그러한 선택은 환경 적응이라는 절체절명의 조건을 충족하여야 하는 것이고 오늘날에도 그러한 선택이 문화의 다양성과 변화에 확고한 선이라는 것은 틀림없을 것이다.

아시아지역의 상부 홍적세 동안의 석기 공작의 진화를 보면 이미 중부 홍적세에 시작된 중기구석기가 지속한다고 보는 지역이 인도 지역이 될 것이고 상부 홍적세 초기에서 중기구석기 공작이 근동지역과 동유럽지역에서 밀려와서 알타이 지역 등 중앙아시아와 몽골지역으로 확산하여 온 것이다. 중기구석기 공작의 기술적인 핵심요소인 조정 타격법으로 제작된 석핵과 박편 등은 아시아의 동쪽에서는 보이지 않는다. 그래서 이 지역에서는 구석기 석기 공작을 전기와 후기로 나누어 설명하는 경우가 늘어가고 있는 것을 볼 수가 있다.[3] 그런데 르발르와를 기반으로 하는 중기구석기 공작 또는 이러한 기술적인 영향이 남아 있는 초창기 구석기문화 IUP의 분포의 동쪽 경계가 대체로 현재로서는 내몽골지역의 수이동구(Shuidonggou, 水洞溝) 유적이나 진시타이(Jinsitai, 金斯太) 유적[4]이라고 보는데 대체

3 Bae 2002, 2017; Gao and Norton 2002.

4 Li, Kuhn, et al. 2018.

로 이 지역에서 이러한 기술들이 보이는 것은 4만 7000년 전에서 3만 년대의 전반에 걸친 것으로 보고 있다. 전형적인 중기구석기, 즉 유럽의 무스테리안 석기 공작에서 흔히 보이는 첨기들이 보이지 않는다는 점이 차이로 인정될 수 있지만, 기본적으로 조정 타격기술이 뚜렷한 석기 공작이다. 물론 이러한 석기 공작들과 동반한 고인류의 화석은 없지만, 알타이를 포함한 서부 시베리아의 유적에서 네안데르탈인의 화석들이 발견되고 있어서 이들의 동쪽 확산으로 이루어진 것으로 의심할 수도 있을 것이다.[5] 그러나 근동지역과 동아프리카 지역의 석기 공작과 고인류의 상관관계는 반드시 그렇지도 않을 수 있다는 것을 보여준다. 조정 타격법 즉 르발르와 기술 출현의 이러한 분포의 한계와 함께 다른 지역에 비해서 시기적으로 늦은 것은 전기구석기 공작들이 기술적으로 진화하는 데 한계가 되었던 셈이고 주먹도끼의 형태적인 진화에 한계가 되었던 셈이다. 이 석기 공작기술 분포의 동쪽 경계는 단순히 석기 공작뿐 아니라 상부 홍적세 동안 고인류의 확산 과정에서 네안데르탈인과 현생인류와의 관계에 중요한 의미를 가질 수도 있는 것이다. 이러한 관계는 단순히 유전적인 것도 있지만 문화적인 연속성에서도 이 두 다른 종이 나타나는 지역에서 시작된 혁신이 확산하는 것으로도 이해될 수 있다고 보기도 하는 것이다.[6] 그렇다고 해서 반드시 석기 문화적인 차이가 고인류 종의 차이를 지정하는 것은 아닐 것이다. 심지어 중근동에서조차 르발르와 기법과 석인기법의 사용자를 이제는 구분할 수가 없을 것이라는 주장[7]이 설득력이 있어 보이기 때문이다.

아시아의 후기구석기 공작들을 보면 크게 북쪽 지역의 석인세석인 문화가 널리 동서 방향으로 퍼지고 있고 남쪽에서는 박편 문화가 지속하고 있는 것을 볼 수가 있다. 물론 동남아시아지역에서는 천역을 이용한 역석기 전통이 지속하기도 하지만 기본적으로 석핵 - 박편의 관계에서 박편이나 석인 등 떨어져 나오는 부분의 가공방식과 그들이 필요한 날의 빈도가 무엇인지가 가장 핵심적인 기술내용일 것이다. 결국, 석기 제작에 투여한 에너지의 효율성에 대한 평가 작업으로서 석기분석이 이루어져야 하고 또한 석기에 대한 구석기인들의 문화적인 의식을 복원하여야 한다. 과정이 복잡하면 정교한 석기, 즉 더욱 더 효율적인 석기를 만들어 낼 수가 있지만 그만큼 에너지, 시간과 노동의 투여가 많은 것이다. 물론 이러한 효율의 원리가 모든 석기 공작의 개별적 제작과 활용에 적용되는 것은 아니겠지만 대단히 긴 시간 그리고 반복되는 작업이 이루어진다는 점에서는 일반적인 패턴을 이해하는 원리로서 그러한 접근이 필요한 것으로 생각된다.

아시아지역의 석기 공작, 특히 동부 아시아지역의 석기 공작을 판단하려고 할 때 서

---

5 LI, Kuhn, Olsen et al. 2014.

6 Vishntatsky 2005; Carbonell and Vaquero 1998.

7 Goring Morris and Belfer-Cohen 2020.

구의 구석기 고고학적인 방식으로 접근하는 것은 많은 점을 간과할 우려가 있다. 형태적인 분류를 통해서 석기 제작기술의 진화를 이해하려고 한다면 그다지 할 일이 없을 것이다. 다만, 서구의 구석기에 비해서 '원시적'이라거나 좀 더 순화된 용어로서 '보수적'이라는 표현으로 결론을 맺을 것이다. 동아시아 석기문화는 석기의 제작 기술적인 측면에서 접근하는 것보다는 환경에 적응하는 행위문화를 복원하고자 하는 것이 의미가 있을 것이다. 다시 말해서, 환경에 적응하는데 가장 효율적이고 유용한 기술적인 복합체로서 가공의 빈도와 밀도 그리고 석기의 기능적인 분화의 정도 등이 중요한 기술변혁의 내용일 것이다. 그러한 것들에 대해서는 지역적으로 큰 편차가 있어서 일방적인 광역패턴을 설정하는 것은 위험한 사고일 것이다. 그래서 가장 단순화한 석기 분류로서 예리한 날의 모양과 빈도 그리고 박편이나 석인을 뜯어낼 때 사용하는 타격기술 등이 핵심적인 기준으로 생각하여야 할 것으로 생각된다. 한편으로 석기에 대해 용도가 많은 환경과 적은 환경의 구분 역시 중요한 단서일 것이다. 크게 보면 북방으로 가면서 석기의 빈도가 늘어나고 집적된 것을 볼 수 있는 것은 그만큼 북방지역의 생활이 석기의 수요가 많았음을 말하는 것으로 생각할 수가 있다. 나아가서 날카로운 날의 필요성이 북방이나 초원 - 사바나 환경에서 훨씬 높았다는 것도 석인 분포의 패턴에서 알 수 있는 것이다. 북방지역의 석기 공작이 많이 발달 되었다고 하더라도 인구의 밀도에서는 후기구석기시대에도 오늘날과 마찬가지로 남방지역이 훨씬 높았을 것은 틀림없을 것이다.

고인류 화석 유적이나 구석기유물 포장 유적들은 각기 다른 퇴적패턴을 보이는 것을 볼 수 있는데 아무래도 고인류 화석의 경우에는 석회암 동굴에서 발견되는 경우가 압도적으로 많다. 저우커우뎬 유적을 비롯한 중국의 많은 유적은 석회암 동굴로 뼈들이 잘 보존되는 환경이다. 반면에 야외 유적의 경우에 대단히 특별한 경우가 아니면 동물의 사체들은 사라지고 만다. 그리고 야외유적의 경우에 기후변동과 계절적인 주기적인 강수량의 변화가 심한 지역에서는 석기 유적들이 극심한 변형을 가지게 되거나 사라지고 없는 경우들을 상정할수가 있다. 반면에 건조한 환경이 지속하고, 계속해서 퇴적이 이루어지는 곳, 즉 황토퇴적 속에서 오래된 유적들이 포장된 것을 알 수가 있다. 오래된 유적들은 대부분이 건조한 환경 속에서 지속적인 황사 퇴적이 이루어진 중국의 중북부지역에서 발견되는 것이다. 반면에 동남아시아 자바의 경우에 인류화석이나 석기 공작이 원위치에서 발견되지 않고 이미 강 흐름에 의해서 운반된 지점에서 재퇴적 되어 나타나는 경우가 많은 것이 바로 열대 지역의 강우 패턴에 의한 것이다. 인도 지역에서도 내륙지역의 후기구석기 이전의 유적의 경우에는 기반암 위에서 노출되는 경우가 많은 데 대규모 퇴적이 남을 수 있는 환경이 아닌 지리적인 위치이고 남은 퇴적물 역시 극심한 퇴적 후 변형을 거친 것이다. 그래서 이러한 유적의 퇴적패턴들은 오늘날 유적들의 분포가 가지는 암시적인 의미를 이해할 수 있게 해주는 것이다. 이러한 침식이 제한되고 지속적인 퇴적이 이루어진 곳에서 나타나는 석기 공작들은 그 석기 공작이 만들어진 환경 지역의 인류의 확산을 추정하는데 출발점이 되는 셈이다.

아시아지역의 상부 홍적세 동안의 석기 공작을 이해하기 위해서는 각 환경적인 조건과 인류의 이동 패턴을 잘 이해하는 것이 중요하다. 각 지역의 석기 패턴이 대단히 뚜렷하게 나타나지만, 인류의 이동과 확산이 복잡하게 전개되던 시기이다. 다른 한편으로 석기 공작의 분포 패턴은 인류의 확산과 관련 지어 생각하지 않으면 안 된다. 이 점은 문화적인 연속으로서 확산뿐 아니라 분포의 단절 원인을 추구하는 것이 중요한 고생태 인류학적인 주제이기 때문이다. 그래서 인간의 적응과정에서 작용하는 인지적 선택과정의 복원이 바로 석기 공작의 패턴에 대한 설명이 될 것이다. 이러한 접근은 결국 과거에 서구적인 석기 연구방법론에서 더 진전되어 인간의 문화적인 진화 속에 숨어 있는 인지력의 진화를 보여주게 될 것을 기대하는 것이다.

2 북방지역 석기문화의 동서 흐름의 양상

북방지역, 즉 서시베리아에서 극동 지역까지의 대륙 북부 공간 내에서 상부 홍적세 동안 구석기문화의 흐름은 크게 두 가지의 요소에 의해서 추적될 수 있을 것이다. 하나는 중기구석기시대의 기술로 알려지는 조정 타격기술, 즉 르발르와 기법의 동진이고 다른 하나는 석인 제작기술의 극동지역으로의 확산이라고 할 수 있다. 르발르와 기법은 유럽과 아프리카 지역에서는 이미 중부 홍적세에 시작된 것으로 흔히 중기구석기를 구분 짓는 핵심적인 석기 제작기술로 사용됐다. 이 기법은 서아시아지역이나 알타이 지역의 구석기 유적들에서 잘 나타나고 있다. 그래서 이 지역의 네안데르탈인이 나타나기 때문에 동유럽 등지에서 알타이 지역으로 확산했을 것으로 보는 것이다. 결국, 동유럽이나 근동의 석기 공작의 영향을 받았을 것으로 볼 수 있고 실제로 그러한 흔적들이 보인다. 그리고 이러한 두 가지의 석기 제작기술의 진화적 관계를 보여주는 초창기 구석기 공작(IUP)이 출현하는데 이 석기 공작은 결국 중근동 - 유럽지역에서 시작되어 확산하여 온 것으로 보았고, 데니소바 유적의 층서적 관계로 보아서 이 지역에서 자생적인 진화로도 보기도 하지만 주변 지역과의 연관성을 본다면 확신할 수는 없을 것이다.

시베리아와 동아시아지역에서 상부 홍적세 기간에 유럽과 중근동 지역의 중기구석기 공작의 핵심적 기술이라고 할 수 있는 조정 타격 석핵과 박편의 생산은 제한적으로 이루어진 것을 알 수 있다. 그러나 이러한 기술은 알타이지방, 몽골지역에서 나타나고 있고 또한 중국의 북부지역에서도 보인다. 내몽골 지역의 수이동구 유적과 그 일대에서도 발견된 것으로 보고되기도 한다. 그렇지만 이 지역에서는 그러한 기법이 그 빈도가 적기 때문에 이러한 기술이 적용되는 상황은 알타이 지역이나 몽골의 다른 지역과는 차이가 보이는 것으로 생각하고 있다. 그런데 그 이동의 지역에서는 르발르와 기법은 사라지다시피 하는데 간혹 르발르와 기법에 의한 석기 제작이라고 하더라도 분명한 경우가 극히 적다고 할 수 있다. 이 기술이 동아시아지역에서 나타나지 않는 것이 바로 이전 단계의 주먹도끼 공작이 형태적으로 발전하지 못하고 두꺼운 몸통을 가진 것으로 남게 된 것과 관련이 있다. 그래서 사실 동아시아지역에서 석기 제작기술 발전 단계로서 중기구석기를 설정할 수 없는 이유이기도 한 것이다. 이러한 기술들이 동아시아지역에서는 대단히 제한적으로 나타나게 되었던 것에 대한 이유는 여러 가지의 설명의 시도에도 불구하고 아직도 그 이유가 불분명하다고 볼 수 있다. 그러한 설명 중에서 흔히 석재의 질이 나쁜 것, 즉 석영암이나 규암 그리고 거친 사암 종류들이 주요한 이유라고 생각할 수도 있지만, 몽골지역의 차간 아구이(Tsagaan Agui) 동굴유적에서는 질이 대단히 나쁜 석재임에도 불구하고 그러한 기술이 적용되어 석기를 만든 사례가 있고 또한 그러한 나쁜 질의 석재를 활용하기 위한 새로운 기술혁신을 하고 있다는 점에서 그러한 설명을 보편화시키는 것에는 한계를 가지는 것으로 할 수 있다.[8] 기술적용의 환경적인 조건과 기술적용에 대한 선택적인 의지 사이에서 다양한 요인들이 작용할 수 있다는 점이 분명히 있겠지만 증거로 드러내기는 쉽지 않을 것이다.

그런데 르발르와 기법은 아시아지역에서도 중기구석기와 초창기 후기구석기시대에 걸쳐서 나타나는 것으로 되어 있지만 실제로 그 양상은 몽골과 중앙아시아지역의 동부지역에서 시기와 지역에 따라서 다른 패턴으로 관찰되고 있다.[9] 이러한 변화를 토대로 석기문화의 확산과 그 시기를 가늠하기도 하는 것이다. 특히 동으로의 이동 경로를 이용한 시기를 추적하는데 단서를 제공할 것으로 기대하고 있다. 여하간에 이 지역의 르발르와 기법은 내몽골 지역에까지 확산하여 있었고 그 연대가 대체로 4만 년 전을 상회하여 MIS 3의 후반이라고 확인되고 있다. 한반도의 수양개 유적에서도 보이는 것으로 주장되기도 하는데[10] 여기서 르발르와 기법이 보이는 것이 아니기에 아직은 확신하기는 어렵다. 그리고 이러한 특정 지역적인 패턴에 대하여 문화적인 정의가 그 경계가 불분명해지는 것은 결국 방법론상으로 패턴을 애매하게 만들 수 있어서 혼란스러울 수도 있을 것이다.

수이동구 유적의 초기 층에서 나타나는 르발르와 기법의 존재에 대해서 석인석기 공작집단과는 분리하여 이해하려는 시도, 즉 일부 집단이 우연히 들어와서 남긴 것이라는 견해[11]도 있는데 그 석기기술의 빈도나 알타이 지역의 양상으로 미루어본다면 르발르와 기술의 가장 동단에 나타나고 있다는 점에서 단순히 우연한 출현이 아니라 문화가 사라지는 과정이 변화한 양상의 하나라고 말 할 수 있을 것이다. 특히 만주 - 한반도 - 일본 열도로 이어지는 지역에서 그 초기 단계의 석기 공작 양상의 차이를 보인다. 이 점 역시 석인석기

---

8 Brantingham et al. 2000.

9 Rybin and Khatsenovich 2018.

10 이헌종 2018.

11 Madson et al. 2014.

의 동전이 한차례 이상이 있었다고 주장하기도 한다. 초창기 후기구석기 공작의 출현 양상은 아마도 북쪽 지방, 즉 서시베리아-중앙아시아와 동북아시아를 연결하는 북쪽 지역에서 현생인류의 확산과 적응의 과정을 잘 보여줄 수 있는 문화 현상으로 생각되며[12] 앞으로 정밀한 분석들이 그 내용을 확인해 줄 수 있을 것이다.

현생인류 문화의 트레이드 마크라고 할 수 있는 석인석기는 현재까지의 연대적인 자료를 본다면 중근동이 시기적으로 크게 앞서는 것은 틀림없고 유럽지역의 연대가 조금 앞시기는 하지만 유라시아 대륙을 전반직으로 보아도 대체로 4만 5000년 전에서 4만 년 전 사이의 시간 속에서 시작된 것으로 보인다.[13] 그런 점에서는 시베리아 몽골 지역에서 나타나는 초창기의 후기구석기문화(IUP, Initial Upper Paleolithic)가 동으로 이동하면서 어떻게 변화했을 것인지가 설명되어야 할 과제가 될 것이다. 그런데 초창기 후기구석기문화의 특성으로 보건대 르발르와 기법과의 관련성이 많이 언급되기 때문에 르발르와의 기법의 시베리아로의 확산과 관련하여 언급되는 경우가 많다. 그런데, 데니소바 동굴 일대의 구석기 유적의 층서적인 석기 공작의 출현 과정에 근거하여 제기된 알타이 지역의 자생설[14]은 그 기반이 르발르와 기법에서 자연스럽게 석인으로 진화하는 과정을 볼 수가 있기 때문이라고 주장하고 있지만, 그나마도 네안데르탈의 확산과 함께 동유럽지역에서 확산하여 왔을 것이라는 견해가 강하게 제기되고 있다는 점에서 이론의 여지가 있고 이러한 견해가 비교적 널리 받아들여지고 있다. 또한 이 지역의 초창기 후기구석기 공작들이 동유럽에서 왔을 것으로 보는 것이나 테쉬 타쉬 유적의 석기 공작이 미꼬끼안이라고 분류되는 것들에서 동유럽이나 근동지역의 후기구석기 공작의 영향으로 만들어진 것이라는 점을 완전히 배제하기는 어려울 것이다. 그리고 이 초창기 후기구석기 공작 IUP은 몽골이나 내몽골지역까지 확산하는 것을 볼 수 있고 또한 그 확산의 시기가 현생인류의 북방지역에서 확산 시기와 겹쳐진다는 점에서 그 상호 관련성을 제기하고 또한 현생인류와 각 지역에서 살았던 고인류, 즉 데니소반이나 네안데르탈의 조상들과 유전자 혼합을 보여주는 증거로도 생각하는 것을 볼 수 있다.[15]

초창기후기구석기의 연대는 알타이 지역에서는 데니소바 동굴의 중앙홀의 11층에서 확인된 연대, 즉 4만 5000~4만 3000년 전에 나타나는 것으로 볼 수가 있는데 이와 유사한 공작들이 이 지역의 다른 유적, 즉 카라 봄 유적 후기구석기제2층, 카라 테네사 유적, 말로 얄로만유적 우스트 카라콜 유적 1 등에서 보이는데 비슷한 시기로 생각하고 있고 이보

12 Kuhn 2019.

13 Morgan et al. 2014.

14 Derevianko and Shunkov 2004.

15 Zwyns et al. 2019.

다도 더 동쪽의 몽골지역이나 트랜스바이칼 지역에서는 이 시기보다는 좀 늦은 시기, 즉 적어도 4만 년 전 이전의 시기에 확산되어 온 것으로 볼 수 있고 톨보르 4 유적이나 카멘카 유적들에서 보이는 양상을 볼 때 빠른 속도로 확산되어 온 것으로 생각된다. 이러한 석인 석기공작들은 기본적으로 알타이 지역과 공유되는 점이 많고 대체로 3만 5000년 전의 시기에 확산되어 있었을 것으로 추정하고 있다. 이러한 확산과정에서 차이점도 발견되지만 기본적으로 양방향타격석인석핵이라든지 또는 작은 원형 비트의 존재 등이 지속적으로 나타나고 있다. 그런데 초창기후기구석기의 특성 중에서 알타이를 포함하는 중앙아시아지역에는 적어도 4가지의 특성이 그리고 트랜스바이칼을 포함한 몽골지역에서는 다섯 가지의 특성이 확인되는 것으로 주장되고 있다.[16] 이것은 결국 시베리아 지역에 들어온 초창기 후기구석기공작이 연속성을 보이는 것으로 판단하는 근거가 되는 셈이다. 그런데 이러한 석기공작들은 이 지역에 나타나는 르발르와를 기반으로 하는 중기구석기공작들과는 뚜렷이 구분되는 특성을 가지고 있기 때문에 분명히 새로운 후기구석기인구집단의 이동에 의해서 중앙아시아의 산맥의 북쪽사면을 따라서 예니세이 시스바이칼 지역을 통해서 바이칼 지역으로 확산이 이루어지는 것으로 보아야 할 것이다. 그러나 동몽골이나 이 이동 지역에서는 이러한 초창기 후기구석기공작이 지역적인 후기구석기공작과 융합되어 원래의 특성이 퇴색되어 나타나고 있고 기부을 얇게 만드는 등의 새로운 가공기법이 추가되는 양상을 보인다. 이러한 양상들이 적어도 빙하극성기인 2만 5000년 전경까지, 즉 세석인 공작이 확산되는 시점을 기준으로 사라지게 된다. 아마도 수이동구에서 발견되는 초창기후기구석기양상이 바로 지역적인 변형이라고 할 수 있을 것이다. 그렇지만 그 이동 지역의 확산과정은 아직도 확실하게 설명되기 어려운 점이 있다.

르발르와 기법의 출현 이후, 북방 시베리아를 동서로 연결하여 분포하는 석기 제작 기술로 석인 제작기술이 있다. 석인기법은 석기의 지역적인 분포를 이해하는 가장 확연한 지표로서 후기구석기 공작을 규정하고 있다. 특히 아시아의 남북 간의 석기 공작의 패턴은 이 석인기법에 의해서 두드러지게 차이 나게 보이는 것이다. 동남아시아지역에서는 보이지 않지만 동북아시아 지역에 나타나는 석인기법의 기원에 대해서 일부 자생설[17]이 주장되기도 하는데 공간적인 연속성으로 미루어서 대체로 서시베리아지역에서 확산하여 왔을 것으로 보는 것이 일반적이다. 그렇지만 서시베리아에서 후기구석기 초창기, 즉 소위 초창기 후기구석기(Initial Upper Paleolithic)라고 부르는 석기 공작의 분포 양상이 동북아시아 지역까지 연속적으로 보이지는 않는다.[18] 대체로 내몽골 지역에까지 그 영향이 희미하게 남아

16 Rybin and Khatsenovich 2018.

17 성춘택 2000.

18 Derevianko 2015.

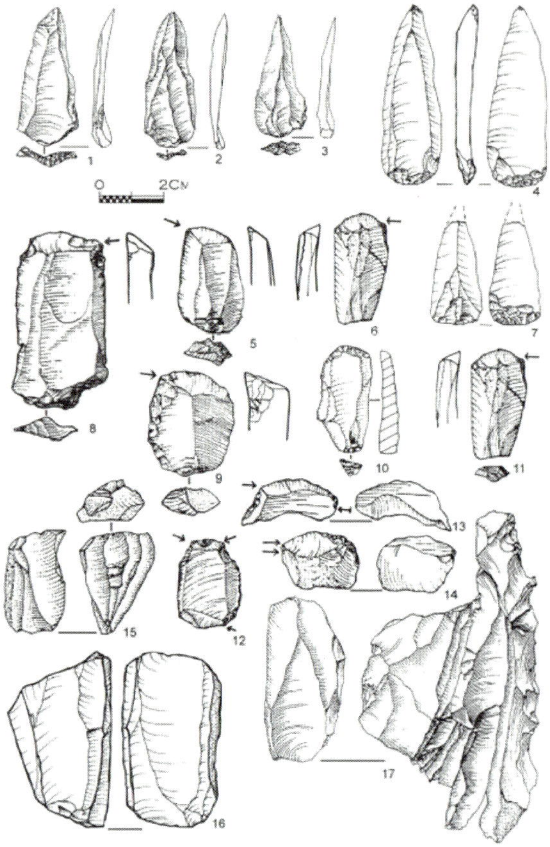

도판 49 초창기 후기구석기(Initial Upper Paleolithic) 공작의 특징적 석기의 지역별 비교
좌상) 르반트 지방(르발르와 기법으로 만든 첨두기에서 석인첨두기로 바뀌는 경향과 밀개와 조각도가 증가하는 현상)(Goring-Morris and Belfer-Cohen 2020).
좌하) 데니소바 동굴의 초창기 후기구석기공작.

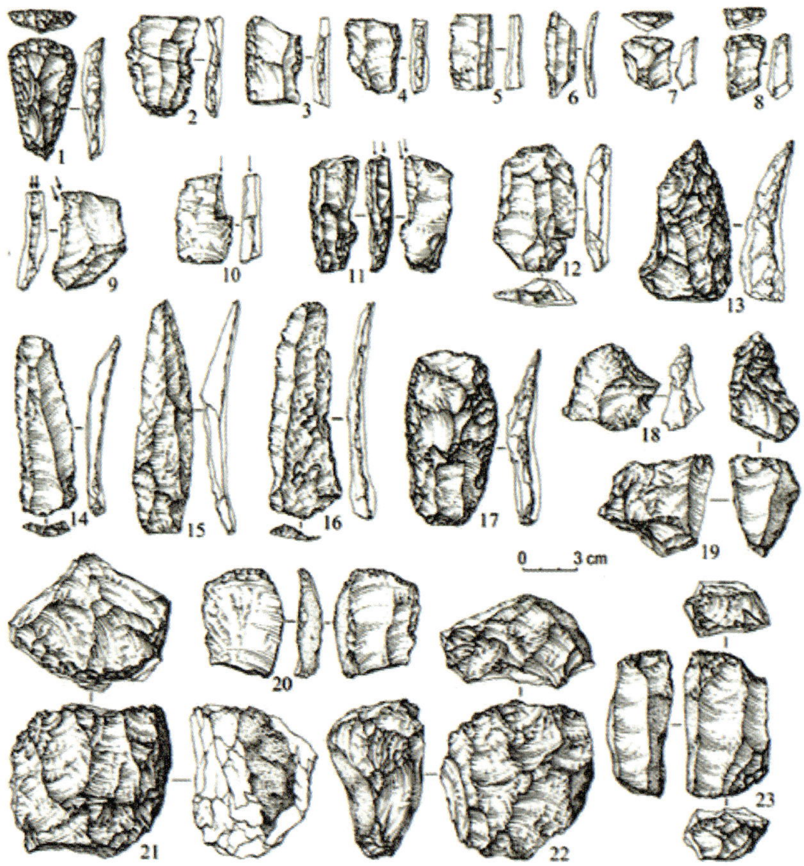

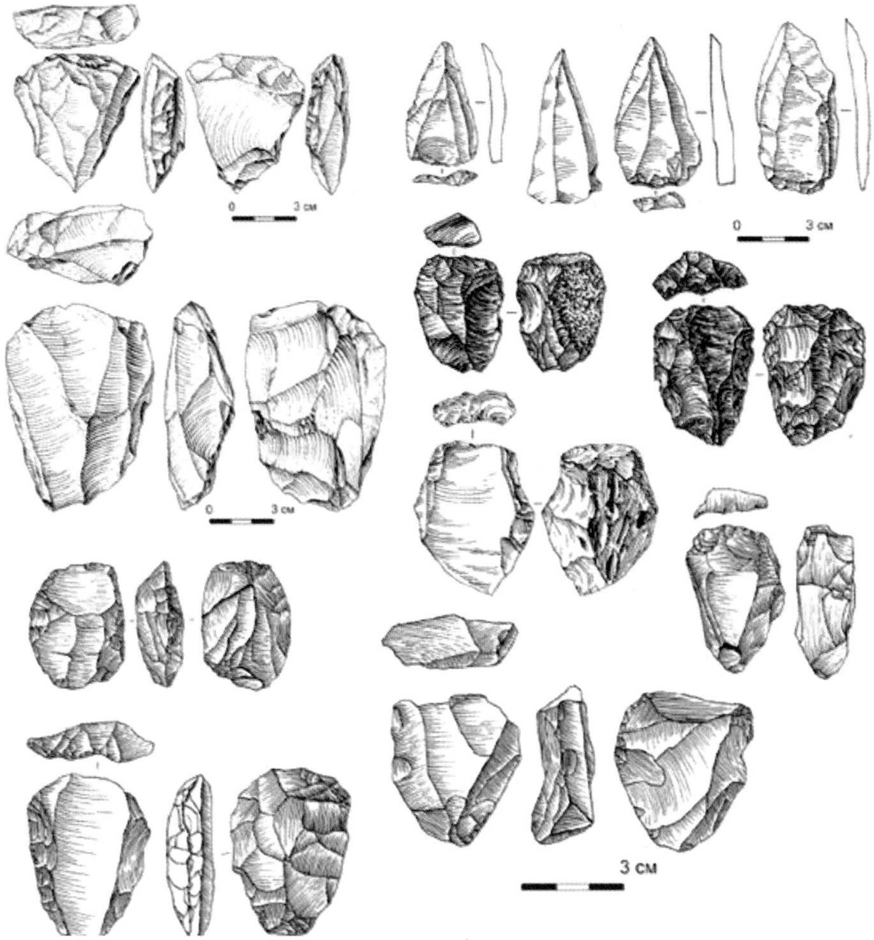

우상) 몽골지역의 중기 및 초창기후기구석기시대 나타나는 르발르와 기법들.
우하) 수이동구 유적의 초창기 후기구석기공작.

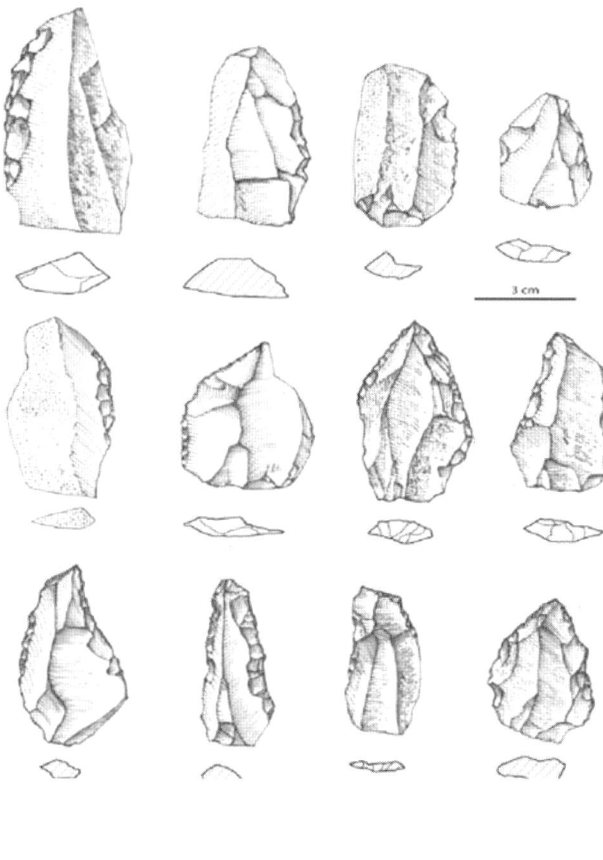

있기는 하지만 그 이동지역에서는 그 흔적으로 보기가 어려운 점이 있다. 현생인류의 확산이나 석인석기기술이 확산하는 과정이 좀 더 복잡하였고 한 차례 이상의 유입이 있었을 것으로 보는 견해이다.[19]

서시베리아나 알타이 지역에서 동아시아지역까지의 후기구석기 공작의 초기 연대의 기울기를 보면 석인석기 공작[20]의 동으로의 확산과정을 이해하는 데 도움이 될 것이다. 시베리아 동아시아지역의 석인석기 중에서 4만 년 전을 상회하는 것들은 많지 않지만, 우선 잘 알려진 데니소바나 알타이의 유적, 데니소바 동굴이나 카라 봄 유적의 경우에는 4만 년 전(4만 3300+/-1600BP) 이전의 연대가 있고 몽골의 셀렘자강의 탈보르4 유적의 경우에도 4만 년 전() 4만 1050BP) 이전의 연대가 있음이 확인되고 있다. 반면에 중국의 북부의 수이동구 유적의 경우에 4만 년 전후의 연대를 보여서 빠르게 초기 석인석기들이 동으로 확산한 것을 보여주고 있다.[21] 그 과정에서 신지앙성의 루오투오시의 석기 공작이 그 연대는 불명하지만, 초창기 후기구석기 공작(IUP)과 통한다는 점에서 동으로의 이동과정을 보여주는 것으로 생각되기도 한다. 그런데 아직은 IUP와 관련을 짓기는 어렵겠지만, 한반도의 수양개 유적에서도 4만 년을 상회하는 석인석기 제작이 수양개에서 확인된 점을 고려하면 현재 고고학적인 증거는 많지 않지만, 석인석기의 동으로의 확산이 4만 년 이전에 일어나고 그 속도가 생각하는 것보다는 훨씬 빠르게 일어났을 것으로 보는 것이 타당하다고 판단된다. 그리고 초기 석인석기의 동전 양상이 극동지역으로 오면서 어떻게 변화하였을 것인지에 대해서는 앞으로 많은 비교연구가 필요할 것이다.

문제는 동아시아의 석인석기 공작이 서아시아지역이나 중앙아시아지역에서 어떠한 경로로 확산하여 온 것인지는 아직도 논쟁이 지속하고 있다. 흔히는 몽골지역에서 북중국으로 남하한 것이라는 주장[22]이 있지만, 오히려 초기 석인 기술이 알타이로부터 중앙아시아-중가르 분지를 거쳐서 몽골 중앙으로 확산하고 오르도스 지방, 수이동구 유적이 있는 지역으로 확산하였을 가능성이 더 높을 것으로 보기도 한다.[23] 또한, 최근의 새로운 자료에 따른 논의로서 틴샨산맥을 넘어서 타클라마칸 사막을 건너서 중국 북부지역으로 넘어올 수 있다는 주장도 제기된다.[24] 그러나 이러한 통로가 항상 가능한 것은 아니지만 상대적으로 가장 빠른 길일 수가 있어서 기후가 온난하여 수분이 충분히 공급되었을 시기에 그러한 가능성이 충분할 것으로 보는 것이다. 바로 최소비용 통로(Least Cost Path (LCP))라는

19 Morgan et al. 2014.

20 Derevianko et al. 2012.

21 Madson et al. 2014.

22 Brantingham et al 2001; Goeble 2004.

23 Derevianko et al. 2012.

24 Li et al 2020; Goebel 2015.

주장이다.[25] 그 어떤 경로를 취하든 간에 석인석기가 이 두 가지의 다른 길을 통해서 동아시아지역으로 확산한 것을 틀림없다는 점이 중요하다. 그러나, 다른 한편으로 석인석기가 중근동지역에서 해안을 따라서 동아시아로 확산하였다는 것을 주장[26]하기도 하지만 실제로 동남아시아지역이나 중국의 남부지역에서 그러한 증거들이 없기 때문에 성립하기가 어려울 것이다. 물론 남아시아지역까지의 확산의 경로를 해안지역으로 추정하는 것은 가능하겠지만 해안지역에서 해당 자료가 없다는 점이 약점일 것이다. 그래서 바닷속 대륙붕 지역을 통로로 거론하기도 한다.

석인석기 공작이 빠른 속도로 이동하게 된 것은 시베리아의 환경 변화에 기인한 것으로 보는 것이 타당할 것이다. 상부 홍적세의 후반에서 춥고, 건조한 기후로 인하여 개활지가 늘어나고 거대동물군들의 이동이 장거리화 되면서 석기 공작의 새로운 혁신들이 환경에 따라서는 빠르게 확산하였을 가능성이 컸을 것으로 추정할 수가 있는 것이다. 그러한 점에서 시베리아 - 동북아시아로 연결되는 석인 - 세석인 문화 벨트는 연속된 것으로 보아야 하고 그 속에서 전파에 의해서든 또는 국지적으로 발생할 수 있는 자생적인 진화에 의해서든 신속하게 확산하였을 것이다. 그러한 점에서 현재 보이는 지역이나 지점 간에 보이는 시간적인 편차들은 앞으로의 조사에서 확인될 것으로 기대된다.

동북아시아 지역은 상부 홍적세 기간에 기후변동이 극심한 지역임에도 불구하고 인간의 확산 속도가 빨라지고 또한 다양한 기술이 도입, 개발되는 것은 바로 현생인류의 그러한 문화적인 역량, 즉 이 지역의 제한조건이라고 할 수 있는 겨울 추위에 대한 다양한 적응을 보여주는 것이며 결국 극지방까지 빠르게 확산할 수 있는 적응력을 가진 것을 입증하는 것이다. 이러한 문화적인 역량 속에서는 석기 제작 기술의 혁신들도 있었지만, 생계전략의 확장 그리고 사회집단의 공동체적인 적응방식 등이 적용되었을 것으로 보는 데 구석기시대에 이미 집단의 통합들이 일어나고 있었을 것으로 추정하는 것이다.[27] 그 과정은 기후가 추워져서 환경이 악화되면 거주가능 지역이 좁아지게 될 것이고 이웃한 집단들이 좁은 장소에서 모여 살게 되면서 공동체의 규모와 구성이 확장된다는 것이다. 그리고 이러한 확장된 집단은 기후가 온화해지는 과정에서도 집단이 점차로 더 커지게 된다는 것으로 설명하고 있는 것이다. 그래서 이러한 과정에서 인류의 확산속도가 빨라지고 또한 환경 속에서 생기는 경쟁으로 인하여 기술의 발달이 크게 촉진된다는 것을 말하고 있다. 이것은 후기구석기시대의 기술변화의 속도 그리고 그 확산의 속도를 볼 때 그 합리적인 설명이라고 생각된다. 다만 한계적인 환경에서는 그러한 설명이 가능하겠지만 환경의 선택 폭이 넓

25 Li et al. 2019.

26 Boeda et al. 2013.

27 Barton et al. 2007.

어지게 되는 변화 속에서는 다른 적응을 배제할 수가 없을 것이다.

그런데 동북아시아 지역에서 르발르와와는 달리 석인석기 공작들이 널리 확산하고 후기구석기시대 동안 광범위한 지역에서 출현하는 것은 현생인류의 확산과 적응의 관점에서 설명되어야 할 부분이다. 왜냐하면 르발르와 기법은 내몽골지역을 넘어서지 못하지만, 석인석기는 훨씬 빠르고 넓은 지역으로 확산하여 갔기 때문이다. 사실 석인 제작기술이 조정 타격기술의 진화에서 찾을 수도 있는데 극동지역에서는 그러한 기술적인 모든 과정이 없이 석인석기가 범용 되는 현상이 나타났다고 할 수 있는데 이러한 차이가 석인 제작기술에 나타날 수 있는 것인지에 대한 비교연구를 통한 설명이 필요할 것이다. 이러한 점은 결국 초창기 후기구석기이든 르발르와 기술집단이든 간에 동으로 확산하는 과정이 분명히 있었을 것이고 그 후에 4만 년 전후한 시기에 석인 기술집단의 동으로의 본격적인 확산을 상정할 수 있을 것이다. 그래서 이 두 개의 다른 현생인류의 동방 확산이 상대적으로 비교되는 점이 바로 그 동방 영역의 차이이다. 이것은 분명히 초창기 후기구석기 기술이 동으로 확장되면서 희미해지는 것은 이 기술집단이 규모가 크지 않고 지속적이지 못해서 알타이 지역 이동에서는 사라지는 현상을 보여주는 것일 수도 있다. 여하간에 이 역시 북방 지역에서 현생인류의 확산이 여러 차례 있었다는 점을 암시해 준다고 할 수 있다.

기술적으로 석인과 선후 관계로 인식되는 세석인의 경우에도 마찬가지이다. 세석인의 지역적 발생 과정은 구석기 고고학의 오래된 숙제 중의 하나였을 것이다. 석기 제작기법의 발전 단계로 보거나 연대적인 순서와 발생의 연속성 등을 토대로 볼 때 석인과 세석인의 발전적인 관계는 분명하고[28] 또한, 이것이 지역적으로 일어났을 것인가의 문제는 좀 더 세심한 관찰이 필요할 것으로 생각된다. 그렇지만 석인 공작기술과 세석인 공작기술이 돌을 다루는 기술만이 포함되는 것이 아니고 세석인 제작 이후의 장착기술이 있어서 석인 - 세석인의 연속적인 석기 제작기술 진화라고 단순하게만 볼 수는 없을 것이다. 그리고 지역에 따라서는 이 두 석기 제작기술이 대단히 빠른 속도로 연속적으로 일어나든가 또는 확산의 과정에서 역전의 현상이 나타날 수 있는 가능성을 배제할 수는 없다. 인도대륙의 경우에는 메타케리 유적의 세석인의 제작 연대가 4만 년 전 이전으로 훌쩍 올라가는 경우가 바로 그러한 현상의 결과일 수 있다. 그런데 동북아시아의 세석인 기법의 출현은 알타이 지역이나 몽골의 출현 연대가 앞서고 이에 앞서는 석인석기기술이 바탕이 되고 있어서 그 기원을 알타이 지역으로 보는 것이 현재로서는 타당할 것이다.[29] 그리고 동북아시아 지역에서는 석인과의 기술적인 연계성을 부인할 수 없는 것은 두 기술의 확산 범위가 크게 다르지 않다는 점이다.

---

28 Elston and Brantingham 2002.

29 Kuzmin and Orlova 1998; Kuzmin 2007.

동아시아지역에서는 세석인의 지역별 출현 연대가 다르고 또한 3만 년을 상회하는 것이 있기는 하지만, 아직도 논란의 여지가 있는 경우가 많다. 대체로 몽골이나 중국 그리고 한반도 일본 등지에서 세석인의 출현 연대가 2만 5000년 전후한 시기라는 점은 시사하는 바가 큰데, 바로 MIS 2 의 빙하극성기로 진입하면서 이러한 기술적으로 복잡하지만, 그 효율을 담보할 수 있는 석기 공작이 북쪽 지역의 환경에 적응하면서 절대적으로 필요한 경우라고 할 수 있을 것이다.[30] 그런데 중국 북쪽 지역의 세석인석기 공작들 중 특히 유팡 유적이나 시샤헤 유적의 세석인 공작이 27ka 정도의 이 시기는 빙하극성기의 시작 직전으로 따뜻한 시기에 확산하여 온 것으로 보고 있다.[31] 또한 시사헤 유적의 세석기 공작이 후대에 나타나는 세석인공작과는 다르다고 보고 원래 세석인을 가지고 들어온 집단이 이 지역에서 절멸하고 기후가 온난해지기 시작하였을 때 새로운 집단이 발달한 세석인 기술을 가지고 온 것으로 보고 있다. 결국 이 지역이 빙하극성기 동안은 빈 곳으로 남아 있었다고 보는 것이다. 그러나 빙하극성기 동안 사는 공간이 위축되기는 하였지만, 북쪽 지역에 전혀 사람이 살지 않았다고 볼 수는 없기 때문에 다른 가능성도 충분히 고려하여야 할 것으로 보인다. 그러나 앞서 언급된 트랜스 바이칼 지역의 경우에도 관련된 유적의 수효가 급격히 감소하는 것[32] 으로 미루어서 인류가 살기 어려운 환경이었을 것으로 보고 있어서 그러한 변화가 널리 확산하여 있었다는 점은 확인이 되는 셈이다. 그래서 동시베리아 지역과 중국 북부지역의 시샤헤 유적 등에서 보이는 세석인 공작의 층서적인 출현 과정은 이 지역에서 상부 홍적세 후반에 인구의 이동이 크게 여러 차례 있었음을 단적으로 보여주는 증거라고 할 수 있고 이러한 인구이동 현상은 다른 지역에서도 연쇄적으로 출현하였을 것으로 보는 것이 타당할 것이다. 그래서 시베리아 지역의 후기구석기 유적들의 시간적 분포에 대해서는 앞으로 좀 더 깊은 관찰이 필요할 것으로 보인다.

상부 홍적세의 빙하기, 특히 빙하극성기 동안의 현생인류의 지역적인 적응과정이나 이동과 확산의 과정을 정확히 복원하기는 쉽지는 않을 것이지만 기후변동에 따른 환경의 극심한 변화 그리고 동물의 이동에 따르는 주민의 이동 등을 쉽게 상정할 수가 있다. 특히 몽골이나 중앙아시아지역에서는 상부 홍적세의 중엽의 추운 시기나 빙하극성기 동안에 유적의 수효가 급격히 줄어들거나 부재 현상을 보면 분명히 주민의 이동과 공백을 예상할 수가 있는 것이다. 트랜스바이칼 지역의 빙하극성기와 그 직후의 유적의 빈도의 변동상황은 몽골과 대조적으로 일어나는 것을 볼 수가 있는데 주민들이 이 두 지역 사이에 빠르게

30 Yi et al. 2016.

31 Guan et al 2020.

32 Buvit et al 2016.

이동하였을 것을 추정하게 만드는 것이다.[33] 그런데 이러한 주기적인 변동에서 각기 다른 환경 지역들 사이에 생기는 인구 변화에 대해서는 아직도 많은 연구가 없었던 셈이다. 결국 북방 지역의 이러한 환경적인 압박은 인구의 이동과 확산에 주요한 요인이 되었을 것이고 특히 북방계의 석인석기 공작의 확산에 큰 영향을 미쳤을 것으로 보인다. 몽골과 중앙아시아지역의 세석인 공작들은 연해주나 일본 열도의 북방 열도들 보다는 시기가 좀 늦어서 역으로 이 지역으로부터 유입된 것으로 생각하기도 하지만,[34] 실제로 가장 이른 시기의 연대는 바로 한반도 내륙 중심에 위치하는 수양개 유적[35]이기 때문에 이러한 석기 공작의 기원에 대해서는 앞으로 관찰과 논의가 더 필요할 것이다. 다만 석인 공작과의 연계된 연속적인 발달 가능성 때문에 현재의 연대적인 분포와 관계없이 서시베리아 기원을 배제하기는 어려울 것이다.

석인 또는 세석인석기의 분포는 대체로 황하의 바로 남부까지 유적들이 보이기는 하지만 대체로 황하의 남부지역이 그 남방 한계선에 해당하는 것으로 생각할 수 있다. 황하의 바로 남부에 해당하는 정주 지역의 석기 공작들에서도 박편석기 공작에서 세석인으로의 연속과정을 볼 수 있다.[36] 반면에 한반도와 일본의 경우에는 두 가지의 석기 공작이 모두 나타나는 것을 볼 수가 있다. 그런데 이 두 지역에서도 그 전개 양상은 다른데 한반도에서는 상당히 이른 시기, 즉 4만 년 전후의 비교적 이른 시기에서부터 석인석기 제작기술이 나타나는 것이 확인되고 있지만, 또 한편으로는 이 시기의 많은 유적에서는 박편석기들이 이어지고 있는 현상이다. 석인석기의 효율성에도 불구하고 지속해서 석핵-박편의 석기 제작이 연속되고 있음을 볼 수 있다. 그리고 중국의 화북지방에서도 석인과 세석인이 나타나기는 하지만 많은 유적에서 석핵-박편 석기 공작이 지속하고 있음을 볼 수 있다. 이러한 석기 공작의 복합성(heterogenic)은 흔히 동일 집단의 다른 석기 제작전통으로 볼 수도 있지만, 그 효율성과 문화적인 전통성을 고려한다면 그러한 전통을 가진 집단이 지속해서 유입되었을 가능성이 있을 것이다. 왜냐하면 효율이 뛰어난 기능을 가진 석기를 사용하던 집단이 그 문화적인 선호를 바꾸는 것은 어렵기 때문이다. 이와는 다르게 일본의 경우에도 대체로 3만 5000년 전에서 4만 년 전 사이에 후기구석기가 시작되는데 애초에 박편을 기반으로 하는 석기 공작이 나오고 그다음에 북쪽으로부터 석인석기들이 유입되어 나중에 전국적으로 퍼져나가는 것을 볼 수가 있다. 이러한 석인 문화의 확장은 분명히 북방으로부터의 기술문화를 가진 현생인류 집단의 확산을 의미하는 것으로 생각될 수 있다.[37] 남아시

33 Rybin et al. 2015.

34 Kuzmin 2016.

35 이융조 외 2018.

36 Wang and Qu 2014.

37 Bae 2010; Derevianko 2011.

아에서 동남아시아지역으로 석인석기기술이 확장되지 않은 것은 분명히 환경 생태적인 적응과정에서 상실된 것으로 볼 수 있을 것이고 석인석기 확산과정에서는 중국의 남북이 분명히 다른 석기 공작이라는 점에서 동일한 문화지역으로 취급되는 것은 맞지 않는 점이 있다. 극동지역의 이러한 과정으로 미루어볼 때 석인석기 제작기술이 일부 주장과는 맞지 않게 자생적으로 보기는 어렵고 박편석기 제작기술의 지속과 유입이 이루어지는 가운데서 석인석기 공작이 확산하여가는 과정으로 보아야 할 것이다. 그리고 당시의 유전자 연구가 보여주는 현생인류의 확산 방향이 동남아시아지역에서 동북아시아 지역으로 되어 있다는 점을 볼 때 바로 박편석기 제작전통이 지속하는 것을 이로써 설명할 수 있다. 바로 중국의 북부지역에서 전형적으로 나타나는 피라미드 모양의 세석인 석핵이 바로 그러한 과정의 결과로 해석될 수 있는 것으로 보인다.[38] 그리고 이러한 세석인 전통은 한반도와 황해의 드러난 육지를 통해서 서일본지역으로 확산되었을 것으로 보는 것이다. 결국 중국의 북쪽 지역이나 한반도 그리고 서일본 지역은 남방의 박편석기전통과 북으로부터 오는 세석인 전통이 혼합되어 기술적인 융합을 만들어낸 지역이라고 할 수 있다.

소위 남방계의 보수적인 박편석기석기공작전통이 상부홍적세의 중후반에 지속되지만 석인석기의 동북아시아 유입이나 세석인의 확장과정을 보면 문화접변과정을 쉽게 이해할 수 있다. 중국의 북부지역과 한반도 지역에서 북방 시베리아 지역에서 오는 세석인 공작전통을 받아들여서 새로운 형태의 세석인으로 나타나는 것을 볼 수 있다.

이러한 석기의 분포양상은 세석인 단계에 가면 훨씬 더 명확하게 생계경제와 문화적인 패턴의 관계가 드러나는 것을 알 수가 있다. 세석인 기술의 채용은 기술적인 선투자가 앞서고 효율적인 적응이 뒤따라오는 일련의 과정이라고 할 수 있다. 치밀한 석재의 발견과 채집 그리고 운반이 먼저 이루어지고 또한 석기의 제작공정은 가장 복잡하고도 최고의 세련된 기술을 보이는데 그 과정에 드는 경제적인 시간은 다른 석기들의 제작에 비해서 엄청난 것이다. 그것은 그만큼 효율이 높고 먹거리의 장만을 가능하게 해주고 또한 지속적인 기능을 할 수 있기 때문일 것이다. 말하자면 작은 석편들을 나무나 뿔 등에 심어서 날카로운 날을 가진 도구로서 사용자의 안전을 담보하여 주는 사냥도구의 출현을 예측할 수가 있는 것이다. 후기구석기시대 동안에 석재의 선택적 채집과 활용과 관련된 행위들에서 대표적으로 연구가 된 것이 바로 흑요석재의 운반과 사용이다. 특히 동아시아지역에서 백두산과 일본지역 유래의 흑요석의 확산과정은 생계 행위에 중요한 단서를 제공해주고 있다.[39] 또한 플린트나 쳐트와 같이 다른 치밀한 석재들도 상당한 에너지를 들여서 채집-운반하게 되는데 이들이 가지는 가치는 분명히 지역적 석재자원과는 구별되는 것을 볼 수 있다.

38 Kato 2114.

39 Kuzmin 2016.

석인이나 세석인 제작을 위해서 절대적으로 필요한 이러한 석재자원을 중심으로 주거지가 형성되고 일정한 범위 내에서 생계경제가 이루어지는 것을 볼 수 있는 것이다.[40] 그래서 석기 제작과정에서 적용되는 특정한 석기와 석재의 관련성은 결국 생계 전략적인 행위를 잘 보여주고 있는 셈이다. 사할린섬의 후기구석기시대 유적과 홋카이도섬의 흑요석 산지인 오케토 유적 사이에 보이는 흑요석의 움직이는 거리는 거의 1000킬로미터에 달하는 것도 있으며 홋카이도에서 감챠카까지 1500킬로미터 떨어진 곳까지 확산한 때도 확인된 바 있다.[41] 후기구석기시대 인들의 생계진략의 단면을 볼 수 있는 사례이다. 특히 북쪽 지역의 현생인류들이 적응하기 위해서는 동물성 식료의 획득이 적응의 불가결의 전제조건이라고 한다면 이러한 도구가 필연적인 수단을 제공하였을 것으로 추정되는 것이다. 인도지역의 세석인 공작의 기원에 대해서도 위험도가 높아지는 기후 환경에 적응하기 위한 것이라는 설명이 있다.[42] 대체로 인도에 최초로 발생하는 5만 년 전에 기후가 건조하고 서늘해지는 방향으로 변화하기 시작하였고 이러한 기후에 적응하는 과정에서 석인석기들에서 세석인으로 진화한 것으로 보는 것이다. 그러한 점에서 동아시아의 남북의 대비적인 석기 전통은 인간이 적응하는 방식을 명료하게 보여주는 것이며 구석기시대의 도구가 가지는 의미를 알 수 있게 만드는 것이다. 이러한 후기 구석기적인 현상은 바로 전기구석기의 아슐리안 석기의 이해에도 '똑같이' 적용되어야 하는 문화이해의 기본일 것이다.

40 Kato 2017.

41 Kuzmin et al. 2002; Kuzmin 2016.

42 Clarkson et al. 2018; Attenbrow et al. 2009.

3 남방에 있어서 석기문화의 연속성과 단절

3.1 서아시아와 중동아시아에서 남인도의 연속성

상부 홍적세의 구석기문화 전파나 현생인류의 확산과정에서 가장 뜨거운 지역이 바로 중근동지역과 남아시아지역이라고 할 수 있다. 인도아대륙의 경우에는 동아시아지역으로 넘어오는 중간 지역에 해당하는 셈인데 중근동이나 아프리카 지역의 문화적인 영향을 크게 받은 것으로 이해하고 있다. 현생인류가 아프리카에서 아시아 대륙으로 오는 과정에서 처음으로 마주치는 곳이 중동지역이고 그곳에서 확산하면서 북으로 그리고 남으로 이동하게 되는데 남아시아지역으로 연결되는 셈이다. 그런데 이 지역에 상부 홍적세 동안 현생인류의 이동과 관련하여 그동안 많은 토론이 있었다. 이것은 앞서 설명한 바로 현생인류의 진화 연대나 탈아프리카의 연대가 지속해서 변화하면서 이 지역의 고고학적인 증거들이 대단히 중요한 의미로 쓰이게 된 것이다. 애초에는 아라비아 대륙에서는 거대한 사막으로 구석기인의 출현 흔적이 발견된 것이 별로 없었지만, 최근의 조사에서 과거에 이 지역이 습한 기후로 오늘날과는 완전히 다른 환경이었을 뿐 아니라 또한 석기 공작 역시 많이 발견되었던 것이다.[43] 그리고 발견된 석기 공작들이 동아프리카의 동시대 석기 공작, 즉 현생인류 유적에서 나오는 석기 공작과 유사성이 많은 석기가 발견되었던 것이다. 석기 구성이나 제작 기술적인 면에서 동아프리카의 누비안문화와 상관성이 지적되고 있다. 특히 상부 홍적세의 초기, 즉 MIS 5와 MIS 4시기에 많은 유적이 고대 호숫가에서 중기구석기 공작이 발견되었다. 그래서 현생인류가 아프리카에서 중기 구석기를 들고서 아라비아로 이동하고 다시 인도로 이동하였을 것으로 추정하였다.[44]

43 Crassard & Hilbert 2013; Groucutt et al. 2014.

44 Groucutt et al. 2015.

인도 지역에서도 중기구석기시대의 유적들이 많이 발견되는데 최근에는 가장 오래된 아슐리안 주먹도끼 유적으로 알려진 아트람파캄 유적의 상부에서 나오는 중기구석기 공작은 그 연대가 17만 년 전으로 추정하는데 현생인류와 관련이 있다고 보는 것이다. 그래서 인도의 중기구석기 공작의 출현을 현생인류의 초기 확산과 관련지어서 생각하고 있다. 그런데 인도의 중기구석기 공작들은 이전의 아슐리안 석기 공작의 연속적인 성격이 강하게 나타난다. 이러한 점은 새롭게 확산하여온 문화와 어떻게 구별될 수 있는 것인지에 대해서 논의가 필요할 것으로 생각된다. 다시 말해서 중기구석기문화라고 하지만 그 세부적인 특성에 대해서는 아직도 논의가 별로 많지 않기 때문에 그 확산의 양상을 구체적으로 설명하기는 어렵다고 할 수 있다. 또한 인류화석들이 발견된 사례가 없는 점도 역시 지금으로서는 한계일 것이다. 다만 현생인류가 상부 홍적세 초기에 이동을 시작하였다고 본다면 시기적으로 아프리카중동 그리고 인도대륙으로 연결될 수 있다는 점은 분명할 것이다.

그렇지만 실제로 7만 4000년 전에 발생한 토바 화산 폭발과 화산재의 강하 이후에 인도 지역에서 나타나는 석기 공작들을 보면 아프리카에서 현생인류 즉 호모 사피엔스가 만들었던 중기구석기 공작과 흡사하지만, 중근동지역의 네안데르탈인들이 만든 중기구석기 공작과는 다른 점이 지적되는데 이것은 앞서 언급된 바의 아마도 현생인류들이 아프리카 지역에서 상당히 일찍이 이 지역으로 확산하여 온 것을 보여주는 증거가 된다고 생각하는 것이다.[45] 또한 최근의 연구에서 동아프리카의 중기구석기 공작과 근동지역이나 아라비아반도의 중기구석기 공작이 대단히 유사하다는 점이 지적되고 있고[46] 이것이 중기구석기를 가진 현생인류가 동아프리카에서 아라비아반도로 들어와서 동으로 확산하였고, 그러한 증거로서 토바 화산재 하부층에서 발견되는 중기구석기 층들이 현생인류가 남긴 것으로 생각할 수 있다는 것을 주장하고 있다, 그리고 이러한 석기 제작의 특성은 토바 분출 이전과 이후에 연속된다는 점이 현생인류의 도래가 유전자적인 분석의 결과와 상관없이 상당히 일찍이 이루어졌음을 보여주는 증거로 생각하는 것이다.

다른 한편으로 시대가 늦은 후기구석기시대의 석기 공작에서도 동일한 확산패턴을 가지고 동으로의 확산을 주장하기도 하는 것이다. 인도대륙의 반달형 등가공 세석기들을 포함하여 세석기 문화가 인도대륙과 스리랑카지역에서 적어도 3만 5000년 전에 나타나는데 이러한 석기기술들이 남아프리카에서 6만 5000년 전에 시작되는 호위슨즈 푸르트(Howieson's Poort) 석기문화에서 온 것이라는 주장이 제기된 바 있다.[47] 인도 지역의 경우 학자에 따라서는 현생인류가 크게 두 가지 단계의 석기 제작기술을 시간적인 차이를 두고

---

45 Dennel and Petraglia 2012.

46 Groucutt et al. 2015; Goder-Goldberger et al. 2016.

47 Mellars 2006.

확산하여 왔다고 보는 것이다. 그러나 이러한 석기 공작들이 인도대륙으로 확산하는 중간 과정 지역이라고 할 수 있는 근동의 자그로스 지역이라든지 아라비아 지역에서 발견된 적이 없기 때문에 이 지역에서 확산하여온 현생인류가 자생적으로 만들어낸 석기 공작이라고 보는 것이 타당하다는 견해도 있다. 이 점은 결국 석기 공작의 연속적인 분포와 상관없이 현생인류가 확산하여 온 것을 말하는 것이다.[48] 그러나 다른 한편으로 이미 "해안 특급"이라고 제기된 바와 같이 해안을 따라서 빠르게 이동하는 경우에 석기 유적들이 대부분 바다 밑에 있거나 해안평야의 침식과정에서 사라졌을 수가 있다고 볼 수 있을 것이다. 이러한 인도의 현생인류의 확산과정에 대한 논쟁에서 결국 상부 홍적세의 문화변동 특성이 하나의 요인에 의해서 설명되는 것은 어렵다는 점을 분명히 보여주는 사례라고 할 수 있다. 중기구석기 공작이든 또는 세석인 공작을 포함하는 후기구석기 공작이든 간에 상부 홍적세 동안 인도지역은 결국 아라비아반도를 경유해서 동으로 확산하는 아프리카 기원의 석기문화가 널리 확산하여 있었다는 것을 알 수 있다. 이러한 석기 공작들의 확산 연대와 그 횟수는 결국 현생인류의 확산패턴을 입증하는 증거로 사용되고 있다.

그런데 인도지역의 세석인 공작의 출현은 일종의 수수께끼와 같은 점이 있다. 메타케리 유적에서 발견된 세석인의 경우에는 4만 년 전을 넘는 시기로 알려졌는데[49] 적어도 이 지역의 석인석기 공작의 시작 시기와 비슷한 연대라고 할 수 있다. 그래서 인도 지역에서 대단히 이른 시기에 시작된 세석인들이 그 후 철기시대에 이르는 시기에까지 연속적으로 사용되는 것을 볼 수가 있다. 그런데 메타케리 유적이 위치한 환경은 비교적 숲이 있는 건조한 지역으로서 그러한 석기의 출현을 쉽게 예측할 수 있는 곳이지만 인도 남부 그리고 스리랑카의 열대 우림이 있는 환경 속에서 나타난 세석인 공작의 경우에는 일반적으로 시베리아 등지와 같이 초원지대에서 사냥을 주생계원으로 하던 집단들의 석기 공작이라는 점과는 크게 다른 상황에서 만들어진 것이어서 중요한 사례이다. 그리고 이러한 석기 공작의 연대 역시 시기적으로 MIS 3시기에 만들어진 것으로 보여서 기후변동이 극심하지 않은 단계에서 기술적인 확산이 이루어진 것으로 볼 수 있을 것이다.

48 Dennel and Petraglia 2012.

49 Mishra et al. 2013.

3.2 남아시아와 동남아시아의 불연속적인 문화분포

남아시아지역과 동남아시아지역은 지리적으로 연속됨에도 불구하고 구석기 공작의 진화양상은 극명하게 차이가 난다. 남아시아지역, 즉 인도 파키스탄에서는 중근동의 석기 진화과정과 유사한 단계로 진화하는 것을 볼 수 있지만, 동남아시아에서는 석기 공작 자체가 많지 않을뿐더러 석기기술진화는 두드러지지 않고 석핵 - 박편의 단순기술이 지속하는 것을 볼 수 있다. 그런데도 현생인류가 남아시아에서 이 지역을 통과하여 오스트레일리아와 동북아시아 지역으로 확산하였다는 점에서 고인류와 문화와의 관계에 대해서 많은 논의가 필요하다. 이미 문제가 제기된 바 있는 오래된 석기 공작자료가 아니더라도 최근의 조사에서 밝혀진 자료에서 보아도 동남아시아지역에서도 석기가 이른 시기부터 사용된 것은 확인되고 있다. 오래된 석기 공작이 별로 없고, 있다고 하더라도 기술적으로나 형태적으로 불규칙성이 긴 시간을 지나면서도 지속하고 있다.

인류의 석기문화 일반적인 발전 단계와는 달리 동남아시아지역에서는 그러한 기술적인 발전이 희미할 뿐 아니라 실제로 석기의 출현 빈도 자체가 극히 적다고 할 수 있다. 그래서 대체로 석핵과 박편으로 구성된 석기 공작이 보이는 것이 일반적이고 또한 주먹도끼 형태가 나중에 나타나기는 하지만 연대가 불분명한 것이 많고 그러한 석기들이 널리 사용된 흔적은 보이지 않는다. 특히 현생인류 화석들의 연대가 이 지역에서 불명하거나 문제가 많은데 가장 오래된 것으로 보이는 푸눙에서 발견된 앞어금니의 연대를 동물상 구성을 토대로 12만 6000년 전에서 8만 년 전으로 보기도 하지만 믿기 어려운 점이 많고 필리핀에서 발견된 칼라오의 무릎뼈 역시 6만 7000년 전으로 보는데 그 형태적으로 혼란스럽고 분명히 현생인류가 이른 시기에 바다를 건너간 증거로 생각할 수가 있을 것이다. 그런데 이러한 유적의 구석기 공작은 극히 빈약한 편이라고 할 수 있다. 결국, 상부 홍적세 동안에도 현생인류들은 이곳까지 지속해서 밀려오고 또한 동북아로 그리고 오스트레일리아로 가게 되었지만, 석기 공작은 블랙홀 같이 아프리카나 인도의 기술들이 전이된 흔적들을 찾기가 어렵다.

상부 홍적세 동안 남방 루트에 속하는 인도와 동남아시아지역을 묶어서 생각하여 본다면 인도에서 비교적 일찍이 석인석기가 시작되는 것은 결국 이 지역에 중기구석기시대에 르발르와 기법이 널리 퍼져 있었기 때문으로 볼 수도 있고 더욱 중요한 것은 아프리카 - 근동/중동 - 남아시아 인도로 이어지는 인류의 확산 루트를 따라서 현생인류의 확산이 지속해서 이루어졌기 때문이라고 볼 수 있다. 그리고 이 지역에서는 대단히 이른 시기에 세석인이 출현하게 되는 것도 그러한 석기 제작기술전통에서 유래하는 것으로 생각된다. 또한, 아프리카와 서남아시아의 석기 제작전통이 확산하여 왔기 때문이라고도 볼 수 있다. 그런데 방글라데시를 포함하여 그 이동 지역에서 석인 또는 세석인이 전무한 것은 이 지역의 환경적인 요인에서 그 원인을 찾을 수밖에 없을 것이다. 석기의 필요성이 적고 대체재의 개발이 수월하여 환경에 적응하는 과정에서 도구로서 석기의 효율성이 상대적으로 떨어지는 상황이었을 것으로 생각할 수 있을 것이다. 이것은 결국 이 지역이 열대 또는 아열대 우림지역으로서 생태환경 조건이 달랐음을 암시하는 것으로 보아야 할 것이다. 그런데 남인도나 스리랑카지역 역시 위도상 비슷하고 더운 지역이라는 점에서 환경의 유사성을 주장할 수 있지만, 이 지역에서 대체로 3만 5000년 전 전후한 시기에 세석기의 출현을 일견 아프리카 지역과 연결하기도 하지만[50] 그 석기 제작 기술상의 차이로 보아서 독립적인 발전으로 보기도 하는데,[51] 유사한 독립진화가 오스트레일리아 지역이나 술라웨시섬에서도 발생하는 것으로 미루어 보아서 가능할 수도 있는 것처럼 보인다. 다만 아직까지 그러한 석기 공작이 동남아시아의 광대한 지역과 섬들에서 발견된 사례가 극히 드문 것이 현재의 고고학적인 자료 양상이자 패턴이다.

그래서 근본적인 질문은 스리랑카와 남인도 지역에서 생겨난 세석인 공작들이 어떠한 과정으로 나타났는지 동남아시아지역과의 생계경제의 차이점을 발견하지 않으면 설명이 어려울 것이다. 문제는 동일한 환경인 열대 우림 지역이라는 점에서 동남아시아지역을 스리랑카의 경우와 어떻게 대비하여 설명할 것인지는 앞으로 해결해야 할 문제이다. 현재로서는 앞서 언급한 바와 같이 환경 적응의 전략이 다르기 때문에 적응과정에서 도구의 세트를 다르게 선택하였을 것으로 보는 것이 현재로서는 타당하다고 보는데 인도의 남부나 스리랑카지역의 경우에는 이러한 설명이 설득력을 잃게 된다. 어쩌면 이 시기가 MIS 3 후반에서 MIS 2의 상당한 시기에 해당하는데 이 시기 동안 널리 펼쳐진 대륙붕의 해안을 통해서 이동이 집중되었을 가능성을 제기할 수도 있을 것이지만 그렇다고 하더라도 정작 동남아시아지역에서 완전히 사라진다는 것은 이해하기가 어려운 점이 있다. 인도와는 달리 동남아시아지역은 유전자 연구에서 오래된 형질의 고인류들의 유전자 출현 빈도가 두드러진다는 점에서 현생인류가 들어오는 시기에도 고형의 사피엔스가 일종의 피난민집단으로서 남아 있었을 가능성도 있을 것이다. 이러한 집단들이 가지고 있던 석기 공작에 동화되어 새롭게 발전한 석인석기 공작들이 제작 공정상에서 그 효율성을 잃었을 가능성도 있는 것이다. 여하간에 오늘날 그 어떤 설명도 이 지역의 석기 공작의 현상을 완전하게 설명할 수 있지는 못할 것이다.

---

50 Mellars et al. 2013.

51 Bellwood 2013.

4 상부 홍적세 구석기의 남-북과 동-서 패턴

후기구석기 공작기술의 지역적인 분포패턴은 근본적으로 남북의 환경적인 조건의 차이에서 오는 기술적인 적응의 차이라고 생각하는 것이 당연할 것이다. 이러한 것은 인류종의 차이나 진화단계의 차이는 전혀 아닐 것이다. 현재의 확인된 증거로서 동남아시아지역에서도 호모 에렉투스, 고형의 사피엔스, 플로렌시스 그리고 현생인류 등, 다른 종의 인류가 같은 환경 공간에 살았지만, 석기 공작의 두드러지는 차이는 보이지 않는 것이다. 동시대라고 하더라도 그 차이를 확인하기는 어려운 것이다. 결국 문화 진화적인 관점에서는 아시아지역에서 석인석기의 분포가 현생인류의 확산을 보여주는 가장 핵심적인 문화적인 증거이지만 상부 홍적세의 현생인류 이동을 전체적으로 보여주는 것은 아니다. 왜냐하면 유전자의 흐름과 석인석기의 확산과정이 일치하는 것이 아니기 때문이다. 앞서 논의된 '현생인류가 동남아시아지역에서 왜 석인석기 공작 제작기술을 포기하게 되었던가?'에 대해서는 여러 가지의 가설들이 있지만,[52] 근본적으로는 이 지역의 석기 공작들이 보여주는, 중부에서 상부 홍적세에 이르는 긴 시간 동안의 통시적인 패턴이 소량의 석핵과 작은 박편이 현대의 고고학에서 얻어진 희미한 증거로 남아 있는 한 완전히 다른 차원의 해석이 필요할 것이다. 다시 말해서, 그 정도의 기술, 즉 도구 제작에 대한 적은 노동 투자로도 충분히 생계자원을 얻을 수 있기 때문이라고 설명될 수밖에 없을 것이다. 그리고 그러한 모델은 오늘날도 오스트레일리아의 원주민들의 석기 공작 전통에서도 볼 수 있다는 점에서 기능적인 차원에서 이해되는 것이 타당할 것이다. 다른 한편으로는 동남아시아지역의 상부 홍적세 석기 공작의 패턴이 보여주는 양상은 석기 공작이 환경 적응의 도구로서 작용하는 과정에서 우리가 선지적인 경험이 깡그리 무시될 수도 있다는 사실을 고고학자들에게 일깨워

---

52 White 1977; Davison 2010; Watanabe 1985.

준 경우이기도 한 것이다.

동아시아지역, 즉 동북아시아와 동남아시아지역의 석기 공작진화의 패턴이 뚜렷하게 구분되는데 바로 '남북 간 대비패턴'이다. 가장 핵심적인 것이 바로 르발르와 기술을 중심으로 하는 중기구석기의 출현과 후기구석기로의 진화 현상에서 남쪽의 열대 아열대 동남아시아와 중국 남부 지역 그리고 인접한 섬 지역과 대비되어, 북쪽 지역 중앙아시아 - 몽골 그리고 동북아시아의 북쪽 지역, 즉 중국의 북부, 한반도 그리고 일본 열도 지역에서 보이는 현격한 차이이다. 이러한 지리적인 패턴, 즉 남북 간 대비, 그리고 그 차이가 점진적이지만 북쪽 시베리아 지역에서 동서지역 간의 석기 공작기술의 분포 패턴은 복합적인 요인에 의해서 설명될 수 있을 것으로 생각된다. 석인이나 세석인 공작을 만들어 내는 과정은 석재를 구하는 작업에서부터 많은 시간과 노력이 필요하고 또한 운반에도 전략적인 방안들이 필요하였을 것이다. 그래서 석기를 제작하는데 소요되는 에너지가 그만큼 크다는 의미이며 자연에서 실질적인 식량 획득이 이루어지기 전에 엄청난 투자가 전제되는 것이다. 고도의 기술에 에너지를 투자하는 경우에 당연히 식량획득이나 생계경제에 그만큼의 이점이 있다는 것을 예측하는 것이다. 이것은 다른 한편으로 식량획득이 그만큼 어렵다는 점도 의미하며 그러한 어려움 속에는 대상 자체가 희귀하거나 획득과정의 난이도의 문제가 있는 것이다. 그러한 점에서 북부 시베리아 몽골 그리고 동북아지역을 잇는 환경의 벨트 속에서는 사냥이 주요한 식량 획득의 수단이었을 것이고 도구의 발전이 이루어지지 않는다면 생존에도 어려움이 있었을 것은 틀림없을 것이다. 서부 시베리아 지역에서 확산하여 오지 않거나 또는 독자적인 개발이라도 하지 않으면 시베리아에서 생존하고 동서 이동은 대단히 치명적인 한계상황이 되었을 것이다.[53] 석인과 세석인의 확산의 영역을 보면 중국의 북부, 한반도 그리고 일본 지역에서는 나타나지만, 중국의 중남부 지역에서는 보이지 않는다. 이것은 기후 환경의 차이로 이해할 수도 있지만, 대단히 효율이 높은 도구로서 석인과 세석인이 더 이상 남쪽으로 확산하지 않은 것은 새로운 설명이 있어야 할 것으로 보인다. 중국의 남부지역에서는 박편석기 문화가 전기구석기 이래 계속되는 것은 도구에 대한 문화적인 개념이 달랐을 것으로 보는 수밖에 없을 것이다. 그리고 그러한 문화전통의 연속성은 결국 동남아시아의 석기 공작전통과 통할 수도 있다. 결국 남방지역에서 북방으로 지속해서 인구가 확산하는 과정에서 박편석기 전통을 유지하게 되고 그러한 기술로써도 생계유지에 큰 문제가 없었을 것으로 생각할 수가 있다. 결국 인도지역에서 석인과 세석인 기술이 발달하지만, 석기 제작기술이 동남아시아로 확산하지 않은 것과 같은 맥락에서 이해될 수 있을 것으로 판단된다.

53 Goebel 2008.

이러한 구석기문화 패턴에 대해서 그동안 많은 토론이 있었는데 그중에서 대나무 학설에 대한 관심이 큰 것이 사실이다. 그러나 동남아시아의 열대우림지역의 빈약한 석기 공작 자료들을 이해하기 위해서는 이 지역의 환경에 적응하는 과정에 대한 이해가 반드시 필요하다고 생각된다. 그동안 오스트레일리아의 고고학자들을 중심으로 동남아시아 열대 우림지역이나 오스트레일리아를 포함한 순다와 사훌의 섬 지역의 석기 공작의 보수적인 패턴을 설명하기 위한 다양한 노력이 있었다. 현대 민족지적인 관찰이나 실험고고학적인 관찰이 많이 이루어지면서 석기의 제작과 기능적인 적용에 대해 집중적인 논의를 해오면서 타당한 설명을 위한 민족지적인 근거가 제시되었다. 이 지역의 현대 사냥 채집집단의 생계 활동에 대한 정보를 보면 석기의 효용이 크지 않았을 가능성이 더 큰 이유가 될 것으로 생각된다. 타이랜드 북쪽의 사냥채집집단인 파이 통 류앙 족에 대한 관찰이나,[54] 칼리만탄의 열대우림 속에 살고 있는 바텍 드(Batec de)종족의 생계는 주로 구근에 의지하는데 이러한 식물 뿌리는 그다지 큰 도구 없이도 채집이 가능하다는 점을 본다면 석기 공작의 빈약한 패턴을 이해할 수 있을 것으로 생각된다.[55] 또 다른 환경적인 조건에서 생각하여야 할 것은 이른 시기의 유적들, 즉 트리닐, 상기란, 퍼닝, 켄둥부르투스 등의 유적들은 모두 해변의 라군이나 강 하구 등등의 해안과 관련된 지질층들인 점에서 고인류들의 생계전략이 우리가 일반적으로 생각하지 않던 다양한 수자원에 의존하면서 별다른 도구가 필요하지 않았을 것으로도 생각할 수 있는 것이다.[56] 그래서 결국 생태환경 속에서 이루어지는 생계 활동의 과정에 대한 검토가 전제되어야 한다. 궁극적으로 동남아시아의 환경적인 조건에서는 생계자원의 특성상 석기의 의존성이 극히 필요성이 낮을 수가 있다는 점이 석기 공작 기술의 미발달 원인으로 고려되어야 할 것으로 생각된다. 그러한 후기구석기시대의 무석인 석기 공작의 분포가 중국의 남부지역에까지 확산하여 있는 것을 보면 그 생태적인 연속성이 큰 작용을 하였을 것으로 판단될 수밖에 없는 것이다. 그리고 다르지만 연속된 생태환경이라고 할 수 있는 오늘날 서해의 이동 지역인 한반도와 일본 열도에서도 후기구석기 초창기에 보이는 석기 공작의 양상은 이러한 현상의 연장에서 생각될 수밖에 없는 것으로 생각된다.

인도대륙을 포함한 아시아지역에서 석기 공작의 시작과 그 진화의 과정에서 생겨난 패턴에 대한 이해는 아마도 현대 구석기 고고학의 새로운 발전에 큰 논쟁의 주제가 될 전망이다. 이것은 그동안 서구적인 모델들을 가지고 보아온 동아시아 구석기 고고학의 패러다임 쉬프트를 가져올 것으로 기대하게 되고, 또 한편으로 글로벌 패턴의 이해에 어떠한

54 Pookajorn 1988.

55 Kusmartono et al. 2017.

56 Bettis et al. 2009.

방법론을 가지고 접근하여야 할 것인가를 다시 한번 생각하게 만드는 것이다. 그러한 작업의 필요성에 대해서는 근래 많은 고고학자가 동의하고 있는데, 후기구석기시대의 문화에 대해서도 유럽 아프리카에서 보이는 현상을 토대로 '현대적'이라고 정의된 기준을 가지고 일반화하는 것은 위험하다는 지적이 있고 다양화한 적응의 개념이 더욱 중요하다는 지적이 있는 것이다.[57] 구체적인 성과를 가지기 위해서 아직도 많은 노력과 인내가 필요할 것으로 생각된다. 왜냐하면 아직도 방법론에서 원천적인 논의가 되어 있다고 볼 수 없는 것은 용어의 정의와 그 적용에서 학자마다 다르고 또한 유적의 형성과정에 대한 논의가 크게 부족한 점이 있다. 이것은 아직도 지질학적인 변화와 고고학적인 시간성 사이에 있는 괴리에 대해서 충분히 인식하지 못한 결과라고 생각된다. 이 점은 각 유적에서 발견된 유물들이 가지는 대표성을 어떻게 설정할 것인가의 문제에 대한 논의를 말하는 것이다. 그리고 더욱 근본적인 것은 구석기 공작의 패턴과 고인류의 인지능력에 대한 평가이다. 석기의 제작기술은 고인류의 인지능력으로 이루어지는 작업의 결과물이지만 그러한 것이 하나의 선택적인 과정으로 보는 것에 대해서 이중적인 입장을 취하는 경우가 허다하게 보이는 것이다. 석기 제작기술이 발달하였다고 하더라도 인지능력이 특별하게 더 진화한 것이라는 보장은 없는 것이다. 여하간에 이러한 문제점에도 불구하고 그동안 많은 자료가 누적되었고 또한 다양한 시각에서 논의가 이루어져 온 점은 엄청난 발전이라고 할 수 있을 것이다.

그동안 많은 조사에도 불구하고 근래 지속해서 새로운 자료들이 출현하는 것을 보면 아직도 동아시아지역에서도 구석기시대 인류의 정체를 보려고 하면 많은 작업이 필요할 것으로 생각된다. 대상이 되는 지역의 구석기문화는 환경에 따라서 석기문화의 양상이 변화하는 것을 볼 수가 있다. 그래서 이 책의 서두에서 구분되었던 지역들, 즉 인도아대륙, 동남아시아 열대우림지역, 중앙아시아와 시베리아 몽골지역, 중국과 한반도를 포함하는 동북아시아 지역 그리고 일본 열도 등으로 구분할 수 있을 것이다. 각 지역들은 지리적인 위치와 이동의 조건 등에서 차이가 나서 이동의 경로상에서 차이를 가지게 되거나 또는 기후와 식생이 달라서 결국에는 인류거주의 역사와 문화의 진화과정이 달라진 것으로 볼 수 있을 것이다. 그 과정을 보면 고인류의 확산에 따라서 가지고 있던 기술이 확산하기도 하지만 여러 가지 불명한 이유로 인하여 그 전통이 단절되는 것이 동아시아 인류 확산의 과정에서 보이는 것이다. 어쩌면 연속이라는 점보다도 단절이 던지는 인류 확산의 과정을 이해하는 데에 의미가 더 클 수도 있을 것이다.

고인류 확산의 계통적인 차이와 함께 이들이 가지고 있던 기술적인 차이 그리고 각 지역에 적응하면서 그러한 기술들이 가지는 효용성, 즉 적응과정에서 기술적인 채택의 어

57 Shea et al. 2011.

부에 의해서 기원되고 지속한 차이라고 판단된다. 그동안 주먹도끼 공작의 다양성에 대한 토론에서 문화전파의 모델과 지역 생태환경의 적응의 모델이 경쟁적으로 적용되고 있다는 점은 석기발전단계에 대한 논점의 본질을 흐리게 하는 점이 있지만, 상부 홍적세의 동아시아의 석기 공작들은 석기 공작의 형태적 그리고 기술적인 진화와 분포패턴을 이해하는데 인간의 인지능력이 우리가 생각하는 것보다도 훨씬 광범위한 선택을 하고 있다는 점을 분명히 하는 것이다. 그리고 앞으로도 이러한 패러다임을 가지고 구석기시대의 인류들의 문화적인 양상을 이해하지 않으면 기존의 틀로서 지속해서 문화의 진정성을 이해하지 못하게 되는데 이것은 고고학자들의 편견 내지는 새로운 관점의 개발에 게으르다는 평을 받을 수밖에 없을 것이다.

5 극동아시아지역의 문화복합 양상과 후기구석기문화의 지역적 변동과정

상부 홍적세 동안 새롭게 출현한 인류가 동아시아지역으로 확산하여 갔으며 각 지역의 다양한 환경에 적응을 거듭하였을 것이다. 그러한 과정에서 현생인류 또는 미지의 인류들이 다양한 환경에 적응하고 있었음을 알 수 있다. 그런데 이러한 다양한 환경에 적응하면서도 결국 오늘날 현생인류만이 살아남은 것은 그만큼 현생인류의 문화적인 적응 능력이 뛰어났기 때문이라고 할 수 있다. 그래서 각 지역에서 각기 다른 특질이 보인다고 하더라도 하나의 종으로 통일되어 가는 것은 결국 그러한 것을 입증하는 것으로 볼 수 있다. 현생인류의 가장 큰 문화적인 특징은 기술적으로는 석인석기의 제작이고 다른 한편으로 보편적인 인간성의 표현, 즉 예술과 상징, 이라고 할 수 있을 것이다. 이러한 경향은 동아시아지역에서도 마찬가지이며 일반적인 인지적 특성과 높은 수준을 보여주는 것이다. 현생인류 단계에서 보여주는 문화적인 다양성은 현생인류의 인지적인 능력을 그만큼 확장된 것을 말해 주는 통합적인 증거인 것이다. 그리고 문화적인 다양성을 이루어나가는 과정에서 끊임없이 융합적이고 창의적인 사고가 이어졌을 것이고 그러한 과정은 문화적인 유입이 많은 지역에서 그만큼 더 자극이 많고 새로운 문화를 만들어낼 수 있는 소재가 다양하게 존재하는 것으로 할 수 있다.

동북아시아 지역은 유라시아의 인류 진화에서 대단히 특이한 지역이다. 왜냐하면 인류는 지속해서 이동하면서 진화하였지만 크게는 서쪽에서 동쪽으로 애초의 이동이 있었다는 것은 이미 잘 알려진 사실이다. 그런데 아시아 대륙의 구조상 남북의 교류는 제한되는 반면에 동서 방향의 이동이 남과 북으로 갈라져서 이루어지게 되는데 서쪽으로부터 오는 문화적 흐름이 만나는 곳이 바로 동북아지역이기 때문이다. 그래서 서쪽에서 확산하여 오는 석인석기 공작은 내몽골지역을 지나서 한반도 - 일본으로 확산하여 왔을 것이고 세석인의 경우에도 그러한 가능성이 있는 것이다. 그리고 그 이전의 르발르와 기법도 동으로 확산한 흔적이 있고 그 흔적의 끝단은 바로 내몽골이 되는 것은 분명히 상부 홍적세 동안의 시베리아-몽골의 구석기문화의 흐름을 보여주는 것이다. 반면에 석기 공작의 뚜렷한 전통이 약하고 석핵-박편의 원시적인 기법이 지속한 남방지역에서 오는 문화적인 영향은 눈에 두드러지지 않는다. 그렇지만 한반도 지역에서 석인석기 제작이라는 구석기의 혁명적인 기술의 보급에도 불구하고 지속해서 원시적인 석기 제작이 광범위하게 이루어지는 것은 두 가지의 원인이 있을 것이다. 하나는 지속적인 석핵-박편 석기 제작기술의 문화전통을 가진 집단들이 유입되거나 또는 이 지역의 자연환경이 북방지역과는 다르기 때문에 석인석기의 기능성이 떨어질 수 있다는 것이다. 그래서 적절한 정도로 또는 대상에 따라서 석인석기 공작제작이 이루어질 수도 있을 것이다. 여하간에 이 지역에서는 문화적인 양상이 잡종적인 성격이 강하게 남아 있는 것을 알 수 있다. 또 다른 가능성을 말하자면 바로 도구의 특화를 통한 생계 적응의 효율을 개선할 수 있을 것이다.

동아시아의 극동지역, 특히 한반도와 일본에서 후기구석기 초기에 나타나는 석기의 공통적인 특징으로서 슴베찌르개와 박편 첨두기의 등장을 들 수가 있다. 이러한 장착형의 석기들은 서구에서도 일찍이 북아프리카의 아테리안(Aterian)과 같이 중기구석기에 출현하게 되지만 극동지역, 즉 한반도-일본-연해주 지역에서 대단히 특징적인 도구 제작으로 나타나는데 한반도에서 후기구석기 초기에서부터 대유행하는 것을 볼 수가 있다. 이것은 이 지역 주민들의 기술적인 혁신의 하나일 것으로 생각된다. 한반도를 중심으로 하는 지역에서 특징적으로 나타나는 슴베찌르개 공작은 석인기법과는 별도로 기능적인 측면에서 그 발생 과정을 보아야 할 것으로 생각한다. 그리고 동아시아의 석인석기 공작의 구성이 유럽지역과 좀 다른 점을 지적하는데[58] 그러한 석기 구성의 변화는 지역적인 기술적응의 과정에서도 차이가 날 수 있어서 좀 더 논의가 필요하다고 생각된다. 물론 이러한 슴베찌르개는 다양한 형태로 중부 구석기시대 이래 후기구석기로 이어지는 경우가 많이 보이지만 동북아시아 지역에서는 한반도 중심으로 하는 지역에서 두드러지기 때문에 지역적인 특성이라고 할 수 있다. 그런데 이 석기 제작기술 역시 대체로 4만 년을 조금 상회하는 시기의 것으로 볼 때 현생인류의 확산이나 석인 기술이 도입되는 환경에서 적응하는 과정에서 지역적으로 발생한 석기문화라고 볼 수 있을 것이다. 그래서 상부 홍적세 후반에 동북아시아 지역의 슴베찌르개 내지 박편 첨두기 문화의 광범위한 유행은 이 지역의 후기구석기시대의 문화적인 적응의 특성을 한마디로 정의하여 "슴베찌르개 문화권(Tang point cultural complex)"이라고 부를 수 있을 것이다. 이 점은 이 지역에서 다른 지역과는 차이가 날 정도로 장착형의 도구가 상용되었다는 점을 암시하는 것이다.

이 석기는 바로 장착형 도구의 출현이라고 판단할 수 있는데 이것은 당시의 생계경

58 Brandtingham et al. 2001.

제에서 사냥이 차지하는 비중이 높아지는 현상과 관련이 있을 것으로 보인다. 물론 장착형의 도구들이 사냥용만이 아닐 수도 있지만[59] 기후변화가 새로운 도구 세트를 필요로 하게 된 것은 틀림없을 것으로 보인다. 그런데 한반도의 경우에 슴베찌르개가 애초에 박편으로 제작되는 과정을 보면 이 석기 제작은 이미 후기 이전에 발생하여 사용되기 시작하였을 것이고 그 중간 석재, 즉 블랭크가 석인석기가 도입됨으로써 석인으로 대체되었다고 보는 것이 맞을 것이다. 특히 MIS 3의 후반과 MIS 2의 시기에 크게 유행하고 그 이후에 지속하는 것으로 보아서 그 기능을 짐작할 수가 있을 것이다. 이 석기 공작은 한반도 일대 지역에서 이 지역의 환경 변화에 적응하는 과정에서 유용한 도구가 되었을 것이지만 아직도 그러한 도구 적응과정에 대해서는 확실한 것이 없다. 다만 장착하였다는 점과 그 첨두 부분이 사용되었다는 점은 사용 흔 분석에서 확인되는 것을 알 수 있다.

또 다른 장착형 도구를 만들기 위한 석기로서 만들어지는 세석인 출현 이후에 나타나는 석기 제작 기술의 혁신은 바로 양면 가공 나뭇잎 모양의 첨기나 소위 각형첨상기라고 부르는 석기들도 아마도 이 범주에 속하는 석기들일 것이다. 그런데 세석인석기나 각형첨상기 석기들의 출현은 결국 두 가지의 다른 재질, 즉 돌과 나무를 가지고 필요한 기능을 강화하는 도구를 제작하는 것이 널리 사용되었다는 것을 보여주는 것이다. 그리고 장착형 도구들이 다양한 형식과 과정으로 만들어지게 된다는 점에서 특정 도구 문화의 다양화의 단계라고 볼 수 있을 것이다. 이러한 장착형 도구의 출현은 특히 사냥의 기술을 효율적이고 안전적으로 확장했을 것이다. 또한, 기후변동에서 초원이나 개활지 식생이 늘어감에 따라서 이에 적응하는 체구가 큰 짐승들을 사냥하는 경우가 늘어갔다는 것을 암시하는 것이기도 하다.

상부 홍적세 중후반의 기술적인 혁신의 속도는 인류가 도구를 만들기 시작한 증거가 있던 전 기간을 통해서 엄청나게 빠른 것이었으며 그 이전과는 비교가 안 될 정도였음을 보여주는 것이다. 이러한 문화 진화의 속도는 현생인류가 가지는 지적인 능력이 탁월하였음을 보여주는 것이며 다른 한편으로서 이 시대가 그 이전의 어느 시기보다도 환경적으로 열악한 시기였다는 것도 반증하는 것으로 할 수 있다. 다양한 예술적인 표현 역시 그러한 나쁜 환경 조건에 적응하기 위한 소통의 방편이었을 것이란 추정도 충분히 가능할 것이다. 상부 홍적세에 일어난 기술혁신은 석기 제작에만 국한된 것은 아니었을 것이다. 사냥의 방식이나 공간주거의 구축에도 일어났을 것이고 옷을 만드는 방식[60] 역시 혁명적인 변화가 있지 않고는 북쪽의 추운 지역에서 생존은 불가능하였다는 점에서 그 증거가 있건 없건 확실한 것이다. 신발 역시 후기구석기시대 이전에 발생하였을 것이라는 주장이 티안위

59 이헌종과 장대훈 2011.

60 Gilligan 2010.

유적과 숭기루 유적에서 발굴된 발가락뼈의 구조를 관찰하여 제기 한 바도 있다.[61] 그래서 유적에 따라서는 바늘이 나오고 다양한 소재로 지은 집들이 나오는 것이 그러한 새로운 문화의 보편적인 출현을 암시하는 것으로 할 수 있다. 도구에서도 뼈바늘의 존재는 세밀한 마제 기법의 발달을 보여주는 것이고 이것은 유적에 남아 있지는 않지만 추위를 극복하기 위한 옷이나 신발의 제작에 중요한 전환을 암시하는 유물일 수 있는 것이다. 또한 마제석기의 출현이 상부 홍적세에 이루어진 것임을 일본 열도와 한반도에서도 확인되고 있는 것이다.

61 Trinkaus & Shang 2008.

6 현생인류와 문화의 진화와 확산 그리고 지역 진화

현생인류의 진화와 확산을 이해하는 데 있어서 과거에 서구학자들에 의해서 이미 이루어진 학문적인 성과를 토대로 다른 지역을 이해하려고 노력하였다. 그래서 현생인류의 확산을 석인석기의 출현과 함께 예술과 신앙의 출현을 토대로 판단하려고 노력하였고 또한 그러한 것들이 현생인류의 인간성 발현으로 보고자하고 그러한 기준에서 다른 지역의 진화과정을 이해하려고 하였다. 그러나 오늘날에서는 그러한 단 하나의 기준과 과정을 가지고 현생인류의 진화를 논하는 것은 오늘날 알려진 자료를 토대로 보면 도저히 설명할 수 없음을 알 수 있다. 이미 중기구석기 이래의 문화 진화과정을 토대로 그러한 인간성의 발현과정이 점진적이고 단속적인 과정을 거친 것이라는 주장[62]을 하고 있다. 실제로 아시아지역에서는 상부 홍적세의 유적들에서 그러한 현생인류의 문화라고 판단하는 것들이 그렇게 하나의 세트로 나오는 것이 많지 않다. 예를 들어서 동남아시아지역에서는 아예 석인석기조차 없지만, 이 지역에 현생인류가 살지 않았을 것으로 말할 수는 없는 것이다. 그래서 동아시아지역이나 동남아시아지역의 고고학적인 증거의 자료들은 기존의 현생인류 진화의 개념으로는 설명하기 어렵다는 점이 지적되고 있다.[63] 현생인류의 단계에 들어서는 각 유적에 남아 있는 인간의 행위 세트들이 과거보다도 훨씬 다양하게 나타나는 것으로 할 수 있지만 한 종의 표식적 문화에 의해서 정의될 수 있는 것은 아닌 셈이다.

중국의 고고학자 중에서는 동아시아의 고인류들이 외부에서 오는 고인류를 흡수하여 이 지역에서 지속해서 진화한 것이라는 것을 염두에 두는 학자들이 있다는 사실을 앞서 제기하였지만, 현생인류가 몇 차례에 걸쳐서 아프리카에서 확산하여 왔고 또한 다른 동시대의 인류들과 유전적인 교류를 하였다는 것은 이미 유전자 연구에서 알려진 바 있다.

62 Mcbrearty and Brooks 2000.

63 Brumm and Moore 2005; O'Connel and Allen 2007.

그런데 이들이 어느 경로를 통해서 확산하여 왔으며 언제 유전자 교류가 다른 종 간에 있었던 것인지, 즉 어느 지역에서 어떠한 종들이 유전적인 교류를 하게 되어 오늘날 현대인들에게 네안데르탈의 유전자나 데니소반의 유전자가 남게 된 것인지, 특히 동아시아지역이나 태평양과 오세아니아의 섬들에 사는 주민들에게서 더 높은 빈도로 나타나고 있는지를 확인하는 것이 현재 동아시아 고인류 연구의 큰 숙제라고 할 수 있을 것이다. 그렇지만, 지역 중심적인 사고에서 출발한 설명의 추구는 결국 오해와 오류를 만들어내게 된다. 이러한 점에서 중국 중심적인 인류 진화의 과정 설정은 조심하지 않으면 안 될 것이고 잘못하면 과학적으로 진행되어야 할 논의를 장외로 유도하게 되는 결과를 가져오게 되어 퇴행적인 요소가 될 것이다.

현재 유전적인 연구에서나 고고학적인 연구에서 현생인류의 동아시아 확산의 방향은 어느 정도 확인할 수가 있는 셈이다. 무엇보다도 현생인류의 기술적인 상징으로 보는 석인석기의 확산을 본다면 분명히 알타이 지방에서 몽골을 거쳐서 지금의 중국 북부 그리고 한반도와 일본을 거치는 일련의 시베리아를 관통하는 밴드형의 분포가 보이고 또한 서에서 동으로의 대단히 빠른 흐름이 보이는 것이다. 그리고 또한 르발르와 기법의 분포 역시 알타이 - 몽골 - 내몽골 지방에 이르는 선으로 연결되고 있다. 왜 이 두 가지의 연속의 가능성이 높은 기술이 동아시아지역에서는 다른 분포, 즉 르발르와 기법의 부재를 가지고 왔는지의 설명은 지금으로서는 불분명하다. 어쩌면 중기구석기 집단이나 초창기 후기구석기를 가지고 동진한 집단은 중도에서 소멸하고 그 이후 바로 석인석기 집단이 다시 극동지역까지 성공적으로 확산하였을 가능성도 있을 것이다. 다시 말해서 석인석기는 유라시아의 동단에 이르는 지역, 즉 한반도나 일본 열도에 이르기까지 퍼졌지만 르발르와 기법은 그렇지 않다는 점이다. 여러 가지의 다른 설명이 있을 가능성이 있을 것이다. 하나는 두 가지의 기술의 시차가 크지 않아서 르발르와는 느리게, 반면에 석인 기술은 빠르게 확산하여 오는 바람에 동아시아지역에서 추월당했을 가능성을 말할 수 있을 것이다. 다른 한편으로서는 르발르와의 확산과정에서 새로운 환경 변화가 생겨서 기술적으로 다른 적응을 하게 되었을 것이라는 점 등을 말할 수 있지만 앞으로 검토가 필요할 것이다. 그렇지만 인류 확산의 파동이 여러 차례 있었다는 것은 이러한 선후 관계를 가지는 기술의 중복된 출현으로 알 수 있는 것이다. 일본 열도의 초기 석인석기 공작, 즉 초창기 후기구석기문화의 연대적인 범위나 석기 공작의 특성을 보면 중국의 동북부 지역, 즉 수이동구(Shuidonggou, 水洞溝) 유적이나 진시타이(Jinsitai, 金斯太) 유적들에서 보이는 초기 후기구석기 양상과도 다르다는 점[64]은 앞으로의 연구에 중요한 단서가 될 수 있을 것이다. 아시아적인 패턴을 본다면 결

---

64 Morisaki et al. 2019.

국 석인석기의 서에서 동으로 확산하는 과정에서 각 지역의 지역성이 나타나는데 이러한 지역성과 인류의 이동 시기와의 관련성, 즉 환경 변화에 의한 지역적인 변화양상인지 또는 현생인류의 다른 집단에 의해서 확산 된 것인지에 대해서는 아직도 분명한 설명이 어려운 점이 있다.

동북아시아 지역에서 나타나는 석인석기 공작의 시작은 현생인류의 확산 시기와 루트를 추정하는데 중요한 자료이지만 실제로 서시베리아나 몽골 등지에서 보이는 초창기 후기구석기 전통, 즉 르발르와 기법에서 석인기법의 문화적 전이 현상이 이 지역에서는 사라지고 없다는 점이 유전자 연구와 어떠한 관련성을 가지게 되는지에 대한 생각을 할 필요가 있을 것이다. 현재 흥미롭게 제기되고 있는 네안데르탈인들과 데니소바인의 유전자 분포가 동아시아 - 오세아니아 지역에서 그 출현의 빈도가 높은 것으로 보아서 그 화석의 유전자가 현재는 알타이 지역에서만 확인되었지만 분명 동으로의 이동을 확신할 수가 있는 셈이다. 물론 어느 시기에 어디에서 유전자혼합이 이루어진 것인지는 좀 더 연구가 필요할 것이다. 그리고 이러한 유전자의 분포양상이 석기 공작의 전이 현상과 어떠한 점에서 조화를 이루게 되는지, 다른 한편으로 서로 그 현상이 어떻게 달라지는지에 대한 설명이 필요할 것이고 이러한 설명의 과정에서는 이 글에서 지속해서 제기되고 있다. 새로운 적응과정에서 문화가 어떠한 선택과 과정을 거치면서 하게 되는지가 관건일 것이다. 오늘날 흔히 언급되는 것은 동남아시아의 열대우림지역에서 대륙이나 섬 지역이나 할 것 없이 석핵과 박편으로 이루어진 석기 공작들이 보편적으로 보인다는 점을 중기구석기 공작들과 연관 지어 상부 홍적세의 이른 시기의 확산의 한 증거로 보려는 시도가 있기도 하다.

상부 홍적세의 인류 화석종의 분포와 석기 공작의 동반 관계를 토대로 알타이 지역에서는 데니소반과 네안데르탈인이 교접한 것을 틀림없는 사실이라고 주장하고 있다. 현생인류와의 접촉에 대해서는 아직도 분명한 자료들이 나타나지 않지만, 흔히 중근동 지역에서는 현생인류의 도래를 보여주는 것으로 생각하고 있는 초창기 후기구석기 공작들이 알타이 지역에서 북몽골의 톨보르 16 유적에서 발견된다는 점에서 이 지리적인 범위 내에서 접촉 가능성을 제시하고 있다.[65] 이는 곧 시베리아를 경유하는 인류의 세 번째의 동으로 확산과정으로 보여주는 것이다. 그런데 이 제시에서 왜 그러한 초창기 석인석기 공작이 몽골의 디옹 지역에서는 관찰되지 않는가에 관해서 설명은 없고, 데니소반 유전자는 그 이동까지 펴져 나온 것이 확인되었다는 점에서 추가 설명이 필요할 것이다. 여하간에 이 시점에서 비교적 온난한 환경적인 조건으로 동으로의 확산은 분명한 것처럼 보인다. 몽골지역으로 초창기 후기구석기 공작이 확산하여온 시기가 가장 오래된 것이 대체로 4만 5000년 전

65 Zwyns et al. 2019.

으로서 알타이 지역과 시차가 크지는 않다는 점에서 그 이동의 속도가 대단히 빠른 것으로 할 수 있다. 그런데 이 시기에 근동에서 동유럽지역으로 현생인류의 이동이 있었다는 점에서 상부 홍적세의 비교적 온난한 기후 속에서 현생인류의 유라시아적인 이동이 일어났을 것으로 판단하는 것이다.

현생인류가 서시베리아 지역에서 동으로 이동하는 아시아 내륙의 북방 루트에 대해서 세 갈래의 길, 즉 알타이 지역을 경유하는 길, 티안샨 지역을 통과하는 길과 타림 분지 - 타클라마간 지역을 경유하는 길 등이 제시[66] 되기도 하지만 알타이 - 몽골로 이어지는 길 이외의 길은 추운 기후 아래에서는 이어지기가 어렵다는 점이 지적되고 있다. 그래서 상부 홍적세 동안 가장 가능성이 높은 루트가 이 길이고 이 길은 몽골의 이동에서는 트랜스바이칼 지역에서 동남방으로 휘어져서 동북아지역으로 연결되는 것으로 보고 있다.[67] 이 길은 현재의 고고학적인 증거로도 대체로 5만 년 전에서 4만 5000년 전경에 이 길을 따라서 현생인류가 동북아시아로 들어온 것으로 보는 것이다. 이 길은 추운 기후 아래에서도 수분공급이 남쪽의 두 길에 비해서 원활하였을 것으로 추정하고 있다. 그러나, 타림 분지 등의 오늘날 건조한 지역의 저지들에서 보이는 두꺼운 호소성 퇴적물들의 존재는 MIS 3시기에 수십 m 이상의 수위를 유지하고 있었다는 것을 보여주고 있고 호수 주변을 따라서 MIS 5 그리고 MIS 3시기에 차간 아구이와 같은 유적들이 존재하는 것을 보면 이와 유사한 기후 환경 속에서도 수분공급이 가능하였을 것으로 추정하고 후기구석기시대의 집단들이 특정 시기에 따라서 '언덕을 넘어서(Overland Model)'[68] 처럼 이동통로로써 활용이 가능하였을 것으로 보는 것이다.[69] 그런데 이러한 길이 추운 기후 아래에서도 인간의 거주가 가능하였을까 에 대한 답은 아직도 많은 논의가 필요할 것으로 보인다. 상부 홍적세의 빙하극성기나 다른 추운 기후의 시간 속에서 북방지역에 어느 정도 범위까지 인간의 거주라 할 수 있는 북방한계선에 대해서는 앞서 지적한 바로 논란이 있지만, 중앙아시아와 중국 북부 그리고 서몽골지역의 산지의 경우에 기후가 춥더라도 산악지대의 하부 지역은 인구집단들이 존재할 수 있었을 것이고 이러한 환경은 당시에 피난지로서 인간의 거주가 연속되었을 가능성을 제기하기도 한다.[70]

이러한 북방 루트 이외에 현생인류가 아시아지역에서 어느 경로로 언제 확산하여 온 것인지에 대해서는 아직도 많은 검토가 필요할 것이다. 또한 어느 길이 주요 안 인구확산의 경로이었던가에 대한 논의가 필요할 것이다. 왜냐하면 같은 종의 인류로서 현생인류

66 Li et al. 2019.

67 Beeton et al.; Glanz et al.

68 Goebel2015.

69 Li et al. 2019.

70 Glantz et al. 2018.

가 서아시아지역에서 갈라져서 남과 북으로 이동하였다고 한다면 동북아시아 지역에서 만난다고 하더라도 같은 종이기 때문에 지역에서 바로 혼합될 수 있기 때문이다. 그런데 이러한 연구에 있어서 오늘날의 인구의 이동로는 중요한 단서가 될 수 있을 것이다. 크게 본다면 중근동에서 인도로 그리고 동남아시아지역에서 동으로 그리고 동아시아지역에서 북으로 확산하였다는 것은 일반적으로 알 수 있는 흐름이다. 화석인류의 분포를 떠나서 현대인들의 유전적인 자료와 표현 형질과 관련된 자료들을 토대로 분석한 결과를 따르면 현생인류는 인류 확산의 네 가지의 모델 중에서 '해변 유랑인 곡선'이 가장 유력한 것으로 판단하였으며 대체로 그 시기는 140~115ka와 80~65ka 시기에 아프리카로부터 남방해안 루트를 통해서 확산하였을 것으로 보았다.[71] 그리고 이러한 남방 루트로 확산하는 경우에 유전자의 분포는 경도를 달리하면서 달라지는 경향을 보이게 된다는 점을 지적하고 있다. 남방의 확산 루트는 석기 공작이나 고인류 화석의 분포는 북방보다 희미하지만, 환경적인 조건들이 훨씬 더 지속성이 있고 규모가 컸을 것이고 오늘날 동아시아 현대 주민의 형질을 형성하는데 핵심적인 기여를 하였을 것으로 판단하고 있다.[72] 이러한 결론은 유전학적인 분석에서는 일반적인 공통된 인식이다. 이동의 루트는 지형 조건으로 미루어서 해안을 통한 이동이 많았을 것으로 추정된다. 왜냐하면 동남아시아와 중국의 남부 사이에는 남북종주의 산맥들이 연속되어 있기 때문이다. 동남아시아의 대륙 지역의 지형이 만만하지는 않지만, 해안을 따라 움직이는 길이 항시 있어서 남아시아 - 동남아시아 - 중국의 남부를 잇는 선으로 유전자의 확산 증거들은 많다. 유전적인 흐름을 보면 중국의 서남부 지역으로 오래전에 이동한 양상이 보이는 것이다, 미얀마 지역과 중국 남서부지역의 유전자 분석에서 적어도 2만 5000년 전에 이 지역에서 중국으로의 유전자 흐름이 시작된 경우가 확인되는 것이다.[73] 중국의 서남부지역과 동남아시아 광범위한 육지 지역의 주민의 mtDNA를 분석한 결과를 보면 중국 남서부, 즉 윈난성을 중심으로 한 지역의 주민의 하플로 그룹 중에 일부는 분명 인도의 북동부, 미얀마 또는 미얀마와 태국의 경계 지역에서 유래된 것으로 볼 수 있어서 시기적으로 늦기는 하지만 현생인류의 흐름을 지시하는 결과라고 볼 수 있는 것이다. 그런데 동북아시아 지역의 현생인류의 형성과정과 진화과정이 대단히 중요한 과제라고 볼 수 있는 것은 결국 남방 루트와 북방 루트의 고인류 이동이 합쳐지는 곳이기 때문이다. 저우커우뎬(Zhoukoudian, 周口店)의 산딩동 유적의 경우에 장신구와 예술품의 출현을 가지고 북방의 데니소바 동굴의 인구와 관련성을 제기하고 또한 유럽의 후기 구석기인의 유전자

---

71 Reyes-centeno et al. 2015.

72 Zhong et al. 2011.

73 Li et al. 2015.

와 비교하여 북방 루트로 이동하여온 집단으로 보려고 하지만[74] 이 유적에서는 석인석기가 보이지 않는다는 점에서 문화적으로 연관성을 지으려는 것은 불합리하다고 생각된다.

확산의 속도와 활동 범위를 이해하는 중요한 단서로서 자원의 이동에 대한 증거들인데 이러한 증거들은 고인류의 행위의 범위를 지시할 수 있을 뿐 아니라 이들이 지역적으로 어느 정도의 범위에서 네트워크를 구축할 수 있었던가를 보여주는 중요한 증거이며 결국 인류 진화에서 사회적인 진화나 언어나 문화적인 진화를 가늠하는 기준이 될 수 있다.[75] 고인류의 초기에서 보이는 것은 수 킬로미터에서 수십 킬로미터 정도의 반경이었지만 후기구석기시대에 들어서서는 석기 제작기술에서 석재가 대단히 중요하고 엄청나게 넓은 지역에서 움직인 것을 알 수 있다. 그중에서 상부 홍적세 동안 가장 확실한 것으로 흑요석의 이동을 들 수 있다. 특히 동아시아 주에서 일본에는 화산이 풍부하여 많은 흑요석이 석기 유적에서 나오고 있고 또 백두산의 흑요석이 널리 사용되었다. 이러한 흑요석은 그동안 확인된 자료를 토대로 본다면 최대 지리적으로 1500킬로미터 반경 내에서 사용된 것으로 보고 있다.[76] 일본에서도 하나의 산지에서 나온 흑요석이 주부, 칸또, 아시타카 등의 43개소의 유적에서 사용된 것이 확인되었다.[77] 그리고 심지어 배를 만들어서 섬의 흑요석을 지속해서 채굴한 증거도 있는 것이다. 한편 오늘날 중국의 동북지역에서도 백두산(장백산) 흑요석이 적어도 400~500킬로미터의 반경을 보이고 있다.[78] 이러한 흑요석의 공유와 이동 거리는 후기구석기시대 사람들이 이동의 범위 그리고 집단 간의 교류, 그리고 더욱 중요한 것은 그러한 범주 내의 자원에 대한 정보를 가지고 있었을 것이라는 점 등에 대해서 중요한 단서를 제공하고 있는 것이며 현생인류의 이동 속도를 짐작하게 하는 자료이다. 이 점은 거리상의 환경적인 차이가 현생인류의 이동을 제약하였을 것이라는 점은 잘못된 추정일 가능성이 높은 것이다. 그래서 한반도의 북쪽 지역의 흑요석의 이동 증거들은 단순히 이 지역의 주민 이동 현상일 뿐 아니라 이러한 현생인류의 생계전략 현상을 바로 현생인류가 확산하는 과정에 적용한다면 그 이동의 속도를 암시하는 증거가 되는 셈이다. 이러한 이동 현상은 결국 석인석기 공작의 연대가 알타이에서 한반도에 이르는 지역에서 큰 시차를 두지 않고 나타난다는 이유를 설명할 수가 있을 것이다.

상부 홍적세 후반에 빙하극성기의 극심한 기후변동은 전반적으로 인구의 이동을 야기하였을 것이다. 특히 시베리아나 북부 온대지역에서는 자원을 중심으로 거주지가 집중되는 현상을 가져왔을 것이고 기후 변동으로 거주가 가능한 공간이 제한된 지역 내에서

---

74 Li et al. 2018.

75 Ambrose 2001.

76 Kuzmin 2017.

77 Shimata et al. 2017.

78 Kato 2017; Jia et al. 2010.

소요 자원을 해결하기 위해서는 기술의 혁신도 필요하고 사회조직의 재구성이나 또한 점진적이기는 하지만 인구압에서 새로운 공간사용전략을 구축하였을 것이다.[79] 일본 열도의 경우에도 후기구석기시대 3만 년 전후한 시기에서부터 주거공간의 변화가 보이는데 중요한 석재자원을 중심으로 약 200킬로미터 반경을 중심으로 형성되었지만, 빙하극성기가 되는 나중에는 석재자원은 변함이 없지만, 사냥의 경계가 줄어드는 것을 볼 수 있다.[80] 이러한 경향성은 곧 상부 홍적세 후기구석기 시간 동안 인구압과 이동의 변수관계를 추정할 수 있는 자료인 셈이다. 동아시아의 북부지역에서 빙하극성기의 현생인류들의 환경적응은 기술적 발전이나 사회조직의 효율성 등으로 이루어졌을 것이지만 전략적으로 본다면 분명히 효율의 극대화를 지향하는 방향과 오늘날 에스키모들에서 볼 수 있는 것처럼 위험대비의 사회적 안전망의 구축으로 이루어졌을 것이다. 이러한 과정에서 지리적으로 비교적 좋은 환경 속에서 인구밀집도가 늘어나게 되는 한편으로 결국 집단 간의 공동전략을 통해서 기술의 급격한 전이가 이루어질 수 있었을 것이다.[81]

아시아 각 지역에 있어서 현생인류의 확산 루트의 시기적인 범위에 대해서는 아직도 불확실한 점이 많지만, 북방 루트에서는 알타이 지역의 증거로 미루어서 중앙아시아로 들어와서 동으로 몽골지역으로 그리고 다시 내몽골지역으로 이동하고 중국 북부와 한반도로 확산하여갔을 것으로 보인다. 그러나, 이러한 과정에서 기후에 따라서 그 분포의 양상이 달라졌을 것이다. 이러한 것은 바이칼 지역의 층서에서도 나타나고 있어서 다른 지역도 마찬가지일 것으로 추정되는 것이다. 그런데 동남아시아지역에서 동으로 이동하는 것은 또 다른 양상이었을 것이다. 우선 리지앙 유적의 입지에서 보듯이 내륙의 강과 계곡들은 간헐적인 육상통로를 제공하였을 것이고 다른 한편으로는 해안평야는 지속적인 이동의 통로가 되었을 것이다. 특히 상부 홍적세의 추운 시기에 넓게 드러난 대륙붕은 이동을 더욱 수월하게 하였을 것이다. 이러한 대륙붕 노출은 대륙의 부근에 있는 섬들에 접근하는 기회를 늘려서 섬으로의 확산이 더욱 증가하게 되었을 것이다. 그리고 순다와 동중국해 그리고 서해 등의 연속된 대륙붕은 상부 홍적세 동안 동남아시아의 고인류들이 동북지방으로 빠르고도 지속적인 확산을 하는데 큰 역할을 하였을 것으로 보인다. 그러한 증거로서 류우큐우 열도의 고인류 화석들이 보이는 특성과 현대인의 유전자의 분포와 흐름 등을 종합할 때 동남아시아의 고인류의 확산에 있어서 이 대륙붕루트가 가지는 의미가 대단히 크다는 것을 알 수 있고 현대인의 동북아시아 유전자 풀에서 그러한 영향이 뚜렷하게 보이는 것을 알 수 있는 것이다.

79 Barton et al. 2007.

80 Kunitake 2016.

81 Brantingham et al. 2004.

그런데 현생인류의 시간적인 범위 내에서 확산의 이벤트 주기는 몇 번이나 있을 것인지에 대해서는 아직도 분명하게 설명할 수 있는 단계는 아니다. 중기구석기에서 후기구석기 말엽까지의 석기 공작의 변화를 토대로 세 번이라고 하는 주장[82]도 있는 반면에 두 번이라고 하는 주장도 있는 것이다. 그리고 새로운 유전적인 연구, 즉 연관유전자의 불균형 분석법(Linkage Disequilibrium)에 의해서도 분명히 현생인류의 확산은 복수의 확산파도가 아프리카로부터 동아시아와 호주로 있었다는 점을 보여주고 있다.[83] 유전자연구의 성과에서 판단되는 또 다른 복수확산의 증거로서 세기되는 것은 네안데르탈 유전사의 분포이나. 아프리카 지역을 제외하고 유라시아 대륙에 걸쳐 분포되는 이 현대인 속에 남아 있는 네안데르탈 유전자가 남아 있게 된 과정에서 중근동지역에서 마지막으로 확산하기 이전에 일찍이 현생인류가 유전자 교류를 하였기 때문이라고 생각할 수가 있는 것이다. 그리고 현대인 속에서도 네안데르탈 유전자의 빈도가 달라지는 이유 역시 복수의 확산파동을 암시하는 것으로 생각되고 있다.[84] 동아시아인들 속에서 네안데르탈 유전자가 유럽인들보다도 더 많다는 것은 복수의 확산을 보여주는 증거로 생각할 수 있기 때문이다. 현생인류가 여러 차례에 걸쳐서 확산[85]되었고 가장 최근의 확산이 바로 흔히 현생인류의 확산이라고 말하는 지난 5내지 6만 년 전의 확산으로 보는 것이다.

그러나, 이러한 주기적인 확산이 어디까지 영향을 미친 것인지 그리고 그 이후의 석기문화의 진화과정을 어떻게 생각해야 할 것인지에 대해서는 확실한 논의가 없는 셈이다. 더구나 세 번의 확장이라고 하는 것이 분포에서 확실하게 이해되기가 어려운 점이 있다. 서시베리아 지역에서는 석기의 진화가 세 번으로 보이기도 하지만 그 이동 지역의 확산은 석기로서는 확인하기 어려운 점이 있는 것이다. 대륙지역에서는 아마도 상부 홍적세 동안 작은 기후변동이 있을 때 마다 인구의 이동이 발생하였을 것이고 그 이동의 방향에 따라서 현생인류의 대규모 확산이 있었을 것이다. 특히 기후변동에 따른 동물의 이동이 발생하고 인류의 이동이 이어졌을 것이다. 그런 점에서 본다면 분명히 현생인류가 처음으로 동아시아지역에 확산하고 난 이후에 빙하극성기에 극심한 기후변동 과정에서 시베리아몽골지역에서 거주할 수 있는 지역이 축소됨으로써 인구이동이 자연적으로 급증하게 되면서 간헐적인 이동이 생길 수가 있을 것이다. 그런데 이러한 기후변동에 의한 이동이 어느 정도 규모인지에 대해서는 아직도 논란이 많은데 일부 학자들은 북위 41도 이북의 지역에서는 빙하극성기에 거주가 불가능하였을 것으로 주장[86]하기도 하는데 이 시기의 현생인류의 문화

82 Derevianko 2011.

83 Ramachandran et al. 2005; McEvoy et al. 2011.

84 Curat and Excoffer 2011; Kim and Lohmueller 2015; Vernot and Aky 2015.

85 Lahr & Foley 2005.

86 Li et al. 2018.

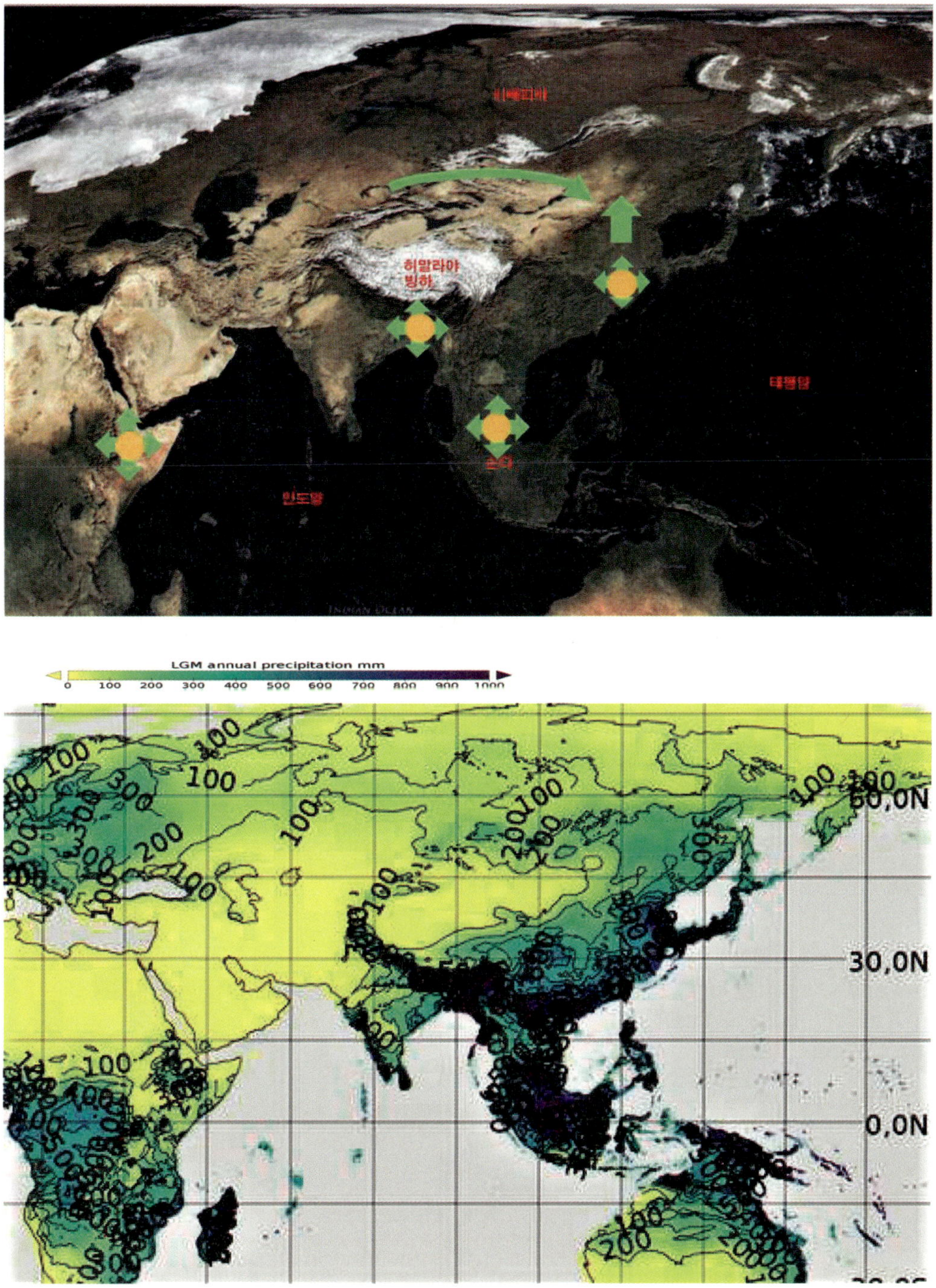

도판 50 상) 상부홍적세 빙하극성기의 해안선과 인구고밀도지역과 확산가능성(Vivid Maps에서 변형). 하) 빙하극성기 동안의 강수량 분포(변형, By Merikanto - Own work, CC BY-SA 4.0, https://commons.wikimedia.org/w/index.php?curid=50061863). - 동아시아 남부지역이 높아서 환경의 인구부존능력이 높을 것으로 추정.

도판 51 한반도 만달동굴에서 발견된 1만 5000년 전의 현생인류 만달인 복원모습. 데인즈 작품(전곡 선사박물관 소장)

적인 역량을 보면 국지적인 소개 현상은 있다고 하더라도 문화적인 양상이나 유적의 분포를 토대로 볼 때 북방지역이 전면적으로 불모지가 되었다는 것은 이해하기 어려운 점이 있다. 동시베리아 극지의 경우에도 북위 60도를 경계로 빙하극성기에 현생인류의 북방한계를 설정하고 있고, 그리고 만주 지역의 유적 중에서 상당수가 매머드의 화석이 동반되는데 이러한 유적 중에서 그 이북에 나타나는 것들이 있다는 점에서도 그러한 주장은 당시 인간의 추위 적응능력을 축소한 것으로 생각할 수 있다. 이것은 오늘날에도 기근에 의해서 대규모 인구이동을 보는 것과 마찬가지였을 것이다. 다른 한편으로 중국의 북부지역, 즉 니허완(Nihewan)과 같은 지역에서는 서늘하고 건조한 기후가 되었을 때 사바나와 같은 식생이 확대되었고 오히려 인구가 증가하 였을 것이라는 정반대되는 주장도 있다.[87] 물론 이러한 주장의 근거는 초기 인류의 진화과정에서 사바나와 같은 환경에서 이루어진 것을 염두에 둔 것이지만 기본적으로 이 지역과 아프리카 사바나의 경우는 계절성이나 연교차에서 크게 차이가 날 것이므로 반드시 그럴 것으로 하는 주장은 설득력이 없을 것이다. 그리고 빙하극성기에 집중된 인구집단은 기후가 온난해지면서 또 한 차례의 큰 이동을 하게 되었을 것이다. 또 다른 측면에서 인구 파동을 상정할 수 있는 것은 앞서 언급한 바로 빙하극성기에 드러난 대륙붕이 만든 해안 통로를 이용한 동남아 인구집단의 북상이었을 것이다. 일본 오키나와 지역에서 발굴된 인류화석이 호주지역의 것들과 유사한 성격을 가지고 있다는 점에서 현생인류의 동남아시아와 호주 지역의 확산과정에서 확산한 인구집단이 지속해서 살아남은 것으로 보는데[88] 만일 그렇다면 동아시아지역에 현생인류의 확산이 5만 년 전후한 시기에 있었던 셈이고 이러한 인류화석들의 특성이 일본의 신석기시대 사람들과는 다른 특성을 가진 것이 사실이라고 한다면 신석기시대 초기에 또 한 차례의 현생인류의 확산이 있었다는 셈이다. 이러한 증거들을 본다면 동아시아지역에서 주기적인 인구이동이 현생인류 단계에 있었다는 것을 알 수 있는 것이다.

상부 홍적세가 끝이 날 무렵의 인구이동은 아마도 수천 년 동안 지속적이었을 것이다. 빙하극성기 이후에 해안선이 급격하게 변화하는 과정에서 저지의 물가에 살았던 인구의 내륙방향으로의 이동이 필연적이었을 것이다. 그리고 다른 한편으로는 농경이나 지역집중채집의 생계경제가 본격화되면서 정주 집단의 인구가 늘어나게 되면서 결국 인구집단이 열악한 주변 지역으로 이동하게 되고 해안과 강 지역에서 내륙지역으로 인구가 이동하게 되었을 것이고 이러한 경향은 오늘날 선사시대의 주거 패턴에서도 보인다. 이러한 국지적인 이동은 각 지역의 선주민을 형성하게 되고 구석기 주민들의 후예이겠지만 인구의 광역적인 확산과정은 양호한 환경에서 비교적 열악한 환경으로 그리고 경계 주의가 강한 지역

87 Ao et al 2010.

88 Kaifu and Fujita 2012.

에서 약한 지역으로 확산하여갔을 것이다. 초기에는 지역 간의 인구의 규모가 큰 차이가 아니었겠지만, 환경 즉 부양능력이 큰 지역이 인구의 팽창 규모가 훨씬 커지게 되어 지역 간의 인구의 분포나 오늘날 유전자 집단의 규모가 크게 달라졌을 것이다. 그래서 인구 규모가 일정 수준 이상이 되는 지역에서는 결국 상부 홍적세 말엽에 살았던 구석기인이나 중석기인들이 정착 생활을 하면서 이루어진 집단들이 오늘날 각지의 기저 인구가 되었을 것이다. 그 이후에 주민들의 이동은 투르인들 같이 대규모의 이동이 있지 않고는 인구의 구성이 크게 변화하지 않았을 것이고 오늘날 유전자 인구의 기초적인 증거가 되었다고 생각된다.

XI

동아시아지역의 인류 진화 연구의 현재와 미래

아시아 인류 진화 연구의 문제점

—

인류 진화 연구의 미래

1 아시아 인류 진화 연구의 문제점

아시아지역의 인류 진화의 연구 과정을 보면 19세기 말에 이미 호모 에렉투스가 발견되었고 연속해서 20세기 초 저우커우뎬(Zhoukoudian, 周口店)에서 또 다른 호모 에렉투스의 화석이 발견되어 인류 진화연구의 핵심적인 지역으로 대두되었던 적이 있었다. 당시에는 아시아지역, 특히 열대우림지역이 인류의 조상이 시작된 곳으로 생각되기도 하였고 중국에서 발견되었을 때는 중국 서쪽의 고원지대가 인류의 기원지라고 생각된 적도 있었다. 그러나 유럽지역에서 일찍이 발견된 네안데르탈인이나 여러 지점의 화석과 함께 선사시대 석기 유적들의 조사로 인류 진화연구의 관심이 유럽지역에 집중되었다. 그러다가 아프리카의 이십 세기의 중반에 리키 부부에 의해서 이루어진 올두바이 고르지의 진잔트로푸스, 즉 오스트랄로피테쿠스 보이세이의 발견은 그간 남아프리카에서 발견된 고인류들을 새롭게 보는 기회가 생기고 연속해서 가장 오래된 화석인류가 아프리카에서 발견되어 인류 진화의 중심이 아프리카로 이동하였다. 지난 세기의 80년대에 제기된 현생인류에 대한 유전자 연구는 인류 진화에 대한 새로운 방향성을 제기하였고 현생인류의 기원과 확산에 대한 열띤 토론이 현재에도 진행 중이라고 할 수 있다. 현생인류에 관한 관심은 결국 유라시아 지역이 인류 진화 담론의 핵심적인 지역으로 만들었고 인류 진화연구의 핵심적인 주제 지역이 되었다.

지난 세기를 통해서 인류의 진화연구에 대해서 엄청난 인식변화가 있었던 것이 사실이다. 당연히 과학의 발전이 가장 중요한 계기를 제공하였고 또 다른 측면에서는 엄청난 고고학적인 그리고 인간 진화와 관련된 정보가 글로벌하게 제공되고 소화되는 과정에서 그동안의 무지에 의해서 제시된 편견들이 점차로 불식되어 가고 있다. 또한 경쟁적인 가설들이 토론을 벌일 수 있는 장이 넓어짐에 따라서 새로운 시각으로 과거의 증거들을 볼 수 있는 능력이 제고되고 보편화하여 왔기 때문이라고 할 수 있다. 아마도 다윈이 진화설을 제기한 이래 가장 큰 변화가 지난 반세기 동안에 일어났다고 할 수 있다. 가장 중요한 변화는 이제는 분자 인류학의 발달로 인간 유전자를 해독할 수 있고 그 유전자가 가지는 진화적 시간과 갈래 그리고 그 계통성을 복원할 수 있게 되었다는 점이다. 멘델의 유전법칙조차 알지 못했던 다윈으로서는 도저히 상상하기 힘든 현대 과학의 발전이고 그 결과 얻어진 인류 진화연구의 성과이다. 이러한 진화의 새로운 개척은 당연히 고대 인류의 연구에서도 적용되어왔고 이전보다는 인류의 과거를 더욱 분명하게 이해할 수 있게 만든 것이다.

또 다른 방법론적인 진전은 바로 연대측정법의 발달에 있을 것이다. 과거와는 달리 측정할 수 있는 시료의 종류도 많아지고 그 과학적인 방법 역시 그 결과가 과거보다 정확도가 높아진 것이고 또한 비교 자료가 많아져서 연대 읽기 역시 정확도가 높아진 것이다. 또한, 생물 종의 갈래가 언제 일어나게 된 것인지 상호 거리가 얼마나 되는지에 대한 의문은 혈청 등을 가지고 측정을 시도하게 되었는데 인류학에서 생물학적인 방법을 동원하여 그 계통성을 찾으려는 노력은 버클리 대학을 중심으로 지난 세기 60년대에 제시되기 시작한 분자 인류학적인 연구[1]에서 그 기원이 있다고 보아도 될 것이다. 그러한 연구전통은 결국 80년대 초에 새로운 연구로서 현대인들의 유전자 분석을 통해서 현생인류의 기원이 아프리카에서 기원 된 것이라는 새로운 이브 학설[2]이 제기된 것이다. 이 학설은 고인류를 연구하는 집단에 핵폭탄과 같은 충격을 가져오게 되었다. 그러나, 이러한 분자 인류학의 폭탄과 같은 선언도 유전자 연구가 깊어지면서 완전한 대치설에서 점차 유전자 혼합을 거친 진화로 새로운 국면으로 접어들게 된 셈이다. 분자 인류학이 가져온 방법론적인 혁명은 이제는 더욱 심화하여 유전자의 분기연대의 문제점도 깊이 있게 논의되고 있고 그 편차를 절대연대치와 보정하는 작업이 진행되고 있는 셈이다. 그렇지만 유전자 분석의 연구도 특정 개별 유전자의 발견이 가져오는 엄청난 발견도 있지만, 유전자는 결국 빈도의 문제이기도 한 만큼 현대인의 유전자를 과거의 인류 진화과정에 대입하는 문제는 지속해서 많은 논의를 유발하게 되었고 지속해서 새로운 설명들이 제기되는 중이라고 할 수 있다. 그래서 오늘날 유전자해독의 성과는 인류 진화의 결과를 설명하는 것이 아니라 앞으로 설명을 위한 새로운 증거인 셈이다. 왜냐하면 오늘날의 유전자 패턴을 이해하기 위해서는 많은 조건과 과정의 이해가 있어야 그 결과가 의미로 쓰이게 되기 때문이다.

오늘날 그동안의 많은 수정을 거치면서 좀 더 세련되어 온 인류 진화와 확산에 대한 설명은 앞으로도 지속해서 수정되어야 할 것으로 보인다. 유라시아 대륙으로 초기에 확산하여간 호모 에렉투스나 하이델베르겐시스 등 인류의 진화과정에서 확산의 성공과 실패는 집단의 음식을 장만하고 또한 여러 가지 자연의 제한조건들을 극복할 수 있는 기술을 가지고 있었던 가의 문제나 또한 혹독한 환경 조건에만 걸려 있다고 볼 수는 없을 것이고

1 Sarich 1967.

2 Cann et al 1982, 1987.

그 집단의 사회적인 구성 특성도 중요한 요건이 될 수 있을 것이다. 사회적인 구성은 그 규모뿐 아니라 정보의 교류 체계나 구성원 간의 이타심의 공유 등을 통한 단결력 등이 중요한 조건이 될 것이다. 유전적인 특성과 함께 문화적인 특성의 상호작용(gene and culture co-evolution)을 통해서 적응의 최적점을 찾아가면서 진화와 확산을 하였던 것은 틀림없을 것이다. 다만 고고학적으로나 인류학적으로 그러한 최적점의 흔적을 찾아내기란 쉽지 않을 것이고 설령 증거가 있다고 하더라도 불완전하기 때문에 개념적으로 설명이 가능할 수밖에 없을 것이다. 현재 어느 정도의 그 기원과 확산의 시기의 범위가 알려진 현생인류만 하더라도 그 이동의 시기와 동인에 대해서 아직도 분명한 설명이 제시되지 못하고 여러 가지의 학설들이 새로운 자료가 나올 때마다 수정되는 것을 보아온 것이다. 그래서 그 이전의 확산 경우에도 많은 경우에는 막연하게 기후 환경의 변화나 고인류 진화의 정도에 의거하여 추론하는 정도에서 이해되었다. 그렇지만 어느 단계이든 환경에 대한 적응의 관점에서 그 집단의 기술적인 그리고 행위적인 특성이나 개인적인 편차의 존재와 사회적인 연결성 등이 고인류 집단과 집단 내의 구성원 간에 존재하게 마련이었을 것이다. 그러한 차이가 결국 이동의 결정과 새로운 환경의 적응 성공과 실패 등을 좌우하게 되었을 것이지만 그러한 특성들에 대해서는 현재 고고학적인 자료로서는 충분히 이해하기 어려운 것이다. 현생인류의 진화에서 오늘날 우리가 알고 있는 비너스조각품이라든지 동굴벽화의 상징적이거나 의식적인 표현들이 분명히 사회집단 내의 소통에서 큰 역할을 하였을 것이지만, 특정한 환경에서 어느 정도 그 집단의 성공에 기여한 것인지 평가하기는 것은 쉽지 않은 것이다.

오늘날 우리가 성공하는가 또는 실패하는가의 문제에서도 가장 중요한 것이 인간의 경험과 축적된 지식을 가지고 정확하게 이성적으로 판단하는 것이 관건이듯이 고인류의 확산과정에서 이동하든지 머무르든지 그리고 또 다른 선택을 찾아내든지 등의 결정이 인간의 생존에 절대적인 영향을 주었을 것이다. 그런데 인간의 선택과정에서 오늘날 컴퓨터가 해내듯이 정확하게 이성적인 판단을 하는 것도 아니고 감성적으로 치우치는 결정을 하는 것은 오늘날이나 고대인이나 마찬가지일 것이어서 판단의 기준을 복원하기가 어려운 점이 있을 것이다. 그러한 인간의 머릿속에서 이루어진 결정을 고고학적으로 어떻게 찾아내는가의 문제는 그리 쉽게 판단할 수는 없다. 기본적으로 구석기시대의 흔적이 많지도 않고 남아 있다고 하여도 당시 인간의 행위를 정말 희미할 정도로 반영하면서 남아 있게 마련인 것이다. 더구나, 기후가 불안정하고 선택의 순간이 많은 지점일수록 그러한 자료가 남아 있기가 어려운 것이다. 그러한 조건이지만 인간의 확산과 진화의 과정은 인류의 지적영역의 원천을 구성하는데 절대적으로 중요한 과제라고 생각된다는 점에서 지속적인 시도와 거대패턴을 추출하기 위한 점진적인 추상화 작업이 필요하다.

인류화석들이 발견되기 시작한 지난 18세기 이래 인간이 기원하여 진화하는 과정에 대한 관심이 있었고 그러한 관심에서 흥미를 끄는 부분이 바로 현재 살고 있는 주민들과의 관계이었을 것이다.[3] 그래서 과거 지역의 인종 개념에서 확장된 다지역 기원론이 대세를 이루고 있었고 인류 진화연구에서 당연한 추론[4]으로 받아들여졌다. 그 구조는 잘 모르지만 어떠한 방식으로든 각 지역에 사는 현대인과 그 지역에서 발견되는 화석인류와의 관계가 있을 것으로 짐작하여 오던 시대였기 때문에 아프리카의 이브가 지구상의 모든 인류의 조상 할머니라고 하는 주장에 놀랄 수밖에 없었다. 그래서 한동안 아웃 오브 아프리카설이 현생인류의 기원을 말하는데 가장 설득력이 있는 학설처럼 되었던 적이 있고 이러한 설에 깔린 과정에 대한 설명으로서 대치설이었던 셈이다. 인류의 종 집단들이 전혀 유전적인 상호 교류 없이 완전히 새로운 인류 집단에 의해서 대체된다는 뜻이다. 그렇지만 좀 더 복합적인 양상으로서 두 종의 화석인류 사이에 접촉과정에서 유전자 교류설이 대두되었다. 그리고, 최근에 유전학자 파보와 그의 팀에 의해서 실제로 데니소반의 고인류 화석에서 네안데르탈인의 유전자와 데니소바인의 유전자가 확인되고 그러한 유전자가 각지에 현재 살고 있는 현대인에게도 공통으로 어느 정도 비율로 있다는 것이 알려지게 되면서 현생인류의 기원에 대해서 새로운 설명이 필요한 단계가 된 것이다.[5] 그리고 그동안 화석인류의 형태를 기반으로 분류된 고인류의 종이라는 개념이 생물학에서 일반적으로 정의하는 것처럼 유전자 교류가 불가능한 개체군이라는 정의와는 괴리가 있음이 실증적으로 증명이 된 셈이다. 그런데 이러한 인류의 진화에 대한 생각의 패러다임 변화에도 불구하고 그동안 새로운 학설에 대해서 생물학이나 사회학에서 적용되는 일반 룰에 대해서 깊이 있게 고민한 적인 별로 없다는 점을 알게 되면 진화의 이야기들이 얼마나 현상적으로 만들어져 온 것인지를 알게 된다.

그런데, 인류의 기원에서 동아시아 또는 아시아 대륙에서의 다양한 형질의 출현 과정에 대해서는 아직도 새로운 증거들이 인류의 초기 확산에 대한 학설, 즉 아웃 오브 아프리카의 1막, 을 바꿀 정도로 다른 것은 아니다. 최근 동아시아지역에서 인류의 출현 증거들의 시기가 점차로 올라가고 있고 유럽지역에서도 연대가 올라가는 화석 인류들이 출현하고 있는데 아직도 그 한계가 200만 년 전이라는 점에서 아프리카 기원은 틀림없는 진리로 인식되고 있다. 그리고 한 종의 기원이 여러 지점에서 동시다발로 일어날 확률은 거의 없을 것으로 생각한다. 원론적으로 하나의 생물 종 내에서 유전적으로 같은 돌연변이가 비슷한 시기에 다른 지역에서 일어나기란 사실상 불가능한 것이다. 만일 환경에 대한 적응행위의 다양성을 곧바로 유전적인 변화로 치부하기는 어려운 일이다. 그리고 과거처럼 인류라는 속과 종이 다지역 기원설로 재론되는 일은 거의 없을 것이고 과거에 중국의 학설로서

3 Coon 1965.

4 Wolpoff 1999.

5 Reich et al. 2010; Gibbens 2011.

'신성한 산이 있는' 파미르고원에서 생겨나서 세계로 퍼져 나갔을 것이라는 전설 같은 학설[6]은 더 이상 존재할 수가 없을 것이다. 그러나 이것은 현생인류의 기원 문제와는 근본적으로 다른 가치의 주제인 것이다. 그러나 오늘날 제기되듯이 네안데르탈인과 현생인류 그리고 데니소바인과 네안데르탈인의 유전적인 교류가 확인된 이상 우리가 오늘날 종으로 구분하는 고인류들이 어느 정도 독립된 종의 위치에서 유전적인 교류가 일어나게 되었던 것인지에 대해서 그리고 그러한 결과로 새로운 종의 형성과정에 대한 설명이 있어야 하겠지만 쉽지 않은 점이 있다. 이것이 바로 화석인류에 대한 우리 추론의 한계인 셈이다. 그렇지만 현대인에게 남아 있는 유전적 기호에서 찾을 수 있는 증거 그리고 고대인의 화석들에서 찾을 수 있는 유전자 증거 등과 함께 인류의 발자취를 추적해서 그 결과를 조합해서 짜 맞추는 방법 말고는 다른 방도가 없을 것이다.

그런데 동아시아 인류 진화에 있어서 증거들을 해석하는 과정이 옛날 서양 고고학자들이 지리적인 문화정보가 충분하지 않았을 때 하는 것과 같은 레벨에서 증거들을 해석하고 있는 것은 안타까운 일이다. 일찍부터 선사고고학이나 인류의 진화고고학이 발달한 서양의 시각과 패러다임에서 전 지구 각 지역의 문화를 재단하는 것은 극히 위험한 학문적인 경향이다. 선사고고학에도 '현대적(modern)'이라는 용어를 사용하는 것은 결국 두 세기 전의 모르간의 사회진화론을 떠올리게 만드는 것이다.[7] 중국과 같은 나라에서 지속적으로 대두되는 민족주의적인 해석의 경향[8]이나 선사고고학의 성과를 국가적인 정체성을 강화하는 것으로 보려고 하는 시각들[9] 역시 학문의 발전에 이데올로기가 개입되는 점에서 바로 보기가 어려운 점이 있을 것이다. 이러한 과거나 현재의 경향에 대래서 비판적인 시각들이 대두되고 있는 점[10]은 고무적이라고 할 수 있고 아마도 미구에 새로운 해석들이 쏟아질 것으로 기대된다. 우선 문화와 생물학적인 인류를 동일시하는 것은 아슐리안뿐 아니라 다른 석기문화에서도 마찬가지로 일어나고 있다. 물론 인간이 다른 경우에 문화가 달라질 수가 있지만, 구석기문화는 결국 환경의 지배를 많이 받을 수밖에 없는 인간의 도구이기 때문에 환경적 변수와 이에 적응하는 수단의 인간 선택과정이라는 문화가 출현하게 되는 일반적인 원리를 무시하고 문화를 가지고 인간의 종을 논하는 것은 오늘날 비행기를 타는 디지털 전문가와 뉴기니아 오지에서 사냥하여 먹고 사는 벌거벗은 현대 가족의 아버지와 다른 종이라고 말하는 것과 같은 선상의 주장이다. 문화는 인간이 선택하는 것이고 그러한 선택이 이루어지는 길은 아주 많을 수가 있어서 알량한 행위의 차이를 가지고 인간종

6 Jia 1975.

7 Porr& Matthews, 2017.

8 Hsiao-Pei 2014.

9 Coningham & Lewer 2000; Glover 2006.

10 Shea et al. 2011.

의 차이를 논하는 것은 가소롭기 그지없고 학문적인 기만이라고 생각한다. 그런데 그러한 판단들이 중국의 고고학적인 그리고 고인류학적인 근거를 논하는 과정에서 심심치 않게 보게 되고 그러한 것이 국가적인 과제처럼 느끼게 만드는 것은 위험한 발상이고 역겨운 일이다. 그래서 문화가 다른 것은 다른 종에 의해서 다르게 만들어질 수도 있고 반면에 같은 종에서도 선택을 달리 할 수 있는 것이고 또 한편으로는 같은 환경 속에서 적응하게 되면 같은 과정을 밟을 수도 있다. 그것은 구석기시대의 인간이 가진 선택지가 극히 적기 때문이다.

근본적으로 문화와 인류의 생물학적인 진화와의 관계를 이해하는 것은 문화와 유전자가 상호 작용(Culture-gene coevolution)한다고 볼 수도 있지만, 더욱 원론적인 차원에서 본다면 두 개의 다른 차원에서 이해하는 것이 옳다고 생각된다. 오늘날 현대인의 경우를 보면 각 집단이 각기 다른 문화를 가지고 살아가지만 모든 사람은 동일한 생물 종으로서 어느 정도 일정한 수준의 두뇌 능력을 갖추고 있다. 이러한 점은 구석기시대에도 마찬가지일 것이다. 석기문화의 다양성을 가지고 생물학적인 인간집단의 기원을 논하는 것은 극히 위험할 수가 있는 것이다. 그러나 문화는 누적되고 선택되는 개념의 세트이다. 경험에 의해서 달라질 수 있고 또한 개인이나 집단의 개성에 따라서 그 선택이 달라질 수 있는 것이다. 특히 개인의 경험이 원천적으로 집단 내에서 배우는 과정에서 이루어지게 되기 때문에 전승되는 과정에서 상당히 많은 부분이 지속성을 가지게 되는 것은 틀림없을 것이고 오늘날 우리가 말하는 전통이라는 것이 구석기시대에 없을 것으로 보는 것은 위험한 사고방식일 것이다. 전통은 그 지역에서 오랫동안 최적화되어 있는 적응기술을 포함하고 있어서 새로운 문화가 들어왔을 때 생존의 위협이 될 수 있는 것에 대한 선택은 극히 어려울 것이다. 근본적으로 석기 제작과정에서 선택할 수 있는 방식이 극히 제한될 것이라는 점에서 그러한 선택이 가지는 의미는 제한될 수밖에 없을 것이고 후기구석기시대의 현생인류들이 할 수 있는 선택과정보다는 훨씬 낮은 단계의 선택이 될 수밖에 없을 것이다. 그렇지만 구석기시대의 석기들은 그 물성적인 특성으로 인하여 오랫동안 보전되어 고인류의 움직임을 연구하는 데 있어서 가장 풍부하고 중요한 수단이 되는 셈이다. 그래서 석기 공작들을 고인류 확산의 로드 사인이라고 부르는 것을 볼 수 있다.[11]

이제까지의 고고학적, 고인류학적 그리고 분자인류학적인 연구의 자료를 종합하여 본다면 동아시아지역으로의 인류의 확산과정은 결국 아프리카에서 시작된 것으로 할 수 있다. 앞서 언급한 바대로 제1막의 출 아프리카기는 200만 년 전 이전에 이루어진 것인데 그러한 동인, 즉 출 아프리카의 동인을 찾고자 한다면 바로 홍적세의 시작 전후의 글로벌

11 Bar-Yosef and Cohen 2013.

한 지구환경의 변화에서 찾을 수 있을 것으로 보이는 것이다. 아프리카에 살았던 인류가 생물 종으로서 다른 환경에 경쟁하면서 적응하기에는 체질적으로 약하기 때문에 충분한 지적능력과 정보소화력이 필요할 것이고 생물 종의 이동에는 환경적인 요인을 충분히 고려할 필요가 있을 것이다. 그래서 인류의 진화과정에서 정보력의 획기적인 진화가 있어야 할 것인데 이것은 바로 석기 제작으로 다듬어진 인지와 정보 능력이 새로운 환경에서 적응할 수 있는 능력을 크게 확장하여 주었다고 할 수 있고, 그리고 이동과 확산의 적극적인 동인을 찾아내야 할 것인데 이것은 사하라 사막의 수축과 팽창이라든지 글로벌 환경 변화에 따른 지역 생태환경의 급격한 변화로 이동의 동인을 찾아내야 할 것으로 생각된다. 그러한 점에서 일단 호모 단계의 인류가 어느 정도 적응 가능한 예지력을 가지고 있다고 본다면 인류의 확산 시기는 홍적세의 시작, 즉 기후가 서늘해지는 시기를 전후해서 추정이 가능할 것이다. 이 시기에는 이미 고인류가 석기를 사용한 지 거의 100만 년이 되어 가는 시기로서 어느 정도 인지력의 향상이 있었을 것이고 또한 서늘해지는 기후에서 새로운 환경을 찾아 나서야 하는 환경적인 압박도 있었을 것이다. 문제는 아프리카를 떠나온 다음에 인류의 진화과정은 완전히 다른 차원이라는 점이다. 오늘날 우리가 이해하고 있는 지식으로서는 유라시아 대륙에서 가장 빠른 시기라고 주장되는 곳은 바로 오늘날 북중국 지역이고 한동안은 조오지아의 드마니시 유적이 180만 년 전으로 가장 오래된 유적[12]으로서 인류 확산의 제1막의 현장으로 생각되었다. 이 코카서스 지역에서 발견된 점으로 미루어 그동안 아프리카 인류가 북으로 확산하였다는 것을 확인할 수가 있고 근동을 지나서 동으로 확산하였다는 것을 이해할 수 있다. 현재 중국지역의 초기 호모의 연대가 거의 200만 년 전으로 제시되고 있으므로 대단히 빠른 속도로 초기 호모가 동쪽으로 이동한 것으로 생각해 볼 수 있다. 그렇다면 호모의 시작단계와 칭하이 티베트의 본격적인 상승이 시작하기 직전의 단계에 인류의 동쪽 확산이 있었다면 북중국의 이른 시기의 연대를 가진 인류의 흔적이 가지는 의미는 대단히 중요할 것으로 기대할 수가 있을 것이다. 인도양의 몬순 바람이 내륙까지 침투하여 오늘날과 다른 비교적 습한 기후 환경 속에서 대륙의 동서로 펼쳐지는 초원지를 따라서 동으로 이동하였을 가능성을 제기[13]하기도 하는 것이다. 그러한 가설이 사실이 된다면 다른 한편으로는 인류의 확산 흔적이 히말라야나 티안샨의 산록에 남아 있을 수도 있겠다. 그러나 아직은 그러한 증거들은 대단히 희미한 정도여서 적극적인 자료로 보기는 어려운 점이 있다.

여하간에 아프리카에서 출발한 여행이라면 분명히 그 길이 있어서 동아시아로 들어왔을 터인데 지금은 그 길 찾기 위해 많은 학자가 들여다보고 있다. 그런데 그 길은 특별한

---

12 Ferring et al. 2011.

13 Dennel 2015 전게서.

도판 52 동구투어 발굴현장(1992)에서 돌아오는 길에서, 고 존 데스몬드 클라크(J.D. Clark) 교수와 고 지아 란포(賈蘭坡) 교수. 동과 서의 두 원로고고학자의 합작 발굴은 동아시아고고학의 새로운 시작.

목적지를 가지고 놓여 진 것이 아니다. 다만 생존의 갈림길에서 새로운 자원을 찾아서 헤매던 흔적이 바로 '길'인 것이고 그 길은 오늘날 사람들이 다니는 최적화된 길과 동일한 경우가 많은 것은 결국 사람이 가는 곳은 바로 자원과의 거리가 최소화되는 원리가 과거나 현재에 작용하기 때문이다. 그렇지만 각 지점에서 추구하는 방향에 따라서 그 긴 길은 다르게 마련이다. 크게는 북방과 남방의 루트가 있을 것이다. 왜냐하면, 아시아의 중앙에 있는 히말라야산맥은 인간의 이동을 제한하는 절대적인 조건이기 때문이다. 그런데 티베트와 히말라야의 북쪽에 이른 시기의 이동로를 설정히기에는 아직도 그 자료가 태부족하다고 할 수 있다. 그리고 설령 있다고 하더라도 그 집단들이 동아시아지역에 현생인류를 비롯한 인류 종의 형성에 어느 정도 기여할 수 있었을 것인지에 대해서는 긍정적인 생각을 하기가 어려운 것이다. 그러한 점에서 하나의 가능성으로 제기될 수는 있을지는 몰라도 입증가능한 학설로 발전하기는 어렵다고 판단된다. 그렇다면 호모의 초기 확산의 루트는 결국 남방을 통해서 동아시아로 들어오는 것이 합리적인 추론일 것이다. 동아시아지역의 고고학적인 증거나 고인류학적인 증거로 미루어서 대단히 빠른 속도로 동북아시아 지역에까지 확산한 것은 틀림없을 것이다. 이제까지의 중국 지역의 연대자료를 완전히 믿기는 아직도 어려운 점이 많지만 적어도 180만 년 전에는 이 지역에 도달한 것으로 볼 수 있는 것이다. 그런데 남방 루트의 어떤 길로 확산한 것인지는 중간 단계의 자료가 충분치 않아서 확실한 정황은 알 수가 없는데 동남아시아지역의 지형적인 여건으로 볼 때 해안 통로를 이용하였을 가능성이 클 것으로 생각된다.

현생인류의 확산과정은 더욱 복잡한 양상을 띠고 있고 현생인류의 확산이 여러 차례에 여러 방향으로 이루어졌을 가능성이 커지기 때문에 동아시아지역의 현생인류의 확산과정을 단일 루트로 설명하기는 어려울 것이다. 6만 년 이후의 확산과정을 유전자를 통해서 복원한 결과로 본다면 인도-동남아-동북아로 연결되는 루트를 거친 것으로 볼 것이지만 한편으로 북방 중앙아시아-몽골-동북아시아의 길 역시 뚜렷한 흔적이 고고학적으로나 고인류학적인 증거에 남아 있는 것이다. 그런데 이 길 위를 누가 지나온 것이고 이들의 관계는 어떤 것인지 그리고 이전에 있던 지역주민들과의 관계가 어떤 것인지는 이제 토론이 시작되었다고 할 수 있다. 이러한 논의가 시작되기 전에 일단 현생인류가 아프리카지역에서 유라시아 대륙으로 건너온 것이라는 점은 대부분의 학자가 공감을 하는 것으로 보인다. 그런데 언제 넘어오게 된 것인지 그리고 몇 번이나 넘어온 것인지에 대해서는 자료의 해석과정에 상당히 차이가 보인다.

2 인류 진화 연구의 미래

인류 진화와 확산과정에 대한 연구사를 짚어 보면 사실 새로운 발견의 연속이었다고 해도 과언이 아니다. 가장 연약한 벌거숭이 허풍선 동물인 인간이 이 지구상에서 지난 700만 년 동안 진화하여 온 과정은 정말 극적인 드라마이다. 아직도 하나의 학문적인 세계에서 논하게 되고 있지만, 인간 진화과정에서 절대 절명의 순간들이 많았을 것이고 그러한 순간에 잘못된 선택은 오늘날 우리를 있게 하지 않았을 것이다. 아마도 동아시아지역에서 인류가 진화하고 확산하는 과정은 가장 굴곡이 많았던 인류의 여정이었을 것이다. 오늘날에도 지속해서 그러한 드라마가 이루어지고 있는 것을 볼 수 있는데 에베레스트 등정사는 현대 인간의 자연환경 극복의 역사이자 인간의 지혜와 의지가 두드러지는 문화 행위일 것이다. 이러한 '어처구니없는' 노력이 오늘날 인간을 이 위치에 있게 만들었을 것이다. 그러나 아주 오래전에 이루어진 그런 무모한 일들을 우리가 오늘날 알아내는 것은 학문적으로 불가능할 것이다. 합리적인 의지 이외에도 인간은 진화의 과정에서 얼토당토않은 판단으로 새로운 일을 하면서 배우게 되고 창조력을 키우면서 새롭게 대두되는 환경의 도전을 이겨낸 것이다. 아마도 성공하기까지에는 많은 실패와 죽음이 있었을 것이고 이것에서 인류는 배우고 터득했을 것이다. 그래서 보다 더 긴 미래를 볼 수 있는 능력을 갖출 수 있도록 지적인 진화를 거듭하여 온 것이다.

흔히 고고학이라고 하면 우리나라에서는 인문학적인 영역과 역사적인 입장에서 인식하지만, 인류학으로서 고고학은 사실 완전히 다른 차원의 연구라고 할 수 있다. 특히 고고학은 인류의 과거를 물질적인 잔존물을 가지고 연구하기 때문에 기본적인 물질과학인 자연과학적인 연구에서 출발한다고 해도 과언이 아니다. 그래서 연구의 영역이 물질적인 차원에서 인간의 행위가 가미되면 문화적 차원에서 사회적인 차원으로 그리고 그러한 인간의 보편적인 행위의 패턴에 대한 추상적이고 관념적인 추구가 이루어지는 철학적인 차원에 이르기까지 연속적으로 그리고 단계적으로 상승하는 연구영역이다. 인간의 과거의 행위를 바탕으로 인간의 본성을 논하게 되는 과정이 고고학의 전 과정이라고 할 수 있다. 궁극적으로 물성적인 하위 연구에서 철학적인 상위 연구에 이르는 학문적인 영역을 논해야 하는 작업이다. 인류의 진화연구에서 다루게 되는 고인류 화석이나 동식물 화석 그리고 석기와 유구 등은 모두 물질적인 잔존물이며 인간의 행위와 자연적인 과정이 합해져서 만들어진 것이다. 여기에 인간의 판단력과 의지력에 대한 비판적인 접근을 하여야 한다. 그래서 과학은 상대적인 진리를 논한다는 점에서 현재까지 발견된 자료를 토대로 과거 인간 행위 현상의 패턴을 찾아내기 때문에 새롭게 발견되면 흔히 새로운 학설이 나오게 되고 그동안의 연구에서 얻어진 결론이 완전히 바뀌게 되는 것을 흔히 볼 수 있게 된다. 최근 수십 년 사이 인류의 진화에 대한 진실은 매 반년 마다 새롭게 변화한다고 하는 푸념이 나오는 것이다. 한편으로는 그만큼 우리는 아직도 인류의 진화단계에 대해서 모르는 부분이 많다는 것을 의미하고 오늘날 우리가 가지고 있는 보편적이라고 할 수 있는 지식조차 완전히 허구로 밝혀질 수도 있는 것이다. 과거 반세기 동안 다윈의 인간기원론[14]을 포함하는 그 이전의 이론들이 맥없이 허물어지는 것을 우리는 반복적으로 보아왔던 것이다.

인류 진화사 연구에서 기본적으로 과거의 물질적인 증거, 즉 석기 자료와 인류화석 그리고 동물화석 자료가 가장 핵심적인 증거이기 때문에 이러한 증거들에서 어느 정도의 과거 고인류들의 문화적인 행위를 읽어내는가가 가장 큰 관건이고 고고학적인 분석기술의 발달에 따라서 자료가 가지는 정보의 양이 크게 달라진다. 그러한 점에서 고고학적인 연구가 현대기술적인 발전에 의해서 크게 달라질 수 있다는 것은 이미 가장 중요한 기술인 절대 연대측정기술이 웅변하고 있다. 최근 가장 대표적인 사례가 모로코의 제벨 이부루드 유적에서 발굴된 현생인류 화석의 연대이다.[15] 그리고 완전히 새로운 현생인류 진화이론이 나온 것이다.[16] 예전에는 추정으로 4만 년 전 그리고 이 화석이 막연하게 지중해 연안의 네안데르탈인의 하나라고 보았지만, 이제는 전 세계에서 가장 오래된 현생인류의 화석으로 밝혀진 것이다. 이 화석인류의 발견으로 현생인류가 적어도 20만 년 전 이전에 아프리카에서 살고 있었으며 이것은 유전학에서 주장하는 현생인류, 네안데르탈인 그리고 데니소바인이 적어도 50만 년 전에 분기되었을 것이라는 주장을 바탕으로 본다면 30만 년 동안 이러한 집단들이 진화를 해오면서 공존하였을 것으로 판단하게 된 것이다.

그래서 물질적인 판단을 하기 위한 연구에서는 그러한 물질과학의 발달이 중요한 변수가 되겠지만 사회적인 그리고 인간의 판단력 등의 문제는 단순히 물질적인 판정에 의

---

14 다윈은 인간이 애초에 높은 지적 능력으로 돌로 석기를 만들어서 동물을 사냥하기 위해서 직립한 것으로 인간기원론을 주장하였지만 지난 한 세기 동안의 연구에서 인간은 애초에 두뇌가 크지도 않았고 석기도 애초에 사용한 흔적이 없고 또한 사냥을 하기는커녕 사냥당하는 동물이었을 것이라는 점에서 다윈의 직립 기원론은 그 근거를 상실하였다.

15 Richter et al. 2017.

16 Stringer and Galway-Witham 2017.

해서 이루어지기는 어려운 것이다. 그런데 인간이 과거의 환경에 적응하는 것은 생물학적인 개인으로서 신체와 환경 물질과의 관계에 의해서 결정되는 것만은 아니다. 누적된 지적 정보와 협업에 의한 시너지 효과 등의 사회적인 조건과 행위 과정 그리고 개인적인 감성적인 경향 등이 특정한 결정에 큰 영향을 미치게 되는 것이다. 아마도 이러한 행위는 오래된 고인류일수록 생물학적인 반응을 보이겠지만 진화가 많이 이루어진 집단에서는 지적능력이 확장됨으로써 어떤 특정한 상황에서 할 수 있는 행위의 폭이 더욱 커지게 될 수 있을 것이고 환경의 불확실성에 대한 도전이 더욱 강해질 수 있는 것이다. 이러한 점에서 앞으로 진전되어야 할 방법론으로서의 진화과정에서 어떤 사회적인 행위와 개인의 판단과 감성에 의한 행위 등을 구분하여 설명할 수 있을 것인가의 문제가 인류 진화 과정에 대한 연구에서 대두되는 미래 방법론의 화두일 것이다.

앞으로 고고학적인 자료의 분석과 서술에 있어서 보편성을 가지도록 하는 것이 필요하다. 고고학적인 자료의 내용이 학문적인 성향에 따라서 많이 달라지는데 아직까지 아시아지역에서 근동이나 일본 그리고 알타이 지역 등의 일부를 제외하면 유적의 내용이 비교하기가 어려운 점이 많은 것이 현실이다.[17] 그리고 앞서도 언급한 바로 언어와 문자가 다르기 때문에 상호 비교에 한계가 있는 경우가 많은 것이다. 동아시아의 인류의 진화와 확산과정 그리고 궁극적으로 극동지역까지 진입한 과정에 대한 이해에 있어서 오늘날의 자료를 해석하는 데에도 각 나라의 학자집단에 따라서 많은 차이를 볼 수가 있다. 이러한 차이들은 접근의 방법이 달라서 그러할 수도 있지만, 근본적으로는 증거가 불완전하기 때문에 생겨나는 현상이라고 할 수 있다. 그리고 다른 한편으로는 학자들의 성장 과정에서 영향을 준 과거의 사회적인 배경에서 유래된 신념에 의한 강조된 해석이 반복되는 탓이기도 하다. 그리고 인류의 진화 부분은 사실 사회적인 관심이 크기 때문에 저널리즘적인 경향 역시 무시하지 못할 것이고 또한 '유구한 역사'를 자랑하지 않으면 안 되는 국가의 학자들에 의해서는 민족주의적인 입장에서 접근하는 것도 한몫을 하게 될 것이다. 그러한 학문의 비 객관적인 입장들은 오늘날 개방된 학문적인 환경 속에서 불식되어갈 것으로 생각된다. 자료의 불균형적인 점이나 편견이 있는 해석은 앞으로 지속해서 노력해서 개선되도록 하는 것이 필요할 것이다.

또 다른 한편으로는 아직도 많은 학자는 어떤 외관상 두드러지는 고고학적인 현상이 존재하는 것 자체에 얽매여서 그 이상의 것을 합리적으로 보지 못하는 방법론적인 오류 역시 큰 역할을 하고 있다. 예를 들어서 유적의 형성과정 이해가 대단히 중요한 전제임에도 불구하고 남아 있는 유물과 유적이 가지는 문화적인 의미에 대한 평가나 남아 있지

17 Bar-Yosef 2013.

않은 현상에 대해서 어느 정도까지 고려하여야 하는지에 대한 방법론의 개발이 이루어지지 않고 있다. 사후변동과정에서 건조한 환경과 습윤한 환경이 교차하여 침식이 극심해지는 경우나 경사가 있는 산지나 언덕이 많은 지역에서는 퇴적이 오랫동안 장기적으로 안정되어 보존될 수 있는 호소성 지형이 없기 때문에 유적은 지속해서 침식과 재퇴적을 반복하게 되는 경우도 있는 것이다. 더구나 수십만 년 또는 수만 년을 지나온 유적들이 셀 수 없는 기후변동 속에서 그 구조가 그대로 유지되었다고 보는 것 자체가 아둔한 환상이다. 오늘날 남아 있는 지점이 과거의 고인류의 행위가 남아 있는 장소가 아닌 경우도 허다하다. 그래서 그러한 재퇴적의 과정을 복원할 수 있는 방법론의 개발이 필요하며 그 속에 남아 있는 구석기 등의 유물이 가지는 행위나 인지복원의 자료로서의 가치를 판단하는 것이 전제적인 연구일 것이다. 무엇보다도 중요한 것은 고고학자들 스스로가 이러한 물성적인 변형들에 대한 깊이 있는 통찰력을 갖추기 위해서는 물성에 대한 현재적인 관찰(*actualistic approach*)[18]을 끊임없이 시도하고 고고학적인 증거에 적용하려는 노력이 앞서야 할 것이다.

그래서 이 글에서는 보편적인 원리에 대한 이해를 전제로 서술되었다. 이러한 보편적인 원리라고 하는 것은 결국 생태환경 중에서는 특정한 종들의 생존에 전제가 되는 제한조건에 대한 것이다. 인간의 지적능력에 대해서는 결국 '어느 정도까지 환경적인 조건을 극복할 수 있을 것인가?'라는 문제이고, 각 진화단계에서 '그러한 지적능력이 환경적인 조건을 극복할 수 있는 단계일 것인가?'라는 문제에 답을 얻는데 적용될 수 있는 보편적인 원리라고 할 수 있다. 예를 들어서 바분원숭이가 할 수 있는 지적인 작업을 고인류가 할 수 없다고 가정하는 것은 논리적인 오류를 범하고 있다고 볼 수 있는 것이다. 그래서 인간과 유사한 동물 집단들이 하는 행위들에 대한 관찰이 어느 정도 인류의 인지 활동을 정확하게 판단할 수 있을 것인지에 대한 새로운 방법론의 개발이 필요한 것이다. 오늘날 현생인류가 전 세계를 지배하는 상황 속에서도 뉴기니아 숲속의 사람 중에서는 마제석기를 가공하는 집단이 있다는 사실을 볼 때 기술 자체가 인간의 진화단계를 구분하는 방법론적인 기준이 되는 것은 위험한 것이다. 적응행위로서 문화적인 선택은 우열의 문제가 아니고 그 시점의 효율성과 적정성의 문제인 셈이다. 그리고 문화적인 행위의 관성의 문제일 것이다. 반복된 경험에서 오는 순간적인 판단으로 이루어지는 행위에 의해서 고고학적인 자료가 만들어진 것이라는 점을 기억하여야 한다. 그런데 경험에서 행위로 이어지는 과정에서 반드시 우리가 합리적이라고 생각하는 기준에 의해서 결정되는 것은 아닐 수 있다는 점을 충분히 인식해야 하는 것이다.

---

18 Kowlevsky 1999; Warme 1979.

인간의 과거 진화단계 상 그리고 현생인류의 확산과정의 능력에 대해서 예측력을 넓히기 위한 시도는 지속해서 넓히고 있지만, 지역적으로나 시간상으로 다양한 변수 때문에 쉽지는 않다. 환경적인 변수도 문제이지만 인간의 선택과정에서 합리적인 선택을 하리라는 보장도 없을뿐더러 우리가 말하는 합리적이라는 것은 이미 상당한 정보의 누적이 이루어진 상황에서 가지는 판단일 것이고 제한된 정보 단계에서는 상상의 영역이 더 커지게 되면 예측치는 더 후퇴할 것이다. 오늘날 고고학자가 기대하는 것보다도 훨씬 다양한 과정에 의해서 행위가 이루어질 수 있고 그러한 상황에 대한 설명은 어려운 것이다. 그래서 고인류의 각 단계에서 선택의 예측치를 계산하기 위한 딥러닝을 하는 인공지능을 사용하는 모델을 개발하고는 있지만 각 요소의 변수가 워낙 크기 때문에 연구자들이 말하듯이 그 성공적인 성과는 전망하기가 어려울 것이다.[19] 다만 그러한 모델들이 개발되었을 때 우리가 자신 있게 어떠한 설명을 할 수 있는 점은 기대할 수 있을 것이다.

동아시아 인류 진화의 과정은 그 어떤 대륙의 진화과정보다도 복잡할 것이다. 여기가 현생인류의 진화를 복원하는데 가장 핵심적인 자료가 남아 있는 지역이고, 바로 오스트로 멜라네시안들의 유전적인 특성이 귀중한 암시를 하고 있다. 궁극적으로 인류의 확산 파동이 아프리카에서 시작되어 동으로 이동하였다는 일반적인 과정을 고려한다면 한반도와 주변 지역은 그 종착지가 되는 셈이고 아시아 대륙의 중앙을 우회하여 남과 북으로 동진하던 집단의 유전적 특징과 문화적인 특징은 인류의 여정을 이해하는데 의미심장한 증거를 암시할 것으로 기대된다. 다른 한편으로는 광대한 크기에 엄청나게 다양한 환경 그리고 지역적인 진화가 일어난 것이 틀림없는 상황에서 이러한 조건들을 모두 고려하여 예측치를 얻어내기란 쉽지 않기 때문이다. 그렇지만 어쩌면 인류의 진화와 확산에 작용한 심오한 원리는 우리가 기대하는 것보다도 훨씬 간단하고 또한 명료한 방식으로 진행되었을 수도 있다. 인간의 개별적인 행위적인 다양성은 있겠지만 인류의 진화의 길은 그 원리가 분명한 것이다. 판단과 적응행위 그리고 지속성 등으로 연속되는 과정에서 인간의 고유한 끈질긴 생존행위가 존재하였을 것이라는 점에서 인간의 확산을 이해하여야 할 것이다. '어느 고인류 및 현생인류 집단이 어느 정도 유전자를 제공하였을까?'라는 주제는 모든 사람이 열광하고 흥미로워할지는 모르지만, 인간의 지적, 감성적 그리고 의지에 대한 인간 역사를 보여주지는 않을 것이다. 소설과 영화에서 볼 수 있듯이 과거에 구소련이 사할린의 한국인들을 시베리아 벌판 엄동설한에 내팽개쳤을 때 살아남은 그 끈기는 결국 본능과 문화가 결합한 인간 고유의 융합적인 능력이었을 것이다. 일반적으로 불가능할 것 같은 환경을 극복하고 오늘날 70억 인구, 아시아지역에 그 반이 살고 있는 것이다. 그래서 인류가 남긴 유물과

19 Jo et al. 2017.

유적을 통해서 인류의 진화와 확산을 연구하지만, 그 증거에 얽매여서 본질적인 면을 보지 못하게 되면 인류 진화의 진실은 접근할 수가 없을 것이다. 그러한 유물과 유적들은 보이지 않는 것에 대한 접근을 위한 징검다리 역할을 하는 것이며, 고고학적인 상상력은 그 징검다리를 건너서 인간승리의 과정을 복원하는 일이다.

한국 고고학자가 유라시아 대륙을 섭렵하여 통시적인 담론을 쓰는 것은 힘든 일이다. 우리가 그러한 범주에서 많은 조사를 해온 것도 아니고 이러한 글의 선례가 있는 것도 아니다. 그러나, 시대가 글로벌의 관점을 가지지 않고는 인문과학이건 사회과학이건 허약해지기 마련이다. 많은 담론들이 있지만 인간의 도도한 경험으로서 그리고 오늘날 디지털 시대에도 통하는 인간 진화의 원리를 이해하는 것이 필요한 것이다. 한반도 중심의 극동지역은 앞에서 설명되었듯이 인류 진화의 큰 흐름이었던 북방과 남방의 인류의 흐름들이 모여지는 곳으로서 그 어느 지역보다도 유전적으로나 문화적인 복합이 이루어진 곳이다. 그리고 한반도의 중심은 지구상에 가장 에너지가 충만한 38도 선을 걸치고 있는 것이다. 인류나 문화, 이 둘은 항상 흐름을 가지고 모여들고 흘러나가는 속성을 가지고 있다. 모여드는 곳에서 돌아온 길을 보는 것은 인류의 미래를 위해서 새로운 담론을 만드는데 크게 기여를 하게 될 것이다. 이런 점에서 '이대로 가면 인류가 절멸하지 않을까?'라고 걱정하며 설정하는 새로운 가상 지질시대, 소위 인류세(Anthropocene)라고 부르는 이 시대와 미래 시대를 위해서 인류의 진화와 선사시대의 연구와 담론들이 많아지는 것이 필요하다. 문화는 지난 700만 년 동안 무한하게 복잡해진 것 같지만 우리의 몸 속의 유전자의 구조가 동일하듯이 문화 역시 환경인지와 적응반응과 행위라는 어쩌면 대단히 단순한 신경회로의 반복이 누적된 것이라고도 할 수 있다. 다만 복잡하게 보일 뿐이다. 행위의 원리를 이해하고 있으면 그 복잡함은 아마도 쉽게 이해될 수 있을 것이다. 과거를 길게 볼 수 있으면, 미래 역시 길게 내다 볼 수 있는 것이다.

참고 문헌

A

Abdullah, Jeffrey & Mokhtar, Saidin & Molijol, Peter 2015. *Recent Development of Palaeolithic Studies in Sabah.*

Adovasio, J. M., Soffer, O., & Klíma, B. 1996. Upper palaeolithic fibre technology: Interlaced woven finds from Pavlov I, Czech Republic, c. 26,000 years ago. *Antiquity*, 70, 526-534.

Aghakhanian F, Yunus Y, Naidu R, et al. 2015. Unravelling the genetic history of Negritos and Indigenous populations of Southeast Asia. *Genome Biol E* 7:1206-15.

Ahern, Jim. 2015. Archaic Homo. *Basics in Human Evolution.* 163-176.

Aiello, Leslie C. 2010. Five years of Homo floresiensis. *American Journal of Physical Anthropology.* 142 (2):167-179.

Aiello, L., & Wheeler, P. 2003. Neanderthal thermoregulation and the glacial climate, In T. H. van Andel & W. Davies (Eds.), *Neanderthals and modern humans in the European landscape during the last glaciation: Archaeological results of the Stage 3 Project* (147-166). Cambridge:McDonald Institute for Archaeological Research.

Aigner, J. S. 1981. *Archaeological Remains in Pleistocene China.* Munich: Verlag C.H. Beck.

Aikens, C. M., & Higuchi, T. 1982. *Prehistory of Japan.* New York: Academic.

Akhilesh, K., S. Pappu,H.M. Rajapara, Y. Gunnel, A.D. Shukla and A.K. Singvi 2018. Early MIddel Paleolithic culture in India around 385-172ka reframe Out of Africa models, *Nature* 554(7690):97-101.

Allen, H. 1997. The distribution of large blades (leilira):Evidence for recent changes in Aboriginal ceremonial exchange networks. In P. McConvell and N. Evans (eds), *Archaeology and Linguistics: Understanding AncientAustralia*, 357-376.

Allentoft, M. E., Sikora, M., Sjögren, K. G., Rasmussen, S., Rasmussen, M., et al. 2015 Population genomics of Bronze Age Eurasia. *Nature* 522:162-72.

Almarri, Mohamed A., ders Bergström, Javier Prado-Martinez, Matthew E. Hurles. Chris Tyler-Smith, Yali Xue 2020. Population Structure, Stratification, and Introgression of Human Structural Variation, *Cell* 182(1):189-199.

Amano, H. Kikuchi, T. Morita, Y. Kondo, O. Suzuki, H. et al. 2015. Virtual Reconstruction of the Neanderthal Amud 1 Cranium, *American Journal of Physical Anthropology.* 158 (2):185--197.

Ambrose, S. H. 1998, Late Pleistocene human population bottlenecks, volcanic winter, and differentiation of modern humans, *Journal of Human Evolution* 34 (6): 623-651.

Ambrose, S. H. 2001. Paleolithic technology and human Evolution. *Science*, 291, 1748-1753.

An, Z.M. 1965. Test excavation at Xiaonanhai cave, Anyang city, Henan Province (In Chinese). *Journal of Archaeology* 1:1-27.

An, Z.M, and Ho, C. K. 1989. New magnetostratigraphic dates of Lantian *Homo erectus, Quaternary Research* 32: 213-221.

An, Zhisheng, Kutzbach JE, Prell WL, Porter SC. 2001. Evolution of Asian monsoons and phased uplift of the Himalaya-Tibetan plateau since Late Miocene times, *Nature* 411(6833):62-6.

Anbiru, M. 2017. *Origin and geneaology of the Japanese Paleolithic*(japanese). Yuzankaku(雄山閣). 東京.

Andersson, J. G. 1919. Preliminary description of a bone deposit at Chou-Kou-Tien in Fang-Shan-Hsien Chihli Province. *Geografiska Annaler* 1:265-268.

Andersson, J. G. 1922. Current Palaeontological research in China. *Bulletin of the American Museum of Natural History* 46:727-737.

Andersson, J. G. 1943. Researches into the prehistory of the Chinese. *The Museum of Far Eastern Antiquities (Ostasiatiska Samlingarna)* Stockholm 15:1-304.

Andrefsky, W. 1994. Raw-material availability and the organization of technology. *American Antiquity* 59:21-34.

Andrefsky, W. 1997, Thought on Stone Tool Shape and Inferred Function, Journal of Middle Atlantic Archaeology 13:125-145.

Angel, J. I. 1972. A Middle Paleolithic Temporal bone from Darra-i-Kur, *Transaction of the American Philosophical Society* 62:54-56.

Anikovich, M. V., Sinitsyn, A. A., Hoffecker, J. F., Holliday, V. T., Popov, V. V., Lisitsyn, S. N., et al. 2007. Early upper paleolithic in eastern Europe and implications for the dispersal of modern humans. *Science* 315:223-226.

Anisyutkin, N. & Timofeyev, V. 2006. The Paleolithic flake industry in Vietnam, *Archaeology, Ethnology and Anthropology of Eurasia*. 27. 16-24.

Anoikin, Anton A., Lydia V. Zotkina, Vladimir M. Kharevich, Galina D. Pavlenok 2021, The non-utilitarian objects from the initial upper Paleolithic Ushbulak site in eastern Kazakhstan, *Archaeological Research in Asia* 25, 100261.

Antón, S. C. 2002 Evolutionary significance of cranial variation in Asian *Homo erectus*. *American Journal of Physical Anthropology* 118:301-23.

Antón, S.C. 2003. Natural history of Homo erectus. *Yearbook of Physical Anthropology* 46:126-70.

Antón, S.C., R. Pott, L. Aiello 2014. Evolution of early Homo: An intergrated biological perspective, *Science* 345(6192).

Ao, H., An, Z., Dekkers, M.J., Wei, Q., Pei, S., et al. 2012. High-resolution record of geomagnetic excursions in the Matuyama chron constrains the ages of the Feiliang and Lanpo Paleolithic sites in the Nihewan Basin, North China. *Geochemistry Geophysics Geosystems* 13.

Ao, H., Dekkers, M.J., Qi, W., Qian, X., and Xiao, G. 2013. New evidence for early presence of hominids in North China. *Scientific Reports* 3:2403.

Ao, H., Dekkers, M.J., Wei, Q., Pei, S., Zhao, H., et al. 2013. Magnetostratigraphic evidence of a mid-Pliocene onset of the Nihewan formation - implications for early fauna and hominid occupation in the Nihewan Basin, North China. *Quaternary Science Reviews* 59:30-42.

Ao, H., Deng, C., Dekkers, M. J., Sun, Y., and Liu, Q. 2010. Magnetic mineral dissolution in Pleistocene fluvio-lacustrine sediments, Nihewan Basin (North China). *Earth and Planetary Science Letters* 292:191-200.

Ao, H., Deng, C., Dekkers, M. J., Sun, Y., Liu, Q., and Zhu, R. 2010. Pleistocene environmental evolution in the Nihewan Basin and implication for early human colonization of North China. *Quaternary International* 223-224:472-78.

Ao, H., Liu, C., Roberts, A. P., Zhang, P., and Xu, X. 2017. An updated age for the Xujiayao hominin from the Nihewan Basin, North China: Implications for Middle Pleistocene human Evolution in East Asia. *Journal of Human Evolution* 106:54-65.

Argue, D., Morwood, M. J., Sutikna, T., Jatmiko, and Saptomo, E. W. 2009. Homo floresiensis: A cladistics analysis. *Journal of Human Evolution* 57:623-39.

Argue, Debbie; Groves, Colin P. 2017. The affinities of Homo floresiensis based on phylogenetic analyses of cranial, dental, and postcranial characters, *Journal of Human Evolution* 107:107-133.

Arifin, K. 2004. *Early Human Occupation of the East Kalimantan Rainforest (the Upper Birang River Region, Berau).* Ph.D. thesis, Australian National University, Canberra (Unpublished).

Armitage, S.J., S.A.Jasim, A.E. Marks, et al. 2011. The southern route "out of Africa", evidence for an early expansion of modern human into Arabia, *Science* 331:453-456.

Arsuaga, J. L., Martínez, I., Arnold, L. J., Arnburu, A., Gracia-Téllez, A., et al 2014. Neandertal roots: Cranial and chronological evidence from Sima de los Huesos. *Science* 344:1358-63.

Ashton, N., & Lewis, S. 2002. Deserted Britain: Declining populations in the British Late Middle Pleistocene, *Antiquity*, 76(292):388-396.

Athreya, S. 2015. Modern human emergence in South Asia, a review of the fossil and gnetic evidence, in in Kaifu, Y. and others (eds) *Emergence and Diversity of odern Human Behavior in Paleolithic Asia.* Texas A&M University Press: 61-79.

Athreya, S, Wu, X. 2017. A multivariate assessment of the Dali hominin cranium from China: Morphological affinities and implications for Pleistocene evolution in East Asia. *Am J Phys Anthropol.* 164: 679- 701.

Atkinson, Q.D., Gray, R.D. & Drummond, A.J. 2008. mtDNA variation predicts population size in humans and reveals a major Southern Asian chapter in human prehistory. *Molecular Biology and Evolution*, 25: 468-474.

Attwell L. Kovarovic K., Kendal J.R. 2015. Fire in the Plio-Pleistocene: the functions of hominin fire use, and the mechanistic, developmental and evolutionary consequences, *J. Anthr. Sci.* 93: 1-20.

Aubert, M., Rustan Lebe, Adhi Agus Oktaviana, Muhammad Tang,...& Adam Brumm 2019. Earliest hunting scene in prehistoric art, *Nature* 576: 442-445.

Aubert, M. Setiawan, P. Oktaviana, A. A. Brumm, A. Sulistyarto, P. ....& Brand, H. E. A., Palaeolithic cave art in Borneo. *Nature* 564 (7735):254-257.

Augusti, Jordi; Lordkipanidze, David 2011. How "African" was the early human dispersal out of Africa?, *Quaternary Science Reviews*. 30 (11-12):1338-1342.

Ayres, W., & Rhee, S. 1984. The Acheulean in Asia?: A Review of Research on Korean Palaeolithic Culture. *Proceedings of the Prehistoric Society*, 50(1), 35-48.

B

Baab, K. L. 2010. Cranial shape in Asian *Homo erectus*: Geographic, anagenetic, and size-related variation. In *Asian paleoanthropology: From Africa to China and beyond*, ed. by C. J. Norton and D. R. Braun:57-80. Dordrecht: Springer.

Baab, K. L., McNulty, K. P., and Harvati, K. 2013. *Homo floresiensis* contextualized: A geometric morphometric comparative analysis of fossil and pathological human samples. *PLoS One* 8:e69119.

Baba, H., Aziz, F., Kaifu, Y., Suwa, G., Kono, R. T., and Jacob, T. 2003. *Homo erectus* calvarium from the Pleistocene of Java, *Science* 299:1384 8.

Baba, H., Narasaki, S., and Ohyama, S. 1998. Minatogawa hominid fossils and Evolution of the Pleistocene humans in East Asia. *Anthropological Science* 106(Supplement):27-45.

Bae, C.J. 2010. The late Middle Pleistocene hominin fossil record of Eastern Asia: synthesis and review. *Yearbook of Physical Anthropology* 53:75-93.

Bae. C.J. 2012. Convergence of functional form, not hominin cognition, explains similarities and differences between handaxes from Bose Basin (China) and the western Acheulean. *PLoS ONE* 7(4):35804.

Bae. C.J. 2017, Late Pleistocene Human Evolution in Eastern Asia: Behavioral Perspectives, *Current Anthropology* 58:514-526.

Bae, C.J., K. Bae 2012. The nature of the Early to Late Paleolithic transition in Korea: Current perspectives, *Quaternary International* 281(19):26-35.

Bae, C.J.., K. Douka and M.D. Petraglia 2017. On the origin of modern humans:Asian Perspectives, *Science* 358:Review 1-7.

Bae CJ, Li F, Cheng L, Wang W, Hong H. 2018. Hominin distribution and density patterns in Pleistocene China: Climatic influences, *Palaeogeogr Palaeoclimatol Palaeoecol* 512:118-131.

Bae, C.J.., Wang, W., Zhao, J., Huang, S., Tian, F., and Shen, G. 2014. Modern human teeth from Late Pleistocene Luna Cave(Guangxi, China). *Quaternary International* 354:169-83.

Bae, K.D., 1994, Paleolithic tradition of East Asia:Chŏn'goknian, presence of few bifaces in Paleolithic stone industries. In:Bae, K.D. (Ed.), *Paleolithic Culture of East Asia*. National Research Institute of Cultural Properties, Seoul, 193-211.

Bae, K.D. 1988. *The significance of the Chŏn' gokni stone industry in the tradition of paleolithic culture in Ease Asia*. Ph.D. dissertation, Department of Anthropology, University of California, Berkeley.

Bae, K.D. 2008. Result and Prospect of the Research of the Chongokni Paleolithic site in the Korean peninsula, In: Matsufuji (ed.) *Basic Studies of the Paleolithc Chronology and Paleoenvironmental Change in East Asia*. Kyotyo.

Bae, K.D. 2010. Origin and patterns of the Upper Paleolithic industries in the Korean Peninsula and movement of modern humans in East Asia. *Quaternary International* 211:307-325.

Bae, K.D. 2017. Paleolithic archaeology in Korea, in J. Habu, P. V. Lape, J.W. Olsen eds. *Handbook of East and Southeast Asian Archaeology*. Springer. 219-240.

Bae, K.D., Christopher J. Bae, Kiryong Kim 2012. The age of the Paleolithic handaxes from the Imjin-Hantan River Basins, South Korea, *Quaternary International* 281 (19):14-25.

Bai, Y., Fang, X., Nie, J., Wang, Y., and Wu, F. 2009 A preliminary reconstruction of the paleoecological and paleoclimatic history of the Chinese Loess Plateau from the application of biomarkers. *Palaeogeography, Palaeoclimatology, Palaeoecology* 271:161-69.

Bailey G. 2015. The Evolution of the Red Sea as a Human Habitat During the Quaternary Period. In: Rasul N., Stewart I. (eds) *The Red Sea*. Springer Earth System Sciences. Springer, Berlin, Heidelberg.

Bailey, Shara & Liu, Wu. 2010. A comparative dental metrical and morphological analysis of a Middle Pleistocene hominin maxilla from Chaoxian (Chaohu), China. *Quaternary International* 211:14-23.

Balter, Michael 2010. Of Two Minds About Toba's Impact, *Science* 327(5970):1187-1188.

Barbour, G.B., Licent, E., and Teilhard de Chardin, P. 1927. Geological study of the deposits of the Sangkanho basin. *Bulletin of the Geological Society of China* 5:263-78.

Barham, L. S. 2002. Systematic pigment use in the Middle Pleistocene of south-central Africa. *Current Anthropology*, 43:181-190.

Barker, G., Barton, H., Bird, M., Daly, P., Datan, I., dykes, A., et al. 2007. The 'human evolution' in lowland tropical Southeast Asia: The antiquity and behavior of anatomically modern humans at Niah Cave (Sarawak, Borneo). *Journal of Human Evolution* 52:243-61.

Barnard, M. 2002. *Fashion as communication* (2nd ed.). London: Routledge.

Barton, L., Brantingham, P. J., and Ji, D. 2007. Late Pleistocene climate change and Paleolithic cultural Evolution in Northern China: Implications from the Last Glacial Maximum. *Developments in Quaternary Sciences* 9:105-28.

Bartstra, G. J. 1982. Homo erectus: the search for his artefacts. Current Anthropology 23 (3):318-320.

Bartstra, G. J. 1983. Some remarks upon: Fossil man from Java, his age, and his tools. *Bydragen to de Taal-Land-and kenkunde* 139:421-34.

Bar-Yosef O. & Y. Wang. 2012. Paleolithic Archaeology in China. *Annual Review of Anthropology* 41:319-335.

Bar-Yosef O. et al, 2010, The Middle to Upper Palaeolithic Transition in Western Asia, *The Upper Palaeolithic Evolution in global perspective, papers in honor of Sir Paul Mellars*, edited by Katherine V. Boyle, Clive Gamble & Ofer Bar-Yosef, pp 85-102, Mcdonald Institute for Archaeological Research.

Bar-Yosef O. 2015. Chinese Palaeolithic challenges for the interpretations for Palaeolithic Archaeology. *Anthropologie* LIII/1-2: 77-92.

Bar-Yosef O. 2002. The Upper Paleolithic revolution. *Annual Review of Anthropology*, 31:363-393.

Bar-Yosef O., & Kuhn, S. L. 1999. The big deal about blades: Laminar technologies and human Evolution. *American Anthropologist*, 101:322-338.

Bar-Yosef O. and A Belfer-Cohen 2013. Following Pleistocene raod signs of human dispersal acrross Eurasia, *Quaternary International* 285:30-41.

Bar-Yosef O. and Philip Van Peer 2011. The Chaîne Opératoire Approach in Middle Paleolithic Archaeology, *Current Anthropology* 50(1).

Basak, Bishnupriya and Pradeep Srivastava 2017. Earliest Dates of Microlithic Industries (42-25ka) from West Bengal, Eastern India: New Light on Modern Human Occupation in the Indian Subcontinent, *Asian Perspectives*, 56, No. 2. University of Hawai'i Press.

Bednarik, R.G. 2013. Pleistocene Paleoart of Asia, *Arts* 2013(2):46-76.

Bednarik, R.G., Y. You. 1991. Palaeolithic art from China. *Rock Art Res.* 8:119-123.

Behar, D.M. van Oven M. Rosset S. et al. 2012. A "Copernican" reassement of human mt DNA tree from its root, *American Journal of Human Genetics* 90(4):675-84.

Bekken, D., Schepartz, L., Miller-Antonio, S., Hou Yamei, and Huang Weiwen. 2004 Taxonomic abundance at Panxian Dadong, a Middle Pleistocene cave in south China. *Asian Perspectives* 43:333-59.

Bellwood, P. 2013. *First Migrants, Ancient migration in global perspective.* Willey Balckwell. UK.

Bellwood, P. 2018. The search for ancient DNA heads east, Science 361(6397):31-32.

Bence Viola, et al. 2010. Genetic history of an archaic hominin group from Denisova Cave in Siberia. *Nature* 468:1053-1060.

Berger, L. R., D. J. de Ruiter, S. E. Churchill, P. Schmid, K. J. Carlson, P. H. G. M. Dirks, J. M. Kibii 2010. *Australopithecus sediba*: a new specis of Homo-like australopith from South Africa, *Science.* 328 (5975):195-204.

Bergström, A., Stringer, C., Hajdinjak, M. et al. 2021. Origins of modern human ancestry, *Nature* 590, 229-237.

Bermúdez de Castro, JM, Martinón-Torres, M, Arsuaga, JL, Carbonell, E. Twentieth anniversary of Homo antecessor (1997-2017): a review, *Evolutionary Anthropology.* 2017; 26: 157-171.

Bettis, E. A. III, Zaim, Y., Larick, R. R., Ciochon, R. L., Suminto, Rizal, Y., Reagan, M., and Heizler, M. 2004. Landscape development preceding *Homo erectus* immigration into Central Java, Indonesia: The Sangiran Formation Lower Lahar. *Palaeogeography, Palaeoclimatology, Palaeoecology* 206:115-31.

Bettis, E. A. & Milius, Adrianne & Carpenter, Scott & Larick, Roy & Zaim, Yahdi & Rizal, Yan & Ciochon, Russell & Tassier-Surine, Stephanie & Murray, Daniel & Suminto, & Bronto, Sutinko. 2008. Way out of Africa: Early Pleistocene paleoenvironments inhabited by Homo erectus in Sangiran, Java. *Journal of human evolution* 56:11-24.

Binford, L. R. 1978. Nunamiut Ethnoarchaeology. New York, NY: Academic Press.

Binford, L. R. 1980. Willow smoke and dogs' tails: Hunter-gatherer settlement systems and archaeological site formation. *American Antiquity* 45:4-20.

Binford, L. R. 1981. *Ancient Bones and Modern Myths.* London and New York: Academic Press.

Binford, L. R., and Ho, C. K. 1985. Taphonomy at a distance: Zhoukoudian, "the cave home of Beijing man"? *Current Anthropology* 26:413-42.

Binford, L. R., and Stone, N. M. 1986. Zhoukoudian: A closer look. *Current Anthropology* 27:453-75.

Binford, L. R., and Stone, N.M. 1987. On Zhoukoudian: Reply to comments. *Current Anthropology* 28:102-5.

Bird, M. I., Taylor, D., and Hund, C. 2005. Palaeoenvironments of insular Southeast Asia during the Last Glacial Period: a savanna corridor in Sundaland? *Quaternary Science Reviews* 24:20-1.

Birdsell, J. B. 1979. A reassessment of the age, sex, and population affinities of the Niah cranium. *American Journal of Physical Anthropology* 50:419.

Blinkhorn, J., H. Achyuthan, M.D. Petraglia, et al. 2013. Middle Paleolithic occupation in the Thar desert during the Upper Pleistocene: the significance of a modern human exit out of Africa?. *Quaternary Science Review* 77:233-38.

Blinkhorn, J., Petraglia, M. D., 2017. Environments and cultural change in the Indian subcontinent:648 Implications for the dispersal of Homo sapiens in the Late Pleistocene. *Current Anthropology* 58, 649 Supplement 17:S463-S479.

Blinkhorn, J. 2019, A new synthesis of evidence for the Upper Pleistocene occupation of 16R Dune and its southern Asian context, *Quaternary International* (2013) 1-10.

Blinkhorn, J. 2019, Examining the Origins of Hafting in South Asia, *Journal of Paleolithic Archaeology* 2: 466-481.

Boaz, N. T. and Ciochon, R. 2004. *Dragon Bone Hill: An Ice-Age Saga of Homo erectus*. New York/ Oxford: Oxford University Press.

Boaz, N. T., Ciochon, R. L., Qinqi Xu, and Jinyi Liu. 2004. Mapping and taphonomic analysis of the *Homo erectus* loci at Locality 1 Zhoukoudian, China. *Journal of Human Evolution* 46:519-49.

Boëda, E., and Hou, X. 2004. Relationship between east and west Asia in Paleolithic age. *Quaternary Sciences* 3:255-64.

Boëda, E. and Hou Y-M. 2011, Étude du site de Longgupo - Synthèse. *L'anthropologie* 115:176-196.

Boëda, E., Hou, Y.M., Forestier, H., Sarel, J., and Wang, H.M. 2013. Levallois and non-Levallois blade production at Shuidonggou in Ningxia, North China. *Quaternary International* 295:191-203.

Boivin, N., D. Q. Fuller, R. Dennel, R. Allaby, M.D. Petraglia 2013. Human dispersal across diverse environments of Asia during the Upper Pleistocene, *Quaternary Interntaional* 300: 32-47.

Boivin, N. & M. D. Frachetti eds. 2018. *Globalizationn in Prehistory-contact, exchange and the 'People without history'*. Cambridge University Press.

Boivin, N., Crowther, A. 2021. Mobilizing the past to shape a better Anthropocene. *Nat Ecol Evol* 5:273-284.

Boomer, I., N. Aladin, I. Plotnikov, and R. Whatley 2000. The palaeolimnology of the Aral Sea: A review. *Quaternary Science Reviews* 19.13:1259-1278.

Boriskovski, P.I. 1984. *Paleolit SSSR*; Izdatel'stvo Nauka: Moscow, Russia.

Boserup, E. 1976. Environment, Population, and Technology in Primitive Societies. *Population and Development Review*, 2(1):21-36.

Bordes, Francois 1968. *The Old Stone Age*. London: Weidenfeld and Nicolson.

Bouteaux, Anne, Anne-Marie Moigne, François Sémah, Teuku Jacob 2007. Les assemblages fauniques associés aux sites à Homo erectus du dôme de Sangiran (Pléistocène moyen, Java, Indonésie), *Comptes Rendus Palevol*, 6(3):169-179.

Bouteaux, Anne & Moigne, Anne-Marie 2010. New taphonomical approaches: The Javanese Pleistocene open-air sites (Sangiran, Central Java). *Quaternary International*. 223:220-225.

Brantingham, P. J., Gao, X., Olsen, J. W., Ma, H., Rhode, D., Zhang, H. et al. 2007. A short chronology for the peopling of the Tibetan Plateau. In *Late quaternary climate change and human adaptation in arid China*, ed. D. B. Madsen, C. Fahu, and G. Xing, 129-150. Amsterdam: Elsevier.

Brantingham, P. J., Krivoshapkin, A. I., Jinzeng, L., Tserendagva, Y. 2001. The Initial Upper Paleolithic in Northeast Asia. *Current Anthropology* 42:735-47.

Brantingham, P. J., John W. Olsen, Jason A. Rech, Andrei I. Krivoshapkin 2000. Raw Material Quality and Prepared Core Technologies in Northeast Asia, *Journal of Archaeological Science* 27: 255-271.

Brantingham, P. J., K.W. Kerry, A.I. Krivoshapkin, Y.V. Kuzmin 2004. Time-spaces dynamics in the early Upper Paleolithic of Northeast Asia, In Madsen, D.B. (Eds) *Entering America: Northeast Asia and Beringia before the LGM*. 255-284. University of Urah Press.

Brasseur, B. 2020. A younger "earliest human migration" to Southeast Asia, Science 367(6474):147-148.

Brasseur, B., Sémah, F., Sémah, A.-M., and Djubiantono, T. 2015. Pedo-sedimentary dynamics of the Sangiran dome hominid bearing layers (Early Middle Pleistocene, central Java, Indonesia): a palaeopedological approach for reconstructing 'Pithecanthropus' (Javanese *Homo erectus*) palaeoenvironment. *Quaternary International* 376:84-100.

Brauer G. & Mimisson Kr. 2004. Morphological affinities of early modern crania from China. In:

Misceldnea en homenaje a Emiliano Aguirre. Vol. III: Paleoantropologïa, Madrid, Museo arqueolôgico regional (Zona arqueolôgica 4):59-70.

Breeze, Paul, Nick Drake, Huw Groucutt, Ash Parton, Richard Jennings, et al. 2015, Remote sensing and GIS techniques for reconstructing Arabian palaeohydrology and identifying archaeological sites. Green Arabia: Human Prehistory at the Cross-roads of Continents, *Quaternary International*, 382:98-119.

Breuil, H. 1932. Le feu et l'industrie de pierre et d'os dans le gisement du "Sinanthropus" à Chou Kou Tien. *L'Anthropologie* 42:1-17.

Brown F, Harris J, Leakey R, Walker A 1985. Early Homo erectus skeleton from west Lake Turkana, Kenya. *Nature*. 316 (6031):788-792.

Brown, P., Sutkina, T., Morwood, M. J., Soejono, R. P., Jatniko, and Saptomo, E. W. 2004. A new small-bodied hominin from the Late Pleistocene of Flores, Indonesia. *Nature* 431:1055-68.

Browning SR, Browning B.L, Zhou Y, Tucci S, Akey JM. Analysis of Human Sequence Data Reveals Two Pulses of Archaic Denisovan Admixture. Cell. 2018. Mar 22;173(1):53-61.

Brumm, Adam 2010. The Movius Line and the Bamboo Hypothesis: Early Hominin Stone Technology in Southeast Asia, *Lithic Technology* 35(1):7-24. (Published online: 01 Apr 2016).

Brumm, A., Aziz, F., Bergh, G. D. van den, Morwood, M. J., Moore, M., Kurniawan, I., Hobbs, D. R., and Fullagar, R. 2006. Early stone technology on Flores and its implications for *Homo floresiensis*. *Nature* 441:624-8.

Brumm. A., Jensen, G. M., van den Bergh, G. D., Morwood, M. J., Kurniawan, I., Aziz, F., et al. 2010. Hominins on Flores, Indonesia, by one million years ago. *Nature* 431:1055-91.

Brumm, A. and M. W. Moore 2012. Biface distributions and the Movius line: A Southest Asia perspectives, *Australian archaeology* 74: 32-46.

Brumm, A. van den Bergh, G. D. Storey, M., Kurniawan, I., Alloway, B. V., ...Morwood, M. J. 2016. Age and context of the oldest known hominin fossils from Flores (PDF). *Nature*. 534 (7606): 249-253.

Brzozowska M. M, Havula E, Allen RB, Cox MP. 2019. Genetics, adaptation to environmental changes and archaic admixture in the pathogenesis of diabetes mellitus in Indigenous Australians. *Rev Endocr Metab Disord*. 2019. (3):321-332.

Buvit, Ian, Masami Izuho, Karisa Terry, Mikhail V. Konstantinov, and Aleksander V. Konstantinov. 2016. Radiocarbon dates, microblades and Late Pleistocene human migrations in the Transbikal, Russia and the Paleo-Sakhalin-Hokkaido-Kuril Peninsula. *Quaternary International* 425:100-119.

Buvit, L., K.arisa Terry, Masami Izuho and Mikhail V. Konstantinov 2015. The emergence of modern behavior in the Tans-Baikal, Russia, in Y. Kaifu, M. Izuho, T. Geobel, H. Sato and A. Ono eds. *Emergence and Diversity of Modern Human Behavior in Paleolithic Aisa*. Texas A&M University Press:490-505.

Buzhilova, A., A.P. Derevianko and M. Shunkov 2017. The Northern dispersal route, bioarchaeological data from the Late Pelistocene of Altai, Siberia, *Current Anthropology* 38:491-503.

C

Cai Y., X Qiang, X Wang, et al. ., 2017. The age of human remains and associated fauna from Zhiren cave in Guangxi, southern China. *Quaternary International*. 434: 84-91.

Callaway, E. 2013. Mystery humans spiced ancients' rampant sex lives. *Nature (Breaking News)*. Accessed November 20, 2013.

Cameron, D., Patnaik, R., and Sahni, A. 2004 The phylogenetic significance of the Middle Pleistocene Narmada cranium from Central India. *International Journal of Osteoarchaeology* 14:419-47.

Cande, S. C. and Kent, D. V. 1995. Revised calibration of the geomagnetic polarity timescale for the Late Cretaceous and Cenozoic. *Journal of Geophysical Research* 100:6093-5.

Candy, I., Stephens, M., Hancock, J.D.R., Waghorne, R.S. 2011. Palaeoenvironments of Ancient Human Occupation: The application of oxygen and carbon isotopes to the reconstruction of Pleistocene environments. In Ashton, N., Lewis, S.G. and Stringer, C. (eds). The Ancient Human Occupation of Britain Project. *Developments in Quaternary Science*, Elsevier, 14:23-37.

Cann, RL; Brown, WM; Wilson, AC 1982. Evolution of human mitochondrial DNA: a preliminary report, *Progress in Clinical and Biological Research*. 103 (Pt A): 157-65.

Cann, Rebecca L., Mark Stoneking, and Allan C. Wilson 1987. Mitochondrial DNA and Human Evolution, *Nature* 325:31-36.

Carbonell, Eudald & Barsky, Deborah & Sala Ramos, Robert & Celiberti, Vincenzo 2015. Structural continuity and technological change in Lower Pleistocene toolkits, *Quaternary International* 393:1-13.

Carbonell, E., Bermúdez de Castro, J.M., Parés, J.M., Pérez-González, A., Cuenca-Bescós, G., et al. 2008. The first hominin of Europe. *Nature* 452:465-69.

Carotenuto, F., N. Tsikaridze, L. Rook, D. Lordkipanitze, L. Longo, S. Condemi, P. Raia 2016. Venturing out safely:The biogeography of Homo erectus dispersal our of Africa, *J. of Human Evolution* 95:1-12.

Carbonell, E., Bermúdez de Castro, J.M., Parés, J.M., Pérez González, A., Cuenca-Bescós, G., et al. 2008. The first hominin of Europe. *Nature* 452:465-69.

Catherine B 2012. Our True Dawn, *New Scientist* (2892):34-37.

Chang, CH., Kaifu, Y., Takai, M. et al. 2015. The first archaic Homo from Taiwan. *Nat Commun* 6, 6037.

Chang, Y., and Kim, J. C. 2018. Provenance of obsidian artifacts from the Wolseongdong Paleolithic site, Korea, and its archaeological implications. *Quaternary International* 467:360-68.

Chard, C. 1974. *Northeast Asia in Prehistory*. The University of Wisconsin Press.

Chauhan, P. R. 2007. Soanian cores and core-tools from Toka, Northern India: Towards a new typo-technological organization. *Journal of Anthropological Archaeology* 26:412-41.

Chauhan, P. R. 2010. Comment on 'Lower and Early Middle Pleistocene Acheulian in the Indian sub-continent' by Gaillard et al. 2009, *Quaternary International* 223-224:248-59.

Chen, F., Welker, F., Shen, C.C. et al. 2019.A late Middle Pleistocene Denisovan mandible from the Tibetan Plateau. *Nature* 569:409-412.

Chen, T.M., and Zhang, Y 1991. Palaeolithic chronology and possible coexistence of *Homo erectus* and *Homo sapiens* in China. *World Archaeology* 23:147-54.

Chen, T.M., Hedges, R. E. M., and Yuan, Z-X. 1992. The second batch of accelerator radiocarbon dating for the Upper Cave of Zhoukoudian (in Chinese with English abstract). *Acta Anthropologica Sinica* 11:112-16.

Chen, T.M., Hedges, R. E. M., and Yuan, Z.-X. 1989. Accelerator radiocarbon dating for the Upper Cave of Zhoukoudian (in Chinese with English abstract). *Acta Anthropologica Sinica* 8:216-21.

Chen, T., Quan, Y., and En, W. 1994 Antiquity of *Homo sapiens* in China. *Nature* 368: 55-56.

Chen, T.M., S.X. Yuan, S.J. Gao 1984. The study on uranium-series dating of fossil bones and an absolute age sequence for the main Paleolithic sites of North China, Acta Anthropol. Sin, 3 (3)259-269.

Chen, W.C. 2017. The early occupation in Taiwan, in J. Habu, P. V. Lape, J.W. Olsen eds. *Handbook of East and Southeast Asian Archaeology*. Springer. 277-292.

Cheng Y. 2019. Is Peking Man Still Our Ancestor? — Race and National Lineage. In: *Discourses of Race and Rising China*. Mapping Global Racisms. Palgrave Macmillan: 99-159.

Chia, L.P., and Wang, C. 1978. *Hsihoutu-a Culture Site of Early Pleistocene in Shansi Province*. Wenwu Press, Beijing.

Chlachula, J. 2003. The Siberian loess record and its significance for reconstruction of Pleistocene climate change in north-central Asia. *Quaternary Science Reviews* 22:1879-906.

Choi, K., and Driwantoro, D. 200. Shell tool use by early members of Homo erectus in Sangiran, central Java, Indonesia: Cut-mark evidence. *Journal of Archaeological Science* 34:48-58.

Chu, J.-Y., Huang, W., Kuang, S.Q., Wang, J.M., Xu, J.J., et al. 1998. Genetic relationship of populations in China. *Proceedings of the National Academy of Sciences of the USA* 95:11763-68.

Ciochon, R. L. 2009. The mystery ape of Pleistocene Asia. *Nature* 459:910-11.

Ciochon, R. L. and E.A. Bettis 2010. Asian Homo erectus convergence in time, *Nature* 458:153-54.

Ciochon, R., Vu The Long, Larick, R., González, L., Grün, R., Vos, J. de, Yonge, C., Taylor, L., Yoshida, H., and Reagan, M. 1996. Dated co-occurrence of *Homo erectus* and *Gigantopithecus* from Tham Khuyen Cave, Vietnam. *Proceedings of the National Academy of Science USA* 93:3016-20.

Clark, G. 1977. *World Prehistory in New Perspective*, 3rd ed. Cambridge University Press.

Clark, J.D.(ed) 1969. *Kalambo Falls Prehistoric Site* Vol. 1. London: Cambridge University Press.

Clark, J.D. 1982. Report on the visit to palaeolithic sites in Korea. *Munhwajae* 15,134-140.

Clarkson C, Jones S, Harris C. 2012. Continuity and change in the lithic industries of the Jurreru Valley, India, before and after the Toba eruption. *Quaternary International* 258: 165-179.

Clarkson C, Jacobs Z, Marwick B, Fullagar R, et al. 2017. Human occupation of northern Australia by 65,000 years ago. *Nature* 547(7663):306-310.

Clarkson, C., Petraglia, Michael., Harris, Clair., Shipton,. Ceri and Norman, Kasih. 2018, The South Asian Microlithic: Homo sapiens Dispersal or Adaptive Response? Chapter 3. Springer:37-61.

Conde-Valverde, M., Martínez, I., Quam, R.M. et al. 2021. Neanderthals and Homo sapiens had similar auditory and speech capacities. *Nature* Ecology & Evolution.

Coningham, R., & Lewer, N. 2000. Archaeology and identity in south Asia—interpretations and consequences, *Antiquity* 74(285), 664-667.

Coolidge, F., Haidle, M., Lombard, M., & Wynn, T. 2016 . Bridging theory and bow hunting: Human cognitive evolution and archaeology, *Antiquity* 90(349): 219-228.

Coon, C. S. 1965. *The living Species of Man*. NY. Knopf.

Cooper, A., and Stringer, C. B. 2013. Did Denisovans cross Wallace's Line? *Science* 342:321-23.

Coppens et al. 2008. Discovery of an archaic Homo sapiens skullcap in Northeast Mongolia. *Comptes Rendus Palevol* 7(1):51-60.

Coqueugniot, H, Hublin JJ, Veillon F, Houët F, Jacob T. 2004. Early brain growth in Homo erectus and implications for cognitive ability. *Nature* 431(7006):299-302.

Corbey, R., Jagich, A., Vaesen, K., & Collard, M. 2016. The Acheulean handaxe: More like a bird's song than a beatles' tune?, *Evolutionary anthropology* 25(1), 6-19.

Corvinus, G. 1981. *A Survey of the Pravara River System in Western Maharashtra, India. 1: The Stratigraphy and Geomorphology of the Pravara River System. Tübinger Monographien zur Urgeschichte 7:1-116. Tübingen: Institut für Urgeschichte.*

Corvinus, G. 2003. Arjun 3, a Middle Palaeolithic site, in the Deokhuri valley, western Nepal. *Man and Environment* 27:31-44.

Coutouly Y.A. G. 2016. Migration and interactions in prehistoric Beringgia: Evolution of Yakutian lithic technology, *Antiquity* 90 349:9-31.

Cui, Y., and Wu, X. 2015. A geometric morphometric study of Middle Pleistocene cranium from Hexian, China. *Journal of Human Evolution* 88:54-69.

Curnoe, D., Datan, I., Tacon, P. S. C., Ung, C. L. M., and Sauffi, M. S. 2016. Deep skull from Niah Cave and the Pleistocene peopling of Southeast Asia. *Frontiers in Ecology and Evolution* 4:75.

Currat, M, Excoffier L. 2004. Modern humans did not admix with Neanderthals during their range expansion into Europe. PLoS Biol. 2:e421.

Currat, Mathias., Excoffier, Laurent. 2011. Strong reproductive isolation between humans and Neanderthals inferred from observed patterns of introgression. *Proc Natl Acad Sci U S A.* 108(37):15129-34.

Currat, M. and L. Exhoppier 2011. Strong reproductive isolation between humans and Neanderthals inferred from observed patterns of Introgression, *Proceedings of National Academy of Science USA* 108: 15129-134.

D

Damdinsürėngijn Cėvėėndorž, N. Batbold, Ts Amgalantugs 2007. Mongolanthropus was Discovered in Mongolia, *Studia Archeologica Instituti Archaeologici Academiae Scientiarum Mongolicae* 23. Mongolian Acad. of Sciences, Inst. of Archaeology.

Davidson, J. 2010. The colonization of Australia and its adjeacent islands and the Evolution of modern cognition, *Current Anthropology* 51(suppl):177-89.

Davies, O. 1954. Sangoan culture in Africa, *South African Journal of Science* 50 (10).

Davis, R. S. and Ranov, V. A. 1999. Recent work on the Paleolithic of Central Asia. *Evolutionary Anthropology* 9:186-93.

de la Torre, I. 2016. The origins of the Acheulean: past and present perspectives on a major transition in human Evolution, *Philosophical Transactions of the Royal Society B.* 371 (1698):20150245.

de Leon, N., A., Dizon, E.. 2010. New evidence for a 67,000-year-old human presence at Callao Cave, Luzon, Philippines. *Journal of Human Evolution* 59:123-132.

de Lumley, H. (Ed.), 2008. *Le site de l'Homme de Yunxian.* CRNS, Paris.

Demeter, F., Bacon, A.-M., Kim Thuy Nguyen, Vu The Long, Duringer, P., Rousse, S., Coppens, Y., Matsumura, H., Dodo, Y., Mai Huong Nguyen, and Tomoko, A. 2005. Discovery of a second human molar and cranium fragment in the late Middle to Late Pleistocene cave of Ma U'Oi (Northern Vietnam). *Journal of Human Evolution* 48:393-402.

Demeter, F., Bacon, A.-M., Nguyen Kim Thuy, Vu The Long, Matsumura, H., Ha Huu Nga, Schuster, M., Nguyen Mai Huong, and Coppens, Y. 2004. An archaic *Homo* molar from Northern Vietnam. *Current Anthropology* 45(4):535-41.

Demeter, F., Shackelford, L. L., Bacon, A. M., Duringer, P., Westaway, K., et al. 2012. Anatomically modern human in Southeast Asia (Laos) by 46ka. *Proceedings of the National Academy of*

Sciences 109:14375-80.

Demeter, F., Shackelford, L., Westaway, K., Duringer, P., Bacon, A.-M., et al. 2015. Early Modern Humans and Morphological Variation in Southeast Asia: Fossil Evidence from Tam Pa Ling, Laos. *PLoS One* 10.

Deng, C., Wei, Q., Zhu, R., Wang, H., Zhang, R., Ao, H., Chang, L., and Pan, Y. 2006. Magneto stratigraphic age of the Xiantai Paleolithic site in the Nihewan Basin and implications for early human colonization of Northeast Asia. *Earth and Planetary Science Letters* 244:336-48.

Dennell, R.W.,1990. Progressive gradualism, imperialism and academic fashion: Lower Palaeolithic archaeology in the 20th century. *Antiquity* 64, 549-558.

Dennell, R. W. 1995. The early stone age of Pakistan: A methodological review. *Man and Environment* 20:21-8.

Dennell, R. W. 2003. Dispersal and colonization, long and short chronologies: how continuous is the Early Pleistocene record for hominids outside East Africa? *Journal of Human Evolution* 45:421-40.

Dennell, R. W. 2004. Early Hominin Landscapes in Northern Pakistan: Investigations in the Pabbi Hills. *British Archaeological Reports (International Series)* 1265:1-454.

Dennell, R. W.. 2004. Hominid Dispersals and Asian Biogeography during the Lower and Early Middle Pleistocene, c. 2.0—0.5Mya, *Asian Perspectives* 43, No. 2, ASIA AND THE MIDDLE PLEISTOCENE IN GLOBAL PERSPECTIVE: 205-226.

Dennell, R.W., 2007. "Resource-rich, stone-poor": early hominin land use in large river systems of northern India and Pakistan. In: Petraglia, M., Allchin, B. (Eds.), *The Evolution and History of Human Populations in South Asia*. Springer, Dordrecht.

Dennell, R. W. 2009. *Palaeolithic Settlement of Asia*. Cambridge University Press, Cambridge.

Dennell, R. W. 2010. Out of Africa 1. current problems and future prospects, In Fleagle J.G., J.J. Shea, F.E. Grine, A.L. Baden, R.E. Leakey (eds), *Out of Africa 1:The first hominin colonication of Eurasia*. Springer. 247-73.

Dennell, R. W. 2011. An Earlier Acheulian Arrival in South Asia. *Science* 331:1532-33.

Dennell, R. W. 2013a.The Nihewan Basin of North China in the Early Pleistocene: Continuous and flourishing, or discontinuous, infrequent and ephemeral occupation?. *Quaternary International* 295: 223-236.

Dennell, R. W. 2013c Hominins, deserts, and the colonization and settlement of continental Asia. *Quaternary International* 300:13-21.

Dennell, R. W. 2013b. The Nihewan Basin of North China in the Early Pleistocene: Continuous and flourishing, or discontinuous, infrequent and ephemeral occupation? *Quaternary International* 295:223-36.

Dennel, R.W. 2014. Hallam Movius, Helmut de Terra and the Line that Never Was; Burma, 1938, In K. Boyle, R.J. Rabatt and C. Hunt (eds) *Living in the Landscape:Essays in Honour of Graham Barker*. Mcdonald Institute for Archaeological Research:11-34.

Dennell, R. 2015. Life without the Movius Line: The structure of the East and Southeast Asian Early Palaeolithic. *Quaternary International*, 400:14-22.

Dennell, R. W. 2015. Palaeoanthropology: Homo sapiens in China 80,000 years Ago. *Nature* 526:647-48.

Dennell, R. W. 2016. Life without the Movius line: The structure of the East and Southeast Asia Early Paleolithic, *Quaternary International* 400:14-22.

Dennell, R. W., Coard, Ros & Turner, A. 2008. Predators and scavengers in Early Pleistocene southern Asia, *Quaternary International.* 192:78-88.

Dennell, R. W., and Hurcombe, L. M. 1989. The Riwat assemblage. *In Pleistocene and Palaeolithic Investigations in the Soan Valley, Northern Pakistan* by H. M. Rendell, R. W. Dennell, and M. Halim, 105-27. British Archaeological Reports (International Series) 544:1-346.

Dennell R, W. and Petraglia MD. 2012. The dispersal of Homo sapiens across southern Asia: how early,how often, how complex? *Quaternary Science Reviews* 47:15-2.

Dennell, R. W., and Rendell, H. R. 1991. De Terra and Paterson, and the Soan flake industry: A perspective from the Soan Valley, Pakistan. *Man and Environment* 16:91-9.

Dennell, R. W., and Roebroeks, W. 2005. An Asian perspective on early human dispersal from Africa. *Nature* 438:1099-1104.

Dennell, R. W., Coard, R., and Turner, A. 2006. The biostratigraphy and magnetic polarity zonation of the Pabbi Hills, northern Pakistan: An Upper Siwalik (Pinjor Stage) Plio-Pleistocene fluvial sequence. *Palaeogeography, Palaeoclimatology, Palaeoecology* 234:168-85.

Dennell, R. W., Coard, R., Beech, M., Anwar, M., and Turner, A. 2005. Two Upper Siwalik (Pinjor Stage) fossil accumulations from localities 73 and 362 in the Pabbi Hills, Pakistan. *Journal of the Palaeontological Society of India* 50:101-11.

Dennell, R. W., Rendell, H. R., and Hailwood, E. 1988. Early tool-making in Asia: Two-million-year-old artefacts in Pakistan. *Antiquity* 62:98-106.

Derevianko A.P. 2010, *THREE SCENARIOS OF THE MIDDLE TO UPPER PALEOLITHIC TRANSITION*: Scenario 1: The Middle to Upper Paleolithic Transition in Northern Asia, *Archaeology, Ethnology and Anthropology of Eurasia* 38(3):2-32.

Derevianko, A. P. 2011. Three scenario of the Middle to Upper Paleolithic transition, *Archaeology, Ethnology and Anthropology of Eurasia* 39:2-17.

Derevianko, A.P. 2014. *Bifacial Industry in East and Southeast Asia.* Institute of Archaeology and Ethnography. SB RAS Press.

Derevianko, A.P. 2015. *Three Global Human Migrations in Eurasia 1- Human origin and Early Peopling of Southwestern, Southern, Eastern and Southeastern Asia and Caucasus.* Insititute of Archaeology, Ethography SB RAS press.

Derevianko, A. P. 2018. *Three global human migration in Eurasia*, 1II. Insititute of Archaeology, Ethography SB RAS press.

Derevianko, A. P. 2019. *Three global human migration in Eurasia*, 1V. The Acheulean and Bifacial industries in China, Korea, Mongolia. Kazakstan, Turkmenistan, Uzbekistan and in the Caucasus. *Institute of Archaeology and Ethnography SB RAS press.*

Derevianko, A. P. Alexander V. Postnov, Eugeny P. Rybin, Yaroslav V. Kuzmin, Susan G. Keates 2007. The Pleistocene peopling of Siberia: A review of environmental and behavioural aspects, *Bulletin of the Indo-Pacific Prehistory Association.* 25:57-68.

Derevianko A.P., Kandyba A.V., Nguyen K., Gladyshev S.A., Nguyen G., Lebedev V.A., Chekha A.M., Rybalko A.G., Kharevich V.M., Tsybankov A.A. 2018. The discovery of a bifacial industry in Vietnam. *Archaeology, Ethnology & Anthropology of Eurasia.* 2018;46(3):3-21.

Derevianko A.P., Shunkov M.V. 2002. The Middle Paleolithic industries with foliate bifaces in Gorny Altai. *Archaeology, Ethnology and Anthropology of Eurasia* 1: 16-42.

Derevianko, A. P., and Shunkow, M. V. 2004. Formation of the Upper Paleolithic traditions in the Altai. *Archaeology, Ethnology and Anthropology of Eurasia* 3:12-40.

Derevianko, A. P., M.V. Shunkov and M.B. Kozlikin 2020. Who were the Denisovan?, *Archaeology, Ethnology and Anthropology of Eurasia* 48(3):3-32.

Derevianko, A. P., Gao, X., Olsen, J. W., and Rybin, E. P. 2012. The paleolithic of Dzungaria (Xinjiang, Northwest China) based on materials from the Luotuoshi Site. *Archaeology, Ethnology and Anthropology of Eurasia* 40:2-18.

Derevianko, A. P., Sergey Markin, Sergey Gladyshev & Ksenia Kolobova. 2015. Excavations at the Chagyrskaya Cave, Russia: a Neanderthal Middle Palaeolithic industry in Northern Asia. *Antiquity* Project Gallery 89(345).

Derevianko, A. P., Olsen, J. W., Tseveendorj, D., Petrin, V. T., Zenin, A. N., et al. 2000. Arheologicheskie issledovaniya Rossiisko-Mongolisko-*Amerikanskoi ekspeditsii v* 1997-1998-g. Novosibirsk.

Derevianko, A. P., Shunkow, M. V., and Markin, S. V. 2014. *The Dynamics of the Paleolithic Industries in Africa and Eurasia in the Late Pleistocene and the Issue of the Homo sapiens Origin.* Institute of Archaeology and Ethnography Siberian Branch of Russian Academy of Science Press, Novosibirsk.

Deshpande O, Batzoglo S, Feldman MW, Cavalli-Sforza LL. 2009. A serial founder effect model for human settlement out of Africa. *Proc Biol Sci.* 276:291-300.

Detroit, F., Corny, J., Dizon, E. Z., and Mijares, A. S. 2013. "Small size" in the Philippine human fossil record: is it meaningful for a better understanding of the Evolutionary history of the Negritos? *Human Biology* 85:45-66.

Détroit, F. A.S. Mijares, J. Corny, G.Z. Daver, C. Zanolli, E. Dizon, E. Robles, R. Grün, P.J. Piper 2019. A new species of Homo from the Late Pleistocene of the Philippines, *Nature.* 568 (7751):181-186.

Devièse, T., Massilani, D., Yi, S., Comeskey, D., Nagel, S., et al. 2019. Compound-specific radiocarbon dating and mitochondrial DNA analysis of the Pleistocene hominin from Salkhit Mongolia. *Nature Communication* 10. doi:10.1038/s41467-018-08018-8.

de Vos, J, & Sondaar P. 1994. Dating hominid sites in Indonesia. Science 9;266(5191):1726-7.

Dewey, John F, Robert M. Shackleton, F .R .S .,Chang Chengfa and Sun Yiyin 1988. The tectonic Evolution of the Tibetan Plateau, *Phil. Trans. R. Soc. Loud. A* 327, 379-413.

Dizon, E., Détroit, F., Semah, F., Falguères, C., Hameau, S., Ronquillo, W., et al. 2002. Note on the morphology and age of the Tabon Cave fossil *homo sapiens. Current Anthropology* 43:660-66.

Dizon, Eusebio Z. Alfred F. Pawlik 2010. The lower Palaeolithic record in the Philippines, *Quaternary International* 223-224:444-450.

Dobroskaya, M.V.; et al. 2013. The Neanderthals of Okladnikov Cave Altai: Environment and Diet Based on Isotopic Analysis, *Archaeology, Ethnology and Anthropology of Eurasia.* 41 (1):78-88.

Dodonov,A.E., L.L. Baiguzina 1995, Loess stratigraphy of Central Asia: Palaeoclimatic and palaeoenvironmental aspects, *Quaternary Science Reviews* 14(7-8):707-720.

Dong, W. 2016. Biochronological framework of Homo erectus horizons in China. *Quaternary International* 400:47-57.

Dong W, Fu R Y, Huang W W. Age and paleoenvironment of Xiaogushan fauna at Haicheng, Liaoning Province. *Chinese Sci Bull*, 2010, 55.

Dong, W., Hou, Y.M., Yang, Z.M., Zhang, L.M., and Zhang, S.Q. 2014. Late Pleistocene mammalian fauna from Wulanmulan Paleolithic Site, Nei Mongol, China. *Quaternary International* 347:139-47.

Dorj, D. 1977. Mongolyn dood palyeolityn tuhai asuudald. SHUA-iin medee. No 3. Ulaanbaatar.

Duval, Mathieu. 2014. Comments On "ESR Dating of the Majuangou And Banshan Paleolithic Sites In The Nihewan Basin, North China" ed. by Liu et al. *Journal of Human Evolution* 90:198-202.

E

Eden, D.N., P.C, Frogatt, H. Zheng, and H. Machida. 1996. canic Glass found in the late Quaternary Chinese loess: A pointer for future studies?, *Quaternary International*, 34-36, 107-111.

Elderfield, H., Ferretti, P., Greaves, M., Crowhurst, S., Mccave, I. N., Hodell, D. A., Piotrowski, A. M. 2012. Evolution of ocean temperature and ice ume through the mid-Pleistocene climate transition. *Science* 337:704-9.

Elston, R. G., and Brantingham, P. J. 2002. Microlithic technology in Northeast Asia: a risk minimizing strategy of the Late Pleistocene and Early Holocene. *In Thinking Small: Global Perspectives on Microlithization, Archaeological Papers of the American Anthropological Association*, ed. R. G. Elston and S. Kuhn, 103-16. American Anthropological Association, Washington, D.C..

Elston, R. G., Guanghui, D., and Dongju, Z. 2011. Late Pleistocene intensification techonologies in Northern China. *Quaternary International* 242:401-15.

Erena, Metin I., Stephen J.Lycett, Christopher I.Roosa, Garth Sampson 2011. Toolstone constraints on knapping skill: Levallois reduction with two different raw materials, *Journal of Archaeological Science* 38 (10):2731 2739.

Etler, D. A. 1996. The fossil evidence for human Evolution in Asia, *Annual Review of Anthropology* 25:27-301.

Etler, D. A., and Li Tianyuan. 1994. New archaic human fossil discoveries in China and their bearing on hominid species definition during the Middle Pleistocene. In *Integrative Paths to the Past: Paleoanthropological Advances in Honor of F. Clark Howell*, ed. R. Corruchini and S. Ciochon 639-75. New Jersey: Prentice Hall.

Etler, D. A., Crummett, T. L., and Wolpoff, M. H. 2001. Longgupo: early Homo colonizer or Late Pliocene *Lufengpithecus* survivor in south China? *Journal ofHuman Evolution* 16:1-12.

F

Falk, D., Hildebolt, C., Smith, K., Morwood, M. J., Sutikna, T., Jatmiko, et al. 2009 LB1's virtual endocast, microcephaly, and hominin brain Evolution. *Journal of Human Evolution* 57:597-607.

Falk, D., Hildebolt, C., Smith, K., Morwood, M. J., Sutikna, T., Brown, P., et al. 2005 The brain of LB1, *Homo floresiensis*. *Science* 308:242-45.

Fang, X.M. and J.J. Li, 1998. The uplifting phases of Qinghai-Tibet Plateau and the environment change since 4-3ma. In: *the Uplift of Qinghai-Tibet Plateau in the Cenozoic and environmental change*. Science and technology Press of Guangdong, Guangzhou, 394-408 (in Chinese).

Fang, Q., H. Hong, L. Zhang, H. Furnes et al. 2017, Tectonic uplift-influenced monsoonal changes promoted hominin occupation of the Luonan Basin: Insight from a loess-paleosol sequence, eastern Qingling Mountains, Central China, *Quaternary Science Reviews* 169:312-329.

Faure, H et al. 2002. The coastal oasis: ice age springs on emerged continental shelves. *Global and Planetary Change* 33:47-56.

Feng, F., Gao, X., Wang, H.M., Chen, F.Y., Liu, D.C., Pei, S.W. 2012. An engraved artifact from Shuidonggou, an Early Late Paleolithic Site in Northwest China. *Chin. Sci. Bull.* 57:4594-4599.

Fernández-Jalvo, Y., Andrews, P., and Tong, H. 2015. Taphonomy of the Tianyuandong human skeleton and faunal remains. *Journal of Human Evolution* 83:1-14.

Ferring, R., Oms, O., Agustíc, J., Bernad, F., Nioradzee, M., Sheliae, T., Lordkipanidzee, D. 2011. Earliest human occupations at Dmanisi (Georgian Caucasus) dated to 1.85-1.78 Ma. *Proceedings of the National Academy of Science* 108:10432-10436.

Field, J.S., Lahr, M.M. 2005. Assessment of the Southern Dispersal: GIS-Based Analyses of Potential Routes at Oxygen Isotopic Stage 4. J World Prehist 19:1-45.

Fitzsimmons, Kathryn E., Radu Iovita, Tobias Sprafke, Michelle Glantz, Sahra Talamo, 2017, A chronological framework connecting the early Upper Palaeolithic across the Central Asian piedmont, *Journal of Human Evolution*:107-126.

Fitzsimmons, K.E., T. Sprafke, C. Zielhofer, C. Günter, J.-M. Deom, R. Sala, R. Iovita 2018, Loess accumulation in the Tian Shan piedmont: implications for palaeoenvironmental change in arid Central Asia. Quat. Int., 469:30-43.

Forter P. and S. Matsumura 2005. Did early humans go North or South?, *Science* 308:965-966.

Foronova Irina V. 2005. Large mammal faunas from southwestern Siberia of the Plio-Pleistocene boundary and Lower/Middle Pleistocene transition, *Quaternary International* 131: 95-99.

Fox, Robert B., 1978. The Philippine Palaeolithic. In: Ikawa-Smith, Fumiko (Ed.), Early Palaeolithic in South and East Asia. *Moutton*, Paris, 59-85.

Freeman, L. G. 1977. Paleolithic Achaeology and Paleoanthropology in China. *Paleoanthropology in the People`s Republic of China*, CSCPRC Report No. 4, 79-113.

Frenzel, B., 1968, The Pleistocene Vegetation of Northern Eurasia, *Science* 161:637-649.

Fujita, Masaki, Shinji Yamasaki, Chiaki Katagiri, Itsuro Oshiro, Katsuhiro Sano, ...Gen Suwa & Yousuke Kaifu 2016. Maritime adaptation in the western Pacific by 35ka, *Proceedings of the National Academy of Sciences* 113 (40):11184-11189.

Fu, Q., Li, H., Morrjani, P., Jay, F., Slepchenko, S. M., et al. 2014. Genome sequence of a 45,000-year-old modern human from western Siberia. *Nature* 514:445-49.

Fu, Q., Mittnik A, Johnson PLF, et al. 2013. A revised timescale for human Evolution based on ancient mitochondrial genomes. *Curr Biol.* 23(7):553-9.

Fu, Q., Meyer, M., Gao, X., Stenzel, U., Burbano, H. A., Kelso, J., and Pääbo, S. 2013. DNA analysis of an early modern human from Tianyuan Cave, China. *Proceedings of the National Academy of Sciences of the USA* 110:2223-27.

Fu, Q., Hajdinjak M, Moldovan OT, et al. An early modern human from Romania with a recent Neanderthal ancestor. *Nature.* 2015;524:216-9.

Fu, Q., Posth, C., Hajdinjak, M., Petr, M., Mallick, S., et al. 2011. The genetic history of ice age Europe. *Nature* 534:200-205.

G

Gabounia, L., de Lumley, M.-A., Vekua, A., Lordkipandize, D., and de Lumley, H. 2002. Découverte d'un nouvel hominidé à Dmanissi (Transcaucasie, Géorgie). *Comptes Rendues Paléution* 1:243-53.

Gabunia, L., Vekua, A., Lordkipanidze, D., Swisher III, C. C., Ferring, R., et al. 2000. Earlist Pleistocene Hominid Cranial Remains from Dmanisi, Republic of Georgia: Taxonomy, Geological Setting, and Age. *Science* 288:1019-25.

Gailhard, C., S. Mishra, M. Singh, S. Deo, amd R. Abbas 2010. Lower and Early Middle Pleistocene

Acheulean in the Indian sub-continent, *Quaternary International* 223-224. 234-241.

Gao, X. 2000. Core reduction at Zhoukoudian locality 15, Archaeology, Ethnology & Anthropology of Eurasia 3(3):2-12.

Gao, X. 2003. A study of the lithic assemblage from Zhoukoudian Locality 15 (in Chinese with English abstract). *Acta Anthropologica Sinica* 21(Supplement):31-52.

Gao, X. 2012. Characteristics and significance of paleolithic handaxes from China (in Chinese with English abstract). *Acta Anthropologica Sinica* 31:97-112.

Gao, X. 2013. Paleolithic Cultures in China: Uniqueness and Divergence. *Current Anthropology*, 54, No. 8,358-370.

Gao, X. and C. Wang 2010. In Search of the ancestor of Chinese People. *Paleoanthropology* 24(2):111-4.

Gao, X. and Y. Guan 2018. Hanaxes and the Pick-chopper industry of Pleistocene China, *Quaternary International* 480:132-140.

Gao, X. and Christopher J. Norton 2002. A critique of the Chinese 'Middle Palaeolithic', Antiquity. 76 no. 292:397 - 412.

Gao, X. 2016. Geophysical investigations identify hidden deposits with great potential for Discovering Peking Man Fossils at Zhoukoudian, China. *Quaternary International* 400: 30-35.

Gao, X., Y. Guan, X. Xu and J.W. Olsen 2015. Paleolithic research in China, in J. Habu, P. V. Lape, J.W. Olsen eds. *Handbook of East and Southeast Asian Archaeology*. Springer. 241-276.

Gao, X., Guan, Y., Chen, F., Yi, M., Pei, S., and Wang, H. 2014. The discovery of Late Paleolithic boiling stones at SDG 12, north China. *Quaternary International* 347:91-96.

Gao, X.; Huang, W.; Xu, Z.; Ma, Z.; Olsen, J.W. 2004. 120-150 ka human tooth and ivory engravings from Xinglongdong Cave, Three Gorges region, south China. *Chin. Sci. Bull.* 49:175-180.

Gao, X. J.Z. Li, D.B. Madsen, P. J. Brantingham, R.G. Elston and R.L. Bettinger, 2002. New 14C dates for Shuidonggou and related issues. *Acta anthropol. Sinica* 21:211-218 (in Chinese).

Gao, X., Shen G.J. , Qiu, L.C. 2007. Preliminary U series dating of southern branch cave of Maba hominid site, *J. of Jinan University* 28:308-11.

Gao, X., Wang, H., and Guan, Y. 2013. Research at Shuidonggou: New advances and new perceptions (in Chinese with English abstract). *Acta Anthropologica Sinica* 32:121-232.

Gao, X., Wang, H., Pei, S., and Chen, F. 2013. *Shuidonggou-excavation and research (2003-2007) report (in Chinese with English abstract).* Beijing: Science Press.

Gao, X., Zhang, X.-L., Yang, D.-Y., Shen, C., and Wu, X.-Z. 2010. Revisiting the origin of modern humans in China and its implications for global human Evolution. *Science China Earth Sciences* 53:1927-40.

Gao, X., S. Zhang, Y. Zhang, and F. Chen 2017. Evidence of Hominin Use and Maintenance of Fire at Zhoukoudian, *Current Anthropology* 58, Supplement 16:8267-77.

García-Medrano, P., Ollé, A., Ashton, N. et al. 2019. The Mental Template in Handaxe Manufacture: New Insights into Acheulean Lithic Technological Behavior at Boxgrove, Sussex, UK. J *Archaeol Method Theory* 26.

Gerasimov, M. M.. 1964. THE PALEOLITHIC SITE MALTA: EXCAVATIONS OF 1956-1957. in Henry Michael(ed) *The Archaeology and Geomorphology of Northern Asia*, Toronto: University of Toronto Press, 3-32.

Gibbens, A. 2011. Who were the Denisovans?, *Science* 333:1084-87.

Gibbons, A. 2021. Stunning 'Dragon Man' skull may be an elusive Denisovanor a new species of human, *Science*. doi:10.1126/science.abk1691.

Gilligan I. 2010. The prehistoric development of clothing: archaeological implications of a thermal model., *J. Archaeol. Method Theor.* 17:15-80.

Glover, I. G. 2006. Some National, Regional and Political Uses of Archaeology in East and Southeast Asia. In M. T. Stark, (ed) *Archaeology of Asia*, Wiley-Blackwell, New Jersey. 17-36.

Goder-Goldberger, Mae, Natalia Gubenko, Erella Hovers 2016. "Diffusion with modifications": Nubian assemblages in the central Negev highlands of Israel and their implications for Middle Paleolithic inter-regional interactions, Quaternary International xxx :1-19.

Goebel, T. 2008. The "microblade adaptation" and recolonization of Siberia during the Late Upper Pleistocene. *Archaeological Papers of the American Anthropological Association* 12:117-31.

Goebel, T. 2015. The Overland dispersal 0f modern human to eastern Asia: An alternative, northern route from Africa, in Y. Kaifu, M. Izuho, T. Geobel, H. Sato and A. Ono eds. *Emergence and Diversity of Modern Human Behavior in Paleolithic Aisa*. Texas A&M University Press:437-52.

Gokcumen O. 2020. Archaic hominin introgression into modern human genomes. *Year book of Am J Phys Anthropol. 2020.* 171 Suppl 70:60-73.

Goh, H., Bakry, N., Saidin, M., Shahidan, S., Curnoe, D., Saw, C., . Kiew, Y. 2020. The Palaeolithic stone assemblage of Kota Tampan, West Malaysia. Antiquity, 94(377).

Goldberg, P., Weiner, S., Bar-Yosef, O., Xu, Q., and Liu, J. 2001. Site formation processes at Zhoukoudian, China. *Journal of Human Evolution* 41:483-503.

Goren-Inbar, Naama, Craig S. Feibel, Kenneth L. Verosub, Yoel Melamed, Mordechai E. Kislev, Eitan Tchernov, Idit Saragusti 2000, Pleistocene Milestones on the Out-of-Africa Corridor at Gesher Benot Ya'aqov, Israel, *Science* 289.

Gonzalez AM, Larruga JM, Abu-Amero KK, Shi Y, Pestano J, Cabrera VM. Mitochondrial lineage M1 traces an early human backflow to Africa. BMC Genomics. 2007(8):223.

González-Forero, M., Gardner, A. 2018. Inference of ecological and social drivers of human brain-size Evolution. *Nature* 557:554-557.

Goring-Morris, A. and A. Belfer-Cohen 2020. Noisy beginnings: The Initial Upper Paleolithic in Southwest Asia, *Quarternary International*.

Gowlett, J. A. J. 1990. Technology, skill and the psychosocial sector in the long term of human Evolution. *Cambridge Archaeological Review* 9: 82-103.

Gowlett, J. A. J. 2016. The discovery of fire by humans: a long and cotinuted process, *Philosophical Transactions of the Royal Society* B. 371 (1696).

Gowlett, John A.J. & Richard W. Wrangham 2013. Earliest fire in Africa: towards the convergence of archaeological evidence and the cooking hypothesis, *Azania: Archaeological Research in Africa* 48(1).

Graf Kelly E. and Ian Buvit 2017. Human Dispersal from Siberia to Beringia: Assessing a Beringian Standstill in Light of the Archaeological Evidence, *Current Anthropology* 58(S17): S583-S603.

Graf, Kelly C. 2015. MOdern human response to the Last Glacial Maximum in Siberia, in Y. Kaifu, M. Izuho, T. Geobel, H. Sato and A. Ono eds. *Emergence and Diversity of Modern Human Behavior in Paleolithic Aisa*. Texas A&M University Press:506-531.

Green R, Malaspinas A-S, Krause J, et al. 2008. A complete Neandertal mitochondrial genome sequence determined by high-throughput sequencing. *Cell.* 134:416-26.

Green, R. E., J. Krause J, A. W. Briggs et al. 2010. A draft sequence of the Neandertal genome. *Science* 328(5979):710-722.

Greenbaum, Gili, David E. Friesem, Erella Hovers, Marcus W. Feldman, Oren Kolodny, 2019, Was inter-population connectivity of Neanderthals and modern humans the driver of the Upper Paleolithic transition rather than its product?, *Quaternary Science Reviews* 217:316-329.

Groves C.P. and Lahr M.M. 1994. A bush ot a ladder: speciation and replacement in human Evolution, *Perspective in Human Biology* 4: 1-11.

Groucutt, H.S., M.D. Petraglia, G. Bailey, E.M.L. Scerri, A. Parton, L Clark-Balzan, R.P. Jennings, A. Lewis, J. Blinkhorn, N. A. Drake, P.S. Breese, R. H. Inglis, M. H. Deves,M. Meredith-Williams, N. Bolvin, M. G. Thomas and A. Scally 2015. Rethinking the dispersal of Homo sapiens out of Africa, *Evolutionary Anthropology* 24: 149-164.

Groucutt, H.S., Michael D Petraglia, Geoff Bailey, Eleanor ML Scerri, Ash Parton, Laine Clark-Balzan, Richard P Jennings, Laura Lewis, James Blinkhorn, Nick A Drake, Paul S Breeze, Robyn H Inglis, Maud H Devès, Matthew Meredith-Williams, Nicole Boivin, Mark G Thomas, Aylwyn Scally 2015. The mutation rate in human Evolution and demographic inference, *Evolutionary Anthropology: Issues, News, and Reviews.*

Groucutt, Huw S., Eleanor M.L. Scerri, Laura Lewis, Laine Clark-Balzan, James Blinkhorn 2015, Stone tool assemblages and models for the dispersal of *Homo sapiens* out of Africa, *Quaternary International* 382: 8-30.

Groucutt, H.S., Ceri Shipton, Abdullah Alsharekh, Richard Jennings Eleanor M.L. Scerri, Michael D. Petraglia 2014. Late Pleistocene lakeshore settlement in northern Arabia: Middle Palaeolithic technologyfrom Jebel Katefeh, Jubbah, *Quaternary International.* 382:215-236.

Groves, C.P. & Lahr, M.M. 1994. A bush not a ladder: speciation and replacement in human evolution. Perspectives, *Hum. Biol.* 4, 1-11.

Grün,Rainer, Pei-Hua Huang, Wanpo Huang, Frank McDermott, Alan Thorne, Chris B. Stringer, Ge Yan 1998.ESR and U-series analyses of teeth from the palaeoanthropological site of Hexian, Anhui Province, China, *Journal of Human Evolution* 34(6):555-564.

Guan, Y., Pearsall, D. M., Gao, X., Chen, F., Pei, S., and Zhou, Z. 2014. Plant use activities during the Upper Paleolithic in East Eurasia: Evidence from the Shuidonggou Site, Northwest China. *Quaternary International* 347:74-83.

Guan, Y., Wang, F.-G., Xie, F., Pei, S.-W., Zhou, Z.-Y., and Gao, X. 2016. Flint knapping strategies at Cenjiawan, an Early Paleolithic site in the Nihewan Basin, North China. *Quaternary International* 400:86-92.

Guan, Y., X. Wang, F. Wang, J.W. Olsen, S. Pei, Z. Zhou, X. Gao 2020. Micorblade remains from the Xishahe site, North China and their implications for the origin of microblade technology in Northeast Asia, *Quaternary International* 535. 38-47.

Guo, Z. T., W.F. Ruddiman, Q.Z. Hao, H.B. Wu, Y.S. Qiao, R.S. Zhu, S.Z. Peng, J.J. Wei, B.Y. Yuan and T.S. Liu, 2002. Onset of Asian desertification by 22myr. Age inferred from loess deposits in China. *Nature* 416, 159-163.

Gunbin, Konstantin V , Dmitry A Afonnikov, Nikolay A Kolchanov, Anatoly P Derevianko, Eugeny I Rogaev 2015. The Evolution of *Homo sapiens* denisova and *Homo sapiens* neanderthalensis miRNA targeting genes in the prenatal and postnatal brain, *BMC Genomics* 16(Suppl 13):S4.

Gunchinsuren, B. 2017. The development of prehistoric archaeology in Mongolia, in J. Habu, P. V. Lape, J.W. Olsen eds. *Handbook of East and Southeast Asian Archaeology.* Springer. 293-308.

Guo, Z.T., Berger, A., Yin, Q.Z., and Qin, L. 2009 Strong asymmetry of hemispheric climates during MIS-13 inferred from correlating China loess and Antarctica ice records. *Climate of the Past* 5:21-31.

Guo, Z.T., Liu, T.S., Fedoroff, N., Wei, L.Y., Ding, Z.L., Wu, N.Q., Lu, H.Y., Jiang, W.Y., and An, Z.S. 1998. Climate extremes in loess of China coupled with the strength of deep-water formation in the North Atlantic. *Global and Planetary Change* 18:113-28.

H

Habu, J., P. V. Lape, J.W. Olsen eds. *Handbook of East and Southeast Asian Archaeology*. Springer.

Hais, M., Komprdov á, K., Ermakov, N., Chytrý, M. 2015. Modelling the last glacial maximum environments for a refugium of Pleistocene biota in the Russian Altai Mountains, Siberia. Palaeogeography, *Palaeoclimatology, Palaeoecology* 438:135-45.

Han, D., and Xu, C. 1985. Pleistocene mammalian faunas of China. In R. K. Wu and J. W. Olsen, (eds) *Palaeoanthropology and Palaeolithic Archaeology in the People's Republic of China*, Orlando: Academic Press Inc. 267-89.

Han, F., Bahain, J.-J., Deng, C., Boëda, E., Hou, Y., et al. 2017. The earliest evidence of hominid settlement in China: Combined electron spin resonance and uranium series (ESR/U-series) dating of mammalian fossil teeth from Longgupo Cave. *Quaternary International* 434:75-83.

Hardy, B.L., Moncel, M. H., Kerfant, C. et al. 2020. Direct evidence of Neanderthal fibre technology and its cognitive and behavioral implications. *Sci Rep* 10, 4889 (2020).

Hanihara, H. 1991. Dual structure model for the population history of Japanese, *Japan Review* 2:1-33.

Hanihara, H. 1993. Population prehistory of East Asia and the Pacific as viewed from cranial morpholoy; the basic populations in East Asia, VII, *American Journal of Physical Anthropology* 81:173-187.

Hanson, B. 2001. Dating Nanjing Man. *Science* 5506:947.

Harmand, S., Lewis, J. E., Feibel, C. S., Lepre, C. J., Prat, S., et al. 2015 3.3-million-year-old stone tools from Lomekwi 3, West Turkana, Kenya. *Nature* 521: 310-5.

Harrisson, T. 1959. New archaeological and ethnological results from Niah Caves, Sarawak. *Man* 59:1-8.

Harrod, J.B., 2017. The 200,000 year Evolution of *Homo sapiens sapiens* language and Myth families based on the mt DNA phylotree, fossil mt DNA ad Archaeology: A thouhgt experiment, *Journal of the Association for the Study of Language in Prehistory* XIX: 1-85.

Harrison,T.M., P. Copeland, W.S.F. Kidd and Y. An, 1992. Raising Tibet. *Science* 255: 1663-1670.

Harrod, J.B. 2013. Already out of Africa before out of Africa? Annual reflection of Archaeology and Genetics, *Mother Tongue: Journal of for the Association of Study of Language in Prehistory XVIII*.

Harvati, K., Carolin Röding, Abel M. Bosman, Fotios A. Karakostis, Rainer Grün, Chris Stringer, Panagiotis Karkanas, Nicholas C. Thompson, Vassilis Koutoulidis, Lia A. Moulopoulos, Vassilis G. Gorgoulis & Mirsini Kouloukoussa 2019. Apidima Cave fossils provide earliest evidence of Homo sapiens in Eurasia. *Nature* 571: 500-504.

Haslam, Michael & Clarkson, Chris & Roberts, Richard & Janardhana, Bora & Korisettar, Ravi & Ditchfield, Peter & Harris, Clair & Smith, Victoria & Oh, Anna & Eksambekar, Sanjay & Boivin, Nicole & Petraglia, Michael 2012. A southern Indian Middle Palaeolithic occupation surface sealed by the 74 ka Toba eruption: Further evidence from Jwalapuram Locality 22. *Quaternary International* 258. 148-164.

Hawks J. 2017. Neanderthals and Denisovans as biological invaders. *Proceedgings of the National Academy of Sciences USA* 114: 9761-9763.

Hayden, B. 1977. Stone tool functions in Western Desert, *Stone Tolls as cultural makers; change,*

Evolution and complexity, ed. by R.V.S. Wright. 178-188.

Hazarika, M. 2012. Lithic Industries with Palaeolithic Elements in Northeast India, *Quaternary International* 269: 48-58.

Heaney, L. R. 1991. A synopsis of climatic and vegetational change in Southeast Asia. *Climatic Change* 19:53-61.

Heekeren, H.R. van 1972. *The Stone Age of Indonesia*. Hague. Nijhoff.

Henrich, J., 2004. Demography and cultural evolution: How adaptive cultural processes can produce maladaptive losses-The Tasmanian case. *Amer Antiq* 69:197-214.

Hershkovitz, L. et al. 2018. The earliest modern human outside Africa, *Science* 359(6374):456-9.

Heslop, D., C.G. Langerie, M.J. Dekkers 2000. A new astronomical timescale for the loess deposits of Northern China, *Earth and Palnetory Science Letter* 184: 125-39.

Heslop, D., Dekkers, M. J., and Langereis, C. G. 2002. Timing and structure of the mid-Pleistocene transition: Records from the loess deposits of northern China. *Palaeogeography, Palaeoclimatology, Palaeoecology* 185:133-43.

Higham, T., Douka, K., Wood, R. et al. 2014. The timing and spatiotemporal patterning of Neanderthal disappearance. *Nature* 512: 306-309.

Hillert, D. 2015. On the Evolving Biology of Language. *Frontiers in Psychology*. 6.

Hodges, K. V. 2000. Tectonics of the Himalaya and southern Tibet from two perspectives, *GSA Bulletin* 112 (3): 324-350.

Hoffecker, J. F. 2005. *A prehistory of the north: human settlement of the higher latitudes*. New Brunswick, NJ: Rutgers University Press.

Hoffecker, John F., Vance T. Holliday, Pavel Nehoroshev, Leonid Vishnyatsky, Alexander Otcherednoy, Natalya Salnaya, Paul Goldberg, John Southon, Scott J. Lehman, Patrick J. Cappa, Biagio Giaccio, Steven L. Forman & Jay Quade, 2019, The Dating of a Middle Paleolithic Blade Industry in Southern Russia and Its Relationship to the Initial Upper Paleolithic, *Journal of Paleolithic Archaeology* 381-417.

Hoover, Robert Linville 1974. *A review of the Sangoaan industrial complex in Africa*.

Horowizt, A., Siedner, G. & Bar-Yosef, O. 1973. Radiometric Dating of the Ubeidiya Formation, Jordan Valley, Israel. *Nature* 242: 186-187.

Hou Y.M. 2003. Naming and preliminary study on the category of the 'Donggutuo core'. *Acta Anthropol Sin* 22: 279- 291.

Hou, Ya-Mei 2014. Palaeolithic sites in China: perspectives on human evolution, significance to the understanding of adaptations and dispersals, and research priorities in the framework of the World Heritage Convention, in Nuria Sanz ed. *Human origin sites and the World Heritage Convention in Asia*: 120-144.

Hou, Y.M., Potts, R., Baoyin, Y., Zhengtang, G., Deino, A., and Wei, W. 2000. Mid-Pleistocene Acheulean-like stone technology of the Bose Basin, South China. *Science* 287:1622-6.

Hou, Y.M., and Zhao, L.X. 2010. An archeological view for the presence of early humans in China. *Quaternary International* 223-224:10-19.

Howell, F. C. 1999. Paleo-demes, species clades, and extinctions in the Pleistocene hominin record. *Journal of Anthropological Research* 55:191-243.

Hsiao-Pei, Y. 2014. Evolutionary Asiacentrism, Peking Man, and the Origins of Sinocentric Ethno-Nationalism. *Journal of the History of Biology*. 47:585-625.

Hu, C. 1985. The history of mammalian fauna of locality 1 of Zhoukoudian and its recent advances. In

Multi-disciplinary Study of the Peking Man Site at Zhoukoudian, ed. IVPP and Academia Sinica, 107-113. Beijing: Science Press.

Hu, Y., Marwick, B., Zhang, J. F. 코뭉, X. Rui, Y.M. Hou, J. P. Yue, W.R. Chen, W.W. Huang, B. Li 2018. Late Middle Pleistocene Levallois stone-tool technology in southwest China. *Nature* 565, 82-85.

Huang, W. 1989. Bifaces in China. *Journal of Human Evolution* 4:87-92.

Huang, W., and Fang, Q. 1991. *Wushan Hominid site (in Chinese with English abstract).* Beijing: China Ocean Press.

Huang, W., Ciochon, R., Yumin, G., Larick, R., Qiren, F., et al. 1995. Early *Homo* and associated artefacts from Asia. *Nature* 378:275-8.

Huang, W., Wei, Q., and Zhang, X. 1985 Paleolithic in Yuanmou Basin. *Prehistory Research* 4:19-22.

Hublin J. J. 2009. The origin of Neandertals. *Proc Natl Acad Sci U S A.* 106:16022-7.

Hublin J. J. 2014. Paleoanthropology: Homo erectus and the limits of a paleontological species, *Curr. Biol.* 24: R82-R84.

Hublin J. J. 2015. The modern human colonization of western Eurasia: when and where?, *Quaternary Science Reviews* 149-210.

Hublin J. J. 2021. How old are the oldest Homo sapiens in Far East Asia?. *Proceedings of the National Academy of Sciences of the USA*, 118(10).

Hublin J. J. Abdelouahed Ben-Ncer, Shara E. Bailey, Sarah E. Freidline, Simon Neubauer, Matthew M. Skinner, Inga Bergmann, Adeline Le Cabec, Stefano Benazzi, Katerina Harvati & Philipp Gunz 2017. New fossils from Jebel Irhoud, Morocco and the pan-African origin of Homo sapiens, *Nature* 546, 289-292.

Hublin J. J. Sirakov N, Aldeias V, Bailey S, et al. 2020. Initial Upper Palaeolithic Homo sapiens from Bacho Kiro Cave, Bulgaria. *Nature.* 581(7808):299-302.

Hublin J. J., McPherron, Shannon P. (ed). 2012. *Modern Origins: A North African Perspective (Vertebrate Paleobiology and Paleoanthropology).* Springer.

Hublin J. J., Klein R. 2011. Northern Africa could also have housed the source population for living humans. Proceedings of the *National Academy of Sciences USA.*

Huerta-Sánchez, E., Jin, X., Asan., Bianba, Z., Peter, B. M., et al 2014. Altitude adaptation in Tibetans caused by introgression of Denisovan-like DNA. *Nature* 512:194-97.

Huffman, O. F., Zaim, Y., Kappelman, J., Ruez, D. R. Jr., Vos, J. de, Rizal, Y., Aziz, F., and Hertler, C. 2006 Relocation of the 1936. Mojokerto skull discovery site near Perning, East Java. *Journal of Human Evolution* 50:431-51.

Hutterer, K. L. 1977. Reinterpreting the Southeast Asian Paleolithic, In *Sunda and Sahul: Prehistoric Studies in Southeast Asia, Melanesia, and Australia*, ed. J. Allen, J. Golson, and R. Jones, 31-71. London: Academic Press.

Hyodo, M., H. Hakaya, A. Uribe, H. Saegusa, S. Xue, J. Yin, X. Ji 2002. Paleomagnetic dates of hominid remains from Yuanmou, China and other Asian sites, *J. of Human Evolution* 43:27-41.

Hwang, W.W. and R.Y. Fu 2009. *Xiaogu-shan*. Science Press. Beijing.

Hyun, Sangmin, Y.J. Suh, K.H. Shin, S.I. Nam, S.W. Chang, K. Bae 2018, Preliminary dating of the Mansu-Ri and Wondang-Jangnamgyo Early Paleolithic sites, *Comptes Rendus Palevol.* 143-151.

I

Igarashi, Y. 2016. Vegetation and climate during the LGM and the last deglaciation on Hokkaido and Sakhalin Islands in the northwest Pacific. *Quaternary International* 425:28-37.

Ikawa-Smith, F., 1978. Introduction: The Early Paleolithic Tradition of East Asia. In: Ikawa-Smith, F. (Ed.), Early Palaeolithic in South and East Asia. Mouton, The Hague: 1-10.

Ikawa- Smith, F. 2015. Paleolithic archaeology in Japan, in J. Habu, P. V. Lape, J.W. Olsen eds. *Handbook of East and Southeast Asian Archaeology*. Springer. 195-218.

Ikeya N. 2015. Maritime Transport of Obsidian in Japan during the Upper Paleolithic, In Kaifu, Sato, 해듀디 et al. eds. *Emergence, Dispersal of Modern Humans in Asia* Texas A&M University Press: 362-.

Iovita, Radu, Aristeidis Varis, Abay Namen, Patrick Cuthbertson, Zhaken Taimagambetov, Christopher E. Miller 2020, In search of a Paleolithic Silk Road in Kazakhstan, Quaternary International 559:119-132.

Isaac, G.L. 1977. Ologesailie. *Archaeological Studies of a Middle Pleistocene Lake Basin in Kenya*. University of Chicago Press.

Isaac, G. L. 1986. Foundation stones: Early artefacts as indicators of activities and abilities. In *Stone Age Prehistory: Studies in Memory of Charles McBurney*, ed. G. N. Bailey and P. Callow, 221-42. Cambridge: Cambridge University Press.

Islamov, Y. I. 1990. Sel'oungour, un nouveau site du paléolithique inférieur en Asie centrale. *L'Anthropologie* 94:675-88.

Itihara, M., Watanabe, N., Kadar, D., and Kumai, H. 1994. Quaternary stratigraphy of the hominid fossil bearing formations in the Sangiran area, Central Java. *Courier Forschungsinstitut Senckenberg* 171:123-8.

Izuho, M. and Y. Kaifu 2015. The appearance amd chracteristics of the Early Upper Paleolithic in the Japanese archipelago, in Y. Kaifu, M. Izuho, T. Geobel, H. Sato and A. Ono eds. *Emergence and Diversity of Modern Human Behavior in Paleolithic Aisa*. Texas A&M University Press:289-313.

J

Jablonski, N., Whitfort, M. J., Roberts-Smith, N., and Xu Qinqi. 2000 The influence of life history and diet on the distribution of catarrhine primates during the Pleistocene in eastern Asia. *Journal of Human Evolution* 39:131-57.

Jablonski, N.G. and Whitfort, M. J. 1999. Environmental change during the Quaternary in East Asia and its consequences for mammals, *Records of the Western Australian Museum*, Supplement No. 57: 307-315.

Jackson, E. L. 1982. The Laki eruption of 1783: Impacts on population and settlement in Iceland, *Geography* 67:42-50.

Jacobs, Guy S., Georgi Hudjashov, Lauri Saag, ..., Herawati Sudoyo, J. Stephen Lansing, Murray P. Cox. 2019. Multiple deeply divergent Denisovan ancestries in Papuans, *Cell*, 11 April 2019, DOI: 10.1016/j.cell.2019.02.035.

Jacob, Teuku 1973. Palaeoanthropological discoveries in Indonesia with special reference to the finds of the last two decades, *Journal of Human Evolution* 2(6):473-485.

Jacobson, J. 1985. Acheulean surface sites in Central India. In *Recent Advances in Indo-Pacific Prehistory*, ed. V. N. Misra and P. Bellwood, 49-58. New Delhi: Oxford and IBH Publishing

Co.

James, H., & Petraglia, M. 2005. Modern human origins and the evolution of behavior in the later Pleistocene record of South Asia. *Current anthropology* 46:3-27.

Jubert, J. 2015. The Paleolithic peopling of Mogolia:An updated assesment, in Y. Kaifu, M. Izuho, T. Geobel, H. Sato and A. Ono eds. *Emergence and Diversity of Modern Human Behavior in Paleolithic Aisa*. Texas A&M University Press:470-489.

Jeffrey D. W., Melinda A. Yang, Flora Jay, Sung K. Kim,.... Michael F. Hammer and Montgomery Slatkin 2013 . Higher Levels of Neanderthal Ancestry in East Asians than in Europeans, *Genetics* 194(1):199-209.

Jennings, Richard et al. 2016. The Middle Palaeolithic of the Nejd, Saudi Arabia. *Journal of Field Archaeology* 4:131-147.

Jeong, Choongwon, Andrew T. Ozga, David B. Witonsky, Helena Malmström, Hanna Edlund, Courtney A. Hofman, Richard W. Hagan, Mattias Jakobsson, Cecil M. Lewis, Mark S. Aldenderfer, Anna Di Rienzo 2016. Long-term genetic stability and a high-altitude East Asian origin for the peoples of the high valleys of the Himalayan arc., *PNAS* 113(27):7485-7490.

Jhaldiyal. Richa 2006. *Formation processes of the Lower Palaeolithic record in the Hunsgi and Baichbal basins, Gulbarga district, Karnataka. Kolkata*: Centre for Archaeological Studies and Training, Eastern India.

Ji, Qiang; Wu, Wensheng; Ji, Yannan; Li, Qiang; Ni, Xijun 2021-06-25. "Late Middle Pleistocene Harbin cranium represents a new Homo species". *The Innovation*.

Ji, X. 2008. The fascination of Dahe cave: Disclosure of Dahe cave paleolithic site in Fuyuan. *Chinese Cultural Relics* 6:78-83.

Ji, X, K Kuman, RJ Clarke, H Forestier, Y Li, J Ma, K Qiu, H Li, Y Wu 2016. The oldest Hoabinhian technocomplex in Asia (43.5 ka) at Xiaodong rockshelter, Yunnan Province, southwest China, *Quaternary International* 400:166-174.

Jia, L.P. 1955. Preliminary report on excavation of human fossils and paleolithic artifacts at Dingcun site, Xiangfen County, Shanxi Province. In: Guo Moruo et al. (eds). *The discovery and researches of human fossils in China*. Beijing, Science Press.

Jia, L.P. 1985 China's earliest Palaeolithic assemblages. In *Palaeoanthropology and Palaeolithic Archaeology in the People's Republic of China*, ed. Wu Rukang and J. W. Olsen, 135-45. Orlando: Academic Press.

Jia, L.P. (ed.) 1999. *Chronicle of Zhoukoudian*, 1927-1937. Shanghai: Shanghai Scientific and Technical Publishers.

Jia, L.P. P. Gai and Y.Z. You, 1972. Report of the excavation at Shiyu site, Shanxi province. *Journal of Archaeology* 1, 39-58 (in Chinese).

Jia, L.P., P. Gai and Y.Z. You, 1972. Report of the excavation at Shiyu site, Shanxi province. *Journal of Archaeology* 1, 39-58 (in Chinese).

Jia, L.P., Q. Wei and C.R. Li, 1979. Report of the excavation at Xujiayao site in 1976. *Palaeovertebra and Paleoanthropology*, 17, 277-295 (in Chinese).

Jia, L.P., W., Doelman, T., Chen, C., Zhao, H., Lin, S., Torrence, R., and Glascock, M. D. 2010 Moving sources: A preliminary study of volcanic glass artifact distributions in northeast China using PXRF. *Journal of Archaeological Science* 37:1670-77.

Jian Leng 1998. Early Palaeolithic quartz industries in China. In *Early Human Behavior in Global Context: The Rise and Diversity of the Lower Palaeolithic Record*, ed. M. Petraglia and R.

Korisettar, 418-36. London: Routledge.

Jin, C., and Liu, J. 2009. *Paleolithic site-the rezidong cave, Fanchang, Anhui Province (in Chinese with English abstract)*, ed. Beijing: Science Press.

Jin, L., and Su, B. 2000. Natives or immigrants: modern human origin in East Asia. *Nature Reviews Genetics* 1:126-33.

Jo, C., Cho, Y., and Egger, B. 2017. A machine learning approach to live migration modeling. In *Proceedings of the 2017. Symposium on Cloud Computing - SoCC'17.* ACM Press, New York, New York, USA. 351-64.

Joordens, J.C,A., F.P. Wesselingh, J. de Vos, H.B. Von hof, D. Kroon 2009. Relevance of aquatic environments for hominins: a case study from Trinil(Java, Indonesia), *Journal of Human Evolution* 57:656-71.

Jones, H. L., Jack Rink, W., Schepartz, L. A., Miller-Antonio, S., Huang, W., et al. 2004. Coupled electron spin resonance (ESR)/uranium-series dating of mammalian tooth enamel at Panxian Dadong, Guizhou Province China. *Journal of Archaeological Science* 31:965-77.

Jones, Sacha C. 2012, Local- and regional -scale impacts of the ~74 ka toba supervolcanic eruption on hominin populations and habitats in india, *Quaternary International* 258:100-118.

Joshi, R. V. 1964. Prehistoric exploration in Kathmandu, Nepal, *Ancient India* No. 27:75-82.

Jubert, J. 2015. The Paleolithic peopling of Mongolia: An updated assesment, in Y. Kaifu, M. Izuho, T. Geobel, H. Sato and A. Ono eds. *Emergence and Diversity of Modern Human Behavior in Paleolithic Asia.* Texas A&M University Press. 470-489.

Jungers, W. and Baab, K. 2009, The geometry of hobbits: *Homo florensis* and human evolution, *Significance* 6: 159-164.

Jungers, W. L. et al. 2009. The foot of *Homo florensis, Nature.* 459 (7243): 81-84.

K

Kaars, W. A. vand der., and Dam, M. A. C. 1995. A 135,000-year record of vegetational and climatic change from the Bandung area, West-Java, Indonesia. *Palaeogeography, Palaeoclimatology, Palaeoecology* 117:55-72.

Kaifu Y. 2017. Archaic Hominin Populations in Asia before the Arrival of Modern Humans: Their Phylogeny and Implications for the "Southern Denisovans", *Current Anthropology* 58(S17).

Kaifu, Y., and Fujita, M. 2010. Late Pleistocene modern human mandibles from the Minatogawa Fissure site. Okinawa, Japan: morphological affinities and implications for modern human dispersals in East Asia. *Anthropological Science* 10: 1537.

Kaifu, Y., and Fujita, M. 2012. Fossil record of early modern humans in East Asia. *Quaternary International* 248:2-11.

Kaifu, Y., Aziz, F., Indriati, E., Jacob, T., Kurniawan, I., and Baba, H. 2008. Cranial morphology of Javanese *Homo erectus*: New evidence for continuous Evolution, specialization, and terminal extinction. *Journal of Human Evolution* 55:551-580.

Kaifu, Y., Baba, H., Aziz, F., Indriati, E., Schrenk, F., and Jacob, T. 2005. Taxonomic affinities and Evolutionary history of the Early Pleistocene hominids of Java: Dentognathic evidence. *American Journal of Physical Anthropology* 128:709-726.

Kaifu, Y., Baba, H., Sutikna, T., Morwood, M. J., Kubo, D., et al. 2011. Craniofacial morphology of *Homo floresiensis*: Description, taxonomic affinities, and Evolutionary implication. *Journal of Human Evolution* 61:644-682.

Kaifu Y, Kono RT, Sutikna T, Saptomo EW, Jatmiko, Due Awe R 2015. Unique Dental Morphology of Homo floresiensis and Its Evolutionary Implications. *PLoS ONE* 10(11): e0141614.

Kaifu, Y., M. Izuho and T. Geobel 2015. Modern human dispersal and behavior in Paleolithic Asia, in Y. Kaifu, M. Izuho, T. Geobel, H. Sato and A. Ono eds. *Emergence and Diversity of Modern Human Behavior in Paleolithic Aisa.* Texas A&M University Press. 506-534.

Kaifu, Y., Lin, C., Goto, A., Ikeya, N., Yamada, M., Chiang, W., . . . Wen, P. 2019. Palaeolithic seafaring in East Asia: Testing the bamboo raft hypothesis. *Antiquity*, 93(372), 1424-1441.

Kaifu, Y., Lin, C.-H., Goto, A., Ikeya, N., Yamada, ... Uchida, S. & Wen, P.-L., 2019. Palaeolithic seafaring in East Asia: Testing the bamboo raft hypothesis. *Antiquity* 93 (372) 1424-1441.

Kang, S., Du, J., Wang, N., Dong, J., Wang, D., Wang, X., et al. 2020. Early Holocene Weakening and Mid- to Late Holocene Strengthening of the East Asian winter Monsoon, *Geology 48 (11)*, 1043-1047.

Karkanas P, Schepartz L, Miller-Antonio S, Wang W, Huang W, 2008. Late Middle Pleistocene climate in Southwestern China: inferences from the stratigraphic record of Panxian Dadong cave, Guizhou. *Quat. Sci. Rev.* 27:1555-1570.

Karmin M, Saag L, Vicente M, Wilson Sayres MA, Järve M, et al. 2015. A recent bottleneck of Y chromosome diversity coincides with a global change in culture, *Genome Research.* 25(4):459-466.

Kato, S. 2017. The use of lithic raw materials during the Upper Paleolithic in eastern China: A focus on microblade industries. *Quaternary International* 442:66-77.

Kato, Shinji 2014, Human dispersal and interaction during the spread of microblade industries in East Asia, Quaternary International. 105-112.

Kawamura, Y. 2011. Koshinsei no nihon e no honyurui no torai - rikukyo · hyokyo no keisei to torai - soshite zetsumetsu [Mammalian migration to the Japanese islands during the Pleistocene—Landbridges, Ice bridges, migration and extinction]. *Kyusekki Kokogaku* 75:3-9.

Ke Y, Su B, Song X, Lu D, Chen L, Li H, Qi C, Marzuki S, Deka R, Underhill P, Xiao C, Shriver M, Lell J, Wallace D, Wells RS, Seielstad M, Oefner P, Zhu D, Jin J, Huang W, Chakraborty R, Chen Z, Jin L. . 2001. African origin of modern humans in East Asia: a tale of 12,000 Y chromosomes, *Science* 292(5519):1151-3.

Keates, S. G. 2000. *Early and Middle Pleistocene Hominid Behaviour in Northern China. British Archaeological Reports* (International Series) 863:1-387.

Keates, S. G. 2004. Home Range Size in Middle Pleistocene China and Human Dispersal Patterns in Eastern and Central Asia, *Asian Perspectives* 43(2):227-247.

Keates, S. G. 2010. The Chronology of Pleistocene Modern Humans in China, Korea, and Japan. *Radiocarbon* 52:428-465.

Keates, S., & Kuzmin, Y. 2015. Shuidonggou localities 1 and 2 in northern China: Archaeology and chronology of the Initial Upper Palaeolithic in north-east Asia, *Antiquity* 89(345):714-720.

Kennedy, K. A., Sonakia, A., Chiment, J., and Verma, K. K. 1991. Is the Narmada hominid an Indian *Homo erectus? American Journal of Physical Anthropology* 86:475-496.

Key, Alastair J. M. and Lycett, Stephen J. 2016. Influence of handaxe size and shape on cutting efficiency: a large-scale experiment and morphometric analysis. *Journal of Archaeological Method and Theory* 24:514-541.

Khenzykhenova, Fedora 2008. Paleoenvironments of Palaeolithic humans in the Baikal region. *Quaternary International* 179:53-57.

Khenzykhenova, F., Sato, T., Lipnina, E., Medvedev, G., Kato, H., Kogai, S., Maximenko, K., and Novosel'zeva, V. 2011 Upper paleolithic mammal fauna of the Baikal region, east Siberia (new data). *Quaternary International* 231:50-54.

Kidder, J.H., Durband, A.C., 2004. A re-evaluation of the metric diversity withinHomo erectus, *Journal of Human Evolution* 46:297-313.

Killin, A. 2018. The origins of music: Evidence, theory, and prospects. *Music & Science* 1(2):1-23.

Kim, B.Y. and K.E. Lohmueller 2015. Selection and reduced population size cannot explain higher amount of Neanderthal ancestry in East Asia tha in European human populations, *American J. of Human Genetics* 96:454-461.

Kimura, R. 2015. Human migrations and adaptations in Asia inferred from genome diversity, in in Y. Kaifu, M. Izuho, T. Geobel, H. Sato and A. Ono eds. *Emergence and Diversity of Modern Human Behavior in Paleolithic Aisa.* Texas A&M University Press:34-50.

Klein, R. 1999. *The Human Career: Human Biological and Cultural Origins.* Chicago: University of Chicago Press.

Kleindinst, M.R. and C.M. Keller 1976.Towards a functional analysis of handaxes and cleavers: The evidence from Eastern Africa, *Man* 11:176-187.

Knecht, H. 1993 Early Upper Paleolithic approaches to bone and antler projectile technology. In *Hunting and Animal Exploitation in the Later Paleolithic and Mesolithic of Eurasia, Archeological Papers of the American Anthropological Association*, ed. G. L. Peterkin, H. M. Bricker and P. Mellars, 33-47. American Anthropological Association, Arlington, Va.

Knecht, H. 1997. Projectile points of bone, antler, and stone: experimental explorations of manufacture and use. In *Projectile Technology*, ed. H. Knecht, 191-212. Plenum, New York.

Koenigswald, G. H, R. von and A.K. Ghosh 1973. Stone implement from Trinil beds of Sangiran, central Java, *Proceedings of the Koninklijke Nederlandsche Akamenie van Wetterchappen* (series B) 76(1):1-34.

Kolobova, K. A., Roberts, R. G., Chabai, V. P., Jacobs, Z., Krajcarz, M. T., et al. 2020. Archaeological evidence for two separate dispersals of Neanderthals into southern Siberia. *Proceedings of the National Academy of Sciences* 117(6):2879-2885.

Kondo, M., and Matsu'ura, S. 2005. Dating of the Hamakita human remains from Japan. *Anthropological Science* 113:155-61.

Kong, Y., Deng, C., Liu, W. et al. 2018. Magnetostratigraphic dating of the hominin occupation of Bailong Cave, central China. *Sci Rep* 8, 9699.

Kong, Z. .,L. Du, Y. Wu, Q. Yu, M. Yi, Z. Ren 1985. Vegetational and climatic changes since paleogene at Zhoukoudian and its adjacent regions, in R. Wu (Ed.), *Multi-Disciplinary Study of the Peking Man Site at Zhoukuodian*, Science Press, Beijing:119-154.

Kong, P., Jia, J., and Zheng, Y. 2013 Cosmogenic 26Al/10Be burial dating of the Paleolithic at Xihoudu, North China. *Journal of Human Evolution* 64:466-470.

Kowaleski M. 1999. Actuopaleontology: The strength of its limitations, *Acta Paleontologica Polonica* 44(4):452-454.

Kramer, A. 1994 Acritical analysis of claims for the existence of Southeast Asian australopithecines. *Journal of Human Evolution* 26:3-21.

Krause, J., Orlando, L., Serre, D., Viola, B., Prüfer, K., et al. 2007 Neanderthals in central Asia and Siberia. *Nature* 449:902-904.

Krause, J.; Fu, Q.; Good, J.M.; Viola, B.; Shunkov, M.V.; Derevianko, A.P.; Pääbo, S. 2010. The complete mitochondrial DNA genome of an unknown hominin from southern Siberia. *Nature*, 464:894-897.

Kravchinsky, Vadim A. , Michael E. Evans, John A. Peck, Hideo Sakai, Mikhail A. Krainov, John W. King, Mikhail I. Kuzmin 2007. A 640 kyr geomagnetic and palaeoclimatic record from Lake Baikal sediments, *Geophysical Journal International*, 170, no.1:101-116.

Krigbaum, J. 2015. Early occupation of Southeast Asia, in J. Habu, P. V. Lape, J.W. Olsen eds. *Handbook of East and Southeast Asian Archaeology*. Springer. 309-320.

Krivoshapkin, Andrey & Viola, Bence & Chargynov, Temerlan & Krajcarz, Maciej & Krajcarz, Magdalena & Fedorowicz, Stanisław & Shnaider, Svetlana & Kolobova, Kseniya 2020. Middle Paleolithic variability in Central Asia: Lithic assemblage of Sel'Ungur cave. *Quaternary International* 535:88-103.

Krivoshapkin, A.I., Ya V. Kuzmin, A.J.T. Jull 2010. Chronology of the Obi-Rakhmat grotto (Uzbekistan): first results on the dating and problems of the Paleolithic key site in Central Asia, *Radiocarbon* 52:549-554.

Kubo, D, R.T. Kono, Y. Kaifu 2013. Brain size of *Homo florensis* and its Evolutionary implications, *Proc. Biological Science* 280.

Kudo, N., and Kumon, F. 2012 Paleolithic cultures of MIS 3 to MIS 1 in relation to climate changes in the central Japanese Islands. *Quaternary International* 248:22-31.

Kuhlwilm, M. I. Gronau et al. 2016. "Ancient gene flow from early modern humans into eastern Neanderthals". *Nature*. 530 (7591):429-433.

Kuhn, S.L. 2019. Initial Upper Paleolithic: A (near) global problem and a global opportunity, *Archaeological Research in Asia* 17:2-8.

Kuhn, Steven L.. Nicolas Zwyns 2014. Rethinking the initial Upper Paleolithic, *Quaternary International* 347:29-38.

Kukla, G. 1987. Loess stratigraphy in Central China. *Quaternary Science Reviews* 6:191-219.

Kukla, G. and An, Z. 1989 Loess stratigraphy in Central China. *Paleogeography, Paleoclimatology and Paleoecology* 72: 203-225.

Kuman, K., H Li, C Li 2014. Large cutting tools from the Danjiangkou Reservoir Region, central China: Comparisons and contrasts with western and South Asian Acheulean, *Quaternary International* 400:58-64.

Kumar, G., and Roy, R. 2012. Late Pleistocene art of India. In *Pleistocene Art of World. Numero special des Acts du Congress IFRAO* 2010, ed J. Clottes, 158-9. Bulletin de la Societe Prehistorique Ariegepyrenees. France.

Kunitake, S. 2016. Settlement behavior in the Kanto Plain during the Japanese Paleolithic based on lithic material procurement and consumption, *Quaternary International* 425:158-172.

Kusmartono, V. P.R., Hindarto, I., and Herwanto, E. 2017. Late Pleistocene to recent: Human activities in the deep interior equatorial rainforest of Kalimantan, Indonesian Borneo. *Quaternary International* 448:82-94.

Kuzawa, Christopher W., and Jared M. Bragg. 2012. Plasticity in human life history strategy: implications for contemporary human variation and the evolution of genus Homo. *Current Anthropology* 53(suppl. 6):S369-S382.

Kuzmin, Y.V. 2007. Chronological framework of the Siberian Paleolithic; recent achievement and further directions, *Radiocarbon* 49:757-766.

Kuzmin, Y.V. 2016. Obsidian as ca commodity to invetigate human migrations in the Upper

Paleolithic, Neolithic, and Paleoletal of Northeast Asia, *Quaternary International*.... 1-7.

Kuzmin, Y.V., Glascock, M.D., and Sato, H. 2002. Sources of archaeological obsidian on Sakhalin Island (Russian Far East). *Journal of Archaeological Science* 29:741-749.

Kuzmin, Y.V., & Orlova, L. 1998. Radiocarbon Chronology of the Siberian Paleolithic. *Journal of World Prehistory*, 12(1):1-53.

L

Lahr M., Foley R. 1998. Towards a theory of modern human origins: geography, demography and diversity in recent human Evolution. *Am J Phys Anthropol.* 141:137-76.

Lahr M., Foley R. 2005. Multiple dispersals and modern human origins. *Evolutionary Anthropology*: Issues, News, and Reviews. 3:48-60.

Lambeck, Kurt & Purcell, Anthony & Flemming, Nicholas & Vita-Finzi, Claudio & Alsharekh, Abdullah. 2011. Sea level and shoreline reconstructions for the Red Sea: Isostatic and tectonic considerations and implications for hominin migration out of Africa. *Quaternary Science Reviews* 30.

Lbova, Liudmila, Pavel Volkov, 2016, Processing technology for the objects of mobile art in the Upper Paleolithic of Siberia (the Malta site), *Quaternary International* 403:16-22.

Leakey, M.D., 1971. *Olduvai Gorge*, 3. Cambridge University Press, Cambridge.

Lebatarda, Anne-Elisabeth, Didier L. Bourlèsa, Samir Khatib, Thibaud Saos, Pierre Rochettea, Régis Brauchera, Kidong Bae 2018. Preliminary dating of the Mansu-Ri and Wondang-Jangnamgyo Early Paleolithic sites, C. R. Palevol 17:143-151.

Lee, G.K. 2006. Lithic technology and the trasition of the Middle to Upper Paleolithic in Korea, *ARCHAEOLOGY, ETHNOLOGY & ANTHROPOLOGY OF EURASIA* vol. 4 (28):31-37.

Lee, G. K. and J.C. Kim 2015. Obsidians from the Shinbuk archaeological site in Korea- Evidence for strait crossing and long distance exchange of raw material in Paleolithic Age, *J. of Archaeological Science*, Report 2, 458-466.

Lee, Vladimir Fedorovich and 김영웅 (Ким Ен Ун/Ким Ен Ун)(Eds) 1992/1997. *The White Book about Deportations of Korean Population in Russia in 30-40s*, 1 and 2. Moscow. (Russian).

Lepre, Christopher J., Hélène Roche, Dennis V. Kent, Sonia Harmand, Rhonda L. Quinn, Jean-Philippe Brugal, Pierre-Jean Texier, Arnaud Lenoble & Craig S. Feibel. 2011. An earlier origin for the Acheulian, *Nature* 477: 82-85.

Li, F.. 2014. Fact or fiction: the Middle Paleolithic in China. *Antiquity* 88:1303-1309.

Li, F., Bae, C. J., Ramsey, C. B., Chen, F., and Gao, X. 2018. Re-dating Zhoukoudian Upper Cave, northern China and its regional significance. *Journal of Human Evolution* 121:170-177.

Li, F., Chen, F.Y., and X Gao. 2014. "Modern behaviors" of ancient populations at Shuidonggou Locality 2 and their implications. *Quaternary International* 347:66-73.

Li, F., Chen, F., Wang, H., Liu, D., Wang, S., and Zhang, D. 2012. A preliminary report on the 2009. excavation of the Xujiacheng paleolithic site in Gansu Province, North China (in Chinese with English abstract). *Acta Anthropologica Sinica* 31:209-227.

Li, F., Gao, X., Chen, F. Y., Pei, S. W., Zhang, Y., et al. 2013. The development of upper paleolithic China: new results from the Shuidonggou site. *Antiquity* 87:368-383.

Li, F., Kuhn, S. L., Chen, F., Wang, Y., Southon, J., et al. 2018. The easternmost Middle Paleolithic (Mousterian) from Jinsitai Cave, North China. *Journal of Human Evolution* 114:76-84.

Li, F., Kuhn, S. L., Olsen, J. W., Chen, F., and Gao, X. 2014. Disparate stone age technologies Evolution in North China: lithic technological variability and relations between populations during MIS 3. *Journal of Anthropological Research* 70:35-67.

Li, F., Kuhn, S.L., Bar-Yosef, O. et al. 2019. History, Chronology and Techno-Typology of the Upper Paleolithic Sequence in the Shuidonggou Area, Northern China, *J World Prehist* 32, 111-141.

Li, F., N. Vamwezer, N. Bolvin, X. Gao, F. Ott, M. Petraglia, P. Roberts 2019. Heading Norht: Late Pleistocene environments and human dispersals in central and eastern Asia, *PloS ONE* 14(5):1-22.

Li, H., Kathleen Kuman, Chaorong Li 2018. What is currently (un)known about the Chinese Acheulean, with implications for hypotheses on the earlier dispersal of hominids, *Comptes Rendus Palevol*, 17 (1-2):120-130.

Li, H., Li, C.R. and Kuman, K. 2013. A preliminary Report on the Excavation of the Guochachang II Paleolithic Site in the Danjiangkou Reservoir Region, Hubei Province (in Chinese with English abstract). *Acta Anthropologica Sinica* 32:144-55.

Li, H., Li, C.R., Kuman, K., 2014. Rethinking the "Acheulean" in East Asia: Evidence from recent investigations in the Danjiangkou Reservoir Region, central China. *Quaternary International* 347, 163-175.

LI H., ChaoRong LI 1, KUMAN Kathleen 2016. Longgudong, an Early Pleistocene site in Jianshi, South China, with stratigraphic association of human teeth and lithics, *SCIENCE CHINA Earth Sciences* 60(3) : 452-462(2017).

Li, H., Durbin, R. 2011. Inference of human population history from individual whole-genome sequences, *Nature* 475:493-496.

Li, H., Li, C.R., Kuman, K., Cheng, J., Yao, H.T., Li, Z., 2014. The Middle Pleistocene handaxe site of Shuangshu in the Danjiangkou Reservoir Region, central China. *Journal of Archaeological Science* 52, 391-409.

Li, Hao & Lotter, Matt & Kuman, Kathleen & Lei, Lei. 2021. Population dynamics during the Acheulean at ~ 0.8 Ma in East and Southeast Asia: Considering the influence of two geological cataclysms, *Palaeogeography, Palaeoclimatology, Palaeoecology* 562. 109927.

Li, J.J. 1998. The climatic and environmental effect of raising Qinghai-Tibet Plateau. In: In: *the Uplift of Qinghai-Tibet Plateau in the Cenozoic and environmental change*. Science and technology Press of Guangdong, Guangzhou, 449-459 (in Chinese).

Li, J., Wen, S., Zhang, Q., Wang, F., Zheng, B., and Li, B. 1979 The discussion about the age, range and form of the uplift of Qinghai-Tibet Plateau. *Science in China* 6:608-16.

Li, T.Y., and Feng, X.B. 2001. *Yun Xian Ren (in Chinese)*, ed. Hubei Science and Technology Publishing House, Wuhan.

Li, X. W., Hong Ao, Mark J. Dekkers, Andrew P. Roberts, Peng Zhang 2017, Early Pleistocene occurrence of Acheulian technology in North China, *Quaternary Science Reviews* 2017. 12-22.

Li, X., Pei, S., Jia, Z., Guan, Y., Niu, D., and Ao, H. 2016 Paleoenvironmental conditions at Madigou (MDG), a newly discovered Early Paleolithic site in the Nihewan Basin, North China. *Quaternary International* 400:100-110.

Li, Y.X. and Wen, B.H., 1986. *The study on Guanyindong site (Guizhou province) of the Lower Paleolithic*. Cultural Relics Press, Beijing (in Chinese).

Li, Y.X., H.X. Ji, T.Y. Li, X.B. Fang and W.S. Li, 1998. Study on the stone artifacts from Yunxian site. *Acta anthropol. Sinica* 17, 94-120 (in Chinese).

Li, Z.Y., Wu, X.J., Zhou, L.P., Liu, W., Gao, X., Nian, X.M. and Trinkaus, E. 2017. Late Pleistocene archaic human crania from Xuchang, China. *Science* 355:969-72.

Li, Z.Y, and Chen, S. 2010. Use-wear analysis confirms the use of palaeolithic bone tools by the Lingjing Xuchang early human. *Chinese Science Bulletin* 55:2282-2289.

Li, Z.Y, Luc Doyon, Hao Li, Qiang Wang, Zhongqiang Zhang, Qingpo Zhao and Francesco d'Errico 2019. Engraved bones from the archaic hominin site of Lingjing, Henan Province, *Antiquity* 93(370):886-900.

Liao, W., Xing, S., Li, D., Martinón-Torres, M., Wu, X., et al. 2019. Mosaic dental morphology in a terminal Pleistocene hominin from Dushan Cave in southern China. *Scientific Reports* 9.

Lieberman, D. E. 2009. Homo floresiensis from head to toe. *Nature* 459:41-42.

Lin, S. L. 1996. Comparison of technological mode of paleolithic culture between China and the West (In Chinese with English abstract). *Acta Anthropologica Sinica* 15:1-20.

Lisiecki, L.E., and Raymo, M.E., 2005. A Pliocene-Pleistocene stack of 57 globally distributed benthic δ^{18} O records. *Paleoceanography* 20, PA1003.

Liu, C.R., Yin, G.M., Fang, F., Voinchet, P., Deng, C.L. et al. 2013. ESR dating of the Donggutuo Palaeolithic site in the Nihewan Basin, northern China. *Geochronology* 40:348-354.

Liu, C.R., Yin, G.M., Deng, C.L., Han, F., and Song, W.J. 2014. ESR dating of the Majuangou and Banshan Paleolithic sites in the Nihewan Basin, North China. *Journal of Human Evolution* 73:58-63.

Liu, D. C., Wang, X. L., Gao, X., Xia, Z. K., Pei, S. W., Chen, F. Y., and Wang, H. M. 2009. Progress in the stratigraphy and geochronology of the Shuidonggou site, Ningxia, North China. *Chinese Science Bulletin* 54:3880-86.

Liu, Li 2017. A hisotry of Chinese Archaeology, J. Habu, P. Lape and Olson (eds) *Handbook of East and Southeast Asian Archaeology.* Springer. 39-58.

Liu, T. S. et al. 1985. *Loess and the Environment.* China Ocean Press, Beijing.

Liu, T. S. and Ding, Z.L. 1998. Chinese loess and the paleomonsoon. *Annual Review of Earth and Planetary Sciences* 26:1111-1145.

Liu, T. S.., and Ding, Z.L. 1999. Comparison of Plio-Pleistocene climatic changes in different monsoonal regions and implications for human Evolution (in Chinese with English abstract). *Quaternary Sciences* 19:289-298.

Liu T.S,, Ding Z.L,, Rutter N. 1999. Comparison of Milankovitch periods between continental loess and deep sea records over the last 2.5 Ma. Quat. Sci. Rev. 18:1205-12.

Liu, W., Jin, C. Z., Zhang, Y. Q., Cai, Y. J., Xing, S., et al. 2010. Human remains from Zhirendong, South China, and modern human emergence in East Asia. *Proceedings of the National Academy of Sciences USA* 107:19201-19206.

Liu, W., Martinón-Torres, María, Cai, Yan-jun et al. 2015. The earliest unequivocally modern humans in southern China. *Nature* 526:696-699.

Liu, W., Schepartz, L. A., Xing, S., Miller-Antonio, S., Wu, X., Trinkaus, E., and Martinón-Torres, M. 2012. Late Middle Pleistocene hominin teeth from Panxian Dadong, South China. *Journal of Human Evolution* 64:337-355.

Liu, W., Wu, X.J., Xing, S., and Zhang, Y.Y. 2014. *Human Fossils in China. Science Press, Beijing in Chinese.*

Liu, W., Wu, X., Pei, S., Wu, X., and Norton, C. J. 2010. Huanglong Cave: A Late Pleistocene human fossil site in Hubei Province, China. *Quaternary International* 211:29-41.

Liu, W.,Wu, X. and Xing, X. 2016. Emergence and dispercal of modern humans:the fossil evidence from China. *Acta Anthropolgica Sinica* 35(2), 161-171.

Liu, W., Xing, S., and Wu, X.J. 2016. Morphological diversities of the late-Middle and Late Pleistocene human fossils in China (in Chinese). *Scientia Sinica Terrae* 46:906-17.

Liu, Y., Hou, Y.M., and Ao, H. 2013. Analysis of lithic technology of Lower Pleistocene sites and environmental information in the Nihewan Basin, North China. *Quaternary International* 295:215-222.

Liu, Zechun 1985. Sequence of Sediments at Locality 1 in Zhoukoudian and Correlation with Loess Stratigraphy in Northern China and with the Chronology of Deep-Sea Cores, *QUATERNARY RESEARCH* 23:139-153.

Lloyd-Smith, L., Barker, G., Barton, H., Cameron, J., Cole, F., et al. 2013. 'Neolithic' Societies c. 4000-2000 years ago: Austronesian farmers? In *Rainforest Foraging and Farming in Island Southeast Asia 1: The Archaeology of the Niah Caves, Sarawak*, ed. G. Barker:255-298. McDonald Institute for Archaeological Research, Cambridge.

López, Saioa,, Lucy van Dorp1, and Garrett Hellenthal 2015. Human Dispersal Out of Africa: A Lasting Debate. *Evolutionary Bioinformatics* 11(s2) 57-68.

Lordkipanidze, D., M. S. Ponce de Leon, A. Margvelashvill, Y. Bak, G.H. Rightmire, A, Vekua, C. P.E. Zolikofer 2013. A Complete skull from Demanisi, Georgia, and the Evolutionary biology of early man, *Science* 342 pp326-330.

Lordkipanidze, D., Vekua, A., et al. 2005. The earliest toothless hominin skull, *Nature*. 434 (7034): 717-718.

Louis de Weyer 2019. The emergence of stone tool technology: a comparative study between some Early Stone Age assemblages from East Africa and China. China and East Africa. *Ancient Ties, Contemporary Flows*.

Louys, J. and E. Meihiaard 2010. Paleoecology of Southeast Asian megafauna-bearing sites from the Pleistocene and a review of environmental changes in the region, *J. of Biogeography* 37:1432-1449.

Louys, J. and A. Turner 2012. Environment , preferred habitats and potential refugia for Pleistocene *Homo* in Southeast Asia, *Comptes Rendus Pale* 11:203-211.

Lu, H., H. Zhang, S. Wag R. Cosgrove X. Sun, J. Zhao, D. Sun , C. Zhao, C. Shen, M. Wei. 2011. Multiphase timing of hominin occupations and the paleoenvironment in Luonan Basin, Central China. *Quaternary Research* 76:142-147.

Lu, H.Y., Liu, X.D., Zhang, F.Q., An, Z.S., and Dodson, J. 1999. Astronomical calibration of loess-paleosol deposits at Luochuan, central Chinese Loess Plateau. *Palaeogeography, Palaeoclimatology, Palaeoecology* 154:237-246.

Lu, H.Y., Sun, X., Wang, S., Cosgrove, R., Zhang, H., et al. 2011 Ages for hominin occupation in Lushi Basin, middle of South Luo River, central China. *Journal of Human Evolution* 60:612-617.

Lu, H.Y., van Huissteden, K., Zhou, J., Vandenberghe, J., Liu, X., and An, Z. 2000. Variability of East Asian winter monsoon in Quaternary climatic extremes in North China. *Quaternary Research* 54:321-327.

Lu, H.Y., Zhang, H.Y., Wang, S.J., Cosgrove, R., Zhao, C.F., Stevens, T., and Zhao, J. 2007. A preliminary survey on loess deposit in eastern Qinling Mountains (central China) and its implication for estimating age of the Pleistocene lithic artefacts (in Chinese with English abstract). *Quaternary Science* 27:559-567.

Li, Y.R., Wenhui Shi, Adnan Aydin, Mary Antonette Beroya-Eitner, Guohong Gao 2020. Loess genesis and worldwide distribution, *Earth-Science Reviews*, Volume 201.

Lu, Z.E., Huang, Y.P., Li, P.S., and Meng, Z.Y. 1989. Yiyuan fossil man (in Chinese with English abstract). *Acta Anthropologica Sinica* 8:301-313.

Lu, Z. , Meldrum , Y. Huang , He J. and E.E. Sarmiento. 2011. The Jinniushan hominin pedal skeleton from the late Middle Pleistocene of China. *Journal of Comparative Human Biology* 62: 389-401.

Lycett, S. J. 2007. Is the Soanian techno-complex a Mode 1 or Mode 3 phenomenon? Amorphometric assessment. *Journal of Archaeological(*Archaelogical) Science* 34:1434-1440.

Lycett, S. J. 2007. Why is there a lack of Mode 3 Levallois technologies in East Asia? A phylogenetic test of the Movius-Schick hypothesis, *Journal of Anthropological Archaeology* 26 (4):541-575.

Lycett, S. J. & John A. J. Gowlett 2008. On questions surrounding the Acheulean 'tradition', *World Archaeology* 40(3):295-315.

Lycett, S. J. and Norton, C.J. 2010. A demographic model for Palaeolithic technological Evolution: The case of East Asia and the Movius Line A demographic model for Palaeolithic technological Evolution: The case of East Asia and the Movius Line. *Quaternary International*, 21:55-65.

Lycett, S.J. and Bae, C.J. 2010. The Movius Line controversy: the state of the debate. *World Archaeology*, 42:521-544.

M

Macaulay et al. 2005. Single, Rapid Coastal Settlement of Asia Revealed by Analysis of Complete Mitochondrial Genomes. *Science* 13. 308(5724):1034-1036.

Madsen, D. B., Oviatt, C. G., Zhu, Y., Brantingham, P. J., Elston, R. G., et al. 2014. The early appearance of Shuidonggou core-and-blade technology in north China: Implications for the spread of Anatomically Modern Humans in northeast Asia? *Quaternary International* 347:21-28.

Mafessoni F. 2019. Encounters with archaic hominins, *Nature Ecology & Evolution*. 3(1): 14-15.

Maher, B. A. 2016. Paleoclimate records of the loess/paleosol sequence of the Chinese loess plateau, *Quaternary Science Review* 154:23-84.

Maher, B. A. & Thomson R. (eds) 1999. *Quaternary Climates, Environments and Magnetism.* Cambridge, New York, Melbourne.

Manninen, Mikael A. 2016, The effect of raw material properties on flake and flake-tool dimensions: A comparison between quartz and chert, *Quaternary International* 424:24-31.

Markova, A. 2013. Small mammals from Acheulean cave site Sel'Ungur (the Fergana valley, Uzbekistan). Paper presented in *Neogene to Quaternary Geological Evolution of Mediterranian, Paratethys and Black Sea, Proceedings of the 14th RCMNS Congress*: 261.

Martinón-Torres, M. 2006. *Eución del aparato dental en homínidos: studio de los dientes humanos del Pleistoceno de la Sierra de Atapuerca (Burgos).* Ph.D. dissertation, Universidad de Santiago de Compostela.

Martinón-Torres, M., W, X.J., Castro, J. M. B. D., Xing, S., and Liu, W. 2017. *Homo sapiens* in the eastern Asian Late Pleistocene. *Current Anthropology* 58:434-448.

Martinón-Torres, M., J. M. Bermúdez de Castro, A. Gómez Robles, J. L. Arsuaga, E. Carbonell, D. Lordkipanidze, G. Manzi, and A. Margvelashvili. 2007. Dental evidence on the hominin dispersals during the Pleistocene, *PNAS* 104(33):13279-13282.

Marwick, B. 2008. Beyond typologies: the reduction thesis and its implications for lithic assemblages in Southeast Asia. *Bulletin of the Indo-Pacific Prehistory* Association 28: 108-116.

Marwick, B. 2018. The Hoabinhian of Southeast Asia and its Relationship to Regional Pleistocene Lithic Technologies. In Robinson, Erick; Sellet, Frederic (eds.). Lithic Technological Organization and Paleoenvironmental Change. *Studies in Human Ecology and Adaptation.* 9. Springer:63-78.

Matsufuji, K., Okamura, M., 1998. *Archaeology of Paleolithic Age* (Japanese). Symposium Japanese Archaeology I. Gakusheisha, Tokyo.

Matsufuji, K. 2002. The most ancient industry in Japan, Bae K. ed. *Paleolithic Archaeology in Northeast Asia.* Yencheon Country and Institute of Cultural Properties, Hanyang University.

Matsu'ura, Shuji & Kondo, Megumi. 2011. Relative chronology of the Minatogawa and the Upper Minatogawa series of human remains from Okinawa Island, Japan. *Anthropological Science.* 119. 173-182.

Matsu'ura, S., Kondo, M., Danhara, T., Sakata, S., Iwano, H., et al. 2020. Age control of the first appearance datum for Javanese *Homo erectus* in the Sangiran area. *Science* 367:210-214.

Matsumura, H., and Oxenham, M. F. 2014. Demographic transitions and migration in prehistoric East/ Southeast Asia through the lens of nonmetric dental traits. *American Journal of Physical Anthropology* 155:45-65.

Matsumura, H., and Pookajorn, S. 2005. A morphometric analysis of the Late Pleistocene human skeleton from the Moh khiew Cave in Thailand. *Homo–Journal of Comparative Human Biology* 56:93-118.

Matsumura, H. et al. 2019. Cranial reveal "Two Lyaers" of prehistoric human dispersal in Eastern Asia, *Nature Scientific Report* 9:1451.

Matsumura, H., Yoneda, M., Dodo, Y., Oxenham, M. F., Cuong, N. L., et al. 2008 Terminal Pleistocene human skeleton from Hang Cho Cave, Northern Vietnam: Implications for the biological affinities of Hoabinhian people. *Anthropological Science* 116:201-217.

McBreaty, S. and A.S. Brooks 2000. The rEvolution that wasn't; a new interpretation of the origin of modern human behavior, *Journal of Human Evolution* 39:453-563.

Mcnabb, J. 2013. Pole to pole, archaeology and adaptation in the Middle PLeistocene at opposite ends of the Acheuelan World, Oxford Journal of Archaeology 32(2):123-146.

Melamed, Y., Kislev, M. E., Geffen, E., Lev-Yadun, S., et al. 2016. The plant component of an Acheulian diet at Gesher Benot Ya'aqov, Israel, *Proceedings of the National Academy of Sciences.* 113 (51): 14674-14679.

Mellers, P. 1996. The emergence of biologically modern populations in Europe:A social and cognitive revolution?, *Proceedings of British Academy* 88: 179-201.

Mellers, P. 1998. The impact of climate change on the demography of the Neanderthal and early anatomically modern populations in Europe, In Akazawa T. K. Aoki, and O. Bar-Yoseph (eds) Neanderthal and Modern Human in Western Asia: 493-507. NY Plenum.

Mellars P. 2006. Going east: new genetic and archaeological perspectives on the modern human colonization of Eurasia. *Science.* 313:796-800.

Mellars, P., K.C. Gori, M. Carr, P.A. Soares, NM.B. Richards 2013. Genetic and archaeological prspectives on the initial modern colonization of southern Asia, Proc. *National Academy of Science*, USA 110. 10699-10704.

Metspalu M, Kivisild T, Metspalu E, Parik J, Hudjashov G, Kaldma K, et al. 2004. Most of the extant mtDNA boundaries in south and southwest Asia were likely shaped during the initial settlement of Eurasia by anatomically modern humans. *BMC Genetics.* 5: 26.

Michel, V., Valladas, H., Shen, G., Wang, W., Zhao, J.X., Shen, C.C., Valensi, P., and Bae, C. J. 2016. The earliest modern *Homo sapiens* in China? *Journal of Human Evolution* 101:101-104.

Mijares, A. S., Détroit, F., Piper, P., Grün, R., Bellwood, P., et al. 2010. *New evidence for a 67,000-year-old human presence at Callao Cave, Luzon, Philippines. Journal of Human Evolution* 59:123-312.

Miller-Antonio, S. A., Schepartz, L., and Bekken, D. 2000. Raw material selection and evidence for rhinoceros tooth tools at Dadong Cave, southern China. *Antiquity* 74:372-379.

Mishra, Sheila 2006. The Indian lower palaeolithic. *Bulletin of the Deccan College Postgraduate and Research Institute*. 66. 47-94.

Mishra, S., N. Chauhan, A. K. Singvi 2013. Continuity of microblade technology in the Indian Subcontinent since 45 ka: Implications for the dispersal of modern humans. PLoS One 8(7):1-14.

Mishra, Sheila & Gaillard, Claire & Deo, Sushama & Singh, Mukesh & Abbas, Riza & Agarwal, Neetu 2010. Large Flake Acheulian in India: Implications for understanding lower Pleistocene human dispersals. *Quaternary International* 223:271-272.

Mishra, S., M. J. White, P. Beaumont, P. Antoine, D. R. Bridgland, N. LimondinLozouet, J. I. Santisteban, D. C. Schreve, A. D. Shaw, F. F. Wenban-Smith, R. W. C., Westaway, and T. S. White. 2007. Fluvial deposits as an archive of early human activity, *Quaternary Science Reviews* 26: 2996-3016.

Misra, V.D. 1977. *Some Aspects of Indian Archaeology*. Prabhat Prakashan: Allahabad, India.

Misra, V.N. 1978. The Acheulean industry of rock shelter IIIF-23 at Bhimbetka, Central India - A preliminary study. *Australian Archaeology* 8:63-106.

Misra, V.N. 1982. Evolution of the blade element in the stone industries of rock shelter IIIF-23, Bhimbetka. In *Indian Archaeology: New Perspectives*, ed. R. K. Sharma, 7-13. Delhi: Agam Kalam Prakashan.

Mochanov, Y.A. 1980. Early migration to America in the light of a study of the Dyuktai Paleolithic culture in northeastn Asia, in D.L. Brown (ed.) *Early Native American prehistoric demography, economy and techonlogy*. 119-131. The Hague:Mouton.

Mokhtar, S. 2000. Bukit Jawa, Lenggong, a Middle Pleistocene site in Malaysia? Paper presented at the International Symposium on Geology, Bandung, Indonesia.

Moncel, Marie-Hélène, Marta Arzarello, Éric Boëda, Téphanie Bonilauri, Benoît Chevrier, Claire Gaillard, Hubert Forestier, Li Yinghua, François Sémah, Valéry Zeitoun 2018, Assemblages with bifacial tools in Eurasia (second part). What is going on in the East? Data from India, Eastern Asia and Southeast Asia, *Comptes Rendus Palevol* 17(1-2):61-76.

Morisaki, K., K. Sano, M. Izhuho 2019. Early Upper Paleolithic technollogy in th Japanese archipelago, *Archaeological Research in Asia* 17:79-97.

Morgan, C., Barton, L., Yi, M., Bettinger, R. L., Gao, X., and Peng, F. 2014. Redating Shuidonggou Locatiy 1 and Implications for The Initial Upper Paleolithic in East Asia. *Radiocarbon* 56:165-179.

Morisaki, Kazuki 2016. Appearance of Hakuhen Sentoki (HS Points) and Second Modern Human Migration into Kyushu, Japan, in Y. Kaifu, M. Izuho, T. Geobel, H. Sato and A. Ono eds. *Emergence and Diversity of Modern Human Behavior in Paleolithic Aisa*. Texas A&M University Press:376-387.

Morwood, M. J., O'Sullivan, P., Aziz, F., and Raza, A. 1998. Fission-track ages of stone tools and fossils on the east Indonesian island of Flores. *Nature* 392:173-176.

Morwood, M. J., Soejono, R. P., Roberts, R. G., Sutnika, T., Turney, C. S. M., et al. 2004. Archaeology and age of a new hominin from Flores in eastern Indonesia. *Nature* 431:1087-1091.

Movius, H.L. 1944 *Early man and Pleistocene stratigraphy in Southern and Eastern Asia. Cambridge: Peabody Museum*, Harvard University, Peabody Museum papers 19:1-113.

Movius, H.L. 1948. The Lower Palaeolithic cultures of southern and eastern Asia. *Transactions of the American Philosophical Society*, 38:329-420.

Mudelsee, M., and Schultz, M. 1997. The Mid-Pleistocene climate transition: Onset of 100 ka cycle lags ice ume build-up by 280 ka. *Earth and Planetary Science Letters* 151:117-123.

Muhs, D.R. 2007. Loess deposits, origins and properties. In, *Encyclopedia of Quaternary Science*:1405-1418. United States Geological Survey.

N

Nagaoka, S., 2006. Stratigraphy and age of Quaternary basaltic lavas in the Chongok Basin, Korea. In: Institute of Cultural Properties, Hanyang University (Ed.), *New Development in Age Dates and Geology of the Chongokni Paleolithic site, Korea.* Institute of Cultural Properties, Hanyang University, Ansan, 5-6.

Naruse, T., 2006. Significance of Korean loess-paleosols in relation to the chronology of paleolith and the reconstruction of the paleo-climate. In: Lee, Y.J., Ambiru, M. (Eds.), *The 9th International Symposium: Suyanggae and Her Neighbours.* Meiji Unviversity Museum, Japan, 13-14.

Naruse, T., Bae, K., Matsufuji, K., Danhara, T., Hayashida, A., Hwang, S.,Yu, K.M., Yum, J.G., Shin, J.B., 2003. Loess-paleosol sequence in the Chongokni paleolithic site. In: Bae, K. (Ed.), *Paleolithic Archaeology in Northeast Asia*, 2. Hanyang University, 143-156.

Nian, X., Gao, X., and Zhou, L. 2014. Chronological studies of Shuidonggou (SDG) Locality 1 and their significance for archaeology. *Quaternary International* 347:5-11.

Nian, X., Gao, X., Xie, F., Mei, H., and Zhou, L. 2014. Chronology of the Youfang site and its implications for the emergence of microblade technology in North China. *Quaternary International* 347:113-132.

Niu, D. et al. 2016. The initial Upper Palaeolithic in northwest China: new evidence of cultural variability and change from Shuidonggou locality 7. *Quaternary International* 400:111-119.

Norton C.J. 2000. The current state of Korean paleoanthropology, *J Hum Evol.* 38(6):803-25.

Norton, C.J. and Gao, X., 2008. Zhoukoudian Upper Cave revisited. *Current Anthropology* 49 :732-745.

Norton, C.J., and Gao, X. 2008. Hominin-carnivore interactions during the Chinese Early Paleolithic: Taphonomic perspectives from Xujiayao. *Journal of Human Evolution* 55:164-178.

Norton, C.J. and Bae, K., 2006. The Movius Line sensu lato (Norton et al., 2006) further assessed and defined, *Journal of Human Evolution*, 55:1148-1150.

Norton, C.J., Bae, K., Harris, J. W. K. and Lee, H. 2006. Middle Pleistocene handaxes from the Korean Peninsula. *Journal of Human Evolution*, 51:527-536.

Norton, C.J. and Jin, J.. 2009. The Evolution of Modern human in East Asia: behavioral perspectives. *Evolutionary Anthropology* 18:247-260.

Norton, C. J. and K. Bae 2008. The Movius Line sensu lato (Norton et al. 2006) further assessed and defined. *Journal of Human Evolution* 55:1148-1150.

Norton, C. J., X. Gao, X. Feng 2009. (on line). The East Asian Middle Paleolithic Reexamined, *Sourcebook of Paleolithic Transitions*: 245-254.

Nowell, A.; Chang, M. L. 2009. The Case Against Sexual Selection as an Explanation of Handaxe Morphology. *Paleoanthropology*: 77-88.

O

O'Connel, J. E. and J. Allen. The process, biotic impact, and global implications of the human colonization of Sahul about 47,000 years ago, *J. of Archaeological Science* 56:73-84.

O'Connel. J. F. 1977. Aspect of variation in central Australian lithic assemblages, *Stone Tolls as cultural makers; change, Evolution and complexity*, ed. by R.V.S. Wright:269-281.

O'Connel. J. F., Allen J, Williams MA, Williams AN, Turney CS, Spooner NA, et al. 2018. When did Homo sapiens first reach Southeast Asia and Sahul?, *Proceedings of the National Academy of Sciences of the United States of America*. 115 (34):8482-8490.

O'connor 2015. Crossing the Wallace line, in Y. Kaifu, M. Izuho, T. Geobel, H. Sato and A. Ono eds. *Emergence and Diversity of Modern Human Behavior in Paleolithic Aisa*. Texas A&M University Press:214-224.

Okladnikov, A.P., Ovodov, N.I., 1978. The Palaeolithic site in the Denisova Cave in the Altai. *Arkheologicheskiye Otkrytiya (Archaeological Discoveries) 1978*, 266-268 (in Russian).

Okladnikov, A., & Pospelova, G. 1982. Ulalinka, the Oldest Palaeolithic Site in Siberia. *Current Anthropology*, 23(6), 710-712.

Oppenheimer, S. 2003. *Out of Eden*. London.

Oppenheimer, S. 2012a. A single southern exit of modern humans from Africa: Before or after Toba? *Quaternary International* 258: 88-99.

Oppenheimer, S. 2012b. Out-of-Africa, the peopling of continents and islands: tracing uniparentalgene trees across the map. Philosophical Transactions of the Royal Society of London B *Biol Sci*. 367(1590):770-784.

O'Sullivan, P. B., Morwood, M., Hobbs, D., Aziz, F., Suminto, Situmorang, M., Raza, A., and Maas, R. 2001. Archaeological implications of the geology and chronology of the Soa basin, Flores, Indonesia, *Geology* 2001:607-610.

Otsuka, Y. 2017. The background of transitions in microblade industries in Hokkaido, northern Japan, *Quaternary International* 442:33-42.

Otte, M., Kozlowski, J. K. 2005. The transition from the Middle to Upper Paleolithic in north Eurasia. In: Derevianko, A.P. (Ed.) *The Middle to Upper Paleolithic transition in Eurasia: hypotheses andfacts*, Novosibirsk: Institute of Archaeology and Ethnography Press:20-31.

P

Paddayya, K. 1977. The Acheulian Culture of the Hunsgi Valley (Shorapur Doab), Peninsular India, *Proceedings of the American Philosophical Society*. 121, No. 5:383-406.

Paddayya, K. 1982. The Acheulean Culture of the Hunsgi Valley (Peninsular India): *A Settlement System Perspective*. Poona: Deccan College Postgraduate and Research Institute.

Paddayya, K. 1984. India. *Neue Forschungen zur Altsteinzeit* 4:345-403.

Paddayya, K. 1987. The stone age cultural systems of the Baichbal Valley, Gulbarga District, Karnataka - A preliminary report. *Bulletin of the Deccan College Post-Graduate and Research Institute* 46:77-87.

Paddayya, K. 2007. The Acheulean of Peninsular India with Special Reference to the Hunsgi and Baichbal Valleys of the Lower Deccan, in *The Evolution and History of Human Populations in South Asia*. Eds. M. Petraglia and B. Allchin:97-119. Netherlands: Springer.

Paddayya, K., B. A. B., Blackwell, R. Jhaldiyal, M. D. Petraglia, S. Fevrier, D. A. Chaderton II, J. I. B. Blickstein and A. R. Skinner 2002. Recent findings on the Acheulian of the Hunsgi and Baichbal valleys, Karnataka, with special reference to the Isampur excavation and its dating, *Current Science* 83, NO. 5.

Paddayya, K., Richa Jhaldiyal and M.D. Petraglia 2015. *Excavation of an Acheulian workshop at Isampur, Karnataka (India)*, Published online by Cambridge University Press.

Pagani L, Lawson DJ, Jagoda E, Mörseburg A, Eriksson et al. 2016. Genomic analyses inform on migration events during the peopling of Eurasia. *Nature*. 2016 Oct 13;538(7624):238-242.

Pant, P.C., and V. Jayaswal. 1991. *Paisra: The Stone Age settlement of Bihar*. New Delhi: Agam Kala Prakashan.

Pappu S, Akhilesh K. 2019. Tools, trails and time: Debating Acheulian group size at Attirampakkam, India. *J Hum Evol*. 130:109-125.

Pappu, S., Gunnell, Y., Akhilesh, K., Braucher, R., Taieb, M., Demory, F., and Thouveny, N. 2011. Early Pleistocene Presence of Acheulian Hominins in South India. *Science* 331:1596-1599.

Pappu, R.S. 2001. *Acheulian culture in peninsular India*. New Delhi: D.K. Printworld.

Pappu, S., Y. Gunnell, M. Taieb, J.P. Brugal, and Y. Touchard. 2003. Excavations at the Palaeolithic site of Attirampakkam, South India: Preliminary findings. *Current Anthropology* 44 (4): 591-597.

Pei, S., Gao, X., Feng, X., Chen, F., and Dennell, R. 2010. Lithic assemblage from the Jingshuiwan Paleolithic site of the early Late Pleistocene in the Three Gorges, China. *Quaternary International* 211:66-74.

Pei S. W, Gao X, Wang H M, et al. 2012. The Shuidonggou site complex: new excavations and implications for the earliest Late Paleolithic in North China. *Journal of Archaeological Science* 39:3610-3626.

Pei, S., Niu, D., Guan, Y., Nian, X., Kuman, K., Bae, C. J., and Gao, X. 2014. The earliest Late Paleolithic in North China: Site formation processes at Shuidonggou Locality 7. *Quaternary International* 347:122-132.

Pei, S.W., Li, X.L., Liu, D.C., Ma, N., and Peng, F. 2009. Preliminary study on the living environment of hominids at the Donggutuo site, Nihewan Basin. *Chinese Schience Bulletin* 54:3896-3904.

Pei, W.C. 1930. An account of the discovery of an adult Sinanthropus skull in the Chou Kou Tien deposit. *Bulletin of the Geological Society of China* 8: 203-205.

Pei, W.C. 1934a A preliminary report on the Late Paleolithic cave of Choukoutien. *Bulletin of the Geological Society of China* 13:327-358.

Pei, W.C. 1934b On the carnivora from Locality 1 of Choukoutien. *Palaeontologia Sinica Series C* 8:1-216.

Pei, W.C. and Jia, L. P. 1958. *Studies of Tingtsun Palaeoliths. Report on the excavation of Palaeolithic Sites at Tingtsun, Hsiangfenhsien, Shansi Province, China*. Peking, Science Press.

Pei, W.C. 1939. On the Upper Cave industry. *Palaeontologica Sinica* 9:1-59.

Pei, W.Z. & S.S. Zhang. 1985. A study on the lithic artifacts of Sinanthropus. *Palaeontologica Sinica New Series* D 12:1-277.

Perrenoud, C. 2003. Preliminary Micromorphological study of the chongokni Paleolithic site, Korea, In: Bae (ed.) *Geological Formation of the Chongokni Paleolithic site and Paleolithic Archaeology in East Asia*. Yeoncheon County/The Institute of Cultural Properties, Hanyang University. Seoul:171.

Petr M. Mateja Hajdinjak, Qiaomei Fu, Elena Essel1, Hélène Rougier, Isabelle Crevecoeur,, et al., 2020. The evolutionary history of Neanderthal and Denisovan Y chromosomes, *Science* 369:1653-1656.

Petraglia M.D. 1998. The Lower Palaeolithic of India and its bearing on the Asian record. In *Early Human Behavior in Global Context: The Rise and Diversity of the Lower Palaeolithic Record*, ed. M. Petraglia and R. Korisettar:343-390. London: Routledge.

Petraglia M.D., Breeze P. S., Groucutt H. S. 2019. Blue Arabia, green Arabia: Examining human colonisation and dispersal models, in *Geological Setting, Palaeoenvironment and Archaeology of the Red Sea*, Rasul N. M. A., Stewart I. C. F., Eds. (Springer International Publishing: 675-683.

Petraglia M.D., Alsharekh A, Breeze P, Clarkson C, Crassard R, Drake NA, Groucutt H, Jennings R,Parker AG, Parton A, Roberts RG, Shipton C, Matheson C, al-Omari A, Veall M-A. 2012. Hominin Dispersal into the Nefud Desert and Middle Palaeolithic Settlement along the JubbahPaleolake, Northern Arabia. *PLoS ONE* 7(11):49840.

Petraglia M.D., Alsharekh AM, Crassard R, Drake NA, Groucutt H, Parker AG, Roberts RG. 2011. Middle Paleolithic occupation on a Marine Isotope Stage 5 lakeshore in the Nefud Desert, SaudiArabia. *Quaternary Science Reviews* 30(13-14):1555-1559.

Petraglia, M.D., C. Clarkson, N. Boivin, M. Haslam, R. Korisettar, G. Chaubey, P. Ditchfield, D. Fuller, H. James, S. Jones, T. Kivisild, J. Koshy, M. Mirazon Lahr, M. Metspalu, R. Roberts, and L. Arnold 2009. Population increase and environmental deterioration correspond with microlithic innovations in South Asia ca 35,000 years ago, *Proceeding of National Academy of Science* 106(30):12261-12266.

Petraglia, Michael D., Peter Ditchfield, Sacha Jones, Ravi Korisettar, J.N. Pal, 2012, The Toba volcanic super-eruption, environmental change, and hominin occupation history in India over the last 140,000 years, *Quaternary International* 258: 119-134.

Petraglia M.D., R. Korisettar, N. Boivin, C. Clarkson,p. Ditchfield, S. Jones, J. Koshy, L. Mirazon, C. Oppenheimer, D. Pyle, R. Roberts, J-L Schwenninger, L. Arnold, K. White 2007. Middle Paleolithic assemblages from Indian subcontinent before the Toba super eruption, *Science* 317:114-116.

Pfeiffer, J.E. 1983. *The Creative Explosion: An Inquiry into the Origins of Art and Religion*; Harper & Row: New York, NY, USA.

Pickrell J, Reich D. Towards a new history and geography of human genes informed by ancient DNA. Trends Genet. 2014;30:377-389.

Pietrusewsky, M. A multivariate analysis of measurements recorded in early and more modern crania from East and Southeast Asia, *Quaternary International* 211:42-54.

Pilbeam, D. 1968. The Earliest Hominids. *Nature* 219, 1335-1338.

Pitulko, V.V. 2011. The Berelekh quest: A review of forty years of research in the mammoth graveyard in the northern, *Geoarchaeology* 26:5-32.

Pitulko, V.V., N.K. Tokhova, E.V. Pavlova, P.A. Nololskiy, K.E. Kupen, R.N. Polozov 2016. Early human presence in Arctic: Evdence from 45,000 year old mammoth remains, *Science* 351(6270):260-263.

Pitulko, V.V., E. Pavlova, P. Nokolskiy 2017. Revisiting the archaeological record of the Upper Pleistocene Arctic Siberia: Human dispersal and adaptation in MIS3 and 2, *Quateranry Science Reviews* 165:127-148.

Plavcan, J. M. 2012. Body Size, Size Variation, and Sexual Size Dimorphism in Early Homo. *Current Anthropology*. 53 (S6):309-423.

Pookajorn, S. 1988. *Archaeological research of the Hoabinhian culture or technocomplex and its comparison with ethnoarchaeology of the Phi Tong Luang, a hunter-gatherer groupd of Tahiland*. Institut fur Urgeschichte der Universitat Tubingen.

Pookajorn, S. 1996 Human activities and environmental changes during the late Pleistocene to middle Holocene in Southern Thailand and Southeast Asia. In *Human at the end of the ice age: The archaeology of the Pleistocene-Holocene transition*, ed. L. G. Straus, B. V. Eriksen, J. M. Erlandson, and D. R. Yesner, 201-213. New York: Plenum Press.

Pope, G. C. 1989. Bamboo and human evolution. *Natural History* 10: 48-57.

Pope, G. C. Pope, G. C., S. Barr, A. Macdonald, and S. Nakabanglang 1986. Earliest radiometric dated artifacts from Southeast Asia, *Current Anthropology*, 27:275-279.

Pope, G. G., Nakabanlang, S., and Pitragool, S. 1987. *Le paléolithique du nord de la Thaï*.

Porr, M. and J. Matthews, 2017. Post-colonialism, human origin and the paradox of modernity, *Antiquity* 91-358:1058-1068.

Posth C, Wißing C, Kitagawa K, Pagani L, van Holstein L, Racimo F, et al. 2017. Deeply divergent archaic mitochondrial genome provides lower time boundary for African gene flow into Neanderthals. *Nature Communications*. 8.

Poter, S., B. Heller, X. Wu, and Z. An 2001. Dependance of near surface magnetic susceptibility on dust accumulation rate and precipitation on the Chinese Loess Plateau, *Quarternary Research* 55:271-283.

Preysler, J. B., T.N. Concepcion and S. Gonen 2018. Life history of large flake biface, *Quaternary Scinece Review* 190:121-138.

Prokopenko A., Karabanov, E. & Williams, D. 2002. Age of long sediment cores from Lake Baikal. *Nature* 415:976.

Prüfer, K., Racimo, F., Patterson, N., Jay, F., Sankararaman, S., et al. 2014. The complete genome sequence of a Neanderthal from the Altai Mountains. *Nature* 505:43-49.

Pye K. 1995. The nature, origin and accumulation of loess, *Quaternary Science Reviews* 14(7-8):653-667.

Q

Qiu, Z., Gu, Y., Zhang, Y. & Zhang, S. 1973. Newly discovered Sinanthropus remains and stone artifacts at Zhoukoudian. *Vertebrata Palasiatica* 11:109-131.

Qui, J. 2016. How China is rewrting the book on human origins, *Nature* newsfeature July 12.

R

Rabett, R. J. 2015. The early human occupation of East and Southeast Asia, in J. Habu, P. V. Lape, J.W. Olsen eds. *Handbook of East and Southeast Asian Archaeology*. Springer:159-194.

Raghavan, M., Skoglund, P., Graf, K. E., Metspalu, M., Albrechtsen, A., et al. 2014. Upper Palaeolithic Siberian genome reveals dual ancestry of Native Americans. *Nature* 505:87-91.

Rae, T. C.; Koppe, T.; Stringer, C. B. 2011. The Neanderthal face is not cold adapted, *Journal of Human Evolution* 60 (2):234-239.

Raia, Pasquale, Alessandro Mondanaro, Marina Melchionna, Silvia Castiglione, Carmela Serio, Lorenzo Rook 2020. Past Extinctions of Homo Species Coincided with Increased

Vulnerability to Climatic Change, *One Earth* 3, (4):480-490.

Railsback, L.B., Gibbard, P.L., Head, M.J., Voarintsoa, N.R.G., andToucanne, S. 2015. An optimized scheme of lettered marine isotope substages for the last 1.0 million years, and the climatostratigraphic nature of isotope stages and substages. *Quaternary Science Reviews* 111: 94-106.

Ramachandran, S., O. Deshpande, C.C. Roseman, N.A. Rosenberg, M.W. Feldman, LL.Cavalli Sforza 2005. Support from the relationship of genetice and geographic distance in human population for a erial founder effect originating in Africa, *Proceedings of National Academy of Sciences, USA*. 102:15942-947.

Ramage, C. 1971. *Monsoon Meteorology*. International Geophysics Series. 15. San Diego, CA: Academic Press.

Ranov, V, A., and Schäfer, J. 2003. The Palaeolithic of the Late Middle Pleistocene in Central Asia. In *Toward Modern Humans: The Yabrudian and Micoquian 400-540 k-years ago*, ed. A. Ronen and M. Weinstein-Evron:77-92. British Archaeological Reports (International Series) 850.

Ranov, V. A. 2001. Loess-paleosoil formation of southern Tajikistan and the loess Palaeolithic. *Praehistoria* 2:7-27.

Ranov, V. A., E. Carbonnel, X.P. Rodriguesz 1995. Kuldara: Earliest human occipation in Central Asia in its Afro-Asian context, *Current Anthropology* 36(2):337-345.

Rassmusssen, M., X. Guo, Y. Wang, et al. 2011. An aboriginal Australian genome reveals serparate human dispersal into Asia, *Science* 334:94-8.

Rea, D. K., Snoeckx, H., and Joseph, L. H. 1998. Late Cenozoic eolian deposition in the North Pacific: Asian drying, Tibetan uplift, and cooling of the Northern Hemisphere. *Paleoceanography* 13:215-24.

Reich, D., Green, R. E., Kircher, M., Krause, J., Patterson, N., Durand, E. Y., et al. 2010. Genetic history of an archaic hominin group from Denisova Cave in Siberia. *Nature* 468:1053-1060.

Reich, D., N. Patterson, M. Kirche, P. Deffin, M.R. Nadineni, I. Pugach, A,M. Kp et al. 2011. Denisovan admixture and the first modern human dispersal into Southeast Asia and Oceania, *American J. of Human Genetics* 89(4):516-28.

Rendell, H. M., Dennell, R. W., and Halim, M. 1989. Pleistocene and Palaeolithic Investigations in the Soan Valley, Northern Pakistan. *British Archaeological Reports* (International Series) 544:1-346.

Reys-Centeno, H. 2016. Out of Africa and into Asia: Fossil and genetic evidence on modern human origin and dispersal, *Quaternary International* 416:249-262.

Reyes-Centeno H, Hubbe M, Hanihara T, Stringer C, Harvati K. 2015. Testing modern human out-of-Africa dispersal models and implications for modern human origins, *Journal of Human Evolution* 87:95-106.

Reynold, T. & G. Barker 2015. Reconstructing Late Pelistocene Climates, landscapes, and human activities in Northern Borneo from excavation in the Niah caves, in in Y. Kaifu, M. Izuho, T. Geobel, H. Sato and A. Ono eds. *Emergence and Diversity of Modern Human Behavior in Paleolithic Aisa*. Texas A&M University Press:140-157.

Richter, J., et al., 2012. Contextual areas" of early Homo sapiens and their significance for human dispersal from Africa into Eurasia between 200 ka and 70 ka, *Quaternary International*.

Rightmire, G. P. 2000. Middle pleistocene humans from africa. *Journal of Human Evolution* 15:63-74.

Rightmire, G. P. 2001. Comparison of Middle Pleistocene hominids from Africa and Asia. In *human Roots: Africa and Asia in the Middle Pleistocene*, ed. L. Barham and K. Robson-Brown:123-133. Bristol. Western Academic and Specialist Press Ltd.

Rightmire, G. P. 2004. Brain size and encephalization in early to mid-Pleistocene *Homo. American Journal of Physical Anthropology* 124:109-23.

Rightmire, G. P., Lordkipanidze, D., and Vekua, A. 2006. Anatomical descriptions, comparative studies and Evolutionary significance of the hominin skulls from Dmanisi, Republic of Georgia. *Journal of Human Evolution* 50:115-141.

Rizal, Yan, Westaway, Kira E., Zaim, Yahdi, van den Bergh, Gerrit D., Bettis, E. Arthur, Morwood, Michael J., Huffman, O. Frank, Grün, Rainer, Joannes-Boyau, Renaud, Bailey, Richard M., Sidarto 2020. Last appearance of *Homo erectus* at Ngandong, Java, 117,000-108,000 years ago, *Nature*. 577 (7790):381-385.

Roach, N., Hatala, K., Ostrofsky, K. et al. 2016. Pleistocene footprints show intensive use of lake margin habitats by Homo erectus groups. *Sci Rep* 6.

Roberts, P., E. Delson, P. Miracle, P. Ditchfield, R. G. Boberts....etc. 2014. Continuity of mammalian fauna over the last 200,000 y in the Indian subcontinent, *PNAS* 111(16):848-853.

Roberts et al. 1994. The human colonisation of Australia: optical dates of 53,000 and 60,000 years bracket human arrival at Deaf Adder Gorge, Northern Territory. *Quaternary Science Reviews* 13(5-7):575-583.

Roberts, P., Stewart, B.A. 2018. Defining the 'generalist specialist' niche for Pleistocene Homo sapiens, *Nat Hum Behav* 2, 542-550.

Roebroeks, W.; Sier, M. J.; Nielsen, T. K.; et al. 2012. Use of red ochre by early Neandertals. *Proceedings of the National Academy of Sciences*. 109 (6):1889-1894.

Rolland, N. 2004. Was the Emergence of Home Bases and Domestic Fire a Punctuated Event? A Review of the Middle Pleistocene Record in Eurasia. *Asian Perspectives*, 43(2):248-280.

Rolland, N. 2002. The initial hominid colonization of Asia: A survey of anthropic evidence from biogeographic and ecological perspectives, *Bulletin of the Indo-Pacific Prehistory Association* 120: 3-33.

Rosenberg, Karen R., Lü Zuné, Christopher B. Ruff 2006. Body size, body proportions, and encephalization in a Middle Pleistocene archaic human from northern China, *Proceedings of the National Academy of Sciences* 103 (10):3552-3556.

Rosenberg, K. R., and Wu, X.-Z. 2013. A river runs through it: modern human origins in East Asia. In *The Origins of Modern Humans: Biology Reconsidered*, ed. F. H. Smith and J. C. M. Ahern, 89-121. John Wiley & Sons, Inc, New Jersey.

Rogers, A., N.S. Harris amd A.A. Achenbach 2020. Neanderthal -Denisovan ancesters interbred with a distantly related hominin, *Science Advance* 6:eaay 5483.

Rutter, N., Ding, Z.L., Evans, M.E., and Liu, T. 1991. Baoji-type pedostratigraphic section, Loess Plateau, north-central China. *Quaternary Science Reviews* 10:1-22.

Rybin, E. P. 2015. Middle and Upper Paleolithic interactions and the emergence of 'Modern Behavior' in Southern Siberia and Mongolia, in Y. Kaifu, M. Izuho, T. Geobel, H. Sato and A. Ono eds. *Emergence and Diversity of Modern Human Behavior in Paleolithic Aisa*. Texas A&M University Press:470-489.

Rybin;, Evgeny P., Arina M. Khatsenovich, Byambaa Gunchinsuren, John W. Olsen, Nicolas Zwyns 2016, The impact of the LGM on the development of the Upper Paleolithic in Mongolia,

Quaternary International. 69-87.

Rybin, E. P., and Khatsenovich, A. M. 2020. Middle and Upper Paleolithic Levallois technology in eastern Central Asia. *Quaternary International* 535:117-38.

Rybin, Evgeny P. 2014, Tools, beads, and migrations: Specific cultural traits in the Initial Upper Paleolithic of Southern Siberia and Central Asia. *Quaternary International* 347:39-52.

Rybin, Evgeny P., Arina M. Khatsenovich 2020, Middle and Upper Paleolithic Levallois technology in eastern Central Asia, *Quaternary International* 535:117-138.

S

Sackett, James R. 1982. Approaches to style in lithic archaeology, *Journal of Anthropological Archaeology*, 1 (1):59-112.

Saidin, M. 2006. Bukit Bunuh, Lenggong, Malaysia:new evidence of Late Pleistocene culture in Malaysia and Southeast Asia, in Bacus, A.E., Glover, I.C. & Pigott, V.C. (ed.) *Uncovering Southeast Asia's past*: 60-64. Singapore: NUS Press.

Salauddin, G., R., Badam, G., & Rajaguru, S. 1986. On the Archaeological Association of the Fossil Hominid from Hathnora, Madhya Pradesh, India. *Asian Perspectives* 27(2), 193-203.

Sam C.Lin, Fei Peng, Nicolas Zwyns, Jialong Guog, Huimin Wang, Xing Gao 2019. Detecting patterns of local raw material utilization among informal lithic assemblages at the late Paleolithic site of Shuldonggou Locality 2 (China), *Archaeological Research in Asia* 17:137-148.

Sangode, S.J. & Mishra, Sheila & Naik, Sonali & Deo, Sushama 2007. Magnetostratigraphy of the Quaternary sediments associated with some Toba Tephra and Acheulian artefact bearing localities in the Western and Central India. *Gondwana Magazine*. 10. 111-121.

Sankararaman, S.; Mallick, S.; Dannemann, M.; Prüfer, K.; Kelso, J.; Pääbo, S.; Patterson, N.; Reich, D. 2014. The genomic landscape of Neanderthal ancestry in present-day humans, *Nature*. 507 (7492):354-357.

Sankhyan, A. R. 1997. Fossil clavicle of Middle Pleistocene hominid from the Central Narmada Valley, India. *Journal of Human Evolution* 32:3-16.

Sankhyan, A.R. 2005. New fossils of early Stone Age man from Central Narmada Valley, *Current Science* 88 (5): 704-707.

Sankyan, A., I. Dewangan, S. Chakraborty, S. Kummdu, S. Prahba, R. Chakravarty, G. Badam 2012. New human fossils and associated findings from the Central Narmada valley, India, *Current Science* 103.

Saragusti, I.I. , Sharon, O. Katzenelson, D. Avnir, 1998, Quantitative Analysis of the Symmetry of Artefacts: Lower Paleolithic Handaxes, *Journal of Archaeological Science* 25:817-825.

Sarich V. M, Wilson AC. Immunological time scale for hominid Evolution. *Science* 158(1967):1200-1203.

Sato, H. 2012a *Kokuyoseki no ryutsu to shohi kara mita kan-Nihonkai hokubu chiiki ni okeru Koushinsei jinruishakai no keisei to henyo (I) [Research on the formation proves and transfiguration of the Pleistocene human societies in the northern circum Japan Sea area (NIJSA) through the obsidian exploitation and circulation]*, ed. Research Report of the Tokoro Jisshu Shisetsu of the University of Tokyo, No. 10.

Sato, H. 2012b. Late Pleistocene trap-pit hunting in the Japanese Archipelago. *Quaternary International* 248:43-55.

Sato, H. 2013a Nippon Retto no seiritsu to shuryosaishu no shakai [The formation of the Japanese

Archipelago and the communities of hunter-gathers]. In *Iwanami koza Nippon rekishi [Iwanami series in Japanese history]* 1:29-62. Tokyo: Iwanami Shoten.

Sato, H. 2013b Original characteristics of modern human behavior on Japanese early Upper Paleolithic: Edge-ground axe, circular settlement and trap-pit-hunting. *In The 16th International Symposium: Suyanggae and her neighbours in Nihewan*, ed. Y. Lee, X. Gao, and F. Xie:160-172. Beijing: Ocean Press.

Sato, H. and M. Yakushige 2014. Obsidian exploitation and circulation in late Pleistocene Hokkaido in the northern aprt of Japanese archipelago, In Yamda M. and A. Ono (eds) *Lithic Raw Material Exploitation and Circulation in Prehistory.* University of Liege. 159-172.

Sawyer, Susanna; Renaud, Gabriel; Viola, Bence; Hublin, Jean-Jacques; Gansauge, Marie-Theres; Shunkov, Michael V.; Derevianko, Anatoly P.; Prüfer, Kay; Kelso, Janet; Pääbo, Svante 2015. Nuclear and mitochondrial DNA sequences from two Denisovan individuals, *PNAS.* 112 (51):15696-15700.

Scally, Aylwyn & Richard Durbin 2012. Revising the human mutation rate: implications for understanding human Evolution, *Nature Reviews Genetics*, 13 Issue 10:745-753.

Scally, Aylwyn 2016. The mutation rate in human Evolution and demographic inference, *bioRxiv Current Opinion in Genetics & Development.*

Scerri, E.M. L., N.A. Drake, R. Jennings, et al. 2014. Earliest evidence for the structure of Homo sapiens populations in *Africa,Quaternary Science Review* 101:207-16.

Schepartz, L. A., Miller-Antonio, S., and Bakken, D. A. 2000. Upland resources and the early Palaeolithic occupation of Southern China, Vietnam, Laos, Thailand and Burma. *World Archaeology* 32:1-13.

Schick, K. 1984. *Processes of Paleolithic site formation, an experimental study.* Ph.D. Dissertation. Department of Anthropology, U.C. Berkely.

Schick, K. D. 1994. The Movius Line reconsidered. R.S. Corruccini and R.L. Ciochon (eds), *Integrative Paths to the Past.* Englewood Cliffs, NJ, Prentice Hall:569-.596.

Schiffer, M.B. 1976. *Behavioral Archeology.* Academic Press.

Schlebusch, C. M. et al. 2017. Southern African ancient genomes estimate modern human divergence to 350,000 to 260,000 years ago. *Science* 358:652-655.

Schmalzer S. 2008. *The People's Peking Man: Popular Science and Human Identitynin Twentieth Century China.* Chicago. University Chicago Press.

Schwartz, Jeffrey H.; Tattersall, Ian 2005. The Human Fossil Record, *Craniodental Morphology of Genus Homo (Africa and Asia).* John Wiley & Sons:79-81.

Schwartz, J. H., and Tattersall, I. 1996. Whose teeth? *Nature* 381:201-202.

Sekiya, A. 2006. Ground-stone axes in the Upper Paleolithic of Japan. *Archeol. Ethnol. Anthropol. Eurasia* 28:58-62.

Seong, C. 2009. Emergence of a blade industry and Evolution of Late Paleolithic technology in the Republic of Korea, *J. of Anthropological Research* 65(3):417-451.

Seong, C. 2015. Diversity of Lithic Assemblages and Evolution of Late Palaeolithic Culture in Korea, *Asian Perspectives* 54(1):91-112.

Sémah, A.-M., and Sémah, F. 2012. The rain forest in Java through the Quaternary and its relationships with humans (adaptation, exploitation and impact on the forest). *Quaternary International* 249:120-128.

Semah, A. M., F. Semah, A.M. Moigne, T. Ingicco, A. Purnomo, T. Simanjuntak, H. Widianto 2016. The

Paleooenvironmental context of the Paleolithic Java: A brief review, *Quaternary International* 416:38-45.

Sémah, F., Saleki, H., Falguères, C., Féraud, G., and Djubiantono, T. 2000. Did early man reach Java during the Late Pliocene? *Journal of Archaeological Science* 27:763-769.

Semah, F., Se'mah, A.M., Simanjuntak, T., 2003. More than a million years of human occupation in insular Southeast Asia: the early archaeology of Eastern and Central Java. In: Mercader (Ed.), *Man under the Canopy*. Rutgers University Press, New Brunswick, NJ:161-190.

Sémah, F., Sémah, A.M., Djubiantono, and Simanjuntak, H.T. 1992. Did they also make stone tools? *Journal of Human Evolution* 23:439-46.

Serre D, Langaney A, Chech M, et al. 2004. No evidence of Neandertal mtDNA contribution to early modern humans. *PLoS Biol.* 2:57.

Shackelford, L.,F. Demeter 2012. The place of Tam Hang in Southeast Asian human Evolution. *Comptes Rendu Pale* 11:97-115.

Shackelford, L., F Demeter, K Westawa et al. 2018. Additional evidence for early modern human morphological diversity in Southeast Asia at Tam Pa Ling, Laos, *Quat. Int.* 466:93-106.

Shackleton, N.J. and Neil D. Opdyke 1973. Oxygen isotope and palaeomagnetic stratigraphy of Equatorial Pacific core V28-238: Oxygen isotope temperatures and ice umes on a 105 year and 106 year scale, *Quaternary Research* 3 (1):39-55.

Shang, H.W., Tong, H.W., Zhang, S.Q., Chen, F.Y., and Trinkaus, E. 2007. An early modern human from Tianyuan Cave, Zhoukoudian, China. *Proceedings of the National Academy of Sciences USA* 104:6573-6578.

Shang, H., and Trinkaus, E. 2010a *Early Modern Human Biology in Eastern Asia: The Early Modern Human from Tianyuan Cave.* Texas A&M University, College Station, Texas.

Shang, H., and Trinkaus, E. 2010b *The Early Modern Human from Tianyuan Cave, China.* Texas A&M University Press, College Station, TX.

Shang, Y., Prins, M. A., Beets, C. J., Kaakinen, A., Lahaye, Y., et al. 2018. Aeolian dust supply from the Yellow River floodplain to the Pleistocene loess deposits of the Mangshan Plateau, central China: Evidence from zircon U-Pb age spectra. *Quaternary Science Reviews* 182:131-143.

Shapartz, L.A., S. Miller-Antonio and D.A. Bakken 2000. Upland resources and the Early Paleolithic Occipation of Southern China, Vietnam, Laos, Thailand and Burma, *World Archaeology* 32:1-13.

Sharon, G. 2009. Acheulian giant-core technology. A worldwide perspective. *Current Anthropology* 50:335-367.

Sharon, G. 2010. Large Flake Acheulian. *Quaternary International*, 223:226-233.

Shea, John J. 2008, Transitions or turnovers? Climatically-forced extinctions of Homo sapiens and Neanderthals in the East Mediterranean, Quaternary Science Reviews xxx. 1-18.

Shea, J.J.. 2013. Lithic Modes A-I: A New Framework for Describing Global-Scale Variation in Stone Tool Technology Illustrated with Evidence from the East Mediterranean Levant. *Journal of Archaeological Method and Theory* 20 (1):151-186.

Shea, J. 2010. Stone Age Visiting Cards Revisited: A Strategic Perspective on the Lithic Technology of Early Hominin Dispersal, in J.G. Fleagle et al. (eds.), *Out of Africa I: The First Hominin Colonization of Eurasia, Vertebrate Paleobiology and Paleoanthropology.*

Shea, J.J. 2017. *Stone tools in human evolution: Behavioral differences among technological primates*, New York: Cambridge University Press.

Shea, J.J., L. Barham, N.J. Conrad, M. I. Lombard... and J. Zihao 2011. *Homo sapiens* is as *Homo spiens* was: Behavioral variability versus "Behavioral Modernity" in Paleolithic Archaeology, *Current Anthropology* 52(1).

Shen, C., & Qi, W. 2004. Lithic Technological Variability of the Middle Pleistocene in the Eastern Nihewan Basin, Northern China. Asian Perspectives, 43(2):281-301.

Shen, C., Zhang, X., and Gao, X. 2016. Zhoukoudian in transition: Research history, lithic technologies, and transformation of Chinese Plaeolithic archaeology. *Quaternary International* 400:4-13.

Shen, G., Gao, X., Gao, B., and Granger, D. 2009 Age of Zhoukoudian *Homo erectus* determined with (26)Al/(10)Be burial dating. *Nature* 458:198-200.

Shen, G. et al. 2009. Age of Zhoukoudian Homo Erectus Determined with 26al/10be Burial Dating, *Nature* 458:198-200.

Shen, G. J. & Jin, L. H. 1992. U-series dating of speleothem samples from Guanyindong Cave at Qianxi County, Guizhou Province. *Acta Anthropologica Sinica* 11:93-100.

Shen, G., Ku, T.-L., Cheng, H., Edwards, R. L., Yuan, Z., and Wang, Q. 2001. High-precision U-series dating of Locality 1 at Zhoukoudian, China. *Journal of Human Evolution* 41:679-688.

Shen, G, Gao X, Gao B, Granger DE. 2009. Age of Zhoukoudian *Homo erectus* determined with 26Al/10Be burial dating. *Nature* 458:198-200.

Shen, Guanjun, Yingshan Fang, James L. Bischoff, Yue-xing Feng, Jian-xin Zhao 2010. Mass spectrometric U-series dating of the Chaoxian hominin site at Yinshan, eastern China, *Quaternary International* 211(1-2):24-28.

Shen, G,, Y Wang, H Tu, H Tong, Z Wu, K Kuman, D Fink, DE Granger 2020. Isochron 26Al/10Be burial dating of Xihoudu: Evidence for the earliest human settlement in northern China, *L'Anthropologie* 124 (5), 102790.

Shinoda, K., and Adachi, N. 2013. Shiraho Saonetabaru Doketsu Iseki shutsudo jinkotsu no DNA bunseki [Mitochondrial DNA analysis of the skeletal remains from the Shiraho Saonetabaru Cave Site]. *Research Reports of the Buried Properties Center of Okinawa Prefecture* 65:219-228.

Shipton, C. and Petraglia, M. D. 2010. Inter-continental Variation in Acheulean Bifaces. C. Norton and R. Braun (eds), *Asian Palaeoanthropology*. Springer Press:49-56.

Shi, W, Ayub Q , Vermeulen M, et al. 2010. A worldwide survey of human male demographic history based on Y-SNP and Y-STR data from the HGDP-CEPH populations. *Mol Biol E* 27:385-393.

Shunkov, M., Alexander Yu. Fedorchenko, Maxim B. Kozlikin, Anatoly P. Derevianko 2020. Initial Upper Palaeolithic ornaments and formal bone tools from the East Chamber of Denisova Cave in the Russian Altai, *Quaternary International* 559:47-67.

Shunkov, M., M. B. Kozlikin and A.P. Derevianko 2020. Dynamics of the Altai Paleolithic industries in the archaeological record of Denisova cave, *Quaternary International*.

Sieveking, A. 1958. The Palaeolithic industry of Kota Tampan, Perak, north-western Malaya. *Asian Perspectives* 2:91-102.

Sillitoe, Paul & Hardy, Karen 2003. Living Lithics: Ethnoarchaeology in Highland Papua New Guinea. *Antiquity* 77:555-565.

Simanjuntak, T., 2008. Acheulean tools in Indonesian Palaeolithic. In: Paper Presented on the International Seminar on *Diversity and Variability in the East Asian Palaeolithic: Toward an Improved Understanding*. Seoul, Korea.

Simanjuntak, T. and Sémah, F. 1996. A new insight into the Sangiran flake industry. In *Indo-Pacific Prehistory: The Chiang Mai Papers, 1. Bulletin of the Indo-Pacific Prehistory Association*

14:22-26.

Simanjuntak, Truman, Francois Semah, Claire Gaillard 2010. The palaeolithic in Indonesia: Nature and chronology, *Quaternary International* 223-4:418-421.

Sklenář, K. 1987. The Lower Paleolithic Dwelling Structure at Přezletice and its Significance, *Anthropologie*. 25 (2):101-103.

Skoglund P, & Jakobsson M. 2011. Archaic human ancestry in East Asia. *Proc Natl Acad Sci U S A*. 108:18301-18306.

Slon, V., C. Hopfe, C.L. Weiss, F. Mafessoni, et al. 2017. Neanderthal and Denisovan DNA from Pelistocene sediments, *Science* 356:605-608.

Slon, Viviane; Viola, Bence; Renaud, Gabriel; Gansauge, Marie-Theres; Benazzi, Stefano; Sawyer, Susanna; Hublin, Jean-Jacques; Shunkov, Michael V.; Derevianko, Anatoly P.; Kelso, Janet; Prüfer, Kay; Meyer, Matthias; Pääbo, Svante 2017. A fourth Denisovan individual, *Science Advances*. 3 (7):1700186.

Smalley I.J. 1995. Making the material; the formation of silt-sized promary mineral particles for loess deposits, *Quaternary Science Reviews* 14:645-651.

Smith, Thomas M. & Robert Leo Smith. 2009. *Elements of Ecology*. Pearson International Edition. 7th Ed.

Smith, E.A. 1983. Anthropological application of optimal foraging theory: a critical review, *Current Anthropology* 24.

Soares, P., F. Alshamali, J.B. Pereira et al. 2012. The expansion of mt DNA haplogroup L.3. within and out of Africa, *Molecula Biology Evolution* 29:915-927.

Soares P, Ermini L, Thomson N, Mormina M, Rito T, Röhl A, Salas A, Oppenheimer S, Macaulay V, Richards MB. 2009. Correcting for purifying selection: an improved human mitochondrial molecular clock. *American Journal of Human Genetics* 84(6):740-759.

Soejono, R. P. 1982. New data on the Paleolithic industry in Indonesia, In Lumley, H., M.A. de (Eds.) :*l'Homo erectus et la place de l'Homme de Tautavel parmi les hominides fossils*. 578-592.

Sonakia, Arun & de Lumley, Henry 2006. Narmada Homo erectus - A possible ancestor of the modem Indian. Comptes Rendus Palevol - *C R PALEVOL*. 5. 353-357.

Sondaar, P., van den Bergh, G. D., Mubroto, B., Aziz, F., de Vos, J., Batu, U. L. 1994. Middle Pleistocene faunal turnover and colonization of Flores (Indonesia) by *Homo erectus*. *Comptes Rendues de l'Academie des Sciences Paris* 319, ser. 2:1255-1262.

Song Xing, María Martinón-Torres, José María Bermúdez de Castro. The fossil teeth of the Peking Man. *Scientific Reports*, 2018;8(1).

Song, Y., Li, X., Wu, X., Kvavadze, E., Goldber, P., and Bar-Yosef, O. 2016. Bone needle fragment in LGM from the Shizitan site (China): Archaeological evidence and experimental study. *Quaternary International* 400:140-148.

Song, Y., Shi, J., and Shen, C. 2011. Study on technological process of the shell ornaments discovered from the Shizitan Site (in Chinese with English abstract), *Acta Anthropological Sinica* 30:115-123.

Song, Y., David J. Cohen, Jinming Shi, Xiaohong Wu, Eliso Kvavadze, Paul Goldberg, Shuangquan Zhang, Yue Zhang, Ofer Bar-Yosef 2107. Environmental reconstruction and dating of Shizitan 29, Shanxi Province: An early microblade site in north China,, Journal of Archaeological Science 79:19-35.

Song Y., Grimaldi S, Santaniello F, Cohen DJ, Shi J, et al. 2019. Re-thinking the evolution of microblade technology in East Asia: Techno-functional understanding of the lithic assemblage from Shizitan 29 (Shanxi, China). *PLOS ONE* 14(2): e0212643.

Soni, V. S., and Soni, A. S. 2012. New observations on the age and context of Soanian artefacts in the north-western sub-Himalayas of India. *Bulletin of the Indo Pacific Prehistory Association* 32:6-18.

Spikins, Penny 2012. Goodwill hunting? Debates over the 'meaning' of Lower Palaeolithic handaxe form revisited, *World Archaeology* 44(3): Debates in World Archaeology. Edited by Peter van Dommelen and Lin Foxhall: 378-392.

Soriano, M. 1970. The fluoric origin of the bone lesion in Pithecanthropus erectus femur, *American Journal of Physical Anthropology*. 32 (1):49-57.

Stewart, J. R., and Stringer, C. B. 2012 Human Evolution out of Africa: The role of refugia and climate change. *Science* 335:1317-13121.

Stiles, D. 1978. Palaeolithic artefacts in Siwalik and post-Siwalik deposits of northern Pakistan. *Kroeber Anthropological Society Papers* 53-4:129-148.

Stone, R. 2006. Java man's first tools. *Science* 312:361.

Storm, P. 1995. The Evolutionary significance of the Wajak skulls. *Scripta Geologica* 110:1-247.

Storm, P. 2001a An environmental approach to the fate of Homo erectus in Australasia. In *Human Roots: Africa and Asia in the Middle Pleistocene*, ed. L. Barham and K. Robson-Brown, 203-215. Bristol: Western Academic and Specialist Press Ltd.

Storm, P. 2001b The Evolution of humans in Australasia from an environmental perspective. *Palaeogeography, Palaeoclimatology, Palaeoecology* 171:363-383.

Sillitoe, P.& K, Hardy 2003. Living Lithics: ethnoarchaeology in Highland Papua New Guinea, Antiquity 77(297):555-566.

Stewart and Stringer. 2012. Human Evolution Out of Africa: The Role of Refugia and Climate Change. *Science* 335(6074):1317-1321.

Stoneking, Mark and Frederick Delfin 2010. The Human Genetic History of East Asia: Review Weaving a Complex Tapestry, *Current Biology* 20:1-6.

Stringer, C. 2002. Modern human origin and progress and prospects, *Philosophical Tramsaction of Royal Society Lond B* 357:563-579.

Stringer, C. 2014. Why are not all multiregionalists now. *Trends in Ecology & Evolution* 29:248-251.

Stringer. C. B. and P. Andrews 1988. Genetic and fossil evidence for the origin of modern human, *Science* 239:1263-1268.

Stringer, Chris & Julia Galway-Witham. 2017. Palaeoanthropology On the origin of our species, *Nature* 546:212-214.

Stringer, C. B., Howell, F. C., and Melentis, J. K. 1979. The significance of the fossil hominid skull from Petralona, Greece. *Journal of Archaeological Science* 6:235-253.

Stringer et al. 1989. ESR dates for the hominid burial site of Es Skhul in Israel. *Nature* 338:756-758.

Su, B., Xiao, J., Underhill, P., Deka, R., Zhang, W., et al. 1999. Y-chromosome evidence for a northward migration of modern humans into Eastern Asia during the Last Ice Age. *The American Journal of Human Genetics* 65:1718-1724.

Sun, Huiyi, Jian-xin Zhao, Guanjun Shen, Bo Cao, Xiaochao Che, Dunyi Liu 2019. U-Th dating of a Paleolithic site in Guanyindong Cave, Guizhou Province, southwestern China,, *Journal of Archaeological Science: Reports* 27,101996.

Sun, J. 2002. Provenence of loess material and formation of loess deposits on the Chinese Loess

Plateau, *Earth and Planetary Science Letters* 203:845-859.

Sun, X., Li, Y., Feng, X., Lu, C., Lu, H., Yi, S., Wang, S., and Wu, S.-Y. 2016. Pedostratigraphy of aeolian deposition near the Yunxian Man site on the Hanjiang River terraces, Yunxian Basin, central China. *Quaternary International* 400:187-194.

Sun, X., Lu, H., Wang, S., Cosgrove, R., Zhang, W., Yu, K., and Zhuo, H. 2014. Age of newly discovered Paleolithic assemblages at Liuwan site Luonan Basin, central China. *Quaternary International* 347:193-199.

Sun, X.F., Lu, H.Y., Wang, S.J., Yi, S.W. 2012. Ages of Liangshan Palaeolithic sites in Hanzhong Basin, central China. *Quaternary Geochronology* 10:380-386.

Sun, Xue-feng, Shao-qing Wen, Cheng-qiu Lu, ...Lawrence Edwards, Li Jin, Hui Li 2021. Ancient DNA and multimethod dating confirm the late arrival of anatomically modern humans in southern China, *Proceedings of the National Academy of Sciences* 118 (8).

Sun, Y., Z. S. An, S. C. Clemens, J. Bloemendal, and J. Vandenberghe 2010. Seven million years of wind and precipitation variability on the Chinese Loess Plateau, *Earth Planet. Sci. Lett.* 297:525- 535.

Sutikna, T., Tocheri, M. W., Morwood, M. J., Saptomo, E. W., Jatmiko, D. A., Rokus, W., et al. 2016. Revised stratigraphy and chronology for *Homo floresiensis* a Liang Bua in Indonesia. *Nature* 532:366.

Suwa, G., Asfaw, B., Haile-Selassie, Y., White, T., Katoh, S., et al. 2007. Early Pleistocene *Homo erectus* fossils from Konso, southern Ethiopia. *Anthropological Science* 115:133-151.

Suzuki and Hanihara. 1982. The Minatogawa Man---the upper pleistocene man from the Island of Okinawa. *Antiquity* 59(225):73-73.

Swisher, C. C. III, Curtis, G. H., Jacob T., Getty, A. G., Suprijo, A., and Widiasmoro. 1994. Age of the earliest known hominids in Java, Indonesia. *Science* 263:1118-1121.

Swisher, C. C., Rink, W. J., Antón, S. C., Schwarcz, H. P., Curtis, G. H., Suprijo, A., and Widiasmoro. 1996. Latest *Homo erectus* of Java: Potential contemporaneity with *Homo sapiens* in Southeast Asia. *Science* 274:1870-1874.

T

Takahashi, K. 2007. The formation history of the terrestrial fauna in the Japanese archipelago during the Pleistocene (Japanese), *Paleolithic Research* 3:5-14.

Tanno Tadashi 1981. *Plant Utilization of the Mbuti Pygmies: With Special Reference to Their Material Culture and Use of Wild Vegetable Foods.* African Study Monographs. 1-537.

Tashak V.I. 2018. Tekhnika levallua v paleolite zabaykal'a (Levallois technique in the palaeolithic of Transbaikalia), *Stratum Plus*, 1:327-338.(in Russian with English summary).

Tassi F, Ghirotto S, Mezzavilla M, Vilaça ST, de Santi L, Barbujani G. 2015. Early modern human dispersal from Africa: genomic evidence for multiple waves of migration. *Investig Genet.* 6:13.

Tattersall, I. 1986. Species recognition in human paleontology. *Journal of Human Evolution* 15:165-175.

Tattersall, I. 2013. Homo ergaster and Its Contemporaries. In Henke, Winfried; Tattersall, Ian (eds.) *Handbook of Paleoanthropology.* Springer.

Tattersall, I. 2017. The material record and the antiquity of language. *Neurosci. Biobehav. Rev.* 81:247-254.

Tattersall I. and J.H. Schwartz 2008. The morphological distinctiveness of Homo sapiens and its recognition in the fossil record: clarifying the problem, *Evolutionary Anthropology* 17: 49-54.

Terra, H. de and Paterson, T. 1939. *Studies on the Ice Age in India and Associated Human Cultures.* Washington, DC: *Carnegie Institute Publications* 493.

Terry, K., Buvit, I., & Konstantinov, M. V. 2016. Emergence of a microlithic complex in the Transbaikal Region of southern Siberia. *Quaternary International*, 425, 88-99.

Thangaraj, K., L. Singh, A.G. Reddy, V. R, Rao, S.C. Sehgai, P.A. Underhill, M. Peirson, I. G. Frame, E. Hagelberg 2003. Genetic affinities of the Andaman islanders, a vanishing human population, *Current Biology* 13. no. 2:86-94.

Thomson R. and B.A. Maher 1995. Age models sediment fluxes and paleoclimate reconstructions for the Chinese Loess, *Geophysics Journal International* 123:611-622.

Tougard, C., Jaeger, J.J., Chaimanee, Y., Suteethorn, V., Triamwichanon, S. 1998. Discovery of Homo sp. tooth associated with a mammalian cave fauna of Late Middle Pleistocene age, northern Thailand. *Journal of Human Evolution* 35, 47-54.

Tian, J., Wang, P., and Cheng, X. 2004. Development of the East Asian monsoon and Northern Hemisphere glaciation: Oxygen isotope records from the South China Sea. *Quaternary Science Reviews* 23:2007-16.

Tiauzon, A. 2011. *Lithic technology in the Song Terus during the late Middle Pleistocene and the early Upper Pleistocene.* MA thesis. Museum of National Natural History, Paris.

Timmermann, A., and Friedrich, T. 2016. Late Pleistocene climate drivers of early human migration. *Nature* 538:92-95.

Tong, G.B. and S.X. Shao 1991. The Evolution of Quarternary climate in China, in *Quarternary of China.* China Ocean Press:42-76.

Tong, H. 2001. Age profile of rhino fauna from the Middle Pleistocene Nanjing Man site, South China-explained by the Rhino specimens of living species, *International Hournal of Osteoarchaeology* 11:231-237.

Tong, H. 2007. Occurrences of warm-adapted mammals in North China over the Quaternary Period and their paleo-environmental significance. *Science in China Series D-Earth Science* 50:1327-1340.

Tong, H., Shang, H., Zhang, S., and Chen, F. 2004. A preliminary report on the newly found Tianyuan Cave, a Late Pleistocene human fossil site near Zhoukoudian. *Chinese Science Bulletin* 49:853-857.

Toth, N., & Schick, K. 2009. The importance of actualistic studies in early Stone Age research: some personal reflections. In K. Schick & N. Toth (Eds.), *The cutting edge: new approaches to the archaeology of human origins* (pp. 267-344). Gosport: Stone Age Institute Press.

Tougard, C., Jaeger, J.-J., Yaowalak, C., Varavudh, S., and Somchai, T. 1998. Discovery of a *Homo* sp. Tooth associated with a mammalian cave fauna of Late Middle Pleistocene age, Northern Thailand. *Journal of Human Evolution* 35:47-54.

Trinkaus, E., and Shang, H. 2008. Anatomical evidence for the antiquity of human footwear: *Tianyuan and Sunghir. Journal of Archaeological Science* 35:1928-1933.

Tseveendorj, D. 1975. *1975-ond MZTSHE-iin Bulgan, Hövsgöl, Uvs, Arhangai. AHGBSH: Bayanhongor aimagt ajillasan Paleolit ba nüüdelchdiin dursgal sudlah angiin tailan.*

Tseveendorj, D. 1979. *1979-ond Bayan-Ulgy, Hovd, Govi-Altai, Bayanhongor. AHGBSH: övörhangai aimagt ajillasan MZTSHE-iin Paleolityn angiin tailan.*

Tsutsumi, T. 2012. MIS3 edge-ground axes and the arrival of the first *Homo sapiens* in the Japanese archipelago. *Quaternary International* 248:70-78.

Tu H, Shen G, Li H, Xie F, Granger DE (2015) 26Al/10Be Burial Dating of Xujiayao-Houjiayao Site in Nihewan Basin, Northern China. PLOS ONE 10(2): e0118315.

Turner, A. and Antón, M. 1996. The Giant Hyaena, *Pachycrocuta Brevirostris* (Mammalia, Carnivora, Hyaenidae) *Geobios*, 29(4):455-468.

U

Ukraintseva, V. V., L.G. Agenbroad and J.L. Mead 1996. A Paleoenvironmental reconstruction of the 'Mammoth Epoch' of Siberia, In F.H. West (eds) *American Beginnings, The Prehistory and Paleoecology of Beringia.* The Unviersity of Chicago Press:129-136.

Underhill, PA, and Kivisild T. 2007. Use of Y chromosome and mitochondrial DNA population structure in tracing human migrations *Ann Rev Genet.* 41:539-64.

V

Vahdati, A. R., Weissmann, J. D., Timmermann, A., de León, M. S. P., and Zollikofer, C. P.E. 2019. Drivers of Late Pleistocene human survival and dispersal: an agent-based modeling and machine learning approach. *Quaternary Science Reviews* 221:105867-6.

Vai, S, Sarno S, Lari M, Luiselli D, Manzi G, Gallinaro M, et al. 2019. "Ancestral mitochondrial N lineage from the Neolithic 'green' Sahara". *Scientific Reports.* 9 (1): 3530.

van den Bergh, G., de Vos, J., and Sondaar, P. Y. 2001. The late Quaternary palaeogeography of mammal Evolution in the Indonesian Archipelago. *Palaeogeography, Palaeoclimatology, Palaeoecology* 171:385-408.

van den Bergh, Gerrit D.; Kaifu, Yousuke; Kurniawan, Iwan; Kono, Reiko T.; Brumm, Adam; Setiyabudi, Erick; Aziz, Fachroel; Morwood, Michael J. 2016. "Homo floresiensis-like fossils from the early Middle Pleistocene of Flores". *Nature.* 534 (7606):245-248.

Vaquero, M., Romagnoli, F. 2018. Searching for Lazy People: the Significance of Expedient Behavior in the Interpretation of Paleolithic Assemblages. *J Archaeol Method Theory* 25:334-367.

Vernot, B.A. and M. Joshua 2015. Complex history of admixture between modern human and Neanderthals, *American J. of Human Genetics* 96:448-453.

Vialet, A., Guipert, G., He, J.N., Feng, X.B., Lu, Z.N., Wang, Y.P., Li, T.Y., Lumley, M. de., and Lumley, H. de. 2010. *Homo erectus* from the Yunxian and Nankin Chinese sites: Anthropological insights using 3D virtual imaging techniques. *Comptes Rendus* Pale 9:331-339.

Villanea F.A, Schraiber J.G. 2019. Multiple episodes of interbreeding between Neanderthal and modern humans. *Nature Ecology & Evolution.* 3 (1):39-44.

Viola B.T. and S. Paabo 2013. What's new in Central Asia?, *What_Basic-Issues-in Archaeology-Anthropology.* Planck Institute of Evolutionary Anthropology.

Viola B.T. & Krivoshapkin, A. 2014. Sel'ungur - Middle Pleistocene hominins in Central Asia? In A. Derevianko, & M. Shunkov (Eds.), 2012. *Cultural developments in the Eurasian Paleolithic and the origin of anatomically modern humans*: 172-178.

Viola B.T., S.V. Markin, A.P. Buzhilova, M.B. Mednikova, M.V. Dobroskayaa, A. Le Cabec, M.V. Shunkov, A.P. Derevianko & J.-J. Hublen 2012. New Neanderthal remains from Chagyrskaya Cave (Altai Mountains, *Russian Federation*). *American Journal of Physical Anthropology* 54:293-294.

Vishnyatsky L.B. 1989. The Discovery of Palaeolithic Handaxes in Western Turkmenia : A Preliminary report, *Paléorient* 15-2:95-98.

Vishnyatsky, L. B. 1999. The Paleolithic of Central Asia. *Journal of World Prehistory* 13:69-122.

Vishnyatsky, L. B. 2005. How Many Core Areas? The "Upper Paleolithic REvolution" In An East Eurasian Perspective. *Journal of The Israel Prehistoric Society* 35:143-158. canology: Iceland's doomsday scenario, *Science* 306.

Vogel G. 2018. Ancient DNA reveals tryst between extinct human species Woman had a Neanderthal mother and a Denisovan father. *Science* 361(6404):737.

von Koenigswald, G. H. R. 1936. Early Palaeolithic stone implements from Java. *Bulletin of the Raffles Museum (Singapore)* B1:52-60.

von Koenigswald, G. H. R., and Ghosh, A. K. 1973. Stone implements from the Trinil beds of Sangiran, Central Java. *Proceedings of the Koninklijke Nederlandse Akademie van Wetanschappen* B76:1-17.

von Koenigswald G. and Weidenreich F. 1938. Discovery of an Additional Pithecanthropus Skull. *Nature* 142:715.

W

Wakano, J.Y., Kadowaki, S. 2021. Application of the ecocultural range expansionmodel to modern human dispersals in Asia, Quaternary International (2021), doi: https://doi.org/10.1016/j.quaint.2020.12.019.

Wall, J. D., Yang, M. A., Jay, F., Kim, S. K., Durand, E. Y., et al. 2013. Higher levels of Neanderthal ancestry in East Asians than in Europeans. *Genetics* 194:199-209.

Wall JD, Yoshihara Caldeira Brandt D. 2016. Archaic admixture in human history. *Curr Opin Genet Dev.* 41:93-97.

Wang, C., Lu, H., Zhang, J., Gu, Z., and He, K. 2014. Prehistoric demographic fluctuations in China inferred from radiocarbon data and their linkage with climate change over the past 50,000 years. *Quaternary Science Reviews* 98:45-59.

Wang, C. C., Yeh, H.Y., Popov, A.N. et al. 2021. Genomic insights into the formation of human populations in East Asia, *Nature* 591: 413-419.

Wang, H., Ambrose, S. H., Liu, C.-L., and Follmer, L. R. 1997. Paleosol stable isotope evidence for early hominid occupation of East Asian temperate environments. *Quaternary Research* 48:228-238.

Wang, H., Deng, C., Zhu, R., and Xie, F. 2006. Paleomagnetic dating of the Cenjiawan Paleolithic site in the Nihewan Basin, northern China. *Science in China (Series D)* 49:295-303.

Wang, H., Deng, C., Zhu, R., Wei, Q., Hou, Y., and Boëda, E. 2005. *Magnetostratigraphic dating of the donggutuo and maliang Paleolithic sites in the Nihewan Basin, North China. Quaternary Research* 64:1-11.

Wang Linghong, Peng S., AND Chen Y. 1982. Guilin Baojiyan faxian de gurenlei huashi he shiqi. *Renleixue Xuebao* 1(1) :30-35.

Wang, S.J. 2005. *Perspectives on Hominid Behavior and Settlement Patterns: A Study of the Lower Paleolithic sites in the Luonan Basin, China.* BAR International Series 1406, Archaeo Press, Oxford:1-248.

Wang, S.J. 2006. Cleavers collected from the open air sites in Luanan basin, *Acta Anthropologica Sinica* 25:332-343. (Chinese with English summary).

Wang, S.J., Lu, H.Y., and Xing, L.D. 2014. Chronological and typo-technological perspectives on the Paleolithic archaeology in Lantian, central China. *Quaternary International* 347:183-192.

Wang, S.J., Lu, H.Y., Zhang, H.Y., Sun, X.F., Yi, S.W., et al. 2014. Newly discovered Palaeolithic artefacts from loess deposits and their ages in Lantian, central China. *Chinese Science Bulletin* 59:651-661.3.

Wang, S.J., R. Cosgrove, H.Y. Hu, M. Wei, X.R. 2008. New progress on Paleolithic archaeological studies in the Luonan basin, china. In: ed. by Mastufuji, K. *Loess Paleosol and Paleolithic chronology in East Asia.* Yuzankaku:145-161.

Wang, S.J., Zhang, X.B., Xing, L.D., Zhang, G.K., Lu, H.Y., Sun, X.F.,Zhang, W.C. and Liu, T. 2013. *The Acheulean tool assemblage with handaxe and cleaver was found in Luonan*, Shaaxi Province.

Wang, S.J., Sun, X.F., Lu, H.Y., Yi, S.W., Zhang, G.K., et al. 2014c Newly discovered Paleolithic open-air sites in Hanzhong Basin in upper valley of Hanjiang River and their ages (in Chinese with English abstract). *Acta Anthropologica Sinica* 33:125-136.

Wang, W., Liu, J., Hou, Y., Si, X., Huang, W., Schepartz, L. A., and Miller-Antonio, S. 2004. Panxian Dadong, South China: Establishing a record of Middle Pleistocene climatic changes. *Asian Perspectives* 43:302-313.

Wang, W., Lycett, S.J., von Cramon-Taubadel, N., Jin, J.J.H., Bae, C.J. 2012. Comparison of Handaxes from Bose Basin (China) and the Western Acheulean Indicates Convergence of Form, Not Cognitive Differences. *PLoS ONE* 7.

Wang, W., Potts, R., Baoyin, Y., Huang, W., Hai Cheng, R., et al. 2007. Sequence of mammalian fossils, including hominoid teeth, from the Bubing Basin, Guangxi, South China. *Chinese Science Bulletin* 50:2777-2782.

Wang, W., Potts, R., Hou, Y., Chen, Y., Wu, H., Yuan, B., and Huang, W. 2005. Early Pleistocene hominid teeth recovered in Mohui cave in Bubing Basin, Guangxi, South China. *Chinese Science Bulletin* 50:2777-2782.

Wang, W., Bae, C.J., Huang, S.M., Huang, X., Tian, F., Mo, J.Y., Huang, Z.T., Huang, C.L., Xie, S.W., Li, D.W., 2014. Middle Pleistocene bifaces from Fengshudao (Bose Basin, Guangxi, China). *Journal of Human Evolution* 69:110-122.

Wang, W., Stephen J. Lycett, Noreen von Cramon-Taubadel, Jennie J. H. Jin, Christopher J. Bae 2012. Comparison of Handaxes from Bose Basin (China) and the Western Acheulean Indicates Convergence of Form, Not Cognitive Differences, *PLOS ONE.* April.

Wang, Y.P. 2017. Late Pleistocene Human Migrations in China, *Current Anthropology* 58(S17):S504-S513.

Wang, Y.P. , and Qu, L. 2014. New evidence and perspectives on the upper paleolithic of the central plain in China. *Quaternary International* 347:176-182.

Wang, Y.P., and Wang, S. 2014. New achievements and perspectives on paleolithic archaeology during the MIS 3 along the Eastern foot of Songshan Mountain, Henan Province (in Chinese with English abstract). *Acta Anthropologica Sinica* 33:304-314.

Wang, Y. X., H.Q., Shi, G.H., Wu, N.Q., 2004. New evidence on the earliest human presence at high northern latitudes in northeast Asia. *Nature* 431:559-562.

Warme J.E. 1979. Actualistic paleontology. In: Paleontology. *Encyclopedia of Earth Science.* Springer, Berlin, Heidelberg.

Watanabe, H. 1985. Chopper-chopping tool complex of eastern Asia; an ethnoarchaeological -ecological reexamination, *J. of Anthropological Archaeology* 4:1-18.

Wedage, Oshan, Picin Andrea, Blinkhorn James, Douka Katerina, Deraniyagala Siran. 2019.

Microliths in the South Asian rainforest ~45-4 ka: New insights from Fa-Hien Lena Cave, Sri Lanka, *PloS one*. 1-13.

Wei, G. B., Huang, W., Chen, S., He, C., Pang, L., and Wu, Y. 2014 Paleolithic culture of Longgupo and its creators. *Quaternary International* 354:154-161.

Wei, G., He, C., Hu, Y., Kefu, Y., Chen, S., et al. 2017 First discovery of a bone handaxe in China. *Quaternary International* 434:121-128.

Weidenreich, F. 1943. The skull of *Sinanthropus pekinensis*: a comparative study on a primitive hominid skull. *Palaeontologica Sinica*, Series D 5, 1-150.

Weidenreich, F. 1951. Morphology of Solo Man. *Anthropological Papers of the American Museum of Natural History, New York* 43:222-290.

Weiner, S., Qinqi Wu, Goldberg, P., Jinyi Liu, and Bar-Yosef, O. 1998 Evidence for the use of fire at Zhoukoudian, China. *Science* 281:251-253.

West, J.A. and J. Louys 2007. Differentiating bamboo from stone tool cut marks in the zooarchaeological record, with a *dicussion* on use of bamboo knives, *J. of Archaeological Sciences* 34:512-8.

Westaway, KE, Louys J, Awe RD, Morwood MJ, ... Sulistyanto B. 2017. An early modern human presence in Sumatra 73,000-63,000 years ago. *Nature*. 548(7667):322-325.

Westaway, Rob,Sheila Mishra, Sushama Deo and David R Bridgland 2011, Methods for determination of the age of Pleistocene tephra, derived from eruption of Toba, in central India. *J. Earth Syst. Sci.* 120(3):503-530.

White, J.P. 1977. Crude, colourless, and unenterprizing? Prehistoricans and their views on the stone age of Sunda and Sahul, In Allen, J., G. J. Golson, R. Jones (Eds.) *Sunda and Sahul, Prehistoric studies in Southeast Asia.*, Melanesia and Australia. Acedemic Press.

White, M., & Foulds, F. 2018. Symmetry is its own reward: On the character and significance of Acheulean handaxe symmetry in the Middle Pleistocene, *Antiquity* 92(362): 304-319.

Widianto, H. 2006. The oldest Homo erectus stone tools in Java from the lower Paleistocene Pucangan formation in Sangiran, In. Comm. 18th Congress of the Indo-Pacific prehistory association. *Manial*, 2006.

Widianto, H. and Zeitoun, V. 2003. Morphological description, biometry and phylogenetic position of skull of Ngawi 1 (east Java, Indonesia). *International Journal of Osteoarchaeology* 13:339-351.

Williams, D. F., J. Peck, E. B. Karabanov, A. A. Prokopenko, V. Kravchinsky, J. King, M. I. Kuzmin 1997. Lake Baikal Record of Continental Climate Response to Orbital Insolation During the Past 5 Million Years, *Science* 278(5340):1114-1117.

Winkler, M.G. and Wang, P.K. 1993. The Late Quaternary vegetation and climate of China. In Wright, H.E. (ed.), *Global climates since the Last Glacial Maximum*: 221-264, University of Minnesota Press, Minneapolis, Minn., USA.

Wollpoff, M. 1999. *Palaeoanthropology* 1996-1997 edition. New York: McGraw Hill.

Woo, J.K. & R.K. Wu 1959. Human fossils found in Liukiang, Kwangsi, China, *Vert. PalAs*. 3:109-118.

Wood, Bernard 2011. "Did early Homo migrate "out of" or "in to" Africa?". *Proceedings of the National Academy of Sciences*. 108 (26):10375-10376.

Wood, B. and M. Collard 1999. The changing face of genus Homo, *Evolutionary Anthropology* 8:195-207.

Wood, B., and Turner, A. 1995. Out of Africa and into Asia. *Nature* 378:239-240.

Wood, B., & Lonergan, N. 2008. The hominin fossil record: taxa, grades and clades. *Journal of anatomy* 212(4):354-376.

Worm, H.U. 1997. A link between geomagnetic reversals and events and glaciations. *Earth and Planetary Science Letters* 147:55-61.

Wright, J.S. 2001. 'Desert' loess versus 'glacial'loess quartz sit formation, source areas and sediment pathway in the formation of loess deposits. *Geomorphology* 36:231-256.

Wu, R.K. 1961. Study on the Upper Cave man of Choukoutien. *Vertebrata PalAsiatica* 3:181-211.

Wu, R.K., Li, X.X., Wu, X.Z. and Mu, X.N. 2002. *Homo erectus* from Nanjing (in Chinese with English abstract). *Jiangsu Science and Technology Publishing House, Nanjing.*

Wu, R.K., Lin, S. 1983. Peking Man, *Scientific American.* 248 (6):86-94.

Wu, R.K. and Peng, R. 1959. Fossil human skull of early Paleoanthropic stage found at Mapa,Shaokuan, Kwangtung province, *Paleovetebrate and Paleoanthropology* 4:159-64.

Wu, R.K., X.Z. Wu and S.S. Zhang, 1989. *Human fossils from Paleolithic China.* Science Press, Beijing (in Chinese).

Wu, R., and Xingxue, L. eds. 2002. *Homo erectus* from Nanjing. Nanjing, China: Jiangsu Science and Technology.

Wu, R.K., Li. Xingxue 2002. Homo erectus from Nanjing, *PaleoAnthropology.*

Wu, W. X. 2002. A tentative discussion on the age of the ancient human occupation of the Nihewan Basin (in Chinese). *Acta Geoscientica Sinica* 23:249-254.

Wu, X. J., and E. Trinkaus. 2014. The Xujiayao 14 mandibular ramus and Pleistocene Homo mandibular variation. *Comptes Rendu Palevol* 13:333-341.

Wu, X. J., Pei, S.W., Cai, Y.J., Tong, H.W., Li, Q., et al. 2019. Archaic human remains from Hualongdong, China, and Middle Pleistocene human continuity and variation. *Proceedings of the National Academy of Sciences* 116:9820-9824.

Wu, X. J., L.A. Schepartz & C.J. Norton. 2011. Morphological and morphometric analysis of variation in the Zhoukoudian Homo erectus brain endocasts. *Quaternary International* 211:4-13.

Wu, X. Z., and G. Brauer 1993. Morphological comparison of archaic Homo sapiens crania from China and Africa, *Zeitshcrift fur Morphologie und Anthropologie* 79:241-259.

Wu, X. Z., R.L Holloway, L.A. Schepartz, S. Xing 2011. A new brain endocast of Homo erectus from Hulu Cave, Nanjing, China. *American Journal of Physical Anthropology.* 145 (3): 452-460.

Wu, X. Z., Pei, S.W., Wu, X.J., Qu, S.M., Chen, M.H., Hu, Q., and Liu, W. 2009. A preliminary study of the Bailong cave Paleoanthropological site in Yunxi county, Hubei Province (in Chinese with English abstract). *Acta Anthropologica Sinica* 28:1-15.

Wu, X .Z. and Sheela Athreya 2013. A Description of the Geological Context, Discrete Traits, and Linear Morphometrics of the Middle Pleistocene Hominin from Dali, Shaanxi Province, China, *American J. of Physical Anthropology* 150:141-157.

Wu, X .Z. 2000. Longgupo hominoid mandible belongs to ape. *Acta Anthropologica Sinica* 19:1-10.

Wu, X .Z. and Poirier, F. E. 1995. *Human Evolution in China: A Metric Description of the Fossils and a Review of the Sites.* New York/Oxford: Oxford University Press.

Wu, X .Z. Holloway, R. L., Schepartz, L. A., and Xing, S. 2011. A new brain endocast of *Homo erectus* from Hulu Cave, Nanjing, China. *American Journal of Physical Anthropology* 145:452-460.

Wu, X .Z. and Wu, M 1985. Early Homo sapiens in China. In Wu R and JW Olsen (eds.): *Palaeoanthropology and Paleolithic Archaeology in the People's Republic of China.* Orlando: Academic Press:91-106.

X

Xie, F. 2006. *Nihewan*. Cultural Relics. Publishing House. (Chinese). Beijing.

Xie, F., and Cheng, S. Q. 1989. Report on the excavation of microliths site at Youfang, Yangyuan country, Hebei Province (in Chinese with English abstract). *Acta Anthropologica Sinica* 8:59-68.

Xie, G., Lin, Q., Wu, Y., and Hu, Z. 2020. The Late Paleolithic industries of southern China (Lingnan region). *Quaternary International* 535:21-28.

Xing, S., Martinón-Torres, M., Bermúdez de Castro, J. M., Wu, X., and Liu, W. 2014a Hominin teeth from the early Late Pleistocene site of Xujiayao, North China. *American Journal of Physical Anthropology* 156(2):224-240.

Xing, S., Martinón-Torres, M., Bermúdez de Castro, J. M., Zhang, Y., Fan, X., et al. 2014b Middle Pleistocene Hominin Teeth from Longtan Cave, Hexian, China. *PLos ONE* 9:e114265. doi: 10.1371/journal.pone.0114265.

Xing, S., Sun, C., Martinón-Torres, M., Bermúdez de Castro, J.M., Han, F., Zhang, Y., and Liu, W. 2016. Hominin teeth from the Middle Pleistocene site of Yiyuan, Eastern China. *Journal of Human Evolution* 95:33-54.

Xu, C.H. 1978. The excavation of Homo erectus site at Meipu Yunxian, Hubei. In: *Proceedings of Paleoanthropology of the Institute of Vertebrate Paleontology and Paleoanthropology. Chinese Academy of Sciences*. Science Press, Beijing:175-179 (in Chinese).

Y

Yang, M.A., Gao, X., Theunert, C., Tong, H.-W., Aximu-Petri, A., et al. 2017. 40,000-year-old individual from Asia provides insight into early population structure in Eurasia. *Current Biology* 27:3202-3208.

Yang S.X, Deng C-L, Zhu R-X, Petraglia MD. 2019. The Paleolithic in the Nihewan Basin, China: Evolutionary history of an Early to Late Pleistocene record in Eastern Asia. *Evolutionary Anthropology* 29(3): 125-142.

Yang S.X., Petraglia M.D., Hou Y.M., Yue J.P., Deng C.L., et al. 2017. The lithic assemblages of Donggutuo, Nihewan basin: Knapping skills of Early Pleistocene hominins in North China. *PLOS ONE* 12(9): e0185101.

Yang, S. X., Wei-Wen Huang, Ya-Mei Hou, Bao-Yin Yuan, 2014. Is the Dingcun lithic assembly a "chopper-chopping tool industry", or "late Acheulian"?, Quat Int 32:3-11.

Yang, S. X., Hou, Y. M., Yue, J. P., Petraglia, M. D., Deng, C. L., & Zhu, R. X. 2016. The Lithic Assemblages of Xiaochangliang, Nihewan Basin: Implications for Early Pleistocene Hominin Behaviour in North China. *PloS one*, 11(5).

Yang, S. X., Ya-Mei Hou, Jacques Pelegrin, 2016, A Late Acheulean Culture on the Chinese Loess Plateau: The techno-economic behavior of the Dingcun lithic industry, *Quaternary International* 400:73-85.

Yang, Z., Y. Mou, F. Qian, X. Wang, P. Niu, H. Chen, W. Yin & X. Wei. 1985. Study of the late Cenozoic strata at Zhoukoudian, in R. Wu (ed.) *Multi-disciplinary study of the Peking Man site at Zhoukoudian*. Beijing: Science Press:1-86.

Yang, S.X., W.W. Huang, Y.M. Hou, B.Y. Yuan 2014. Is the Dingcun lithic assembly a "chopper-chopping tool industry", or "Late Acheulian"?, *Quaternary International* 321:3-11.

Yi, M., Bettinger, R. L., Chen, F., Pei, S., and Gao, X. 2014. The significance of Shuidonggou locality 12 to studies of hunter-gatherer adaptive strategies in North China during the Late Pleistocene. *Quaternary International* 347:97-104.

Yi, M., Gao, X., Li, F., and Chen, F. 2016. Rethinking the origin of microblade technology: A chronological and ecological perspective. *Quaternary International* 400:130-39.

Yi, S.B. 2011. *Hanaxe in the Imjin Basin*. SNUPRESS.

Yi, S.B. 2015. Handaxes in the Imjin river basin, Korea: Implication for Late Pleistocene hominin evolution in East Asia, in Y. Kaifu, M. Izuho, T. Geobel, H. Sato and A. Ono eds. *Emergence and Diversity of Modern Human Behavior in Paleolithic Aisa*. Texas A&M University Press. 259-69.

Yi, S.B. and Clark, G.A. 1983. Observations on the Lower Palaeolithic of Northeast Asia. *Current Anthropology* 24:181-202.

Yin, G., Zhao, H., Yin, J. et al. 2002. Chronology of the stratum containing the skull of the Dali Man. *Chin. Sci. Bull.* 47:1302-1307.

Young, D. A., and Bettinger, R. L. 1995. Simulating the global human expansion in the Late Pleistocene. *Journal of Archaeological Science* 34:184-196.

Z

Zaim, Y., Ciochon, R.L., Polanski, J.M., Grine, F.E., Bettis III, E.A., et al. 2011 New 1.5 million-year-old Homo erectus maxilla from Sangiran (Central Java, Indonesia). *Journal of Human Evolution* 61:363-376.

Zanolli, Clément, et al. 2018. Inner Tooth Morphology of *Homo erectus* from Zhoukoudian. New Evidence from an Old Collection Housed at Uppsala University, Sweden, *Journal of Human Evolution* 116: 1-13.

Zeitoun, Valéry, Hubert Forestier, Prasit Auetrakulvit, Chawalit Khaokhiew, Michel Rasse, Chaturaporn Tiamtinkrit 2012. *The Paleolithic Site of Sao Din* (Northern Thailand).

Zhang, Jia Fu & Huang, Wei-Wen & Yuan, Bao-Yin & Fu, Ren-Yi & Zhou, Li-Ping. 2010. Optically stimulated luminescence dating of cave deposits at the Xiaogushan prehistoric site, northeastern China. *Journal of human Evolution*. 59:514-524.

Zhang, S. 1985. The Early Palaeolithic of China. In *Palaeoanthropology in the People's Republic of China*, ed. Wu Rukang and J. W. Olsen. Orlando. Academic Press:147-186.

Zhang, S.S., 1987. *Chinese Paleolithic*. Science and Technology Press of Tianjin, Tianjin (in Chinese).

Zhang, S. 1990. Regional industrial gradual advance and cultural exchange of Paleolithic in North China (in Chinese with English abstract). *Acta Anthropologica Sinica* 9:322-333.

Zhang, S. 1999. On the important advancements of paleolithic archaeology in China since 1949. (in Chinese with English abstract). *Acta Anthropologica Sinica* 18:193-214.

Zhang, S. 2004. *The Peking Man Ruins Annals (in Chinese)*. Beijing Press, Beijing.

Zhang, S., Zhanyang, L., Yue, Z., and Xing, G. 2009. Mortality profiles of the large herbivores from the Linjing Xuchang man Site, Henan Province and the early emergence of the modern human behaviors in East Asia. *Chinese Science Bulletin* 54:3857-3863.

Zhang, W.C. and Liu, T. 2013. *The Acheulean tool assemblage with handaxe and cleaver was found in Luonan*, Shaaxi Province.

Zhang, X. L., Fei Peng, and Xiaoli Li. 2012. The Shuidonggou (Choei-tong-keou) site complex: New excavations and implications for the initial Late Paleolithic in North China. *Journal of Archaeological Science* 39:3610-3626.

Zhang, X. L., Ha, B. B., Wang, S. J., Chen, Z. J., Ge, J. Y., et al. 2018 The earliest human occupation of the high-altitude Tibetan Plateau 40 thousand to 30 thousand years ago. *Science* 362:1049-1051.

Zhang, Y., Gao, X., Pei, S., Chen, F., Niu, D., Xu, X., Zhang, S., and Wang, H. 2016 The bone needles from Shuidonggou locality 12 and implications for human subsistence behaviors in North China. *Quaternary International* 400:149-157.

Zhang, Yan, et al. 2014. The Use of Fire at Zhoukoudian: Evidence from Magnetic Susceptibility and Color Measurements, *Chinese Science Bulletin* 59.10:1013-1020.

Zhang, Z.H., 1985. Report of the excavation on Xiaogushan site, Liaoning province. *Acta anthropol. Sinica* 4, 70-79 (in Chinese).

Zheng, Shaohua ed. 2004. *Jianshi Hominid Site*. Science Press.

Zhisheng, A., Kutzbach, J. E., Prell, W. L., and Porter, S. C. 2001. Evolution of Asian monsoons and phased uplift of the Himalaya-Tibetan plateau since Late Miocene times. *Nature* 411:62-66.

Zhong, H., Shi, H., Qi, X.-B., Duan, Z.-Y., Tan, P.-P., et al. 2011. Extended Y-chromosome investigation suggests post-glacial migrations of modern humans into East Asia via the northern route. *Molecular Biology and Evolution* 28:717-727.

Zhou, C., Liu, Z., Wang, Y., and Huang, Q. 2000. Climatic cycles investigated by sediment analysis in Peking Man's cave, Zhoukoudian, China. *Journal of Archaeological Science* 27:101-109.

Zhou, K.S., Liang, X.L., Yan, F.H., and Ye, Y.Y. 1983 Some remarks on the Nangou cold period based on the analysis of the pollen from the Nihewan Stratum (in Chinese with English abstract). *Chinese Journal of Geology* 18:82-92.

Zhou, Z., Ying, G., Xing, G. and Chunxue, W. 2013. Heat treatment and associated early modern human behaviors in the late paleolithic at the Shuidonggou site. *Chinese Science Bulletin* 58:1801-1810.

Zhu, R.X., An, Z., Potts, R., and Hoffman, K. A. 2003. Magnetostratigraphy of early humans in China. *Earth-Science Reviews* 61:341-359.

Zhu, R.X., Deng, C.L., and Pan, Y.X. 2007. Magnetochronology of the fluvio-lacustrine sequences in the Nihewan basin and its implications for early human colonization of Northeast Asia (in Chinese with English abstract). *Quaternary Sciences* 27:922-944.

Zhu, R.X., Hoffman, K.A., Potts, R., Deng, C.L., Pan, Y.X., et al. 2001 Earliest presence of humans in northeast Asia. *Nature* 413:413-417.

Zhu, R.X., Potts, R., Pan, Y. X., Yao, H. T., Lü, L. Q., Zhao, X., et al. 2008 *Early evidence of the genus Homo in East Asia. Journal of Human Evolution* 55:1075-1085.

Zhu, R.X., Potts, R., Xie, F., Hoffman, K.A., Deng, C.L., et al. 2004. New evidence on the earliest human presence at high northern latitudes in northeast Asia. *Nature* 431:559-562.

Zhu, R. X.; et al. 2008. Early evidence of the genus *Homo* in East Asia. *Journal of Human Evolution*. 55 (6): 1075-1085.

Zhu, Y., and Zhou, M. 1994. The Asian monsoon variation and the habituation environment of fossil man in northern China. *Catena* 22:121-131.

Zhu, Z.Y., Dennell, R., Huang, W.-W., Wu, Y., Rao, Z.-G., et al. 2015. New dating of the *Homo erectus* cranium from Lantian (Gongwangling), China. *Journal of Human Evolution* 78:144-157.

Zhu, Z.Y. (朱照宇); Dennell, Robin; Huang Weiwen (黄慰文); Wu Yi (吴翼); Qiu Shifan (邱世藩); Yang Shixia (杨石霞); Rao Zhiguo (饶志国); Hou Yamei (侯亚梅); Xie Jiubing (谢久兵); Han Jiangwei (韩江伟); Ouyang Tingping (欧阳婷萍) 2018. Hominin occupation of the Chinese Loess

Plateau since about 2.1 million years ago. *Nature.* 559 (7715):608-612.

Zonneveld, K. A. 1997 Dinoflagellate cyst distribution in surface sediments from the Arabian Sea (northwestern Indian Ocean) in relation to temperature and salinity gradients in the upper water column. *Deep-Sea Research, Topical Studies in Oceanography* 2, issue.6-7:1411-1443.

Zubrow, E. 1989. The demographic modelling of Neanderthal extonction, In P. Mellars and C. Stringer eds. *The Human Revolution.* Princeton, NJ: Princeton University Press:212-231.

Zwyns, Nicolas & Gladyshev, Sergei & Tabarev, Andrei & Gunchinsuren, Byambaa. 2014. Mongolia: Paleolithic, *Encyclopedia of Global Archeology* Vol. 8 (Mo-O):5025-5032.

Zwyns, N., S.A. Gladyshev, B. Gunchinsuren, T. Bolorbat, D. Flas, A.V. Tabarev, T. Dogandzic, G.C. Gillam, A.M. Khatsenovich, D. Odsuren, K.-E. Purevjal, M. Richards, J. Stewart, S. Talamo 2014. The open-air site of Tolbor 16 (northern Mongolia): preliminary results and perspectives *Quat. Int.*, 347:53-65.

Zwyns N., CH Paine, B Tsedendorj, S Talamo, et al. ., 2019. The northern route for human dispersal in central and northeast Asia: New evidence from the site of Tolbor-16, Mongolia. *Sci. Rep.* 9, 11759.

국문 논문

고고학연구소 1978, 덕천 승리산 유적 발굴보고, **유적발굴보고** 11, 과학백과사전출판사, 평양.

김근식 1991, 룡곡 제1호동굴 유적의 포유동물상에 대한 연구, **과학원통보** 1991-3호.

김기룡 2017, 임진 - 한탄강 유역구석기 유적의 형성 과정과 시간성에 대한 고찰, **한국구석기학보** 36:5~27.

김기룡 2019, 한탄강 유역의 구석기 유적 형성과 새로운 석기 공작, **전곡리 윗마을 사람들**, 전곡선사박물관.

김상태 2010, **강원도의 구석기 유적**.

김신규 외 1985, 력포구역 대현동 유적 발굴보고, 평양 부근 동굴유적 발굴보고, **유적발굴보고** 14: 과학백과사전 출판사, 평양, 69-119.

김신규, 김교경 1974, 상원 검은 모루 구석기시대 유적발굴보고, **고고학 자료집** 4:3-39.

김신규, 김교경 등 1985, 승호구역 만달리 동굴유적 발굴보고, **평양부근 동굴유적 발굴보고**, **유적발굴보고** 14:2-68.

김원용과 정영화, 1979, 전곡리 아슐리안 양면핵석기 예보, **진단학보** 46/47.

김원용, 정영화 그리고 최무장 1981, **한국구석기문화연구**, 한국정신문화연구원.

김은정 2016, 진안 진그늘 유적 슴베찌르개의 제작과 사용에 대하여, **호남고고학보** 53:4~25.

김주용 2015, 금강 중류 구석기 유적의 제4기 지질 환경과 층서 고찰, **한국구석기학보** 32:2~35.

김주용, 서호성, 오근창 외 1명 2020, 단양 수양개 유적의 고고지질과 제4기 환경, **박물관학보** 39:53~82

김진철 2009, *Geolchronological reconstruction and geochemical characteristics of the Jeongokri archaeological site*, Korea, 서울대학교 박사학위논문.

도유호 1964, 조선의 구석기시대의 문화인 굴포문화에 대하여, **고고민속** 2.

박가영 2013, 한반도 출토 슴베찌르개 연구, **영남고고학** 64:38-69.

박성진 2018, 수수께끼 같은 석기, 여러면석기 - 연구사 및 현황, **한국구석기학보** 37:39~62.

배기동 1989, 전곡리 구석기문화와 동북아시아 홍적세 고인류 생존활동 - 석기문화전통에 대한 설명의 한 시도, **학술원 논문집** 28, 학술원.

배기동 1990, 구석기시대 연구사, **국사관논총**, 국사편찬위원회.

배기동 1998, 朝鮮半島における舊石器時代考古學の最近の發展, **舊石器時代の考古學**, 學生社.

배기동 2000, 구석기유적의 형성과정 - 야외 유적의 유물출토 상황과 변형과정 복원시도, **한국구석기학보** 1:73-83.

배기동, 홍미영, 이한용, 김영연 2001, 전곡구석기유적 2000-2001, **전면시굴조사보고서**, 연천군·한양대학교 문화재연구소.
배기동 2004, 탄자니아 이시밀라 아슐리안 유적발굴 조사 연구, **고문화** 63, 한국대학박물관협회:5~42.
배기동 2015, '한국인기원 신연구' 동아시아고고학연구소 간.
배기동 2016, 주먹도끼의 진화과정에 대한 근동지방과 동아시아지역의 비교고고학, **한국구석기학보** 33:2~35.
배기동, 이한용, 바라트 2016, 한-네팔 고고학 유적조사 보고서, 전곡선사박물관·동아시아고고학연구소(미출간).
배기동, 김기룡 2018, 한탄-임진강 유역의 구석기유적의 초기 연대에 대한 논쟁의 실상-한탄강 현무암 내 포획된 탄화목의 연대측정치 읽기의 문제점, **한국구석기학보** 38:5~19.
서인선 2015, 석장리유적 돌날과 좀돌날 제작의 기술학적 재검토-돌감, 제작방법과 떼기기술을 중심으로, **한국구석기학보** 54~83.
성춘택 2000, 한국후기구석기기원, **한국고고학보**.
성춘택 2002, 한국 중기구석기론의 비판적 검토, **한국고고학보** 46, 한국고고학회.
성춘택 2004, 한국 후기 구석기유적의 시간층위 재고, **한국상고사학보** 46:5~30.
성춘택 2006a, 한국 구석기시대 석기군 구성의 양상과 진화사론, **한국상고사학보** 51, 한국상고사학회.
성춘택 2006b, 한국 후기구석기 문화유형론, **한국고고학보** 59, 한국고고학회.
손보기 1967, 층위를 이룬 석장리 구석기문화, **역사학보** 25(26):1-25. 역사학회.
손보기 1980, 단양도담리지구 유적발굴조사보고-충주댐 **수몰지구 문화유적 연장발굴조사보고서**, 충북대학교 박물관.
손보기 1994, 상시1 그늘, **옛살림터**. 연세대학교 선사연구실.
신재봉, 유강민, Toshiro Naruse 외, 2004, 전곡리 구석기 유적 발굴지인 E55S20-IV 지점의 미고결 퇴적층에 대한 뢰스-고토양 층서에 관한 고찰, **지질학회지** 40(4):369~381.
오경섭, 김남신, 1994, 전곡리 용암대지 피복물의 형성과 변화과정, **제4기학회지**, 한국 제4기학회.
오오타니 카오루 2019, 슴베찌르개와 한·일 찌르개 문화, **한국구석기학보** 39:47~91.
大谷薫 2016, 한국 세석기제작의 기술 특징과 변화 양상, **한국상고사학보** 91:4~41.
유용욱 1997, 임진-한탄강 유역 주먹도끼의 특성에 대하여, **한국고고학보** 37, 한국고고학회.
윤병일 2020, 청주 오송 만수리와 봉산리 구석기 유적군의 후퇴적과정에 대한 시론적 일고찰, **한국구석기학보**1, 41:55~83.
이기길 2004, 진안 진그늘유적 구석기문화층의 성격과 의미, **호남고고학보** 19:5~23.
이기길, 김명진 2008, 장흥 신북유적의 연대에 대하여-방사성탄소 연대에 근거한 편년, **호남고고학보** 29:5~24.
이기길, 김은정, 오병욱, 김수아, 차미애 2008, 장흥 신북리 구석기유적, 조선대학교 박물관.
이기길 2012, 한국후기구석기시대 석기군의 종류와 성격, **호남고고학보** 41: 5-34.
이기길 2018, **호남 구석기문화의 탐구**, 혜안.
이기길 2020, 보성강유역의 구석기문화, **33년 연구의 성고와 전망,** 혜안.
이선복 1989, 동북아시아 구석기연구, 서울대학교 출판부.
이선복 1996, 임진강유역 구석기유적의 연대에 대하여, 한국고고학학보 34, 한국고고학회.
이선복 2000, 구석기 고고학의 편년과 시간층위 확립을 위한 가설, **한국고고학보** 42, 한국고고학회.
이선복 2002, 장산리-임진강 유역의 플라이스토세 전기~중기 초 구석기유적 예보, **동북아세아 구석기연구**, 연천군·한양대학교 문화재연구소.
이선복, 이용일, 임현수, 2005, **임진강 유역 구석기 유적 형성의 지질학적 배경 이해를 위한 기초연구 I**, 서울대학교박물관.
이승원 2020, 단양 수양개 유적에서 좀돌날문화의 출현, **박물관학보** 39:113~131.
이융조 1982, 고구려 영토안의 구석기 문화, **동방학지 30**, 연세대학교 국학연구원.
이융조 1985, 단양 수양개 후기구석기시대의 배모양 석기의 연구, **고문화** 35, 한국대학박물관협회.

이융조, 공수진, 2002, 수양개유적의 슴베 연모에 대한 새로운 연구, **한국구석기학보** 6, 한국구석기학회.

이융조, 조태섭, 공수진·이승원 2006, **진천 송두리 구석기유적 I**, 중원문화재연구원.

이융조, 우종윤, 이승원, 안주현, 윤병일, 박정미, 오오타니 가오루, 김미라, 김은정, 한승철, 정형길 그리고 최동혁 2018, **단양수양개 구석기유적 I, VI 지구 발굴보고서**, 한국 선사문화연구원 한국수자원공사.

이정우 2019, 여러 면석기의 기술형태적 연구−파주 운정1 지구 출토 여러 면석기를 중심으로− **한국구석기학보** 1, 39:19-46.

이정철 2012, 한강유역 구석기유적의 편년과 석기공작 - 남한강과 한강본류의 주요 한데 유적을 중심으로, **한국구석기학보** 25:89-116.

이정철 2013, 한강 하류역 구석기유적 형성 과정의 일양상 - 파주 운정1지구 36-5 지점을 중심으로 - **한국구석기학보** 1, 27:3~17.

이헌종 1997, 동북아시아 세형돌날문화의 기원문제에 대한 시고, **박물관연보**, 목포대학교 박물관.

이헌종 1998, 우리나라 구석기시대 자갈돌 석기공작전통의 보수적 성향에 대한 고찰, **경희사학** 21, 경희대사학과.

이헌종 2004, 우리나라 후기구석기시대의 편년과 석기의 기술형태적 특성의 상관성 연구, **한국상고사학** 44, 한국상고사학회.

이헌종 2009, 동북아시아 현생인류의 등장과 사냥도구의 지역 적응에 대한 연구, **한국구석기학보** 20:23~42.

이헌종 2015, 우리나라의 돌날과 세형돌날문화의 기원과 확산 연구, **한국구석기학보** 31:84~115.

이헌종 2019, The Study on Cultural Dynamics of Appearance and Dispersal of Modern Human of Initial Upper Paleolithic in Northeast Asia 한국구석기학보 38:21~41.

이헌종 2020, 수양개 VI지구 4문화층의 후기구석기 초기돌날기술체계 연구, 박물관학보 39:83-112.

이헌종, 장대훈 2011, 우리나라 후기구석기시대 슴베석기의 기능과 도구복원 연구.

이헌종, 한창균, 황웨이엔과 AP 데레비안코 2003, **동북아시아구석기시대의 자갈돌석기 전통에 대한 연구**, 학연문화사.

이형우 2003, 주먹도끼 형식에 대한 계량적 고찰, **호남고고학보** 7, 호남고고학회.

인류진화발전사연구실 1995, 금평동굴유적, **조선서북지역의 동굴유적**, 김일성종합대학 출판사, 평양.

인류진화발전사연구실 1995, **룡곡 동굴 유적**, 김일성종합대학출판사.

인류진화발전사연구실 1995, **조선서북지역의 동굴유적**, 김일성대학출판사.

장용준 2004, 한국 후기구석기의 기원, **국사관논총**, 국사편찬위원회.

장용준 2005, 석영제 석기군의 내재적 발전가능성에 대한 검토 - 석인기법의 기원과 관련해서, **한국구석기학보**12, 한국구석기학회.

장용준 2007, 한국후기구석기의 제작기법과 편년연구, 학연문화사.

장용준 2010, 한국후기구석기시대 인부마제석기시론, 고고광장 6:1-24.

장용준 2015, 한국과 일본출토 석인과 세석인의 비교 연구, **한국구석기학보** 31:116~166.

장용준, 김종찬 2019, 한반도 출토 선사시대 흑요석 원산지 연구, **한국고고학보** 39:8~45.

장우진 1987, 조선사람의 시원문제에 대하여, **조선고고연구** 3:2-5.

장우진 외 1988, 금천동굴에서 발견된 인류화석, **조선고고연구**, 사회과학출판사, 평양.

전범환, 허병주, 김미현 2012, **파주 동패리 III - 상지석리유적**, 한국문화재보호재단 - 한국토지주택공사.

전일권 외 2009, 풍곡동굴유적, **북부조선의 구석기시대 유적**.

전제헌, 윤진, 김근식, 류정길 1986, **룡곡동굴유적**, 김일성대학출판사.

조태섭 2002, 한국구석기시대의 동물상과 자연환경, **우리나라의 구석기문화**, 연세대학교 박물관, 75-84.

조태섭 2005, **화석환경학과 한국 구석기시대의 동물화석**, 혜안출판사.

조태섭 2015, 우리나라 후기 갱신세시기의 동물과 기후변화, 백산학보 103:5~30.

佐藤宏之 2017, アジアの後期旧石器時代開始期研究の現狀と課題:スヤンゲ遺跡第6地点第3·4文化層石器群を考える, **한국구석기학보** 1, 35:5~20.

최복규, 김상태 1994, 상무룡리 구석기 유적의 편년과 석기분석연구, **江原史學** 10:1~56.

최복규 2000, 철원 장흥리 중석기 유적 발굴조사, **제24회 한국고고학전국대회 발표집**, 한국고고학회.

최복규 2000, 홍천 하화계리 중석기시대유적발굴조사보고, **한국구석기학보** 23:103~120.

최복규, 김남돈 외 2004, **홍천 하화계리 작은 솔밭 구·중석기유적조사보고서**, 강원고고학연구소.

최복규, 김용백, 김남돈 1992, **중앙고속도로 문화유적 조사보고**.

최승엽 2010, **강원지역의 구석기고고학**, 서경문화사.

한창균 1992, 룡곡 제1호 동굴유적의 시기구분과 문제점, **박물관기요** 8, 단국대학교 중앙박물관.

한창균 1994, 북한의 구석기문화연구 30년, **북한의 고대사연구와 성과**, 대륙연구소.

한창균 2002, 대전 용호동 구석기유적, **동북아세아 구석기연구**, 연천군·한양대학교 문화재연구소.

한창균 2003, 한국 구석기유적의 연대문제에 대한 고찰 - 절대연대 측정결과와 퇴적층의 형성시기에 대한 검토를 중심으로, **한국구석기학보** 7, 한국구석기학회.

한창균 2008, 한국의 후기 구석기시대 자연환경, **한국고고학보** 66:4~47.

홍미영 2019, 백두산 동남부지역의 흑요암 산출지와 한반도 구석기시대의 흑요암 이동, **전곡리 윗마을 사람들**, 전곡선사박물관.

홍미영·김종헌 2008, **남양주 호평동 구석기유적**, 경기문화재단, 기전문화재연구원, 토지공사.

홍현선 2009, 단양 상시 3바위그늘유적의 성격, **충북문화재연구** 2, 충북문화재연구원.

황소희 1998, **한탄-임진강유역 구석기공작의 제작과정 분석연구**, 한양대학교 석사학위논문.

황용훈, 신복순 1997, 죽산리 구석기유적 발굴조사보고, **보성강·한탄강유역 구석기유적 발굴조사보고서**, 문화재관리국 문화재연구소.

중문

遼寧省博物館 1986, 庙后山 辽宁省本溪市旧石器文化遗址.

姜鹏, 1975, 吉林安图晚更新世洞穴堆积, 古脊椎动物与古人类 13-3.

姜鹏, 1982, 吉林安图人化石, 古脊椎动物与古人类 20-1.

孫建中, 姜鵬 1981, 吉林流水 周家油坊 旧石器文化遺址去古脊椎动物与古人类 19-3.

程新民 1988, 吉林長春시 發現舊石器地點, 人類學雜志 7; 董祝安 1989. 大布蘇的細石器, 人類學雜志 8.

李炎贤. 文本亨, 1986, 观音洞-贵州黔西旧石器时代初期文化遗址. 文物出版社.

广西壮族自治区自然博物馆 编著, 王頠 主编. 2014, 广西百色盆地枫树岛旧石器遗址. 科学出版社.

金昌柱, 刘金毅 主编, 2009, 安徽繁昌人字洞-早期人类活动遗址. 科学出版社.

吴汝康, 任美锷, 朱显谟, 杨子赓, 胡长康, 孔昭宸, 谢又予, 谢村林 等 著, 1985, 北京猿人遗址综合研究. 科学出版社.

北京市地方志编纂委员会, 主編 張森水, 宋惕冰, 2004.

黑龙江省文物管理委员会·哈尔滨市文化局, 中国科学院古脊椎動物與古人類研究所东北考察队 编著, 1987, 阎家岗 旧石器时代晚期古营地遗址, 文物出版社.

郑绍华 主编, 2004, 建始人遗址, 科学出版社.

李天元主编, 冯小皮副主编, 2001, 郧縣人, 湖北科学技术出版社, 版社.

찾아보기

ㄹ

ㅁ

ㅇ

ㅈ

동아프리카 탄자니아 이시밀라 유적 발굴(2002년) 현장에서

배기동 한양대학교 명예교수. 서울대학교 문리과대학 고고인류학과를 거쳐서 버클리 캘리포니아대학 인류학 박사를 받았다. 구석기 고고학, 인류의 진화, 생태고고학 등에 관심을 두고 연구를 해왔으며, 문화유산의 보존과 활용 그리고 박물관학 관련 분야에도 관심을 두고 있다. 연천의 전곡리구석기유적의 발굴조사, 선사문화축제와 선사박물관의 설립을 주도해왔으며, 국내의 많은 유적조사 이외에도 동아프리카와 이란 등 아시아 많은 지역에서 고고학조사를 수행해왔다. 한국구석기학회회장, 한국제4기지질학회장, 서울경기고고학회장, 한국대중고고학회장, 한국박물관교육학회장 등을 역임했다. 한양대학교 문화인류학과, 그리고 동 대학원 박물관교육학과의 교수로서 후학을 양성했으며, 2016년에 한양대학교 백남석학상을 수상했다. 국립한국전통문화대학교 총장, 국립박물관장, 유네스코 아태지역 국제교육원(UNESCO APCEIU) 이사회 의장, 한국박물관협회장, 한양대학교 박물관장, 전곡선사박물관장, 국립박물관문화재단 이사장 등을 역임했고, 현재는 국제박물관협회 아시아태평양지역(ICOM ASPAC) 회장, 국제푸른방패위원회(Blue Shield International) 부위원장을 맡고 있다. 저서로 『전곡리』, 『한국민족의 기원의 신연구』, 『대한민국 박물관 기행』 등이 있으며, 『아프리카 : 500만 년의 역사와 문화』, 『인간이 된다는 것의 의미』, 『박물관학의 기초』 등 역서 및 많은 조사보고서와 논문들을 썼다. 위해 제4기 학술상, 한양대학교 최우수교수상, 자랑스러운 박물관인상, 안산시문화상, 수양개학술상 등을 수상하였고 몽골정부로부터 수교훈장을 받았으며 명예연천군민이다. 현재, 동아시아고고학연구소장 그리고 세계시민포럼 상임대표을 역임하고 있다.

한양학술총서 012

아시아의 인류 진화와 구석기문화

펴낸날 2021년 11월 10일 초판 1쇄

지은이 배기동 · **펴낸이** 김우승

펴낸곳 한양대학교출판부 · **출판등록** 제4-7호(1972.2.29)

주소 서울 성동구 왕십리로 222 · **전화** 02.2220.1432-4 · **팩스** 02.2220.1435

홈페이지 press.hanyang.ac.kr · **이메일** presshy@hanyang.ac.kr

디자인 안광일 · **편집** 김민지 · **인쇄** 네오프린텍

ISBN 978.89.7218.728.8 (94910)

978.89.7218.470.6 (세트)